孙钦善 著

A CONCISE HISTORY OF THE STUDY
OF CHINESE ANCIENT TEXTS

中国古文献学史简编

北京大学出版社
PEKING UNIVERSITY PRESS

图书在版编目(CIP)数据

中国古文献学史简编/孙钦善著.—北京:北京大学出版社,2008.6
ISBN 978-7-301-13019-3

Ⅰ.①中… Ⅱ.①孙… Ⅲ.古文献学—图书史—中国 Ⅳ.G256.1

中国版本图书馆 CIP 数据核字(2007)第 171451 号

书　　　名	中国古文献学史简编
著作责任者	孙钦善　著
责 任 编 辑	张　晗
标 准 书 号	ISBN 978-7-301-13019-3
出 版 发 行	北京大学出版社
地　　　址	北京市海淀区成府路 205 号　　100871
网　　　址	http://www.pup.cn　　新浪微博:@北京大学出版社
电 子 邮 箱	编辑部 wsz@pup.cn　　总编室 zpup@pup.cn
电　　　话	邮购部 010-62752015　　发行部 010-62750672
	编辑部 010-62755217
印 刷 者	三河市北燕印装有限公司
经 销 者	新华书店
	650 毫米×980 毫米　　16 开本　　39.75 印张　　670 千字
	2008 年 6 月第 1 版　　2024 年 5 月第 4 次印刷
定　　　价	80.00 元

目 录

目

录

目

录

绪　论

　　我们伟大的祖国是一个历史悠久的文明古国，有着丰富的古代文化遗产。在这丰富的古代文化遗产宝库中，文献典籍占据着重要的位置，数量之多，世界罕见，人们常用"浩如烟海"、"汗牛充栋"来形容，这并非夸大之词。但更可贵的是，我国不仅有丰富的古代文献典籍，还有着研究、整理这些文献典籍的悠久历史，在实践中积累了丰富的成果和经验，总结了有益的方法和理论，逐渐形成了比较完整的古文献学，这对于我国古代文献典籍的保存、整理、流传和利用，起着重要作用。历史给我们以启示：能否继承和发展中国古文献学，是关系到我国丰富的古代文献典籍存亡的问题。如果没有正确的古文献学理论和方法，古文献将会产生两种后果：或者任其错乱、散失，日渐佚亡；或者乱加整理、妄加窜改，加诬古人，贻害后代。这将对继承优秀的民族文化遗产，弘扬爱国主义精神，促进人类文明发展，产生难以估量的损失。

　　什么是古文献学？简言之，就是有关古代文献典籍阅读、搜集、整理、研究和利用的学问。为了不停留在抽象的定义上，进一步加深对古文献学的了解，不妨让我们考察一下历史和现实的实际经验。由古代文献典籍内容和形式的复杂性所决定，阅读、研究、整理它们必须具备广博的知识和技能。于此前人早已有经验之谈，如清代著名古文献学学者戴震在《与是仲明论学书》中说：

　　　　仆自少时家贫，不获亲师，闻圣人之中有孔子者，定六经以示后之人。求其一经，启而读之，茫茫然无觉。寻思之久，计于心曰：经之至者道也，所以明道者其词也，所以成词者字也。由字以通其词，由词以通其道，必有渐。求所谓字，考诸篆书，得许氏《说文解字》，三年知其节目，渐睹圣人制作本始。又疑许氏于故训未能尽，从友人假《十三经注疏》读之，则知一字之义，当贯群经，本六书，然后为定。至若经之难明，尚有若干事：诵《尧典》数行，至"乃命羲和"，不知恒星七政所以运行，则掩卷不能卒业；诵《周南》《召南》，自《关雎》而往，不知古音，徒强以协韵，则龃龉失读；诵古《礼经》，先《士冠礼》，不知古者宫室、衣服等制，则迷于其方，莫辨其用；不知古今地名沿革，则《禹贡》《职方》失其处所；不知少广旁要，则《考工》之器不能因文而推其制；不知鸟兽、虫鱼、草木之状类名号，则比兴之意乖。而字学、故训、音声未始相离，声与音又经纬衡纵宜辨。汉末孙叔然创立反语，厥后考经论韵悉用之。释氏之徒从而习其法，因窃为己有，谓来自西域，儒者数典不能记忆也。中土测天用句股，今西人易名三角八线，其三角即句股，八线即缀术，然而三角之法穷，必以句股御之，用知句股者，法之尽备，名之至当也。管、吕言五声十二律，宫位乎中，黄钟之宫，四寸五分，为起律之本，学者蔽于钟律失传之后，不追溯未失传之先，宜乎说之多凿也。凡经之难明，右若干事，儒者不宜忽置不讲。仆欲究其本始，为之又十年，渐于经有所会通，然后知圣人之道，如悬绳树槷，毫厘不可有差。（《戴东原集》卷九）

这里虽就攻读经书的体会而言，实际上概括了研读、整理古代古献典籍所需具备的全面知识，其中包括文字、音韵、训诂、名物、典制、天文、地理、算法、乐律以及思想义理的剖析等等。以上还仅限于从古代文献典籍的书面语言形式及其所表达的内容的角度看问题。如果从古代文献典籍的文本形态和整理工作的主要环节来看，又需掌握目录、版本、校勘、标点、注释、辨伪、辑佚、编纂等方面的知识和技能。如此说来，古文献学岂不是包罗太杂了吗？以一个人的精力又怎能兼而通之呢？博杂确是事实，因为它不能为其中任何一方面的知识所穷尽、所代替。但是它也不是各方面知识的简单拼凑，而是有轻重主次之分的，这样兼通也就并非不可能。概括言之，古文献学以古代文献典籍的形式内容和整理它的各个环节为骨架，构筑了所需要的古代语言文字、古籍目录版本、校勘、辨伪、辑佚、古代历史文化等有关知识和理论，以及运用这些知识和理论解决实际问题的方法，形成了一个独立的学科。其中各类知识和理论占据的位置并不是平列的，而是以古代语言文字学为基础。传统一直把"小学"作为"通经"的工具，传统"小学"一直是经学的附庸，正说明这个道理。基础虽然重要，但不能代表全部，如果认为古文献学仅限于古代语言文字学，而不需兼顾其他，那也是一种片面认识。传统又有所谓"校雠学"之称，其始仅限于校勘之义，出自刘向《别录》；后又流为校理群书，进行编目之义，如郑樵《通志·校雠略》及章学诚《校雠通义》所述，实已与目录学无异。以上二义皆狭，也不足以概括古文献学的内容。现在有人把古文献学与古籍整理学等同起来，也是不恰当的。古文献学的应用范围不限于古籍整理，还包括古文献的研究和利用。

古文献学实际上是一门综合性的边缘学科，它与古代语言文字学、古籍目录、版本、校勘、辨伪、辑佚学以及古代历史学(包括通史、文化史、哲学史、思想史等)都有关联。同时古文献学又是实践性很强的应用学科。古文献学本身有许多分支，诸如注释(包括字词的注音、释义及天文、地理、名物、典制等的考证辨析)、校勘、目录、版本、辨伪、辑佚、编纂等，可见它是一门成熟的学科。古文献学不仅为研究、整理古代文献典籍的专门学者所必修，对于所有古代学科的研究者来说，也是需要加以掌握的，因为它关系到对史料的搜集、驾驭、精通和考辨。甚至对一般需要阅读古书加强文化素质修养的人来说，掌握一些古文献学的知识也是必要的。因此古文献学又带有基础学科的性质。

中国古文献学源远流长。中国古文献学史的任务是研究中国古文献学产生、发展的历史，介绍中国古文献研究、整理的历史概况，总结历史上古文献学家的经验和成果，为当今的古文献研究、整理和利用提供借鉴。任何一种学术都有一个历史发展、积累的过程，我们不能割断历史，必须在前人已经取得的经验和成果的基础上开拓前进，否则就会陷入暗昧，多绕弯路，甚至可能误入歧途。由于各种学术的具体性质各不相同，因此对各种学术历史遗产的消化和继承，实际做法又不尽相同。大致说来，有的比较直接，有的比较间接。就古文献学而言，不少历史经验、方法和成果，古为今用的关系更为直接，因此能否充分发掘、总结、继承古文献学的遗产，取得借鉴，对古文献学的发展来说，尤其显得重要和迫切，不仅关系到速度的快慢，而且关系到水平的高低。我们必须重视这项基础工作，切实把它做好，以利中国古文献学的承前启后，发扬光大。

前面已经讲到，古文献学是一门综合的边缘学科。由此决定，古文献学史也必然是一门综合的边缘学科，它与语言学史、文学史、史学史、哲学史、文化史、思想史等都有关联，必须从横向联系上加以研究，并注意吸收有关方面的研究成果。反过来看，其他史学也与古文献学史密不可分，例如传统小学总是依附于古文献学的，两者的发展历史是相辅相成的。又如古代史学史、哲学史、思想史等也都与古文献学史关系密切。史学史中的史书流传整理史部分直接构成古文献学史的内容。哲学史、思想史脱离不了经学史及诸子文献的流传整理史，而经学史及诸子文献的流传整理史也直接构成古文献学史的内容。

中国古文献学史具有自己的特点：第一，中国古文献学随着古文献的产生、流传和积累不断发展，形成了源远流长、延绵不断的历史。第二，中国古文献学史以经学史为中心。在长期的封建社会中，由于儒家思想被奉为正统，经学也就自然成为古文献学乃至整个学术的中心，因而经学史也就成为古文献学史的中心。前面已经提到，经学几乎与整个思想史有关。经书文献随着历史的发展，被各个时期的各种学者根据不同的目的、运用不同的方法整理着、研究着，像滚雪球一样，越滚越大，形成一层又一层的各个时代的历史遗迹，产生了汉学、宋学、清代考据学等不同的流派。第三，中国古文献学史虽然流派众多，但从基本倾向上分只有两派：一是考据学派，一是义理学派。前者从语言文字、名物典制等的考据入手，以求掌握古文献的本来意义，恢复古文献的原始面貌。后者往往摆脱语言文字，为我所用，穿凿附会，甚至任意篡改，强就我意。陆九渊所谓"六经注我"，确切地说明了义理学派的特点。前者能给古文献学提供有价值的学术成果，而后者则否，只能产生背离古文献本义、借题发挥的新的思想成果，成为思想史的研究对象。但这只是就基本倾向而言的，具体到某一学者，往往不那么单纯，可能两种情况兼而有之，只是侧重点有所不同罢了。第四，中国古代文献典籍，传统分为经、史、子、集四部。由于"经学中心"思想的影响，经籍的整理、研究成果最多，其次是史籍、子部书，集部书除一些名家的集子外，整理得最差。因此中国古文献学史所涉及的古文献整理、研究成果的范围，也只能受这种客观情况所限制。另外子部书内容、性质比较复杂，既包括一般思想著作，又包括非常专门的兵书、农书、医书、科技书、占卜书等，整理、研究起来，虽与一般著作具有共同性，但又需要某方面的专门知识，因此一般学者往往难以兼任。西汉刘向校理群书时，他自己只能负责经传（相当于后来四部分法的经部）、诸子（相当于四部分法子部中的思想著作）、诗赋（相当于四部分法的集部）三部分，而把一些专门的书分别请有关专家整理（当然这样的专家也必须兼通古文献学），如"步兵校尉任宏校兵书，太史令尹咸校数术，侍医李柱国校方技"（《汉书·艺文志序》）。因此中国古文献学及中国古文献学史所涉及的文献典籍也以经、史及子部书中的思想著作、集部书的诗文词赋为主。至于近古兴起的白话小说和戏曲，不为古代正统学者所重视，虽然也被传抄校刻，但始终未纳入古文献学研究的范围，所以古文献学史对这类文献涉及较少。比较特殊的佛教文献、道教文献也是如此。

中国古文献学史与中国的政治史、思想史关系密切而又有其自身的特点和规律。因此中国古文献学史的分期必须以依据自身的特点和规律为主,同时参照政治史、思想史等方面的情况。传统经学史有所谓汉学、宋学、清代朴学等说法,也值得作为中国古文献学史分期的参考。中国古文献学史是贯穿古今的,本书只讲古代及近代部分——自先秦至1919年五四运动。现、当代部分另行总结。古代至近代的古文献学史,大致可分为以下六个时期:先秦(含秦在内)、两汉、魏晋南北朝、隋唐、宋(含辽、金)元明、清及近代。先秦是我国古文献学的初创时期。两汉是成熟时期,既有以义理为主的经今文学派,又有以考据为主的经古文学派。魏晋南北朝时期,北方承汉朝古文学考据之馀绪,南方受玄学影响较大,出现义疏之学,喜谈义理,形成南北对峙的局面。并且由于语言文字的发展,出现了知今昧古、以今类古的倾向。隋、唐集南北朝之大成,使南北分立的古文献学得到统一。唐疏在形式上是南朝义疏之学的继承,实际内容却以考据为主。史注与魏晋南北朝时期一脉相承,均以考据为主。隋唐时期古文献学的特点是因循、集成,而较少开创。宋元明时期疑辨思潮兴起,以理学为代表的义理之学居于主导地位,同时考据学也在不断发展。清代集前代考据学之大成,形成以小学为中心的朴学,虽亦有汉、宋之争,但宋学在学术上始终未成气候。进入近代,今文学虽又一度兴起,但整个近代仍承考据学传统,古文学一直是占优势的。综观整个古文献学史,汉、唐、宋、清是四个重要时期。汉学(以古文经学的考据传统为代表)和宋学(以义理之学为代表)代表着两种不同的传统。而清朝是个集大成的时期,尤其是考据学发展的高峰,给我们留下丰富的经验和成果。

参照古文献学史的分期,本书分先秦、两汉、魏晋南北朝、隋唐、宋辽金、元明、清及近代七章。除第一章外,其馀每章第一节为概述,分专题介绍本章所涉及朝代古文献学的概况,其馀各节论述该时期有代表性的古文献学家,以求点面结合,得以反映每一时期的概观,同时注意前后照应,以期反映古文献学发展的脉络和规律。

第一章
先　秦

第一节　夏商周时代文献典籍的产生、保存和整理

从现有史料来看，我国有文字记载的历史，可以追溯到商代。但汉字的产生，时代更早。汉字发展到商代后期，已经基本成熟，其前必然经历了一个漫长的历史时期，它的萌芽状态一直可以追溯到仰韶文化时期陶器上的简单文字。应该说用文字记载的文献，是与文字同时产生、相随发展的，但见于历史记载的，也只能追溯到夏商时代。《国语·晋语四》说："有夏商之嗣典"，《左传》、《墨子》屡引《夏书》、《殷书》（或《商书》）。《尚书·多士》说："惟尔知，惟殷先人有典有册，殷革夏命。"伪孔传："言汝所亲知，殷先世有册书典籍，说殷改夏王命之意。"这是说殷先人有记载殷革夏命的文献典籍。《吕氏春秋·先识览》载：夏桀暴乱，"夏太史令终古出其图法，执而泣之"，说明夏代已有"图法"，即文献典籍。至于《周礼·春官》所记：外史"掌三皇五帝之书"，所谓三皇五帝皆属传说时代，无信史可言，其有无文字、典籍，同样可疑，这里说的三皇五帝之书，恐怕是后人附会追记而成的。

我们现在所能看到的中国最早的文献，当推商代的甲骨卜辞。这是一种镌刻在龟甲兽骨上的占卜文献，从形式到内容都有其特殊性，当时为太卜一类的官所掌，但由此并不难推想当时史官所写的纪事较详的文献。《尚书》中有所谓"虞书"、"夏书"、"商书"，但成文时代可疑，不仅"虞书"不可靠，即使"夏书"、"商书"也不能简单地看成夏、商时代文献的原貌。至于周代的文献，除铜器铭文之外，见于典籍流传的，如《尚书》、《逸周书》中的可靠篇什、《周易》本经（六十四卦及卦辞、爻辞）、《诗经》、《仪礼》等，今天也能看到。

春秋时代以前，文献典籍主要集中于官府，由有关的官吏掌管。如史官掌政典、史籍，《周礼·春官》载："大（太）史掌建邦之六典"，"小史掌邦国之

志"，"内史掌王之八枋之法，……内史掌书王命，遂贰之（郑玄注：副写藏之）"，"外史掌书外令，掌四方之志（郑玄注：志，记也。谓若鲁之《春秋》、晋之《乘》、楚之《梼杌》），掌三皇五帝之书"。《左传·昭公二年》载：韩宣子聘于鲁，"观书于大史氏，见《易象》与《鲁春秋》"。昭公十二年又载：楚灵王称赞其左史倚相为"良史"，"能读《三坟》、《五典》、《八索》、《九丘》"等古代书籍。每当一朝丧乱之际，史官们还往往带着他们所掌管的文献典籍投奔新主。《吕氏春秋·先识览》载："夏太史令终古出其图法，执而泣之。夏桀迷惑，暴乱愈甚，太史令终古乃出奔如商。……殷内史向挚见纣之愈乱迷惑也，于是载其图法，出亡之周。……晋太史屠黍见晋之乱也，见晋公之骄而无德义也，以其图法归周。"又如太师、小师掌乐谱、诗歌，《左传·襄公二十九年》载：吴公子季札聘鲁，请观周乐，听到乐工演唱《诗经》乐章。此外如宗伯掌礼书，太卜掌三《易》，医官掌医典，司马掌兵书等等。这种情况到春秋后期开始改变，学术、典籍渐散民间，乃至边远部族，所谓"天子失官，学在四夷"（《左传·昭公十七年》），就说明了这个问题。

世迁代移，文献典籍在流传中难免不发生散失、错乱，积时久远，又难免不产生语言文字上的障碍，于是对于前代文献的校勘、诠释、考辨等方面的整理任务便又自然地提了出来。最初，掌管文献典籍的有关官吏兼做这种整理工作。我国有史记载的最早的一个知名的校雠家，是周宣王时的宋国大夫正考父。《国语·鲁语下》："昔正考父校商之名颂十二篇于周大师，以《那》为首。"《毛诗·商颂·那》小序：《那》，祀成汤也。（宋）微子至于戴公，其间礼乐废坏，有正考甫（父）者，得《商颂》十二篇于周之大师，以《那》为首。"《毛诗·商颂谱》："自从政衰散亡，商之礼乐七世至戴公，时当宣王，大夫正考父者，校商之名颂十二篇于周大师，以《那》为首，归以祀其先王。"正考父是孔子的先人，《左传·昭公七年》载孟僖子说："吾闻将有达者曰孔丘，圣人之后也，而灭于宋。其祖弗父何以有宋而授厉公。及正考父，佐戴、武、宣，三命（上卿）兹益共（恭）。"此为经古文说，比较可靠。《史记·宋微子世家》："太史公曰：……襄公之时，修行仁义，欲为盟主。其大夫正考父美之，故追道契汤高宗殷所以兴，作《商颂》。"则认为正考父为宋襄公时人，《商颂》非其所校而为其所作。此盖本今文《鲁诗》说。《史记索隐》于此有辨："今按《毛诗·商颂》序云：正考父于周之大师得商颂十二篇，以《那》为首。《国语》亦同此说。今五篇存，皆是商家祭祀乐章，非考父追作也。又考父佐戴、武、宣，则在襄公前且百许岁，安得述而美之？斯谬说尔。"故可断定《商颂》非正考父所作，只是经过他的校理而已。但是《商颂》文字不古，篇幅较长，亦非商代古辞,当为商之后人追颂先王先祖之作。

第二节　我国古文献学的开拓者孔子

从春秋后期开始,随着社会的大变革、旧贵族统治的衰落,由官府垄断文化的情况逐渐改变。教育、学术下移,九流百家兴起,不仅产生了新的诸子著述,也出现了私家整理前代文献典籍的情况。孔子就是一个突出的代表。

孔子(前551—前479),名丘,字仲尼,鲁国陬邑(今山东曲阜东南)人。他的先世是宋国贵族,宋国贵族又是商人的后裔,因此孔子对商代的文化很重视。他又生长在保存周文化的礼乐之邦——鲁国,对周文化也非常推崇,常以周文化的代表自居。在学术上他"述而不作,信而好古",以传授、整理古代文化为己任。当时流传的主要文献典籍有六种,即《易》、《诗》、《书》、《礼》、《乐》、《春秋》,称为六艺,后世又称为六经。关于孔子与六经的关系,历史上有两种说法:经古文学家认为"六经皆史",孔子只不过对六经这些前代传下来的文献典籍作了校释整理而已;今文学家则认为六经是孔子本人的著述,其中处处贯穿着孔子的思想观点。古文学家的说法更加接近史实。具体来说,孔子与六经的关系深浅各不相同,须分别加以探讨。

(一)孔子与《周易》

《周易》是一部占筮书,原只称《易》,自汉代起被奉为儒家经典。今传《周易》,包括本经和易传,本经即六十四卦卦象及卦辞、爻辞,易传指《彖》(分上下)、《象》(分上下)、《繋辞》(分上下)、《文言》、《说卦》、《序卦》、《杂卦》,即所谓"七种十翼"。关于孔子与《周易》的关系,传统有几种说法:

第一,孔子作易传。《史记·孔子世家》:"孔子晚而喜《易》,序《彖》、《繋》、《象》、《说卦》、《文言》,读《易》,韦编三绝。"《汉书·艺文志》认为伏羲"始作八卦",周文王"重《易》六爻,作上下篇"(即重八卦为六十四卦,每卦六爻,并作卦辞、爻辞),"孔氏为之《彖》、《象》、《繋辞》、《文言》、《序卦》之属十篇。故曰:《易》道深矣,人更三圣,世历三古。"

第二,孔子不但作易传,亦作卦辞、爻辞。如皮锡瑞《经学通论·易经·论卦辞文王作爻辞周公作皆无明据当为孔子所作》、《论孔子作卦辞爻辞又作彖象文言是自作而自解》对此加以阐说。但此说很少有人附和。

第三,从宋代开始,不断有人怀疑易传亦非孔子所作。欧阳修作《易童子问》,始辨《繋辞》、《文言》、《说卦》而下,皆非圣人(孔子)之作。但不怀疑

《彖》、《象》。陈振孙《直斋书录解题》云:赵汝谈《南塘易说》三卷,"专辨十翼非夫子作",今此书无传。清代姚际恒、崔述等学者皆主此说。

经过近现代一些学者的进一步考证,可以肯定易经、易传皆非孔子所作(参见李镜池《周易探源》)。卦辞、爻辞为古代卜史之官所掌管的原始筮辞,经后人编纂而成。易传七种十篇,作非一人,成非一时,包括了战国后期至秦汉间学者对易经的解释,其中得易经本义者绝少,引申发挥者居多。反映的思想亦较复杂,出于儒家的为主(如《彖》、《象》),亦涉他家。易传如《繫辞》、《文言》中虽多"子曰"字样,或为后儒假托于孔子,或如欧阳修所说:"至于'何谓''子曰'者,讲师之言也。"(《易童子问》卷三)

关于孔子与《周易》的关系,应从有关孔子生平思想最可靠的材料《论语》中去探求。《论语》直接涉及《周易》的材料仅有两章,一章是:

> 子曰:"加我数年,五十以学《易》,可以无大过矣。"(《述而》)

《易》讲天道,孔子说:"五十以学《易》,可以无大过矣",正可与他自己的另一句话:"五十而知天命"(《为政》)互相印证。所以《论语·述而》的这一章可以说明孔子晚年学过《周易》。

另一章是:

> 子曰:"南人有言曰:'人而无恒,不可以作巫医。'善夫!""不恒其德,或承之羞。"子曰:"不占而已矣。"(《子路》)

其中"不恒其德,或承之羞",系《周易·恒》九三爻辞,孔子引用此语,与"南人"之言类比,并作了说解:"不占而已矣。"这说明孔子确实对弟子讲过《周易》,故此条被弟子记录下来,见载于《论语》。不仅如此,这一章对后世还产生了影响,《荀子·大略》云:"善为《易》者不占",正是对孔子这一解说的承袭。但是《论语·公冶长》又载:"子贡曰:'夫子之文章,可得而闻也;夫子之言性与天道,不可得而闻也。'"由此可知,连孔子较亲密的弟子、"十哲"之中的子贡都未听到孔子讲"天道"。这又说明,孔子即使讲论关涉"天道"的《周易》,也只是偶尔所及,并未把它作为教学的内容。这并不是因为孔子不信天道,只是因为天道幽深难明,不便言说罢了。

(二)孔子与《尚书》

《尚书》是我国上古誓、诰、命、谟等记言的历史文件和部分追述古代事迹的著作的汇编,原只称《书》,又称《书经》。现在通行的《十三经注疏》本《尚书》,实际上是可靠的《今文尚书》(亦杂有《古文尚书》篇什,如《金縢》)和伪《古文尚书》的合编。《今文尚书》西汉初存二十八篇,在《十三经注疏》本中被分割为三十三篇，即《尧典》，《舜典》（由《尧典》分出，首加二十八字），《皋陶谟》，《益稷谟》（由《皋陶谟》分出，以上属《虞书》），《禹贡》，《甘誓》（以上二篇属《夏书》），《汤誓》，《盘庚》上、中、下（由一篇分为三篇），《高宗肜日》，《西伯戡黎》（以上六篇属《商书》），《微子》，《牧誓》，《洪范》，《金縢》（此篇实古文说，与《尚书大传》所言有别），《大诰》，《康诰》，《酒诰》，《梓材》，《召诰》，《洛诰》，《多士》，《无逸》，《君奭》，《多方》，《立政》，《顾命》，《康王之诰》（由《顾命》分出），《吕刑》，《文侯之命》，《费誓》，《秦誓》（以上二十一篇属《周书》）。伪《古文尚书》共二十五篇，即《大禹谟》，《五子之歌》，《胤征》，《仲虺之诰》，《汤诰》，《伊训》，《太甲》上、中、下，《咸有一德》，《说命》上、中、下，《泰誓》上、中、下，《武成》，《旅獒》，《微子之命》，《蔡仲之命》，《周官》，《君陈》，《毕命》，《君牙》，《冏命》。伪《古文尚书》，包括流传至今的全部孔安国传，自宋至清经过不少学者的怀疑、考订，可以肯定是魏晋间人（王肃或王肃之徒）伪造。《今文尚书》二十八篇乃是传自古代的不完全的《尚书》遗篇，因为是用汉代通行的隶书抄录的，故称"今文"。《今文尚书》中又分《虞书》、《夏书》、《商书》、《周书》四部分。《虞书》、《夏书》中的《尧典》、《皋陶谟》、《禹贡》，是战国时人根据古代所传的资料及传说加工编造而成的。其中的《甘誓》可能是夏代原有的训辞，口耳相传，经过商、周辗转写定的。《商书》中的几篇是以商代史官记录的原件作基础，在流传中经过语言文字的译释加工，最后由周代人写定的。至于《周书》部分，大都是当时史官所记，个别篇章如《洪范》可能是战国时人编造而成加进去的。

关于孔子与《尚书》的关系，传统有所谓"序《尚书》"之说。《史记·三代世表序》："孔子因史文次《春秋》，纪元年，正时日月，盖其详哉。至于序《尚书》则略，无年月，或颇有，然多阙，不可录。故疑则传疑，盖其慎也。"这里"序《尚书》"的"序"与"次《春秋》"的"次"互文见义，即序次之义，并非明指为《尚书》作序。《孔子世家》又说："序《书传》，上纪唐虞之际，下至秦缪，编次其事。"这里的"序"亦即编次之义。至班固，不仅认为孔子整理、编次过《尚书》，并且还认为孔子为《尚书》作过序。《汉书·艺文志》说："《易》曰：'河出图，雒出书，圣人则之。'故书之所起远矣，至孔子篹焉，上断于尧，下讫于秦，凡百篇，而为之序，言其作意。"《儒林传》说：孔子"究观古今之篇籍，乃称曰：'大哉！尧之为君也……'于是叙《书》则断《尧典》……"孔子是否真作过《书序》，尚值得怀疑。而今传《尚书》中的《大序》、《小序》皆为后人伪作，这是经过宋代洪迈（见《容斋四笔》）、朱熹（见《朱子语类》卷七十八）、清代顾炎武（见《日知录》卷二）等学者的怀疑、考证而终成定论的。

根据《论语》中的有关材料,可以断定《尚书》中的原始篇章在孔子之前已经成书,孔子曾诵读、教授过《尚书》。《述而》有一章说:"子所雅言,《诗》、《书》、执礼,皆雅言也。"所谓"雅言"即当时的官话,这一章是说孔子诵读、教授《诗》、《书》以及主持礼仪皆用官话。又《为政》有一章:

> 或谓孔子曰:"子奚不为政?"子曰:"《书》云:'孝乎惟孝,友于兄弟,施于有政。'是亦为政,奚其为为政?"

这里孔子引《尚书》回答问题。其文不见今传《今文尚书》,当为《尚书》佚文,而被伪《古文尚书》采入《君陈》。可知孔子当时所见的《尚书》,篇数多于今传《今文尚书》。还有一章见于《宪问》:

> 子张曰:"《书》云:'高宗谅阴,三年不言',何谓也?"子曰:"何必高宗,古之人皆然。君薨,百官总己以听于冢宰三年。"

这里记载孔子给弟子解释《尚书》的情况。子张引文见于今传《尚书·无逸》,文字及详略有异,当为概引。

由此可证,《史记·孔子世家》所说"孔子以《诗》、《书》、礼、乐教弟子"的话是可信的。至于是否系统整理过《尚书》,尚在疑然之间。

(三)孔子与《诗经》

《诗经》是我国最早的一部诗歌总集,原只称《诗》,共三百零五篇,另有六篇有目无诗,旧称六笙诗。《诗经》分为"风"、"雅"、"颂"三大类。《风》有十五国风,共一百六十篇,大抵是周初至春秋中叶的作品。其中不少是民歌,其来源与古代"采诗"制度有关,如《汉书·艺文志》说:"……故古有采诗之官,王者所以观风俗,知得失,自考正也。"《雅》分《大雅》和《小雅》。《大雅》三十一篇,多是西周王室贵族的作品。《小雅》七十四篇,大抵是西周后期和东周初期的作品,多为一般贵族士人的作品。《颂》分《周颂》、《鲁颂》、《商颂》。《周颂》三十一篇,多是西周统治者用于祭祀的庙堂乐歌。《鲁颂》四篇,为鲁国贵族歌颂其统治者鲁僖公的作品。《商颂》五篇,第一节中已经提到,为周宣王时(当宋戴公之时)宋国大夫正考父整理周大师所保存的商之后人追颂先王、先祖的乐歌而成。

关于孔子与《诗经》的关系,传统有"删诗"之说,《史记·孔子世家》:"古者诗三千余篇,及至孔子,去其重,取可施于礼义,上采契、后稷,中述殷周之盛,至幽厉之缺。……三百五篇,孔子皆弦歌之,以求合《韶》、《武》、《雅》、《颂》之音。"《汉书·艺文志》虽未明言孔子由三千馀篇删成三百零五篇,但亦言由孔子选定三百零五篇:"孔子纯取周诗,上采殷,下取鲁,凡三百五篇,遭秦而全者，以其讽诵，不独在竹帛故也。"至东汉郑玄，不取"删诗"之说，而持孔子"补录"之说。其《诗谱序》认为成王、周公以前的盛时风雅之诗，"谓之诗之正经"；"后王稍更陵迟……故孔子录懿王、夷王时诗，讫于陈灵公淫乱之事，谓之变风变雅"。宋代的叶适明确驳"删诗"之说，其《习学记言序目》卷六说："《史记》：古《诗》三千余篇，孔子取三百五篇；孔安国亦言'删诗为三百篇'。按《诗》，周及诸侯用为乐章，今载于《左氏》者，皆史官先所采定，就有逸诗，殊少矣，疑不待孔子而后删十取一也。又《论语》称'《诗》三百'，本谓古人已具之《诗》，不应指其自删者言之也。"此说言之成理，多为后代学者所附和，见于王士禛的《池北偶谈》、朱彝尊的《经义考》、江永的《乡党图考》、崔述的《洙泗考信录》、《读风偶识》、《丰镐考信录》、魏源的《诗古微》等。除举《论语·为政》称"《诗》三百"，《子路》称"诵《诗》三百"及《左传》、《国语》引《诗》范围以为例证之外，有人还补充《左传·襄公二十九年》吴公子季札聘鲁观周乐为例，指出季札听到乐工所歌《风》、《雅》、《颂》的内容，除十五国风顺序与今传《诗经》有异外，看不出在数量上明显超出今传《诗经》的地方，说明在襄公二十九年孔子八岁之时，《诗经》已具"诗三百"的规模。通过这些论证，可以断定所谓孔子"删诗"之说是不可信的。

在《论语》中，孔子谈及《诗经》的地方很多，大致可分几种情况：

第一，关于评论的。如：

> 子曰："《诗》三百，一言以蔽之，曰：思无邪。"(《为政》)

这是对《诗经》总的评价，举成数称"《诗》三百"，说明当时《诗经》已编集成书，并且已具今传本的规模。"思无邪"一语为《诗经·鲁颂·駉》篇之文，孔子引《诗》评《诗》，认为全部《诗经》，作者的思想是纯正的。孔子又说过："郑声淫"(《卫灵公》)，尽管那是指郑国的音乐而言，但是《诗经》是入乐的，评乐往往涉及其诗的内容(如孔子反对鲁国三家用《雍》(雝)乐来撤除祭品，正是引其辞"相维辟公，天子穆穆"来质问"奚取于三家之堂"的)，《诗经·郑风》中的确有不少大胆表露爱情的诗歌，所以孔子的这句话也包含着他对《郑风》中诗歌的评价。而这与总评价"思无邪"又不矛盾，因为孔子认为，作者暴露其淫，正是为了讽刺其淫。这便是后世流传的关于解释《诗经》的所谓"美刺说"(善者赞美之，恶者讽刺之)的发端，实际上是对原诗主题的歪曲。又如：

> 子曰："《关雎》，乐而不淫，哀而不伤。"(《八佾》)

《关雎》一诗并未表达哀伤之情,刘台拱《论语骈枝》说:"《诗》有《关雎》,《乐》亦有《关雎》,此章据《乐》言之。古之乐章皆三为一。《传》曰:'《肆夏》之三,《文王》之三,《鹿鸣》之三'……盖乐章通例如此。……《仪礼》合乐,《周南》:《关雎》、《葛覃》、《卷耳》;《召南》:《鹊巢》、《采蘩》、《采蘋》。而孔子但言《关雎》之乱(见《泰伯》),亦不及《葛覃》以下,此其例也。……乐而不淫者,《关雎》、《葛覃》也;哀而不伤者,《卷耳》也。《关雎》,乐妃匹也。《葛覃》,乐得妇职也。《卷耳》,哀远人也。"故这一章在评《关雎》这一乐章时,涉及三首诗。至于评语,反映了孔子在控制感情上的中庸思想。

第二,关于诗教的。诗教不始于孔子,《周礼·春官宗伯·大师》:"教六诗:曰风,曰赋,曰比,曰兴,曰雅,曰颂。"可见周代官学即把《诗》作为教学的内容。但当时诗教为乐官大师所掌,只是乐教的附庸。而孔子则把《诗》的教育价值广为扩展,作为他教学的重要内容。如说:

> 不学《诗》,无以言。(《季氏》)
> 兴于《诗》,立于礼,成于乐。(《泰伯》)
> 诵《诗》三百,授之以政,不达;使于四方,不能专对,虽多,亦奚以为。(《子路》)
> 人而不为《周南》、《召南》,其犹正墙面而立也。(《阳货》)
> 《诗》可以兴,可以观,可以群,可以怨,迩之事父,远之事君,多识于鸟兽草木之名。(《阳货》)

这里涉及艺术、知识、道德、政治等许多方面。

第三,关于解释的。孔子或以诗为教,或赋诗言志,或引诗证事,既出于多方面实用的目的,就难免不对《诗经》的内容作引申、附会。《论语》中直接解释诗句内容的有两章,一章是与子夏讨论《诗》旨:

> 子夏问曰:"'巧笑倩兮,美目盼兮,素以为绚兮',何谓也?"子曰:"绘事后素。"曰:"礼后乎?"子曰:"起予者商也,始可与言《诗》已矣。"(《八佾》)

这一章引《诗》以言礼。孔子认为人的修养应以内在的美质、广博的学问为根本,以礼乐作仪表,如说:"人而不仁,如礼何? 人而不仁,如乐何?"(《八佾》)"若藏武仲之知,公绰之不欲,卞庄子之勇,冉求之艺,文之以礼乐,亦可以为成人矣。"(《宪问》)"君子博学于文,约之以礼。"(《雍也》)而所讲之诗"巧笑倩兮,美目盼兮"两句见《诗经·卫风·硕人》,写硕人容貌之美。"素以为绚兮"句,不见于今传《诗经》,当为佚句,以绘画为喻,"素"指素地,"绚"

指五彩颜料,是说先有美质,后加修饰。孔子解作"绘事后素"尚未离开原诗之喻,子夏引申为礼仪在美质之后,离题已远,而孔子充分给以肯定,并把这类引申定为"言《诗》"的原则。另一章是:

> "唐棣之华,偏其反而。岂不尔思?室是远而。"子曰:"未之思也,夫何远之有?"(《子罕》)

这四句诗已佚,前两句写唐棣之花翩翩摇动之状,为起兴。后两句写思念远人而不得见。孔子的解说则引申为求仁,如他曾说过:"仁远乎哉?我欲仁,斯仁至矣。"(《述而》)"未之思也,夫何远之有?"正与这话若合符节。

孔子对《诗经》的评论和解释,有一个鲜明的标准和目的,这就是当时统治阶级的政治和道德,这并不完全是孔子的独创,与当时《诗经》在贵族社会的运用情况基本相符。这一点在《诗经》的流传中产生巨大影响,后儒的各家诗说多源于此。

(四)孔子与礼

礼包括敬鬼事神、区别长幼尊卑的各种规定和仪节形式,主要是古代贵族等级制度的反映,其中也有一些氏族制无阶级社会礼俗的遗存。孔子主张礼治,他所讲的礼,既包括礼的实质内容,又包括礼的外表形式,而以内容为主,如说:"礼云礼云,玉帛云乎哉?"(《阳货》)"人而不仁,如礼何?"(《八佾》)

孔子曾说:"夏礼,吾能言之,杞不足徵也;殷礼吾能言之,宋不足徵也。文献不足故也,足,则吾能徵之矣。"(《八佾》)可见孔子之时,夏礼、殷礼仅存传说,已无文献可徵。至于周礼,自从周公整理过以后,就有文献流传。《左传·文公十八年》载大史克的话说:"先君周公制《周礼》曰:'则以观德,德以处事,事以度功,功以食民。'"可知《周礼》(非今传《周礼》)在春秋时已经成书流传。又《左传·哀公三年》有"子服景伯至,命宰人出礼书,以待命"的话,也是当时礼制已成书的证明。周礼到春秋之时,虽开始遭到破坏,但现实生活中还在流行,并且记载其制的书还相当完备,所以孔子说:"周监于二代,郁郁乎文哉!吾从周。"(《八佾》)

执礼是儒者的重要职务,身为儒者、并且是儒家学派创始人的孔子,素以好礼、知礼闻名。《史记·孔子世家》说孔子"为儿嬉戏,常陈俎豆,设礼客"。《论语·八佾》载:"子入太庙,每事问。或曰:'孰谓鄹人之子知礼乎?入太庙,每事问。'子闻之,曰:'是礼也。'"《左传·昭公七年》载孟僖子将死时召其大夫,命嘱孟懿子与南宫敬叔师事仲尼以学礼。孔子把礼列为教育的重要内容，强调"克己复礼"（《颜渊》），"不学礼，无以立"（《季氏》）。他的最得意的弟子颜渊曾说："夫子循循然善诱人，博我以文，约我以礼。"（《子罕》）《孔子世家》还记载："孔子去曹适宋，与弟子习礼于大树之下。"《论语》中谈及礼的地方最多，《八佾》、《乡党》等于言礼的专篇。涉及礼的方面也比较广泛，《礼记·昏义》："夫礼始于冠，本于昏，重于丧、祭，尊于朝、聘，和于射、乡，此礼之大体也。"这里所说的冠、昏、丧、祭、朝、聘、射、乡（乡饮酒礼）等礼的八大纲目的内容，在《论语》中几乎都可以找到。又《左传·哀公二十一年》载齐人歌中有"唯其（指鲁）儒书，以为二国（指齐、鲁）忧"句，儒书即指礼书。孔子及其门徒为鲁国儒者的代表，当时距孔子卒仅五年，鲁国的礼书已有儒书之称，亦可证孔子传授并整理过礼书。周代礼制、礼书的流传，与孔子及其门徒后学关系十分密切，《史记·孔子世家》载：孔子死后，"而诸儒亦讲习乡饮大射于孔子冢"，并在"太史公曰"中自述："余读孔氏书，想见其为人。适鲁，观仲尼庙堂，车服礼器，诸生以时习礼其家，余祗回留之，不能去云。"

现在流传的"三礼"，其成书皆直接或间接与孔子有关。

《仪礼》为记载礼节仪式之书，又称礼经。《汉书·艺文志》著录："礼古经五十六卷，经十七篇（按，原作七十篇，据刘敞说改）。"现传《仪礼》只存十七篇，仅限于士礼，故有《士礼》之称，旧说认为是秦始皇焚书后的残馀。《史记·儒林列传》说："礼固自孔子时，而其经不具。及至秦焚书，散亡益多，于今独有《士礼》，高堂生能言之。"这里说《仪礼》传自孔子。至唐，孔颖达《礼记正义序》、贾公彦《仪礼疏序》认为周公所作，后人多疑其非。清崔述在《丰镐考信录》中曾辨《仪礼》非周公所作，其言甚详，并据《礼记·杂记下》所云"恤由之丧，哀公使孺悲之孔子学《士丧礼》，《士丧礼》于是乎书"，认为《士丧礼》之文昉于孔子"。至邵懿辰《礼经通论》，则明确认为："《礼》十七篇盖孔子所定。《檀弓》（按，当为《杂记》）云：'恤由之丧，哀公使孺悲学《士丧礼》于孔子，《士丧礼》于是乎书。'据此，则《士丧》出于孔子，其馀篇亦出于孔子可知。汉以十七篇立学，尊为《经》，以其为孔子所定也。"皮锡瑞《三礼通论》完全同意此见，认为"邵氏之说犁然有当于人心"。这种说法不无根据。陈公柔《士丧礼、既夕礼中所记载的丧葬制度》一文（载《考古学报》1956年第4期），把《仪礼》的《士丧礼》、《既夕礼》所记的随葬器物的组合形式，跟考古发现墓葬中的实际情况对比，认为《仪礼》反映的大约是战国初期的情况。而战国初期离孔子生活的时代甚近，礼制不会发生多大变化。

《礼记》是后儒汇集而成的孔子及其后学传述礼制、论说礼义的著作。

《汉书·艺文志》著录:"《记》百三十一篇",自注:"七十子后学者所记也。"《经典释文·叙录》云:"《礼记》者,本孔子门徒共撰所闻以为此记,后人通儒各有损益。故《中庸》是子思伋所作,《缁衣》是公孙尼子所制,郑玄云:《月令》是吕不韦所撰,卢植云:《王制》是汉时博士所为。"这些关于礼的传述和论说,在先秦多以单篇散章的形式流传,约在西汉前期被汇集、补撰成书。今传《十三经注疏》中的《礼记》即为其中的一部分篇什,称小戴《礼记》。孔颖达《礼记正义》于"礼记"题下引郑玄《六艺论》云:"案《汉书·艺文志》、《儒林传》云:传礼者十三家,唯高堂生及五传弟子戴德、戴圣名在也","今《礼》行于世者,戴德、戴圣之学也","戴德传《记》八十五篇,则《大戴礼》是也;戴圣传《礼》四十九篇,则此《礼记》是也"。

今传小戴《礼记》四十九篇,大致可分为三类:一类述礼制,一类陈礼说,一类解经(《仪礼》)义。与孔子所定的《仪礼》以及孔子关于礼的言行关系密切。

《礼记》和《仪礼》的关系有以下几点:第一,《礼记》在内容上比《仪礼》的范围有所扩充,不限于仪节形式,还包括政教、礼俗,属广义的礼。如《王制》、《月令》、《学记》、《乐记》、《坊记》、《中庸》、《儒行》、《大学》等篇已超出《仪礼》内容之外。第二,《礼记》中解经义的一些篇什等于《仪礼》的传。如《经解》,孔颖达《正义》于题下引《郑目录》(郑玄《礼记目录》)云:"名曰《经解》者,以其记六艺政教之得失也。"其实《经解》并不限于泛论六艺与政教的关系,而着重在谈礼与政的关系,解释礼的纲目,如:"故朝觐之礼,所以明君臣之义也;聘问之礼,所以使诸侯相尊敬也;丧祭之礼,所以明臣子之恩也;乡饮酒之礼,所以明长幼之序也;昏姻之礼,所以明男女之别也。"实际等于《仪礼》的总序。至于《冠义》、《昏义》、《乡饮酒义》、《射义》、《燕义》、《聘义》诸篇,则相当于《仪礼》每篇的小序,故郑玄《礼记目录》说:"《仪礼》有其事,此记释其义"(《乡饮酒义》题下《正义》引),"以上诸篇(指《冠义》等六篇)皆记《仪礼》当篇之义,故每篇言义也"(《丧服四制》题下《正义》引)。又《服问》篇中例标"传曰"字样,与《仪礼》的《丧服大传》相似。第三,《礼记》中还记载了一些在实际生活中践履礼仪的言和事,亦与《仪礼》相表里。第四,戴德、戴圣本从后仓受《仪礼》,而自传大、小戴《礼记》,可证《礼记》为《仪礼》之附庸。

《礼记》中记载了不少孔子的言行,也有一些他的几个主要弟子的言行。关于孔子的言行,须具体分析,有的直述《论语》,有的稍变其词,有的将具体言行改为礼之通则,有的为其弟子所记,而《论语》未收,这些方面都是有本之言,是可靠的。但多数情况确如何异孙《十一经问答》所说:"多非孔子之言,凡'子曰'者多假托。"涉及其弟子言行者也是如此。

以上情况可以说明,《礼记》为儒家之书,出自孔门后学之手。

《周礼》本名《周官》,《汉书·艺文志》著录《周官经》六篇,颜师古注曰:"即今之《周官礼》也,亡其冬官,以《考工记》充之。"《周礼》序官辨职,涉及田制、兵制、学制、礼仪、刑法等方面的大政,包含着丰富的政治、经济、文化资料,实际上是一部政书。《考工记》虽为后人所补,无关大政,但也是先秦古书,是考证古代工艺、器物的重要资料。

《周礼》一书,或谓反映周公致太平之书(《后汉书·马融传》),或径谓周公所作(《周礼》郑玄注),此二说汉时已有人反对。唐贾公彦《周礼疏·序周礼废兴》载有异说:"《周礼》起于成帝刘歆,而成于郑玄,附离之者大半,故林孝存(《后汉书·郑玄传》作"临孝存",名硕)以为武帝知《周官》末世渎乱不验之书,故作十论七难以排弃之。何休亦以为六国阴谋之书。"又有为刘歆伪造之说,始于宋洪迈《容斋续笔》:"《周礼》一书,世谓周公所作而非也。昔贤以为战国阴谋之书,考其实,盖出于刘歆之手。《汉书·儒林传》尽载诸经专门师授,此独无传。至王莽时歆为国师,始建立《周官经》以为《周礼》,且置博士。而河南杜子春受业于歆,还家以教门徒。好学之士郑兴及其子众往师之,此书遂行。"此说后世遵违不一,至清廖平《今古学考》、康有为《新学伪经考》认定不疑,实为今文学派门户之见。经过古今不少学者的考证,《周礼》成书于战国时代,其有历史依据,绝非凭空臆造,但不限于反映西周一代的现实,而是综合了西周至战国的情况,并且包括编纂者理想化的成分在内,正如张心澂《伪书通考》所说:"采西周及春秋时制度参以己意而成。"《周礼》体现了礼治的思想,表现出对周制的向往,其中也经常提到"法",但是指"法则"或"方法",与法家之法无关。因此《周礼》出自儒家无疑,但与孔子的关系较为疏远。

(五)孔子与乐

乐是与礼相配为用的,"乐也者,动于内者也;礼也者,动于外者也。"(《礼记·乐记》)所以礼乐并称。因为《诗经》中的诗都是入乐的,所以诗与乐又不可分。孔子说:"兴于诗,立于礼,成于乐。"(《论语·泰伯》)说明诗、礼、乐三者关系极为密切。孔子既传诗、传礼,对乐也就很精通。《论语》中评论到乐的地方很多:

> 子谓《韶》,尽美矣,又尽善也;谓《武》,尽美矣,未尽善也。(《八佾》)

这里对舜乐《韶》和武王乐《武》从思想上、艺术上作了全面评价。他认为《武》未尽善,是因为表现武王伐纣的《武》乐宣扬了武力,与他的仁爱思想相悖。《论语》还记载孔子对乐的欣赏与沉醉:

> 子在齐闻《韶》,三月不知肉味,曰:"不图为乐之至于斯也。"(《述而》)

> 子曰:"师挚之始,《关雎》之乱,洋洋乎其盈耳哉!"(《泰伯》)

孔子对乐的通晓,甚至超过鲁国的总乐官太师,《论语》载:

> 子语鲁大师乐,曰:"乐其可知也:始作,翕如也;从之,纯如也,皦如也;绎如也,以成。"(《八佾》)

这里谈乐章的结构,表现出他是行家里手。因此他亲自整理过乐典,也就不是偶然的事了,如《论语》载:

> 子曰:"吾自卫返鲁,然后乐正,《雅》、《颂》各得其所。"(《子罕》)

（六）孔子与《春秋》

《春秋》本是春秋时鲁国史官按年月记载的大事记,等于鲁国的编年史,自鲁隐公元年(前722)至鲁哀公十四年(前481),历十二公,共242年。

论及孔子与《春秋》的关系,最早见于《孟子》,有两处谈到,一处是:

> 世衰道微,邪说暴行有作,臣弑其君者有之,子弑其父者有之。孔子惧,作《春秋》。《春秋》,天子之事也。是故孔子曰:"知我者其惟《春秋》乎!罪我者其惟《春秋》乎!"……昔者禹抑洪水而天下平,周公兼夷狄,驱猛兽而百姓宁,孔子成《春秋》而乱臣贼子惧。(《滕文公下》)

这里说孔子"作《春秋》"、"成《春秋》",是有其特定含义的。在另一处又说:

> 王者之迹熄而《诗》亡,《诗》亡然后《春秋》作。晋之《乘》,楚之《梼杌》,鲁之《春秋》,一也;其事则齐桓、晋文,其文则史。孔子曰:"其义则丘窃取之矣。"(《离娄下》)

由此可知,《春秋》与晋国的史书《乘》、楚国的史书《梼杌》性质相同,为鲁国的史书,孔子只是取其义而已。综合《孟子》中的这两段话,可以得出以下结论:第一,《春秋》本是鲁国的史书,孔子依傍鲁史而作《春秋》,并不是创作,只是整理、修订;第二,孔子整理《春秋》时曾取其义以行褒贬,因此从《春秋》叙事中可以看出孔子的立场与爱憎,这就是传统所说的"微言大义"。《史记·孔子世家》本《孟子》之说而又有所阐发、补充:"(孔子)乃因史记作《春秋》，上至隐公，下讫哀公十四年，十二公。据鲁，亲周，故殷，运之三代，约其文辞而指博。故吴楚之君自称王，而《春秋》贬之曰子；践土之会，实召周天子，而《春秋》讳之曰：'天王狩于河阳。'推此类以绳当世贬损之义，后有王者，举而开之，《春秋》之义行，则天下乱臣贼子惧焉。孔子在位听讼，文辞有可与人共者，弗独有也；至于《春秋》，笔则笔，削则削，子夏之徒不能赞一辞。"孔子整理《春秋》的说法虽不见于《论语》，但《论语》所表现的孔子的立场、观点，与《春秋》记事中的褒贬、爱憎基本相同。因此，孟子和司马迁的说法是可信的。

孔子不仅有整理文献典籍的实践，而且提出过一些观点和方法，对后世也产生了较大的影响，主要有以下几点：

第一，多闻阙疑，择善而从，无征不信。

孔子的治学态度比较谦虚、老实。他说："知之为知之，不知为不知，是知也。"（《论语·为政》）又说："盖有不知而作之者，我无是也。多闻择其善者而从之，多见而识之。"（《述而》）他还说过一句话："多闻阙疑，慎言其馀。"（《为政》）此虽就处理政事而言，但有普遍意义。他也曾提到在古文献整理上应持阙疑的态度："吾犹及史之阙文也，有马者，借人乘之。今亡矣夫！"（《卫灵公》）这是说对于史书的阙文要存疑，留给别人思考，不要独断妄改。在实践中他正是这样做的，如《春秋》是鲁国的史书，其中阙误较多，记事时不书月、不书日往往有之，孔子整理时一仍其旧，而不轻改。这种审慎的态度在学术史上产生了重大的影响。《论语·子罕》还有这样的记载："子绝四：毋意，毋必，毋固、毋我。"说明孔子反对主观臆测、固执片面。曾有这样一个事例：

> 哀公问社于宰我。宰我对曰："夏后氏以松，殷人以柏，周人以栗——曰：使民战栗。"子闻之，曰："成事不说，遂事不谏，既往不咎。"（《八佾》）

社为土神，问社，就是问立土神的神主用什么树木。宰我回答说周人用栗木以后解释说，这是为了使人民望而生畏，战战栗栗。孔子听到后，大为不满，指责宰我犯了不可挽回的错误。孔子在这里反对宰我的说法，不仅因为这种说法违背了他"仁德"、"爱人"的主张，还在于宰我的解释纯系臆辞妄说，因为设立社主，于礼有所规定，《周礼·地官·大司徒》："设其社稷之壝而树之田主，各以其野所宜木。"孔子不仅反对臆辞妄说，还在切身实践中贯彻无徵不信的原则，如他考证古礼就是这样做的，详见前面所引《论语·八佾》关于考证夏礼、殷礼的情况。

第二，崇尚平实，排斥虚妄。

《论语·述而》载："子不语：怪、力、乱、神。"说明孔子的学风比较质实。这种精神也贯穿在他的古文献整理之中，如《公羊传·庄公七年》："夏四月，辛卯，夜，恒星不见。夜中，星陨如雨。（以上为《春秋》之文）……不修《春秋》曰：'雨星不及地尺而复。'君子修之曰：'星陨如雨。'"所谓"不修《春秋》"，即指未经孔子整理的《春秋》，其记陨星的情况，说陨星下落如雨，离地一尺而又返回，颇涉怪诞，故孔子改之（按，王充《论衡·艺增篇》及《说日篇》皆提及此事，云："君子者，孔子也。"）。

但是，孔子在这一方面也有局限，这就是不能正确处理属于神话传说一类的文献史料，不能由表及里，抓住合理的内核，而往往会简单地目为虚妄加以排斥或歪曲、篡改，以致造成埋没或曲解史料的后果。如孔子根据反映无阶级社会的传说来构筑自己的理想王国，把传说中的部落首领歪曲成阶级社会的"圣帝"、"圣王"，就是例子。又如《韩非子·外储说左下》记有这样一件事：

> 鲁哀公问于孔子曰："吾闻古者有夔，一足，其果信有一足乎？"孔子对曰："不也，夔非一足也。夔者，忿戾恶心，人多不说喜也。虽然，其所以得免于人害者，以其信也。人皆曰：'独此一足矣。'夔非一足，一而足也。"哀公曰："审而是固足矣。"一曰：哀公问于孔子曰："吾闻夔一足，信乎？"曰："夔，人也，何故一足？彼其他无异，而独通于声。尧曰：'夔一而足矣。'使为乐正。故君子曰：'夔有一，足。'非一足也。"

《吕氏春秋·察传》亦有类似的记载。哀公所问的夔，无疑指尧时（《察传》谓舜时）的乐正而言。但关于乐正夔"一足"之说，当是涉及传说中的一足异兽夔而误混，如《庄子·秋水》："夔谓蚿曰：'吾以一足趻踔而行，予无如矣，今子之使万足，独奈何？'"这里的夔指一足之兽。《山海经·大东荒经》亦有关于一足兽夔的记载。鲁哀公的疑问正是由两者误混的传说而来，而孔子以为后一传说荒诞不经，不屑引以说明问题，于是便在断句和解释上做文章。孔子的说法似乎可通，实际上不过是附会之辞而已。

第三，为我所用，开儒家穿凿附会之先河。

孔子研究整理古代文献，有鲜明的政治目的，为了借以宣传自己的思想观点，往往不惜曲解古文献的原义。这一点在对《诗经》的解释上表现得最为突出,具体例子前面已经举出不少,此不赘述。这一不良倾向在古文献学史上的影响也是很大的。

孔子整理六经,有得有失;他的实践和理论在古文献学史上的影响,有好的一面,也有不好的一面。总的说来,成就是主要的。他不仅是我国历史上的伟大的思想家和教育家,也是我国历史上堪称有开山之功的古文献学家。他不仅亲自做出了成绩,还培养了不少专门人才,无论对周代古文献的研究、整理、保存和流传,还是对我国传统古文献学的创立和发展,皆具有不可磨灭的功绩。

第三节　孔子后学与古文献整理

孔子的门徒很多,《史记·孔子世家》称"孔子以《诗》、《书》、《礼》、《乐》教,弟子盖三千焉,身通六艺者七十有二人"。"三千"云云,虽或为夸张之辞,而通六艺者七十二人,并不是不着边际之言。《仲尼弟子列传》又引孔子的话说:"受业身通者七十有七人,皆异能之士也。"据崔述所考,孔子弟子见于《论语》的只有二十七人(见《洙泗考信馀录》)。据《论语》,孔子的主要弟子有十人,按专长分为四个方面,即所谓"四门十哲":"德行:颜渊,闵子骞,冉伯牛,仲弓。言语:宰我,子贡。政事:冉有,子路。文学:子游,子夏。"(《先进》)当时所谓的"文学",实指文献学,可见"文学"门中的子游、子夏与文献整理关系较大。

子游,姓言,名偃,吴人。《论语·阳货》载,子游为武城宰,能以礼乐治邑。《子张》载:"子游曰:'丧致乎哀而止。'"亦言礼之事。又《礼记》中记子游向孔子问礼之事很多。可见子游之学注重在礼、乐,当在这方面做过文献整理,但不见于记载。

子夏,姓卜,名商。他是孔子弟子中整理、传授古代文献成绩最著的一个。他埋头于文献考据,大概对德行的修养有所忽视,所以孔子提醒他说:"女为君子儒,无为小人儒。"(《雍也》)《史记·仲尼弟子列传》载:"孔子既没,子夏居西河(战国魏地,在今陕西,山西之间黄河左右)教授,为魏文侯师。"子游曾说:"子夏之门人小子,当洒扫、应对、进退则可矣,抑末也;本之则无,如之何?"(《子张》)这话可与上述孔子的话互相印证。《论语·八佾》记载子夏善于言《诗》,曾受到孔子的称赞(详见本章第二节),传说《毛诗》即传自子夏。传统还认为《春秋公羊传》、《穀梁传》亦传自子夏,《丧服大传》为子夏所作,已不可详考。至于《子夏易传》,前人已考明系伪作。除注释外,子夏还擅长校勘。《吕氏春秋·察传》记有这样一件事：

> 子夏之晋，过卫，有读史记者，曰："晋师三豕涉河。"子夏曰："非也，是'己亥'也。夫'己'与'三'相近，'豕'与'亥'相似。"至于晋而问之，则曰："晋师己亥涉河也。"

按，己亥，本是干支纪日，在秦以前的古文字中，"己"与"三"、"亥"与"豕"形体相近，易致误混。卫人所读史记（即史书），就是把"己亥"讹作"三豕"的误本。子夏通晓文字形体及史书记日体例，故能发现其误而加以校正。然而他又不满足于此，到晋国后，又进一步考察史实，准确无疑，始成定论。校勘学是古文献学的一个重要组成部分。我国校勘学的历史源远流长，经过丰富的实践，古今学者总结出的科学校勘方法大致有四种：一是对校法，即利用本书的不同版本互相校勘；二是本校法，即根据本书中前后相关的部分互证；三是他校法，即利用他书与本书相关的文字资料（或本书引自他书，或他书引自本书）进行校勘；四是理校法，即根据本书文字、音韵、训诂、名物、典制、史实等，多方面考证推理以判断是非。上述子夏的做法，就是一个证据充分的理校的范例，传为校勘学史上的佳话。

此外有商瞿，字子木。《史记·仲尼弟子列传》、《史记·儒林列传》、《汉书·儒林传》皆谓商瞿上承孔子传《易》于后世，为汉代《易》学之祖。孔子传《易》，值得怀疑，因为前面已经谈过，孔子虽学过《易》，但认为天道幽深难明，极少为其弟子讲论。至于商瞿是否独立钻研过《易》学，并传之后世，尚难确考。

孟轲，为孔子之孙孔伋（子思）的再传弟子，他自己说："予未得为孔子之徒也，予私淑诸人也。"（《孟子·离娄下》）他自认为得孔子之学的嫡传。他与自己的弟子万章等"序诗书，述仲尼之意，作《孟子》七篇"（《史记·孟子荀卿列传》）。《孟子》书中引用《诗》、《书》之处很多，并保存了不少《诗》、《书》的佚文和解释《诗》、《书》的遗说。孟轲还提出了一些有关古文献学的重要观点和原则：

第一，在理解、训释方面反对"以文害辞，以辞害志"，主张"以意逆志"。

他说："故说《诗》者，不以文害辞，不以辞害志，以意逆志，是为得之。如以辞而已矣，《云汉》之诗曰：'周馀黎民，靡有孑遗'，信斯言也，是周无逸民也。"（《孟子·万章上》）这里虽就解诗而言，但提出了文献中文（文字）、辞（语言）、志（思想）三者关系这样一个普遍的问题。孟子发现了三者的矛盾，提出了"以意逆志"的解决方法。他的这一看法和做法，有其合理的一面，文、辞、志三者之间的确存在着矛盾，不是简单的统一，如他所举的例子，是一种夸张的写法，当然不能照字面坐实去理解；但是三者既是矛盾的，又是统一的，要兼顾文、辞、志，用对立统一的观点去分析解决，而不可完全撇开语言文字，单纯以意逆志。如果一味"以意逆志"，往往会随心所欲地进行解释，难免不犯主观附会的弊病。孟轲片面强调"以意逆志"，实际开了"六经注我"这一歪曲文献为我所用的主观主义倾向的先河。如他解说《诗经·魏风·伐檀》一诗就是如此，《孟子·尽心上》载：

> 公孙丑曰："《诗》：'不素餐兮。'君子之不耕而食，何也？"孟子曰："君子居是国也，其君用之，则安富尊荣；其子弟从之，则孝悌忠信。'不素餐兮'，孰大于是？"

《伐檀》本是反语相讥，讽刺"君子"不劳而获的一首民歌。而孟轲用自己的思想观点对原诗的意思作了根本的歪曲，结果把一首反对不劳而获的诗解成了歌颂不劳而获的诗。这就是"以意逆志"的妙用。

第二，研究、整理古文献，要紧密联系原作者，知人论世。

孟轲说过："以友天下之善士为未足，又尚论古之人。颂其诗，读其书，不知其人，可乎？是以论其世也。"（《万章下》）这是一种正确观点，在学术史上产生了积极的影响。

第三，提出"尽信《书》，则不如无《书》"，对古文献采取审慎态度，强调怀疑和辨伪。

孟轲曾说："尽信《书》则不如无《书》。吾于《武成》，取二三策而已矣。仁人无敌于天下，以至仁伐至不仁，而何其血之流杵也？"（《尽心下》）这里所说的《书》，具体指《尚书》，但此话被赋予一般意义，在辨伪史学上影响很大。其实孟轲的话，既表现了他的怀疑精神，又表现了他的思想局限。这里所谈及的《武成》，指《尚书》佚篇，是写武王伐纣的，当时诉诸武力，发生流血，皆为事实，只是"血之流杵"用了夸张的手法而已。而孟轲从儒家的"仁政"、"王道"思想出发，认为对周武王的这种记载，违背了他们心目中的"圣王"标准，所以极力加以否认，怀疑《武成》的记载不可信。这说明他辨伪的是非标准是儒家的思想原则，而不是客观事实。影响所及，其后遂有"武王伐纣，兵不血刃"的歪曲说法（见《荀子·议兵》、《说苑·指武》、《太平御览》卷三二九引桓谭《新论》），以及今传伪古文《尚书·武成》将武王伐纣，杀伤甚多，"血之流杵"的描写，篡改为商纣士兵倒戈自相残杀的情况。

第四，自觉地把整理古文献服从于一定的政治目的。

社会大变革的春秋战国时期,在古代文献典籍的整理流传领域存在着尖锐的斗争。《孟子·万章下》载:"北宫锜问曰:'周室班爵禄也,如之何?'孟子曰:'其详不可得闻也,诸侯恶其害己也,而皆去其籍,然而轲也尝闻其略也。……'"由此可见,禁毁典籍,并非自秦始皇始,春秋战国之际,一些图谋变革的列国诸侯已开其先例。孟子生活的战国时期,斗争仍很激烈,儒家极力推崇《诗》、《书》、《礼》、《乐》,而法家则把《诗》、《书》、《礼》、《乐》列入害民弱邦的"六虱"之中(见《商君书·靳令》)。孔子整理文献典籍的政治目的是非常明确的,孟轲也是如此。他进一步发展了孔子"攻乎异端,斯害也已"(《论语·为政》)的思想,把文献典籍的整理,作为捍卫先王及孔子之道,打击、排斥杨、墨、法等异端学派的一个重要斗争阵地。他说:"杨墨之道不息,孔子之道不著,是邪说诬民,充塞仁义也。仁义充塞,则率兽食人,人将相食。吾为此惧,闲先圣之道,距杨墨,放淫辞。"决心效法"孔子成《春秋》而乱臣贼子惧"(《孟子·滕文公下》),利用古代文献来卫道攻异。因此,孟轲和孔子一样,学术上的门户之见,往往是由政治上的偏见所决定的。孟轲的这一主张对汉代经今文学派产生了较大的影响。他关于《春秋》的说法,成为阐发、附会"微言大义"的《春秋》今文学之祖。

第四节　先秦诸子与古文献学

伴随着社会的大变革,春秋战国时期在思想文化领域出现了繁复纷纭的百家争鸣局面。诸子百家各自聚徒讲学,互相辩论,著书立说,产生了丰富多彩的诸子文献。当时纵论各派学术的专门著作也已出现,如《庄子·天下》、《荀子·非十二子》、《韩非子·显学》等篇。

先秦诸子书,比较复杂,有的是自撰,有的为其门徒所记述,有的为本派后学采摘其言行或依傍其学说推演、编写而成。即使是自撰或门徒所记述的,也不是作者或记述者亲自编定,而往往先是单篇单章流传,经后人编辑成书,因此难免没有增窜、补缀的部分。因此,先秦诸子书,撰非一人,成非一时,实际上是各个学派的集体创作。现传先秦诸子书,大部分成书于战国时期,并经过西汉刘向的校定,亦有本无其书或原书已亡,为后人所伪托者。可靠的先秦诸子书,构成了我国历史上仅次于经书之后的第二大类较早的古文献。

在先秦诸子书中,或托古立说,或援引、改造前代文献作为思想资料,或互相依傍、利用、吸收、攻讦。在观点、资料这种错综复杂的关系中,反映出文献学上的诸多问题。下面就与此相关的几种主要著作分别加以概述。

（一）《墨子》

《墨子》，《汉书·艺文志》著录七十一篇。《墨子》的成书时间约在战国初期。处在战国中期的孟轲屡攻杨、墨，尤以攻墨子之言为甚，可以想见当时墨子学说流传之广，影响之深。又《庄子·天下》谓墨翟"作为《非乐》，命之曰《节用》，生不歌，死无服"，已提到《墨子》书篇名。还说："相里勤之弟子，五侯之徒，南方之墨者，苦获、已齿、邓陵子之属，俱诵墨经，而倍谲不同，相谓别墨"，明确提到墨经（即《墨子》书，非指其中《经》篇）之说为墨子后学所改造，以致枝蔓歧衍，产生不同的流派。

今传《墨子》共五十三篇，内容驳杂，前人多有考辨。清孙诒让《墨子间诂·自序》说："今书虽残缺，然自《尚贤》至《非命》三十篇，所论略备，足以尽其旨要矣。《经说》上下篇与庄周书所述惠施之论及公孙龙书相出入，似原出墨子，而诸钜子以其说缀益之。《备城门》以下十馀篇，则又禽滑釐所受兵家之遗法，于墨学为别传。惟《修身》、《亲士》诸篇，谊正而文靡，校之他篇殊不类。《当染篇》又颇涉晚周之事，非墨子所得闻，疑皆后人以儒言缘饰之，非其本书也。"王闿运作《墨子校注》，认为《尚贤》至《非儒》诸篇皆有上中下三篇，而词意相同；盖由墨家相里氏、相夫氏、邓陵氏三派所传，经后人合为一书。《耕柱》以下至《公输》诸篇，乃后人汇录墨子之行事。《经》、《经说》、《大取》、《小取》为名家言。《备城门》以下诸篇为兵家言。胡适《中国哲学史》第六篇（《胡适全集》第五卷，安徽教育出版社2003年版）参孙、王二家之说，将五十三篇分为五组：

第一组自《亲士》至《三辩》凡七篇，皆后人伪造。前三篇全无墨家口气，后四篇乃根据墨家馀论而作。

第二组《尚贤》三篇、《尚同》三篇、《兼爱》三篇、《非攻》三篇、《节用》二篇、《节葬》一篇、《天志》三篇、《明鬼》一篇、《非乐》一篇、《非命》三篇、《非儒》一篇，凡二十四篇，大抵皆墨者演墨子学说所作，其中有后人加入者，《非乐》、《非儒》两篇更可疑。

第三组《经》上下、《经说》上下、《大取》、《小取》六篇，非墨子书，亦非墨者记墨子学说之书，乃《庄子·天下篇》所说之别墨所作。此六篇中之学问，绝非墨子时代所能发明，况其中所说与惠施、公孙龙之语最为接近。施、龙之学说几乎全在此六篇内，故以为系施、龙时代之别墨所作。

第四组《耕柱》、《贵义》、《公孟》、《鲁问》、《公输》五篇，乃墨家后人将墨子之言行辑聚而成，似儒家之《论语》。其中有许多材料较第二组尤为重要。

第五组自《备城门》以下至《杂守》十一篇,所记皆墨家守城备敌之方法。

以上各家的共同见解,是符合实际情况的。集中体现墨子思想的,即胡适所分的第二、四组文章。从这些文章中可知,墨子是非常重视古代文献典籍的。如《贵义》载:"子墨子南游使卫,关(即扃,车箱侧壁间的横木)中载书甚多。"又如《墨子》书中屡提及《诗》、《书》、《礼》、《乐》、"先王之书",并经常引用《诗》、《书》,所引具体书名及篇名有《夏书》、《殷书》、《周书》、《泰誓》、《禹誓》、《汤说》、《周诗》、《大雅》等。《墨子》不仅引用古文献的内容,还提到当时文献的载录形式,书中屡言"书之以竹帛,镂之于金石,以为铭于钟鼎",或"书于竹帛,镂于金石,琢于盘盂"等。其中关于竹帛,又屡言"一尺之帛,一篇之书"。

墨家引用古代文献典籍,也有其政治思想方面的目的。如果说儒家引用先王之书以宣传其仁义之道,墨家引用先王之书则为了宣传其兼爱、非攻、节葬等说。故《韩非子·显学》说:"孔子墨子俱道尧舜,而取舍不同,皆自谓真尧舜。尧舜不复生,将谁使定儒墨之诚乎?"

(二)《荀子》

《荀子》一书历来争议不大,大部分是荀子自著,可靠无疑,后人有增益。梁启超在前人考辨的基础上曾有总结性的论断,他说:

全书大部分固可推定为卿自著,然如《儒效篇》、《议兵篇》、《强国篇》皆称"孙卿子",似出门弟子记录。内中如《尧问篇》末一段,纯属批评荀子之语,其为他人所述,尤为显然。又《大略》以下六篇,杨倞已指为荀卿弟子所记卿语及杂录传记。大小戴两《礼记》文多与《荀子》相同,其篇名如下:

$$\left.\begin{array}{l}《小戴·三年问篇》\\《大戴·礼三本篇》\end{array}\right\}《荀子·礼论篇》$$

$$\left.\begin{array}{l}《大戴·乐记篇》\\《小戴·乡饮酒义篇》\end{array}\right\}《荀子·乐论篇》$$

《小戴·聘义篇》——《荀子·法行篇》

《大戴·劝学篇》——《荀子·劝学篇》

$$《大戴·曾子立事篇》\left\{\begin{array}{l}《荀子·修身篇》\\《荀子·大略篇》\end{array}\right.$$

凡此皆当认为《礼记》采《荀子》,不能谓《荀子》袭《礼记》,盖《礼记》本汉儒所裒集之丛篇,杂采诸各家著述耳。然因此可推见两《戴记》中,其撷拾荀卿诸论而不著其名者,或尚不少。而《荀子》书中亦难保无荀卿以外之著作挽入，盖《荀子》书亦由汉儒各自传写，刘向将诸本冶于一炉，但删其重复，其曾否悬何种标准以鉴别真伪，则向所未言也。杨倞将《大略》、《宥坐》、《子道》、《法行》、《哀公》、《尧问》六篇降附于末，似有特识。《宥坐》以下五篇，文义肤浅。《大略篇》虽间有精语，然皆断片，故此六篇宜认为汉儒所杂录，非《荀子》之旧。(《荀卿及〈荀子〉》,《古史辨》第四册)

　　荀况是在新形势下适应新兴地主阶级需要改造儒家学说的一个人。他标榜孔子，改造其学说，对孟子则全面否定。他主张"法后王"、"隆礼"，反对"略法先王"，墨守《诗》、《书》。他说："学之经，莫速乎好其人，隆礼次之。上不能好其人，下不能隆礼，安特将学杂识、志顺《诗》、《书》而已耳，则末世穷年，不免为陋儒而已"，"故隆礼，虽未明，法士也；不隆礼，虽察辩，散儒也"(《劝学篇》)。又认为："略法先王而足乱世术，缪学杂举，不知法后王而一制度，不知隆礼义而杀《诗》、《书》"，"呼先王以欺愚者而求衣食焉"，"是俗儒者也"；"法后王，一制度，隆礼义而杀《诗》、《书》"，"以是尊贤畏法而不敢怠傲，是雅儒者也"；"法先王，统礼义，一制度，以浅持博，以古持今，以一持万"，"张法而度之，则晻然若合符节，是大儒者也"(《儒效篇》)。由此可知，荀况不反对"法先王"，只是反对"略法先王"。所谓"略法先王"，就是食古不化，迷信《诗》、《书》，生搬硬套，亦即《非十二子篇》所说"略法先王而不知其统"，"案往旧造说"。而"法先王"则是有条件的，这就是必须从现实出发，参考往古，为新制度服务。荀况所说的礼，是指当时新形成的封建地主阶级的等级制度，一方面它是历史发展的结果，与旧礼有批判继承的关系；另一方面它又与反映旧贵族等级关系的礼有原则的不同，而是与法相通的，所以说："礼者，法之大分，类之纲纪也。"(《劝学篇》)由这一对待旧传统的基本思想所决定，荀况对前代文献在内容上必然采取批判改造的态度，所以他反对"志顺《诗》、《书》"，而主张"杀《诗》、《书》"，即降低《诗》、《书》的地位。

　　荀况的"正名"理论也是适应巩固新礼的政治需要而产生的。《正名篇》说："今圣王没，名守慢，奇辞起，名实乱，是非之形不明，则虽守法之吏，诵数之儒，亦皆乱也。若有王者起，必将循于旧名，有作于新名。然则所为有名，与所缘以同异，与制名之枢要，不可不察也。"这里有因有革，而最终目的在于立新。所谓"制名之枢要"，即在于"制名以指实"，其方法、原则是"约定俗成"(同见《正名篇》)。这里清楚表明，荀况所谓的"正名"，就是要承认并巩固现实存在的新事物，这些新事物的核心又是新兴地主阶级的等级制。

　　荀况的《正名篇》除了"上以明贵贱，下以辨同异"的政治意义外，还是逻

辑学、训诂学方面的重要著作。训诂学是古文献学的重要内容,《正名篇》在训诂学上的主要贡献有以下几点:

第一,指明了词义的社会性。

《正名篇》所说的名,指事物、现象的名称。"名"在逻辑学中指概念,在语言学中指词。《正名篇》说:"名无固宜,约之以命,约定俗成,谓之宜;异于约则谓之不宜。名无固实,约之以命实(此"实"字王念孙《读书杂志》以为衍文),约定俗成,谓之实名。"我们知道,词的意义是客观事物或现象在人们意识中的概括的反映,是由应用这种语言的集体在使用过程中约定俗成的。荀况在这里第一次明确地提出了"约定俗成"的原则,指明了词义的社会性。这一点对于训诂学具有重要的理论意义和实践意义,它指导人们训释词义时必须根据特定的社会现实和语言现实,不能带任何主观随意性,也不能把一些基本词汇的使用当成个人的语言现象,而去附会某一词在某一著作中的所谓特殊含义。

第二,指明了语词的地域性。

我国幅员辽阔,自古就有复杂的方言。《论语》载:"子所雅言,《诗》、《书》、执礼,皆雅言也"(《述而》),是说孔子用当时的普通话读《诗》、《书》,主持礼仪,这种普通话的特点,主要表现为语音标准、规范。荀况在《正名篇》中又指明普通话与方言在语词上的差异,他说:"散名之加于万物者,则从诸夏之成俗曲期,远方异俗之乡,则因之而为通。"因此在训诂学上也就存在以雅言释方言或以方言释雅言的条例。

第三,指明了语词及词义的历史性。

如前引"今圣王没"一段,也说明了由于历史的发展,语词有新旧的差异,词义有转移或伸缩的变化,因而名实之间会发生矛盾,产生训诂学上的释古今的问题。

第四,提出了"单名"、"兼名"、"共名"、"别名"等概念,有助于循名责实,精确地辨析、训解词语的意义。

《正名篇》说:"同则同之,异则异之。单足以喻则单,单不足以喻则兼,单与兼无所相避则共,虽共不为害矣。知异实者之异名也,故使异实者莫不异名也,不可乱也,犹使异(当为"同")实者莫不同名也。故万物虽众,有时而欲遍举之,故谓之物。物也者,大共名也,推而共之,共则有(读为又)共,至于无共然后止。有时而欲遍举之,故谓之鸟兽。鸟兽也者,大别名也,推而别之,别则有(读为又)别,至于无别然后止。"这里值得提出来讲的是单名与兼名的关系,共名与别名的关系。杨倞注云:"单,物之单名也。兼,复名也。"可知单名即单词,兼名即词组。这种区分在训诂学上很有指导意义,可以使人们准确分析词语意义的范围,避免通常容易发生的增字为训或减字为训的弊病。至于共名和别名反映了事物类别的相对关系,在训诂上则有以共名(或称总名)释别名(或称分名),或以别名释共名的条例。

尽管荀况主张"杀《诗》、《书》",但他在先秦经籍文献的流传上还是起过相当大的作用的。《荀子》书中引证《诗经》的情况非常普遍。其中《礼论》、《乐论》等于礼、乐的专篇,散见的礼、乐之说亦复不少。刘向《荀子叙录》说:"孙卿善为《诗》、《礼》、《易》、《春秋》。"清人汪中有一篇《荀卿子通论》(见《述学·补遗》),专考荀况传授诸经之事,认为"荀卿之学出于孔氏,而尤有功于诸经",颇有参考价值,可看。

(三)《韩非子》

《韩非子》为韩非所作,但今传《韩非子》有后人增窜的部分。韩非是先秦法家的集大成者,他批判地吸收了商鞅、申不害、慎到等人的学说,提出了以法为主,法、术、势相结合的法治理论。他是荀况的学生,继承荀况反对法先王和批判战国儒家的观点,以及辨析名实、综明度数的思想,进一步清算了唯心主义和形而上学,发展了参验实证和"世异则事异"、"事异则备变"(《韩非子·五蠹》)的朴素唯物主义和辩证法思想。法家与黄老也有思想上的渊源关系,《史记·老庄申韩列传》说:"申子之学,本于黄老,而主刑名,著书二篇,号曰《申子》。韩非者,韩之诸公子也,喜刑名法术之学,而其归本于黄老。非为人口吃,不能道说,而善著书。与李斯俱事荀卿,斯自以为不如非。"所谓"归本于黄老",并不是简单地依据、袭用,而是经过了改造之后加以继承,这一点下面将具体谈到。

韩非鄙弃"书简之文"、"先王之语",主张"以法为教","以吏为师"。对法家、农家、兵家的文献典籍虽然重视,但也反对空谈教条而不"周于用"(《五蠹》)。

韩非对儒墨的学说和典籍是坚决排斥的,他说:"孔子、墨子俱道尧舜,而取舍不同,皆自谓真尧舜,尧舜不复生,将谁使定儒墨之诚乎?殷周七百馀岁,虞夏二千馀岁,而不能定儒墨之真,今乃欲审尧舜之道于三千岁之前,意者其不可必乎!无参验而必之者,愚也,弗能必而据之者,诬也。故明据先王必定尧舜者,非愚则诬。愚诬之学,杂反之行,明主弗受也。"(《显学》)

韩非很重视《老子》,把《老子》作为思想资料加以继承。《韩非子》中有《解老》、《喻老》两篇,相当于《老子》的选注,只是两篇体例不同,《解老》侧重训解诠释,《喻老》则以事类例释。这两篇当为最早的诸子注释之作(今《管子》中所存的《形势解》、《立政九败解》、《版法解》、《明法解》等亦属此类),有两点值得注意:

第一,从中可以看出,《老子》(《道德经》)篇次与今传本不同,今传本《道经》在前,《德经》在后,而韩非所注的《老子》,《德经》在前,《道经》在后,恰与湖南马王堆三号汉墓出土的帛书《老子》相同。可证《老子》有两种传本,现传本当为后人所改编。

第二,韩非注释《老子》,并非完全拘守《老子》本意,而是有参会己意、为我所用的成分,实际上对《老子》的思想作了改造。例如《老子》:"祸兮福之所倚,福兮祸之所伏,孰知其极?"这里一方面表现了对立面互相转化的朴素辩证法思想,另一方面又表现了事物变化的不可知和人们只能消极顺随的思想。韩非的解释则是:"人有祸则心畏恐,心畏恐则行端直,行端直则思虑熟,思虑熟则得事理,行端直则无祸害,无祸害则尽天年,得事理则必成功,尽天年则全而寿,必成功则富与贵,全寿富贵之谓福。而福本于有祸,故曰:祸兮福之所倚。"(《解老》)这里韩非吸收了《老子》朴素辩证法的合理内核,而抛弃了其唯心主义神秘论的成分。他不仅承认事物是可以转化的,而且对转化的条件作了唯物主义的解释,同时还指出人们可以做到"行端直"、"思虑熟"、"得事理",从而达到"无祸害"、"必成功",面对客观现实,并不是处在消极、被动、无能为力的地位。

又如《老子》:"道可道,非常道,名可名,非常名。无名,天地之始;有名,万物之母。故常无欲以观其妙,常有欲以观其徼。此两者同出而异名,同谓之玄,玄之又玄,众妙之门。"这里所谓的"道"是一个非常神秘的客观唯心主义的概念,如《老子》又说:"道生一,一生二,二生三,三生万物",认为"道"是万物的本源,先于物而存在,虚无飘渺,不可捉摸。而韩非在《解老》中对道却是这样解释的:"道者,万物之所然也,万理之所稽也。理者,成物之文也。道者,万物之所以成也。故曰:道,理之者也。物有理不可以相薄。物有理不可以相薄,故理之为物,之(衍文,当删)制万物各异理,万物各异理而道尽。……凡理者,方圆、短长、粗靡、坚脆之分也,故理定而后物可得道也。故定理有存亡,有死生,有盛衰。夫物之一存一亡,乍死乍生,初盛而后衰者,不可谓常。唯夫与天地之剖判也俱生,至天地之消散也不死不衰者谓常。而常者,无攸易,无定理。无定理非在于常所,是以不可道也。圣人观其玄虚,用其周行,强字之曰道,然而可论。故曰:'道之可道,非常道也。'"这里韩非虽然在关于道的认识问题上还未完全摆脱不可知论,但是他认为

"道者，万物之所然也"，"道者，万物之所以成也"，把"道"看成万物存在的总根由、总规律，是从万物中抽象出来的，它体现在万物之中，而不是存在于万物之先或万物之外。因此，道与万物的关系，是一般与个别、抽象与具体的关系。这样的看法则是唯物主义的。

《喻老》是引事例来解说《老子》的，其解释的观点跟《解老》一样，也是既包含着《老子》原有的思想，又掺进了韩非本人的思想，因文字过长，不再引述。这两篇东西表现了韩非对老子思想不是全盘照搬，而是批判继承；同时也体现了古人在文献注释上的一个共同特点，即往往不是忠实于原意，而是为我所用、以己意附会，并且常常是不自觉地这样做的。

《解老》、《喻老》对《老子》思想若即若离的这一特点，正说明了它们是韩非的作品，而不是像有些人怀疑的那样，是窜入《韩非子》的道家著作，因为其中所解释的老子思想多经过改造。

韩非反对托古作伪，在《显学》中他提出了参验事实以定是非的考证、辨伪方法（引文见前），很值得重视。在《外储说左上》中还载有这样一件事：

> 郢人有遗燕相国书者，夜书，火不明，因谓持烛者曰："举烛！"而误书"举烛"，"举烛"非书意也。燕相国受书而说之，曰："举烛者，尚明也。尚明也者，举贤而任之。"燕相白王，王大悦，国以治。治则治矣，非书意也。今世学者，多似此类。

这就是人们所熟悉的"郢书燕说"的寓言故事。这一则故事不仅生动地写出了古书致误的一种原因，而且形象地揭示了穿凿者是怎样妄加解释的，成为古文献学史上可资鉴戒的一面镜子。韩非最后感叹："今世学者，多似此类"，批评了那些穿凿附会、托古作伪的人，申明了自己实事求是的主张。但是他在贯彻实事求是这一原则时也是有局限的，前面所举《解老》的例子，正说明他在解释前人文献时，也是在自觉或不自觉地进行附会，只顾为我所用，其实"非书意也"。

第五节　秦始皇焚书坑儒及其对先秦文献流传的影响

历史上的社会变革和阶级斗争，历代统治者的文化政策，必然影响到古代文献的整理与流传。在本章第三节讲到孟轲时，已经提到在社会大变革的春秋战国时期各国诸侯禁毁古代典籍的先例。秦始皇集战国时期法家传统之大成，统一中国，建立了中央集权的封建国家，在思想文化上采取焚书坑儒的措施以禁绝颂古非今的思潮和势力,把战国诸侯禁绝古代典籍的作法发展到登峰造极的地步。关于秦始皇焚书坑儒的经过和影响,历史上主要有如下记载,《史记·秦始皇本纪》:

> 三十四年,适治狱吏不直者筑长城及南越地。始皇置酒咸阳宫,博士七十人前为寿。仆射周青臣进颂曰:"他时秦地不过千里,赖陛下神灵明圣,平定海内,放逐蛮夷,日月所照,莫不宾服。以诸侯为郡县,人人自安乐,无战争之患,传之万世,自上古不及陛下威德。"始皇悦。博士齐人淳于越进曰:"臣闻殷周之王千馀岁,封子弟功臣,自为枝辅。今陛下有海内,而子弟为匹夫,卒有田常六卿之臣,无辅拂,何以相救哉?事不师古而能长久者,非所闻也。今青臣又面谀,以重陛下之过,非忠臣。"始皇下其议。丞相李斯曰:"五帝不相复,三代不相袭,各以治,非其相反,时变异也。今陛下创大业,建万世之功,固非愚儒所知。且越言乃三代之事,何足法也?异时诸侯并争,厚招游学。今天下已定,法令出一,百姓当家则力农工,士则学习法令辟禁。今诸生不师今而学古,以非当世,惑乱黔首。丞相臣斯昧死言:古者天下散乱,莫之能一,是以诸侯并作,语皆道古以害今,饰虚言以乱实,人善其所私学,以非上之所建立。今皇帝并有天下,别黑白而定一尊。私学而相与非法教,人闻令下,则各以其学议之,入则心非,出则巷议,夸主以为名,异取以为高,率群下以造谤。如此弗禁,则主势降乎上,党与成乎下。禁之便。臣请:史官非《秦记》皆烧之,非博士官所职,天下敢有藏《诗》、《书》、百家语者,悉诣守、尉杂烧之;有敢偶语《诗》、《书》,弃市;以古非今者族;吏见知不举者与同罪;令下三十日不烧,黥为城旦。所不去者,医药、卜筮、种树之书。若欲有学法令(《集解》:徐广曰:一无"法令"二字),以吏为师。"制曰:"可。"三十五年,……(秦始皇曰):"吾前收天下书不中用者,尽去之。……诸生在咸阳者,吾使人廉问,或为訞言以乱黔首。"于是使御史悉案问诸生,诸生传相告引,乃自除。犯禁者四百六十馀人,皆坑之咸阳,使天下知之,以惩后。

又《史记·六国年表序》:

> 秦既得意,烧天下《诗》、《书》,诸侯史记尤其,为其有所讥刺也。《诗》、《书》所以复见者,多藏人家;而史记独藏周室,以故灭。惜哉!惜哉!独有《秦记》,又不载日月,其文略不具。

又《史记·儒林列传》:

及至秦之季世,焚《诗》《书》,坑术士,六艺从此缺焉。

又《史记·太史公自序》:

> 周道废,秦拨去古文,焚灭《诗》《书》,故明堂石室金匮玉版图籍散乱。

根据以上材料,对秦始皇焚书坑儒,既不能全盘否定,也不能简单肯定,应该一分为二地作出实事求是的评价。首先,事件的起因在于博士淳于越颂古非今,反对郡县制,主张分封制;在于儒生们道古害今,惑乱黔首。秦始皇采李斯建言,加以禁绝,旨在巩固新制度,具有进步的历史意义。其次,做法片面、简单、残暴。不懂得上层建筑的继承关系,片面强调"以法为教,以吏为师"。全盘否定文化遗产,不是批判继承,而是简单禁绝。这实际上是不利于巩固新制度的,秦之所以速亡,这是原因之一,汉初的一些政治家已经总结了这一历史经验。另外,对思想上的反对派采取残暴杀绝的政策,也是一种简单的不得人心的做法。

秦始皇焚书坑儒,无疑对先秦文献的流传产生了很坏的影响,但也不能夸大其词。王充在《论衡·语增》中已经驳斥了后世关于此事的夸张之言,他说:"言燔烧《诗》《书》,坑杀儒士,实也;言其欲灭《诗》《书》,故坑杀其人,非其诚,增之也。……燔《诗》《书》,起淳于越之谏;坑儒士,起自诸生为妖言,见坑者四百六十七人。传增言坑杀儒士,欲绝《诗》《书》,又言尽坑之,此非其实,而又增。"根据前引《史记》所载的材料,禁毁的具体情况如下:

第一,"博士官所职",即官方所藏《诗》《书》、诸子书不在烧毁之列。

第二,医药、卜筮、种树、法家、兵家之书不在禁毁之列。

第三,各国史记禁绝尤甚,损失严重。李斯建言:"史官非《秦记》皆烧之",诸国史书又多藏官府,为史官所掌,故几乎灭尽,以致司马迁写《史记》时只能见到《秦记》。

第四,民间所藏《诗》《书》及诸子书损失严重,但远未被烧绝,故汉代屡有古文书被发现。

第二章
两　汉

第一节　概述

一、政治思想概况及其对古文献学的影响

秦朝的灭亡,是封建社会的基本矛盾——农民阶级与地主阶级的矛盾不可调和的必然结果。以陈胜为首的起义农民是秦王朝的直接掘墓人。但是秦朝之所以仅传两代就迅速灭亡,也不能忽视作为我国历史上第一个中央集权的封建专制王朝,缺乏统治经验方面的原因。秦朝以法家理论作为统治思想,对反映旧思想旧文化的儒家学说及《诗》、《书》、《礼》、《乐》等文献典籍,只看到其不利于新制度的一面,而没有注意到其可批判继承的一面。作为一种私有制代替另一种私有制的革命,继承性本来是很强的,可是秦始皇对旧的文化传统采取了简单的办法:焚书坑儒,从而把旧的思想文化中可供继承的东西以及旧阶级的统治经验也通通抛弃了,致使上层建筑,特别是意识形态领域的统治方法很不完善。汉承秦制,重新建立了一个中央集权的封建专制王朝。汉初,统治者一方面把法家理论作为自己的指导思想,同时,因慑于秦末农民大起义,并出于发展生产、恢复经济的需要,采取了与民休息的政策。与此有关,统治者又多好黄老之术。其实,法家与道家本有思想的继承关系,而汉初统治者所崇尚的黄老之术,实际上是一种道法家,表面上是道,骨子里是法。1972 年山东银雀山汉墓出土的西汉前期的竹简文籍及 1973 年长沙马王堆三号汉墓出土的西汉前期的帛书文籍,皆不见经书,多为兵家、法家、道家之书,有力地印证了当时统治者在思想方面的宗尚。当时有一些学者谋士,还建议统治者重视儒家,改造儒学,以便加强思想控制。如《史记·郦生陆贾列传》载陆贾"粗述存亡之徵",著《新论》十二

篇,建议汉高祖用《诗》、《书》、礼、乐辅之以刑罚治天下,以行"文武并用,长久之术"。《史记·刘敬叔孙通列传》载"高帝悉去秦苛仪法,为简易。群臣饮酒争功,醉或妄呼,拔剑击柱,高帝患之",博士叔孙通说:"夫儒者难与进取,可与守成。臣愿徵鲁诸生,与臣弟子共起朝仪。"于是"颇采古礼,与秦仪杂就之"。朝仪既定,等级尊卑有序,再行礼仪,群臣"无敢欢哗失礼者","于是高帝曰:'吾乃今日知为皇帝之贵也。'乃拜叔孙通为太常"。《史记·屈原贾生列传》载贾谊主张兴礼乐,改秦法。又其《新书·过秦论》总结秦亡的原因说:"仁心(心《史记》作"义")不施而攻守之势异也。"但是汉文帝本好刑名之言,他的主张并未被立即采纳。《汉书·董仲舒传》载董仲舒向汉武帝建议"推明孔氏,抑黜百家",把儒学抬到至高无上的地位。但是他的建议并未完全为武帝所接受,正如皮锡瑞《经学历史》第四章所说:"武帝罢黜百家,表章六经,孔教已定于一尊矣。然武帝、宣帝皆好刑名,不专重儒。盖宽饶以法律为《诗》、《书》,不尽用经术也。元、成以后,刑名渐废,上无异教,下无异学。"

由以上材料可知,西汉初年,学者们接连不断地总结秦亡的历史教训,提倡儒学,改造儒学,使儒学逐步为统治者所重视。从汉武帝开始,确立了儒学的尊崇地位,形成了以经学为中心的古文献学,影响久远,贯穿于以后漫长的封建社会之中。

二、秦火之后,先秦文献典籍在汉代的流传整理情况

先秦的文献典籍主要有两大类,一是六经,一是以诸子为主的其他文献。秦火之后,继之秦汉之间的动荡、战乱,先秦的文献典籍散失极为严重。如汉元年(前206),项羽军进入咸阳,焚秦宫室,使秦博士官所藏《诗》、《书》及百家之书损失殆尽。汉朝初年,古文献的搜集、传播、整理还处在自流、分散状态,正如《史记·太史公自序》所说:"《诗》、《书》往往间出。"至汉武帝时,"(汉兴)百年之间,天下遗文古事,靡不毕集太史公"(同前),从此开始了有组织的整理时期。至成、哀之际,刘向、刘歆父子受诏校理群书,往籍齐备,颇具规模,由《汉书·艺文志》可观其大概。汉代重经学,关于六经的流传、整理情况,史载较详。兹据《史记·儒林列传》、《汉书·艺文志》、《汉书·儒林传》、《后汉书·儒林传》、《经典释文·叙录》、《隋书·经籍志》等记载,将经籍文献的传授情况图示如下:

（一）周易

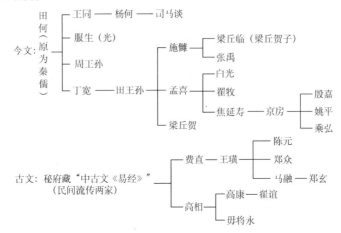

注：

（1）据《史记·仲尼弟子列传》及《汉书·儒林传》，《周易》在田何以前的传授源流为：孔子—商瞿—馯臂—矫子庸（名疵）—周子家（名竖）—光子乘（字羽）。然追溯自孔子，当为附会、依托，具体论述已见第一章第二节。

（2）《周易》传至魏，有费氏《易》的王肃、王弼二家注，费氏大兴，高相《易》遂衰。传至晋，梁丘、施氏、高氏亡。孟氏，京氏有书无师。传至梁，陈，郑玄、王弼二注列于国学。至齐，郑注盛行。至隋，王弼注盛行，郑学浸微。

（二）尚书

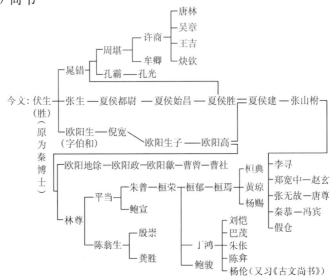

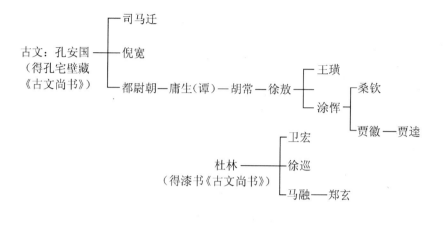

（三）诗经

今文三家：

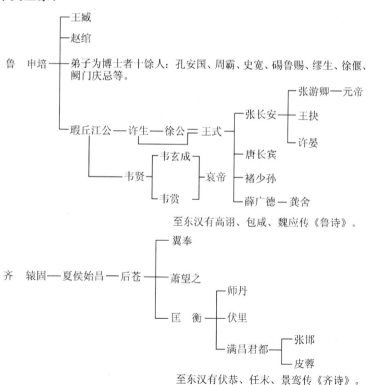

至东汉有高诩、包咸、魏应传《鲁诗》。

至东汉有伏恭、任末、景鸾传《齐诗》。

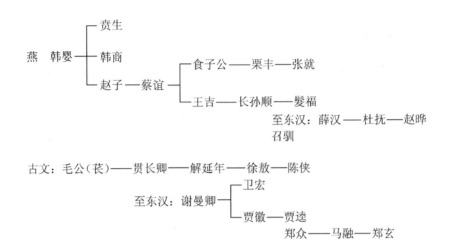

燕　韩婴 ┬ 贲生
　　　　├ 韩商
　　　　└ 赵子 ─ 蔡谊 ┬ 食子公 ─ 栗丰 ─ 张就
　　　　　　　　　　　　└ 王吉 ─ 长孙顺 ─ 髮福
　　　　　　　　　　　　　　　　至东汉：薛汉 ─ 杜抚 ─ 赵晔
　　　　　　　　　　　　　　　　召驯

古文：毛公（苌）── 贯长卿 ── 解延年 ── 徐敖 ── 陈侠
　　　　　　至东汉：谢曼卿 ┬ 卫宏
　　　　　　　　　　　　　└ 贾徽 ─ 贾逵
　　　　　　　　　　　　郑众 ── 马融 ── 郑玄

（四）三礼
仪礼
今文：

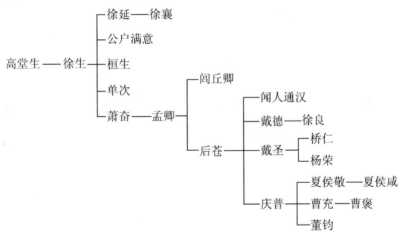

高堂生 ── 徐生 ┬ 徐延 ─ 徐襄
　　　　　　　├ 公户满意
　　　　　　　├ 桓生
　　　　　　　├ 单次
　　　　　　　└ 萧奋 ─ 孟卿 ┬ 闾丘卿
　　　　　　　　　　　　　　└ 后苍 ┬ 闻人通汉
　　　　　　　　　　　　　　　　　├ 戴德 ─ 徐良
　　　　　　　　　　　　　　　　　├ 戴圣 ┬ 桥仁
　　　　　　　　　　　　　　　　　│　　　└ 杨荣
　　　　　　　　　　　　　　　　　└ 庆普 ┬ 夏侯敬 ─ 夏侯咸
　　　　　　　　　　　　　　　　　　　　├ 曹充 ─ 曹褒
　　　　　　　　　　　　　　　　　　　　└ 董钧

古文：五十六篇，出孔壁，其十七篇与今文同，而字多异，十七篇外为逸礼（不传）。

郑玄参今古文而为之注，即今传之《仪礼》。郑注屡云："古文作某，今文作某。"由此可见今古文文字之异。

礼记

戴德（大戴礼）

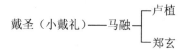

戴圣（小戴礼）——马融——卢植
                        └郑玄

周礼

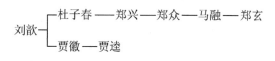

刘歆——杜子春——郑兴——郑众——马融——郑玄
        └贾徽——贾逵

（五）春秋

今文：公羊传

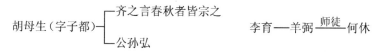

胡母生（字子都）——齐之言春秋者皆宗之   李育——羊弼—师徒—何休
                  └公孙弘

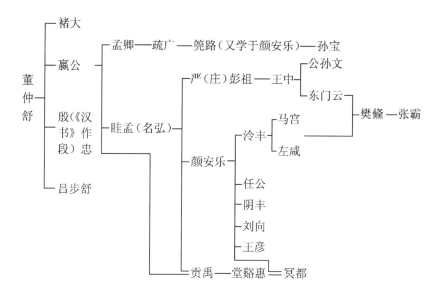

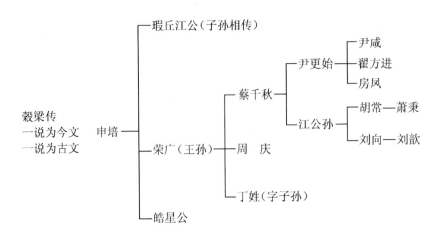

穀梁传
一说为今文
一说为古文

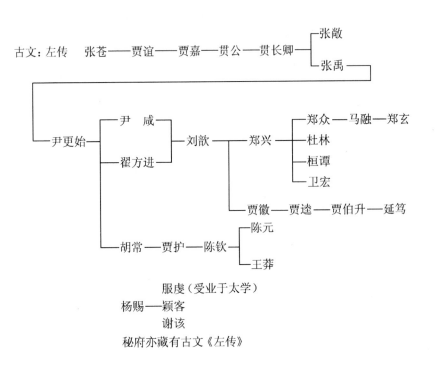

服虔（受业于太学）
杨赐—颖客
谢该
秘府亦藏有古文《左传》

（六）孝经

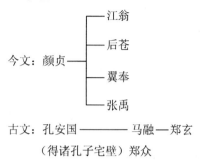

古文：孔安国 ——————— 马融—郑玄
（得诸孔子宅壁）　郑众

又，许冲《上说文表》云："《古文孝经》者，鲁国三老所献。建武时，给事中、议郎卫宏所校，皆口传，官无其说。"

（七）论语

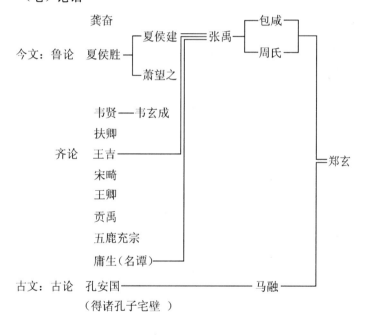

经籍文献的传授过程，即是不断整理的过程，在说解上形成不同的学派。汉代经学分今文、古文两大学派，具体情况下面将专题论述。今文、古文各有不同师传，从上面的图示中即可概见。西汉今文得势，东汉今文古文并存，至汉末今古文合流。就学者而论，西汉学者多专守一经，至东汉，逐渐出现兼治群经的通儒，如马融、郑玄等。

汉代的经籍文献，除学者们在传授过程中分散整理之外，还有几次由官方主持的审定经义或校定经字的活动。

第一次是西汉宣帝刘询于甘露三年（前51）博徵群儒论定五经于石渠阁（朝廷藏书之所），成《石渠议奏》（已佚）。事见《汉书·宣帝纪》、《儒林传》。

第二次是东汉章帝刘炟于建初四年（79）仿照石渠阁旧事，会群儒于白虎观考论经义同异，成《白虎通义》。事见《后汉书·章帝纪》、《丁鸿传》、《班固传》、《儒林传序》。

第三次是东汉灵帝熹平四年（175），诏诸儒正定经书文字，刊于石碑。事见《后汉书·蔡邕传》、《灵帝纪》、《儒林传》、《宦者传》等。各书于碑书字体、所立地点及经书数目记载有异，实为隶书一体，立于太学，包括《易》、《书》、《诗》、《仪礼》、《春秋》、《公羊传》及《论语》七经。熹平石经六朝以后渐散亡，今残存一千九百馀字，见于宋洪适（kuò）《隶释》，所涉有五经，即《鲁诗》、小夏侯《尚书》、《仪礼》、《公羊春秋》、《鲁论语》。熹平石经对后世影响很大，历代统治者多仿照刻石的方式来法定经书文字，如魏正始三体（古文、篆、隶）石经、唐开成石经、五代蜀石经、北宋石经、南宋石经、清石经等。

至于经籍之外以诸子书为主的其他先秦文献，汉初出于政治、军事的需要，统治者对兵家、法家、道家的书比较重视，流传、整理亦偏重于这几家的文献。西汉前期墓葬出土的竹简、帛书古籍文献可以说明这一点。另《汉书·艺文志》载："汉兴，张良、韩信序次兵法，凡百八十二家，删取要用，定著三十五家，诸吕用事而盗取之。武帝时，军政杨仆揎摭遗逸，纪奏《兵录》。"《史记·太史公自序》云："贾生（谊）、晁错明申商"，盖公"言黄老"，太史公（司马谈）"习道论于黄子"。《汉书·艺文志》著录：《老子》邻氏经传四篇，《老子》傅氏经说三十七篇，《老子》徐氏经说六篇。至汉武帝时，"建藏书之策，置写书之官，下及诸子传说，皆充秘府"（《汉书·艺文志》），司马谈遂得以"论六家之要指"（《史记·太史公自序》），司马迁又得以"整齐百家杂语"，写成诸子列传。至汉成帝时，"以书颇散亡，使谒者陈农求遗书于天下，诏光禄大夫刘向校经传诸子诗赋，步兵校尉任宏校兵书，太史令尹咸校数术，侍医李柱国校方技"，"哀帝复使向子侍中奉车都尉歆卒父业"（《汉书·艺文志》）。于是先秦诸子及其他文献皆经过系统整理，此从刘向关于诸书的叙录及《汉书·艺文志》的著录情况可知。不过对于经籍文献之外的各种文献的整理，多偏重于校勘与纂辑，注释说解者较少，这是与经籍文献的整理情况有所不同的。流传下来的主要注释之作仅有赵岐《孟子章句》,高诱《战国策注》《吕氏春秋注》,王逸《楚辞章句》等几种。

根据古文献传授、整理的需要,同时也由于古文献校释成果的不断积累和总结,推动了语言文字学的发展,出现了语言文字学的专著,主要有《尔雅》和《说文解字》。《尔雅》是我国最早的一部训诂书,作者不详,约成书于汉初,由当时学者缀辑关于先秦古书的训释成果,递相增益而成。今传本共十九篇,开头三篇《释诂》《释言》《释训》解释一般词语,将古书中的同义词归并成各条,每条用一个通用词加以解释。《释亲》《释宫》《释器》《释乐》《释天》《释地》《释丘》《释山》《释水》《释草》《释木》《释虫》《释鱼》《释鸟》《释兽》《释畜》诸篇解释各种名物。《尔雅》成书以后,便成为解释古文献的工具书。《汉书·艺文志》说:"古文(《尚书》)读应《尔雅》,故解古今语而可知也。"郭璞《尔雅注序》说:《尔雅》"诚九流之津涉,六艺之钤键"。许慎的《说文解字》是我国第一部系统分析字形、考究字原的字书,同时也兼及声音、训诂。作为解释古书之工具,其作用不下于《尔雅》,而在系统性、理论性上远远胜过《尔雅》,详见本章第六节。此外还有《方言》,仿《尔雅》体例,专释方言词语。因其"考九服之逸言,标六代之绝语,类离词之指韵,明乖途而同致,辨章风谣而区分,曲通万殊而不杂"(郭璞《方言注序》),多取材于古代典籍,且类集古今各地同义的词语,所以也是阅读与校释古书的一部工具书。《释名》,东汉刘熙著,体例仿《尔雅》,但专用音训,以音同、音近的字解释意义,探究事物命名之由。其中多穿凿附会,但于考证语源及古音、古义,有参考价值。汉代语言文字学的成就,主要表现在文字、训诂方面。

三、经今古文学

经学今古文之分,是汉代文献学的重要问题,而且在整个文献学史上影响深远。关于今古文经书的传授源流,上一小节已经作了介绍,下面就经今古文的区别、今古文之争的始末、今古文的学术评价等几个问题简要加以论述。

今古文的区别主要有以下几点:

第一,经书写本不同,主要表现在三方面:

1. 书写字体不同。今文经是汉时著于竹帛的隶书写本,而古文经则是先秦保存下来的用六国文字抄的古本。

所谓"古文",是汉人所用的一个术语,其义有歧而又相关,正如王国维所考，或"以学派言之"，或"以文字言之"（见《观堂集林》卷七：《汉书所谓古文说》、《说文所谓古文说》）。即"以文字言之"，其文献范围亦有参差。广义如王国维在《史记所谓古文说》中所言："凡先秦六国遗书，非当时写本者，皆谓之古文"，"太史公所谓古文，皆先秦写本旧书"。狭义如王国维所言："自武、昭以后，先秦古书传世益少，其存者往往归于秘府，于是古文之名渐为壁中书（孔壁所发现的古书）所专有。"（同前）古文文献的范围，在汉人的观念中虽有广狭之别，而古文作为文字形体的概念，在汉代人的心目中则是确定无异的，即被认为是不仅在隶书、小篆之先，而且在大篆之先的一种比较难以辨识的较古的文字。《史记·太史公自序》说："年十岁则诵古文。"我们知道，汉代幼童先入小学，识字习字，不仅学隶书，也学《三苍》。《汉书·艺文志·小学序》说："《苍颉》七章者，秦丞相李斯所作也；《爰历》六章者，车府令赵高所作也；《博学》七章者，太史令胡毋敬所作也，文字多取《史籀篇》，而篆体复颇异，所谓秦篆者也。……汉兴，闾里书师合《苍颉》、《爰历》、《博学》三篇，断六十字以为一章，凡五十五章，并为《苍颉篇》（按即《三苍》）。"可知《三苍》以小篆文字为主。而司马迁"十岁能诵古文"，则已远远超出当时学童的水平。至于《史籀篇》，传说为周宣王时太史籀所编的一部字书，其字体即《说文解字叙》所称之"史籀大篆"。籀文虽比小篆为古，但属于同一系，差别不大。而籀文与古文则形体迥异，如《汉书·艺文志·小学序》说："《史籀篇》者，周时史官教学童书也，与孔氏壁中古文异体。"《说文解字叙》也将古、籀并称，且明指古文为古文经书所专有，如说："今叙篆文，合以古、籀。……其称《易》孟氏（按，孟喜《易》实为今文）、《书》孔氏、《诗》毛氏、礼《周官》、《春秋》左氏、《论语》、《孝经》，皆古文也。"可见《说文解字》中的古文，主要采自古文经传。又魏正始三体石经中的古文也并非臆造，而是确实根据当时传抄的古文经书中的字体摹写刻石的。它与《说文解字》中的古文在风格上是一致的。这种风格特殊的字体，其中有不少字比籀文还难辨识，因此被汉人称作"古文"。其实古文的使用时代并不古，经近人考证，古文实为战国时期东方六国韩、赵、魏、齐、楚、燕以及周、鲁等其他东方国家的文字，详见王国维《战国时秦用籀文六国用古文说》、《说文所谓古文说》等文（见《观堂集林》卷七）、孙海波《魏三字石经集录·古文》及唐兰《中国文字学》。这种说法不断为新发现的战国文字资料所证实。因为战国时代东方各国俗体字的大量涌现，发展成相对独立的系统，对秦国篆文所承袭的商周文字的正统体系有很大突破，因此才被汉代人误认为一种较古的文字。汉代在孔壁及民间发现的古文经书，大多是秦始皇焚书时被藏匿起来的，其为东方诸国文字的写本,便是理所当然的事。皮锡瑞《经学历史》认为古文经的字体为籀文,是不妥当的。古文字体在《说文解字》及魏三体石经残石中保存了许多。

2.彼此有异文,即文字或语句不同。今古文经书写本的不同,不仅表现在文字形体的差别上,还表现在用字的差别上,关于此,各经注疏及《经典释文》保存了丰富的材料。今古文经字句的差异,有的书情况颇为严重。如《汉书·艺文志·孝经序》说:"汉兴,长孙氏、博士江翁、少府后仓、谏大夫翼奉、安昌侯张禹传之,各自名家,经文皆同。唯孔氏壁中古文为异。'父母生之,续莫大焉','故亲生之膝下',诸家说不安处,古文字读皆异。"师古曰:"桓谭《新论》云:'古《孝经》千八百七十二字,今异者四百馀字。'"异文几乎占四分之一。又如《论语》,古文与今文齐、鲁二家文句多异,《经典释文·叙录》注引桓谭《新论》云:"文异音四百馀字。"又《经典释文》于《论语·学而第一》"传不"二字下云:"案郑(玄)校周之本(鲁论),以齐、古读正凡五十事。"《经典释文》中还保存了许多有关《论语》今古文的异文材料,如:《论语·阳货》:"天何言哉! 四时行焉,百物生焉,天何言哉!"《经典释文》录郑玄注:"鲁读'天'为'夫',今从古。"再如《诗经》,古文《毛诗》与今文齐、鲁、韩三家多异文。如:《毛诗·陈风·衡门》:"泌之洋洋,可以樂(乐)饥。"郑笺云:"泌水之流洋洋然,饥者见之,可饮以瘵饥。"知郑玄本作"瘵",当据今文《鲁诗》。《韩诗外传》作"療"。再如《仪礼》,郑玄注本文字或从古文,或从今文,注中多有说明,可以窥见今古之别。

3.篇章不同。如《春秋》经文,古文《左传》与今文《公羊传》、《穀梁传》不同。《公》、《穀》二传经文至哀公十四年,而《左传》尚有哀公十五、十六两年经文;即哀公十四年经文,也较《公》、《穀》二传内容为多。《汉书·艺文志》著录:"《春秋》古经十二篇。经十一卷(原注:公羊、穀梁二家)。"正反映了《春秋》古今文两种不同篇章的本子。又如《论语》,今古文分章多不同。分篇也是如此,《鲁论》二十篇,而何晏《论语集解序》说:《古论》"分《尧曰》下章'子张问'以为一篇,有两《子张》,凡二十一篇。篇次不与《齐》、《鲁论》同。"

第二,说解不同。今古文作为学派的区别,主要表现在这一方面。王国维《汉书所谓古文说》:"而《志》(《艺文志》)于诸经外书皆不著古今字,盖诸经之冠以古学者,所以别其家数,非徒以其文字也。"所谓"家数",即今文家、古文家,指学派而言。龚自珍《总论汉代今文古文名实》:"今文、古文同出孔子之手,一为伏生之徒读之,一为孔安国读之(按,此举《尚书》为例)。未读之先,皆古文矣,既读之后,皆今文矣。惟读者人不同,其说不同。……如后世翻译,一语言也,而两译之,三译之,或至七译之。"这说明今古文同源而异流,因说解而分歧。今古文家说解内容的不同,不仅表现在训诂名物方面,尤其表现在事实典制方面。具体情况散见于传注之中。许慎著有《五经异义》,以专题类目为纲,广泛收集了:古文《尚书》说,今文《尚书》夏侯、欧阳说;古文《毛诗》说,今文《诗》韩、鲁说;古文《周礼》说,今文《礼》戴说;古文《春秋左氏》说,今文《春秋公羊》说;古文《孝经》说,今文《孝经》说,例详本章第六节。今古文说解的侧重点也不同,今文家认为六经皆孔子所作,用以垂教万世,或托古改制,于是多阐发其中的“微言大义”,并掺杂谶言阴阳;古文则认为六经皆史,孔子述而不作,于是说解侧重章句训诂、名物典制。说解侧重点的不同,是由两家宗旨不同所决定的。

第三,宗旨不同。今文家标榜“经世致用”,即强调经书的直接的、简单化的实用目的。如西汉今文家以《尚书·禹贡》治河(见《汉书·平当传》),以《尚书·洪范》察变(见《汉书·夏侯胜传》),以《春秋》治狱(《汉书·艺文志》著录《公羊董仲舒治狱》十六篇),以《诗经》当谏书(见《汉书·儒林传·王式传》),或当规诫(如《韩诗外传》)等;此外今文学多言阴阳灾异,宣扬天人感应的迷信思想,把儒学神化,为巩固现实统治服务。因此说解经书往往牵强附会。古文家追求对经书本身作确实的理解,因此多从弄通语言文字入手,学术性较强。当然在解释古事时每涉及思想内容,也难免附会为说,但这与今文家生硬地与现实牵连比附是不相同的。

以上是今古文的主要区别。在谈今古文之争之前,先介绍一下今古文经书的来历。

今文经的来历主要是口耳相传,著之竹帛。如《公羊传》,经过公羊氏五世口传,至汉始著于竹帛。见《公羊传注·何休序》徐彦疏引戴宏序。又如今文《尚书》,据《论衡·正说篇》说,是伏生口授,由晁错记录下来的。其实今文经的祖本皆为古文,今文经本系由今文经师改易古文本而成,如《尚书》的伏生传本是伏生以今文改易古文本而成。

古文经的来历则是流传下来或重新发现的经书古本。

流传不断的如古《周易》,《汉书·艺文志》说:“及秦燔书,而《易》为筮卜之事,传者不绝。汉兴,田何传之,讫于宣、元,有施孟、梁丘、京氏列于学官,而民间有费、高二家之说。刘向以中古文《易经》校施、孟、梁丘经,或脱去‘无咎’、‘悔亡’,唯费氏经与古文同。”所谓“中古文《易经》”,即秘府(朝廷藏书之所)所藏古文《周易》,费氏所传与此本相同。又如《左传》,《汉书·儒林传》说:“汉兴,北平侯张苍及梁太傅贾谊、京兆尹张敞、太中大夫刘公子皆修《左氏春秋传》。”此后流传不废。再如《毛诗》,史载亦流传不废,即使《汉书·艺文志》、郑玄《诗谱》、陆玑《〈毛诗〉草木鸟兽虫鱼疏》及《经典释文》各家具体说法纷纭参差,《诗序》亦为汉人所作,但《诗经》本书及训诂来自前代当属无疑。当然,世传的古文经书,在流传过程中,难免不改易古字,有失原貌。

重新发现的经书古本有:

1. 孔子旧宅壁中所藏古文《尚书》、《礼记》、《春秋》、《论语》、《孝经》。见《汉书·楚元王传》载刘歆《移让太常博士书》及《汉书·艺文志》、《论衡·正说篇》、《说文解字叙》等。

关于拆壁得书的时间,几处记载有异。当在鲁恭王刘馀王鲁之初,时值景帝时或武帝初。

2. 民间所藏。

(1) 鲁国淹中(里名)所出《礼》古经。见《汉书·艺文志》。

(2) 河间献王得民间所藏《周官》、《尚书》、《礼》、《礼记》、《孟子》、《老子》等。见《汉书·景十三王传·河间献王传》。

(3) 民间壁中得《尚书·泰誓》。刘向《别录》:"武帝末,民有得《泰誓》于壁内者,献之。与博士,使读说之,数月皆起传以教人。"(《尚书序》疏引)郑玄《书论》:"民间得《泰誓》。"(同前)

(4) 河内女子发老屋所得逸《易》、《礼》、《尚书》。见《论衡·正说篇》、《尚书序疏》。

(5) 杜林得漆书古文《尚书》。见《后汉书·杜林传》。

以上从各种途径得到的古文经共有十种,即:《周易》、《尚书》、《毛诗》、《礼经》(《仪礼》)、《礼记》、《周官》(《周礼》)、《春秋经》、《左传》、《论语》、《孝经》。

古文经的发现,是汉代史学和古文献学的一件大事,但遭到今文家的强烈反对。前面已经讲过,今文学是根植于现实思想政治土壤的一种学派,受到统治者的重视,垄断着西汉一代及东汉初年的思想文化领域。西汉自文帝起,开始置博士官。王国维《汉魏博士考》说:"考文景时博士,如张生,如晁错,乃《书》博士;如申公,如辕固,如韩婴,乃《诗》博士;如胡母生,如董仲舒,乃《春秋》博士。"(《观堂集林》卷四)皆属今文。自汉武帝起至西汉末,除平帝及王莽时曾一度立古文经之外,也是今文的一统天下。

东汉完全承袭西汉,立今文十四博士。与西汉有所不同,东汉政府自章帝开始在学术上比较重视古文,《后汉书·儒林传序》说:"建初中……又诏高才生受《古文尚书》、《毛诗》、《穀梁》、《左氏春秋》,虽不立学官,然皆擢高弟为讲郎，给事近署，所以网罗遗逸，博存众家。"但今文家的政治地位仍是古文家无法攀比的。今文家为维护自己的既得利益，独霸"利禄之路"，也总是千方百计地贬抑古文学。

如前所述，汉初即有古文经书流传，但古文经书接连不断被重新发现，是从景帝、武帝之际鲁恭王发现孔氏壁中经开始的。随着古文经学声势的不断壮大，古文学家对本学派受压抑状况的不满情绪越来越强烈，今古文之争势在必然。这场论争的正式揭幕在成帝、哀帝之际，古文家的代表人物为刘歆。《汉书·楚元王传附刘歆传》详细记载了当时论争的情况，从中可知：第一，刘歆立古文的建议受到哀帝的支持，却受到当政的今文大儒的激烈反对，终拜下风。但也产生了影响，平帝立古文经及东汉古文学在学术上的兴起就是例证。第二，刘歆指出今文家反对古文，实出于垄断学术之私意，表现出"保残守缺"，"专己守残，党同门，妒道真"的腐朽的门户之见。第三，刘歆在学术上将今古文作了比较，认为今文经为秦火之馀，今文家"因陋就寡"，烦琐臆断；而"古文旧书，皆有徵验"，今文家对古文经的贬抑之辞，纯属诬妄。

继刘歆之后，东汉时今古文之争仍持续不断。荀悦《汉纪》论东汉建立后的经学说："古文《尚书》、《毛诗》、《左氏春秋》、《周官》，通人学者多好尚之，然希得立于学官。"班固《汉书·艺文志·六艺略序》批评今文家："后世经传既已乖离，博学者又不思多闻阙疑之义，而务碎义逃难，便辞巧说，破坏形体，说五字之文(指秦近君说《尚书·尧典》篇题二字及开头"若稽古"三字；"秦近君"之"近"，《汉书·儒林传》作"埏")，至于二三万言。后进弥以驰逐，故幼童而守一艺，白首而后能言，安其所习，毁所不见，终以自蔽，此学者之大患也。"此当袭刘歆《七略》之说。又《后汉书·范升传》载：光武建武二年(26)，尚书令韩歆上疏，欲为《费氏易》、《左氏春秋》立博士。光武帝下其议，并于建武四年召集公卿大夫博士于云台展开论辩。范升对曰："《左氏》不祖孔子，而出于丘明，师徒相传，又无其人，且非先帝所存，无因得立。"遂与韩歆及太中大夫许淑等互相辩难，日中乃罢。之后范升又接连上奏谏阻立古文经。《后汉书·陈元传》载：建武初，陈元与桓谭、杜林、郑兴等古文家俱为学者所宗。陈元与范升反复辩难，争立《左传》，光武帝卒立《左传》，以李封为博士。于是诸儒哗然，自公卿以下，数廷争之。适逢博士李封病死，《左传》又废。《后汉书·贾逵传》载：章帝立，特好《古文尚书》、《左氏传》。建初元年(76)，诏贾逵入讲北宫白虎观、南宫云台，章帝善逵说，使发出《左氏传》大义长于二传者，逵于是具条陈之。光武帝时，《左氏》、《穀梁》二家先师，因不晓图谶，中道而废，贾逵接受这一教训，于是附会图谶，争立《左传》，结果得到章帝嘉许，受命自选《公羊》严、颜诸生高才者二十人教以《左氏》。贾逵还多次对章帝说，《古文尚书》与经传《尔雅》诂训相应，遂受诏撰《欧阳大小夏侯尚书古文同异》，集为三卷，章帝善之。又受诏撰《齐鲁韩诗与毛诗异同》，并作《周官解故》。建初八年，章帝又诏诸儒各选高才生受《左氏》、《穀梁春秋》、《古文尚书》、《毛诗》，由是四经遂行于世。《后汉书·儒林传·李育传》载：李育少习《公羊春秋》，颇涉猎古学，虽喜《左传》之文采，然谓不得圣人深意，作《难左氏义》四十一事。建初四年诏与诸儒论五经于白虎观，李育以《公羊》义难贾逵。《后汉书·儒林传·何休传》载：何休作《春秋公羊解诂》，又以《春秋》驳汉事六百馀条，妙得《公羊》本意。与其师博士羊弼追述李育意，以难二传，作《公羊墨守》、《左氏膏肓》、《穀梁废疾》。《后汉书·儒林传·服虔传》载：服虔作《春秋左氏传解》，又以《左传》驳何休之所驳汉事六十条。《后汉书·儒林传·许慎传》载：初，慎以五经传说臧否不同，于是撰为《五经异义》，是古非今。又其《说文解字叙》亦驳今文家对古文经的诋毁。《后汉书·郑玄传》载：郑玄学兼古今，而以古文为主。"时任城何休好《公羊》学，遂著《公羊墨守》、《左氏膏肓》、《穀梁废疾》，玄乃《发墨守》、《针膏肓》、《起废疾》，休见而叹曰：'康成入吾室，操吾矛，以伐我乎！'初，中兴之后，范升、陈元、李育、贾逵之徒争论古今学，后马融答北地太守刘瓌，及玄答何休，义据通深，由是古学遂明。"又郑玄曾撰《驳五经异义》，用今文说驳许慎所主张的古文说。《后汉书·卢植传》载：灵帝熹平四年(175)，"时始立太学石经，以正五经文字。植乃上书曰：'臣少从通儒故南郡太守马融受古学，颇知今之《礼记》特多回冗。臣前以《周礼》诸经发起粃谬，敢率愚浅为之解诂，而家乏无力供缮写上，愿得将能书生二人，共诣东观，就官财粮，专心研精，合《尚书》章句，考《礼记》失得，庶裁定圣典，刊正碑文。古文科斗，近于为实，而厌抑流俗，降在小学。中兴以来，通儒达士班固、贾逵、郑兴父子并敦悦之。今《毛诗》、《左氏》、《周礼》各有传记，其与《春秋》共相表里，宜置博士，为立学官，以助后来，以广圣意。'"此建议仍未被采纳。

通过以上材料，可以综观东汉今古文之争的概貌，其特点如下：第一，今文学始终占据官学席位，而古文经被排斥在外。第二，在学术界古文学逐渐取得优势，成为东汉经学的主流。当时古文名家众多，如卫宏、贾逵、郑兴、郑众、马融、许慎等，而今文名家不过何休一人而已。这反映了古文学在学术上的生命力，说明学术的是非由客观真理所决定，绝不会单纯由官方的力量所左右。第三，今古文学在论争中互相渗透、吸收，对门户之见有所突破，出现以古文为主对今文兼容并蓄的现象。当时学兼今古的学者颇多，以郑玄为突出代表，但往往既受到正统今文学家的反对，也受到正统古文学家的反对。第四，今古文之争遍涉五经，尤以《春秋》为焦点，此书被今文家用来发挥微言大义，附会阴阳灾异，几乎成为其理论的安身立命之所。

由于汉代古今之争影响深远，前人评价今古文学多难摆脱派别门户之见，往往作出不符合实际的褒贬、论断。今文家认为古文经全系"向壁虚造"之伪作，古文家则认为今文经"保残守缺"，全系穿凿附会之伪说。正确评价今古文，应该实事求是，具体分析，不可囿于各派门户之见。从总的倾向来看，今文学出于"经世致用"的目的，往往借题发挥，穿凿附会，例多伪说；而古文学则追求对经书的正确理解，多从切实弄懂文字训诂、名物典制入手，力图达到对思想内容的准确把握，因此比较质实、可靠。王国维有《两汉古文家多小学家说》一文（见《观堂集林》卷七），举有张敞、桑钦、杜林、卫宏、徐巡、贾逵、许慎等人的事迹为例，结论说："由此观之，两汉古文家与小学家势有不可分之势，此足证其所传经本多为古文"，确切地说明了古文经学的特点和根由。但是今文经说也并不是一无是处，也包含不少正确的结论；古文经也并不是完全质实可靠，确有伪书、伪说。在伪书方面，如《周礼》一书，成书于战国时期，包括了周至战国的制度，并不如古文家所说是周公所作，反映了西周的制度。今文家对《周礼》的怀疑是正确的，但认为是刘歆所伪造，则是不对的，详见第一章第二节。当时的古文经确有托古作伪的情况，如《汉书·儒林传》载："世所传百两篇（指《尚书》）者，出东莱张霸，分析合二十九篇以为数十，又采《左氏传》《书叙》为作首尾，凡百二篇，篇或数简，文意浅陋。成帝时求其古文者，霸以能为百两徵，以中书校之，非是。"张霸的百两篇《尚书》，就是伪造的《古文尚书》。但证其伪者，恰恰是秘府所藏孔壁发现的真《古文尚书》。今文家认为古文经传全系伪造，是没有根据的。至于伪说，古文家确有附会史事、穿凿立说的情况，如《毛诗小序》就是明显的例子，但这并不足以动摇古文经学比较质实的总的倾向。因此可以这样说，今文学提供了思想史上的重要资料，而古文学提供了文献学的重要经验和成果。在古文献学史上，今文学对后世的义理学派产生了较大的影响，而古文学对后世的训诂、考据学派产生了较大的影响。

四、纬学与纬书

纬学兴起于西汉末，盛行于东汉，与方术相关，与图谶孪生。《后汉书·方术列传序》说："汉自武帝颇好方术，天下怀协道艺之士，莫不负策抵掌，顺风而届焉。后王莽矫用符命，及光武尤信谶言，士之赴趣（趋）时宜者，皆驰骋穿凿，争谈之也。"《隋书·经籍志·谶纬序》说："起王莽好符命，光武以图谶兴，遂盛行于世。"

　　纬常与谶并称谶纬。析而言之，谶指宣扬天命迷信的预言、秘籍。如《后汉书·光武帝纪》："宛人李通等，以图谶说光武云：'刘氏复起，李氏为辅。'"李贤注曰："图，《河图》也。谶，符命之书。谶，验也，言为王者受命之徵验也。"《四库提要》卷六《易类》附录序说："谶者诡为隐语，预决吉凶。"谶语的兴起比较早，如《史记·秦始皇本纪》载：三十二年，燕人卢生奏录图书曰："亡秦胡也。"胡隐指秦二世胡亥，秦始皇不解其意，便命将军蒙恬发兵北击胡人。三十六年又有人言："今年祖龙死。"祖龙隐指始皇。西汉末王莽篡位时曾假托符命制造舆论。《汉书·王莽传上》载有王莽如何使人假造符命，利用谶言以谋篡；而且写明他如何假托经文，附会谶义，以开纬学之端。东汉开国皇帝刘秀即位前更是大量地利用谶语，《后汉书·光武帝纪》载："光武先在长安时，同舍生彊华自关中奉赤伏符，曰：'刘秀发兵捕不道，四夷云集龙斗野，四七之际火为主。'"李贤注曰："四七二十八也，自高祖至光武初起，合二百二十八年，即四七之际。汉、火德，故火为主也。"又："谶记曰：'刘秀发兵捕不道，卯金修德为天子。'"卯金即"劉（刘）"字。不仅有谶语谶文，还伪造了不少谶书，据《隋书·经籍志》注：有《论语谶》八卷，《孔老谶》十二卷，《老子河洛谶》一卷，《尹公谶》四卷，《刘向谶》一卷，《杂谶书》二十九卷，《尧戒舜禹》一卷，《孔子王明镜》一卷，《郭文金雄记》一卷，《王子年歌》一卷，《嵩高道士歌》一卷。这些书隋时即已不传。

　　至于纬，与谶相关而又有别，诚如胡应麟《四部正讹》所说："世率以谶纬并论，二书虽相表里而实不同。"纬与经相对而言，其特点是以谶说经，以经证谶，即假托经文经义，附会人事吉凶祸福，预言帝业治乱兴废。正如《隋书·经籍志》所说："正五经章句，皆命从谶"，"言五经者，皆凭谶为说"。纬依托于经书，虽与谶同属荒诞无稽，但不像谶那样简单、露骨。因此可以说，纬学就是方士的经学，是被方术神化了的经学。

　　纬学与经今古文学皆有关系，而从思想实质上看，与今文经学一脉相承，因为它们都宣扬天人感应的迷信理论。所不同的是，纬学比今文经学更加荒诞，并且今文经学多讲天道，而纬学多讲天象，正如清赵在翰《七纬·总叙》所说："七纬配七经而出也。帝王神圣之兴，沉浮交错之运，三古洪纤之度，五气休咎之徵，经阐其理，纬绎其象，经陈其常，纬究其变，所以抉摘天人，纮维王政，辒辖诂训，荣镜物情者。"西汉今文家实已开纬学之先河，《四库提要》卷六说:"盖秦汉以来,去圣日远,儒者推阐论说,各自成书,与经原不相比附,如伏生《尚书大传》、董仲舒《春秋阴阳》,核其文体,即是纬书。"虽着眼于形式,但说明了这一事实。龚自珍《最录春秋元命苞遗文》说:"《元命苞》尤数与董仲舒、何休相出入。"则指明了纬学与今文学在实质上的联系。

东汉术数、谶纬家多兼属今文家,如《后汉书·方术列传》载:杨由"少习《易》并七政、元气、风云、占候";李郃"通五经,善《河》、《洛》、风、星";段翳"习《易经》,明风角";廖扶"习《韩诗》、欧阳《尚书》","尤明天文、谶纬、风角推步之术";樊英"习京氏《易》,兼明五经,又善风角、星算,《河》、《洛》、七纬,推步灾异"。《郎𫖮传》载郎𫖮"学京氏《易》,善风角、星算、六日七分,能望气占候吉凶"。传中且多引今文《公羊传》、《韩诗外传》及《易》纬《稽览图》、《诗》纬《氾历枢》、《孝经》纬《钩命决》等以言阴阳灾异,还称《易》纬为"易传"或"易内传",以提高纬书的地位。这也说明纬学与今文经学有不解之缘。此外,今文经学为附会经义,驰骋臆说,在训诂上多采用比较牵强、随意的声训方法,纬学也袭用了这种方法,如《礼》纬《含文嘉》:"礼者,履也。"(《太平御览·礼仪部一》引)而《春秋》纬《说题辞》又说:"礼者,体也。……尊卑有叙,上下有体,王者行礼,得天中和。"(《太平御览·学部四》引)又如《春秋》纬《元命苞》:"皇者,煌煌也,道烂然显明;帝者,谛也;王者,往也,神之所输向,人所乐归。"(《初学记·帝王部》引)

至于纬学与古文经学的关系,古文学家一般是反对谶纬的。如《后汉书·桓谭传》载:桓谭"遍习五经","尤好古学","当王莽居摄篡弑之际,天下之士莫不竞褒称德美,作符命以求容媚,谭独自守,默然无言"。光武帝即位后,桓谭任议郎给事中,"是时帝方信谶,多以决定嫌疑",谭上疏反对,认为:"今诸巧慧小才、伎数之人,增益图书,矫称谶记,以欺惑贪邪,诖误人主,焉可不抑远之哉!"光武帝甚不悦。后又召集大臣讨论灵台建筑地点,"帝谓谭曰:'吾欲谶决之何如?'谭默然良久,曰:'臣不读谶。'帝问其故,谭复极言谶之非经。帝大怒曰:'桓谭非圣无法,将下斩之!'谭叩头流血,良久乃得解,出为六安郡丞。"《郑兴传》载:郑兴"好古学,尤明《左氏》、《周官》"。他虽据《左传》言灾异,与今文家相通,但绝不谈谶纬。"帝(光武)尝问兴郊祀事,曰:'吾欲以谶断之,何如?'兴对曰:'臣不为谶。'帝怒曰:'卿不为谶,非之邪?'兴惶恐曰:'臣于书有所未学,而无所非也。'帝意乃解。兴数言政事,依经守义,文章温雅,然以不善谶,故不能任。"《儒林传·尹敏传》载:尹敏"初习欧阳《尚书》,后受《古文》,兼善《毛诗》、《穀梁》、《左氏春秋》",光武帝"令校图谶","敏对曰:'谶书非圣人所作,其中多近鄙别字,颇类世俗之辞,恐疑误后生。'帝不纳。敏因其阙文增之曰:'君无口,为汉辅。'帝见而怪之,召敏问其故。敏对曰:'臣见前人增损图书,敢不自量,窃幸万一。'帝深非之,虽竟不罪,而亦以此沉滞。"《张衡传》载:张衡"著《周官训诂》",可知属古文学派。他虽"尤致想于天文、阴阳、历算,常好玄经","善术学",但与一般方士绝异,力斥谶纬之学。顺帝时曾上疏辨"图纬虚妄",指明其书乃成哀之后伪造,主张"宜收藏图谶,一禁绝之"。古文学家中,贾逵利用《左传》附会过谶纬,详见《后汉书·贾逵传》,但这只是为争立古文的权宜之计,并不是贾逵的一贯主张。实际上贾逵也是反对谶纬的,如张衡在辨谶书之伪时曾说:"往者侍中贾逵,摘谶互异三十馀事,诸言谶者皆不能说。"(《后汉书·张衡传》)关于古文学派反对谶纬,《隋书·经籍志·谶纬序》有一段概括的叙述:"汉时(指光武帝时),又诏东平王苍,正五经章句,皆命从谶。俗儒趋时,益为其学,篇卷第目,转加增广。言五经者,皆凭谶为说。唯孔安国、毛公、王璜、贾逵之徒独非之,相承以为妖妄,乱中庸之典。故因汉鲁恭王、河间献王所得古文,参而考之,以成其义,谓之'古学'。当世之儒,又非毁之,竟不得行。"

史称纬书,有广狭二义。广义包括图谶纬候几类书在内,狭义则专指七纬(即七经纬)。纬书的起源有二说,一说为天授秘书,一说为孔子所作。如《隋书·经籍志·谶纬序》说:"《易》曰:'河出图,洛出书。'(按,见《周易·系辞》)然则圣人之受命也,必因积德累业,丰功厚利,诚著天地,泽被生人,万物之所归往,神明之所福飨,则有天命之应。盖龟龙衔负,出于河、洛,以纪易代之徵,其理幽昧,究极神道。先王恐其惑人,秘而不传。说者又云,孔子既叙六经,以明天人之道,知后世不能稽同其意,故别立纬及谶,以遗来世。"其实此二说皆为伪托。关于谶纬诸书,《隋书·经籍志·谶纬序》有综述:"其书出于前汉,有《河图》九篇,《洛书》六篇,云自黄帝至周文王所受本文。又别有三十篇,云自初起至于孔子,九圣之所增演,以广其意。又有《七经纬》三十六篇,并云孔子所作,并前合为八十一篇。而又有《尚书中候》、《洛罪级》、《五行传》、《诗推度灾》、《氾历枢》、《含神务(或作"雾")》、《孝经勾命决》、《援神契》、《杂谶》等书。汉代有郗氏、袁氏说。汉末,郎中郗萌,集图纬谶杂占为五十篇,谓之《春秋灾异》。宋均、郑玄并为谶律之注。"其中语多含混,如《诗推度灾》、《氾历枢》、《含神务》及《孝经钩命决》、《援神契》均属《七经纬》之内。至于《七经纬》的细目,最早见于《后汉书·方术列传·樊英传》李贤注:"七纬者,《易》纬《稽览图》、《乾凿度》、《坤灵图》、《通卦验》、《是类谋》、《辨终备》也;《书》纬《璇玑钤》、《考灵曜》、《刑德放》、《帝命验》、《运期授》也;《诗》纬《推度灾》、《氾历枢》、《含神务》也;《礼》纬《含文嘉》、《稽命徵》、《斗威仪》也;《乐》纬《动声仪》、《稽曜嘉》、《汁图徵》也;《孝经》纬《援神契》、《勾命决》也;《春秋》纬《演孔图》、《元命包》、《文耀钩》、《运斗枢》、《感精符》、《合诚图》、《考异邮》、《保乾图》、《汉含孳》、《佑助期》、《握诚图》、《潜潭巴》、《说题辞》也。"总计三十五种。

纬书不仅内容虚妄,而且托古作伪,于此汉时即有所辩驳。东汉章帝时,王充辨谶纬之书,《论衡》中多见,下面将有专节论及。又如《后汉书·张衡传》载张衡上顺帝疏说:"谶书始出,盖知之者寡,自汉取秦,用兵力战,功成业遂,可谓大事,当此之时,莫或称谶。若夏侯胜、眭孟之徒,以道术立名,其所述著,无谶一言。刘向父子,领校秘书,阅定九流,亦无谶录。成、哀之后,乃始闻之。《尚书》:尧使鲧理洪水,九载绩用不成,鲧则殛死,禹乃嗣兴,而《春秋谶》云共工理水。凡《谶》皆云黄帝伐蚩尤,而《诗谶》独以为蚩尤败然后尧受命。《春秋元命包》中有公输班与墨翟,事见战国,非春秋时也。又言别有益州,益州之置,在于汉世。其名三辅诸陵,世数可知,至于图中,讫于成帝。一卷之书,互异数事,圣人之言,势无若是,殆必虚伪之徒,以要世取资。……此皆欺世罔俗,以昧势位,情伪较然,莫之纠禁。且律历、卦候、九宫、风角,数有徵效,世莫肯学,而竞称不占之书,譬犹画工,恶图犬马而好作鬼魅,诚以实事难形而虚伪不穷也。"这里揭露得极为尖锐和透辟。后世辨纬书之伪者接连不断。如《隋书·经籍志·谶纬序》说:"然其文辞浅俗,颠倒舛谬,不类圣人之旨。相传疑世人造为之后,或者又加点窜,非其实录。"宋代黄震《黄氏日钞》、晁公武《郡斋读书志》、陈振孙《直斋书录解题》等亦多加辨斥。明胡应麟《四部正讹》考辨更详,指出不仅其内容荒诞,书名亦晦。

关于纬书的禁废、散佚,《隋书·经籍志·谶纬序》说:"至宋(刘宋)大明中,始禁图谶,梁天监已后,又重其制。及高祖(隋文帝)受禅,禁之逾切。炀帝即位,乃发使四出,搜天下书籍与谶纬相涉者,皆焚之,为吏所纠者至死。自是无复其学,秘府之内,亦多散亡。"其录当时所存者有:《河图龙文》一卷、《易纬》八卷(郑玄注)、《尚书纬》三卷(郑玄注)、《尚书中候》五卷(郑玄注)、《诗纬》十八卷(魏博士宋均注)、《春秋灾异》十五卷、《孝经钩命决》六卷(宋均注)、《孝经援神契》七卷(宋均注)、《孝经内事》一卷,计九种。《旧唐书·经籍志》著录:《易纬》九卷(宋均注)、《书纬》三卷(郑玄注)、《诗纬》三卷(郑玄注)、《诗纬》十卷(宋均注)、《礼纬》三卷(宋均注)、《乐纬》三卷(宋均注)、《春秋纬》三十八卷(宋均注)、《论语纬》十卷(宋均注)、《孝经纬》五卷(宋均注),计八种、九部。至宋,《崇文总目》著录:《易纬》九卷,《周易乾凿度》二卷。故陈振孙《直斋书录解题》说:"隋唐以来,其学寝微矣。考《唐志》犹存九部八十四卷,今其书皆亡,惟《易》纬仅存。"王应麟《困学纪闻》卷八也说:"隋焚其书,今唯《易》纬存焉。"当时所传七纬,多辑佚之作,亦有重新伪造之作。如晁公武《郡斋读书志》论《乾坤凿度》原作《坤凿度》(脱一"乾"字)说:"按,隋、唐《志》及《崇文总目》皆无之,至元祐《田氏书目》始载焉,当是国朝人依托为之。"《直斋书录解题》录及此书曾泛论七纬说:"使所谓七纬者皆存,犹学者所不道,况其残缺不完,于伪之中又有伪者乎? 姑存之以备凡目云尔。"《四部正讹》也说:"宋世但七纬,传说者咸以好事掇拾类书补缀而成,非汉魏之旧。"

纬书佚亡的原因主要有两点:从学术上看,虚妄的内容决定了它没有存在的价值。从政治上看,纬书为统治者所用,如自西汉末王莽、东汉以至魏、晋,每当改朝换代,新的统治者无不附会符命;但也为统治者所惧,在位者又往往怕他人借符命谋己,因此刘宋及隋代统治者,在回顾谋篡不已、朝代迭更的历史事实之后,大肆禁绝纬书就不是偶然的了。

今传纬书,皆为辑佚之作,主要有明孙瑴《古微书》、清黄奭《通纬》五十六种(见《汉学堂丛书》及《黄氏逸书考》)、赵在翰《七纬》、马国翰《玉函山房辑佚书》(纬书类四十种)等。

纬书作为一种特殊的文献资料,在思想史上有研究价值。从文献学上看,其对经书的解说纯属穿凿附会,这一基本倾向无疑应该否定。但是纬书的作者多通天文历法,纬书中保存了不少这方面的材料,对于考释文献有参考价值。关于训诂、名物也有不少说法可取,如"社为土神,稷为谷神"的解释,即出自《孝经援神契》,赵在翰在《七纬》中曾加按语说:"社稷之说,先儒不同,郑君(玄)据纬,独得其正。"崔述《考信录提要·释例》说:"先儒相传之说,往往有出于纬书者,盖汉自成、哀以后,谶纬之学方盛,说经之士多采以注经。……大抵汉儒之说,本于七纬者不下三之一;宋儒颇有核正,然沿其说尚不下十之三。"对于前人据纬解经,不应一概非之,应作具体分析,判断正误,决定取舍。

第二节　董仲舒

董仲舒(约前179—前104,此据苏舆《董子年表》),广川(今河北景县董故庄)人,《史记·儒林列传》及《汉书》有传。他是西汉治《公羊春秋》的今文学大儒,景帝时做过博士。武帝即位,他以贤良对策,主张"推明孔氏,抑黜百家,立学校之官,州郡举茂才孝廉"(《汉书·董仲舒传》)。曾做江都相,事江都易王刘非(景帝子),以《春秋》灾异之变,推阴阳错行之由,行求雨止雨之术,发挥天人感应之说,影响很大。后废为中大夫,居舍,著灾异之记。当时辽东高庙遭天火之灾,主父偃因嫉恨董仲舒,把他的言灾异之书奏给武帝。武帝展示给诸儒,皆以为其中含有讥责朝政之意。武帝于是把董仲舒交吏法办,罪当死,诏赦之。从此董仲舒不敢再言灾异。当时公孙弘也治《公羊春秋》,学问不如董仲舒,但善于奉承,位至公卿。董仲舒不服,认为他以阿谀得宠。公孙弘怀恨在心,建议武帝使其相胶西王刘端,妄图借骄王之手加害于他。胶西王虽善待董仲舒,而董恐时久获罪,称病免官,居家至死。《史记·儒林列传》说他"终不治产业,以修学著书为事。故汉兴至于五世之间,唯董仲舒名为明于《春秋》,其传公羊氏也"。东汉何休《公羊解诂序》只提"略依胡母生条例",无一语谈及董仲舒,其实两人皆为景帝时《公羊春秋》博士,师说亦大致相同。

关于董仲舒的著作,《史记·十二诸侯表序》说:"上大夫董仲舒推《春秋》义,颇著文焉。"《汉书·艺文志》著录有:董仲舒百二十三篇,公羊董仲舒治狱十六篇。现在流传的只有《春秋繁露》一书,以《四库全书》中据《永乐大典》补校本为善,初以武英殿聚珍版刊行。注本有清凌曙《春秋繁露注》、苏舆《春秋繁露义证》。据《汉书》本传所说:"仲舒所著,皆明经术之意,及上疏条教,凡百二十三篇。而说《春秋》事得失,《闻举》、《玉杯》、《蕃露》、《清明》、《竹林》之属,复数十篇,十馀万言,皆传于后世。"则"蕃露"(即"繁露",言冕旒缀玉下垂如繁露,借以名书)本是篇名。《春秋繁露》一书,《隋书·经籍志》、《旧唐书·经籍志》、《新唐书·艺文志》始见著录,皆注"十七卷"。北宋《崇文总目》始疑其并非本真。据《汉书》本传所举著作篇目,《清明》为今书所无,又唐宋诸书有关引文亦多为今书所无,可知董书原佚,今传本《春秋繁露》为后人重新搜集、编定并拟书名的。《春秋繁露》一书中,说《春秋》的内容占十分之五六,发挥义理比《公羊传》走得更远。但是《春秋繁露》仍不失为公羊学的一部重要著作,不仅是研究董仲舒思想的重要资料,对于研究、整理《公羊传》来说,也有重要的参考价值。此外,后人辑有《春秋决事》一卷,《春秋决狱》(或《公羊治狱》)一卷,《春秋阴阳》一卷。

公羊学最能代表汉代今文学派的特点,而董仲舒的春秋说正集中地反映了这些特点,主要有以下几方面:

(一)阐发、附会微言大义

董仲舒认为《春秋》既体现了天意,又包含着带有普遍意义的历史经验,而且是孔子褒贬当世,并为后王立法之作,其义深远,其用无穷。如董仲舒说:"百物皆有合偶,偶之合之,仇之匹之,善矣。……然则《春秋》义之大者也,得一端而博达之,观其是非,可以得其正法,视其温辞,可以知其塞怨。是故于外道而不显,于内讳而不隐,于尊亦然,于贤亦然。此其别内外,差贤不肖,而等尊卑也。义不讪上,智不危身,故远者以义讳,近者以智畏,畏与义兼,则世逾近而言逾谨矣。此定、哀之所以微其辞。以故用则天下平,不用则安其身,《春秋》之道也。"(《春秋繁露·楚庄王》)又如:"古之人有言曰:'不知来,视诸往。'今《春秋》之为学也,道往而明来者也。然而其辞体天之微,故难知也。弗能察,寂若无;能察之,无物不在。是故为《春秋》者,得一端而多连之,见一空(孔)而博贯之,则天下尽矣。……此之谓连而贯之,故天下虽大,古今虽久,以是定矣。"(《春秋繁露·精华》)再如:"《春秋》二百四十二年之文,天下之大,事变之博,无不有也。"(《春秋繁露·十指》)这里不仅指出了《春秋》包含有所谓"大义",而且说明了发挥这种"大义"的方法,即"得一端而博达之",或"得一端而多连之,得一空而博贯之"。

董仲舒治《春秋》所阐发的"大义",主要有以下内容:

1. 三世说。如:"《春秋》分十二世以为三等:有见,有闻,有传闻。……故哀、定、昭,君子之所见也;襄、成、宣、文,君子之所闻也;僖、闵、庄、桓、隐,君子之所传闻也。……于所见微其辞,于所闻痛其祸,于传闻杀其恩,与情俱也。"(《楚庄王》)此三世说据《公羊传·隐公元年》:"所见异辞,所闻异辞,所传闻异辞。"何休注此与董说相同,并进一步附会出"乱世"、"升平世"、"太平世"说:"于所传闻之世见治起于衰乱之中","于所闻之世见治升平","至所见之世著治太平"。

2. 三统说。如:"王者必受命而后王,王者必改正朔,易服色,制礼乐,一统于天下,以明易姓非继人,通以己受之于天也。……故汤受命而王,应天变夏作殷号,时正白统,亲夏,故虞,绌唐谓之帝尧。……文王受命而王,应天变殷作周号,时正赤统,亲殷,故夏,绌虞谓之帝舜。……故春秋应天作新王之时,时正黑统,王鲁尚黑,绌夏,亲周,故宋(殷之后裔)。"(《春秋繁露·三代改制质文》)这里已开何休亲周王鲁说之先。

3. 六科、十指。关于六科,如:"《春秋》大义之所本耶?六者之科、六者之指之谓也。然后援天端,布流物,而贯通其理,则事变散其辞矣。故志得失之所从生,而后差贵贱之所始矣;论罪源深浅定法殊,然后绝属之分别矣;立义定尊卑之序,而后君臣之职明矣;载定下之贤方,表谦义之所在,则见复正焉耳;幽隐不相逾,而近之则密矣;而后万物之应无穷者,故可施其用于人而不悖其伦矣。"（《春秋繁露·正贯》）关于十指，如："《春秋》二百四十二年之文，天下之大，事变之博，无不有也。虽然，大略之要有十指。十指者，事之所系也，王化之由得流也。举事变见有重焉，一指也；见事变之所至者，一指也；因其所以至者而治之，一指也；强干弱枝，大本小末，一指也；别嫌疑，弃同类，一指也；论贤才之义，别所长之能，一指也；亲近来远，同民所欲，一指也；承周文而反之质，一指也；木生火，火为夏，天之端，一指也；切刺讥之所罚，考变异之所加，天之端，一指也。……统此而举之，仁往而义来，德泽广大，衍溢于四海，阴阳和调，万物靡不得其理矣。说《春秋》凡用是矣，此其法也。"（《十指》）

董仲舒讲六科、十指，而何休却讲三科九旨，《春秋公羊经传解诂》书题下徐彦疏引何休《文谥例》说："三科九旨者，新周，故宋，以《春秋》当新王，此一科三旨也；又云：所见异辞，所闻异辞，所传闻异辞，二科六旨也；又：内其国而外诸夏，内诸夏而外夷狄，是三科九旨也。"这是二人说解的差异之处。其实都是主观附会，故可随意立说。

（二）宣扬阴阳灾异，附会"天人感应"

董仲舒这方面的说经言论，见于《春秋繁露》的《王道》、《必仁且智》、《二端》等篇，又见于《汉书·五行志》及《董仲舒传》所载对策。他说："天地之物，有不常之变者谓之异，小者谓之灾。灾常先至而异乃随之。灾者，天之谴也；异者，天之威也。"（《必仁且智》）《汉书》本传所载对策说："臣谨案，《春秋》之中，视前世已行之事以观天人相与之际，甚可畏也。国家将有失道之败，而天乃先出灾害以谴告之；不知自省，又出怪异以警惧之；尚不知变，而伤败乃至。以此见天心之仁爱人君，而欲止其乱也。自非大亡道之世者，天尽欲扶持而全安之，事在强勉而已矣。"又说："天人之徵，古今之道也。孔子作《春秋》，上揆之天道，下质诸人情，参之于古，考之于今。故《春秋》之所讥，灾害之所加也；《春秋》之所恶，怪异之所施也。书邦家之过兼灾异之变，以此见人之所为；其美恶之极，乃与天地流通而往来相应，此亦言天之一端也。"对于这种附会，清代考据学派学者王引之有所揭露，《经义述闻》卷二十四"公羊灾异"条："《公羊春秋》记灾异者数矣，自董仲舒推灾异之应（见《汉书·五行志》），何休引而申之。……然《传》但云记灾，未尝言某事之所致也。其他记灾记异者不可枚举，而皆无一语及于感应。乃知《公羊》之学，惟据人事以明法戒，不傍天道以涉诪张。盖天人之际荒忽无常，君子于其所不知盖阙如也。自董仲舒推言灾异之应，已开谶纬之先。何氏又从而祖述之，迹其多方揣测，言人人殊，谓之推《传》文则可，谓之《传》之本指，未见其然也。"此话堪称入木三分。

（三）通经致用

改造经学，以适应现实统治者的需要，并追求自身利禄，是汉代今文经学的一个显著特点，也是所谓"通经致用"的基本含义。清俞正燮《癸巳存论·公羊传及注论》说："《公羊》集酷吏佞臣之言谓之经义，汉人便谓之通经致用。"又说："《公羊传》，汉廷儒臣通经致用干禄之书也。何休所说，汉末公府掾致用干禄之书也。"章炳麟《检论·学变》也说："董仲舒以阴阳定法令，垂则博士，神人大巫也。使学者人人碎义逃难，苟得利禄，不识远略。"这里虽然不免带有古文家的偏见，但仍可以说是抓住了今文学所谓"通经致用"的本质。不过董仲舒比较廉直，不像公孙弘那样以阿谀奉承谋取高位，他附会经义以求实用，主要出发点是为了维护封建统治，而较少考虑个人得失。

董仲舒的通经致用，主要表现在两方面，一是大讲灾祥，用神秘的"天人感应"说为巩固封建统治服务，具体情况前面已作介绍。值得指出的是，董仲舒讲灾祥，主要用于对君主的监督、惩戒，绝少颂谀之辞，正如皮锡瑞《经学历史》第四章所说："汉儒借此以匡正其主"，"尚有君臣交儆遗意"。另一方面是引《春秋》治狱，主要用于对臣下的控制与对人民的统治。如《春秋繁露·精华》说："《春秋》之听狱也，必本其事而原其志。志邪者不待成，首恶者罪特重，本直者其论轻。是故逢丑父当斩（事见《公羊传·成公二年》），而辕涛涂不宜执（事见《公羊传·僖公四年》），鲁季子追庆父（事见《公羊传·闵公二年、僖公元年》），而吴公子释阖庐（事见《公羊传·襄公二十九年》），此四者罪同异论，其本殊也。俱欺三军，或死或不死；俱弑君，或诛或不诛，听讼折狱可无审耶？故折狱而是也，理益明，教益行；折狱而非也，暗理迷众，与教相妨。教，政之本也；狱，政之末也。其事异域，其用一也，不可不以相顺，故君子重之也。"这里是说狱必须服从于教，法要服从于儒家的思想原则。判狱不仅要看犯罪事实，而且要追究犯罪者的思想动机，动机合乎"义"者可以从轻。同时指明《春秋》大义不仅提供了判狱的准则，《春秋》中也有不少具体案例值得遵循。《汉书·艺文志》著录有董仲舒治狱十六卷，已佚。但从他书所引，可知董仲舒据经书治狱情况之一斑，如《通典》六十九载：东晋成帝咸和五年，散骑侍郎贺峤妻丁氏上表云：董仲舒一代纯儒，汉朝每有疑议，未尝不遣使者访问，以片言而折衷焉。时有疑狱，曰："甲无子，拾道旁弃儿乙，养乙以为子。及乙长，有罪杀人，以状语甲，甲藏匿乙，甲当何论？"仲舒断曰："甲无子，振活养乙，虽非所生，谁与易之？《诗》云：'螟蛉有子，蜾蠃负之'。《春秋》之义：父为子隐。甲宜匿乙，诏不当坐。"由此可见，法总是服从于礼义的。

（四）在训解内容上重义理而轻名物、训诂，在训解方法上多主观臆断、牵强附会

由今文经学的宗旨、特点所决定，在训解内容上必然是重义理而轻名物、训诂。《春秋繁露·重政》说："能说鸟兽之类者，非圣人所欲说也。圣人所欲说，在于说仁义而理之，知其分科条别，贯所附，明其义之所审，勿使嫌疑。是乃圣人之所贵而已矣。不然，传于众辞，观于众物，说不急之言，而以惑后进者，君子之所甚恶也。奚以为哉？"在训解方法上也必然是多主观臆断，牵强附会。前面所引到的"合偶"、"连贯"、"仇匹"（即比附），都是这种方法的具体形式。此外滥用声训或望文生训，也是一种表现，如《深察名号》："天地为名号之大义也。古之圣人謞而效天地谓之号，鸣而命施谓之名。名之为言鸣与命也，号之为言謞与效也。謞而效天地者为号，鸣而命者为名，'名''号'异声而同本，皆鸣号而达天意者也。天不言，使人发其意；弗为，使人行其中。名则圣人所发天意，不可不深观也。受命之君天意之所予也，故号为天子者，宜视天如父，事天以孝道也；号为诸侯者，宜谨视所候奉之天子也；号为大夫者，宜厚其忠信，敦其礼义，使善大于匹夫之义足以化也；士者，事也；民者，瞑也。……物莫不有凡号，号莫不有散名，如是。是故事各顺于名，名各顺于天，天人之际，合而为一。……深察王号之人意，其中有五科：皇科，方科，匡科，黄科，往科，合此五科以一言谓之王。王者，皇也；王者，方也；王者，匡也；王者，黄也；王者，往也。是故王意不普大皇，则道不能正直而方；道不能正直而方，则德不能匡运周遍；德不能匡运周遍，则美不能黄；美不能黄，则四方不能往；四方不能往，则不全于王。故曰：天覆无外，地载兼爱，风行令而一其威，雨布施而均其德，王术之谓也。……民之号取之瞑也……性而瞑之未觉，天所为也。效天所为，为之起号，故谓之民。民之为言固犹瞑也。"这里不仅滥用声训、望文生训，横加解释，而且把词表示概念，概念反映客观事物的唯物主义的认识路线，颠倒为"事各顺于名（概念），名各顺于天"的神秘的唯心主义的认识路线。

董仲舒的这套训释方法，在今文学中具有代表性，在古文献学史上对义理学派有深远的影响，也为我们今天提供了可资鉴戒的难得的反面经验。

第三节　司马迁

司马迁（约前145—前86），字子长，夏阳（今陕西韩城南）人。汉武帝元

封三年(前108),继其父司马谈职,任太史令,掌文史星历,得以博览朝廷藏书,承其父业完成《史记》的写作。司马迁不仅是伟大的历史学家,他写《史记》,采撷镕铸经传百家,创立诸子、儒林列传,辨章学术源流,也是出色的古文献学家。他在古文献的保存、考辨及译释等方面都做出了巨大的贡献,但也有一些失误值得我们鉴戒。

(一)《史记》保存了丰富的古代文献

《史记》是我国上自黄帝,下讫汉武帝,贯穿数千年的一部通史。司马迁写《史记》,取材极为广泛,单就文献史料而言,凡是他生前成书的经传、诸子、史籍大都有所涉猎。他曾说:"厥协六经异传,整齐百家殊语"而"成一家之言"(《史记·太史公自序》)。故《史记》向有六经门户、诸子渊薮之称。

在经传方面,《史记》在先秦诸本纪、世家中采用了《尚书》、《诗经》、《春秋》、《左传》等书的大量材料,可用为考证、校勘、注释有关文献的重要参考。此外还兼采今古文经书、经说,保存有丰富的今古文经学的材料。关于后一方面,历来说法有歧,需要在这里稍加论辩。

皮锡瑞《经学历史》第三章说:"太史公书成于汉武帝时经学初昌明、极纯正时代,间及经学,皆可信据。"皮氏所云"纯正",指今文独行,不杂古文。其所举《史记》所载经说,皆为今文说,并用来驳古文家及宋儒之说。其实司马迁在经今古文问题上,并无狭隘的门户之见。《史记》一书在取材上固然反映了今文学占主导地位的现实情况,但并不排斥古文学,也采用了不少古文经书、经说的材料。关于司马迁学习、论及古文经,《史记》本身就有不少材料可证。如《史记·儒林列传》说:"孔氏有《古文尚书》,而安国以今文读之。"《吴太伯世家》:"太史公曰:'余读《春秋》古文(指《左传》),乃知中国之虞与荆蛮句吴兄弟也。'"《十二诸侯年表序》也提到属于古文的《左传》:"鲁君子左丘明惧弟子人人异端,各安其意,失其真,故因孔子史记(《春秋》)具论其语,成《左氏春秋》。"《仲尼弟子列传》还提到古文《论语》:"则论言弟子籍,出孔氏古文近是。余以弟子名姓文字悉取《论语》弟子问并次为篇,疑者阙焉。"关于《史记》采用古文经,班固在《汉书·儒林传》中曾提到:"司马迁亦从孔安国问故,迁书载《尧典》、《禹贡》、《洪范》、《微子》、《金滕》诸篇,多古文说。"这里仅就《尚书》而言,其实并不限于《尚书》。

《史记》杂糅今古文的情况不乏其例,如《鲁周公世家》关于周公辅佐成王的记载,折中《尚书·金滕》与《尚书大传·金滕》异文歧说的情况非常明显。《尚书大传》为伏生(胜)所作,属今文,原书已佚,清陈寿祺辑有《尚书大传定本》。今传《尚书·金滕》不属伪古文,其与《尚书大传·金滕》的差异正反映了《尚书》今古文说的不同,旧说以《尚书·金縢》为今文,是不对的。只要我们把《鲁周公世家》中关于周公辅佐成王一事的记载,与《尚书·金縢》及《尚书大传·金縢》作一对照,就会清楚发现司马迁兼采、弥合今古文的情况。主要有两点:

第一,关于周武王死时周成王的年龄及有无怀疑周公之事。

古文《金縢》虽未明言成王当时年龄,但从记载中可知成王已能用事,曾听信流言,怀疑周公。据古文家说,如《公羊传·隐公元年疏》引许慎《五经异义》及《通典五十六·嘉礼注》引谯周《五经然否论》所载《尚书》说,明言当时成王年已十三,又有些说法明言周公摄政,成王怀疑周公(见《论衡·感类篇》、《毛诗·豳谱疏》及《礼记·明堂位疏》引郑玄说、《尚书·金縢》伪孔传)。今文家说与此有异。如《尚书大传》以及《礼记·明堂位》、《大戴礼·保傅》等皆言武王死时成王幼在襁褓,故有周公代成王居位摄政之事,而绝无成王听信流言怀疑周公之事。今古文之说,虽各能自圆其辞,但以古文说较为属实。今文之所以要歪曲史实,把成王的年纪变小,可能是为了回避周公摄政、成王生疑这一矛盾,以维护“明王”、“圣人”的完美形象(这是今文学的一个重要思想)。司马迁写《鲁周公世家》,不单纯采古文《金縢》或今文《金縢》,而是捏合今古文,既云“成王少,在强葆之中……周公乃践阼代成王摄行政当国”,又云“周公乃奉成王命兴师东伐”,“东土以集,周公归报成王”,成王看到周公所作《鸱鸮》诗后,“亦未敢训周公”。这里成王既为襁褓小儿,又能用事,岂不荒谬?

第二,关于启“金縢之书”的时间及风雷之变的前因后果。

古文《金縢》记在周公东征之时,起因是成王听信流言,怀疑周公,结果是成王解除怀疑,迎还周公。《尚书大传》记在周公死后,起因是葬地不当,结果是“乃不葬于成周,而葬之毕,示天下不敢臣(谓成王向天下人表示不敢以周公为臣)”,并为敬重周公起见,特许鲁国用天子礼——郊祭。两说各自成立,虽有是非、优劣之别,但离之则两美,合之则两伤。司马迁写《鲁周公世家》,袭用古文《金縢》成文,但时序又从今文,记于周公死后,风雷之变的原因也采用今文说,但未交代清楚。至于结果,只局部采用今文说,未言改葬之事,只写了成王得知周公忠于王室之德,赐鲁天子礼——郊祭,以示对周公的敬重。拼凑之迹,显而易见。

又如,《诗经·商颂·玄鸟》:“天命玄鸟,降而生商”,概括了简狄吞玄鸟卵而生契的传说;《大雅·生民》具体描述了姜嫄因踩着上帝留下的足迹,有感而孕,生下后稷的传说。商始祖契,周始祖后稷,皆只知其母,不知其父,这本是远古母系氏族社会的影子。今文经学家虽不能从本质上认识这一问题,但还承认这种现象,认为在历史上曾普遍存在过,如许慎《五经异义》载齐、鲁、韩三家诗及《公羊春秋》说:"圣人无父,感天而生。"而古文经说如《毛诗》《左传》等,则认为"圣人皆有父",从父权制观念出发,极力改造、歪曲这类传说,硬是给简狄、姜嫄配上一个丈夫——帝喾(即高辛氏)。司马迁写《殷本纪》《周本纪》,"采于《诗》《书》",分别用了这两个传说,但又摒弃今文家"圣人无父"之说,袭用古文家的歪曲解释,说简狄"为帝喾次妃","姜嫄为帝喾元妃",从而把曲折地反映历史真实的神话传说改得不伦不类。这也是《史记》折中今古文的明显例子。

在诸子方面,《史记·太史公自序》录司马谈《论六家要指》,立言精辟。另外,在有关的列传中多述诸子之说,引其文,载其书,详其学,不仅可借以研讨各家的思想内容,还可借以考见其书在西汉前期流传的情况。可参见《管晏列传》《老子韩非列传》《司马穰苴列传》《孙子吴起列传》《商君列传》《孟子荀卿列传》《吕不韦列传》等。

此外,在史籍方面,本纪、世家、列传多载录《国语》《战国策》《世本》《楚汉春秋》等。在诗赋方面,《屈原贾生列传》中的《屈原传》包含有《楚辞》的序录,《贾谊传》实为贾谊的《吊屈原赋》和《鹏鸟赋》的原始出处。《司马相如传》全录其《子虚赋》《大人赋》等。

因此《史记》八书中虽无艺文专篇,但合儒林、诸子以及其他方面有关的列传,不啻为一部艺文专志。刘向在诸书叙录中屡引《史记》,正说明了它在这方面的价值。又章学诚《校雠通义》卷三说:"艺文虽始于班固,而司马迁之列传实讨论之。观其叙述,战国、秦、汉之间著书诸人之列传,未尝不于学术渊源、文词流别,反复而论次焉。"

(二)在古文献考辨方面的成就和局限

司马迁写《史记》,在采摭、运用文献史料时,做了大量的考辨工作。古文献的辨伪,包括两方面的内容,一是关于书籍的名称、作者、年代真伪的考辨,一是关于书籍内容诸如事实、论说真伪的考辨。司马迁在考辨文献史料时,以后者为主,也涉及前一方面,在辨伪学上做出了突出的贡献。如《五帝本纪》:"太史公曰:学者多称五帝,尚矣。然《尚书》独载尧以来,而百家言黄帝,其文不雅驯,荐绅先生难言之。孔子所传宰予问《五帝德》及《帝系姓》,儒者或不传。余尝西至空桐,北过涿鹿,东渐于海,南浮江淮矣;至长老皆各往往称黄帝、尧、舜之处,风教固殊焉,总之不离古文者近是。予观《春秋》《国语》,其发明《五帝德》《帝系姓》章矣。顾弟弗深考,其所表见皆不虚。

《书》缺有间矣，其轶乃时时见于他说。非好学深思，心知其意，固难为浅见寡闻道也。余并论次，择其言尤雅者，故著为本纪书首。"这里把民间传说与文献资料互相印证，认为古文经传的说法比较可靠。又如《周本纪》："太史公曰：学者皆称周伐纣，居洛邑。综其实不然，武王营之，成王使召公卜居，居九鼎焉。而周复都丰镐，至犬戎败幽王，周乃东徙于洛邑。"这里据事实驳伪说。又如《仲尼弟子列传》："太史公曰：学者多称七十子之徒，誉者或过其实，毁者或损其真，钧之未睹厥容貌。则论言弟子籍，出孔氏古文近是。"这里以求真为目的，考辨了关于孔子弟子的史料，得出了古文《论语》近是的结论。例子还很多，不一一列举。

力求质实，排斥虚妄，是司马迁文献考辨的一个突出特点。前引《五帝本纪》不取关于黄帝"不雅驯"的说法，已说明这一特点。再如《刺客列传·豫让传》，基本采用《战国策·赵策》的成文，但删去了其中荒诞不经的描写，试看下列对比：

《史记·刺客列传》

豫让曰："……今日之事，臣固伏诛，然愿请君之衣而击之，焉以致报仇之意，则虽死不恨。非所敢望也，敢布腹心！"于是襄子大义之，乃使使持衣与豫让。豫让拔剑三跃而击之，曰："吾可以报智伯矣！"遂伏剑自杀。

《战国策·赵策》

豫让曰："……今日之事，臣故伏诛，然愿请君之衣而击之，虽死不恨。非所敢望也，敢布腹心！"于是襄子义之，乃使使者持衣与豫让。豫让拔剑三跃呼天击之，衣尽出血；襄子回车，车轮未周而亡。曰："而可以报智伯矣！"遂伏剑自杀。

《战国策》"衣尽出血；襄子回车，车轮未周而亡"三句，今本无，据司马贞《史记索隐》引旧本《战国策》补。作为怪诞奇特的传说，这几句话无可非议，整理《战国策》时，当然要保存原貌。但绝非事实，断然不能写进历史，司马迁把它删掉，是理所当然的。照他的理解，豫让击衣不过是象征性的举动，绝不会出现那样荒诞不经的后果。因此，他在豫让的话中特地加了"焉以致报仇之意"一句，言明击衣的用意所在。又如在《刺客列传》赞中，他还明确说过："世言荆轲，其称太子丹之命'天雨粟'、'马生角'也，太过。"（《索隐》："（燕）丹求归，秦王曰'乌头白，马生角，乃许耳。'丹乃仰天叹，乌头即白，马亦生角。《风俗通》、《论衡》皆有此说。"）《大宛列传》赞也说："故言九州山川,《尚书》近之。至《禹本纪》、《山海经》所有怪物,余不敢言之也。"可见,凡是事涉荒诞,言过其实的材料,他一概不取。当然,司马迁在这一方面也有其思想局限。他相信天命,对某些关于天人感应及命相的记载,并不认为"不雅驯",还是照录不疑的。另外,对明显的荒诞材料,他虽能凭借朴素的唯物主义思想作判断,进行去伪存真的处理;但对一些复杂的材料,诸如表面看来荒诞不经,实则具有合理内核的神话传说,他则无法由表及里地加以消化,往往简单地加以排斥,或生硬地进行曲解,这也是他在文献考辨上的一个局限,如前面在讲司马迁杂糅今古文时,曾提到《殷本纪》及《周本纪》从古文家说,歪曲反映母系社会的姜嫄、简狄的离奇传说,就是例证。

对传闻异辞,谨慎存疑,不执一绳万,也是司马迁文献考辨的一个特点。如《老子韩非列传》中关于老子的考辨,以李耳事迹为主,同时罗列异说:"或曰老莱子,亦楚人","或曰儋(周太史儋)即老子,或曰非也,世莫知其然否"。又如《孟子荀卿列传》谓墨翟"或曰并孔子时,或曰在其后"。但也有局限,有时对彼此差异很大的写同一事件的材料,勉强牵合,往往造成抵牾。如前面提到的在《鲁周公世家》中糅合《尚书·金縢》今古文说,就是一例。

(三)在古文献译释方面的成就和问题

在当时来说,《史记》是一部贯穿古今的通史,不可避免要容纳一些较古的史料,这是造成它"比班书微为古质"(《索隐序》)的原因之一。但司马迁很注意消除古代文献史料的语言隔阂,他常常对一些古奥艰涩的字句进行译释,所谓"以训诂代本字",为古文的解释、翻译提供了可贵的经验。有的是把古词语对译成通俗词语,如《五帝本纪》采《尚书·尧典》,将"钦若昊天"译作"敬顺昊天","宅嵎夷"译作"居郁夷","宅朔方"译作"居北方","寅宾出日"译作"敬道日出","寅饯纳日"译作"敬道日入","朞三百有六旬有六日,以闰月定四时成岁"译作"岁三百六十六日,以闰月正四时","允厘百工"译作"信饬百官","庶绩咸熙"译作"众功皆兴";《鲁周公世家》采古文《尚书·金縢》说,将"祗畏"译作"敬畏";《刺客列传》采《左传·昭公二十七年》,将"光伪足疾"译作"公子光详(读为佯)为足疾",等等。有的近乎意译,如《五帝本纪》采《尧典》,将"畴咨,若时登庸"译作"谁可顺此事"。有的为突出某种含义,使语言更加显豁,常增文译释,如《战国策·赵策》中豫让的话本作"且夫委质而事人,而求弑之,是怀二心以事其君也",《刺客列传》作"既已委质臣事人,而求杀之,是怀二心以事其君也",以"臣事"译"事",准确地揭示了下事上、臣事君的含义。又如《战国策·燕策》:"太子送(田光)至门,曰:'丹所报,先生所言者,国之大事也,愿先生勿泄也。"《刺客列传》采用时将

"曰"改作"戒曰",这就在叙述中突出地表现了太子丹说这话的用意和郑重、诡秘的情态。有的文字差别,与材料来源有关,不属司马迁自己所译释,应加区别。如《鲁周公世家》:"惟予幼人弗及知",古文《金縢》原作"惟予冲人弗及知"(冲,读作童)。《史记》"幼人"一词,系据今文《金縢》(见《尚书大传》),而非司马迁所译释。

既要译释,特别是意译,就难免不滋衍文字,司马迁为通俗计,并不以繁复为嫌,而金人王若虚在《史记辨惑》中却常以"字语冗复"来责怪司马迁,这恰恰表明他自己的迂腐。

司马迁译释文献史料,也有不准确的地方,甚至有错会文义而致误者。如《孔子世家》:"孔子年十七,鲁大夫孟釐子病且死,诫其嗣懿子曰:'孔丘,圣人之后,灭于宋。……吾闻圣人之后,虽不当世,必有达者。今孔丘年少好礼,其达者欤?吾即没,若必师之。'及釐子卒,懿子与鲁人南宫敬叔往学礼焉。"按,孔子年十七,值鲁昭公七年,此年《左传》云:"三月,公如楚,郑劳于郊之梁。孟僖子(即釐子)为介,不能相仪。及楚,不能答郊劳。……九月,公至自楚。孟僖子病不能相礼,乃讲学之。苟能礼者,从之。及其将死也,召其大夫,属大夫曰:'礼,人之干也,无礼无以立。吾闻将有达者曰孔丘,圣人之后也,而灭于宋。……我若获没,必属说与何忌(即孟懿子)于夫子,使事之,而学礼焉,以定其位。'故孟懿子与南宫敬叔师事仲尼。"这里文义甚明,所谓"孟僖子病不能相礼"者,是说孟僖子苦恼自己不精通礼仪,不能襄助行礼,并不是说他因为害了疾病不能相礼。又,"及其将死"云云,系记叙后来之事,非指当年。据《春秋》,孟僖子死于昭公二十四年,时孔子已三十五岁。司马迁先将"病"字错会为疾病的"病",又将"病"字与"及其将死"联系起来,望文生义,遂造成"孔子年十七,鲁大夫孟釐子病且死"的大谬。

总之,司马迁在采用、整理文献史料时,有得,亦有失。正如班固在《汉书·司马迁传赞》中所说:"故司马迁据《左氏》、《国语》,采《世本》、《战国策》,述《楚汉春秋》,接其后事,讫于大汉,其言秦汉详矣。至于采经摭传,分散数家之事,甚多疏略,或有抵牾;亦其涉猎者广博,贯穿经传,驰骋古今上下数千载间,斯亦勤矣。"(此说本于其父班彪,参见《后汉书·班彪传》。)因此在总结其经验时,必须实事求是,一分为二。同时在利用《史记》校读有关古籍时,也要审慎对待,切不可武断地据他书乱改《史记》,或者据《史记》乱改他书。

第四节　刘向　刘歆

刘向（约前77—前6），原名更生，字子政。为汉高祖弟楚元王（刘交）之四世孙，传附《汉书·楚元王传》中。刘向能文善赋，通神仙方术，好言灾异。汉宣帝时立《穀梁春秋》学，徵向受之，讲论五经于石渠阁，拜为郎中、给事黄门，迁散骑、谏大夫、给事中。元帝初即位，擢为散骑、宗正、给事中。后中书宦官弘恭、石显弄权，向被诬下狱。成帝即位，石显等伏罪，刘向复进用，拜为中郎，使领护三辅都水，迁光禄大夫。成帝精于《诗》、《书》，观古文，河平三年（前26）诏向领校中五经秘书于天禄阁。官至中垒校尉。传称"向为人简易，无威仪，廉靖乐道，不交接世俗，专积思于经术，昼诵书传，夜观星宿（指留意星象灾异），或不寐达旦"。刘向在学术上属今文学派，但博览旁通，亦不排斥古文。一生编著很多，且多与政治联系紧密，借古喻今，以为鉴戒。著有《洪范五行传》，已佚，后人有辑本。又著有《五经通义》、《五经要义》、《春秋穀梁传说》等，皆佚，后人有辑本。今传《列女传》、《说苑》、《新序》。刘向整理文献的主要成就表现在校理群书，编著《别录》上。《汉书·艺文志·总序》："至成帝时，以书颇散亡，使谒者陈农求遗书于天下，诏光禄大夫刘向校经传、诸子、诗赋，步兵校尉任宏校兵书，太史令尹咸校数术，侍医李柱国校方技。每一书已，向辄条其篇目，撮其指意，录而奏之。"这说明刘向不仅分校经传、诸子、诗赋三大类书，而且总撰各书叙录。又梁阮孝绪《七录序》说："昔刘向校书，辄为一录，论其指归，辨其讹谬，随竟奏上，皆载在本书。时又别集众录，谓之《别录》，即今《别录》是也。"由此可知，刘向《别录》即纂集众书叙录而成。刘向所撰叙录，现存完整的只有《战国策叙录》、《晏子叙录》、《荀卿子叙录》、《管子叙录》、《列子叙录》、《韩非子叙录》、《邓析子叙录》、《说苑叙录》等，另刘歆《上山海经表》即为《山海经叙录》。《别录》佚文，散见各书，后人亦有辑佚。

刘歆（？—23），字子骏。哀帝建平元年（前6），曾改名秀，字颖叔。歆为向之少子，传附向传之后，事迹又见《汉书·王莽传》。刘歆通《诗》、《书》，善为文。成帝时任黄门郎，河平三年，受诏与父向领校秘书，讲六艺传记，诸子、诗赋、数术、方技无所不究。向死后，歆继其父任中垒校尉。哀帝初即位，大司马王莽举歆为侍中大夫，迁骑都尉，奉车光禄大夫。继续领校五经，卒父前业。歆于是集六艺群书，编著《七略》。在学术上，刘歆与其父向，始皆治《易》。刘向原治《穀梁春秋》，而刘歆校秘书时，见古文《春秋左氏传》，非常喜好，于是倾向古文，与其父异学。时丞相史尹咸，与歆共校《春秋左氏》经传，歆大致遵从尹咸之见。起初，《左氏传》多古言古字，学者传训诂而已，及歆治《左氏》，引传文以解经（《春秋》），转相发明，由此章句义理兼备。等到哀帝重用刘歆以后，歆于是建议立《左氏春秋》、《毛诗》、《逸礼》、《古文尚书》等古文经传于学官，遭到当时博士官的抵制。歆便致书太常博士，大加责让。结果"忤执政大臣，为众儒所讪，惧诛，求出补吏，为河内太守。以宗室不宜典三河，徙守五原，后复转在涿郡，历三郡守。数年，以病免官。起家复为安定属国都尉"。哀帝死后，王莽持政，因少时与歆同为黄门郎，颇看重他，荐于太后，太后留歆为右曹太中大夫，迁中垒校尉，羲和，京兆尹。封红休侯。典儒林史卜之官，考定律历，著《三统历谱》。王莽篡位之后，刘歆为国师，因莽杀其三子，遂谋诛莽，事泄，自杀。刘歆整理文献，主要成就有二，一是校注《左传》，"引传文以解经（《春秋》）"；二是继父业完成校理群书的工作，并撰成分类目录《七略》。阮孝绪《七录序》说："子歆撮其（刘向《别录》）指要，著为《七略》。其一篇即六篇之总最，故以《辑略》为名，次《六艺略》，次《诸子略》，次《诗赋略》，次《兵书略》，次《数术略》，次《方技略》。"《七略》已佚，由"删其要"而成的《汉书·艺文志》，可以见其梗概。

刘向、刘歆通过校理群书、编撰《别录》、《七略》而成为著名的古文献学家，在校勘学、目录学上皆有开创，积累了丰富的经验，对后世影响很大。前人不断对此有所总结，如清章学诚著有《校雠通义》，深入地总结了刘氏父子的经验，提出了"宗刘"的主张。孙德谦著有《刘向校雠学纂微》，全面、系统地总结了刘氏的校雠方法，列举了二十三项：备众本、订脱误、删复重、条篇目、定书名、谨编次、析内外、待刊改、分部类、辨异同、通学术、叙源流、究得失、撮指意、撰序录、述疑似、准经义、徵史传、辟旧说、增佚文、考师承、纪图卷、存别义，每项皆附例证，比较详备，但失之琐屑。归纳起来，刘氏父子在古文献学上的贡献主要有以下几方面：

（一）在校勘学上的成就

第一，广备众本，互相参校。

刘向校书，主要采用对校法，《别录》说："雠校，一人读书，校其上下，得谬误为校。一人持本，一人读书（《太平御览》引作"读析"），若怨家相对，故曰雠也。"（《文选·魏都赋》注引《风俗通》、《太平御览》卷六一八引）他当时校书，所搜集、依据的版本甚多，包括中书、太史书、太常书及大臣私人藏书等，如《管子叙录》说："所校雠中《管子》书三百八十九篇，太中大夫卜圭书二十七篇，臣富参书四十一篇，射声校尉立书十一篇，太史书九十六篇，凡中外书五百六十四,以校。"其他各书《叙录》均有具体交代,不一一徵引。

第二,校字句,订脱误。

校脱文,如《汉书·艺文志·书类序》说:"刘向以中古文《易经》校施、孟、梁丘经,或脱去'无咎','悔亡',唯费氏经与古文同。"又如《汉书·艺文志·书类序》说:"刘向以中古文校欧阳、大小夏侯三家经文,《酒诰》脱简一,《召诰》脱简二;率简二十五字者,脱亦二十五字,简二十二字者,脱亦二十二字,文字异者七百有馀,脱字数十。"

订误文,如《晏子叙录》:"中书以'夭'为'芳','又'为'备','先'为'牛','章'为'长',如此类者多,谨颇略榷。"此为形近而误。《列子叙录》:"或字误,以'尽'为'进',以'贤'为'形',如此者众。及在新书(按,刘向校定之书,例称"新书")有棧,校雠从中书以定。"此为音同或音近而误。《战国策叙录》:"本字多误脱为半字,以'赵'为'肖',以'齐'为'立',如此者多。"此指坏缺之字。其实'赵'为'肖'是战国时的写法,当时古印可证,不是坏缺字。至于所谓"略榷"、"有棧",据顾野王《玉篇》,"榷"为"牋"字的古体。"棧"从"戔"得声,则亦与"榷"、"牋"相通。《玉篇》训"牋"为"表",则"略榷"、"有棧"云云,即将误脱之文表出而订正之意。

第三,补缺去重,定著篇章。

刘向校书不限于文字,亦涉及篇章。当时古书多篇卷单行,各本篇章多异,他合校众本,互相补充,删除复重,编定篇章。例如《列子叙录》:"右新定著八章……内外书凡二十篇,以校,除复重,定著八篇。"《管子叙录》:"凡中外书五百六十四,以校,除复重四百八十四篇,定著八十六篇。"《晏子叙录》:"凡中外书三十篇,为八百三十八章。除复重二十二篇六百三十八章,定著八篇二百一十五章,外书无有三十六章,中书无有七十一章,中外皆有以相定。"《孙卿子叙录》:"所校雠中《孙卿》书,凡三百二十二篇,以相校,除复重二百九十篇,定著三十二篇。"《战国策叙录》:"所校中《战国策》书,中书馀卷错乱相糅莒。又有国别者八篇,少不足。臣向因国别者,略以时次之;分别不以序者,以相补。除复重,得三十三篇。"

第四,确定书名。

古书多集篇而成,初无总名,后世流传,名称不一。刘向校理群书,每确定其名。例如《战国策叙录》:"中书本号或曰《国策》,或曰《国事》,或曰《短长》,或曰《事语》,或曰《长书》,或曰《修书》,臣向以为战国时游士辅所用之国为之策谋,宜为《战国策》。"又有校补后重定新名者,如将《说苑杂事》定为《新苑》,见《说苑叙录》。刘向所定书名,多为后世所因,在古书流传中产生

了巨大影响 。

第五,不专揽独断,与各科专家合作。

刘氏父子都是很博学的,但他们领校群书时,从不专己独断,而是谦虚谨慎,阙所不知,推举专家,校勘专书。如刘向只校己所精通的六艺、诸子、诗赋,另举步兵校尉任宏校兵书,太史令尹咸校数术,侍医李柱国校方技。刘歆曾与尹咸共校《春秋》及《左传》,颇遵从尹咸之见。从此开了一个好的先例,后世多加仿效,如元初岳氏校刻九经三传,"专属本经名士反复参订";清代开四库馆,请各门专家校书;清藏书家黄丕烈请顾广圻助其校书,等等。

(二)在目录学上的成就

刘向、刘歆对于中国目录学有开创之功,他们在目录学上的成就表现在两方面,即撰写叙录和分类编目。

重视解题,披露书籍的性质、内容,这是我国目录学史上的一个优良传统。而刘向所撰各书叙录,发凡起例,对此做出了巨大贡献。古人自撰序文,或为他人之书撰序文,早已有之。至于校理群书而撰叙录,以刘向为始,从此开解题目录之先河,对后世产生了深远影响。刘向所写叙录,一般包括以下内容:篇目编次,校勘说明,作者介绍,评论思想内容,探究学术源流,考辨真伪,权衡价值等,其大要正如《汉书·艺文志·总序》所说:"条其篇目,撮其指意",以及《七录序》所说"论其指归,辨其讹谬"。兹举《列子叙录》为例:

天瑞第一　　　　　黄帝第二　　周穆王第三
仲尼第四(一曰极智)　汤问第五　　力命第六
杨朱第七(一曰达生)　说符第八

右新书定著八章。护左都水使者光禄大夫臣向言:所校中书《列子》五篇,臣向谨与长社尉臣参校雠,太常书三篇,太史书四篇,臣向书六篇,臣参书二篇,内外书凡二十篇,以校,除复重十二篇,定著八篇。中书多,外书少,章乱布在诸篇中。或字误以'盡'为'进',以'贤'为'形',如此者众,及在新书有栈。校雠从中书已定,皆以杀青,书可缮写。

列子者,郑人也,与郑缪公(据唐玄英《庄子·逍遥游》疏文,当作缮公)同时,盖有道者也。其学本于黄帝、老子,号曰道家。道家者秉要执本,清虚无为;及其治身接物,务崇不竞,合于六经。而《穆王》、《汤问》二篇,迂诞恢诡,非君子之言也。至于《力命》篇一推分命,《杨子》之篇唯贵放逸,二义乖背,不似一家之书。然各有所明,亦有可观者。孝景皇帝时贵黄老术,此书颇行于世,及后遗落,散在民间,未有传者。且多寓言,与庄周相类,故太史公马迁不为列传。谨第录,臣向昧死上。

护左都水使者光禄大夫臣向所校《列子》书录,永始三年八月壬寅上。

刘氏父子不仅校理群书,而且给群书分类编目,在我国目录学史上首创图书分类目录,正如章学诚《校雠通义》卷二说:"刘《略》班《志》,乃千古著录之渊源","乃后世目录之鼻祖"。刘向汇集众书序录而成《别录》,并不是将各书序录杂乱无序地凑在一起,在编排上当是以类相从。其大类从校书时的分工可以推知,如《汉书·艺文志·总序》说:"(成帝)诏光禄大夫刘向校经传、诸子、诗赋,步兵校尉任宏校兵书,太史令尹咸校数术,侍医李柱国校方技。"这里提到的经传、诸子、诗赋、兵书、数术、方技,即刘歆《七略》中所分的六大类,只是经传类改称"六艺"而已。至于大类下的小类,有些也是刘向等校理群书时所分,并不是至《七略》始有,如兵书分"兵权谋"、"兵形势"、"阴阳"、"兵技巧"四种,《汉书·艺文志·兵家类序》说:"至于孝成,命任宏论次兵书为四种。"由此可以推知《别录》也是分类依次纂集众书序录的,如果跟后世之书相比,颇似清代的《四库全书总目》。刘歆编撰《七略》,在分类上又有所加详,有所发展,当属无疑,但绝非另起炉灶。《七略》所分图书类目,由"删其要"而成的《汉书·艺文志》可知,其云:"大凡书六略,三十八种":

> 六艺略:又分《易》、《书》、《诗》、《礼》、《乐》、《春秋》、《论语》、《孝经》、小学九种(种即小类,每小类中包括单书若干部,从略,下同);
>
> 诸子略:又分儒、道、阴阳、法、名、墨、纵横、杂、农、小说十家;
>
> 诗赋略:又分屈原赋等二十家、陆贾赋等二十一家、孙卿赋等二十五家、杂赋、歌诗五种;
>
> 兵书略:又分兵权谋、兵形势、阴阳、兵技巧四种;
>
> 数术略:又分天文、历谱、五行、蓍龟、杂占、形法六种;
>
> 方技略:又分医经、经方、房中、神仙四种。

这种分类,最大的特点是"辨章学术,考镜源流"(《校雠通义》卷一),从而开创我国目录学史上另一个优良传统。这种分类,不是主观定出的标准,而是反映了学术发展的历史和现状,同时照顾到图书发展的历史和现状。例如"六艺略"居首,正是学术上经学中心思想的体现。"六艺略"中除六经之外,还包括《论语》、《孝经》、小学三类,这是因为《论语》记载孔子的言行,而孔子述六经,被奉为圣人;《孝经》为曾子述孔子思想之作,符合汉代"以孝治国"的政治需要;小学是解经之工具,为经学之附庸。同时,也因为这三种书是当时学校诵习的基础之书,相当于进修经书的预备课程。关于这两方面的理由,清王鸣盛在《蛾术编》卷一中皆已论及。

由于同一书籍的内容比较复杂,《七略》为贯彻"辨章学术,考镜源流"的分类原则,在著录上还采用了变通的条例,这就是章学诚在《校雠通义》中归纳出的"互著"和"别裁"的例则。所谓互著,又称重复互注之法,即将某种书在与其相关而不同的两类中同时著录。《校雠通义卷一·互著》说:"至理有互通、书有两用者,未尝不兼收并载,初不以重复为嫌,其于甲乙部次之下,但加互注,以便稽检而已……如避重复而不载,则一书本有两用,而仅登一录,于本书之体,既有所不全,一家本有是书,而缺而不载,于一家之学,亦有所不备矣。"并举例说:"《七略》于兵书权谋家有《伊尹》、《太公》、《管子》、《荀卿子》、《鹖冠子》、《苏子》、《蒯通》、《陆贾》、《淮南王》九家之书,而儒家复有《荀卿子》、《陆贾》二家之书,道家复有《伊尹》、《太公》、《管子》、《鹖冠子》四家之书,纵横家复有《苏子》、《蒯通》二家之书,杂家复有《淮南王》一家之书;兵书技巧家有《墨子》,而墨家复有《墨子》之书。惜此外之重复互见者,不尽见于著录(按,《艺文志》杂家中有《尉缭》二十九篇,兵形势家中复有《尉缭》三十一篇;道家中有《力牧》二十篇,兵阴阳家中复有《力牧》十五篇;此当亦为《七略》之遗例),容有散逸失传之文。然即此十家之一书两载,则古人之申明源流,独重家学,而不避重复著录明矣。自班固并省部次,而后人不复知有家法,乃始以著录之业,专为甲乙部次之需尔。"所谓别裁,即裁篇别出之法。《校雠通义·别裁》说:"《管子》,道家之言也,刘歆裁其《弟子职》篇入小学;七十子所记百三十一篇,《礼经》所部也,刘歆裁其《三朝记》篇入《论语》。"姚名达《中国目录学史·分类篇》谓互著、别裁"皆一时疏忽,偶未检点",非《七略》之原旨,恐未必然。

由于《七略》在著录上贯彻了"辨章学术,考镜源流"的原则,从而便于"即类求书,因书究学"(《校雠通义卷一·互著》),发挥目录作为治学门径的实际效用。龚自珍《六经正名》说:"微夫刘子政氏之目录,吾其如长夜乎?"正说明了《别录》、《七略》的意义和价值。但是图书分类毕竟是一项非常困难的事情,往往难以穷尽复杂的实际情况,再加上工作的疏忽,所以《七略》在图书著录上也还存在一些问题,宋郑樵在《通志·校雠略》中,明焦竑在《国史经籍志·纠缪》中,清章学诚在《校雠通义》中,近人姚名达在《中国目录学史》中,等等,多有议评,所见有同异,亦有当否,可以参考。

（三）在辨伪学上的成就

刘向、刘歆校理群书，颇留意辨伪。刘向所撰众书叙录，包括辨伪的内容。如《晏子叙录》说："又有颇不合经术，似非晏子言，疑后世辩士所为者，故亦不敢失，复以为一篇。"《列子叙录》说："至于《力命》篇一推分命，《杨子》之篇唯贵放逸，二义乖背，不似一家之书。"皆从思想体系上考察，有一定见识。又如《汉书·艺文志》"《神农》二十篇"下师古注引《别录》曰："疑李悝及商君所说。"指出《神农》一书可能是李悝及商鞅依托之作。刘歆之《七略》继《别录》而成，亦重辨伪。《七略》今不传，删略其书而成的《汉书·艺文志》中，班固自注多有辨伪语，其中或亦包括《七略》原有的意见，具体分别，已难考清。兹举数例如下：

《文子》九篇，注："老子弟子，与孔子并时，而称周平王问，似依托者也。"

道家类中《力牧》二十二篇，注："六国时作，托之力牧。力牧，皇帝相。"

兵阴阳家中《力牧》十五篇，注："黄帝臣，依托也。"

《大禹》三十七篇，注："传言禹所作，其文似后世语。"

《伊尹说》二十七篇，注："其语浅薄，似依托也。"

《鬻子说》十九篇，注"后世所加。"

《师旷》六篇，注"见《春秋》，其言浅薄，本与此同，似因托之。"

《务成子》十一篇，注："称尧问，非古语。"

《天乙》三篇，注："天乙谓汤，其言非殷时，皆依托也。"

《黄帝说》四十篇，注："迂诞，依托。"

《封胡》五篇，注："黄帝臣，依托也。"

《风后》十三篇，注"黄帝臣，依托也。"

这些都是考辨伪书的例子。辨语比较简单，根据亦嫌单薄，但在取证方面已经包括作者时代、思想内容、语言特征等，说明辨伪方法已颇齐备。

刘向、刘歆在古文献学史上影响很大，特别是在目录学方面有开创之功。

第五节　王充

王充（27—约96），字仲任，会稽上虞（今浙江上虞县）人。《论衡·自纪》是他的自传，《后汉书》也有他的传。据记载，他的先祖曾立过军功，封为列侯，但只一年就失去爵位，后"以农桑为业"。他祖父在钱塘县（今杭州市）"以贾贩为事"，后因遭豪门迫害，全家迁居上虞。他自称出身"细族孤门"，别人也嘲笑他"宗祖无淑懿之基","未尝履墨途,出儒门"(《自纪》)。"后到京师(洛阳),受业太学,师事扶风班彪,好博览而不守章句。家贫无书,常游洛阳市肆,阅所卖书,一见辄能诵忆,遂博通众流百家之言。后归乡里,屏居教授"(《后汉书·王充传》)。他"仕数不耦",先后做过县郡掾史小官。汉章帝元和三年(86),位至扬州治中,主管众曹文事,亦不过一个百石小吏。时过三年就罢官居家,晚境"贫无供养,志不娱快"(《自纪》)。

王充一生主要从事著述。主要著作有《讥俗节义》(十二篇)、《政务》、《论衡》(八十五篇)、《养生》(十六篇)四种。这几种著作,只有《论衡》传下来。今传《论衡》只有八十四篇,《招致》一篇有目无文。

《论衡》中的《对作篇》,相当于《论衡》的自序,此篇对《论衡》的写作宗旨,交代得十分明白,如说:"是故《论衡》之造也,起众书并失实,虚伪之言胜真美也。……故《论衡》者,所以铨轻重之言,立真伪之平,非苟调文饰辞,为奇伟之观也。其本皆起人间有是非,故尽思极心,以讥世俗。"又说:"今《论衡》就世俗之书,订其真伪。辩其实虚","《论衡》实事疾妄"。可见《论衡》是针对世上的伪书妄说而发的。《论衡》的批判锋芒,主要指向当时盛行的谶纬迷信。对于俗儒穿凿附会的传记,乃至圣人凭空立说的经书,也抱怀疑的态度,根据事实加以检验。从而不仅使王充成为一个杰出的唯物主义思想家,而且使他成为古文献学方面著名的辨伪学家,影响极为深远。《论衡》所辨,以伪事、伪说为主,但也涉及伪书。从辨伪内容和方法上考察,主要有以下几方面成就:

(一)集中揭露驳斥谶纬及今文经学所宣扬的"天人感应"迷信邪说

汉代今文家多言阴阳灾异,接着谶纬兴起,把阴阳灾异、天人感应的迷信邪说发展到登峰造极的地步。具体情况在前面的有关的几节中已经述及。王充集中地揭露了"天人感应"的虚妄性,正如他自己所说:"谴告于天道尤诡,故重论之。"(《谴告篇》)《论衡》中涉及这一问题,随处可见,尤以《谴告篇》、《自然篇》、《福虚篇》、《祸虚篇》、《变动篇》、《明雩篇》、《寒温篇》、《感类篇》等为突出。如《谴告篇》说:"论灾异,谓古之人君为政失道,天用灾异谴告之也。……曰:此疑也。夫国之有灾异也,犹家人之有变怪也;有灾异谓天谴告人君,有变怪,天复谴告家人乎?……酿酒于罂,烹肉于鼎,皆欲其气味调得也;时或咸苦酸淡不应口者,犹人勺药失其和也。夫政治之有灾异也,犹烹酿之有恶味也。……夫天道自然也,无为;如谴告人,是有为,非自然也。"王充认为天是自然的,无意志的,无作为的。他正是用这种自然天道观的思想武器,来批判"天人感应"的神学目的论的。这一思想在《自然篇》

中发挥得尤为详尽,说:"夫天无为,故不言灾变,时至气自为之。"

王充还用"天道自然"的观点批判关于"瑞应"的虚言妄说。祥瑞是灾异的反面,今文及谶纬家也用"天人感应"说加以解释和宣扬,认为帝王圣明,则天降祥瑞。王充在《是应篇》中揭露说:"儒者论太平瑞应,皆言气物卓异:朱草、醴泉、翔凤('凤'当作'风',即祥风)、甘露、景星、嘉禾、萐脯、蓂荚、屈轶之属,又言山出车,泽出舟(当作'马'),男女异路,市无二价,耕者让畔,行者让路,颁白不提挈,关梁不闭,道无虏掠,风不鸣条,雨不破块,五日一风,十日一雨;其盛茂者,致黄龙、麒麟、凤皇。夫儒者之言,有溢美过实。瑞应之物,或有或无。夫言凤皇、麒麟之属,大瑞较然,不得增饰;其小瑞徵应,恐多非是。"这里提到的种种瑞应皆出今文经说及纬书。王充用事实、道理一一加以驳斥,如驳"景星现"说:"又言太平之时有景星。《尚书中候》曰:'尧时景星见于轸。'(又,《礼斗威仪》说:"德至八极,则景星见。"《礼稽命徵》说:"作乐制礼得天心,则景星见。")夫景星,或时五星也(指岁星、荧惑、镇星、太白、辰星)。大者岁星、太白也,彼或时岁星、太白行于轸度,古质不能推步五星,不知岁星、太白何如状,见大星则谓景星矣。"这里就运用了天文学的成果。除《是应篇》外,《论衡》中论及瑞应的篇目还很多,如《治期篇》、《齐世篇》、《讲瑞篇》、《指瑞篇》、《宣汉篇》、《恢国篇》、《验符篇》、《须颂篇》等。他虽然没有否认瑞应的存在,但是他认为如同灾异一样,祥瑞也是人事与自然现象的一种偶然的巧合,而绝不存在有意志的天对人的报应。如说:"天道自然,厥应偶合"(《验符篇》);"天道自然,吉凶偶会"(《商虫篇》);"善则逢吉,恶则逢凶,天道自然,非为人也。推此以论。人君治有吉凶之应,亦犹此也。君德遭贤,时适当平,嘉物奇瑞偶至;不肖之君,亦反此焉"(《卜筮篇》)。因此,他十分强调以人事本身为验符,而把祥瑞视作一种间接的徵验。如《佚文篇》说:"文人之休,国之符也。……鸿文在国,圣世之验也。"《宣汉篇》讲得更为明确:"夫太平以治定为效,百姓以安乐为符。……是故王道立事以实,不必具验;圣主治世,期于平安,不须符瑞。"

当然王充在这方面也有他的局限,他批判"天人感应"说,却坚持自然命定论,终未摆脱神秘主义的影响,甚至与天命论合流。

(二)离经叛道,辨儒家圣贤立说之伪

为了适应现实统治的需要,汉代今文家和谶纬家改造儒家学说,神化为儒教;抬高儒家圣贤,幻化为神人。王充对此表示出极大的怀疑,对圣人、经书、经说皆不迷信,始终保持分析、批判的态度。

他虽然没有最终否认圣人的存在,但反对把他们神化。例如《知实篇》

列举十六事证明"圣人不能神而先知",其中孔子占十四例,孟子占一例,周武王占一例。他认为圣贤之言照样不能无非,《问孔篇》说:"世儒学者,好信师而是古,以为圣贤所言皆无非,专精讲习,不知难问。夫贤圣下笔造文,用意详审,尚未所谓尽得实;况仓卒吐言,安能皆是?……案贤圣之言,上下多相违,其文前后多相伐者,世之学者,不能知也。"其中举例驳孔子言论之非甚多。因此他认为经传皆不足凭信,《正说篇》说:"经之传不可从,五经皆多失实之说。"《书解篇》说:"书(按,指诸子书)无佚本,经有遗篇","知经误者在诸子"。他坚持实事求是,独立思考,敢于对圣贤和经传驳难、辨伪,同时对世人的盲从迷信也作了揭露与批判,《书虚篇》说:"世信虚妄之书,以为载于竹帛上者,皆贤圣所传,无不然之事,故信而是之,讽而读之。睹真是之传与虚妄之书相违,则并谓短书,不可信用。夫幽冥之实尚可知,沉隐之情尚可定,显文露书,是非易见,笼总并传,非实事,用精不专,无思于事也。"

(三)不从俗说,考辨群书真伪

王充不仅从书籍内容方面考辨伪事、伪说,还注意从作者、成书、流传等方面考辨书籍本身的真伪。《正说篇》就是后一类考辨的专篇,《案书篇》、《谢短篇》等也涉及这方面的内容。他认为:"儒者说五经多失其实。前儒不见本末,空生虚说;后儒信前师之言,随旧述故,滑习辞语,苟名一师之学,趋为师教授,及时蚤仕,汲汲竞进,不暇留精用心,考实根核。故虚说传而不绝,实事没而不见。"(《正说篇》)当时所传经传,王充辨及不少。

关于《尚书》,他认为伏胜所传二十九篇今文《尚书》及孔壁发现的古文《尚书》都是可靠的,而张霸所献的百两篇古文《尚书》则是伪造的。详见《正说篇》、《佚文篇》。

关于《易》,本是卜筮之书,王充虽未破《易》卦即河图之妄说,但对伏羲作八卦,文王演为六十四卦的说法有所辨。《正说篇》说:"世之传说《易》者,言伏羲作八卦。不实其本,则谓伏羲真作八卦也。伏羲得八卦,非作之;文王得成六十四,非演之也。演作之言,生于俗传,苟信一文,使夫真是几灭不存。"王充的这一观点,与《七略》、《汉书·艺文志》有异。

关于《春秋》,王充认为本是鲁国的史记,既反对谶纬家附会书名深义,又反对今文家穿凿笔法义例。详见《正说篇》。

关于《春秋》三传,王充信《左传》而疑《公羊》、《穀梁》。详见《案书篇》、《正说篇》。

关于《论语》,王充兼信今古文,但认为篇目皆有佚亡,文字亦有讹误,必须全面考辨。《正说篇》说:"篇目或多或少,文赞或是或误。说《论》者,但知以剥解之问,以纤微之难,不知存问本根篇章数目。"

此外,他对《礼》亦有考辨。《正说篇》说:"《礼》者,皆知《礼》也,为(读作谓)《礼》何家礼也?孔子曰:'殷因于夏礼,所损益可知也;周因于殷礼,所损益可知也。'由此言之,夏、殷、周各自有礼,方今周礼邪?夏、殷也?谓之周礼,周礼六典,案今《礼经》(即《仪礼》)不见六典。或时殷礼未绝,而六典之《礼》不传,世因谓此(指《仪礼》)为周礼也。案《周官》(即《周礼》)之法,不与今《礼》相应,然则周礼六典是也。其不传,犹古文《尚书》、《春秋左氏》不兴矣。"这里涉及《仪礼》和《周礼》二书,对其成书时代提出质疑是有意义的,但认为《仪礼》为殷商之礼,《周礼》纯粹为周代之礼,皆不妥。可参见第一章第二节关于此二书的论述。

(四)实事求是的辨伪方法

王充在辨伪方面,所用方法较多,而实事求是是贯穿其中的一条主线。

有的据事实、经验以辨虚妄之说。如第一章第一节讲到孟子辨伪时,曾提到他根据儒家仁政的思想原则,驳《尚书》佚篇《武成》关于武王伐纣"血流漂杵"的说法,此后不少文献便据此附会出"武王伐纣,兵不血刃"的说法。王充辨之曰:"或言'武王伐纣,兵不血刃'……武王承纣,高祖袭秦,二世之恶,隆盛于纣,天下畔秦,宜多于殷。案高祖伐秦,还破项羽,战场流血,暴尸万数,失军亡众,几死一再,然后得天下。用兵苦,诛乱剧,独云周兵不血刃,非其实也。言其易,可也;言'不血刃',增之也。"(《语增篇》)王充根据事实、经验,不否认暴力、流血,反对对武王加溢美之辞。但同时认为:"《武成》言'血流漂杵',亦太过焉"(《艺增篇》),这样又排除了夸张成分,就比较近于史实了。类似的例子不胜枚举,《论衡》论证时,屡举"成事",或称"实者",都说明这一方法。王充还十分强调效验,也是这一方法的体现,见《道虚篇》、《雷虚篇》。《语增篇》说:"凡天下之事,不可增损;考察前后,效验自列;自列(上当脱'效验'二字),则是非之实有所定矣。"这与韩非在《显学》中提出的"参验"的考辨方法是一脉相承的。

有的据科学道理或推理以辨虚妄之说。具体例子,俯拾即是,如《雷虚篇》中论雷为阴阳气相激而成,论雷为火,以辨"雷为天怒"之妄。又如《感虚篇》中以天降雨之理,推论"天雨谷"非应变而生:"夫谷之雨,犹复云布之,亦从地起,因与疾风俱飘,参于天,集于地。人见其从天落也,则谓之'天雨谷'。"

有的据可靠文献、可靠之说以辨可疑文献、虚妄之说。如《书虚篇》说:"传书或言颜渊与孔子俱上鲁太山,孔子东南望吴阊门外有系白马,引颜渊指以示之，曰：'若见吴昌门乎？'颜渊曰：'见之。'孔子曰：'门外何有？'曰：'有如系练之状。'孔子抚其目而正之，因与俱下。下而颜渊发白齿落，遂以病死。盖以精神不能若孔子，强力自极，精华竭尽，故早夭死。世俗闻之，皆以为然。如实论之，殆虚言也。案《论语》之文，不见此事；考六经之传，亦无此语。夫颜渊能见千里之外，与圣人同，孔子、诸子何讳不言？盖人目之所见，不过十里，过此不见，非所明察，远也。"又如《正说篇》据《孟子》关于《春秋》为鲁史记之名的说法，以驳纬书对《春秋》书名的附会之说，以及据《左传·桓公十七年》月食"不书日，官失之"之说以驳《公羊》、《穀梁》二传"日月不具，辄为意说"的穿凿之辞，亦属此类。

有的就其虚妄之外表，推求合理之内核，以揭示作伪的依傍或传讹之根由。如《书虚篇》："传书言：舜葬于苍梧，象为之耕；禹葬会稽，鸟为之田。盖以圣德所致，天使鸟兽报祐之也。世莫不然，〔如〕实考之，殆虚言也。……实者，苍梧多象之地，会稽众鸟所居，《禹贡》曰：'彭蠡既潴，阳鸟攸居。'天地之情，鸟兽之行也。象自蹈土，鸟自食草，土蹶草尽，若耕田状。壤靡泥易，人随种之，世俗则谓为舜、禹田。海陵麋田，若象耕状，何尝帝王葬海陵者耶？"又："传书言：'齐桓公负妇人而朝诸侯。此言桓公之淫乱无礼甚也。……说《尚书》者曰："周公居摄，带天子之绶，戴天子之冠，负扆南面，而朝诸侯。"户牖之间曰扆，南面之坐位也。负扆南面乡坐，扆在后也。桓公朝诸侯之时，或南面坐，妇人立于后也。世俗传云，则曰负妇人在背矣。此则"夔一足"、"宋丁公凿井得一人"之语也。'"

有的通过揭露作伪的目的，以辨伪说、伪书。如《书虚篇》说："夫世间传书、诸子之语，多欲立奇造异，作惊目之论，以骇世俗之人，为谲诡之书，以著殊异之名。"

王充强调文献考辨，不仅打破后儒对经书的迷信或穿凿附会，对章句之学的拘泥和因循也有所冲决。他在《谢短篇》中，分别就《易》、《书》、《诗》、《礼》、《春秋》诸书的作者、时代等提出一连串问题之后，说："夫总问儒生以古今之义，儒生不能知；别各以其经事问之，又不能晓，斯则坐守信师法，不颇博览之咎也。"又说："说章句者终不求解扣明，师师相传。初为章句者，非通览之人也。"（《书解篇》）这种宏观的眼光使他在汉代古文献学上颇有开创。

王充的疑古辨伪思想和成就，在辨伪学史上影响很大。如唐代刘知几，在辨伪学久经衰落之后，大胆疑古惑经，重新兴起此学之时，就是以王充及其《论衡》相标榜的。清代著名考辨学家崔述主张对古代文献"专以辨其虚实为先务,而论得失次之,亦正本清源之意也"(《考信录提要·释例》),也与王充的思想一脉相承。

王充的辨伪思想也有局限,主要是在反对虚妄迷信时,连神话传说和文学夸张也一概否定。有时对涉及神话传说和文学夸张的文献也生硬地坐实理解,加以考辨,往往会弄巧成拙,同样蹈入穿凿。

除了文献考辨成就之外,由于考辨和引证所及,《论衡》中还保存了经传、诸子以及汉代经今古文学、纬学方面的丰富材料,其中佚文、逸说多见,成为后世辑佚的渊薮,尤为清代学者所重。这也是王充在古文献学上的一个客观贡献。

第六节 许慎

许慎(约58—约147),字叔重,汝南召陵(今河南郾城)人。曾任郡功曹、洨长,官至太尉南阁祭酒。《后汉书·儒林传》有他极为简短的传,其子许冲《上〈说文解字〉表》也叙及他的事迹。

许慎是东汉著名的经学家和文字学家。"本从逵(贾逵)受古学(古文经学)"(许冲《上说文表》),安帝永初四年(110)与刘珍、马融等五十馀人校书东观。他博通经籍,"马融常推敬之,时人为之语曰:'五经无双许叔重。'"(《后汉书·儒林传·许慎传》)

许慎是古文家,但也通今文经,他的《五经异义》(十卷)一书,就是罗列、比较、论断今古文经说的一部重要著作。此书唐以后佚亡,清陈寿祺辑撰的《五经异义疏证》较为详备。此外还著有《淮南鸿烈解》(已佚)及《说文解字》十五卷。

许慎在古文献学上的成就,主要体现在《五经异义》和《说文解字》两书中,下面分别加以论述。

(一)《五经异义》的体例、特点及其在古文献学上的价值

《五经异义》的写作,出于诸经解说纷纭,特别是经今古文说,差异尤甚,往往大相径庭,需要判断是非,决定取舍。《后汉书·儒林传·许慎传》说:"初慎以五经传说臧否不同,于是撰为《五经异义》。"讨论诸经异义不自许慎始,其前官方论定经义已有过两次,一次是西汉宣帝时的石渠阁议论,另一次是东汉章帝时的白虎观议论,详细情况在本章第二节已作介绍。所不同的是,许慎撰《五经异义》是私论经义之始,而且多从古文说,不像前两次把今文说定为一尊。这反映了在学术上古文经优势的确立。

关于《五经异义》的体例,陈寿祺在《五经异义疏证序》中曾叙及,他说:"《石渠议奏》之体,先胪众说,次定一尊,览者得以考见家法。刘更生(向)采之,为《五经通义》。惜皆散亡。《白虎通义》经班固删集,深没众家姓名,殊为疏失,不如《异义》所援古今百家,皆举五经先师遗说。其体仿《石渠论》,而详赡过之。"可见尽管《五经异义》与《石渠议奏》思想倾向不同,但并不妨碍《异义》在体例、形式上对《议奏》加以仿效。从《五经异义》的佚文来看,许慎是分类目罗列今古文众家之说,并加以按断的。《五经异义疏证序》说:"其篇题可见者二十五事,'第五田税'、'第六天号'、'第八衅制'(《周礼·司尊彝》疏引作"第六衅制",与"第六天号"必有一误)三事篇次尚存。"兹举一条如下(文据陈寿祺《五经异义疏证》,其中"蒙案"为陈氏所加案语。郑玄《驳五经异义》,其文亦据陈氏书所附,录于各条之后):

《异义第五·田税》:今《春秋公羊》说:十一而税,过于十一,大桀小桀,减于十一,大貉小貉。十一税,天子之正。(蒙案:当作"天下之中正",文见《公羊宣十五年传》。)十一行而颂声作。故(蒙案:"故"当为"古"字,误。)《周礼》:国中园廛之赋,二十而税一,近郊十而税一,远郊二十而税三。有军旅之岁,一井九夫百亩之赋,出禾二百四十斛,(原注:当云六百四斛。蒙案:四秉曰筥,十筥曰稯。以稯禾为二百四十斛,则许以秉为六斛。)刍秉二百四十觔,(原注:当云一百六十斗。蒙案:二百四十斛为秉,秉六斛,则每斛四十觔。)釜米十六斗。谨按:《公羊》十一税,远近无差。汉制收租田有上、中、下,与《周礼》同义。(蒙案:"谨"字旧脱,今补。)

玄之闻也,《周礼》制税法,轻近而重远者,为民城道沟渠之役近者劳远者逸故也。其授民田,家所养者多,与之美田;所养者少,则与之薄田。其调均之而足,故可以为常法。汉无授田之法,富者贵美且多,贫者贱薄且少,美薄之收不通相倍蓰。而上、中、下也,(蒙案:此五字当作"而云上中下"。)与《周礼》同义,未之思也。又《周礼》六篇,无军旅之岁,一井九夫百亩之税,出禾刍秉釜米之事,何以得此言乎?(《周礼·载师疏》引)

蒙案:《鲁语》仲尼言先王制土,其岁收,田一井出稯禾、秉刍、缶米,不过是也。许叔重称"周礼",盖出此。《说文·禾部》"秅",引周礼曰:"二百四十觔为秉,四秉曰筥,十筥曰稯,四百秉为一秅。"案此《聘礼记》文,惟彼"觔"作"斗"。疑许君所见本异,又疑此出《周礼》说,故《异义》据之。《说文》称周礼曰:"三岁一祫,五岁一禘。"又称周礼曰:"有郊宗石室",皆属《周礼》说,非谓《周礼》六篇有其文也。《文献通考》:汉章帝建初三年诏:度田为三品。是汉制收田有上、中、下。(案此亦见《后汉书·秦彭传》)

此条许慎主古《周礼》说。郑玄亦同,唯驳其引汉制比《周礼》不当。

此书体例由此例可见一斑。《五经异义》的价值在于保存了丰富的经今古文异说的材料,包括名物、典制等方面,对于注解经籍文献、研究经今古文学,都有重要的参考意义。其中许慎的按断,多从古文说,但不尽然,有时亦取今文说,或兼存两说不置可否。从正误看,有是,亦有非。郑玄《驳五经异义》之所以作,固然如陈寿祺《五经异义疏证序》所说:"祭酒受业贾侍中,敦崇古学,故多从古文家说;司农囊括网罗,意在宏通,故兼从今文家说,此其判也。"但学术思想的不同,只是原因之一,郑驳有时完全出于纠谬辨误之意,并不在于许慎偏从古文家说。还应指出,郑书仅就《异义》而作,实际上许慎有些观点后来已有改变,表现在《说文解字》中,如示部"社"字下释云:"地主也",已改从今文《孝经》说。又如女部"姓"字下认为"母感天而生子",改从今文三家诗及《春秋》公羊说,与《异义》从《左传》说:"圣人皆有父",并引据材料得出"知不感天而生"的结论,已完全不同。对此段玉裁在《说文解字注》中已有揭示和说明。

(二)从《说文解字》看许慎在古文献学上的成就

《说文解字》作于《五经异义》之后,是许慎尽一生主要精力完成的一部体大思精的文字学著作。此书脱稿于汉和帝永元十二年(100),至汉安帝建光元年(121)九月病中,始命其子许冲进上,从脱稿到写定历时达二十二年之久。《说文解字》对古文献学的贡献主要有以下几点:

第一,把小学视作古文献学的基础,认为精通文字是准确校读古文献的前提。

许慎《说文解字》一书,并非单纯为文字本身而作,其自叙对写作目的交代得十分明白,即纠正时人主要是今文家根据隶书形体穿凿字义,进而附会义理的弊端,力求准确解释字形字义以正确领会古代文献的内容。如说:"小学不修,莫达其说久矣。……诸生竞逐说字解经谊,称秦之隶书为仓颉时书,云父子相传,何得改易!乃猥曰:马头人为'长',人持十为'斗','虫'者屈中也。……若此者甚众,皆不合孔氏古文,谬于史籀。俗儒啚夫,玩其所习,蔽所希闻,不见通学,未尝睹字例之条,怪旧艺而善野言,以其所知为秘妙,究洞圣人之微恉。又见《仓颉篇》中'幼子承诏',因曰古帝之所作也,其辞有神仙之术焉。其迷误不谕,岂不悖哉?《书》曰:'予欲观古人之象'

（见今传《尚书·益稷》），言必遵修旧文而不穿凿。孔子曰：'吾犹及史之阙文，今亡矣夫！'（见《论语·卫灵公》）盖非其不知而不问，人用己私，是非无正，巧说衺辞，使天下学者疑。盖文字者，经艺之本，王政之始，前人所以垂后，后人所以识古，故曰'本立而道生'（见《论语·学而》），知天下之至啧而不可乱也。今叙篆文，合以古籀，博采通人，至于小大，信而有证，稽谍其说，将以理群类，解谬误，晓学者，达神恉，分别部居，不相杂厕。万物咸睹，靡不兼载，厥谊不昭，爰明以谕。其称《易》孟氏，《书》孔氏，《诗》毛氏，《礼》、《周官》、《春秋》左氏、《论语》、《孝经》，皆古文也。其于所不知，盖阙如也。"（《说文解字叙》）这里不仅叙述了《说文解字》的写作宗旨，而且清楚地阐明了文字学与古文献学的关系，反映了汉代古文学家考字以通经的具有代表性的观点，对后世的考据学派影响很大。

第二，继承发展前人成果，在文字、声韵、训诂方面做出了突出成就。

阅读、整理古代文献，首先遇到的是语言文字问题，文字、声韵、训诂构成古文献学的重要内容。许慎的《说文解字》运用当时在经古文家中盛行的指事、象形、形声、会意、转注、假借的六书理论，系统地解释字形、字义，并且在分析形声、假借以及注明音读时又涉及字音，从而在文字、声韵、训诂三方面皆有所继承，有所创获。至今仍是我们阅读、整理古书，特别是阅读、整理先秦、秦汉古书的一部重要的工具书。

《说文》有严密的体例，在分析《说文》在文字、声韵、训诂方面的成就之前，了解一些有关的体例是必要的。这里主要介绍两点：首先关于训释体例，如"元"字篆文下云："始也。从一兀声。"段玉裁注说："凡文字有义，有形，有音。《尔雅》已下，义书也；《声类》已下，音书也；《说文》，形书也。凡篆一字，先训其义，若'始也'，'颠也'是；次释其形，若'从某，某声'是；次释其音，若'某声'及'读若某'是；合三者以完一篆，故曰形书也。"又"蕱"字下段注说："篆文者其形，说解者其义，以义释形，故《说文》为小学者言形之书也。"训释中存别说或引经传，有言义、言形、言声之别，如"祝"字下云："祭主赞词者，从示从儿口。一曰从兑省。《易》曰：'兑为口、为巫。'（见《周易·说卦》）"段注说："此字形之别说也。凡'一曰'，有言义者，有言形者，有言声者。……凡引经传，有证义者，有证形者，有证声音，此引《易》证形也。"引通人诸家之说同此。其次，关于部与字的编次体例，如一部末段注所揭示的："凡部之先后，以形之相近为次，凡每部中字之先后，以义之相引为次。"下面分别就文字、声韵、训诂三方面简要介绍《说文》所取得的成就。

1. 文字方面

文字包括形、音、义，因为音、义下面将谈到，这里使用文字的狭义概念谈《说文》在形体研究方面的成就。

首先，《说文》采集了丰富的汉字形体资料。《说文叙》说："今叙篆文，合以古、籀。"篆文指小篆，是秦王朝借以统一全国文字的字体。这是《说文》解说形义的主要依据。但亦有少数变例，如"上"字，许慎据古文说形义，然后举出篆文形体。与此类似的又如"羴"、"羸"、"躬"、"舄"等字。古指古文，主要见于古文经书，许慎认为是在籀文之前、接近文字本始的一种古字，实际是战国时期东方六国所使用的文字，前面讲经今古文时已作说明。籀，指大篆，《叙》称"及宣王太史籀著大篆十五篇"（《汉书·艺文志》著录《史籀》十五篇），实际是使用于西周晚期的文字。此外还有"秦刻石"，如"及"、"攸"、"也"等字下皆举出秦刻石字体；"奇字"，指形体奇特的古文，如"仓"、"无"等字下所举。在篆文和古文下又多标举异体，有时称"亦"，有时称"或"，有时称"俗"，或据诸家字书，或据经书，或据秘书（即纬书），乃至汉之律令等。所收字数，亦较以前的字书有明显增加。《说文叙》说："凡《仓颉》已下十四篇（指李斯《仓颉篇》、赵高《爰历篇》、胡母敬《博学篇》、司马相如《凡将篇》、史游《急就篇》、李长《元尚篇》、扬雄《训纂篇》等），凡五千三百四十字，群书所载，略存之矣。"至《说文》，字头已达 9353 字，重文（古、籀及各种异体）还有1163 字（见《说文后叙》），增加将近一倍。

其次，不仅著录形体，而且分析结构。许慎用以分析形体结构的理论是六书。六书见于《周礼·地官·保氏》，原只是一个总名，具体内容不详，据近人所考，只是一些常用的文字，为学童的学习内容（见张政烺《六书古义》，《史语所集刊》第十本）。至《汉书·艺文志》始列具体名称：象形、象事、象意、象声、转注、假借，并认为是"造字之本"。这实际上是本刘歆《七略》的。至郑众注《周礼·地官·保氏》，又说："六书：象形、会意、转注、处事、假借、谐声。"名称、次第均与《汉书·艺文志》所据刘歆说有异。至许慎《说文叙》，不仅列了具体名称，而且一一下了定义，举了例字："周礼八岁入小学，保氏教国子，先以六书。一曰指事。指事者，视而可识，察而见意（段注：'见意'各本作'可见'，今依颜氏《艺文志》注正），'上'、'下'是也（段注认为当作古文'二'、'二'）。二曰象形。象形者，画成其物，随体诘诎，'日'、'月'是也。三曰形声。形声者，以事为名，取譬相成，'江'、'河'是也。四曰会意。会意者，比类合谊，以见指㧑，'武'、'信'是也。五曰转注。转注者，建类一首，同意相受，'考'、'老'是也。六曰假借。假借者，本无其字，依声托事，'令'、'长'是也。"许慎的六书说，名称、次第与前二家均不同，比较起来，以许意最为精确。可见许既有所继承，又有所发展。至于定义，绝大部分明确，只有转注，有些含糊，致使后人解释纷纭，或主于形，或主于音，或主于义，兹不详述。如果严格就许慎本意抽绎，建类一首当指同一部首，同意相受当指在意义上互训，则转注与形、义有关。许慎举"考"、"老"为例，考、老同在老部，释云："老，考也。""考，老也。"同部"耆"字亦训老，当亦为转注。同部"年八十曰耋"之耋，"九十曰耄"之耄，系老之专称，耇、耆、耇、寿为老年之特征，他书亦有径训老者（如《尔雅》、《毛传》），当亦为转注。仅剩下一个孝字，虽也与年老有关，但不能径训老，只是义类相涉，也就是说，虽是"建类一首"，但不能"同意相受"，故不是转注。戴震、段玉裁将转注理解为广泛的互训，认为不仅同部互训字为转注，异部互训字也是转注。这不符许慎原意，因为异部互训字虽是"同意相受"，但不是"建类一首"。通考《说文》体例，转注诸字有层次之分，直接互训的两个字构成核心，其他交叉或辗转相训者为外围。以老部为例，考、老是核心，耋、耄、耇、耇、耇、寿为外围。其他部多有此例，并且往往不止一组转注字。如疒部有两组：

疾，病也。痛，病也。病，疾加也。瘣，病也。疴，病也。痡，病也。瘴，病也。瘵，病也。瘨，病也。瘼，病也。（其中以疾、病二字为核心，其馀以病为训）

瘑，病瘲也。瘳，疾瘉也。（无外围字，其中病、疾亦互训）

穴部有两组：

窦，空也。窠，空也。窾，空也。空，窾也。窒，空也。（以窾、空二字为核心）

穿，通也。窜，穿也。突，穿也。（此穿字不用窜、突二字为训，盖因此二字为僻字）

从以上例子可以概见《说文》转注之一斑。分析这些例子，可以得出三点结论：①转注字所记录的都是同义词或近义词。所记录的词，有的是同一事物的不同名称，有的是总名与分名的区别，有的是在意义上有细微差别。由于转注诸字有核心与外围之分，在同义词词义的辨析上比《尔雅》更趋精密。但同义词不一定全被记录为转注字，如异部互训字所记录的也是同义词。因此转注字只是在形体上有所标志的同义词的文字符号。②转注字与假借字的区别，在于转注字系于意义，同义数字；假借字系于声音，同音数字，同字数义。③转注字多是形声字，构成形声字的一部分，在这一点上与形声兼会意的字类似。造成转注字与形声字这种包孕关系的情况比较复杂：一种情况是本来各按形声法造字,由于形义的相关,结果构成了转注字,在这一部分字中,转注法实际上未起作用;另一种情况是两个或几个同义词,在造字上有先后之分,后造字的同义词,在造字时受了已造字的同义词的影响,在意符上有所承袭,从而形成了转注字。只有在这后一种情况下转注才成为造字之法。例如人部:傅,侠也(此从段注本。别本"侠"多作"使",当为后人涉"傅,使也"而妄改)。傅下邻字"侠",训傅,依例傅、侠当为互训字。《广雅·释诂》亦云:傅,侠也,当据《说文》。侠,傅也。又勹部:勇,侠也。三辅谓轻财者为勇。由此可知"勇"本为一个单纯的表音字,与侠字"同意相受"。在根据转注法另造新字时,依侠字加了意符而成傅字,这样就具备了"建类一首,同意相受"两方面的条件。因为转注的定义比较复杂,所以在上面作了较为详细的论证。其他五种定义比较明晰,就不一一说明了。至于所举例字,也有不妥当的,如假借中的"令"、"长"二字,作为官名,本是命令的令和长老的长的引申义,不属文字假借,许慎举以为例,说明他对词义的引申与文字的假借未能分辨清楚。总之,六书尽管有不科学、不精密之处,但是它基本上反映了汉字创造、孳乳和使用上的规律和特点,至今仍有参考价值。

许慎分析形体结构的依据主要是小篆。小篆是古文字最末一个阶段的形体,处在承上启下的地位,抓住这个关键,便于弄清汉字发展演变的源流。但是小篆已趋简约,亦有不少讹变,许慎据以说字,往往发生错误。其例不胜枚举,下面讲形训时将要涉及。

复次,《说文》创造了按部首类分、编排汉字的方法,提纲挈领,系统分明。《说文》之前的字书没有从形体着眼类分、编排汉字的(见《说文叙》段玉裁注)。《说文叙》所谓"分别部居,不相杂厕"的话,虽然袭用了史游《急就篇》的旧语,但另有其义,本质是不同的,亦如段注所说:"按史游《急就篇》亦曰'分别部居,不相杂厕',而其所谓分居,如姓名为一部,衣服为一部,饮食为一部,器用为一部,《急就》之例如是。"又说:"盖史游之书以物类为经而字纬之,许君之书以字部首为经而物类纬之也。"许慎所谓的"分别部居,不相杂厕",《说文后叙》解释得十分清楚:"此十四篇,五百四十部也。九千三百五十三文,重一千一百六十三,解说凡十三万三千四百四十一字。其建首也,立一为耑,方以类聚,物以群分,同条牵属,共理相贯,杂而不越,据形系联。引而申之,以究万原。毕终于亥,知化穷冥。"全书体例更不证自明。这种部首编排法影响极为深远,直到今天仍为字典编纂、检字的重要方法。许慎所立的部首有不少十分精当,至今仍在袭用,但失之主观、疏略的地方不少。文字隶部也多有不当之处。

2.声韵方面

汉代正值汉语古音（指上古音）阶段的后期。《说文》在声韵方面的贡献，主要在于保存了古音的材料。一般研究古音韵母及其通转情况，依据的主要材料有以下几方面：①《诗经》及先秦两汉其他韵文的材料，②谐声偏旁，③一字两读，④古音通假。《说文》提供后三方面丰富的材料，在第一方面也保存了不少引文材料。研究古音声母，依据的主要材料有以下几方面：①谐声偏旁，②声训，③读若，④异文，⑤反切。许慎时尚无反切注音，而前四方面的材料在《说文》中则非常齐全、丰富。这些材料，特别是关于研究古音韵母及其通转情况的材料，一向为古今声韵学家所重视，并充分加以利用。段玉裁著《六书音均（韵）表》就是一例。王念孙在《说文解字注序》中高度评价了《说文》对于研究古音的意义，他说："《说文》之为书，以文字而兼声音训诂者也。凡许氏形声、读若，皆与古音相准。或为古之正音，或为古之合音，方以类聚，物以群分，循而考之，各有条理。"

3.训诂方面

在文字形、音、义三方面，《说文》以讲形、义为主，其在训诂学上的成就也是很高的。

在字形上《说文》以讲本字为主，在释义上以讲本义为主，说形释义是相辅相成的。当然，许慎所确定的本字本义不一定恰当。因为只讲本义，所以一字之下不列几个义项。有时或存别说，如："蹁，足不正也，从足扁声。一曰拖后足马。""纞，乱也。一曰治也。一曰不绝也。"也只限于有关本义之异说，并非意在列举一字之数义。作专名的字，在释本义之外，往往举示专名，此为特例，如："悝，啁也。从心，里声。《春秋传》有孔悝。一曰病也。"（此举人名）"黔，黑木也。从黑，多声。丹阳有黔县。"（此举地名）"潘，淅米汁也。一曰潘水，在河南荥阳。"（此举水名）如果专名为本义，则先释专名，后举通义，如："秦，伯益之后所封国，地宜禾，从禾舂省。一曰：秦，禾名。""盬，河东盐池也，袤五十一里，广七里，周百十六里。《诗》：王事靡盬。"对联绵字，单列其中一字，举两字（记录一词）作解。

《说文》在训诂方法上，以义训为主，兼用形训和声训。

义训就是直说字义，或直言其义，或陈说其事，以达到通异言、辨名物的目的。具体情况包括今言古言相释、方言雅言相释、狭义广义相释、共名别名相释、反义相释（反训）、径引经传为释，等等。例如：

　　　未，豆也。（段注：未、豆古今语，亦古今字。此以汉时语释古语也。)

　　逆,迎也。关东曰逆,关西曰迎。(段注引《方言》:逢、逆,迎也。自
关而西,或曰迎,或曰逆,自关而东曰逆。)

　　憯,痛也。悽,痛也。悲,痛也。恻,痛也。惜,痛也。憨,痛也。
愍,痛也。(皆为广义狭义相释)

　　隹,鸟之短尾总名也。雄,鸟也。雏,鸟也。雁,鸟也。雇,鸟也。
雄,鸟也。(共名别名相释)

　　乱,治也。有,不宜有也。(反义相释)

　　辅,《春秋传》曰:"辅车相依。"(段注:凡许书不言其义径举经传者,
如"矤"下云"词之矤矣","鹤"下云:"鹤鸣九皋,声闻于天","艴"下云:
"色艴如也","绚"下云:《诗》云:素以为绚兮"之类是也。此引《春秋传》
僖公五年文,不言辅义者,义已具于传文矣。《小雅·正月》曰:"其事既
载,乃弃尔辅。"传曰:"大车既载,又弃其辅。"……合《诗》与《左传》,则
车之有辅信矣。引申之义凡相助之称。今则借义(按,当为引申义)行
而本义废。尟有知辅为车之一物者矣。)

　　《说文》中的义训,多存古义,价值很高。并且皆有依据,或从经传,或从
《尔雅》,或从《方言》以及其他字书等等,多可考见。于经传、《尔雅》等,有时
注明出处,多数情况不注,但《说文》中始终未见《方言》一书之名。不足之处
是有时据封建思想观念说字,或依今文家及纬书的附会之说,不免陷入穿
凿。

　　形训就是通过分析文字形体以解释字义,这种方法依据汉字表意的特
性,涉及指事、象形、形声、会意等类字,《说文》中例子随处可见。但也有附
会之处,例如:

　　武,楚庄王曰:夫武定功戢兵,故止戈为武。(此据《左传》宣公十二
年。按,这种说法反映了一种思想观念,不符造字本义,"武"作为一个
会意字,当是持戈往战之意,正与此相反。)

　　乏,《春秋传》曰:"反正为乏。"(段注:"《左传·宣公十五年》。此说
字形而义在其中矣。"按,这种说法亦不可靠。)

　　蛊,腹中虫也。(此为义训)《春秋传》曰:"四虫为蛊,晦淫之所生
也。"(引《左传·昭公元年》形训之说,亦不可靠。)

　　厶,韩非曰:"仓颉作字,自营为厶。"(见《五蠹篇》,"营"作"環"。)

　　公,平分也。从八厶,八犹背也。韩非曰:"背厶为公。"(见《五蠹

篇》)

以上或引旧说,或自行解释,皆属形训,而说法均为可疑。

声训就是根据文字的读音以推求字义,也就是说以同音或音近的字作为训诂。声训在求语源、研究词的派生分化上有科学的意义,但古人往往从某一观念出发附会语音与语义的自然联系,从而陷入唯心主义。

《说文》中的声训有两种方式,一是直接方式,例如:

天,颠也。　门,闻也。　户,护也。

尾,微也。　马,怒也,武也。　礼,履也。

王,天下所归往也。　鬼,人所归为鬼。

此种方式多因循今文家的方法,主观附会、牵强解释的成分很多。此种方式又多与义训、形训相配合,有的先义训、形训后声训,如:"旻,秋天也。从日,文声。《虞书》曰:'仁闵覆天下则称旻天。'"(《困学纪闻》云:"盖《虞书》说也")"黍,禾属而黏者也。以大暑而穜,故谓之黍。"有的先声训后义训、形训,如:"衣,依也。上曰衣,下曰裳。象覆二人之形(按,释形有误,实为象衣之形)。""弓,以近穷远。象形。""土,地之吐生物者也。二,象地之下、地之中。丨,物出形也。"

另一种方式表现在形声兼会意字的说解中,例如:

祏,宗庙主也。周礼有郊宗石室。一曰大夫以石为主。从示,从石,石亦声。

婢,女之卑者。从女,从卑,卑亦声。

警,戒也。从言,从敬,敬亦声。

忘,不识也。从心,从亡,会意,亡亦声。

有些字《说文》未标明会意兼形声,其实也是会意兼形声,即段注所说的"举会意兼形声"或"以形声包会意",例如:

诂,训故言也。从言,古声。(朱骏声《说文通训定声》曰:"按,会意,古亦声。")

什,相什保也。从人十。(段注:"此举会意兼形声。")

蕤,草盛皃。从草,甤声。(段注:"此以形声包会意。")

声训有科学根据,是一种重要的训诂方法,但任意牵连也容易流于穿凿和武断,陷入唯心主义。《说文》在使用此法时,得失参半。至刘熙《释名》,恣肆泛滥,多不可靠,只有一小部分解释是可信的。魏晋南北朝以后多昧于古音,释义往往拘牵形体,偏向另一弊端。至清考据学派,通声韵之学,因声以求义,在使用声训上开创了新的局面。但他们为文字所束缚,不能从语言看问题,也有很大局限。近人章炳麟作《文始》,在叙例中提出研究文字应该依附声音,不要"拘牵形体",已接触到语源的探讨。但他迷信《说文》,认为《说文》中的独体字是初文,以此作为语源的根据,则又拘牵形体而不能自拔。而且在声音上任意通转,在意义上勉强牵合,致使错误的东西大大超过正确的东西。瑞典语言学家高本汉著《汉语的词族》,重蹈章氏后一方面的错误。王力先生所著《同源字典》,在研究同源字时,谨慎使用声训,大大提高了这一方法的科学水平。

《说文》在文字、声韵、训诂方面的成就多有承袭,除吸收经传、诸子、《楚辞》等古文献及《三苍》、《尔雅》、《方言》等小学专书的材料之外,还"博采通人",所引诸家之说主要有:孔子说(出自今文经说及纬书)、楚庄王说(出自《左传》)、韩非说(出自《韩非子》)、司马相如说(出自《凡将》)、淮南王说(段注:盖出《万毕术》、《鸿宝》等书,今失其传矣)、董仲舒说(董氏《春秋》说)、刘歆说(《春秋》说)、扬雄说(出自《训纂篇》)、爰礼说、尹彤说、逯安说、王育说、庄都说、欧阳乔说(段注疑即欧阳高《尚书》说)、黄颢说、谭长说、周成说、官溥说、张彻说、宁严说、桑钦说(《尚书》说)、杜林说(出自《仓颉训纂》、《仓颉故》及《尚书》说)、卫宏说、徐巡说、班固说、傅毅说、贾侍中(逵)说等。其中以贾逵说为最多见,因有师承关系,故尊称职官。段注对此,多所阐明。又马宗霍著有《说文解字引通人说考》,考证博详。

第三,博引群书,可资稽考、校勘、辑佚诸用。

《说文》博引经传、群书说义、说形、说音,保存了丰富的古文献的佚文、异文资料,前人不断有所研究和利用,马宗霍著有《说文解字引经考》、《说文解字引方言考》、《说文解字引群书考》,堪称集成之作。

许慎是古文学家,《说文叙》中亦标榜古文经书,《说文》确也堪称古文家小学成果的代表作。但《说文》引经传却不限于古文,凡于证形、证音、证义有用者,不论今古文,一概徵引信从,故《说文》一书,与重家法的《五经异义》有所不同。

《说文》所引据的群书有《天老》、《山海经》、《伊尹》、《史篇》(《史籀》十五篇)、《师旷》、《老子》、《墨子》、《司马法》、《楚辞》、《韩非子》、《吕氏春秋》(称吕不韦)、《鲁郊礼》、《甘氏星经》、《五行传》、《律历书》、太史卜书、《淮南子》、秘书(纬书)、军法及汉律令等。

第七节　郑玄

郑玄(127—200),字康成,北海高密(今山东高密)人。年轻时做过乡啬夫(掌听讼、收税),后辞归。他好学而不愿为吏,其父屡加责怒,但不能禁。20岁时,博极群书,精历数图纬之言,兼通算术。后至太学受业,以京兆第五元先为师,先通《京氏易》《公羊春秋》《三统历》《九章算术》。又从东郡张恭祖受《周官》(《周礼》)、《礼记》《左氏春秋》《韩诗》《古文尚书》。自以为山东再无值得问学之人,于是西至长安,由卢植引荐入经古文家扶风马融门下求学,深得其道。郑玄游学十馀年,四十岁归乡里,家贫,客耕东莱,据载学徒相随有数百上千人。四十四岁时遭党锢之祸,遂闭门不出,专修经业。当时何休好公羊学,著《公羊墨守》《左氏膏肓》《穀梁废疾》。郑玄针锋相对,著《发墨守》《针膏肓》《起废疾》。何休见而叹曰:"康成入吾室,操吾矛以伐我乎!"东汉建立之后,范升(今文家)与陈元(古文家)、李育(今文家)与贾逵(古文家)等人争论古今学不休,经马融答北地太守刘瓌及郑玄答何休,义据通深,古学遂明。可见郑玄在经古文学的发展上起重要作用。五十八岁时,党禁解除。六十岁时,大将军何进徵辟,郑玄不就官,逃归。七十二岁时(建安三年),被徵为大司农,以病为由,请求还家。建安五年卒。郑玄一生无意做官,"但念述先圣元意,思整百家之不齐"(《戒子书》,载《后汉书》本传),注《周易》《尚书》《毛诗》《周礼》《仪礼》《礼记》(并著《三礼目录》)、《论语》(并著《孔子弟子目录》)、《孝经》《尚书大传》《(尚书)中候》《乾象历》,又著《天文七政论》《鲁礼禘祫义》《六艺论》《毛诗谱》《驳许慎五经异义》《答临孝存周礼难》等。门生相与撰郑玄答诸弟子问五经,仿照《论语》作《郑志》八篇(《隋书·经籍志》著录《郑志》十一卷,魏侍中郑小同撰)。《后汉书·郑玄传》记载郑玄事迹颇详。另有《郑玄别传》,见引于李贤《后汉书注》等书。清人撰有年谱多种。郑玄的著作,完整传下来的有《毛诗笺》《三礼注》。其他多佚,清人有辑佚之作多种,如黄奭《高密遗书》、袁钧《郑氏佚书》等。马国翰《玉函山房辑佚书》亦包括郑玄佚著。

郑玄是两汉古文献学的集大成者,他继承了汉代小学发展的成果,遍注群经,兼涉今文、古文、纬学,在古文献整理上做出显著成绩。清人标榜汉学,每举许(慎)郑(玄)为代表,并非偶然。郑玄在古文献学上的成就与特点主要有以下几方面:

(一)经通今古,兼综博采

在今古文问题上，郑玄对狭隘的门户之见、宗派之争有所突破。他虽立足于古文，但并不一概排斥今文，而是各取所长，互相补充。在《春秋》学上，他驳何休，表现了古文家的立场。而他还著有《驳五经异义》，对许慎在经义上多从古文也不以为然。从他的群经注中，也可以明显看出这一点。例如郑玄笺诗，以毛氏为主，而又多据今文。清陈乔枞《毛诗郑笺改字说》云：

> 《陈风·衡门》首章："（泌之洋洋），可以樂（乐）饥。"传："樂饥，可以樂道忘饥。"笺云："饥者，不足于食也。泌水之流洋洋然，饥者见之，可饮以瘵饥。"乔枞按：《列女传·贤明》云："可以疗饥。"刘向所用，皆《鲁诗》也。《韩诗外传》亦云："可以疗饥。""疗"即"瘵"之或字，据《说文》可证《说文》："瘵，治也。从疒，乐声。疗，或从尞。"然则鲁、韩诗本作"瘵"，故郑用其说笺毛。《释文》载沈重云："逸诗本有作'疒'下'樂'以形声言之，殊非其义。'疗'字当从'疒'下'尞'。"其说失之。瘵之为言治也，愈也。从疒樂者，人有疾苦，治愈则樂，犹之有饥则苦，饥愈则樂，故云瘵饥。其作"疗"者，乃后人所改耳。《毛诗校勘记》曰："笺不云'樂读为瘵'也，以'樂'为'瘵'之假借，而于训诂中改其字以显之也。"《文选》王元长《永明十一年策秀才文》："岂非饥瘵，不期于鼎食"，李注："《毛诗》曰：可以瘵饥。'瘵'音义与'樂'同。"毛本作"樂"，李引作"瘵"者，盖用郑笺所改字也。《唐石经》作"可以 瘵饥"，亦然。

此说是，但谓"从'疒'、'樂'者，人有疾苦，治愈则樂，犹之有饥则苦，饥愈则樂"，则不妥。"瘵"为形声字而非会意字，'樂'、'尞'为同音异形之声符，"瘵"、"疗"互为异体，"樂"为假借字。毛传拘泥于形体，未读破借字，误。郑玄的解释是正确的。陈氏肯定郑说，而在解释"瘵"字时又未摆脱"樂"字形体的束缚。其他例子尚多，不一一列举。

关于郑玄在诸经注中兼采今古文，皮锡瑞《经学历史》第五章有更概括而全面的论述，可以参看。

(二) 精通小学，长于训诂、校勘

郑玄精通文字训诂之学，表现在他对群书的注释当中。郑玄在《毛诗笺》、《易注》、《三礼注》中继承了汉代学者文字训诂之学的成就而又有所发展，即从他所用丰富的训释术语，便可概见其精密之程度。齐佩瑢《训诂学概论》第十二节"术语"中，据《毛传》，郑玄的《诗笺》、《易注》、《三礼注》，赵岐的《孟子注》，王逸的《楚辞注》，何休的《公羊解诂》，以及《尔雅》、《说文》、《方言》、《释名》等书所言,参以《经籍籑诂》凡例所列,将训释术语所表示的训诂种类,归纳为四十种(包括校语),其中涉及郑注的成果很多。这里参考他归纳的条例略作补充,摘要举示如下:

某,某也。(某,某也,某也。)表示直释其义。如《周礼·天官·序官冢宰》:"惟王建国",郑注:"建,立也。"《大宰》:"掌建邦之六典",郑注:"典,常也,经也,法也。"

某犹某也。《说文》:"雠,犹應也。"段玉裁注:"凡汉人作注云犹者,皆义隔而通之。……凡郑君、高诱等每言犹者皆同此。……此以應释雠甚明,不当曰犹應,盖浅人但知雠为怨词,以为不切,故加之耳。"郑玄注书此例甚多,如《周礼·天官·大宰》:"以扰万民"、"以统百官"、"以诘邦国"、"以任百官,以生万民",郑注:"扰犹驯也,统犹合也,诘犹禁也,……任犹傳也,生犹养也。"《毛诗·四月》:"我日构祸",郑笺:"构犹合集也。"《蓼莪》:"欲报之德",郑笺:"之犹是也。"又有用于声训以求音转或语根者,如《毛诗·江汉》:"肇敏戎公",郑笺:"戎犹女也。"("戎"、"女"对转)《鸱鸮》:"绸缪牖户",郑笺:"绸缪犹缠绵也。"(双声并韵转)

某谓某某也(或无"也"字)。凡言谓者,都是以狭义释广义,或是以直义释曲义,或是以分名释总名,相当于后来常用的术语"指某(而言)"。如《周礼·天官·序官冢宰》:"体国经野",郑注:"经谓为之里数。"《毛诗·东山》:"制彼裳衣,勿士行枚",郑笺:"女制彼裳衣而来谓兵服也。"

某今谓之某;古谓某为某(今谓某为某);古曰某今曰某:皆释古今名称称谓同异。《周礼·天官·序官酒人》:"奄十人,女酒三十人,奚三百人。"郑注:"奄,精气闭藏者,今谓之宦人。……女酒,女奴晓酒者。古者从坐男女没入县官为奴,其少才知以为奚,今之侍史官婢或曰奚官女。"《仪礼·聘礼》:"百名以上书于策",郑注:"名,书文也,今谓之字。"

某若(如)今某。这是以今制比况古制。如《周礼·天官·序官冢宰》:"胥十有二人,徒百有二十人",郑注:"此民给徭役者,若今之卫士矣。"《地官·司关》:"凡所达货贿者,则以节传出之。"郑注:"传如今移过所文书。"

某所以某也。凡此皆指明其功用,被释者必为名词。如《周礼·地官·大司徒》:"以土圭之法测土深,正日景以求地中",郑注:"土圭所以致四时日月之景也。"《地官·小司徒》:"凡用众庶,……诛其犯命者",郑注:"命所以誓告之。"

此外如以别名释总名用:"某,某某之属(或某某之类)";以总名释别名用:"某,某属";释形容词或副词用:"某,某貌";释语气词用:"某,某辞(词)","某,辞(词)也","某,语助也","某,声之助","某,发声也";并存异训用"或曰"(一曰),等等。

值得特别提出的还有:"某读为(曰)某","某读如(若)某","某当为(作)某"。这也是汉代古文家校注古书所用的通例,段玉裁《周礼汉读考序》说:

> 汉人作注,于字发疑正读,其例有三:一曰"读如"、"读若",二曰"读为"、"读曰",三曰"当为"。"读如"、"读若"者,拟其音也,古无反语,故为比方之词。"读为"、"读曰"者,易其字也,易之以音相近之字,故为变化之词。比方主乎同,音同而义可推也。变化主乎异,字异而义憭然也。文仍举经之本字。变化已易,故下文辄举所易之字。注经必兼此二者,故有"读如",有"读为"。字书不言变化,故有"读如",无"读为"。有言"读如某"、"读为某"而某仍本字者,"如"以别其音,"为"以别其义。"当为"者,定为字之误、声之误而改其字也,为校正之词。形近而讹,谓之字之误,声近而讹,谓之声之误。字误、声误而正之,皆为之"当为"。凡言"读为"者,不以为误;凡言"当为"者,直斥其误。三者分,而汉注可读,而经可读。三者皆以音为用,六书之形声、假借、转注,于是焉在。

三例中除"当为"属校勘用语外,读若(如)、读为(曰)皆与训诂有关。郑玄对此有所承袭而又有所发展。

"读若(如)"虽为一种注音法(属直音法),但义由音定,又往往兼及其义。如《周礼·天官·大宰》:"六曰主以利得民",郑注:"玄谓:利读如'上思利民'之利。"《仪礼·聘礼》:"车秉有五籔",郑注:"秉、籔,数名也。秉有五籔,二十四斛也。籔读若'不数'之数。"

"读为(曰)"表示破其假借之字而读以本字,如《周礼·天官·序官冢宰》:"胥十有二人",郑注:"胥读为(今本误作"如")谞,谓其有才知为什长。"又《春官·占梦》:"乃舍萌于四方,以赠恶梦。"郑注:"杜子春读萌为明,或云其字当为明,明谓歐疫也,谓岁竟逐疫置四方。书亦或为明。玄谓:舍读为释,舍萌犹释采也。古书释菜、释奠多作舍字。萌,菜始生也。赠,送也。欲以新善去旧恶。"这种破读在训诂中占据重要地位,而郑玄又深明其法,王引之《经义述闻序》说:"大人(指其父王念孙)曰:诂训之旨,存乎声音,字之声同声近者,经传往往假借。学者以声求义,破其假借之字而读以本字,则涣然冰释;如其假借之字而强为之解,则诂籀为病矣。故毛公《诗传》多易假借之字而训以本字,已开改读之先。至康成笺《诗》注礼,屡云某读为某,而假借之例大明。后人或病康成破字者,不知古字之多假借也。"郑玄在明假借方面确实是超乎前人的,只要把郑笺与毛传一比,就会看得十分清楚。前面提到的《毛诗郑笺改字说》中所举《陈风·衡门》"可以樂饥",郑玄据今文改为"癢饥",即是一例。

"当为"为校字用语,并到下面校勘中讲。

与"读如"、"读为"相近似而又有所区别的有"某之言某也"(或"某之为言某也")。《说文》:"祼,灌祭也。"段玉裁注:"《诗毛传》曰:'祼,灌鬯也。'《周礼注》曰:'祼之言灌,灌以鬱鬯,谓始献尸求神时,周人先求诸阴也。……《大宗伯·玉人》字作果,或作淉,注两言祼之言灌。凡云'之言'者,皆通其音义以为训诂,非如'读为'之易其字、'读如'之定其音,如载师'载之言事',族师'师之言帅',禈衣'禈之言亶',翣柳'柳之言聚',副编次'副之言覆',禋祀'禋之言煙',卝人'卝之言矿',皆是。未尝曰禋即读煙,副即读覆也。以是言之,祼之音本读如果,卝之音本为卵,读如鲲,与'灌'、'矿'为双声,后人竟读灌、读矿,全失郑意。"(按,段玉裁双声的说法不妥,韵母实亦相通。下同。)又《周礼汉读考》云:"凡云'之言'者,皆就其双声叠韵以得其转注、假借之用。卝本古卵字,古音如关,亦如鲲,引申为'总角卝兮'之卝,又假借为金玉礦之矿,皆于其双声求之也,读《周礼》者径谓卝即矿字则非矣。"凡云"之言"者,有两种情况:一种是言其假借,一种是言其语根。前者如:《周礼·天官·序官寺人》郑注:"寺之言侍也。"《地官·序官卝人》郑注:"卝之言矿也。"后者如:《周礼·天官·序官膳夫》郑注:"膳之言善也。今时美物曰珍膳。"《腊人》郑注:"腊之言夕也。"《冬官考工记·玉人》郑注:"祼之言灌也。"

郑玄在校勘上也有很高的成就,主要有以下几点:

第一,校误字。所用术语有"读当为"、"当为"、"当作",其含义是相同的。如《诗经·齐风·载驱》:"鲁道有荡,齐子岂弟。"毛传:"言文姜于是乐易然。"郑笺:"此岂弟犹言发夕也。岂读当为闿,弟,《古文尚书》以弟为圛,圛,明也。"按,郑说是,前一章有云:"鲁道有荡,齐子发夕。"毛传:"发夕,自夕发至旦。"《尔雅·释言》:"恺悌,发也。"又《天官·夏采》:"夏采掌大丧,……以乘车建绥复于四郊。"郑注:"故书绥为緌,杜子春云:当为绥,緌非是也。玄谓:《明堂位》曰:'凡四代之服器,鲁兼用之','有虞氏之旂,夏后氏之绥'(按,原文作"有虞氏之绥,夏后氏之绸练"),则旌旂有是绥者,当作绥,字之误也。绥以旄牛尾为之,缀于橦上,所谓注旄于干首者。王祀四郊,乘玉路,建大常。今以之复去其旒异之于生,亦因先王有徒绥者。《士冠礼》及《玉藻》冠绥之字,故书亦多作绥者,今礼家定作蕤。"此例根据对校、他校、理校,定绥为误字,当作蕤,理由充足。

第二,校脱字、衍字、错乱。《周礼·秋官·掌客》:"凡诸侯之礼,上公五积,皆眡殷牵,三问皆脩,群介行人宰史皆有牢。殷五牢,食四十,簠十,豆四十,铏四十有二,壶四十,鼎簋十有二,牲三十有六,皆陈。饔饩九牢,其死宰如殷之陈。牵四牢,米百有二十筥,醯醢百有二十瓮,车皆陈。车米眡生牢,牢十车,车乘有五籔……"郑注:"上公三问皆脩(脩,脯也),下句云'群介行人宰史皆有牢',君用脩而有牢,非礼也,盖著脱字失处且误耳。……皆陈于门者,于公门内之陈也。言'车'者,衍字耳。"前一例谓"皆有牢"为某处脱字错乱于此,后一例谓"车"字涉下文而衍。又《考工记·冶氏》:"为杀矢,刃长寸,……戈广二寸……"郑注:"杀矢与戈戟异齐而同其工,似补脱误在此也。"认为"为杀矢"云云为别处脱文,误补于此。

第三,对异文或择优而从,或并载存参。《仪礼·士冠礼》"布席于门中"句下贾公彦疏曰:"郑注礼之时,……或从今,或从古,皆逐义强者从之;若二字俱合义者,则互换见之。"所谓"逐义强者从之",即择优而从;所谓"互换见之",即注出异文。《周礼》属古文,无今文,但亦并存"故书"(亦作"古书",指旧本)和"今书"文字的不同。校《论语》,以《鲁论》为底本,《古论》文字有异者,多从《古论》,如屡云:"《鲁》读某为某,今从《古》。"

郑玄在校释古书中,一般是根据语言文字本身的规律来定是非的,他遵循的是古文家的程序:从训诂考证以通义理。但有时相反,先入为主,拘泥于某种义理方面的成说,而在训诂、校勘上加以附会。如笺《诗》时往往迷信《小序》,不惜在文字校释上牵强附会。《诗经·齐风·敝笱》:"敝笱在梁,其鱼鲂鳏。齐子归止,其从如云。"毛传:"如云,言盛也。"此注甚通明。其他两章末句云"其从如雨","其从如水",亦比喻众盛。又《大雅·韩奕》:"诸娣从之,祁祁如云",亦此意。而郑笺不从毛传,云:"其从,侄娣之属,言文姜初嫁于鲁桓之时,其从者之心意如云,然云之行顺风耳,后知鲁桓微弱,文姜遂淫恣,从者亦遂之为恶。"这里刻意求深,总觉牵强。原因是出于拘守小序之意,小序云:"《敝笱》,刺文姜也。齐人恶鲁桓公微弱,不能防闲文姜,使至淫乱,为二国患。"又如校勘,《邶风·绿衣》小序云:"《绿衣》,卫庄姜伤己也。妾上僭,夫人失位而作是诗也。"郑笺:"绿当作禄,故作禄,转作绿,字之误也。"首章云:"绿兮衣兮,绿衣黄里。心之忧矣,曷维其已!"毛传:"兴也。绿,间色;黄,正色。"郑笺:"禄兮衣兮者,言禄衣自有礼制也。诸侯夫人祭服之下,鞠衣为上,展衣次之,禄衣次之。次之者,众妾亦以贵贱之等服之。鞠衣黄,展衣白,禄衣黑,皆以素纱为里。今禄衣反以黄为里,非其礼制也,故以喻妾上僭。"按,毛传为是,绿字未误,"绿衣黄里"指正色间色颠倒,下章"绿衣黄裳"亦此意。《礼记·玉藻》:"衣正色,裳间色。"郑玄拘泥于小序妾僭礼之意,从服制上牵强作解,怀疑绿为禄字之误,是不对的。

郑玄对群书的校释,得失兼有,孙诒让《籀庼述林》卷一有《礼记郑注考》上下篇,其中揭示出六例:盖有经本用正字而郑本用后出增修之字者,有经疑用正字而郑以借字释之者,有经疑用借义而注以正字释之者,有经字误而郑校易未允者,有经字不误而郑误破之者,有经文讹互而郑注未及考正者。

(三)辨章学术,综考六艺

郑玄遍治群经,不限于注释、校勘,对群书还有综论、考辨。《后汉书》本传载其《戒子书》说:"自乐以论赞之功,庶不遗后人之羞。"论即论述,赞犹叙录,包括考辨、目录方面的著作,如《易赞》《书赞》《六艺论》《三礼目录》《诗谱》《论语孔子弟子目录》(姚振宗《后汉艺文志》据两《唐志》改其题为《论语篇目弟子注》)等,现介绍三种。

《六艺论》论次六经,有总论,有分论,叙述内容源流,不仅杂采今古文说,受纬学影响亦大。例如总论说:"六艺者图所生也。"(《公羊序》疏引)"《河图》《洛书》皆天神言语所以教告王者也。"(《诗经·文王序》疏引)《易论》言易之三名据《易》纬《乾凿度》,《周易正义·第一论易之三名》云:"《易》纬《乾凿度》云:'易一名而含三义,所谓易也,变易也,不易也。'"《书论》依《尚书》纬《璇玑钤》之文,云:"孔子求书,得黄帝玄孙帝魁之书,迄于秦穆公凡三千二百四十篇,断远取近,定可以为世法者百二十篇。以百二篇为《尚书》,十八篇为《中候》。"(《尚书序》疏引)《诗论》引《春秋》纬《演孔图》云:"诗含五际六情。"(《诗经·关雎序》疏引)所谓"五际",详见《诗》纬《氾历枢》,可知郑玄实据《诗》纬立说。郑玄据纬学考论六艺,影响到其立说的科学性。但《六艺论》的内容并不仅限于此,还兼采今古文说,具有广泛的参考价值。

《三礼目录》包括《周礼目录》《仪礼目录》《礼记目录》,为三礼的篇目解题,其书已佚,《经典释文》及三礼唐疏引于各篇题目之下。如《周礼·天官冢宰第一》题下疏:"郑《目录》云:象天所立之官。冢,大也。宰者官也,天者统理万物。天子立冢宰,使掌邦治,亦所以总御众官,使不失职。不言司者,大宰总御众官,不主一官之事也。"《仪礼·士冠礼第一》题下疏:"郑《目录》云:童子任职居士位,年二十而冠,主人玄冠朝服,则是仕于诸侯天子之士朝服皮弁素积。古者四民（士农工商）世事，士之子恒为士。冠礼于五礼属嘉礼。大小戴及《别录》此皆第一。"《礼记·曲礼上第一》题下疏："郑《目录》云：曲礼者，以其篇记五礼之事。祭祀之说，吉礼也；丧荒去国之说，凶礼也；致贡朝会之说，宾礼也；兵车旌鸿之说，军礼也；事长敬老执贽纳女之说，嘉礼也。此于《别录》属制度。"《三礼目录》不仅含有郑玄对三礼诸篇的见解，还保存了刘向《别录》关于《仪礼》的篇次及关于《礼记》各篇的分类，很有参考价值。

《诗谱》是郑玄《诗经》学方面的重要著作，《诗谱》实际是诗序，《诗谱序》"以立斯谱"句下正义云："郑于《三礼》、《论语》为之作序，此谱亦是序类，避子夏序名，以其列诸侯世及诗之次，故名谱也。《易》有序卦，《书》有孔子作序，故郑避之，谓之为赞。赞，明也，明己为注之意。此诗不谓之赞，而谓之谱。谱者，普也，注序世数，事得周普，故《史记》谓之谱牒是也。"《诗谱》既考《诗经》地域，又考《诗经》世次，正如《诗谱序》所说："太史《年表》（《春秋十二诸侯年表》）自共和始，历宣、幽、平王，而得春秋次第，以立斯谱。欲知源流清浊之所处，则循其上下而省之；欲知风化、芳臭、气泽之所及，则傍行而观之，此《诗》之大纲也。"《诗谱》的思想多袭《毛诗》大序和小序，其地域考证有较大的参考价值。

郑玄是汉学的集大成者，他立足于古文学，兼取今文学，而成一家之言，表现出博通、兼综、独创的特点，在古文献学史上产生了深远影响。后人对他的成就和影响作了充分肯定，如《后汉书》本传说："玄质于辞训，通人颇讥其繁。至于经传洽孰，称为纯儒。……郑玄囊括大典，网罗众家，删裁繁芜，刊改漏失，自是学者略知所归。"又如段玉裁在为臧琳所作的《经义杂记序》中说："校书何放（同昉，始也）乎？放于孔子、子夏。自孔、卜而后，成帝时刘向、任宏、尹咸、李柱国各显所能。向卒，歆终其业，于是有雠，有校，有竹，有素，盖綦详焉。而千古大业未有盛于郑康成者也。郑君之学，不主于墨守，而主于兼综，不主于兼综，而主于独断。其于经字之当定者，必相其文义之离合，审其音韵之远近，以定众说之是非，而己为之补正。凡拟其音者，例曰读如、读若，音同而义略可知也。凡易其字者，例曰读为、读曰，谓易之以音相近之字而义乃瞭然也。凡审知为声相近、形相似二者之误，则曰当为，谓非六书假借而转写纰缪者也。汉人作注，皆不离此三者，惟郑君独探其本原。……夫就其原文，所谓相其文义之离合，就其字之声类，所谓审其音韵之远近也。不知虞、夏、商、周之古音，何以得其假借训诂？不知古圣贤之用心，又何以得其文义而定所从，整理百家之不齐焉？"这里不仅指出郑学的兼综,而且指出其独断;不仅指出其在文字训诂上的成就,而且指出分析义理上的成就。皮锡瑞在《经学历史》第五章中对郑玄学兼今古、泯灭家法有所否定,表现了他作为今文家的偏见,但也还能比较客观地评价郑玄的成就和影响。

总的看来,博通兼采不但不是郑学的缺点,反而是他的优点。当然,具体方面难免没有采摘失当或牵合驳杂的瑕疵,特别是有时好异猎奇,妄据纬说,问题更多,但这些失误并未掩盖他的总成就。

第三章
魏晋南北朝

第一节　概述

一、政治概况及其对古文献学的影响

东汉灭亡之后,出现了魏、蜀、吴三国鼎立的形势。西晋时只出现过短期的统一,其间又发生过延续十六年之久的"八王之乱"。东晋时,北方先后建立了十六个政权,即所谓"十六国",形成与偏居一隅的东晋政权南北对峙、争战不已的局势。在北方的各政权之间也不断有战争发生。南北朝时,除了延续这种情况外,又发生了南方汉族地主阶级政权交替更迭的新情况。动乱不已的局势对古文献的流传、整理产生了极为不利的影响。仅就国家藏书而言,几聚几散,丧失颇多,《隋书·经籍志·总序》参据阮孝绪《七录序》于此有较详细的记载:

> 魏氏代汉,采掇遗亡,藏在秘书中、外三阁。魏秘书郎郑默,始制《中经》。秘书监荀勖,又因《中经》,更著《新簿》,分为四部,总括群书。一曰甲部,纪六艺及小学等书;二曰乙部,有古诸子家、近世子家、兵书、兵家、术数;三曰丙部,有史记、旧事、皇览簿、杂事;四曰丁部,有诗赋、图赞、汲冢书,大凡四部合二万九千九百四十五卷。但录题及言,盛以缥囊,书用缃素。至于作者之意,无所论辩。惠、怀之乱,京华荡覆,渠阁文籍,靡有孑遗。

> 东晋之初,渐更鸠聚。著作郎李充,以勖旧簿校之,其见存者,但有三千十四卷。充遂总没众篇之名,但以甲乙为次。自尔因循,无所变革。其后中朝遗书,稍流江左。宋元嘉八年,秘书监谢灵运造《四部目录》,大凡六万四千五百八十二卷。元徽元年,秘书丞王俭又造《目录》,

大凡一万五千七百四卷。俭又别撰《七志》：一曰《经典志》，纪六艺、小学、史记、杂传；二曰《诸子志》，纪今古诸子；三曰《文翰志》，纪诗赋；四曰《军书志》，纪兵书；五曰《阴阳志》，纪阴阳图纬；六曰《术艺志》，纪方技；七曰《图谱志》，纪地域及图书。其道、佛附见，合九条。然亦不述作者之意，但于书名之下，每立一传，而又作九篇条例，编乎首卷之中。文义浅近，未为典则。齐永明中，秘书丞王亮、监谢朏，又造《四部书目》，大凡一万八千一十卷。齐末兵火，延烧秘阁，经籍遗散。梁初，秘书监任昉，躬加部集，又于文德殿内列藏众书，华林园中总集释典，大凡二万三千一百六卷，而释氏不豫焉。梁有秘书监任昉、殷钧《四部目录》，又《文德殿目录》。其术数之书，更为一部，使奉朝请祖暅撰其名。故梁有《五部目录》。普通中，有处士阮孝绪，沉静寡欲，笃好坟史，博采宋、齐已来，王公之家凡有书记，参校官簿，更为《七录》：一曰《经典录》，纪六艺；二曰《记传录》，纪史传；三曰《子兵录》，纪子书、兵书；四曰《文集录》，纪诗赋；五曰《技术录》，纪数术；六曰《佛录》；七曰《道录》。其分部题目，颇有次序，割析辞义，浅薄不经。梁武敦悦诗书，下化其上，四境之内，家有文史。元帝克平侯景，收文德之书及公私经籍，归于江陵，大凡七万馀卷。周师入郢，咸自焚之。陈天嘉中，又更鸠集，考其篇目，遗阙尚多。

其中原则战争相寻，干戈是务，文教之盛，苻、姚而已。宋武入关，收其图籍，府藏所有，才四千卷。赤轴青纸，文字古拙。后魏始都燕、代，南略中原，粗收经史，未能全具。孝文徙都洛邑，借书于齐，秘府之中，稍以充实。暨于尔朱之乱，散落人间。后齐迁邺，颇更搜聚，迄于天统、武平，校写不辍。后周始基关右，外逼强邻，戎马生郊，日不暇给。保定之始，书止八千，后稍加增，方盈万卷。周武平齐，先封书府，所加旧本，才至五千。

但是，传统文化毕竟有它的生命力和继承性，汉代发达的古文献学并未因社会的动乱而终止不传。加之本时期历朝的汉族统治者，虽然由于政治上的不稳定，不遑稽古右文之事，但对校雠这一传统事业，也并不加以摒弃，而是不同程度地作了一些倡导和组织。至于几个有影响的少数民族政权如北魏、东魏、西魏、北齐、北周，也都采取汉化政策，崇尚儒学，对古文献的搜集整理也较重视。因此，本时期的古文献学也还能上承汉代之馀绪，延续不断，并且有一定开创，如修史、注史的发达，文集编纂的兴盛，经注义疏体的兴起等等，从而在古文献学史上成为承上启下的一个重要过渡时期。

另外,自东晋开始,由于南北分裂局面的长期存在,在古文献学上也形成了南北不同派别的差异。《北史·儒林传序》说:"江左:《周易》则王辅嗣(弼),《尚书》则孔安国,《左传》则杜元凯(预)。河洛:《左传》则服子慎(虔),《尚书》、《周易》则郑康成。《诗》主毛公,《礼》则同遵郑氏。"

二、魏晋玄学的产生及其对古文献学的影响

汤用彤《魏晋玄学论稿·读人物志》评王弼时曾说:"至若辅嗣著书,外崇孔教,内实道家,为一纯粹玄学家。"玄学是用老庄思想改造儒学的产物。至于玄学产生的历史原因和社会背景,一般认为,汉末农民大起义不仅动摇了汉王朝的统治,也动摇了当时作为统治思想的被谶纬迷信神化了的儒学。新的地主阶级统治者出于政治上的需要,正在采用新的思想武器。曹操父子严刑峻法,用法家思想来巩固已取得的政权。至魏明帝(曹叡),奖经术,形名同时流行于世,名分礼法成为时尚。当时门阀地主阶级尚处在失势的地位,由于政治上的需要,便创造出玄学为自己的阶级利益服务。玄学也有学术上的渊源,《魏晋玄学论稿·言意之辨》说:"魏晋教化,导源东汉。王弼为玄宗之始,然其立义实取汉代儒学阴阳家之精神,而杂以校练名理之学说。探求汉学蕴摄之原理,扩清其虚妄,而折衷于老氏。于是汉代经学衰,而魏晋玄学起。"

魏晋玄学,其内容及特点先后发生过变化。曹魏正始年间(240—248),当门阀地主阶级尚无权势之时,何晏、王弼等人用老子思想来解释儒家经典《周易》、《论语》,形成了所谓"贵无"的思想体系。《晋书·王戎传附王衍传》说:"魏正始中,何晏、王弼等,祖述老庄立论,以为天地万物皆以无为本。"具体例子在何晏《论语注》、王弼《周易注》中可以找出许多。"贵无"的目的,一则为自己的无权作自我安慰,一则要求当权者无为而治,不要过多干涉自己。正始以后,门阀地主的代表司马氏逐渐兴起,展开与曹魏争夺政权的复杂斗争。司马氏标榜儒家的名教,残杀异己,制造恐怖。当时的一些名士如阮籍、嵇康,崇尚自然,反对名教,同司马氏消极对抗。他们虽属玄风名士,但仅崇老庄,鄙弃儒学,与阳儒阴道的玄学是不同辙的。西晋时期,当门阀地主取得统治地位之后,以向秀、郭象为代表的玄学家又创造出"崇有"的思想体系。向、郭皆注过《庄子》,郭书袭向书,但郭书存而向书亡。他们不认为万物生于天,生于道,生于无,认为万物自生、自造。郭象《庄子序》说:"夫庄子者,可谓知本矣。……通天地之统,序万物之性,达死生之变,而明内圣外王之道,上知造物无物,下知有物之自造也。"他们认为儒学崇尚的名教,

即道家崇尚的自然,郭象注《庄子·在宥》:"天下脊脊大乱,罪在撄人心,故贤者伏处大山嵁岩之下,而万乘之君忧慄乎庙堂之上";向云:"若夫任自然而居当,则贤愚袭情而贵贱履位,君臣上下莫匪尔极,而天下无患矣。"他们的这一套玄学理论,完全是适应已经掌权的世家大族的政治需要而产生的,所谓"崇有",实际上是承认和维护现存的门阀制度和统治秩序。"贵无"有其妙用,"崇有"同样有其妙用。

玄学的影响一直延续到南朝,始终是门阀世族的精神支柱。

援道入儒,是魏晋玄学影响古文献学的主要特点。玄学家用"忘象""忘言","以求其意"的方法超脱文献的字面意思,借题发挥,加以附会。此法始创于王弼(详后专节),发展成为魏晋人注解的通则。《魏晋玄学论稿·言意之辨》说:"汉代经学依于文句,故朴实说理,而不免拘泥。魏世以后,学尚玄远,虽颇乖于圣道,而因主得意,思想言论乃较为自由。汉人所习曰章句,魏晋所尚者曰'通'。章句多随文饰说,通者会通其义而不以辞害意。《左氏传》杜注曰:'诗人之作各以情言,君子论之,不以文害意。故《春秋传》引《诗》不皆与今说《诗》者同,后皆仿此。'(隐公元年)不以文害意(文本《孟子》),盖亦源于寄言出意之旨,而为魏晋玄学注解之通则也。魏晋注疏恒要言不烦,自抒己意。书之大旨或备于序文,如郭象注《庄子》之序是也。学问之体要,或具分述于'品目义'(谓篇名下之解释)中,张湛《列子》篇名之注是也。二者均谓之'通',原在总论大义。至若随文作注,亦多择其证成己意处会通其旨略。未必全合于文句。"这样做,既欲调和儒、道学说的根本分歧,如重世务与尚虚无,言名教与谈自然等,又欲弥缝具体文字上的抵牾,具体情况下面何晏、王弼专节将谈到。

三、汉语言文字和语言文字学的发展及其对古文献学的影响

魏晋南北朝是汉语由上古时期到中古时期发展的重要转变阶段,语音和词汇都有较大的变化。本时期又是汉字经历由分隶到楷书,并且产生了草书的变化阶段,新的简俗字也大量增加。语言文字的发展变化,加深了古今语言文字的隔阂,正如钱大昕所说:"汉、魏以降,方俗递变,而声音与文字渐不相应"(《潜研堂文集》卷十五《答问》十二),因此增加了研读、整理古文献的困难,增加了古文献在传抄、解释中发生讹误的可能性,同时也推动了语言文字学的发展,并进而影响到古文献学。

本时期的文字、声韵、训诂,继承汉代的成果,表现出一些新的特点,取得了一些新的成就,主要有以下几方面:

第一，普遍采用反切注音，声韵学取得了突出的成就

反切起源于汉末，一般认为与佛经传入中国、受梵文影响有关。《隋书·经籍志·小学序》说："自后汉佛法行于中国，又得西域胡书，能以十四字贯一切音，文省而义广，谓之婆罗门书。"三国魏孙炎著《尔雅音义》，采用反切注音，从此推广开来。《尔雅音义》已经佚亡，陆德明《经典释文》引用了数十条。反切法虽受梵文启发，但也是中国学者的伟大创造，它比以往用过的"读若某"，"读与某同"、"音某"等形式的直音法或譬况描述注音法要准确、灵活、实用、完备得多，表现了审音、注音的进一步精密。注音方法的先进，又推动了声韵学的发展，使这一领域出现了前所未有的繁盛局面，影响极为深远。《颜氏家训·音辞篇》对这一历史事实有极概括的论述："逮郑玄注六经，高诱解《吕览》、《淮南》，许慎造《说文》，刘熹（熙）制《释名》，始有譬况假借以证音字耳。而古语与今殊别，其间轻重清浊，犹未可晓；加以内言、外言、急言、徐言、读若之类，益使人疑。孙叔言（当作然）创《尔雅音义》，是汉末人独知反语。至于魏世，此事大行。高贵乡公不解反语，以为怪异。自兹厥后，音韵锋出，各有土风，递相非笑，指马之谕，未知孰是。"所谓"音韵锋出"，指韵书之作众盛。综考《音辞篇》、《切韵序》（见《广韵》）、《隋书·经籍志》、唐封演《封氏闻见记》等，本时期的主要韵书有魏李登《声类》十卷、晋吕静《韵集》六卷、李槩（季节）《修续音韵决疑》十四卷及《音谱》四卷、阳休之《韵略》一卷、夏侯咏《韵略》（《广韵》前录《切韵序》作夏侯该，误。此据唐写本《切韵序》残卷。《隋书·经籍志》著录有夏侯咏《四声韵略》）、周思言《音韵》、杜台卿《韵略》、周研《声韵》四十一卷、无名氏《韵集》十卷、段弘《韵集》八卷、无名氏《群玉典韵》五卷、无名氏《纂韵钞》、释静洪《韵英》三卷、张谅《四声韵林》二十八卷、刘善经《四声指归》一卷、沈约《四声》（《梁书》本传称《四声谱》）等，这些书都已亡佚，后人或有辑佚之作。《切韵序》提到的六家中的五家即吕静、夏侯咏、阳休之、李槩、杜台卿（唯周思言未及）等人韵书的分韵情况，由唐王仁昫《刊谬补缺切韵》（今存残本）中的小注可知大略。成于隋初的陆法言《切韵》，实为本时期韵书的集成之作。《切韵》亦佚，由宋代增益而成的《广韵》可见其梗概。这些韵书的编纂有一个发展过程，由分部时不参四声到参四声，分成了两个阶段。

第二，文字方面的成就

首先在汉魏之际兴起研究古今字的"字指"之学。王国维《观堂集林·魏石经考三》说："且汉魏之间，字指之学大兴。魏时博士如邯郸淳，如苏林，如张揖，皆通古今字指者也。"考当时注家所注古字，即有别于当时通行体

（包括当时的异体）的古体字。古字是历史上曾经用过的一种字体，不一定是本字，而今字也不一定是后起字，也可能袭用本字。所以古今之别，并不一定反映本字与后起字的关系。具体例子详后《本时期的史注》一节。

其次，本时期的字书著作，既承袭《说文解字》，而又反映文字发展的新情况，呈现出字书编纂的新特色。有成就的字书主要有两部：《字林》和《玉篇》。《字林》是晋吕忱所作（吕忱是《韵集》作者吕静之兄），《隋书·经籍志》著录七卷，《魏书·江式传》所载《论书表》作六卷。自晋到唐，与《说文》并重。后世佚亡，清任大椿有《字林考逸》八卷，陶方琦有《字林考逸补本》一卷。据考证，《字林》有五百四十个部首，部首数目及次第与《说文》全同。亦录篆文，书法甚工，唐张怀瓘《书断》云："小篆之工，亦叔重之亚也。"收字12824 个，比《说文》多 3471 字，相同的字中也有一些字与《说文》形体不同。释义也有不同。《玉篇》为梁大同九年（543）黄门侍郎兼太学博士顾野王所作，据《封氏闻见记》所记，共 16917 字（原书经梁萧恺、唐孙强、宋陈彭年等屡为增改，面目已非。今传陈彭年《大广益会玉篇》收字 22561 字），比《说文》多 7564 字，凡当时苍、雅字书之文字，收罗详备。《玉篇》部首与《说文》相同者 529 部，不同者 13 部，共 542 部。部首次序与《说文》大不相同。《玉篇》用当时通行的楷书，与《说文》用篆文不同。注释体例先注音切，次引《说文》解释（明引或暗引），再次引释书证，最后兼存他义，凡群书之义训，载录颇全。总之，《玉篇》和《说文》虽同属字书，但性质、体例已有所不同，《说文》以说明字形为主，以讲本义为主，而《玉篇》以说明字义为主，博采群书义训，一字多列众义，实开后代字典之先河。此外还出现俗字典和常用字典，如《颜氏家训·书证篇》和《音辞篇》曾提到服虔（？）《通俗文》、葛洪《要用字苑》、殷仲堪《常用字训》等书；《隋书·经籍志》亦多有著录，如谢康乐《要字苑》、邹里《要用杂字》、王劭《俗语难字》、李少通《杂字要》等书，皆不传。

第三，训诂方面的成就

承袭《尔雅》、《方言》的传统，既产生了此二书的注释之作，如晋郭璞的《尔雅注》和《方言注》；又产生了增广《尔雅》之作，如魏张揖所著《广雅》。《广雅》的成就尤高，其体例、篇目次序全据《尔雅》，在内容上博采汉人笺注及《三苍》、《说文》、《方言》等书，比《尔雅》大有增益，详见张揖《上广雅表》。又王念孙《广雅疏证序》说："魏太和中博士张君稚让（揖字），继两汉诸儒后，参考往籍，遍记所闻，分别部居，依乎《尔雅》。凡所不载，悉著于篇；其自《易》、《书》、《诗》、三礼、三传经师之训，《论语》、《孟子》、《鸿烈》（《淮南子》）、《法言》之注，《楚辞》、汉赋之解，谶纬之记，《仓颉》、《训纂》、《滂喜》、《方言》、

《说文》之说，靡不兼载，盖周秦两汉古义之存者，可据以证其得失，其散逸不传者，可藉以窥其端绪，则其书之为功于诂训也大矣。"

本时期语言文字学的成就对古文献学的影响主要有两点：

第一，注音普遍采用反切法，便利、准确

清代江永《音学辨微》说："音学不止为切字，而切字为读书之一事，切字者，两合音也。字或无同音之字，以两音合之，则无同音者亦有音，法之至善者也。汉以前注者，但曰某字读如某音，或不甚的，孙炎《尔雅音义》，始有反切之法。古曰反，或曰翻，后改曰切，其实一也。上一字取同类同位（自注：七音同类，清浊同位），下一字取同韵（自注：韵窄字少者，或借相近之韵），取同位同类者，不论四声（自注：平上去入任取一字），取同韵者，不论清浊（自注：清浊定于上一字，不论下一字也）。"

第二，音义之学大兴

音义就是给古书注音释义，这一体例始于东汉，如服虔、应劭撰有《汉书音义》（不传，见颜师古《前汉书叙例》。《隋书·经籍志》著录应劭《汉书集解音义》、服虔《汉书音训》，颜师古认为前书为臣瓒所作，误题应劭）。本时期音义之作众出，如《隋书·经籍志》著录三国魏韦昭《汉书音义》、宋徐广《史记音义》、梁邹诞生《史记音》、梁刘显《汉书音》、夏侯咏《汉书音》、萧该《汉书音义》、包恺《汉书音》等。又如《经典释文·注解传述人》于《周易》说："为《易音》者三人（自注：王肃、李轨、徐邈）"；于《尚书》说："为《尚书音》者四人（自注：孔安国、郑玄、李轨、徐邈。案汉人不作音，后人所托）"；于《诗经》说："为《诗音》者九人，郑玄、徐邈、蔡氏、孔氏、阮侃、王肃、江惇、干宝、李轨（自注：阮侃，字德恕，陈留人，河内太守。江淳，字思俊，河内人，东晋徵士。蔡氏、孔氏，不详何人）"，"俗间又有徐爱《诗音》，近吴兴沈重亦撰《诗音义》"；于三礼著录郑玄三礼《音》各一卷，王肃三礼《音》各一卷，李轨《周礼音》、《仪礼音》各一卷、《礼记音》二卷，刘昌宗《周礼音》、《仪礼音》各一卷、《礼记音》五卷，徐邈《周礼音》一卷、《礼记音》三卷，射慈《礼记音》一卷，谢桢《礼记音》一卷，孙毓《礼记音》一卷，缪炳《礼记音》一卷，曹耽《礼记音》二卷，尹毅《礼记音》一卷，蔡谟未详何书音一卷，范宣《礼记音》二卷，徐爱《礼记者》三卷，王晓《周礼音》一卷，"近有戚衮作《周礼音》、沈重撰《问礼》、《礼记音》"。此外于《左传》、《公羊传》、《穀梁传》、《论语》、《老子》、《庄子》等书皆著录注音之作，当时给群书注音的有李轨、徐邈、徐爱、沈重等。《经典释文·序录》说："夫书音之作，作者多矣。……汉魏迄今，遗文可见，或专出己意，或祖述旧音，各师成心，制作如面。加以楚夏声异，南北语殊，是非信其所闻，轻重因其所习,后学钻仰,罕逢指要。"这里不仅指出书音之作众多,而且指明所注之音往往因人而异,混古今,杂南北,准确地概括了本时期书音之作的特点。

因为书音语音混乱,就产生了正音读的要求,颜之推的《音辞篇》充分反映了这种情况,陆法言在隋初召集颜之推等人所定的《切韵》就是一部正定南北朝书音、语音的著作。关于《切韵》的语音系统历来有不同看法,或谓带有主观臆定的成分,见戴震《声类表》。或谓符合当时之音,如陈澧《切韵考》说:"陆氏分二百六韵(据唐五代写本《切韵》残卷,《切韵》原只分一百九十三韵),每韵又有分二类、三类、四类者,非好为繁密也,当时之音实有分别也。"或谓兼有古今方国之音,如章炳麟《国故论衡》(上)说:"《广韵》所包(引者按,宋陈彭年增益《切韵》而成的《广韵》,韵部和反切基本上忠实于《切韵》),兼有古今方国之音,非并时同地得有声势二百六十种也。"今人多沿后说而又有更详的分析,如周祖谟先生《问学集》中《切韵的性质和它的音系基础》一文,考证甚为详密,所得结论说:"总起来说,《切韵》是根据刘臻、颜之推等八人论难的决定,并参考前代诸家音韵、古今字书编定而成的一部有正音意义的韵书,它的语音系统是就金陵、邺下的雅言,参酌行用的读书音而定的。既不专主南,亦不专主北,所以并不能认为就是一个地点的方音的纪录。"

本时期的音义之作不仅注音释义,而且注意到音义的联系,因音别义。如发源于汉的四声别义说(考证详《问学集·四声别义释例》),就是在本时期滋繁昌盛起来的,下面在《颜之推》一节中将具体谈到。

由于语言文字的发展,产生古今差异,而当时学者往往知"今"不知古,在释音解字上常常发生错误。在释音上正如周祖谟先生在《吴棫的古韵学》一文(见《问学集》上)中所说:"六朝人不知古今音有同有异,遇到古诗中以时音读之不合的都归之于'叶音'或'协韵',其说自晋徐邈、梁沈重始。徐邈作《毛诗音》,首先改韵取协,后来沈重作《毛诗集注》(按,《经典释文》作《诗音义》)),也有改音以协句的说法,皆见陆德明《经典释文》,于是唐宋人读古代韵文也往往言'合韵'或'叶音'。"在解字上往往不明假借,常常拘泥于字形,把借字当成本字,造成释义上的错误,这与当时后起形声字的大量增加、假借字相对减少这种现象有关。

四、古书四部分类的确立及经史子集各类书籍的整理概况

据梁阮孝绪《七录序》及《隋书·经籍志·总序》(前已引述),我国古书按四部分类自晋荀勖《新簿》始。此后虽有反复,如刘宋王俭的《七志》,颇有回归《七略》、《汉书·艺文志》之意。但其后又是四部分类的体系，如齐秘书丞王亮、秘书监谢朏造《四部书目》。梁秘书监任昉、殷钧造《四部目录》，又将术数之书更为一部，使奉朝请祖暅撰其名，终成《五部目录》，但仍以四部为主体。阮孝绪的《七录》，表面分为七类，但除去佛、道二录，一般古书也是以四部为主体。至《隋书·经籍志》(实为五代史志)，最后确定经史子集四类，道经、佛经附于后，从此四部分类便成为我国古代目录的正统和主流，延续于后世。古代目录在本时期由六分类确立为四分类，在类别上有分有合。分，主要表现在史部的独立。史书在《七略》、《汉志》中原附在《六艺略》"《春秋》类"中，在四部目录中已单独成部，这是由本时期史籍文献的发展、增多所决定的。合，主要表现在《兵书略》、《术数略》、《方技略》并入《诸子略》。另外别集、总集大量编纂，使《诗赋略》扩大为集部。

本时期在经部书的整理上表现出古文学重兴、今文学渐亡、义疏体产生等特点。

关于古文学，《三国志·魏书·王朗传附王肃传》说："肃善贾(逵)马(融)之学，而不好郑氏，采会同异，为《尚书》、《诗》、《论语》、三《礼》、《左氏》解。"《隋书·经籍志·谶纬序》："魏代王肃，推引古学，以难其(谶纬)义。王弼、杜预，从而明之，自是古学稍立。"当时出现的古文家的经注，在今传经书古注中占据重要地位，但成就又不及汉，对此皮锡瑞《经学历史》第五章中有详细论述："世传十三经注，除《孝经》为唐明皇御注外，汉人与魏、晋人各居其半。郑君笺《毛诗》，注《周礼》、《仪礼》、《礼记》，何休注《公羊传》，赵岐注《孟子》，凡六经，皆汉人注。孔安国《尚书传》，王肃伪作，王弼《易注》，何晏《论语集解》，凡三经，皆魏人注。杜预《左传集解》，范宁《穀梁集解》，郭璞《尔雅注》，凡三经，皆晋人注。以注而论，魏、晋似不让汉人矣；而魏、晋人注卒不能及汉者：孔传多同王肃，孔疏已有此疑；宋吴棫与朱子及近人阎若璩、惠栋历诋其失，以为伪作；丁晏《尚书馀论》，考定其书实出王肃。……王弼《易注》，空谈名理，与汉儒朴实说经不似；……何晏《论语集解》合包(咸)周(生烈)之《鲁论》、孔(安国)马(融)之《古论》，而杂糅莫辨，所引孔注，亦是伪书；……丁晏谓孔注亦王肃伪作。杜预《左传集解》多据前人说解，而没其名，后人疑其杜撰。……范宁《穀梁集解》，虽存《穀梁》旧说，而不专主一家。……郭璞《尔雅注》亦没前人说解之名，余萧客谓为攘善无耻。此皆魏、晋人所注经，准以汉人著述体例，大有径庭，不止商、周之判。"

当时的古文家以反郑玄为宗旨。古文学的重兴，虽然打破了汉末以古文为主、又附益今文的郑学的小一统局面，但并未从根本上动摇郑学的地位，郑学在北方仍占优势，据《北史·儒林传序》，郑注《易》、《诗》、《书》、《礼》、《论语》、《孝经》行于北方。北魏经学以郑玄后学徐遵明为大宗。至于郑玄的三礼注，又通行于南方（见前引《北史·儒林传序》）。并且即使在南方，亦未绝郑学之徒，如《三国志·魏志·王朗传附王肃传》说："时乐安孙叔然，授学郑玄之门人，称东州大儒，徵为秘书监，不就。肃集《圣证论》以讥短玄，叔然驳而释之。及作《周易》、《春秋》例，《毛诗》、《礼记》、《春秋三传》、《国语》、《尔雅》诸注，又著书十馀篇。"

由于杂糅今古的郑学盛行于汉末，继之古文学又在三国魏时重新兴起，今文学的地位逐渐衰落，被淘汰之势在所不免。关于今文经传的佚亡，《经典释文·序录》及《隋书·经籍志》小序皆有记载，《经学历史》第五章据二书加以概述，云："重以永嘉之乱（晋怀帝永嘉五年，刘聪兵陷洛阳虏怀帝），《易》亡梁丘、施氏、高氏（高相为古学），《书》亡欧阳、大小夏侯，《齐诗》在魏已亡，《鲁诗》不过江东，《韩诗》虽存，无传之者，孟、京、费费（费直为古学）亦无传人，《公》、《穀》虽在若亡。晋元帝修学校，简省博士，置《周易》王氏、《尚书》郑氏、《古文尚书》孔氏、《毛诗》郑氏、《周官》、《礼记》郑氏、《春秋左传》杜氏、服氏、《论语》、《孝经》郑氏博士各一人。……晋所立博士，无一为汉十四博士所传者，而今文之师法遂绝。"

义疏体起源于南北朝，开唐疏之先河。当时义疏之作由南及北，多有撰著。《经学历史》第六章曾据《梁书》、《陈书》、《魏书》、《北齐书》、《周书》及《南史》、《北史》诸史《儒林传》作如下概述："夫汉学重在明经，唐学重在疏注；当汉学已往，唐学未来，绝续之交，诸儒倡为义疏之学，有功于后世甚大。南如崔灵恩《三礼义宗》、《左氏经传义》，沈文阿《春秋》、《礼记》、《孝经》、《论语》义疏，皇侃《论语》、《礼记》义，戚衮《礼记义》，张讥《周易》、《尚书》、《毛诗》、《孝经》、《论语》义，顾越《丧服》、《毛诗》、《孝经》、《论语》义，王元规《春秋》、《孝经》义记；北如刘献之《三礼大义》，徐遵明《春秋义章》，李铉撰定《孝经》、《论语》、《毛诗》、三礼义疏，沈重《周礼》、《仪礼》、《礼记》、《毛诗》、《丧服经》义，熊安生《周礼》、《礼记》义疏、《孝经义》，皆见南、北史《儒林传》。今自皇、熊二家见采于《礼记疏》外，其馀书皆亡佚。然渊源有自，唐人五经之疏未必无本于诸家者。论先河后海之义，亦岂可忘筚路蓝缕之功乎！"按，现在完整传下来的只有皇侃《论语义疏》，此书亡佚于南宋，清乾隆间又由日本传入。

本时期私家修史之风很盛，史书数量剧增。修史虽然涉及文献考证，但修史本身还不属史籍整理范围，史籍整理主要表现为史注。本时期的史注成就亦高，而且体例已经完具，即音义、补遗二体兼备。注释对象集中于《史记》、《汉书》、《后汉书》、《三国志》所谓前四史。关于《史记》，有宋徐广《史记音义》(已佚，《集解》、《索隐》多采用)、宋裴骃《史记集解》(今传三家注之一)、梁邹诞生《史记音义》(已佚，《索隐》、《集解》有所采)等。关于《汉书》，有魏韦昭《汉书音义》(集应劭、服虔等音义，见《隋书·经籍志》及颜师古《汉书叙例》)、晋晋灼《汉书集注》、梁刘显《汉书音》、夏侯咏《汉书音》、萧该《汉书音义》、韦稜《汉书续训》、齐陆澄《汉书注》、陈姚察《汉书训纂》及《汉书集解》(以上皆佚，见《隋书·经籍志》，晋灼并见《汉书叙例》)。《汉书叙例》所列本时期的《汉书》注家还有魏张揖、苏林、张晏、如淳、孟康、项昭，晋刘宝、臣瓒、郭璞、蔡谟，北魏崔浩等。关于《后汉书》，有梁刘昭注，为补遗之体，现仅存八篇志注，并于李贤《后汉书注》中。关于《三国志》，有宋裴松之《三国志注》，为补遗之体。

本时期子部书的整理受玄学影响，《老子》、《庄子》的注释甚多，占突出地位，唐陆德明《经典释文》兼收老、庄二书音义，就是这一历史事实的反映。注老、庄者除一般学者外，还有僧人，说明儒道佛的合流。主要著作今传世者有王弼《老子注》、郭象《庄子注》、张湛《列子注》。佚亡而可考者，见于《隋书·经籍志》的甚多，兹不详举。此外注扬雄《法言》和扬雄《太玄经》者为多。见于《隋书·经籍志》著录及注中提及的，《法言》有李轨、侯苞、宋衷注，今传李轨注。《太玄经》有陆绩、宋衷、蔡文邵、虞翻、陆凯、王肃注，今传本为晋范望注。兵书与战事有关，也受到重视。《孙子兵法》有魏武帝曹操注，今传。《吴起兵法》有魏贾诩注，已佚，见《隋书·经籍志》。

本时期集部书的编纂整理仅次于史部书而占重要地位，以至影响到四部目录中集部的确立。《七录序》说："窃以顷世文词总谓之集，变'翰'为'集'于名尤显(按，指把《七志》的'文翰志'变为'文集录')，故序《文集录》为内篇第四。"在集部书中，除原有《楚辞》外，别集先兴，总集继起。《隋书·经籍志》别集小序说："别集之名，盖汉东京之所创也。自灵均已降，属文之士众矣，然其志尚不同，风流殊别。后之君子，欲观其体势，而见其心灵，故别聚焉，名之为集，辞人景慕，并自记载，以成书部。"总集小序说："总集者，以建安之后，辞赋转繁，众家之集，日以滋广，晋代挚虞，苦览者之劳倦，于是采摘孔翠，芟剪繁芜，自诗赋下，各为条贯，合而编之，谓为《流别》。是后又集总钞，作者继轨，属辞之士，以为覃奥，而取则焉。"

关于别集的编纂，《三国志·蜀书·诸葛亮传》载有陈寿编定的《诸葛亮集》目录及所撰上《诸葛亮集》表，从中可窥一斑，兹迻录如下：

诸葛氏集目录

开府作牧第一 权制第二

南征第三 北出第四

计算第五 训厉第六

综核上第七 综核下第八

杂言上第九 杂言下第十

贵和第十一 兵要第十二

传运第十三 与孙权书第十四

与诸葛瑾书第十五 与孟达书第十六

废李平第十七 法检上第十八

法检下第十九 科令上第二十

科令下第二十一 军令上第二十二

军令中第二十三 军令下第二十四

右二十四篇,凡十四万四千一百一十二字。

　　臣寿等言:臣前在著作郎,侍中领中书监济北侯臣荀勖、中书令关内侯臣和峤奏,使臣定故蜀丞相诸葛亮故事。亮毗佐危国,负阻不宾,然犹存录其言,耻善有遗,诚是大晋光明至德,泽被无疆,自古以来,未之有伦也。辄删除复重,随类相从,凡为二十四篇,篇名如右。……谨录写上诣著作,臣寿诚惶诚恐,顿首顿首,死罪死罪。泰始十年二月一日癸巳,平阳侯相臣陈寿上。

这篇上表全仿刘向校书叙录,从中可以概见亮集的体制、内容及陈寿当时编纂整理的情况。亮原集已佚,今本《诸葛丞相集》四卷,为清朱璘编,中多伪作,《四库提要》卷一七四说:“首卷所录诸葛亮遗文,陈寿所上目录皆不载,盖掇拾《三国志注》及诸类书而成。”这几乎可以算作通例:魏晋南北朝人旧集,原本多佚,今传本多为明人或清人辑编。

当时诸家别集,裴松之《三国志注》中引用颇多,《隋书·经籍志》著录极富。并且每一家集子又往往编者不止一人,本子不止一种,流传当中又有变化。如《陶渊明集》,晁公武《郡斋读书志》说:“今集有数本:七卷者梁萧统编,以序、传、颜延之诔载卷首;十卷者,北齐阳休之编,以《五孝传》、《圣贤群辅录》、序、传、诔分三卷,益之以诗,篇次差异。按《隋书·经籍志》潜集九卷,又云梁有五卷,录一卷。《唐艺文志》潜集五卷。今本皆不与二《志》同。独吴氏《西斋书目》有潜集十卷,疑即休之本。休之本出宋庠家,云:‘江左名家旧书,其次第最有伦贯,独《四八目》后《八儒》、《三墨》二条,似后人妄加。'"

关于总集的编纂,与本时期文学、文论的发展有关。魏文帝曹丕著有
《典论·论文》,为我国古代文论之滥觞。继之晋挚虞编《文章流别集》,并著
《文章流别志》、《文章流别论》。《文章流别集》被《隋书·经籍志》视为总集
之始(见前引总集小序),其编纂思想实出文论新作《文章流别论》。其后有
梁萧统所编《文选》、徐陵所编《玉台新咏》等,而当时的文论也出现更高水平
的新作如刘勰的《文心雕龙》。本时期的总集著作甚富,品类亦多,文、赋、
诗、乐府歌辞、箴铭、诫鉴、论赞、碑文、诏书、上表、露布檄文、启事、书函、对
策乃至诙谐文,无所不备,详见《隋书·经籍志》著录。当时的著名选家有挚
虞、谢灵运(据《隋书·经籍志》编有《赋集》九十二卷、《诗集》五十卷、《诗集
钞》十卷、《诗英》九卷、《七集》十卷等)、萧统(除今传《文选》外,据《隋书·经
籍志》尚编有《文章英华》三十卷、《古今诗苑英华》十九卷等)、徐陵(除今传
《玉台新咏》外,据《隋书·经籍志》尚编有《陈郊庙歌辞》三卷)等。

五、魏正始三体石经的刊刻和汲冢竹书的发现与整理

本时期有关古文献的流传和发现,还有两件事值得专门一谈,这就是魏
正始三体石经的刊立和汲冢竹书的发现。

魏正始三体石经为魏废帝齐王芳正始时所刊立,刊刻于正始二年三月
(详见西安 1957 年出土残石)。后人或据其刊立于正始年间,通称正始石
经;或据其用古文、篆文、隶书三种字体,因称三字石经或三体石经。关于魏
正始三体石经的原始记载,见《晋书·卫瓘传附卫恒传》、戴延之《西征记》
(《太平御览·碑部》引)、郦道元《水经·穀水注》、杨衒之《洛阳伽蓝记》等。
后人多有考证著录之作,或考源流,或释文字,或集遗字,或录拓本。在综合
考证方面,王国维取得了划时代的成就,有《魏石经考》五篇(见《观堂集林》
卷二十)、《隶释所录魏石经碑图》(见《王忠悫遗书·内编》)等作。随后孙海
波编著《魏三字石经集录》,为集成之作,其书别为四卷,首录拓本,次述源
流,次及碑图,次释文字。其后马衡又著《魏石经概述》(见《凡将斋金石丛
稿》)。

三字石经的字体,以古文为主,其刊立反映了经古文学地位的变化。王
国维《三字石经考三》说:"自后汉以来,民间古学渐盛,至与官学抗行,逮魏
初复立大学。暨于正始,古文诸经盖已尽立于学官,……是魏时学官所立诸
经,已为贾马郑王之学。其时博士可考者,亦多古文家,且或为郑氏弟子也
(详见余《汉魏博士考》)。当时学官所立者既为古学,而太学旧立石经,犹是

汉代今文之学,故刊古文经传以补之。"

魏三体石经自晋永嘉之世始,屡经崩坏废毁,至唐贞观中已十不存一。其拓本在唐初尚有完帙,当时所修《隋书·经籍志》小学序说:"其相承传拓之本,犹在秘府,并秦帝刻石,附于此篇,以备小学。"其著录之《三字石经尚书》五卷、《三字石经春秋》三卷(注:梁有十二卷)即是。至开元中仅存十三纸,见郭忠恕《汗简·略叙目录》。至宋皇祐癸巳(1053),洛阳苏望得拓本于故相王文康家,刊以行世,王国维《魏石经考四》说:"《隶续》所录苏氏刊本,今详加分析,则《尚书》六段,《春秋》七段,《左传》一段,共十四段,与开元之十三纸止差一纸,其中当有两段在一纸上者。且开元十三纸,后周时尚在马胤家,至宋初尚存,郭忠恕见之,句中正亦见之(中正《三字孝经序》云:永泰中相国马胤孙藏得搨本数纸,今所书文字悉准之)。王文康家之本当即马本,苏氏刊之而遗其跋尾,遂使人昧其所出耳。厥后胡宗愈复据苏本刊之锦官西楼,洪适于会稽蓬莱阁亦刊数十字。今苏、胡、洪三刻皆不可见,惟《隶续》所录者尚无恙。"

魏三体石经残石,自光绪二十年(1894)始见出土(见王广庆《洛阳先后出土正始三体石经记》),以后不断有所发现,《魏三字石经集录·源流》说:"迄乎今日,碎石不下三四百方,亦一散于公私。其经文之传拓及影印者,则有周进《尚书残石拓本》、徐鸿宝氏《诸家集拓本》、吴宝炜氏《集拓本》、许光宇氏《集拓本》、王献唐氏《集拓本》、陈乃乾氏之《魏正始石经残字》、苏州顾氏影印《三字石经未断本》,总今日所有残石,约得二千四五百字,以视五代宋初人所见,已逾倍矣。"1957年6月在西安市青年路西段又出土一块魏三体石经(存陕西省博物馆),距1945年《康诰》篇三体石经出土地点不到二百米。此石正面刻《尚书·梓材》,文十行,行三十字,左下方刻"第十七石(石字残)"四大字,右边有"始二年三"直书小字。背面刻《春秋》成公元年二年残文十行,行十五字。因为这是首次发现石经基部,对于恢复石经全貌有重要意义。由所记石数可推知碑数,由"始(正始)二年三"可知刊刻时间。

魏三体石经残存的资料不仅在古文字学的研究上具有重要价值,《隋书·经籍志》把石经拓本著录于小学,正是从这一角度着眼的;而且在古文献学的研究上具有重要价值,其中的古文即孔壁经书的文字体系,因此它等于保存了先秦经书的文字材料,而这一方面又比《说文》中的古文具有更特殊的意义,因为他们体现在成文的经书当中,等于给我们提供了摹写的先秦经书古本,其中有不少通假字异文,在校勘上价值很高。正如于省吾先生在《魏三字石经集录序》中所说:"古文多通假字,如《春秋经》:蔡之作祭,濮之作僎,趙之作逍,敗之作勛,会之作佮,来之作逑,介之作勦,遂之作迷,捷之作哉,戚之作邐。《书·皋繇谟》:抚之作攺,巧之作丂,米之作粜;《康诰》:静之作彭;《多士》:勤之作懂,庆之作狀;《无逸》:变之作敉,迷之作麋,服之作萄,功之作工,绍之作劭;《君奭》:历之作鬲,故之作古,屏之作并,祗之作䣛,扈之作岵,基之作丌;《多方》:听之作耴,典之作黄,辞之作词,凡此皆有关于考证之学者也。"

汲冢竹书的发现,是继发现西汉孔壁古文经书之后的又一次有关先秦古文献的重要发现。关于这次发现的主要原始记载见《晋书》的《武帝纪》、《荀勖传》、《束皙传》、《王接传》,杜预《春秋左氏经传集解后序》、荀勖《穆天子传序》等。

各处记载,颇有异辞;还有人怀疑这次发现的古文献皆为晋人所伪造。对于这两方面的问题,以前中外学者有不少考证,以 1939 年朱希祖所撰《汲冢书考》最为系统和全面,结论也比较精当。兹参考原始记载及诸家考证,就主要方面分述如后。

关于发冢得书年份共有三说:一为晋武帝咸宁五年(279),一为太康元年(280),一为太康二年(281),盖传闻异辞,当如雷学淇《竹书纪年考证》云:"竹书发于咸宁五年十月,明年三月吴平,遂上之。《帝纪》之说,录其实也。馀就官收以后上于帝京时言,故曰太康元年。《束皙传》云二年,或命官校理之岁也。"

关于古冢墓主,或云魏襄王,或云魏安釐王,或兼存两说不定其辞。魏襄王与安釐王时隔近五十年,两说相差较大,但根据现有材料尚难以确考,《汲冢书考·来历考》说:"惟汲冢中既有玉律钟磬,则为王者之冢自无疑义。而汲为魏地,《纪年》为魏国人所记,则谓为魏王冢,亦属合理。惟苟无其他实证,则谓襄王冢或安釐王冢,皆属武断,不足为训。盖所谓魏王冢者,自襄王、昭王、安釐王、景湣王皆可,惟不能出于襄王以前耳。"其根据是冢中随葬的《纪年》一书记事终于襄王二十年,并称襄王为今王。则此冢出土诸物的大致年代是无疑的。

关于出土的古书,其形制如荀勖《穆天子传序》所说:"皆竹简素丝编",按古尺简"长二尺四分,以墨书,一简四十字"。书写文字为六国古文,俗称科斗书。唯《晋书·武帝纪》谓"得竹简小篆古书",盖因当时将古文、小篆统称科斗书(详王国维《科斗文字说》)而误混。据记载这批竹书出土时曾受到盗墓者的严重损坏,汲郡官府收书时不慎,又增毁落残缺。所得书目,《晋书·束皙传》已有著录,《汲冢书考·篇目考》考证更详。

关于汲冢书的整理,有关记载亦多言及,《汲冢书考·校理年月考》综合考之曰:"汲冢书之编校写定,盖经始于太康二年(281),讫于永康元年(300),前后约二十年,分为三期:

第一期　自武帝太康二年至太康八、九年为荀勖、和峤分编时期,《穆天子传》、《纪年》(初定本)皆于此期写定。

第二期　自惠帝永平元年(291)二月至六月为卫恒考正时期,后以被楚王玮所害中止。

第三期　自惠帝元康六年(296)至永康元年(300)为束皙考正写定时期。《纪年》重行改篇,于是十六种七十五篇全部告成。"

整理的程序包括考校、写定,并撰序录,全仿刘向父子校书方法。写定的字体用当时通行的隶书,孔颖达《春秋经传集解后序正义》引王隐《晋书·束皙传》云"诏荀勖、和峤以隶定写之",今传《晋书·束皙传》云"而以今文写之"。所撰序录现存荀勖《穆天子传序》,又裴骃《史记·魏世家集解》引:"荀勖曰:和峤云'《纪年》起自黄帝,终于魏之今王',今王者,魏惠成王子……"盖出荀勖《纪年序》。

汲冢书今传者有两种,即《纪年》、《穆天子传》。

今本《竹书纪年》比较复杂,《四库提要》卷四四以为明人所为,崔述有《竹书纪年辨伪》。《汲冢书考·篇目考》说:"近人有疑《竹书纪年》为伪书者,经详加分析研究后,可加以解答如下。《纪年》原本,发现于晋咸宁五年(279),亡于北宋末期(公元 11 世纪末期),各家徵引甚多,决无可怀疑。今本《竹书纪年》,盖后人得宋三卷残本及《师春》所录,又杂采他书以补缀之。然起自黄帝,及东周以后,仍以周纪年,称赧王为隐王,皆仍荀、和旧本,合于编年通史体例,不尽伪也。自束皙考正改定本,始起自夏、商,幽王灭亡,改用晋纪年,学《春秋》以鲁纪年之法。不知此是魏国私人所撰编年通史,非魏国官修之国史,且非编年之断代史也。"可见今本承荀勖、和峤旧本而不全伪。清以来又有古本辑佚之作,如朱右曾辑《汲冢纪年存真》,王国维《古本竹书纪年辑校》(所辑达 428 条,包括朱书在内)等。在《纪年》的辨伪与辑佚中,必须注意到《纪年》晋时原有荀、和本和束皙本两种不同的整理本子,否则易致混误。

《穆天子传》晋时先后亦有荀勖、和峤等整理本和束皙的改订本,据《玉海》卷四十七引王隐《晋书·束皙传》,束本名《周王游行》。今传《穆天子传》郭璞注七卷本为荀勖等人整理本。

《束皙传》汲冢书目"杂书"中尚有《周书》一种。《隋志》、两《唐志》著录晋孔晁注《周书》十卷,皆称得于汲冢。今传孔晁注十卷本,或题《逸周书》(如卢文弨抱经堂本),或题《汲冢周书》(如《四部丛刊》影印明嘉靖章檗校刊本),共七十篇,其中有目无文者十一篇。其实今传《逸周书》(或题《汲冢周书》)非出汲冢,与《束皙传》所录《周书》无关,宋丁黻(于嘉定十五年刊行《逸周书》)、明杨慎均有考辨,说详陈逢衡《逸周书补注》。孙诒让《周书斠补序》谓因"隋唐志系之汲冢"致误。

汲冢书的发现,在古文献学史上具有重要意义。第一,不少逸书重见天日,提供了丰富的文献和可靠的史料。如《穆天子传》的发现,提供了古代亚洲的地理资料和公元前4世纪欧亚文化交通的情况。《竹书纪年》的发现,使当时和后来的学者得以据其补充史书记载的缺漏,或据其订正某些记载的讹误,在古史研究、考证方面发挥了巨大的作用。第二,为研究、整理战国文字提供了丰富、宝贵的文字资料。如晋代文字学家卫恒、续咸等都曾对汲冢古文做过研究,取得成果。卫恒著有《诏定古文官书》一卷(《隋志》误为卫宏撰,《经典释文》引据不误),续咸著有《汲冢古文释》十卷(见《晋书·儒林传》)。卫恒在其书中分析了大量的同字异形材料,从而表明了战国时六国文字多歧的复杂情况,并为阅读古文献时识别异体字提供了方便。具体例子可见玄应《一切经音义》,该书所引有二百余条之多(其中所谓古文当指《古文官书》),另外可参见马国翰《玉函山房辑佚书·诏定古文官书》。

第二节　何晏　王弼

何晏和王弼是魏晋玄学的创始人,他们在古文献的整理与研究方面也体现了玄学的特点。

何晏(约190—249),字平叔,南阳宛(今河南南阳市)人。魏明帝时,曹爽掌政,任为腹心,因伙同曹爽谋反遭诛。事迹见《三国志·魏书·曹真传附曹爽传》,中云:"晏,何进孙也。母尹氏为太祖夫人。晏长于宫省,又尚公主,少以才秀知名。好庄老言,作《道德论》及诸文赋著述,凡数十篇。"刘孝标《世说新语·文学篇注》引《魏氏春秋》说:"晏少有异才,善谈《易》、《老》。"又引《文章叙录》说:"自儒者论以老子非圣人,绝礼弃学,晏说与圣人同,著论(即《道德论》)行于世也。"说明他在学术上调和儒道的特点。

何晏曾经注过《老子》,据《世说新语·文学篇》载,他注《老子》成(一处记为"未成"),见王弼,自以为不如王注,遂改作《道德论》。

何晏现在传下来的唯一著作是《论语集解》。这部书是在何晏主持下集体编著成的,据其序,同撰者尚有孙邕、郑冲、曹羲、荀颉四人。

《论语集解》有以下特点:

(一)首创注释中的集解之体

《论语集解》是汉魏人注解《论语》的集成之作。何晏等人首创集解之体,其《论语序》说:"安昌侯张禹本受《鲁论》,兼讲《齐说》,善者从之,号曰张侯《论》,为世所贵。包氏(咸)、周氏章句出焉。《古论》唯博士孔安国为之训解,而世不传。至顺帝时,南郡太守马融,亦为之训说。汉末,大司农郑玄,就《鲁论》篇章,考之《齐》、《古》,为之注。近故司空陈群、太常王肃、博士周生烈,皆为义说。前世传受师说,虽有异同,不为训解。中间为之训解,至于今多矣,所见不同,互有得失。今集诸家之善,记其姓名,有不安者,颇为改易,名曰《论语集解》。"这里把集解的体例说得非常明白。此例一开,便有人继承,如韦昭《国语解》即"因采"诸家之实善,兼下己意。又如杜预《春秋经传集解》,钱大昕《左氏传古注辑存序》说:"元凯(杜预)名其书曰《集解》,盖取何平叔(晏)《论语》之例。"

(二)较为集中地保存了《论语》的汉魏古注

汉魏时《论语》注家很多,前引《论语序》所列甚详。但诸家专著后来多佚,其说集中保存在《论语集解》中。何晏等人对于诸家之说并非客观地一一罗列,而是择善而从,反映了集解者的见解。有时还不限一说,往往兼存两义。如《论语·学而》"道千乘之国"章,于"道千乘之国"句下引马融、包咸二家之说:"融依《周礼》,包依《王制》、《孟子》,义疑,故两存焉。"又如《公冶长》"道不行"章,于"由也,好勇过我,无所取材"句下引"郑曰",又引"一曰",兼存二说,各有所长。

(三)兼下己意,有补阙纠缪之功,又有引道释儒之弊

序称"有不安者,颇为改易",凡注中不标举姓氏者皆何晏等人新注。这些新注并不仅限于改易旧说之不安者,拾遗补阙之处也不少。总的看来,新注是注重训解和串释的。但也有阐发义理的地方。新注在阐发义理时,或据儒家思想立说,如《卫灵公》"无为而治"章,注云:"言任官得其人,故无为而治。"正是儒家用人尚贤的观点,而道家的无为而治则是与此针锋相对的,如《老子》三章说:"不尚贤,使民不争。……是以圣人之治,虚其(指民,下同)心,实其腹,弱其志,强其骨,常使民无知无欲,使夫智者不敢为也。为无为,则无不治。"或据道家思想立说,援道入儒,如《宪问》"莫我知也夫"章,于"知我者,其天乎"句下注云:"圣人与天地合其德,故曰唯天知己。"《季氏》"君子有三畏"章,于"畏天命,畏大人"句下注云:"顺吉逆凶,天之命也。大

人即圣人，与天地合其德。"皆用道家观点作解，《老子》四十七章说：圣人"不出户，知天下，不窥牖，见天道"。不过总的看来，何晏援道入儒的作法，远不及王弼。

王弼(226—249)，字辅嗣，山阳(今河南焦作市)人。《三国志·魏书·钟会传》说："初，会弱冠与山阳王弼并知名，弼好论儒道，辞才逸辩，注《易》及《老子》，为尚书郎，年二十馀卒。"裴松之注引何劭《王弼传》说："弼幼而察慧，年十馀好老氏，通辩能言。……正始中……(曹爽)以弼补台郎。……其论道傅会文辞，不如何晏，自然有所拔得，多晏也。……弼注《老子》，为之《指略》，致有理统。注《道略论》、注《易》，往往有高丽言。……正始十年，曹爽废，以公事免。其秋遇疠疾亡，时年二十四。"这里在学术上将王弼与何晏对比的话很值得重视。所谓"傅会(同'附会')文辞"，是指著文技巧而言，《文心雕龙·附会》："何谓附会？谓总文理，统首尾，弥纶一篇，使杂而不越者也。"所谓"自然有所拔得"，指发挥义理而言。这种评价，较准确地道出了在文献学上王弼比何晏更善于借题发挥的特点。

魏晋玄学家依傍的古代文献主要有三种，即《老子》、《庄子》、《周易》，世称"三玄"。王弼的研究和整理涉及其中两种，著有《周易注》、《周易略例》、《老子注》、《老子指略例》。此外还有《论语释疑》。

《周易注》是流传至今的唯一的《周易》古注本，唐人作疏即依据此本。《周易注》包括《周易》本经六十四卦的《卦辞》、《爻辞》及《易》传：《文言》、上下《彖辞》、大小《象辞》的注释(其他四种《易》传：上下《繫辞》、《说卦》、《序卦》、《杂卦》的注释，为晋韩康伯所作)。王弼注《周易》有三个特点：第一，用费直古文《易》而说解又有不同；第二，重于意义，尽扫象数，因此唐李鼎祚曾针对以上两点，提出要"刊辅嗣之野文，补康成之逸象"(《周易集解序》)；第三，用《老子》说《周易》。第三点后面将集中论及，先就前两点略作分析。

关于王注与费直古文《易》的关系，主要有两点，一是用费直所传古《易》为底本，一是承袭其以传解经之成法。王弼不仅据传解经，而且变乱旧式，将解释《乾》、《坤》二卦的《文言》附入《乾》、《坤》二卦经文之中，将上下《彖辞》、大小《象辞》附入六十四卦经文之中。关于《周易》以传附经出自何人之手，前人有不同说法，有人说出于王弼之手，有人说出于郑玄之手，有人说出于费直之手，其详可参看皮锡瑞《经学通论·易经·论以传附经始于费直不始于王弼亦非本于郑君》。汤用彤《魏晋玄学论稿·王弼之〈周易〉、〈论语〉新义》于此有辨，而定于王弼，其说言之成理，可信。

王注与费氏《易》说解不同之处主要在于费《易》长于卜筮，不废象数，而王注则长于义理，"黜象申义"。

王注重于意义，尽扫象数的特点是十分明显的。但他并不完全否认象，只是"黜象申义"而已。如《乾卦·上九爻辞》"是以动而有悔也"句下注云："馀爻皆说龙，至于九三独以君子为目，何也？夫易者，象也。象之所生，生于义也。有斯义，然后明之以其物，故以龙叙《乾》，以马明《坤》，随其义而取象焉。是故《初九》、《九二》龙德皆应其义，故可论龙以明之也。至于《九三》，乾乾夕惕，非龙德也，明以君子当其象矣。统而举之，乾体皆龙；别而叙之，各随其义。"在这里王弼认为卦象与某些物类没有必然的联系，反对把两者作固定不变的牵合。他认为象生于义，而不是义由象定。他在《周易略例·明象》中说："是故触类可为其象，合义可为其徵。义苟在健，何必马乎？类苟在顺，何必牛乎？爻苟合顺，何必《坤》乃为牛？义苟应健，何必《乾》乃为马？而或者定马于《乾》，案文责卦，有马无《乾》，则伪说滋漫，难可纪矣。互体不足，遂及卦变，变又不足，推致五行。一失其原，巧愈弥甚，纵复或值，而义无所取，盖存象忘意之由也。忘象以求其意，义斯见矣。"这里不仅反对牵合《易》象，而且否定了自古至汉的一切象数。所谓"互体"，指卦爻二至四，三至五，两体互交，各成一卦，于是一重卦含四单卦。这是汉人的附会。所谓"卦变"，指由一卦变为另一卦，这是一种关于卦象变化的古占法，在《周易》以前的契数卦象中早已有之（参看饶宗颐《殷代易卦及有关占卜诸问题》，《文史》第二十辑）。《左传》中据《周易》占卦变的记载更为多见，如《庄公二十二年》："陈侯使筮之，遇《观》☷☴之《否》☷☰，……《坤》，土也；《巽》，风也；《乾》，天也。风为天于土上，山也。"杜预注："自二至四，有《艮》象；《艮》为山。"这里传文记载了占卦变及释象的具体情况，占卦变的术语例为"某（卦名及象）之某（卦名及象）"，"之"即"往"的意思，是说由某卦变为某卦。至于杜注，则据汉人互卦立说，并非古意。至于"推致五行"，指汉人用阴阳五行思想说《易》，附会出"卦气"（孟喜、京房说，详见《京氏易传》、《汉书·京房传》）、"爻辰"（郑玄本费直《周易分野》，以六爻十二辰相配合以说《易》，详见李鼎祚《周易集解》、王应麟《周易郑康成注》、惠栋《新本郑氏周易》）、"纳甲"（京房、虞翻说，以八卦与十干五行、五方相配合，详见京房《京氏易传》）、"消息"（荀爽、虞翻说，详见李鼎祚《周易集解》、惠栋《易汉学》）等说。

对于王弼的"黜象申义"必须一分为二加以分析。就"黜象"来说，王弼对汉人的附会之说有廓清之功，但《易》为占筮之书，本有其象，王弼连此也一概摒弃，这对《周易》又是一种歪曲。就"申义"来说，王弼的注有简要精当的一面,但也有新的附会之说,特别是引道释《易》,谬误尤甚。《经学通论·易经·论王弼多清言而能一扫术数瑕瑜不掩是其定评》综引前人之说,对此有公允的评论。

《周易略例》为解释《周易》体例之作,包括《明象》、《明爻通变》、《明卦适变通爻》、《明象》、《辩位》、《略例下》、《卦略》等篇,其中体现了王弼的《易》学观点和解《易》的方法。

《老子注》,今传,这是一部有价值的《老子》古注。王注在基本观点上与《老子》一致。王注忠实于《老子》原意,还表现在前后互证,以老释老。这样的例子也较多,如三十四章:"以其(圣人)终不自为大,故能成其大。"王弼注云:"为大于其细,图难于其易。"此二句出自三十六章。当然,王弼也有以儒释道,歪曲《老子》的地方。但这一点仅居其次,例子详后。

《老子指略例》,即《王弼传》所云《指略》,是阐发《老子》要旨的。此文见于《旧唐书·经籍志》著录,但未标作者,至《新唐书·艺文志》始标王弼著,《宋史·艺文志》及《通志·艺文略》同。《老子指略例》宋末以后佚亡。近人王维诚据宋张君房所编《云笈七签》中的《老君指归略例》及《道藏》中的《老子微旨略例》整理成《老子指归》,即王弼《老子指略例》辑佚之作,详载《北京大学国学季刊》第七卷第三号。

《论语释疑》一书隋唐志及《经典释文·叙录》均有著录,唐以后佚亡,皇侃《论语义疏》、邢昺《论语正义》中保存了部分佚文。此书既维护孔子的圣人形象,又把孔子老子化。《论语释疑》的主旨在于附会大义,使《论语》的内容与玄理相合,体现了援道入儒的倾向,亦为歪曲儒家经典之一例。具体情况详后。

王弼整理古文献,总的思想倾向是牵合儒道,以道为本。具体表现为以下三方面:

(一)以道释儒

王弼在解释《周易》、《论语》这两部儒家经典时,援用老子思想的情况非常明显。例如:《周易·乾卦·象辞》王弼注曰:"天也者,形之名也。健也者,用形者也。夫形也者,物之累也。有天之形而能永保无亏为物之首统之者,岂非至健哉?"这里用了道家虚无为本,形器为末的思想,其注《老子》二十七章亦有"因物自然,不设不施,……因物之性,不以形制物也"的话。又如《周易·恒卦·上六爻辞》王弼注:"夫静为躁君,安为动主,故安者上之所处也,静者可久之道也。"正用《老子》二十六章"静为躁君"的话。王弼引道注《易》,往往违背《周易》本身的意思,例如:《周易·复卦·象辞》:"复其见天地之心乎",所谓"天地之心"指其周而复始的规律,即《卦辞》所说"反复其道,七日来复"。而王弼则用道家虚无为本的思想来加以解释:"复者,反本之谓也。天地以本为心者也。……寂然至无,是其本矣。"再如《论语·述而》:"志于道",道指"吾道一以贯之"的"忠恕之道",亦即仁道。而王弼《论语释疑》却说:"道者,无之称也,无不通也,无不由也。况之曰道,寂然无体,不可为象。是道不可体,故但志慕而已。"(《邢疏》引)王弼还按道家圣人的形象来歪曲孔子,如注《阳货》篇"佛肸召"章说:"圣人通远虑微,应变神化,浊乱不能污其洁,凶恶不能害其性,所以避难不藏身,绝物不以形也。"

（二）以儒释道

玄学家行宗儒,理宗道,他们在牵合儒道时,主要倾向是援道入儒,但有时相反,以儒释道。例如:《老子》十九章:"绝圣弃智,民利百倍;绝仁弃义,民复孝慈;绝巧弃利,盗贼无有。此三者以为文不足,故令有所属,见素抱朴,少私寡欲。"王弼注:"圣智,才之善也;仁义,人之善也;巧利,用之善也。而直云绝,文甚不足,不令之有所属,无以见其指。故曰此三者以为文而未足,故令人有所属,属之于素朴寡欲。"这里并不否定圣智、仁义、巧利,与老子思想不合。

（三）为援道入儒,会通儒道,采用了"忘言"、"忘象","以求其意"的方法

王弼《周易略例·明象》说:"夫象者,出意者也。言者,明象者也。尽意莫若象,尽象莫若言。……故言者所以明象,得象而忘言;象者所以存意,得意而忘象。犹蹄者所以在兔,得兔而忘蹄;筌者所以在鱼,得鱼而忘筌也。然则言者象之蹄也,象者意之筌也。是故存言者非得象者也,存象者非得意者也。……然则忘象者乃得意者也,忘言者乃得象者也。得意在忘象,得象在忘言。……忘象以求其意,义斯见矣。"这虽是就《周易》而言,但实际上成为王弼乃至一切玄学家诠释古代文献的通则。所谓言是指文辞,所谓象既指卦象,又泛指文献中文辞所表达的一切物象。他一方面提出由言及象,由象及意这样一个认识程序,但最终强调"忘言"、"忘象","以求其意",这实际上是给借题发挥大开方便之门,让人们可以忽略文献的语言文字及其所表达的具体内容,随意附会抽象的意义。这样,思想体系根本不同的儒道两家,也就可以被随意牵合起来,创造出所谓"玄学"。

玄学从文献学的意义上讲,是一种牵强附会的义理之学,在古文献学上的影响是不好的。清代考据学者钱大昕说:"夫穷经者必通训诂,训诂明而后知义理之趣。后儒不知训诂,欲以向壁虚造之说求义理所在,夫是以支离

而失其宗。汉之经师,其训诂皆有家法,以其去圣人未远。魏晋而降,儒生好异求新,注解日多经益晦。辅嗣之《易》,元凯之《春秋》,皆疏于训诂,而后世盛行之,古学之不讲久矣!"(《左氏传古注辑存序》)

第三节　虞翻　王肃

郑玄杂糅今古的经学,在汉末取得小一统局面。比郑学稍后的虞翻开始议郑学之非。至魏,王肃明显与郑学对垒,专事驳郑。

虞翻(164—233),字仲翔,会稽郡余姚(今浙江余姚县)人,《三国志·吴书》有传。他曾做过会稽郡功曹、富春长、骑都尉等官,有军事才能。晚年因"性疏直,数有酒失"获罪,流放交州,"而讲学不倦,门徒常数百人"。主要著作有《易注》和《老子》、《论语》、《国语》训注,以及驳正宋忠《太玄注》的《明杨》、《释宋》。

虞翻承袭家学,宗汉代孟喜《易》,主"卦气"、"阴阳"、"灾变"之说,对于费直古《易》,他认为荀爽(别名谞)所注较好,但亦有隐晦、错误之处;马融的解释又不及荀爽;而郑玄《易》注(本费直《周易分野》而立"爻辰"之说)"未得其门"。详见《三国志》本传裴松之注引《翻别传》。虞翻《易注》已佚,其说略存唐李鼎祚《周易集解》中。清惠栋辑撰《易汉学》,黄奭辑撰《汉学堂丛书》,孙堂辑撰《汉魏二十一家易注》,张惠言辑撰《周易虞氏易》、《周易虞氏消息》、《虞氏易礼》、《虞氏易事》、《虞氏易言》、《虞氏易候》,曾钊辑撰《周易虞氏易笺》,从中均可见虞《易》的大概。

在《尚书》及其他诸经方面,虞翻亦反对郑学。裴注引《翻别传》说:"又奏郑玄解《尚书》违失事因:'臣闻周公制礼以辨上下,孔子曰"有君臣然后有上下,有上下然后礼义有所错",是故尊君卑臣,礼之大司也。伏见故徵士北海郑玄所注《尚书》,以《顾命》康王执瑁,古"月"似"同",从误作"同",既不觉定,复训为杯,谓之酒杯;成王疾困凭几,洮颒为濯,以为瀚衣成事,"洮"字虚更作"濯",以从其非;又古大篆"卬"字读当为"柳",古"柳"、"卬"同字,而以为"昧";"分北三苗","北"古"别"字,又训北,言北犹别也。若此之类,诚可怪也。《玉人职》曰:天子执瑁以朝诸侯,谓之酒杯;天子颒面,谓之瀚衣;古篆"卬"字,反以为"昧"。甚违不知盖阙之义。于此数事,误莫大焉,宜命学官定此三事。又马融训注亦以为同者大同天下,今经益"金"就作"铜"字,诂训言天子副玺,虽皆不得,犹愈于玄。然此不定,臣没之后,而奋乎百世,虽世有知者,怀谦莫或奏正。又玄所注五经,违义尤甚者百六十七事,不可不正。行乎学校，传乎将来，臣窃耻之。'"这里驳郑多据误会之说，除"頩"之辨为是外，其他皆有问题。如"瑁"、"同"，《尚书·顾命》文作"上(康王)宗奉同瑁，由阼阶阼"，郑注已佚，据虞翻所引，郑玄以为"同"乃"月"(瑁之古文)之误字，但不敢确定，仍训同为杯(按，同为爵名)。这本是审慎的态度。郑在《周礼·考工记·玉人职》中，训"冒"为瑞玉，而不谓之酒杯。又如"柳"、"昧"，出《尚书·尧典》，今本作："分命和仲，宅西，曰昧谷。"《说文解字》"酉"字引《虞翻别传》辨"柳"、"昧"之文，段注云："玉裁按壁中《古文尚书》作'昧谷'，郑注《尚书》依之。《今文尚书》作'柳谷'，郑注《周礼·缝人》取之。今文古文本有断难合一者也。郑本不误，而仲翔谓其改'邼'为'昧'。其他三事，亦皆仲翔误会，说详《古文尚书撰异》。凡柳、聊、刘字从邼。"其实"柳"、"昧"音亦有相通之处，"柳"从卯得声，"卯"、"昧"双声(按，"卯"古当为复辅音声母 ml-，后来音有分化，从卯得声之"柳"、"留"、"刘"等字，声母变为 l-；从卯得声之"贸"、"铆"、"昴"等字，声母变为 m-)。至于"北"字之训，郑注两说本无根本差异，虞翻横加区分，实为强词夺理。毋庸讳言，郑注诸经，多有违失。但也不能否认，虞翻所辨，多出于门户之见，很难成立。

王肃(195—256)，字子雍，东海郯(今浙江嵊州市)人。为王朗之子，传附《三国志·魏书·王朗传》中。曾做散骑黄门侍郎、散骑常侍、秘书监、崇文观祭酒、广平太守、侍中、太常、中领军等官。在学术上，《三国志》传称："年十八，从宋忠读《太玄》，而更为之解"，"初，肃善贾、马之学，而不好郑氏，采会同异，为《尚书》、《诗》、《论语》、《三礼》、《左氏》解，及撰定父朗所作《易传》，皆列于学官。"可见王肃主经古文学，在魏晋时期具有重要地位，当时有"王学"之称。

王肃在古文献学上的特点有两个：

(一)专与郑学作对，得失兼有

王肃《孔子家语序》说："郑氏学行五十载矣，自肃成童，始志于学，而学郑氏学矣。然寻文责实，考其上下，义理不安，违错者多，是以夺而易之。然世未明其款情，不谓其苟驳前师，以见异于人。乃慨然而叹曰：'予岂好难哉？予不得已也。圣人之门方壅不通，孔子之路枳棘充焉，岂得不开而辟之哉！若无由之者，亦非予之罪也。'是以撰经礼申明其义，及朝论制度，皆据所见而言。"可知王肃驳郑，是打着复圣还孔的旗帜的。郑玄遍注群经，其说当然未必全对，谬误确实不少，王肃不迷信郑学，敢于指误辨疑，本不该非议，他的正确意见，完全应加以肯定。例如《诗经·鲁颂·閟宫》："牺尊将将"，毛传："牺尊有沙饰也。"正义："牺尊之字，《春官·司尊彝》作'献尊'，郑司农云：'献读为牺，牺尊饰以翡翠，象尊以象凤凰。'……王肃云：'……太和中鲁郡于地中得齐大夫子尾送女器，有牺尊，以牺牛为尊。'然则象尊，尊为象形也。"这里所引王肃之说，据考古发现的实物以解牺尊为牛形之尊，完全正确。而郑玄的解释则是错误的。此类尚多。但是王肃往往动机不纯，颇存门户党伐之心，标新立异之念。因此，我们对王肃驳郑之处，必须据实考察，决定弃取。

（二）多造伪书

魏晋时期在文献上托古作伪之风颇盛，其中尤以王肃为魁首。王肃造伪书，往往与学术争论有关，多出于壮古文经学的声势或为反驳郑学提供伪证的需要。有几部前人已发生怀疑并有所考证的伪书可能出自王肃之手，即《尚书》伪古文经及托名孔安国的《尚书传》《论语注》《孝经注》，托名孔子门徒的《孔子家语》及托名孔鲋的《孔丛子》。

东晋梅赜向朝廷所上之《古文尚书》及孔安国传（即流传至今的《尚书》及孔安国传）以伪充真，欺世颇久，自宋吴棫、朱熹开始疑辨，至清才有明确的结论，阎若璩《尚书古文疏证》及惠栋《古文尚书考》定为梅赜伪造，其后丁晏作《尚书馀论》，直指王肃伪造。下面将有关情况稍作说明。

《古文尚书》本出孔壁，为孔安国所得，藏于朝廷，故汉时称"中古文"。《汉书·艺文志》著录四十六卷，班固自注："为五十七篇"（按，本五十八篇，师古注引郑玄《叙赞》云："后亡一篇，故五十七篇。"）西汉后传授不明。据《后汉书·儒林传·杨伦传》，东汉贾逵、马融、郑玄所注《古文尚书》，传自杜林。《隋书·经籍志》说："然其所传，唯二十九篇，又杂以今文，非孔旧本。"至魏，王肃注过《古文尚书》。《隋书·经籍志》说："晋世秘府所存，有《古文尚书》经文，今无有传者"，当亡于永嘉之乱。至东晋梅赜时始又出现。关于梅赜所奏《古文尚书》的来历，陆德明《经典释文·序录》、《隋书·经籍志》、孔颖达等《尚书正义》皆曾言及，如《虞书》题下孔疏云："案壁内（指孔子屋壁内）所得孔为传者凡五十八篇，为四十六卷。三十三篇与郑注同（按：三十三篇指当时所传本、亦即今传本之《尧典》、《舜典》〔自《尧典》分出，后加首二十八字〕、《皋陶谟》、《益稷谟》〔自《皋陶谟》分出〕、《禹贡》、《甘誓》、《汤誓》、《盘庚》上、中、下三篇〔中、下从《盘庚》分出〕、《高宗肜日》、《西伯戡黎》、《微子》、《牧誓》、《洪范》、《金縢》、《大诰》、《康诰》、《酒诰》、《梓材》、《召诰》、《洛诰》、《多士》、《无逸》、《君奭》、《多方》、《立政》、《顾命》、《康王之诰》〔自《顾命》分出〕、《吕刑》、《文侯之命》、《费誓》、《秦誓》三十三篇，如不分割，正二十九篇，与伏生所传今文之数相合。然其中今古文相杂,如《金縢》即属古文,与伏生《尚书大传》所言不同),二十五篇增多郑注也。其二十五篇者:《大禹谟》一、《五子之歌》二、《胤征》三、《仲虺之诰》四、《汤诰》五、《伊训》六、《太甲》三篇九、《咸有一德》十、《说命》三篇十三、《泰誓》三篇十六、《武成》十七、《旅獒》十八、《微子之命》十九、《蔡仲之命》二十、《周官》二十一、《君陈》二十二、《毕命》二十三、《君牙》二十四、《冏命》二十五。但孔君所传,值巫蛊,不行以终(按:以上二十五篇,乃纯系假造的伪孔安国《古文尚书》,孔疏误认为真古文)……孔则于伏生所传二十九篇内,无古文《泰誓》,除序尚二十八篇,分出《舜典》、《益稷》、《盘庚》二篇、《康王之诰》,为三十三,增二十五篇,为五十八篇。郑玄则于伏生二十九篇之内(按:实与伏生二十九篇相对应的《古文尚书》)分出《盘庚》二篇、《康王之诰》,又《泰誓》三篇(按:后出,即马融所辨之伪《泰誓》),为三十四篇,更增益伪书二十四篇,为五十八(按:此五十八篇,除后出之《泰誓》外,当为真《古文尚书》,孔疏却颠倒是非,视为伪古文)。所增益二十四篇者,则郑注《书序》:《舜典》一、《汩作》二、《九共》九篇十一、《大禹谟》十二、《益稷》十三、《五子之歌》十四、《胤征》十五、《汤诰》十六、《咸有一德》十七、《典宝》十八、《伊训》十九、《肆命》二十、《原命》二十一、《武成》二十二(按:此篇刘向时尚在,故《别录》称五十八篇。班固时已逸,故《汉书·艺文志》注五十七篇)、《旅獒》二十三、《冏命》二十四。……又古文(按:指伪古文)有《仲虺之诰》、《太甲》、《说命》等见在,而云亡(按:指郑注),其《汩作》、《典宝》等一十三篇见亡,而云已逸,是不见古文也(按:指伪古文)。"按,郑玄所增二十四篇,有目无文,乃据《书序》篇名,补足孔安国《古文尚书》五十八篇之数,故或云"亡",或云"已逸"。伪古文二十五篇造于其后,故篇目互有参差,即使篇名相同者,内容亦全系伪造。上引孔疏最后几句话,发现了这一矛盾,但不疑伪古文,反以郑玄"不见古文"加以解释。孔疏所谓古文,实指伪古文,其产生在郑玄死后,郑玄当然无从见到。

根据以上材料,并参自宋至清不少学者考证的结果,可知梅赜所奏《古文尚书》的作伪情况如下:第一,依《七略》、《汉书·艺文志》著录孔安国所得《古文尚书》五十八篇之数拼凑而成;第二,其中三十三篇依当时传世的《尚书》旧文(除去《书序》,共二十八篇,以今文为主,文字有改易,并杂有古文篇章,如《金縢》),并有离析成篇者,如《舜典》、《皋陶谟》、《益稷谟》、《盘庚》中、下、《康王之诰》等(合成三十三篇,篇目见前);第三,其馀二十五篇(即孔疏误为真古文的《大禹谟》至《冏命》二十五篇),则因《书序》旧题,依傍往籍,采摘佚文,伪造而成;第四,孔安国传全系托名伪造,与王肃注多同,加之王肃攀援孔子之学以与郑玄作对,故有人认为伪孔传及伪《古文尚书》出王肃之手(见清丁晏《尚书馀论》),或认为与王肃有关,出其门徒之手(见崔述《古文尚书辨伪》)。《尚书》孔安国传虽为托名孔安国的一部伪书,但自有其学术价值,它出自高手,又是流传至今的唯一的系统的《尚书》古注。

《论语》孔安国注,何晏《论语集解》采用不少。清陈鳣《论语古训》及孙志祖《读书脞录》已疑其伪。清沈涛作《论语孔注辨伪》(收入《皇清经解》续编),丁晏作《论语孔注证伪》,均指为王肃伪造。丁晏《尚书馀论》有"王肃私造古文以难郑君,并论语孔注皆肃一手伪书"一节,也说:"《论语》孔注,亦系伪书,实出王肃之手,与《书传》(《尚书》孔安国传)一时所为也。"沈、丁之论证据不足,尚难成立。何晏与王肃生于同时,当不会在《论语集解》中轻采王肃伪造之书。

《古文孝经》孔安国传,丁晏《孝经徵文》(收入《皇清经解》续编)指为王肃伪造。盛大士同意此说,见其《孝经徵文序》。而《四库提要》卷三十二则疑日本人采摘伪造。故此书作伪者,尚难成定论。

《孔子家语》,《汉书·艺文志》著录为二十七卷,颜师古注云:"非今所有《家语》。"可知唐时所传《家语》,已非汉时旧本,为王肃所注之本。王本《隋书·经籍志》著录为二十一卷,唐宋以后著录为十卷,流传至今。王本《孔子家语》托名孔子门人撰集,孔安国重编(见《孔子家语·孔安国后序》)。王肃《孔子家语序》称得之孔子二十二世孙孔猛,而为之解。书中存有《孔安国后序》,并自作孔安国传,录其孙孔衍奏书于传中。时人和后人对王肃所注之《孔子家语》及《孔安国后序》、孔衍奏表皆有怀疑。魏时郑学之徒对王本《家语》即有辨驳,如《礼记·乐记》疏引马昭曰:"《家语》,王肃所增加,非郑所见。"《通志》卷九一引马昭曰:"《家语》之言,固所未信。"至宋,怀疑的人更多,如朱熹说:"《家语》只是王肃编古录杂记,其书虽多疵,然非肃所作。"(《朱子语类》卷一三七)指出王肃有所依傍,并非凭空伪作。明何孟春曾注《家语》,疑孔安国序为王肃所伪作,此说为清人所袭。清姚际恒《古今伪书考》、范家相《家语伪证》、孙志祖《家语疏证》、陈士珂《孔子家语疏证》、丁晏《尚书馀论》,皆以《家语》为王肃所伪作。又《四库提要》卷九一说:"反复考证,其出于肃手无疑。"崔述《洙泗考信录》卷一稍有疑辞,认为:"《家语》一书本后人所伪撰,其文皆采之他书而增损改易以饰之","此必毁郑氏之学者伪撰此书以自证。其序文浅语夸,亦未必出于肃,就令果出于肃,肃之学识亦不足为定论矣"。近人刘汝霖《汉晋学术编年》说:"此书后人多疑其伪,盖王氏欲掊击郑玄,不得不伪托古人以自重也。"据以上诸说,《孔子家语》为王肃伪造,大致可信。但王肃是根据世传《家语》残卷增益而成,并非全伪,正如前引马昭所言"《家语》,王肃所增加",故此书仍具有重要的资料价值。

《孔丛子》,始著录于《隋书·经籍志》经部"论语家",共七卷。注云:"陈胜博士孔鲋撰。"《序录》称"《孔丛》、《家语》并孔氏所传仲尼之旨"。至宋仁宗嘉祐年间,有宋咸注本,其序说:"《孔丛子》者,乃孔子八世孙鲋字子鱼,仕陈胜为博士,以言不见用,托目疾而退,论集先君仲尼、子思、子上、子高、子顺之言及己之事,凡二十一篇,为六卷,名之曰《孔丛子》,盖言有善而丛聚之也。至汉孝武朝,太常孔臧又以其所为赋与书谓之《连丛》上下篇为一卷附之。"此书不见《汉书·艺文志》著录,从南宋起开始有人怀疑系伪托。朱熹认为"《孔丛子》乃其所注之人伪作"(《朱子语类》卷一三七)。明宋濂《诸子辨》、清姚际恒《古今伪书考》皆袭朱熹之说,认为是注者宋咸伪作。《四库提要》卷九一也说:"朱子所疑,盖非无见。"皮锡瑞《经学历史》第五章认为王肃伪作。近人顾实《重考古今伪书考》亦驳朱熹之说,直指王肃伪托。其后罗根泽作《孔丛子探源》(见《古史辨》第四册),亦主此说,疑为王肃伪作。可见《孔丛子》为王肃伪造,可能性是很大的。

关于王肃编造伪书,特别是伪造《孔子家语》、《孔丛子》二书的目的和破绽,《经学历史》第五章有所揭示:"伪造孔安国《尚书传》、《论语》、《孝经》注、《孔子家语》、《孔丛子》共五书,以互相证明;托于孔子及孔子子孙,使其徒孔衍为之证(见《孔子家语》后附孔安国传中载孔安国孙孔衍奏书)。不思《史》、《汉》皆云安国早卒,不云有所撰述;伪作三书,已与《史》、《汉》不合矣。而《家语》、《孔丛子》二书,取郊庙大典礼两汉今古文家所聚论不决者,尽托于孔子之言,以为定论。不思汉儒议礼聚讼,正以去圣人久远,无可据依,故石渠、虎观,天子称制临决。若有孔子明文可据,群言淆乱折诸圣,尚安用此纷纷为哉!肃作《圣证论》,以讥短郑君,盖自谓取证于圣人之言,《家语》一书是其根据。其注《家语》,如五帝、七庙、郊丘之类,皆牵引攻郑之语,适自发其作伪之覆。"

第四节　韦昭　杜预

《左传》和《国语》,史称《春秋》之内、外传,这是从经学角度讲的,其实它们是先秦流传下来的关于春秋时代的两部重要史书。这两部书流传至今的古注皆成书于本时期,《国语》注的作者是韦昭,《左传》注的作者是杜预,他们不仅分别为这两部书的整理、流传作出了贡献,也为古文献学中"史注"这一门类提供了可贵的经验,产生了深远的影响。

　　韦昭(204—273),字宏嗣,三国吴人,里籍为吴郡云阳(今江苏丹阳)。传见《三国志》卷六十五,名曜,裴松之注云:"本名昭,史为晋讳(司马昭),改之。"孙权在位时他曾任尚书郎、太子中庶子。孙亮即位,诸葛恪辅政,表昭为太史令,撰《吴书》,华覈、薛莹等参与同撰。孙休即位,任中书郎、博士祭酒。受命依刘向旧事,校定众书。孙皓即位,封高陵亭侯,迁中书仆射,职省,为侍中,常领左国史。后因不能对孙皓尽意奉承,被横加"不承用诏命"之罪下狱。遭囚时撰成自伏羲至于秦、汉的古史《洞纪》,纠《释名》之谬撰成《官职训》、《辨释名》。后终遭诛。华覈称韦昭之在吴,"亦汉之史迁也"。《三国志》传评曰:"韦曜笃学好古,博见群籍,有记述之才。"韦昭的著述,《吴书》仅缺叙赞而未成书,《隋书·经籍志》著录二十五卷,注:"本五十五卷,梁有,今残缺。"后不传。《官职训》、《辨释名》虽已成书,今不传。《汉书音义》七卷,见《隋志》著录,今不传,《史记集解》、《史记索隐》及颜师古《汉书注》多引其说。《隋志》又录《孝经解赞》一卷,不传。现在传下来的只有《国语解》一书。

　　《国语解》是汉、魏旧注集成之作,其中也有不少韦昭个人的创见。其《国语解序》说:

　　　遭秦之乱,幽而复光,贾生、史迁颇综述焉。及刘光禄于汉成世始更考校,是正疑缪。至于章帝,郑大司农为之训注,解疑释滞,昭晰可观,至于细碎,有所阙略。侍中贾君,敷而衍之,其所发明,大义略举,为已憭矣。然于文间,时有遗忘。建安、黄武之间,故侍御史会稽虞君、尚书仆射丹阳唐君,皆英才硕儒,洽闻之士也,采撷所见,因贾为主而损益之,观其辞义,信多善者。然所注释,犹有异同。昭以末学,浅暗寡闻,阶数君之成训,思事义之是非,愚心颇有所觉。今诸家并行,是非相贸,虽聪明疏达识机之士,知所去就,然浅闻初学,犹或未能祛过。切不自料,复为之解,因贾君之精实,采虞、唐之信善,亦以所觉增润补缀,参之以五经,检之以内传,以《世本》考其流,以《尔雅》齐其训,去非要,存事实,凡所发正三百七事。又诸家纷错,载述为烦,是以时有所见,庶几颇近事情,裁有补益,犹恐人之多言,未详其故,欲世览者必察之也。

这里对于《国语》一书的流传、整理交代颇详:其始郑众为之训注,继之有贾逵、虞翻、唐固,而韦昭则借阶于诸家(魏时王肃亦有《国语注》,韦氏未取),采撷精善,参以己见,综考五经,对照《左传》,用《世本》考其世次,用《尔雅》

正其训诂,发明驳正达三百零七处之多,堪称《国语》之功臣。《四库提要》对三百零七这个数字有怀疑,仅举出六十七事,清汪远孙《国语三君注辑存》又多举出许多,认为自序所言未可轻疑。

韦解所发正者,有郑众之说,贾、虞、唐三君之说,周氏之说(仅一见)及无名氏的"或说(云)"、"一说(云)"等,不仅数量可观,见解亦多精当,并且涉及史实、训诂、名物、典制诸方面,足见作者学识之博。兹略举数例以见一斑:

> 《晋语》:"文公即位二年……作三军。"注:"唐尚书云:立新军之上下也。昭谓:此章言文公之初,未有新军。"(见《国语》卷一〇)

按,此条辨明史实,颇为精细。

> 《晋语》:"战以锌于丁宁,儆其民也。"注:"锌于,形如碓头,与鼓相和。丁宁谓钲也。儆,戒也。唐尚书云:'锌于,镯也。'非也,镯与锌于各异物。"

按,此辨名物。

> 《晋语》:"鄢之战,郤至以韎韦之跗注,三逐楚平王卒。"注:"三君云:一染曰韎。郑后司农说:以为韎,茅蒐,染也。韎,声也。昭谓:茅蒐,今绛草也,急疾呼茅蒐成韎也。凡染,一入为縓。"

按,此辨音义。

韦昭是史家,他注《国语》,很注意年代的对照,史事的呼应。在年代上,凡《周语》中的纪年可与《春秋》鲁纪年对照者,总是加以注明。鲁国之外其他诸侯的纪年,总是注明周纪年与鲁纪年。在史事上,注意与《春秋》、《左传》相照应,与本书前后相照应。此外还详于古今地理的对照。因此韦解史注的特点非常鲜明。

韦解亦涉及校勘,但量不多,方法以理校、他校为主,例如:

> 《晋语》:"国君好艾,大夫殆。"注:"艾当为外,声相似误也。好外,多嬖臣也。嬖臣害正,故大夫殆。殆,危也。"按《韩非子·内储说下》:"狐突曰:'国君好内,则太子危;好外,则相室危。'"

韦解校艾作外,当据此,为他校。谓"声相似误也",又参用理校。

韦解在内容、行文上也有一个优点,即黄震《黄氏日钞》所称道的"简洁",甚为可取。

韦解也有不少疏漏、错误之处，通观全书，得失参半。因其疏于注音，故后世有音释之作，如宋代宋庠辑补唐人旧本《国语音》三卷。清代考据学者董增龄就韦解撰《国语正义》二十一卷，汪远孙撰《韦注发正》二十一卷，皆为韦书得力补正之作。另王引之《经义述闻》中也有不少有关韦解指误的条目。韦解之误，释事注义两方面皆有。其在训诂、名物上的错误，有几种情况很值得引以为戒：

第一，不明通假，望文生训，例如：

《楚语》上："而使长鬣之士相焉"，注："长鬣，美须髯也。"《韦注发正》："《说文》：'儠，长壮儠儠也。'《广雅·释诂》：'儠，长也。'内传昭七年：'使长鬣者相'，《说文》引作儠，谓使长壮之士为相，以光夸鲁侯也。鬣者儠之假借，注非。"

《吴语》："以奋其朋势"，注："朋，群也。"《韦注发正》："《广雅·释诂》：'冯，怒也。'王氏疏证云：《方言》：'冯，怒也，楚曰冯。'郭璞注云：'冯，恚盛貌。'昭五年《左传》：'今君奋焉，震电冯怒。'《列子·汤问篇》：'帝冯怒。'《楚辞·天问篇》：'康回冯怒。'朋与冯通，犹溯河之溯通作冯也。韦昭注训朋为群，失之。"

第二，不明通假或不得确解，增字为训，例如：

《越语》上："将免者以告"，注："免，免乳也。"《韦注发正》："免，《说文》作娩，生子免身也。《文选·思玄赋注》引《纂要》：'齐人谓生子曰娩。'"

《越语》下："固守勿与"，注："勿与战也。"王引之《经义述闻·左传》"与"："古人多谓敌为与，《老子》：'善胜敌者不与'，谓两军相敌也。解者误以为与共之与，而增字以足之。"

第三，错会词组结构而误释意义，例如：

《周语》中："川无舟梁"，注："舟梁，以舟为梁也。"《经义述闻》曰：韦注非也，上文"川不梁"，单言无梁，此"川无舟梁"，则兼言无舟。舟梁是二事（按，为并列结构词组），非谓以舟为梁也。上文曰："十月成梁"，则川自有梁，不须以舟为之；且造舟为梁，天子之礼，他人所不敢用，不得以此责陈也。

第四，考订不周，误释名物、典制，例如：

《周语》中："奉其牺象"，注："牺，牺尊，饰以牺牛；象，象尊，以象骨为之饰。"按，此袭汉儒之误说。洪迈《容斋三笔》卷十三"牺尊象尊"条云："《周礼·司尊彝》：'裸用鸡彝、鸟彝，其朝献用两献尊，其再献用两象尊。'汉儒注曰：'鸡彝、鸟彝，谓刻而画之为鸡、凤凰之形。献读为牺，牺尊饰以翡翠，象尊以象凤凰，或曰以象骨饰尊。'……惟王肃云：'牺象二尊，并全牛、象之形，而凿背为尊。'"（按《诗经·鲁颂·閟宫》"牺尊将将"，孔疏引王肃云："太和中，鲁郡于地中得齐大夫子尾送女器有牺尊，以牺牛为尊。然则象尊，尊为象形也。"）……予按今世所存故物，《宣和博古图》所写，牺尊纯为牛形，象尊纯为象形，而尊在背，正合王肃之说。"

韦解的这些错误，固然与作者本人的学识水平有关，但也是因为受到当时整个学术水平的局限。

韦解尽管错误不少，但整个看来，瑕不掩瑜，对于其学术价值，《四库提要》卷五一有恰当的评论："自郑众解诂以下，诸书并亡，《国语》注存于今者，惟昭为最古，黄震《日钞》尝称其简洁，而先儒旧训亦往往散见其中，如朱子注《论语》'无所取材'，毛奇龄诋其训材为裁，不见经传，改从郑康成桴材之说，而不知《郑语》'计亿事，材兆物'句，昭注曰：'计，算也；材，裁也。'已有此训，然则奇龄失之眉睫间矣，此亦见其多资考证也。"

杜预（222—284），字元凯，西晋京兆杜陵（今陕西西安东南）人，魏幽州刺史杜恕之子。晋武帝泰始中为河南尹，后任度支尚书。咸宁四年（278），任镇南大将军、都督荆州诸军事。太康元年（280），陈兵江陵，遣兵循江西上，累克城邑。后克江陵，招降吴南方州郡。因灭吴有功，封当阳县侯。杜预博学而多谋略，朝野称其为"杜武库"。杜预虽无武艺而善用兵，功成之后，耽思经籍，酷嗜《左传》，自谓有《左传》癖。死后追赠征南大将军，开府仪同三司。《晋书》卷三四有传。又《春秋左传正义》卷二"杜氏"下疏引王隐《晋书》说："〔预〕大睹群典，谓《公羊》、《穀梁》诡辩之言。又非先儒说《左氏》，未究丘明之意，横以二传乱之，乃错综微言，著《春秋左氏经传集解》，又参考众家，为之《释例》，又作《盟会图》、《春秋长历》，备成一家之学，至老乃成。"

《春秋》及《左传》为经传中之史，杜预《集解》成一家之学，为史书的整理、校释创造了可贵的经验，对后世影响较大。其宗旨和体例有以下几点值得注意：

第一，正确认识《左传》与《春秋》的关系，以传附经，合而释之。《集解序》说："左丘明受经于仲尼，以为经者不刊之书也，故传或先经以始事，或后经以终义，或依经以辩理，或错经以合异，随义而发。……身为国史，躬览载籍，必广记而备言之。"对《左传》与《春秋》的关系，认识是正确的。因此他注《左传》的方法和体例也就比较科学，正如《集解序》所说："分经之年与传之年相附，比其义类，各随而解之，名曰《经传集解》。"引《左传》解《春秋》，并非始于杜预，刘歆已有所创，《汉书·楚元王传附刘歆传》说："及歆治《左氏》，引传文以解经。"但是变动旧式，以传附经，合而解之，却为杜预始创，《集解序》自言甚明。

第二，信守《左传》，不以《公》、《穀》相乱。《集解序》说："古今言《左氏春秋》者多矣，今其遗文可见者十数家，大体转相祖述，进不成为错综经文以尽其变，退不守丘明之传。于丘明之传，有所不通，皆没而不说，而更肤引《公羊》、《穀梁》，适足自乱。预今所以为异，专修丘明之传以释经。经之条贯，必出于传，传之义例，总归诸凡。推变例以正褒贬，简二传而去异端，盖丘明之志也。其有疑错，则备论而阙之，以俟后贤。"杜氏也并非一概不引或不据《公》、《穀》立说，例子可举出一些，但凡此情况绝无与《左传》抵牾之处。杜预信《左传》而疑《公》、《穀》，并不是从主观好恶或门户之见出发，而是根据实事求是的原则，《集解后序》载他曾以汲冢发现的《竹书纪年》与《左传》比较，认为"诸所记多与《左传》符同，异于《公羊》、《穀梁》，知此二书近世穿凿，非《春秋》本意审矣"，充分说明了这一点。

第三，博采前人之说，兼用己意。《集解序》称："然刘子骏（歆）创通大义，贾景伯父子（徽、逵）、许惠卿（淑），皆先儒之美者也。末有颖子严（容）者，虽浅近亦复名家。故特举刘、贾、许、颖之违，以见同异。"只提举其违，其实采用众家之说而隐其姓名的情况更多，后人多有考证，以清刘文淇《春秋左氏传旧注疏证》最为博详。在《集解序》所提及诸家之外，服虔亦为大家，杜预没而不提，《正义》解释说："自余服虔之徒，殊劣于此辈，故弃而不论也。"其实并非如此，杜注采服虔说亦不胜枚举。下面仅就《左传·文公十一年》举数例，以见杜注对众家之说弃取之一般。

"鄋瞒侵齐"，杜注："鄋瞒，狄国名，防风之后，漆姓。"

此用服虔说而加详之，如《史记·鲁周公世家》集解引"服云：鄋瞒，长翟国名。"

"富父终甥舂其喉，以戈杀之"，杜注"舂，犹冲也。"

此用服虔义，如《鲁世家》集解引"服云：舂，犹冲也。"服本作"舂"，乃古字。

"初，宋武公之世，鄋瞒伐宋"，杜注："在春秋前。"

《鲁世家》集解引"服云：武公，周平王时，春秋前二十五年。"服虔据《史记·十二诸侯年表》，以宋宣公继武公即位之年计之，谓春秋前二十五年。杜不取服说，笼统言之，因传谓"宋武公之世"，并未确指某年，杜说较妥。

第四，《集解》作为史注的特征非常明显，其内容重在注明历史事件的时、地、人以及《春秋》、《左传》所特有的义例笔法，而不局限于训诂、名物、典制。

关于时间，杜预精于历数，于《春秋》、《左传》所记时节、月、日之失多所推详，对传抄中所造成的有关错误多所纠正。例如：《春秋·僖公十八年》："秋，八月，丁亥，葬齐桓公"，杜注："十一月而葬，乱故。八月无丁亥，日误。"《春秋·哀公十二年》："冬，十有二月，螽"，杜注："周十二月，今（指夏历）十月。是岁置闰，而失不置，虽书十二月，实今之九月，司历误一月。九月之初尚温，故得有螽。"杜注时历亦有误者，如《左传·隐公三年》："四月，郑祭足帅师取温之麦；秋，又取成周之禾。"杜注："四月，今二月也。秋，今之夏也。麦禾皆未熟，言取者，盖芟践之。"洪亮吉《春秋左传诂》云："四月及秋皆举夏令而言，杜注非也。"又对其《长历》，宋人亦有批评。

关于地理，杜注颇精详，且多古今对照，注明今地。例子俯拾皆是，正误得失兼而有之。钱大昕为严豹人所作《左氏传古注辑存序》说："世儒尊杜氏者，谓其精于地理。今考'郑伯克段于鄢'，当为陈留之傿，而杜以颍川之鄢陵当之。'盟于亳城北'，古本作'京城'，即段叔所封，而杜讹为'亳'。防门、广里皆齐地名，而杜以为堑广一里。'楚灵王城陈、蔡、叶、不羹'，故子革称四国，杜本脱'叶'字，乃分不羹为二以当之。"

关于人物，注意注明名号、身份、官爵、世族、世系，有时兼有品评，详略视需要而定，也有疏误之处。

关于义例，杜预在《集解序》中归纳了所谓"发传之体有三，而为例之情有五"。"三体"即序所言："其发凡以言例，皆经国之常制，周公之垂法，史书之旧章，仲尼从而修之，以成一经之通体（此《正义》所谓"发凡正例"）。其微显阐幽，裁成义类者，皆据旧例而发义，指行事以正褒贬，诸称书、不书、先书、故书、不言、不称、书曰之类，皆所以起新旧，发大义，谓之变例；然亦有史所不书，即以为义者，此盖《春秋》新意，故《传》不言凡，曲而畅之也（此所谓"新意变例"）。其经无义例，因行事而言，则传直言其归趣而已，非例也（此所谓"归趣非例"）。""五情"即序所言："一曰微而显，文见于此，而起义在彼：称族尊君命、舍族尊夫人（见《左传·成公十四年》）、梁亡（见僖公十九年）、城缘陵(见僖公十四年)之类是也;二曰志而晦,约言示制,推以知例:参会不地(见桓公二年)、与谋曰及(见宣公七年)之类是也;三曰婉而成章,曲从义训,以示大顺:诸所讳辟(见僖公十六年、十七年等)、璧假许田(见桓公元年)之类是也;四曰尽而不汙,直书其事,具文见意:丹楹刻桷(见庄公二十三年、二十四年)、天王求车(见桓公十五年)、齐侯献捷(见庄公三十一年)之类是也;五曰惩恶而劝善,求名而亡,欲盖而章:书齐豹盗(见昭公二十年)、三叛人名(见襄公二十一年、昭公五年、昭公三十一年)之类是也。"此类义例虽仍不无穿凿之处,但比起《公羊传》、《穀梁传》来说要质实得多。杜预注《春秋》,凡遇义例,随文阐明,并注意前后呼应,综合归纳,但严守《左传》所发,指明出处,较少臆断。但也有曲徇《左传》之误之处,如顾炎武所说:"左氏解经多不得圣人之意,元凯注《传》,必曲为之疏通。"(《日知录》卷二十七"汉人注经")同时在阐发《左传》所释义例时,也屡有臆辞,后人多有指正,可参刘文淇《春秋经传旧注疏证》。

对于整个历史事件则采用互注的方法,前后呼应。前呼应后,称"为……年……事张本"或"为……年……事传";后呼应前,称"前年(指前一年)……事",或"事见……年","在……年"。这样便点明了事件原委、始末,弥补了编年史割裂历史事件的不足。

在训诂、名物、典制方面,杜注精当之说很多,其中虽多承袭(例子已见前),而独创之见亦复不少。例如《春秋·隐公四年》:"夏,公及宋公遇于清",杜注:"遇者,草次之期,二国各简其礼,若道路相逢遇也。"此即为杜预之创见,而不同刘歆、贾逵冬遇之说。正义云:"《曲礼》下云:'诸侯未及期相见曰遇,相见于郤(间)地曰公',然则会者豫谋间地,克期聚集,训上下之则,制财用之节,示威于众,各重其礼。……遇者或未及会期,或暂须相见,各简其礼,若道路相逢遇也。……《曲礼》称未及期而相见,指此类也,《周礼》'冬见曰遇',则与此别。刘、贾以遇者用冬遇之礼,故杜难之,《释例》曰:'遇者仓卒简仪,若道路相逢遇者耳,《周礼》诸侯冬见天子曰遇,刘氏因此名以说《春秋》,自与《传》违。'"可见杜注为是。

当然毋庸讳言,杜注在训诂、名物、典制方面也有不少谬误,正如钱大昕《左氏传古注辑存序》所说:"辅嗣之《易》,元凯之《春秋》,皆疏于训诂。"对于杜氏之误,清人多所驳正,如顾炎武《左传杜解补正》、惠栋《左传补注》、洪亮吉《春秋左传诂》、王引之《经义述闻》(包括王念孙说)、焦循《春秋左传补疏》、沈钦韩《春秋左氏传补注》、马宗琏《春秋左传补注》、刘文淇《春秋左氏传旧注疏证》、丁晏《左传杜解集正》等,均为力作。下面就训诂、名物、典制

方面略举数例,以见杜注之失:

不明假借,望文生训,例如:

>《左传·隐公元年》:"庄公寤生,惊姜氏,故名寤生,遂恶之。"杜注:
>"寐寤而庄公已生,故惊而恶之。"

实寤读为牾,寤生犹言逆生,即足先出之难产,故《史记·郑世家》谓之"生之难"。此误,明焦竑《笔乘》中早已指明。

>《左传·桓公十七年》:"日官居卿以底日,礼也。"杜注:"底,平也,谓平历数。"

《经义述闻》:"《汉书·律志》引《传》文,苏林注曰:'底,致也。'引之案,苏说是也。《周官·冯相氏》曰:'冬夏致日,春秋致月',《考工记·玉人》曰:'土圭尺有五寸,以致日。'"

一词多义,误取义项,例如:

>《左传·桓公二年》:"今灭德立违",杜注:"谓立华督违命之臣。"
>《经义述闻》:"家大人曰:违,邪也,与回邪之回声近而义同。立违,谓立奸回之臣,上文曰:昭德塞违,下文曰:昭违乱之赂器于大庙,又曰:君违不忘谏之以德,是违为邪也,故下文又曰:国家之败,由官邪也。……《周语》曰:动匮百姓以逞其违,《晋语》曰:若有违质,教将不入,韦注并曰:违,邪也。……华督之事,岂止于违命而已乎?"

增字为训,例如:

>《左传·隐公六年》:"君子曰:'善不可失,恶不可长。'其陈桓公之谓乎? 长恶不悛,从自及之,虽欲救之,其将能乎?《商书》曰:'恶之易也,如火之燎于原,不可乡迩。'"杜注:"《尚书·盘庚》。言恶易长,如火之燎于原,不可乡近。"《经义述闻》:"家大人曰:杜读易为难易之易,而以长字增成其义,殆失之迂矣。案,易者延也,谓恶之蔓延也。《大雅·皇矣篇》:'施于孙子',郑笺曰:'施,犹易也,延也。'《尔雅》:'弛,易也',郭注:'相延易。'《盘庚》曰:'无俾易种于兹新邑',谓延种子于新邑也。《秦策》曰:'没利于前,而易患于后',谓延患于后也。《鲁语》曰:'譬之如疾,余恐易焉',谓祸之相延,亦如疫厉之相延也。"

拆释联绵字或词组,例如:

>《左传·文公十八年》:"缙云氏有不才子……天下之民谓之饕餮",

杜注："贪财为饕，贪食为餮。"《经义述闻》："家大人曰：案《传》曰：'贪于饮食，冒于货贿，侵欲崇侈，不可盈厌，聚敛积实，不知纪极，天下之民，谓之饕餮'，是贪财贪食总谓之饕餮。饕餮，一声之转，不得分贪财为饕，贪食为餮也。《吕氏春秋·先识篇》曰：'周鼎著饕餮，有首无身，食人未咽，害及其身。'盖饕餮本贪食之名，故其字从食，因谓贪得无厌者为饕餮也。"

误释名物、典制，例如：

《左传·隐公五年》："公问羽数于众仲，对曰：'天子用八，诸侯用六，大夫四，士二。'"杜注："八八六十四，六六三十六，四四十六，二二四人。"

《正义》引《宋书·乐志》载服虔注《左传》云："天子八八，诸侯六八，大夫四八，士二八"，皆以八人为一列（佾），杜不采，而用何休注《公羊传》说。其实服说是对的。

许多例子说明，杜预的训诂学水平不仅不及汉人，甚至逊于魏人如韦昭等。

杜预一般不大注意校勘，他所用的《春秋》、《左传》底本，改易古字的情况比较明显，如《春秋·僖公三年》："六鹢退飞"，《公羊传》、《穀梁传》及《说文》引《左传》"鹢"均作"鶃"，《说文》无鹢字；《左传·文公十一年》："富父终甥摏其喉"，《史记·晋世家》集解引服注"摏作春"，等等，杜预所用之本，显为后起之字，故钱大昕《左氏传古注辑存序》说："班孟坚谓《左氏传》多古字古言，而今所行杜元凯本，文多浅俗，转不如《公》、《穀》二家。"杜注不明脱误，妄为之解的情况也较多，前举"楚灵王城陈、蔡、叶、不羹"，因脱"葉"字而误分不羹为二，即其一例。杜预精通历法，校勘有关日月之误，多有可取。如：

《左传·襄公九年》："晋人不得志于郑，以诸侯复伐之。十二月癸亥，门其三门。闰月，戊寅，济于阴坂，侵郑。"杜注："以《长历》参校上下，此年不得有闰月戊寅，戊寅是十二月二十日。疑'闰月'当为'门五日'，'五'字上与'门'合为'闰'（"五"、"王"形近，上与"门"字重合为"闰"），则后学者自然转'日'为'月'。晋人三番四军更攻郑门，门各五日，晋各一攻，郑三受敌，欲以苦之。癸亥去戊寅十六日，以癸亥始攻，攻辄五日，凡十五日，郑故不服而去，明日戊寅，济于阴坂，复侵郑外邑阴坂洧津。"

按,此校极为精确,不熟悉历法难以为之。

总的看来,杜预《春秋左氏经传集解》虽然正误兼存,但成就是主要的。至于刘文淇《致沈钦韩书》说:"窃叹左氏之义,为杜征南剥蚀已久。……覆勘杜注,真觉疵颣横生,其稍可观览者,皆是贾服旧说。"(《青溪旧屋文集》卷三)难以称为公允之论。

杜预的《春秋释例》也是一部有助于研读《春秋》、《左传》的书。此书与《集解》互为表里,《集解序》说:"又别集诸例及地名、谱第、历数,相与为部,凡四十部,十五卷,皆显其异同,从而释之,名曰《释例》,将令学者观其所聚异同之说,《释例》详之也。"《春秋释例》原本已佚,《永乐大典》存三十篇,并有唐刘贲原序,其六篇有《释例》而无经传,其馀亦多脱文。四库馆臣"随篇掇拾,取孔颖达《正义》及诸书所引《释例》之文补之,校其讹谬,厘为四十七篇,仍分十五卷,以还其旧,吴莱后序亦并附焉。"(《四库提要》卷二六)

关于《春秋释例》的评价,刘文淇《致沈钦韩书》说:"至《春秋释例》一书,为杜氏臆说,更无论矣。"亦为偏颇之言。还是《四库提要》卷二六说得较为公允:"考预书虽有曲从左氏之失,而用心周密,后人无以复加,其例亦皆参考经文,得其体要,非《公》、《穀》二家穿凿日月者比。……《春秋》以《左传》为根本,《左传》以杜解为门径,《集解》又以是书为羽翼,缘是以求笔削之旨,亦可云考古之津梁,穷经之渊薮矣。"

第五节　本时期的史书注家

本时期是史书著述的兴盛发展时期,也是史注兴起的时期。注史一般说比注其他古籍更难,因为不仅有语言文字、名物、典制的训释问题,而且还涉及内容复杂的史实、史料的考辨和补遗。本时期的史注之作,主要集中于前四史:《史记》、《汉书》、《后汉书》、《三国志》,具体注家及书目在本章第一节"概述"中已经列举。本节着重介绍几个主要的史书注家。

一、《史记》注家徐广和裴骃

《史记》在汉、魏之世注本绝少,仅有后汉延笃《史记音义》一卷和佚名《史记章隐》五卷(见《史记索隐后序》),唐司马贞称"近代鲜有二家之本"(同上),可见流传极为稀少,以至《隋书·经籍志》不见著录。《史记索隐序》说:"逮至晋末,有中散大夫东莞徐广始考异同,作《音义》十三卷。宋外兵参军裴骃又取经传训释作《集解》,合为八十卷。虽粗见微意,而未穷讨论。南齐轻车录事邹诞生亦作《音义》三卷，音则微殊，义乃更略。尔后其学中废。"在这里提到的本时期三个《史记》注家中，以徐广、裴骃更为重要，而且先后相承，关系极为密切。

徐广（352—425），字野民，东莞姑幕（今山东诸城西北）人。生当东晋末、南朝宋初，卒年七十四岁。为徐邈之弟，有家学传统，百家数术无不研览。曾任秘书郎、员外散骑侍郎、祠部郎、员外散骑常侍、秘书监等职，领校书、著作，主修《晋纪》，并有《答礼问》行于当世。《晋书》卷八二、《宋书》卷五五、《南史》卷三三有传。在史注方面著有《史记音义》十三卷。关于《音义》的写作背景及体例，裴骃《史记集解序》所言甚明："考较此书（指《史记》），文句不同，有多有少，莫辩其实，而世之惑者，定彼从此，是非相贸，真伪舛杂。故中散大夫东莞徐广研核众本，为作《音义》，具列异同；兼述训解，粗有所发明，而殊恨省略。"可见徐广《音义》以校勘为主，兼作训释。徐书不传，就《史记集解》所引，从校勘、注释两方面分别略加阐述。

第一，具列异同，详于校勘。

详于校勘是《音义》的主要特点和价值所在。徐书以校异同为主，如《集解序》所说"具列异同"，《索隐后序》所说"唯记诸家本异同"。不轻改字，固然表现出作者的审慎，但绝少按断，又失之拘谨。不过因为徐书"研核众本"，参校的本子很多，从而保存了《史记》一书丰富的异文资料，给后人研究南北朝以前《史记》的版本情况和判断《史记》文字的正误提供了依据。分析徐校，有几点值得注意：

首先，从某些异文和校语可以略窥《史记》所据史料的来源及司马迁采摭时改字的情况。关于司马迁采摭史料的特点，在第二章司马迁专节已经谈及。徐校早在晋末已经接触到这个问题，例如：《史记·五帝本纪》"便章百姓"，《集解》引徐广曰（下同此，不一一注明）："下云'便章东作'，然则训平为便也。"按：便，《古文尚书》作"平"，《今文尚书》作"辩"，据徐此校，知司马迁据《古文尚书》，以训诂代本字，改"平"为"便"。又如同篇"居西土，曰昧谷"，徐广曰："一作'柳谷'。"按：伏胜《尚书大传》及《周礼·缝人》郑玄注引《尚书》皆作"柳谷"，可知司马迁所据为《古文尚书》，而作"柳谷"者，当为后人据《今文尚书》所改。再如同篇"黎民始饥"，徐广曰："《今文尚书》作'祖饥'。祖，始也。"又《周本纪》"黎民始饥"，徐广曰："《今文尚书》云'祖饥'，故此作'始饥'，祖，始也。"这里徐广认为司马迁据《今文尚书》，并以训诂字"始"代本字"祖"。

其次，从某些异文可以推知后人据原始史料或相关书籍回改《史记》的情况。《史记》取材于先秦古书而又有所改动者,后人往往据先秦古书回改《史记》;《汉书》与《史记》史料同源而文辞有异者,后人又往往据《汉书》回改《史记》。这两种情况均可从徐校中略见端倪,前者如:《郑世家》"公怒溉逐群公子",徐广曰:"(溉)一作'瑕'。"按:溉,本同"既",如《史记·五帝本纪》:"帝喾溉执中而遍天下",徐广曰:"古'既'字作'水'旁。"而《左传》宣公三年有"洩驾恶瑕(郑文公之子),文公亦恶之,故不立也。公逐群公子,公子兰奔晋"云云,徐广所注一本"溉"作"瑕"者,当为后人误读《史记》文作"公怒溉",然后据《左传》妄改。又,前面所举昧谷"一作'柳谷'",系据《今文尚书》回改《史记》,例同此。后者如:《屈原贾生列传》所载《服鸟赋》"庚子日施兮",徐广曰:"施,一作'斜'。"按:《索隐》:"施音移。施犹西斜也。《汉书》作'斜'也。"则徐广所注作"斜"之本,当是据《汉书·贾谊传》妄改之本。

再次,于古今字多加注明,这是本时期字指之学(已详本章概述)在校勘上的体现。例如:《五帝本纪》"帝喾溉执中而遍天下",徐广曰:"古'既'字作水旁。""能明驯德",徐广曰:"驯,古训字。"

最后,徐校中异文之本或存其正。例如:《殷本纪》"汤归至于泰卷陶",徐广曰:"一无此'陶'字。"按:无"陶"字是,泰卷即大坰,《索隐》云:"邹诞生'卷'作'坰',又作'泂',则卷当为'坰',与《尚书》同,非衍字也。其下'陶'字是衍耳。何以知然?解《尚书》者以大坰今定陶是也,旧本或旁记其地名,后人转写遂衍此字也。"再如:《陈涉世家》"褚先生曰",徐广曰:"一作'太史公'。"《集解》:"骃案:班固《奏事》云'太史迁取贾谊《过秦》上下篇以为《秦始皇本纪》、《陈涉世家》下赞文',然则言'褚先生'者,非也。"裴骃说极是,当以徐广所注另本为正。又,这里只说"贾谊《过秦》上下篇",亦为贾谊《过秦论》的原始面貌,下篇又分成中下两篇,乃后人割裂。《秦始皇本纪》:"秦并海内,兼诸侯,南面称帝"(按,此为《过秦论》中篇开头),徐广曰:"一本有此篇,无前者'秦孝公'已下(按,指《过秦论》上篇),而又以'秦并兼诸侯山东三十余郡'(按,此为《过秦论》下篇开头)继其末也。"这里所注的一本当为《史记》的正本,其《秦始皇本纪》只载《过秦论》下篇,而不涉上篇内容,上篇只载入《陈涉世家》,这正合班固《奏事》所云《史记》的本子。

第二,兼作注释,但较简略。

徐广《音义》详于校而略于注。其注包括音和义,而音尤为省略。训释的内容包括人物、地理、年代、名物、典制、训诂等方面,援据书籍亦较多,如《周书》、《外传》(《国语》)、《墨子》、《尸子》、《随巢子》、《汉书》、谯周《古史考》、皇甫谧《帝王世纪》等等,其中不少书已佚。徐广释字多明假借,例如:

《五帝本纪》:"荐绅先生难言之",徐广曰:"荐绅即缙绅也,古字假借。"《周本纪》:"如豺如离",徐广曰:"此训与'螭'同。"但也偶有以同义异音为假借者,则不确,如《赵世家》:"郤冠秫绌",徐广曰:"《战国策》作'秫缝',绌亦缝绽之别名。秫者,綦针也。古字多假借,故作'秫绌'耳。此盖言其女功针缕之粗拙也。"对于某些不习见的义训,徐广能博观综考加以确定,例如:《五帝本纪》:"顾弟弗深考",徐广曰:"弟,但也。《史记》、《汉书》见此者非一。又左思《蜀都赋》曰'弟如滇池',而不详者多以为字误。学者安可不博观乎?"这里训"弟"为"但",甚是。然"顾"亦"但"义,与"弟"义复,疑"弟"为衍文,系旁注"顾"义之字而误入正文。所以"弟"虽非误字,但或为衍文,在校勘上似仍须考究。

裴骃,字龙驹,闻喜(今山西闻喜)人。为南朝宋时史注家裴松之之子,官至南中郎参军,事迹附见《宋书》卷六四、《南史》卷三三《裴松之传》。著有《史记集解》,以徐广《史记音义》为基础增演而成,序云:"聊以愚管,增演徐氏。采经传百家并先儒之说,豫是有益,悉皆抄内。删其游辞,取其要实,或义在可疑,则数家兼列。《汉书音义》称'臣瓒'者,莫知氏姓,今直云'瓒曰'。又都无姓名者,但云'汉书音义'。时见微意,有所裨补。譬嘒星之继朝阳,飞尘之集毕岳。以徐为本,号曰《集解》。未详则阙,弗敢臆说。人心不同,闻见异辞,班氏所谓'疏略抵捂'者,依违不悉辩也。"裴骃《史记集解》是一本集大成的划时代的《史记》注本,为现存《史记》三家注之一,其继往开来,价值甚高。根据自序并综考全书,《集解》的特点有以下几方面:

第一,以徐广《音义》为本,并多有订补。

裴骃作《集解》以徐广《音义》为基础,保存了徐广的大量成果,徐书不传,赖《集解》可以窥其涯略。徐广《音义》以校勘为主,成果极富,《集解》采用极多,并多有补充、案断,例如:《五帝本纪》:"居郁夷",《集解》:"《尚书》作'嵎夷'。孔安国曰:'东表之地称嵎夷。'"郁夷,徐广无校,裴骃校以《尚书》,并引伪孔传为注。徐书"兼述训解",但裴骃谓其"粗有所发明,而殊恨省略"(《集解序》),故于义训尤多订补。有的补徐书所无,有的补徐书所略,有的标新立异,有的匡谬正误。各有其例,兹不详举。

第二,引证丰富,多存佚书遗说。

裴骃作《史记集解》,援据广博,其自序云:"采经传百家并先儒之说",此外还提及《汉书音义》等《汉书》之注。张守节《史记正义·论注例》于裴骃所引据曾有概述:"《史记》文与《古文尚书》同者,则取孔安国注。若与伏生《尚书》同者,则用郑玄、王肃、马融所释。与《三传》同者,取杜元凯、服虔、何休、贾逵、范宁等注。与《三礼》、《论语》、《孝经》同者,则取郑玄、马融、王肃之注。与《韩诗》同者,则取毛《传》、郑《笺》等释。与《周易》同者,则依王氏之注。与诸子诸史杂书及先儒解释善者,而裴骃并引为注。又徐中散作音训,校集诸本异同,或义理可通者,称'一本云'、'又一本云',自是别记异文,裴氏亦引之为注。"但尚有未尽,《四库提要》卷四五说:"张守节《正义》尝备述所引书目次,然如《国语》多引虞翻注,《孟子》多引刘熙注,《韩诗》多引薛君注,而守节未著于目,知当日援据浩博,守节不能遍数也。"这里虽有所补充,但仍为举例性质,远未穷尽,仅就注家而论,尚有韦昭《国语》注、宋忠纬书注、宋衷《世本》注、《史记音隐》等。裴骃所引后世已佚之书也很多,故此书亦为辑佚之渊薮。

第三,对于传闻异辞或司马迁篡改之史料,略而不辩。

在第二章司马迁专节中,已经讲过司马迁写《史记》处理原始史料的一些特点,其中有据信传闻异辞的情况,也有司马迁主观臆改的情况,注明这些情况,是校注《史记》所不应回避的一个问题。徐广《史记音义》从校勘角度已接触到一些问题,裴骃所引徐校中也保存了这方面的一些材料,但裴骃的宗旨是略而不辩,正如自序所说:"人心不同,闻见异辞,班氏所谓'疏略抵牾'者,依违不悉辩也。"所以在这方面留下很大的徐地,使司马贞得以在《史记索隐》中有所开拓。

《集解》前后部分详略不平衡,王鸣盛《十七史商榷》卷一"裴注下半部简略条"指出:"裴注上半部颇有可观,其下半部则简略,甚至连数纸不注一字","大约自战国以前关涉经传者,尚属用心,一入汉事,便无足取","世家自陈涉以下,列传自张耳、陈馀以下,裴于徐广旧注外,但袭取服虔《汉书注》、晋灼、臣瓒及蔡谟《汉书音义》,裴所自为者十无一二。"

《史记集解》与后来唐代的司马贞《史记索隐》和张守节《史记正义》合称《史记》三家注,自宋合刻为一书,散三家注于正文之下。裴骃《史记集解》原本八十卷,汲古阁翻刻北宋单行本时,依《史记》篇数析为一百三十卷。单行本今仍有流传。

二、《汉书》注家

《汉书》注家,本时期很多,并且可以上溯到东汉末,比《史记》注家的产生年代要早得多。他们的书皆未传下来,从颜师古的《汉书注》中可以考其大略。颜师古《汉书叙例》所列诸家有荀悦、服虔、应劭、伏俨、刘德、郑氏、李斐、李奇、邓展、文颖、张揖、苏林、张晏、如淳、孟康、项昭、韦昭、晋灼、刘宝、臣瓒、郭璞、蔡谟、崔浩。

其中除荀悦据《汉书》撰《汉纪》、崔浩注《汉纪》(《新唐书·艺文志》著录崔浩《汉书音义》二卷,可疑)之外,其他皆为《汉书》的直接注家。从各书体例来看,可划分为两个阶段:东汉末、三国时多为单注,晋时出现集注。另据《隋书·经籍志》著录,南北朝时有齐陆澄《汉书注》一卷,梁刘显《汉书音》二卷,夏侯咏《汉书音》二卷,萧该《汉书音义》十二卷,包恺等《汉书音》十二卷,韦稜《汉书续训》三卷,陈姚察《汉书训纂》三十卷、《汉书集解》一卷、《定汉书疑》一卷。另《汉疏》下注云:"刘孝标注《汉书》一百四十卷,陆澄注《汉书》一百二卷,梁元帝注《汉书》一百一十五卷,并亡。"这些书不传,又不见引于颜师古注,其详不得而知。据《史通·补注》将陆澄《汉书注》划入裴松之《三国志注》、刘孝标《世说新语注》同类,可以推想,或亦撰异补阙之属。下面就颜师古注中所见,并稽考其书流传情况,分单注、集注两个阶段介绍一些重要注家。

东汉末、三国时《汉书》单注甚多,正如《汉书叙例》说:"《汉书》旧无注解,唯服虔、应劭等各为音义,自别施行。"单注各家,风格质量或有参差,其中影响较大的有服虔、应劭、文颖、苏林、张晏、如淳、孟康等。

服虔,字子慎,荥阳人,后汉尚书侍郎,高平令,九江太守。服虔之书注音释义兼重(《隋书·经籍志》、《新唐书·艺文志》著录《汉书音训》一卷),其说固不无可取之处,但失误较多,后人多正之,例如《魏豹田儋韩〔王〕信传》"上(刘邦)遂至平城,上白登",关于白登,服虔曰:"台名,去平城七里。"如淳曰:"平城旁之高地,若丘陵也。"师古曰:"在平城东山上,去平城十馀里,今其处犹存。服说非也。"如淳、师古说皆有实据,可见服为臆说。又如《李广苏建传》:"全躯保妻子之臣随而媒蘗其短",服虔曰:"媒音某,谓诋欺也。"此亦为臆说。孟康曰:"媒,酒教(酵);蘗,麹也。谓酿成其罪也。"师古曰:"孟说是也。齐人名麹饼曰媒。"

应劭,字仲瑗(或曰仲援,仲远),汝南南顿人,后汉萧令、御史营令,泰山太守。《后汉书》传称"凡为《驳仪》三十篇",为驳辨狱刑之作;"又删定律令为《汉仪》",为考古酌今礼制之作,其中尤详"赏刑";又考前汉旧章书记,"缀集所闻,著《汉官礼仪故事》,凡朝廷制度,百官典式,多劭所立"。由此可知应劭谙熟汉代律令典制。传又称"初,父奉为司隶时,并下诸官府郡国,各上前人像赞,劭乃连缀其名,录为《状人纪》。又论当时行事,著《中汉辑序》。撰《风俗通》,以辩物类名号,释时俗嫌疑。文虽不典,后世服其洽闻",可知应劭又熟悉汉代人物、名物、时俗。这样的知识结构决定了他注《汉书》必然长于考据而疏于训诂,而师古注所引,确实证明了这一特点。应劭《汉书》注,书名不详,《后汉书》本传只称"又集解《汉书》"。《隋书·经籍志》著录应劭《汉书集解音义》二十四卷,有疑。《汉书叙例》谓王俭《七志》、阮孝绪《七录》误题臣瓒《汉书集解音义》二十四卷为应劭等撰。《隋志》多承《七录》之文,此正沿其误。据师古注所引,应劭释义不多。注音绝无。其注虽长于人物、名物、典制、事实、地理等方面的考据,但失误之处亦复不少。总的看来,较服虔的成就为高。其精确之处,如《诸侯王表》:"汉诸侯王厥角稽首,奉上玺韨",应劭曰:"厥者,顿也(厥借为蹷)。角,额角也。稽首,首至地也。言王莽渐渍威福日久,亦值汉之单弱,王侯见莽篡弑,莫敢怨望,皆顿角稽首至地而上其玺绶也。"此说甚是,远胜赵岐注《孟子·尽心》"若崩厥角稽首"云:"百姓归周,若崩厥角犀至地。"其后晋灼曰:"厥犹竖也,叩头则额角竖",则牵强附会,转明为晦。应劭也很注意避讳改字所造成的同实异名,多所指明。

其注疏误者亦不少,例如《景帝纪》"三辅举不如法令者",应劭曰:"京兆尹、左冯翊、右扶风共治长安城中,是为三辅。"师古曰:"时未有京兆、冯翊、扶风之名(按武帝时始置)。此三辅者,谓主爵中尉及左右内史也。应说失之。"更有甚者,误识书字,望文生义,妄加穿凿,如《薛宣朱博传》:"设酒肴,请邻里,壹尖相乐",应劭曰:"以壶矢相乐。"晋灼曰:"书篆形'壹尖'字象'壶矢',因曰壶矢。此说非也。"师古曰:"晋说是也。壹尖,谓一为欢尖也。尖,古笑字也。"

文颖,字叔良,南阳人,后汉末荆州从事,魏建安中为甘陵府丞。文颖之书不见著录,兼注音义。其得者如:《元帝纪》:"复太上皇寝庙园、原庙",文颖曰:"高祖已自有庙,在长安城中,惠帝更于渭北作庙,谓之原庙。《尔雅》曰原者再,再作庙也。"晋灼曰:"原,本也。始祖之庙,故曰本也。"师古曰:"文说是。"文颖之说,训诂考据兼备,确凿无疑。但也有一味标新立异穿凿为说者,如《高帝纪》"瑕丘申阳下河南",服虔曰:"瑕丘,县名。申,姓;阳,名也。"此说为是。而文颖则曰:"姓瑕丘,字申阳。"与服异,实为附会之辞,臣瓒曾指其非:"《项羽传》瑕公申阳,是瑕丘县公也。"其他误说仍不少。

苏林，字孝友，陈留外黄人，魏时累官至太中大夫，迁博士，封安成亭侯。精通小学，《三国志·魏书·刘劭传》注引《魏略》曰："林字孝友，博学，多通古今字指，凡诸书传文间危疑，林皆释之。……文帝作《典论》所称苏林是也。"其注《汉书》，音义兼顾，尤详于注音，立说瑕瑜共见。他虽然"多通古今字指"，但注中却不留意古今字之辨。其书不见著录，在师古注之前，裴松之《三国志注》已偶见引用。

张晏，字子博，中山人。其书亦不见著录，师古注引用较多。其注偏重释事解义，而略于注音。通晓名物、制度、律令及天文、阴阳，而疏于训诂。例如《汉书·郊祀志》"通權（权）火"，张晏曰："权火，烽火也，状若井絜皋（桔槔）矣。其法类称（秤），故谓之权火。欲令光明远照，通于祀所也。汉祀五畤于雍，五十里一烽火。"如淳曰："权，举也。"张晏此注颇有代表性，他解释权火工具之形状及祭祀用烽火之制度，十分精当，但释"权"字之义却望文生训，穿凿为说。实际"權（权）"乃"爟"之借字，《史记·封禅书》"通權（权）火"，《索隐》所注另说：權（权）"一音爟，《周礼》有司爟"，按《说文》："举火为爟"，故權（权）应读为爟。

如淳，冯翊人，魏陈郡丞。其书著录于荀勖《晋中经簿》（已佚），《广韵》"如"字下曰："《晋中经簿》：魏有陈郡丞冯翊如淳注《汉书》。"师古注引用甚多（裴骃《史记集解》中早已引及）。如淳注训诂考据兼重，留意注音释义，辨古今字，尤其注重读破假借字，如《礼乐志·天门歌》"佻正嘉吉弘以昌"，如淳曰："佻读曰肇。肇，始也。"其考据征引汉代律令、军法、《汉官》、《汉注》等文献为多，解说是非兼有。其是者，如《项籍传》"梁渡淮，英布、蒲将军亦以其兵属焉"，服虔曰："英布起于蒲地，因以为号也。"此说误。如淳曰："《史记·项羽纪》言当阳君、蒲将军皆属项羽，此自（原作"自比"，据二十四史校点本改）更有蒲将军也。"此说有据。其误者，如《昭帝纪》"帝加元服"，如淳曰："元服，谓初冠加上服也。"师古曰："如氏以为衣服之服，此说非也。元，首也。冠者，首之所著，故曰元服。其下《汲黯传序》云'上正元服'，是知谓冠为元服。"

孟康，字公休，安平广宗人，魏时累官至散骑侍郎、中书令，封广陵亭侯。《隋书·经籍志》中《汉书》一书下注云："梁有《汉书》孟康音九卷"，是说梁时传有孟康《汉书音》九卷，南北朝时音义之作或单称音，此即《新唐书·艺文志》所著录之孟康《汉书音义》九卷。孟康通小学及天文、阴阳，其注在音义、考据方面都有较高的成就。孟注颇注意辨古今字，如《高帝纪》"已而有娠"，应劭曰："娠，动，怀任（妊）之意。《左传》曰'邑姜方娠'。"其实在这里"娠"与"身"通，有身为娠，娠字单独不作怀妊解。故孟康曰："娠音身，《汉史》（即《汉书》）身多作娠，古今字也。"师古曰："孟说是也。《汉书》皆以娠为任（妊）身字。"在训诂、名物、典制等方面，孟注有不少精当之见，如前举孟康正服虔注"媒蘖"之媒的误说，就是一个很好的例子。又如《高帝纪》"令萧公角击彭越"，苏林曰："萧公，官号也。"孟康曰："萧令也，时令皆称公。"师古曰："孟说是也。"其精天文、阴阳，详《眭两夏侯京翼李传》师古注所引。但孟注也有一些望文生义或凭臆解说之处，如《李广传》"而广身自以大黄射其裨将"，服虔注大黄曰："黄肩弩也。"黄肩为一种弩的名称，服说是。而孟康却说："太公陷坚却敌，以大黄参连弩也。"大谬。总的看来，孟康《汉书音义》瑕不掩瑜，在本时期《汉书》单注诸家中，也堪称是出类拔萃者。

下面介绍晋朝的集注注家。

晋灼，河南人，晋尚书郎。晋灼是第一个《汉书》集注注家，《汉书叙例》说："《汉书》旧无注解，唯服虔、应劭等各为音义，自别施行。至典午中朝，爰有晋灼，集为一部，凡十四卷。又颇以意增益，时辩前人当否，号曰《汉书集注》。属永嘉丧乱，金行播迁，此书虽存，不至江左。是以爰自东晋迄于梁、陈，南方学者皆弗之见。"其书《隋书·经籍志》著录十三卷；《新唐书·艺文志》著录十四卷，另有《汉书音义》十七卷。晋灼通小学，善考据，其书徵引文献广泛，又集诸家之说，判断是非，博采众长，并下己意，故成就颇高，实为颜师古之前《汉书》注承上启下的一部划时代的著作。主要特点有以下几方面：

第一，对于文字，注意辨体以释义，多注明古字，如：《刑法志》"是犹以鞿而御駻突"，晋灼曰："鞿，古羁字也。"《灌夫传》"戏夫"，晋灼曰："戏，古麾字也。"《鲍宣传》"男女遮迣"，晋灼曰："迣，古列（同迾）字。"也偶有注明今字者，与他家不同，如《扬雄传》"旁则三摹九据"，晋灼曰："据，今據字也。據犹位也，处也。"又前举应劭据形误之文妄解"壶矢"，经晋灼驳正，也说明晋氏精文字形体之学。

第二，在训诂、名物方面有不少精当之见。训诂如《高帝纪》"始大人常以臣亡赖"，应劭曰："赖者，恃也。"晋灼不以为然，曰："许慎曰：'赖，利也'，无利入于家也。或曰江、淮之间谓小儿多诈狡狯为亡赖。"师古曰："晋说是也。"按,晋灼这里据《说文》为解,所存或说亦以方言语义为据,均非无本之言。释名物如《武五子传》"冠惠文冠",苏林曰:"治狱法冠也。"孟康曰:"今侍中所著也。"服虔曰:"武冠也,或曰赵惠文王所服,故曰惠文。"晋灼曰:"柱后惠文,法冠也。但言惠文,侍中冠。孟说是也。"晋灼所辨释,甚是。

第三,多列众说,精下案断。这一点体现了晋灼书作为集解的特色。如《田蚡传》"学《盘盂》诸书",应劭曰:"黄帝史孔甲所作也,凡二十九篇,书盘盂中,所以为法戒也。诸书,诸子之书也。"孟康曰:"孔甲《盘盂》二十六篇,杂家书,兼儒墨名法者也。"晋灼曰:"案《艺文志》,孟说是也。"师古于此所列三家之说,显系晋灼书原文,晋灼先列应、孟二家之说,然后按《艺文志》所著录断孟说为是。类似的例子还可以举出很多。晋灼书的这一特点,为颜师古所承袭。

当然晋注也有误处,如《枚乘传》"不如海陵之仓",晋灼曰:"海陵,海中山为仓也。"此为望文生义。臣瓒曰:"海陵,县名也,有吴大仓。"又如《王莽传》"故是日天复决以勉书",孟康曰:"哀帝所作策书也。言数有瑞应,莽自谦居摄,天复决其疑,劝勉令为真也。"晋灼曰:"勉字当为龟。是日自复有龟书及天下金匮图策事也。"师古曰:"孟说是。"按,晋灼轻易改字为训,非是。

臣瓒,姓氏不详,《汉书叙例》说:"有臣瓒者,莫知氏族,考其时代,亦在晋初,又总集诸家音义,稍以己之所见,续厕其末,举驳前说,喜引《竹书》,自谓甄明,非无差爽,凡二十四卷,分为两帙。今之《集解音义》是其书,而后人见者不知臣瓒所作,乃谓之应劭等《集解》。王氏《七志》,阮氏《七录》,并题云然,斯不审耳。学者又斟酌瓒姓,附著安施,或云傅族,既无明文,未足取信。"可知瓒与晋灼同时,两人之书体例相同,是否有承袭关系,已无从考知。瓒说精当之处很多,如《高帝纪》"以……吕臣为司徒,其父吕青为令尹",应劭曰:"天子曰师尹,诸侯曰令尹。时去六国未远,故置令尹。"此说未确,臣瓒正之曰:"诸侯之卿,唯楚称令尹,其馀国称相。时立楚之后,故置官司皆如楚旧也。"师古曰:"瓒说得之。"但《汉书叙例》说其解"非无差爽",也是事实。如《五行志》"秦连相坐之法,弃灰于道者黥",孟康曰:"商鞅为政,以弃灰于道必坋人,坋人必斗,故设黥刑以绝其原也。"此说为是。而臣瓒曰:"弃灰或有火,火则燔庐舍,故刑之也。"则附会为说。全面比较起来,臣瓒的成就也不如晋灼为高。师古作《汉书》注,得益于晋、瓒二家匪浅,其书借阶于晋、瓒《集解》之作,尤以晋灼为主,这一点是非常明显的。

臣瓒之后又有蔡谟,蔡氏只是变乱臣瓒之书,并无开创。《汉书叙例》

说:"蔡谟全取臣瓒一部散入《汉书》,自此以来始有注本。但意浮功浅,不加隐括,属辑乖舛,错乱实多,或乃离析本文,隔其辞句,穿凿妄起,职此之由,与未注之前大不同矣。谟亦有两三处错意,然于学者竟无弘益。"

三、史料补辑注家裴松之、刘昭、刘孝标、郦道元

前面讲的《史记》、《汉书》注家,共同特点是以训诂、考据为主,基本上承袭了经注的传统。他们虽然也在注中广征博引原始史料,但仍以注义释事为主,其意并不在广罗异闻,拾遗补阙。而宋裴松之的《三国志注》、梁刘昭的《后汉书注》、刘孝标的《世说新语注》以及北魏郦道元的《水经注》等,则引史注史,以搜罗异闻,广徵博考,补充阙略为目的。他们的著作构成新的史注体例,唐刘知几《史通·补注》说:儒宗(经注)之后,"次有好事之子,思广异闻,而才短力微,不能自达,庶凭骥尾,千里绝群,遂乃掇众史之异辞,补前书之所阙。若裴松之《三国志》,陆澄、刘昭《两汉书》,刘彤《晋纪》,刘孝标《世说》之类是也"。其实这一体裁的创始,可以一直上溯到《左传》,只因《左传》附入经类,故后世于史书中不论。并且裴松之等人之书确有新特点,亦不能抹杀其开创之功。他们在注中提供的材料很重要,不仅数量大,有的价值甚至超过本文,故一向为辑佚家、考史家所重。

裴松之(372—451),字世期,河东闻喜(今山西闻喜)人。少时通《论语》、《毛诗》,后博览群书,学识深广。东晋末曾任员外散骑侍郎、吴兴故鄣县令、尚书祠部郎等职。入南朝宋后,曾任零陵内史、国子博士、中书侍郎、司冀二州大中正、永嘉太守、南琅邪太守等职。他是南朝宋时的著名史学家,著有《晋纪》及《三国志注》,而以后者影响为大,并流传至今。《宋书》有传。

关于《三国志注》的编著缘由和情况,《宋书·裴松之传》说:"上(指宋文帝刘义隆)使注陈寿《三国志》,松之鸠集传记,增广异闻,既成,奏上。上善之,曰:'此为不朽矣。'"裴松之《上三国志注表》所言更详:"臣前被诏,使采三国异同以注陈寿《国志》。寿书铨叙可观,事多审正,诚游览之苑囿,近世之嘉史。然失在于略,时有所脱漏。臣奉旨寻详,务在周悉。上搜旧闻,傍摭遗逸。按三国虽历年不远,而事关汉、晋。首尾所涉,出入百载。注记纷错,每多舛互。其寿所不载,事宜存录者,则罔不毕取以补其阙。或同说一事而辞有乖杂,或出事本异疑不能判,并皆抄内(纳)以备异闻。若乃纰缪显然,言不附理,则随违矫正,以惩其妄。其时事当否及寿之小失,颇以愚意有所论辩。自就撰集,已垂期月。写校始讫,谨封上呈。……元嘉六年七月二

十四,中书侍郎西乡侯臣裴松之上。"由此可知,裴氏注《三国志》是奉宋文帝之诏而为,先后历时整整一年(所谓"已垂期月"),书成呈上之日为元嘉六年七月二十四日(公元 429 年 9 月 8 日)。关于注释体例,上表所言非常明确:第一,补阙;第二,存异,包括两方面,或同一史事的传闻异辞,或史事有异疑似难判;第三,惩妄,包括对伪事妄说的考辨;第四,评论,涉及史事人物本身和陈寿《三国志》的失误。现根据裴注的实际情况,参考其书体例及古籍整理的几个环节,分别从以下几个方面作一些论述。

(一)补阙、存异

这是《三国志注》的主要特点。西晋初年陈寿撰《三国志》所据史料有限,当时关于魏、吴两国的史书,仅有属于官修的王沈《魏书》和韦昭《吴书》,属于私修的鱼豢《魏略》,可资借鉴;而尚无蜀国的史书,只能全靠他自己采集史料编写。因此《三国志》难免有疏略之处。经过百馀年后,裴松之作《三国志注》,可资参考的材料就多得多了。当时关于三国以及前后与之交接的后汉、西晋史书、文集等资料大量增加,给裴氏广徵博引提供了客观条件。裴注引书,或补阙以求详,如《傅嘏传》嘏对伐吴之策下注所云"司马彪《战略》载嘏此对,详于本传,今悉载之以尽其意";或存异以备考,如《上三国志注表》所云"缀事以众色成文,蜜蜂以兼采为味"。其徵引甚富,史书如谢承《后汉书》,司马彪《续汉书》、《九州春秋》、《战略》、《序传》,华峤《后汉书》(当作《汉后书》,见《史通·古今正史》)、《谱叙》,袁宏《后汉纪》,张璠《后汉纪》,袁晔《献帝春秋》,孙盛《魏氏春秋》、《魏世谱》、《晋阳秋》、《蜀世谱》、《异同评》,孔衍《汉魏春秋》、鱼豢《典略》(《三国典略》)、《魏略》,刘艾《灵帝纪》,佚名《汉献帝起居注》,乐资《山阳公载记》,王粲《汉末英雄记》,阴澹《魏纪》,皇甫谧《帝王世纪》、《列女传》、《高士传》、《逸士传》,环济《吴纪》,张勃《吴录》,胡冲《吴历》,谯周《蜀本纪》,王隐《蜀记》、《晋书》,郭颁《魏晋世语》,佚名《魏武故事》、《魏末传》,常璩《华阳国志》,习凿齿《汉晋春秋》,虞预《晋书》,干宝《晋纪》、《搜神记》,傅畅《晋诸公赞》、《裴氏家记》,陈寿《益部耆旧传》,张方《楚国先贤传》,周斐《汝南先贤传》,苏林《陈留耆旧传》,虞豫《会稽典录》,虞溥《江表传》,司马彪《零陵先贤传》,荀绰《冀州记》,以及诸氏族谱、诸人别传、家传等等;文集如《张超集》、《帝集》(《曹髦集》)、《王朗集》、《嵇康集》、《诸葛亮集》、《金谷集》、《傅咸集》、《潘岳集》等等。此外还引及经传、诸子。总计引用魏、晋人著作多至二百一十馀种,致使注文超过陈寿本书文字数倍。由于裴注所引绝大部分书籍今已失传,并且引文具有通篇或段落的首尾完整性,因此它不仅保存了大量的珍贵史料,还为古书辑佚提供了丰富的源泉和可靠的依据。

当然裴氏也有由于喜好猎奇，采摭失当之处，如《四库提要》说："其中往往嗜奇爱博，颇伤芜杂。"

（二）考辨、评论

重视史实或史料的考辨以及关于历史人物或历史事件的评论，是《三国志注》的第二个特点，并且是与第一点紧密相关的。

考辨在史实方面包括事件、人物、地理、名物、制度等内容，在史料方面既涉《三国志》本文，又涉及注中所引诸书文字。例如：

> 《魏书·文帝纪》：黄初元年"十二月，初营洛阳宫，戊午幸洛阳。"裴注："臣松之案：诸书记是时帝居北宫，以建始殿朝群臣，门曰承明，陈思王植诗曰：'谒帝承明庐'是也。至明帝时，始于汉南宫崇德殿处起太极、昭阳诸殿。"

按，此为考史实，以诸书记载为根据。

> 《魏书·明帝纪》：景初三年春正月丁亥，"帝崩于嘉福殿，时年三十六。"裴注："臣松之案：魏武以建安九年八月定邺，文帝始纳甄后，明帝应以十年生，计至此年正月，整三十四年耳。时改正朔，以故年十二月为今年正月，可强名三十五年，不得三十六也。"

按，此考魏明帝卒年，辨《三国志》记载之误。

> 《吴书·鲁肃传》：刘表死，鲁肃进说孙权联刘备共拒曹操，"权即遣肃行。……至南郡，而表子琮已降曹公，备惶遽奔走，欲南渡江。肃径迎之，到当阳长阪，与备会，宣腾权旨，及陈江东强固，劝备与权并力，备甚欢悦。时诸葛亮与备相随，肃谓亮曰'我子瑜友也'，即共定交。备遂到夏口，遣亮使权，肃亦反命。"裴注："臣松之案：刘备与权并力，共拒中国，皆肃之本谋。又语诸葛亮曰'我子瑜友也'，则亮已亟闻肃言矣。而《蜀书·亮传》曰：'亮以连横之略说权，权乃大喜。'如似此计始出于亮。若二国史官，各记所闻，竞欲称扬本国容美，各取其功。今此二书，同出一人，而舛互若此，非载述之体也。"

按，此考《三国志》记事之抵牾。

从以上的例子可以看出，裴注中的考辨比较谨严，很有价值。

评论涉及事件或人物，亦兼文体及笔法，在裴注中随处可见，例如：

> 《吴书·吴主传》："评曰：……至于谗说殄行，胤嗣废毙，岂所谓贻

厥孙以燕翼子者哉？其后叶陵迟，遂致覆国，未必不由此也。"裴注："臣松之以为孙权横废无罪之子，虽为兆乱，然国之倾覆，自由暴皓。若权不废和，皓为世适，终至灭亡，有何异哉？此则丧国由于昏虐，不在于废黜也。设使亮保国祚，休不早死，则皓不得立。皓不得立，则吴不亡矣。"

按，此评吴亡之由，与《三国志》原评持异议。

总的看来，裴氏之评虽不无精见，但失之空泛，价值远不如其考辨部分。

（三）音义

注音释义不是裴注的重点，故较疏略。其注音或夹注于本字之下，或注于句末，反切与直音兼用。其释义或引用他说，或直下己意，皆持之有故。有时亦存异说，案而不断，以示审慎。值得注意的是裴氏不仅为《三国志》本文注音释义，有时还为注中引文加注。兹举数例，以见裴注音义之一斑：

《武帝纪》："作玄武池以肄舟师"，裴注："肄，以四反。《三苍》云：'肄，习也。'"

《文帝纪》："顷者西域外夷并款塞内附"，裴注："应劭《汉书注》曰：'款，叩也。'皆叩塞门来服从。"

《魏书·和洽传》："昏世之主，不可黩近，久而阽危"，裴注："臣松之案《汉书·文纪》曰'阽于死亡'，《食货志》曰'阽危若是'，注曰（指如淳注）：'阽音盐，如屋檐，近边欲堕之意也。'一曰'临危曰阽'。"

按，此首引《汉书》，以如淳注为解；次又存另说，当出《楚辞·离骚》"阽余身而危死兮"句王逸注："阽犹危也，或云：阽，近也，言已尽忠，近于危殆。"

《蜀书·李恢传》："遂以恢为庲降都督，使持节领交州刺史，住平夷县。"裴注："臣松之讯之蜀人，云庲降地名，去蜀二千余里，时未有宁州，号为南中，立此职以总摄之。晋泰始中，始分为宁州。"

按，此通过实际调查，注庲降为地名。

通过以上的例子可以看出，裴松之具有一定的语言文字水平和考据能力，他注音义多非无本之言。至于此类条目之疏略，缘于裴注宗旨（《上书表》所言甚明）"采三国异同以注陈寿《国志》"，重点并不在训诂名物，间或为之而已。

（四）校勘

校勘更不是裴注的重点，注释之中附带及之而已。或正讹误，或列异文，兼而有之。例如：

> 《魏书·崔琰传》"刚断英跱"，裴注："臣松之案：'跱'或作'特'，窃谓'英特'为是也。"

按，此为对校，并据词义断或本作"特"为是。

> 《蜀书·向朗传》："自去长史，优游无事垂三十年"，裴注："臣松之案：朗坐马谡免长史，则建兴六年中也。朗至延熙十六年卒，整二十年耳，此云'三十'，字之误也。"

按，此校据年推算，为理校之法，其说甚是。

> 《吴书·薛综传》："蜀者何也？有犬为獨，无犬为蜀，横目苟身，虫入其腹"，裴注："臣松之见诸书本'苟身'或作'句身'，以为既云'横目'，则宜曰'句（曲义，此同佝）身'。"

按，此据对校，以理为定。其实作"苟"本通，此纯为拆字游戏，"苟"字，头为"艹"，"句"为身。

裴氏校勘，是非兼有，可贵的是一律出校记，而不轻改，较为审慎。

刘昭，生卒年不详，字宣卿，梁高唐（今山东禹城西南）人。曾任临川王萧宏的记室和通直郎，官至剡令。《梁书·刘昭传》称"昭又集后汉同异，以注范书"。《隋书·经籍志》著录《后汉书》一百二十五卷，注曰："范晔本，梁剡令刘昭注。"刘昭所注《后汉书》，包括所补司马彪《续汉书》八志在内。范晔书只有纪传，而无志，但水平超过其他后汉史之作，故刘昭取以为注，同时把司马彪《续汉书》中的《律历》、《礼仪》、《祭祀》、《天文》、《五行》、《郡国》、《百官》、《舆服》等八志加注补于范书之后，关于此，刘昭《后汉书注补志序》所言甚详。至唐，李贤等又注范书，刘昭所注范书遂渐佚亡，而其所补彪志及注，却被合编于李贤等所注范书一起流传下来。故现在我们只能看到刘昭关于彪书八志的注。

刘注的体例，基本承袭裴松之《三国志注》，同以补阙存异、广辑史料见长。其引书极富，遍涉经史子集，总计约二百种，其中佚书也不少。但是刘昭注也有与裴注不同之处，即裴注客观罗列材料的情况为多，而刘注则立足于考辨，引证的特点很突出，正如他自己所说："新注证发，臣刘昭采集。"（《郡国志》"以为郡国志"句下注）这可能是由于八志内容本身具有考证性所决定。例如：《礼仪志》"正月始耕……有司告事毕"数句中，刘昭分四处作注,引用《礼记·月令》及卢植注、贺循《藉田仪》《春秋传》及韦昭注、《左传》及杜注、薛综《二京赋注》、干宝《周礼注》、郑玄《周礼注》、《史记》引汉文帝诏、应劭《汉书注》及《风俗通》《汉书》臣瓒注、卫宏《汉旧仪》等以考藉田礼。又如"絜者,言阳气布畅,万物讫出,始契之矣"句下考民间除病之禊礼,引《风俗通》、蔡邕说、杜笃《祓禊赋》以证其详;并引后汉郭虞另说而驳其"虚诞"。再如《祭祀志》注,考《尚书·舜典》"肆类于上帝,禋于六宗,望于山川"中有关"六宗"之义,先列伏生、马融、欧阳伯和、夏侯建、孔安国、刘歆、贾逵、郑玄、司马绍统、张髦十家之说及范宁未定之说、虞喜"以占宗为祭地"之说("地有五色,太社象之,总五为一则成六,六为地数。推校经句,阙无地祭,则祭地。"),最后始下己见:"臣昭曰:六宗纷纭,众释互起,竟无全通,亦难偏折。历辨硕儒,终未挺正。康成见宗,是多附焉。……窃以为祭祀之敬,莫大天地,《虞典》首载,弥久弥盛,此宜学者各尽所求。臣昭谓虞喜以祭地,近得其实。而分彼五色,合五为六,又不通禋,更成疑昧。寻《虞书》所称'肆类于上帝',是祭天。天不言天而曰上帝,帝是天神之极,举帝则天神斯尽,日月星辰从可知也。'禋于六宗',是实祭地。地不言地而曰六宗,〔六〕是地数之中,举中足以该数,社稷等祀从可知也。天称神上,地表数中,仰观俯察,所以为异。宗者,崇尊之称,斯亦尽敬之谓也。禋也者,埋祭之言也,实瘗埋之异称,非周煙之祭也。夫置字涉神,必以今之示,今之示即古之神,所以社稷诸字,莫不以神为体。《虞书》不同,祀名斯隔。《周礼》改煙,音形两异。《虞书》改土(指土旁),正元祭义,此焉非疑,以为可了,岂六置宗更为傍祭乎?"由此可以看出,刘昭抉择有理,考证有据,紧扣《尚书·舜典》原文,立说周密。类似的例子很多,如《百官志》注考"太尉",考"均输",《舆服志》考"乘舆",等等。刘昭考证,有明确的指导思想,他主张孤证不信,实事求是。例如于《五行志》之六考日蚀:"《春秋潜潭巴》云:'甲子蚀,有兵敌强。'臣昭案:《春秋纬》六旬之蚀,各以甲子为说,此偏举一隅,未为通证,故于事验不尽相符。今依日例注,以广其候耳。"故其注水平很高,在考证方面胜过裴注。

刘孝标(462—521),名峻,以字行,南朝梁平原人。《梁书》有传。阮孝绪《七录序》载:"有梁之初……又于文德殿内别藏众书,使学士刘孝标等重加校进,乃分数术之文更为一部。"可见他精通古籍目录和校勘。著有《世说新语注》,今传。《隋书·经籍志》于《汉疏》一书下注去:"刘孝标注《汉书》一百四十卷",可疑。又撰有《类苑》一百二十卷,见《隋书·经籍志》及《旧唐书·经籍志》著录。

刘孝标的《世说新语注》，是一部史料补辑的力作。《世说新语》为南朝宋刘义庆撰，旧归入子部小说家。其书分三十六门，如"德行"、"言语"、"政事"、"文学"等等，上自后汉，下讫东晋，记载了不少历史人物的轶事琐语，虽带小说家言意味，但并非荒诞不稽之作，反映的社会内容、风土人情，非常广泛生动，可作为正史的补充，直视为记言记事的杂史亦无不可。刘孝标博赡的注文，与本书相得益彰，大大增加了它的史料价值。

刘注承袭《三国志》裴注的体例，补阙存异的主旨非常明显。其补阙者，如《世说新语·文学》："或问顾长康（恺之）：'君《筝赋》何如嵇康《琴赋》？'顾曰：'不赏者作。'后出相遗，深识者亦以高奇见贵。"刘孝标注："《中兴书》（何法盛《晋中兴书》）曰：'恺之博学，有才气，为人迟钝而自矜尚，为时所笑。'宋明帝《文章志》曰：'桓温云：顾长康体中痴黠各半，合而论之，正平平耳。世云有三绝：画绝、文绝、痴绝。'《续晋阳秋》曰：'恺之矜伐过实，诸年少因相称誉以为戏弄。为散骑常侍，与谢瞻连省，夜于月下长咏，自云得先贤风制。瞻每遥赞之。恺之得此，弥自力忘倦。瞻将眠，语槌脚人令代。恺之不觉有异，遂几申旦而后止。'"这里连引三条材料补释顾恺之的矜夸与痴黠。此为详载原文，也有文繁而概述者。其存异者，如同篇："袁宏始作《东征赋》，都不道陶公，胡奴（陶范）诱之狭室中，临以白刃，曰：'先公勋业如是，君作《东征赋》，云何相忽略？'宏窘蹙无计，便答：'我大道公，何以云无？因诵曰：精金百炼，在割能断，功则治人，职思靖乱。长沙之勋，为史所赞。'"刘注引《续晋阳秋》以记其异，并云："二说不同，故详载焉。"又如《伤逝》："王戎丧儿万子，山简往省之。王悲不自胜，简曰：'孩抱中物，何至于此？'王曰：'圣人忘情，最下不及情，情之所钟，正在我辈。'简服其言，更为之恸。"刘注："一说是王夷甫丧子，山简吊之。"

刘孝标博通群籍，著有《梁文德殿四部目录》四卷，见《隋书·经籍志》。《世说新语》注引书极为广博，其数量之多超过裴松之《三国志注》，两书所引书目互有参差。刘注引及之书遍涉经、史、子、集，还有不少佛经，以史部最为突出，其次是集部。在史部中纪传、编年、舆地、杂史等专著约计一百三十馀种，家传、别传约计七十馀种，氏族、世谱约计二十馀种，目录十馀种。至于单篇诗赋杂文，引用亦复不少。故刘孝标注对于考史、辑佚的价值，可与裴注匹比，正如《四库提要》卷一四〇论《世说新语》所说："所引诸书，今已佚其十之九，惟赖是注以传。故与裴松之《三国志注》、郦道元《水经注》、李善《文选注》，同为考证家所据焉。"

刘孝标注亦重考辨，《四库提要》谓"孝标所注，特为典赡，高似孙《纬略》

亟推之。其纠正义庆之纰缪,尤为精核"。如:《世说新语·言语》:"刘公干以失敬罹罪,文帝问曰:'卿何以不谨于文宪?'桢答曰:'臣诚庸短,亦由陛下纲目不疏。'"刘注:"《魏志》曰:'帝讳丕,字子桓,受汉禅。'按诸书或云:桢被刑魏武之世,建安二十年病亡,后七年文帝乃即位,而谓桢得罪黄初之时,谬矣。"又如《品藻》:"明帝问周侯(𫖮):'论者以卿比郗鉴,云何?'周曰:'陛下不须牵𫖮比。'"刘注:"按𫖮死弥年,明帝乃即位,《世说》此言妄矣。"以上或考事实,或据他书,以订《世说》之误,结论至确。此外,对于所引材料的记载异辞,也有加以考辨者。还有一些关于史实、制度、名物的专题考证也很精详,如《文学》"殷中军见佛经"条注关于"佛经之行于中国"始末的考证,"宣武集诸名胜讲《易》"条注关于易名、易道的考证等,都是比较突出的例子。

校勘不是刘孝标注的重点,偶有涉及,如:《德行》"陈元方子长文有英才"条"元方难为兄,季方难为弟"句,注云:"一作'元方难为弟,季方难为兄'。"如《雅量》"裴遐在周馥所"条中"直是暗当故也"一句,注曰:"一作'暗故当也',一作'真是斗将故也'。"又"桓宣武与郗超议芟夷朝臣"条中"郗不觉窃从帐中与宣武言"句,注曰:"帐,一作'帷'。"孝标注中释义更略,连于此方面疏忽已极的裴注亦不能相比。

总的看来,刘孝标《世说新语注》博赡精核,体例谨严,学风也比较笃实,于不明处多注"未详",以示阙疑。

郦道元(?—527),字善长,北魏范阳涿县(今河北涿县)人。历任御史中尉、荆州刺史、关右大使。雍州刺史萧宝夤反,郦道元被执遇害。传见《魏书》,称"道元好学,历览奇书,撰《水经注》四十卷"。今传四库馆臣据《永乐大典》辑本。

《水经》是我国较早的一部重要地理著作,旧题汉桑钦撰,作者有疑。据现传之书,《水经》原记我国河流水道共137条。郦道元注,增加到1250条,注文字数约为原书的20倍,与原书相得益彰,价值更高。

郦道元注《水经》,以增补考订为宗旨,其《水经序》说:"昔大禹记著《山海》,周而不备;《地理志》其所录,简而不周;《尚书》(《禹贡》)、《本纪》(《史记·禹本纪》)与《职方》(《周礼·职方氏》)俱略;都赋(汉、魏、晋诸家京都之赋)所述,裁不宣意;《水经》虽粗缀津绪,又阙旁通;所谓各言其志,而罕能备其宣导者矣。今寻图访赜者,极聆州域之说,而涉土游方者,寡能达其津照,纵仿佛前闻,不能不犹深屏营也。……窃以多暇,空倾岁月,辄述《水经》,布广前文。《大传》曰:'大川相间,小川相属,东归于海。'脉其枝流之吐纳,诊其沿路之所躔,访渎搜渠,缉而缀之;经有谬误者,考以附;正文所不载、非经水常源者,不在记注之限。但绵古芒昧,华戎代袭,郭邑空倾,川流戕改,殊名异目,世乃不同,川渠隐显,书图自负,或乱流而摄诡号,或直绝而生通称,枉渚交奇,洄湍决渡,躔络枝烦,条贯系夥,十二经通,尚或难言,轻流细漾,固难辩究。正可自献径见之心,备陈舆徒之说,其所不知,盖阙如也。所以撰证本经,附其枝要者,庶备忘误之私,求其寻省之易。"所谓"脉其枝流之吐纳,诊其沿路之所躔,访渎搜渠,缉而缀之"以及"附其枝要",即属于增补的内容。所补亦不限于"旁通"之支流,尚涉流经之地名,如《四库提要》所说:"经则统举都会,注则兼及繁碎地名。"所谓"经有谬误者,考以附正",以及关于"郭邑"、"川流"的变迁,"殊名异目"的本实,"诡号"、"通称"的来由等等的考证,即属考订的内容。《水经注》的这一宗旨,贯穿于全书,十分明显。

《水经注》徵引极富,其特点与刘昭《后汉书》八志注相似,立足于补述、考辨的需要,不客观罗列抄录,引文与注解行文溶融一体,其简短更胜过刘注。至于引书之多,不下于裴松之、刘昭、刘孝标三家,亦遍涉经、史、子、集,并且还较多地引及碑刻。其中引及经传、谶纬、小学约四十馀种,史书约一百四十馀种,子书约二十馀种,诗赋杂文作者约四十馀家,碑刻随处可见,在经部、小学书中,引谶纬较多,是一特点。另外还有不少佚书,如《乾凿度》、《京房易传》、《连山易》、《尚书大传》、郑玄《尚书注》、王肃《尚书注》、《韩诗》、《三仓》、周成《难字》、吕忱《字林》等。史部书引据最多,其中佚书尤多。其引诸家诗赋杂文,上下涉汉、魏、晋三朝,多出于文集,其集皆已不传。郦道元《水经注》颇留意记载寺庙冢墓,考碑录文,保存了不少珍贵的石刻资料。《水经注》引书体例,于作者或称名,或称字;于书名,或用全称,或用略称。即使同一人,同一书,亦往往前后不统一,须加留意。亦偶有误引,如卷二十五、二十六、三十二中有三处引应劭《十三州记》,作者当为黄义仲;卷三十一中引习凿齿《襄阳记》,作者当为郭仲产。

《水经注》以考辨见长,在考地理之实、辨资料之误两方面都留下了丰硕的成果,同时在考证上还总结出一些科学的方法,值得借鉴。

对于山名、水名和地名,郦道元注意循名责实,据实考名,以求名实合一,澄清名异实同或名同实异的混乱现象。

古代舆地,名异实同的情况非常多,形成的原因也比较复杂,对此郦注能够从地理考证和语言文字辨析两方面的结合上加以核实澄清,大致有以下几种情况:

第一,由于命名根据不同而造成歧异。例如《渠水注》:"《陈留风俗传》

曰：'(浚仪)县北有浚水，像而仪之，故曰浚仪。'余谓故汳沙为阴沟矣，浚之，故曰浚，其犹《春秋》之浚洙乎？汉氏之浚仪水无他也，皆变名矣。"这里郦氏认为汳沙水变名为阴沟，故道疏浚后又得新名"浚仪"，浚水又为浚仪水之略称。故"浚仪水"、"浚水"皆为古汳沙水之变名，而浚仪县又因水而得名，并不像《陈留风俗传》那样牵强附会地进行解释。此说甚是。又如《淄水注》："又有漕水注之，水出时水，东去临淄城十八里，所谓漕中也。俗以漕水为宿留水，西北入于时水，孟子去齐，三宿而后出漕，故世以此而变水名也。"亦为根据不同而变名。

第二，由于臆解译名或译音差变而生歧异。例如卷三《河水注》："河水又北，薄骨律镇城在河渚上，赫连果城也，桑果馀林，仍列洲上。但语出戎方，不究城名，访诸耆旧，咸言故老彦云：'赫连之世，有骏马死此，取马色以为邑号，故目城为白口骝，韵之谬，遂仍今称。'所未详也。"按薄骨律当为胡语地名之译音，而云本名白口骝，纯为附会音读，穿凿字义。郦氏存疑是有道理的。又"吐京郡治故城，即土军县之故城也，胡汉译言，音为讹变矣"。

第三，由于方言或古今语音变化而生差异。例如《沔水注》："(武当)县西北四十里，汉水中有洲名沧浪洲，庾仲雍《汉水记》谓之千龄洲，非也，是世俗语讹音与字变矣。"按此当为音变(增加介音 i,-ng 通为-n)而字异，并非音讹。又如《淯水注》："棘水自新野县东而南流入于淯水，谓之力口也。棘、力声相近，当为棘口也。又是方俗之音，故字从读变，若世以棘子木为力子木是也。"按此例与复辅音 gl-变单辅音的语音分化(或为 g-，或为 l-)有关。凡此语音对应变化，郦氏辨析甚多，但一律称之为讹音，不当。

第四，同音或近音别字而生差异。例如《湛水注》湛水，"俗谓之椹水"；《渠水注》世谓隙侯亭为郤城；《潍水注》犨水，"俗谓之秋水"；等等。

第五，形近误字而生差异。例如《济水注》虢亭，"亦谓之为号姚城，非也，盖'號''虢'字相类，字转失实也"；《巨洋水注》丹山，"世谓之凡山，……'丹''凡'字相类，音从字变也"；等等。

至于考辨名同实异的情况，例如《获水注》："获水又东历洪沟东注，南北各一沟，沟首对获，世谓之鸿沟，非也。《春秋·昭公八年》：秋，蒐于红。杜预曰'沛国萧县西有红亭'即《地理志》之逴县也，景帝三年封楚元王子富为侯国，王莽之所谓贡矣。盖沟名音同，非楚汉所分也。"按，鸿沟水实为荥阳之蒗荡水，见《蒗荡水注》。郦注还归纳出一种所谓"互受通称"的通例，亦属此种情况，例如《水经》："(泗水)又南过高平县西，洸水从西北来流注之"，注："所谓洸水者，洙水也，盖洸洙相入互受通称也。"又如《淄水注》："(淄水)

又东北径马井城北与时渑之水互受通称。"

此外，郦道元还善于利用名实不副的情况以考地理变迁，例如《瀢水注》："沐水又东径瀢阳城北……余按瀢阳城在瀢水南，然则此城正应为瀢阴城，而有瀢阳之名者，明在南犹有瀢水，故此城以阳为名矣。颍水之南有二渎，其南渎东南流，历临颍亭西，东南入汝，今无水也，疑即瀢水之故渎矣。"

郦注辨资料之误，以辨《水经》为主，亦兼及所涉他书。前者如《济水》："又东过彭城县北"，注："济水又南径彭城县故城东北隅，不东过也……盖经误证。"《灅水》："过广阳、蓟县北"，注："又东北径蓟县故城南，《魏土地记》曰：'蓟城南七里有清泉河'，而不径其北，盖经误证矣。"《比水》："泄水从南来注之"，注："应劭曰：'比水出比阳县东，入蔡。'经云：'泄水从南来注之'，然比阳无泄水，盖误引寿春之沘泄耳。余以延昌四年，蒙除东荆州刺史，州治比阳县故城，城南有蔡水，出南磐石山，故亦曰磐石川，西北流，注入比，非泄水也。"此以实地考察证《水经》之误。后者如《沭水注》："沭水左与箕山之水合，水东出诸县西箕山，刘澄之（《永初山川古今记》）以为许由之所隐也，更为巨谬矣。其水西南流，注于沭水也。"

郦道元所运用和总结的科学考证方法主要有以下几点：

第一，把文献、传闻与实地情况互相印证，把地理名称的语文辨析（包括音、义及文字字形）与地理考证结合起来，是郦道元考证的基本原则。前面所举的例子，有些已足以说明这一问题。又如他提出"脉水寻经"的方法，即考察实际水流的脉络，按寻《水经》的记述，例如《决水》："又北入于淮"，注："俗谓之浍口，非也，斯决灌之口矣。余往因公至于淮津，舟车所届，次于决水，访其民宰，与古名全违，脉水寻经，方知决口。盖灌浍声相伦（按，"灌"、"浍"同为见母，元月对转），习俗害真耳。"其实"浍"、"决"上古同音（见母，月韵），"浍"盖"决"之同音别字，并不一定从灌字上求。这里尽管具体解释小有疏忽，但仍不失为郦氏科学考证方法的典型例证。再如他反对"专以字说地"，即反对只注意地名的语文辨析而忽视地理考证，例如《赣水》："赣水出豫章南野县西北，过赣县东"，注："……雷次宗云：'似因此水为其地名（指赣县），虽十川均流，而此源最远，故独受名焉。'刘澄之曰：'县东南有章水，西有贡水，县治二水之间，二水合赣字，因以名县焉。'是为谬也，刘氏专以字说水而不知远，失其实矣。"

第二，把察今与考古结合起来。地理有沿有革，有时非考古不足以证今，由此郦氏总结出"考古推地"的方法。所谓考古，即考证历史旧貌；所谓推地，即推断地理方位，例如《渍水注》："渍水之南又有南就聚，《郡国志》所谓南阳宛县有南就聚者也。郭仲产言宛城南三十里有一城,甚卑小,相承名三公城,汉时邓禹等归乡饯离处也。盛弘之著《荆州记》,以为三公置。余按,淯水左右旧有二潋,所谓南潋北潋者,水侧之渍聚,在淯阳之东北,考古推地则近矣。"这里通过考证,知古时淯水有南北二潋(水边筑土增益之地);又通过推断,南就聚地居南潋,渍聚地居北潋,故渍聚或即三公城。

第三,无徵不信,多闻阙疑。

郦氏考证,无徵不信。首先,他认为耳传言谈不算实证,例如《庐江水注》考庐山因庐江而得名,在引《山海经》、王彪之《庐山赋》、孙放《庐山赋》、《开山图》诸说以为实证之后,又存耳传无稽之谈(因庐俗其人而得名),并加以批驳:"按《山海经》创之大禹,记录远矣,故《海内东经》曰:'庐江出三天子都,入江彭泽西',是曰庐江之名,山水相依,互举殊称,明不因匡俗始。正是好事君子,强引此类用成章句耳。"其次,他认为单文孤证难以全信,例如《涑水注》考郇城方位,引据《竹书纪年》、京相璠《春秋土地名》及乡俗之说,同意服虔"郇国在解县东"之说,否定杜预《春秋释地》"今解县西北有郇城"之说,认为服虔之说"贤于杜氏单文孤证矣"。再次,他认为对引据材料本身的可信程度,亦须辨析,分清高下,以决信疑。例如《渭水注》考郑县为郑桓公(友)之故邑,否定《汉书》薛瓒注怀疑之言云:"余按,迁《史记》考《春秋》、《国语》、《世本》,言周宣王二十二年封庶弟友于郑,又《春秋》、《国语》并言桓公为周司徒,以王室将乱,谋于史伯,而寄帑与贿于虢侩之间。……《左传·隐公十一年》郑伯谓公孙获曰:'吾先君新邑于此,其能与许争乎?'是指新郑为言矣。然班固、应劭、郑玄、皇甫谧、裴颋、王隐、阚骃及诸述作者,咸以西郑为友之始封,贤于薛瓒之单说也,无宜违正经而从逸录矣。"这里肯定司马迁之说而不从薛瓒之说,并不单纯以持论者之多寡为据,主要依据在于引证材料属于"正经"还是"逸录",而郦氏认为"正经"是可靠的。对于那些把握不准的资料或传闻,作者也不一概排斥,而是采取多闻阙疑的态度,酌情存录备参,如注中每言"所未详"、"非所详"、"莫详其实"云云,即是其例。

第六节　颜之推

颜之推(531—?),字介(一说名介,字之推),琅玡临沂(今山东临沂)人。祖、父两代,世传《周礼》、《左传》之学。他承家学,博览群书,颇有成就。先仕南朝梁,任湘东王参军、散骑常侍,后到北齐,任中书舍人、黄门侍郎,齐亡入周,任御史上士。入隋后,被太子召为文学。卒于隋开皇十年以后,具体年份无考。传见《北齐书》及《北史·文苑传》中。主要著作有《颜氏家训》、《训俗文字略》、《集灵记》、《冤魂志》、《急就章注》、《文集》三十卷等。今传《颜氏家训》及《冤魂志》。

颜之推博学多闻,尤精语言文字学。隋仁寿中陆法言所作《切韵序》,中列同定《切韵》者八人,颜之推即在其内。今所传《颜氏家训》足以反映他的学术特点,正如《四库提要》卷一一七所说:"今观其书,大抵于世故人情,深明利害,而能文之以经训,故《唐志》、《宋志》俱列之儒家。然其中《归心》等篇,深明因果,不出当时好佛之习。又兼论字画(文字形体)音训,并考正典故,品第文艺,曼衍旁涉,不专为一家之言。今特退之杂家,从其类焉。"所谓"兼论字画音训,并考正典故",准确概括了《颜氏家训》中有关语言文字学和古文献学的内容。这些内容主要集中在《勉学》、《书证》、《音辞》等篇中,既代表着本时期语言文字学所取得的最高水平,又反映出颜之推以训诂考证为基础的古文献学的特点。下面分几个方面加以论述:

(一)精通文字、声韵、训诂,把文字之学视为研读古文献的根基和工具

颜之推认为阅读、解释、援引古代文献,必须重视文字之学,切忌单凭听闻,以讹传讹。《颜氏家训·勉学》说:"谈说制文,援引古昔,必须眼学,勿信耳受。江南闾里间士大夫,或不学问,羞为鄙朴,道听途说,强事饰辞。……夫文字者,坟籍根本,世之学徒,多不晓字,读五经者,是徐邈而非许慎,习赋诵者,信褚诠而忽吕忱,明《史记》者,专皮、邹而废篆籀,学《汉书》者,悦应、苏而略《苍》、《雅》。不知书音是其枝叶,小学乃其宗系。至见服虔、张揖音义则贵之,得《通俗(文)》《广雅》而不屑。一手之中,向背如此,况异代各人乎!"这里是说阅读解释古书不仅不应凭依道听途说,而且不应局限于各书的音义注解,必须注重体现文字之学的字书,只有这样,才能以本统末,提纲挈领,既立足根本,又随文释训,从而准确地把握字词的含义。此外,颜氏还认为文字之学是古文献考证、校勘的根基,具体情况后面将分别谈到。

颜氏强调文字,但并不忽视声韵,《音辞》就是专讲音读的。关于语音,颜氏具有科学的观念,即注意到古今和地域的差别,《音辞》说:"古今言语,时俗不同,著述之人,楚夏各异。"因此,他认为对于"声读之是非""必须考校"。关于颜之推的正音标准,周祖谟在《颜氏家训音辞篇注补》、《切韵的性质和它的音系基础》两文(均见《问学集》上)中有精辟的考证,如后文说:"颜之推是重今不重古的,他所重视的是在当时行用的相承的读书音和实际存在于语言中的语音分类,而不是晋宋以上的古音。就前代的书音而论,古通而今不通的,从今(如'粺'不音'逋卖','娃'不音'于乖','谏'不音'间',

'乘'不音'承');今音南北读音不同的,则以相承的读书音为定(如'玙璠'当音'馀烦','攻'当音'工'之类)。重视书音,并不等于事必依古。他的宗旨与陆德明所要求的'会理合时'是相似的。"又说:"《切韵》是根据刘臻、颜之推等八人论难的决定,并参考前代诸家音韵、古今字书编定而成的一部有正音意义的韵书,它的语音系统是就金陵、邺下的雅言,参酌行用的读书音而定的。既不专主南,又不专主北,所以并不能认为就是一个地点的方音的记录。"可见颜之推的正音标准,就是他参与审定的《切韵》音系。这个音系既然"是就金陵、邺下的雅言,参酌行用的读书音而定的",势必体现出杂古今、混南北的综合特点。混南北容易理解,是指以金陵、邺下的雅言为基础。所谓杂古今,表现在两方面,首先,当时南北两都的雅言,既包含当时通行的实际语音,又承袭了不少古音的成分;其次,当时行用的读书音虽不"事必依古",但其中必然承袭了更多的古读。《音辞》在评论魏晋南北朝"音韵锋出"的众多韵书时曾说:"各有土风,递相非笑,指马之谕,未知孰是。"但接着又指出它们的共同特点:"共以帝王都邑,参校方俗,考核古今,为之折衷。推而量之,独金陵与洛下尔。"这里说明各种韵书虽体现作者各自的方音,所谓"各有土风",但又有共同特点,即皆以所在一方京都雅言为基础,"参校方俗,考核今古,为之折衷",因此表现出南北两大系统。颜之推等人定《切韵》时,在"参校方俗,考核古今,为之折衷"方面,与其他各韵书著者在方法上实际无异,但在选取作为立足点的京都雅言上,却与他们不同。颜之推认为南北各有偏弊谬失,《音辞》说:"南染吴越,北杂夷虏,皆有深弊,不可具论。"因此他反对偏执一端,承其弊谬,主张折衷南北,各取其正。

颜之推正音的目的,不仅是为了精确地读音、注音,他还认识到义由音定的关系,因此正音也是为了准确地读音表义或因音求义。首先,他强调四声与意义的关系。《音辞》说:"夫物体自有精粗,精粗谓之好恶。人心有所去取,去取谓之好恶(原注:上呼号反,下乌故反)。此音见于葛洪、徐邈。而河北学士读《尚书》云好(原注:呼号反)生恶(原注:於谷反)杀,是为一论物体(按,指於谷反),一就人情,殊不通矣。(《注补》:案以四声区别字义,始于汉末。好恶之有二音,当非葛洪、徐邈所创,其说必有所本。详见拙著《四声别义释例》。)……案诸字书焉者鸟名,或云语辞,皆音于愆反。自葛洪《要用字苑》分焉字音训。若训何训安,当音於愆反,'於焉逍遥','於焉嘉客','焉用佞','焉得仁'之类是也。若送句及助词,当音矣愆反,'故称龙焉','故称血焉','有民人焉','有社稷焉','托始焉尔','晋郑焉依'之类是也。江南至今行此分别,昭然一晓,而河北混同一音,虽依古读,不可行于今也。"(《注补》;案焉音於愆反,用为副词,即安、恶一声之转。安〔乌寒切〕恶〔哀都切〕皆影母字也。焉音矣愆反,用为助词,即矣、也一声之转。矣〔于纪切〕也〔羊者切〕皆喻母字也。焉〔於愆切〕焉〔矣愆切〕之分,陆氏《经典释文》皆别甚严,凡训何者,并音於虔反。语已辞,则云如字。)可见颜氏强调四声别义,有取于南音,从今而不从古。其次,他强调欲明通假,必须打破形体,因音求其本字或借义,而不可望文生训。在这方面颜氏有精见,《书证》中曾举出数例,如:"《后汉书》云'鹳雀衔三鳝(原注:音善)鱼',多假借为鳣鲔之鳣,俗之学士,因谓之为鳝鱼。案:魏武《四时食制》,'鳣鱼大如五斗奁,长一丈',郭璞注《尔雅》:"鳣长二三丈",安有鹳雀能胜一者,况三乎? 鳣又纯灰色,无文章也。鳝鱼长者不过三尺,大者不过三指,黄地黑文,故都讲云:'蚹蝉,卿大夫服之象也。'《续汉书》及《搜神记》亦说此事,皆作鳝字。《孙卿》云'鱼鳖鳅鳣',及《韩非》、《说苑》皆曰'鳣似蛇,蚕似蠋',并作鳣字,假鳣为鳝,其来久矣。"又如:"《后汉书·杨由传》云:'风吹削肺',此是削札牍之柿尔。古者书误则削之,故《左传》云'削而投之'是也。或即谓札为削,王褒《僮约》曰'书削代牍',苏竟书云'昔以摩研编削之才',皆其证也。《诗》云:'伐木浒浒',毛传:'浒浒,柿貌也。'史家假借为肝肺字,俗本因是悉作脯腊之脯,或为反哺之哺。学士因解云:'削哺,是屏障之名。'既无证据,亦为妄矣。此是风角占候耳,《风角书》曰'庶人风者,拂地扬尘转削',若是屏障何由可转也?"对于利用同音替代(即通假)和改换声旁所造的俗体字,他也能不拘泥形体,从音上加以辨识,例如《书证》:"或问曰:'《东宫旧事》何以呼鸱尾为祠尾?'答曰:'张敞者,吴人,不甚稽古,随宜记注,逐乡俗讹谬,造作书字耳。吴人呼祠祀为鸱祀,故以祠代鸱字;呼绀为禁,故以糸旁作禁代绀字;呼盏为竹简反,故以木旁作展代盏字;呼镬字为霍,故以金旁作霍代镬字;又金旁作患为镮字,木旁作鬼为魁字,火旁作庶为炙字,既下作毛为髻字,金花则金旁作华(按,即铧字),窗扇则木旁作扇,诸如此类,专辄不少。"但由于他对"眼学"失之拘泥,从而影响了因音求义方法的贯通,有时对一些音近通假的字,仍着眼于字形,往往不能识别,反误为讹字,例如《书证》:"简策字,竹下施束(原注:七赐反),末代隶书,似杞宋之宋;亦有竹下遂为夹者,犹如刺史之旁应为束,今亦作夹。徐仙民《春秋》、《礼》音,遂以笑为正字,以策为音,殊为颠倒(按策笑二字古音:初溪准双声,锡叶通转,实相近,可通假)。《史记》又作悉字,误而为述(按,悉述二字古音:质物旁转,心船邻纽,实相近,可通假,非误字),作姊字,误而为姊(按,此确为形误)。裴、徐、邹皆以悉音述,以姊音姊。既尔,则亦可以亥为豕音,以帝为虎音乎?"又同篇举伏羲之伏,或作慮，或作宓，以为"慮之与伏，古来通字"，而宓乃慮形误之字。其实宓字亦不误，其为慮之俗字，均从必（帮母质韵）得声，与伏（並母职韵）相通。有时对一些通假字仍不免望文生训，例如联绵字犹豫，本为假借，而《书证》云："《礼》云：'定犹豫，决嫌疑'，《离骚》曰：'心犹豫而狐疑'，先儒未有释者。案：《尸子》曰'五尺犬为犹'，《说文》云'陇西谓犬子为犹'。吾以为人将犬行，犬好豫在人前，待人不得，又来迎候，如此往还，至于终日，斯乃豫之所以为未定也。故称犹豫。或以《尔雅》曰'犹如麂，善登木'，犹，兽名也，既闻人声，乃豫缘木，如此上下，故称犹豫。狐之为兽，又多猜疑，故听河冰，无流水声，然后敢渡。今俗云'狐疑，虎卜'，则其义也。"此为望文生训，王念孙《广雅疏证·释训》"踌躇，犹豫也"条有辩，结语说："夫双声之字，本因声以见义，不宜其说之多凿也。"又《读书杂志·汉书第一·高帝纪》'犹豫'条亦辩及。又如勿勿，与忽忽本通，而《勉学》说：'世中书翰，多称勿勿，相承如此，不知所由。或有妄言，此忽忽之残缺尔。案：《说文》："勿者，州里所建之旗也，象其柄及三游之形，所以趣民事，故怱（忽）遽者称为勿勿。"'"颜氏认为勿勿不是忽忽之残缺字，这是对的，但他的解释却是望文生训。

（二）长于考据，无徵不信，多所辨误

颜之推博学多闻，重视考据，非常鄙薄世人俗儒孤陋寡闻、师心穿凿的学风。《勉学》说："见有闭门读书，师心自是，稠人广坐，谬误羞惭者多矣。《穀梁传》称公子友与莒挐相搏，左右呼曰：'孟劳！'孟劳者，鲁之宝刀名，亦见《广雅》。近在齐时，有姜仲岳谓：'孟劳者，公子左右，姓孟名劳，多力之人，为国所宝。'与吾苦诤，时清河郡守邢峙，当世硕儒，助吾证之，赧然而伏。又《三辅决录》云：'灵帝殿柱，题曰：堂堂乎张，京兆田郎'，盖引《论语》，偶以四言，目京兆人田凤也。有一才士，乃言'时张京兆及田郎，二人皆堂堂耳。'闻吾此说，初大惊骇，其后寻愧悔焉。……又《礼乐志》云：'给太官挏马酒'，李奇注：'以马乳为酒也，挏挏乃成。'二字并从手，挏挏，此谓撞捣挺挏之，今为酪酒亦然。向学士又以为种桐时太官酿马酒乃熟，其孤陋遂至于此。"

颜之推考据，不仅能广徵博考文献资料，还能注意实际考察和检验。此外他还强调文字之学对于考据的重要性，主张把两者结合起来，相互为用，《勉学》说："夫学者贵能博闻也，郡国山川，官位族姓，衣服饮食，器皿制度，皆欲根寻，得其原本。至于文字，忽不经怀，己身姓名，多或乖舛，纵得不误，亦未知所由。近世有人为子制名，兄弟皆山旁立字，而有名峙者，兄弟皆手边立字，而有名机者，兄弟皆水傍立字，而有名凝者，名儒硕士，此例甚多。若有知吾钟之不调，一何可笑。吾尝从齐王幸并州，自井陉关入上艾县，东数十里,有猎闾村,后百官受马粮,在晋阳东百馀里亢仇城侧,并不识二所本是何地,博求古今,皆未能晓。及检《字林》、《韵集》,乃知猎闾是旧黬馀聚(原注:黬,音獵也),亢仇旧是馛觓亭(原注:上音武安反,下音仇),悉属上艾。时太原王邵欲撰《乡邑记注》,因此二名,闻之大喜。吾初读《庄子》'魄二首',《韩非子》曰'虫有魄者,一身两口,争食相龁,遂相杀也',茫然不识此字何音,逢人辄问,了无解者,案:《尔雅》诸书,蚕蛹名魄(原注:音溃),又非二首两口贪害之物。后见《古今字诂》,此亦古之虺字,积年凝滞,豁然雾解。"其中所举三例,二为地名,见于生活实际;一为名物,见于文献。颜氏均借助于字书、韵书,以文字形、音、义为纽结,系连比证,得出了可靠的结论。

由于颜之推学识渊博,方法谨严,态度审慎,其考据成果既富且精。例如考名物,《书证》:"《月令》云'荔挺出',郑玄注云:'荔挺,马薤也。'《说文》云:'荔似蒲而小,根可以刷。'《广雅》云:'马薤,荔也。'《通俗文》亦云马蔺。《易统通卦验玄图》云:'荔挺不出,则国多火灾。'蔡邕《月令章句》云:'荔似挺。'高诱注《吕氏春秋》云:'荔草挺出也。'然则《月令注》荔挺为草名,误矣。河北平泽率生之,江东颇有此物,人或种于阶庭,但呼为旱蒲,故不识马薤。讲礼者乃以为马苋。马苋堪食,亦名豚耳,俗曰马齿。江陵尝有一僧,面形上广下狭,刘缓幼子民誉,年始数岁,俊晤善体物,见此僧云'面似马苋。'其伯父绍因呼为荔挺法师。绍亲讲礼名儒,尚误如此。"又如考地名,《书证》:"柏人城东北,有一孤山,古书无载者,唯阚骃《十三州志》以为舜纳于大麓,即为此山,其上今犹有尧祠焉。世俗或呼为宣务山,或呼为虚无山,莫知所出。赵郡士族有李穆叔、季节兄弟、李普济,亦为学问,并不能定乡邑此山。余尝为赵州佐,共太原王邵读柏人城西门内碑,碑是汉桓帝时柏人县民为县令徐整所立,铭云:'土有罐务,王乔所仙。'方知此罐务山也。罐字遂无所出,务字依诸字书,即旄丘之旄也。旄字,《字林》一音亡付反,今依附俗名,当音权务耳。"前举考猎闾村、亢仇城等,亦属此类。其他还有考成语典故、方言俗语、名称来源等方面的内容。例如《勉学》考蜀语称粒为逼:"吾在益州,与数人同坐,初晴日晃,见地上小光,问左右此是何物,有一蜀竖,就视答云:'是豆逼耳。'相顾愕然,不知所谓。命将取来,乃小豆也。穷访蜀土,呼粒为逼,时莫之解。吾云《三苍》、《说文》,此字白下为匕,皆训粒,《通俗文》音方力反。众皆欢悟。"《书证》考郭秃、长流:"或问:俗名傀儡子为郭秃,有故实乎? 答曰:《风俗通》云:'诸郭皆讳秃',当是前世有姓郭而病秃者,滑稽调戏,故后人为其象呼为郭秃,犹文康象庾亮耳。或问曰:何故名治狱参军为长流乎? 答曰:《帝王世纪》云:'帝少昊崩,其神降于长流之山(原注:此事本出《山海经》,流作留),于祀为秋(原注:此说本于《月令》)。'按:《周礼·秋官》,司寇主刑罚,长流之职,汉魏捕贼掾尔,晋宋以来,始为参军,上属司寇,故取秋帝所居为嘉名焉。"

（三）精于校勘,成果、方法多有创获

颜之推首先指出校勘的重要性,认为误书害人匪浅,尤其是学识浅薄或好行穿凿之人,最易受误书之欺,并以讹传讹。《勉学》中记有这样两件事:"江南有一权贵,读误本《蜀都赋》注解'蹲鸱,芋也',乃为羊字(即芋误为羊)。人馈羊肉,答书云'损惠蹲鸱',举朝惊骇,不解事义,久而寻迹,方知如此。元氏之世,在洛京时,有一才学重臣,新得《史记音》而颇纰缪,误反颛顼字,顼当为许录反,错作许缘反,遂谓朝士言:'从来谬音专旭,当音专翾耳。'此人先有高名,翕然信行,昔年之后,更有硕儒苦相究讨,方知误焉。"他认为做好校勘的先决条件是熟悉典籍,广徵博考。他说:"校定书籍,亦何容易,自扬雄、刘向,方称此职。观天下书未遍,不得妄下雌黄。或彼以为非,此以为是,或本同末异,或两文皆欠,不可偏信一隅也。"(《勉学》)他还认为校书必须谨慎从事,切不可以意妄改,徒增讹误。《书证》说:"也,是语已及助句之辞,文籍备有之矣。河北经传,悉略此字。其间有不可得无者,至如'伯也执殳'、'于旅也语'、'回也屡空'、'风,风也,教也'及《诗传》云:'不戢,戢也','不傩,傩也','不多,多也',如斯之类,倘削此文,颇成废阙。……又有俗学,闻经传中时须也字,辄以意加之,每不得所益,诚可笑。"

颜之推凭借自己广博的文献学和语言文字学知识,能够纯熟地综合利用对校、他校、本校、理校等方法,精确地订正古书讹误问题。下面从《书证》中略举数例。如校"狄"为"杕"之误:"《诗》云'有杕之杜',江南本并木傍施大,传曰:'杕,独貌也。'徐仙民音徒计反。《说文》曰:'杕,树貌也',在木部。《韵集》音次第之第。而河北本皆为夷狄之狄,读亦如字,此大误。"按,此用对校、理校。又如校"妒媢"为"妒媚"之误:"太史公论英布曰:'祸之兴,自爱姬,生于妒媢,以至灭国。'又《汉书·外戚传》亦云:'成结宠妾妒媢之诛'。此二媢并当作媚,媚亦妒也,义见《礼记》、《三苍》。且《五宗世家》亦云:'常山宪王后妒媚',王充《论衡》云:'妒夫媚妇,生则忿怒斗讼',益知媚是妒之别名。原英布之诛,为意贲(原注:音肥)赫耳,不得言媚。"此用理校、他校及本校。再如校"鸡口"为"鸡尸"之误:"《太史公记》曰:'宁为鸡口,无为牛后',此是删《战国策》耳。按延笃《战国策音义》曰:'尸,鸡中之主,从,牛子。'然则口当为尸,后当为从,俗写误也。"这里用了他校和理校,其中理校又包括分析字义及推究形近致误之由。论证严密,结论无疑。

颜之推在运用校勘资料上也有所突破,在校勘史上,就据金石文字材料以校文献这一点而言,他继王肃之后,亦可归入开创者之列。《书证》中有这样一条:"《史记·始皇本纪》'二十八年,丞相隗林、丞相王绾等,议于海上',诸本皆作山林之林,开皇二年五月,长安民掘得秦时铁称权,旁有铜涂,镌铭二所,其一所曰:'廿六年,皇帝尽并兼天下诸侯,黔首大安,立号为皇帝。乃诏丞相状、绾,法度量则不壹歉疑者,皆明壹之',凡四十字。……其书兼为古隶,余被敕写读之,与内史令李德林对见。此称权今在官库,其'丞相状'字,乃为状貌之状,卝旁作犬,则知俗作隗林,非也,当为隗状耳。"此虽仅一例,但对后世影响颇大,实际上为校勘资料开拓了一个非常重要的领域,因为金石刻辞不会发生流传过程中舛误妄改的问题,是保存本真的可靠材料。

　　颜之推对于校勘中的字体处理,也有独到、合理的见解。本时期是汉字发展的重要阶段,不仅书写体势经历了隶楷、楷草的两种变化,异体字也大量增加,古今、正俗之别纷然多歧。因此校勘中除了解决正误(这是主要矛盾)之外,规范字体的任务也提了出来,颜之推一般能用历史发展的观点,正确处理这一问题。他认为经典流传,往往讹误,文字应以《说文》为宗,理由是:"许慎检以六文,贯以部分,使不得误,误则觉之","大抵服其为书,隐括有条例,剖析穷根源,郑玄注书,往往引其为证。若不信其说,则冥冥不知一点一画有何意焉。"(《书证》)就是说许慎按六书解释文字,按部首对形体进行归纳分类,有了这些限制,其中的字便不易误,如果产生错误,就会发觉。之所以又不可拘泥,理由是不可皆以《说文》篆体为准,他说:"世间小学者,不通古今,必依小篆是正书记,凡《尔雅》、《三苍》、《说文》,岂能悉得苍颉本指哉?亦是随代损益,互有同异。西晋已往,字书何可全非!但令体例成就不为专辄耳。考校是非,特须消息。"(同上)就是说要承认汉字的历史变化,篆文已非古体,不可能没有讹变,因此对篆文字书不可拘泥,对《说文》之后、西晋以前的其他字书亦不可完全加以否定。总之,不可泥古,要知变通。变通的具体原则是:首先,不从古怪之体。《书证》说:"至如仲尼居,三字之中,两字非体:《三苍》'尼'旁益'丘'(按,作䣛),《说文》'居'下施'几'(按作㞯),如此之类,何由可从?"其次,不改假借字。《书证》说:"古无二字,又多假借,以中为仲,以说为悦,以召为邵,以闲为闲,如此之徒,亦不劳改。"复次,规范俗体字。《书证》说:"自有讹谬,过成鄙俗,'乱'旁为'舌','揖'下无'耳','鼋'、'鼍'从'龟','奮'、'奪'从'雚','席'中加'带','恶'上安'西','鼓'外设'皮','鑿'头生'毀','離'则配'禹','壑'乃施'豁','巫'混'經'旁,'皐'

分'澤'片,'獵'化为'獦','寵'变成'寵','業'左益'土','靈'底著'器','率'字自有律音,强改为别,'单'字自有善音,辄析成异,如此之类,不可不治。"但是他又根据约定俗成的原则,不一概排斥俗体字,主张变通使用,《书证》说:"吾昔初看《说文》,蚩薄世字,从正则惧人不识,随俗则意嫌其非,略是不得下笔也。所见渐广,更加通变,救前之执,将欲半焉。若文章著述,犹择微相影响者行之。官曹文书,世间尺牍,幸不违俗也。"这些原则多为后世所遵从,至今仍有参考价值。

(四)偶及辨伪,方法全面

《书证》中有两处涉及辨伪,一处辨《通俗文》,一处辨《山海经》(并连及他书),虽然数量不多,但表现出方法全面,论据充分,观点辩证,颇有启发。如辨《通俗文》说:"《通俗文》世间题云'河南服虔字子慎造'。虔既是汉人,其叙乃引苏林、张揖,苏、张皆是魏人。且郑玄以前,全不解反语,《通俗》反音,甚会近俗。阮孝绪又云'李虔所造'。河北此书,家藏一本,遂无作李虔者。《晋中经簿》及《七志》,并无其目,竟不得知谁制。然其文义允惬,实是高才。殷仲堪《常用字训》亦引服虔《俗说》,今复无此书,未知即是《通俗文》,为当有异,近代或更有服虔乎? 不能明也。"这里怀疑《通俗文》作者服虔当系伪托,从徵引诸家的生活时代、所用反切注音法产生的时代,以及阮孝绪《七录》著录之作者等方面找出破绽,进行考辨,言之成理,但最后尚难下定论,故存疑意,案而不断,以示审慎。又如辨《山海经》说:"或问:'《山海经》夏禹及益所记,而有长沙、零陵、桂阳、诸暨,如此郡县不少,以为何也?'答曰:史之阙文,为日久矣。加复秦人灭学,董卓焚书,典籍错乱,非止于此,譬犹《本草》神农所述,而有豫章、朱崖、赵国、常山、奉高、真定、临淄、冯翊等郡县名,出诸药物;《尔雅》周公所作,而云'张仲孝友';仲尼修《春秋》,而经书孔丘卒;《世本》左丘明所书(原注:此说出皇甫谧《帝王世纪》),而有燕王喜、汉高祖;《汲冢琐语》乃载秦望碑;《苍颉篇》李斯所造,而云'汉兼天下,海内并厕,豨黥韩覆,畔讨灭残';《列仙传》,刘向所造,而《赞》云七十四人出佛经;《列女传》亦向所造,其子歆又作颂,终于赵悼后,而传有更始韩夫人、明德马后及梁夫人嫕:皆由后人所羼,非本文也。"由此例可知,颜氏在辨伪方面态度是比较谨慎的,绝不轻加怀疑。其中有些说法,如认为《山海经》是禹及益所记,《本草》是神农所述,《尔雅》是周公所作等等,未必尽是,但认为它们都是较早的古书,并非后人伪造,只是其中有后人增益、伪羼的部分而已,这种看法是比较辩证、合理的。

总之,颜之推的古文献学著述虽然不多,但成果精湛,观点全面,代表着划时代的学术水平。他先仕南朝,后仕北朝,入隋而卒,学兼南北,而以北学为基础。他绝少门户之见,对于南北学能取长补短,绝无曲徇或矜伐之习。在本时期古文献学史上,颜之推是南北学统一的先驱者,对隋唐时期的古文献学产生了直接的、积极的影响。

第四章
隋唐五代

第一节　概述

一、政治概况及其对古文献学的影响

隋唐两朝结束了长期分裂的局面,相继建立了封建集权的、统一的多民族国家,封建经济和文化出现了空前的繁荣和发展。隋(581—618)只经历两代皇朝,统治时间很短,但隋朝为了加强封建中央集权所制定的政治、经济、文化等方面的制度和措施,影响很大,多为唐代所承袭。其所设秀才、明经、进士三科,广泛选拔士人参政的科举制度,甚至为唐以后各封建王朝所沿用。唐承隋制,并注意总结历史经验,接受隋亡的教训,政治、经济、文化上采取一些比较开明的措施,结果出现了盛唐的繁荣局面。由于阶级矛盾、民族矛盾以及统治阶级内部矛盾的发展,唐朝国势自玄宗晚年起就急转直下,开始走下坡路。但总的看来,有唐一代的统一局面,还是促进了封建经济、文化的发展。

隋唐中央集权的加强和统一局面的形成,对本时期的古文献学主要产生了两种影响。

第一,是统一,即以经学为代表的南北学术的统一。在前一章概述中,曾谈到南北朝时期经学分为南北学派,至隋开始统一。皮锡瑞《经学历史》第七章说:"隋平陈而天下统一,南北之学亦归统一","经学统一之后,有南学,无北学","及隋并陈,褚晖、顾彪、鲁世达、张冲皆以南人见重于炀帝。南方书籍,如费甝义疏之类,亦流入北方","《隋书·经籍志》于《易》云:'梁、陈,郑玄、王弼二注列于国学。齐代,唯传郑义。至隋,王注盛行,郑学浸

微。'于《书》云：'梁、陈所讲，有郑、孔二家。齐代，唯传郑义。至隋，孔、郑并行，而郑氏甚微。'于《春秋》云：'《左氏》唯传服义。至隋，杜氏盛行，服义浸微。'是伪孔、王、杜之盛行，郑、服之浸微，皆在隋时。故天下统一之后，经学亦统一，而北学从此绝矣。"这里说南北经学的统一，是完全正确的。但谓北学统一于南学，"北学从此绝"，则带有片面性。这是仅就几部经注（三礼注除外）的存亡这一方面看问题所得出的结论，其实问题远非如此单纯，就当时整个学风而言，是南北两派的融合、统一，绝非南存北亡。如前一章讲的体现南北学统一的先驱者颜之推，就是非常强调北学的，他不仅推重郑玄，屡引其说，而且他所倡导的考据之学，也正是北学的基本精神。又如隋时的刘焯和刘炫，也代表着南北学的统一，《经学历史》本身就是这样看的，如说："炀帝即位，复开庠序……于时旧儒多已凋亡，唯信都刘士元（焯）、河间刘光伯拔萃出类，学通南北，博极古今，后世钻仰。所制诸经议疏，搢绅咸师宗之。"再如由隋入唐的陆德明，其《经典释文》也具有南北学统一的鲜明特色。至于学兼经史的唐代大学者颜师古，更是家学相承，直袭其祖颜之推的风尚。推而广之，考察隋唐的主要古文献学家，莫不如此。

第二，是集中，即封建王朝直接组织、干预古文献修纂、整理较多。如史书修纂，一改魏晋南北朝私家修史的风气，多由官修。《隋书·文帝本纪》载：隋文帝开皇十三年（593）五月癸亥"诏人间有撰集国史，臧否人物者，皆令禁绝"。自此以后修史皆由朝廷官方主持。到唐初，就正式确立了官修正史的制度，一直延续到清代。修史是如此，古文献整理亦复如此，如唐太宗诏颜师古考定五经，诏孔颖达与诸儒撰定《五经正义》，等等。

隋唐的统一，对古文献搜集、保存和流传都产生了积极的影响，但屡经动乱，时有聚散。关于国家藏书的情况，《旧唐书·经籍志》说："及隋氏建邦，寰区一统，炀皇好学，喜聚逸书，而隋世简编，最为博洽。及大业之季，丧失者多。贞观中，令狐德棻、魏徵相次为秘书监，上言经籍亡逸，请行购募，并奏引学士校定，群书大备。开元三年，左散骑常侍褚无量、马怀素侍宴，言及经籍。玄宗曰：'内库皆是太宗、高宗先代旧书，常令宫人主掌，所有残缺，未遑补缉，篇卷错乱，难于检阅，卿试为朕整比之。'至七年，诏公卿士庶之家，所有异书，官借缮写。及四部书成，上令百官入乾元殿东廊观之，无不骇其广。九年十一月，殷践猷、王惬、韦述、余钦、毋煚、刘彦真、王湾、刘仲等重修成《群书四部录》二百卷，右散骑常侍元行冲奏上之。自后毋煚又略为四十卷，名为《古今书录》，大凡五万一千八百五十二卷。禄山之乱，两都覆没，乾元旧籍，亡散殆尽。肃宗、代宗崇重儒术，屡诏购募。文宗时，郑覃侍讲禁中,以经籍道丧,屡以为言。诏令秘阁搜访遗文,日令添写。开成初,四部书至五万六千四百七十六卷。及广明初,黄巢干纪,再陷两京,宫庙寺署,焚荡殆尽,曩时遗籍,尺简无存。及行在朝诸儒购辑,所传无几。昭宗即位,志弘文雅,秘书省奏曰:'当省元掌四部御书十二库,共七万馀卷。广明之乱,一时散失。后来省司购募,尚及二万馀卷。及先朝再幸山南,尚存一万八千卷。窃知京城制置使孙惟晟收在本军,其御书秘阁见充教坊及诸军人占住。伏以典籍国之大经,秘府校雠之地,其书籍并望付当省校其残缺,渐令补辑,乐人乞移他所。'并从之。及迁都洛阳,又丧其半。平时载籍,世莫得闻。今录开元盛时四部诸书,以表艺文之盛。"这里不仅记载了隋唐书籍聚散的情况,而且告诉我们,《旧唐书·经籍志》所著录,反映的是玄宗开元盛世国家藏书的情况。

五代十国时期(907—960),又出现了分裂战乱的局面,社会、经济、文化都遭到严重的破坏,古文献毁坏、散失情况亦很严重。此时期的古文献学仅承隋、唐之馀绪,无新特点。唯刻版印刷术的发明和运用以及孟蜀石经的刊刻,在古文献学史上产生了极其深远的影响,具体情况下面将谈到。

二、在思想上儒、佛、道并重及其对古文献学的影响

隋统一南北后,趋重经学,不仅帝王如隋炀帝好学重儒,学者如王通亦著《中说》,力倡孔孟之教,主张复兴礼乐。隋代统治者还崇尚佛、道,《隋书·经籍志》说:"开皇元年,高祖普诏天下,任听出家,仍令计口出钱,营造经像。而京师及并州、相州、洛州等诸大都邑之处,并官写一切经,置于寺内;而又别写,藏于秘阁。天下之人,从风而靡,竞相景慕,民间佛经,多于六经数十百倍。"

唐朝统治者尊孔崇儒,但时有消长。《旧唐书·儒学传序》说:武德三年,"太宗讨平东夏,海内无事,乃锐意经籍,于秦府开文学馆,广引文学之士,下诏以府属杜如晦等十八人为学士,……及即位,又于正殿之左,置弘文学馆,精选天下文儒之士虞世南、褚亮、姚思廉等,各以本官兼署学士,令更日宿直。……贞观二年,停以周公为先圣,始立孔子庙堂于国学,以宣父(孔子)为先圣,颜子(渊)为先师。……太宗又以经籍去圣久远,文字多讹谬,诏前中书侍郎颜师古考定五经,颁于天下,命学者习焉。又以儒学多门,章句繁杂,诏国子祭酒孔颖达与诸儒撰定五经义疏,凡一百七十卷,名曰《五经正义》,令天下传习。十四年,诏曰:'梁皇侃、褚仲都,周熊安生、沈重,陈沈文阿、周弘正、张讥,隋何妥、刘炫等,并前代名儒,经术可纪。加以所在学徒,

多行其疏,宜加优异,以劝后生。……'二十一年,又诏曰:'左丘明、卜子夏、公羊高、穀梁赤、伏胜、高堂生、戴圣、毛苌、孔安国、刘向、郑众、杜子春、马融、卢植、郑玄、服虔、何休、王肃、王弼、杜元凯、范宁等二十一人,并用其书,垂于国胄。既行其道,理合褒崇。自今有事太学,可与颜子俱配享孔子庙堂。'其尊儒道如此。高宗嗣位,政教渐衰,薄于儒术,尤重文史。……及则天称制,以权道临下,不吝官爵,取悦当时,其国子祭酒,多授诸王及驸马都尉。准贞观旧事,祭酒孔颖达等赴上日,皆讲五经题。……至于博士、助教,唯有学官之名,多非儒雅之实。是时复将亲祠明堂及南郊,又拜洛,封嵩岳,将取弘文国子生充斋郎行事,皆令出身放选,前后不可胜数。因是生徒不复以经学为意,唯苟希侥幸。二十年间,学校顿时隳废矣。玄宗在东宫,亲幸太学,大开讲论,学官生徒,各赐束帛。及即位,数诏州县及百官荐举通经之士。又置集贤院,招集学者校选,募儒士及博涉著实之流。"关于佛教,经唐太宗提倡,于是大兴,《新唐书·高帝纪》:武德九年(626)六月,"秦王世民杀皇太子建成、齐王元吉,大赦,复浮屠、老子法。"《旧唐书·僧玄奘传》载:贞观初,玄奘随商人往游西域,至印度取经,"贞观十九年(645),归至京师,太宗见之大悦,与之谈论,于是诏将梵本六百五十七部,于弘福寺翻译"。至中宗时,盛况空前,《旧唐书·姚崇传》载:"先是中宗时,公主外戚,皆奏请度人为僧尼,亦有出私财造寺者;富户强丁,皆经营避役,远近充满。"武宗即位,一度禁毁佛教,《新唐书·食货志》载:"武宗即位,废浮屠法。"其毁寺减僧,主要出于经济原因,但佛教已深入民间,终不能禁绝。关于道教,唐代统治者以李耳为先祖,追号老君为太上玄元皇帝,实以道教为国教。至玄宗时崇尚益甚,《旧唐书·玄宗纪上》载:"开元二十一年(733)正月,制令士庶家藏《老子》一本,每年贡举人,量减《尚书》、《论语》两条策,加《老子》策。"《新唐书·选举志上》载:"开元二十九年(741),始置崇玄学,习《老子》、《庄子》、《文子》、《列子》,亦曰道举。"《旧唐书·玄宗纪下》载:天宝十四载(755)十月,"颁御注《老子》并义疏于天下"。

隋唐儒、佛、道并重,实际是相对降低了儒学的地位。加之唐代科举,士人重进士而轻明经,同时经书的整理又为官方所垄断,因此唐代经学处于守成的状态,承袭多而开创少。援道入儒,始于魏晋玄学,唐代尊儒崇道,必然上继玄学传统。至于援佛入儒,则始于以后的宋代,这大概因为佛教是外来的,消化需要有一个过程,故融入儒学起步较晚。只是因佛教的影响不断深入,动摇了正统儒学的独尊地位,并且开始了一定的思想渗透,所以才引起韩愈等道学家的卫道之举。而韩愈等人提倡儒学,又重在性理方面,对宋代理学影响较大,对经籍文献的直接整理和研究并无多少促进。

三、语言文字学的发展及其与古文献学的关系

本时期的语言文字学多承魏晋南北朝之旧,颜之推的影响尤为明显,与古文献的整理、研究,关系紧密,相辅相成。

文字之学仍以《说文解字》为宗,其次是《字林》,如张参《五经文字序例》说:"今制国子监置书学博士,立《说文》、《石经》、《字林》之学。"由汉字发展的新形势所决定,当时新撰字书以辨正俗、正讹误为主,服从于规范字体和校读古籍的需要,代表作有《干禄字书》、《五经文字》、《九经字样》等。这些书前后相袭,具有祖述颜之推的特点。《干禄字书》为唐颜元孙所作,元孙字聿修,万年(今西安市)人,为颜师古之从孙。《干禄字书》在颜师古校经《字样》及杜延业续修之《群书新定字样》基础上编辑而成,其用已不限于整理经典,而着眼于科举仕进等实用目的。其编排"以平上去入四声为次"。其体例以辨俗、通、正三体为主,如:聦、聰、聰:上俗中通下正。诸从恖者并同,他皆仿此。刣、劲:上俗下正。蒙蒙、蘉叢、簡箁:并上通下正。亦有辨形近义异而易混者,如:童、僮:上童幼,下僮仆。古则反是,今所不行。彤、肜:上赤色,徒冬反;下祭名,音融。隋、随:上国名,下追随。羁、羇:上羁勒,下羇旅。祇、衹:上神祇,巨移反;下适衹,章移反。卑、畁:上尊卑;下畁与,必寐反。祎、褕:上祎美,音漪;下褕褕,音踵。辝、辤、辭:上中并辝让,下辭说。今作辝,俗作辤,非也。《四库提要》卷四一称其书"颇为详核",并总评其得失云:"其中如虫、蟲,昌、圖,商、商,凍、涷,截然两字,而以为上俗下正;又如皃,古貌字,而云貌正皃通;韭之作韮,芻之作茎、茟,直是俗字,而以为通用,虽皆不免千虑之失,然其书酌古准今,实可行用,非诡称复古,以奇怪钓名。言字体者,当以是为酌中焉。"

继其后有唐代宗大历年间张参所作《五经文字》。《五经文字》为当时校勘壁经(详后)所定字样,大历十一年(776)六月七日张参所作自序云:"凡一百六十部,三千二百三十五字,分为三卷。《说文》体包古今,先得六书之要(原注:若古文作明,篆文作朙,古文作坐,篆文作坒之类,古体经典通行,不必改而从篆);有不备者,求之《字林》(原注:若桃禰逍遥之类,《说文》漏略,今得之于《字体》);其或古体难明,众情惊懵者,则以石经之馀,比例为助(原注:若宜变为宐,晉变为晋之类,《说文》宜晉,人所难识,则以石经遗文宐与晋代之);石经湮没,所存者寡,通以经典及《释文》相承隶省,引而伸之,不敢专也(原注:若耆变为壽,桌变为栗之类,石经湮没,经典及《释文》相承作

耳)。近代字样,多依四声,传写之后,偏傍渐失。今则采《说文》、《字林》诸部,以类相从,务于易了,不必旧次。自非经典文义之所在,虽切于时,略不集录,以明为经不为字也。其字非常体,偏有所合者,详其证据,各以朱字记之,俾夫观省,无至多惑。"这里对于字样编撰之体例、宗旨交代甚详。所谓"为经不为字",是说此字样的编撰直接服务于校读经典之需要,而不是出于一般正字之目的。从中我们还可以看出,张参正字的原则也是酌古准今,有承于颜之推的作法。五经系概称,承袭"五经壁"而言,实包括唐经书总称"九经"诸书如《易》、《书》、《诗》、《礼经》(仪礼)、《周礼》《礼记》、《春秋》三传、《孝经》、《论语》、《尔雅》等书的文字,以及传注中的文字。其体例包括:辨异体、辨形讹、辨义异形近易讹之字。对于约定俗成而不致误混的形讹异体予以承认,表现出灵活变通的态度,但坚持经典之文不可不正。

继张参之后,又有唐玄度《新加九经字样》,为覆校开成石经(统称石壁九经,实十二种,详后"壁经、石经及雕版刻经"部分)时删补《五经文字》而作。唐玄度于唐文宗开成二年(837)所写自序说:"大历中,司业张参,掇众字之谬,著为定体,号曰《五经文字》,专典学者,实有赖焉。臣今参详,颇有条贯,传写岁久,或失旧规,今删补冗漏,一以正之。又于《五经文字》本部之中,采其疑误旧未载者,撰成《新加九经字样》一卷,凡七十六部,四百二十一文。其偏旁上下本部所无者,乃纂为杂辨,部以统之。若体画全亏者,则引文以证解。于雅言执礼,诚愧大儒,而辨体观文,式遵小学。其声韵谨依开元文字,避以反言,但纽四声,定其音旨。今条目已举,刊削有成,愿竭愚衷,以资后学。"可见《新加九经字样》为对《五经文字》的补苴之作,在内容、体例上无甚开拓。仅注音方法有别:为避忌"反"字不祥,不用反切,而用直音,直音不便者,兼标四声,所谓"避以反言,但纽四声,定其音旨"。由反切代替直音,本是注音法的一大进步,这里为避忌"反"字而倒退到直音法,完全是因噎废食,甚不足取,倒不如改"反"为"翻"或改"反"为"切"者较为通达。

本时期的《说文》学著作有五代南唐徐锴的《说文解字繫传》需要一提。这是《说文》段注之前仅有的一部《说文》注本,在《说文》研究史上具有划时代的意义。此书因为存在一些缺点,大为清代某些学者所鄙薄。周祖谟撰《徐锴的说文学》一文(见《问学集》下册),对此作了辩驳,并对《繫传》一书作出了公允的评价,充分肯定了它的学术价值和历史影响。兹摘述其大意,对徐锴及其《繫传》略作介绍。徐锴,字楚金,先世会稽人,后迁居广陵,所以通称为广陵人。生于后梁贞明六年(920),仕南唐,起家秘书郎,后主时迁集贤殿学士,终内史舍人。国亡前一年,即宋开宝七年(974)卒。据陆游《南唐书》所云,其生平著述甚多,今仅存《说文解字繫传》四十卷,《说文韵谱》十卷。《繫传》前结衔书"文林郎守秘书省校书郎",说明此书为作者初入官时所作(王鸣盛《蛾术编》说)。书中"通释"部分是解释许氏原书的说解的,"部叙"是推陈《说文》五百四十部排列次序的意义的,"通论"是发挥文字结构的含义的,"祛妄"是驳斥前人说字的谬见的,"类聚"是举出同类名物的字说明它们的取象的,"错综"是从人事推阐古人造字的意旨的,"疑义"是论列《说文》所缺之字及字体与小篆不合的。至于"系述",则犹如《史记》的自序、《汉书》的叙传一样,是说明各篇著述的旨趣的。《繫传》的主体是通释,通释所着重的,是疏证古义与诠释名物。徐锴疏证古义的方法有二:第一引古书证古义,一以今语释古语。他所资取的古书极多,九经三传之外,有周秦汉魏以下各种子书和《国语》、《楚辞》、《四史》、《晋书》、《宋书》、《南史》、《北史》、《文选》、《文心雕龙》、《本草》与杂史、传记、石刻、文集、字书、韵书之属,不下百馀种。至于诠释名物,属于器物的名称,大都说明其制作的形式;属于地理的名称,则参考杜预《春秋释例》;属于草木鸟兽的名称,则采用《尔雅》和《本草》;原原本本,都有根据,毋庸详说。除疏解许说以外,还包括以下六件事:(一)以许训解古书,(二)说明古书假借,(三)说明古今字,(四)说明引申义,(五)兼举别义,(六)辨字误。另外,在考索字义方面,徐氏特别注意的是从声音上去探讨。这也就是清人所说的"因声以求义"。他所应用的"因声以求义"的方法有二:第一种是从谐声上来看,即谐声字的意义有时可以与其声旁相通,有时可以与同从一个声旁的谐声字相通。第二种"因声求义"的方法,是从字音的声韵上来看,用声韵相同的字去说明字义之相类似。这种因声求义的方法对清代的训诂学家影响极大。段玉裁《说文注》和王念孙《广雅疏证》也常常应用这种方法申明字义。由此可见徐锴的《说文繫传》是清代文字训诂之学的前驱,清人受徐锴《繫传》的启示很多。《繫传》在解字方面有一根本性的缺点,就是过重会意,而略形声。有不少《说文》字下说"从某某声"的,徐氏都认为传写误多"声"字。或者把原来的"从某某声",解为应作"从某某亦声"。这样就把一些形声字的声旁看做是既表意又表音的了。徐氏把《说文》的形声字解为会意,或会意兼声,都不免有误。至于"部叙"、"通论"、"错综"等部分,以义理说解文字,类似汉代今文经家说字解义,牵强附会,尤为荒诞。

本时期在声韵方面的著作仍以《切韵》为宗,屡有增补训释之作,如唐高宗仪凤二年(677)长孙讷言为《切韵》加注并订正讹误。又如《广韵序》称"郭知玄拾遗绪正更以朱笺三百字、关亮增加字、薛峋增加字、王仁昫增加字、祝尚丘增加字、孙恤增加字、严宝文增加字、裴务齐增加字、陈道固增加字,更有诸家增字及义理释训"。其中以王、孙二家为重要。王仁昫撰有《刊谬补缺切韵》,其成书年代据周祖谟考证在唐中宗之世(详见《问学集》上《王仁昫切韵著作年代释疑》)。此书收字较《切韵》有增加,并且每字皆有训释,尤其注意辨别字体,于《切韵》有所匡正。至玄宗天宝十载(751),孙恤对《切韵》重加订正,并有增补,改名《唐韵》,从此《切韵》便不流行。《唐韵》后亦亡佚,从近代发现的唐写本《唐韵》残卷中,可以考知《唐韵》对《切韵》的部目有所增订。又《广韵》卷首存孙恤自序,云:"起终五年,精成一部,前后总加四万二千三百八十三言,仍篆、隶、石经勒存正体,幸不讥繁。于时岁次辛卯天宝十载也。"此序于《唐韵》之体例及材料依据言之殊详,值得注意的有几点:第一,在陆法言《切韵》的基础上拾遗补阙;第二,酌古准今,承旧纳新;第三,精辨笔画字体;第四,按据群书,详加注释,并采时人(元青子、吉成子)专著成果;第五,一字数训,主从分明;第六,辨假借,明本字;第七,按四声分韵编次。

　　除字书、韵书外,还有大量为旧籍注音释义的音义之作,其中包括了丰富的文字、音韵、训诂资料。主要的如陆德明的《经典释文》,颜师古的《匡谬正俗》、《汉书注》,李善的《文选注》等,下面将有专节论述。此外唐代和尚玄应和慧琳各有《一切经音义》,解释佛经音义,详注反切,其中广引古代的字书、韵书及经传旧注,保存了丰富的语言文字资料,有不少属于已经失传的古籍,尤为可贵。

　　本时期的语言文字之学对古文献学的影响主要有三方面:第一,在正字上,注意辨正俗、明古今,一般强调从正复古,但也有酌古准今的变通。第二,在注音上不统一,仍存在混古今、杂南北的现象。在承袭不同系统的旧音上也表现出差异,如周祖谟《唐本说文与说文旧音》(《问学集》下)说:"唐以前人所引《说文》之音分为二系,一与顾氏《玉篇》相合,一与《字林》相近","唐本《说文》木部、口部之音,为唐以前人所作,或即取自《字林》","《五经文字》之反切与唐本《说文》及《字林》音为一系"。同时,仍不明古音,以时音读古书,袭取六朝人"叶音"或"协韵"之说(参看《问学集》上《骞公楚辞音之协韵说与楚音》、《吴棫的古韵学》等文)。第三,在释义上能注意到古今及破读假借字。但因为昧于古字、古音、古义,又往往望文生训,穿凿附会。总之,在这些方面与魏晋南北朝时期的情况存在着较多的共同特点。

四、由信伪到辨伪

魏晋南北朝时期作伪甚于辨伪。至隋及初唐,则信伪甚于辨伪,即以《尚书》为例,《隋书·经籍志》说:"梁、陈所讲,有孔(按,即伪孔,下同)、郑二家,齐代唯传郑义。至隋,孔、郑并行,而郑氏甚微。"由此可见,南朝时伪孔与郑玄两家尚能平分秋色,至隋,伪孔已占绝对优势。皮锡瑞《经学历史》第六章说:"传伪孔古文,实始二刘(刘焯、刘炫)。"入唐,亦不重辨伪。唐初所修《隋书·经籍志》,在著录群书时,多注存亡,而绝少辨真伪。当时对伪《古文尚书》亦深信不疑。至孔颖达等人作《尚书正义》,固然对《尚书》诸本的真伪问题难以回避,在疏中不得不加以论辩,但颠倒是非,信伪为真,诬真为伪,致使伪《古文尚书》谬种流传,千载不已。具体情况在前一章第三节已经引述。当时也不是绝无辨伪,如《经典释文·序录》说"为《尚书音》者四人",自注云:"孔安国、郑玄、李轨、徐邈。案汉人不作音,后人所托。"此辨孔安国、郑玄之《尚书音》系后人伪托。又如《尚书正义》"虞书"题下疏,承汉人旧说亦曾辨及伪《泰誓》,但这些绝不是主流。

刘知几继承王充的疑辨精神,在唐代首倡辨伪。他于唐中宗景龙四年(710)写成《史通》,其中多辨伪之作,后面有专节论及。

时至中唐,独立思考、质疑辨伪的风气才逐步展开。

首先有陆淳本啖助、赵匡之说,作《春秋集传纂例》、《春秋微旨》、《春秋集传辨疑》,对《左传》的作者和内容多所辨正,认为《左传》非左丘明所作,左氏当为另一人。然啖、赵、陆三人完全否定《春秋》三传,则属偏激之论。继之有柳宗元(773—819)疑辨群书,特别是在辨诸子书方面,成就突出。本集卷四有《辩列子》、《辩文子》、《论语辩》二篇、《辩鬼谷子》、《辩晏子春秋》、《辩亢仓子》、《辩鹖冠子》等,皆为辨伪专篇论著,无论在所辩内容及辨伪方法上均有开创。在辩作者方面,如《论语辩》认为《论语》"今所记独曾子最后死,余是以知之,盖乐正子春、子思之徒与为之尔。或曰孔子弟子尝杂记其言,然而卒成其书者,曾氏之徒也。"此说甚确。在辩内容方面,如《辩列子》说:"其《杨朱》、《力命》,疑其杨子书。其言魏牟、孔穿,皆出列子后,不可信。"《辩文子》云:"其指意皆本老子。然考其书,盖驳(杂)书也。其浑而类者少,窃取他书以合之者多。凡孟、管辈数家,皆见剽窃,峣然而出其类。其意绪文辞,又牙相抵而不合。不知人之增益之欤?或者众为聚敛以成其书欤?"并且在辨伪时已能综合运用多种方法。如《辩鬼谷子》:"汉时刘向、班固录书无《鬼谷子》。《鬼谷子》后出,而险盭峭薄,恐其妄言乱世难信,学者宜其不道。"此从著录及内容综合考察。《辩亢仓子》:"太史公为《庄周列传》,称其为书,《畏累》《亢桑子》,皆空言无事实。今世有《亢桑子》书,其首篇出《庄子》,而益以庸言。……刘向、班固录书无《亢仓子》,而今之为术者,乃始为之传注,以教于世,不亦惑乎!"此从著录、取材两方面综合考察。另《辩晏子春秋》还着重从思想上分析,认为"墨好俭,晏子以俭名世","且其旨多尚同、兼爱、非乐、节用、非厚葬久丧者,是皆出墨子。又非孔子,好言鬼事;非儒、明鬼,又出墨子","盖非齐人不能具其(指晏子)事,非墨子之徒,其言不若是",故"疑其墨子之徒有齐人者为之"。此说后人有从之者,如胡应麟《四部正讹》、梁启超《汉书艺文志诸子略考释》;亦有非之者,如孙星衍《晏子春秋序》。虽尚难成为定论,但柳宗元以思想体系为根据进行辨伪,颇具开创精神,而且能言之成理。柳宗元在辨伪学史上已开辨群书之先河,且意见精当,方法多样,故对后世影响很大。胡应麟《四部正讹》在《鹖冠子》一书下对他作了较为全面的评价:"若抉邪摘伪,判别妄真,子厚之裁鉴,良不可诬。所论《国语》(按:有《非国语》)、《列御寇》、《晏婴》、《鬼谷》,皆洞见肝膈,厥有功斯文,亦不细矣。"

唐代中后期的辨伪,揭开了辨伪学在宋代更加广泛、深入发展的序幕。

五、本时期四部书整理概况

本时期四部书的整理,以经、史、集三方面为突出,子部的整理较差。

经部之整理,多集成而少开创,隋朝有二刘,时称名家。《隋书·儒林传》载:刘焯,字士元,信都昌亭人,称他对"贾、马、王、郑所传章句,多所是非",著有《五经述议》,而据《隋志》及《旧唐志》著录,焯只著有《尚书义疏》,盖《五经述议》涉刘炫著作而误。又载:刘炫,字光伯,河间景城人,著《论语述议》(《隋志》及《旧唐志》均作"述义",下同)、《春秋攻昧》、《五经正名》、《孝经述议》、《春秋述议》、《尚书述议》、《毛诗述议》、《注诗序》等。至唐有孔颖达等人受诏所撰《五经正义》,贾公彦撰《仪礼注疏》、《周礼注疏》、徐彦撰《春秋公羊传注疏》、杨士勋撰《春秋穀梁传注疏》等,此为六朝义疏集成之作。此外有李鼎祚《周易集解》、史徵《周易口诀义》、成伯玙《毛诗指说》、唐玄宗《孝经注》等,以《周易集解》价值最高,博采子夏(可疑)至孔颖达等三十五家之说,可补王弼注之空疏。

史部书的整理亦多集成之作,如颜师古《汉书注》、司马贞《史记索隐》、张守节《史记正义》等,后面有专节论述。另外有章怀太子李贤等的《后汉书注》。李贤是唐高宗的儿子,武后所生。上元二年(675)立为皇太子,后与张大安、刘讷言等共同注释范晔的《后汉书》，历时六年始成。李贤注与刘昭注体例不同，刘注侧重在补遗考证，而李贤注则侧重于训诂。

子部以注老庄书为多，此与当时重道家的思潮有关。陆德明有《老子》、《庄子》音义，唐玄宗有《老子注》并疏，成玄英有《老子注》(已佚)、《庄子疏》，张君相有《道德真经集解》，李荣有《道德真经注》，李约有《道德真经新注》，陆希声有《道德真经传》，等等。儒家类只有杨倞的《荀子注》，为流传至今最早的一个《荀子》古注本。杨倞事迹不详，《新唐书·艺文志》以倞为杨汝士子，而《宰相世系表》载杨汝士子无名倞者，清汪中《荀卿子通论》(见《述学》)据《古刻丛抄》载杨倞所作唐故银青光禄大夫使持节蔚州诸军事行蔚州刺史兼御史中丞马公墓志铭，考知杨倞为唐武宗时人。杨注兼释训诂义理，有一定的成绩，但受当时学术水平所局限，又存在一些问题，如不明古义，以今释古；忽略校勘，曲徇误文；不明假借，望文生训，等等，其中尤其严重的为最后一点，这一问题在当时具有代表性。本时期子部书的一个特点是在类书编纂上有突出成就，如欧阳询等的《艺文类聚》、虞世南的《北堂书钞》、徐坚的《初学记》、白居易《白氏六帖》等等。

在集部书方面，别集的编纂和整理极为兴盛。特别是唐代，尤为突出，据《新唐书·艺文志》，别集类有 736 家，加上玄宗以下不著录者 406 家，共计 1142 家。唐人别集很多，大部分在当世就已结纂流传，除两《唐志》著录之外，各有关人物的传记中亦多详载。总集的编纂亦很及时，唐人选唐诗的集子即有多种，如元结《箧中集》、殷璠《河岳英灵集》、芮挺章《国秀集》、令狐楚《唐御览诗》、高仲武《中兴间气集》等。总集的注释以《文选》为盛，后面将有专节论及。

六、壁经、石经及雕版刻经

本时期继承历史上由官方刊定公布经书文字的作法，产生过壁经和石经。同时，五代时期开始把雕版印刷用于刊刻经书，这在古文献流传史上具有划时代的意义。

关于壁经，据张参《五经文字序例》，为唐代宗大历十年(775)六月至十一年六月，国子儒官"勘校经本"后所书壁者。刘禹锡《国学新修五经壁记》详细记载了唐壁经初修和重修的情况，初修在大历中，即《五经文字序例》所记大历十一年(776)。重修距初修"积六十岁"，则当在大和八年(834)左右。此次重修，由国子祭酒齐皞、博士韦公肃主其事，包括校定、修壁、书壁等步骤。校定则由张参主持。这次修壁，改用在土墙面上镶嵌硬木板的方法，以防风蚀剥落,求得久长。所谓五经,当为《易》、《书》、《诗》、《礼》、《春秋》之统称,实为《周易》、《尚书》、《毛诗》、《周礼》、《仪礼》、《礼记》、《左传》、《公羊传》、《穀梁传》、《孝经》、《论语》、《尔雅》十二种书。

本时期的石经有唐开成石经和五代蜀石经。

开成石经创议于大和四年(830)。开雕于大和九年(835),雕成于开成二年(837),由郑覃等主其事。《旧唐书·文宗纪下》云:开成二年,"十月癸卯,宰臣判国子祭酒郑覃,进石壁九经一百六十卷。时上好文,郑覃以经义启导,稍折文章之士,遂奏置五经博士,依后汉蔡伯喈刊碑,列于太学,创立石壁九经,诸儒校正讹谬。上又令翰林勒字官唐玄度复校字体,又乖师法。故石经立后数十年,名儒皆不窥之,以为芜累甚矣。"事又见《旧唐书·郑覃传》。关于开成石经所包括的经书及刻石之数,王昶《金石萃编》卷一〇九云:"石刻十二经,并《五经文字》、《九经字样》。《易》九石,《书》十石,《诗》十六石,《周礼》十七石,《仪礼》二十石,《礼记》三十三石,《春秋左传》六十七石,《公羊传》十七石,《穀梁传》十六石,《孝经》一石,《论语》七石,《尔雅》五石,《五经文字》、《九经字样》共十石。每石七八层,高七八尺、广三四尺不等。正书,题首隶书。在西安府学……开成二年丁巳岁,月次于元,日惟丁亥。"开成石经只有正文,而无注文。

蜀石经依据开成石经雕成,唯只刻十经,《公羊传》、《穀梁传》、《孟子》三书,为宋人所补刻。今皆亡。吴任臣《十国春秋·毋昭裔传》谓毋昭裔"常按雍都旧本九经,命张德钊书之,刻石于成都学宫"。王昶《金石萃编》卷一二二引《成都记》:"伪蜀孟昶有国,其相毋昭裔刻《孝经》、《论语》、《尔雅》、《周易》、《尚书》、《周礼》、《毛诗》、《仪礼》、《礼记》、《左传》凡十经于石。其书丹则张德钊、杨钧、张绍文、孙逢吉、朋吉、周德贞也。石凡千数,尽依大和旧本,历八年乃成。《公》、《穀》则有宋田元均所刻,《古文尚书》则晁公武所补也。胡元质宗愈作堂以贮之,名石经堂,在府学。"另晁公武《石经考异序》也有较详细的记载。蜀石经流传于南宋,全祖望《蜀广政石经残本跋》说:"宋人所称引,皆以蜀石经为证,并不及唐陕本石经。其故有二:一则唐石经无注,蜀石经有注,故从其详者;一则南渡后唐石经阻于陕,不至江左,当是故学宫颁行之本,皆蜀石经。"(《鲒埼亭集》卷三七)但蜀石经很快也即毁亡,元明以来流传甚稀。晁公武作有《考异》,补刻《古文尚书》,并为每经拓本各撰题记编入《郡斋读书志》,是保存蜀石经资料的有功者。蜀石经文字一仍唐石经,而增入古注,则是胜过唐石经的地方。但由于蜀石经出现于长兴九经雕版之后数年,雕版的经注、经疏流传更为广泛、便利,因而蜀石经尽管有注,其价值也不能不相对削减。

雕版印刷九经,亦始于五代,见载于《旧五代史·唐明宗纪》及《冯道传》。王溥《五代会要》更有较详细的记载:"后唐长兴三年(932)二月,中书门下奏请依石经文字刻九经印板。敕令国子监集博士儒徒,将西京石经本,各以所业本经句度,抄写注出,子细看读。然后顾召能雕字匠人,各部随帙刻印板,广颁天下。如诸色人要写经书,并须依所印敕本,不得更使杂本交错。其年四月,敕差太子宾客马缟、太常丞陈观、太常博士段颙、路航、尚书屯田员外郎田敏充详勘官,兼委国子监于诸色选人中,召能书人端楷写出,旋付匠人雕刻。每日五纸,与减一选,如无选可减等弟,据与改转官资。"这是中国文化史上的一件大事,对于古文献的传播产生了不可估量的影响。

第二节　陆德明

陆德明(约550—630),名元朗,以字行。苏州吴(今苏州市吴县)人。初学于周弘正(《周易音义》中引其说,例称"师说"),善言玄理。南朝陈时,曾任始兴王国左常侍、国子祭酒。陈亡,归乡里。隋炀帝时曾任秘书学士、国子祭酒。王世充僭位被平后,秦王李世民徵陆德明为秦府文学馆学士。陆德明以儒学为宗,兼通佛老。唐太宗贞观初,授国子博士,封吴县男。传见两《唐书》。

陆德明身历陈、隋、唐三朝,既善言玄理,又长于音义、目录、校勘,由南入北,代表着南北学术的合流。他的学术成就堪称本时期学术概况的缩影。他著有《老子疏》十五卷,《易疏》二十卷,见两《唐书》本传,今不存,传下来的只有《经典释文》三十卷。

《经典释文》是集汉魏古注、六朝音义之大成并且精于校勘的一部重要著作。据学者们考证,此书始作于陈后主至德元年(癸卯,583),成书于入隋之前,署唐时官衔,乃后人追题。详可参看吴承仕《经典释文序录疏证·序》及林焘《陆德明的"经典释文"》(载《中国语文》1962年3月号)。此书内容:首为序录一卷,包括《自序》、《条例》、《次第》、《注解传述人》四篇。《自序》申明著述宗旨及始末,《条例》介绍本书音义、校勘的凡例,《次第》叙各书编次之由,《注解传述人》介绍各书内容,传授源流,汉、魏至梁的注家注本。序录之后,接着列各书音义,为本书的主体部分。包括《周易音义》一卷、《古文尚书音义》二卷、《毛诗音义》三卷、《周礼音义》二卷、《仪礼音义》一卷、《礼记音义》四卷、《春秋左氏音义》六卷、《公羊音义》一卷、《穀梁音义》一卷、《孝经音义》一卷、《论语音义》一卷、《老子音义》一卷、《庄子音义》三卷、《尔雅音义》二卷,共三十卷。至于经书之外,之所以还收《老子》、《庄子》、《尔雅》、《条例》说:"五经人所常习,理有大宗,义行于世,无烦觊缕。至于《庄》、《老》,读学者稀,故于此书微为详悉。又《尔雅》之作,本释五经,既解者不同,故亦略存其异。"作者重《老》、《庄》,盖与其善言玄理、承玄学之馀绪有关。魏晋南北朝时《庄》、《老》、《周易》,总谓"三玄"(《颜氏家训·勉学》)。

《经典释文》以释音为主,又兼及训诂和校勘,正如《四库提要》卷三三所说:"所采汉、魏、六朝音切凡二百三十馀家,又兼载诸儒之训诂,证各本之异同。"其书格式既袭音义诸作之旧,而又有所创新,《条例》说:"先儒旧音,多不音注。然注既释经,经由注显,若读注不晓,则经义难明;混而音之,寻讨未易。今以墨书经本,朱字辩注,用相分别,使较然可求。旧音皆录经文全句,徒烦翰墨,今则各标篇章于上,摘字为音,虑有相乱,方复其录;唯《孝经》童蒙始学,《老子》众本多乖,是以二书特纪全句。"这里说明与旧作有两点不同:第一,不仅释本文,而且释注文;第二,注释标出之文(即出文),以单字、单词为主,经书遇有易乱处及《孝经》、《老子》二书,始录全句。与旧作皆录全句不同。

《经典释文》在古文献学上的成就主要有以下几方面:

(一)综考诸书源流

《经典释文》在《序录·注解传述人》中,对所注每一部书的传授、整理源流,均有详细的考述,并著录各书的注释成果,等于各书的序录。其意义有二:第一,说明《经典释文》所含音义诸作所据底本及成果来源,实为各书的纲领。例如《周易》:"今以王(弼)为主,其《繫辞》已下王不注,相承以韩康伯注续之,今亦用韩本。"参考引用诸家之作有:子夏《易传》三卷、孟喜章句十卷、京房章句十二卷、费直章句四卷、马融传十卷、荀爽注十卷、郑玄注十卷、刘表章句五卷、宋衷注九卷、虞翻注十卷、陆绩述十三卷、董遇章句十二卷、王肃注十卷、王弼注七卷、姚信注十卷、王廙注十二卷、张璠集解十二卷、干宝注十卷、黄颖注十卷、蜀才注十卷、尹涛注六卷、费元珪注九卷、荀爽九家集注十卷、谢万、韩伯、袁悦之、桓玄、卞伯玉、荀柔之、徐爰、顾懽、明僧绍、刘瓛等十人分别所注《繫辞》,王肃、李规、徐邈等三人分别所作《易音》,梁褚仲都、陈周弘正分别所作《易义》。《尚书》:"今以孔氏(安国)为正,其《舜典》一篇仍用王肃本。"参考引用诸家之作有:孔安国《古文尚书传》十三卷、马融注十一卷、郑玄注九卷、王肃注十卷、谢沈注十五卷、李颙注十卷、范宁集解十卷、姜道盛集解十卷、伏胜《尚书大传》三卷、孔安国、郑玄、李规、徐邈各作

《尚书音》(自注：汉人不作音，后人所托)、梁费甝《尚书义疏》。其他各书类此，不一一列举。第二，实为历史目录学的重要成果，有独立存在的价值，为考定隋以前有关经籍及老、庄文献所必不可忽略的依据。其在内容和体例上对《史记·儒林列传》、前后《汉书》之《儒林传》以及前代目录著作如刘向《别录》、刘歆《七略》、《汉书·艺文志》、阮孝绪《七录》等解题目录，均有所继承，尤以直袭《七录》为多，其后又直接为《隋书·经籍志》所本，堪称有关经籍及《尔雅》、《老子》、《庄子》的承前启后的重要解题目录著作，具有划时代的意义。当然具体考定以及底本的选择也有不妥之处，如信伪《古文尚书》，已开唐人之先。

（二）注释内容丰富，体例严密

《释文》注释内容包括注音、释义、辨字、句读等，以一说为主，博采异说，间有考辨，不乏创获之见。下面分别举例略述。

1. 注音

《释文》的注音方法，以反切为主，兼用直音。其注音原则有以下几点：第一，斟酌旧音，取长存异。《条例》说："前儒作音，多不依注，注者自读，亦未兼通。今之所撰微加斟酌：若典籍常用，会理合时，便即遵承，标之于首；其音堪互用，义可并行，或字存多音，众家别读，苟有所取，靡不毕书，各题氏姓，以相甄识，义乖于经，亦不悉记。其'或音'，'一音'者，盖出于浅近，示传闻见，览者察其衷焉。"第二，旧家注音及反切或直音所用之字均有变异，或有讹误，存疑备考。第三，新注之音，依据当世，或说："随世音焉"（见"周易略例"下）或说"随俗而音"（见《礼记·曲礼》"三饭"下），且避免用假借字标音，音字务求易识。第四，音义多相关，义由音定，音随义变，能注意辨义注音。例如《周易音义·乾》"大人造"下："郑：徂早反，为也。王肃：七到反，就也，至也。"《坤》"驯"下："似遵反，向秀云：从也。徐音训。此依郑义。"《毛诗音义·周南·关雎》"幽閒"下："音闲。"而《邶风·绿衣》"閒色"下则曰："閒厕之閒。"因为《释文》既注新音，又大量保存旧音，而且旧音作者时代、籍贯不一，所以很难构成一个独立、完整的音系，也具有南朝音义之学在注音上的混古今、杂南北的共同特点，而且在审音、注音时也多以今音为准，有其局限，可贵的是他并不泯灭异说。例如，《公羊传·僖公十六年》："是月六鹢退飞"，《释文》注"是"字曰："如字，或一音徒兮反。"吴承仕《经籍旧音辨证》："卢文弨曰：'是月'有作'提月'者，故一音徒兮反。《初学记》'晦日'条引此作'提月'。阮元曰：是月与《月令》之是月似异而实同，改作'提'者，俗人所为也。承仕按：卢说近之，《释文》或音即依或本作'提'。"《大学》'顾諟天之明命'，注云：'諟，犹正也。諟或为题。'其比正同。阮说俗改为'提'，失之。"今案，《释文》所注二音，实古今之别，"如字"系今音，"徒兮反"为古音。"提"、"题"皆从"是"得声，古无舌上音，"是"读"徒兮反"。

2. 释义

《释文》除注音之外，亦重释义。在释义上具有以下特点：第一，详于训诂，以底本为主，时有补充，广列众说，或加考辨。自序说："古今并录，括其枢要，经注毕详，训义兼辨。"第二，引众说，取其义而略其文，《条例》说："援引众训，读者但取其意义，亦不全写旧文。"第三，音义多相关，能注意辨音释义。第四，重视字书，多引以证义。所引字书有《尔雅》、《小尔雅》、《方言》、《说文》、《广雅》、《字诂》、《声类》、《字林》、《玉篇》、阮孝绪《字略》等。下面略举数例以见一斑：

> 《周易音义·无妄》"无妄"下："无妄，无虚妄也。《说文》云：'妄，乱也。'马、郑、王肃皆云：妄，犹望，谓无所希望也。"

> 《毛诗音义·卫风·硕人》"盼兮"下："敷苋反，白黑分也。徐又敷谏反。《韩诗》云：'黑色也。'《字林》云：'美目也。'"

> 《周礼音义·大司寇·掌囚》"梏"下："古毒反。张揖（《广雅》）云：'参著曰梏，偏著曰桎。'《说文》云：'梏，手械，所以告天。桎，足械，所以质地。'"

> 《庄子音义·逍遥游》"扶摇"下："徐音遥。风名也。司马（彪）云：'上行风谓之扶摇。'《尔雅》云：'扶摇谓之飚。'郭璞（《尔雅注》）云：'暴风从上下也。'"

3. 辨字

《释文》特重字体，凡属古今字、正俗字、假借字以及古文、籀、篆诸体之别，多加详辨。例如：

> 《周易音义·噬》"勑法"下："此俗字也，《字体》作勅。"

> 《周易音义·复》"有灾"下："本又作灾。郑作烖。《说文》：烖，正字也。灾，或字也。烖，籀文也。"

> 《尚书音义·序》"伏"下："古作虙。"

> 《毛诗音义·周南·葛覃》"藂木"下："才公反，俗作藜。"

> 《仪礼音义·士冠》"庙门"下："刘昌宗音廟。案，庿，古廟字。"

> 《礼记音义·曲礼》"三饭"下："符晚切，下注'礼饭以手'，同。依字书食旁作卞，扶万反；食旁作反，符晚反。二字不同，今则混之，故随俗

而音此字。"

　　《论语音义·宪问》"草创"下："初向反,制也。依《说文》此是创痍字,创制之字当作刱。"

　　在字体处理上,所立原则与颜之推《书证》多同,在《条例》中有说明:第一,不改假借之字。"经籍文字,相承已久,至如'悦'字作'说','闲'字为'閒','智'但作'知','汝'止为'女',若此之类,今并依旧音之。"第二,不穿凿古字。"《尚书》之字,本为隶古,既是隶写古文,则不全为古字。今宋齐旧本及徐李等音所有古字,盖亦无几。穿凿之徒,务欲立异,依傍字部,改变经文,疑惑后生,不可承用,今依旧为音。"第三,不改异体字。"其字有别体,则见之音内,然亦兼采《说文》、《字诂》,以示同异者也。"第四,对于俗字、讹字,根据汉字结构的规律和约定俗成的原则决定弃取。"实不可依"者,"不从流俗";"改便惊俗"者,可依其旧。

　　4.句读

　　句读涉及文意,自古以来即为注家所重,而比较集中详究句读,当首推陆德明《经典释文》,其中保存了丰富的有关句读的资料。大致可分两种情况:

　　第一,因文异而句读有歧。例如:

　　　　《春秋左氏音义·襄公十三年》"不习则增"下："绝句。一本无增字,则连下总为句。"

　　　　《毛诗音义·召南·羔羊》"委蛇"下："读此句当云委蛇委蛇,沈读作委委蛇蛇。"

按沈重之句读或据《鄘风·君子偕老》"委委佗佗"。实两处当皆以"委蛇委蛇"为是,疑原有重字符,作"委＝蛇＝",应读作"委蛇委蛇",作"委委蛇蛇",系误读重字符所致。

　　第二,文同而句读有歧。例如:

　　　　《周易·习坎》六四"樽酒簋贰用缶",《释文》于"樽酒"下曰："音尊,绝句。"于"簋贰"下曰："音轨,绝句。"于"用缶"下曰："方有反,绝句。旧读'樽酒簋'绝句,'贰用缶'一句。"

　　　　《尚书·大诰》"天降割于我家不少延洪惟我冲人",《释文》出"不少"曰："马(融)读'弗少延'为句。"

　　　　《论语·公冶长》"由也好勇过我无所取材",《释文》出"过我"曰："绝句。一读'过'字绝句。"

按,这里提供的另一种断句,颇有参考价值,或为孔子原意。

《论语·乡党》"曰伤人乎不问马",《释文》出"曰伤人乎"曰:"绝句。一读至'不'字绝句。"

《释文》保存的断句资料,多数能言之成理,很有启发性,对于如何准确理解文意,帮助匪浅。

（三）精于校勘,保存了丰富、珍贵的异文资料

《释文》甚重校勘,陆德明充分估计到古书在传抄流传中,文字讹误的严重性,把校勘视为释义的前提和基础。《条例》说:"汉兴,改秦之弊,广收篇籍,孝武之后,经术大隆,然承秦焚书,口相传授,一经之学,数家竞爽,章句既异,踳驳非一。……余既撰音,须定纰缪,若两本俱用,二理兼通,今并出之,以明同异;其泾渭相乱,朱紫可分,亦悉书之,随加刊正;复有他经别本,词反义乖,而又存者,示博异闻耳。"这里不仅谈了校勘之必要,而且谈了他的校勘原则,即校是非与校异同并重,反对轻改,反对臆改。他在具体实践中,正是按这样的原则来做的。因此《释文》不仅给我们提供了许多精当的校勘之见,而且保存了十分丰富、详尽的异文资料,自汉以来有关诸书的版本差异,借此可以考见大概。有不少异文非常珍贵,诸书面貌,借此得以存其真。还须指出的是,《释文》不仅注意校文字,而且注意考校书籍的形制格式。下面分别举例证之。

1. 校是非

《周易音义·卦略》"履者礼也"下:"今《杂卦》无此句,《韩注》有,或传写者误。"

按,此以《韩注》为非。

《毛诗音义·郑风·大叔于田》"而勇"下:"本或作'而好勇','好'衍字。"

《春秋左氏音义·闵公传二年》:"卫文公大布之衣"下:"本或作'衣大布之衣',误。"

《论语音义·学而》"传不"下:"郑注云:'《鲁》(《鲁论语》)读传为专,今从《古》。'案郑校周之本,以《齐》(《齐论语》)、《古》(《古文论语》)读正凡五十事。郑本或无此注者,然《皇览》引《鲁》读六事,则无者非也。后皆放(仿)此。"

按,这里不仅引郑注为说以校《论语》,而且据《皇览》校郑注。

《论语音义·述而》"子疾"下："一本云'子疾病'，皇本同。郑本无'病'字。案《集解》于《子罕》篇始释'病'，则有'病'字非。"

2. 校异同

《周易音义·乾》"所处"下："一本作'可处'。""利物"下："孟喜、京、荀、陆绩作'利之'。""趀克"下："今亦作'鲜'，同。"

《尚书音义·金縢》"新逆"下："马本作'亲迎'。"

《毛诗音义》"故训传第一"下："旧本多作'故'，今或作'诂'，音古，又音故，……案诂故皆是古义，所以两行。然前儒多作诂解，而章句有故言。郭景纯注《尔雅》则作释诂。樊（光）、孙（炎）等《尔雅》本皆为释故。今宜随本，不烦改字。"

按，这里提出了"今宜随本，不烦改字"的存异原则。

《释文》校是非、校异同的校语，除举称各本加以判断外，还有通过注音方式加以表示者。黄焯《经典释文汇校》前言说："《释文》有以注音方式表异文或误字者，不下数十百处，此盖承汉人读为当为之例。如《礼记音义一》'公叔木'条云：'音戍，式树反。'（自注：据敦煌写本音下有戍字）此谓公叔木即公叔戍，非谓木有戍音。或见《广韵》、《集韵》木字皆无式树之音，以为此音为《释文》所独有，实则《释文》非以木与戍为同音。……此皆以注音方式表异文或误字之证。"

3. 考校形制、格式

《释文》校勘不限于字句，亦涉书籍的篇章、形制、格式，以图从整体上恢复古书原貌。例如：

关于《书序》及佚篇，《尚书音义·舜典》"饫"下："稟饫，亦《书》篇名也。《汩作》、《九共》等十一篇同此序。其文皆亡，而序与百篇之序同编，故存。今马、郑之徒，百篇之序总为一卷，孔以各冠其篇首，而亡篇之序，即随其次第居见存者之间。众家经文并尽此，唯王注下更有《汩作》、《九共》，故逸。"

关于古书小题、大题的次序，《毛诗音义》"毛诗"下："诗是此书之名，毛者传诗人姓。既有齐、鲁、韩三家，故题姓以别之。或云小毛公加毛诗二字，又云河间献王所加，故大题在下。案马融、卢植、郑玄注三礼，并大题在下。班固《汉书》、陈寿《三国志》题亦然。"

关于《春秋》与《左传》篇帙的分合，《春秋左氏音义》"春秋经传集解"下："旧夫子之经与丘明之传各卷，杜氏合而释之，故曰经传集解。"

关于《论语》分章,《论语音义·述而》"子于是日哭则不歌"下:"旧以为别章,今宜合前章。""亡而为有"下:"此旧为别章,今宜与前章合。"《先进》"德行"下:"郑云以合前章,皇别为一章。"《卫灵公》"子曰父在观其志父没观其行"下:"《集解》无此章,郑本有,云:古皆无此章。"《尧曰》"孔子曰不知命无以为君子也"下:"《鲁论》无此章,今从《古》。"

《释文》在校勘方法上以对校为主,亦兼用他校、本校、理校,比较全面。加之态度谨慎,反对轻改和臆改,所以取得的成就很高。

陆德明是我国古文献学史上的著名学者,他撰《释文》,上承汉魏古注、六朝音义之学,受颜之推《书证》、《音辞》的影响尤为直接,在古书注释、目录、校勘方面给后世留下宝贵的财富。《释文》所采诸经底本,又直接为唐疏所承袭。

《经典释文》除单行本流传之外,自宋代监本注疏,又析附诸经之末,今《十三经注疏》中《周易正义》犹保存这一形式的旧貌;之后又散附注疏之中,往往与注相混淆,如《十三经注疏》中除《周易》附《释文》于后及《论语》、《孝经》二书不附《释文》,《孟子》本无《释文》之外其他各书均如此。

第三节　孔颖达、贾公彦等与诸经疏

诸经唐疏继承南北朝义疏之作的体例,融合了南北经学的成果,成为我国古文献学史上划时代的著作。计有孔颖达领衔所撰五经正义:《周易正义》、《尚书正义》、《毛诗正义》、《礼记正义》、《春秋左传正义》,贾公彦《周礼疏》、《仪礼疏》,徐彦《春秋公羊传疏》,杨士勋《春秋穀梁传疏》。

一、孔颖达等五经正义

孔颖达(574—648),字冲远(两《唐书》本传原作"仲达",二十四史校点本《旧唐书》据于志宁《曲阜宪公孔公碑铭》改),冀州衡水(今河北衡水)人。孔颖达精通王弼所注《周易》,郑玄所注《尚书》、《毛诗》、《礼记》,杜预所注《左传》,兼善算历、文章。同郡刘焯名重海内,孔氏曾造门问学。隋大业初,举明经高第,授河内郡博士。李世民平王世充之乱,引为秦府文学馆学士。唐高祖武德九年(626),擢授国子博士。唐太宗贞观初,封曲阜县男,转给事中。当时太宗初即位,留心庶政,孔氏屡进忠言,益见亲附。贞观六年(632)授国子司业。一年多以后,迁太子右庶子,仍兼国子司业。唐太宗与诸儒议历法及明堂,皆从孔氏之说。曾与魏徵撰成《隋史》,加散骑常侍。贞观十一年(637),又与朝贤修定五礼。太宗太子承乾,贬为庶人,令撰《孝经义疏》,孔氏因文见义,更广规讽之道,学者称之。孔颖达与颜师古、司马才章、王恭、王琰受诏撰五经义训,号义赞,诏改为正义,付国子监施行。《新唐书》本传说:"唐高宗永徽二年(651),诏中书门下与国子三馆博士、弘文馆学士考正之。于是尚书左仆射于志宁、右仆射张行成、侍中高季辅就加增损,书始布下。"

(一)《周易正义》

据《新唐书·艺文志》,《周易正义》十六卷(《周易正义序》谓十四卷),国子祭酒孔颖达、颜师古、司马才章、王恭、太学博士马嘉运、太学助教赵乾叶、王琰、于志宁等奉诏撰,四门学士苏德融、赵弘智复审。此书疏解王弼、韩康伯所注《周易》,吸收南北朝义疏成果,参酌古注,修撰而成。据《周易正义序》,此书撰写宗旨有三:第一,"考察其事,必以仲尼为宗",即以《易》传为宗,传统认为《易》传为孔子所作。第二,"义理可诠,先以辅嗣为本",即以王弼注(《繫辞》以下为韩康伯注)为本。孔氏非常推崇王弼《周易注》,《序》称"唯魏世王辅嗣之注,独冠古今,所以江左诸儒,并传其学,河北学者,罕能及之"。第三,"去其华而取其实,欲使信而有徵",这是针对吸纳江南义疏讲的,序称"其江南义疏十有馀家,皆辞尚虚玄,义多浮诞"。

《周易正义》的内容有以下几方面:

第一,综述经传源流

《周易正义》前有叙论,共有八论:"第一论易之三名","第二论重卦之人","第三论三代易名","第四论卦辞爻辞谁作","第五论分上下二篇","第六论夫子十翼","第七论传易之人","第八论谁加经字"。其中多引旧说,并下己意,对《周易》及《易传》的成书和流传作了较为系统的论述,提供了历来有关《周易》研究的宏观材料。如《论易之三名》说:"《易乾凿度》云:'易一名而含三义,所谓易也,变易也,不易也。'……郑玄依此义作《易赞》及《易论》云:'易一名而含三义,易简,一也;变易,二也;不易,三也。'"《论三代易名》说:"案《周礼·太卜》'三易'云:'一曰《连山》,二曰《归藏》,三曰《周易》',杜子春云:'《连山》,伏羲;《归藏》,黄帝。'郑玄《易赞》及《易论》云:'夏曰《连山》,殷曰《归藏》,周曰《周易》。'郑玄又释云:'连山者,象山之出云连连不绝;归藏者,万物莫不归藏于其中;周易者,言易道周普,无所不备。'郑玄虽有此释,更无所据之文。先儒因此遂为文质之义,皆烦而无用,今所不取。案《世谱》等群书,神农一曰连山氏,亦曰列山氏;黄帝一曰归藏氏。既连山、归藏并是代号,则周易称周,取岐阳地名,《毛诗》云'周原朊朊'是也。"《论夫子十翼》说:"其《彖》、《象》等十翼之辞,以为孔子所作,先儒更无异论。但数十翼亦有多家。既文王《易经》本分为上下二篇,则区域各别,《彖》、《象》释卦亦当随经而分。故一家数十翼云:上《彖》一、下《彖》二、上《象》三、下《象》四、上《系》五、下《系》六、《文言》七、《说卦》八、《序卦》九、《杂卦》十。郑学之徒并同此说,故今亦依之。"尽管这些说法,特别是关于《周易》及《易传》的作者,颇多附会之辞,未可尽信,但孔氏等人加以综合,并下己意,还是有参考价值的。如驳郑玄关于三代《易》名的附会之说,甚确。

第二,解题释例

《周易正义》对《周易》经传的篇目、术语、凡例,解释颇详,其中既存旧说,又有发明。例如:

关于卦及卦名的解释,《乾卦》卦辞《正义》曰:"乾者,此卦之名。谓之卦者,《易纬》曰:'卦者,挂也,言悬挂物象以示于人,故谓之卦。'但二画之体,虽象阴阳之所,未成万物之象,未得成卦,必三画以象三才,写天地雷风水火山泽之象,乃谓之卦也。故《系辞》云'八卦成列,象在其中矣'是也。但初有三画,虽有万物之象,于万物变通之理犹有未尽,故更重之而有六画,备万物之形象,穷天下之能事,故六画成卦也。乾卦本以象天,天乃积诸阳气而成天,故此卦六爻皆阳画成卦也。此既象天,何不谓之天而谓之乾者,天者定体之名,乾者体用之称。……但圣人名卦,体例不同,或则以物象而为卦名者,若否、泰、剥、颐、鼎之属是也;或以象之所用而为卦名者,即乾、坤之属是也,如此之类多矣;虽取物象乃以人事而为卦名者,即家人、归妹、谦、履之属是也。所以如此不同者,但物有万象,人有万事,若执一事,不可包万物之象,若限局一象,不可总万有之事,故名有隐显,辞有踦驳,不可一例求之,不可一类取之。故《系辞》云'上下无常,刚柔相易,不可为典要',韩康伯注云'不可立定准'是也。"

关于爻,《乾卦》初九爻辞《正义》曰:"谓之爻者,《系辞》云:'爻也者,效此者也。'圣人画爻以仿效万物之象。先儒云:后代圣人以《易》占事之时,先用蓍以求数,得数以定爻,累爻而成卦,因卦以生辞,则蓍为爻卦之本,爻卦为蓍之末。今案《说卦》云:'圣人之作《易》也,幽赞于神明而生蓍,参天两地而倚数,观变于阴阳而立卦,发挥于刚柔而生爻。'《系辞》云:'成天下之亹亹者莫大乎蓍龟,是故天生神物,圣人则之。'又《易乾凿度》云:'垂皇策者牺。'据此诸文,皆是用蓍以求卦,先儒之说理当然矣。然阳爻称九、阴爻称六,其说有二:一者,乾体有三画,坤体有六画,阳得兼阴,故其数九,阴不得兼阳,故其数六;二者,老阳数九,老阴数六,老阴老阳皆变,《周易》以变者为占,故杜元凯注襄九年传'遇《艮》之八'及郑康成注《易》,皆称《周易》以变者为占,故称九称六。所以老阳数九,老阴数六者,以揲蓍之数,九遇揲则得老阳,六遇揲则得老阴。其少阳称七,少阴称八,亦准此。张氏以为阳数有七有九,阴数有八有六,但七为少阳,八为少阴,质而不变,为爻之本体。九为老阳,六为老阴,文而从变,故为爻之别名。且七既为阳爻,其画已长,今有九之老阳,不可复画为阳,所以重钱避少阳七数,故称九也,八为阴数而画阴爻,今六为老阴,不可复画阴爻,故交其钱避八而称六。但《易》含万象,所托多途,义或然也。"这里先用《易传》、《易纬》证成先儒"用蓍以求数,得数以定爻,累爻而成卦"之说,次归纳"阳爻称九,阴爻称六"之二说,并附张讥说以备参。可见并非简单罗列,不乏综合考证之功。

关于大象,《周易·乾卦》象辞首句"天行健,君子以自强不息",《正义》曰:"此大象也。十翼之中第三翼,总象一卦,故谓之大象。"又曰"凡六十四卦说象不同",于是分类归纳一一加以说明,其中也是己说与成说兼而有之。

第三,疏解经传及注文

《周易正义》的主体是疏解,包括对《周易》经文《卦辞》、《爻辞》、《易传》十翼及王弼、韩康伯注的疏证解释。其内容有以下几方面:(1)分段、分节撮述大意;(2)对经、传及注文训解串释;(3)引证。以引证部分价值最高。从引证材料的范围看,或经传互注,或引纬注经,或引王注王(如王弼专著《周易略例》,散引于疏中各处),或引先儒(如《子夏传》、马融、郑玄、刘表、荀爽、王肃、姚信等)旧说,或引南北朝疏家褚氏(名仲都,梁朝人,有《周易讲疏》)、庄氏(佚名)、张氏(名讥,陈朝人,有《周易讲疏》)、周氏(名弘正,陈朝人,有《周易义疏》)等新义。从引证原则看,以申明王弼、韩康伯注为宗,亦兼有补阙、存异。兹举二例,以见一斑:

> 《晋·九四》:"晋如鼫鼠,贞厉。"王注:"进如鼫鼠,无所守也。"《正义》曰:"晋如鼫鼠无所守也者,蔡邕《劝学篇》云:'鼫鼠五能,不成一伎王'(《十三经注疏校勘记》:'宋本王作术,按卢文弨云《颜氏家训》作不成伎术,知王字误也')注曰:'能飞不能过屋,能缘不能穷木,能游不能度谷,能穴不能掩身,能走不能先人。《本草经》云:蝼蛄一名鼫鼠,谓此也。'郑引《诗》云:'硕鼠硕鼠,无食我黍',谓大鼠也,陆机以为雀鼠。案王以为无所守,盖五伎者当之。"

按,此引蔡邕《劝学篇》及注,证成王说,否定郑、陆之说。

《复》象辞："反复其道，七日来复"，王注："阳气始剥尽至来复时凡七日。"《正义》曰："阳气始剥尽，谓阳气始于剥尽之后至阳气来复时凡经七日。观注之意，阳气从剥尽之后至于反复凡经七日，其注分明。如褚氏、庄氏并云五月一阴生至十一月一阳生凡七月，而云七日不云月者，欲见阳长须速，故变月言日。今辅嗣云'剥尽至来复'，是从尽至来复经七日也。若从五月言之，何得云'始尽'也？又《临》卦亦是阳长而言八月，今《复》卦亦是阳长，何以独变月而称七日？观注之意，必谓不然，亦用《易纬》六日七分之义，同郑康成之说，但于文省略，不复具言。案《易纬稽览图》云：'卦气起中孚，故离、坎、震、兑各主其一方，其馀六十卦，卦有六爻，爻别主一日，凡主三百六十日。馀有五日四分日之一者，每日分为八十分，五日分为四百分，四分日之一又为二十分，是四百二十分，六十卦分之，六七四十二，卦别各得七分，是每卦得六日七分也。'剥卦阳气之尽在于九月之末，十月当纯坤用事。坤卦有六日七分，坤卦之尽，则复卦阳来，是从剥尽至阳气来复，隔坤之一卦六日七分，举成数言之，故辅嗣言凡七日也。"

　　按，此处引郑康成所本《易纬稽览图》"六日七分"之说，以补王注简略之辞，并驳褚、庄二氏附会之意。

　　孔疏评判是非的标准，一是经文，一是注义，屡相并提，或称"观文验注"，或称"验文准义"，以决众说的是非、优劣。

　　与其他诸经《正义》相较，《周易正义》具有疏不破注的共同特点，但亦有特殊之处，即在引证方面较他经《正义》为疏略。以上两点，正如顾炎武《与友人论〈易〉书》所说："（孔疏）排斥众说，以申一家之论，而通经之路狭矣。"（《亭林文集》卷三），又如《四库提要》卷一所说："至于诠释文句，多用空言，不能如诸经《正义》根据典籍，源委粲然，则由王注扫弃旧文，无古义之可引，亦非考证之疏矣。"但这一方面毕竟是一缺陷，且非尽无古义可引，故唐李鼎祚又撰《周易集解》，虽仍用王弼本，而不拘泥于一家，自序称"刊辅嗣之野文，补康成之逸象"，采集王弼及其前后凡三十五家之说，实为针对《周易正义》之偏而作。

　　（二）《尚书正义》

　　据《尚书正义序》及《新唐书·艺文志》，《尚书正义》二十卷，初为孔颖达与太学博士王德韶、四门助教李子云等共撰，至贞观十六年（642），又与前修疏人及四门博士朱长才、苏德融，太学助教隋德素、王士雄修改定稿，并由赵弘智复审而成。

此书疏解伪《古文尚书》(实包括可靠的《今文尚书》和二十五篇伪《古文尚书》)及伪《孔安国传》,吸收南北朝义疏成果,依据隋刘焯、刘炫之书,参酌古注,存是去非,削繁增简,修撰而成,自序所言甚详。

《尚书正义》的内容有以下几方面:

第一,解题释例

《尚书》有序,孔颖达等通过注序以阐明流传源流,未专作叙录,这一点与《周易正义》不同。但仍有解题释例,例如:

关于篇名、篇次,"尧典第一"《正义》曰:"典书草创,以义而录,但致言有本,各随其事,检其此体,为例有十:一曰典、二曰谟、三曰贡、四曰歌、五曰誓、六曰诰、七曰训、八曰命、九曰征、十曰范。《尧典》、《舜典》二篇,典也;《大禹谟》、《皋陶谟》二篇,谟也。《禹贡》一篇,贡也。《五子之歌》一篇,歌也。《甘誓》、《泰誓》三篇、《汤誓》、《牧誓》、《费誓》、《秦誓》八篇,誓也。《仲虺之诰》、《汤诰》、《大诰》、《康诰》、《酒诰》、《召诰》、《洛诰》、《康王之诰》八篇,诰也。《伊训》一篇,训也。《说命》三篇、《微子之命》、《蔡仲之命》、《顾命》、《毕命》、《冏命》、《文侯之命》九篇,命也。《胤征》一篇,征也。《洪范》一篇,范也。此各随事而言。《益稷》亦谟也,因其人称言以别之。其《太甲》、《咸有一德》:伊尹训导王,亦训之类。《盘庚》亦诰也,故王肃云:'不言诰何也?取其徙而立功,非但录其诰。'《高宗肜日》与训序连文,亦训辞可知也。《西伯戡黎》云:'祖伊恐奔,告于受',亦诰也。《武成》云:'识其政事',亦诰也。《旅獒》戒王,亦训也。《金滕》自为一体,祝亦诰辞也。《梓材》、《酒诰》分出,亦诰也。《多士》以王命诰,自然诰也。《无逸》戒王,亦训也。《君奭》,周公告召公,亦诰也。《多方》、《周官》,上诰于下,亦诰也。《君陈》、《君牙》与《毕命》之类,亦命也。《吕刑》,陈刑告王,亦诰也。书篇之名,因事而立,既无体例,随便为文。其百篇次第,于序孔、郑不同,孔以《汤誓》在《夏社》前,于百篇为第二十六,郑以为在《臣扈》后,第二十九;孔以《咸有一德》次《太甲》后,第四十,郑以为在《汤诰》后,第三十二;孔以《蔡仲之命》次《君奭》后,第八十三,郑以为在《费誓》前,第九十六;孔以《周官》在《立政》后,第八十八,郑以为在《立政》前,第八十六;孔以《费誓》在《文侯之命》后,第九十九,郑以为在《吕刑》前,第九十七。不同者,孔氏依壁内篇次及序为文,郑依贾氏所奏《别录》为次。孔未入学官,以此不同,考论次第,孔义是也。"其中"书篇之名,因事而立,既无体例,随便为文"之论,甚是。至于篇次,信依伪孔,伪孔虽有伪作,而其篇名篇次却是实有根据的。

第二,注释、校勘

《尚书正义》既释正文，又释孔传。注释的内容包括训诂、名物、典制、天文、地理、史实以及孔传引文出处等。

释训诂、名物，多据《尔雅》及李巡、孙炎、郭璞注、《说文》、《释名》、《字诂》、《广雅》等书，发明不多，颇留意声训、对文、互文、变文诸例。亦有望文生义之弊，如《尚书序》疏释"伏牺"曰："以圣德伏物，教人取牺牲，故曰伏牺。"注典制多引有关经史。注天文历算引及《汉书·律历志》、蔡邕《天文志》、王蕃《浑天说》、《周髀》、扬雄《法言》、张衡《灵宪》、皮延宗《浑天论》等。注地理引及《尔雅》、《汉书·地理志》、郦道元《水经注》等。注史实引及《春秋》、《左传》、《国语》、《孟子》、《史记》、《汉书》、《续汉书》、《世本》、《孔子家语》、《古史考》、《帝王世纪》等。其中不乏综合考证的成果，也保存了不少佚书材料，除前已提及者外，又如纬书、许慎《五经异义》及郑玄《驳五经异义》等。

《正义》对伪孔安国传，信守疏不破注的宗旨。例如《尧典》："日中星鸟，以殷仲春"，孔传："日中谓春分之日。鸟，南方朱鸟七宿。殷，正也。春分之昏，鸟星毕见，以正仲春之气节，转以推季孟则可知。《正义》曰："……马融、郑玄以为星鸟、星火，谓正在南方。春分之昏，七星中；仲夏之昏，心星中；秋分之昏，虚星中；冬至之昏，昴星中，皆举正中之星，不为一方尽见，此其与孔异也。至于举仲月以统一时，亦与孔同。王肃亦以星鸟之属为昏中之星，其要异者，以所宅为孟月，日中、日永为仲月，星鸟、星火为季月。以殷以正，皆总三时之月，读仲为中，言各正三月之中气也。以马融、郑玄之言，不合天象，星火之属，仲月未中，故为每时皆历陈三月，言日以正仲春，以正春之三月中气。若正春之三月中，当言以正春中，不应言以正仲春，王氏之说非文势也。孔氏直取毕见，稍为迂阔，比诸王、马，于理最优。"这里对孔传虽不无微词，认为其"稍为迂阔"，但与众说相较，仍以孔说为优。此断有据。但也多有曲徇孔传之非的地方。可见"疏不破注"有是有非，须加辨别。值得注意的是，《尚书正义》对"疏不破注"的宗旨在具体贯彻时有所变通，即有时多存与孔传不同之异说，而不加非议。《正义》注释孔传，还有一个特点，即对孔传所引据之旧文、旧说，多注明出处，例称"××文"或"出××"，如《尧典》："允恭克让，光被四表"，孔传："允，信；克，能；光，充；格，至也。"《正义》曰："允，信；格，至：《释诂》文。克，能；光，充：《释言》文。"《康诰》："蔽时忱，丕则敏德"，孔传："断行是诚道，大法敏德。信则人任焉，敏则有功。"《正义》曰："……信则人任焉，敏则有功也：《论语》文。"此例为他经正义所共有。

《正义》不重校勘，或因其详已具《释文》，只偶有所见。例如《尧典》、《虞书》题下《正义》曰:"案马融、郑玄、王肃、《别录》题皆曰'虞夏书',以虞夏同科,虽虞事亦连夏,此直言虞书,本无尚(当作夏)书之题也。案郑序以为《虞夏书》二十篇,《商书》四十篇,《周书》四十篇。赞云:'三科之条,五宗之教',是虞夏同科也。其孔于《禹贡》注云:'禹之王以是功,故为《夏书》之首',则'虞'、'夏'别题也。……别文所引,皆云《虞书》曰、《夏书》曰,无并言《虞夏书》者。又伏生虽有一《虞夏传》,以外亦有《虞传》、《夏传》,此其所以宜别也。此孔依虞夏各别而存之。庄八年《左传》云:'《夏书》曰:皋陶迈种德',僖二十四年《左传》引《夏书》曰:'地平天成',二十七年引《夏书》'赋纳以言',襄二十六年引《夏书》曰:'与其杀不辜,宁失不经',皆在《大禹谟》、《皋陶谟》,当云《虞书》,而云《夏书》者,以事关禹,故引为《夏书》。若《洪范》以为《周书》,以箕子至周,商人所陈,而《传》引之,即曰《商书》也。"此校判定是非,持之有据,又如校今古文文字之异曰:"夏侯等《书》'宅嵎夷'为'宅嵎铁(繁体同"鐵")','昧谷'为'柳谷','心腹肾肠'曰'忧贤阳','劓刵劅剠'云'膑宫劓割头庶剠'。"

第三,信伪与辨伪

《尚书正义》全信伪《古文尚书》及伪孔传,以其为底本作疏。关于《尚书》的真伪问题,当时在材料上已经暴露,《正义》也不能回避,故在《虞书》题下疏中有所考辨,但却颠倒是非,以真为伪,以伪为真,详细情况在前第三章第三节讲王肃时已经引述,可参看。对于《古文尚书》及孔传失而复出之伪说亦深信不疑加以引证,亦见《虞书》题下疏,可参看。对于更为晚出的伪作《舜典》开头的伪窜之文,也百般加以回护,见《舜典》疏。

《尚书正义》亦有辨伪,如不信《泰誓》三篇,在《泰誓序》疏中详引马融、王肃说加以考辨。又如对《孔子家语》也有怀疑,在《尚书序》疏中说:"《家语》则王肃多私定。"但这一方面仅占很次要的地位。

(三)《毛诗正义》

据《毛诗正义序》及《新唐书·艺文志》,《毛诗正义》四十卷,初为孔颖达与太学博士王德韶、四门博士齐威等共撰,至贞观十六年(642)又与前修疏人及太学助教赵乾叶、四门助教贾普曜等修改定稿,并由赵弘智复审而成。

此书疏解《毛诗》、《郑笺》,吸收南北朝义疏成果,依据刘焯、刘炫之书,参酌古注,修撰而成,自序所言甚详。

《毛诗正义》的内容主要有以下几方面:

第一,解题释例

《毛诗正义》能够从宏观上留意《毛诗》、《郑笺》在篇章、款式、体例等方面的特点,并加以揭示。例如:"毛诗国风",《释文》曰:"毛诗,诗是此书之名,毛者,传诗人姓,既有齐、鲁、韩三家,故题姓以别之。或云:小毛公,如'毛诗'二字。又云:河间献王所加,故大题在下。案马融、卢植、郑玄注三礼,并大题在下。班固《汉书》、陈寿《三国志》题亦然。"《正义》则进一步补充引证曰:"诗,《国风》旧题,毛字汉世加之。《六艺论》云:河间献王好学,其博士毛公善说诗,献王号之曰《毛诗》,是献王始加'毛'也。《汉书·儒林传》云:'毛公,赵人也,为河间献王博士。'不言其名。范烨《后汉书》云:'赵人毛长传诗,是为《毛诗》。'然则赵人毛公名为长也。《谱》云:'鲁人大毛公为诂训传于其家,河间献王得而献之,以小毛公为博士。'然则大毛公为其传,由小毛公而题'毛'也。诗者,一部之大名。国风者,十五国之总称,不冠于周南之上而退在下者,按郑注《三礼》、《周易》、《中候》、《尚书》皆大名在下。孔安国、马季长、卢植、王肃之徒,其所注者莫不尽然。然则本题自然,非注者移之。《定本》亦然。当以皆在第下足得总摄故也。班固之作《汉书》,陈寿之撰《国志》,亦大名在下,尽取法于经典也。"这里考证毛诗著者和题名由来,以及大名在下为原书体例。又如"郑氏笺"《正义》考传注与经文分合问题曰:"汉初为传训者,皆与经别行。《三传》之文不与经连,故石经书《公羊传》皆无经文。《艺文志》云:'《毛诗》经二十九卷,《毛诗故训传》三十卷',是毛为诂训亦与经别也。及马融为《周礼》之注,乃云:'欲省学者两读,故俱载本文',然则后汉以来始就经为注,未审此诗引经附传是谁为之。其郑之笺当原在经传之下矣。其《毛诗》经二十九卷,不知并何卷也。自'周南'至'郑氏笺'凡一十六字,所题非一时也,'周南关雎'至'第一'(即'周南关雎诂训传第一'),'诗国风'原是大师所题,'诂训'毛自题之,'毛'一字献王加之,'郑氏笺',郑自题之。"

第二,注释、校勘

《毛诗正义》既释正文,又释《毛传》、《郑笺》。注释的内容与《尚书正义》相似,亦包括训诂、名物、典制、天文、地理、史实以及《毛传》、《郑笺》引据出处等。其释训诂、名物所据之字书、雅书亦与《尚书正义》多同,此外有《诗经》名物专著陆玑《毛诗草木虫鱼疏》。在训诂方面所达到的学术水平亦与《尚书正义》同,而其发明经文及传注词言之例尤多,齐佩瑢《训诂学概论》归纳《正义》此类条例有"倒文"、"婉文"、"变文"、"异文"、"互文"、"便文"、"连言"、"协句"、"逆言"、"文势"、"对文"等(见第十五节),具体例证多出《毛诗正义》。注典制、天文、地理所引据之文献亦未超出《尚书正义》。唯注史实除《尚书正义》所引诸书外,《尚书》本身亦为重要之引据文献。

《毛诗正义》亦确立疏不破注的宗旨，对毛郑之异，各从其义，不加与夺。然对贾逵、马融、王肃等汉魏古注家及近代义疏作者之说，则基本上以毛、郑为准绳以定弃取，只是在少数情况下才保存异说。例如：

> 《毛诗·小雅·十月之交序》："《十月之交》，大夫刺幽王也。"郑笺："当作刺厉王，作《训诂传》时移其篇第，因改之耳。"《正义》曰："毛以为刺幽王，郑以为本刺厉王，毛氏移之，事既久远，不审实然以否。纵其实然，毛既移其篇第，改厉为幽，即以为幽王说之，故下《传》曰'艳妻褒姒'，是为幽王之事，则四篇皆如之。今各从其家而为之义，不复强为与夺。"

此例说明对毛、郑之异不强为与夺。又如：

> 《小雅·甫田》："曾孙来止，以其妇子，馌彼南亩，田畯至喜，攘其左右，尝其旨否。"郑笺："曾孙谓成王也。攘，读当为饟。馌，饟、馈也。田畯，司啬，今之啬夫也。喜读为饎，饎，酒食也。成王来止，谓出观农事也。亲与后、世子行使，知稼穑之艰难也。为农人之在南亩者设馈以劝之，司啬至则又加之以酒食，饟其左右从行者。成王亲为尝其馈之美否，示亲之也。"《正义》曰："此经毛不为《传》，但毛氏于经无破字者，与郑不得同。王肃云：'曾孙来止，亲循畎亩，劝稼穑也。农夫务事，使其妇子并馌馈也。田畯之至，喜乐其事，教农以闲暇攘田之左右，除其草莱，尝其气旨土和美与否也。'《传》意当然。王肃又云：'妇人无闻外之事，又帝王乃躬自食农人，周则力不供，不遍则为惠不普，玄说非也。'孙毓云：'古者妇人无外事，送兄弟不踰阈，唯王后亲桑以劝桑事，又不随天子而行，成王出劝农事，何得将妇儿自随？而云使知稼穑之艰难，王后宁复与稼穑事者乎？此与豳风'同我妇子，馌彼南亩，田畯至喜'之义皆同，农人遽于其事，妇子俱饟也，田畯见其勤修，喜乐其事。又王者从官自有常饩，非独于南亩之中乃饟左右而亲为之尝。又非人君待下之义。'皆以郑说为短，斯不然矣。此刺今思古之诗，言古人之所难行以伤今之废业也。"

此例毛、郑不同，王肃、孙毓皆是毛非郑，而《正义》则以为不然。其实孙毓认为'同我妇子，馌彼南亩'应与《豳风·七月》同解，这是对的，而《正义》却曲徇郑玄之误说。由此可见"疏不破注"宗旨的偏颇。如果对于毛、郑之异说，只采用一说，而不驳另一说，则可以容许，如《小雅·四月》："匪鹑匪鸢，翰飞戾天，匪鳣匪鲔，潜逃于渊"，《正义》先分述毛、郑之义，然后列王肃、孙毓之说,指明"皆述毛说也",而不加非议。《正义》对《传》、《笺》虽多曲徇,但对明显的错误亦偶有所指正,如《大雅·皇矣》:"是伐是肆,是绝是忽,四方无以拂",郑笺:"伐谓击刺之。肆,犯突也。《春秋传》曰:'使勇而无刚者肆之。'拂,犹佹也,言无复佹戾文王者。"《正义》曰:"肆谓犯突,言犯师而冲突之,故引《春秋传》为证也。案《左传》隐九年云:'使勇而无刚者,尝寇而速去之。'文十二年《左传》云:'若使轻者肆焉其可。'其言皆不与此同,郑以'轻者'与'勇而无刚'义同,故引之而遂谬也。"这里便指出郑笺引书之误。

因承详于校勘的《经典释文》之后,《毛诗正义》校勘的内容不多。所见者多校颜师古《五经定本》、梁崔灵恩《毛诗集注》等文字异同,并正俗本之误。

(四)《礼记正义》

据《礼记正义序》及《新唐书·艺文志》,《礼记正义》七十卷,初为孔颖达与国子司业朱子奢、国子助教李善信、太学博士贾公彦、太常博士柳士宣、魏王东阁祭酒范义頵、魏王参军事张权等共撰,至贞观十六年(642),又与前修疏人及太学助教周玄达、四门助教赵君赞、守四门助教王士雄等修改定稿,并由赵弘智复审而成。

此书疏解郑玄注《礼记》,吸收南北朝义疏成果,依据皇侃《礼记义疏》,参据熊安生之书,修撰而成,自序所言甚详。

《礼记正义》的主要内容有以下几方面:

第一,解题释例

《礼记》题下《正义》为一总的叙录,广徵博引考证礼的起源与流变,三礼的成书流传及注家。所引文献除《礼记》有关各篇外,有《左传》、《易纬通卦验》、《礼纬斗威仪》、郑玄《六艺论》及方叔机注、谯周《古史考》、《广雅》、皇甫谧《帝王世纪》、《史记》、《论语》、《尚书》、《老子》、《孝经说》、《礼说》、《春秋说》、《汉书·艺文志》以及贺场、皇侃、熊安生等说。如考《礼记》云:"其《礼记》之作,出自孔氏,但正礼残缺,无复能明,故范武子不识殽烝,赵鞅及鲁君谓仪为礼。至孔子没后,七十二之徒共撰所闻以为此记,或录旧礼之义,或录变礼所由,或兼记体履,或杂序得失,故编而录之以为记也。《中庸》是子思伋所作,《缁衣》公孙尼子所撰,郑康成云:《月令》吕不韦所修,卢植云:《王制》谓汉文时博士所录。其馀众篇皆如此例,但未能尽知所记之人也。"此见颇当。其中各篇又各有小的叙录,如《曲礼》题下《正义》:"案郑《目录》(此指郑玄《礼记目录》)云:'名曰曲礼者,以其篇记五礼之事。祭祀之说,吉礼也;丧荒去国之说,凶礼也;致贡朝会之说,宾礼也;兵车旌鸿之说,军礼也;事长敬老执贽纳女之说,嘉礼也。此于《别录》属制度。'案郑此说,则此《曲礼》篇中有含五礼之义,是以经云'祷祠祭祀'之说当吉礼也;'送丧不由径','岁凶年谷不登',又云'大夫士去国',如此之类是丧荒去国之说,当凶礼也;'五官致贡曰享','天子当宁(zhù)而立曰朝','相见于郤地曰会',如此之类是致贡朝会之说,当宾礼也;'兵车不式','前有水则载青旌',如此之类是兵车旌鸿之说,当军礼也;'侍坐于长者','故君子式黄发','妇人之贽椇榛枣栗','纳女于天子',如此之类是事长敬老执贽纳女之说,当嘉礼也。必知执贽当妇人之贽者,以其《士相见》郑《目录》以士执贽为宾礼故也。此篇既含五礼,故其篇名为曲礼。《曲礼》之与《仪礼》,其事是一,以其屈曲行事,则曰曲礼,见于威仪则曰仪礼。"各篇叙录不仅保存了郑玄《三礼目录》的佚文,而且能在其基础上进一步对诸篇的来源和成书详加考辨,皆为有据合理之言,有重要参考价值。

第二,注释

《礼记正义》疏解《礼记》正文及郑玄注,亦确立"疏不破注"的宗旨,对郑注或疏证,或补阙,或注明郑注引据之出处,绝无驳郑之例。在序中他已批评熊安生"多引外义"、"唯聚难义"和皇侃"既遵郑氏,乃时乖郑义"的做法,在疏中坚持不违郑注的原则,对于皇氏、熊氏所立异说,多加驳斥。尤其对于皇氏,驳难颇多,例如:《正义》释《礼记·王制》"制三公一命卷……不过五命"下郑注,在详解天子服图案取象之意后,谓"皇氏乃繁文曲说,横生义例,恐非本旨"。又同处释冕制亦驳皇氏之说:"按《汉礼器制度》,广八寸,长尺六寸也。又董巴《舆服志》云:'广七寸,长尺二寸',皇氏谓此为诸侯之冕,应劭《汉官仪》:'广七寸,长八寸',皇氏以为卿大夫之冕服也。若如皇氏言,岂董巴专记诸侯,应劭专记卿大夫?盖冕随代变异,大小不同。今依《汉礼器制度》为定也。"其他如采王肃、张逸、雷次宗、崔灵恩之说亦准此。只是在个别情况下,才存异义或驳义,但总是难免为之弥合,如《郊特牲》首段《正义》曰:"既以郊祭名篇,先儒说郊,其义有二:案《圣证论》以天体无二,郊即圆丘,圆丘即郊,郑氏以为天有六天,丘、郊各异。今具载郑义,兼以王氏难郑氏,谓天有六天,天为至极之尊,其体只应是一,而郑氏以为六者,指其尊极清虚之体,其实是一,论其五时生育之功,其别有五,以五配一,故为六。天据其上之体谓之天,天为体称,故《说文》云:'天,颠也。'因其生育之功谓之帝,帝为德称也。"

《礼记正义》引证繁富,字书雅书方面有《尔雅》、《方言》、《说文》、《释名》、《广雅》等。天文历法方面有《律历志》、《三统历》、《元嘉历》、《石氏星经》、《尚书·尧典》，纬书等。典章制度方面有应劭《汉官仪》、董巴《舆服志》等，尤其注意利用三礼及有关郑玄注互证。其他方面有《管子》、《论语》、《孔子家语》、《白虎通》、《五经异义》、郑《驳异义》、《国语》、《史记》、《汉书》、《帝王世纪》等。为醒目考虑，每篇之中还分节统释段意。其考证比较博详，例如《月令》题疏综考古天文六家曰："其间分为天地说有多家，形状之殊凡有六等：一曰盖天，文见《周髀》，如盖在上；二曰浑天，形如弹丸，地在其中，天包其外，犹如鸡卵，白之绕黄，扬雄、桓谭、张衡、蔡邕、陆绩、王肃、郑玄之徒并所依用；三曰宣夜，旧说云殷代之制，其形体事义，无所出以言之；四曰昕天，昕读为轩，言天北高南下，若车之轩，是吴时姚信所说；五曰穹天，云穹隆在上，虞氏所说，不知其名也；六曰安天，是晋时虞喜所论。郑注《考灵耀》用浑天之法，今《礼记》是郑氏所注，当用郑义以浑天为说。郑注《考灵耀》云：'天者纯阳，清明无形，圣人则之，制璇玑玉衡以度其象。'如郑此言，则天是大虚，本无形体，但指诸星运转以为天耳。"徵引所及，还保存了不少佚书材料。

《礼记正义》在《五经正义》中成就较高，为以后说《礼》学者所本，《四库提要》卷二一云："故其书务伸郑注，未免有附会之处。然采撮旧文，词富理博，说礼之家，钻研莫尽。譬诸依山铸铜，煮海为盐，即卫湜之书尚不能窥其涯涘，陈澔之流益如莛与楹矣。"

（五）《春秋左传正义》

据《春秋左传正义序》及《新唐书·艺文志》，《春秋左传正义》三十六卷，初为孔颖达与国子博士谷那律、四门博士杨士勋、四门博士朱长才等共撰，至贞观十六年(642)又与前修疏人及太学博士马嘉运、太学博士王德韶、四门博士苏德融、太学助教隋德素等修改定稿，并由赵弘智复审而成。

此书疏解杜预《春秋左氏经传集解》，吸收南北朝义疏成果，依据刘炫《春秋左氏传述义》，以沈文何《春秋左氏经传义略》作补充，参酌古注，修撰而成，自序所言甚详。

《春秋左传正义》的主要内容有以下几方面：

第一，解题释例

《春秋左传正义》对于《春秋》、《左传》及杜预《集解》的成书、篇章结构以及体例等颇为留意考释。

例如"春秋序"《正义》，就包括了对《春秋序》题目和归属的考证，以及《左传》流传的综述。关于前者，《正义》曰："此序题目文多不同，或云《春秋序》，或云《左氏传序》，或云《春秋经传集解序》，或云《春秋左氏传序》。案晋宋古本及今《定本》，并云《春秋左氏传序》，今依用之。南人多云此本《释例序》，后人移之于此。且有题曰《春秋释例序》，置之《释例》之端，今所不用。晋太尉刘寔与杜同时人也，宋太学博士贺道养去杜亦近，俱为此序作注，题并不言《释例序》，明非《释例序》也。又晋宋古本序在《集解》之端，徐邈以晋世言五经音训，为此序作音。且此序称'分年相附，随而解之，名曰《经传集解》'，是言为集解作序也。又'别集诸例，从而释之，名曰《释例》，异同之说，《释例》详之'，是其据《集解》而指《释例》，安得为《释例序》也。"此说甚当。关于《左传》的流传，《正义》保存着刘向《别录》的佚文，颇为珍贵。其综述虽多据《汉书》，间亦有错，但较简明扼要，可供参考。

又如"春秋经传集解隐第一"，《正义》曰："五经题篇皆出注者之意，人各有心，故题无常。准此本经传别行，则经传各自有题，注者以意裁定其本，难可复知。据今服虔所注题云'隐公左氏传解谊第一'，不题'春秋'二字，然则'春秋'二字盖是经之题也。服言'左氏传'三字，盖本传之题。杜既集解经传，春秋，此书之大名，故以'春秋'冠其上，序说《左氏》，言已备悉，故略去'左氏'，而为此题焉。'经传集解'四字是杜所加，其馀皆旧本也。"此考《集解》书名并涉及题名通例。

再如隐公"经元年"，《正义》曰："此'经'并下'传'字，亦杜氏所题。以分年相附，若不有'经'字，何以异传？不有'传'字，何以别经？又《公羊》、《穀梁》二传年上皆无'经'、'传'字，故知杜所题也。"这种考释对于了解《春秋》、《左传》在流传过程中格式所发生的变化，颇有参考价值。

第二，注释、校勘

《春秋左传正义》注释的内容比较全面，亦包括撮述段义，训解串释经传，以及引据考证等方面。引据材料丰富，包括其他经书及经注，《国语》、《战国策》、《世本》、《史记》、《汉书》、《古史考》、《帝王世纪》等史书，《孟子》、《吕氏春秋》、《孔子家语》等子书，《尔雅》等小学书，贾逵、服虔、郑玄等古注，沈文何、苏宽、刘炫等近疏，同时注意经传互注，本书前后互注，引杜注杜（如杜预《春秋长历》、《春秋释例》、《世族谱》散引于疏中各处）等。不仅注意考辨众家异说，如《左传·隐公元年》疏中关于雉制的考辨，《左传·隐公五年》疏中关于四时猎名的考辨，《春秋·宣公十五年》疏中关于初税亩的考辨等等，而且还注意史料的考辨，如《左传·哀公十九年》："冬，叔青如京师，敬王崩故也。"杜注："言敬王能终其世。终苌弘言东王必大克。叔青，叔还子。"《释文》已指出关于敬王崩年，《世本》与《左传》同，在哀公十九年；杜预《世族谱》记于哀公十七年；《史记·周本纪》及《十二诸侯年表》记于哀公十八年，

"众说不同，未详其正也"。《正义》曰："自十六年以来，经文已终，传无所解，当时之事，亦不书记，所记者为终竟前事，叔青如周，计不应录，为终苌弘之言，故录之耳，苌弘言在昭二十三年。此叔青如京师，自为敬王崩，未知敬王何年崩也。《史记·十二诸侯年表》：敬王四十一年，孔子卒，四十三年，敬王崩，则敬王崩在他年也。《周本纪》云：'敬王崩，子元王立，八年崩，子定王立。'《六国年表》：'定王元年，《左传》尽此。'则传以定王元年终矣。杜《世族谱》云：'敬王三十九年，鲁哀公十四年，获麟之岁也。四十二年而敬王崩，敬王子元王十年，《春秋》之《传》终矣。'与《史记》不同者，但《史记》世代年月事多舛错，故班固以文多牴牾，谓此类也。案《世本》：'敬王崩，贞王介立，贞王崩，元王赤立。'宋忠注引《太史公书》云：'元王仁生贞王介'，与《世本》不相应，不知谁是。则宋忠不能定也。又《帝王世纪》：'敬王三十九年，《春秋经》终；四十四年，敬王崩，子贞定王立，贞定王崩，子元王立。'是《世本》与《史记》参差不同。良以书籍久远，事多纰缪，故杜违《史记》，亦何怪焉。刘炫以杜与《史记》不同，而规其过，未知刘意能定与否。"

《春秋左传正义》在注解上亦信守"疏不破注"的原则，对于杜注以前的古注和杜注以后的近疏，在取舍上基本上以杜注为标准，如有违反杜注之处，一般必定驳之，甚至不惜曲徇杜注之误，如《左传·隐公五年》："公问羽数于众仲，对曰：'天子用八，诸侯用六，大夫四，士二。'"杜预注云："八八六十四人，六六三十六人，四四十六人，二二四人。"《正义》曰："何休说如此。服虔以用六为六八四十八，大夫四为四八三十二，士二为二八十六。杜以舞势宜方，行列既减，即每行人数亦宜减，故同何说也。或以襄十一年郑人赂晋侯以女乐二八为二佾之乐，知自上及下皆八人，斯不然矣。"其实服虔之说为是，《左传·昭公二十五年》："将禘襄公，万者二八，其众万于季氏"及《论语·八佾》："孔子谓季氏，八佾舞于庭"可证。襄公按礼当用六八，季氏当用四八，结果祭襄公只用二八，其馀四八舞于季氏之庭，合自有四八，而成八八天子之礼。只有在个别情况下才存他说之异，例如《左传·昭公四年》："古者日在北陆而藏冰，西陆朝觌而出之。"杜注："谓夏三月，日在昴毕，蛰虫出，而用冰。春分之中，奎星朝见东方。"《正义》曰："……如郑玄答其弟子孙皓问云：'西陆朝觌，谓四月立夏之时，《周礼》'夏班冰'是也，与杜说异，理亦通也。'"对于杜注的明显错误，有时也能指出而不曲徇，例如：《春秋·僖公二十五年》："冬，十有二月，癸亥，公会卫子、莒庆，盟于洮。"杜注："洮，鲁地。"《正义》曰："八年盟于洮，杜云曹地。三十一年始得曹田，此时不得为鲁地，注误耳。"对于杜无明解处或阙略处，则补充他说，并下判断，例如：《左传·

隐公十一年》："同宗之盟，异姓为后。"《正义》曰："贾逵以宗为尊，服虔以宗盟为同宗之盟，孙毓以为宗伯属官掌作盟诅之载辞，故曰宗盟。杜无明解。盟之尊卑自有定法，不得言尊盟也。《周礼》司盟之官乃是司寇之属，非宗伯也，唯服之言得其旨矣。"

《春秋左传正义》据刘炫《春秋述义》而成。刘炫又有《春秋规过》，专攻杜注之非，违背了"疏不破注"的原则，遭到《正义》作者的反对，如序称"习杜义而攻杜氏，犹蠹生于木而还食其木，非其理也"，于是《正义》斥刘炫驳杜之非，随处可见。其中有对的地方，但也有不少颠倒是非，曲徇杜注，强驳刘氏之处，例如：《春秋·僖公十六年》："三月，壬申，公子季友卒"，杜注："称字者贵之。"《正义》曰："季是其字，友是其名，犹如仲遂、叔肸之类，皆名字双举。刘炫以季为氏而规杜过，非也。炫云：季友、仲遂皆生赐族，非字也。"刘文淇《春秋左氏传旧注疏证》引邵瑛据《春秋五论》说，谓"杜以季为字，失之"，自认为："疏谓季友、仲遂、叔肸名字双举，谬甚。"由此可见一斑。

《春秋左传正义》在校勘上也比较突出，用及对校、本校、他校、理校，并判断是非。例如：

> 《左传·桓公六年》："卜士负之，士妻食之"，杜注："《礼》：世子生三日，卜士负之，射人以桑弧蓬矢射天地四方，卜士之妻为乳母。"《正义》曰："'四方'以上皆《内则》文也。……郑玄云：桑弧蓬矢，本大古也，天地四方，男子所有事也。……《定本》直云'射四方'，无'天地'。案《礼》云：'桑弧蓬矢六'，今无'天地'，误也。"

> 《左传·成公十八年》："辛巳，朝于武宫。"《正义》曰："服虔本作'辛未'，《晋语》亦作'辛巳'，孔晁（有《国语注》）云：'以辛未盟入国，辛巳朝祖庙，取其新也。'案《晋语》称庚午大夫逆于清原，《传》云'庚午盟而入'，逆日即盟，非辛未也。《传》与《晋语》皆言辛巳朝于武宫，服本自误耳，孔晁强欲合之，非也。"

以上皆判断正误。亦有校异同而不定正误者，例如：

> 《左传·襄公三十年》："其君弱植，公子侈，大子卑，大夫敖，政多门。"《正义》曰："大夫敖，言大夫骄敖也。服虔云：'言大夫淫放'，则服本为'大夫放'矣，故今俗本多为'放'字。"

由此可见作者态度的谨慎。

二、贾公彦的《周礼疏》和《仪礼疏》

贾公彦,生卒未详,洺州永年(今河北永年)人。唐高宗永徽年间官至太学博士。撰《周礼疏》五十卷,《仪礼疏》四十卷,并参与《礼记正义》的修撰。《旧唐书·儒学传》有传。他受业于张士衡,为其高足,擅名于时(见《旧唐书·儒学传·张士衡传》)。时有赵州李玄植,又受三礼于公彦(见贾公彦本传)。

《周礼疏》,《旧唐书》本传及新旧《唐志》均题五十卷,《四库提要》卷一九说:"今本四十二卷,不知何人所并。"旧题"贾公彦等奉敕撰",不知何据,恐有误。此书的撰著,当与《仪礼疏》相同,先自撰初稿,后与弟子李玄植讨论定稿(详《仪礼疏序》)。《周礼疏》的体例和内容与《五经正义》相同,不一一分别论述,其主要特点如下:

(一)宗三郑之注,尤以郑玄为主

贾公彦的《周礼疏》,疏解郑玄所注《周礼》。郑注多引杜子春、郑兴、郑众之说,并下己意。贾疏一本于此,不取卫宏、贾逵、马融古注及近人之疏。其《序周礼废兴》曰:"……故郑玄序云:'世祖以来,通人达士大中大夫郑少赣名兴及子大司农仲师名众、故仪郎卫次仲、贾君景伯、南郡太守马季长皆作《周礼解诂》',又云:'玄窃观二三君子之文章,顾省竹帛之浮辞,其所变易灼然,如晦之见明;其所弥缝奄然,如合符复析,斯可谓雅达广揽者也。然犹有参错,同事相违,则就其原文字之声类,考训诂,捃秘逸,谓二郑者,同宗之大儒,明理于典籍,犹识皇祖大经《周官》之义,存古字,发疑正读,亦信多善,徒寡且约,用不显传于世。今赞而辨之,庶成此家世所训也。……'然则《周礼》起于成帝刘歆而成于郑玄。附离之者大半,故林孝存以为武帝知《周官》末世渎乱不验之书,故作十论七难以排弃之;何休亦以为六国阴谋之书。唯有郑玄遍览群经,知《周礼》者乃周公致太平之迹,故能答林硕之论难,使《周礼》义得条通。"贾公彦此序说明了他依据郑玄注作疏的理由,同时对郑玄注的依据和特点也作了交代。唯信郑玄关于《周礼》为"周公致太平之迹"的说法,欠妥,《周礼》实成书于战国。此亦为唐人不重辨伪之一例。

贾疏深明郑注体例,如《天官冢宰》"辨方正位",郑玄注:"辨,别也。郑司农云:'别四方,正君臣之位,君南面臣北面之属。'玄谓:《考工》'匠人建国,水地以悬,置槷以悬,视以景,为规识日出之景与日入之景,昼参诸日中之景,夜考之极星,以正朝夕',是别四方。《召诰》曰:'越三日,戊申,太保朝至于雒卜宅,厥既得卜,则经营。越三日,庚戌,太保乃以庶殷攻位于洛、汭。

越五日,甲寅,位成正位,谓此定宫庙。'"贾公彦疏:"释曰:辨,别也。此直训不释者,司农云'别四方',义当矣,故康成训之也。郑司农者,郑众,字仲师。但《周礼》之内,郑康成所存注者有三家,司农之外,又有杜子春、郑大夫。郑大夫者,郑少赣。二郑皆康成之先,故言官不言名字,杜子春非己宗,故指其名也。……玄谓者,大略一部之内,郑玄若在司农诸家上注者,是玄注可知,悉不言玄谓。在诸家下注者,即称玄谓以别诸家。又,在诸家前注者,是诸家不释者也。又,在诸家下注者,或增成诸家义,则此司农云'别四方',于文不足,引《考工记》以证之是也。或有破诸家者,则此司农正位谓正君臣面位,引《召诰》为宫室朝廷之位破之是也。"故在疏中辨众家之说及郑玄或增或破之意,甚为明晰。但由于文字、音韵、训诂的学术水平所限,贾公彦等唐疏作者,对于郑玄音读、训诂、校勘体例的发挥则有疏略之处,故阮元《周礼注疏校勘记序》说:"有杜子春之《周礼》,有二郑之《周礼》,有后郑之《周礼》。《周礼》出山岩屋壁间,刘歆始知为周公之书而读之,其徒杜子春乃能略识其字,建武以后,大中大夫郑兴、大司农郑众皆以《周礼解诂》著,而大司农郑康成乃集诸儒之成为《周礼注》。盖经文古字不可读,故四家之学皆主于正字,其云故书者,谓初献于秘府所藏之本也,其民间传写不同者,则为今书。有云读如者,比拟其音也,有云读为者,就其音以易其字也。有云当为者,定其字之误也,三例既定,则大义乃可言矣,说皆在后郑之注。唐贾公彦等作疏,发挥殊未得其肯綮。"只有以小学见长的清代考据学者,才能对此发挥得中肯透辟,如段玉裁撰《周礼汉读考》,阮元此处即本段氏之说。

(二)引证丰富

《周礼》杜子春、三郑之注,特别是郑玄之注,徵引丰富,或引史书(如《尚书》、《左传》等)为证,或引《仪礼》、《礼记》为证,或引本书为证,等等。贾公彦疏能在此基础上加以增益阐发。如他在《周礼正义序》中考官号沿革时,就引及纬书多种、《尚书》、《左传》、《国语》、《礼记》等。在疏中更是如此,例如,《周礼·天官冢宰下·掌舍》:"为坛壝宫棘门",郑注:"谓王行止宿,平地筑坛,又委壝土起埒墠以为宫。郑司农云:'棘门以戟为门。'杜子春云:'棘门或为材门。'"贾疏:"释曰:知王行止宿平地者,以下文二者非止宿之事,唯有此壝宫及上文车宫为止宿,但险阻平地二所不同,故知是止宿平地也。云委壝土起埒墠者,止宿之间不可筑作墙壁,宜掘地为宫,土在坑畔而高,则埒墠也。郑司农云'棘门以戟为门',知棘是戟者,见《左氏·隐十一年》:郑欲伐许,授兵于大宫,子都与郑考叔争车,子都扳棘以逐之,故知棘即戟也。杜子春云'棘门或为材门'者,闵二年卫文公居楚丘,国家新立,齐桓公共门材,先令竖立门户,故知棘门亦得为材门,即是以材木为门也。"这里先据上下文以证郑玄之说,后据《左传》以证郑众、杜子春之说。贾公彦精通《仪礼》、《礼记》及郑注,引此二礼以证《周礼》者,疏中屡见不鲜。此外还引及许慎《五经异义》及郑玄《驳五经异义》、郑玄弟子撰《郑记》等等,保存了不少佚书材料。

《仪礼疏》,《旧唐书》本传及新旧《唐志》均题四十卷,今传本析为五十卷。《仪礼疏序》云:"《周礼》、《仪礼》发源是一,理有终始,分为二部,并是周公摄政太平之书。《周礼》为末,《仪礼》为本,本则难明,末便易晓,是以《周礼》注者,则有多门,《仪礼》所注,后郑而已。"《仪礼疏》疏解《仪礼》及郑玄注,依据北齐黄庆、隋李孟悊义疏之作,扬长避短,参酌诸家,择善而从,兼增己意,在李玄植协助之下修撰而成,自序所言甚详。不违郑注是其基本原则,多引《礼记》、《周礼》及其郑注相证是其鲜明特点。其他引证不及《周礼疏》丰富。又阮元《仪礼注疏校勘记序》说:"贾疏文笔冗蔓,词意郁辂,不若孔氏《五经正义》之条畅。"

三、徐彦的《春秋公羊传疏》和杨士勋的《春秋穀梁传疏》

《春秋公羊传疏》无序,并且宋时始见著录,故其成书及作者均有疑问。《四库提要》卷二六云:"三传与经文,《汉志》皆各为卷帙,以《左传》附经,始于杜预;《公羊传》附经,则不知始自何人。观何休《解诂》,但释传而不释经,与杜异例,知汉末犹自别行。今所传蔡邕石经残字,《公羊传》亦无经文,足以互证。今本以传附经,或徐彦作疏之时所合并欤?彦疏,《文献通考》作三十卷,今本乃止二十八卷,或彦本以经文并为二卷,别冠于前,后人又散入传中,故少此二卷,亦未可知也。彦疏《唐志》不载,《崇文总目》始著录,不著撰人名氏,或云徐彦。董逌《广川藏书志》亦称世传徐彦,不知时代,意在贞元、长庆之后。考疏中'邲之战'一条,犹及见孙炎《尔雅注》完本,知在宋以前。又'葬桓王'一条,全袭杨士勋《穀梁传疏》,知在贞观以后,中多设问答,文繁语复,与邱光庭《兼明书》相近,亦唐末之文体,董逌所云,不为无理。故今从逌之说,定为唐人焉。"此说可从。又有疑为六朝人所作者,阮元《春秋公羊传注疏校勘记序》说:"光禄寺卿王鸣盛云'即《北史》之徐遵明',不为无见也。盖其文章似六朝人,不似唐人所为者。《郡斋读书志》、《书录解题》并作三十卷,世所传本乃止二十八卷,其参差之由,亦无可考也。"此说可疑,"春秋公羊经传解诂隐公第一"下疏曾提及颜师古《五经定本》,可知显非六朝人所作。当然并不排斥因袭六朝人的成果。

徐彦疏解《公羊传》及何休注,当亦依据六朝义疏之作,具体不详。其内容包括注明史事、义例、注文出处等，引证亦颇繁富，如《何休序疏》引及《孝经钩命决》《春秋说题辞》，戴宏《公羊传序》《解疑论》，郑玄《六艺论》，贾逵《左传长义》等，"春秋公羊经传解诂隐公第一"下疏引及《博物志》《孔子家语》《闵因叙》《春秋感精符》《春秋考异邮》《春秋说题辞》《六艺论》《三统历》《解疑论》《孝经援神契》《文谥例》等。多引纬书及宋均注是一特点。此外还引《尔雅》及李巡、孙炎、郭璞注，《五经异义》等。

《春秋穀梁传疏》二十卷，撰者杨士勋，《四库提要》卷二六说："士勋始末不可考，孔颖达《左传正义序》称'与故四门博士杨士勋参定'，则亦贞观中人。"可见杨士勋精通《春秋》，亦曾参与《左传正义》的撰写。

《春秋穀梁传疏》疏解《穀梁传》及范宁《集解》。杨疏对于范解，基本上遵循疏不破注的原则，例如《穀梁传·庄公二十三年》：经："秋，丹桓宫楹。"传："礼：天子诸侯黝垩，大夫仓，士黈。丹楹，非礼也。"范宁《集解》："黝垩，黑色。"杨士勋疏："释曰：徐邈曰：'黝，黑柱也。垩，白壁也。谓白壁而黑柱。今范同以黝垩为黑色者，以此传为丹楹而发，何得有壁事而在其间？故同为黑色也。"又《经典释文》亦不同意范解，谓："范云：'黝垩，黑色'，案黝，黑也；垩，白土。"杨疏不仅不同意徐邈注，亦不受《释文》影响，坚持范宁之说，原则上是对的。但范说亦有不精确处，实黝为黑色，垩为涂饰或涂料之称，此为杨疏所未发。我们说杨疏基本遵循疏不破注的原则，旨在说明杨疏并不一味迷信范解，有时杨士勋也怀疑范解，例如：《穀梁传·桓公十七年》："（六月）癸巳，葬蔡桓侯。"范宁《集解》："徐邈曰：'葬者，臣子之事。'故书葬皆以公配谥，此称侯，盖蔡臣子失礼，故即其所称以示过。"杨士勋疏："释曰：何休云：'蔡季贤而桓侯不能用，故抑之。'杜预云：'疑谬误。'范以为臣子失礼，称侯，既就其所称以示过。三传无文，各以意说。"这里把范解也列在臆说之内。又如《穀梁传·文公二年》：经："八月，丁卯，大事于大庙，跻僖公。"传："大事者何？大是事也。著祫尝。祫祭者，毁庙之主，陈于大庙，未毁庙之主，皆升合祭于大祖。跻，升也。先亲而后祖也，逆祀也。逆祀，则是无昭穆也。无昭穆则是无祖也，无祖则是无天也。"范宁《集解》："旧说僖公，闵公庶兄。故文公升僖公之主于闵公之上耳。僖公虽长，已为臣矣，闵公虽小，已为君矣。臣不可以先君，犹子不可以先父，故以昭穆父祖为喻。宁曰：即之以传，则无以知其然。若引《左氏》以释此传，则义虽有似而于文不辨。高宗，殷之贤主，犹祭丰于祢，以致雉雊之变，然后率修常礼。文公颠倒祖考，固不足多怪矣，亲谓僖，祖谓庄。"杨士勋疏："释曰：……先亲而后祖，亲谓僖公，祖谓闵公也。僖继闵而立，犹子之继父，故传以昭穆祖父为喻，此于传文不失，而范氏谓庄公为祖，其理非也。何者？若范云文公颠倒祖考，则是僖在于庄上，谓之夷狄犹自不然，况乎有道之邦？岂其若是！明范说非也。"此依旧说直驳范解，实为唐疏中少见之例。此外杨疏还常肯定范解所列之异说，或于范解之后并存异说，也是不专守范解之证。

杨疏对《穀梁传》则信守而不疑，遇左氏、公羊二传之异则必驳，对其他异说亦如此。至于补《穀梁传》缺略的情况则多有。

总的看来，杨疏引据较富，在范解之外又保存了不少有关《穀梁传》的汉魏人旧注及六朝义疏的佚书材料及说解，论断也比较允当。《四库提要》卷二六评云："其书不及颖达书（指《左传正义》）之赅洽，然诸儒言《左传》者多，言《公》、《穀》者少，既乏凭借之资；又《左传》成于众手，此书出于此人，复鲜佐助之力，详略殊观，固其宜也。"阮元《春秋穀梁传注疏校勘记序》云："范注援汉魏晋各家之说甚详，唐杨士勋疏分肌擘理，为《穀梁》学者，未有能过之者也。"可见杨士勋不失为《穀梁传》及范宁《集解》之功臣。

唐疏在学术上系集成之作，缺少独创，故所疏解的汉魏晋旧注本的基础以及所依据的六朝至隋旧疏的质量往往决定唐疏质量的高下。朱熹曾说："五经中《周礼疏》最好，《诗》与《礼记》次之，《书》、《易》疏乱道。《易疏》只是将王弼辅注来虚说一片。"（《朱子语类》卷八十六《周礼·总论》）正说明了这一问题。皮锡瑞《经学历史》第七章亦曾就此加以发挥。

关于唐疏撰作宗旨、体例，前人亦有评论，《经学历史》第七章说："议孔疏之失者，曰彼此互异，曰曲循注文，曰杂引谶纬。案著书之例，注不驳经，疏不驳注，不取异义，专宗一家，曲循注文，未足为病。谶纬多存古义，原本今文，杂引释经，亦非巨谬。惟彼此互异，学者莫知所从，既失刊定之规，殊乖统一之义。……官修之书不满人意，以其杂出众手，未能自成一家。"这里最为宽容者为"曲循注文"，其实从某种意义上讲，这一点也最易影响疏作的质量，因为唐疏的价值主要表现在疏证上，当时不少有关的书籍尚未佚失，可援据的旧说及旁证资料较多，作为一代官书，其对材料的取舍，关系至大。可以说唐疏有保存材料之功，亦有泯灭材料之过，其功过之比例，往往由贯彻"曲循注文"这一原则的坚决程度而定，态度坚定则功少过多，反之则功多过少，从前面的具体分析中完全可以看出这一点。正因为如此，再加上唐疏训诂考证学术水平本身的局限，所以当考据学盛行的清朝，学者们便纷纷重作新疏取而代之。尽管如此，唐疏的历史价值仍是不可磨灭的，其参考意义将是永恒的，关键在于如何一分为二客观地评价其得失，正确地加以利用。

唐疏原各单行，省刻经文及注文的全文，仅标出有关词句作解，称单疏本。至南宋始出现与经注的合刻本，宋光宗绍熙三年（1192）两浙东路茶盐司刻《礼记正义》，卷末有黄唐跋云："六经疏义自京监、蜀本，皆省正文及注，又篇章散乱，览者病焉。本司旧刊《易》、《书》、《周礼》，正经注疏萃见一书，便于披绎，它经独阙。绍熙辛亥仲冬，唐备员司庾，遂取《毛诗》、《礼记》疏义，如前三经编汇，精加雠证，用锓诸木，庶广前人之未备。乃若《春秋》一经，顾力未暇，始以贻同志云。壬子秋八月，三山黄唐谨识。"这是疏与经注合刻起源的重要证据。关于此书，清惠栋又有跋云："拙庵行人购得宋椠《礼记正义》示余，余案《唐艺文志》，书凡七十卷，此本卷次正同，字体仿石经，盖北宋本也。先是孔颖达奉诏撰《五经正义》，法周秦遗意，与经注别行。宋以来始有合刻。南宋后又以陆德明所撰《释文》增入，谓之附释音。"惠氏未审黄唐跋，误定为北宋本，遂造成疏与经注合刻始于北宋之误。然其所言单疏、合刻、附释音出现的先后次序，还是符合实际情况的。又南宋本《春秋正义》三十六卷，刻者自跋可证《春秋左传》本文与注疏合刻本刻于宋宁宗庆元间，在黄唐刊刻诸经之后，如阮元《春秋左传注疏校勘记序》云："至于孔颖达等，依经传杜注为《正义》三十六卷，本自单行，宋淳化元年有刻本。至庆元间，吴兴沈中宾分系经注本合刻之，其跋云：'踵给事中汪公之后，取国子监《春秋经传集解》、《正义》精校萃为一书'，盖田敏所镂、淳化元年所颁，皆最为善本而毕集于是，后此附以《释文》之本，未有能及此者。"

第四节　颜师古

颜师古（581—645），名籀，以字行（此据《旧唐书》本传，《新唐书·儒学传·颜师古传》谓字籀），琅玡临沂（今山东临沂）人。其祖为北朝著名学者颜之推，父颜思鲁，亦以儒学著称。颜师古少传家学，博览群书，尤精训诂，善于写文章。唐高祖李渊入关，被授为朝散大夫。跟从李渊平京城，被授为敦煌公府文学，转起居舍人，再迁中书舍人，专掌机密，凡有制诏，皆成其手。唐太宗即位，升为中书侍郎，封琅玡县男，受命考定五经，于文字多所厘正，写成《五经定本》奏上。于是兼通直郎、散骑常侍，《五经定本》得以颁行天下，成为学人读本。贞观七年（633），被授为秘书监，专管刊正文籍。后又与博士撰定五礼，贞观十一年（637）完成，进爵为子。同年受太子承乾之命注解《汉书》，贞观十五年（641）书成（详后）。贞观十九年（645）从太宗东巡，病卒于途中。有集六十卷，后失传。所注《汉书》及《急就章》流传于世，影响较大。死后其子颜扬庭于唐高宗永徽元年（650）又奏上师古所撰《匡谬正俗》

八卷,今传。传见《旧唐书》卷七二,《新唐书》卷一九八《儒学传》。

颜师古是一位精通小学、成就很高的唐代古文献学家。他的《五经定本》成书于《五经正义》撰修之前,是南北统一之后第一本有关五经的校定标准本。作者不但校定了正文,还校定了古注,同时为传抄经书的字体规定了正样,影响较大,成果多为《五经正义》所吸收。《匡谬正俗》为考辨小学之书,《四库提要》卷四十所言甚为明详:"是书永徽二年其子符玺郎扬庭表上于朝,高宗敕录本付秘阁","宋人诸家书目多作《刊谬正俗》,或作《纠谬正俗》,盖避太祖之讳","前四卷凡五十五条,皆论诸经训诂音释,后四卷凡一百二十七条,皆论诸书字义字音及俗语相承之异。考据极为精密,惟拘于习俗,不能知音有古今","然古人考辨小学之书,今皆失传,自颜之推《家训·音证篇》(按,当为《音辞篇》和《书证篇》的简称)外,实莫古于是书"。《急就章》本汉元帝时黄门令史游所作为解散隶体的一种草体字书,唐以前有曹寿、崔浩、刘芳、颜之推注,皆不传,只有颜师古注一卷存世,考据精深。后王应麟又有补注,厘为四卷,注释虽有补充,但多从颜本。

《汉书注》为颜师古的学术代表著作,堪称《汉书》注本的划时代、集大成的典范之作。据两《唐书》本传,贞观十一年(637)颜师古受太子承乾之命注解《汉书》。据《汉书叙例》,书成于重光,重光是辛年,当为贞观十五年(辛丑,641)。颜氏此书属于重训诂一类的史注,名物、典制、史实的考证居次。他还明确反对对正文考异纠谬,因此"今之注解,翼赞旧书,一遵轨辙,闭绝歧路"(《汉书叙例》)。此书反映了本时期古文献学所达到的水平,也体现了颜师古本人在古文献学方面的特点、成就和局限,兹分几方面论述如后。

(一)广泛吸收前人成果,抉择按断,兼下己意

《汉书叙例》云:"《汉书》旧无注解,唯服虔、应劭等各为音义,自别施行。至典午中朝,爰有晋灼,集为一部,凡四十卷,又颇以意增益,时辩前人当否,号曰《汉书集注》。属永嘉丧乱,金行播迁,此书虽存,不至江左。是以爰自东晋迄于梁、陈,南方学者皆弗之见。有臣瓒者,莫知氏族,考其时代,亦在晋初,又总集诸家音义,稍以己之所见,续厕其末,举驳前说,喜引《竹书》,自谓甄明,非无差爽,凡二十四卷,分为两帙,今之《集解音义》则是其书。……蔡谟全取臣瓒一部,散入《汉书》,自此以来始有注本,但意浮功浅,不加隐括,属辑乖舛,错乱实多,或乃离析本文,隔其辞句,穿凿妄起。职此之由,与未注之前大不同矣。谟亦有两三处错意,然于学者竟无弘益。"后又详列所采二十三家:荀悦、服虔、应劭、伏俨、刘德、郑氏、李斐、李奇、邓展、文颖、张揖、苏林、张晏、如淳、孟康、项昭、韦昭、晋灼、刘宝、臣瓒、郭璞、蔡谟、崔浩。

其实颜师古注多非直接采自各家专著，而是借阶于几家集注之作间接采用，其中以晋灼、臣瓒两家之作为主，尤以晋灼之书为重，如《叙例》考《汉书》注家郑氏云："晋灼《音义》序云不知其名，而臣瓒《集解》辄云郑德。既无所据，今依晋灼但称郑氏"，由此可见端倪。又如注中每于众说后引晋说为断，亦露袭用之迹。

颜师古对前人旧说并非盲目袭用、任加罗列，而是有判断抉择并兼申己意的。据《叙例》云，包括几层意思：第一、存是，第二、伸意，第三、匡谬，第四、删芜，第五、补阙。通观全注，确实是这样做的。例如存是、匡谬，注中屡言"某说是也"，"某说非也"，有时并引二说，言"某说是，某说非"或"二说皆非也"。这种判断虽不无非当之处，但多数情况是准确的。其申己说以纠谬亦多精辟之见，例如：

> 《陈胜项籍传》："藉弟令勿斩，而戍死者固什六七。"服虔曰："藉犹借也。弟，使也。"应劭曰："藉，吏士名籍也。弟，次也。言今失期当斩，就使藉弟幸得不斩，戍死者固十六七也。"苏林曰："藉，假；弟，且也。"晋灼曰："《郦食其传》'弟言之'，《外戚传》'弟一见我'，苏说是也。"师古曰："服、应说弟义皆非也。晋氏意颇近之，而犹未得。《汉书》诸言弟者甚众。弟，但也，语有缓急耳。言但令无斩也。今俗人语称但者，急言之则音如弟矣。《郦食其》、《外戚传》所云弟者，皆谓但耳，义非且也。"

还有一种情况《叙例》中未明确说明，即多存异说。前面已经提到，颜师古反对对《汉书》本文考异纠谬，因此在注中不列记载异辞的材料，但是对一些有参考价值的不同解释，还是能够兼容并存的，例如：

> 《楚元王传附刘向传》："臣幸得托肺附"，师古曰："旧解云肺附谓肝肺相附著，犹言心膂也。一说肺谓斫木之肺札也，自言于帝室犹肺札附于大材木也。"（类似的注又见《田蚡传》）

这里所存一说为近是，旧解纯属拘泥于字形、望文生义。王先谦补注引王念孙曰："肺附皆谓木皮，肺为柿之假借字，言己为帝室微末之亲，如木皮之托于木也。"

（二）精于小学，文字、音韵、训诂、水平颇高，但亦有失

颜师古是一位具有深厚小学根柢的古文献学家，他的《汉书注》在文字、音韵、训诂上都表现出很高的水平，但是由于受当时整个学术水平的局限，也还有不少差失。

在文字上，他明假借，注意读破借字，承袭汉人训诂条例，多用"读曰某"

或"读与某同"（犹读如、读若，其中一部分属破借字，一部分属单纯注音）之语，例子很多，不胜枚举，如"伯读曰霸"（《诸侯王表》）、"信读曰伸"（《律历志》）、"齐读曰斋"（《礼乐志》）、"颂读曰容"（《刑法志》）、"解读曰懈"（《艺文志》）、"涸渍与沍同。沍，凝也"（《郊祀志》）、"茀读与字同"（《息夫传》）、"鬼臾区，黄帝臣也。《艺文志》云鬼容区，而此志作臾区，臾、容声相近，盖一也。今流俗书本臾字作申，非也"（《郊祀志》）。又颜师古多注语辞，明虚字多假借实字而为之，不拘泥于字形以实字解之，这也是明假借的一个方面。此外还注意辨异体字，其中尤其重视辨古今体，这是由于《汉书》保存古字较多，难于辨认。此例甚多，例如："古书怀藏之字本皆作臧，《汉书》例为臧也"（《礼乐志》）、"尉安之字本无心也，是以《汉书》往往存古体字焉"（《车千秋传》）、"饟，古饷字也"（《食货志》）、"墬，古地字也。下皆类此"（《郊祀志》）、"靁，古雷字"（《地理志》）、"壄，古野字"（《晁错传》）、"褎，古袖字"（《淮南厉王传》）、"蟁，古蚊字"（《中山靖王传》）等。在师古所注古今字中，凡有形体演变规律可寻、或有古代文献常用字例可据的，则其注释准确无疑。有的虽为异体，但是否为古今之别，尚难确定，例如"崇，古崇字"（《郊祀志》）、"婿，古壻字"（《韦贤传》），"憜，古隋字"（同上）等。在假借问题上区别古今也比较困难，有些假借字无疑属于古体，如"蚤，古早字"（《五行志》），有大量古代文献用字之例可据，无疑是对的，"蚤"字确实古于"早"字。而"蜚，古飞字"（《五行志》），则非，因"蜚"字乃"飞"字的后起假借字，唐时虽已不用此假借字，姑可云"古"，但就"飞"字而言，绝不可云"古"。师古在同篇另一处注曰："蜚读曰飞"，则是对的。此类误例在《汉书注》中并不少见，又如《礼乐志》："清明鬯矣"，师古曰："鬯，古畅字。畅，通也。"其"鬯"、"畅"二字古即可互相通假，并无古今体之别。鬯本为祭祀之酒，可借为畅通之畅，而畅又可借为鬯，如《礼记·杂记》："畅臼以椈，杵以梧"，疏："臼以椈杵以梧者，谓捣鬯所用也。"阮元校勘记："鬯，畅古通用，《尔雅注》引此文正作鬯。"《郊祀志》："草木鬯茂"，师古曰："鬯，与畅同。"这种注法则是对的，可见师古对此是掌握不定的。

《汉书注》很重视注音，《叙例》云："字或难识，兼有借音，义指所由，不可暂阙。若更求诸别卷，终恐废于披览。今则各于其下，随即翻音。至如常用可知，不涉疑昧者，众所共晓，无烦翰墨。"这里申明注音的目的有二：一是解决难字音读，一是确定异读、义由所定。第二点实际上已涉及义由音定（包括读破假借字、四声别义和声训）的训诂问题，已不单纯是注音本身了。其注音方法，直音与反切兼用，而且为避免阅者翻检之劳，难字注音前后不嫌重复。因受当时音韵学水平所局限，颜师古"不能知音有古今"，例如《高帝纪》："诸侯伐秦，亡诸（粤王）身帅闽中兵旦佐灭秦"，如淳曰："闽音缗。"应劭曰："音文饰之文。"师古曰："闽越，今泉州建安是其地也，其人本蛇种，故其字从虫，如音是也。"王先谦《汉书补注》引钱大昕曰："古人读文如民，《禹贡》岷山，《史记·夏纪》作汶山，后汉有汶山郡，亦因岷山得名。"师古注肯定如淳所注之音，则以应劭音为非，正是仅据今音而不知古音之证。实际"闽"从门得声，"文"古音与"闽"同，皆为文韵、明母、平声。至于合韵的说法，亦是以今类古，如《叙传》："枯杨生华，曷惟其旧"，应劭曰："曷惟其旧，言不能久也。"师古曰："旧，合韵音臼。"实际上"旧"、"久"古音同属之部，声纽相近，"旧"属群母，"久"属见母；声调"旧"为去声，"久"为上声。师古注："旧，合韵为臼"，全据今音，于古音声纽、声调虽同，而韵则分为两部："旧"属之部，"臼"属幽部。因为颜师古不能详辨今古音，加之注音标准不统一，于旧音多所因袭，所以《汉书注》注音比较混乱，时而据古音为注，时而据今音为注，吴承仕在《经籍旧音辨证》中多所指明，可参看。

《汉书注》在训诂上的主要成就在于不拘泥于字形，能因音求义。前面在讲文字及注音时曾提到过明假借及四声辨义，从训诂角度看，皆属因音求义。此外还能运用声训以辨义，例如：《司马相如传》："弟俱如临邛，从昆弟假贷，犹足以为生，何至自苦如此！"前"弟"字，文颖曰："弟，且也。"师古曰："弟，但也，发声之急耳（按，实脱掉韵尾，由阳声韵变为阴声韵，即所谓阴阳对转）。郦食其曰'弟言之'，此类甚多，义非且也。"《叙传》："大夫胪岱"，郑氏曰："胪岱，季氏旅于太山是也。"师古曰："旅，陈也。胪亦陈也。胪旅声相近，其义一耳。"也能从声音着眼辨明联绵词和翻译词的不同写法以求其义，例如：《东方朔传》："遗蛇其迹"，师古曰："遗蛇犹逶迤也……蛇音移。"《西域传》："北与身毒"，师古曰："捐毒即身毒、天笃也，本皆一名，语有轻重耳。"正因为颜师古善于因音求义，不拘泥于字形，所以能多正前人之误，例如：《叙传》"贾廑从旅"，张晏曰："刘贾晚乃从军也。"晋灼曰："廑，无几也。"师古曰："二说皆非也。廑，古以为勤字。言贾从军，有勤劳也。"但是由于他不甚通古音，也有不少拘泥字形、望文生义的错误，例如：《宣帝纪》："诏曰：……骨肉之亲，粲而不殊。"师古曰："粲，明也。殊，绝也。当明于仁恩不离绝也。"王先谦《补注》："吴仁杰曰：《地理志》'二百里蔡'，《刊误》云：'蔡读如蔡蔡叔之蔡'，案《左传正义》'周公杀管叔而蔡蔡叔'，蔡字本粲字，隶书改作粲，遂失本体。《说文》：'粲，散之也，从米杀声。'然则粲与蔡皆当作粲。粲于《说文》训散，而《昌邑王传》亦载诏文作'析而不殊'，散与析同义，则粲之为粲审矣。颜依字释之,疑非。"王念孙曰(见《读书杂志》):"师古训粲为明,骨肉之亲,明而不殊,则文不成义,故加数字解之,甚矣其凿也!今案粲之言散也,言骨肉之亲虽分散而终不殊绝也。《文选·求通亲亲表》:'骨肉之恩,爽而不离',李善注:'《汉书》宣帝诏曰:"骨肉之亲,粲而不殊。"如淳曰:"粲或为散。"'是其明证矣。《武五子传》载此诏作'骨肉之亲,析而不殊',析亦散也。《说文》:粲,穛粲,散之也。昭元年《左传》'周公杀管叔而蔡蔡叔',杜注:'蔡,放也。'《释文》:'上蔡字音素葛反,放也。《说文》作粲。'《正义》:'粲为放散之义,故训为放。'散、粲、蔡、粲,语之转也,皆谓分散也。蔡之为粲,犹翠蔡之为翠粲矣。"吴仁杰虽已指出师古之误,但仍未完全摆脱形体之局限,其说仍有失。而王念孙之说甚是。

在因音求义上颜师古注有得有失,在随文释训确定义项上,颜师古注也有得有失。词有本义、引申义、比喻义等,就文字而言又有本义与假借义之别,字词义项众多,但运用在语言中,其意义总是确定的,因此训诂上必须遵循随文释训的原则,即根据上下文具体确定字词意义。《汉书注》在这方面有成功的经验,例如《张耳陈馀传》:"今将军下赵数十城,独介居河北",晋灼曰:"介音夏。"臣瓒曰:"介,特也。"师古曰:"二说并非也。介,隔也,读如本字。"又如《贾谊传》:"窃恐陛下接王淮南诸子",孟康曰:"接音挟,挟持欲王淮南诸子也。"臣瓒曰:"谓以恩接待而王之。"师古曰:"二说皆非也。……接犹续也,犹今人言续复也。"有时除根据上下文外,还旁徵博考寻求词例,以确定其义,例如《高帝纪》:"有一老父过请饮,吕后因餔之",师古曰:"餔食之餔,屈原曰'餔其糟'是也。以食食人亦谓之餔,《国语》曰'国中童子无不餔也',《吕氏春秋》曰'下壶飱以餔之',是也。父本请饮,后因食,故言餔之。餔音必胡反。"餔本为申时食(晚饭)之义,这里通作哺,师古根据上下文以定其义,并从《国语》、《吕氏春秋》中找出例证。但是《汉书注》在确定词义上也有疏失之处,因而不免穿凿、曲解文意。例如《高帝纪》:"(沛令)欲诛萧、曹,萧、曹恐,逾城保高祖。"师古曰:"保,安也。就高祖以自安。"《汉书补注》:"王念孙曰:《史记集解》引韦昭曰:'以为保障。'案韦、颜二说,皆失之迁。保者,依也。僖二年《左传》'保于逆旅',杜注训保为依,《史记·周本纪》:'百姓怀之,多从而保归焉',保归,谓依归也。《荆、燕世家》:'与彭越相保。'《庄子·列御寇篇》:'人将保汝矣',司马彪注:'保,附也。'附亦依也。王逸注《七谏》云:'依,保也。'"

（三）擅长校勘,校改有据

颜师古在校勘上的成就主要有三点:

第一，校正讹误。《汉书》在流传中，由于传抄和臆改，产生了不少错误，颜师古能通过对校、他校、本校、理校等多种方法正其讹误。校传抄之误，如《郊祀志》："周始与秦合而别，别五百载当复合，合七十年而伯王出焉"，师古曰："七十当为十七。伯王者，指谓始皇。始皇初立，政在太后、嫪毐，未得称伯。自昭王灭周后，至始皇九年诛嫪毐，止十七年。《本纪》、《年表》其义显。"此据本校理校以正传抄倒乙之误。又如《司马相如传》："奏陶唐氏之舞，听葛天氏之歌"，郭璞曰："陶唐，尧有天下之号也。"如淳曰："舞咸池。"师古曰："二家之说皆非也。陶唐当为阴康，传写字误耳。《古今人表》有葛天氏，阴康氏，《吕氏春秋》曰：'昔阴康氏之始，阴多滞伏湛积，阳道壅塞，不行其序，民气郁阏，筋骨缩栗不达，故作为舞以宣导之。'高诱亦误解云'陶唐，尧有天下之号也'。案吕氏说阴康之后，方一一历言黄帝、颛顼、帝喾，乃及尧、舜作乐之本，皆有次第，岂再陈尧而错乱其序乎？盖诱不视《古今人表》，妄改易吕氏本文。"此据本校及他校，证据有力。校臆改之误，如多校流俗本之妄增、妄改：《元帝纪》"慎身修永"，师古曰："《虞书·皋陶谟》云：'慎厥身修思永'，言当慎修其身，思为长久之道。故此诏云慎身修永也。今流俗书本永上有职字者，后人不晓，妄加之耳。"此用他校以正俗本妄增之误。至于校妄改，亦不乏其例，如《司马相如传》"葴持若荪"，师古曰："葴，寒浆也。持当为符，字之误耳。符，鬼目也。……今流俗书本持字或作橙，非也，后人妄改耳。其下乃言黄甘橙榛，此无橙也。"

第二，校正诸表之错乱。《叙例》说："诸表列位，虽有科条，文字繁多，遂致舛杂，前后失次，上下乖方，昭穆参差，名实亏废。今则寻文究例，普更刊整，澄荡愆违，审定阡陌，就其区域，更为局界。非止寻读易晓，庶令转写无疑。"这里说明他是寻文究例，即兼用本校、他校和理校，以正诸表之误的。例如《韩王信传》"（韩说）以校尉击匈奴，封龙额侯。后坐酎金失侯，复以待诏为横海将军，击破东越，封按道侯"，师古曰："《史记年表》并《卫青传》载韩说初封龙额侯，后为按道侯，皆与此传同。而《汉书·功臣侯表》乃云龙额侯名譊，按道侯名说，列为二人，与此不同，疑表误。"

第三，恢复旧本之古字故语。《叙例》说："《汉书》旧文，多有古字，解说之后，屡经迁易，后人习读，以意刊改，传写既多，弥更浅俗。今则曲覈古文，归其真正，一往难识者，皆从而释之。"班固是古文家，所著《汉书》多保存古字，从而形成《汉书》用字的独特之处——多用古字。这类古字，有的保存下来，有的在流传中被改易。师古校《汉书》的目的之一就是把那些被改易的古字复原。这虽不利于后代人辨认，但有利于返本存真，保留原书用字的特点及历史文字资料。如《艺文志》"《毛诗故训传》三十卷",俗本故作诂,师古曰:"故者,通其指义也。它皆类此。今流俗《毛诗》改故训传为诂,失真耳。"有的古字难于辨识,师古采取加注解释的办法,而不轻改本字,这样就解决了不改古字与难于辨识的矛盾。关于恢复原有词语,《叙例》说:"古今异言,方俗殊语,末学肤受,或未能通,意有所疑,辄就增损,流遁忘返,秽滥实多。今皆删削,克复其旧。"

(四)考证方面得失兼存

《汉书注》虽以训诂为重,但亦不废地理、年代、名物、典制、史实的考证。例如《伍被传》"尉佗知中国劳极,止王南越",师古曰:"《南越传》云南海尉任嚣谓赵佗曰'闻陈胜等作乱,豪杰叛秦相立',即被佗书行南海尉事。嚣死后,佗始自为王。今此乃言尉佗先王,陈胜乃反,此盖伍被一时对辞,不究其实也。"此考伍被对辞中史实之误。《外戚传·窦皇后传》"太后后景帝六岁,凡立五十一年,元光六年崩",师古曰:"《武纪》建元六年,太皇太后崩。此传云后景帝六岁是也。而以建元为元光,则是参错。又当言凡立四十五年,而云五十一。再三乖谬,皆是此传误。"此考年代之误。师古亦很重视地理考证,《地理志》云:"先王之迹既远,地名又数改易,是以采获旧闻,考迹《诗》、《书》,推表山川,以缀《禹贡》、《周官》、《春秋》,下及战国、秦、汉焉",师古曰:"中古以来,说地理者多矣,或解释经典,或撰述方志,竞为新异,妄有穿凿,安处附会,颇失其真。后之学者,因而祖述,曾不考其谬论,莫能寻其根本。今并不录,盖无尤焉。"这里是说不信地理考证之妄说。如《地理志》河南郡密县,应劭曰:"'密人不恭',密须氏姞姓之国也。"臣瓒曰:"密,姬姓之国也,见《世本》。密须,今安定阴密是也。"师古曰:"应、瓒二说皆非也。此密即《春秋》僖六年'围新密'者也,盖郑地。而《诗》云'密人',即《左传》所谓'密须之鼓'者也,在安定阴密。"又如考姓氏,《眭弘传》"眭弘,字孟,鲁国蕃人也",师古曰:"眭音息随反。今河朔尚有此姓,音字皆然。而韦昭、应劭并云音桂,非也。今有夎姓,乃音桂耳。汉之夎钦又不作眭字,宁可混糅将为一族?又近代学者旁引夎氏谱以相附著,私谱之文出于闾巷,家自为说,事非经典,苟引先贤,妄相假托,无所取信,宁足据乎?"此例据现有之河朔眭姓,说明颜师古的考证注意联系实际,不局限于文献范围,即使运用文献,也必先作可靠性程度的考辨,这是对颜之推优良学风的继承。再如考名字,《匡衡传》:"诸儒为之语曰:'无说《诗》,匡鼎来;匡说《诗》,解人颐。'"服虔曰:"鼎犹言当也,若言匡且来也。"应劭曰:"鼎,方也。"张晏曰:"匡衡少时字鼎,长乃字稚圭。世所传衡与贡禹书,上言'衡敬报',下言'匡鼎白',知是字也。"师古曰："服、应二说是也。贾谊曰'天子春秋鼎盛',其义亦同,而张氏之说盖穿凿矣。假有其书,乃是后人见此传云'匡鼎来',不晓其意,妄作衡书云'鼎白'耳。字以表德,岂人之所自称乎?今有《西京杂记》者,其书浅俗,出于里巷,多有妄说,乃云匡衡小名鼎,盖绝知者之听。"此例考匡衡之字,从字义训诂、名字制度、文献考辨几方面着手,周密坚实,令人叹服。考官名,如《律历志》"传述颛顼命南正重司天,火正黎司地",臣瓒曰:"南正司天,则北正当司地,不得言火正也。古文火字与北相似,故遂误耳。"师古曰:"此说非也。班固《幽通赋》云'玄黎醇耀于高辛',是则黎为火正也。"臣瓒不考官名,单凭上下相对成文,臆改火字为北,并附会出形近而误之说。师古为证《汉书》火正文字无误,引班固其他文献为据,足破臣瓒穿凿之辞。至于考证文献典籍,多集中于《艺文志》注,其他篇注,亦不乏见。颜注广征博考,引据极富,在经史旧注中是比较突出的,其中保存了不少佚书材料,尤为可贵。此外颜师古尤重注明引语、故实之出处,亦属考证之列。由以上可见,颜注考证涉及范围极为广泛,说明作者学识的渊博。态度也比较谦虚谨慎,对于不了解的内容则阙所不知,不信口雌黄,如注《天文志》,只用旧说,不下己意。

《汉书注》在考证方面也有不少疏漏、错误之处,例如:《高帝纪》"秦二年十月",师古引文颖曰:"十月,秦正月。始皇即位,周火德,以五胜之法,胜火者水,秦文公获黑龙,此水德之瑞,于是更名河为'德水',十月为正月,谓建亥之月水得位,故以为岁首。"《汉书补注》:"先谦曰:文云秦谓十月为正月,颜本以为说,大谬。详见后'春正月'。"又高帝元年"春正月",如淳曰:"以十月为岁首,而正月为三时之月。"服虔曰:"汉正月也。"师古曰:"凡此诸月号,皆太初正历之后,记事者追改之,非当时本称也。以十月为岁首,即谓十月为正月。今此真正月,当谓之四月耳。他皆类此。"《汉书补注》:"王引之曰:如说三时之月,'月'当为'首'。岁有四时,自岁首冬十月至十二月,已历一时矣,而春夏秋三时,更以春正月为首,故曰十月为岁首,正月为三时之首。各本下'首'字误作月,文义遂不可通。"王氏接着列出大量证据驳"谓十月为正月"之误,其说证据充分确凿,说明师古此处考证之疏忽。又如《成帝纪》"罢六厩技巧官",服虔曰:"倡技巧者也。"师古曰:"谓巧艺之技耳,非倡乐之技也。"《汉书补注》:"齐召南曰:《百官表》六厩、技巧二官,有令有丞,属水衡都尉。师古但解技巧,未释六厩,于《百官表》注引《汉旧仪》,即以太仆之大厩解之,恐未为当。此所罢者,止言水衡所属之六厩,非太仆所属也。下文又云'减乘舆厩马',则太仆所属者矣。先谦曰:《百官表》叙水衡九属官,技巧在六厩上,明是二官。又云'成帝建始二年省技巧六厩官',尤其显证,服、颜失考耳。"

《汉书注》虽有局限,但成就是主要的,对后世影响很大。王先谦《汉书补注序例》说:"自颜监注行而班书义显,卓然号为功臣。然未发明者固多,而句读讹误、解释踳驳之处亦迭见焉。良由是书义蕴宏深,通贯匪易。昔在东汉之世,朝廷求为其学者,以马季长一代大儒,尚命伏阁下从孟坚女弟曹大家受读,即其难可知矣。"这种评价是客观的,公允的。其《汉书补注》就是以颜书为基础,吸收后代人、特别是清代人研究成果而撰成的又一部集大成的划时代著作。

第五节 《文选》注家李善及"五臣"

梁昭明太子萧统主编的《文选》,是一部囊括诗赋及诸体骈散文章的极有影响的文学总集。唐代崇尚文学,以诗赋取士,《文选》更成为士人举子必读的文学范本,《文选》学也成为一种专门之学。王应麟《困学纪闻》卷十七说:"李善精于《文选》,为注解因以讲授,谓之《文选》学。少陵有诗云:'续儿诵《文选》',又训其子'精熟《文选》理'。盖选学自成一家。江南进士试'天鸡弄和风',以天鸡《尔雅》有二,问之主司,其精如此。故曰'《文选》烂,秀才半'。熙、丰之后,士以穿凿谈经,而选学废矣。"骆鸿凯《文选学》一书论选学源流说:"选学之名,昉于唐初。自曹秘书(宪)播斯兰茝,李崇贤(善)绣其帨鞶,津途即辟,缵述日盛,门分类别,人各为书。"他还把《文选》学综为五类:一曰注释,二曰辞章,三曰广续,四曰校雠,五曰评论。此学以唐、清为最盛。唐代的《文选》学,从文献学角度看,以注释的成就为最突出,主要有李善的《文选注》和吕延济、刘良、张铣、吕向、李周翰等所谓"五臣"的《文选注》。

李善(约630—689),扬州江都(今江苏扬州市)人。为李邕之父。唐高宗显庆年间累补太子内率府录事参军、崇贤馆直学士、兰台郎,兼沛王侍读。曾注解《文选》,将原三十卷分为六十卷,表上之,诏藏于秘阁。除潞王府记室参军,转秘书郎。乾封年间曾任泾城县令。后受牵连被流放至姚州,遇赦得归,居汴、郑,以教授《文选》为业。又撰有《汉书辨惑》三十卷,不传。事迹附见新、旧《唐书·李邕传》。

李善《文选注》的主要成就有以下几方面:

(一)集成而又有所开创

李善《文选注》是集成之作,其对前人成果的承袭表现在两方面:一是继承全书的旧注本,一是继承其中单篇旧有之注。

关于全书的旧注,隋萧该(梁郡阳王萧恢之孙)有《文选音》三卷,为音义之作。其传见《隋书·儒林传》。其后有曹宪,精于小学,亦治《文选》,为李善所师承。据新、旧《唐书·儒学传》:曹宪,扬州江都人,仕隋为秘书学士,每聚徒教授,诸生数百人。宪又精诸家文字之书,自汉代杜林、卫宏之后,古文泯绝,由宪此学复兴。大业中,炀帝令与诸学者撰《桂苑珠丛》一百卷,时人称其该博。宪又训注张揖所撰《广雅》,分为十卷,炀帝令藏于秘阁。唐贞观中,太宗徵为弘文馆学士,以年老不仕,乃就家拜朝散大夫。所撰《文选音义》,为当时所重。初江淮间为《文选》学者,本之于宪。又有许淹、李善、公孙罗复相继以《文选》教授,由是其学大兴于世。

关于单篇旧有之注,李善亦多加因袭而加以补充。如于张衡《西京赋》,存薛综注,并于其下注明凡例说:"旧注是者,因而留之,并于篇首题其姓名。其有乖缪,臣乃具释,并称'臣善'以别之。他皆类此。"于扬雄《甘泉赋》,存《汉书》旧注,并注明凡例说:"然旧有集注者,并篇内具列其姓名,亦称'臣善'以相别。他皆类此。"但亦有舍而不取者,如《藉田赋》注曰:"然《藉田》、《西征》咸有旧注,以其释文肤浅,引证疏略,故并不取焉。"检阅李注,并参据汪师韩《文选理学权舆》及孙志祖《读书脞录续编》的考证,李善所存单篇旧注者(见于《汉书》,用《汉书》旧注者除外),计有《两都赋》薛综注,《蜀都赋》、《吴都赋》刘逵注,《魏都赋》张载注,《射雉赋》徐爰注,《鲁灵光殿赋》张载注,《幽通赋》曹大家、项岱注(当亦为《汉书》旧注,然不见引于颜师古《汉书注》),《思玄赋》旧注,《咏怀诗》颜延之、沈约等注,《楚辞》王逸注,《答宾戏》旧注,《典引》蔡邕注,《演连珠》刘峻注,《诗序》郑康成注。李善对这些旧注皆择善而从,并能纠谬补阙,兼下己意,创见颇多,由标明之"善曰"内容中可知。

(二)详于释事

李善《文选注》详于释事,包括注明典故、引证史事。在注典故方面事典语典兼重。注事典如张华《励志》:"缠牵之长,实累千里",李注:"凡言物之大必资于小,故此言若轻于小亦累于大。《战国策》:段于越谓韩相新城君曰:'昔王良弟子驾千里之马,过京父之弟子。京父之弟子曰:马千里之马也,服千里之服也,而不能取千里何也?曰:子缠牵长,故缠牵于事万分之一也,而难千里之行。今臣虽不肖,于秦亦万分之一也,而相国见臣不怿者是缠长也。千里之马,系以长索则为累矣;人虽有容貌,不修德如千里马也。'"此例先释义后释事。亦有注明典出几处者,如王褒《洞箫赋》:"钟期牙旷怅然而愕兮,杞梁之妻不能为其气",李注先后引《吕氏春秋》、《列子》以注伯牙鼓琴、钟子期知音事,引《左传》及杜预注以解师旷,引《列女传》、郑玄《礼(记)》注及蔡邕《琴操》以注杞梁(殖)妻事。所注语典,有的属于直袭其语,如《洛神赋》"皓质呈露",李注:"司马相如《美人赋》曰:'皓质呈露。'"有的属于套用或化用其句,如曹植《朔风诗》:"昔我初迁,朱华未希,今我旋止,素雪云飞",李注:"《毛诗》曰:'昔我往兮,杨柳依依。今我来思,雨雪霏霏。'"有的语典,只袭用其字面,而意义有别,李善特归纳为通例加以注明,如《两都赋序》:"以兴灭继绝,润色鸿业",李注:"言能发起遗文以光赞大业也。《论语》子曰:'兴灭国,继绝世。'然文虽出彼,而意微殊,不可以文害意也。他皆类此。"李善注语典,力求其本始出处,务戒数典忘祖。

引证与注典有异,李善注对此有明确的区分界限,如嵇康《琴赋》:"若次其曲引所宜,则《广陵》、《止息》、《东武》、《太山》",李注:"《广陵》等曲,今并犹存,未详所起。应璩《与刘孔才书》曰'听《广陵》之清散',傅玄《琴赋》'马融潭思于《止息》',魏武帝乐府有《东武吟》,曹植有《太山梁甫吟》,左思《齐都赋》注曰:'《东武》、《太山》皆齐之土风讴吟之曲名也'。然引应及傅,明古有此曲,转以相证耳,非嵇康之言出于此也。他皆类此。"由于李善学识渊博,其注《文选》引证至为详赡,具体情况下面将述及。

李注重释事,旧有"释事忘义"之讥,其实是一种偏见。释义包括指明典故的含义和训解一般词语的意义,对此李善并未完全忽略,只是侧重点在释事上而已。但是这种侧重又并非旨在炫耀自己的渊博,而恰恰是符合诗文赋注释的客观要求的。我们知道,自古以来,文人诗文赋等的创作就存在着运用典故的实际情况,汉以来尤盛。刘勰的《文心雕龙》就有《事类》一篇,专论这一问题,其云:"事类者,盖文章之外,据事以类义,援古以证今者也";又云:"明理引乎成辞,徵义举乎人事,乃圣贤之鸿谟,经籍之通矩也。"因此对于注释诗文赋来说,释事是主要矛盾所在。只要注明典故和史实,一般情况下文字就比较容易理解了。李注侧重于释事,正是抓住了诗、文、赋注解的主要矛盾,是难能可贵的,给后人留下了丰富的经验和范例。

(三)精于辨字、注音、释义

李善注《文选》虽注重释事,但亦不忘释义,今存《文选注》完全可以证明这一点。有一种说法认为释义的内容为善子李邕所补,这是不可靠的,《四库提要·文选注提要》于此有辨正。

李注不仅没有忽略释义,而且能注意从文字、词语、章句多层次进行释义,同时能兼注音读。

在文字方面辨通假和构形之异体直接关系到释义。像颜师古《汉书注》一样，李善《文选注》也注意辨字以明义。辨通假，如《啸赋》："音均不恒，曲无定制"，李注："均，古韵字也。《鹖冠子》曰：'五声不同均，然其可喜一也。'晋灼《子虚赋》注曰：'文章假借，可以协韵，均与韵同也。'"卢谌《赠刘琨》："眷同尤良，用乏骥录"，李注："《左氏传》曰：'晋赵鞅纳卫太子于戚，将战，邮无恤御简子。'杜预曰：'邮无恤，王良也。'尤与邮同，古字通。"辨异体，如《江赋》注："溦与淀古字通"，《风赋》注："敺，古驱字"，《长笛赋》注："壄，古野字"、"晁，古朝字"，《七启》注："譆与嘻古字通"、"稗与粺古字通"等。辨联绵字，如《琴赋》注："蹢躅犹踟蹰"，《啸赋》注："跢跦与跚蹰古字通"等。于此清人已有研究专著，先有薛传均的《文选古字通疏证》；继有补苴之作：吕锦文的《文选古字通补训》和《拾遗》，杜宗玉的《文选通假字会》等。

在注音方面，直音与反切兼用，有时还注明声调。李善注音，首先是为了注明音读和押韵。在注韵时，常云"协韵"，为不明古音的一种不精确说法。其次是为了注音以辨义，例如《报任安书》"所杀过半"，李善于"过"字下注曰"平声"，谓超过之过。《叹逝赋》"坟垒垒而接垄"，注："垒平声"，谓纍义。以上属四声别义。《思玄赋》"将往走乎八荒"，注："走音奏。"（走为侯韵精母上声，奏为屋韵精母入声）谓走为趋义。

在释义方面，从词语、章句直至段意，根据需要分层次加以解释。释词语，或自释，或引字书、旧注，如张载《七哀诗》："北芒何垒垒"，李注："《广雅》曰：'垒，重也。'……垒垒，塚相次之貌。"前为引据，后为自释。"颓陇并垦发"，李注："《苍颉篇》曰：'垦，耕也。'《毛诗》曰：'俊发尔私'，郑玄曰：'俊，疾也。发，伐也。疾耕发其私田也。'"则全为引据。除直释某词外，有时还用"犹"字以同义词语或义近词语作为解释，如《风赋》"倘佯中庭"，李注："倘佯犹徘徊也。"《雪赋》"任地班形"，李注："任犹因也。""犹"字有时用如"同"，用来释音同、音近或音转的同义异字的词，如《琴赋》"何弦歌之绸缪"，李注："毛传曰：绸缪犹缠绵。"又"牢落凌厉"，李注："牢落犹辽落。"用"喻"字以释比喻义，亦不乏其例，如颜延之《和谢监灵云》："虽慁丹腴施，未谓玄素睽"，李注："丹腴喻君恩也，玄素喻别也。"陶潜《始作镇参军经曲阿作》："宛辔憩通衢"，李注："通衢喻仕路也。"串释句子者，如《高唐赋》："回肠伤气"，李注："言上诸声能回转入肠，伤断人气。"又"倾岸洋洋，立而熊经"，李注："言岸既将倾，水流又迅，故立者恐惧而似熊经。"撮述段意者，如《高唐赋》"登高远望，使人心瘁"句下李注曰："登高心瘁，此下谓至山上高处未至观也。"又同篇"箕踵漫衍，芳草罗生"句下李注曰："自此已前并述山势也。"对于长诗，李注还注意分章,于每章末句下注明"其一"、"其二"、"其三"等等字样,使人读来豁然。此外李注尚兼有评论,亦有助于欣赏,如曹植《七哀诗》"明月照高楼,流光正徘徊",李注:"夫皎月流辉,轮无辍照,以其馀光未没,似若徘徊。前觉以为文外傍情,斯言当矣。"

李善《文选注》在释义方面成就卓然,不亚于唐代的经疏、史注。他注意因音求义,读破假借,尤为可贵。但受当时学术水平所局限,也难免有望文生训之弊,清人于此已有所指明,如王念孙《读书杂志》、《广雅疏证》,段玉裁《说文解字注》已开其先。至胡绍煐作《文选笺证》,承王、段之学,推而广之,其书自序说:"国朝名儒辈出,前有余氏(萧克)之《文选音义》,何氏(焯)、陈氏(景云)之评《文选》,汪氏(师韩)之《文选理学权舆》,孙氏(志祖)之《李注补正》,林氏(茂春)之《文选补注》,胡氏(克家)之《考异》,近梁氏(章钜)又有《旁证》,皆足以羽翼江都。惟王氏、段氏独辟畦径,由音求义,即义准音,能发前人所未发,虽仅数十条,而考证核详,直驾千古。绍煐涉猎《文选》,即窥此秘,以之校读李注,触类引申,为王、段二氏所未及订者尚夥。"序中所举的李注误例未必尽当,但所遵循的"由音求义,即义准音"的路子却是正确的。李注正是在这一点上贯彻不力,故多失误。

李注比较谨慎,有时注以"未详",以示阙疑。有时又存异说,以备参考。究其例则,存异说情况有二:一是在"未详"之后,存一说姑妄言之,表示仅供参考而不足为据。一是在别说之外,存旧说以广异闻。

(四)擅长校勘

由于《文选》材料来源复杂,李注颇留意于校勘。其用对校、他校、本校、理校诸法,校《文选》或有关他书之讹误衍脱,不乏精当之见,例如《思玄赋》:"宝萧艾于重笥兮",旧注:"《礼记》曰:'笲笥问人者,并盛食器,员曰笲,方曰笥。'"李注:"案盛衣亦曰笥,《后汉》作珍,盖珤字相似误耳。"此校《后汉书·张衡传》所载赋文"笥"作"珍",当为珤字之误。又如《高唐赋》:"有方之士,羡门高谿",李注:"《史记》曰:'秦始皇使燕人卢生求羡门高誓',谿疑是誓字。"阮瑀《为曹公作书与孙权》"岂若淮阴捐旧之恨",李注:"捐旧(舊)或为捐夺(奪),误也。"此校或本脱误,以明底本为是。又"苏秦说韩,羞以牛后",李注:"《战国策》:苏秦为楚合从,说韩王曰:'臣闻鄙谚曰:宁为鸡尸,不为牛从。今西面交臂而臣事秦,何以异于牛从也?……'《战国策注》曰:'尸,鸡中主也。从,牛子也。从(從)或为后(後),非也。'"除校是非外,亦存两通之异文以备参,如《幽通赋》"实棐谌而相训",李注:"训或为顺。"邹阳《狱中上书自明》:"故有人先谈,则枯木朽株树功而不忘",李注:"谈或为游。"

李善校勘,对于异文资料注意辨析,从而保证了结论的科学性。《文选》是一部文学总集,选文多出自别集,又或转引自史籍载文,而且编者在选录时又往往经过删节分并等改动,故异文资料比较复杂。李善对此能注意辨析,原则上尊重原始资料,而不轻信选者或史家转录时所作的改动。例如任昉《奏弹刘整》"臣昉顿首顿首"至"如法所称整即主"一段下,李注:"昭明删此文大略,故详引之,令与弹相应也。"此为校补删略之例。又如曹植《与吴季重书》:"……夫文章之难非独今也,古之君子犹亦病诸。家有千里,骥而不珍焉;人怀盈尺,和氏无贵矣。夫君子而知音乐,古之达论谓之通而蔽,墨翟不好伎,何为过朝歌而回车乎? 足下好伎,值墨翟回车之县,想足下助我张目也。"李善于篇末注曰:"《植集》此书别题云:'夫为君子而不知音乐,古之达论谓之通而蔽,墨翟自不好伎,何谓过朝歌而回车乎? 足下好伎,而正值墨氏回车之县,想足下助我张目也。'今本以'墨翟之好伎'置'和氏无贵矣'之下,盖昭明移之,与季重之书(按,指吴质《答东阿王书》)相映耳。"此为校正移动句子之误。凡此悉以本集为准,以校编者臆改之误。辨析史书载文取舍不同致有详略之别者,如朱浮《为幽州牧与彭宠书》:"长为群后恶法,求为功臣鉴戒,岂不误哉",李注:"或本云'求为群后恶法',今检范晔《后汉书》有此一句,然《东观汉记》亦载此书,大意虽同,辞旨全别,盖录事者取舍有详略矣。"因此能做到不轻据他校材料妄改本文,这是很可贵的。

李善对《文选》篇目编次之误亦多有订正,例如"公谦"类曹植《公谦诗》李注:"赠答、杂诗子建在仲宣之后,而此在前,疑误。""招隐"类左思《招隐诗》李注:"杂诗左居陆(机)后,而此在前,误也。""上书"类枚乘《上书谏吴王》李注:"然乘之卒在相如之前,而今在后,误也。"等等。又有订题目之误者,例如曹植《赠丁仪》李注:"《集》云与都亭侯丁翼,今云仪,误也。"庾亮《让中书令表》李注:"诸《晋书》并云'让中书监',此云'令'恐误也。"

李善注《文选》,将原书三十卷分为六十卷,此属变乱旧式,但他在首题保留旧有分卷字样,以明旧式,如全书开头"赋甲"下李注:"'赋甲'者,旧题甲乙所纪卷先后,今卷既改,故甲乙并除,存其首题,以明旧式。"尚属审慎。

(五)小传与解题精核简当

《文选》是一部总集,纵贯七代,囊括一百三十馀家之作。为知人论世,李善注于始见作者名下立一小传,多引旧史简述名字、爵里、事迹,或引一史记载详备者,或引两史以互相补充。例如《咏怀诗》"阮嗣宗"下李注:"臧荣绪《晋书》曰:阮籍,字嗣宗,陈留尉氏人也。容貌瑰杰,志气宏放。蒋济辟为掾,后谢病去。为尚书郎,迁步兵校尉卒。"《赠陆机出为吴王郎中令》"潘正叔"下李注:"《文章志》曰:潘尼,字正叔,少有清才,初应州辟,后以父老归。供养父终乃出仕,位终太常。"

李善注又或于题下置解题文字,多据旧书记载,亦兼考证,着重说明写作背景或年月。例如班固《两都赋》下李注:"自光武至和帝都洛阳,西京父老有怨,班固恐帝去洛阳,故上此词以谏,和帝大悦也。"此据《两都赋序》写成。王粲《赠士孙文始》下李注:"《三辅决录》赵岐注曰:士孙孺子名萌,字文始,少有才学,年十五能属文。初董卓之诛也,父瑞知王允必败,京师不可居,乃命萌将家属至荆州依刘表,去无几,果为李傕等所杀。及天子都许昌,追论诛董卓之功,封萌为澹津亭侯。与山阳王粲善,萌当就国,粲等各作诗以赠萌,于今诗犹存也。"又《赠文叔良》下李注:"干宝《搜神记》曰:'文颖,字叔良,南阳人。'《繁钦集》又云'为荆州从事'。文叔良作《移零陵文》,而《粲集》又有《赠叔良》诗。献帝初平中,王粲依荆州刘表,然叔良之为从事,盖事刘表也。详其诗意,似聘蜀结好刘璋也。"解题或有或无,视具体情况而定,小传已涉及或无须说明者则阙略之,如《西京赋》的写作背景,在张衡小传中已言及,就不再重拟解题了。

李善注中的小传和解题,对上取法乎《诗序》及王逸《楚辞注》,并继承了晋以来《文章志》、《文士传》一类著作的成果,对后世总集、别集的注释亦产生了深远影响。

(六)徵引博赡与体例严明

李善学有根柢,其注《文选》"弋钓书部",广徵博引,在当时注释之作中是比较突出的,与颜师古《汉书注》并称。前人曾钩稽过李注所引书目和篇目,据清汪师韩《文选理学权舆·注引群书目录》所列,计有经传69种,经类18种,经总训3种,小学36种,纬候图谶78种,正史81种(包括史注),杂史68种,史类71种,人物别传21种,谱牒12种,地理99种,杂术艺43种,诸子85种,子类38种,兵书20种,道释经论31种,总集6种,集41种(以上为专书),诗154种,赋210种,颂22种,箴17种,铭27种,赞7种,碑33种,诔哀辞32种,七14种,连珠3种,诏表牋启38种,书89种,吊祭文6种,序47种,论22种,杂文37种(以上为单篇),旧注29种,总计1607种(按,系不完全统计)。这种博赡的引证,不仅有助于读者理解本文,而且有不少书后来已经佚亡,赖此注保存了许多珍贵的文献资料,故李注一向为辑佚家所重。

李注还继承了前代注家的优良传统,注文体例谨严,堪称典范之作。李注凡例,散见于注中,每于某一情况始见之处发凡起例。这一点颇像《左传》

立凡五十,散在各处,以发明《春秋》义例。例如:

> 诸引文证,皆举先以明后,以示作者必有所祖述也。他皆类此。(《两都赋序》"或曰赋者古诗之流也"注)

> 言能发起遗文以光赞大业也。《论语》:子曰"兴灭国,继绝世"。然文虽出彼,而意微殊,不可以文害意。他皆类此。(《两都赋序》"以兴废继绝"注)

> 诸释义或引后(按,此处指蔡邕《独断》)以明前(此处指《两都赋序》),示臣之任不敢专。他皆类此。(《两都赋序》"朝廷无事"注)

> "石渠"已见上文。然同卷再见者,并云已见上文,务从省也。他皆类此。(《西都赋》"又有天禄石渠"注)

> "娄敬"已见上文。凡人姓名皆不重见。馀皆类此。(《东都赋》"娄敬度势而献其说"注)

> "诸夏"已见《西都赋》,其异篇再见者,并云已见某篇。他皆类此。(《东都赋》"光汉京于诸夏"注)

> "诸夏"已见上文。其事烦已重见及易知者,直云已见上文。他皆类此。(《东都赋》"内抚诸夏"注)

> 旧注是者,因而留之,并于篇首题其姓名。其有乖缪者,臣乃具释,并称"臣善"以别之。他皆类此。(《西京赋》"薛综注"注)

> "栾大"已见《西都赋》。凡人姓名及事易知而别卷重见者,云见某篇,亦从省也。他皆类此。(《西京赋》"栾大之贞固"注)

> "鹡鸰"已见《西都赋》。凡鱼鸟草木皆不重见。他皆类此。(《西京赋》"鸟则鹔鹴鹡鸰"注)

> 然旧有集注(按,此指《汉书注》)者,并篇内具列其姓名,亦称"臣善"以相别。他皆类此。(《甘泉赋》注)

> 宋玉《对问》曰:"既而曰《陵阳白雪》,国中唱而和之者弥寡。"然《集》所载与《文选》不同,各随所用而引之。(《琴赋》"绍陵阳"注)

> 徐广曰:"齐之东阿县缯帛所出者也。"此解阿义与《子虚》不同,各依其说而留之。旧注既少,不足称臣以别之。他皆类此。(李斯《上秦始皇书》"阿缟之衣"注)

以上为发凡起例而明加标出者,此外校勘、订误、补阙、阙疑、存异、考辨、辨字、注音、释义、释事亦自有其例,前面已有所论及,此不赘述。

总之,李注体大思精,堪称古注之佳作,后人研究之专著较多,如清汪师韩《文选理学权舆》、《文选理学权舆补义》,沈家本《文选李注引书目录》(未刊)等,亦有为其作疏者,如高步瀛《文选李注义疏》(未完稿)。当然李注也不无疏误之处,故后人又有补正之作,如清孙志祖《李注补正》,叶树藩《文选补注》,林春茂《文选补注》,朱珔《文选集释》,徐攀凤《选注规李》,胡绍煐《文选笺证》等。至于唐代有人批评李注"释事忘义",乃为偏见,前已论及。

李善之后,自诩对李注补偏救弊的唐代《文选》注家是"五臣",即吕延济、刘良、张铣、吕向、李周翰。而发起、组织及集注者则为吕延祚。吕延祚有《进集注文选表》,上于唐玄宗开元六年(718)九月,所言《五臣注》成书始末甚详。《五臣注》针对《李善注》而作,详见上表所言。《五臣注》表上之后,唐玄宗有口敕"朕近留心此书(指《文选》),比见注本(指李善注),唯只引事,不说意义。略看数卷,卿此书甚好"云云(见《四部丛刊》影印宋刊《六臣注文选》卷首)。又《新唐书·文艺传》载:"吕向,字子回,亡其世贯,或曰泾州人。……尝以李善释《文选》为繁酿,与吕延济、刘良、张铣、李周翰等更为诂解,时号《五臣注》。"晁公武《郡斋读书志》云:"吕延祚以李善止引经史,不释述作意义,集吕延济、刘良、张铣、吕向、李周翰五人注,延祚不与焉。复为三十卷。开元六年延祚上之,名曰《五臣注》。"《五臣注文选》今只有残本流传,台湾影印之宋绍兴辛巳建阳陈八郎崇化书坊刊本,亦有五卷(21—25)抄配部分。

《五臣注》虽声言针对李善注而作,实亦承袭李善注而作,例如《东都赋》"遂绥哀牢,开永昌",《六臣注》:"善曰:'《东观汉记》曰:"以益州徼外哀牢王率众慕化,地旷远,置永昌郡也。"'铣曰:'绥,安也。'馀同善注。""馀同善注"云云多见,是说除所引之外,其馀皆约略李善之注。又有全部约略者,如《西征赋》"兵在颈而顾问,何不早而告我,愿黔黎其谁听,惟请死而获可",《六臣注》全引李善注,后谓"翰同善注"。同篇"伏梁剑于东郭",句下谓"向同善注",等等。现传《五臣注》证明了这种情况。

五臣注不同于李善注之处,主要有三方面:

第一,注释体例不同。李注详于徵引而略于训释,五臣注则疏于徵引而繁于训释。正如宋淳熙尤袤刻李注《文选》自跋所说:"五臣特训释旨意,多不原用事所出,独李善淹贯该洽,号有精详。"李注略于训释乃有意为之,表现在两点:一是只注明典故而较少解释,让读者意会:一是对易懂字词不出注训解。而五臣注恰恰相反,出注多,串释繁,虽显得通俗,但流于浅薄。例如《思玄赋》"嬴擿谶而戒胡兮,备诸外而发内",《六臣注》:"善曰:《史记》曰:

卢生使人奏箓图曰：‘亡秦者胡也。’使将军蒙恬北击胡，略取河南地。又曰：始皇崩，李斯与赵高谋诈受始皇诏，立胡亥为太子也。铣曰：嬴，秦姓也。（按，李善注《东京赋》已及此。）胡亥之祸正发于内。谶即图书也。摘，指也。”《长杨赋》“于是圣武勃怒，爰整其旅”，《六臣注》：“善曰：《毛诗》曰：‘王赫斯怒，爰整其旅。’铣曰：圣武，武帝也。勃然而怒，于此整其军旅也。爰，于也。”

第二，注释质量不同。李善为精通小学、博览群书的学者，其注《文选》，详赡精审。而五臣之学术远不逮李善，其注《文选》，类多疏误。关于李注与五臣注之优劣，前人早已有比较研究，虽不无异辞，但褒李贬五臣，终成定论。例如唐李匡乂《资暇集》卷上说：“世人多谓李氏立意注《文选》，过为迂繁，徒自骋学，且不解文意，遂相尚习五臣者，大误也。所广徵引，非李氏之意，盖李氏不欲穷人之功，有旧注者，必逐每篇存之，仍题原注人之姓字，或有迂阔乖谬，犹不削去之。苟旧注未备，或兴新意，必于旧注中称‘臣善’以分别。既存原注，例皆引据，李续之雅，宜殷勤也。代传数本李氏《文选》，有初注成者，覆注者，有三注四注者，当时旋被传写之，其绝笔之本，皆释音训义，注解甚多，余家幸而有焉。尝将数本并校，不唯注之赡略有异，至于科段，互相不同，无似余家之本该备也。因此而量五臣者，方悟所注尽从李氏注中出。开元中进表，反非斥李氏，无乃欺心欤？且李氏未详处，将欲下笔，宜明引凭证。细而观之，无非率尔。今聊各举其一端。至如《西都赋》说游猎云：‘许少施巧，秦成力折’，李氏云：‘许少、秦成，未详。’五臣云：‘昔之捷人壮士，搏格猛兽。’施巧、力折，固是捷壮，文中自解矣，岂假更言，况又不知二人所从出乎！又注‘作我上都’云：‘上都，西京也。’何大浅近忽易欤！必欲加李氏所未注，何不云：上都者，君上所居，人所都会耶？况秦地厥田上上，居天下之上乎？……乃知李氏绝笔之本（按，指事义兼释之定稿），悬诸日月焉，方之五臣，犹虎狗凤鸡耳。”唐丘光庭《兼明书》卷四说：“五臣者不知何许人也，所注《文选》，颇为乖疏，盖以时有王张，遂乃盛行于代。”他共举出误谬二十一条，例如“岂鲜辉于阳春”条：“《雪赋》云‘君宁见阶上之白雪，岂鲜辉于阳春’，臣铣曰：‘鲜，寡也。雪之光辉，岂寡于阳春也。’明曰：‘下文云：“玄阴凝冱，不昧其洁。太阳辉耀，不固其节”，则鲜谓鲜明也。言雪当见日而消，不能鲜明光辉于阳春也。’”至宋，苏轼《书谢瞻诗》、《书文选后》及洪迈《容斋随笔》卷一“五臣注文选”条等均指出《五臣注》之“荒陋”“浅妄”，肯定李善注之精博。至清，《四库提要·六臣注文选》又集前人之说而加以评论：“然唐李匡乂作《资暇集》，备摘其窃据善注，巧为颠倒，条分缕析，言之甚详。又姚宽《西溪丛语》诋其注扬雄《解嘲》，不知伯夷、太公为二老，反驳善注之误。王楙《野客丛书》诋其误叙王暕世系，以览后为祥后，以昙首之曾孙为昙首之子。明田汝成重刊《文选》，其子艺衡又摘所注《西都赋》之'龙兴虎视'，《东都(赋)》之'乾符坤珍'，《东京赋》之'巨猾间衅'，《芜城赋》之'袤广三坟'诸条。今观所注，迂陋鄙倍之处尚不止此，而以空疏臆见轻诋通儒，殆亦韩愈所谓蚍蜉撼树者欤？……然其疏通文意，亦间有可采，唐人著述，传世已稀，固不必竟废之也。"这种说法既指出了五臣注的致命弱点，又恰当地肯定了其亦有可取之处，堪称公允之论。

第三，校勘原则不同。李善校勘，不仅方法科学，而且态度谨慎，故多有创获。五臣则不同，凭臆轻改，随处可见。五臣本与李善本相校，异文甚夥，多为五臣臆改所致。特别在古今字方面，五臣本好改古就今，表面上似乎符合通俗之要求，实际上触犯变乱旧式之大忌，泯灭了古文献用字的历史特点。例如《东都赋》："克己复礼，以奉终始"，五臣本改"克"为"剋"；"铺鸿藻，信景铄"，信读作申，而五臣本径改为"申"。《甘泉赋》："封峦石关，施靡乎延属"，李注："施靡，相连貌，施，弋尔切。"五臣本径改"施"为"迤"。又五臣本"延"作"连"，当亦妄改。按，延、迤声近(声母相同，韵母阴阳对转)义同，皆训连，五臣不明其义，径改为"连"。延属本有其词，如《吴都赋》"长干延属"，向注："延属，言邑室相连也。"此处不以为误，是。李匡乂《资暇集》卷上不仅诋其误注，亦诋其轻改、妄改，如云："又轻改前贤文旨，若李注云某字或作某字，便随而改之。其有李氏不解，而自不晓，辄复移易。今不能繁驳，亦略指其所改字。曹植《乐府》云：'寒鳖炙熊蹯'，李氏云：'今人腊肉谓之寒，盖韩国事馔尚此法。'复引《盐铁论》'羊淹鸡寒'、刘熙《释名》'韩羊韩鸡'为证寒与韩同。又李以上句云'脍鲤臇胎鰕'，因注：'《诗》曰：炰鳖脍鲤。'五臣兼见上句脍鲤，遂改寒鳖为炰鳖，以就《毛诗》之句。又子建《七启》云：'寒芳莲(《文选》作"苓")之巢龟，胘四(《文选》作"西")海之飞鳞'，五臣亦改寒为搴。搴，取也，何以对下句之胘耶？况此篇全说脩事之意，独入此搴字，于理甚不安。上句既改寒为搴，即下句亦宜改胘为取。纵一联稍通，亦于诸句不相承。以此言之，明子建故用寒字，岂可改为炰鳖耶？斯类篇篇有之，学者幸留意。……其改字也，至有翩翻对怳忽，则独改翩翻为翩翩，与下句不相收。又李氏依旧本不避国朝庙讳，五臣易而避之，宜矣，其有李本本作泉及年代字，五臣贵有异同，改其字，却犯国讳(按，指改泉为渊，改代为世，以标新立异)，岂惟矛盾而已哉！"注释有误，尚有原文可按，凭臆妄改，则贻害匪浅。所以五臣本在文字上甚不足为据。

五臣注本借助官方的力量（如曾得到唐玄宗的赞赏），加之本身通俗浅近的体例，颇受世俗青睐，盛传不已，而体例典雅、学术价值很高的李善注本反受到轻视和冷落。对于这种不公正的情况，有见地的学者极为不满，如前所引李匡乂、丘光庭之说。又如苏轼《书谢瞻诗》说："李善注《文选》，本末详备，极可喜。五臣真俚儒之荒陋者也，而世以为胜善，亦谬矣。"尤袤淳熙八年刻《文选李善注》跋说："今是书（指《文选》）流传于世皆是五臣注本。五臣特训释旨意，多不原用事所出，独李善淹贯该洽，号为精详。"几乎是异口同声褒李善而贬五臣。这种评价是符合两书的实际学术水平的。但是世俗的选择也说明通俗性的重要，如果李善注能在科学性的基础上注意一些通俗化，势必会产生更大的社会效用。李善注的科学性使它在历史上站住了脚，至今流传不已。而五臣本自宋以后似乎即无刻本，清钱曾《读书敏求记》称所藏即为三十卷宋本，但流传甚少。由于要求科学性和通俗性的统一，出现了六臣本《文选》，即将李善注与五臣注合为一书。《四库提要·六臣注文选》云："《崇文总目》误以五臣注本置李善注本之前。至陈振孙《书录解题》，始有《六臣文选》之目，盖南宋以来，偶与善注合刻，取便参证。元明至今，遂辗转相沿，并为一集，附骥以传，盖亦幸矣。"可见六臣本亦以李善注为主，五臣注为辅，并不是平列的。宋刻六臣注本今传，《四部丛刊》影印者即是。今传李善注本有两个系统：一是清胡克家仿刻宋尤袤淳熙本，渊源详其嘉庆十四年（1809）所写《重刻宋淳熙本文选序》。然在长期流传中五臣注与李善注多有误混，此本即有将五臣注误为李善注者，如苏轼《书谢瞻诗》所指斥五臣误注"三殇"的例子，胡仿宋刻本已误在李善名下，凡此须加甄别。今传李善注本另一系统是由《六臣注本》改造而成，如毛晋所刻、《四库全书》所收即是。《四库提要·文选注》云："其书（李善注《文选》）自南宋以来，皆与五臣注合刻，名曰《六臣注文选》，而善注单行之本世遂罕传。此本为毛晋所刻，虽称从宋本校正，今考其第二十五卷陆云《答兄机诗》注中有'向曰'一条，'济曰'一条，又《答张士然诗》注中有'翰曰'、'铣曰'、'向曰'、'济曰'各一条，殆因六臣之本，削去五臣，独留善注，故刊除不尽，未必真见单行本也。"所举例证尚多，馀不详引。

第六节 刘知几

刘知几（661—721），字子玄，以玄宗讳嫌（"几"与"基"音同），故以字行，彭城（今江苏徐州市）人。他一生由读史、议史、修史而成就为著名的史论学家。他年少时厌习《古文尚书》，而喜好《左传》，遂遍览群史。二十岁考中进士，任获嘉县主簿，于是专心诸史。刘知几读史与议史相兼，遍阅群史的过程也是他独立思考诸史体例、撰法和得失的过程。据《史通·自叙》，他曾想效法孔子刊订旧籍："其于史传也，尝欲自班、马以降，迄于姚（思廉）、李（百药）、令狐（德棻）、颜（师古）、孔（颖达）诸书，莫不因其旧义，普加厘革。但以无夫子之名，而辄行夫子之事，将恐致惊末俗，取咎时人，徒有其劳，而莫之见赏。所以每握管叹息，迟回者久之。非欲之而不能，实能之而不敢也。"其后"三为史臣，再入东观"。先后参加修撰《唐书》和《则天实录》（《史通·古今正史》）。由于自己的史学见解不容于世俗，难以在修史实践中得到贯彻，遂撰《史通》以见志。后又别撰《刘氏家史》及《谱考》。累迁太子左庶子、兼崇文馆学士。唐玄宗开元初，迁左散骑常侍。后因为其子请罪，贬安州别驾，开元九年（721）卒。《史通·自叙》实为自传，另《新唐书》亦有传。

《史通》是刘知几的代表著作，写成于唐中宗景龙四年（710），共二十卷，分内篇、外篇，各为十卷。内篇三十九篇，其中亡佚三篇，篇目为：《六家》、《二体》、《载言》、《本纪》、《世家》、《列传》、《表历》、《书志》、《论赞》、《序例》、《题目》、《断限》、《编次》、《称谓》、《采撰》、《载文》、《补注》、《因习》、《邑里》、《言语》、《浮词》、《叙事》、《品藻》、《直书》、《曲笔》、《鉴识》、《探赜》、《模拟》、《书事》、《人物》、《覈才》、《序传》、《烦省》、《杂述》、《辨职》、《自叙》（以上为现存之三十六篇）、《体统》、《纰缪》、《弛张》（以上三篇亡）。外篇十三篇，篇目为：《史官建置》、《古今正史》、《疑古》、《惑经》、《申左》、《点烦》、《杂说上》、《杂说中》、《杂说下》、《五行志错误》、《五行志杂驳》、《暗惑》、《忤时》。《史通》是史论、史评之作，阐述史书的源流、体例、编撰方法、史家修养及诸书得失等，是他一生读史、议史心得的结晶，也是前人和他本人修史经验的总结。《史通》"夫其为义也，有与夺焉，有褒贬焉，有鉴诫焉，有讽刺焉"，"多讥往哲，喜述前非"（《自叙》）。这种怀疑、批判、求实、开创的精神，与当时以孔颖达等诸经疏和颜师古《汉书注》为代表的古文献学方面因袭、集成的主流风气，是大相径庭的。

从古文献学角度看，《史通》的主要成就有三方面：

（一）冲破儒家经书的神圣观念，开"六经皆史"论之先河

自从汉武帝罢黜百家、独尊儒术以后，儒家经书被抬到至高无上的神圣地位，影响了对它们实事求是地研究和整理。刘知几则把经书作史书或史料看待，这在汉以来的古文献学史上，堪称思想之一大解放。例如《史通》的

第一篇《六家》,其中前三家:《尚书》、《春秋》、《左传》,本皆属经传,却被刘知几作为史书来看待、来研究。他认为《尚书》为记言之史:"盖《书》之所主,本于号令,所以宣王道之正义,发话言于臣下,故其所载皆典、谟、训、诰、誓、命之文。至如《尧》、《舜》二典直序人事,《禹贡》一篇唯言地理,《洪范》总述灾祥,《顾命》都陈丧礼,兹亦为例不纯者也。"(《六家》)他认为《春秋》为记事之史,孔子作《春秋》,只是述鲁史以寓褒贬(见《六家》),而并不像穿凿之词所言是什么感时追论之作(见《探赜》)。他认为《左传》为以事释《春秋》之作:"观《左传》之释经也,言见经文而事详传内,或传无而经有,或经阙而传存,其言简而要,其事详而博,信圣人之羽翮,而述者之冠冕也。"(《六家》)不仅如此,他还认为《易》、《诗》、《礼》亦属史籍,在《自叙》中把孔子所整理的经书统统归为"史籍"。

(二)归纳义例,综考源流,对史部目录学有所创通

《史通》着重讲论史书义例、源流、撰法,不仅对史书编撰有指导意义,从文献学方面看,对史部目录学亦有贡献。《史通》在目录学上的意义主要有三点:

首先,在史部分类上有所贡献,正如《古今正史》篇后浦起龙按语所说:"全史就评,安可不综史部?"关于史书之分类,《史通》从体裁上归纳为"六家"、"二体"。六家中,《尚书》家指记言体,《春秋》家指记事体,《左传》家指编年体,《国语》家指国别体,《史记》家指通代纪传体,《汉书》家指断代纪传体(见《六家》)。二体指编年和纪传,它们是千古流传不废的两种史体(见《二体》)。纪传类在《史通》之前的《隋书·经籍志》及《史通》之后的史部目录中称为"正史"。而《史通》有《古今正史》一篇,其所谓"正史",与"偏记小说"相对而言,不专指纪传,编年亦包括在内。相较而言,以《史通》名目为确切。编年类则为《史通》独创,为其后目录所袭。正史之外,《史通》有所谓偏记小说,《杂述》说:"是知偏记小说,自成一家,而能与正史参行,其所由来尚矣。爰及近古,斯道渐烦。史氏流别,殊途并骛。榷而为论,其流有十焉:一曰偏记,二曰小录,三曰逸事,四曰琐言,五曰郡书,六曰家史,七曰别传,八曰杂记,九曰地理书,十曰都邑簿。"这些类目亦与其前后目录有同有异。关于史注之分类,《史通》归纳为训诂解释和广异补阙二体,实属古今通例,详见《补注》。训诂一体如同经注,"是曰儒宗"。广异补阙又分两类,一为他人所注,一为作者自注,如《补注》说:"次有好事之子,思广异闻,而才短力微,不能自达,庶凭骥尾,千里绝群,遂乃掇众史之异辞,补前书之所阙。若裴松之《三国志》,陆澄、刘昭两《汉书》,刘彤《晋纪》,刘孝标《世说》之类是也。亦

有躬为史臣,手自刊补,虽志存该博,而才阙伦叙,除烦则意有所吝,毕载则言有所妨,遂乃定彼榛楛,列为子注。若萧大圜《淮海乱离志》、羊衒之《洛阳伽蓝记》、宋孝王《关东风俗传》、王劭《齐志》之类是也。"对于史注之二体,刘知几的归纳是科学的,但他崇训诂而薄补遗,这种评价未必恰当,说明在史注方面,刘知几与当时经学家所谓"疏不破注"的观点是一致的,与颜师古《汉书注》的观点亦同,这未免有些保守。实际上补遗家的成就及优点是不容抹杀的,可参看前一章关于魏晋南北朝史注的论述。

其次,《史通》论述史部文献,多综考源流,揭示内容,具有叙录价值,相当于解题目录。特别是《古今正史》一篇,等于远古至刘知几生世的一部史书文献史。此篇不仅依次叙列众书,而且对每一种书的成书过程考述甚详,例如关于《汉书》的考述,据《后汉书》、《班固集》及《隋书·经籍志》等材料写成,较今传《后汉书·班固传》及《隋书·经籍志》所记均为翔实,并且叙及《汉书》的流传、注释及影响。又如《隋书》,特别是其中的十志,编撰情况比较复杂,《古今正史》所言甚明:"皇家贞观初,敕中书侍郎颜师古、给事中孔颖达共撰成《隋书》五十五卷,与新撰《周书》并行于时。初,太宗以梁、陈及齐、周、隋氏并未有书,乃命学士分修。事具于上,仍使秘书监魏徵总知其务,凡有赞论,徵多预焉。始以贞观三年(629)创造,至十八年(644)方就,合为《五代纪传》,并目录凡二百五十二卷。书成,下于史阁。唯有十志,断为三十卷,寻拟续奏,未有其文。又诏左仆射于志宁、太史令李淳风、著作郎韦安仁、符玺郎李延寿同撰。其先撰史人,唯令狐德棻重预其事。太宗崩后,刊勒始成。其篇第虽编入《隋书》,其实别行,俗呼为《五代史志》。"由此可知《隋书》之志本非《隋书》所专有,实为梁、陈、齐、周、隋五代史志,所反映的是五代的情况。其他如后汉史、三国史、十八家晋史、十六国史等,著作、著者都比较繁复,此篇之综述十分详明。

复次,保存佚书线索。东汉、魏晋南北朝至唐,是我国史学的大发展时期,史书众多,作者辈出,古书四部分类中的史部由此得以确立。但各朝史书在此时期内也先后出现集中统一的代表作,遂使其他众书在唐代以后逐渐亡佚。《史通》保存了不少佚亡史书的材料,散见于各篇,尤以《杂述》、《史官建置》、《古今正史》、《杂说》上中下等篇所记更为集中和系统。这些材料可以和其他现存有关诸史的载录互相印证,以窥众亡书之涯略。有的材料可补诸史之阙遗,如《古今正史》所记十六国史,有许多书不见诸史记载。有的材料可订诸史讹误,如《古今正史》说:"庐江何之元、沛国刘璠以所闻究其始末,合撰《梁典》三十篇",而《陈书·何之元传》、《周书·刘璠传》分别言各撰《梁典》三十卷,《隋书·经籍志》、《旧唐书·经籍志》亦著录为二人各撰,则为误分。又刘知几非常重视晋代汲冢发现的古史书籍,屡加引证。这些书后也佚亡,可借《史通》窥其眉目。

(三)嫉妄崇实,重视考证辨伪

刘知几强调修史要实录直书,采撰要考核征实,这样的史学观点必然导致他在文献学上重视辨伪。

《史通》所辨,以伪事、伪辞为主,亦涉及伪书。

辨伪事、伪说,首先针对史书,《暗惑》说:"夫人识有不烛,神有不明,则真伪莫分,邪正靡别。……而行之者伪成其事,受之者信以为然,故使见咎一时,取怨千载。夫史传叙事,亦多如此。其有道理难凭,欺诬可见,如古来学者,莫觉其非,盖往往有焉。"他认为世多忌讳,又好阿谀,史家往往适俗随时,言不由衷,致使史书中伪事、伪辞甚多。《直书》说:"足以验世途之多隘,知实录之难遇耳。"《曲笔》说:"盖史之为用也,记功司过,彰善瘅恶,得失一朝,荣辱千载。苟违斯法,岂曰能官。但古来唯闻以直笔见诛,不闻以曲词获罪。是以隐侯(沈约)《宋书》多妄,萧武(梁武)知而勿尤;伯起(魏收)《魏史》不平,齐宣览而无谴。故令史臣得爱憎由己,高下在心,进不惮于公宪,退无愧于私室,欲求实录,不亦难乎?"《采撰》说:"沈氏著书,好诬先代,于晋则故造奇说,在宋则多出谤言,前史所载,已讥其谬矣;而魏收党附北朝,尤苦南国,承其诡妄,重以加诸。"《杂说中》说:"《宋书》载佛狸之入寇也,其间胜负,盖皆实录焉。《魏史》所书,则全出沈本,如事有可耻者,则加减随意,依违饰言。"他认为世尚怪诞,史家好异猎奇,多信小说寓言、祥瑞灾异,也使伪事、伪辞泛滥。《采撰》说:"而嵇康《高士传》,好聚七国寓言,玄晏(皇甫谧)《帝王纪》,多采六经图谶,引书之误,其荫于此矣。至范晔增损东汉一代,自谓无惭良直,而王乔凫履,出于《风俗通》,左慈羊鸣,传于《抱朴子》,朱紫不别,秽莫大焉。……晋世杂书,谅非一族,若《语林》、《世说》、《幽明录》、《搜神记》之徒,其所载或诙谐小辩,或神鬼怪物。其事非圣,扬雄所不观;其言乱神,宣尼所不语。皇朝新撰《晋史》,多采以为书。"《杂说中》说:"夫学未该博,鉴非详正,凡所修撰,多聚异闻,其为踳驳,难以觉悟。案应劭《风俗通》载楚有葉君祠,即葉公诸梁庙也。而俗云孝明帝时有河东王乔为葉令,尝飞凫入朝。及干宝《搜神记》,及隐应氏所通,而收流俗怪说。又刘敬升《异苑》称晋武库失火,汉高祖斩蛇剑穿屋而飞,其言不经。致梁武帝令殷芸编诸《小说》,及萧方等撰《三十国史》,乃刊为正言。既而宋求汉事,旁取令升之书(原注:谓范晔《后汉书》),唐徵晋语,近凭方等之录(原注:谓皇家撰

《晋书》），编简一定，胶漆不移。故令俗之学者，说凫履登朝，则云《汉书》旧记，谈蛇剑穿屋，必曰晋典明文。遮彼虚词，成兹实录。语曰：'三人成市虎。'斯言之得之者乎！"《杂说下》说："观刘向对成帝称武、宣行事，世传失实，事具《风俗通》，其言可谓明鉴者矣。及自造《洪范》、《五行》及《新序》、《说苑》、《列女》、《神仙》诸传，而皆广陈虚事，多构伪辞，非其识不周而才不足，盖以世人多可欺故也。……夫传闻失真，书事失实，盖事有不获已，人所不能免也。至于故为异说，以惑后来，则过之尤甚者矣。"又说："自战国已下，词人属文，皆伪立客主，假相酬答。至于屈原《离骚》辞，称遇渔父于江渚，宋玉《高唐赋》，云梦神女于阳台。夫言并文章，句结音韵，以兹叙事，足验凭虚。而司马迁、习凿齿之徒，皆采为逸事，编诸史籍，疑误后学，不其甚邪！"其他如《书事》等，也都言及。又如《汉书五行志错误》指出："班氏著志，牴牾者多，在于《五行》，芜累尤甚。今辄条其错缪，定为四科：一曰引书失宜，二曰叙事乖理，三曰释灾多滥，四曰古学不精。"在第三科中多辨附会之辞，如说："释灾多滥者，其流有八：一曰商榷前世，全违故实；二曰影响不接，牵引相会；三曰敷演多端，准的无主；四曰轻持善政，用配妖祸；五曰但伸解释，不显符应；六曰考核虽说，义理非精；七曰妖祥可知，寝默无说；八曰不循经典，自任胸怀。"每一类皆有例证，兹不详举。他甚至认为对史书中人物的言语风格亦须辨其真伪。《言语》是讨论这一问题的专篇。他认识到言语有时代、民族、地域的不同，提出了"时人出言，史官入记，虽有讨论润色，终不失其梗概"、"事皆不谬，言必近真"的原则。批评"后来作者，通无远识，记其当时口语，罕能从实而书，方复追效昔人，示其稽古。……用使周、秦言辞见于魏、晋之代，楚、汉应对行乎宋、齐之日，而伪修混沌，失彼天然，今古以之不纯，真伪由其相乱。"他还反对"史之载言"受讲求声对的骈文影响而失口语之实，见《杂说下》。

刘知几对史书记载致伪的原因亦略有分析，如《杂说下》说："夫传闻失真、书事失实，盖事有不获已，人所不能免也。至于故为异说，以惑后来，则过之尤甚者矣。"这里指出了致伪有客观原因，亦有主观原因。他认为避免客观原因，关键在于重视考辨，提高见识，如《暗惑》说："盖精五经者，讨群儒之别义；练三史者，徵诸子之异闻。加以探赜索隐，然后辨其纰缪。如向之诸史所载则不然，何者？其叙事也，唯记一途，直论一理，而矛盾自显，表里相乖。非复牴牾，直成狂惑者尔！寻兹失所起，良由作者情多忽略，识惟愚滞。或采彼流言，不加铨择，或传诸缪说，即从编次，用使真伪混淆，是非参错。"而避免主观原因，则只有提高史德，既不"向声背实，舍真从伪，知而故为"（《杂说中》），又不畏惧邪恶，不敢直书，有所偏私，党同伐异。这种分析虽然针对史家修史而言，但对史书辨伪亦有参考意义。

以上谈了有关史书中伪事、伪辞的考辨。不仅如此，刘知几还辨及经书中的伪事、伪辞，充分表现了他的勇气。《史通》中对经书伪事、伪辞的辨驳，散见于多处，尤其集中于《疑古》《惑经》两篇。《疑古》一篇首先提出圣人由于偏私隐讳照样会歪曲、抹杀史实，如说："案《论语》曰：'君子成人之美，不成人之恶。'又曰：'成事不说，遂事不谏，既往不咎。'又曰：'民可使由之，不可使知之。'夫圣人立教，其言若是，在于史籍，其义亦然。是以美者因其美而美之，虽有其恶，不加毁也；恶者因其恶而恶之，虽有其美，不加誉也。故孟子曰：'尧舜不胜其美，桀纣不胜其恶。'……而拘于礼法，限以师训，虽口不能言，而心知其不可者，盖亦多矣。又案鲁史之有《春秋》也，外为贤者，内为本国，事靡洪纤，动皆隐讳，斯乃周公之格言。然何必《春秋》，在于六经，亦皆如此。……斯验世人之饰智矜愚，爱憎由己者多矣。加以古文载事，其词简约，推者难详，缺漏无补。遂令后来学者莫究其源，蒙然靡察，有如聋瞽。今故讦其疑事，以著于篇。凡有十条，列之于后。"此十条中，《尚书》占四条，《尚书序》占三条，《论语》占两条，《汲冢书》占一条。列举十疑之后，他得出结论说："大抵自《春秋》以前，《尚书》之世，其作者述事如此。今取其正经雅言，理有难晓，诸子异说，义或可凭，参而会之，以相研核。如异于此，则无论焉。夫远古之书，与近古之史，非唯繁约不类，固亦向背皆殊。何者？近古之史也，言唯详备，事罕甄择，使夫学者睹一邦之政，则善恶相参，观一主之才，而贤愚殆半。至于远古则不然，夫其所录也，略举纲维，务存褒讳，寻其终始，隐没者多。……若乃轮扁称其糟粕，孔氏述其传疑，孟子曰：'尽信《书》，不如无《书》。《武成》之篇，吾取其二三简。'推此而言，则远古之书，其妄甚矣，岂比夫王沈之不实，沈约之多诈，若斯而已矣。"《惑经》一篇专辨孔子删定的《春秋》。他认为孔子修《春秋》多有褒讳，又或凭传闻，或沿讹谬，或存缺略，以致"《春秋》之义，其所未谕者有十二"。《春秋》本有不少问题，而吹捧者多言违其实，《惑经》揭露说："又世人以夫子固天攸纵，将圣多能，便谓所著《春秋》，善无不备。而审形者少，随声者多，相与雷同，莫之指实。榷而为论，其虚美者有五焉。"此五虚美，司马迁、左丘明、孟子、班固各居其一，所馀一条竟是孟子所引孔子自己的话："知我者其惟《春秋》乎，罪我者其惟《春秋》乎。"刘氏还追根求源，指出虚美的根由在于儒家的偏私："考兹众美，征其本源，良由达者相承，儒教传授，既欲神其事，故谈过其实。"由此可见他敢于疑古惑经的勇气，同样来源于正直、求是的科学态度。

刘知几还辨及解经之传,主要是《春秋》三传。他继承了王充、杜预的观点,肯定《左传》而否定《公羊传》、《穀梁传》,在辩证上又有所开创。其说散见于多篇,如《六家》、《二体》、《古今正史》、《杂说上》等,而《申左》则是考辨三传的专篇,具体情况下面讲辨伪方法时将提及。

以上介绍的是考辨史书、经书中伪事、伪辞的情况。《史通》中还有关于书籍本身真伪的考辨。对于伪《古文尚书》,刘知几像其他唐代学者一样,信而不疑,但对《舜典》及其孔传之伪造则有所辨,见《古今正史》。此外还辨及他书,如《新唐书》本传说:"开元初,迁左散骑常侍。尝议《孝经》郑氏学非康成注,举十二条左证其谬,当以古文为正;《易》无子夏传;《老子》无河上公注,请存王弼学。"亦有考辨单篇者,如《杂说下》说:"《李陵集》有《与苏武书》,词采壮丽,音句流靡。观其文体,不类西汉人,殆后来所为,假称陵作也。迁史缺而不载,良有以焉。编于李集中,斯为谬矣。"但辨伪书不是《史通》考辨的重点,故这方面的材料不多。

刘知几使用的辨伪方法也是多方面的,很有参考价值:第一,验之以事实,核之以道理。据事实进行辨伪的例证很多,前面已经涉及,兹不赘述。强调据理考察亦不乏其例,《申左》甚至说:"夫解难者以理为本,如理有所阙,欲令有识心伏,不亦难乎?"而且事理两方面往往是同时兼用的,例如《杂说上》辨《公羊传》说:"语曰:'彭蠡之滨,以鱼食犬。'斯则地之所富,物不称珍。案齐密迩海隅,鳞介惟错,故上客食肉,中客食鱼,斯即齐之旧俗也。然食鲂鲙鲤,诗人所贵,必施诸他国,是曰珍羞。如《公羊传》云:晋灵公使勇士杀赵盾,见其方食鱼飧。曰:子为晋国重卿而食鱼飧,是子之俭也,吾不忍杀子。盖公羊生自齐邦,不详晋物,以东土所贱,谓西州亦然。遂目彼嘉馔,呼为菲食,著之实录,以为格言。非惟与《左氏》有乖,亦于物理全爽者矣。"刘知几认为《左传》记事属实,故与《左氏》有乖,即乖于事实。而物理即道理,与物理全爽,即与道理不合。可见事乖理爽便是他判断伪书的一个标准。第二,以可靠文献为准加以比较。刘知几在辨伪时,非常重视以可靠文献作为准的。例如他对西晋汲冢发现的古书非常看重,常常据以徵实、辨伪。如《疑古》中据《汲冢琐语》"舜放尧于平阳"的记载,怀疑《尧典序》"将逊于位,让于虞舜"的说法,以为"斯则尧之授舜,其事难明,谓之让国,徒虚语耳"。这是对儒家禅让说的否定。又如《惑经》谓"《琐语春秋》载鲁闵公时事,言之甚详,斯则闻事必书,无假相赴者也(按,当时两国尚无交往)。盖当时国史,它皆仿此。"而谓《春秋》"凡书异国,皆取来告。苟有所告,虽小必书;如无其告,虽大亦阙"不足为据。再如《杂说上》专有"汲冢纪年"一条,据《竹书纪年》以辨《尚书》、《春秋》记事之伪,据《汲冢琐语》以辨《左传》记事之失。在《申左》中,刘知几肯定《左传》而否定《公》、《穀》,亦以汲冢书为据。第三,从成书背景,撰写宗旨上考察。如《申左》说:"故孔子曰:吾志在《春秋》,行在《孝经》。于是授《春秋》于丘明,授《孝经》于曾子。《史记》云:孔子西观周室,论史记旧闻,次《春秋》。七十子之徒口授其传旨有刺讥褒讳之文,不可以书见也。鲁君子左丘明惧弟子人各异端,失其真意,故因孔氏史记,具论其语,成《左氏春秋》。夫学者苟能徵此二说以考三传,亦足以定是非、明真伪者矣。"第四,考群书方法多样,如《新唐书》本传说他辨《孝经》郑注之伪,"举十二条左证其谬",但语焉不详。辨李陵《与苏武书》时,则明云根据语言和文体。

刘知几在古文献辨伪方面,直接受了王充的影响。他的《惑经》即上承王充《问孔》而作,其《暗惑》一篇又全仿《问孔》设论问难之文体。不仅如此,他强调对古文献作宏观考察而不拘泥于章句训诂的思想,也是受了王充的启示。王充曾说:"说《论》者皆知说文解语而已,不知《论语》本几何篇"(《论衡·正说篇》),"说章句者终不求解扣明,师师相传。初为章句者,非通览之人也"(《书解篇》)。刘知几也说:"古之人言《春秋》三传者多矣。……大抵自古重两传而轻《左氏》者固非一家,美《左氏》而讥两传者亦非一族。互相攻击,各用朋党,嗤眩纷竞,是非莫分。然则儒者之学,苟以专精为主,止于治章句、通训释,斯则可矣。于论大体,举宏纲,则言罕兼统,理无要害。故使今古疑滞莫得而申者焉。"(《申左》)虽一就《论语》而发,一就《春秋》三传而发,但观点是完全一致的。刘知几的古文献辨伪思想,对后世也产生了积极影响,致使辨伪学经长期寂寞之后,自此又重新兴起。中唐时期辨伪的进一步开展,正是与刘知几的思想和实践一脉相承的。

第七节　司马贞　张守节

司马贞和张守节是唐代著名的《史记》注家,分别作有《史记索隐》和《史记正义》,与南朝宋时裴骃的《史记集解》并称《史记》三家注,皆为里程碑之作,至今流传不废。

司马贞,生卒年不详,唐河内(今河南沁阳)人。新、旧《唐书》无传。清钱大昕《十驾斋养新录》卷六"司马贞"条考其事迹云:"按《唐书·刘知几传》,开元初,尝议《孝经》郑氏学非康成注,当以古文为正;《易》无子夏传,《老子》书无河上公注,请存王弼学。宰相宋璟等不然其论,奏与诸儒质辨。

博士司马贞等阿意共黜其言,请二家兼行,唯子夏《易传》请罢。诏可。今《补史记序》,自题国子博士、宏文馆学士。唐制宏文馆皆以它官兼领,五品以上为学士,六品以下曰直学士。国子博士系五品上,故得学士之称。神龙以后,避孝敬皇帝讳,或称昭文,或称修文。开元七年,仍为宏文。以题衔验之,贞除学士,当在开元七年以后也。《高祖本纪》'母刘媪',《索隐》云:'近有人云"母温氏",贞时打得班固泗水亭长古碑,其字分明作"温"字,云"母温氏"。贞与贾膺复、徐彦伯、魏奉古等执对反复沈叹(按"沈叹"原作"深叹",二字应属下句,此误引)。'膺复当是膺福之讹,先天二年,为右散骑常侍、昭文馆学士,以预太平公主逆谋诛(自注:见《唐书·公主传》)。今河内县有大云寺碑,即膺福书也。徐彦伯卒于开元二年(自注:见《唐书》本传)。贞与贾、徐诸人谈议,当在中、睿之世。计其年辈,盖在张守节之前矣。《唐书·艺文志》又称'贞开元润州别驾',盖由文馆出为别驾,遂蹭蹬以终也。"

关于《史记索隐》的写作背景和体例,《史记索隐序》及《史记索隐后序》均有说明。《序》说:"贞谀闻陋识,颇事钻研,而家传是书,不敢失坠。初欲改更舛错,裨补疏遗,义有未通,兼重注述。然此书残缺虽多,实为古史,忽加穿凿,难允物情。今止探求异闻,采摭典故,解其所未解,申其所未申者,释文演注,又重为述赞,凡三十卷,号曰《史记索隐》。"《后序》说:"崇文馆学士张嘉会独善此书,而无注义。贞少从张学,晚更研寻,初以残阙处多,兼鄙褚少孙诬谬,因愤发而补《史记》,遂兼注之。然其功殆半,乃自唯曰:'千载古史,良难间然。'因退撰《音义》,重作赞述,盖欲以剖根之错节,遵北辕于司南也。凡为三十卷,号曰《史记索隐》云。"另外,其《补史记序》亦略及此事。综观司马贞自己的说明,他整理《史记》的意图和做法,前后有所变化,本来打算以订补为主,兼作注释;工程将半,知难而退,改为以注释为主,重作述赞。我们考察现在传下来的《史记索隐》,无疑是按照改变后的撰写方案完成的。但是当我们总结司马贞对《史记》的整理时,仍应兼顾注和补两个方面,下面分别进行论列。

(一)校注方面的成就和局限

司马贞《史记索隐》依《释文》体例,标字列注。其内容有以下特点:

第一,以裴骃《集解》为本,并有开创。司马贞在《史记索隐》前后序中,均曾系统考察评论过前人注释《史记》的著作,他选择了裴骃这部划时代的《史记》注本作基础,并广泛针对前人之注,"解其所未解,申其所未申",兼驳其非,而成《史记索隐》。

《索隐》较《集解》及其他旧注有所开创之处,首先是"解其所未解"。就整篇而言,有些篇前人注解甚为疏略,《索隐》则详加补注。例如诸表,《集解》注处较少,而《索隐》引本书互证的注解很多。又如《天官书》,《集解》所注绝少,只限于训诂、校勘方面,并且袭用《汉书》旧注较多,于天文常识、原理,很少解释。而《索隐》引纬书、星占等材料多加阐明,等等。就单注而言,《索隐》补充更多。例如《高祖本纪》"或说沛公",于此说客,《集解》及其他旧注均略,《索隐》考证说:"按,《楚汉春秋》云解先生云'遣守函谷,无内项王',而《张良系(世)家》云'鲰生说我',则鲰生是小生,即解生。"又"驱之鸿门",于鸿门的地理位置《史记》旧注皆略,《索隐》引据说:"姚察云在新丰古城东,未至戏水,道南有断原,南北洞门是也。"其次是"申其所未申",指在某条旧注基础上进一步加详解释,或补其略,或释其文,或证成其说,或补另说,或案断异说,或注出处,等等。例如《高祖本纪》"主进",《集解》:"文颖曰:'主赋敛礼进,为之帅。'"《索隐》:"郑氏云:'主赋敛礼钱也。'颜师古曰:'进者,会礼之财,字本作賮,声转为进。'宣帝数负进',义与此同。"复次,驳正其误。例如《五帝本纪》"幼而徇齐",《集解》:"徐广曰:'《墨子》曰:年逾十五,则聪明心虑无不徇通矣。'骃案,徇,疾;齐,速也。言圣德幼而疾速也。"《索隐》:"斯文未是。今案,徇、齐,皆德也。《书》曰'聪明齐圣',《左传》曰'子虽齐圣',谓圣德齐肃也。又案,《孔子家语》及《大戴礼》并作'叡齐',一本作'慧齐'。叡、慧,皆智也。太史公采《大戴礼》而为此纪,今彼文无作'徇'者。《史记》旧本亦有作'濬齐'。盖古字假借'徇'为'濬',濬,深也,义亦并通。《尔雅》'齐'、'速'俱训为疾。《尚书大传》曰'多闻而齐给'。郑注云'齐,疾也'。今裴氏注云徇亦训疾,未见所出。或当读徇为迅,迅于《尔雅》与齐俱训疾,则'迅'、'濬'虽异字,而音同也。又《尔雅》曰'宣、徇,遍也。濬,通也。'是'遍'之与'通'义亦相近。言黄帝幼而才智周遍,且辩给也。故《墨子》亦云'年逾五十,则聪明心虑无不徇通矣。'俗本作'十五',非是。案,谓年老逾五十不聪明,何得云'十五'?"此为正义训。又如正音读,《孝文本纪》"其少女缇萦",《索隐》:"缇音啼。邹氏音体,非。"

第二,注重史实、史料的考订、辨析。《索隐》多引本证、他证以考史实,对传闻异辞,或加辨析,或存以备参。例如《高祖本纪》"字季",《索隐》:"《汉书》'名邦,字季',此单云字,亦又可疑。按,汉高祖长兄名伯,次名仲,不见别名,则季亦是名也。故项岱云'高祖小字季,即位易名邦,后因讳邦不讳季,所以季布犹称姓也。'"此考汉高祖的名字,其见可取。又"引兵围雍王废丘",《索隐》:"按荀悦《汉纪》,令樊哙围之。"此据他证考出引兵围困之将领。其他考年代、地理、事件等亦多见,兹不赘。《索隐》亦重史料考辨,多徵引

《史记》所据原始史料及有关史料以相参证、辨析，对《史记》运用史料之疏误多所指正，对司马迁的有意改动、约略亦多所指明。关于这方面的例子，在第二章司马迁专节中已举过一些，详见前。其他如《晋世家》"冬，晋侯会诸侯于温，欲率之朝周。力未能，恐其有畔者，乃使人言周襄王狩于河阳。壬申，遂率诸侯朝王于践土。"《索隐》："按，《左氏传》'五月，盟于践土；冬，会诸侯于温，天王狩于河阳；壬申，公朝于王所'。此文亦说冬朝于王，当合于河阳温地，不合取五月践土之文。"再如《楚世家》"楚乃恐而城郢"，《索隐》："去年已城郢，今又重言。据《左氏》昭二十三年城郢，二十四年无重城郢之文，是《史记》误也。"

《索隐》重考辨，在史注中属考异家。这不仅在《史记》三家注中具有独特的风格，在唐代经注、史注史亦可谓异军突起，与死守本文及"疏不破注"的保守传统是背道而驰的。前人多谓《索隐》之长在于训诂，相较而言，实际更长于考辨。《索隐》重考辨，故引证极富，也保存了不少佚书材料。值得注意的是，《索隐》时有误引书名的情况，须加分辨。

第三，注音释义亦较详备，多存异说是其特色。但没有超出当时普遍的学术水平，如辨假借，仍在若明若暗之中。其明辨者，如《孝武本纪》"荐绅"，《索隐》："上音播。搢，挺也。言挺笏于绅带之间，事出《礼·内则》。今作'荐'者，古字假借耳。《汉书》作'缙绅'，臣瓒云'缙，赤白色'，非也。"又如《陈杞世家》"平公鬰"，《索隐》："一作'郁釐'，谯周云名郁来，盖'鬰'、'郁'，'釐'、'来'并声相近，遂不同耳。"其暗昧者，如《历书》"（祸菑）薦至"，《索隐》："上音在见反。古'荐'字，假借用耳。荐，集也。"其实"薦""荐"为异体，而非假借，如《说文》："荐，薦席也。"一般写作"薦"。其训为重、集，为引申，亦非假借。再如《孔子世家》"太史公曰……余祗回留之不能去云"，《索隐》："祗，敬也。言祗敬迟回不能去之。有本亦作'低回'，义亦通。"其实，"祗"即"低"之借字，"祗回"即"低回"、"迟回"。前说训"祗"为"敬"，则属望文生义。其他错会文义，误解词语亦有其例，不一一列举。

第四，精于校勘。司马贞以裴骃《集解》为基础作《索隐》，而《集解》又以"研核众本"、"具列异同"的徐广《音义》为基础，其中已详于校勘。尽管如此，《索隐》仍不乏校勘新见。并且还保存了《集解》之后邹诞生、刘伯庄二本的异文情况。《索隐》中的校勘，本校、他校、理校诸法兼用，尤以对异文精于考证见长。例如《秦始皇本纪》会稽刻石："德惠修长"，《索隐》："修亦长也，重文耳。王劭按张徽所录会稽南山《秦始皇碑文》，'修'作'攸'。"又如《礼书》"礼之貌诚深矣"，《索隐》："（貌诚）有本作'恳诚'者，非也。"此校甚是，这里"诚"为虚词,诚然之意,与下文"其貌诚大矣"中用法相同。而或本作"恳诚",则将"诚"理解为实词,随后又将"貌"字臆改为形近的"恳"字。又如《夏本纪》"来始滑",《索隐》:"《古文尚书》作'在治忽',今文作'采政忽',先儒各随字解之。今此云'来始滑',于义无所通。盖'来'、'采'字相近,'滑'、'忽'声相乱,'始'又与'治'相似,因误为'来始滑',今依今文音'采政忽'三字。"司马贞虽精于异文辨析,但也有疏失之处,例如《宋微子世家》"我今发出往",《集解》:"郑玄曰:'发,起也。纣祸败如此,我其起作出往也。'"《索隐》:"往,《尚书》(《微子之命》)作'狂',盖亦《今文尚书》,意异耳。"按,《索隐》这里注明《尚书》之异文,并谓系《今文尚书》之异意,则仍以《集解》引郑玄说为正。其实作"狂"是,"狂"通"徍",孙星衍《尚书今古文注疏》卷九《微子》说:"往,当为徍。《说文》云:'徍,远行也。'言我当出行远去。"

(二)补作的设想和成果

司马贞关于《史记》的补作,原曾有一个大规模的设想,其《补史记序》说:《史记》"而有未尽善者,具如后论,虽意出当时,而义非经远。盖先史之未备,成后学之深疑。借如本纪叙五帝而阙三皇,世家载列国而有外戚,邾、许春秋次国,略而不书,张、吴敌国蕃王,抑而不载,并编录有阙,窃所未安。又列传所著,有管、晏及老子、韩非,管、晏乃齐之贤卿,即如其例,则吴之延陵、郑之子产、晋之叔向、卫之史鱼,盛德不阙,何为盖阙?伯阳清虚为教,韩子峻刻制法,静躁不同,德刑斯舛。今宜柱史与漆园同传,公子与商君并列,可不善欤?其中远近乖张,词义踳驳,或篇章倒错,或赞论粗疏,盖由遭遇非罪,有所未暇,故十篇有录无书是也。……后褚少孙亦颇加补缀,然犹未能周备。贞业谢颛门,人非博古,而家传是学,颇事讨论,思欲续成先志,润色旧史,辄黜陟升降,改定篇目。其有不备,并采诸典籍,以补阙遗。其百三十篇之赞,记非周悉,并更申而述之,附于众篇之末。"实际这一设想后来有所改变,并未实现,由前引《索隐后序》可知。结果只补了一篇《三皇本纪》,重写了诸篇述赞,但看起来均有蛇足之嫌。司马迁并不是不想写《三皇本纪》,盖因三皇事迹不可徵实,故缺而不论。而司马贞所补,果不出神话资料范围,难称信史。至于赞述,思想观念囿于正统,远不及司马迁思想解放。只要将司马迁的论与司马贞的赞述稍加比较,这一点就会看得十分清楚。

《史记索隐》今有三家注合刻本、与集解合刻本及单刻本流传。

张守节,生卒年不详,据《史记正义》题衔,曾任诸王侍读、宣议郎、守右清道、率府长史。所撰《史记正义》,自序云三十卷,"开元二十四年(736)八月,杀青斯竟"。宋晁公武《郡斋读书志》及陈振孙《直斋书录解题》均著录为二十卷,当有所合并。《史记正义》原本亦标字列注,附《集解》、《索隐》之后散入正文句下合刻时,删削很多,钱大昕《十驾斋养新录》卷六"角里先生"条、钱泰吉《甘泉乡人稿》卷五《校史记杂识》等均有详细考证。《四库提要·史记正义提要》谓"至明代监本,采附《集解》、《索隐》之后,更多所删节,失其本旨",并就所长地理注释方面,详列经删节之例数十条。1934 年出版的日本学者泷川龟太郎所著《史记会注考证》一书,从日本所藏《史记》旧钞本及校本中,辑出《正义》佚文 1418 条。1957 年水泽利忠《史记会注考证校补》出版,其据上杉氏所藏南宋黄善夫本校记等二十几种书,又补辑了 227 条。可见《正义》刊落、佚失之多。但是有一点可以肯定,现传三家注中的《正义》,虽已非全豹,但仍不失原本基本面貌。

张守节《史记正义序》说:"守节涉学三十馀年,六籍、九流、地里、苍雅锐心观采,评《史》、《汉》诠众训释而作正义,郡国城邑,委曲申明,古典幽微,窃探其美,索理允惬,次旧书之旨,兼音解注,引致旁通,凡成三十卷,名曰《史记正义》。"这里对《史记正义》的注释要点及材料依据介绍得非常清楚。他综考博采经传、诸子、地理、小学诸书及《史记》、《汉书》的前人注解,详注地理,考证古事,注意释义,持之有据,包罗全面。下面分别略加论述:

第一,仿诸经正义体例,以裴骃《史记集解》为基础,吸收其后的新成果,兼下己意,进行补充疏解。所不同的是,张守节不守"疏不破注"的原则,不仅敢于驳注文之非,而且敢于考本文之异。《正义》承《集解》而作,这一点是非常明确的,《论注例》专门介绍了他所依傍的裴骃《集解》的体例。从注文中也可以看出《正义》与《集解》关系密切,其疏解或案断注文的情况很多,例如《管晏列传》"晏子荐以为大夫",《集解》:"《皇览》曰:'晏子冢在临菑城南淄水南桓公冢西北。'"《正义》:"注《皇览》云:'晏子冢在临菑城南菑水南桓公冢西北。'《括地志》云:'齐桓公墓在青州临淄县东南二十三里鼎足上。'又云:'齐晏婴冢在齐子城北门外。《晏子》云"吾生近市,死岂易吾志"。乃葬故宅后,人名曰清节里。'按,恐《皇览》误,乃管仲冢也。"这里出文为"注《皇览》云",注即指《集解》。《正义》这一条注对《集解》所引《皇览》说作了驳正。此类尚多,不一一列举。

《正义》吸收《集解》之后的成果,主要是邹诞生的《史记音义》、刘伯庄的《史记音义》和颜师古的《汉书注》。此外在校勘上还提到"张先生"的本子(见《梁孝王世家》、《匈奴列传》等)。至于司马贞的《史记索隐》,虽稍前成书,但无材料说明张守节见过贞书。从注文考察,有的地方好像《正义》承

《索隐》而有所因袭,如《夏本纪》"帝相崩,子帝少康立"句下之《索隐》和《正义》,虽然引证之书不同(一据《左传》,一据皇甫谧《帝王世纪》),但本事无异(《帝王世纪》显据《左传》而细节稍详),按语又颇为相似,不无承袭之嫌。但绝大多数情况,《正义》与《索隐》毫不相涉,例如《张丞相列传》任敖"高后时为御史大夫,三岁免",《集解》:"徐广曰:'文帝二年,任敖卒,谥懿侯。曾孙越人,元鼎二年为太常,坐酒酸,国除。'骃案:《汉书》任敖孝文元年薨,徐误也。"《索隐》:"此徐氏据《汉书》为说,而误云'二年',裴骃又引《任安书》证,为得其实。"《正义》:"按,《史记》书表云孝文二年卒,《汉》表又云封十九年卒,计高祖十一年封,到文帝二年则十九年矣。而《汉书》误,裴氏不考,乃云徐误,何其贰过也!"此处注释,裴骃据《汉书》而驳徐广,《索隐》肯定裴说。而《正义》在驳裴是徐时,并未连及肯定裴说、否定徐说的《索隐》。可见《正义》直以《集解》为基础作注,并未参见《索隐》。其他与《索隐》不同之处尚多,均不见驳难。此显为张守节并未参见《索隐》之证。

第二,精于音义和校勘。《正义》自觉地继承汉魏六朝音义之学的成果,精于注音、释义、校字,体例详明。

关于注音,直音和反切法兼用。直音有时连注二字、三字之音,称作"二音"、"三音"。如《五帝本纪》中注"皋陶"云:"高姚二音";《樊郦滕灌列传》中注"吕须媭属"之"须媭"二字云:"音须眷二音";《郦生陆贾列传》中注"郦食其"云:"历异几三音也",等等。又有注一字多读音,如《孝武本纪》"后率二十岁得朔旦冬至",《正义》:"率音律,又音类,又所律反,三音并通。后皆放此也。"注音不限于标明音读,还在于因音见义。其中声训少见,如《儒林列传》"夏曰校,殷曰序,周曰庠",《正义》分别注曰:"校,教也。可教道艺也。""序,舒也。言舒礼教也。""庠,详也。言详审经典。"辨通假多见,如《吕不韦列传》"能立適嗣者",《正义》:"適音嫡。"《秦始皇本纪》"乃详以义立我",《正义》:"详音羊。"即"详"通"佯",等等。注四声以别义更为多见,如《五帝本纪》"置左右大监,监于万国",《正义》:"监,上'监'去声,下'监'平声。"《晋世家》"公衣之偏衣",《正义》:"上'衣'去声,下'衣'如字。"《燕召公世家》"不足以为先后",《正义》:"'先'、'后'并去声。"《管蔡世家》"左右辅文王",《正义》:"'左'、'右'并去声。"等等。关于注音读及因音见义,《正义》还专列条例说明,如《论音例》:"夫质有精粗,谓之'好恶'(并如字——按,原为字下小字自注,此改为括号内注明,下同);心有爱憎,称为'好恶'(并去声)。当体则为'名誉'(音预);情乖则曰'毁誉'(音余)。……耶(也奢反,未审之辞也);也(亦且反,助句之语也)……",此直袭颜之推之说。又有《发字例》,专言标音发义的例则,如说:"古书字少,假借盖多。字或数音,观义点发,皆依平上去入,每从寅起(按《十驾斋养新录》卷五"四声圈点"条引此,注云:"寅、申、巳、亥,当四维之位,平起寅,则上在巳,去在申,入在亥也。")。又一字三四音者,同声异唤,一处共发,恐难辨别。故略举四十二字,如字初者皆为正字,不须点发。畜(许六反,养也。又许救反,六畜。又他六反,聚也。),从(讼容反,随也。又纵容反,南北长也。又但容反,又子勇反,相劝也。又从用反,侍从也。又足用反,恣也。),数(色具反,历数、术数也。又色五反,次第也。又色角反,频也。),传(逐恋反,书传也。又逐全反,相付也。又张恋反,驿也。),卒(子律反,卒终也。又苍忽反,急也。尊忽反,兵人也。字体各别不辨,故发之也。)……"其中的音义关系,情况不一,有的属假借,有的属四声别义,有的属同义异读。而且古今音读混杂在一起。但是基本上反映了当时沿袭汉魏六朝以来的传统,强调明辨音读和音义的客观事实。

关于释义,在训诂上因音求义已如上述,这里再补充一个明假借的例子:《老子韩非列传》"大忠无所拂悟",《正义》:"拂悟当为'咈忤',古字假借耳。咈,违也。忤,逆也。"但有时似为假借而实非假借,由于张守节长于实物、实地等方面的考证,也能释疑辨非。如《魏其武安侯列传》"蚡以肺腑为京师相",《正义》:"颜师古曰(按《汉书注》):'旧解云肺附,如肝肺之相附著也。一说肺,斫木札也。喻其轻薄附著大材。'按,颜此说并是疏谬。又改'腑'为'附'就其义,重谬矣。《八十一难》云:'寸口者,脉之大会,手太阴之动脉也。'吕广云:'太阴者,肺之脉也。肺为诸藏之主,通阴阳,故十二经脉皆会乎太阴,所以决吉凶者。十二经有病皆寸口,知其何经之动浮沉濇滑,春秋逆顺,知其死生。'顾野王云:'肺腑,腹心也。'案,说田蚡为相,若人之肺,知阴阳逆顺,又为帝之腹心亲戚也。"这里解肺腑,用其比喻义,而不视为"柿附"之借字,甚有道理。张守节谙熟掌故,释名称往往究其来由,例如注《张丞相列传》释"刀笔吏"云:"古用简牍,书有错谬,以刀削之,故号曰'刀笔吏'。"注《郦生陆贾列传》"敖仓"云:"敖仓在今郑州荥阳县西十有五里,石门之东,北临汴水,南带三皇山。秦始皇时置仓于敖山上,故名之曰敖仓也。"对于谥号,除随文详解外,还附有《谥法解》作为专例。对一些名称的特殊用字亦多考证其由,例如"洛阳",又写作"雒阳",《正义》注《项羽本纪》"都雒阳",引《括地志》云:"后汉都洛阳,改为'雒'。汉以火德,忌水,故去洛旁'水'而加'隹'。魏于行次为土,土,水之忌也,水得土而流,土得水而柔,故除'隹'而加'水'。"《正义》释义,还注意层次,除解字词之外,串释句意、撮述段意的情况也较多见,这在三家注中是比较突出的。另外,还经常注明断句以明确意义。如《夏本纪》"生启予不子",《正义》:"此五字为一句。"又如《樊郦滕灌列传》"臣恐天下解心疑大王也",《正义》注"解"字云:"纪买反。至此为绝句。"当然,张守节的句读也不尽妥当,中华书局点校本《史记》中《史记点校后记》已有指正,可参。

关于校勘,其一,应该指出,《正义》所用底本与今传三家注本有所不同,从注文中偶能发现所据正文的异文。例如《五帝本纪》"旸谷",《正义》云"阳或作'旸'",可见其底本作"阳谷";《殷本纪》"羑里",《正义》云"牖,一作'羑'",可见其底本作"牖里"。又张守节所据底本,《正义》中亦有线索可寻,《梁孝王世家》"李太后亦私与食官长及郎中尹霸等士通乱",《正义》云:"张先生旧本有'士'字,先生疑是衍字,又不敢涂,故以朱大点其字中心。今按,食官长及郎中尹霸等是士人,太后与通乱,其义亦通矣。"又《匈奴列传第五十》题下《正义》云:"此卷或有次《平津侯》后,第五十二。今第五十者,先生旧本如此,刘伯庄《音》亦然。若先诸传而次四夷,则《司马》、《汲郑》不合在后也。"可见所谓"张先生旧本"即其所据底本。此张先生佚其名,泷川《史记会注考证》谓"张先生无乃《索隐》所谓张嘉会"(按,即司马贞受学之张嘉会),纯属推测,甚不足据。其二,张守节对司马迁采用文献史料时所译释改动的文字,予以承认和尊重,并不拘守原文。例如《五帝本纪》"舜曰:'龙,朕畏忌谗说殄伪,振惊朕众'",《正义》:"伪音危睡反。言畏恶利口谗说之人,兼殄绝奸伪人党,恐其惊动我众,使龙遏绝之,出入其命惟信实也。此'伪'字太史公变《尚书》文也。《尚书》'伪'字作'行',音下孟反。言己畏忌有利口谗说之人,殄绝无德行之官也。"张守节肯定司马迁之改字,是出于自觉的认识,他认为这是司马迁通达的表现,因此在注音中加以贯彻,如《论音例》开头便说:"史文与传诸书同者,刘氏(伯庄)并依旧本为音。至如太史公改《五帝本纪》"便章百姓"、"便程东作"、"便程南讹"、"便程西成"、"便在伏物",咸依见(现)字读之。太史变《尚书》文者,义理特美,或训义改其古涩,何烦刘氏依《尚书》旧音?斯例盖多,不可具录,著在《正义》,随文音之。君子宜详其理,庶明太史公之达学也。"其三,主张保存古体假借字,规范俗体字,观点全袭颜之推,详见《论字例》。其四,具体校法以理校见长,多通过考证实情以校字误。

第三,长于考证,尤详地理。《正义》以考证见长,凡属人物、史实、名物、典制、天文、地理、乐律、术数、方技、典籍及史料出处等,无不认真考释,其中尤以地理为详。其注人物、史实多取《史记》本书及他书为证,对传闻异辞或按断,或存异。例如《宋微子世家》:"(成公)十七年,成公卒。成公弟御杀太子及大司马公孙固而自立为君。宋人共杀君御而立成公少子杵臼。"《正义》注"成公卒"云:"年表(本书《十二诸侯年表》)云会孙固杀成公。"(此据本证)注"大司马公孙固"云:"《世本》云:'宋庄公孙名固,为大司马。'"(此据他证)注"立成公少子杵臼"云:"年表云宋昭十年。杵臼,襄公之子。徐广曰:'一云成公少子。'"(此据本证注年份,并存关于杵臼之异说)又如《吴王濞列传》:"孝文时……而赐吴王几杖,老,不朝。……然其居国以铜盐故,百姓无赋。卒践更,辄与平贾。岁时存问茂材,赏赐闾里。他郡国吏欲来捕亡人者,讼共禁弗予。如此者四十馀年,以故能使其众。"《正义》注"如此者四十馀年"云:"言四十馀年者,太史公尽言吴王一代行事也。《汉书》作'三十馀年',而班固见其语在孝文之代,乃减十年,是班固不晓其理也。"此辨甚是。再如《滑稽列传》"齐人有东方生名朔",《正义》:"《汉书》云:'平原厌次人也。'《舆地志》:'厌次,宜是富平县之乡聚也。'《括地志》云:'富平故城在仓州阳信县南四十里,汉县也。'"这里连环引证,注明东方朔籍贯之县、乡。其注名物,如《夏本纪》"泥行乘橇",《正义》云:"按,橇形如船而短小,两头微起,人曲一脚,泥上擿进,用拾泥上之物。今杭州、温州海边有之也。"此考橇之形制、用法颇详,并以遗存之实物对照。又如《田儋列传》:"蝮螫手则斩手,螫足则斩足。何者?为害于身也。"《集解》:"应劭曰:'蝮一名虺,螫人手足,则割去其肉,不然则致死。'"《正义》考证蝮、虺并非一物,云:"按,蝮,毒蛇,长二三丈,岭南北有之。虺长一二尺,头腹皆一遍(谓粗细相同)。《说文》云:'虺博三寸,首大如擘。'擘,手大指也。"其注官制,多据有关旧籍,如《滑稽列传》:"朔初入长安,至公车上书",《正义》:"《百官表》云卫尉属官有公车司马。《汉仪注》云:'公车司马掌殿司马门,夜徼宫,天下上事及阙下,凡所徵召皆总领之。秩六百石。'"对于先秦时代的官名,多作古今类比,如《夏本纪》"皋陶作士以理民",《正义》:"士若大理卿也。"又"于是夔行乐",《正义》:"若今太常卿也。"又如《屈贾列传》"为楚怀王左徒",《正义》:"盖今左右拾遗之类。"其注天文,散见有关各处,如《五帝本纪》中的"七政",他不同意《集解》所引郑玄说:"七政,日月五星也。"引《尚书大传》云:"政者,齐中也。谓春秋冬夏天文地理人道,所以为政也,道正而万事顺成,故天道政之大也。"关于天文更为集中的注释则在《天官书》中,而且有两个特点:①多直解而少引据;②多指本文之误。可见他精于此道。例如《天官书》"危为盖屋",《正义》云:"盖屋二星,在危南,主天子所居宫室之官。占:金、火守入,国兵起;字、彗尤甚。危为架屋,盖屋自有星,恐文误也。"其注地理,尤为突出,条目多,解释详,以引《括地志》为多,其他如《汉书·地理志》、《后汉书·舆地志》及各种地理之作等也经常引及,直释的情况也不少。注意古今地对照是其特点,翔实、精确的考证亦不乏见。例如《夏本纪》:"三江既入,震泽致定",《集解》:"孔安国曰:'震泽,吴南太湖名。言三江已入,致定为震泽。'"《正义》:"泽在苏州西南四十五里。三江者,在苏州东南三十里,名三江口。一江西南上七十里至太湖,名曰松江,古笠泽江;一江东南上七十里至白蚬湖,名曰上江,亦曰东江;一江东北下三百馀里入海,名曰下江,亦曰娄江:于其分处号曰三江口。顾夷《吴地记》云'松江东北行七十里,得三江江口。东北入海为娄江,东南入海为东江,并松江为三江'是也。言理三江入海,非入震泽也。按,太湖西南湖州诸溪从天目山下,西北宣州诸山有溪,并下太湖。太湖东北流,各至三江口入海。其湖无通彭蠡湖及太湖处,并阻山陆。诸儒及《地志》等解'三江既入'皆非也。《周礼·职方氏》云'扬州薮曰具区,川曰三江'。按,五湖、三江者,韦昭注非也(按,韦昭注《地理志》云:"三江谓松江、钱唐江、浦阳江。"见《索隐》引)。其源俱不通太湖,引解'三江既入',失之远矣。五湖者,菱湖、游湖、莫湖、贡湖、胥湖,皆太湖东岸,五湾为五湖,盖古时应别,今并相连。……《河渠书》云'于吴则通三江、五湖'。《货殖传》云'夫吴有三江、五湖之利'。又《太史公自叙传》云'登姑苏,望五湖'是也。"这里通过考证以正旧说之误,甚确。诸例后附《列国分野》,自注云:"以前是战国时诸国界域,及相侵伐,犬牙深入,然亦不能委细,故略记之,用知大略。"这也是《正义》详于地理之一例。这个列国疆域大略,不仅是战国复杂地理的纲领;由于唐代多以先秦列国名地,所以这个大略也是唐时古今地理对照的枢要。其注方技,如解《扁鹊仓公列传》屡引《黄帝八十一难》、《黄帝素问》、王叔和《脉经》。最后统注胃、肠、心、脾、肺、肾、胆、膀胱等内脏,口、齿、舌、咽门、喉咙、肛门等器官,手足阴阳之脉,五脏之气,亦属纲领性内容。其注典籍多引《别录》、《汉书·艺文志》、《七录》,尤以引《七录》为众。

当然,《正义》也有疏误。释义不无牵强附会,如《平准书》中注"市井"曰:"古人未有市及井('及井'二字当为衍文),若朝聚井汲水,便将货物于井边货卖,故言市井也。"其实"市井"一词起源于古时以井田为市。其他考证方面亦有不当,如《五帝本纪》中释"璇玑玉衡",袭郑玄"浑天仪"之说,云:"《说文》云:'璇,赤玉也。'案,舜虽受尧命,犹不自安,更以璇玑玉衡以正天文。玑为运转,衡为横箫,运玑使动于下,以衡望之,是王者正天文器也,观其齐与不齐。"其实我国古天文的浑天说起源于汉代,浑天仪产生于东汉,尧舜之时根本不可能有此正天文之器。实际上璇玑玉衡,或指《周髀》所言"北极璇玑"及"七衡"（参见第七章戴震专节）；或指北斗七星斗魁为璇玑，斗柄为玉衡，均为观自然天象以定时之法。即使《正义》所擅长的地理注释，也有考释失误之处，如《乐毅列传》："是时齐闵王强，南败楚相唐昧于重丘。"《正义》云："在冀州城武县界。"洪颐煊《读书丛录》卷十八说："《左襄十七年传》：'卫孙蒯田于曹隧，饮马于重丘。'杜预注：'重丘，曹邑。'"洪氏引《左传》及杜注是，曹地重丘正在楚北境，故可称齐南败之。若在冀州城武县界，则不当言齐南败之。又如《货殖列传》："南阳西通武关、郧关。"《正义》："武关在商州。《地理志》云宛西通武关，而无郧关。盖'郧'当为'洵'。洵水上有关，在金州洵阳县。徐案汉中，是也。洵，亦作'郇'，与郧相似也。"《困学纪闻》卷十四说："愚按《汉志》汉中郡长利县有郧关，长利县今商州之上津县，武关在商洛县。"《正义》失考，反而妄改不误之字，错上加错。《正义》虽有失误，但是瑕不掩瑜，终不失为训诂、考证兼长的一部《史记》注本，至今仍有重要参考价值。

第五章
宋辽金

第一节　概述

一、政治概况及其对古文献学的影响

960 年,后周禁军统帅赵匡胤发动军事政变,代后周称帝,改国号为宋,仍以开封为都城,史称北宋。接着灭掉了南方的割据势力,统一了中国的大部分地区,而与契丹族建都于上京(原称皇都,今内蒙古巴林左旗南波罗城)的辽国成南北对峙局面。为了防止藩镇割据的重演,北宋政府从政治上、军事上采取了一系列加强中央统治的措施,在文化上也实行了中央集权的政策,如设官修史、校书等。北宋末年统治阶级腐败,阶级矛盾尖锐。1125年,金灭辽,次年攻入开封,灭北宋。1126 年赵构在南京(今河南商丘)称帝,后建都临安(今浙江杭州),史称南宋,与金对峙。

宋朝虽然内部矛盾重重,并且又与北方的少数民族政权对峙,但毕竟结束了五代十国的长期纷乱局面,促进了经济、文化的发展。就古文献的整理研究而言,也是如此。《宋史·艺文志》说:"历代之书籍,莫厄于秦,莫富于隋、唐。隋嘉则殿书三十七万卷。而唐之藏书,开元最盛,为卷八万有奇。其间唐人所自为书,几三万卷,则旧书之传者,至是盖亦鲜矣。陵迟逮于五季,干戈相寻,海寓鼎沸,斯民不复见《诗》、《书》、《礼》、《乐》之化。周显德中,始有经籍刻板,学者无笔札之劳,获睹古人全书。然乱离以来,编帙散佚,幸而存者,百无二三。宋初,有万馀卷。其后削平诸国,收其图籍,及下诏遣使购求散亡,三馆之书,稍复增益。太宗始于左升龙门北建崇文院,而徙三馆(史馆、昭文馆、集贤院)之书以实之。又分三馆书万馀卷,别为书库,目曰'秘阁'。阁成,亲临幸观书,赐从臣及直馆宴。又命近习侍卫之臣,纵

观群书。真宗时,命三馆写四部书二本,置禁中之龙图阁及后苑之太清楼,而玉宸殿、四门殿亦各有书万馀卷。又以秘阁地隘,分内藏西库以广之,其右文之意,亦云至矣。已而王宫火,延及崇文、秘阁,书多煨烬。其仅存者,迁于右掖门外,谓之崇文外院,命重写书籍,选官详复校勘,常以参知政事一人领之,书成,归于太清楼。仁宗既新作崇文院,命翰林学士张观等编四库书,仿《开元四部录》为《崇元总目》,书凡三万六百六十九卷。神宗改官制,遂废馆职,以崇文院为秘书省,秘阁经籍图书以秘书郎主之。编辑校定,正其脱误,则主于校书郎。徽宗时,更《崇文总目》之号为《秘书总目》。诏购求士民藏书,其有所秘未见之书足备观采者,仍命以官。且以三馆书多逸遗,命建局以补全校正为名,设官总理,募工缮写。一置宣和殿,一置太清楼,一置秘阁。自熙宁以来,搜访补辑,至是为盛矣。尝历考之,始太祖、太宗、真宗三朝,三千三百二十七部,三万九千一百四十二卷。次仁、英两朝,一千四百七十二部,八千四百四十六卷。次神、哲、徽、钦四朝,一千九百六部,二万六千二百八十九卷。三朝所录,则两朝不复登载,而录其所未有者。四朝于两朝亦然。最其当时之目,为部六千七百有五,为卷七万三千八百七十有七焉。迨夫靖康之难,而宣和馆阁之储,荡然靡遗。高宗移跸临安,乃建秘书省于国史院之右,搜访遗阙,屡优献书之赏,于是四方之藏,稍稍复出,而馆阁编辑,日益以富矣。当时类次书目,得四万四千四百八十六卷。至宁宗时续书目,又得一万四千九百四十三卷,视《崇文总目》,又有加焉。”以上为宋朝官方搜集、整理群书的情况。此外朝廷还组织学者校刻群书,如“太宗以孔颖达《五经正义》刊板诏孔维与(李)觉等校定”(《宋史·儒林传·李觉传》),宋太宗时“判监李至上言:‘本监先校定诸经音疏,其间文字讹谬尚多,深虑未副仁君好古诲人之意也。盖前所遣官多专经之士,或通《春秋》者未习《礼记》,或习《周易》者不通《尚书》,至于旁及经史,皆非素所传习,以是之故,未得周详。伏见国子博士杜镐、直讲崔颐正、孙奭皆苦心强学,博贯《九经》,问义质疑,有所依据。望令重加刊正,冀除舛谬。’从之。”(同上《崔颐正传》)宋真宗时,邢昺“受诏与杜镐、舒雅、孙奭、李慕清、崔偓佺等校定《周礼》、《仪礼》、《公羊》《穀梁春秋传》、《孝经》、《论语》、《尔雅义疏》,及成,并加阶勋。”(同上《邢昺传》)太宗时,徐铉“尝受诏与句中正、葛湍、王惟恭等同校《说文》”(《宋史·文苑传·徐铉传》),等等。广大学者也在当时稽古右文的政策感召下从事古文献的整理与研究,著述颇富,下面将具体谈到。

辽、金是两个少数民族政权,但都接受了汉文化的影响。特别是金国,所受影响尤深,《金史·文艺传》记述颇详。因此在古文献学方面出现了如蔡珪、王若虚等知名学者。蔡珪事迹见《金史·文艺传》。王若虚本章有专节论述。

二、宋代疑辨之风的兴起和蔓延

宋初的古文献学,一方面承汉唐注疏之馀绪,另一方面也受了刘知几特别是中唐以来疑经辨伪思想的影响,详见《宋史·儒林传》。自宋仁宗庆历年间,风气大变,出现怀疑注疏乃至经书,以及探求义理的普遍倾向。洪迈《容斋三笔》"绿竹王刍"条说:"予又记前贤所记:仁宗时贾边试《当仁不避于师论》以'师'为'众',谓其背先儒训释,特黜之。盖是时士风淳厚,论者皆不喜新奇之说,非若王(安石)氏之学也。"吴曾《能改斋漫录》卷二引《国史》说:"庆历以前,多尊章句注疏之学。至刘原甫(敞)为《七经小传》,始异诸儒之说。王荆公修《经义》,盖本于原甫。"晁公武《郡斋读书志》亦载此文,认为是元祐史官之说。王应麟《困学纪闻》卷八亦本此说云:"自汉儒至于庆历间,谈经者守训诂而不凿。《七经小传》出而稍尚新奇矣。至《三经义》行,视汉儒之学若土梗。……陆务观曰:'唐及国初学者,不敢议孔安国、郑康成,况圣人乎!(按,此话不尽符史实,见前)自庆历后,诸儒发明经旨,非前人所及,然排《繋辞》,毁《周礼》,疑《孟子》,讥《书》之《胤征》、《顾命》,黜《诗》之序,不难于议经,况传注乎!'斯言可以箴谈经者之膏肓。"按,《七经小传》为刘敞所作,内容为杂论经义,其中《尚书》二十二条,《毛诗》三十五条,《周礼》四十一条,《仪礼》四条,《礼记》三十一条,《公羊》、《国语》三条,《论语》八十六条,多议汉、魏、晋旧说,有辨伪之精见,如怀疑《诗序》。但亦多穿凿之辞,并好以己意改经。《三经义》即《三经新义》,为王安石及其子王雱所作,具体内容详后王安石专节。排《繋辞》,指欧阳修撰《易童子问》(共三卷三十七章),辨《易》传《繋辞》、《文言》以下非孔子之言。毁《周礼》,指欧阳修辨《周礼》可疑,其《问进士策》首一云:"《周礼》,其出最后……汉武以为渎乱不验之书,何休亦云六国阴谋之说,何也?然今考之,实有可疑者……而六官之属略见于经者五百馀人,而里闾县都之长、军师卒伍之徒不与焉。……民之贡赋几何,而又容五万人者于其间!"(《欧阳文忠公全集·居士集》卷四八)又苏轼亦有辨《周礼》之言,其策《天子六军之制》云:"《周礼》之言田赋夫家车徒之数,圣王之制也。其言五等之君,封国之大小,非圣人之制也。战国所增之文也。……先儒以《周礼》为战国阴谋之书,亦有以也。"(《东坡续集》卷九)又苏辙《历代论·周公》:"言周公之所以治周者,莫详于《周礼》,然以吾观之,秦汉诸儒以意损益者众矣,非周公完书也。"(《栾城后集》卷七)接着便列举《周礼》不可信之三条证据。疑《孟子》,如李觏撰有《常语》三卷(见《盱江集》卷十一),其中多非《孟子》之言。又司马光有《疑孟》一卷,凡十一篇(见《司马温公文集》卷七四)。讥《书》,指苏轼,撰有《书传》二十卷,以《胤征》为羿篡位时事,乃假仲康之命以命胤侯往征羲和,非仲康所能自专,与《书序》之说不同(见卷六);又认为《康王之诰》所记"群公既皆听命,相揖趋出。王释冕,反丧服"为非礼(见卷十七)。黜《诗》之序,指晁说之,其《景迂生集》中有《诗序论》四篇,议《诗序》之非。此外在刘敞之前,还有孙复,曾写信给范仲淹,批驳唐疏"专守王弼、韩康伯之说而求于大《易》","专守《左氏》、《公羊》、《穀梁》、杜、何、范氏之说而求于《春秋》","专守毛苌、郑康成之说而求于《诗》","专守孔氏之说而求于《书》",则"未见其能尽于"诸书之义(《与范天章书》,《孙明复小集》卷二)。故清钱大昕认为,宋人怀疑旧说,以己意解经,由孙复"实倡之"(《重刻孙明复小集序》,《潜研堂集》卷二六)。这种疑辨风气一开,一直延续到南宋。南宋初年,首先有吴棫发难辨《古文尚书》之伪,著有《书稗传》十三卷,不传。陈振孙《直斋书录解题》谓"卷首举要,曰总说,曰书序,曰君辨,曰臣辨,曰考异,曰训诂,曰差互,曰孔传",凡八篇,考据详博。阎若璩《尚书古文疏证》卷八搜集了他的一些言论,从中可知既辨《书序》,又从语言、史实上辨《古文尚书》之伪。同时有郑樵,著有《诗辨妄》,专驳毛郑之失,且疑《小序》,书已佚,顾颉刚有辑本。其后洪迈《容斋随笔》中辨及《孔丛子》、《方言》等书及各种伪说,详后。朱熹疑辨所及,更为全面,详后。与朱熹同时的叶适,著有《习学记言序目》,是一部阅读经、史、子群书的札记,其中亦有辨伪的内容。朱熹后学王柏,著有《书疑》,以脱简为辞,对《尚书》多移易补缀;又著有《诗疑》,在《诗经》中定淫诗二十四篇,并多加删削,算是疑辨方面武断、轻率的学者。

由以上可知,无论是新党还是旧党,无论是义理学派还是考据学派,无不具有怀疑精神,致使疑辨成为宋代古文献学中的一种普遍风气。此风的形成,原因复杂。中唐疑古辨伪传统的影响,固然是一个方面,但不是主要原因,主要原因应从宋代社会本身的古文献学的发展中去寻求。就政治而言,是古为今用的社会需要。新学出于政治改革的需要,往往歪曲古代文献,摆脱旧注,附会新义,为变法制造舆论;旧学为挽救封建社会的危机,维护旧的传统,也需要花样翻新,借助对古文献的臆解,另行构筑自己的思想体系,为自己的政治学说制造理论根据。就文献学而言,则是出于用新见冲破旧说的需要,往往反映着学术的进步,思想的解放。因此对宋代的疑辨之风必须一分为二,具体分析,既要看到它的得,也要看到它的失。而且就某一作者来说,是非得失往往集于一身,须加分辨。这种情况不仅对那些比较持重的作者适用,对那些比较偏激的作者如王柏等,也同样适用,只是得失所占的比重有所不同罢了。

三、宋代的思想学术流派与古文献学的关系

北宋:

(一)王安石新学

适应政治改革的需要,产生了王安石的新学,主要著作有《三经新义》和《字说》等。在继承传统学术方面体现了牵合儒、法的倾向,在古文献学上表现出附会新义的特点。新学几经崇黜浮沉,先后历经六十年,最后被统治者所废弃。具体情况详后王安石专节。

(二)道学

道学是与王安石新学同时兴起而与之对立的学派。新学在政治上得势时,道学的代表人物集于洛阳,相当于在野的内阁,在政治上,思想上都有较大的影响。

道学的代表人物,按照朱熹较早的说法,指周敦颐、程颢、程颐、邵雍、张载、司马光,所谓"六先生"(见《朱子大全》卷八五《六先生画像赞》)。但朱熹在乾道九年(1173)所撰叙述"道统"的《伊洛渊源录》,又依洛学的门户之见,将司马光除外,所馀五人即所谓"北宋五子"。道学家在政治上反对变法,在学术上有渊源关系或共同特点,兹就其中对古文献学影响较大的几个人略作介绍。

司马光(1019—1086),字君实,陕州夏县(今属山西)涑水乡人。司马光反对韩愈崇孟(子)抑扬(雄),反其道而行之,抑孟崇扬。关于抑孟,作有《疑孟》,非议孟子之言。关于崇扬,作有《太玄注》《法言注》《潜虚》(拟《太玄》之作)、《易说》等,但他对扬雄的观点也作了为我所用的歪曲,摒弃其唯物主义成分,吸收其唯心主义的神学成分,用以维护封建社会的三纲五常,见《温国文正司马公文集》卷七四《迂书·士则》。司马光不仅与韩愈作对,也与柳宗元作对。柳宗元作《非国语》,而司马光作《述国语》,云:"然所载皆国家大节、兴亡之本。柳宗元邪佞之人,智识浅短,岂足以窥望古君子藩篱,而妄著一书非之!窃惧后之学者惑于宗元之言而简弃此书,故述其所益以张之。"(见《文集》卷六八)在否定注疏、侈谈义理的风气中,司马光的立场是折中的。他在熙宁二年(1069)写的《论风俗札子》中批评这种风气,说:"窃见近岁公卿大夫好为高奇之论,喜诵老、庄子言,流及科场,亦相习尚。新进后

生,未知藏否,口传耳剽,翕然成风。至有读《易》未知卦爻,已谓十翼非孔子之言;读《礼》未知篇数,已谓《周官》为战国之书;读《诗》未尽《周南》、《召南》,已谓毛、郑为章句之学;读《春秋》未知十二公,已谓三传可束之高阁。循守注疏者,谓之腐儒;穿凿臆说者,谓之精义。且性者,子贡之所不及;命者,孔子之所罕言。今之举人发言秉笔,先论性命,乃至流荡忘返,遂入老、庄,纵虚无之谈,骋荒唐之辞,以此欺惑考官,猎取名第。禄利所在,众心所趋,如水赴壑,不可禁遏。……今若于选士之际,用此(老、庄)为术,臣惧向去仕宦之士皆何晏、王衍之徒,则政事安得不隳?风俗安得不坏?正始、永嘉之弊将复见于今矣。"(见《文集》卷四五)"穿凿臆说者,谓之精义"云云,此论系针对王安石所发,因王安石《诏进所著文字谢表》有云:"绍明精义,允属昌时"(见《临川先生文集》卷五六)。但并不限于此,非十翼、非《周礼》云云,又指欧阳修等。此札子表明司马光反对疑辨之风及义理之学。但是他也疑古,前已举《疑孟》之例。又如作有《史剡》(见《文集》卷七四),辨史书记载之伪。同时他也主张"不治章句,必求其理"(见《文集》卷六四《颜太初杂文序》),又与义理之学同流。他在《致知在格物论》中说:"《大学》曰:'致知在格物',格,犹扞也,御也,能扞御外物然后能知至道矣。郑氏以'格'为'来',或者犹未尽古人之意乎?"(见《文集》卷七一)正是他受禅学影响,歪曲儒家经典,穿凿义理的实证。至于他主持编纂《资治通鉴》,不仅得其人选,如史前至后汉归刘攽,三国晋南北朝归刘恕,唐五代归范祖禹,而且从发凡起例到删削定稿,都亲自动笔。其考证详赡,学风谨严,纯属考据家特点,而议论褒贬,借古鉴今,又具义理家作风。这是上述的折中立场在他的具体编纂实践中的体现。

邵雍(1011—1077),字尧夫,谥康节,祖籍范阳,父辈迁居共城(今河南辉县)。他隐居不仕,与司马光等交游甚密。邵雍治象数之学,是宋代《易》学的重要代表人物。关于他的师承,据其子邵伯温《闻见前录》所记,有共城的李之才和汾阳的任某。李之才曾闻道于穆修。皮锡瑞《经学历史》第八章以为邵雍为陈抟的三传弟子,未必可信。邵雍与陈抟虽不一定有师承关系,但是他的象数之学却是有本于陈抟的《易》说的。陈抟所作的先天后天图,见邵雍《皇极经世·心易发微》。朱熹的《易本义图说》亦本其意,该文说:"有天地自然之《易》,有伏羲之《易》,有文王、周公之《易》。自伏羲以上,皆无文字,只有图画,最宜深玩,可见作《易》本原精微之意。文王以下,方有文字,即今之《周易》。然读者亦宜各就本文消息,不可便以孔子之说为文王之说也。"又说："所谓天地自然之《易》,《河图》、《洛书》也。伏羲之《易》,先天八卦及六十四卦次序方位也。文王之《易》,后天八卦次序方位及六十四卦之卦变也。"邵雍的象数之学,即所谓先天《易》学。邵雍的《易》学,借解释《易》以探讨宇宙本体。《易纬乾凿度》有所谓"太极—太玄—太素—太一—太初"的序列,邵雍解释云："太极,道之极也;太玄,道之玄也;太素,色之本也;太一,数之始也;太初,事之初也;其成功则一也。"(《皇极经世》卷十二)把"太极"与"道"联系起来。《周易·繫辞上》有云："易有太极,是生两仪,两仪生四象,四象生八卦,八卦定吉凶,吉凶生大业。"邵雍参照这一说法,把《乾凿度》的序列加以改造,形成"太极—阴阳—四象—八卦—万物"的序列。由此可见他对《易》学古文献的穿凿附会。他的这一学说体系,实际上是歪曲《易》传、《易》纬,并掺杂道教思想虚构而成的。

周敦颐(1017—1073),原名敦实,字茂叔,道州营道(今湖南道县)人。他专研《易》学,著作有《太极图》、《易说》、《易通》等数十篇作品(见潘兴嗣所撰墓志),现存《太极图说》和《通书》。他的《易》学观点和宇宙观,在《太极图说》中得到集中的表述,如说："无极而太极,太极动而生阳,动极而静,静而生阴,静极复动,一动一静,互为其根。分阴分阳,两仪生焉。阳变阴合,而生水火木金土。五行颁布,四时行焉。五行一阴阳也,阴阳一太极也,太极本无极也。五行之生也,各以其性。无极之真,二(阴阳)五(五行)之精,妙合而凝,乾道成男,坤道成女。二气交感,化生万物,万物生生而变化无穷焉。惟人也得其季而最灵。形既生矣,神发知矣,五性感动而善恶分、万事出矣。圣人定之以中正仁义而主静(自注:无欲故静),立人极焉。故圣人与天地合其德,日月合其明,四时合其序,鬼神合其吉凶。君子修之,吉;小人悖之,凶。故曰:'立天之道,曰阴曰阳;立地之道,曰柔曰刚;立人之道,曰仁曰义',又曰:'原始反终,故知生死之说。'大哉易也!斯其至矣。"由此可见他继承了邵雍的学说并进而有所发展。

《易》学是道学有关宇宙本体论的最高理论体系。从邵雍、周敦颐两家的易学理论可以看出,其内容是《易》传、《易》纬与道教思想的大杂烩,他们不仅通过曲解否定了《易》传,也否定了《周易》本经。从而表现出道学家在古文献学方面附会穿凿的本质特征。

程颢(1032—1085)、程颐(1033—1107)兄弟,洛阳人。程颢字伯淳,学者称明道先生。程颐字正叔,学者称伊川先生。他们二人同师周敦颐,是北宋理学的奠基人、两宋道学承上启下的代表人物,世称二程,并把他们的学派称作洛学。二程又提出一个唯心主义哲学的最高范畴——理,认为"天下只有一个理"(《二程遗书》第十八),"万物皆是一个天理"(《遗书》第二上)。又沿用《周易·繫辞上》"形而上者为之道,形而下者为之器"的说法,称本体为"形而上",称现象为"形而下",并说道就是理:"天有是理,圣人循而行之,所谓道也"(《遗书》第二十一下);理又是心:"心是理,理是心"(《遗书》第十三)。他们提倡存天理,去人欲:"人于天理昏者,是只为嗜欲乱着他"(《遗书》第二上);"人心莫不有知,惟蔽于人欲,则亡天理也"(《遗书》第十一);"克己复礼,乃所以为道也,更无别处……若知道与己未尝相离,则若不克己,何以体道?道在己,不是与己各为一物,可以跳身而入者也"(《遗书》第一)。伪《尚书·大禹谟》说:"人心惟危,道心惟微,惟精惟一,允执厥中。"他们随心所欲加以解释,以牵合自己的"天理"、"人欲"的理论:"'人心惟危',人欲也;'道心惟微',天理也;'惟精惟一',所以至之;'允执厥中',所以行之。"(《遗书》第十一)又解释《礼记·大学》云:"'致知在格物',物来则知起。物各付物,不役其知,则意诚不动;意诚自定,则心正。"(《遗书》第六)他们还牵合儒、佛:"问:'释氏有一宿觉、言下觉之说,如何?'曰:'何必浮图!《孟子》尝言'觉'字矣……觉是觉此理。古人云'共君一夜话,胜读十年书',若于言下即悟,何啻读十年书?"(《遗书》第十八)这正是禅宗"顿悟"的说法。可见二程的理学是道学的发展。并且通过歪曲解释儒家文献来构筑自己的理论体系。

张载(1020—1077),字子厚,凤翔郿县(今陕西眉县)横渠镇人,世称横渠先生。因讲学关中,他的学派被称为关学。主要著作有《正蒙》、《张子语录》、《经学理窟》、《易说》等。张载在政治上主张有限的改革,幻想通过恢复井田的办法缓和土地兼并的矛盾。他的哲学思想主要属于唯物主义。他批判佛、道关于"空"、"无"的唯心主义观点,并把古文献中的一些术语如"气"等,赋予唯物主义的内容,构筑自己的理论体系。其特点是多自立说,而不是以解释经典为主要方式。他的唯物主义思想的影响是很大的,如王夫之和戴震都跟他的思想有承袭关系。但他的思想也存在唯心主义的成分,对理学的影响也很大。如他有一篇文章《西铭》(按又题《订顽》,实《西铭》及《东铭》本为张载《正蒙·乾称》中的两段文字,被程颐离析出来,加上标题,独立成篇),继承了《孝经》的观点,把封建道德的孝夸大为宇宙的最高原则,认为天地就是人的父母,这无疑是唯心主义的观点。故《西铭》得到二程的欣赏,认为其理论价值和《孟子》同样重要。正因为如此,张载被后来的唯心主义理学家奉为圣贤,得以陪祀孔子。

（三）蜀学

代表学者为三苏,其他主要人物为苏门弟子,有张耒、秦观、黄庭坚、晁补之等。此派主要著作有苏轼的《毘陵易传》(继其父完成,苏辙亦参加撰述)、《书传》,苏辙的《老子解》等。三教会一是蜀学的宗旨。苏轼说:"孔、老异门,儒、释分宫,又于其间,禅律交攻。我见大海,有此南东,江河虽殊,其至则同。"(《东坡后集》卷十六《祭龙井辩才文》)《老子解》最能代表蜀学融会三教的特点。苏辙在该书附题中叙述他在筠州著作时与禅僧道全论道的经过:"予告之曰:'子所谈者,予于儒书已得之矣。'全曰:'此佛法也,儒者何自得之?'……予曰:'孔子之孙子思,子思之书曰《中庸》。《中庸》之言曰:"喜怒哀乐之未发谓之中,发而中节谓之和"……盖中者佛性之异名,而和者六度万行之总名也。致中极和而天地万物生于其间,此非佛法,何以当之?'全惊喜曰:'吾初不知也,今而后始知儒、佛一法也。'予笑曰:'不然,天下固无二道。'……是时予方解《老子》,每出一章,辄以示全,全辄叹曰:'皆佛说也!'"苏轼《跋子由〈老子解〉后》云:"昨日子由寄《老子新解》(即《道德经解》),读之不尽卷,废卷而叹。使战国时有此书,则无商鞅、韩非。使汉初有此书,则孔、老为一。晋、宋间有此书,则佛、老不为二。不意老年见此奇特。"《四库提要》卷一四六也说:"是书大旨主于佛、老同源,而又引《中庸》之说以相比附。"蜀学诸人多以文学著名于世,其理论为洛学所看轻。朱熹把蜀学称作杂学,曾作《杂学辨》,讥评苏黄的等著作。其实洛学也有三教合流的倾向,只是比较隐晦而已。

南宋:

（一）闽学

朱熹继承洛学而又有发展变化,与程氏洛学合称为程朱学派。朱熹为徽州婺源(今属江西)人,侨寓建州建阳(今属福建),所以他的学派又被称为闽学。不过他在古文献学上有自己的特点,与一般理学家不同,这就是既重义理,又不废传注、考据。下面有专节论述,此略。

（二）陆学

陆九渊(1139—1193),字子静,自号存斋,抚州金溪(今属江西)人。官至奉议郎知荆门军。后还乡居象山(在今江西贵溪县西南)讲学,学者称象山先生。他的学术与兄九韶、九龄并称"三陆子之学"。陆九渊引禅入儒,综合佛教禅宗和儒家思孟学派的主观唯心主义形成了心学思想体系。他说:

"自曾子传之子思,子思传之孟子,乃得其传者,外此则不可以言道。"(《象山先生全集》卷一《与李省干二》)又说:"四端者(按,指《孟子》所谓恻隐之心、羞恶之心、辞让之心、是非之心分别为仁、义、礼、智之端),即此心也","人皆有是心,心皆具是理,心即理也"(《全集》卷十一《与李宰书》)。又说:"宇宙便是吾心,吾心便是宇宙。"(《全集》卷二二《杂说》)可见他把"心"作为"理"和"宇宙"的本源,与程朱学派把"理"作为万物的本源根本不同。他二十七岁时,与朱熹会讲于鹅湖寺,论说发生根本分歧,致使道学分为朱、陆两派。黄宗羲《宋元学案》卷五八说:"宗羲按,(象山)先生之学,以'尊德性'为宗……同是紫阳(朱熹)之学,则以'道问学'为主……宗朱者诋陆为狂禅,宗陆者诋朱为俗学。两家之学,各成门户,几如冰炭矣。""道问学"当然离不开钻研典籍,而"尊德性"则师心自用足矣,因此陆九渊在古文献学方面也与朱熹的观点根本对立。朱熹强调分析义理,并且不废传注、考据,而陆九渊不仅完全摒弃传注、考据,甚至连分析义理也一概否定,只主张意会心传。他认为典籍所载不过一理:"天下有不易之理,是理有不穷之变……被之载籍,著为典训。"(《全集》卷七《与颜子坚》)因此只要师心自用,就能贯通此理,而与经典自然相合,他说:"学苟知本,六经皆我注脚","或问先生何不著书,对曰:'六经注我,我注六经。'"(《全集》卷三四《语录》上)陆九渊的心学和与之相应的古文献学观点对明代发生了深刻影响,王阳明继承发展了他的思想,形成陆王学派。

以上所述,在古文献学上统称为义理学派,构成宋代古文献学的主流,传统所说的宋学,即指此而言。义理学派反映了宋代学术思辨的特色,为了适应封建社会发展变化及巩固封建制度的需要,义理学派中的各家借助曲解古代文献,创造各自的理论体系,表现出糅合儒、佛、道的倾向。儒、佛、道合流的趋势由来已久,魏晋玄学已完成了儒、道合流。之后佛学进一步发展,至唐三学并重,至宋完成了三学融合。

宋代古文献学以义理之学为主流,但是训诂考据之学也还在发展,并且向义理之学渗透。就史学领域而言,考据传统持续不衰。就经学而言,考据学构成了两峰一谷的态势,即宋初承汉、唐之学,训诂考据比较突出,随着道学的兴起发展,训诂考据的地位便逐渐落入谷底,自朱熹不废训诂考据以后,延及其弟子、后学,势头又重新上升。宋代经学领域的训诂考据之学,对后代的影响也是深远的,有人把它与元、明、清考据学一脉相承地联系起来,如章学诚《文史通义·朱陆》云:"盖性命、事功、学问、文章合而为一,朱子之学也。求一贯于多学而识,而约礼于博文,是本末之兼该也。诸经解义不能无失,训诂考订不能无疏舛,是何伤于大体哉?且传其学者,如黄(榦)、蔡(沈)、真(德秀)、魏(了翁),皆通经服古,躬行实践之醇儒,其于朱子有所失,亦不曲从而附会,是亦足以立教矣。……性命之学,易入虚无。朱子求一贯于多学而识,寓约礼于博文,其事繁而密,其功实而难,虽朱子之所求,未敢必谓无失也。然沿其学者,一传而为勉斋(黄榦)、九峰(蔡沈),再传而为西山(真德秀)、鹤山(魏了翁)、东发(黄震)、厚斋(王应麟),三传而为仁山(金履祥)、白云(许谦),四传而为潜溪(宋濂)、义乌(王祎),五传而为宁人(顾炎武)、百诗(阎若璩),则皆服古通经,学求其是,而非专己守残,空言性命之流也。"这种说法不无道理。清初顾炎武反对陆王空疏性命之学时,正是标榜朱熹,打着"经学即理学"的旗帜的。

四、语言文字学的成就及其对古文献学的影响

本时期语言文字方面的著作颇富。

字书有:徐铉校定本《说文解字》,太宗雍熙三年(986)受诏校定,付国子监雕版。今所传《说文解字》源于此。徐铉除校订讹误外,主要作了如下加工:第一,据孙愐《唐韵》加注反切于每字之下;第二,增加注释,除己意外,间引李阳冰、徐锴说;第三,增加新附字。《类篇》,王洙、胡宿等奉诏修撰,由司马光奏进。此书草创于仁宗宝元二年(1039),英宗治平四年(1067)奏上,神宗熙宁年间颁行。共分544部,大体依《说文》。以《集韵》(详后)所收字为基础,补其遗漏,去其重文,共收53165字,与《集韵》相辅而行。《字说》,王安石撰,详后王安石专节。《汗简》,郭忠恕撰,此书依《说文》分部,录存古文字。《历代钟鼎彝器款识法帖》薛尚功撰,此书著录历代彝器510件(不限于青铜器,其中"周鼓"为石器,"秦玺"为玉器),摹录其文字,并加考释。《复古编》,张有撰,此书以《说文解字》为准辨别文字正俗。诸字按四声编列,正体用《说文》小篆,注别体、俗体于其下。同时辨及联绵字、形声相类、形相类、声相类、笔迹小异、上正下讹等方面,剖析精密。《班马字类》,娄机撰,此书采《史记》《汉书》中古字僻字,分四声编列考义辨音,于通假字罗列颇详。《汉隶字源》,娄机撰,此书分考碑、分韵、辨字、碑目等项。录及汉碑309种。魏晋碑31种,各记其时间、地点及书写人姓名。按《礼部韵略》编列,皆以楷书标目,而以摹写的隶字排比其下,按韵不能载者14字,附于卷末。形体异同,随字附注。《隶释》,洪适撰,凡27卷,前19卷著录所藏汉碑189种,皆以楷书录其全文,于假借通用之字,亦一一疏通证明,并以碑文考证史实。

后 8 卷汇载诸家碑目。此虽非字书，但有裨于字学。又有《隶续》21 卷，为此书续作。《龙龛手鉴》，辽僧行均撰，前有辽圣宗统和十五年(998)僧智光序，可见成书较早。此书凡部首之字以平上去入为序，各部之字亦用四声列之。每字之下必详列正俗今古及或作诸体。所录凡 26430 馀字，于《说文》、《玉篇》之外，多所搜辑。每引《中阿含经》、《贤愚经》中诸字以补六书所未备。

韵书有：《广韵》，全称《大宋重修广韵》，陈彭年、丘雍等根据《切韵》系统的韵书增订而成，成书于真宗大中祥符四年(1011)。按四声编列，分 206 韵，共收 26194 字，字下注反切、义训。此书增订《切韵》，以增字为主，韵数和韵目次序也有所调整，而反切系统基本未动。《切韵》原书今已不传，此书尤显重要。可据以上推古音，下证今音。《韵略》，丘雍等编，取《广韵》中重要的字编撰而成，实为《广韵》的略本，供当时科试之用。《礼部韵略》，丁度等修订《韵略》而成，专供礼部科试之用。《增韵》，全称《增修互注礼部韵略》，南宋毛晃因《礼部韵略》收字太少，广为搜采典籍中的字，按韵部增入，并辨证原书音义字画的错误。其子毛居正又续加增补。共增字 4057 个，订误所及 485 字。《集韵》，由《广韵》增订而成，丁度等撰，书成于英宗治平四年(1067)。共收 53525 字，比《广韵》增 27331 字，仍分为 206 韵，同用韵有所改并。反切用字多所更换。《五音集韵》，金韩道昭撰，书成于崇庆元年(1212)，所收字以《广韵》、《集韵》为本。以北方口语音系为依据把韵部并为 160 个。各部中的字，依三十六字母排列。这是韵书编排技术的改进，为后世韵书所遵用。《平水韵》，有两种，一种为宋淳祐间平水刘渊《壬子新刊礼部韵略》，尽并 206 韵中作诗同用之韵，成 107 韵。此书不存，元初熊忠《古今韵会举要》分韵本此。另一种为金人王文郁《新刊平水礼部韵略》，又并上声"迥"、"拯"，而成 106 韵，为元以来作近体诗押韵的依据，沿用至今。与唐、宋近体诗押韵情况也基本符合。等韵学著作有郑樵的《七音略》和《切韵指掌图》(旧传司马光或杨中修撰，均非，当出南宋人之手)。古音学著作有《韵补》，吴棫撰，此书参考五十种著作，由同韵以推定古音、由互押以推定韵部的通转，但拘守《唐韵》韵部，把韵部归并得很宽，仍不免出韵，故仍沿用前人不科学的叶音说。又有《音式》，程迥撰，有双声互转说。郑庠有《诗古音辨》(见《宋史·艺文志》，已佚)，其分古韵为六部，说见夏炘《诗古韵表二十二部集说》。

雅书有：《埤雅》，陆佃撰，成书于元丰年间，分《释鱼》、《释兽》、《释鸟》、《释虫》、《释马》、《释木》、《释草》、《释天》八篇。解释略于形状而详于名义，保存旧说、古义，并证以经验。引据广泛，但不注出处。陆佃是王安石的学生，多据《字说》，释义自行穿凿附会之处也不少。《尔雅翼》，罗愿撰，分草、木、鸟、兽、虫、鱼六类，体例仿《尔雅》。引证精确，解释谨严，远胜过《埤雅》。《尔雅疏》，邢昺撰，疏解《尔雅》及郭璞注，引证尚称丰富。《尔雅注》，郑樵撰，《四库提要》卷四十说："乃通其所可通，阙其所不可通，文似简略，而绝无穿凿附会之失，于说《尔雅》家为善本。"《群经音辨》，贾昌朝撰，为诸经音义汇编之作，凡五门七卷。《四库提要》卷四十说："凡群经之中，一字异训，音从而异者，汇集为四门：卷一至卷五曰辨字同音异，仿唐张守节《史记正义》'发字例'，依许慎《说文解字》部目次之；卷六曰辨字音清浊、曰辨彼此异音、曰辨字音疑混，皆即《经典释文·序录》所举，分立名目。卷七辨字训得失一门，所辨论者仅九字。书中沿袭旧文，不免谬误者……是皆疏于考证之故。然《释文》散见各经，颇难检核，昌朝会集其音义，丝牵绳贯，同异粲然：俾学者易于寻省，不为无益。小学家至今不废，亦有以也。"

论成就和局限，文字方面：第一，承袭前代，重视对古今字、正俗字以及其他异体字的识别或规范；第二，开始重视对小篆以前的古文字的著录和研究；第三，王子韶（字圣美）力倡右文说，认为"凡字，其类在左，其义在右"，就是说凡形声字右旁兼声义者，则为右文，右文可从声符求字义，即从某声即具某义。如说："戋，小也。水之小者曰浅，金之小者曰钱，歺之小者曰残，贝之小者曰贱，皆以戋字为义。"见沈括《梦溪笔谈》卷十四《艺文》一、张世南《游宦纪闻》九。这种理论对于分析字形结构及字义均有积极意义。文字方面的不足之处是受义理之学影响，也产生了空疏、穿凿之说。音韵方面：第一，开创了古音学的研究，如前举吴棫、程迥、郑庠的成绩，对古文献的注音、辨韵、释义、识别通假字，均有积极影响。缺点是这种研究尚属初创，一般来说，仍昧于古音，正如王力在《中国语言学史》第十四节中所说："宋人如吴棫、郑庠等也曾企图研究韵，但是他们拘守着《唐韵》，把每一个韵部看成一个整体，没有想到把它们拆开；因此，把韵部归得很宽，仍然不免出韵。"因此辨别具体字音仍不准确，大多数学者袭用不科学的叶韵说，就是明显的例子。只有洪迈对叶韵说有所突破，详后洪迈专节。第二，等韵学有了发展。对于反切和审音的精确化有所促进。第三，反映新音系的韵书开始出现，对于了解语言的发展阶段，辨别古今，以及后人整理当时韵文文献均有帮助。训诂方面：从雅书专著看，成绩平平。而字书、韵书中的训诂成果比较可观。至于古书注释之作中的训诂水平也较一般。总的看来，本时期语言文字学的水平与在古文献整理中运用所达到的水平大致相当。

五、各类文献研究整理概况

(一) 经部书

本时期经学的特点，在本节第二、三两个题目中已经述及。下面分经略述整理特点及概况。

研究整理《周易》之作，数量很多，《宋史·艺文志》著录近二百部。义理之作前已述及。考据之作以吕祖谦《古周易》为代表，为考验旧文，恢复汉代古文《周易》之作。朱熹作《周易本义》，即以此书为底本。又如王应麟《周易郑康成注》，为考辑郑玄古注之作；魏了翁《周易要义》，为摘要删略注疏之作，均属考据范围。朱熹的《周易本义》则不仅表现出折中象数与义理的特点，也表现出折中义理与考据的特点。

关于研究整理《尚书》之作，综其类别，有的属新注，多为义理之作，如苏轼《书传》、郑伯熊《郑敷文书说》、黄度《尚书说》、袁燮《絜斋家塾书钞》。有的属集解，考据、义理兼备，如林之奇《尚书全解》，承林书而作者有夏僎《尚书详解》及吕祖谦《书说》。蔡沈《书集传》，为宋代《尚书》集解的代表作。蔡沈，字仲默，号九峰，传附《宋史·蔡元定传》。他为蔡元定之子，朱熹门人。《宋史》传称庆元己未，朱子嘱沈作《书传》，至嘉定己巳书成。蔡沈序谓二典、三谟经朱子点定。蔡沈《书集传》的特点是：第一，驳书序；第二，对伪孔传有从有易；第三，集宋儒之说；第四，发挥义理多违事实。此外有黄伦《尚书精义》、钱时《融堂书解》、陈经《尚书详解》、陈大猷《尚书集传或问》、胡士行《尚书详解》。单篇有胡瑗《洪范口义》，毛晃《禹贡指南》，程大昌《禹贡论》、《后论》、《山川地理图》，傅寅《禹贡说断》，赵善湘《洪范统一》等。组篇如杨简《五诰解》，注《康诰》以下五篇（《康诰》、《酒诰》、《梓材》、《召诰》、《洛诰》）。魏了翁《尚书要义》，为注疏摘要删略之作。有的属辨伪，怀疑《书序》的学者很多。又如吴棫《书稗传》，疑东晋所献《古文尚书》为伪书。王柏《书疑》、怀疑《尚书》篇章字句皆有错乱，于全书多有移易补缀，如对《尧典》、《皋陶谟》、《说命》、《武成》、《洪范》、《多士》、《多方》、《立政》八篇，托辞于错简，有删一两节或一两句者，则过于武断。

关于研究整理《诗经》之作，以《毛诗》为主，当时今文三家诗已佚。在《毛诗》的整理研究中又以怀疑、创新为主要倾向，包括怀疑《毛诗小序》和毛、郑旧注。孙复曾说："专守毛苌、郑康成之说而求于《诗》，吾未见其能尽于《诗》者也。"（《孙明复小集》卷二《与范天章书》），其后周尧卿作《诗说》，用"以意逆志"的方法"考其指归，而见毛、郑之得失"。欧阳修所作《诗本义》，为北宋研究整理《诗经》的重要代表著作。此书直据本文,以意逆志,对于毛郑,既不轻议,又不曲徇,多有驳正,而得本义。详后专节。苏辙所作《诗集传》,以为《小序》首句(所谓"首序")为"孔氏之旧",以下馀文(所谓"后序")为"毛氏之学,而卫宏所集录",于是只存首句而删其馀。对于毛传则采其得而标其失。王安石作《诗义》(已佚,邱汉生辑为《诗义钩沉》),借说解《诗经》宣扬变法思想,颇多穿凿,亦有发明,详后专节。王安石婿蔡卞作《毛诗名物解》,以《字说》为宗解《诗》,亦多议论穿凿。对于北宋《诗经》研究整理的情况,朱熹在《吕氏家塾读诗记序》中有一段总结的话:"唐初诸儒为作疏义,因讹踵陋,百千万言而不能有以出乎二氏(毛、郑)之区域。至于本朝刘侍读(敞)、欧阳公(修)、王丞相(安石)、苏黄门(辙)、河南程氏(颐)、横渠张氏(载),始用己意有所发明。虽其浅深得失有不能同,然自是之后三百五篇之微词奥义,乃可得而寻绎。盖不待讲于齐、鲁、韩氏之传,而学者已知《诗》之不专于毛、郑矣。"南宋出现不少集解之作,集北宋以来解《诗》之说,以对待《小序》的态度为标准,可分为尊序和废序两派。尊序的著作有范处义的《诗补传》。尊序派影响最大的著作是吕祖谦的《吕氏家塾读诗记》,此书坚守毛、郑,同时博采宋代诸家之说,陈振孙《直斋书录解题》称其"博采诸家、存其名氏,先列训诂,后陈文义,剪截贯穿,如出一手,有所发明,则别出之。《诗》学之详正,未有逾于此书者"。朱熹《吕氏家塾读诗记序》称其体例说:"诸家先后,以经文为序","诸家解定从一说",保存异说或有所补充附注于下。其后有林岊《毛诗讲义》,"简括笺疏,依文训释,取裁毛、郑,而折中其异同"(《四库提要》);段昌武《毛诗集解》,"大致仿吕祖谦《读诗记》,而词义较为浅显"(同上);严粲《诗辑》,"以吕祖谦《读诗记》为主,而杂采诸说以发明之"(同上)。废序的著作有:郑樵《诗传辨妄》,专攻毛郑,极诋《小序》。已佚,顾颉刚有辑本。王质《诗总闻》,《四库提要》谓"南宋之初,废诗序者三家:郑樵、朱子及质也"。朱熹《诗集传》,杂采宋儒及前儒之说,从郑樵力破《小序》所谓"美刺说",视反映爱情的诗为"淫诗"。朱熹此书堪称《诗经》宋学的代表作。至朱熹三传弟子王柏作《诗疑》,"攻驳毛、郑不已,并本经而攻驳之,攻驳本经不已,又并本经而删削之"(《四库提要》),其依朱熹"淫诗"说,并托词汉儒之窜入,竟删《国风》中诗三十二篇之多。此外,杨简《慈湖诗传》,亦攻《小序》,释义亦间有穿凿,但不像其《易传》及《五诰解》(分别借《周易》、《尚书》发挥陆九渊心学),亦不废训诂考据。侧重考据之作有:魏了翁《诗要义》,摘要删略注疏,与《易要义》、《书要义》性质同。吴棫《诗补音》,考《诗经》古韵,其得失与《韵补》(前已提及)同。《诗补音》已佚,《慈湖诗传》所引,存其十分之六七。宋代《诗经》的考据家以王应麟为代表,有《诗考》,稽考三家诗逸说;又有《诗地理考》,今传;又有《诗草木鸟兽虫鱼广疏》,见于《宋史·艺文志》著录。

关于研究整理《周礼》之作,主要有:王安石《周礼义》(今传《四库全书》所收《永乐大典》本《周官新义》,其弟子郑宗颜所撰《考工记解》附后),此书附会时事,为其变法服务,详后王安石专节。王昭禹《周礼详解》,宗王安石新说,亦不尽同,阐发经义,有的可订注疏之误,宋人释《周礼》者如王与之《周礼订义》、林之奇《周礼讲义》,多引其说。叶时《礼经会元》,就《周礼》立论,凡一百篇,主张复井田、肉刑诸论,颇为迂阔,专攻郑玄注,偏激之至。易祓《周官总义》,以经释经,于经义多有考据,非凿空杜撰之作。王与之《周礼订义》,为重要集解之作,以当代诸儒之说为主,古义附存,共采旧说五十一家。朱申《周礼句解》逐句诠释,主要根据注疏,义取简略。魏了翁《周礼要义》亦节取注疏之作。

关于研究整理《仪礼》之作,主要有:张淳《仪礼识误》,为校勘之力作,《四库提要》说:"是书乃乾道八年(1172)两浙转运判官直秘阁曾逮刊《仪礼》郑氏注十七卷,陆氏《释文》一卷,淳为之校定,因举所改字句汇为一编。其所引据,有广顺三年(953)及显德六年(959)刊行之监本,有汴京之巾箱木,有杭之细字本,严之重刊巾箱本,参以陆氏《释文》、贾氏疏,核订异同,最为详审。"李如圭《仪礼集释》,此书以郑玄注为本,旁徵博引以为之释,多发贾公彦疏所未备,为本时期《仪礼》注释的代表作。李如圭又有《仪礼释宫》,仿《尔雅·释宫》之例,分条各引经记注疏,考证古代宫室之制。皮锡瑞《经学历史》第八章称以上三书"并实事求是之学"。此外有杨复的《仪礼图》及《仪礼旁通图》,前书录经文并节取旧说,疏通其意,详考仪节陈设方位,附图205幅,后书分宫庙门、冕弁门、牲鼎礼器门,为图25幅。魏了翁的《仪礼要义》,节略注疏与其他诸经《要义》性质相同。

关于研究整理《礼记》之作,卫湜《礼记集说》是一部力作,在全部三礼著作中也是非常突出的。《四库提要》说:"其书始作于开禧、嘉定间,《自序》言日编月削,几二十餘载而后成,宝庆二年(1226)官武进令时,表上于朝……绍定辛卯,赵善湘为锓版于江东漕院,越九年,湜复加核订,定为此本……盖首尾阅三十餘载,故采摭群言,最为赅博,去取亦最为精审。自郑注而下,所取凡一百四十四家,其他书之涉于《礼记》者,所采录不在此数焉。"

三礼综合整理之作,有聂崇义《三礼图集注》,其中宫室车服等图,多与郑注相违,与实物不符,宋人已讥其以意杜撰。朱熹《仪礼经传通解》是综合整理的有价值之作,详后朱熹专节。

　　三礼是实学,宋代考据学的成就在这一领域表现得尤为突出。

　　关于研究整理《春秋》及三传之作,《经学历史》第八章说:"宋人治《春秋》者多,而不治颛门,皆沿唐人啖(助)、赵(匡)、陆(淳)一派,如孙复、孙觉、刘敞、崔子方、叶梦得、吕本中、胡安国、高闶、吕祖谦、程公说、张洽、吕大圭、家铉翁,皆其著者,以刘敞为最优,胡安国为最显。"所谓沿啖、赵、陆一派,只是概指承袭啖、赵、陆疑废三传的传统,其实宋人对三传信疑、弃取的情况亦不尽相同。按《四库提要》,孙复有《春秋尊王发微》,上祖陆淳,尽废三传,下开胡安国,以《春秋》有贬无褒。孙觉有《春秋经解》,别名《春秋学纂》,《玉海》"学纂"条下云:此书"以《穀梁》为本,及采《左氏》、《公羊》历代诸儒所长"。刘敞有《春秋权衡》,平三家得失,集众说,断以己意。又有《春秋传》,节录三传事迹,断以己意,不尽从传,亦不尽废传,得《春秋》本义者较多。具体分析,其褒贬义例,多据《公羊》、《穀梁》;《春秋》本文,杂用三传之经,不主一家。但好减损三传字句,往往改窜失真。此外尚有《春秋意林》、《春秋传说例》。崔子方有《春秋经解》,"推本经义,于三传多所纠正",但"过泥日月之例,持论不无偏驳"(《四库提要》)。又有《春秋本例》、《春秋例要》,推明《公》、《穀》,亦可见其重视义例。叶梦得有《春秋传》,"参考三传以求经,不得于事则考于义,不得于义则考于事,更相发明,颇为精核"(《四库提要》)。又有《春秋考》,"其书大旨在申明所以攻排三传者,实本周之法度制作以为断,初非有所臆测于其间,故所言皆论次周典,以求合于《春秋》之法。其文辨博纵横,而语有本原,率皆典核"(《四库提要》)。又有《春秋谳》(三传谳各成一书),"抉摘三传是非,主于信经不信传"(《四库提要》)。吕本中有《春秋集解》,此书于三传而下集陆淳、孙复、孙觉、刘敞、刘攽(有《内传国语》)、苏辙(详下)、程公说(详下)、胡安国(详下)等家,采择颇精,全无自己议论。胡安国有《春秋传》,胡安国学出程氏,此书为当世和元明所重,但遭到清儒的否定,《经学历史》第八章说:"胡氏《春秋》大义本《孟子》,一字褒贬本《公》、《穀》,皆不得谓其非。而求之过深,务出《公》、《穀》两家之外;煅炼太刻,多存托讽时事之心。"高闶有《春秋集注》,此书以程颐《春秋传》为本,杂采唐宋诸家,熔以己意,不一一标举诸家姓名。吕祖谦有《春秋左氏传说》、《春秋左氏传续说》、《详注东莱左氏博议》,就《左传》随事立义,以评其得失。程公说有《春秋分纪》,凡年表九卷,世谱七卷,名谱二卷,书二十六卷,周天王事二卷,鲁事六卷,大国世本二十六卷,次国二卷,小国七卷,附录三卷。《四库提要》说:"公说当异说坌兴之日,独能考核旧文,使本末源流粲然具见,以杜虚辨之口舌,于《春秋》可谓有功矣。"张洽有《春秋集注》及《纲领》,张洽学出朱熹,其《进书状》自言于汉唐以来诸儒之议论,莫不考核研究,取其足以发明圣人之意,附于每事之左,名曰《春秋集传》。既又因此书粗备,复仿先师文公(朱熹)《语》《孟》之书,会其精义,诠次其说,以为《集注》云云。此书本与胡安国《春秋传》并行,至明洪武间,尚同立学官。至永乐间,胡广等剽袭汪克宽《春秋纂疏》为《春秋大全》,其说专主胡安国传,科场用为程式,张书遂废不行。吕大圭有《春秋或问》附《春秋五论》。吕曾撰《春秋集传》,已散佚。《或问》即申明《集传》之意。于三传中专主《左氏》《穀梁》,而深排《公羊》,尤其力斥《公羊传》何休解诂。长于议论而疏于考实,仍属义理之作。家铉翁有《春秋详说》,自称《集传》,其说认为《春秋》主乎垂法,不主乎记事。以上均属义理一派。此外重考据的有魏了翁的《春秋左传要义》,《四库提要》说:"其书节录注疏之文,每条之前,各为标题,而系以先后次第,与诸经要义体例并同……盖《左氏》之书,详于典制,三代之文章礼乐,犹可以考见其大凡,其远胜《公》《穀》,实在于此。了翁所辑,亦可谓得其要领矣。"连《春秋》本经也加以否定的有王安石,认为《春秋》为"断烂朝报",详后王安石专节。至于苏辙的《春秋集解》,则以矫时学之枉的面貌出现,《四库提要》说:"辙以其时经传并荒,乃作此书以矫之。其说以《左氏》为主,《左氏》之说不可通,乃取《公》《穀》、啖、赵诸家以足之,盖以《左氏》有国史之可据,而《公》《穀》以下则皆意测者也。"

关于《孝经》的研究整理之作,邢昺《孝经正义》,以唐元行冲《孝经疏》为蓝本修订而成,旧文、新说已不可辨别。此疏以唐玄宗所注《今文孝经》为依据。司马光《古文孝经指解》,据《古文孝经》为注,而句下仍备载唐玄宗今文之注。范祖禹《古文孝经说》,继司马光书而作。《古文孝经指解》,乃司马光、范祖禹二书之合编本。朱熹《孝经刊误》,取《古文孝经》,分为经一章,传十四章,并删旧文233字,系臆改。

关于四书的研究整理:四书包括《论语》《孟子》二书及《礼记》中的《大学》《中庸》二篇,它们是理学家借以发挥义理的重要文献,自宋孝宗淳熙始,被朱熹编在一起,称为四书。自元仁宗延祐恢复科举始,又被列为举业必修必考之书。整理之作有:《论语注疏》,邢昺撰,以何晏《论语集解》为基础作疏。《孟子注疏》(又称《孟子疏》《孟子音义》),以赵岐《孟子注》为基础作疏。疏作者旧题孙奭,盖假托,《朱子语类》卷一九说:"《孟子疏》乃邵武士人假作,蔡季通识其人。"又有朱熹《论孟精义》《大学章句》《论语集注》《孟子集注》《中庸章句》及《四书或问》,详后朱熹专节。

（二）史部书

宋代公私皆留心史事，学者多精通史学，故史部书的编纂和整理极为兴盛，考据学在这方面的成就也尤为突出。

在史书编纂方面，不仅数量多，品类全，而且于体例多有创通，富有考证成果。司马光编《资治通鉴》在史实、史料考辨方面作出突出贡献，成果集中于《资治通鉴考异》。李焘《续资治通鉴长编》，在史料的汇集、排比上颇具功力，奠定了史实考证的扎实基础。传记类之作甚多，值得特别一提的是有些体裁兴盛于宋，如年谱，主要著作有吕大防的《韩吏部文公集年谱》、赵子栎的《杜工部年谱》、鲁訔的《杜工部诗年谱》、孙汝听的《三苏年表》、王宗稷的《东坡年谱》、楼钥的《范文正年谱》、不详作者的《吕忠穆年谱》和《尹和靖年谱》、度正的《周子年谱》、魏仲举的《韩柳年谱》、袁仲晦的《朱子年谱》等；学术流派传记，有朱熹的《伊洛渊源录》；登科录，今传有《绍兴十八年同年小录》（宋王佐榜进士题名录）、《宝祐四年登科录》（文天祥进士题名）、高似孙《唐科名记》、韩思《五代登科记》、吕荣义《上庠录》、周密《唱名录》等，见于《宋史·艺文志》的有徐锴《登科记》、乐史《登科记》及《登科记解题》、起建隆四年（963）至宣和四年（1122）的《登科记》、姚康《唐登科记》、洪适《五代登科记》、《崔氏登科记》等。地理类之作亦有开创，如方志之作大盛。主要有乐史《太平寰宇记》、王存等《元丰九域志》、欧阳忞《舆地广记》、祝穆《方舆胜览》、周淙《乾道临安志》、梁克家《淳熙三山志》、范成大《吴郡志》、罗愿《新安志》、高似孙《剡录》（即《嵊县志》）、施宿等《嘉泰会稽志》、陈耆卿《嘉定赤城志》、罗濬《宝庆四明志》及《开庆续志》、常棠《澉水志》、周应合《景定建康志》、郑瑶和方仁荣《景定严州续志》、宋敏求《长安志》、程大昌《雍录》、赵汝适（kuò）《诸蕃志》等。政书类的会要一体起于唐代而盛于宋代。王溥《唐会要》，续唐人之作新编而成。王溥又撰有《五代会要》。宋朝建立专门机构撰修本朝会要，计有十种：庆历《国朝会要》、元丰增修《五朝会要》、政和重修《会要》、乾道续修《四朝会要》、乾道《中兴会要》、淳熙《会要》、庆元《光宗会要》、嘉泰《孝宗会要》、嘉泰《宁宗会要改正》、嘉定《国朝会要》（一作《十三朝会要》）。皆已不传，清徐松有《宋会要辑稿》。后徐天麟仿《唐会要》、《五代会要》及《宋会要》之体，又作《汉会要》、《东汉会要》。目录类编著亦较突出，而且解题目录的优良传统得到发扬。如官目有王尧臣、欧阳修等撰《崇文总目》，私目有晁公武《郡斋读书志》，尤袤《遂初堂书目》（首创著录书籍版本）、陈振孙《直斋书录解题》，专科目录有高似孙的《子略》（包括《汉志》、《隋志》、《唐志》、《子钞》、《意林》、《通志·艺文略》所载诸子目录，其中三十八家有题识),古代目录研究有王应麟《汉艺文志考证》,金石目录有欧阳修《集古录》、赵明诚《金石录》、王象之《舆地碑记目》、《蜀碑记》、陈忠《宝刻丛编》等。

本时期的史书整理,注音释义和考辨补遗两种体裁兼备,而以后者更为突出。前者不仅有他人注释,亦有撰者自注,如《新唐书》有董冲释音,《新五代史》有徐无党注,《路史》有罗苹注,《国语》有宋庠《补音》,《战国策》有鲍彪注,《资治通鉴》有司马康和史炤两家《释文》(司马康书可能是伪托),萧常撰《续后汉书》并自作《音义》,陆游撰《南唐书》并自作《音释》等。后者如吴缜《新唐书纠缪》、《五代史纂误》,吴仁杰《两汉纂误补遗》等,亦有自撰史书自作考异者,如前已提及的司马光《资治通鉴考异》,又如范冲等修《神宗实录》,别作《考异》五卷以明去取,等等。这类纠谬、考异之书对后代史籍考辨之作产生较大影响。

(三)子部书

本时期的子部书有三个特点:一是编纂之作众多,二是杂考之作突出,三是注释之作褊狭。

编纂之作以当代诸子为主,以古代诸子为次。前者如《张子全书》,编者不详,收张载著作《西铭》、《东铭》一卷(本为《正蒙·乾称》篇的两段文字,由程颐分出)、《正蒙》二卷、《经学理窟》五卷、《易说》三卷、《语录钞》一卷、《文集钞》一卷,又拾遗一卷,附录一卷。《二程遗书》、《二程外书》,皆为二程门人所记、朱熹所编。《二程粹言》,杨时编。《近思录》,此为周敦颐、二程及张载的语录汇编,由朱熹与吕祖谦同撰。《杂学辨》,朱熹撰。《朱子语类》,黎靖德编。《丽泽论说集录》,吕祖谦门人所编吕祖谦言论,等等。后者如《曾子》、《子思子》,皆为汪晫所编。《心经》,真德秀所编圣贤论心格言,等等。类书之编纂,始于唐,盛于宋,主要之作有李昉等《太平御览》,吴淑《事类赋》,陶谷《清异录》,王钦若、杨亿等《册府元龟》,高承《事物纪原》,马永易《实宾录》,任广《书叙指南》,叶廷珪《海录碎事》,江少虞《皇朝事实类苑》,邓名世《古今姓氏书辨证》,唐仲友《帝王经世图谱》,孙逢吉《职官分纪》,吕祖谦《历代制度详说》,佚名《锦绣万花谷》,陈傅良(一题叶适)《永嘉八面锋》,祝穆《事文类聚》,潘自牧《记纂渊海》,佚名《群书会元截江网》,赵崇绚《鸡肋》,陈思《小字录》,陈景沂《全芳备祖》,章如愚《山堂考索》,谢维新《古今合璧事类备要》,林駉《源流至论》,王应麟《玉海》、《小学绀珠》、《姓氏急就篇》,佚名《翰苑新书》,金王朋寿《重刊增广分门类林杂说》,杨伯嵒《六帖补》,阴时夫《韵府群玉》等。

杂考之作,宋代极盛,蔚为大观,如沈括《梦溪笔谈》、《梦溪补笔谈》,吴曾《能改斋漫录》、《辨误录》,姚宽《西溪丛语》,王观国《学林》,袁文《瓮牖闲评》,程大昌《考古录》、《演繁录》,洪迈《容斋随笔》、《俗考》,项安世《项氏家说》,孙奕《示儿编》,叶适《习学记言》,王楙《野客丛书》,叶大庆《考古质疑》,魏了翁《古今考》,方回《续古今考》,赵与峕《宾退录》,史绳祖《学斋占毕》,戴埴《鼠璞》,王应麟《困学纪闻》,黄震《黄氏日钞》,俞琰《书斋夜话》等。

注释之作,注当代者如朱熹《通书解》、《西铭解》、《东铭解》、《正蒙注》,叶采《近思录集解》,熊纲大《性理群书句解》等。校注古代者如钱佃《荀子考异》,吕祖谦校正《音注河上公老子道德经》,吕惠卿《道德真经传》,苏辙《道德真经注》,王雱《道德真经集注》、《南华真经新传》,陈象古《道德真经解》,叶梦得《老子解》、宋徽宗《御解道德真经》、《冲虚至德真经义解》(《列子义解》),邵若愚《道德真经直解》,李霖《道德真经取善记》,白玉蟾《太上道德宝章翼》,彭耜《道德真经集注》,李嘉谋《道德真经义解》,林希逸《道德真经口义》、《南华真经口义》、《冲虚至德真经鬳斋口义》,范应元《老子道德经古本集注》,江澂《道德真经疏义》,章安《宋徽宗道德真经解义》,赵志坚《道德真经疏义》,(金)时雍《道德真经全解》,(金)寇才质辑《道德真经四子古道集解》,(金)赵秉文《道德真经集解》,陈显微《文始真经言外旨》,陈景元《南华真经章句音义》,贾善翔《南华真经直音》,褚伯秀《南华真经义海纂微》,杜道坚《文子缵义》,苏轼《广成子解》,江遹《冲虚至德真经解》,(金)高守元《冲虚至德真经四解》,何粲《洞灵真经注》(《亢仓子注》),陆佃《鹖冠子解》,谢希深《韩非子注》、《公孙龙子注》,佚名《扬子法言音义》,宋咸《法言注》,司马光《法言集注》,纪燮、梅尧臣、王皙、何锡延等各有《孙子注》,吉天保辑《孙子十家注》,施子美《六韬讲义》、《孙子讲义》、《吴子讲义》、《司马法讲义》、《尉缭子讲义》,张商英《黄石公素书注》,沈揆《颜氏家训考证》等。由以上可以看出,当代诸子注释之作集中于理学,古代诸子注释之作集中于道家,显得有些褊狭。

(四)集部书

集部书的整理成果也相当可观

楚辞类产生了两部划时代的注本,一是洪兴祖的《楚辞补注》,此书以王逸注为基础,进一步疏证补注,于《楚辞》及王逸注多所阐发,为《楚辞》注释之佳作,朱熹《楚辞集注》多取其说。一是朱熹的《楚辞集注》,鉴于王、洪二注详于训诂,忽略意旨,乃隐括旧编,加以阐发,著为此书。

别集类成果更富,包括编纂和注释两方面,无论对本朝别集,还是对前人别集,都做了认真的整理和刊刻。本朝别集,或为本人自编,或为他人所编,往往一家之集数种,数量之多是空前的,可参见《宋史·艺文志》著录。但流传下来的不多,正如《四库提要·别集类序》所说:别集"唐宋以后,名目益繁,然隋唐志所著录,宋志十不存一;宋志所著录,今又十不存一"。今传宋人评校注前人之作主要有:刘辰翁评点《孟浩然诗集》、《王摩诘诗集》、《李长吉歌诗》、校《王右丞诗集》,杨齐贤《分类补注李太白集》,郭知达《九家集注杜诗》,黄希原《黄氏补注杜诗》,黄鹤(黄希原子)《黄氏集千家注杜工部诗史补遗》,鲁訔编、蔡梦弼会笺《杜工部草堂诗笺》,佚名《分门集注杜工部诗》,方崧卿《韩集举正》,朱熹《原本韩文考异》,朱熹撰、王伯大音释《别本韩文考异》,魏仲举《五百家注音辨昌黎先生文集》(实辑三百六十八家)、《五百家注音辨柳先生文集》(实亦不足五百家),廖莹中辑注《昌黎先生集、外集、遗文》、《河东先生集、外集、遗文》,韩醇音释《柳河东集》,童宗说撰、张敦颐音辩、潘纬音义《增广注释音辩柳集》等。今传宋人注宋集主要有:郎晔注《老泉先生文集》、《经进东坡文集事略》、《经进栾城文集事略》,李壁《王荆公诗注》,王十朋(旧题)《东坡诗集注》,施元之《施注苏诗》,顾禧《苏诗补注》,任渊《山谷内集诗注》、《后山诗注》,史容《山谷外集诗注》,史季温《山谷别集诗注》,王德文《注鹤山先生渠阳诗》等。

总集类:《文选》方面有尤袤《文选注考异》,陈仁子《文选补遗》,高似孙《选诗句图》等。通代总集有郭茂倩《乐府诗集》,桑世昌《回文类聚》,刘克庄《分门纂类唐宋时贤千家诗选》(一名《后村千家诗》),佚名辑《古文苑》,章樵注《古文苑》,李昉、扈蒙、徐铉、宋白等辑《文苑英华》,彭叔夏《文苑英华辨证》,吕祖谦辑《古文关键》,楼昉《崇古文诀》,真德秀《文章正宗》,汤汉《妙绝古今》,王霆震《古文集成前集》,谢枋得《文章轨范》等。前世断代总集有陈鉴《东汉文鉴》,王安石《唐百家诗选》,洪迈《万首唐人绝句诗》,李龏《唐僧弘秀集》,赵师秀《众妙集》,周弼《三体唐诗》,谢枋得《注解章泉涧泉二先生选唐诗》,赵孟奎《分门纂类唐歌诗》(残存十一卷),金元好问《唐诗鼓吹》,姚铉《唐文粹》。宋辽金断代总集有蒲积中《古今岁时杂咏》(取宋绶《岁时杂咏》之目,择宋人之诗附之),魏齐贤、叶菜《五百家播芳大全文粹》,佚名《苏门六君子文粹》,佚名《三国文类》,陈起《江湖小集》、《江湖后集》、《前贤小集拾遗》、《增广圣宋高僧诗选前集、后集、续集》、《中兴群公吟稿戊集》,陈思《两宋名贤小集》,金履祥《濂洛风雅》,谢翱《天地间集》,刘瑄《诗苑众芳》,佚名《诗家鼎脔》,佚名《圣宋九僧诗补遗》,元好问《中州集》等。按地域编的总集有郑虎臣《吴都文粹》,孔延之《会稽掇英总集》,林表民《赤城集》,董弅《严陵集》等。按氏族编的总集有《二程文集》、《三刘家集》(刘涣、刘恕、刘羲仲)、

《蒋之翰之奇遗稿》、《二妙集》(金段克己、段成己兄弟诗集)、《柴氏四隐集》等。酬唱集有司马光等《洛中耆英会》,李昉、李至《二李唱和集》,杨亿等《西崑酬唱集》,邵浩辑《坡门酬唱集》,释契嵩《山游倡和诗》,汪元量辑《宋旧宫人诗词》,邓忠臣等《同文馆唱和诗》,朱熹等《南岳酬唱集》。题咏集有吴渭辑《月泉吟社》等。课艺文集有佚名辑《增注唐策》,魏天应辑、林子长注《论学绳尺》,佚名辑《十先生奥论注前集、后集、续集》等。

此外本时期集部中诗文评类的诗话及词曲类的词集,作者之众,著作之多也是空前的,充分反映了这一时期文学发展的特点,也反映了这一时期古文献学评论、编纂方面兴盛的实际情况。具体作者、著作不再一一列举。

综观本时期文献研究整理的全貌,丰富多彩,繁荣昌盛,主要有以下特点:第一,学科广泛,但不平衡。经学如皮锡瑞《经学历史》第九章所说:"宋人说经之书传于今者,比唐不止多出十倍,乃不以为盛而以为衰者,唐人犹守古义而宋人多矜新义。"就是说多穿凿新义,不足为凭。当然不能因此而一概抹杀经部整理的成就,但其成就不如史部编纂整理方面突出也是事实。第二,学者博通,但精深不足。有的则表现出空疏。第三,义理之学突出,但并不废考据。第四,辨伪、辑佚、编纂成果可观。前面已经提到章学诚论宋代经学在考据方面对后代的影响,张舜徽在《广校雠略·论两宋诸儒实为清代朴学之先驱》中"尝广其意以推寻之",认为:"有清一代学术无不赖宋贤开其先,乾嘉诸师特承其遗绪而恢宏之耳。校定《说文解字》,自徐铉始;为《说文解字》作传,自徐锴始;昌言右文,自王圣美始;考论古韵,自吴棫始;为《尔雅》作疏,自邢昺始:此清代小学出于宋也。攻《伪古文尚书》,自吴棫、朱子始;斥河图、洛书,自欧阳修始;为《礼经》作图,自聂崇义始;尊信《诗序》,自吕祖谦、马端临始;搜辑汉人旧注,自王应麟始:此清代经学出于宋也。他若金石考证,欧、赵肇其端;目录解题,晁、陈启其绪。自郑樵有《校雠略》,而校雠之学始号专门;朱子为《韩文考异》,而考异之体方臻精密。至于史部考订之学,不外辨正异同,勘改讹失,则吴缜《新唐书纠谬》、《五代史纂误》,吴仁杰《两汉刊误补遗》,亦已导夫先路。其旁涉诸子为之诠释者,以疏说老、庄之书为最多,然如陆佃之解《鹖冠子》,杜道坚之释《文子》,谢希深之注《公孙龙子》,钱佃之校《荀子》,梅尧臣、王晳、何延锡、张预之注《孙子》,至今犹有存书,固已卓然不废,斯又清代诸师校理周、秦诸子之前驱也。若夫《困学纪闻》、《黄氏日钞》诸编,包罗群书,考核精审,后之《日知》、《养新》诸录,实其嫡嗣矣。由此观之,有清一代之学,莫不渊源于两宋,后之从事实事求是之学者,数典忘祖,反唇相讥,多见其不知量也。"此说本章学诚之言,亦不无道理。但是清人所说的"宋学"，并非指有宋一代之学，而是以宋代义理之学为代表，是有其特定含义的。就义理之学而言，批评宋学空疏，是完全恰当的，不当非议。

第二节　欧阳修　曾巩

欧阳修和曾巩都是北宋参与官方修史及校理群书、编纂目录的学者，在思想上、学术上亦颇有类似之处，在文学上同在"唐宋八大家"之列，当世二人齐名。

欧阳修（1007—1072），字永叔，号醉翁，晚年更号六一居士，吉水（今属江西）人。宋仁宗天圣八年（1030）进士，授将士郎，秘书省校书郎，充西京留守推官。景祐元年（1034），授宣德郎，试大理评事兼监察御史，充镇南军节度掌书记、馆阁校勘。当时三馆（昭文馆、史馆、集贤院）秘阁所藏图书颇多脱谬，朝廷命派人整理编定，并仿唐《开元四部录》编为总目，欧阳修参与此事。庆历元年（1041）《崇文总目》编成，欧阳修改任集贤校理。庆历四年（1044），参与编纂之《三朝典故》修成。至和元年（1054），受诏修《唐书》，迁翰林学士，兼史馆修撰。嘉祐五年（1060）上新修《唐书》二百五十卷，转礼部侍郎。嘉祐六年（1061），参与修《中书时政记》。七年，提举三馆秘阁写校书籍。英宗治平二年（1065），提举编纂之太常礼书百卷修成，皇帝命名为《太常因革礼》。神宗熙宁二年（1069），参与刊定的《新校定前汉书》修成。五年，卒，谥文忠。著述除上面提到的外，尚有《五代史记》（《新五代史》）七十五卷，此书为私修，未上于朝，欧阳修死后，朝廷诏取其书付国子监雕版印行。《欧阳文忠公文集》一百五十三卷，其中包括《居士集》五十卷（为欧阳修自定，门人苏轼得于其子欧阳棐，于哲宗元祐六年〔一作三年〕为之撰序），外集二十五卷，《易童子问》三卷，外制集三卷，内制集八卷，表奏书启四六集七卷，奏议集十八卷，杂著述十九卷，集古录跋尾十卷，书简十卷。《六一词》一卷，《六一诗话》一卷（此书为诗话创始之作），《归田录》二卷，《洛阳牡丹记》一卷等。

欧阳修在思想上承袭韩愈道学，在政治上论事切直，在史学上著述甚丰，在文学上诗文词兼长，尤以散文成就为高，是北宋古文运动的领袖，唐宋八大家之一。

欧阳修大半生任职馆阁，负责修书、校书，在古文献研究、整理方面也做出了突出贡献。

（一）既承传统，又开风气，是宋代古文献学发展中承上启下的代表人物

《神宗实录》本传称他"于经术治其大旨，不为章句，不求异于诸儒"。所谓"治其大旨，不为章句"，表明已开宋代义理之学之先；所谓"不求异于诸儒"，又说明他尊重先儒旧说的结论，绝不轻率标新立异。可见他是由汉唐注疏到宋代义理之学过渡的一个代表人物。他自己也说过类似的话，详见《诗本义·诗谱补亡后序》、《论删去九经正义中谶纬札子》等（《欧阳文忠公文集》卷一一二，以下简称《文集》）。

他认为《周易》、《春秋》、《诗经》三书难通，前人附会之辞较多（见《诗本义·诗解统序》），因此对此三书之旧说颇多疑辨，此外还涉及《周礼》。

关于《周易》，他相信本经卦辞、爻辞及易传《彖》、《象》。《易或问》说："卦、彖、象辞，大义也。大义简而要，故其辞易而明。爻辞，占辞也。占有刚柔、进退之理，逆顺、失得、吉凶之象，而变动之不可常者也，必究人物之状以为言，所以告人之详也。"（《文集》卷六十）他认为《繫辞》非圣人（孔子）之书，说："是讲师之传，谓之大传，其源盖出于孔子而相传于《易》师也。"（同上）他在《易童子问》卷三更进一步辨《繫辞》以下皆非孔子所作，举《文言》《说卦》、《繫辞》中种种"繁衍丛脞"之说以证非"圣人之作"（《文集》卷七八）。欧阳修的这一辨伪成果值得肯定。但他不怀疑《彖》、《象》为孔子所作，尚可商榷。实际上易传皆非孔子所作，包括《彖》、《象》在内。

关于《春秋》及三传、《国语》，欧阳修相信《春秋》经孔子删定，而三传、《国语》之说则不可信。其《石鹢论》先就《春秋》鲁僖之十六年："陨石于宋五，六鹢退飞过宋都"的"三传殊说"揭示矛盾，以暴露三传解释的随意性，接着逐一辨之，认为"三者之说一无是矣"（见《文集》卷六十）。他还认为左丘明作《春秋外传》（即《国语》），所记"诸国之语"亦多好奇不实之辞，举记柯陵之会"单襄公见晋厉公视远而步高，且告鲁成公以晋必有祸乱"，"观其容知其心"为例证之（详见《文集》卷六十《辨左氏》）。

关于《诗经》，欧阳修认为对前人之说（包括《小序》、《毛传》、《郑笺》、《孔疏》）既不可全信，又不可全疑，必须审定是非以决弃取。于此著有《诗本义》十五卷，这是《诗经》学史上的一部极有价值的著作。全书的主要部分是阐发《诗经》篇章大旨，占了前 12 卷的篇幅，涉及《风》、《雅》、《颂》114 篇。每篇分为"论"和"本义"两项，个别篇只有"论"而无"本义"项。"论"中议论旧说是非，包括训诂和篇旨，"本义"阐明各篇各章原义。例如《静女》：

论曰：《静女》之诗，所以为刺也，毛、郑之说皆以为美，既非陈古以

刺今，又非思得贤女以配君子，直言卫国有正静之女，其德可以配人君。考《序》及《诗》，皆无此义。然则既失其大旨，而一篇之内随事为说，训解不通者，不足怪也。《诗》曰："静女其姝，俟我于城隅，爱而不见，搔首踟蹰"，据文求义，是言静女有所待于城隅，不见而彷徨尔。其文显而义明，灼然易见。而毛、郑乃谓正静之女自防如城隅，则是舍其一章，但取"城隅"二字以自申其臆说尔。……据《序》言，《静女》刺时也。卫君无道，夫人无德，谓宣公与二姜淫乱，国人化之，淫风大行，君臣上下，举国之人皆可刺，而难于指名以偏举，故曰刺时者，谓时人皆可刺也。据此乃是述卫风俗男女淫奔之诗尔，以此求《诗》，则本义得矣……

本义曰：卫宣公既与二夫人烝淫，为鸟兽之行，卫俗化之，礼义坏而淫风大行，男女务以色相诱悦，务夸自道而不知为恶，虽幽静难诱之女亦然。举静女犹如此，则其他可知。故其诗述卫人之言曰：彼姝然静女，约我而俟我于城隅，与我相失而不相见，则踟蹰而不能去。又曰：彼娈然静女，赠我以彤管，此管之色炜然甚盛，如女之美可悦怿也。其卒章曰：我自牧田而归，取彼茅之秀者，信美且异矣。然未足以比女之为美，聊贻美人以为报尔。

由此例可见《诗本义》主体部分体例之一斑。欧阳修对《诗序》、《毛传》、《郑笺》皆持分析的态度，既不轻议，又不曲徇，对合理的解释，加以吸收；对附会之说，则加以摒弃；对疏略者，加以补充；对疑而难决者，则阙而不论，以俟再考。而他判断正误的标准，是《诗经》的本义。不过应该指出，欧阳修关于本义的分析，在字句文意诠释上往往是确切的，而在章旨的剖析上，仍未摆脱《小序》有关本事的附会和所谓美刺的偏见。

除了逐篇讨论本义的 114 篇以外，尚有《一义解》，就《甘棠》、《日月》、《谷风》、《简兮》、《木瓜》、《蓼兮》、《野有蔓草》、《伐檀》、《羔裘》、《七月》、《南山有台》、《菁菁者莪》、《采芑》、《頍弁》、《鱼藻》、《板》、《云汉》、《召旻》、《有客》、《閟宫》等 20 篇，逐一据文求义，以驳毛、郑之失。又有《取舍义》，就《绿衣》、《旄丘》、《出其东门》、《载驱》、《敝笱》、《园有桃》、《椒聊》、《绸缪》、《蜉蝣》、《下泉》、《楚茨》、《玄鸟》等 12 篇，逐一讨论毛、郑异说之正误，以决遵违。这两篇可以看成主体部分的补充。其次有"二论"：《时世论》讨论《周南》、《召南》所属之时世，指毛、郑之失；《本末论》讨论诗篇之本义和末义，详下。又其次有诗解统要十篇，《诗解统序》一篇。《诗解统序》是关于统要十篇的总序，其云："故二《南》牵于圣贤，《国风》惑于先后，《豳》居变风之末，惑者溺于私见而谓之兼上下，二《雅》混于大小而不明，三《颂》昧于商、鲁而无辨：此一经大概之体皆所未正者。……毛、郑二学，其说炽辞辨，固已广博，然不合于经者亦不为少，或失于疏略，或失于谬妄。……予欲志郑学之妄，益毛氏疏略而不至者，合之于经，故先明其统要十篇，庶不为之芜泥云尔。"可见统要十篇作于本义诸篇之前。又按序中"故二《南》牵于圣贤"至"三《颂》昧于商、鲁而无辨"云云，此十篇当即《二南为正风解》、《周召分圣贤解》、《王国风解》、《十五国次解》、《定风雅颂解》、《十月之交解》、《鲁颂解》、《商颂解》、《豳问》、《鲁问》。《诗本义》将后两篇编入另卷（与《时世论》、《本末论》合编为卷十四），恐非。另外有《诗谱补亡》及《诗图总序》附于书末。

欧阳修此书以讨论《诗经》篇旨为主，前面已讲了他参考旧说的态度。更重要的，他还提出了有关探讨本义的方法论问题。

就诗作体例而言，他主张先明体例，贯通全篇以求本义。如说："《诗》三百篇，大率作者之体不过三四尔：有作者自述其言以为美刺，如《关雎》、《相鼠》之类是也；有作者录当时人之言以见其事，如《谷风》录其夫妇之言，《北风其凉》录去卫之人之语之类是也；有作者先自述其事，次录其人之言以终之者，如《溱洧》之类是也；有作者述事与录当时人语杂以成篇，如《出车》之类是也。然皆文意相属以成章，未有如毛、郑解《野有死麕》文意散离不相终始者。"（《诗本义·野有死麕》）这里关于《诗经》体例的分析是全面的，很有参考价值。他主张根据诗作具体体例，通篇"文意相属"地以求本旨，也很科学。

就诗作的产生、流传和整理而言，他主张分清本末，即分清诗作者之原意和与此无关的细微末节及其曲解妄说，如说："诗之作也，触事感物，文之以言，善者美之，恶者刺之，以发其揄扬怨愤于口，道其哀乐喜怒于心，此诗人之意也。古者国有采诗之官，得而录之，以属太师，播之于乐，于是考其义类而别之，以为《风》、《雅》、《颂》而比次之，以藏于有司，而用之宗庙、朝廷，下至乡人聚会，此太师之职也。世久而失其传，乱其《雅》、《颂》，亡其次序，又采者积多而无所择，孔子生于周末，方修礼乐之坏，于是正其《雅》、《颂》，删其烦重，列于六经，著其善恶以为劝戒，此圣人之志也。周道既衰，学校废而异端起，及汉，承秦焚书之后，诸儒讲说者整齐残缺以为之义训，耻于不知，而人人各自为说，至或迁就其事以曲成其己学，其于圣人有得有失，此经师之业也。惟是诗人之意也，太师之职也，圣人之志也，经师之业也，今之学《诗》者，不出于此四者而罕有得焉者，何哉？劳其心而不知其要，逐其末而忘其本也。"（《诗本义·本末论》）他认为"所谓诗人之意者，本也"，"所谓太师之职者，末也"。"所谓圣人之志者，本也"，"求诗人之意，达圣人之志者，经师之本也。讲太师之职，因其失传而妄自为说者，经师之末也。今夫学者得其本而通其末斯尽善矣，得其本而不能其末，阙其所疑可也。虽其本有所不能达者，犹将阙之，况其末乎？"（同上）这里把"诗人之意"作为根本来追求是非常有意义的，其贡献主要有两点：第一，引导人们排除后人"汨乱之说"，以使"本义粲然而出"；第二，提醒人们不要在枝节问题上纠缠不清，诸如编排、归类等等问题，比较复杂，存疑即可。其局限是把"圣人之志"（即孔子整理《诗经》，确定美刺、善恶，以为劝戒）也列为根本，这是不恰当的。孔子整理、解说《诗经》，类多为我所用，进行歪曲（参见第一章第二节），视此为本，就等于承认这种歪曲，而有悖于"诗人之意"。与此相关，欧阳修对《诗序》也有迷信。他虽然不尽信《诗序》，特别是对二《南》之序，怀疑尤多，但是在总体上他是相信《诗序》的，而且认为《小序》的首句（所谓《前序》）即反映了明美刺善恶、以为劝戒的"圣人之志"，这是很错误的。此既是受旧说束缚之局限，又是他固有的封建伦理思想之局限。另外，他经常提及《孟子》"不以文害辞，不以辞害意，以意逆志"的解《诗》方法，极力加以推崇。这于摆脱旧说的羁绊固有帮助，是思想解放的表现，但同时也往往使所立新意缺乏根据。林光朝《艾轩集》卷六《与赵著作子直书》曰："《诗本义》初得之如洗肠，读之三岁，觉有未稳处。"正是指这一方面而言的。这又反映了宋代义理之学的共同特点。

（二）重视金石文字资料的搜集、整理和运用

欧阳修非常重视金石文字资料的搜集、整理，著有《集古录》（包括金石铭文目录及自跋），有开创之功。《集古录》著录先秦铜器铭文二十二则，西汉铜器铭文四则，其馀为碑刻，占绝大多数。在搜集方面颇得刘敞、苏轼等人帮助，在文字考释上则多求助于杨南仲、章友直，跋语中经常提及他们。欧阳修重视金石文字资料，主要出于考史的需要，《集古录目序》关于收录之范围及目的，所言甚详，所谓"可与史传正其阙缪"（《文集》卷一三四前），正其主旨所在。在这方面欧阳修曾受到颜之推的启发，见《秦度量铭跋》。

今传欧阳修《集古录跋尾》十卷，其中根据金石文字资料印证史实或补正史传文集阙缪的情况很多，例如：《后汉太尉陈球碑跋》云："球在零陵破贼胡兰、朱盖有功，威著南邦。今碑破兰、盖事班班可读，与传皆合。惟不著诛宦官事。至其卒时，文字磨灭不可识，惟云六十有二，亦与传合。予所集录古文，与史传多异，惟此碑所载与列传同也。"（《文集》卷一三六《集古录跋尾》卷三）又《唐孔颖达碑跋》云："右孔颖达碑，于志宁撰。其文磨灭，然尚可读。今以其可见者质于《唐书》列传，传所阙者，不载颖达卒时年寿，其与魏

郑公（徵）奉敕共修《隋书》，亦不著。又其字不同，传云字仲达，碑云字冲远。碑字多残缺，惟其名字特完，可以正传之缪。不疑以冲远为仲达，以此知文字转易失其真者，何可胜数！幸而因余集录所得以正其讹舛者，亦不为少也。乃知余家所藏，非徒玩好而已，其益岂不博哉！"（《文集》卷一三八《集古录跋尾》卷五）值得指出的是，欧阳修并不是一味迷信碑刻，而是采取分析的态度，通过考辨区别真伪、正误，以决弃取。

（三）参与编纂《崇文总目》，撰其类序

《崇文总目》为宋仁宗景祐元年（1034）王尧臣等人受诏所编，其仿《开元四部录》体例，将三馆秘阁所藏图书校勘整理，分类编次，共 66 卷。《崇文总目》原有叙释，后被删去。欧阳修参与编纂，其所撰类叙仍保存在《文集》卷一二四中，计有《易类叙》、《书类叙》、《诗类叙》、《礼类叙》、《乐类叙》、《春秋类叙》、《论语类叙》、《小学类叙》、《正史类叙》、《编年类叙》、《实录类叙》、《杂史类叙》、《伪史类叙》、《职官类叙》、《仪注类叙》、《刑法类叙》、《地理类叙》、《氏族类叙》、《岁时类叙》、《传记类叙》、《儒家类叙》、《道家类叙》、《法家类叙》、《名家类叙》、《墨家类叙》、《纵横家类叙》、《杂家类叙》、《农家类叙》、《小说类叙》、《兵家类叙》。综观各叙，有以下特点：第一，文字概括、精要，但稍嫌简略。第二，依据传统说法，观点平稳，不杂个人新见。如《易类叙》："前史谓秦焚三代之书，《易》以卜筮而得不焚。及汉募群书，类多散逸，而《易》以故最完。及学者传之，遂分为三：一曰田何之《易》，始自子夏，传之孔子，《卦》、《象》、《爻》、《彖》与《文言》、《说卦》等离为十一篇，而说者自为章句，《易》之本经也。二曰焦赣之《易》，无所师授，自言得之隐者，第述阴阳灾异之言，不类圣人之经。三曰费直之《易》，亦无师授，专以《彖》、《象》、《文言》等参解《卦》、《爻》。凡以《彖》、《象》、《文言》杂入卦中者，自费氏始。田何之学，施孟、梁丘之徒最盛。费氏初微，止传民间，至后汉时，陈元、郑众、康成之徒皆学费氏，费氏兴，而田学遂息，古十二篇之《易》遂亡其本。及王弼为注，亦用《卦》、《象》相杂之经。自晋已后，弼学独行，遂传至今。然《易》比五经，其来最远，自伏羲画卦，下更三代，别为三《易》，其卦变五十有六，命名皆殊，至于七八九六筮占之法亦异。周之末世，夏、商之《易》已亡。汉初虽有《归藏》，已非古经，今书三篇，莫可究矣。独有《周易》，时更三圣，世历三古，虽说者各自名家，而圣人法天地之缊，则具存焉。"欧阳修关于《易传》的观点不见其中。第三，关于诸子，承袭司马谈《论六家要旨》的观点，颇有兼容并蓄、各取其长之意，并破刘向、刘歆、班固所谓诸子出于王官说。例如《道家类叙》："道家者流，本清虚，去健羡，泊然自守，故曰：我无为而民自化，我好静而民自正。虽圣人南面之术不可易也。至或不究其本,弃去仁义,而归之自然,以因循为用,则儒者病之。"

曾巩(1019—1083),字子固,建昌军南丰(今江西南丰)人,后人称为南丰先生。仁宗嘉祐二年(1057)进士,任太平州司法参军。召编校史馆书籍,历馆阁校勘、集贤校理,兼判官告院。又曾任英宗实录院检讨官,不逾月罢。出通判越州,历知齐、襄、洪、福、明、亳等州。神宗元丰三年(1080),留判三班院。迁史馆修撰、管勾编修院,兼判太常寺。元丰五年擢试中书舍人。

曾巩有政治才能,文学成就尤高,以散文见长,为唐宋八大家之一。曾巩一生任专职编校书籍多年,曾肇所撰《行状》说他"平生无所玩好,顾喜藏书,至二万卷,仕四方,常与之俱,手自雠对,至老不倦。又集古今篆刻,为《金石录》五百卷。公未尝著书,其所论述,皆因事而发。既没,集其稿为《元丰类稿》五十卷、《续元丰类稿》四十卷、《外集》十卷。"其《金石录》未就,仅制一序存《元丰类稿》中(见《四库全书·集古录提要》)。又集中保存了不少金石录跋尾。《续元丰类稿》和《外集》至南宋已散佚不传。现在只有《元丰类稿》传下来。此外宋刻本《曾南丰先生文粹》十卷传世。又有金刻本《南丰曾子固先生集》三十四卷,此书保存了不少《元丰类稿》集外诗文。中华书局1984 年出版的《曾巩集》(陈杏珍、晁继周点校),收集较全。

曾巩在思想上宗奉韩愈道学,而在学术上却仰慕刘向,王三槐《重刊南丰文集序》说:"先生自负要似刘向,不知韩愈为何如尔",可见他立志做一个校雠家。曾巩一生校书甚多,传下来的校书录就有:《新序目录序》、《说苑目录序》、《列女传目录序》、《战国策目录序》、《南齐书目录序》、《梁书目录序》、《陈书目录序》、《礼阁新仪目录序》、《唐令目录序》、《徐幹中论目录序》、《鲍溶诗集目录序》(见《南丰类稿》卷十一)。各书录之内容形式均仿刘向所撰书录,先叙校勘经过,次论思想内容。但因受当时学术风气的影响,叙实较略而泛论较多。

曾巩校书,非常审慎,必广集众本,然后从事,并且注意存疑俟考,避免武断。如《陈书目录序》说:"其书亦以罕传,则自秘府所藏,往往脱误,嘉祐六年(1061)八月,始诏校雠,使可镂版,行之天下。而臣等言梁、陈等书缺,独馆阁所藏,恐不足以定著,愿诏京师及州县藏书之家,使悉上之。先皇帝为下其事,至七年冬稍稍始集。臣等以相校,至八年七月,《陈书》三十六篇者始校定,可传之学者。其疑者亦不敢损益,特各疏于篇末。其书旧无目,列传名氏多阙谬,因别为目录一篇,使览者得详焉。"

曾巩校书，颇注意考察篇什完缺，辑补亡佚，删除复重，审订编次。如《徐幹中论目录序》说："臣始见馆阁及世所有徐幹《中论》二十篇。以谓尽于此。及观《贞观政要》，怪太宗称尝见《中论·复三年丧》篇，而今书此篇阙。因考之《魏志》，见文帝称幹著《中论》二十馀篇，于是知馆阁及世所有幹《中论》二十篇者，非全书也。"至于辑补亡佚，如《说苑目录序》："刘向所序《说苑》二十篇，《崇文总目》云：'今存者五篇，馀皆亡。'臣从士大夫间得之者十有三篇，与旧为十有八篇，正其脱谬，疑者阙之。"补完足、删复重、订编次，如《礼阁新仪目录序》："《礼阁新仪》三十篇，韦公肃撰，记开元以后至元和之变礼。史馆、秘阁及臣书皆三十篇，集贤院书二十篇，以参相校雠，史馆、秘阁及臣书多复重，其篇少者八，集贤院书独具。然臣书有目录一篇，以考其次序，盖此书本三十篇，则集贤院书虽具，然其篇次亦乱。既正其脱谬，因定著从目录，而《礼阁新仪》三十卷复完。"

曾巩校书，又留意考辨真伪，如《列女传目录序》说："刘向所叙《列女传》，凡八篇，事具《汉书》向列传。而《隋书》及《崇文总目》皆称向《列女传》十五篇，曹大家注。以《颂义》考之，盖大家所注，离其七篇为十四，与《颂义》凡十五篇，而益以陈婴母及东汉以来凡十六事，非向书本然也。盖向旧书之亡久矣。嘉祐中，集贤院校理苏颂始以《颂义》为篇次，复定其书为八篇，与十五篇者并藏于馆阁。而《隋书》以《颂义》为刘歆作，与向列传不合。今验《颂义》之文，盖向之自叙。又《艺文志》有向《列女传颂图》，明非歆作也。自唐之乱，古书之在者少矣，而《唐志》录《列女传》凡十六家，至大家注十五篇者，亦无录，然其书今在。则古书之或有录而亡，或无录而在者，亦众矣，非可惜哉！今校雠其八篇及其十五篇者已定，可缮写。"又《鲍溶诗集目录序》曾说明在整理《鲍溶诗集》时如何考辨与《鲍防集》的误混问题。

曾巩校书，有单独为之者，也有集体合作者，前者如《战国策目录序》末署"编校史馆臣曾巩序"，显为一人所校。又《新序》、《说苑》两序中皆自称"臣"，当亦一人为之。后者如《南齐书目录序》中称"臣等"，末具"臣询、臣宝臣、臣穆、臣藻、臣洙、臣觉、臣巩谨叙目录，昧死上"（据《南齐书》所附《目录序》，下《梁书》、《陈书》同此），当为巩与众人同校，并总领其事。《梁书》、《陈书》两序皆称"臣等"，并且末具"臣巩等谨叙目录，昧死上"，当亦如此。

以上为曾巩居官校理群书的情况。至于私自校理之书当亦不少，据《李白诗集后序》可以推知，如说："《李白诗集》二十卷，旧七百七十六篇。今千有一篇、杂著六十篇者，知制诰常山宋敏求字次道之所广也。次道既已类广白诗，自为序，而未考次其作之先后。余得其书，乃考其先后而次第之。"

经过唐末、五代的战乱，宋初图书散佚、错乱的情况非常严重，曾巩校书的成果表明，他不仅仰慕刘向，也的确做出了实际贡献，其有功于文献典籍的整理、流传，是值得充分肯定的。

第三节 王安石

王安石（1021—1086），字介甫，号半山，因元丰中曾封荆国公，世称荆公，抚州临川（今江西抚州西）人。仁宗庆历二年（1042）进士。从庆历三年至嘉祐五年（1060），主要做地方官，先后签判扬州，知鄞县，通判舒州，知常州，提点江东刑狱。其间三次还朝任大理评事、殿中丞、群牧判官等官，总共为时不过五年。其任职州县时，颇多兴利除弊，进行改革。嘉祐五年，从提点江东刑狱召还，上仁宗皇帝言事书，根据多年做地方官的经验，提出了政治改革主张。被任命为三司度支判官，后改知制诰。嘉祐八年（1063）居母丧归江宁。英宗一朝，一直在江宁聚徒讲学。治平四年（1067）正月，英宗死，神宗即位。九月，王安石从知江宁府被召为翰林学士。神宗熙宁元年（1068）四月至京师。熙宁二年参知政事，积极变法，推行新政，直至熙宁九年（1076）十月罢相。其间熙宁七年（1074）四月至八年一月，出知江宁府，有十个月不在相位。王安石是北宋著名的政治家，文学成就也很高，为"唐宋八大家"之一。他的学术活动以讲学和整理研究古文献为主，并且与其政治改革活动密切相关。

为了培养变法、改革的人才，为了为新法提供理论根据，王安石极力改革学校、科举制度，并整理有关经典，以便统一思想，提供教材。

宋建国以来，继承隋、唐所行的科举制度，经学着重考试对经文传注的记诵，诗赋着重考试词章水平的高低。王安石深感这样选拔的人才不切实用，主张改革学校制度，加强培养人才，"苟不可以为天下国家之用则不教也"（《上仁宗皇帝言事书》，《临川先生文集》卷三九，以下简称《文集》）。于是神宗熙宁四年（1071），罢诗赋及明经诸科，以经义论策试进士。同时立太学内外上舍法，即将国子监的太学生分为外舍生、内舍生、上舍生三等，通过检验、考试依次升等。上舍生又分上、中、下三等，考至上舍上等，可直接授官；考至上舍中等，可以直接参加科举殿试；考至上舍下等，可以直接参加科举的省试。这就是与科举考试并行的三舍法取士。以经义论策试进士和三舍法取士，都需要新的经义读本与之适应。而这种新的读本又必须具备结合政事，重视义理，以经术"详平政体，缘饰治道，以古参今"的特点。王安石重撰经义正是服从于这样的需要。

王安石重撰经义，出于统一思想并为政治改革提供理论根据的目的，也十分明显。他在《答王深甫书二》中说："念古者一道德以同天下之俗。士之有为于世也，人无异论。今家异道，人殊德，又以爱憎喜怒变事实而传之。"（《文集》卷七二）于是便在其旧有经说的基础上进行新经义的修撰。

熙宁六年（1073）三月，朝廷命王安石提举经义局，吕惠卿兼修撰，王雱兼同修撰。七年四月，王安石罢相，知江宁府，仍提举经义局，王雱亦随至江宁，修撰经义。八年二月，王安石复相。六月，《诗义》、《书义》、《周礼义》修成奏上，以副本送国子监镂版颁行。王安石又上所著三书序，诏付国子监，分别置三经义之首刊行。当时印行神速，一个月之后，新修三经义就颁赐宗室、太学和诸州府学。以后又不断有所修改。

王安石的新学，主要指他的三经义和《字说》。王安石变法失败，新学遭禁，至南宋初三经义及《字说》罢废于官学，流传受到影响，约于明代后期亡佚。《周礼义》因录入《永乐大典》，今传完整辑本。其他三书见引于他书，今有辑佚之作。

三经义既然为现实的政治、思想需要而作，所以具有以下共同特点：第一，古为今用，托古议政改制。第二，为我所用，借题发挥新的思想。因此在义理上类多穿凿附会。这在政治、思想上虽有进步意义，但在文献学上却不是积极的成果。第三，重义理，轻训诂，摆脱烦琐注疏的束缚。但毕竟是训释之作，又不能完全脱离本文，所以有些训释成果还是可取的。兹分别略述如后。

《周礼义》，据《自序》，本二十二卷，凡十馀万言。《四库全书》所收《周官新义》十六卷，附《考工记解》二卷，为据《永乐大典》辑本。三经义皆本王安石经说，而只有《周礼新义》为王安石手著，《自序》称"臣某实董《周官》"。三经义中只有《周礼义》与新法关系最为直接。《周礼义序》指明他作《周礼义》包括两方面的内容，一是"训而发之"，即训释其义；一是"立政造事，追而复之"，即现实应用。而他所用的方法又是"以所观乎今，考所学乎古"，即立足现实，观今以考古。这种直接的古为今用的主旨和简单的以今求古的方法，势必难免借题发挥，牵强附会。故《郡斋读书志》说："介甫以其书理财居半，爱之。如行青苗之类皆稽焉。所以自释其义者，盖以其所创新法尽傅著经义，务塞异议者之口。"《直斋书录解题》说："新法误国，于此可推其原矣。"也是指新法死搬硬套《周礼》。他们虽然指出《周礼义》附会之弊，但评价还不够全面，以《四库提要》的分析较为妥当，即一方面也指出："附会经义以钳儒者之口,实非真信《周礼》为可行。"另一方面也指出:"今观此书惟训诂多用《字说》,病其牵合,其馀依经诠义,如所解八则之治都鄙、八统之驭万民、九两之系邦国者,皆具有发明,无所谓舞文害道之处,故王昭禹、林之奇、王与之、陈友仁等注《周礼》,颇据其说,钦定《周官义疏》亦不废采用,又安可尽以人废耶?"这里把"依经诠义"与"假借"、"影附"区别开来,肯定其有功于《周礼》的训释,颇为中肯。而对其变法的评价则带有偏见。实际上其"假借"、"影附"方面,虽不是古文献学的科学成果,但在思想史上是有进步意义的。

兹据《粤雅堂丛书》本《周官新义》略举二例,以见一斑:

天官一

惟王建国,辨方正位,体国经野,设官分职,以为民极。

> 昼参诸日景,夜考诸极星,以正朝夕,于是求地中以建王国,此之谓辨方。既辨方矣,立宗庙于左,立社稷于右,立朝于前,立市于后,此之谓正位。宫门城阙堂室之类,高下广狭之制,凡在国者莫不有体,此之谓体国。井牧沟洫田莱之类,远近多寡之数,凡在野者莫不有经,此之谓经野。官言所使之人,职言所掌之事。设官则官府之六属是也,分职则官府之六职是也。设官分职,内以治国,外以治野。建置在上,如屋之极,使民如是,取中而庇焉,故曰以为民极,极之字从木从亟,木之亟者,屋亟是也。

此为依经诠义之例,既释词义,又释句意,并且间或分析文字以为形训。而分析文字类多穿凿,如分析"極"字就是如此。又如:

地官一"大司徒之职"

辨十有二壤之物,而知其种,以教稼穑树艺,以土均之法辨五物九等,制天下之地。征以作民,职以令地,贡以敛财,赋以均齐天下之政。

> 民职地,贡财赋,则有政矣。然远近多寡之不均,先后缓急之不齐,非政之善,于是乎以均齐天下之政。

此为评述之例,为其变法张本。

《诗义》二十卷,已佚,见引于吕祖谦《吕氏家塾读诗记》,李樗、黄櫄《毛诗集解》(李樗《毛诗详解》、黄櫄《诗解》合刊,《通志堂经解》本),朱熹《诗集传》,严粲《诗缉》,段昌武《毛诗集解》,杨简《慈湖诗传》,刘瑾《诗传通释》,胡广《诗传大全》,钱饮光《田间诗学》等书。邱汉生辑有《诗义钩沉》,中华书局1982年9月出版。

《诗义》的撰著以王雱为主,王安石等亦参与其事。《诗义序》说:"上既使臣雱训其辞,又命臣等训其义,书成以赐太学,布之天下,又使臣某为之序。"所谓"训其辞",指解释文辞,由王雱完成。所谓"训其义",指解释义理,由王安石等完成,其中包括吕惠卿。后又经过修改,《论改诗义劄子》所言始末颇详(见《文集》卷四三)。

《诗义》对《诗经》的整理研究有以下特点:

第一,承袭儒家诗教之宗旨,把《诗经》作为"一道德以同天下之俗"的工具。《诗义序》说:"《诗》上通乎道德,下止乎礼义。放其言之文,君子以兴焉;循其道之序,圣人以成焉。"(《文集》卷八四)王安石认为《诗序》正反映了《诗经》教化之本旨,说:"序《诗》者不知何人,然非达先王之法言者,不能为也。故其言约而明,肆而深,要当精思而熟读之尔,不当疑其有失也。"(《答韩求仁书》,《文集》卷七二)因此《诗义》对诗旨的解释一本《诗序》。例如:《采蘋序》:"《采蘋》,大夫妻能循法度也。能循法度,则可以承先祖共祭祀矣。"《诗传通释》引王介甫曰:"自所荐之物,所采之处,所用之器,所奠之地,皆有常而不敢变,所谓'能守法度'。"(按,此虽依序,但解释与郑笺不同,郑氏曰:"此言能循法度者,今既嫁为大夫妻,能循其为女之时所学所观之事以为法度。")《九罭序》:"《九罭》,美周公也。周大夫刺朝廷之不知也。"李、黄《毛诗集解》(李):"王氏以谓:周公之道,可谓'在彼无恶,在此无斁'矣。然而朝廷不知,此大夫所以刺也。"也有依《诗序》而略作修正者,例如《野有死麇序》:"《野有死麇》,恶无礼也。天下大乱,强暴相陵,遂成淫风。将文王之化,虽当乱世,犹恶无礼也。"李、黄《毛诗集解》(李):"王氏遂以为:昏礼,贽不用'死'。今用'死',则非礼之正也。然犹不为无礼。"《吕氏家塾读诗记》:"王氏曰:'野有死麇,白茅包之'者,礼之薄也,而犹愈于无礼。"有的虽未直接释序,但通篇之解紧扣序意,类多穿凿。此例甚多,不一一列举。

第二,借解《诗》议政,推行变法。王安石变法的目的是富国强兵,改变当时宋王朝积贫积弱的局面。为此在经济上主张抑止兼并,不违农时,尽地利、人力发展农业生产,增加税源,加强政府的财政力量;在政治上主张调和阶级矛盾,支持新党,黜去旧党,解决统治阶级内部的矛盾,协调君民、君臣和臣僚关系;在军事上主张改革兵制,加强实力,调动民众,抵御外侮。这些思想在《诗义》中多有阐发。例如:

关于经济思想,如释《七月序》云:"仰观星日霜露之变,俯察昆虫草木之化,以知天时,以授民事。女服事乎内,男服事乎外。上以诚爱下,下以忠利上。父父子子,夫夫妇妇。养老而慈幼,食力而助弱。其祭祀也时,其燕飨也节。此《七月》之义也。"(《吕氏家塾读诗记》引)释"九月筑场圃,十月纳禾稼。禾黍重穋,禾麻菽麦。嗟我农夫,我稼既同,上入执宫功。昼尔于茅,宵尔索绹。亟其乘屋,其始播百谷"云:"筑场圃者,以无圹土,故筑场于圃地。此之谓地无遗利。方其为圃,则种果蓏之属,及其纳禾稼,然后为场焉,岂非地无遗利乎?"又谓:"冬,可以休矣,而乘屋。其乘屋也又亟,此之谓人无遗力。稼穑既同,则上入执宫功之事,而又昼则于茅,夜则索绹,以亟其乘屋,非人无遗力乎?《前汉志》曰:'冬事既入,妇人纺绩,女子所得日四十五。夫所谓得日四十五者,盖一月有三十日,民皆夜半勤于绩纺,则一月之中,又添得十五日,故曰所得日四十五。惟其男子宵则索绹,女子夜则纺绩,岂非人之无遗力乎?"(李、黄《毛诗集解》李引)

关于政治思想,如释《绵》"乃召司空,乃召司徒,俾立室家。其绳则直,缩版以载,作庙翼翼"云:"乃者,继事之词,言毕民事而始及之也。国以民为本,民居既奠之后,方事营建,先王之重民如此。"(《田间诗学》引)释《蓼莪》"缾之罄矣,维罍之耻"云:"以缾喻民,罍喻王。缾罄则为罍之耻,民罄则为王之耻。"(李、黄《毛诗集解》引)以上主张重民。至于君臣关系,主张以义为准则,用贤人,黜小人。如释《采菽》"乐只君子,天子葵之"云:"君子所乐,乐王能以义揆之也。君子事王以义而已。若王无义以揆之,则诞或见信,忠或见疑,以是为非,以非为是,则君子有忧而无乐矣。"(《吕氏家塾读诗记》引)释《晨风》"鴥彼晨风,郁彼北林"云:"北林之有晨风,如人君之能黜除小人。"(李、黄《毛诗集解》李引)

关于富国强兵,抵御外侮的军事思想,反映在不少有关诗篇的训释中,如《采薇》、《出车》、《杕杜》、《车攻》、《六月》、《采芑》、《桓》、《殷武》等诗。王氏还借解《诗》阐述自己寓兵于民的主张,如释《出车》"我出我车,于彼牧矣"云:"古者兵隐于民,而马则牧于野。兵车之出,则以车而就牧地也。"(《吕氏家塾读诗记》引)这是针对北宋的雇佣兵和官牧马制度而发的,是他推行保甲法、保马法的依据。

第三,《诗》、《礼》相解。

王安石有一个见解,即《答吴孝宗书》所说:"乃如某之学,则惟《诗》《礼》足以相解,以其理同故也。"(《文集》卷七四)这一见解在《诗义》中得以贯彻,成为王氏解《诗》的一种重要方法。这一方法有其科学性的一面,因为《诗经》与《礼》所产生的时代相同,《诗经》中有不少内容反映了当时的礼仪制度,因此用《礼》中的制度、名物来解《诗经》,往往破的。例如《吕氏家塾读诗记》引王氏释《七月》"载玄载黄,我朱孔阳,为公子裳"云:"《周官·染人》:秋染夏,夏五色也。盖于其时也,五色皆可以染,故'载玄载黄,我朱孔阳,为公子裳'也。"据《周礼》作解,甚为恰当。但也有拘守《诗序》,附会礼义,穿凿作解的一面。如《诗义序》说:"《诗》,上通乎道德,下止乎礼义。"《国风解》说:"昔者圣人之于《诗》,既取其合于礼义之言以为经;又以序天子诸侯之善恶,而垂万世之法。"(中华书局版《临川先生文集·临川集补遗》)这完全是因袭孔子"思无邪"(《论语·为政》)之说,与《诗序》所言如出一辙。

第四,释义方面的继承、穿凿与修正。

《诗义》中虽有不少新解,但作者并不一概摒弃汉唐注疏。陆游《老学庵笔记》卷一说:"先左丞(陆佃)言,荆公有《诗正义》(孔颖达等《毛诗正义》)一部,朝夕不离手,字大半不可辨。世谓荆公忽先儒之言,盖不然也。"实际上《诗义》中有不少承袭毛、郑、孔颖达等人说法之处,只是未一一标明罢了。其新解不无可取者,但类多穿凿,两种情况前面所举之例已经涉及。值得指出的是,王安石对穿凿之解并不固执,发现不妥,即予改正。楼钥《答杨敬仲论诗解》记有这样一件事:"止以《诗传释文》为据,如'八月剥枣',剥,音普卜反。荆公以为养老剥枣之皮而进之,后行田野间,群儿相呼扑枣,方知《释文》之有自来。"(《攻媿集》卷六七,又见《容斋续笔》卷十五),于是王安石《乞改三经义误字劄子二》云:"尚有《七月》诗'剥枣者,剥其皮而进之,养老故也'十三字,谓亦合删去。"(《文集》卷四三)又如《车攻》"驾彼四牡,四牡奕奕",奕奕为叠词,形容美盛,与"奕"义无关。王氏本来就奕字望文生义,后觉不妥,欲删。《乞改三经义误字劄子》云:"《车攻》:'言其连络布散,众多若弈棋然。'以上十二字,今欲删去。"(同上)

《书义》,十三卷。《郡斋读书志》说:"王雱董是经。"《直斋书录解题》说:"雱主是经。"虽由王雱撰定,但亦实本王安石经说。据王安石《书义序》所言,先有经说,后作《书义》,并且体现了王安石的观点。《书义》已佚,黄伦《尚书精义》引有若干条。《郡斋读书志》著录王令《论语》,谓王令"解《尧曰篇》云:'四海不困穷,则天禄不永终矣。'王安石《书新义》取之。"由此可见《书义》为变法张本之迹。朱熹亦曾指出王安石《书义》有牵强附会之处:"《易》是荆公旧作,却自好。三经义是后来作底,却不好,如《书》说'聪明文思',便要牵就五事(《洪范》五行)上说,此类不同。"(《朱子语类》卷七八)但又肯定王安石有审慎阙疑之处:"荆公不解《洛诰》,但云其间煞有不可强通处,今姑择其可晓者释之。今人多说荆公穿凿,他却有如此处。若后来人解书,又却需要解尽。"(同上)

《字说》,已佚,散见于各书,胡双宝有《王安石〈字说〉辑佚》,载《古籍整理与研究》第三辑。王安石撰写《字说》，旨在统一文字，以适应统一教育、统一思想的需要。如《熙宁字说序》说："先王以为不可忽（按，指文字），而患天下后世失其法，故三岁一同，同之者，一道德也。"（《文集》卷八四）《字说》有本于许慎《说文解字》，而又颇多新解，同时与所撰经义相附翼。《字说》仿《说文》，字头用小篆，据王黼《博古图录》卷一商仲鼎条"王安石《字说》秉作素，从又从禾"可知。而其字则按韵部排列，据袁文《瓮牖闲评》"《字说》于'種'字韵入'穜'字"语可知。又杨时《王氏字说辨》"空、倥、侗、同、童"等次第可证。

王安石《字说》对汉字形音义的关系有比较科学的见解，《字说序》说："其声之抑扬、开塞、合散、出入，其形之衡从、曲直、邪正、上下、内外、左右皆有义，皆本于自然，非人私智所能为也。"这里是说形与义、音与义皆有自然的联系，反映了汉字作为记录语言的符号既表意又表音的客观性质。但分析字形，类多穿凿。其失之一，在于滥用当时通行的左类右义的"右文说"，把许多形声字妄释为会意字。例如解"波"为"水之皮"，杨慎《丹铅总录》卷十五，"荆公字说"："王荆公好解字说而不本《说文》，妄自杜撰。……又自言'波'者'水之皮'，坡公笑曰：'然则，滑是水之骨也。'"此类妄说《字说》中颇多。其失之二是妄解象形字或会意字。例如释"中"："中通上下，得中则制命焉。"（《王氏字说辨》）释"天"、"示"："一而大者，天也。二而小者，示也。又曰：天得一而大，地得一而小。"（同上）释"夫"："夫之字与天皆从一，从大。夫者，妻之天故也。天，大而无上，故一在大上。夫虽一而大，然不如天之无上，故一不得在大上。"（《周官新义》卷一）《字说》在释义上不无可取成果，并非一概穿凿立说。这些成果有的属于成说，有的属于新解。

三经义和《字说》构成王安石新学的主要内容。哲宗即位，王安石罢相，司马光任相，更除王安石新政，三经义和《字说》也受到禁绝。但诸书长期以来一直通行。直至宋钦宗靖康元年（1126）五月，祭酒杨时上疏，要求禁用王氏新学，还受到诸生的反对（见《宋史·选举志》三）。杨时著有《王氏字说辨》及《三经义辨》，力诋王氏之学。南宋初，《三经新义》及《字说》罢废于官学，流传受到影响，约亡于明代后期。

王安石其他经书注释之作尚有：

《易义》，二十卷，宋哲宗绍圣后，行于场屋，今佚。《文集》卷六三有《易泛论》、《卦名解》、《河图洛书义》诸文，从中可见王氏《易》说。

《洪范传》一卷，今存《文集》中。王安石以伏生、董仲舒、刘向借解《洪范》宣扬阴阳灾异为妄，专著此传。他反对天人感应的迷信之说，以为自然界有变异不足畏。

《论语解》十卷,宋哲宗绍圣后,行于场屋,今佚。

《孟子解》十四卷,宋徽宗崇宁、大观间,为举子所重,今佚。

除经注外,尚有《老子注》二卷,已佚,见引于李霖《道德真经取善集》、彭耜《道德真经集注》、刘惟永《道德真经集义》等书。容肇祖有《王安石老子注辑本》(中华书局1979年出版)。《老子》中有丰富的辩证思想,王安石充分予以注明,并加以阐发,如《道经》:"天下皆知美之为美,斯恶矣。皆知善之为善,斯不善矣。"《道德真经集义》卷五、页十七引王注:"夫美者,恶之对,善者,不善之反,此物理之常。惟圣人乃无对于万物,自非圣人之所为,皆有对矣。"这里认为事物存在着对立统一的关系,符合客观实际。但认为圣人特殊,"无对于万物",则是局限。由此可见,王安石对《老子》辩证法思想的解释是符合其本义的。对《老子》的唯心主义思想,或加以改造,作唯物主义的解释;或公开用唯物主义思想加以批判。例如老子以为道为虚无,而王安石则认为道为物质的气,其释"道冲而用之,或不用"云:"道有体有用。体者,元气之不动。用者,冲气运行于天地之间。其冲气至虚而一,在天则为天五,在地则为地六。盖冲气为元气之所生,既至虚而一,则或如不盈。"(《道德真经集注》卷二、《道德真经集义》卷九)王安石认为道虽无形,但绝非虚无。又王安石对"无名天地之始,有名万物之母",作了新的断句、解释:"无,所以名天地之始;有,所以名其终,故曰万物之母。"这里不把"无名"、"有名"与上文"名可名,非常名"联系理解,而与下文"故常无,欲以观其妙;常有,欲以观其徼"联系理解,此新义可备一说。

此外王安石有《临川先生文集》一百卷,今存。《钟山目录》二十卷(一说十八卷),今佚。

王安石解释古书,为我所用,追求"妙道至言",实开宋学义理之先。如《除左仆射谢表》谓经书"逮更煨烬之灾,遂失源流之正,章句之文胜质,传注之博溺心。此淫辞诐行之所由昌,而妙道至言之所为隐。"(《文集》卷五七)《书洪范传后》说得更为明确:"王某曰:古之学者虽问以口,而其传以心,虽听以耳,而其受以意,故为师者不烦,而学者有得也。……孔子没,道日以衰熄浸淫。至于汉而传注之家作,为师则有讲而无应,为弟子则有读而无问。非不欲问也,以经之意为尽于此矣,吾可无问而得也。岂特无问,又将无思。非不欲思也,以经之意为尽于此矣,吾可以无思而得也。夫如此使其传注者皆已善矣,固足以善学者之口耳,不足善其心,况其有不善乎? 宜其历年以千数,而圣人之经卒于不明,而学者莫能资其言以施于世也。予悲夫《洪范》

者,武王之所以虚心而问,与箕子之所以悉意而言,为传注者汨之,以至于今冥冥也,于是为作传以通其意。呜呼!学者不知古之所以教,而蔽于传注之学也久矣。"(《文集》卷七一)这里标榜义理,否定章句、传注,旗帜鲜明。当然王安石并不排斥对传注具体成果的继承。另外,王安石追求义理,亦非全凭胸臆,师心自用,而是主张广泛参考百家杂说,包括佛经在内。《答曾子固书》说:"然世之不见全经久矣,读经而已,则不足以知经,故某自百家诸子之书,至于《难经》、《素问》、《本草》、诸小说无所不读,农夫女工无所不问,然后于经为能知其大体而无疑……彼致其知而后读,以有所去取,故异学不能乱也。惟其不能乱,故能有所云取者,所以明吾道而已……方今乱俗不在于佛,乃在于学士大夫沉没利欲,以言相尚,不知自治而已。"(《文集》卷七三)由此可见,王安石的义理之学,不仅表现为"《诗》、《礼》足以相解,以其理同故也"(《答吴孝宗书》,《文集》卷七四),还表现为"读经而已,不足以知经",儒家经书与诸子百家乃至佛道足以相解,以其理同,故可以互相印证。王安石推崇法家,《商鞅》诗是明证。又受佛老影响,苏轼《六一居士集序》说:"欧阳子没十有馀年,士始为新学,以佛老之似,乱周孔之实。"《宋元学案·荆公新学略》说:"且荆公欲明圣学而杂于禅。"至于王安石所说的理,在实用(所谓"利欲")之中,不在空言之中。这又是王安石义理之学与理学家义理之学的不同之处。

王安石的新学,以及与之密切相关的古文献学,在当时的势力和影响是很大的。(《经进东坡文集事略》卷五六)《宋元学案·荆公新学略》中,所列学者辈出,如王安石之子王雱、蔡卞、陆佃、陈祥道、耿南仲、郑宗颜、许允成、刘仲平、王昭禹、唐相、林之奇、方慤、马晞孟等。

王安石的新学,在历史上起过进步作用,但也产生过流弊。从古文献学角度考察,虽不无积极成果可取,但毕竟以"穿凿破碎"(宋陈公辅语,见《日知录》卷十六"经义论策"条)为主要特征,故无论在当世还是后世,不断遭到辩驳。至清代考据学者,竟有经学一坏于王夷甫,再坏于王介甫之说。

第四节　郑樵

郑樵(1104—1162,其生年据顾颉刚《郑樵传》,载《北京大学季刊》卷一第二期。此说已为南湖郑氏族谱证实),字渔仲,兴化军莆田(今福建莆田)人。居夹漈山(在莆田西北西岩)中,因号夹漈,又自称西溪逸民。平生好著书,不为文章,自负不下刘向、扬雄。居夹漈山,谢绝人事,专心著述。并游名山大川,搜奇访古,遇藏书家必借留,读尽乃去。初为经旨、礼乐、文字、天文、地理、虫鱼、草木、方书之学,皆有论辨。宋高宗绍兴十九年(1149)缮写所著书十八种上于皇帝,诏藏秘府。归后,益励所学,从学者二百馀人。绍兴二十七年(1157),因侍讲王纶、贺允中荐,得召对,因言班固以来历代为史之非。宋高宗颇赏识其才学,授右迪功郎、礼兵部架阁。因御史叶义问劾之,改监潭州南岳庙,给札归抄所著《通志》。书成,入为枢密院编修官,不久又兼摄检详诸房文字。绍兴三十二年(1162),高宗到建康,命以《通志》进,适巧郑樵病卒。传见《宋史·儒林传六》。

　　《宋史》本传称"樵好为考证伦类之学,成书虽多,大抵博学而寡要"。在当时崇义理而疏考证的学风之下,郑樵以博洽卓立于世,是宋代考据学的代表人物。他在绍兴十九年(1149)所写《献皇帝书》中谈了自己治学、著述的概况,说:"十年为经旨之学,以其所得者,作《书考》,作《书辨讹》,作《诗传》,作《诗辨妄》,作《春秋传》,作《春秋考》,作《诸经序》,作《〈刊谬正俗〉跋》。三年为礼乐之学,以其所得者,作《谥法》,作《运祀仪》,作《乡饮礼》,作《乡饮驳议》,作《系声乐府》。三年为文字之学,以其所得者,作《象类书》,作《字始连环》,作《续汗简》,作《石鼓文考》,作《梵书编》,作《分音之类》(当为《分音类韵》,见《上宰相书》)。五六年为天文地理之学,为虫鱼草木之学:以天文地理之所得者,作《春秋地名》,作《百川源委图》,作《春秋列传图》,作《分野记》,作《大象略》;以虫鱼草木之所得者,作《尔雅注》,作《诗名物志》,作《本草成书》,作《草木外类》;以方书之所得者,作《鹤顶方》,作《食鉴》,作《采治录》,作《畏恶录》。八九年为讨论之学,为图谱之学,为亡书之学:以讨论之所得者,作《群书会纪》,作《校雠备论》,作《书目正讹》;以图谱之所得者,作《图书志》,作《图书谱有无记》,作《氏族源》;以亡书之所得者,作《求书阙记》,作《求书外记》,作《集古系时录》,作《集古系地录》。此幸皆已成之书也。其未成之书,在礼乐则有《器服图》,在文字则有字书,有音读之书,在天文则有《天文志》,在地理则有《郡县迁革志》,在虫鱼草木则有《动植志》,在图谱则有《氏族志》,在亡书则有《亡书备载》,二三年间,可以就绪。……谨缮写十八韵,百四十卷,恭诣检院投进。"(《夹漈遗稿》卷二)这些著作除《尔雅注》单独传下来以外,其他均亡。其中有关文字、音韵、名物、典制、天文、地理、典籍、图谱的内容,已编为《通志》二十略。关于所献诸书与《通志》的关系,其写于绍兴二十一年(1151)的《上帝相书》,所言甚明(见《夹漈遗稿》卷三),由《通志》即可见郑樵佚亡诸书之梗概。郑樵著述传世者,除《尔雅注》、《通志》外,还有《夹漈遗稿》,为诗文集。又有《六经奥论》,始刻于明,题郑樵著。《千顷堂书目》辨其非，题车似庆著。顾颉刚辑《诗辨妄》附录三《六经奥论选录》前记云："故予假定：郑氏作《诸经序》，及身未刻，身后为习举子业者所利用，窜易增删为《六经雅言图辨》，以其原本郑氏，故题'莆阳二郑先生'；又经车似庆之改编，遂为《六经奥论》。郑氏之名虽未消失，而牴牾亦寖寖多矣。"

郑樵是宋代著名的考据家，他在古文献学上的成就主要有以下几方面：

（一）考据、编纂成果宏富

《宋史》本传称"樵好为考证伦类之学"，抓住了郑樵学术的特点。"考证"即考据，"伦类"即编纂。《通志·总序》说："然大著作者，必深于博雅，而尽见天下之书，然后无遗憾"，"凡著书者，虽采前人之书，必自成一家言"。也说明了编纂与考据的结合。

针对理学家的空疏、臆断及注疏家的妄解，郑樵非常强调广徵博考，以求其实。他在《寄方礼部书》中说："凡书所言者，人情事理，可即己意而求，董遇所谓读书百遍理自见也。乃若天文、地理、车舆、器服、草木、虫鱼、鸟兽之名，不学问，虽读千回万复，亦无由识也。奈何后之浅鲜（当作笺解）家，只务说人情物理，至于学之所不识者，反没其真。遇天文，则曰此星名；遇地理，则曰此地名，此山名，此水名；遇草木，则曰此草名，此木名；遇虫鱼，则曰此虫名，此鱼名；遇鸟兽，则曰此鸟名，此兽名。更不言是何状星、何地、何山、何水、何草、何木、何虫、何鱼、何兽也。纵有言者，亦不过引《尔雅》以为据耳，其实未曾识也。然《尔雅》之作者，盖本当时之语耳，古以为此名，当其时又名此也。自《尔雅》之后以至于今所名者，又与《尔雅》不同矣。……自古笺解家，惟杜预一人为实当者，以其明于天文地理耳。惜乎不备者，以其不识名物也。"（《夹漈遗稿》卷二）又如《通志·昆虫草木略序》说："学者操穷理尽性之说，以虚无为宗，实学置而不问。"这显然是针对宋代理学家而说的。值得注意的是，在考据求实方面，郑樵不仅不满宋儒，也不满汉儒，如说："夫《诗》之本在声，而声之本在兴，鸟兽草木乃发兴之本。汉儒之言《诗》者，既不论声，又不知兴，故鸟兽草木之学废矣。"（同上）他认为考据不能限于书本，还要注意与实际印证，以求名实相副，说："惟《尔雅》一种，为名物之宗。然孙炎、郭璞所得既希，张揖、孙宪所记徒广。大抵儒生家多不识田野之物，农圃人又不识《诗》、《书》之旨，二者无由参合，遂使鸟兽草木之学不传。惟《本草》一家，人命所系，凡学之者，务在识真，不比他书，只求说也。神农本经有三百六十，以应周天之数。陶弘景，隐者也，得此一家之学，故益以三百六十，以应周天之数而两之。臣少好读书，无涉世意，又好泉石，有慕弘景心，结茅夹漈山中，与田夫野老往来，与夜鹤晓猿杂处，不问飞潜动植，皆欲究其情性。于是取陶隐居之书，复益以三百六十，以应周天之数而三之。已得鸟兽草木之真，然后传《诗》；已得诗人之兴，然后释《尔雅》。今作《昆虫草木略》为之会同。庶几衰晚少备遗忘，岂敢论实学也？夫物之难明者，为其名之难明也；名之难明者，谓五方之名既已不同，而古今之言亦自差别，是以此书尤详其名也。"（《昆虫草木略序》）他认为汉儒之失，往往因为拘泥书本，如论《郑笺》说："郑所以不如毛者，以其书生家，太泥于三礼刑名度数。"（周孚《蠹斋铅刀编》卷三一《非诗辨妄》引）

综观郑樵著述，考据、编纂成果极富，今传《通志》可视为集中的代表。《通志》共 200 卷，计本纪 18 卷，世家 3 卷，列传 108 卷，载记 8 卷，四夷传 7 卷，世谱、年谱 4 卷，二十略 52 卷。各部分的内容，承袭及独创的程度各不相同。《总序》说："臣之二十略，皆臣自有所得，不用旧史之文。纪传者，编年纪事之实迹，自有成规，不为智而增，不为愚而减，故于纪传，即其旧文，从而损益。"

《通志》二十略包括《氏族略》、《六书略》、《七音略》、《天文略》、《地理略》、《都邑略》、《礼略》、《谥略》、《器服略》、《乐略》、《职官略》、《选举略》、《刑法略》、《食货略》、《艺文略》、《校雠略》、《图谱略》、《金石略》、《灾祥略》、《昆虫草木略》，确为《通志》中郑樵用功最深、创造性最大的部分，考据成果多集中于此。他自己对此颇为自负，《总序》说："江淹有言：修史之难无出于志。……臣今总天下之大学术，而条其纲目，名之曰'略'，（按，《氏族略序》说：'志者，古史之名，今改曰略。略者，举其大纲。'）凡二十略。百代之宪章，学者之能事，尽于此矣。其五略，汉唐诸儒所得而闻；其十五略，汉唐诸儒所不得而闻也。……凡十五略，出臣胸臆，不涉汉唐诸儒议论。《礼略》所以叙五礼，《职官略》所以秩百官，《选举略》言抡材之方，《刑法略》言用刑之术，《食货略》言财货之源流，凡兹五略，虽本前人之典，亦非诸史之文。"此话肯定二十略之价值，不为无理，但有些言过其实。马端临《文献通考》卷二〇一《经籍考》二十八"郑夹漈《通志略》"曾有批评之语："若《礼》及《职官》、《选举》、《刑罚》、《食货》五者，古今经制甚繁，沿革不一。故杜岐公《通典》，五者居十之八，然杜公生贞元间，故其所记述止于唐天宝。今《通志》既自为一书，则天宝而后，宋中兴以前，皆当陆续铨次，如班固《汉志》续《史记》武帝以后可也。今《通志》此五略，天宝以前则尽写《通典》全文，略无增损，天宝以后，则竟不复陆续。又以《通典》细注称为己意附其旁，而亦无所发明。疏略如此，乃自谓虽本前人之典，而亦非诸史之文，不亦诬乎？"此话颇中《通志》

之失。《四库提要》卷五十亦对《通志》一书指瑕探源，颇中肯綮，而又承认其采摭、议论之成绩，并且认为瑕不掩瑜，评价堪称公允。但是以马端临及四库馆臣为代表的这一派意见，并未真正看到《通志》的本质特点，因此对郑樵的创造性估计不足。《通志》的本质特点及真正意义，首先为章学诚所认识，他在《文史通义·释通》中说："总古今之学术，而纪传一规乎史迁，郑樵《通志》作焉。（自注：《通志》精要，在乎义例。盖一家之言，诸子之学识，而寓于诸史之规矩，原不以考据见长也。后人议其疏陋，非也。）……郑樵著《略》，虽变史志章程，自成家法；但《六书》、《七音》，原非沿革，《昆虫草木》，何尝必欲易代相仍乎？惟通前后而勒成一家，则例由义起，自就隐括。……若郑氏《通志》，卓识名理，独见别裁，古人不能任其先声，后代不能出其规范；虽事实无殊旧录，而辨正名物、诸子之意，寓于史裁，终为不朽之业矣。"在《申郑》中又说："郑樵生千载而后，慨然有见于古人著述之源，而知作者之旨，不徒以词采为文，考据为学也。于是遂欲匡正史迁，益以博雅，贬损班固，讥其因袭，而独取三千年来遗文故册，运以别识心裁，盖承通史家风，而自为经纬，成一家言者也。学者少见多怪，不究其发凡起例，绝识旷论，所以斟酌群言，为史要删；而徒摘其援据之疏略、剪裁之未定者，纷纷攻击，势若不共戴天。古人复起，奚足当吹剑之一哄乎？……夫郑氏所振在鸿纲，而末学吹求，则在小节。"这两段话都指明《通志》在条例上的创通，在编纂上的因成和要删。在《答客问中》中，他就客所问："马氏《通考》之详备，郑氏《通志》之疏舛，三尺童子所知也。先生独取其义旨，而不责其实用，遂欲申郑而屈马，其说不近于偏耶？"而答曰："天下有比次之书，有独断之学，有考索之功，三者各有所主而不能相通。……高明者多独断之学，沉潜者尚考索之功，天下之学术，不能不具此二途。……若夫比次之书，则掌故令史之孔目，簿书记注之成格，其原虽本柱下之所藏，其用止于备稽检而供采择，初无他奇也。然而独断之学，非是不为取裁；考索之功，非是不为按据。如旨酒之不离乎糟粕，嘉禾之不离乎粪土，是以职官故事案牍图牒之书，不可轻议也。然独断之学、考索之功欲其智，而比次之书欲其愚。……郑樵无考索之功，而《通志》足以明独断之学，君子于斯有取焉。"这种见解颇为恰允，《通志》二十略确为有独立见解（所谓"独断之学"）的专题学术编纂之作。但是二十略也不无考索之功，只是它的考索主要不体现在某一问题的原始结论上，而是体现在对有关材料和考索成果的归纳、综合、按断、抉择、类编等方面，从而达到通则或理论以及百科学术史的高度。因此可以说《通志》二十略是"独断"、"考察"、"比次"三者兼备的极有价值的学术著作。

例如《氏族略》,《通志·总序》说:"生民之本,在于姓氏,帝王之制,各有区分。男子称氏,所以别贵贱,女子称姓,所以别婚姻,不相紊滥。秦并六国,姓氏混而为一。自汉至唐,历世有其书,而皆不能明姓氏。(按,《氏族略序》云:"其书虽多,大概有三种:一种论地望,一种论声,一种论字。论字者则以偏旁为主,论声者则以四声为主,论地望者则以贵贱为主。然贵贱升沉,何常之有? 安得专主地望? 以偏旁为主者,可以为字书,以四声为主者,可以为韵书,此皆无与于姓氏。")原此一家之学,倡于左氏:因生赐姓,胙土命氏,又以字、以谥、以官、以邑命氏,邑亦土也。左氏所言,惟兹五者,臣今所推有三十二类,左氏不得而闻,故作《氏族略》。"其氏族目录所分之类为:以国为氏、以邑为氏、以乡为氏、以亭为氏、以地为氏、以姓为氏、以字为氏、以名为氏、以次为氏、以族为氏,夷狄大姓,以官为氏、以爵为氏、以凶德为氏、以吉德为氏、以技为氏、以事为氏、以谥为氏、以爵系为氏、以国系为氏、以族系为氏、以名氏为氏、以国爵为氏、以邑系为氏、以官名为氏、以邑谥为氏、以谥氏为氏、以爵谥为氏,代北复姓,关西复姓,诸方复姓,代北三字姓,代北四字姓(按以上除"夷狄大姓"外,共三十二类)。每一目下皆附实例,并加按断。其十三篇总论为:同名异实第一,改氏第二,改恶氏第三,汉魏受氏第四,变夷第五,变于夷第六,别族第七,避讳第八,音讹第九,省文第十,省言第十一,避仇第十二,生而有文第十三。这样就不仅把中国姓氏学的基本原则揭示出来,而且归纳出具体的复杂情况,并提供了丰富的实例。独断、考索、比次三者融为一体,由此可见一斑。

又如《地理略》,《通志·总序》说:"地理之家,在于封圻,而封圻之要,在于山川,《禹贡》九州,皆以山川定其经界。九州有时而移,山川千古不易。是故《禹贡》之图,至今可别;班固《地理》,主于郡国,无所底止。"《地理略序》说:"州县之设,有时而更,山川之形,千古不易。所以《禹贡》分州,必以山川定经界。使兖州可移,而济河之兖不能移,使梁州可迁,而华阳黑水之梁不能迁。是故《禹贡》为万世不易之书,后之史家主于州县,州县移易,其书遂废。今之地理,以水为主,水者,地之脉络也。郡县棋布,州道瓜分,皆由水以别焉。中国之水,则江、河、淮、济为四渎,诸水所归,苟明乎此,则天下可运于掌。"这里探讨了政治地理与自然地理的关系,总结出行政区域服从于山川形势(尤其是水流)的规律,这等于抓住了研究历史地理的一条总纲,对后世影响很大,如清代考据学家戴震的地理学说(详后第七章第七节),即与此有关。

又如《金石略》,《通志·总序》说:"盖金石之功,寒暑不变,以兹稽古,庶不失真。"可见郑樵的金石学,旨在考古求真,并非意在保存古董。

又如灾祥,历来是迷信邪说充斥的领域。《灾祥略》虽然取材于前代的《五行志》《符瑞志》,但却剔除其迷信的成分。《灾祥略序》说:"仲尼既没,先儒驾以妖妄之说,而欺后世。后世相承,罔敢失坠者,有两种学:一种妄学,务以欺人;一种妖学,务以欺天。……臣旧作《春秋传》,专以明王道,削去三家褒贬之说,所以杜其妄。今作《灾祥略》,专以记实迹,削去五行相应之说,所以绝其妖。……臣窃观汉儒之说,以乱世无如春秋之深,灾异无如春秋之众者,是不考其实也。……呜呼! 天地之间,灾祥万种,人间祸福,冥不可知。奈何以一虫之妖,一气之戾,而一一质之以为祸福之应,其愚甚矣!"这里辨"天人感应"说之虚妄,可谓痛快淋漓。由此亦可见,郑樵的考实,与辨伪相辅相成。《灾祥略》分天、日、月、星、地、水、旱、火、风几类集录史载有关天变、地震、日月蚀、水、旱、火、风等灾异,保存了天文、地理、地质、气象等方面的珍贵史料。《天文略》之宗旨与此类似,如《序》说:"臣之所作天文书,正欲学者识垂象以授民事之意,而杜绝其妖妄之源焉。"

其他如《昆虫草木略》,为考辨名物之实学,他将文献与实际结合考察,创获颇多,在二十略中此略考索成果最为突出,提供了动植物名称、形态的珍贵资料。其有关论述,前已引及。至于《六书略》为文字学,《七音略》为音韵学,《六艺略》、《校雠略》为目录学,皆有独立见解,下面将分别谈到。

郑樵的考证、编纂之学,以《通志》为代表。他想"集天下之书为一书","总天下之大学术"为二十略,这是可贵的编纂百科全书的设想。但对一个人的能力来说,只能是一种奢望,难以真正实现,致使《通志》不免存在疏漏。但它网罗丰富,在二十略中尤多创获,开拓了治学的门径和领域,故仍不失为一部难得的社会史、学术史巨著。

郑樵考据之学的成果还有《尔雅注》。《四库提要》卷四十称此书"乃通其所可通,阙其所不可通,文似简略,而绝无穿凿附会之失,于说《尔雅》家为善本。"

(二) 辨伪学的成就

郑樵在辨伪学上的成就也较显著。关于辨伪说,如辨"天人感应"迷信邪说及《春秋》三传穿凿义例笔法等,皆中要害。此外还辨及经书本身,如说:"《诗》、《书》可信,然不必字字可信。"(周孚《蠹斋铅刀编》卷三一《非诗辨妄》引)

关于伪书,以辨《诗序》为最著名。此外曾辨及《易象》、《易象》,如说:"《易》有《彖》、《象》,皆出仲尼之后,往往战国时人,作《彖》自一家,《象》自一家耳。故左氏书无《彖》、《象》之文。"(《非诗辨妄》引)也曾辨及《尚书》,如《献皇帝书》曾云"作《书辨讹》",已佚。

郑樵影响最大的辨伪著作为《诗辨妄》,以辨《诗序》为主,兼及《毛传》《郑笺》。此书已佚,顾颉刚有辑本。《文献通考》卷一七九《经籍考》六"夹漈"《诗传辨妄》引郑樵《诗辨妄自序》说:"《毛诗》自郑氏既笺之后,而学者笃信康成,故此《诗》专行,三家遂废。……致令学者只凭毛氏,且以《序》为子夏所作,更不敢拟议。盖事无两造之辞,则狱有偏听之惑。今作《诗辨妄》六卷,可以见其得失。"(又见《六艺略·诗·故训类》按语)

《诗序》辨,首先辨及《诗序》作者。郑樵认为《诗序》非子夏所作:"设若有子夏所传之《序》,因何齐、鲁间先出,学者却不传,返出于赵也?《序》既晚出,则赵于何处而传此学?""毛公,赵人,最后出,不为当时所取信,乃诡诞其说,称其书传之子夏,盖本《论语》所谓'起予者商也,始可与言《诗》已矣'。"(《蠹斋铅刀编》卷三一《非诗辨妄》引)"此说甚是。他认为《诗序》"皆是村野妄人之作"(《朱子全书·诗纲领》引),但有几处又目为卫宏所作(《蠹斋铅刀编》卷三一《非诗辨妄》引《曹风·侯人序》辨、《周颂·维清序》辨等。又《通志·昆虫草木略序》亦云"卫宏序《诗》")。实际上《诗序》作者无考,以卫宏所作,乃本《后汉书·儒林传·卫宏传》。其次辨及《诗序》本身的穿凿附会。例如"《宛丘》、《东门之枌》,刺幽公;《衡门》,刺僖公。幽、僖之迹无所据见,作《序》者但本谥法而言之。"(《蠹斋铅刀编》卷三一《非诗辨妄》引)此辨据谥法附会世次。"《简兮》实美君子能射御歌舞,何得为刺诗!"(《蠹斋铅刀编》卷三一《非诗辨妄》引)"彼以《侯人》为刺共公,共公之前则昭公也,故以《蜉蝣》为刺昭公。昭公之实无其迹,但不幸代次迫于共公,故为卫宏所置。"(《蠹斋铅刀编》卷三一《非诗辨妄》引)以上二例,辨随意妄定美刺。"以《芣苢》为妇人乐有子者,据《芣苢》诗中,全无乐有子意。彼之言此者,何哉?盖书生之说,例是求义;以为此语不徒然也,故以为乐有子尔。且《芣苢》之作,兴所采也,如后人采菱则为采菱之诗,采藕则为采藕之诗,以述一时所采之兴尔,何它义哉!"(《蠹斋铅刀编》卷三一《非诗辨妄》引)此辨据起兴穿凿深意。"此(指《将仲子》)实淫奔之诗,无与于庄公、段叔事,《序》盖失之。而说者又从而巧为之说,以实其事,误亦甚矣。"(朱熹《诗序辨说》引)此辨曲解诗意,附会本事。"凡《诗》皆取篇中之字以命题。《雨无正》取篇中之义。故作《序》者曰:'《雨无正》,雨自上下者也,众多如雨,而非所以为政也。'此何等语哉!"(《蠹斋铅刀编》卷三二《非诗辨妄》引)"《召旻》诗首章言'昊天疾威',卒章言'有如召公',是取始卒章之一字合为题,更无他义。序者曰:'旻,闵也,闵天下无如召公之臣也。'《荡》是'荡荡上帝'者,谓天之荡荡然无涯也,故取'荡'名篇。彼亦不知所出,则曰:'天下荡荡无纲纪文章',其乖脱有如此者!"(同上)以上二例辨望文生义,穿凿诗题。

《传》、《笺》辨,以辨毛、郑关于诗旨的解释为主,其中尤以辨穿凿比兴、世次为多;同时辨及名物、训诂。

此外《通志》中还保存了不少郑樵的《诗》说,其中亦有辨及《毛诗》者,可能即据《诗辨妄》的内容写成。首先辨《诗经》非徒诗,本为"声歌",见《总序》。其次辨《毛诗大序》及《毛诗》有关妄说。

郑樵的辨伪学,特别是关于《诗序》辨伪的成就,具有很高的水平,对后世影响很大。最先受其影响的是朱熹,如《朱子语类》卷八十说:"《诗序》实不足信。向见郑渔仲有《诗辨妄》,力诋《诗序》,其间言语太甚,以为皆是村野妄人所作。始亦疑之,后来仔细看一两篇,因质之《史记》、《国语》,然后知《诗序》之果不足信。因是看《行苇》、《宾之初筵》、《抑》数篇,《序》与《诗》全不相似。以此看其他诗序,其不足信者煞多。"又黄震《黄氏日钞·读毛诗》说:"雪山王公质、夹漈郑公樵,始皆去《序》而言《诗》,与诸家之说不同。晦庵先生因郑公之说,尽去美刺,探求古始,其说颇惊俗,虽东莱不能无疑焉。"王应麟《困学纪闻》卷三说:"朱子《诗序辨说》多取郑渔仲《诗辨妄》。"至清崔述著《读风偶识》,亦袭其说。

(三)目录学的成就

《通志》有《艺文略》和《校雠略》,集中体现了郑樵在目录学上的成就。郑樵所谓校雠,包括校勘在内,但主要指搜集、校理群书,进行编目。郑樵立《校雠略》,为校雠学有专书之始。

郑樵目录学的最大特点,是继承刘向、刘歆目录学的传统,注重"辨章学术,考镜源流",并且在分类上有了进一步发展。《校雠略》有"编次必谨类例论六篇",中云:"学之不专者,为书之不明也;书之不明者,为类例之不分也","类例既分,学术自明"。《通志·总序》说:"学术之苟且,由源流之不分。书籍之散亡,由编次之无纪。《易》虽一书而有十六种学,有传学,有注学,有章句学,有图学,有数学,有谶纬学(按,除这里所举六种之外,尚有古易、石经、集注、义疏、论说、类例、谱、考正、音、拟易),安得总言《易》类乎?《诗》虽一书而有十二种学,有诂训学,有传学,有注学,有图学,有谱学,有名物学(按,除这里所举六种外,尚有石经、义疏、问辨、统说、音、纬学),安得总言《诗》类乎? 道家则有道书,有道经,有科仪,有符箓,有吐纳内丹,有炉火外丹,凡二十五种,皆道家,而浑为一家可乎? 医方则有脉经,有灸经,有本草,有方书,有炮炙,有病源,有妇人,有小儿,凡二十六种,皆医家,而浑为一家可乎?故作《艺文略》。"细分各书小类,是为了在书籍增多的情况下区分种别源流。此外《艺文略》不袭四部分类法,而将大类分为十二:经类、礼类、乐类、小学类、史类、诸子类、星数类、五行类、艺术类、医方类、类书类、文类,也是参考学术发展的新特点和具体门类而定的。尽管有不恰当之处,但反映了郑樵的探索和创新精神。

互著之法出于辨章学术的需要。郑樵用此法有得有失,《四库提要》讥《艺文略》中"韩愈《论语解》,'论语类'前后两出;张弧《素履子》,'儒家'、'道家'两出;刘安《淮南子》,'道家'、'杂家'两出",实即郑樵用互著之例,并非其失。但也有处理不当之处。章学诚《校雠通义·互著》说:"著录之创为《金石》、《图谱》二略,与《艺文》并列而为三,自郑樵始也。就三略而论之,如《艺文》经部有三字石经、一字石经、今字石经、《易》篆石经、郑玄《尚书》之属凡若干种,而《金石略》中无石经,岂可特著金石一略而无石经乎?诸经史部内所收图谱,与《图谱略》中互相出入,全无伦次。以谓钜编鸿制不免牴牾,抑亦可矣。如《艺文》传记中之'祥异'一条,所有《地动图》、《瑞应翎毛图》之类,'名士'一条之《文翁学堂图》,'忠烈'一条之《忠列图》等类,俱详载《艺文》而不入图谱,此何说也?盖不知重复互注之法,则遇两歧牵掣之处,自不觉其牴牾错杂,百弊丛生。"

郑樵非常重视著录和搜求亡阙之书。他认为著录亡书是考镜源流所必需,《校雠略》有"编次必记亡书论三篇",中云:"古人编书,必究本末,上有源流,下有沿袭,故学者易学,求者易求。……及《崇文》、《四库》,有则书,无则否,不惟古书难求,虽今代宪章亦不备。"关于稽考亡阙之书,他提出了许多方法,见《校雠通义》"书有名亡实不亡论一篇"、"阙书备于后世论一篇"、"亡书出于后世论一篇"、"亡书出于民间论一篇"、"求书遣使校书久任论一篇"、"求书之道有八论九篇"等。但辑佚时往往忽视辨伪,多将后人假托伪造之书视为亡而复出之书,如对伪《古文尚书》、《连山易》、《三坟》等等的看法就是如此。

出于辨章学术,考镜源流的需要,像《七略》、《汉书·艺文志》、《隋书·经籍志》一样,《通志·艺文略》亦为解题目录,不仅书名下有小注,而且多有某书或某类的后案或小序。《校雠略》中有"泛释无义论一篇"、"书有不应释论三篇"、"书有应释论一篇",全面地论述了书目中解题、注释的处理问题。其原则是注释应与类目照应,应释者则释,释则必透,不应释者则略。如《书有应释论》说:"盖有应释者,有不应释者,不可执一概之论。按《唐志》有应释者而一概不释,谓之简;《崇文》有不应释者而一概释之,谓之繁。今当观其可不可。"这种从实际中总结出来的经验和原则,很有参考价值。

（四）文字、音韵学的成就

从通经及传播文化考虑,郑樵非常重视语言文字学,把小学从经学附庸的地位中独立出来,在文字、音韵的研究上均有成绩。

关于文字学,郑樵本著有《象类书》,已佚。其论说由《通志·总序》可见梗概,如:"书契之本,见于文字,独体为文,合体为字。文有子母,主类为母,从类为子。凡为字书者,皆不识子母。文字之本,出于六书。象形、指事,文也;会意、谐声、转注,字也;假借者,文与字也。原此一家之学,亦倡于左氏,然'止戈为武',不识谐声;'反正为乏',又昧象形。左氏既不别其源,后人何能别其流？是致小学一家,皆成卤莽。经旨不明,穿凿蜂起,尽由此此。臣于是驱天下文字尽归六书,军律既明,士乃用命,故作《六书略》。"郑樵文字学的最大特点是用六书来分析、归纳文字。六书中又各分为若干小类,如象形（总计 608 字）又分天物之形、山川之形、井邑之形、草木之形、人物之形、鸟兽之形、虫鱼之形、鬼物之形、器用之形、服饰之形（以上属"正生"）、象貌、象数、象位、象气、象声、象属（以上属"侧生"）、形兼声、形兼意（以上属"兼生"）;指事（总计 107 字）又分"正生归本"及"兼生":事兼声、事兼形、事兼意;会意（总计 740 字）又分"正生归本"及"续生":三体会意;谐声（总计 21810 字）又分"正生归本"及"变生":子母同声、母主声、主声不主义、子母互为声、声兼意、三体谐声;转注（总计 372 字）只有"并生":建类主义转注、建类主声转注、互体别声转注、互体别义转注;假借（总计 598 字）分"托生":同音借义、借同音不借义、协音借义、借协音不借义、因义借音、因借而借、语辞之借、五音之借、三诗之借、十日之借、十二辰之借、方言之借,"反生":双音并义不为假借。其中有标准不一、类目烦琐、解字归字穿凿等弊,故前人评价否定之辞颇多,如《四库提要》说"《六书略》多穿凿",不少学者亦多指其析字武断,而对其贡献估计不足。唐兰《中国文字学·前论》评价较为公允,说:"自从汉人建立了六书理论后,除了许叔重就没有人用过。郑樵第一个撇开《说文》系统,专用六书来研究一切文字,这是文字学上一个大进步。他写了《象类书》十一卷,以独体为文,合体为字,立三百三十母为形之主,八百七十子为声之主,合千二百文成无穷之字。他批评《说文》'句'、'半'等部,以为只是声旁,不能作形旁,所以把五百四十部归并成三百三十部,这是以子之矛攻子之盾的方法。另外,他又做过一部《六书证篇》,却只有二百七十部,不知异同如何。这两种书都失传,他的学说只存在《通志·六书略》里面。(按《六书略序》曰:'臣旧有《象类》之书,极深研几,尽制作之妙义。奈何小学不传已久,见者不无疑骇。今取象类之义,约而归于六书,使天下文字无所逃,而有目者可以尽晓。')清代《说文》学者因为他批评许慎,都不原意称道他,但未尝不受他影响。我们如其重新估计一下,他所作的六书分类,琐屑拘泥,界画不清,固然是失败的,但不是无意义的。汉儒的六书理论,本是演绎的,没有明确的界说,经他归纳过一次后,这种学说的弱点,就完全暴露出来了。六书学在《说文》以外,开辟了一个新的门径。元时有杨桓的《六书统》、《六书溯源》,戴侗的《六书故》,周伯琦的《六书正讹》,元明之间,有赵㧑谦的《六书本义》,明时有魏校的《六书精蕴》,杨慎的《六书索隐》等。"

关于六书的解释,有新的见解,得失相兼。例如关于象形,序曰:"书与画同出,画取形,书取象,画取多,书取少。凡象形者,皆可画也,不可画则无其书矣。然书穷能变,故画虽取多,而得算常少,书虽取少,而得算常多。"(《通志》卷三一《六书略》一"象形第一")这里说象形字与图画同源而实别,准确地说明了象形字的象征特性,比《说文叙》"象形者,画成其物,随体诘诎"的说法更为精确。关于指事,序曰:"指事类乎象形,指事,事也;象形,形也。指事类乎会意,指事,文也;会意,字也。独体为文,合体为字。形可象者曰象形,非形不可象者指其事曰指事,此指事之义也。"(同上,"指事第二")这里从指事字与象形字、会意字的比较中,准确说明了其义界,比《说文叙》"指事者,视而可察,察而可见"的说法更为明晰。而且把指事与象形、会意相比较,说明三者表意的共同性。对后起的"三书说"不无启发。但在归字上多以会意相混,如将会意字"及"、"支"归入指事等。关于会意,序曰:"象形、指事,文也。会意,字也,文合而成字。文有子母,母主义,子主声。一子一母为谐声,谐声者,一体主义,一体主声。二母合为会意,会意者,二体俱主义,合而成字也。其别有二:有同母之合,有异母之合,其主意则一也。"(《通志》卷三二《六书略》二,"会意第三上")这里将会意与象形、指事相比,在形体上有字(合体)与文(独体)之别。又将会意与谐声相比,同为字,但构成之二体有别。分析也比较明确。关于转注,序曰:"谐声、转注一也。役它为谐声,役己为转注。转注也者,正其大而转其小,正其正而转其偏者也。""建类"之"类",既可主义,又可主声,故又分为"建类主义转注"和"建类主声转注":"立类为母,从类为子,母主义,子主声。主义者是以母为主而转其子(如老——耆、考、耇、耆、孝、耇、耋,履——屨、屦、屐、屝、屣、屧、屟、屜、屧、屟、屩、屝,等等);主声者是以子为主而转其母(如凤——凰,翟——

耀）。"（同上，"转注第四"）主声者恐非六书转注本意。此外"互体别声转注"及"互体别义转注"两类，皆非转注本意（无"同意相受"之意），且归字多与指事（如"本"、"末"、"朱"），会意（如"杲"、"東"、"杳"）、谐声（如"犆"、"阜"，"枕"、"薿"，"愚"、"惆"，等等）、异体（"猶"、"獃"）等相混。关于谐声，序曰："谐声与五书同出，五书有穷，谐声无穷。五书尚义（按假借并非尚义），谐声尚声。天下有有穷之义，而有无穷之声。拟之而后言、议之而后动者，义也。不疾而速、不行而至者，声也。作者之谓圣，述者之谓明。五书，作者也；谐声，述者也。"并指出谐声字除"母主义、子主声"的一般形式外，尚有特殊形式，如"子母同声"、"母主声"、"主声不主义"、"子母互为声"、"声兼意"、"三体谐声"等。（《通志》卷三三《六书略》三，"谐声第五"）关于假借，序曰："六书之难明者，为假借之难明也。六书无传，惟藉《说文》焉。然许氏惟得象形、谐声二书以成书，牵于会意，复为假借所扰，故所得者亦不能守焉。学者之患，在于识有义之义，而不识无义之义，假借者，无义之义也。假借者本非己有，因他所授，故于己为无义。然就假借而言之，有有义之假借，有无义之假借，不可不别也。曰同音借义，曰协音借义，曰因义借音，曰因借而借，此为有义之假借；曰借同音不借义，曰借协音不借义，曰语辞之借，曰五音之借，曰三诗之借，曰十日之借，曰十二辰之借，曰方言之借，此为无义之假借。先儒所以颠沛沦于经籍之中，如泛一苇于溟渤，靡所底止，皆为假借之所魅也。鸣呼！六书明则六经如指诸掌，假借明则六书如指诸掌。"（《通志》卷三四《六书略》四，"假借第六"）这里对假借字的认识有正有误，所谓"无义之假借"，是真正的假借字。而所谓"有义之假借"，则把词义引申误以为字义假借，与《说文》假借例字之误同源。值得说明的是，"有义之假借"中的"因借而借"一类，第一层"借"和第二层"借"则或为引申，或为假借。例如："难，鸟也，因音借为艰难之难，因艰难之难借为险难之难"；"为，母猴也，因音借为作为之为，因作为之为借为相为之为"（以上前为假借，后为引申）；"射本射御之射，因义借为发射之射，因发射之音借为无射之射"（此为先引申，后假借）；"适，往也，因音借为适责之适，因适责之音借为适匹之适"（此两层均为假借）。至于对明假借于读经籍意义之重大，强调得非常充分，堪称不易之论。其《寄方礼部》也有类似的说法："学者所以不识字书义，缘不知正义与借义也，且如主字，本义则灯炷也，故其字象灯炷之形；以为主守之义，借义也，盖主守之主与灯炷之炷同音故也。又如笑字，本义则小箫也，故其字从竹从夭；以为笑语之笑者，借义也，笑语之笑与箫笛之箫同音故也。此之为借音。"（《夹漈遗稿》卷二）谈假借中还有一条辨疑似，题为"双音并义不为假借"，举例如："陶也（自注：陶冶之陶），陶也（皋陶之陶）；雕也（都聊切，隼类），雕也（陟交切、鹘雕、鸼鸽）；……杷也（补讶切，枋也），杷也（白加切，收麦器）；荣（永兵切，桐也），荣（音营，屋荣）……"此辨甚是，此属同形字，而非假借字。

《六书略》对单个字的解义释形，有从《说文》者，也有不从《说文》者；有是者，有半是半非者，也有非者。例如"帝，象华蒂（蒂）之形。"此说是。而《说文》则云："帝，谛也，王天下之号也。从一朿声。"所解非本义，释形亦误。又如："立，象人立地之上。从大，人也。一，地也。"而《说文》则云："立住也。从大，立一之上。"郑樵从徐铉说，所解为是，而《说文》之说不妥。再如"步，行也。象二趾相前后。"而《说文》则云："步，行也。从止屮相背。"释形亦郑樵说为是。以上为全是者。半是半非者，如武字，郑樵不同意《说文》袭《左传》"止戈为武"之说，是对的；但认为"从戈，亡声（止当作亡）"，则又非。又如厶字，郑樵不同意《说文》袭《韩非子》"苍颉作字，自营为厶"之说，是对的；但认为男子之阴，与𠃊同体，尚难成定论。全非者，如："出，华英也。华皆五出，故象五出之形。"此虽不袭《说文》："出，进也。象艸木益滋上出达也"之误说，但也是错误的。"出"的古文字字形为㞷，表一足由一处向外迈出之义，与植物无关。又如："用，《说文》：'可施行也。从卜从中。'"此从《说文》之说而误。实际上"用"为"镛"之初文，周伯琦《六书正讹》："用，古镛字，钟也，象形。借为施用字。"

郑樵音韵学著作有《分音类韵》、《字始连环》，已佚，其成果体现在《通志·七音略》中，《总序》云："天籁之本，自成经纬，纵有四声以成经，横有七音以成纬。皇颉造字，深达此机，江左四声，反没其旨。凡为韵书者，皆有经无纬。字书眼学，韵书耳学，眼学以母为主，耳学以子为主，母主形，子主声，二家俱失所主。今欲明七音之本，扩六合之情。然后能宣仲尼之教以及人间之俗，使裔夷之俘皆知礼义，故作《七音略》。"可见《七音略》宗旨有二：一是纠韵书"有经无纬"及南朝只论四声之偏；一是融眼学、耳学为一，以见文字与语言的联系。《七音略》包括两种图：一种为"谐声制字六图"，体现第二宗旨。序云："谐声者，六书之一书也。凡谐声之道，有同声者，则取同声而谐；无同声者，则取协声而谐；无协声者，则取正音而谐；无正音者，则取旁音而谐。所谓声者，四声也，音者，七音也。制字之本，或取声以成字，或取音以成字。"六图为：《正声协声同谐图》、《声音俱谐图》、《音谐声不谐图》、《一声谐二音图》、《一音谐二声图》、《一音谐三声图》。另一种为内外转四十三图，为等韵图，与《韵镜》同出一源，体现第一宗旨。各图将声、韵、调合为一表以列同韵之字。纵列四声与四等,横列三十二行以统括"三十六字母",与《韵镜》同。所不同者有二:一是以"重"、"轻"代表"开"、"合";一是以羽、徵、角、商、宫、半徵、半商代表唇、舌、牙、齿、喉、半舌、半齿、其韵目次序(即转次)与《广韵》大致相同,以"覃"、"谈"诸韵列在"阳"、"唐"之前,更近于隋、唐韵目的次序。由此可见内外转图因袭等韵体系,无甚开创。但它为今存最早的等韵书之一,保存了中古语音的重要资料。

郑樵为博通的文献考据学者,不仅在当代卓然独立,对后世也产生了深远影响。清代考据学者戴震,就是全面受其影响最明显的一个人。

第五节　洪迈

洪迈(1123—1202),字景庐,号容斋,又号野处,鄱阳(今江西波阳)人。洪皓幼子,洪适(kuò)之弟。宋高宗绍兴十五年(1145)中博学鸿词科。历任吏部郎兼礼部郎,起居舍人,起居郎,中书舍人兼侍读、直学士院,敷文阁直学士、直学士院,翰林学士,焕章阁学士,龙图阁学士,端明殿学士。其间并先后出知泉州、吉州、赣州、婺州、绍兴府。《宋史》卷三七三有传,称:"迈兄弟皆以文章取盛名,跻贵显。迈尤以博洽受知孝宗,谓其文备众体。迈考阅典故,渔猎经史,极鬼神事物之变,手书《资治通鉴》凡三。有《容斋五笔》、《夷坚志》行于世,其他著述尤多。"洪迈于诸书多有节本,其所纂辑,自经子至前汉皆曰"法语",自后汉至唐书皆曰"精语",皆书钞之作,以备修辞之用。如《经子法语》二十四卷,摘经子新颖字句,以备程式之用。《史记法语》八卷,摘《史记》二字以上句法古隽者,亦间录旧注。《南朝史精语》十卷,专摘宋、齐、梁、陈四朝史中语。南宋科举最重词科(迈兄弟俱以词科起家),士大夫多节录古书,以备遣用。洪迈此类书即为此而纂。《夷坚志》为晚年所撰,包括《夷坚甲志》、《乙志》、《丙志》、《丁志》各二十卷及《夷坚支志》五十卷,记神怪之说,故取《列子》中专记奇异事物的夷坚为书名。《野处类稿》二卷,辑平生诗作韵语。编有《万首唐人绝句诗》九十一卷,《直斋书录解题》谓其多采宋人诗。此外尚有《俗考》、《鬼国记》及续、《鸣鹤山记》、《福州猴王神记》、《容斋题跋》、《容斋诗话》、《容斋四六丛谈》等。

洪迈是南宋的著名考据学家,其考订成果集中在《容斋随笔》(共五笔)一书中。淳熙七年(1180)所作《容斋随笔》自序说:"予老去习懒,读书不多,意之所之,随即纪录,因其后先,无复诠次,故目之曰《随笔》。"以后继作《容斋续笔》、《三笔》、《四笔》、《五笔》。据绍熙三年(1192)所作《容斋续笔》自序,洪迈先成《容斋随笔》十六卷,被人刻于婺州,淳熙间传入禁中,孝宗称其"煞有好议论"。洪迈于是续编所写札记而成《容斋续笔》十六卷。《容斋三笔》十六卷,据自序成于庆元二年(1196)。《容斋四笔》十六卷,据自序成于庆元三年。《容斋五笔》十卷,无序,大概是生前未成之作,死后经他人编定。关于《容斋随笔》五书的成就和不足,《四库提要》卷一一八有评,既肯定其"辩证考据,颇为精确","南宋说部,终当以此为首",又指出其"未免少有抵牾"、"颇为失检"之处。

从《容斋随笔》考察,洪迈在古文献学上的成就主要有以下几方面:

(一)义理与考据并重,既反对穿凿为说,又反对烦琐考证

义理与考据并重,是宋代考据学的特点,洪迈也是如此。他重视分析义理,认为某些文献的内容,非字面解释所能阐明,如《容斋随笔》卷九"尺棰取半"条:"《庄子》载惠子之语曰:'一尺之棰,日取其半,万世不竭。'虽为寓言,然此理固具。盖但取其半,正碎为微尘,馀半犹存,虽至无穷可也。特所谓'卵有毛'、'鸡三足'、'犬可以为羊'、'马有卵'、'火不热'、'龟长于蛇'、'飞鸟之景未尝动',如是之类,非词说所能了也。"但又认为说义理易穿凿附会,不可强为标新立异,《续笔》卷二"义理之说无穷"条说:"经典义理之说最为无穷,以故解释传疏,自汉至今,不可概举,至有一字而数说者。姑以《周易·革卦》言之:'已日乃孚,革而信之',自王辅嗣以降,大抵谓即日不孚,已日乃孚,'已'字读如'矣'音,盖其义亦止如是耳。唯朱子发读为戊己之己。予昔与《易》僧昙莹论及此,问之曰:'或读作己(音纪)日如何?'莹曰:'岂唯此也,虽作巳(音似)日亦有义,乃言曰:'天元十干,自甲至己,然后为庚,庚者革也,故己日乃孚,犹云从此而革也。十二辰自子至巳六阳,数极则变而之阴,于是为午,故巳日乃孚,犹云从此而变也。'用是知好奇者欲穿凿附会,固各有说云。"他反对故作新奇之说,对王安石新经义多所讥评。《三笔》卷十四"绿竹王刍"条说:"予又记前贤所纪,仁宗时,贾边试《当仁不避于师论》,以师为众,谓其背先儒训释,特黜之。盖是时士风淳厚,论者皆不喜新奇之说,非若王氏之学也。"

他强调注解古书必须广徵博考,以免疏误。《续笔》卷十五"注书难"条说:"注书至难,虽孔安国、马融、郑康成、王弼之解经,杜元凯之解《左传》,颜师古之注《汉书》,亦不能无失。王荆公《诗新经》:'八月剥枣',解云:'剥者,剥其皮而进之,所以养老也。'毛公本注云:'剥,击也。'陆德明音普卜反。公皆不用。后从蒋山郊步至民家,问其翁安在?曰:'去扑枣。'始悟前非,即具奏乞除去十三字,故今本无之。洪庆善注《楚辞·九歌·东君》篇:'緪瑟兮

交鼓,箫钟兮瑶簴',引《仪礼·乡饮酒》章'间歌《鱼丽》,笙《由庚》。歌《南有嘉鱼》,笙《崇丘》'为比,云:'箫钟者,取二乐声之相应者互奏之。'既镂板,置于坟庵,一蜀客过而见之,曰:'一本箫作捸,《广韵》训为击也。盖是击钟,正与缅瑟为对耳。'庆善谢而亟改之。……绍兴初,又有傅洪秀才注坡词,镂板钱塘,至于'不知天上宫阙,今夕是何年',不能引'共道人间惆怅事,不知今夕是何年'之句;'笑怕蔷薇胃','学画鸦黄未就',不能引《南部烟花录》,如此甚多。"

但洪迈又反对烦琐考证,冗文注释。这是针对唐代经疏史注的烦芜之弊而发的。如《续笔》卷十二"汉书注冗"条说:"颜师古注《汉书》,评较诸家之是非,最为精尽,然有失之赘冗及不烦音释者。其始遇字之假借,从而释之,既云'他皆类此',则自是以降,固不烦申言。然于'循行'字下,必云'行音下更反',于'给复'字下,必云'复音方目反'。至如说读曰悦,繇读曰傜,乡读曰飨,解读曰懈,与读曰豫,又读曰欯,雍读曰壅,道读曰导,畜读曰蓄,视读曰示,艾读曰乂,竟读曰境,饬读与勅同,繇与由同,敺与驱同,晻与暗同,娄古屡字,墬古地字,饟古饷字,犇古奔字之类,各以百数。解三代曰夏、商、周,中都官曰京师诸官府,失职者失其常业,其重复亦然。……颜自著《叙例》云'至如常用可知,不涉疑昧者,众所共晓,无烦翰墨',殆是与今书相矛盾也。"他强调注释古书要简要透彻,《随笔》卷一"解释经旨"条说:"解释经旨,贵于简明,惟《孟子》独然。其称《公刘》之诗:'乃积乃仓,乃裹餱粮,于橐于囊,思戢用光,弓矢斯张,干戈戚扬,爰方启行。'而释之之词但云:'故居者有积仓,行者有裹囊也,然后可以爰方启行。'其称《烝民》之诗:'天生烝民,有物有则,民之秉夷,故好是懿德。'而引孔子之语以释之,但曰:'故有物必有则,民之秉夷也,故好是懿德。'用两故字,一必字,一也字,而四句之义昭然。彼训曰'若稽古'三万言,真可覆酱瓴也。"这里有正面予以肯定,并引反面例证进行对比。末二句指汉代今文家"碎义逃难"的烦琐经解。

(二)具有怀疑、考实精神,十分重视纠谬、辨伪

洪迈突破唐代古文献学中拘守、曲徇的倾向,注重纠谬、辨伪,成果颇富。

在纠谬方面,多集中于史籍,辨史实之误或采摭史料失考。例如《随笔》卷一"史记世次"条:"《史记》所纪帝王世次,最为不可考信,且以稷、契论之,二人皆帝喾子,同仕于唐、虞。契之后为商,自契至成汤凡十三世,历五百馀年。稷之后为周,自稷至武王凡十五世,历千一百馀年。王季盖与汤为兄弟,而世之相去六百年,既已可疑。则周之先十五世,须每世皆在位七八十

年，又皆暮年所生嗣君，乃合此数，则其所享寿皆当过百年乃可。其为漫诞不稽，无足疑者。《国语》所载太子晋之言曰：‘自后稷之始基靖民，十五王而文始平之。’皆不然也。"这里涉及传说时代的古史，世次固多无可详考之处，不可臆断，所纠《史记》《国语》之误，正在于此。而洪迈将传说当做信史看待，也是局限。又如《续笔》卷二"张释之传误"条："《汉书》纪传志表，矛盾不同非一，然唯张释之为甚。本传云：‘释之为骑郎，事文帝十年不得调，亡所知名，欲免归。中郎将袁盎惜其去，请徙补谒者，后拜为廷尉，逮事景帝，岁余，为淮南相。’而《百官公卿表》所载，文帝即位三年，释之为廷尉，至十年，书廷尉昌、廷尉嘉又二人，凡历十三年，景帝乃立，而张欧为廷尉。则是释之未尝十年不调，及未尝以廷尉事景帝也。"此说为是。再如《三笔》卷一"汉志之误"条："昔人谓颜师古为班氏忠臣，以其注释纪传，虽有舛误，必委曲为之辨故也。如《五行志》中最多，其最显者，与《尚书》及《春秋》乖戾为甚。桑穀共生于朝，刘向以为商道既衰，高宗乘敝而起，既获显荣，怠于政事，国将危亡，故桑穀之异见。武丁恐骇，谋于忠贤。颜注曰：‘桑穀自太戊时生，而此云高宗时，其说与《尚书大传》不同，未详其义，或者伏生差谬。’按《艺文志》自云：‘桑穀共生，太戊以兴，鸲雉登鼎，武丁为宗。’乃是本书所言，岂不可为明证，而翻以伏生为谬，何也？僖公二十九年，大雨雹。刘向以为信用公子遂，遂专权自恣，僖公不寤，后二年，杀子赤，立宣公。又载文公十六年，蛇自泉宫出。刘向以为其后公子遂杀二子而立宣公。此是文公末年事，而刘向即书之，又误以为僖。颜无所辨。隐公三年，日有食之。刘向以为其后郑获鲁隐。注引‘狐壤之战，隐公获焉’。此自是隐为公子时事耳，《左传》记之甚明。宣公十五年，王札子杀召伯、毛伯。董仲舒以为成公时。其他如言楚庄始称王、晋灭江之类，颜虽随事敷演，皆云未详其说，终不肯正诋其疵也。《地理志》中沛郡公丘县曰：‘故滕国，周懿王子叔绣所封。’颜引《左传》‘郜、雍、曹、滕，文之昭也’为证，亦云未详其义。真定之肥累，苗川之剧，泰山之肥城，皆以为肥子国，而辽西之肥如，又云‘肥子奔燕，燕封于此’。魏郡元城县云：‘魏公子元食邑于此，因而遂氏焉。’常山元氏县云：‘赵公子元之封邑，故曰元氏。’不应两邑命名相似如此。正文及志五引虖池河，皆注云：‘虖音呼，池音徒河反。’又‘五伯迭兴’，注云：‘此五伯谓齐威、宋襄、晋文、秦穆、楚庄也。’而《诸侯王表》‘五伯扶其弱’，注云：‘谓齐威、宋襄、晋文、秦穆、吴夫差也。’《异姓诸侯王表》‘適戍强于五伯’，注云：‘谓昆吾、大彭、豕韦、齐威、晋文也。’均出一书，皆师古注辞，而异同如此。"这里不仅纠《汉志》之误，而且批评了师古注曲徇等弊。再如《随笔》卷六《唐书世系表》辨及据不实史料所致之误，《随笔》卷四"野史不可信"条辨野史之不可信，《随笔》卷三"李太白"条辨世俗传言之不实，等等。书中纠谬、考实之例尚多，不一一列举。

在辨伪方面，既辨伪说，又辨伪书。

关于伪说，或辨虚妄迷信之说，如《随笔》卷一"诗谶不然"条："今人富贵中作不如意语，少壮时作衰病语，诗家往往以为谶。白公十八岁，病中作绝句云：'久为劳生事，不学摄生道，少年已多病，此身岂堪老？'然白公寿七十五。"又如《随笔》卷十六"谶纬之学"条："图谶星纬之学，岂不或中，然要为误人，圣贤所不道也。……晋张华、郭璞，魏崔伯深，皆精于天文卜筮，言事如神，而不能免于身诛家族，况其下者乎！"再如《三笔》卷十一"宫室土木"条："大中祥符间，奸佞之臣，罔真宗以符瑞，大兴土木之役，以为道宫。玉清昭应之建……起二年四月，至七年十一月宫成，总二千六百一十区。不及二十年，天火一夕焚燕，但存一殿。"或辨立说之非，如《随笔》卷一"敕勒歌"条考此歌为斛律明月所唱而非其父斛律金所唱，以驳乐府解题之误。又如同卷"五臣注文选"条，驳五臣狂妄注书。对于《诗经》序、解之辨，尤为突出。例如《三笔》卷十"小星诗"条不仅辨《诗序》之伪说，而且指出毛、郑据《诗序》作解之荒谬。又如《四笔》卷一"关雎不同"条列举三家诗序解说之矛盾，揭露《诗序》说法的随意性和可疑性。

关于伪书，洪迈辨及亦多。例如《随笔》卷一"浅妄书"条说："俗间所传浅妄之书。如所谓《云仙散录》、《老杜事实》、《开元天宝遗事》之属，皆绝可笑。然士大夫或信之，至以《老杜事实》为东坡所作者，今蜀本刻杜集，遂以入注。孔传《续六帖》，采撷唐事殊有功，而悉载《云仙录》中事，自秽其书。《开天遗事》托云王仁裕所著，仁裕五代时人，虽文章乏气骨，恐不至此。姑析其数端以为笑。其一云：'姚元崇开元初作翰林学士，有步辇之召。'按，元崇自武后时已为宰相，及开元初三入辅矣。其二云：'郭元振少时美风姿，宰相张嘉贞欲纳为婿，遂牵红丝线，得第三女，果随夫贵达。'按，元振为睿宗宰相，明皇初年即贬死，后十年，嘉贞方作相。其三云：'杨国忠盛时，朝之文武，争附之以求富贵，惟张九龄未尝及门。'按，九龄去相位十年，国忠方得官耳。其四云：'张九龄览苏颋文卷，谓为文阵之雄师。'按，颋为相时，九龄元未达也。此皆显显可言者，固鄙浅不足攻，然颇能疑误后生也。惟张象指杨国忠为冰山事，《资治通鉴》亦取之，不知别有何据？近岁，兴化军学刊《遗事》，南剑州学刊《散录》，皆可毁。"以上辨及三书，详列其理由者只有《开元天宝遗事》，从文章风格及事实抵牾两方面以辨其伪。又如《三笔》卷十《孔丛子》条："予按《孔丛子》一书，《汉·艺文志》不载，盖刘向父子所未见。但于儒家有《太常蓼侯孔臧》十篇,今此书之末,有《连丛子》上下二卷,云孔臧著书十篇,疑即是已。然所谓《丛子》者,本陈涉博士孔鲋子鱼所论集,凡二十一篇,为六卷。唐以前不为人所称,至嘉祐四年,宋咸始为注释以进,遂传于世。今读其文,略无楚、汉间气骨,岂非齐、梁以来好事者所作乎?《孔子家语》著录于《汉志》,二十七卷,颜师古云:'非今所有《家语》。'"这里从引证、著录、文气等方面以疑《孔丛子》之伪,并以《孔子家语》亦系伪托为旁证。再如《三笔》卷十五"别国方言"条辨《方言》作者之伪,以《汉书》扬雄本传及《艺文志》著录均未见《方言》一书为证。其他还辨及《逸周书》有"无所质信"处,并且已"非全书"(见《续笔》卷十三"汲冢周书"条);又辨《周礼》非周公书(见《续笔》卷十六),甚是,但认为"出于刘歆之手",尚值得商榷。总的看来,洪迈所用辨伪书的方法比较全面、谨严,代表着当时辨伪学发展的水平。

(三)利用金石材料与文献参证

宋代是我国金石学突出发展的时期,出现了不少著录、研究的成果。洪迈非常注意利用金石材料考订文献。例如《随笔》卷五"廿卉卅字"条:"今人书二十字为廿,三十字为卉,四十为卅,皆《说文》本字也。廿音入,二十并也。卉音先合反,三十之省便,古文也。卅音先立反,数名,今直以为四十字。按秦始皇凡刻石颂德之辞,皆四字一句。《泰山辞》曰:'皇帝临位,二十有六年。'《琅邪台颂》曰:'维二十六年,皇帝作始。'《之罘颂》曰:'维二十九年,时在中春。'《东观颂》曰:'维二十九年,皇帝春游。'《会稽颂》曰:'德惠修长,三十有七年。'此《史记》所载,每称年者,辄五字一句。尝得《泰山辞》石本,乃书为'廿有六年',想其馀皆如是,而太史公误易之,或后人传写之讹耳,其实四字句也。"此用刻石以校《史记》文字之误。又如《三笔》卷十三"牺尊象尊"条,利用出土文物纠正汉儒注释之误,肯定王肃之说:"予按今世所存故物,《宣和博古图》所写,牺尊纯为牛形,象尊纯为象形,而尊在背,正合王肃之说。然则牺字只当读如本音,郑司农诸人所云,殊与古制不类。则知目所未睹而臆为之说者,何止此哉!"还有用碑文以补史阙者,例如《随笔》卷一"唐平蛮碑"条:"成都有唐《平南蛮碑》,开元十九年剑南节度副大使张敬忠所立。时南蛮大酋长染浪州刺史杨盛颠为边患,明皇遣内常侍高守信为南道招慰处置使以讨之,拔其九城。此事新、旧《唐书》及野史皆不载。肃宗以鱼朝恩为观军容处置使,宪宗用吐突承璀为招讨使,议者讥其以中人主兵柄,不知明皇用守信盖有以启之也。"对于金石文物、铭刻,洪迈亦注意辨伪,谨防赝品欺世,如《三笔》卷十三"钟鼎铭识"条,就表现了这一倾向。但有轻加怀疑之嫌,如说:"三代钟鼎彝器存于今者,其间款识,唯'眉寿万年','子子孙孙永宝用'之语,差可辨认,馀皆茫昧不可读,谈者以为古文质朴固如此,予窃有疑焉。"并据见载于文献的易懂铭文(如"汤之盘铭"、"谗鼎之铭"、"正考父鼎铭"等)以证其"艰涩无绪"之可疑。这种看法不妥,事实上可靠的铭文往往艰涩难读。他附和汉人重无款识之器、绌有款识之器的意见,也是不恰当的。

(四)在文字、音韵、训诂、校勘等方面的成就和局限

在文字、训诂方面,洪迈的成就有几点值得注意:第一,注意通过归纳实际语言文字资料以确定字训。例如《三笔》卷十五"媵字训"条:"媵之义为送,《春秋》所书晋人卫人来媵,皆送女也。《楚辞·九章》:'波滔滔兮来迎,鱼鳞鳞兮媵予。'其义亦同。《周易·咸卦》象曰:'咸其辅颊舌,媵口说也。'《释文》云:'媵,达也。'九家皆作'乘',而郑康成、虞翻作'媵',而亦训为送云。"又如同上同卷"之字训变"条:"汉高祖讳邦,荀悦云:'之字曰国。惠帝讳盈,之字曰满。'谓臣下所避以相代也。盖'之'字之义训变,《左传》:'周史以《周易》见陈侯者,陈侯使筮之,遇《观》之《否》。'谓《观》六四变而为《否》也。他皆仿此。"例子虽少,但方法甚明。第二,注意不拘形体局限,因音求义,读破假借,区分异体。例如《四笔》卷七"由与犹同"条:"《新唐书·藩镇传序》云:'其人自视由羌狄然。'据字义,'由'当为'犹',故吴缜作《唐书音训》有《纠谬》一篇,正指其失,彼元不深究《孟子》也。文惠公顷与予作《唐书补过》,尝驳其说。予作文每用之,辄为人所疑问,今为详载于此。如'以齐王,由反手也','由弓人而耻为弓','王由足用为善','是由恶醉而强酒','由己溺之、由己饥之','由射于百步之外','见且由不得亟',其义皆然。盖'由'与'犹'通用也。"又如:《五笔》卷九"委蛇字之变"条:"欧公《乐郊诗》云:'有山在其东,有水出逶迤。'近岁丁朝佐《辨正》谓其字参古今之变,必有所据。予因其说而悉索之,此二字凡十二变。一曰委蛇,本于《诗·羔羊》:'退食自公,委蛇委蛇。'毛公注:'行可从迹也。'郑笺:'委曲自得之貌。'委,於危反。蛇音移。《左传》引此句,杜注云:'顺貌。'《庄子》载齐桓公泽中所见,其名亦同。二曰委佗,《诗·君子偕老》:'委委佗佗。'毛注:'委委者,行可委曲从迹也。佗者,德平易也。'三曰逶迤,《韩诗》释上文云:'公正貌。'《说文》:'逶迤,斜去貌。'四曰倭迟,《诗》:'四牡骓骓,周道倭迟。'注:'历远之貌。'五曰逶夷,《韩诗》之文也。六曰威夷,潘岳诗:'迥溪萦曲阻,峻阪路威夷。'孙绰《天台山赋》:'既克陟于九折,路威夷而修通。'李善注引《韩诗》'周道威夷'。薛君曰:'威夷,险也。'(按,此注望文生训,洪未识)七曰委移,《离骚经》:'载云旗之委蛇',一本作'逶迤',一本作'委移'。注:'云旗逶移。长

也。'八曰委移,刘向《九叹》:'遵江曲之逶移。'九曰逶蛇,后汉《费凤碑》:'君有逶蛇之节'。十曰蜲蛇,张衡《西京赋》:'女娥坐而长歌,声清畅而蜲蛇。'李善注:'蜲蛇,声馀诘曲也。'十一曰遥迤,汉《逄盛碑》:'当遂遥也,立号建基。'十二曰威迟,刘梦得诗:'柳动御沟清,威迟堤上行。'韩公《南海庙碑》:'蜿蜿蛇蛇',亦然也。则欧公正用《韩诗》,朝佐不暇寻绎之尔。"这里"委蛇"一词多形,其中或表现为假借不同,或表现了分化异体,情况繁复。洪迈因突破形体局限,因音求义,故能以简驭繁,得其本旨。其义或用本义,或为引申,对此洪迈未辨;对旧注之望文生训者亦从而不疑,此为不足。第三,注意到反训。例如《三笔》卷十一"五经字义相反"条:"'治'之与'乱','顺'之与'扰','定'之与'荒','香'之与'臭','遂'之与'溃',皆美恶相对之字。然《五经》用之或相反,如'乱臣十人'、'乱越我家'、'惟以乱民'、'乱为四方新辟'、'乱为四辅'、'厥乱明我新造邦'、'丕乃俾乱'之类,以乱训治也。'安扰邦国'、'扰而毅'、'扰龙'、'六扰'之类,以扰训顺也。'荒度土功'、'遂荒大东'、'大王荒之'、'葛藟荒之'之类,以荒训定也。'无声无臭'、'胡臭亶时'、'其臭膻'、'臭阴达于渊泉'之类,以臭训香也。'是用不溃于成'、'草不溃茂'之类,以溃训遂也。郑康成笺《毛诗》'溃成',与毛公皆释为遂。至于'溃茂',则以'溃'当作'彙',彙,茂貌也。自为异同如此。"其中例子虽不尽恰当,但却归纳出反训的现象。第四,注意辨俗体字。例如《三笔》卷十三"五俗字"条:"书字有俗体,一律不可复改者,如'冲'、'凉'、'况'、'减'、'决'五字,悉以水为冫(自注:笔陵切,与'冰'同),虽士人札翰亦然。《玉篇》正收入于水部中,而冫部之末亦存之,而皆注云'俗',乃知由来久矣。唐张参《五经文字》亦以为讹。"又如《四笔》卷十二"小学不讲"条辨正俗云:"'本'字从'木','一'在其下,今为'大十'者非。'休'字象人息于木阴,加点者非。'美'从'羊'从'大',今从'犬'、从'火'者非。'軍(军)'字古者以车战,故'军'从'勹'下'车',后相承作'军',义无所取。'看'字从'手',凡视物不审,则以手遮目看之,作'看'者非。扬州取轻扬之义,从'木'者非。'梁'从'木',作'梁'者非。乾有干、虔二音,为字一体,今俗分别作'乹'字音虔、而'乾'音干者非……",其中所辨有的属简化字(简化整字或偏旁),有的属形声字形旁或声旁的代换字,有的属俗写体或笔画讹误等,洪迈一律以《说文》正体字形为准,以决是非,而不论是否已约定俗成,可谓认真有馀而变通不足。这一点不如颜之推的观点灵活。

在音韵方面,洪迈已初步意识到语音有古今、地域的不同,但仍未破"叶音说"。例如《随笔》卷七"羌庆同音"条:"王观国彦宾、吴棫材老,有《学林》

及《叶韵补注毛诗音》，二书皆云：《诗》、《易》、《太玄》凡用'庆'字，皆与'阳'字韵叶，盖'羌'字也。引萧该《汉书音义》：'庆音羌'。又曰：'《汉书》亦有作"羌"者，班固《幽通赋》'庆未得其云已'，《文选》作'羌'，而他未有明证。'予按《扬雄传》所载《反离骚》；'庆夭顇而丧荣'，注云：'庆'，辞也，读与羌同。'最为切据。"实际上"羌"、"庆"古音同为"溪"母"阳"韵，为同音字，并非一时相叶。又如《续笔》卷八"地名异音"条："郡邑之名有与本字大不同者，颜师古以为土俗各有别称者是也。姑以《汉书·地理志》言之：冯翊之櫟（枥）阳为'药阳'，莲勺为'辇酌'；太原之虑虒为'庐夷'；上党之沾为'添'；河内之隆虑为'林庐'，荡阴为'汤阴'；颍川之不羹为'不郎'；南阳之郦为'掷'，堵阳为'者阳'，'酂'为'讚'；沛之'酂'为'嵯'，'邯'为'多'；清河之鄃为'输'……皆不可求之于义训，字书亦不尽载也。"其实这是方言中所保存的古音，而不是单纯的所谓"土俗各有别称"。音转义通，也并非"不可求之于义训"。洪迈只看到地域语音的差别，而未发现古今音转可通，这是他音韵学方面的局限。

洪迈对于远古和近世文献的校勘皆较留意。例如《续笔》卷十五"《书》、《易》脱误"条，引《汉书·艺文志》所存刘向校《尚书》、《周易》之例，苏轼校《周易》之例，己校《尚书·洪范》、《康诰》之例，以及王安石校《尚书·武成》之例，说明旧本脱误及应校正的情况。又如《续笔》卷六"说文与经传不同"条引十数例以示《说文》"引用经传，多与今文不同"，汇集了不少经今古文的异文材料。又如《三笔》卷六"杜诗误字"条："李适之在明皇朝为左相，为李林甫所挤去位，作诗曰：'避贤初罢相，乐圣且衔杯。为问门前客，今朝几个来？'故杜子美《饮中八仙歌》云：'左相日兴费万钱，饮如长鲸吸百川，衔杯乐圣称避贤。'正咏适之也。而今所行本误以'避贤'为'世贤'，绝无意义，兼'世'字是太宗讳，岂敢用哉？《秦州雨晴》诗云：'天永秋云薄，从西万里风。'谓秋天辽永，风从万里而来，可谓广大。而集中作'天水'，此乃秦州郡名，若用之入此篇，其致思浅矣。《和李表丈早春作》云：'力疾坐清晓，来诗悲早春。'正答其意。而集中作'来时'，殊失所谓和篇本旨。"此据避讳、形讹等理由，用理校方法校正讹误，甚确。此外，前面已经提及，洪迈用金石材料校订文献，也取得了突出的成就。

洪迈比朱熹稍长，并世而生，他们在考据学方面是有共同语言的。洪迈虽不废义理，但更重考据，对当世和后代考据学的发展产生了较大的影响。

第六节　朱熹

朱熹(1130—1200)，字元晦，后改仲晦，号晦菴、遯翁，别称紫阳，徽州婺源(今江西婺源县)人。宋高宗绍兴十八年(1148)登第，赐同进士出身。历任泉州同安县主簿、枢密院编修官、秘阁修撰、知南康军，提举两浙东路常平茶盐公事、提点江南西路刑狱公事、知漳州、焕章阁待制兼侍讲、实录院同修撰等职，时经高宗、孝宗、光宗、宁宗四朝。朱熹对仕进似乎不十分热衷，每次任命，一再推辞，其中原因复杂，谦退的表示只是表面现象，主要原因在于为摆脱政事，集中精力钻研、传播道学，同时怕卷入朝廷官场道学与道学反对派的党争。但他最后终未逃脱这一斗争的漩涡。光宗绍熙五年(1194)七月，宁宗即位，经道学派赵汝愚推荐，朱熹被任为焕章阁待制兼侍讲，受到重用。在朝仅四个月，便因道学反对派施加影响，又受到宁宗的疏远。宁宗庆元元年(1195)，以外戚执政的韩侂胄，大反道学，斥道学为伪学，兴起"庆元党禁"。次年朱熹即遭到御史沈继祖的指控，被宁宗革职，其亲信门徒蔡元定亦被逮捕送道州管制。朱熹精神上受到很大打击，身体也衰老病弱，但仍坚持著述，直至庆元六年(1200)死去。《宋史·道学传》中有他的传记，后人作有年谱多种。

朱熹一生的主要精力集中于学术的研讨、传授和著述，他是程颢、程颐"洛学"的集大成者，后世合称程朱学派。因为他侨居福建，长期讲学于此，故朱熹之学又称"闽学"。朱熹早年曾钻研过佛老，自高宗绍兴二十三年(1153)从师李侗之后，始专心于道学，反对援佛老入儒。但佛老思想对他仍有潜在影响。从孝宗隆兴元年(1163)至淳熙元年(1174)，是朱熹解说综录前辈道学家周敦颐、张载、二程著作，形成系统道学唯心主义思想的时期，主要编著有《论语要义》(辑道学诸家说《论语》之义，此书不传)、《论语训蒙口义》、《程氏遗书》(取二程门人所记二程言行答问等编订而成)、《论孟精义》(辑二程之说为主，附以张载、范祖禹、吕希哲、吕大临、谢良佐、游酢、杨时、侯仲良、尹焞九家之说)、《资治通鉴纲目》、《八朝名臣言行录》(自宋太祖至宋徽宗)、《西铭解义》、《太极图说解》、《通书解》、《程氏外书》(收《程氏遗书》之外的语录152条)、《伊洛渊源录》(辑录周敦颐、二程及交游、弟子言行材料)、《古今家祭礼》(辑录汉以来家祭礼资料)、《近思录》(选辑周敦颐、二程、张载著作中的语录620条，与吕祖谦合编)。其后朱熹的思想不断发展，写出了不少在综合诸家的基础上提出独立见解的著作。淳熙四年(1177)写成

《论孟集注》(即《论语集注》和《孟子集注》,在《论孟精义》的基础上修改提炼并兼取古注而成)、《论孟或问》(用问答体形式评论诸家说法及去取之由)、《诗集传》(即《诗经》的集注,杂采宋儒及前儒的说法,力破《毛诗小序》所谓"美刺说",视反映爱情的民歌为"淫诗")、《周易本义》(既视《易经》为占筮之书,又信道士臆造的易图,折中、调和宋代象数、义理、考据诸派易学)。淳熙十三年(1186)作《易学启蒙》(阐发邵雍先天图义)、《孝经刊误》(取《古文孝经》分为经一章,传十四章,删旧文 233 字)、《小学》(有关学童修养的书)。宁宗庆元三年(1197)作《韩文考异》(韩愈集校勘之作)。庆元四年作《书集传》未完稿。庆元五年作《楚辞集注》。

朱熹首先是一个思想家,他的思想体系的核心是"理","理"的总体或最高境界是"太极",所谓"总天地万物之理,便是太极";"太极者……理之极至者也"(《朱子语类》卷九四,以下简称《语类》)。他认为理和太极是天地万物的本源,如说:"圣人谓之太极者,所以指夫天地万物之根也。"(同上)他虽然说理与物事不相离,但并不认为物事是理的本源,而是说物事不过是理的体现而已。他认为"自下推而上去,五行只是二气,二气只是一理。自上推而下来,只是此一个理,万物分之以为体,万物之中,又各具一理,所谓乾道变化,各正性命。然总又是一个理,此理处处皆浑沦。"(《语类》卷九四)与理同实异名的太极也是如此:"本只是一太极,而万物各有禀受,又各自全具一太极尔。如月在天,只一而已,及散在江湖,则随处而见,不可谓月已分也。"(《语类》卷九四)尽管朱熹有时把理说成天下之物"其所以然之故与其所以当然之则"(《大学或问》卷二),或者"必须是如此"(《语类》卷一四)、"合当决定是如此"(《语类》卷六四)之类,仿佛是客观事物本身所固有的质的规定性或不以人们意志为转移的规律和法则,其实并非如此,他所谓的理,实际是一种观念性的是非标准,或者是封建伦理的教条,如说:"太极只是个极好至善的道理"(《语类》卷九四),"其气便是春夏秋冬,其物便是金木水火土,其理便是仁义礼智信"(同上)。这个理具有至高无上的权威性,他说:"然所谓主宰者,即是理也","帝是理为主"(《语类》卷一),"天下莫尊于理,故以帝名之"(《语类》卷四),这里否定了人格化的上帝,却制造出一个主宰一切的理。可见朱熹的世界观是客观唯心主义。由此决定他坚持的认识路线也必然是唯心主义的。他解释《大学》"致知在格物"说:"言欲致吾之知,在即物而穷其理也"(《大学章句》),认为人们的认识就是即物以穷理,认识这个产生物事的客观精神本源。与此相关,在社会践履中提出维护封建秩序和伦理的"存天理,灭人欲"的禁欲主义主张,他说:"圣贤千言万语,只是教人明天理、灭人欲"(《语类》卷一二),"天下道理自平易简直,人于其间只是为剖析人欲以复天理"(《语类》卷一二一)。

朱熹的这一整套客观唯心主义思想体系,多半是通过对古代文献的解说表述出来的。他与陆九渊不同,陆九渊宣扬主观唯心主义的"心学",所谓"宇宙便是吾心,吾心即是宇宙"(《陆九渊集》卷二二《杂说》),"人皆有是心,心皆具是理,心即理也"(《陆九渊集》卷一一《与李宰》)。在对待前代文献上也是以我为主,师心自用,不强调读书,认为"学苟知本,六经皆我注脚"(《陆九渊集》卷二四《语录》)。而朱熹则认为理完整地体现在圣贤的著作里面,"穷理之要,必在于读书",主张"博学之,审问之,慎思之,明辨之"(《语类》卷一八)。他还说:"所谓格物云者,河南夫子所谓或读书讲明义理,或尚论古人别其是非,或应接事物而处其当否,皆格物之事也。"(《晦庵先生朱文公文集》卷六四《答赵民表》,以下简称《文集》)这里所讲格物穷理的三方面,读书、论古占据其二,因此朱熹十分重视前代文献的整理、研究,这使他又成为著名的古文献学家。

朱熹在古文献学上的成就和局限主要有以下几方面:

(一)主张分析义理与训诂考证相结合,既集理学之成,又畅考据之流

朱熹与某些理学家有所不同,他反对离开文献的语言文字穿凿附会义理,主张分析义理与训诂考证相结合。关于这方面的言论和实践很多,例如在《答江德功》(见《文集》卷四四)中说:

> 格物之说,程子论之详矣,而其所谓"格,至也,格物而至于物则物理尽"者,意句俱到,不可移易。熹之谬说实本其意,然亦非苟同之也。……知求其理矣,而不至夫物之极,则物之理有未穷而吾之知亦未尽,故必至其极而后已。此所谓"格物而至于物则物理尽"者也。物理皆尽,则吾之知识廓然贯通,无有蔽碍,而意无不诚,心无不正矣。此《大学》本经之意,而程子之说然也。其宏纲实用固已洞然无可疑者,而微细之间,主宾次第、文义训诂,详密精当亦无一毫之不合。今不深考,而必欲训"致知"以"穷理",则于主宾之分有所未安(原注:知者,吾心之知,理者,事物之理,以此知彼,自有主宾之辨,不当以此字训彼字也);训"格物"以"接物",则于究极之功有所未明。(原注:……今日一与物接而理无不穷,则亦太轻易矣。盖特出于"闻声悟道""见色明心"之馀论,而非吾之所谓穷理者,固未可同年而语也。且考之他书,格字亦无训接者。)以义理言之则不通,以训诂考之则不合,以功用求之则又无可下手之实地。窃意圣人之言必不如是之差殊疏略以病后世之学者也。

所谓"意句俱到"(袭用禅宗有关说法的成语),意就是义理,句就是字句。他认为"意"离不开"句",要兼顾,反对舍字句去求义理。他还明确提出,解经要从"义理"、"训诂"、"功用"综合考察,能够讲得通,做得到才行。除"功用"为理学家的躬行、践履之外,"义理"、"训诂"均属文献训释方面,他认为两者要结合,既不能顾此失彼,也不能扞格不通。但又认为两者不是平列关系,"义理"属"宏纲","文义训诂"属"微细之间"。这不仅反映了理学家重义理的观点,也反映了义理与训诂之间存在着宏观与微观之别的实际情况。

尽管他认为义理与训诂有主次之分,但始终认为义理绝不能脱离语言文字而独立存在,他说:"吾道之所寄,不越乎言语文字之间"(《中庸章句序》)。因此他认为精通传统小学又是准确理解古文献的先决条件,如《答杨之范》说:"字画音韵是经中浅事,先儒得其大者,多不留意。然不知此等处不理会,却枉费了无限辞说牵补,而卒不得其本义,亦甚害事也。"(《文集》卷五十)《答吴晦叔》说:"大凡理会义理,须先剖析得名义界分各有归著,然后于中自然有贯通处。"(《文集》卷四二)这些话是很有道理的,我们知道,训释古书,首先遇到的是语言文字问题,撇开文义训诂分析义理,只能落入穿凿附会。朱熹非常重视在语言文字上下功夫,力戒空谈、穿凿之弊,这样的言论在他的著作中俯拾皆是,略举数端,以见其意:

> 或读《关雎》,问其训诂名物,皆不能言,便说"乐而不淫,哀而不伤"云云者。余告之曰:"如此读《诗》,只消此八字,更添'思无邪'三字成十一字,后便无话可说。三百五篇皆成渣滓矣。"因记得顷年汪端明说,沈元用问尹和静:"伊川先生《易传》何处是最切要处?"尹云:"体用一源,显微无间,此是最切要处。"后举似李先生,先生曰:"尹说固好,然须是看得六十四卦、三百八十四爻都有下落处,方始说得此话。若学者未曾子细理会,便与他如此说,岂不误他!"余闻之悚然,始知前日空言无实,全不济事,自此读书益加详细云。(《文集》卷七一《偶读漫记》)

> 先生一日谓诸生曰:某患学者读书不求经旨,谈说空妙。故欲先通文义,就文求意。(《语类》卷一二一)

> 读书无甚巧妙,只是熟读,字字句句对注解子细辨认语意,解得一遍是一遍工夫,解得两遍是两遍工夫。工夫熟时,义理自然通贯,不用问人。(《语类》卷一二〇)

同时朱熹也十分重视考证,把考证作为分析义理之外的另一种基本功夫,例如:

读书玩理外,考证又是一种工夫,所得无几而费力不少。向来偶自好之,固是一病,然亦不可谓无助也。(《文集》卷五四《答孙季和》)

胡氏(指胡安定,有《书解》)辟得吴才老(棫)解经,亦过当,才老于考究上极有工夫,只是义理上自是看得有不仔细。(《语类》卷七八)

由于朱熹主张由训诂考证以通义理,所以他十分重视前人的训释成果。他说:"汉魏诸儒正音读,通训诂,考制度,辨名物,其功博矣。学者苟不先涉其流,则亦何以用力于此(指《论语精义》采宋人之说)?而近世二三名家,与夫所谓学于先生(指二程)之门人者,其考证推说,亦或时有补于文义之间。学者有得于此,而后观焉,则亦何适而无得哉?"(《论孟精义序》)他既反对"为旧说所蔽"(《文集》卷三一《答敬夫孟子说疑义》),"被旧说粘定"(《语类》卷一一七),又反对完全抛开旧注,蹈空承虚,如说:"近看《中庸》古注,极有好处,如说篇首一句,便以五行五常言之,后来杂佛老而言之者,岂能如是之悫实耶?因此方知摆落传注,须是两程先生方始开得这口,若后学未到此地位,便承虚接响,容易呵叱,恐属僭越,气象不好,不可以不戒耳。"(《文集》卷三五《答吕伯恭别纸》)关于朱熹不废古注、沿用旧说这一事实,清人亦有揭示。崔述《考信录提要·释例》说:"朱子《易本义》、《诗集传》及《论语、孟子集注》,大抵多沿前人旧说,其偶有特见者,乃改用己说耳。何以言之?《孟子》'古公亶父'句,赵注以为太王之名,朱注亦云:'亶父,太王名也。'《大雅》'古公亶父'句,毛传以字与名两释之,朱传亦云:'亶公,太王名也,或曰字也。'其沿用旧说,显然可见。《豳风·鸱鸮篇》,传采伪孔之说,以'居东'为'东征',遂以此诗作于东征之后,及后《与蔡九峰书》,则又言其非是,以故蔡氏《书传》改用新说。然则朱子虽采旧说,初未尝执一成之见矣。"李中培著有《朱子不废古训说》,专考朱熹《四书》注中所采古注疏及唐宋诸家之说。朱熹对唐以前的古注有这样一个看法,认为"自晋以来,解经者却改变得不同,是王弼、郭象辈是也。汉儒解经,依经演绎,晋人则不然,舍经而自作文"(《语类》卷六七),这是符合实际情况的。

在训诂考证方面,朱熹善于综合利用前人的成果,自己的发明并不突出。在音韵上他采取当时盛行的"叶韵"说,在文字上信《说文》而不信王安石的《字说》(见《语类》卷一四〇)。在训诂理论方法上虽也无明显突破,但有一点值得重视,即在释义时能注意跳出文字的框框,从语言角度考虑问题,例如朱熹有这样一段答问:

问:观书或晓其义而不晓字义,如"从容"字,或曰横出为从,宽容为

容,如何?曰:这个不见得,莫要管他横出包容,只理会言意。(《语类》卷一一五)

在这里"从容"本是一个联绵词,"从"、"容"各表示一个音节,没有独立的意义,不能分别作两个字单释。在遇到这种言意与字义发生矛盾的情况下,朱熹主张"只理会言意",而不受文字的束缚,这是很科学的,而且是带有普遍意义的。因为文献皆以书面语的形式存在着、流传着,由于汉字作为记录语言的符号,存在着表意(例如传统文字学所说的象形、指事、会意)和表音(例如假借)两种矛盾的现象,同时又由于单个汉字在表示语言成分方面存在着表词(单音节单纯词)、表词素(复合词)或词根(合成词)、表音节(多音节单纯词)三种可能性,因此汉字与其所代表的语言成分在意义上往往是不统一的,只有从语言角度着眼,才能准确把握词的意义。朱熹从经验中已经觉察到这一点,足见他在理解文献上用心之细,当然他尚未上升到理论高度,成为自觉的认识。与此相关而又超出词义之外,朱熹还强调从"辞气"、"文势"方面体味、审度文意。杨树达曾说:"余尝谓训诂之学,明义诂为首要矣,而尤贵乎审辞气。大抵汉代儒生精于义诂,而疏于审辞气,赵宋学者善于审辞气,而疏于义诂。"(《积微居小学述林·淮南子证闻后序》)朱熹正是在"审辞气"上作出突出贡献的学者,在他的校释实践中不乏其例。

另外,确定一字之训,能注意博取本证和他证,直接从分析语文材料入手,言之有据。例如《答徐彦章》(《文集》卷五四)解释《孟子·公孙丑》"自反而缩"的"缩"字说:"缩,直也。《仪礼》、《礼记》多有此字,每与衡字作对。下文'直养'之说,盖本于此。乃一章大指所系,不可失也。"

朱熹虽然不废训诂考证,但更强调分析义理。他反对各执一偏的两种倾向,黄榦《朱先生行状》中载有朱熹的这样一段话:"至若求道之过者,病传注诵习之烦,以为不立文字可以识心见性,不假修为可以造道入德,守虚灵之识而昧天理之真,借儒者之言以文老佛之说,学者利其简便,诋訾圣贤,捐弃经典,猖狂叫呶,侧僻固陋,自以为悟。立论愈下者,则又崇奖汉唐,比附三代,以便其计功谋利之私。二说并立,高者陷于空无,下者溺于卑陋,其害岂浅浅哉!"(《勉斋集》卷三六)在这里朱熹认为空谈义理与沉溺传注皆为弊端,遗害匪浅。而朱熹在分析义理方面,也总是利用一切可能来歪曲古文献,发挥他自己的客观唯心主义思想体系,"存天理,灭人欲"的说教随处可见。这一点是他的义理之学的主要倾向,无疑应该否定。但是他是思想精致的理学家,在由字面深入探求义理这一步中,又不同意简单、生硬的做法,他说:"大抵圣贤立言,本自平易,而平易之中,其旨无穷,今必推之使高,凿之使深，是未必真能高深而固已离其本指，丧其平易无穷之味矣。所论《绿衣篇》，意极温厚，得学《诗》之本矣，但添入外来意思太多，致本文本意反不条畅，此《集传》所以于诸先生之言有不敢尽载者也。"（《文集》卷三十五《答刘子澄》）他还认为，《诗经》虽多比兴，但也不能刻意求深，强添义理，说："观《诗》之法，且虚心熟读寻绎之，不要被旧说粘定，看得不活。伊川解《诗》，亦说得义理多了。《诗》本是恁他说话，一章言了，次章又从而叹咏之，虽别无义，而意味深长，不可于名物上寻义理。后人往往见其言只如此平淡，只管添上义理，却窒塞了他。如一源清水，只管将物事堆积在上，便壅隘了。"（《语类》卷一一七）朱熹反对简单生硬地穿凿义理，但他实际做起来却有两种情况：一种是附会得精巧隐蔽，不易识破，应特别注意辨别；另一种是正确理会，颇得原意，至今仍有参考价值。前者例如前面所引《答江德功》解释《大学》"致知在格物"之说，不仅训诂文义讲得贴切，在义理阐发中夹带私货亦不易觉察。《大学》所谓致知，谓探求物之本末、事之终始之道，如说："物有本末，事有终始，知所先后，则近道矣。"而朱熹则把致知歪曲成"至夫物之极"，求其所由生的先验之理。后者例如《语类》卷六二解《中庸》时说："中庸之中，是兼'已发而中节'（见《中庸》）、'无过不及'（见《论语》）者得名，故周子曰：'惟中者，和也，中节也，天下之达道也。'若不识得此理，则周子之言更解不得。所以伊川谓中者天下之正道。《中庸章句》以中庸之中实兼中和之义，《论语集注》以中者不偏不倚、无过不及之名，皆此意也。"这里把《中庸》和《论语》关于"中庸"之"中"含义的区别，分辨得十分精细，甚符原意。

在探求义理方面，朱熹反对攀援佛老以附会儒家经典，这也是值得肯定的。他认为儒佛老各不同道，说："以某观之，做个圣贤，千难万难。如释氏，则今夜痛说一顿，有利根者当下便悟，只是个无星之秤耳。"（《语类》卷一一五）又如："有言庄老禅佛之害者，曰：禅学最害道。庄老于义理绝灭犹未尽，佛则人伦已坏，至禅则又从头将许多义理扫灭无馀，以此言之，禅最为害之深者。顷之复曰：要其实则一耳，害未有不由浅而深者。"（《语类》卷一二六）他反对以佛解儒："陆子静（九渊）说'克己复礼'，云不是克去己私利欲之类（按，陆氏这里反对用'天理人欲'说进行附会），别自有个克处，又却不肯说破。某尝代之下语云：不过是要言语道断，心行路绝耳（按，陆氏以佛家空无之说进行附会）。因言此是陷溺之深坑，学者切不可不戒。"（《语类》卷一二四）又如：有人解释《论语》说："'朝闻道夕死可矣'，天下之事惟死生之际不可以容伪，非实有所悟者，临死生未尝不乱。闻道之士，原始反终，知生之所自来，故知死之所自去，生死去就之理了然于心，无毫发疑碍，故其临死生也,如昼夜,如梦觉,以为理之常然,惟恐不得正而毙耳……"朱熹就此加以评论:"此又杂于释氏之说,更当以二程先生说此处熟味而深求之,知吾儒之所谓道者,与释氏迥然不同,则知朝闻夕死之说矣。"(《文集》卷四一《答程允夫》)他对程氏门人以佛老乱儒有所指责:"而异端之说日新月盛,以至于老佛之徒出,则弥近理而大乱真矣。……至其门人所自为说,则虽颇详尽而多所发明,然倍其师说而淫于老佛者亦有之矣。"(《文集》卷七六《中庸章句序》)他对自己早年存在的这一弊病也有所检讨:"所示数条,鄙意有未安者,已具纸尾。大抵旧来多以佛老之似乱孔孟之真,故每有过高之弊,近年方觉其非,而亦未能尽革,但时有所觉,渐趋平稳耳。顺之此病尤深,当痛省察矫揉也。"(《文集》卷三九《答许顺之》)

（二）考辨群书,指伪纠谬

朱熹在辨伪学上也卓有成就,他参考众家之长,不拘守成说偏见,对群书的真伪、立说的是非多有考辨,论断较为实在有据,间亦有不当之处。

关于《周易》,朱熹有一个基本观点,即认为《易》本占筮之书,不是义理之作,对于后人的解释,当分别看。他说:"《易》本卜筮之书,后人以为止于卜筮,至于王弼用老庄解,后人便以为理,而不以为卜筮,亦非。想当初伏羲画卦之时,只是阳为吉,阴为凶,无文字,某不敢说,窃意如此。后文王见其不可晓,故为之作彖辞;或占得爻处不可晓,故周公为之作爻辞;又不可晓,故孔子为之作十翼,皆解当初之意。今人不看卦爻而看《繫辞》,是犹不看《刑统》而看《刑统》之序例也,安能晓?今人须以卜筮之书看之方得,不然不可看《易》。"(《语类》卷六六)又说:"八卦之画,本为占筮,方伏羲画卦时,止有奇偶之画,何尝有许多话说,文王重卦作繇辞,周公作爻辞 ,亦只是为占筮设。到孔子方始说从义理去。……故学《易》者,须将《易》各自看:伏羲《易》自作伏羲《易》看,是时未有一辞也;文王《易》自作文王《易》、周公《易》自作周公《易》、孔子《易》自作孔子《易》看,必欲牵合作一意看不得。今学者讳言《易》本为占筮作,须要说做为义理作,若果为义理作时,何不直述一件文字,如《中庸》、《大学》之书,言义理以晓人,须得画八卦则甚?"(同上)这一看法在总体上是对的,但认为伏羲画卦,文王重卦并作彖辞,周公作爻辞,孔子作十翼,乃因袭旧说,难成定论。对于汉人附会的象数之学,朱熹是不承认的,他认为象数应从《易》卦本身去求:"尝谓伏羲画八卦,只此数画,该尽天下万物之理","前辈也曾说《易》之取象,似《诗》之比兴,如此却是虚说,恐不然,如'田有禽',须是此爻有此象,但今不可考,数则只是'大衍之数五十'与'天数五''地数五'两段,大衍之数是说著,天地之数是说造化生生不穷之理,除此外都是后人推说出来的"(《语类》卷六六)。对于宋代《易》学,他于邵雍的象数之学和程颐的义理之学各有弃取。他信邵雍引道解《易》之说,认为:"《易》有太极,是生两仪,两仪生四象,四象生八卦。这四象生八卦以上,便是圣人本意的。"(《语类》卷六六),同时相信《河图》、《洛书》之伪图,认为"所谓天地自然之《易》,《河图》、《洛书》也"(《周易本义·图说》),这是不对的。但他反对邵雍在说数上的穿凿:"圣人说数,说得简略高远疏阔,《易》中只有个奇偶之数,天一地二,是自然的数也,大衍之数,是揲蓍之数也,惟此二者而已。康节却尽归之数,窃恐圣人必不为也。"(《语类》卷六七)他认为程颐《易传》附会事理,虽有实用价值,但不合《易》之本义:"《易传》明白无难看,但伊川以天下许多道理散入六十四卦中,若作《易》看,即无意味,唯将来作事看,即字字句句有用处","《易传》义理精,字数足,无一毫欠阙……只是于本义不相合。《易》本是卜筮之书,《卦辞》、《爻辞》无所不包,看人如何用,程先生只说得一理"(同上)。因此他作《周易本义》,信守《易》本卜筮之书的基本看法,用吕祖谦《古周易》为底本作注,既不穿凿象数,又不附会义理,时人赵子钦投书,说他"说《语》、《孟》极详,《易》说却太略",而他认为:"譬之此烛笼,添得一条骨子,则障了一路明,若能尽去其障,使之统体光明,岂不更好,盖著不得详说故也。"(《语类》卷六七)当然此书采用宋人《河图》、《洛书》伪图及其他伪说,则反映了他认识上的局限。

关于《尚书》,他继吴棫之后,怀疑《古文尚书》、《尚书序》及孔安国传,在《语类》及《文集》中议论甚多。如在《语类》中,他对《尚书序》及孔安国传之伪深信不疑,认为:"《尚书小序》不知何人作,《大序》亦不是孔安国作,怕只是撰《孔丛子》的人作,文字软善,西汉文字则粗大","《尚书》决非孔安国所注,盖文字困善('困'当作'软'),不是西汉人文章","《尚书》孔安国传,此恐是魏晋间人所作,托安国为名"(《语类》卷七八)。对伪《古文尚书》则信疑将半,一方面承认"伏生书(今文)多艰涩难晓,孔安国壁中书却平易易晓",十分可疑,同时又加以圆解:"《书》有两体,有极分晓者,有极难晓者"(同上)。故阎若璩《尚书古文疏证》卷八第一一四条说:"其(指朱熹)于《古文》似犹为调停之说。"

关于《诗经》,他继刘敞、郑樵之后怀疑《诗序》,谓"《诗大序》亦只是后人作,其间有病句","《诗序》东汉《儒林传》分明说道是卫宏作,后来经义不明,都是被他坏了。某又看得亦不是卫宏一手作,多是两三手合成一序,愈说愈疏","《诗序》多是后人妄意推想诗人之美刺,非古人之所作也","《小序》如《硕人》、《定之方中》等见于《左传》者,自可无疑,若其他刺诗无所据,多是世儒将他谥号不美者,挨就立名尔"(《语类》卷八十)。另《诗序辨说序》云:"《诗序》之作,说者不同,或以为孔子,或以为子夏,或以为国史,皆无明文可考。惟《后汉书·儒林传》以为卫宏作《毛诗序》以传于世,则序乃宏作明矣。"因此他作《诗集传》尽撤去《小序》,只是间采其意。朱熹在破美刺说之后,把民间情诗说成淫诗,则反映了他的思想局限。

关于《孝经》,谓"据此书只是前面一段是当时曾子闻于孔子者,后面皆是后人缀辑而成……其言在《左氏传》、《国语》中,即上下文理相接,在《孝经》中却不成文理,见程沙随说,向时汪端明亦尝疑此书是后人伪为者","《古文孝经》却有不似今文顺者,如'父母生之,续莫大焉',又著一个'子曰'字。方说'不爱其亲而爱他人者谓之悖德',兼上更有个'子曰',亦觉无意思,此本是一段,以'子曰'分为二,恐不是"(《语类》卷八二)。

关于《春秋》,他怀疑后人所穿凿的笔法义例,说:"《春秋》大旨,其可见者,诛乱臣、讨贼子、内中国、外夷狄、贵王贱伯而已,未必如先儒所言字字有义也。想孔子当时,只是要备二三百年之事,故取史文写在这里,何尝云某事用某法,某事用某例邪?""此(《春秋》)是圣人据鲁史以书其事,使人自观之以为鉴戒尔,其事则齐威、晋文有足称,其义则诛乱臣贼子,若欲推求一字之间,以为圣人褒善贬恶专在于是,窃恐不是圣人之意。""或有解《春秋》者,专以日月为褒贬,书时月则以为贬,书日则以为褒,穿凿得全无义理。若胡文定公所解,乃是以义理穿凿,故可观。"(以上见《语类》卷八三)在三传中他肯定《左传》,而怀疑《公羊传》和《穀梁传》,说:"左氏所传《春秋》事,恐八九分是,《公》、《穀》专解经,事则多出揣度","《春秋》制度大纲,《左传》较可据,《公》、《穀》较难凭。胡文定义理正当,然此样处,多是臆度说"(同上)。

关于礼,他反对离开节文度数空谈义理,说:"本朝陆农师(佃)之徒,大抵说礼都要先求其义,岂知古人所以讲明其义者,盖缘其仪皆在,其具并存,耳闻目见,无非是礼,所谓'三千'、'三百'者较然可知,故于此论说其义,皆有据依。若是如今古礼散失,百无一二存者,如何悬空于上面说义,是说得什么义?须是且将散失诸礼错综参考,令节文度数一一著实,方可推明其义。若错综得实,其义亦不待说而自明矣。"(《语类》卷八四)朱熹对三礼的看法,认为《仪礼》是本经,《礼记》是注疏(见《语类》卷八四),甚符实情。于《周礼》,不信为刘歆伪撰,说:"《周礼》,胡氏父子以为是王莽令刘歆撰此,恐不然,《周礼》是周公遗典也。"(《语类》卷八六)言之成理,而末一句当须存疑。又说:"未必是周公自作,恐是当时如今日编修官之类为之。又官名与他书所见多有不同,恐是当时作此书成,见设官太多,遂不用,亦如《唐六典》

今存,唐时元不曾用。"(同上)这里说明"未必是周公自作",又指出未曾施用,带有理想化成分,皆是。唯信反映周公所制西周之礼,则非。以上见解又见《乞修三礼札子》。他的《仪礼经传通解》(初名《仪礼集传集注》,其中卷二十四至卷三十七凡十八篇仍用此旧名,为王朝礼)就是按这一指导思想编著的。其作法《乞修三礼札子》亦有说明,即以《仪礼》为经,而取《礼记》及诸经史杂书所载有及于礼者,皆以附于本经之下,具列注疏诸儒之说,略有端绪。其目有家礼、乡礼、学礼、邦国礼、王朝礼、丧礼、祭礼、大传、外传。其中丧、祭二礼为其弟子黄榦所续成。《祭礼》尚未定稿,黄榦又死,由杨复续修而成。朱熹在礼经严重散失残阙的情况下,受前人启发(如梁崔灵恩分《仪礼》为吉、凶、宾、嘉、军五礼,军礼皆亡。见《困学纪闻》卷五。又如《魏徵传》曰:以小戴礼综汇不伦,更作《类礼》二十篇。朱熹惜徵书之不复见。见《困学纪闻》卷五),开拓了一条研究整理礼书的新路,对于考察古代礼仪的全貌,颇有贡献。清代江永《礼书纲目》、秦蕙田《五礼通考》皆仿其例而承其绪。

朱熹在《文集》和《语类》等著作中,所辨古今书籍很多,遍涉经史子集,多达五十馀种,除上面所举的以外,尚有《归藏》、《易龙图》、《正易心法》、《书解义》、《尚书全解》、《书集解》、《春秋繁露》、《中庸义》、《论语十说》、《孟子疏》、《通鉴节要》、《世本》、《东坡事实》、《指掌图》、《孔子家语》、《孔丛子》、《中说》、《省心录》、《握奇经》、《管子》、《潜虚》、《子华子》、《黄山谷帖》、《琴志》、《龙城杂记》、《石林过庭录》、《说苑》、《维摩诘经》、《楞严经》、《传灯录》、《阴符经》、《列子解》、《龙虎经》、《吕祖谦集》、《皇宋文鉴》、《警世图》、《竞辰图》、《杂论》等。如辨《管子》说:"《管子》非仲所著……其书老庄说话亦有之,想只是战国时人收拾仲当时行事言语之类著之,并附以它书。"(《语类》卷一三七)

朱熹在辨伪方法上亦有所总结,《答袁机仲(枢)》说:"熹窃谓生于今世而读古人之书,所以能别其真伪者,一则以其义理之所当否而知之,二则以其左验之异同而质之。未有舍此两途而能直以臆度悬断之者也。"(《文集》卷三八)这里谈到两点,一是从本书内容考察,一是从旁证检验,最忌主观臆断,带有普遍意义。当然具体掌握之中还会出问题,例如上述的话,是就他考证《河图》《洛书》而深信不疑一事讲的,而这两个易图恰恰是伪作。我们从他对一些书的具体考证中,还能看出他能灵活使用多种辨伪方法。例如他说:"《孟子疏》乃邵武士人假作,蔡季通识其人。"(《语类》卷十九)这是从作者假托上辨孙奭《孟子疏》之伪。又说:"胡安定《书解》,未必是安定所注。

《行实》之类不载，但《言行录》上有少许，不多，不见有全部。专破古说，似不是胡平日意；又间引东坡说，东坡不及见安定，必是伪书。"(《语类》卷七八)这是由书的主旨与作者思想有违以及书中内容与史实相悖两方面以揭示作伪之迹。再如辨《孝经》，除从语句采自《左传》、《国语》上考察以外(前谈到《孝经》时已引)，还从书内观点与所托作者思想不符上考察，如说："如下面说'孝莫大于严父，严父莫大于配天'则岂不害理？倘若此，则须是如武王、周公方能尽孝道，寻常人都无分尽孝道也，岂不启人僭乱之心？"(《语类》卷八二)辨《古文孝经》则从材料抄袭拼凑之迹上考察，如说："《古文孝经》亦有可疑处。自《天子章》到'孝无终始而患不及者未之有也'，便是合下与曾子说的通为一段，只逐章除了后人所添前面'子曰'及后面引诗，便有首尾，一段文义都活。自此后却似不晓事人写出来，多是《左传》中语，如'以顺则逆，民无则焉，不在于善而皆在于凶德'，是季文子之辞，却云'虽得之，君子所不贵'，不知论孝却得个甚！全无交涉。如'言斯可道，行斯可乐'一段，是北宫文子论令尹之威仪，在《左传》中自有首尾，载入《孝经》，都不接续，全无意思。只是杂史传中胡乱写出来，全无义理，疑是战国时人斗凑出者。"(同上)其他如辨《书序》从文字风格上考察(见前)；辨《麻衣易》既从字句上考察，谓"落处"、"活法"、"心地"等语皆出近年(《文集》卷八一《书麻衣心易后》)，又从文字风格上考察，说"《麻衣易》，南康戴主簿(按，名绍韩)撰。麻衣，五代时人，五代时文字多繁絮，此《易》说只是今人文字"(《语类》卷六七)，并且还作了实地调查："《麻衣易》，乃是南康戴主簿作，某知南康时，尚见此人，已垂老，却也读书博记。一日访之，见他案有册子，问是甚文字，渠云：'是某有见抄录。'因借归看，内中言语文势，大率与《麻衣易》相似，已自捉破。又因问彼处人，《麻衣易》从何处传来。皆云：'从前不曾见，只见戴主簿传与人。'又可知矣。……后来戴主簿死了，某又就渠家借所作《易图》看，皆与《麻衣易》言语相应。"(同上)

(三)重视校勘，得失相兼

朱熹整理群书，对校勘非常重视，不仅校字之脱误，亦校篇章分合。其校改意见有的精当，有的妄断，瑕瑜并见。例如校定陶渊明《读山海经》诗："或问：'形夭无(無)千岁(歲)'改作'形夭舞干戚'，如何？曰：《山海经》分明如此说。惟周丞相不信改本，向芝林家藏邵康节亲写陶诗一册，乃作'形夭无千岁'，周丞相遂跋尾，以康节手书为据，以为后人妄改也。向家子弟携来求跋，某细看，亦不是康节亲笔，疑熙、丰以后人写，盖赝本也。盖康节之死，在熙宁二三年间，而诗中避'畜'讳(按，神宗赵顼)，则当是熙宁以后书。然笔画嫩弱,非老人笔也。"(《语类》卷一四〇)这里把校勘与辨伪相结合,结论甚是。又如:"杜诗最多误字,蔡兴宗《正异》固好而未尽。其尝欲广之,作《杜诗考异》,竟未暇也。如'风吹苍江树,雨洒石壁来','树'字无意思,当作'去'字无疑,'去'字对'来'字。又如蜀有漏天,以其西北阴盛常雨,如天之漏也,故杜诗云:'鼓角漏天东',后人不晓其义,遂改'漏'字为'满',似此类极多。"(同上)这里第一例根据不足,而第二例甚是。至于对异文的处理,也有当有不当。他有时不轻改原文,如皮锡瑞《经学历史》第八章所指出的,对《论语》不删重出之章("子曰:君子博学于文,约之以礼,亦可以弗畔矣夫!"先见于《雍也》,重见于《颜渊》;"子曰:不在其位,不谋其政。"先见于《泰伯》,重见于《宪问》),不钩转疑倒之文(《述而》:"子曰:与其进也,不与其退也,唯何甚。人洁己以进,与其洁也,不保其往也。"朱注:"疑此章有错简。'人洁'至'往也'十四字,当在'与其进也'之前。"),仅在注中加以说明;又如对《诗经·小雅·菀柳》"上帝甚蹈",校云:"《战国策》作'上天甚神'",注云:"'蹈'当作'神',言威灵可畏也。"凡此皆较为谨慎。而于《孝经》、《大学》则单凭主观大加删改。如认为《孝经》是曾子门人所记孔子曾子问答之言,绝非孔子之作,"传文固多傅会,而经文亦不免有离析增加之失",于是分之为经一章,传十四章,删旧文二百三十三字(见《孝经刊误》),引起后儒的不满,有不少问难之作,如清毛奇龄《孝经问》等,皆中其妄改之弊。注《大学》既移本经,又补传文,与此类似(见《大学章句》)。朱熹后来对自己校勘上的轻率之弊深有悔悟,《答许顺之》说:"承上巳日书,知尝到城中校书曲折,甚慰甚慰。但且据旧本为定,若显然谬误,商量改正不妨。其有阙误可疑无可依据者,宁且存之,以俟后学,切不可以私意辄有更改。盖前贤指意深远,容易更改,或失本真,以误后来,其罪将有所归。不可容易,千万千万!旧来亦好妄意有所增损,近来或得别本证之,或自思索看破,极有可笑者(原注:或得朋友指出)。所幸当时只是附注其旁,不曾全然涂改耳。亦尝为人校书,误以意改一两处,追之不及,至今以为恨也。"(《文集》卷三九)以前人们常引彭叔夏在《文苑英华辨证自序》中所说"三折肱为良医,信知书不可以意轻改"的话以为鉴戒,朱熹在这里所谈的体会,深刻性不在其下。朱熹的这一段话有几点值得注意:第一,校勘须重版本依据;第二,疑有阙误而无改正依据者,应存疑,不可以意轻改;第三,旁注校字,不涂改本文,较为稳妥。

正因为朱熹有了这样的经验体会,所以他晚年校《韩愈集》时就比较谨慎了。他的《昌黎先生集考异》是一部极有学术价值的校勘成果。他在《书韩文考异前》一文中谈了自己校勘此书的宗旨和方法,颇为详密精当,兹将全文抄录如下：

> 此集今世本多不同，惟近岁南安军所刊方氏（崧卿）校定本号为精善，别有《举正》十卷，论其所以去取之意，又他本之所无也。然其去取以祥符杭本、嘉祐蜀本及李、谢所据馆阁本为定，而尤尊馆阁本，虽有谬误，往往曲从，他本虽善，亦弃不录。至于《举正》，则又例多而词寡，览者或颇不能晓知。故今辄因其书更为校定，悉考众本之同异，而一以文势、义理及他书之可证验者决之。苟是矣，则虽民间近出小本不敢违；有所未安，则虽官本古本石本不敢信。又各详著其所以然者以为《考异》十卷，庶几去取之未善者，览者得以参伍而笔削焉。（《文集》卷七六）

这篇序较为全面地反映了朱熹关于校勘的观点：第一，广备众本以校异同，择善而从，既不曲从一本，又不迷信名本；第二，定是非的依据有"文势"、"义理"及"它书之可证验者"，理校占其二，他校占其一；第三，校本之后应附考异（即校勘记），详列异文并述去取之由。朱熹此书如自序所说，因方崧卿《韩文举正》而作，参核众本，更为校定，亦如《四库提要》所说"凡方本之合者存之，其不合者一一详为辨证。其体例本但摘正文一二字大书，而所考夹注于下，如陆德明《经典释文》之例"（《四库提要》卷一五〇）。其夹注或只列异文，或略断是非，或加按详考。其按语或述定论，或存疑待考，比较谨慎。他在判断异文时，不尽以合理为据，还能分析各种本子的优劣，不盲目迷信古本、石刻，例如卷六《送李愿归盘谷》"无殃"下校语："殃，方从洪校石本作'央'，又云：'樊本只作殃，然阁、杭、蜀本皆作央。王逸注《离骚》云：央，尽也，已也。'方又云：'此文如叢作藂，俊作峻，时作峕，皆石本字也。'〇今按作'殃'于义为得。又按此篇诸校本多从石本，而樊洪两石已自不同，未知孰是。其有同者亦或无理，未可尽信，按欧公《集古跋尾》云：'《盘谷序》石本，正元中所刻，以集本校之，或小不同，疑刻石误。然以其当时之物，姑存之以为佳玩，其小失不足校也。'详公此言，最为通论，近世论者专以石本为正，如《水门记溪堂诗》，予已论之，《南海庙刘统军碑》之类亦然，其谬可考而知也。"他的某些理校，反映出他的文字音韵水平较高，远胜过方崧卿，例如卷四《原道》"壹鬱"下校语："壹，或作'湮'，或作'堙'。方云：按《史记·贾谊传》'独堙鬱其谁主语'，《汉书》作'壹鬱'，'壹'当作'壺'，《集韵》音咽，壺鬱，不得泄也。平入声通用，湮与壺亦音义同也，作'壹'则非。〇今按字书，壹壺，吉凶在壺中不得泄也，即今之'氤氲'字，'壹''湮'古盖通用，故《汉书》但作'壹'耳。"朱熹把"壹鬱"看成联绵词,并认为"壹""湮"古盖通用(按实为入阳对转),"壹"字不误,此说甚是。只是凭信《说文》的解释(所谓"吉凶在壶中不得泄"),未免有望文生义之嫌。当然也有考证不周臆断失误者,例如卷四《原性》题下校语:"方作'性原'。○今按《原道》、《原人》、《原鬼》之例,作'原性'为是。"朱熹此校非是,其弟子张洽于卷末补正云:"杨倞注《荀子》,全载《性原》一篇,先生考偶未及,今记其异。"亦有轻删之处,如卷九《与路鹄秀才序》、《赠别序》、《送毛仙翁十八兄序》三篇,并无详考,仅据方崧卿可疑之辞而删,颇为不慎。

总的看来,朱熹在校勘上轻改轻删的消极一面产生了主要影响。如他的三传弟子王柏作《书疑》,动辄以脱简为辞,妄为移补(详见《四库提要·经部·书类存目一》);作《诗疑》,于《诗经》原文多加删削,并以淫诗为名删诗达三十二篇之多(详见《四库提要·经部·诗类存目一》)。此虽不能尽归咎于朱熹,但也不能否认他的影响。此风一开,延至明代,更为普遍和严重。

(四)力求说解文字简要明晰

朱熹有感于疏体的烦琐,力求注文简要明晰,紧扣正文,他说:"凡解释文字,不可令注脚成文。成文,则注与经各为一事,人唯看注而忘经;不然,即须各作一番理会,添却一项功夫。窃谓须只似汉儒毛、孔之流,略释训诂名物及文义理致尤难明者,而其易明处,更不须贴句相续,乃为得体。盖如此,则读者看注,即知其非经外之文,却须将注再就经上体会,自然思虑归一,功力不分,而其玩索之味亦益深长矣。"(《文集》卷七四《记经解》)这一主张在古文献学上有积极意义。他在实践中完全贯彻了自己的主张,所注各书,堪称简明,可资借鉴。

朱熹是宋代义理之学的集大成者,又是宋代考据之学的继承者和开拓者。前面已经讲过,他的义理之学有空疏穿凿的一面,又有精微深邃的一面,可批判地加以继承。后代某些正统的考据学派学者完全否认他的义理之学,是不公正的。至于他的考据之学,虽不占主导地位,但在当时侈谈性理的空气下亦可算独树一帜,故能在其弟子、后学(如黄震、王应麟)中流为一派,并在古文献学史上产生了积极影响。这一方面甚至受到清代某些考据家的推重,例如顾广圻编有《遯翁苦口》一书,专辑朱熹论学语,加以褒扬。因此朱熹不仅是一个思想家,在古文献学史上也具有重要的地位。

第七节　廖莹中、岳氏及其他校勘家

宋代刻书事业的发展给校勘提出了繁重的任务,随着考据学的发展,校勘方法也日趋精密。

现在传下来一部《相台书塾刊正九经三传沿革例》,旧题岳珂撰。岳珂为岳飞之孙,旧说认为他曾于家塾刊刻九经三传,并撰《刊正九经三传沿革例》。经今人考证,此说有误。《中国版刻图录》关于《春秋经传集解》(元岳氏荆溪家塾刻本)的解题云:"卷后有相台岳氏刻梓荆溪家塾牌记两行,前人因肯定相台本群经为宋时岳珂家刻本。别有《九经三传沿革例》,亦肯定为岳珂编著。张政烺先生谓相台本群经乃元初义兴岳氏据廖莹中世綵堂本校正重刻,与岳珂无涉。按张说甚确。谢应芳《龟巢集·跋岳氏族谱》:'岳氏为常之望族,岳王弟经略使之孙,自九江来居,由宋而元,子孙蕃衍。'可见岳氏迁居常州,至元初已历数世。荆溪为义兴古名,元属常州路,明、清属常州府。常州岳氏,即义兴岳氏,荆溪家塾,亦即义兴家塾。郑元祐《侨吴集·送岳山长序》:'某尝馆于义兴岳君德操长兄汉阳君之家,人言其完盛时,延致巨儒,雠校群经镂诸梓,号为岳氏九经。'万历《宜兴县志》:'岳浚字伸远,飞九世孙。积书万卷,一时名士多游其门。'据上举资料,汉阳君与岳浚,必是一家眷属。因此可以肯定,相台本群经刻版负责人似非岳浚莫属。宋咸淳间廖莹中世綵堂校刻九经,周密《癸辛杂识》、《志雅堂杂抄》记述甚详。义兴岳氏据廖氏总例增补成《九经三传沿革例》刻之家塾,自与宋时岳珂无关。《四库全书提要》竟误认廖莹中为廖刚,指鹿为马,可称笑谈。"这里考证甚详,堪称定论。

《刊正九经三传沿革例》序关于据廖氏旧刻、旧例重新校刊九经的始末,交代颇详。《刊正九经三传沿革例》,多袭廖氏之旧。不仅序称"如字画,如注文,如音释,如句读,悉循其旧"可证,细读例言正文,特别是"书本"一条,也不难看出,无论口气和事实,多属廖氏。当然岳氏对廖氏例文亦不无增改,但依傍旧文为主,并无多少出入。岳氏比廖氏多刻《公羊传》、《穀梁传》两书,于《沿革例》末交代甚详:"《春秋》三传,于经互有发明,世所传十一经,盖合三传并称。乾淳间,毛居正尝校六经三传,当时皆称其精确,刊修未竟,中辍。廖氏刊九经,未暇及《公羊》、《穀梁》二传,或者惜其阙焉。因取建余氏本,合诸本再加考订,与九经并刊,句读、字画,悉用廖氏例。惟是余仁仲本,于陆氏释音字或与正文字不同,如'酿嘲'作'让曰','蒐'作'廋'之类,并两存之。他本皆然,今亦不敢辄有更定。"又附刻《春秋年表》、《春秋名号归一图》两书,亦有说明:"廖本无《年表》、《归一图》,今既刊《公》、《穀》,并补二书,以附经传之后。"读了这两段文字,可进一步清楚了解岳氏所刻之书、所用之例与廖氏旧刻之书、旧有之例的关系和异同。因为《刊正九经三传沿革例》系祖述廖氏旧例,所以其所表现的校勘学成说,应归廖氏,而岳氏亦有增改之功。故本节以廖莹中为主,岳氏为次,来讲《刊正九经三传沿革例》。

《刊正九经三传沿革例》共分"书本"、"字画"、"注文"、"音释"、"句读"、"脱简"、"考异",在校勘学上的主要成就如下:

(一)考证刊刻源流,广校众本

"书本"一条所述甚详。值得总结的经验有几点:第一,考证刊刻源流,不曲循官本,不迷信世称善本,通过详考以定优劣,广备众本(达23种之多)进行参校;第二,委托各书专家分别进行校勘,所谓"专属各经名士,反复参订"。这样就能避免臆改等疏误情况,保证质量;第三,例中所总结的毛居正校勘六经的方法:"遂取六经三传诸本,参以子、史、字书、选、粹、文集,研究异同,凡字义音切,毫厘必校",包括对校、他校、理校、比较全面,带有普遍指导意义。

(二)审定字体

"字画"一条就是讲的这个问题,云:"字学不讲久矣,今文非古,讹以传讹,魏晋以来,则又厌朴拙,嗜姿媚,随意迁改,义训混淆,漫不可考。重以避就名讳,如'操'之为'捰','昭'之为'佋',此类不可胜举。唐人统承西魏,尤以谬乱。至开元所书五经,往往以俗字易旧文,如以'颇'为'陂',以'便'为'平'之类更多。五季而后,镂版传印,经籍之传虽广,而点画义训讹舛自若。"这一段分析字体变动的原因,主要有:①后世随意迁改,②避讳改字,③唐开元时以俗易旧文,④传抄、刊误致误,等等。下面接着谈校正字画的依据和原则:"今所校,本之以许慎《说文》、张参《五经文字》、唐玄度《九经字样》、颜鲁公《干禄字书》、郭忠恕《佩觿集》、吕忱《字林》、秦昌朝《韵略分毫补注字谱》,参以毛晃《增韵》及其子居正所著《六经正误》。其有甚骇俗者,则通之以可识者(原注:谓如'宐',之为'宜','晉'之为'晋'之类,皆取之石经遗文),非若近世眉山李肩吾从周所书《古韵》及文公《孝经刊误》等书纯用古体也。凡此者,实与同志之精于字学者,逐一探讨折衷,不使分毫差误。虽注字、偏旁、点画必校,庶几圣经贤传不絜于俗学之陋,当为世所善矣。"这里以字书为据,但又分别层次,有本,有参。并且定字又有变通,凡怪僻古字改为通行体。这一原则比较开通,故《四库提要》卷三三云:"其论字画一条,酌古准今,尤属通人之论也。"实际上这一原则有得于颜之推,参看第三章第六节。

(三)长于据疏文、正文校注文及据注疏校正文之法

"注文"一条云:"诸本于经正文尚多脱误(原注:如《易·说卦》:'不可以终动,动必止之',诸本无'动必'二字,惟蜀本、兴国本有之,已添入。此类亦多,见之'考异'),而况于注。间有难晓解者,以疏中字微足其义。"根据疏不破注的通例,可以据疏文以校注文。但据疏校注必须审慎,注疏之间的文字,是对立统一的关系,不是简单等同的关系,要看到其同,也要看到其异,不可贸然以疏律注,必须有其他根据作旁证为妥。廖氏使用此法,亦比较谨慎,尽量引据旁证,并且往往不轻改。例如在本条下所举之例:"如《思齐》(见《诗经·大雅》):'神罔时怨,神罔时恫',笺云:'无是怨恚其所行者,无是痛伤其所为者',诸本皆无'其所为者'四字,惟建大字本有之。及考疏,则曰:'神明无是怨恚文王其所行者,神明无是痛伤文王其所为者',以此明笺文旧有'其所为者'四字,而诸本传写逸之也。今从建大字本,意始明。此类甚多,不悉举。"亦有据正文校注文者,如:"《左传》昭二十年:'卫侯赐析朱鉏谥曰成子',注:'霄从公故。'详考传文本末,时齐豹杀卫侯之兄絷,卫侯出如死鸟,析朱鉏霄从窦出,徒行从公,公入而赐之谥。注'霄从公故',盖以其霄自窦出,徒行从公而赐谥。霄,夜也,其字当作'宵',则注与传上文合。今诸本于注皆作霄,误也,亦不敢改,此类甚多。"但"霄"可借作"宵",《吕氏春秋·明理》:"有昼盲,有霄见。"高诱注:"霄,夜。"故杜预此注不误,廖氏以为误,非。而因其不敢轻改,故又存其本真。又有根据注疏慎校正文脱简之例,如"脱简"一条云:"诸经惟《礼记》多见之,《玉藻》、《乐记》、《杂记》、《丧大记》注疏可考。"兴国本依注疏更定,亦觉辞意联属,今则不敢仿之,第以所更定者系于各篇之后,庶几备尽。(原注:《大学》一篇,文公所更定,天下家传,而人诵之;《书》之《武成》,先儒亦尝更定。但今本止以注疏为据,所以不敢增入。)

(四)审订音释,识精例明

"音释"条说:"唐石本、晋铜版本、旧新监本、蜀诸本与他善本,并刊古注,若音释则自为一书,难检寻而易差误。建本、蜀中本,则附音于注文之下,甚便繙阅,然庞杂重赘,适增眗督。今欲求其便之尤便,则亦附音释如建、蜀本,然亦粗有审订。音有平上去入之殊,则随音圈发;或者不亮其意,而以为病,则但望如监本及他善本视之,舍此而自观《释文》可也。若《大学》、《中庸》、《论》、《孟》四书,则附文公音于各章之末(原注:如《雍也篇》'乐

山'、'乐水''知者乐',《释文》皆音岳之类,自与注意背驰,微文公音,则义愈晦矣。虽此为古注释设,亦不害其为相正)。"由此可知南宋已出现将《释文》注音附于注文之下的经传刻本。廖氏刻九经,亦仿此例,但亦有开创:第一,审订所附之音;第二,将朱熹《四书》音亦附入。审订音释,有严密的凡例,如"有字本易识,初若不假音者。……未免择其甚赘者间削去,惟注亦然","有音重复而徒乱人意者","有的然之音不待释者","有误音而不容尽改者","有因字画相近而疑传写之误失其本音者","有点画微不同而音义甚易辨者","有当音而不音合增入者,……然亦有不敢增音者","有一音而前后自差杂者,……使读者拘于音例而失其指趣,此大弊也。今姑识之,以俟观者择焉","有当音当切而比附音近者,……今亦皆从其旧,不欲更为音切","有一字数切而自为庞杂者,……姑悉存其旧","有用吴音为字母而反切难者,……此类不可胜纪,但欲知此则以吴音切之可也","有反切难而韵亦不收者","有不必音而音、当音而不音者","有当音或不音可以例推者","有当音当切遗于前而见于后者,……今各随其义而加圈发","有经文两字同而音义有异者","有字同音异随注义以为别者","有《释文》起音之字与经文注文异者,……此皆陆氏因其时所祖之本,随各字而起音也。观者知其故,则可以知其音矣","有照注义当为初音而《释文》以为次音者"诸条,每条举例丰富,此从略。廖氏所订,既有音切,又有四声,并涉及施注的体例、原则。在审音方面,一是继承了汉以来四声别义的成果;一是明古今、雅俗。廖氏在音学上是有根柢的,所以才能做到见解精当,体例详明。

(五)考定句读、标明圈点

"句读"一条说:"监、蜀诸本皆无句读,惟建本始仿馆阁校书式,从旁加圈点,开卷瞭然,于学者为便,然亦但句读经文而已。惟蜀中字本、兴国本并点注文,益为周尽,而其间亦有与大义未为的当者。今就其是者,而去其未安者,大指皆依注疏。虽先儒(按,本作"儒先",据"脱简"条注改)章句行于世者,亦不敢杂于间。若疏义及《释文》捜之所见而有未安者,则亦不敢尽从也。"

(六)附以考异

"考异"条原注云:"石经亦别有考异一卷,今仿之。"考异就是校勘记,此条所举实例不仅列出异文,还申明处理异文的依据和原则,归纳起来,主要有以下几点:第一,同实异字,存各本之旧。第二,避讳缺笔之字,皆予更正。第三,精审字义,不轻改易。第四,明辨是非,择善而从。第五,知其非当而不轻改。第六,存异。具体例证,不一一列举。

《刊正九经三传沿革例》，是今传我国古文献学史上最早的一个完整的校勘条例，它标志着我国校勘学的发展成熟，对后世也产生了深远的影响。

在廖莹中之前，宋代还有其他一些著名的校勘家，他们的成果，同样反映了当时校勘学发展的水平。这里仅摘要略述几家：

刘敞（1023—1089），字贡父，临江新喻（今江西新余）人。仁宗庆历进士，官至中书舍人。在校勘方面有《两汉书刊误》，朱彝尊《两汉刊误跋》云："刘氏之书，因宋仁宗读《后汉书》，见'垦田'皆作'懇'，于是使侍中传诏中书，俾刊正之。敞为学官，故刊其文。"《四库提要》于卷四五《两汉刊误补遗提要》曾论及此书。原本不传，清乾隆四年（1739）武英殿校刻经史，据庆元旧本《汉书》刊入。

洪兴祖，字庆善，丹阳（今江苏丹阳）人。徽宗政和中登上舍第。南渡后，历任秘书省正字、太常博士、提点江东刑狱，知真州、饶州、编管昭州。《宋史·儒林传》云："兴祖好古博学，自少至老，未尝一日去书。著《老庄本旨》、《周易通义》、《繫辞要旨》、《古文孝经序赞》、《离骚楚辞考异》行于世。"其《楚辞考异》为校勘方面的力作，《直斋书录解题》详细说明其著述始末。洪兴祖《楚辞考异》集宋代校勘《楚辞》成果之大成。《考异》原附古本《释文》之后，今本的《考异》和《释文》，均分散在《楚辞补注》各句之下。

张淳，字忠甫，永嘉（今浙江永嘉）人。著有《仪礼识误》。《四库提要》卷二〇云："是书乃乾道八年（1172）两浙转运判官直秘阁曾逮刊《仪礼郑氏注》十七卷，陆氏《释文》一卷，淳为之校定，因举所改字句，汇为一编。其所引据，有周广顺三年（953）及显德六年（959）刊行之监本，有汴京之巾箱本，杭之细字本，严之重刊巾箱本，参以陆氏《释文》、贾氏疏，覈订异同，最为详审。……今观其书，株守《释文》，往往以习俗相沿之字转改六书正经，则朱子所谓不能无舛谬者，诚所未免。然是书存而古经汉注之讹文脱句借以考识，旧椠诸本之不传于今者亦借以得见崖略，其有功于《仪礼》，诚非浅小。"

吴仁杰，字斗南，昆山（今江苏昆山）人。著有《两汉刊误补遗》，为补刘敞《两汉书刊误》之作，兼补正刘敞、刘奉世之说。《四库提要》卷四五云："是书前有淳熙己酉曾绛序，称仁杰知罗田县时自刊版。……仁杰是书，独引据赅洽，考证详晰，元元本本，务使明白无疑而后已，其淹通实胜于原书。虽中间以'麟止'为'麟趾'之类，间有一二之附会，要其大致，固瑕一而瑜百者也。曾绛序述周必大之言，以博物洽闻称之，固不虚矣。"

沈揆，字虞卿，嘉兴（今浙江嘉兴）人，官秘书监。曾校《颜氏家训》（今传本即是),并著《考证》一卷,成书于孝宗淳熙七年(1180)。自跋云:"揆家有闽本,尝苦篇中字讹难读,顾无善本可雠。比去年春,来守天台郡,得故参知政事谢公家藏旧蜀本,行间朱墨细字,多所赢定,则其子景思手校也。乃与郡丞楼大防取两家本读之,大氐闽本尤谬误。'五皓'实'五白',盖'博'名而误作'傅';元叹本顾雍字,而误作'凯';'丧服经'自是一书,而误作'经';马牝曰骡,牡曰骘,而误作'骅骆'。至以'吴趋'为'吴越','桓山'为'恒山','僮约'为'童幼',则闽、蜀本实同。惟谢氏所校颇精善,自题以五代宫傅和凝本参定,而侧注旁出,类非取一家书。然不正'童幼'之误,又秦权铭文'劓'字古'则'字,而谢音制,亦时有此疏舛,雠书之难如此。于是稍加刊正,多采谢氏书,定著为可传。又别列《考证》二十有三条为一卷,附于左。若其转写甚讹,与音训辞义所未通者,皆存之,以竢洽闻君子。淳熙七年春二月,嘉兴沈揆题。"由《考证》可见沈校考证翔实,改动谨慎,结论可靠。

方崧卿,莆田人。孝宗时曾知台州军事。他校过韩愈文集,并著有《韩集举正》、《外集举正》,论其所以去取之由。所据校勘资料甚富,据自撰《韩集举正叙录》,所据碑本十七种。所据诸家版本,有唐令狐澄本、南唐保大本、秘阁本、祥符杭本、嘉祐蜀本,参以唐《赵德文录》、宋白《文苑英华》、姚铉《唐文粹》诸书及谢克家本、李昞本,参互钩稽,次其异同。朱熹《昌黎先生集考异》即在方校本基础上撰成,见本章第六节。方校本所用校勘符号亦值得注意:其于改正字,则用朱书(刻本用阴文);衍去之字,则用圆围圈之;增入之字,以方围圈之;颠倒之字,以墨线曲折乙之。颇为精细显明。

彭叔夏,卢陵人,《文苑英华辨证》自序署曰乡贡进士,《江西通志》列其名于光宗绍熙壬子(1192)乡举。所著《文苑英华辨证》为校勘名作,是在周必大所校《文苑英华》的基础上加工而成。自序云:"公(指周必大)既老丘园,命以校雠(指校《文苑英华》)。肤见浅闻,宁免谬误?然考订商榷,用功为多,散在本文,览得难遍。因会稡其说,以类而分,各举数端,不复具载,小小异同,在所弗录。原注颇略,今则加详(自注:谓如'一作某字,非'者,今则声说);其未注者,仍附此篇(自注:初不注者,后因或人议及,今存一二)。勒成十卷,名曰《文苑英华辨证》云。嘉泰四年(1204)冬十有二月己丑朔,乡贡进士卢陵彭叔夏谨识。"此序关于本书之宗旨、条例、成书年月,述说颇详。《文苑英华辨证》所分类目如下:一曰用字,共三目:其一为"凡字有本之前人不可移易者",其二为"凡字因疑承讹当是正者",其三为"凡字有两存于义亦通者"。二曰用韵,共二目:其一为"凡前人用韵有两音而不可辄改者",其二为"唐赋韵数、平侧、次序初无定格"。三曰事证,只一目:"凡用事有可以证他本之非者"。四曰事误,共二目:其一为"事有讹误当是正者",其二为"前人用事元自舛误而《文苑》有袭之者"。五曰事疑,只一目:"事有可疑或两存者"。六曰人名,共五目:其一为"凡用事有人名与他本异不可轻改者",其二为"其有讹舛当是正者",其三为"人名有与史传集本异不可轻改者",其四为"其有讹舛质于史传当是正者",其五为"其有与史集异同当并存者"。七曰官爵,共三目:其一为"凡官职封爵有与史集异不可轻改者",其二为"其有讹舛当是正者",其三为"其或有疑当两存者"。八曰郡县,共三目:其一为"凡郡县名地名有不可以他本而轻改者",其二为"其有讹舛当是正者",其三为"其或有疑当两存者"。九曰年月,共四目:其一为"凡年月与他本异不可轻改者",其二为"其或讹舛当是正者",其三为"其有他本原误《文苑》因而袭之者",其四为"其有与史全异所当考者"。十曰名氏,共三目:其一为"凡撰人名氏或有以甲为乙当以《文苑》为正者",其二为"其有舛误当是正者",其三为"其有可疑及当两存者"。十一曰题目,共二目:其一为"凡题目有讹舛当是正者",其二为"又有题目是而文则非者"。十二曰门类,只一目:"凡门类混淆当是正者"。十三曰脱文,共四目:其一为"凡有脱文见于他本者",其二为"又如徐陵《册陈王九锡文》'乱离永久,群盗孔多,浙右凶渠,连兵构逆,岂止千兵五校白雀黄龙而已哉!公以中军元帅,选是亲贤,奸寇途穷,灌然水泮',自'岂止'至'途穷'二十七字见《陈书》,而《文苑》从《南史》,止云'势穷力蹙'四字",其三为"其有他本节略而《文苑》有全篇者",其四为"其有原本脱逸而《文苑》因而袭之者"。十四曰同异,只一目:"凡诗文与他本有题同而词异者"。十五曰离合,只一目:"凡诗有一篇析而为二,二篇合而为一者"。十六曰避讳,只一目:"凡避讳而易以他字者"。十七曰异域,只一目:"异域国名(类题下注:地名附)有与史传异者"。十八曰鸟兽,只一目:"凡鸟兽名有讹舛及与他本异者"。十九曰草木,只一目:"凡草木名有讹舛及与他本异者"。二十曰杂录,共五目:其一为"当以《文苑》为正",其二为"当并存之",其三、四、五无目题。每一类目下均有丰富实例,此不详举。《四库提要》谓:"叔夏此书,考核精密,大抵分承讹当改、别有依据不可妄改、义可两存不必遽改三例。中如杜牧《请追尊号表》以'高宗伐鬼方'为出《尚书》,显然误记,而叔夏疑是逸书,未免有持疑不决之处。然其用意谨严,不轻点窜古书,亦于是可见矣。"

彭叔夏校书,不仅学有根柢,态度亦极审慎,《文苑英华辨证序》说:"叔夏尝闻太师益公(周必大)先生之言曰:'校书之法,实事是正,多闻阙疑。'叔夏年十二三时,手钞《太祖皇帝实录》,其间云:'兴衰治□之源',阙一字,意谓必是'治乱'，后得善本，乃作'治忽'。三折肱为良医，信知书不可以意轻改。"此种苦衷，非经验丰富者不能道，故被后世奉为鉴戒。

此外还有毛居正，有《六经正误》，为廖莹中所推重，并继其后校刻九经。

第八节　王应麟

王应麟（1223—1296），字伯厚，自号深宁居士，庆元府（今宁波市）人，祖籍浚仪。宋理宗淳祐元年（1241）进士，宝祐四年（1256）复中博学宏词科。官至礼部尚书兼给事中。于朝政、边事多所建言，力主抵御外患。《宋史·儒林传》有传。

王应麟学术源出朱熹，博洽多闻，以考据见长。著作甚富，主要有：《周易郑康成注》一卷，为辑佚之作。《诗考》一卷，考今文三家之诗说。《诗地理考》六卷，全录郑玄《诗谱》，又旁采《尔雅》、《说文》、地志、水经以及先儒之言，凡涉《诗经》中地名者，荟萃成编，案而不断，疏于考证。《六经天文篇》二卷，编集六经中言天文的材料而成，以星象为主，兼涉阴阳、五行、风雨以及卦义。取材以经书、经说为主，旁及史志。《汉制考》四卷，采撷诸家经注及《说文》诸书所载有关汉代制度的材料，考证编纂而成，以补《汉书》、《续汉书》诸志之缺略。《汉书艺文志考证》十卷，补班固自注和颜师古注之略，对《汉书·艺文志》详加考释。不载《汉志》全文，仿《经典释文》之例，摘录有所论辨者，引据旧文予以注释，或考书名，或考作者，或注存亡，或辨真伪。书名见于传记而《汉志》未著录者，亦按类附入。《通鉴地理通释》十四卷，考《通鉴》所载地名，辨沿革，论险要。徵引浩博，考核明确。自跋署"上章执徐橘壮之月"，系元世祖至元十七年（1280）八月。《通鉴答问》五卷，史评之作，始周烈王，终汉元帝，当为未成之书，所论兼及朱熹《通鉴纲目》一书。《玉海》二百卷，这是一部规模宏大的类书，分天文、律宪、地理、帝学、圣制、艺文、诏令、礼仪、车服、器用、郊祀、音乐、学校、选举、官制、兵制、朝贡、宫室、食货、兵捷、祥瑞 21 门，每门各分子目，凡 240 徐类。《困学纪闻》二十卷，为学术考证札记，卷一至卷八：说经，包括《周易》、《尚书》、《诗经》、《周礼》、《仪礼》、《礼记》、《大戴记》、乐、《春秋》、《左传》、《公羊传》、《穀梁传》、《论语》、《孝经》、《孟子》、小学、经说；卷九：天道、历数；卷十：地理、诸子；卷十一至十六：考史；卷十七至十九：评诗文；卷二十：杂识。《四明文献集》五卷，为文集。《宋史》本传载有《深宁集》一百卷，《玉堂类稿》二十三卷，《掖垣类稿》二十二卷，但《宋志》不见著录，散佚已久。此外尚有《王会篇解》、《践阼篇解》、

《急就篇解》、《小学绀珠》、《姓氏急就篇》、《词学指南》等。

综观王应麟的主要著作,整理研究范围遍涉经史子集,他在古文献学上具有以下特点和成就:

(一)兼容并蓄,广求遗说、异见

对于宋学,王应麟集义理与考据之成,而以考据为主。王应麟著作中附会义理的倾向是存在的,例如:《困学纪闻》卷二:"禹之告舜曰:'安汝止。'尽天理而无人欲,得至善而止也。尹之告太甲曰:'钦厥止。'去人欲而复天理,求至善而止也。"又如《困学纪闻》卷六:"明天理,正人伦,莫深切于《春秋》。"王应麟不仅同意朱熹客观唯心主义的理,甚至同意陆九渊主观唯心主义的理,例如《困学纪闻》卷三:"六经即圣人之心,随其所用,皆切事理,此用经之法。"全袭陆九渊"六经注我"之说。又如《困学纪闻》卷八:"艾轩云:'日用是根株,文字是注脚',此即象山'六经注我'之意,盖欲学者于践履实地用工,不但寻行数墨也。"但这只是一面,他还有强调实证,反对穿凿义理的言论,例如《困学纪闻》卷一:"程子言《易》,谓得其义则象在其中。朱子以为先见象数,方说得理,不然事无实证则虚理易差。……盖自辅嗣之学行而象数之说隐。然义理、象数一以贯之,乃为尽善。"又如反对穿凿《春秋》义例,《困学纪闻》卷六:"胡文定(安国)《春秋传》曰:'元即仁也,仁人心也。'龟山(杨时)谓其说似太支离,恐改元初无此意。"同卷又引他人之说以申己意:"朱文公亦曰:《春秋》义例,时亦窥一二大者,而终不能自信于心,故未尝敢措一辞。"在考据方面,他上承北宋初年的学者,以及沈括、郑樵、洪迈、朱熹等,经常引据他们的见解,但也不时纠正他们的疏误。他十分称道不苟同、不曲循的学风,《困学纪闻》卷一举苏轼、曾巩不同意"欧阳公以《河图》、《洛书》为怪妄"之说,称赞"苏、曾皆欧阳公门人,而议论不苟同如此"。

对于前代,特别是汉、唐之学,他也主张取其长、弃其短,反对像宋代义理学派学者那样一概加以否定。如说:"自汉儒至于庆历年,谈经者守故训而不凿。《七经小传》出,而尚新奇矣。至三经义行,视汉儒之学若土梗",说经者"皆为支离曼衍之词"(《困学纪闻》卷八,详见本章第一节所引)。对于汉学,他主张今古文兼采,没有狭隘的门户之见。例如《诗经》,当时只传古文《毛诗》,今文三家除《韩诗外传》外,主要著作皆亡。于是钩稽遗佚而作《诗考》。他对兼取今文古文集汉学之大成的郑玄非常重视,多辑其佚著,如《周易郑注》、《尚书郑注》等。对于纬学,王应麟采取基本否定的态度。他认为"郑康成释经以纬书乱之"(《困学纪闻》卷四);沈约《宋书·符瑞志》取谬妄纬书,"无识甚矣"(同上卷八)。但这并不排斥吸取纬书中某些正确的结论。对于唐疏，他也不一概否定，多取其得，亦驳其失，例子很多，下面将会涉及。

(二)擅长考证，颇多纠谬

王应麟的考证成果甚富，考证的文献范围涉及经史子集，考证的内容包括人物、史实、天文、历法、地理、名物、制度、文籍、引文词语出处等。考证往往连带纠谬、辨误。

考人物，有的辨证生平事迹材料，如："《繫辞正义》云：'韩氏亲受业于王弼，承王弼之旨，故引弼云以证成其义。'愚考王弼终于魏正始十年；韩康伯，东晋简文帝引为谈客。二人不同时，相去甚远，谓之亲受业。误矣。"(《困学纪闻》卷一)此类很多，不胜枚举。同时更注重辨疑似易混的情况，例如辨同名者："战国有两公孙弘：一在齐，为孟尝君见秦昭王；一在中山，言司马憙招大国之威求相。与汉平津侯为三。《韩子》云：'公孙弘断发而为越王骑，是又一人也。'"(《困学纪闻》卷十一)又有存异备参者："《古今人表》许繇(由)、巢父为二人。谯周《古史考》：'许由夏常居巢，故一号巢父'，则巢许为一人。应休琏又谓之山父。"(同上卷十四)但也有将同人异名误为两人者，如："《食货志》：李悝为魏文侯作尽地力之教。《货殖传》云：当魏文侯时，李克务尽地力。以《艺文志》考之，《李克》七篇，在儒家(班固自注：子夏弟子，为魏文侯相)。《李悝》三十二篇，在法家(按，《汉志》原作《李子》，自注云：名悝，相魏文侯，富国强兵)。尽地力者悝也，非克也。《货殖传》误(自注：《史记正义》云：刘向《别录》亦云李悝)。"(同上卷十二)实则克、悝异字而音近，当为一人。他学兼儒法，故《汉志》将其著作分录两处。

考史实，多辨记载之误，例如："《魏世家》：三十六年惠王卒。《左传》后序曰：'《古书纪年篇》(按，即汲冢《竹书纪年》)：魏惠王三十六年改元，从一年始，至十六年而称惠成王卒，即惠王也。'疑《史记》误分惠成之世以为后五年也。朱文公曰：'惠、襄、哀之年，见于《竹书》明甚。《史记》盖失其实。邵子《皇极》之书乃从《史记》，不取《竹书》。'"(《困学纪闻》卷十一)这里不仅辨《史记》之误(按《史记索隐》已辨此误)，兼辨邵雍《皇极经世》沿《史记》之误。又如："《左传》《正义》云：和帝元兴十一年，郑兴父子奏上左氏，始得立学，遂行于世。至章帝时，贾逵上《春秋大义》四十条。愚尝考和帝元兴止一年，安得有十一年？一误也；郑兴子众终于章帝建初八年，不及和帝时，二误也；章帝之子为和帝，先后失序，三误也。《释文·序录》亦云元兴十一年，皆非也。"(同上卷六)所列三证，确凿无疑。王应麟在史实考证上态度比较谨慎，对于传闻异辞往往不轻置可否，而是存异备参。例如：存有关《尚书》"金縢之书"之异说(同上卷二、卷十一)。又如:"《十二诸侯年表》:敬王四十一年孔子卒,四十三年敬王崩。《本经》:敬王崩,子元王立,八年崩,定王立。《六国年表》:定王元年,《左传》尽此。《左传正义》曰:杜《世族谱》云:敬王三十九年,鲁哀公十四年,获麟之岁也。四十二年而敬王崩。敬王之子元王十年,《春秋》之传终矣。与《史记》不同。《史记》世代年月,事多舛错,故班固以文多抵牾。按《世本》,敬王崩,贞王介立;贞王崩,元王赤立。宋忠注引《太史公书》云:元王仁生贞王介,与《世本》不相应,不知谁是。则宋忠不能定也。《帝王世纪》:敬王三十九年,《春秋经》终。四十四年敬王崩,子贞定王立(引者按,应作贞王或定王,'贞'、'定'古音同,称贞定王,误),贞定王崩,子元王立,是也。《世本》与《史记》参差不同,书籍久远,事多纰缪,杜违《史记》,亦何怪焉。"(同上十一卷)这里从产生歧异的原因上分析,而采取姑存纰缪,承认歧异的态度。比某些人随意牵合、臆断是非要谨慎得多。

考天文、历法,《困学纪闻》卷九有"天道"、"历法"两个专篇,另外又有前面已经提到过的《六经天文编》专著。

考地理,《困学纪闻》卷十有"地理"专篇,另外前面已经提到过的《通鉴地理通释》,亦为这方面的专著。

考名物,如:"《家语》:齐太史子余叹美孔子云:'天其素王之乎!'素,空也。言无位而空王之也。董仲舒《对策》云:'见素王之文',贾逵《春秋序》云:'立素王之法',郑玄《六艺论》云:'自号素王',卢钦《公羊序》云:'制素王之道',皆因《家语》之言而失其义,所谓'郢书燕说'也。"(《困学纪闻》卷八)这里考孔子素王之称系讹变而来,甚确。又如:"《宋世家》:武王克殷,微子肉袒面缚,左牵羊,右把茅。《正义》曰:'面缚,缚手于后,故口衔其璧。'又安得'左牵羊,右把茅'也!"(《困学纪闻》卷十一)这里考'面缚'之形制,以辨《史记》因不明名物而致行文之误。

考制度,如:"《魏志》:建安二十年(215),始置名号侯。裴松之谓今之虚封盖自此始。按《汉·樊哙传》:'赐爵封号贤成君。'颜注云:'楚汉之际,权设宠荣,假其位号,或得邑地,或空受爵。'则虚封非始于建安也。"(《困学纪闻》卷十二)此考虚封之始创。又如《困学纪闻》卷十四考唐府兵之数诸说不同,颇为详尽。又如:"《老学庵笔记》云:旧制两省中书在门下之上,元丰易之。愚观李文简历代宰相表云:中书门下班序,各因其时,代宗以前,中书在上,宪宗以后,门下在上。大历十四年(779),崔祐甫与杨炎皆自门下迁中书,不知何时升改。放翁所记,盖未考此。"(《困学纪闻》卷四)又如卷十六有"考史"部分的四项专考:"汉河渠考"、"历代田制考"、"历代漕运考"、"两汉崇儒考"。另外,前面所提到的《汉制考》,为断代制度考证专著。

考文籍,《困学纪闻》中有不少内容,如"说经"及"诸子"、"评诗"、"评文"等部分都涉及有关文籍的考证,而《汉书艺文志考证》则是这方面的专著。于文籍或考佚亡,或考流传,或考作者,或考内容,或考真伪。例子很多,兹不详举。

留意考证引文、词语的出处,是王应麟考证方面的一个突出的特点。例如:"《左传疏》引《易》云:伏羲作十言之教曰乾、坤、震、巽、坎、离、艮、兑、消、息。朱子发以为郑康成之语。愚谓'正其本而万物理,失之毫厘,差以千里',见于《易纬通卦验》,汉儒皆谓之《易》,则此所谓《易》云者,盖纬书也。"(《困学纪闻》卷一)又如:"《说文》引《虞书》曰:'仁闵复〔天〕下则称旻天',盖《虞书》说也。"(同上卷二)对于误注出处者,则加以指明,如:"荀爽对策曰:今臣僭君服,下食上珍,宜略依古礼尊卑之差及董仲舒制度之别。注(《汉书注》)引仲舒《对策》。愚谓制度之别必有其书,非但正法度、别上下之对也。《春秋繁露》有《度制篇》。"(同上卷十二)对于漏注出处者,亦加以指明,如"李善注《文选》详且博矣,然犹有遗缺。尝观杨荆州诔:'谓督勋劳',不引《左氏》'谓督不忘';'执友之心',不引《曲礼》'执友称其仁'(自注:'谓督不忘',即《微子之命》曰'笃不忘也'。古字'督'与'笃'通用,以督为察,非也)。"对于数典忘祖者亦不放过,如:"《演蕃露》云:搏黍为鸎,不知何出。盖未考《诗·葛覃》注也。《缃素杂记》不知麦秋出《月令》,亦此类也。《能改斋漫录》考古语所出,详且博矣,然'首如飞蓬'见于《诗》,乃以左思赋为始;'树桃李者夏得休息',见于《说苑》,乃以狄梁公事为始。若此者非一,是以君子无轻立论。"(《困学纪闻》卷十八)

王应麟考证的特点是多据他人之说,并参以己意。凡引据者皆原原本本标明姓名或书名,绝不埋没他人成果。对于某一立说的出处,尤重考其原始,如《困学纪闻》卷六:"《考古编》谓欧阳公论二帝三王世次差舛,发端于杜佑《通典》。按《释例》、《世族谱》已有此疑,则发端乃杜预也。"足见其治学态度之谨严。

(三)辨伪与辑佚

王应麟亦重辨伪,其对本朝之辨伪学有扬有弃。所扬表现在把辨伪与考证紧密结合,更提高了科学性;所弃表现在对于轻疑、臆测的不实学风有所针砭。在本章第一节所引他对宋代经学的发展变化的认识和态度,就是例证。不过王应麟对辨伪也有保守的一面,主要表现在对经传绝少怀疑,即使对其前已经辨及的伪《古文尚书》,也不以为伪,见《困学纪闻》卷二。又如卷四坚信《周礼》为周公所作,力驳后人假托之说。

总的看来,王应麟对历代托古作伪的普遍现象有清醒的认识。如《困学纪闻》卷二:"《三坟》书无传,宓牺唯《易》存,而商高所云《周天历度》(自注:《周髀》),《管子》所云造《六荚》以迎阴阳者,不复见(自注:《管子·轻重》:'戊日虑戏作造《六荚》以迎阴阳,作九九之数以合天道,而天下化之。周人之王,循《六荚》,行阴阳。'荚字未详)。许行为神农之言,晁错述神农之教,《列子》称黄帝之书,阴阳、五行、兵法、医方皆托之农、黄,而大道隐矣。今有山气形之书,谓之《连山》《归藏》《坤乾》,元丰中毛渐得之西京,或云张天觉得之比阳民家,非古也(自注:《列子》引《黄帝书》,即《老子》'谷神不死'章)。"又如《汉书艺文志考证》于《神农》一书下,申班固自注"六国时,诸子疾时怠于农业,道耕农事,托之神农"之说,云:"《淮南子》曰:'世俗之人,多尊古而贱今,故为道者,必托之于神农、黄帝而后入说。'"

王应麟在辨伪方面,多辨近代、当代产生的伪书,例如《困学纪闻》卷一:"经说多依托,《易》为甚。《子夏传》,张弧作也;《关子明传》,阮逸作也;《麻衣正易》,戴师愈作也。"卷十四:"《李靖兵法》,世无全书,略见于《通典》。今《问对》出阮逸,因杜氏所载附益之。"也有辨本集中伪窜诗文者,如卷十七:"柳文多有非子厚之文者",一一指出篇名并述原由。又如卷十八云:"本朝绝句有夹漈(郑樵)《咏汉高祖》五言,乃唐于季子诗。又荆公绝句《咏叔孙通》,亦见《宋景文公集》。"可见文集中篇什的辨伪是比较复杂的,王应麟对这一问题的认识比较清醒。

王应麟不仅注意辨伪,还重视辑佚。例如《困学纪闻》卷一:"王肃注《易》十卷,今不传。其注《噬》:'乾肺得金矢',曰:'四体离阴卦,骨之象;骨在乾肉,脯之象。金矢所以获野禽,故食之反得金矢。君子于味必思其毒,于利必备其难。'见《太平御览》。"卷二:"贾谊书《君道篇》引《书》曰:'大道亶亶,其去身不远,人皆有之,舜独以之。'此逸书也。"同卷又云:"郑康成《书注》,间见于疏义,如作服十二章、州十二师,孔注皆所不及。"又云:"《大传》引《盘庚》'若德明哉','汤任父言卑应言',皆《古文》所无。"卷六:"董仲舒《春秋决狱》其书今不传。《太平御览》载二事,其一引《春秋》许止进药;其一引夫人归于齐。《通典》载一事,引《春秋》之义父为子隐。应劭谓仲舒作《春秋决狱》二百三十二事(自注:隋、唐《志》:十卷),今仅见三事而已。"此类甚多,不一一列举。值得注意的是,王应麟还注意从辑佚渊薮角度考论众书,其中包括相关他书、古注、类书等,如《困学纪闻》卷十:"汉《七略》所录若《齐论》之《问王》《知道》《孟子》之外书四篇,今皆亡传。《庄子》逸篇十有九,

《淮南鸿烈》多袭其语,唐世司马彪注犹存,《后汉书》、《文选》、《世说》注、《艺文类聚》、《太平御览》间见之。断圭碎璧,亦足为箧椟之珍,博识君子或有取焉。"此为实际经验的总结,颇具普遍指导意义。王应麟在辑佚方面亦微有不足,即往往忽略对伪书佚文的考辨,例如《困学纪闻》卷一:"汉初去圣未远,帝王遗书犹有存者",所辑古帝王遗书,显为后人依托之作。王应麟信古有馀,而疑伪不足,故有此失。

（四）校勘与注释

王应麟在校勘方面力主保持或恢复文字原貌,反对妄改,如《困学纪闻》卷一:"郑康成《诗笺》多改字,其注《易》亦然。如'包蒙',谓包当作彪,文也;《泰》:'包荒',谓荒读为康,虚也;《大畜》:'豮豕之牙',谓牙读为互……其说多凿。郑学今亡传,《释文》及《正义》间见之。"但对于复杂的异文,又不轻加按断,主张存异以备考。如《困学纪闻》卷二,考《尚书》今古文异文:"吴才老《书稗传·考异》云:'伏氏口传与经传所引,有文异而有益于经,有文异而无益于经,有文异而音同,有文异而义同。'才老所述今不复著。'以闰月定四时成岁',古文'定'作'正',开元误作'定'(自注:晁景迂云)。'舜让于德弗嗣',班固典引作'不台'(自注:《史记》自序:'唐尧逊位,虞舜不台')。'在治乎',今文作'采政乎',《史记》作'来始滑',《汉书》作'七始咏','忽'又或作'曶'(自注:郑康成曰笏也)。"

校勘与释义密切相关,王应麟很注意通过分析异文,以正误释。例如《困学纪闻》卷二:"(《尚书》)古文'箭磬',今文作'箫'(自注:《左氏》曰:韶箾,舜乐名也),诸儒误以箫管解之。"又如同卷:"《泰誓》,古文作《大誓》。孔氏注:'大会以誓众。'晁氏曰:'开元间卫包定今文,始作泰。'或以交泰为说,真'燕书'哉!(自注:或说谓《新经》以泰为否泰之泰,纣时上下不交,天下无邦,武王大会诸侯,往伐以倾纣之否,非经意也。)

王应麟所用校勘方法也比较全面,例如《困学纪闻》卷十:"荀卿《非十二子》,《韩诗外传》引之止云十子,而无子思、孟子。愚谓荀卿非子思、孟子,盖其门人如韩非子、李斯之流托其师说以毁圣贤,当以《韩诗》为正。"此用他校兼理校,可备一说。又如同卷:"《劝学篇》:'青出之蓝'作'青取之于蓝';'圣心循焉'作'备焉';'玉在山而木润'作'草木润';'君子如嚮矣'作'如響矣'。《赋篇》:'请占之五泰'作'五帝'。监本未必是,建本未必非,余不胜记(自注:今监本乃唐与政台州所刊,熙宁旧本亦未为善,当竢详考。'五泰',注云:'五泰,五帝也。'监本改为'五帝',而删注文)。"此为对校。不曲循官刻,讲究善本,择善而从,态度可贵。所校不限于文字,还涉及书籍的格式、体例,例如:《困学纪闻》卷十:"《法言》序旧在卷后,司马公《集注》,始置之卷首。《诗》、《书》之序亦然。"

王应麟还注意对校勘资料的可靠性进行审订,以决依违。例如《困学纪闻》卷十:"贾谊疏:'壹动而五业附',《新书》云'五美附'(自注:见《五美篇》),'业(業)'字当作'美'。"贾谊疏见引于《汉书·贾谊传》,《新书》为贾谊文集。王应麟依从《新书》而不信《汉书》引文,是对的。实际上《汉书》引《新书》颇多删改。

在注释方面王应麟善于明辨假借字,破疑释难,多有创获。例如:《困学纪闻》卷三:"驺虞、驺吾、驺牙,一物也,声相近而字异。《解颐新语》既以虞为虞人,又谓文王以驺牙名囿,盖惑于异说。"又如卷六:"《金石录》:'《鼎铭》有云:王格大室即立。按,古器物铭凡言即立,或言立中庭,皆当读为位,盖古字假借。其说见郑氏注《仪礼》。秦泰山刻石犹如此。'愚按,《周礼·小宗伯》'掌建国之神位',故书'位'作'立',郑司农云:'立读为位。'古者'立'、'位'同字。古文《春秋经》'公即位'为'公即立',盖古字通用。《诅楚父》:'变输盟刺',即'渝'字。朱文公引以证《公》、《榖》'郑人来输平'即《左氏》'渝平'也(自注:胡文定谓以物求平,恐不然)。"至于注释名物、制度等,前面讲考证时已经涉及,此不赘。王应麟还强调注释应透过字面体味思想内容,特别是对《诗经》的注释尤应如此。如卷三:"诵《诗》三百,不能专对,不足以一献,皆诵言而忘味者也。自赐、商之后,言《诗》莫若孟子,其述孔子之言以为知道者二:《鸱鸮》、《烝民》是也。如《灵台》、《皇矣》、《北山》、《云汉》、《小弁》、《凯风》,得诗人之心。'以意逆志',一言而尽说《诗》之要,学《诗》必自《孟子》始。"孟子'以意逆志'之说,有主观附会的倾向。王应麟借用孟子的话,不尽同孟子原意,但连孟子穿凿的《诗》意也加以肯定,则欠妥当。这里反映了理学家附会义理的消极面。

王应麟在宋代古文献学史中的地位,颇像郑玄在汉代古文献学史中的地位。他兼容并蓄,以考据为主,并通义理,堪称宋学的集成者。他师承朱熹,虽然总成就不如朱熹高,考据与义理的侧重点也与朱熹不同,但在集宋学之成这一点上,两人是有共同性的。

第九节　王若虚

王若虚(1174—1243),字从之,号慵夫,又号滹南遗老,藁城(今河北藁城)人。金章宗承安二年(1197)进士,历任管城、门山二县令、国史馆编修官、应奉翰林文字、著作佐郎、平凉府判官、左司谏、延州刺史。入元后，隐居不仕。有《滹南遗老集》。传见《金史·文艺传》。

王若虚是金朝著名的文学家和古文献学家，主要著作有《五经辨惑》、《论语辨惑》、《孟子辨惑》、《史记辨惑》、《诸史辨惑》、《新唐书辨》、《君事实辨》、《臣事实辨》、《议论辨惑》、《著述辨惑》、《谬误杂辨》、《文辨》、《诗话》、《杂文》(诗附)，均收入《滹南遗老集》。

在古文献学方面，王若虚着重于考辨，考辨之文献涉及经、史、诸、子、诗文、尤以《论语》、《史记》用功为深。考辨之内容包括史实、义理、文字、校勘、注释、文势、句法、用词、断句等。考辨的特点是实事求是，反对穿凿。下面就几个主要方面加以论述。

(一) 考辨史实

王若虚的考辨以经、史为主，其中又以考辨史实为中心。例如《五经辨惑》："《书·无逸》言祖甲知小人之依，享国长久，孔氏以为太甲，郑氏以为帝甲，而疏从孔义。盖以因《国语》说殷事云'帝甲乱之，七代而殒'，《史记》云'帝甲淫乱，殷道复衰'也。且曰太甲称祖者，殷家亦祖其功故尔。予谓此说未安也。按《史记》，祖甲，武丁之子，与太甲分明是两人。周公所引，自中宗、高宗以及祖甲，而继之曰'自时厥后，立王生则逸'，其次第不应为太甲。然《国语》、《史记》皆言其淫乱而致衰陨，周公奚取焉？是不然，《书》，圣经也，史传出于杂说者也。周公去殷为近，知其事为详；左氏、司马迁为远，其传闻容有妄焉。与其变易姓名以迁就其事，宁舍史传而从经可也。"(《滹南遗老集》卷一)又如他认为《新唐书》宋祁所写部分，多失史实，见《新唐书辨》(同上卷二二)。此外《君事实辨》、《臣事实辨》等都是从史实方面着眼的。

历史记载的真实性，与史料采摭的科学性关系极大。王若虚考辨史实，非常注意考察史料采摭是否正确。《史记辨惑》中第一个类目就是"采摭之误辨"。他指出："迁采经摭传，大抵皆踳驳，而二帝、三王纪，齐、鲁、燕、晋、宋、卫、孔子世家，仲尼弟子传，尤不足观也。"(同上卷九)举例甚多，有的还分析其致误之由，如以意增损、误引失实、妄加迁就、牵合、妄系时地等等。例如："《诗·颂》言'古帝命武汤'，又曰：'武王载旆'。谓之'武'者，诗人之所加也。《殷纪》乃云：'汤曰：吾甚武，号曰武王'，圣人决无此语。"(同上)"《盘庚篇》云：'民咨胥怨'，言咨嗟而相怨也。《史记》乃曰'咨胥皆怨'，何等语耶？"(同上)"《周本纪》云'成王既迁殷遗民，周公以王命告，作《多士》、《无逸》。'《鲁世家》云：'周公恐成王有所淫逸，乃作《多士》、《无逸》。'自今考之，《多士》为殷民而作者也。《无逸》为成王而作者也。在《本纪》则并《无逸》为告殷民,在《世家》则并《多士》为戒成王,混淆差互,一至于此。盖不惟抵牾于经,而自相矛盾亦甚矣。至《世家》杂举二篇之旨,支离错乱,不成文理,读之可以发笑。"(同上)除《史记辨惑》外,《诸史辨惑》、《新唐书辨》等亦多此类,不一一列举。

(二)训释、校勘、断句

训诂、校勘、断句是王若虚考辨语言文字的三个重要方面。

关于训释,王若虚力求本义,反对随文强说,曲为解释。首先,他善于利用修辞的变文手法来释同义词,以辨强加区分之妄。例如:《论语辨惑》:"子曰:'视其所以,观其所由,察其所安,人焉廋哉?'曰视,曰观,曰察,文之变耳。晦庵曰观详于视,察又详于观。此几王氏(安石)之凿矣。虽若有理,然圣人之意,恐不若此。"(《滹南遗老集》卷四)又如同书:"晦庵解'食不语,寝不言'云'答述曰语,自言曰言',此何可分? 而妄为注释! 只是变文耳。"(同上卷五)其次,他善于明辨假借,力戒望文生训。例如《诸史辨惑》:"《史记》:高祖纵观秦皇帝,喟然太息曰:'大丈夫当如此!'《汉书》作'大息',此只是'太'字,盖古人所通用,而师古云:'言其叹息之大',过矣。"又如《杂辨》:"经传称秦伯为穆公,或亦作'缪',是二字通用也。而蒙恬对胡亥云:'秦穆公杀三良而死罪百里奚,而非其罪,故立号曰缪。'然则二字义殊,缪当音麇幼反矣,不知恬何据而云。且二字既殊,岂得并举。"(同上卷三二)这里认为"穆"、"缪"可通假,是对的。第三,对多义词主张细味上下文意准确规定义项。例如《诸史辨惑》:"齐王肥与诸侯书,言'吕后比杀三赵王';《文帝纪》诏言'间者数岁比不登';《梁孝王传》云'十四年入朝,十七年、十八年比年入朝';《何武传》曰'孝成、孝哀比世无嗣';《公孙贺传》曰'丞相李蔡等三人比坐事死';《胶西王端传》云'端数犯法,天子弗忍诛,有司比再请削其国':夫'比'者,连并之义耳。而颜注皆训频,似是而实差殊,学者试细味之。"(同上卷二十)第四,明辨语辞,力戒按实辞解之。例如《五经辨惑》:"《曲礼》云:'若夫坐如尸,立如齐','若夫'云者,止是语辞,而注云:'若欲为丈夫。'"(同上卷二)第五,释名称忌穿凿附会。例如《五经辨惑》:"《曲礼》云:'天子有后,有夫人,有世妇,有嫔,有妻,有妾。公侯有夫人,有世妇,有妻,有妾。'又云:'天子之妃曰后,诸侯曰夫人,大夫曰孺人,士曰妇人,庶人曰妻。'夫'妻'者,所以对夫,嫡配之总称也;妇人者,所以对男子,女子之总称也,初无贵贱尊卑之别。今乃以妻列于后、夫人等下而别为一号,专指妇人为士之配。然则天子之后、公侯夫人辈,不谓之妻乎? 非士之配者,不谓之妇人乎? 郑注《内则》云:'妻之言齐也,以礼见问,则得与夫敌体。'孔氏引之以为彼是判合齐体者,此言齐者,以进御于王时暂有齐同之义。穿凿可笑如此。"(同上卷一)又如同书:"郑氏释三老五更之义曰:'三老五更各一人,皆年老更事致仕者也','名以三、五者,取象三辰五星,天所因以照明天下'。其说甚陋。以'更'(按,当作叟)为'更'误字,既已不安,而三五之称又不知从何而知为星辰也。古人命名定不如此。及注《乐记》则曰:'三老五更,互言之,皆老人更知三德五事者。'孔颖达见其矛盾,则从而为之说曰'其义相包'。夫一经一事,一人解之而自立二义,可乎?宋均注《孝经援神契》曰:'三老,知天地之事者;五更,知五行之更代者。'刘原父云:'天地之事'当作'天地人事',此又以三才五行当之也。臆说呶呶,孰知真是?蔡邕谓'更'当为'叟',盖长老之称,字与'更'相似,书者遂误为'更'耳。'嫂'字'女'旁'叟'今亦为'更',以是知应为'叟'。又以三为三人,五为五人,此最近于人情,故裴松之称其有四。而颖达以非郑义不取,何独言郑氏之专也。"(同上卷二)以上批驳了郑玄关于妻名、三老五更的臆说,并对孔疏曲循郑注提出了非议。在训释方面,王若虚力戒曲循,例如《著述辨惑》说:"前人以杜预、颜师古为邱明、孟坚忠臣。近世赵尧卿、文伯起之于东坡亦以此自任。予谓臣之事,主美则归之,过则正之,所以为忠。观四子之所发明补益,信有功矣。然至其失处亦往往护讳而曲为之说,恐未免妾妇之忠也。"(同上卷三一)

关于校勘,王若虚也非常留意。对于违反文义句法、扞格不通的文字,王若虚往往从讹误上考虑,反对曲为解释。例如《五经辨惑》:"《春秋·桓公十四年》:'春正月,公会郑伯于曹,无冰。夏五,郑伯使其弟语来盟。秋八月壬申,御廪灾。'上书'春正月',下书'秋八月',而中云'夏五',其脱'月'字,不论可知。而《公羊》云:'夏五者何?为闻焉尔!'呜呼高之解经,类以私意穿凿,诡异百端,曾无忌惮。顾乃于此著疑,以示重慎,岂不可笑哉?《穀梁》云:'夏五,传疑也。'此亦非是。孔子固当以阙文语人,岂有特著一书以为大典,乃猥存此等而不辨者,况有非所可疑乎?只是后来脱之耳。"(同上卷一)又如《论语辨惑》:"东坡以'患得之'(见《论语·阳货》)当为'患不得之',盖阙文也。余以为然。"(同上卷七)又同书:"子曰:'富与贵是人之所欲也,不以其道得之,不处;贫与贱是人之所恶也,不以其道得之,不去。'说者虽多,皆莫能通。予谓贫与贱当云'以其道得之','不'字非衍则误也。若夷、齐求仁,虽至饿死而不辞,非以道得贫贱而不去乎?夫生而富贵不必言不处,生而贫贱亦安得去?此所云者,盖傥来而可以避就者耳,故有以道不以道之辨焉。若谓圣人之经不当变易以就己意,则宁阙之而勿讲,要不可随文而强说也。"(同上卷四)以上这些意见,都是很有道理的。

王若虚不仅校字句之误，而且校篇章分合之误。例如《论语辨惑》："'作者七人'（见《论语·宪问》），虽不见主名，其文势似与上文为一章，'子曰'字疑衍。"（同上卷七）又同书："斯民也，三代之所以直道而行也。'（见《论语·卫灵公》）南轩曰：'春秋之时风俗虽不美，然民无古今之异，三代之所以直道而行者，亦此民耳。'所说甚好。然记者以此属于圣人'无毁'、'无誉'之下，义终龃龉，疑是两章而脱其'子曰'字。"（同上卷七）以上皆为《论语》分章问题，此类尚多，不一一列举。至于分篇，例如《文辨》："相如《上林赋》设子虚使者、乌有先生以相难答，至亡是公而意终，盖一赋耳。而萧统别之为二，统不足怪也。至迁、固为传，亦曰'上览《子虚赋》而善之。相如以为此乃诸侯之事，故别赋《上林》'，何哉？岂相如赋《子虚》自有首尾，而其赋《上林》也复合之为一邪？不然，迁、固亦失也。"（同上卷三四）又同书："张衡《二京》，一赋也，而《文选》析为二首。左思《三都》，一赋也，而析为三首。若以字数繁多，一卷不能尽之，则不当称某京、某都而各云一首也。岂后人编辑者之误而不出于统欤？然《世说》载庾亮评庾阐《南都赋》，谓可以三二京而四三都，又何也？"（同上）

王若虚校勘，多以文义、文势为据，此仅属理校中的一种根据，固是局限。但他也并不忽视版本根据，例如《文辨》："刘禹锡《问大均赋》云：'楚臣天问不酬，今臣过幸一献三售'，上二句脱两字；《何卜赋》：'时乎时乎，去不可邀，来不可逃，淹兮孰舍操'，夫'操'所以对'舍'也，上当脱三字。又云：'菫之毒豕苓鸡首之贱毛'，亦有脱误处。《禹锡集》、《文粹》所载皆然，安得善本而考之。"（同上）又同书："东坡《杞菊赋》云：'或糠覈而瓠肥，或粱肉而墨瘦'，诸本皆同。近观秘府所藏公手书此赋，无'瓠'、'墨'二字，固当胜也。"（同上）

关于断句，王若虚所辨亦多，并且善于据文义、"文势"、"语法"以定是非，而反对空凭义理，先入为主。例如《论语辨惑》："子曰：'十室之邑，必有忠信如丘者焉，不如丘之好学也。'或训'焉'为'何'而属之下句；'厩焚，子退朝，曰："伤人乎？"不问马。'或读'不'为'否'，而属之上句。意谓圣人至谦，必不肯言人之莫己若；圣人至仁，必不至贱畜而无所恤也。义理之是非姑置勿论，且道世之为文者有如此语法乎？故凡解经，其论虽高而于文势语法不顺者，亦未可遽从，况未高乎！"（同上卷五）又如《诸史辨惑》："汲黯拜淮阳太守，谢曰：'臣常有狗马之心，今病力不能任郡事。'师古以'病力'为句，曰：'力谓甚也。'训'力'为'甚'，未知何据。予初谓此字当属下句。及读《史记》，则云：'黯常有狗马病'，而《通鉴》但云'有病'，乃知'力'字属下无疑。

盖孟坚误析其辞，故守师古之妄。而《新唐·乔琳传》云：'从幸梁州，辞病力。萧俛授少师，辞疾力，不拜'，此又因颜注而失也。"（同上卷二十）又同书："《赵禹传》云：'公卿相造请禹终不行报谢务在绝知友宾客之请孤立行一意而已'，此当以'不行报谢'为句，而师古以'报谢'属下文，予固疑之。及读三刘《汉书》，既已刊正矣。"（同上卷二一）

（三）辨伪

王若虚辨惑诸作，既涉辨误，又涉辨伪。辨误前已论及，这里专讲辨伪。

辨私造之伪事、伪说，例如《五经辨惑》："《文王世子》云：武王梦帝与九龄，文王曰：'我百尔九十，吾与尔三焉。'郑注谓文王以勤忧损寿，武王以逸乐延年。纰缪之甚，固不足辨。孔氏知天定之数不可增减，而云文王言'与女三'者，示其传基业于武王，欲使武王承其所传之业。乃教戒之义训，非自然之理。审如此言，则帝与之数复何以说？盖不知经文诡诞，自不足信也。"（《滹南遗老集》卷二）这里怀疑经文诡诞，不无胆识。又同书："孔子诛少正卯事谁所传乎？其始见于荀卿之书，而《吕氏春秋》、刘向《说苑》、《家语》、《史记》皆取而载之。作《王制》者亦依仿其意者，著为必杀之令，后世遂信以为圣人之大节，而不复疑。以予观之，殆妄焉耳。……士生千载之后，不获亲见圣人，是非真伪无从而质之，则亦求乎义理之安，而合乎人情之常而已。自三传而下，托圣贤以驾己说者，何可胜数，盖不足尽信焉。"（同上卷二）这里更总结出托古作伪的普遍规律。

辨伪书，例如《五经辨惑》在唐啖助、宋张载、程颐等人之说的基础上，辨《左传》非左丘明所撰，并且提出是非标准是客观的，不能"以人而移之"（同上卷一）。又如同书辨《周礼》云："东莱云：周礼者，古帝王之旧典礼经也。始于上古而成于周，故曰《周礼》。予谓此书迂阔烦渎，不可施于世，谓之《周礼》已自不可信，又可谓古帝王之典乎？"（同上卷二）

（四）分析义理、折中汉宋

受宋学影响，王若虚重视分析义理，不满汉学的窒碍。但他又反对宋儒的穿凿附会，主张折中汉宋，取长补短。《论语辨惑序》说："解《论语》者不知其几家，义略备矣。然旧说多失之不及，而新说每伤于太过。夫圣人之意，或不尽于言，亦不外乎言也。不尽于言，而执其言以求之，宜其失之不及也。不外乎言，而离其言以求之，宜其伤于太过也。盖亦揆以人情而约之中道乎？尝谓宋儒之议论不为无功，而亦不能无罪焉。彼其推明心术之微，剖析义利之辨，而斟酌时中之权，委曲疏通，多先儒之所未到，斯固有功矣。至于消息过深，揄扬过侈，以为句句必涵养气象，而事事皆关造化，将以尊圣人而不免反累；名为排异端而实流于其中，亦岂为无罪也哉？至于谢显道、张子韶之徒，迂谈浮夸往往令人发笑，噫其甚矣。永嘉叶氏曰：'今世学者以性为不可不言，命为不可不知，凡六经、孔子之书，无不牵合其论而上下其词，精深微妙，茫然不可测，而圣贤之实犹未著也。昔人之浅，不求之于心也；今世之妙，不止于心也。不求于心，不止于心，皆非所以至圣贤者。'可谓切中其病矣。晦庵删取众说（按，指《论语集注》），最号简当，然尚有不安及未尽者。窃不自揆，尝以所见，正其失而补其遗。"（《滹南遗老集》卷三）又《论语辨惑·总论》说："解《论语》者有三过焉：过于深也，过于高也，过于厚也。圣人之言亦人情而已，是以明白而易知，中庸而可久，学者求之太过，则其论虽美而要为失其实，何贵乎此哉？"（同上）这里虽就《论语》而言，但反映了宋儒分析义理"太过"，汉儒分析义理"不及"的普遍现象。又《著述辨惑》说："宋人解《书》者，惟林少颖眼目最高，既不若先儒之窒，又不为近代之凿，当为古今第一。"（同上卷三一）这里又以"凿"和"窒"分别概括宋学、汉学的特点，与前"太过"与"不及"相得益彰，颇为精辟。他认为汉儒、宋儒各有所偏，因此主张加以折中，如前所说，"揆以人情而约之中道"。但王若虚在两者之间又不是绝对的中立，如果在两者中抉择，他认为："宁失之固，无涉于妄；宁处其卑，而不至于僭焉，则善矣。"（《论语辨惑》，同上卷五）

王若虚在分析义理上折中汉宋，首先表现在不曲徇，分辨是非，择善而从。此例甚多，如《论语辨惑》："'举直错诸枉，则民服'，旧说以为任正人，废邪枉。而程氏之徒多作事之枉直，此亦可通。然夫子答樊迟知人之说曰'举直错诸枉，能使枉者直'，而子夏证之以舜汤伊皋，不仁者远，则旧说是矣。"（同上卷四）

其次表现在正确处理"言"与"意"的关系上。王若虚承袭孟子不以辞害意的说法，主张不拘泥于文辞而失其意或误解其意。例如《论语辨惑》："'毋友不知己者'，东坡曰：'世之陋者乐以不己若者为友，则自足而日损，故以此戒之。是谓不以辞害意，如必胜己而后友，则胜己者亦不与吾友矣。'其说甚佳。林少颖乃通上句为义，曰：'忠信不与己同者，不与为友。'此正疑其害意而为之迁说也。"（同上）他还主张以意逆志，例如《论语辨惑》："子曰：'当仁不让于师。'周式、杨杰以'师'为'众'。张九成以'让'为'责'。刘原父、吴元长则曰：'当仁而传道，可以为人师。'皆不近人情，不足取。程氏曰：'为仁在己，无与让。若善名在外，不可不让。'恐夫子之意亦不及此。唯晦庵云：'言当勇往而必为，虽师亦无所让。'斯得之矣。盖此乃甚之之辞，非真语师对也，学者当以意逆之。"（同上卷七）

但是王若虚在承袭孟子"以意逆志"的说法时,又作了改造,即"意"不能完全脱离文辞,从而避免了主观唯心、借题发挥的一面。这一点与宋代理学家也不同,他们全面继承孟子的观点,穿凿附会随处可见,而为王若虚所不取,前面已经谈到这个问题。王若虚强调分析义理不能脱离文辞的言论很多,前文已多处言及。又如《论语辨惑》:"子曰:'君子耻其言而过其行。'晦庵曰:'耻者,不敢尽之意;过者,欲有馀之辞。'盖以'而'字故此生论耳。初若可喜,而义训终不安,止当从旧。"(同上卷七)此类尚多,不一一列举。从以上可以看出王若虚认为义理与文辞虽有出入而又密不可分,分析义理必须依附文辞,包括"文义"、"文势"、"语法"等等。

用正确的方法和原则分析义理,是王若虚在古文献学上最有成就的一个方面。在这方面他辩证地总结了汉学宋学的得失,提出了新的见解。固然宋朝某些有成就的考据家已在这方面开了先河,而王若虚在实践和理论上,都明显超过了他们。

第六章
元　明

第一节　概述

一、政治概况及其对古文献学的影响

　　元朝的政权是以蒙古贵族为首,包括汉族地主阶级及其他民族上层分子组成的封建政权。蒙古贵族统治者虽然对汉族实行民族歧视政策,但在民族融合的过程中,在经济、政治、思想、文化等方面都表现出明显的汉化倾向。元朝政治组织大都遵用汉法。元太宗时即起用汉族大儒姚枢、许衡等,在政治上多所建树。元世祖忽必烈不顾旧势力的反对,态度鲜明地重用"南人",行贡举法,以程、朱经学取士,见《元史·程钜夫传》。《元史·儒学传二·熊朋来传》亦载:"世祖初得江南,尽求宋之遗士而用之,尤重进士","延祐(仁宗年号)初,诏以进士科取士,时科举废已久","而元制,《周礼》不与设科。至治中,英宗始采用古礼,亲御衮冕祠太庙,锐意于制礼作乐之事"。这说明元朝蒙古统治者的汉化不断深入。由于统治者重用汉族士人,传统的古文献学便自然得到承续和发展。当时不少宋朝遗士拒不仕元,他们隐居不出,或闭门治学,或聚徒讲学,精力得以集中,成就自然可观,这也是古文献学流传不废的客观条件。故《元史·儒学传序》说:"元兴百年,上自朝廷内外名宦之臣,下及山林布衣之士,以通经能文显著当世者,彬彬焉众矣。"

　　明朝开国皇帝朱元璋,本参加农民起义武装红巾军,逐渐升为一方首领。在起义过程中,由于不断接纳地主武装,重用封建士人做谋士,加之农民本身的阶级局限性,致使农民起义的政权逐渐向封建政权转化。元惠宗至正二十七年(1367),朱元璋出师北伐,次年秋攻占大都,推翻元朝统治,于是在建康(今南京)即位,改元洪武,建立了明朝封建政权,并在思想、文化上

沿袭封建主义正统。从而传统的儒学也得以承续。见《明史·儒林传序》。明太祖洪武时,科举犹用古注疏及宋儒之书,明成祖永乐时,颁行《五经大全》,古学渐疏。

元、明两朝的文化政策有所不同,元朝统治者对古文献的整理只是提倡,结果是使学者们各用其长,自行著述;而明朝除学者个人著述外,又多由官方出面组织,如明成祖永乐年间既修成《永乐大典》,又撰成《五经大全》、《四书大全》。官修之书,出自众手,往往存在质量问题,但这只是一面;有的大书如《永乐大典》,有极高的资料价值,亦非官方组织众力所难成。

二、思想、学术概况及其对古文献学的影响

元、明两朝皆为理学所主宰,而具体情况又有所差异。

关于元朝,皮锡瑞《经学历史》第九章说:"金、元时,程学盛于南,苏学盛于北。北人虽知有朱夫子,未能尽见其书。元兵南下江、汉,得赵复,朱子之书始传于北。姚枢、许衡、窦默、刘因辈翕然从之。于是元仁宗延祐定科举法,《易》用朱子《本义》,《书》用蔡沈《集传》,《诗》用朱子《集传》,《春秋》用胡安国《传》,惟《礼记》犹用郑注,是则可谓小统一矣。"程、朱理学由宋代儒士传入元,并确立了独尊地位,有许多史实可以证明。如《元史·儒学传二·熊朋来传》:"取朱子小学书,提其要领以示之,学者家传其书,几遍天下。"又可参见《元史·儒学传·赵复传》、《张𦩘传》、《陈栎传》。其他如胡一桂、黄泽等莫不以程、朱为宗。唯吴澄兼尊陆九渊,《元史·吴澄传》:"又尝为学者言:'朱子于道问学之功居多,而陆子静以尊德性为主。问学不本于德性,则其蔽必偏于言语训释之末,故学必以德性为本,庶几得之。'"

由以上可知,元朝思想、学术承袭程、朱,特别以朱熹为主,因此在古文献学上也是以受朱熹影响为深,表现出义理与考据并重的特点。例如《元史·儒学·黄泽传》:"蜀人治经,必先古注疏,泽于名物度数,考覈精审,而义理一宗程、朱。……尝以为去圣久远,经籍残阙,传注家率多傅会,近世儒者,又各以才识求之,故议论虽多,而经旨愈晦;必积诚精研,有所悟入,然后可以窥见圣人之本真。乃揭六经中疑义千有馀条,以示学者。既乃尽悟失传之旨。……于是《易》、《春秋》传注之失,《诗》、《书》未决之疑,《周礼》非圣人书之谤,凡数十年苦思而未通者,皆涣然冰释,各就条理。……吴澄尝观其书,以为平生所见明经士,未有能及之者。"此可代表当时学者的共同特点。又吴澄虽兼尊陆九渊,而在古文献学上则是义理与考据并重,详见《元史》本传。

明朝除程、朱的影响外,陆九渊的影响也存在,如明初宋濂宣扬"六经皆心学",鄙薄训诂和考据,但是他在辨伪方面又表现出考据作风。至明中叶,王守仁继承陆九渊"心即理也"的思想,杂糅儒佛,形成了"心学"体系,以与程朱学派对抗,势力大增。如《明史·儒林·吕柟传》说:"时天下学者,不归王守仁,则归湛若水。独守程、朱不变者,惟柟与罗钦顺云。"王守仁的"心学",在学术上产生了不良影响,束书不观,师心虚谈,形成一代空疏学风。王学虽然曾遭禁绝,如:"嘉靖八年(1529)二月……夺新建伯王守仁世爵恤典,及禁其学术。……令都察院通行禁约,不许踵袭邪说,以坏人心。"(《皇明大政纪》卷二二)但推奉、信仰者仍众,在思想、学术界的影响不衰。并且由流于释,进而流于侠,流于盗,颜山农、何心隐即其代表人物。详见王世贞《弇州史料后集》卷三五。明神宗万历初年,张居正做宰相,锐意改革,其在思想方面,批判的主要靶子就是王学,他认为:"嘉、隆之间,深被其祸,今犹未珍,此主持世教者所深忧也。……仆愿今之学者,以足踏实地为功,以崇尚本质为行,以遵守成宪为准,以诚心顺上为忠。兔鱼未获,无舍筌蹄;家当未完,毋撤藩卫。毋以前辈为不足学,而轻事诋毁;毋相与造为虚谈,逞其胸臆,以挠上之法。"(《答屠平石书》,见《张太岳文集》卷二九)这也足以说明王学影响之大之久。学术界也不无王学的反对者,如《明史·儒林·何塘传》:"是时王守仁以道学名于时,塘独默知。尝言陆九渊、杨简之学,流入禅明,充塞仁义。后学未得游、夏十一,而议论即过颜、曾,此吾道大害也。"又《唐伯元传》:"伯元受业永丰吕怀,践履笃实,而深疾王守仁新说。"因此在古文献学方面,不仅有王守仁向壁虚造、师心穿凿的影响,也还有朱熹义理与考据并重的影响,致使明代的考据学承袭前代继续发展,而与空疏之学形成对立。如梅鷟、胡应麟等的辨伪成果和杨慎、焦竑、陈第、方以智的考据成果,都是比较扎实的,对清代的辨伪学、考据学都产生了直接的影响。

三、语言文字学的发展及其对古文献学的影响

　　元、明在语言文字学方面,以音韵著作为多,成就突出。

　　综合古今音之作有元熊忠《古今韵会举要》。宋末黄公绍搜集文字义训作《古今韵会》,熊忠对其删繁举要而成此书。

　　研究今音之作有元周德清《中原音韵》,此书根据元代北曲用韵,分为十九部。首倡"平分阴阳、入派三声"之说,每部的字均按阴平、阳平、上、去四声排列,以入声分别派入阳平、上、去三声。此书反映了元代北方话的语音实况,是研究近代普通话的重要资料,也是分析曲韵的依据。又有元卓从之

所撰《中州乐府音韵类编》(亦名《北腔韵类》),亦分十九部,与《中原音韵》体例大致相同。唯将平声字分为三类,与阴、阳两调相配的字另立"阴阳"类,无相配的字归"阴"类或"阳"类。实际平声亦只阴、阳两调。此书与《中原音韵》同为曲韵北派的代表。曲韵南派创始之作,为明太祖洪武时乐韵凤、宋濂、王僎、李淑允等奉敕所撰之《洪武正韵》。此书成于洪武八年(1375),其文字义训,以毛晃父子的《增修互注礼部韵略》为稿本,稍据他书加以损益;而分韵归字,又参以中原之韵,将古来相传的二百零六韵,并为七十六韵,其中平、上、去各二十二韵,入声十韵。但既有入声,又有全浊声母,可见掺杂南方方音,不尽合于"中原雅音"。

承继宋人古音研究之滥觞,明代的古音学有了进一步发展,成果有杨慎的《古音丛目》、《古音猎要》、《古音馀》、《古音附录》(《四库提要》卷四二云:"是四书虽各为卷帙,而核其体例,实本一书")、《古音略例》、《转注古音略》,陈第的《毛诗古音考》、《屈宋古音义》,以及方以智《通雅》中的有关部分。后面分别有专节论及,此不详述。古音学的发展对古文献学有直接的积极影响,但明代的古音学在理论上尚未成熟,在因音求义的运用上尚不自觉。至清代才在这两方面有了长足的发展。

四、校刻古书改窜之风的兴起

宋、元旧刻,今存绝少。明代刻书极多,存者亦多,今虽已成珍贵,但有优劣之分。一般讲,以明中叶为限,嘉靖以前校刻古书,或翻宋,或新雕,皆比较谨严。虽不无妄改,如王端履《重论文斋笔录》所云:"成化刊本《周礼句解》,于经文任意删节。"但毕竟未形成风气。万历以后虽不无佳刻,但改窜之风颇盛。明、清学者于此多有论述。顾炎武《答李子德书》云:"闻之先人,自嘉靖以前,书之锓本,虽不精工,而其所不能通之处,注之曰疑。今之锓本加精,而疑者不复注,且径改之矣。"又《日知录》卷十八"改书"一条云:"万历间人,多好改窜古书,人心之邪,风气之变,自此而始。"又同卷"别字"条云:"山东人刻《金石录》,于李易安《后序》'绍兴二年玄黓岁壮月朔',不知壮月之出于《尔雅》(八月为壮),而改为'牡丹'。凡万历以来所刻之书,多'牡丹'之类也。"这里明确以万历为风气转变之始。黄丕烈、顾广圻是清代有见识的藏书家和校勘家,他们也有此论,如黄丕烈论《提刑洗冤录》云:"明人喜刻书,而又不肯守其旧,故所刻往往戾于古。即如此书,能翻刻之,可谓善矣;而必欲改其卷第,添设条目何耶?"(《荛圃藏书题识》卷四)顾广圻《跋广弘明集》云:"明中叶以后刻书,无不臆改。此吴中珩本,以梵夹勘之,乖错极多。"

（《思适斋书跋》卷三）又《跋蔡中郎集》云："天圣癸亥欧静辑本者十卷、六十四篇，今为六卷、九十二篇，全属嘉靖时俞宪、乔世宁所改，明人往往少学而好妄作，宜其无足据也。"（同上卷四）丁丙《善本书室藏书志》条例把明嘉靖以前的书"甄别而取之"，列为"精本"，不仅依据前人之论，也包括他自己的经验和见识。

明万历以后刻书之滥，与空疏学风的兴起是同步的，这清楚表明学风对刻书事业的影响。

五、各类文献研究整理概况

关于经学和经书，《经学历史》第九章说："论宋、元、明三朝之经学，元不及宋，明又不及元。宋刘敞、王安石诸儒，其先皆尝潜心注疏，故能辨其得失。朱子论疏，称《周礼》而下《易》、《书》，非于诸疏功力甚深，何能断得如此确凿。宋儒学有根柢，故虽拨弃古义，犹能自成一家。若元人则株守宋儒之书，而于注疏所得甚浅。如熊朋来《五经说》，于古义古音多所抵牾，是元不及宋也。明人又株守元人之书，于宋儒亦少研究。如季本、郝敬多凭臆说，杨慎作伪欺人，丰坊造《子贡诗传》、《申培诗说》以行世而世莫能辨，是明又不及元也。顾炎武论《书传会选》云：'其传中用古人姓名、古书名目，必具出处，兼亦考证典故。盖宋、元以来诸儒之规模犹在。而其为此书者，皆自幼为务本之学，非由八股出身之人，故所著之书虽不及先儒，而尚有功于后学。……自八股行而古学弃，《大全》出而经说亡。'其论明之不及宋、元，可谓深切。"这一段论述，颇得其要。

至于官修的《五经大全》，多袭元人之作，抱残守缺。《经学历史》第九章说："明永乐十二年（1414），敕胡广等修《五经大全》（受命者有翰林学士胡广，侍讲杨荣、金幼孜），颁行天下。此一代之盛事，自唐修《五经正义》后，越八百馀年而再见者也。乃所修之书，大为人姗笑。顾炎武谓：《春秋大全》全袭元人汪克宽《胡传纂疏》，《诗经大全》全袭元人刘瑾《诗传通释》。其三经，后人皆不见旧书，亦未必不因前人也。取已成之书，抄誊一过，上欺朝廷，下诳士子，唐、宋之时，有是事乎？经学之废，实自此始。《四库提要》更加考定，谓《周易大全》割裂董楷、董真卿、胡一桂、胡炳文四家之书，饾饤成编；《书传大全》亦剿袭陈栎《尚书集传纂疏》、陈师凯《书蔡传旁通》；《礼记大全》采诸儒之说凡四十二家，而以陈澔《集说》为主，澔书之列于学官自此书始。按官修之书，多剿旧说，唐修《正义》，已不免此。惟唐所因者，六朝旧籍，故该洽犹可观。明所因者，元人遗书，故谫陋为尤甚。此《五经正义》今不得不

中国古文献学史简编 | 350

钻研,《五经大全》入后遂尽遭唾弃也。元以宋儒之书取士,《礼记》犹存郑注,明并此而去之,使学者全不睹古义,而代以陈澔之空疏固陋,《经义考》所目为兔园册子者。故经学至明为极衰时代。"

元、明在经书整理方面也有一些有成就之作,如元赵汸《春秋属词》。赵汸师承黄泽,精于《春秋》,有《春秋集传》、《春秋师说》、《春秋属词》、《春秋左氏传补注》、《春秋金锁匙》等作。而以《春秋属词》最有创获。此书重考证,忌附会,力破《春秋》整理研究中穿凿义例之弊。清孔广森治《公羊传》,源出于赵汸。

又如元吴澄《易纂言》,为时人所宗。《四库提要》卷四评之曰:"是书用吕祖谦《古易》本经文,每卦先列卦变主爻,每爻先列变爻,次列象占。十翼亦各分章数。其训解各附句下,音释考证,则经附每卦之末,传附每章之末。间有文义相因,即附辨于句下者,偶一二见,非通例也。澄于诸经,好臆为点窜,惟此书所改则有根据者为多。……澄所自为改正者,不过数条而已。惟以《繫辞传》中说上下经十六卦十八爻之文,定为错简,移置于《文言传》中,则悍然臆断,不可以为训矣。然其解释经义,词简理明,融贯旧闻,亦颇赅洽,在元人说《易》诸家,固终为巨擘焉。"又同卷吴澄《易纂言外翼提要》亦论及《易纂言》,云:"自唐定《正义》,《易》遂以王弼为宗,象数之学,久置不讲。澄为《纂言》,一夬于象,史谓其能尽破传注之穿凿,故言《易》者多宗之。"吴澄又有《书纂言》,不信伪《古文尚书》,专释今文,开创一格,有合于古义。但多臆断错简,凭空颠倒。至于《礼记纂言》、《春秋纂言》虽不无所得,但于经文多所点窜,有失谨严。

又如明梅鷟《尚书考异》,为辨伪《古文尚书》之力作,详后专节。

关于史书校注之作,主要有:

元胡三省《资治通鉴音注》、《资治通鉴释文辨误》,后有专节论及,此不赘。

元吴师道《战国策校注》,此书补正宋鲍彪《战国策注》。鲍书在篇次上任意改移,以变刘向、曾巩旧本原貌;在注释上虽云纠高诱之讹漏,但仍多不当之处。吴师道此书取宋姚宏续注与彪注参校,而杂引诸书考正之。其篇第注文,一仍鲍氏之旧。每条之下,或有补正。复取刘向、曾巩所校33篇、486首旧第为彪所改窜者,别存于首,以明古本之旧。《四库提要》卷五一称"古来注是书者,固当以师道为最善矣"。

关于子书,注解之作绝少。有些考证笔记颇有价值,例如元黄溍《日损斋笔记》、盛如梓《庶斋老学丛谈》、陆友《研北杂志》、陈世隆《北轩笔记》、吾衍《闲居录》,明郑瑗《井观琐言》、张志淳《南园漫录》、杨慎《丹铅录》及《谭苑醍醐》、陈文耀《正杨》、邓伯羔《艺彀》、周祈《名义考》、胡应麟《少室山房笔丛》、焦竑《笔乘》、方以智《通雅》等。重要作者及著作,下面有专节讲述,此不详述。

关于集部,总集编纂为盛。例如元代之作,有方回编《瀛奎律髓》,编选唐、宋两代五律、七律之诗,多存宋代佚诗,注中又多载当时遗闻旧事。房祺编《河汾诸老诗集》,编选麻革、张宇、陈赓、陈飏、房暤、段克己、段成己、曹之谦八人之诗,人各一卷,皆金之遗老从元好问游者。祝尧编《古赋辨体》,自《楚辞》以下,凡两汉、三国、六朝、唐、宋之赋,每朝录取数篇,以辨其体格。汪泽民、张师愚同编《宛陵群英集》,编选宛陵(安徽宣城)一地之诗,上自宋初,下迄元代,得诗 1393 首。其书久佚。《四库全书》有《永乐大典》辑本,存原本十之五六。苏天爵编《元文类》,《四库提要》卷一八八云:"是编去取精严,具有体要。自元兴以逮中叶,英华采撷,略备于斯。"明代之作,有偶桓编《乾坤清气集》,选录元一代之诗,分体编次。无名氏编《元音》,选元人 176 家之诗,详于元末,而略于元初。高棅《唐诗品汇》,选录 620 家,诗 5769 首,分体编次。程敏政编《明文衡》,按体分三十八类录洪武以后、成化以前之文。冯惟讷编《古诗纪》,前集十卷,皆古逸诗,正集 130 卷,收汉、魏以下,陈、隋以前之诗,外集 4 卷,附录仙鬼之诗,别集 12 卷,收前人论诗之语。李攀龙编《古今诗删》,选录历代之诗,每代各自分体。李蓘编《宋艺圃集》,选录宋人之诗 237 家。末卷附释衲 33 人、宫闱 6 人、灵怪 3 则,妓流 5 人、不知名 4 人。合计 288 家。编次先后,颠倒混乱。此书针对当时讳言宋诗的时尚而编。又编有《元艺圃集》,选元诗 109 家,625 首,编次亦乱。茅坤编《唐宋八大家文钞》,并将唐顺之、王慎中评语标入。梅鼎祚因郭茂倩《乐府诗集》增辑编成《古乐苑》,但止于南北朝,与郭书止于唐末有所不同。所补亦多可疑。梅氏又辑编隋以前之文,以配冯惟讷《古诗纪》,共成十一书,统称"八代文纪":《皇霸文纪》,自上古迄秦,虽博而失之滥,并且真伪杂糅,考证不精;《西汉文纪》,以《史记》《汉书》为主,杂采他书附益之;《东汉文纪》,以正史为宗,并采杂书、碑刻、器铭;《西晋文纪》,时虽盛谈玄之文,而此选"讨论典故、崇励风俗者,犹居其半"(《四库提要》卷一八九);其他为《宋文纪》、《南齐文纪》、《梁文纪》、《陈文纪》、《北齐文纪》、《后周文纪》、《隋文纪》。此外梅鼎祚还编有《释文纪》,选辑历代名僧之文以及诸家之文为释氏而作者。自东汉迄唐,采摭极为丰富。陆时雍编著《古诗镜》及《唐诗镜》,编选自汉魏以迄晚唐之诗,评论以神韵为宗,情境为主。张溥编《汉魏六朝一百三家集》，此书影响极大，《四库提要》卷一八九云："自冯惟讷辑《诗纪》，而汉魏六朝之诗汇于一编；自梅鼎祚辑《文纪》，而汉魏六朝之文汇于一编；自张燮辑《七十二家集》，而汉魏六朝之遗集汇于一编。溥以张氏（燮）书为根柢，而取冯氏、梅氏书中其人著作稍多者，排比而附益之，以成是集。卷帙既繁，不免务得贪多，失于断限，编录亦往往无法，考证亦往往未明。……然州分部居，以文隶人，以人隶代，使唐以前作者遗篇，一一略见其梗概，虽因人成事，要不可谓之无功也。"

明代对于前代别集的整理，有的属辑编，有的属改编。辑编又分两类，一类是前代无成书或有成书已佚而新编，一类是前代有成书而重编。一般说来，辑编之集虽不无精本，但失于考证，真伪相杂的情况较多。改编之集则惯于在编次、分卷等方面变乱旧式。具体例子很多，不胜枚举。

第二节　胡三省

胡三省（1230—1302），字身之，浙江天台人（据元袁桷《先友渊源录》及《通鉴注》自序所题，一说浙东宁海人）。幼年时，元灭金侵宋，于是在宋元长期战争的年月中长大。宋理宗宝祐四年（1256）与文天祥、谢枋得、陆秀夫同中进士。据其子胡幼文所作墓志，他最初做吉州泰和县尉，调庆元慈溪县尉，由于刚直，得罪庆元郡守厉文翁，因而罢官。此后历任扬州江都丞、江陵县令、怀宁县令。宋度宗咸淳三年（1267）任寿春府学教授，佐淮东幕府。咸淳十年（1274），主管沿江制置司机宜文字，当时制置使是汪立信。在元军集中兵力攻襄阳时，汪曾献御敌三策，宰相贾似道置之不理。此御敌三策可能就是胡三省所拟。宋恭宗德祐二年（1276），临安失陷，帝、后投降。再三年，文天祥被俘，张世杰覆舟牺牲，陆秀夫背负帝昺投海，当时胡三省正虚岁五十。详见陈垣《通鉴胡注表微·重印后记》。胡三省在宋亡之前已撰成《资治通鉴广注》九十七卷和论十篇，原稿于临安失陷后流亡中散失。宋亡隐居不仕，发愤继撰《资治通鉴注》，于元世祖至元二十二年（1285）脱稿，一直修改到谢世之年。《资治通鉴注》不仅是一部学术价值极高的考据著作，其中也贯穿着胡三省的民族气节和爱国热情，其中批判投降、议论时弊之言屡见。陈垣先生著有《通鉴胡注表微》，对胡注的学术成就和政治意图作了全面的研究和论述，可参看此书《小引》的评价，此外，胡三省还著有《通鉴释文辩误》。

胡三省承宋代考据之绪，学有根柢，又继父业，故能成此巨著。关于《通鉴注》成书的始末及体例，胡氏自序所言颇详："先君笃史学，淳祐癸卯(1243)始患鼻衄，读史不暂置，洒血渍书，遗迹故在。每谓三省曰：'……《通鉴》先有刘安世《音义》十卷，而世不传。《释文》本出于蜀史焰，冯时行为之序，今海陵板本又有温公之子康《释文》，与焰本大同而小异。公休(司马康字)于书局为检阅官，是其得温公辟咡之教诏，刘、范诸公群居之讲明，不应乖剌乃尔，意海陵《释文》非公休为之。若能刊正乎？'三省捧手对曰：'愿学焉。'乙巳(1245)，先君卒，尽瘁家蛊，又从事科举业，史学不敢废也。宝祐丙辰(1256)，出身进士科，始得大肆力于是书。游宦远外，率携以自随；有异书异人，必就而正焉。依陆德明《经典释文》，厘为《广注》九十七卷；著《论》十篇，自周迄五代，略叙兴亡大致。咸淳庚午(1270)，从淮壖归杭都，延平廖公见而韪之，礼致诸家，俾雠校《通鉴》以授其子弟，为著《雠校通鉴凡例》。廖转荐之贾相国，德祐乙亥(1275)，从军江上，言辄不用，既而军溃，间道归乡里。丙子，浙东始骚，辟地越之新昌；师从之，以孥免，失其书。乱定反室，复购得他本为之注，始以《考异》及所注者散入《通鉴》各文之下；历法、天文则随《目录》所书而附注焉。迄乙酉(元世祖至元二十二年，1285)冬，乃克彻编。凡纪事之本末，地名之同异，州县之建置离合，制度之沿革损益，悉疏其所以然。若《释文》之舛谬，悉改而正之，著《辩误》十二卷。"

《通鉴注》及《通鉴释文辩误》在古文献学方面的成就主要有以下几点：

（一）史实考证

胡注非常重视史实考证，表现有二：第一，注明"纪事本末"，例如《通鉴》周赧王元年："秦人侵义渠，得二十五城"，胡注："义渠，戎国名。按上卷显王四十二年，秦县义渠，以其君为臣，是已得义渠矣。今又侵得二十五城，何也？盖先此秦以义渠为县，君为臣，虽臣属于秦，义渠之国未灭也，秦稍蚕食侵其地。今得二十五城，义渠之国所馀无几矣。"又如《通鉴》晋元帝永昌元年："初，西都覆没，四方皆劝进于帝"，胡注："见九十卷建武元年。"第二，考订记载异辞。胡三省很重视司马光的《通鉴考异》，将其散入注中，并往往在其基础上作进一步考证。例如《通鉴》周显王十七年："秦大良造伐魏"，胡注"按《史记·秦纪》：孝公十年，卫鞅为大良造，将兵围魏安邑，降之。又按《六国年表》，秦孝公之十年，显王之十七年，所谓大良造伐魏，即卫鞅将兵也。是时魏都安邑，其兵犹强，庞涓、太子申、公子卬未败，安邑不应遽降于秦。至显王二十九年，卬军既败，魏献河西之地于秦，始去安邑徙都大梁。《史记·六国表》不书徙大梁，而《世家》书之；《魏世家》于是年不书安邑降秦，而《秦纪》孝公十年书之。《通鉴》从《魏世家》，于显王二十九年书魏去安邑，徙大梁,而是年不书魏安邑降秦,盖亦疑而除去之。但大良造下当有'卫鞅'二字,意谓传写《通鉴》者逸之。"又如《通鉴》唐高祖武德四年:"上笑而释之,以为谏议大夫",胡注:"《考异》曰:《旧·本纪》及《唐历年代记》、《唐会要》皆云五年六月,置谏议大夫。按世长(苏世长)自谏议大夫历陕州长史、天策府军谘祭酒,四年十一月,已预十八学士。据《旧·职官志》,四年,置谏议大夫。今从之。余按《唐六典》,秦、汉曰谏大夫,光武加议字。北齐集书省置谏议大夫七人,隋氏门下省亦置谏议大夫七人。四年以前,唐未及置,今始置之耳。"但对《考异》之误绝不曲徇,而加以辨证。对《通鉴》采撷史料之误,亦加指明。例子很多,兹不列举。胡注考证,不只据书证、理证,尚有用物证者,例如《通鉴》后梁均王贞明四年:"吴内外马步都军使、昌化节度使、同平章事徐知训,骄倨淫暴。武威节度使、知抚州李德诚",胡注:"欧史《职方考》曰:'五代之际外属之州,扬州曰淮南,宣州曰宁国,鄂州曰武昌,洪州曰镇南,复州曰武威,……广州曰清海,皆唐故号,更五代无所易,而今因之者也。其馀僭伪改置之名,不可悉考而不足道,其因著于今者略注于谱。按欧公之时,去五代未远,十国僭伪自相署置,其当时节镇之名已无所考,况欲考之于二三百年之后乎!今台州有鲁洵作《杜雄墓碑》云:'唐僖宗光启三年,升台州为德化军。'洵乃雄吏,时为德化军判官者也。又嘉定中黄岩县永宁江有泗水者,拾一铜印,其文曰:'台州德化军行营朱记。'宋太祖乾德元年,钱昱以德化军节度使、本路安抚使兼知台州。台州小郡,犹置节度使,其他州郡,从可知也。吴之昌化、武威,盖亦置之境内属城,但不可得而考其地耳。"此条以新出土之金石证史,即用物证。由此可见胡注考证所用证据之广泛。

(二)地理考证

地理考证是史注的一项重要内容,而注一部通贯千馀年的编年通史,地理沿革问题尤为复杂。胡三省长于地理考证,疏解"地名之异同,州县之建置离合",甚为精确,故前人以"长于地理"许之。所释大如郡县,小至偏僻地名,无不原原本本。例子很多,不胜枚举。例如《通鉴》后汉隐帝乾祐三年(950):"(郭)威营于皋门村",胡注:"皋门村,盖在皋门之外。按大梁城无皋门。《诗·大雅·緜》之篇曰:'乃立皋门,皋门有伉。'毛氏传曰:'王之郭门曰皋门。'郑氏《笺》曰:'诸侯之宫,外门曰皋门,朝门曰应门,内有路门。天子之宫,加之库、雉。'至《礼记·明堂位》记周赐鲁公以天子之制,其言曰:'库门,天子皋门;雉门,天子应门。'郑注又云:'天子五门,皋、库、雉、应、路。鲁有库、雉、路,则诸侯三门欤?'详而味之,《诗笺》、《记注》,微有不同。而五代之时,汴城之外所谓皋门村,盖以郭门之外有村,遂呼曰皋门村,合于毛氏

《诗传》。皋门村属开封县。薛《史》云:'王檀葬于开封县之皋门原',以是知之。"

胡三省考地理不限就事论事,还能注意总结规律,归纳条例。例如《通鉴释文辩误》(以下简称《辩误》)卷四:"(魏高贵乡公)甘露二年:'姜维出骆谷至沈岭,时长城积谷甚多,而守兵少,邓艾进兵据之以拒维',史炤《释文》曰:'长城,方城山名。《左传》所谓楚国方城以为城者,在汉南阳、堵阳、葉县之境。山自比阳连百里,号曰方城,亦曰长城。'余按姜维出骆谷至沈岭,邓艾据长城拒之,此长城当在郿县之南,沈岭之北,乌得谓为方城之长城乎!《水经注》:'骆谷水出郿坞东南山骆谷,北流径长城西,又北流注于渭。'此正邓艾所据之长城也。凡注地理,须博考史籍,仍参考其地之四旁地名以为证据,何可容易著笔乎!"这最后的结语,实为经验之谈,非常可贵。又如《辩误》卷十一辨〔唐懿宗咸通〕九年史炤《释文》"高邮,邑名,属兖州"之误时说:"但南兖州不可以为兖州,晋、宋、齐、梁、陈之疆理不可以释唐之疆理。释《通鉴》者,当随事、随时考其建置离合沿革也。"这里最后的结语,也反映了客观规律,提出了重要原则。

(三)制度考证

历代制度有沿有革,注释制度必须有历史观念,这一点与注地理相似。胡注亦以制度考证见长。例如《通鉴》周威烈王二十三年:"康子曰:'善。'使使者致万家之邑于智伯",胡注:"毛晃曰:邑,都邑。四井为邑,四邑为丘;邑方二里,丘方四里。《载师》'以公邑之田任甸地,以家邑之田任稍地。'注:'公邑,谓六遂馀地。家邑,大夫之采地。'此又与四井之邑不同。又都,国都;邑,县也。《左传》:'凡邑有先君宗庙之主曰都,无曰邑。邑曰筑,都曰城。'此谓大县邑也。杜预引《周礼》'四县为都,四井为邑',恐误。四井之邑方二里,岂能容宗庙城郭!如《论语》'十室之邑',《西都赋》'都都相望,邑邑相属',则是四县四井之都邑也。若千室之邑、万室之邑,则非井邑矣。项安世曰:《小司徒》井牧田野,以四井为邑,凡三十六家;除公田四夫,凡三十二家。《遂大夫》会为邑者之政,以里为邑,凡二十五家。《遂大夫》盖论里井之制,二十五家共一里门,即六乡之二十五家为一闾也;《小司徒》盖论沟洫之制,四井为邑,共用一沟,即《匠人》所谓'井间广四尺深四尺谓之沟'也。居则度人之众寡,沟则度水之众寡,此其所以异欤?毛、项二说皆明周制,参而考之,战国之所谓邑非周制矣。"这里说明周代邑制与战国邑制不同,不可以前注后。又如考"剑履上殿"及"赞拜不名"之制,《通鉴》唐高祖武德元年(618):"隋恭帝诏唐王剑履上殿,赞拜不名",胡注:"《隋志》:'按汉自天子至于百官,无不佩刀。蔡谟议云:"大臣优礼,皆剑履上殿。非侍臣,解之。"盖防刃也。近代以木,未详所起。东齐著令,谓为象剑,言象于剑。周武帝时,百官燕会,并带刀升座。至开皇初,因袭旧式,朝服升殿,亦不解焉。十二年,因蔡徵上事,始制凡朝会应登殿坐者,剑履俱脱。其不坐者,敕召奏事及须升(《隋书·礼仪志》作'登')殿,亦就席解剑,乃登。纳言、黄门、内史令、侍郎、舍人,既夹侍之官,则不脱。其剑皆真刃,非假。(此下《隋志》有'既合旧典,弘制依定',胡注引略)又准晋咸康元年定令故事,自天子以下,皆衣冠带剑。今天子则玉具火珠镖首,(此下《隋志》有'馀皆玉镖首')惟侍臣带剑上殿,自王公已下,非殊礼引升殿,皆就席解剑而后升。'复下曰舄,单下曰履。诸非侍臣,皆脱履升殿。舄唯冕服及具服著之;履则诸服皆用。凡朝会赞拜,则曰某官某,不名,亦殊礼也。"这里引据《隋书·礼仪志》以注"剑履上殿"之制,历史沿革,原原本本。

也有用精确的考证以纠前人解说之误者,例如关于"板授官号",《辩误》卷三:"献帝初平元年:'关东州郡皆起兵讨董卓,推勃海太守袁绍为盟主。绍自号车骑将军,诸将皆板授官号。'史炤《释文》曰:'板,通作版,以版籍授官。'余按字书,板、版二字,古今通用。然于此谓以版籍授官,则非也。《汉制度》曰:帝之下书有四:一曰策书,二曰制书,三曰诏书,四曰诫敕。策书者,编简也,其制长二尺,短者半之,篆书,起年月日,称皇帝以命诸侯。王公以罪免,亦赐策书,而以隶书,凡一木两行,唯此为异也。(按《通鉴》汉成帝绥和二年(前9)'上遂赐册,责让以政事不治,灾害并臻,百姓穷困'下胡注引程大昌《演繁露》释策制,与此略同。)制书者,帝者制度之命,其文曰制。诏,三公皆玺封,尚书令印重封,露布州郡也,其文曰:'告某官云云,如故事。'诫敕者,谓敕刺史、太守,其文曰:'有诏敕某官。'他皆仿此。李云书曰:尺一拜用,不经御省。章怀注曰:尺一之板,谓诏策也。见《汉官仪》。则拜授官号,汉用尺一策也。时董卓挟天子,袁绍等罔攸禀令,故权宜板授官号,言无皇帝玺信,以白板授之也。岂以板籍授官乎!"此辩甚是。论"板"、"版"通假,史炤无误,胡氏予以肯定,而通过制度考证以驳其注释之非。胡三省精于制度考证,由此可见一斑。

(四) 校勘、训释

胡注精于校勘,《通鉴胡注表微》专立《校勘篇》归纳其例。《校勘篇序》云:"胡身之精校勘学,其注《通鉴》,名音注,实校注也。其自序言:'咸淳庚午,延平廖公礼致诸家,俾雠校《通鉴》,以授其子弟,为著《雠校通鉴凡例》。'今其例不传,然由注中钩稽,尚可窥其所用之方法,以理校为多,他校次之,用本校、对校者较少。然其所谓理校，非只凭空想，而多由追忆，故以现存宋本勘之，往往奇中，与对校无异。其他校之详者，则几于考证学范围矣。"例如《通鉴》秦二世元年："攻陈，陈守尉皆不在，独守丞与战谯门中，不胜；守丞死，陈胜乃入据陈。"胡注："师古曰：'守丞，谓郡丞之居守者。一曰：郡守之丞，故曰守丞。'原父曰：'秦不以陈为郡，何庸有守！守，谓非正官，权守者耳。'余按，秦分天下为郡县，郡置守、尉、监，县置令、丞、尉。原父以此守为权守之守，良是。迁、固二史作'守令皆不在'，此作'守尉皆不在'，盖二史'令'下缺'尉'字，而《通鉴》'尉'上缺'令'字也。"此用理校及他校，以补《通鉴》之缺文。胡三省还善于通过精辟的考证以证辗转所致之误，例如《通鉴》梁武帝大同元年："（东魏）太州刺史韩轨等攻潼关"，胡注："按《韩轨传》，为秦州刺史。又考魏收《志》，东魏置秦州于河东，领河东、北乡二郡。史盖误以'秦'为'泰'，缘'泰'之误，又以'泰'为'太'。"可见胡三省的理校以擅长考证和深谙字学为其特色。

胡三省小学根柢深厚，《通鉴注》中的训释成果既富且精。

考释名物，例如《通鉴》周威烈王二十三年："螝、蚁、蜂、蚕，皆能害人"，胡注："宋祁曰：'螝，如锐翻。'又《字林》：'人劣翻。秦人谓蚁为螝。'今按：螝，小虫，日中群集人之肌肤而嘬其血，蚊之类也。"胡注最确。在《辩误》中也有不少精辟之说，例如卷四："〔晋成帝咸康〕七年：'诏实王公以下至庶人，皆正土断、白籍'，史炤《释文》曰：'白籍，谓白丁之籍耳。'余按，江左之制，诸土著实户，用黄籍；侨户土断，白籍。琅琊南渡，凡中土故家，以至士庶，自北来者，至此时各因其所居旧土，侨置郡县名，并置守令以统治之，故曰正土断。不以黄籍籍之，而以白籍，谓以白纸为籍，以别于江左旧来土著者也。若以为白丁之籍，则王公岂白丁哉！"此通过考制度，以明名物。

释字义不受形体局限，通声音，明假借。例如《通鉴》周赧王二年："张仪详堕车"，胡注："详读曰佯，诈也。"又如《辩误》卷八："长城公至德元年：'吐谷浑寇隋临洮，洮州刺史皮子彦出战，败死，汶州总管梁远击走之'，史炤《释文》曰：'汶，音问，以汶水为名。水出琅邪。'余按，吐谷浑居西垂，时寇洮、岷。汶州即唐之岷州，与汉之汶山郡之汶同。史炤以琅邪汶水为释，音义皆误。汶山之汶读曰岷，辩已见七十二卷魏明帝青龙元年。"其辩云："余按汉武帝开汶山郡，汶音嶓。《禹贡》'嶓、嶓既艺'、'岷山导江'之'岷'，《史记》皆作'汶'。《索隐》曰：'汶，亦作嶓。'杨正衡《晋书注》：'汶山，亦音嶓。'《广韵》十七'真韵'内亦有'汶'字，武巾切，此皆明证也。"但亦偶有拘泥字体而不论通假者。

一字多义，主张因文见义，随文释训。例如《辩误》卷一："〔周赧王五十五年〕：'奇兵二万五千人绝赵军之后，又五千骑绝赵壁间，赵军分而为二'，史炤《释文》曰：'间，居栈切，间隔之也。'余谓若从炤说，当以'间赵军'为句，与下句'分而为二'，意颇重复。若以'又五千骑绝赵壁间'为句，与上句'奇兵二万五千人绝赵军之后'，句法文意，殊为停当。间，读如字。每见为句读之学者，于一句之间，截而分属上下句，求发先儒之所未发者，以见圣贤深意。若文意自来通顺，而于一字两字或三字之间创分句读，为新奇，似不必尔。"这里是说一字二义皆可通，视句法文意通顺与否加以抉择，反对刻意求深，不顾扞格，故作新奇。又如《辩误》卷三："〔汉献帝初平〕二年：'邴原性刚直，清议以格物'，史炤《释文》曰：'格，古伯切，废格之格。以清议废人。又音阁。'余谓格，正也，言以清议正物也。格读如字。炤以为废格为格，是知读《汉书》而未晓文义。（按《汉书·梁孝王传》：'大臣等有所关说，太后议格。'）夫因文见义，各有攸当，不可滞于一隅。"此说甚是，结尾的话更是训诂学的一条重要原则。胡三省在训释中遵守随文释训的原则，是非常自觉的。

《通鉴注》还注意辨析俗字，例如《通鉴》后周太祖广顺元年："北汉主遣通事舍人李𧮂使于契丹"，胡注："𧮂，俗'辩'字，从'巩'从'言'。宋景文《手记》曰：北齐时，里俗多作伪字，始以'巧言'为'辩'。至隋有柳𧮂，其字又以'巩'易'巧'矣。"

胡三省认为音释必须以校勘、考证为先务，否则会妄作音释，以讹传讹。例如《辩误》卷七："〔梁简文帝大宝〕二年：'任约追胡僧佑及于芊口'，海陵本《释文》作'芋口'：'芋，羽俱切，又王遇切，地名。'余按'芋'字本'芊'字之误。姚思廉《梁书》曰：'芊口，在南平郡安南县界。'不能博考而妄为音切，可乎！芊，音千。"

胡三省还继承古注及宋人的传统，讲究注释体例，力求注释文字简明。如《通鉴注序》云："古人注书，文约而意见；今吾所注，博则博矣，反之于约，有未能焉。"可见他在注释体例与文字方面，把反博于约、文约而意现作为自己追求的目标。

胡三省的《通鉴注》，不仅给我们留下了一个注释《通鉴》的巨大成果，还在古文献整理研究的方法、理论上给我们留下了许多宝贵的经验和启示。他由宋入元，是宋末元初考据学者的突出代表。

第三节　王守仁

王守仁(1472—1529)，字伯安，别号阳明子，馀姚(今属浙江)人。传见《明史》卷一九五，后人撰有年谱多种，以门人钱德洪所撰为翔实。

王守仁早年学宋儒之学，明孝宗弘治十三年(1500)举进士。次年，授刑部云南清吏司主事，后改兵部主事。弘治十八年(1505)，"专志授徒讲学"，和心学家陈献章的弟子湛甘泉结交，"共以倡明圣学为事"。明武宗正德元年(1506)，一度被权宦刘瑾排挤，谪贵州龙场驿驿丞。正德三年，形成主观唯心主义的思想体系。正德七年(1512)，由吏部考功清吏司郎中升南京太仆寺少卿，便道归乡省亲，途中给得意门生徐爱讲论《大学》宗旨，被记录为《大学问》(载《传习录》首卷)，成为王守仁哲学思想的纲要。正德十一年(1516)，升都察院左金都御史巡抚南赣汀漳等处，镇压当地的农民起义，直至正德十三年(1518)才结束。明世宗嘉靖二年(1523)至六年(1527)，在越中稽山书院及龙泉寺之天中阁讲学，写了不少发挥自己哲学思想的著作。嘉靖三年(1524)，其门人南大吉据薛侃所刻《传习录》三卷，取王守仁论学书增补二卷，共五卷，在越中刻印。此书成为王守仁哲学思想的代表作。嘉靖六年(1527)，受命兼都察院左都御史。嘉靖七年(1528)在广西思恩、田州八寨镇压了瑶族和僮族起义。同年卒于南安军(治所在大庾，今江西大余)。

王守仁的主观唯心主义"心学"思想体系，近承陆九渊，远绍思、孟学派。对朱熹则摒弃其客观唯心主义的主体思想，褒扬其主观唯心主义的次要成分。对佛、老，特别是禅宗，则吸收其主观主义认识论，否定其出世思想。他在《朱子晚年定论序》中明确讲了自己思想的形成过程及历史渊源，见《王文成公全书》卷七(以下简称《全书》)。在《象山文集序》中也说："圣人之学，心学也。尧、舜、禹之相授受曰：'人心惟危，道心惟微，惟精惟一，允执厥中'，此心学之源也。……孔、孟之学惟务求仁，盖精一之传也。……佛、老之空虚，遗弃其人伦事物之常，以求明其所谓吾心者，而不知物理即吾心，不可得而遗也。至宋周、程二子，始复追寻孔颜(《象山先生全集》卷首王序作"孟")之宗，而有'无极而太极'、'定之以仁义'、'中正而主静'之说，'动亦定，静亦定'、'无内外，无将迎'之论，庶几精一之旨矣。自是而后有象山陆氏，虽其纯粹和平，若不逮于二子，而简易直截，真有以接孟子之传。其议论开辟(同上作"阖")，时有异者，乃其气质意见之殊，而要其学之必求诸心则一而已。"(《全书》卷七)。

王守仁心学思想的基本观点是"心外无物,心外无事,心外无理"(《与王纯甫书二》,《全书》卷四)。《传习录》中也有不少论说,见《全书》卷三。这是纯粹的主观本体论。

因为"心外无物,心外无事,心外无理",所以也就"心外无学",《紫阳书院集序》说:"故君子之学,惟求其心,……心外无事,心外无理,故心外无学。"(《全书》卷七)所谓"心外无学",就是说认识不必外求,这又是典型的主观主义认识路线。

王守仁的这种主观唯心主义哲学,导致他在古文献学上的空疏臆断,在当时产生了深刻、广泛的影响。王守仁的古文献学思想主要有以下几点:

(一)割裂"文"与"道",认为舍文可以求道,视文为糟粕

文指语言文字,道指思想内容。文以载道,就文献而言,语言文字与其所表达的内容本是对立统一的关系。而王守仁则把两者绝对对立起来,认为通过理解语言文字不可能求得文献中的道,只有通过探求内心才能通道。如《稽山书院尊经阁记》说:"经,常道也。其在于天谓之命,其赋于人谓之性,其主于身谓之心。心也,性也,命也,一也。……六经者非他,吾心之常道也。故《易》也者,志吾心之阴阳消息者也;《书》也者,志吾心之纪纲政事者也;《诗》也者,志吾心之歌咏性情者也;《礼》也者,志吾心之条理节文者也;《乐》也者,志吾心之欣喜和平者也;《春秋》也者,志吾心之诚伪邪正者也。……故六经者,吾心之记籍也,而六经之实则具于吾心,……而世之学者不知求六经之实于吾心,而徒考索于影响之间,牵制于文义之末,硁硁然以为是六经矣。"(《全书》卷七)他并不认为语言文字与文献内容是密不可分的形式与内容的关系,而把语言文字看成间接的工具,甚至看成应该废弃的糟粕,例如《五经臆说序》说:"得鱼而忘筌,醴尽而糟粕弃之。鱼、醴之未得,而曰是筌与糟粕也,鱼与醴终不可得矣。五经圣人之学具焉,然自其已闻者而言之,其于道也亦筌与糟粕耳。窃尝怪夫世之儒者求鱼于筌,而谓糟粕之为醴也。夫谓糟粕之为醴犹近也,糟粕之中而醴存;求鱼于筌,则筌与鱼远矣。"(《全书》卷二二)

他虽然有时也认为五经为载事之史,但"事"与"道"无别,例如《传习录》上卷说:"(《春秋》)以事言谓之史,以道言谓之经,事即道,道即事。《春秋》亦经,五经亦史:《易》是包牺氏之史,《书》是尧舜以下史,《礼》、《乐》是三代史。其事同,其道同,安有所谓异?"(《全书》卷一)这里虽说六经皆史,但仍归结在"道"上,与前引《稽山书院尊经阁记》所说:"六经者非他,吾心之常道也",如出一辙。因此,他照样认为:六经虽史,但不必从客观历史中去探求,

只要求之内心就行了。这又与陆九渊"六经注我"的观点相吻合,完全是一种关于解读、研究、整理古文献的主观唯心主义的方法论。

(二)鄙弃训释、考证,认为是"支离"之学

由上述一点所决定,王守仁在古文献学上必然否定训释、考证,即否定通过对语言文字的训释,以及对名物典制等的考证,以探求古文献的思想内容。例如前引《稽山书院尊经阁记》中把考证、训诂看成为"考索于影响之间,牵制于文义之末",认为以此难得六经之实,就是这方面比较概括的说法。类似的言论在他的著作中随处可见。

否定训释者,例如《传习录》上卷:"问:看书不能明,如何?先生曰:此只是在文义上穿求,故不明。……须于心体上用功。凡明不得,行不去,须反在自心上体当即可通。盖四书五经不过说这心体,这心体即所谓道,心体明即是道明,更无二。此是为学头脑处。"(《全书》卷一)又如《传习录》下卷:"九川问:此功夫却于心上体验明白,只解书,不通。先生曰:只要解心。心明白,书自然融会;若心上不通,只要书上文义通,却自生意见。"(《全书》卷三)王守仁所说的"文义",即指字面意思。字面意思固然不就等于思想内容,但二者是不可分割开来的,必须由字面意思深入理解思想内容。王守仁认为"在文义上穿求",难以明其思想内容,甚至会自生臆说,而只有"在自心上体当",或说"只要解心",文献的思想内容也就"自然融会"。他把问题完全弄颠倒了,实际上不从弄通字面意思入手,一味"解心",只能是师心穿凿,失去客观依据。由于文辞毕竟是客观存在,字面意思也就不能全然不顾。因此王守仁在单凭主观附会义理时,往往注意弥合文义与义理之间产生的矛盾。他所用的方法是:坚守所附会的义理,在训释上生硬牵合,恰与正常的方法倒行逆施。例如《传习录》中卷解《大学》"格物致知"说:"'格'字之义,有以'至'字训者,如'格于文祖'、'有苗来格',是以'至'训者也。然'格于文祖',必纯孝诚敬幽明之间无一不得其理而后谓之'格';有苗之顽,实以文德诞敷而后格,则亦兼有'正'字之义。在其间未可专以'至'字尽之也。"(《全书》卷二)单就"格"字而言,固然既有"至"义,又有"正"义,还有其他义训,但在上下文中,只能具一义,而不可能同时兼具两个毫不相干的义项。王守仁在这里的解释违背了语言的基本规律。又于上文之后接着说:"如'格其非心'、'大臣格君心之非'之类,是则一皆'正其不正以归于正'之义,而不可以'至'字为训矣。且《大学》'格物'之训,又安知其不以'正'字为训而必以'至'字为义乎?如以'至'字为义者,必曰'穷至事物之理,而后其说始通'。是其用功之要全在一'穷'字,用力之地全在一'理'字也。若上去一

'穷'、下去一'理'字,而直曰'致知在至物',其可通乎?"这里又据自己的主观主义思想体系以确定"格"字之义,并且以符合自己的思想体系为通,而不管是否符合原文之义。《礼记·大学》:"古之欲明明德于天下者,先治其国;欲治其国者,先齐其家;欲齐其家者,先修其身;欲修其身者,先正其心;欲正其心者,先诚其意;欲诚其意者,先致其知;致知在格物。"在这里格物是致知的先决条件,致知是诚意的先决条件,诚意是正心的先决条件。格物根本与诚意、正心有别。

王守仁还认为训诂之学是经学衰败的表现。《寄邹谦之》四说:"道一而已,仁者见之谓之仁,知者见之谓之知,释氏之所以为释,老氏之所以为老,百姓日用而不知,皆是道也,宁有二乎? ……而通世之儒者各就其一偏之见,而又饰之以比拟仿像之功,文之以章句假借之训。其为习熟既足以自信,而条目又足以自安,此其所以诳己诳人、终身没溺而不悟焉耳。然其毫厘之差而乃致千里之谬,非诚有求为圣人之志而从事于'惟精惟一'之学者,莫能得其受病之源,而发其神奸之所由伏也。"(《全书》卷六)又如《传习录》中卷说:"于是乎有训诂之学而传之以为名,有记诵之学而言之以为博,有词章之学而侈之以为丽。若是者纷纷籍籍,群起角立于天下,又不知其几家,万径千蹊莫知所适。"(《全书》卷二)又如《别三子序》说:"六经分裂于训诂支离,芜蔓于辞章业举之习,圣学几于息矣。"(《全书》卷七)综其所言,显以训诂之学为衰病、支离之学。因为这与他摆脱语言文字、师心自用的穿凿之学相违,如他在《与唐虞佐侍御》中说:"说之言曰:学于古训乃有获。夫谓学于古训者,非谓其通于文辞,讲说于口耳之间,义袭而取诸其外也。获也者,得之于心之谓,非外铄也。"(《全书》卷五)虽然其言亦具有反对辞章、业举陋学之弊的意义,但主要是针对训诂之学的。

王守仁不仅否定训释,也否定考证,如《传习录》上卷:"问:名物、度数亦须先讲求否? 先生曰:人只要成就自家心体,则用在其中。如养得心体,果有未发之中,自然有发而中节之和,自然无施不可。苟无是心,虽预先讲得世上许多名物度数,与己原不相干,只是装缀。临时自行不去,亦不是将名物、度数全然不理,只要知所先后则近道。"(《全集》卷一)他实际认为"道"(或天理)为本,居先,而派生出"节文度数",《传习录》下卷说:"圣人于礼乐名物不必尽知,然他知得一个天理,便自有许多节文度数出来。"(《全书》卷三)这同样是把问题弄颠倒了,目的在于为任意穿凿留后路。他把作为"实学"的礼硬是歪曲成玄虚的心学,《礼记纂言序》说:"礼也者理也,理也者性也,性也者命也。……经礼三百,曲礼三千,无一而非仁也,无一而非性也。"

（《全书》卷七）于是解释礼也就不必考证名物、典制，如说："后之言礼者吾惑焉，纷纭器数之争，而牵制形名之末，穷年矻矻，敝精于祝史之糟粕，而忘其所谓经纶天下之大经，立天下之大本者。……而世儒之说复外性以求礼，遂谓礼止于器数制度之间，而议拟仿像于影响形迹，以为天下之礼尽在是矣。"（同上）于是举行礼仪也就不必按具体规定，只要"观其会通以行其典礼之原"（同上）即可。这样就把考实之学变成意会之学，从而鄙视考证之功，如《传习录》中卷说："谓圣人为生知者，专指义理而言，而不以礼乐名物之类。则是礼乐名物之类，无关于作圣之功矣。"（《全书》卷二）他甚至认为多闻博考不仅无助于探求义理，反而会增伪饰奸，如《书王天宇卷》说："是故闻日博而心日外，识益广而伪益增，涉猎考究之愈详而所以缘饰其奸者愈深以甚，是其为弊亦既可睹矣。"（《全书》卷八）因此他把考证同样看成"支离"之学。

王守仁否定训释、考证，不仅远违汉学，也与宋代考据学背道而驰。例如朱熹在《论孟精义序》中曾说："汉、魏诸儒，正音读，通训诂，考制度，辨名物，其功博矣。学者苟不先涉其流，则亦何以用力于此（按指宋人之说）？"不是与王守仁的言论恰成鲜明对照吗？

（三）单凭胸臆穿凿附会

由前述两点所决定，王守仁解释古文献必然是单凭胸臆穿凿附会，重蹈陆九渊"六经注我"的旧辙。他在《象山文集序》中说："惟读先生之文者，务求诸心，而无以旧习己见先焉，则糠秕精凿之美恶，入口而知之矣。"（《全书》卷七）这是公开为陆九渊张本。所谓"旧习"，即《传习录》中卷《答聂文蔚》二所说"旧时解说文义之习"，也就是传统的训诂之学。可见他否定训诂之学，是与陆九渊一脉相承的。所谓"务求诸心"，说穿了就是单凭胸臆穿凿附会，这是王守仁解释古文献的基本方法，具体例子在讲前两个问题时已经列举过一些，可参看。至于《五经臆说》，则是这方面的专著，其序说："盖不必尽合于先贤，聊写其胸臆之见，而因以娱情养性焉耳。则吾之为是固又忘鱼而钓，寄兴于蚰蘖，而非诚旨于味者矣。呜呼！观吾之说而不得其心，以为是亦筌与糟粕也，从而求鱼与醪焉则失之矣。"（《全书》卷七）这里有两层意思，第一，无任何参考，单凭胸臆以为训释；第二，读其说亦须求诸心，不可拘泥于注文。总之一句话，还是凿空蹈虚。

《五经臆说》据自序"凡四十六卷，经各十，而《礼》之说尚多缺，仅六卷"。其书不传，其门人钱德洪录有十三条，存于《全书》卷二六中。钱序引王守仁说云："只'致良知'，虽千经万典，异端曲学，如执权衡，天下轻重莫逃焉，更不必支分句折以知解接人也。"由此可知王守仁之所以隐废此书，是因为他认为五经等文献非用语言文字可解，只凭"致良知"求心之法就能融会。此说在凿空蹈虚方面比《五经臆说自序》走得更远。现从钱德洪所录《五经臆说》中略举一例，以见其穿凿附会之一斑。如解《春秋》：

> 元年春王正月〇人君即位之一年必书元年，元者始也，无始则无以为终。故书元年者正始也。大哉乾元，天之始也；至哉坤元，地之始也；成位乎其中，则有人元焉。故天下之元在于王，一国之元在于君，君之元在于心。元也者，在天为生物之仁，而在人则为心。心生而有者也，曷为为君而始乎？曰：心生而有者也，未为君而其用止于一身，既为君而其用关于一国，故元年者人君为国之始也。当是时也，群臣百姓悉意明目以观维新之始，则人君尤当洗心涤虑以为维新之始。故元年者人君正心之始也。曰：前此可无正乎？曰：正也，有未尽焉。此又其一始也。改元年者，人君改过迁善、修身立德之始也；端本澄源，三纲五常之始也；立政治民，休戚安危之始也。呜呼！其可以不慎乎？

这里不仅承袭前人关于《春秋》称元年的"义例"、"笔法"的种种穿凿，而且从自己的心学思想体系出发，毫无训诂根据地把"元"解作"心"，把"元年"附会成"人君正心之始"。其实"元"即是"首"，引申为数字"一"，顾炎武《日知录》卷四有"谓一为元"条，对此有详辩。当然《五经臆说》中亦不无诠释文义之例，如现存十三条中，解释《诗经》诸条多是如此，但主体部分是穿凿附会。从心学角度看，《五经臆说》内容尚有不纯，这正是王守仁隐没此书的主要原因。

明人王畿曾说："我朝理学，开端还是白沙（陈献章），至先师（王守仁）而大明。"（《龙溪先生全集》卷十）黄宗羲在《明儒学案》中也说："有明之学，至白沙始入精微，……至阳明而后大。"（卷八《白沙学案》）明代理学即心学，其代表人物就是王守仁。王守仁还把心学贯穿到古文献学中，开了一代空疏学风，影响是不好的。因此当考据学在清初复兴的时候，王氏心学便自然成为众矢之的。

第四节　杨慎　焦竑　陈第

与心学派空疏学风相对立，明代考据学也在发展。有些学者承袭前代考据学的传统，在古文献考据上取得成绩。本节着重介绍杨慎、焦竑、陈第三人，他们是明代考据学者的突出代表。

杨慎(1488—1559)，字用修，号升庵，蜀新都（今四川新都）人。明武宗正德六年(1511)进士，授翰林院修撰。明世宗即位，充经筵讲官。嘉靖三年(1524)，世宗朱厚熜纳桂萼、张璁之言，改称孝宗皇伯考，追尊生父兴献帝为本生皇考恭穆献皇帝。这实际是改嫡统，立庶统，违反封建大礼。杨慎偕同他官一再力谏，激怒皇帝和权臣，谪戍云南永昌卫，一直到死。《明史》卷一九二有传，云："明世记诵之博，著作之富，推慎为第一。"杨慎极诋陆九渊、王守仁的心学，推崇朱熹，继承其考据传统，广徵博考，遍涉经史百家、稗官小说、世间各种名物。连汉学之集大成者郑玄亦不让，屡指其误。但好博务欲胜人，难免有违平实。

杨慎著述甚富，有的说四百馀种，有的说一百馀种，《四库提要·丹铅录》云："慎博览群书，喜为杂著，计平生所叙录，不下二百馀种。"均为估计之辞。现在传世的约七十馀种，主要如：《檀弓丛训》、《升庵经说》、《古音猎要》、《古音附录》、《古音馀》、《古音略例》、《古音骈字》、《古音复字》、《转注古音略》、《古音丛目》、《奇字韵》、《经子难字》、《玉名诂》、《俗言解字》、《希姓录》、《滇载记》、《云南山川志》、《全蜀艺文志》、《金石古文》(辑)、《石鼓文音释》、《晏子春秋》(评点)、《鹖子》(评注)、《关尹子》(评注)、《亢仓子》(评)、《商子》(评)、《邓子》(评注)、《公孙龙子》(评注)、《鬼谷子》(评注)、《山海经补注》、《黄石公素书》(评)、《异鱼图赞》、《书品》、《墨池琐录》、《画品》、《璇语编》、《丹铅录》、《谭苑醍醐》、《世说旧注》(辑)、《古隽》(杂采周秦汉诸子之文)、《风雅逸篇》(采古来有韵之文)、《古今风谣》、《古今谚》、《升庵诗话》、《诗话补遗》、《升庵集》等。清人郑宝琛等编有《总纂升庵合集》。

杨慎在古文献学上以考据见长，其成果主要集中在《丹铅录》、《谭苑醍醐》、《升庵经说》以及诸有关古音著作中。《丹铅录》诸书为杂抄、杂考之作，自序说："慎执鞭古昔，颇合轨葛(洪)王(融)，自束发以来，手所抄集，帙成逾百，卷计越千，其有意见，偶所发明，聊择其菁华百分以为《丹铅》四录。"《四库提要》卷一一九："《丹铅馀录》十七卷、《续录》十二卷、《摘录》十三卷、《总录》二十七卷，明杨慎撰。……其考证诸书异同者，皆以丹铅为名。……凡《馀录》十七卷，《续录》十二卷，《闰录》九卷。慎又自为删薙，名曰《摘录》，刻于嘉靖丁未(嘉靖二十六年，1547)。后其门人梁佐衷合诸录为一编，删除重复，定为二十八类（按，实为二十六类），名曰《总录》，刻之上杭。是编出而诸录遂微。……此本惟有《馀录》、《续录》、《摘录》，而阙《闰录》。然有梁佐之《总录》，则《闰录》亦在其中。四本相辅而行，以《总录》补三《录》之遗，以三《录》正《总录》之误，仍然慎之完书也。……然渔猎既富，根柢终深，故疏舛虽多，而精华亦复不少。求之于古，可以位置郑樵、罗泌之间。其在有明，固铁中铮铮者矣。"这种评价是比较公允的。《丹铅录》诸书瑕瑜并见，陈耀文于明穆宗隆庆年间撰《正杨》四卷，纠《丹铅录》诸书之讹达一百五十条，但这并不能抹杀杨书的主要价值。又《谭苑醍醐》九卷，亦为考辨之作，内容、条目有与《经说》及《丹铅录》重复者。颇有创获，亦有疏误，其得失类似《丹铅录》诸书。《升庵经说》是杨慎阅读群经的札记，其中亦多语言文字、名物典制的考证成果。

杨慎在古文献学上的成就主要有以下几点：

（一）重视小学和考据，力斥"心学"的空疏

杨慎与王守仁生于同时，他首先发难在古文献学上批判"心学"的影响。他反对王守仁否定训释和考据，有力揭露了"心学"的空疏和穿凿，旗帜鲜明，言辞激切。《明史》本传："尝语人曰：'资性不足恃，日新德业，当自学问中来。'"这与王守仁的心学是完全针锋相对的。又如《谭苑醍醐》自序："醍醐者，炼酥之萃晶，佛氏借以喻性也，吾借以名吾《谭苑》也。夫从乳出酪，从酪出酥，从生酥出熟酥，从熟酥出醍醐，犹之精义以入神，非一蹴之力也。学道可以忘言乎？语理可以遗物乎？"这又是针对王守仁否定语言文字、无视外界事物，求心顿悟的治学之法而发的。杨慎在《周官音诂序》中说："若夫逃儒判圣者，以六经为注脚；倦学愿息者，谓忘言为妙筌。或以示伊，宁不嗤我，然心面不同，亦更笑也。"这里把陆九渊、王守仁一起列出，既说明他们在古文献学上主观附会一脉相传，又表示自己与他们公然对立。正当"心学"风靡之时，杨慎的这种观点具有发聋振聩的作用。他认为解释古书必先通其义，然后才能得其理，反之失其义遂害于理，《经说·尚书》"书解"条说："古书解者，多失其义，遂害于理。"（《总纂升庵合集》卷八七，以下简称《合集》）对于汉学、宋学，杨慎则持宗汉采宋的态度，《经说·周易》"日中星乌"有云："或问杨子曰：'子于诸经多取汉儒而不取宋儒，何哉？'答之曰：'宋儒言之精者吾何尝不取。顾宋儒之失在废汉儒而自用己见耳。吾试问汝：六经作于孔子，汉世去孔子未远，传之人虽劣，其说宜得其真。宋儒去孔子千五百年矣，虽其聪颖过人，安能一旦尽弃旧而独悟于心邪？'"（《合集》卷八七）

（二）颇通文字、音韵、训诂，在古文献音释上多有创获

杨慎颇通小学。在文字方面，他尊信《说文》，鄙弃后世穿凿之说。如否定王安石《字说》，见《丹铅总录·字学类》"荆公字说"条。他推崇《说文》，一是肯定其分析文字的六书说，一是肯定其篆文、古文、籀文可据，既无隶变时

的讹误,更不类后世俗体之无稽。但是他又不拘守《说文》,而是上考古文字,下参有成就的文字学著作。《六书索隐序》是反映杨慎文字学观点的纲领性文献,见《总纂升庵合集》卷二。在此序中,他还用一句话概括了本书的特点及自己的文字学要旨:"欲以古书籀书为祖,许氏《说文》为宗,而诸家之说之长分注其下。"他具体分析《说文》的成就,基本上加以肯定。他还历述篆文之后文字的变化及小学的成败得失。他认为文字之学关系到正字释义,于古文献解读、整理关系极大,如此序论其书说:"深于六书者,试钦玩之,知其会同发挥于古人,而非雷同剿说于诸家矣。所收之字幸勿厌其少,可以成文定象、砭俗复古矣;所注之义慎勿厌其繁,可以诂经、正史、订史、汇集矣。"杨慎的文字学观点虽有复古的保守倾向,但在古文献整理、研究方面是有积极意义的。他善于识辨古文献的字体,例如《丹铅总录·订讹类》"古文七作柒"条:"《方言》:'吴有柒娥之台',束皙赋:'朝享五鼎之奉,夕宿柒娥之房','柒'即'七'字也。《书》:'六律五声八音七始',而古文作'夾始',《史记》作'來始','夾'与'來'皆'柒'字之误。《太玄》'七政'亦作'柒'。褚遂良《柘树赋》'七'亦作'柒'。"(按,此条又见《总纂升庵合集·字说》,无开头两例)又如《字说》"粥育同"条:"《太玄经》'好媸恶粥',媸孕同私胎,故恶育。"(《合集》卷一六二)但杨慎用六书来解字时难免穿凿,例如《字说》"云古员字"条:"今之'云'字,乃'员'之省文(按,宋周必大《文苑英华跋》已有此说)。《秦誓》'虽则员然',注:'员即云。'《毛诗》'聊乐我员',《石鼓文》'君子员猎,员猎员游'。"(《合集》卷一六二)"云"、"员"实为通假,"云"字绝非"员"之省文。又如《经说·仪礼》:"须臾"条:"《聘礼》(按,当作《燕礼》)速宾辞曰:'寡君有不腆之酒,请(按,原文'请'上有'以'字)吾子与(按,原文'与'上有'之'字)寡君须臾焉。'注'须臾'言不敢久,古者乐不逾辰,燕不移漏,故少顷之间皆称须臾。须,待也,《左传》'寡君须矣'是也。'臾'字从申乙,乙,屈也。如今人请客云'恭俟屈降'之义。今之所云'俟屈',古之所云'须臾'也。解字必宜如此,方畅本原。"(《合集》卷九六)按,"须臾"本为联绵字,表一个双音词,不可将二字分训,杨慎分别解释,纯属望文生训。此姑不论,其对'臾'字形义的解释,如痴人说梦,毫无根据。这是杨慎在文字学上的严重缺失。

在音韵方面,他对古音的研究是有成就的。由于古今音变的结果,今韵与古韵往往不同,因此以今韵读古韵多不相谐。于是在南北朝时产生了叶韵说,认为应临时改读相谐,如梁沈重《毛诗音》即主此说。末流甚至擅改原文,强古韵以就今韵。至宋吴棫提出古韵通转,不烦改字之说,虽对叶韵的随意性有所限制,但仍未脱其窠臼。杨慎虽仍宗叶韵说,但又有所突破,不尽信吴械的著作。如《古音丛目序》说："吴才老尝著《诗补音》、《楚辞释音》、《韵补》三书，皆古音之遗也。予尝合而观之，有三品焉：有当从而无疑者，有当疑而阙之者，有当去而无疑者。"（《合集》卷五）这里"当从而无疑"者占其一，疑者及非者共占其二，可见他对古音的了解比吴械前进了一步。但《古音丛目》仍像吴械一样，仍拘守《唐韵》韵目来归纳古音音字，颇受局限，说明杨慎仍未掌握古音规律。他还有一部古音著作《转注古音略》，此书的序可以看成杨慎古音说的纲领性文献，见《合集》卷二。此序值得注意的有几点：第一，把六书之"转注"解释为"一字数音必展转注释而后可知"，即字有数音，音由义定，此不符转注本义。第二，认为叶韵即六书中的转注。第三，明确提出因音求义的方法，所谓"古今恒言音义，得其音斯得其义矣；以之读奥篇隐帙，涣若冰释，炳若日烛"。这已涉及训诂问题，并且已超出四声别义的范围。其中第一、第三两点互相关联，对于注音、释义有重要意义。第二点亦与第一点相关，他用自己所理解的转注的意思来比附叶韵，使叶韵的含义已不同于旧说，变成转音相叶的意思；并且认为某字所转之音是该字古时所具有之音，不是临时迁就改读之音。这对旧叶韵说是一大改革，但他所拟测的古音有不少错误，对于正音、转音的确定亦不尽当。因此在理论上还有不少缺陷。此外，本书用《唐韵》归纳古音字，也存在着不可调和的矛盾，但是其书每个音字下引据有丰富的古书音义资料，对于考证古音颇有价值。因此本书有得有失。其昧于古音而引证之材料却十分珍贵的情况，例子很多，例如《转注古音略》"麻"部"渚"字，注云："《释名》云：'渚，遮也，能遮水使回也。'按，《释名》一书，依声寓意，多用古韵，是'渚'亦有'遮'音也。以'渚'之有'遮'音，知《左传》'娄猪'之叶'艾猳'无疑矣。"按，"渚"、"猪"、"猳"三字古韵同在"鱼"部，"渚"与"遮"为"鱼"与"铎"对转，亦为相通的两个音。杨慎先据《释名》，以"遮"为"渚"之又音为中介，证"猪"与"猳"相叶，正是他不明古音的显证。但是他所提供的材料，却是考证古音的可贵依据。又如"敦"字，杨慎认为有几种读音，《转注古音略》分别收在"灰"、"真"、"寒"三部，于"灰"部"敦"字注云："音堆。《诗》：'敦彼独宿'，又'敦琢其旅'。又军后曰敦，《逸周书·武顺解》：'一卒居前曰开，一卒居后曰敦。'又敦丘，丘名，见《尔雅》。班固'宾戏从螯敦而欲度高乎泰山'。"于"真"部"敦"字注云："音纯。《乐记》：'乐者敦和。'"于"寒"部"敦"字注云："音团。《毛诗》：'敦彼行苇'，贾谊赋：'何足控敦'，《集韵》：'或作揣。'"按"敦"古音在"文"部，音堆为"文""微"对转，音团为"文""元"旁转。杨慎根据例句所拟的音是对的，按《唐韵》的分部与古音也是相应的，但这是不自觉的，仍未掌握古音的规律。又如"冬"部

"童"字,注云:"读作鐘。夫童,地名。《春秋》:'公会宋公于夫童。'《左氏》、《公》、《穀》皆作'鐘'。"按,古无舌上音,"童"、"鐘"、"鍾"三字,声母相同。如"东"、"冬"分韵,则"童"在"东"韵,"鐘"、"鍾"在"冬"韵,而此非杨慎所论,故三字同音,谓"童读作鐘","鐘"是"童"的又音,非是。但提供的"童"、"鍾"异文材料是可贵的。又如"寒"部"繁"字,注云:"音盘。字一作'绊',一作'鞶'。李善云:'繁与鞶古字通。'《左传》:'叔千奚请繁缨',又'其可以称旌繁乎?'"按,古无轻唇音,"繁"本音鞶,故借作鞶,"鞶"不是"繁"之又音。例子甚多,不胜枚举。音转既涉韵母,又涉声母。所据材料既有韵字,又有异文,又有旧音。此书因袭叶韵而又改造叶韵,并且有直接辩驳叶韵旧说的地方,例如"虞"部"华"字,注云:"古音同敷,《毛诗》:'隰有荷华''都'、'且'为韵。《楚辞》:'采疏麻兮瑶华',与'居'、'疏'为韵。《周易》:'枯杨生华,老妇得其士夫。'《后汉书》:'仕宦当作执金吾,娶妻当如阴丽华。'此类极多,乃知古'华'字本有敷音,非叶也。"更多的例子则未直接辩驳,甚至仍用"叶"字,但既指出某字古有此音,不是临时改音相谐,这也就从实际上否定了叶韵说。他还认识到古今音的不同,《经说·毛诗》"零露溥兮"条说:"予缀古音一书,或以今韵反切不同规予者,予曰:'古音岂能悉合今韵乎?'"(《合集》卷八九)

杨慎古音学的成就不仅表现在《转注古音略》一书中,也表现在其他古音著作及《经说》等书中,具体例子就不一一列举了。

在训诂方面,杨慎的成就主要有两点,一是因音求义,一是综考文献以定字义。

因音求义是杨慎古音学的成就在训诂方面的运用,主要表现为明假借,例子很多,如前举《转注古音略》"虞"部"华"字有敷音,于是认为"莩"可借作"华",《经说·周易》"旉即华"条:"《说卦》:《震》为旉',旉之为言布也。《震》于东方为春,草木之萌始布也。古文作'旉',今文作'华',盖花之蒂也。《诗》凡'华'字皆叶音旉,是其证。陆机《文赋》:'彼琼敷与玉藻',琼敷即琼华,'华'与'藻'相对,尤可证也。"(《合集》卷八六)同上"鸿渐于般"条:"'鸿渐于般',裴龙驹注云:'般,水涯堆也。'《史·汉武纪》所引《易》文今文'般'作'磐'。'水涯堆'之训为是。今《易》解作大石,鸿固不栖石也,因'磐'字从石而误其说耳。经书所以贵古文也。"此处"磐"为"般"之借字,解磐为大石者,因不明假借而误。《经说·毛诗》"爱而不见"条:"'爱',扬雄《方言》注引作'薆',其说曰:'薆,掩翳也。谓蔽薆也,'《太玄》:'瞢瞢之离中薆薆也,瞢如之恶著不昧也。'《史·淮阴侯传》:'葦山而望',注:'蔽隐也。''葦'、'薆'

中国古文献学史简编 |

义同。"(《合集》卷八八)此处以"爰"为"�"之借字。《经说·春秋》"三传字异同"条:"'公会齐侯于防',《公羊》作'郱',按古字'枋'、'柄'同音耳;'葬我小君敬嬴','敬嬴'《穀梁》作'倾熊';'声姜',《公羊》作'圣姜';'黑肱以滥来奔','肱'《公羊》作'弓';'盟于皋鼬',《公羊》作'浩油';'楚人灭隗',《公》、《穀》俱作'夔',古'隗'字,音与'夔'〔同〕,今转作五罪反。"(《合音》卷九二)但是杨慎也还未能避免望文生训之弊。如对于联绵字,杨慎一般能因音求义,例子很多,见其《古音骈字》。但有时则将二字分释,望文生训,如前面所举对"须臾"的解释。又如"町疃",也当是联绵字,《毛传》及《说文》的解释本是对的,而杨慎却加以反驳,如《经说·毛诗》"町疃"条:"'町疃鹿场',毛苌云:'鹿迹也。'《说文》曰:'町疃,禽兽所践处。'汉儒解经如此可笑!盖因'町疃'下有'鹿场',遂以鹿迹、兽践附会之。鹿迹、兽践可以解鹿场,而不可以解町疃也。原诗人之意,谓征夫久不归家,町疃之地践为鹿场,非谓町疃即鹿场也。且《说文》以'町'、'疃'字载于田部,凡田之属皆从田,若町疃果为兽践,则非田之属也。考之他训,《左传》:'町原防井衍沃',干宝注:'平川广泽可井者则井之,原阜堤防不可井者则町之。町,小顷也。'张平子《西京赋》:'遍町成篁',注:'町谓畎亩。'王充《论衡》:'町町如荆轲之庐'。《石鼓文》:'原隰既垣,疆理疃疃'。《召伯敦铭》:'予既疃商'。《庄子》:'舜举于童土之地。'其疏云:'童土,疃也。'皆说田野,并无鹿迹之说。如《豳风》以'绸缪牖户'形容鸟巢,遂以绸缪为鸟巢可乎?"(《合集》卷八九)按"町"、"疃"二字合起来表一个双音词的音,应由连音以求其义,不应分别就"町"、"疃"二字望文生训。以上为望文生训释联绵字。还有因训而泥形以解叠音字者,如《经说·毛诗》"均均原隰"条:"均均,汉碑引《周礼注》作'畇畇'。按,当作'圁圁',田十有二顷也。《文选》又作'原隰畇畇'。"(《合集》卷八九)按,叠音形容词,字多假借,一词往往多形,此处"均均"、"畇畇"、"畇畇"即然。必以"圁圁"为正,则是因训泥形,正是望文生训反向的错误。还有望文生训解虚字义者,如《经说·毛诗》"烝在桑野"条:"'烝在桑野'、'烝在栗薪',或训为众,或训为进,皆不通,当训为麻。军士从征于外,而麻无人收,或在桑野,或在栗薪,此于物理人情最叶(协)。千载之疑,今日始释然,周公有灵,亦当抚掌矣。"(《合集》卷八九)此处"烝"实借为虚词,系句首语助词。朱熹《诗集传》解作发语辞,甚是。按实词解作"众"、"进"固不当,解作"麻"更为牵强。一方面因音求义,一方面又望文生训,这种矛盾现象固然反映了杨慎的学术水平尚有局限,但也有由于故求新解的争胜心理所导致的错误在内。

综考文献以定字义,也是杨慎在训诂方面的长处。例如《经说·毛诗》

"善字训多"条:"古书'善'字训多,《毛诗》:'女子善怀',《前汉志》:'岸善崩',《后汉纪》:'蚕麦善收',《晋春秋》:'陆云善笑',皆训多也。"此处因郑笺之训,补充例句证成其说。又如考古人多虚用"九"字之义,《经说·春秋》"九国"条:"《公羊传》云:'葵丘之会,桓公震而矜之,叛者九国。'九国,谓叛者多矣,非实有九国也。宋儒赵鹏飞云:'葵丘之会惟六国,会咸牡丘皆七国,会淮八国,宁有九国乎?'《公羊》本意谓一震矜而九国叛,犹《汉记》云:'叛者九起'云尔,赵氏如数求之,直痴人说梦也。古人言数之多止于九,《逸周书》云:'左儒九谏于王',《孙武子》:'善攻者动于九天之上,善守者伏于九地之下',此岂实数邪?《楚辞·九歌》乃十一篇,《九辩》亦十篇,宋人不晓古人虚用'九'字之义,强合《九辩》二章为一章,以协九数,兹又可笑。"(《合集》卷九一,又见《丹铅总录·璅语类》)此类甚多,不一一例举。

由以上可知,杨慎不仅文字、音韵、训诂的理论水平较高,而且善于把理论用于实践,解决古文献的音释问题。当然也还存在局限。

(三)精于校勘

杨慎对古书致误的原因有清醒的分析,《周官音诂序》说:"其书(指《周礼》)不用于科举,不列于学官,幸未经学究金根之谬改,麻沙俗字之讹刊,亦古典之岿然灵光也。"(《合集》卷二)这里指出古书致误之由一是妄改,一是误刻。而妄改更是主要原因,《字说》"《世说》误字"条:"古书转刻转谬,盖病于浅者妄改耳。如近日吴中刊《世说》:'右军清真',谓清致而真率也,李白用其语为诗:'右军本清真',是其证也,近乃妄作'清贵';'兼有诸人之差',各得诸人之参差,近乃妄改'差'作'美';'声鸣转急',改'鸣'作'气';'义学'改作'学义',皆大失古人语意。聊举一二,他不能尽。"(《合集》卷一六二)因此他非常重视校勘,力求对错乱的古书正误返真。

杨慎擅长理校,尤其善于运用文字、音韵、训诂知识以校古书文字之误。例如:《经说·礼记》"从先大夫于九京"条:"'京',古'原'字,今俗讹作'京'。"(《合集》卷九三)按"京"或写作"京",与"原"形近,故"原"可能讹作"京"。此为校形误。亦有据音韵而校妄改者,如《丹铅总录·讹误类》:"韩文:'步有新船',不知者改'步'为'涉',谬矣。南方谓水际为步,与'浦'通。韩退之《孔戣墓志》:'蕃舶至步,有下碇之税。'柳子厚:'铁炉步志江之浒',凡舟可縻而上下曰步。《青箱杂记》:'岭南谓村市为墟,水津为步。罾步即渔入施罾处也。'张勃《吴录》地名有龟步、鱼步,扬州有瓜步。罗含《湘中记》有灵妃步。《金陵图志》有邀笛步:王徽之邀垣伊吹笛处。《树萱录》载唐台城故妓诗云:'那堪回首处,江步野棠飞。'东坡诗:'萧然三家步,横此万斛舟。'"

亦有兼用理校、他校者,如《经说·尚书》"五玉当作五乐"条:"'修五礼五玉',班《志》'五玉'作'五乐',盖已有五瑞,即五玉也。'玉'当作'乐',注引五乐之目。"(《合集》卷八七)此用理校(五瑞即五玉,五玉不当与五瑞重复)及他校(《汉书·郊祀志》引文和师古注)以校《尚书·舜典》之"五玉"当作"五乐"。

杨慎亦用对校,如《庄子阙误》一书,即以对校为主。参校诸本有景德四年国子监本、江南古藏本、天台山方瀛宫藏本、成玄英解疏中太一宫本、文如海正义中太一宫本、郭象注中太一宫本、张君房校本、刘得一注本、江南李氏书库本。

(四)考证博赡

杨慎重视并擅长天文、地理、名物、典制、史实等方面的考证,散见于各书之中。《丹铅总录》的二十六个类目中,绝大多数类目也属于杂考的内容,例如天文类、地理类、时序类、花木类、鸟兽类、宫室类、冠服类、珍宝类、音律类、物用类、人事类、人品类、官爵类、博物类、礼乐类、卦名类、饮食类、干支类、数目类、怪异类、身体类等。涉及范围十分广泛,都是就阅读古书遇到的问题所作的考证。

杨慎的考证有两个特点:一是注意名实结合,即考证名称时能注意把文字训诂与事实考证结合起来;二是注意把文献与实物互相印证。下面略举几例以见一斑:

> 《经说·尚书》"敷浅原"条:"敷浅原,孔安国以为博阳山,非也。《通典》云:'蒲塘驿,汉历陵县有敷浅原,驿西数十里有望夫山。'(按,此为略引,亦有异文,《通典》卷一八二浔阳郡浔阳县下注曰:'……又有蒲塘驿,即汉历陵县也,王莽改为蒲亭。今驿前有敷浅原,在西数十里有傅阳山。')盖望敷浅原耳,犹望江、望都之例也。地志以妇望征夫说之,盖妄臆矣。今山下近村犹以敷里、敷外为名,斯得之矣。今崇阳县西二百二十里有云溪山峻峭,清流界道如带,即所谓敷浅原也。"(《合集》卷八七)

此条为地理考证,既据"敷"字音义,又据实地考察(如"敷里"、"敷外"村名),甚确。按,蒲塘之"蒲"古音与"敷"同,盖蒲塘之得名与敷浅原有关。傅阳山(孔安国注"傅"作"博",音同)之得名当亦与敷浅原有关。由此可见文字、音韵、训诂知识对于地理考证及其他实事考证的辅助作用。又如:

《总纂升庵合集·水道考》"葑田"条:"葑田,江淮以南有之。《淮南子》:'大旱苽封燋','苽'即'菰','封'即'葑'也。旱燥故苽,封亦乾也。菰,葑根相结而生,岁久浮于水上,根最繁而善纠结,以土泥著上,刈去其蔓,枯时以火燎,便可耕种。吴阚骃《十三州志》云:'百粤岭南有骆田,骆音架。王氏《农书》:架田即葑田,以木缚架为曲田浮水面,以葑泥附木上而成其田,随水上下。故南方有盗田之讼也。'〇按葑田自古有之,《周礼》'三农',郑氏注云:'三农,山农、泽农、平地农。'泽农即种下隰及葑田者也。又云:'泽,草所生,种之芒种。'郭璞《江赋》云:'标之以翠蘙,泛之以游菰,播匪艺之芒种,挺自然之嘉蔬。鳞被菱荷,攒布水蓏,翘茎瀵蕊,濯颖散裹,随风猗萎,与波潭沲,流光潜映,景炎霞火',此十二句皆指葑田言也。不然则'随风'、'与波'之句何所指乎?'景炎霞火',即《海赋》所谓'阴火潜然'也。草木之根,汩泥与沙,浮于水中,遇夜则生光,管宁浮海,附阴火之光彩是也。云南昆明池中亦有之,方言谓之海簿。又《广州记》:'交趾有骆田,随潮水上下。'"(《合集》卷二一八)

此条从字训、引据、实况综合考证葑田之形制,甚为翔实。

综观杨慎的考据成果,有广度而缺乏深度,承袭胜于独创。亦有出于猎奇心理而轻信伪书、伪物的情况,如《丹铅总录·地理类》"禹碑"一条,全信伪岣嵝山《禹碑》及碑文,就是一例。至于有人疑此碑为杨慎所伪造,尚缺乏充分根据。

杨慎的古文献学研究成果,还有不少疏误,但成就是突出的。他是明代考据学者的突出代表,对当时和后世都产生了积极影响。

焦竑(1541—1620),字弱侯,号漪园,又号澹园,江宁(今南京市)人。受学于督学御史耿定向及罗汝芳。明神宗万历十七年(1589)进士,授翰林院修撰,迁东宫讲官,万历二十五年谪福宁州同知。《明史·文苑传·焦竑传》称:"竑博极群书,自经史至稗官、杂说,无不掩贯。善为古文,典正驯雅,卓然名家。集名《澹园》,竑所自号也。讲学以汝芳为宗,而善定向兄弟及李贽,时颇以禅学讥之。万历四十八年卒,年八十。"当时李贽诋孔子,有叛逆精神,而焦竑亦崇杨、墨,与孟子为难。他还精研佛老,引佛解老,引老解佛,引佛、老解儒,表现出在义理上牵合三家的特点。焦竑考据与义理并重,而在古文献学上的成就主要表现在考据方面。

焦竑一生著述颇富,主要有《易筌》一卷、附论一卷,欲以佛、老通于

《易》,屡引《列子》、《黄庭内景经》、《抱朴子》等书释《易》。《俗书刊误》,为考正俗字之作。但此书并非完全不承认约定俗成的俗体,不像某些学者(如杨慎)那样拘泥篆文以为标准。《献征录》一百二十卷,采录明代名人事迹。《熙朝名臣实录》,附有李贽评语。《国史经籍志》,《明史》本传称:"〔万历〕二十二年(1594),大学士陈于陛建议修国史,欲竑专领其事,竑逊谢,乃先撰《经籍志》,其他率无所撰,馆亦竟罢。"此书不无参考价值,但亦有粗滥之弊,确如《四库提要》卷八七所说:"其书丛抄旧目,无所考核,不论存亡,率尔滥载,古来目录,惟是书最不足凭。"《焦弱侯问答》,潘曾竑编,尊崇杨、墨,与孟子为难的思想集中于此书。《焦氏笔乘》六卷、《焦氏笔乘续集》八卷,为焦竑之考证札记,考据成果多萃于此书,但其中亦涉名理,纵论佛、老,引二氏解儒的内容也不少。《焦氏类林》为读书笔记的类编。《玉堂丛语》,为笔记小说,仿《世说新语》之体,采撷明初以来翰林诸臣遗言往事。《老子翼》成书于万历十五年(1587),选辑韩非(有《解老》、《喻老》)以下六十四家之说,并附自著《焦氏笔乘》中解老之说,仿李鼎祚《周易集解》体例,入选之说,标举各家姓名,列本章之后。选取的原则,以符合自己所理解的《老子》本义为准。此书所列诸家之说,偏重于分析义理,自己又于某些章末补注音义。末附《考异》,为薛采所作(部分已被焦竑采入正经)。《庄子翼》,成书于万历十六年(1588),体例与《老子翼》同。前列所引书目,自郭象以下凡二十二家,旁引他说自支遁以下凡十六家,又章句音义自郭象以下凡十一家。末附《庄子阙误》一卷,谓采之陈碧虚《南华章句》所附,实即杨慎所著《庄子阙误》。此外还有《阴符经解》及《养正图解》等。

焦竑关于古文献学的研究成果主要集中在《焦氏笔乘》正续集之中。《俗书刊误》是小学方面的专著,亦与古文献学有关。《老子翼》、《庄子翼》是他整理研究老庄著作的重要成果,颇有价值,其中也涉及古文献学的问题。焦竑在古文献学上的成就和特点主要有以下几点:

(一)重视文字、音韵、训诂,长于订误和校勘

焦竑推崇许慎、赵古则、熊朋来、杨慎,并与同龄学者陈第互相切磋,非常重视文字、音韵、训诂之学,自觉地运用于古文献的整理。

关于文字,仍宗六书说,从《说文》到后人的发挥,兼而取之,如《笔乘》卷六有"郑夹漈论六书"、"熊朋来论六书"、"用修论转注"等条,杂采众说,而无发明。在字体方面,他虽宗《说文》篆文而又不拘泥,对于俗体,虽多据古体以指其误,而又不一概排斥。成果集中于《俗书刊误》一书。《笔乘》中亦有辨俗字的内容,如续集"俗成之误"条。他认为通晓字学对于古文献的整理

和阅读至关重要,如《笔乘》卷二"徐广注误"条第二例:"〔《史记》景帝后三年〕'十二月晦,靁。'徐广云:'靁,一作畫(按,《史记集解》引作"雷"字)字,又作圖。实所未详。'不知即'雷'字。此以发声非时,故特纪异耳。雷,《集韵》原作'靁',《通志》云:'回,古雷字,后人加雨作靁,回象雷形,古尊罍多作云回。'今人不通字学,而欲读古书,难矣哉!"

在古音方面,焦竑与陈第互相切磋,彼此促进,《四库提要》卷四二《毛诗古音考提要》说:"第作此书,自焦竑以外,无人能通其说,故刊版旋佚(按,焦竑亦曾刊此书)。"因此对于古音的了解,比杨慎更进了一步。其破叶音说较为彻底,如《笔乘》卷三"古诗无叶音"条说:"诗有古韵今韵,古韵久不传,学者于《毛诗》、《离骚》,皆以今韵读之,其有不合,则强为之音,曰:此叶也。予意不然。如'驺虞',一'虞'也,既音牙,而叶'葭'与'豝',又音五红反,而叶'蓬'与'豵';'好仇',一'仇'也,既音求,而叶'鸠'与'洲',又音渠之反,而叶'逑'。如此则东亦可音西,南亦可音北,上亦可音下,前亦可音后,凡字皆无正呼,凡诗皆无正字矣,岂理也哉?如'下',今在'祃'押,而古皆作'虎'音,《击鼓》云:'于林之下',上韵为'爰居爰处';《凯风》云:'在浚之下',下韵为'母氏劳苦';《大雅·緜》:'至于岐下',上韵为'率西水浒'之类也。'服',今在'屋'押,而古皆作'迫'音,《关雎》云:'寤寐思服',下韵'辗转反侧';《有狐》云:'之子无服',上韵为'在彼淇侧';《骚经》:'非时俗之所服',下韵为'依彭咸之遗则';《大戴记》:孝昭冠词:'始加昭明之元服',下韵'崇积文武之宠德'之类也。'降',今在'绛'押,而古皆作'攻'音:《草虫》云:'我心则降',下韵为'忧心忡忡';《骚经》:'惟庚寅吾以降',上韵为'朕皇考曰伯庸'之类也。'泽',今在'陌'押,而古皆作'铎'音:《无衣》云:'与子同泽',下韵为'与子偕作';《郊特牲》:'草木归其泽',上韵为'水归其壑,昆虫无作'之类也。此等不可殚举。使非古韵,而自以意叶之,则'下'何皆音'虎','服'何皆音'迫','降'何皆音'攻','泽'何皆音'铎',而无一字作他音者耶?《离骚》、汉、魏,去诗人不远,故其用韵皆同。世儒徒以耳目所不逮,而凿空附会,良可叹矣。予儿郎生五岁,时方诵《国风》,问曰:'然则驺虞、好仇当作何音?'余曰:'葭与豝为一韵,蓬与豵为一韵,吁嗟乎驺虞一句,自为馀音,不必叶也。如麟之趾,趾与子为韵,麟之定,定与姓为韵,于嗟麟兮一句,亦不必叶也。《殷其雷》、《黍离》、《北门》章末语不入韵,皆此例也。《兔罝》仇与逑同韵,盖逑古一音求。王粲《从军诗》:鸡鸣达四境,黍稷盈原畴,馆宅充廛里,士女满庄馗。馗即逑,九交之道也。不知逑亦音求,而改仇为渠之反以叶之,迁就之曲说也。'"这里不仅通过对《诗经》古韵的分析以破叶音说,而且对《诗经》句式及押韵的特点也作了说明，为正确考韵提供了依据。陈第作《毛诗古音考》深受焦竑此说启发（详后）。此条又被阎若璩引于《尚书古文疏证》卷五"第七十四"条中。焦竑还把古音知识用于因音求义，这已属训诂的内容。

在训诂方面，焦竑的主要成就是通古音，明假借。《笔乘》卷六"古字有通用假借用"条说："经籍中多有古字通用及假借而用，读者每不之察。如《易·丰卦》：'虽旬无咎'，《礼记·内则》：'旬而见'，注皆释均，不知'旬'即古'均'字；《遯卦》：'肥遯无不利'，'肥'古作'𦙫'，与'蜚'字同，韵书训别也，则'肥'当从'𦙫'；《离卦》：'离，丽也'，又云：'明两作离'，《礼·昏经》曰：'纳徵束帛离皮'，《白虎通》云：'离皮者，两皮也'，《三五历纪》：'古者丽皮为礼'，'离'、'丽'古通用；《巽卦》：'丧其资斧'，'资'当读为齐，应劭云：'齐，利也。'《淮南子》云：'磨齐斧以伐朝菌。'《汉书·王莽传》引《易》句'资'作'齐'，'资'、'齐'古通用；《艮卦》：'艮其限，列其夤，厉熏心。''熏'读为阍，盖艮为阍也，'熏'、'阍'古通用；……此类最多，不可殚述。苟读如其字，误亦甚矣。"题目虽将"通用"、"假借用"并提，其实所举实例凡言"通"者，多数为假借，只有少数属母字与分化字或同源字等关系。又焦氏所举实例，多采自旧注，尤以汉人注为多，虽不全属他个人的发明，自己的解释也不尽当，但如此强调、重视，如此集中论述，在当世是罕见的，足以表现他在通古音、明假借方面的特殊成就。焦竑释字义，有时昧于字与词的分别，把表多音词音节的字也当成表示独立词的字来释，如《笔乘》卷六"离有十六义"条，其中"黄离"、"流离"、"长离"、"纤离"、"陆离"、"侏离"、"株离"、"零离"、"离娄"、"离奇"、"离靡"之"离"，不可单训，谓其有独立之义是不对的。

由于焦竑有较深的文字、音韵、训诂方面的知识，所以对前人注释之误多能辨正，例如《笔乘》卷一"师古注误"条："《司马相如传》：'邪与肃慎为邻'，'邪'当读如字，师古读为'左'者，非是。盖肃慎在东北隅，故曰'邪（不正）以为邻'，若欲言'左'，则下文自有'左苍梧，右西极'矣。《韵会》曰：'邪，外国名'，亦引此传为据，又非也。盖'邪'本徐嗟切，若国名，则如琅邪、浑邪，乃余遮切，与此不同。"此辨不当破读而破读之误。有时能指前人之误，但不能做出正确解释，如《笔乘续集》卷三"徐广索隐注"条："《史·范雎传》：'意者臣愚而不概于王心邪？'徐广曰：'概音同。'《索隐》曰：'《战国策》概作关，谓关涉于王心也。徐音同，非也。'二说皆误。用修因徐说，遂以'概'作'同'，收入古音，又好古之过矣。按《庄子》：'岂能无概然于心邪？'正与此合，犹今大概者耳。凡徐注、《索隐》注，皆浅陋可笑，不可胜举也。"按，此处所指徐广、杨慎之误，甚是。但完全否定《索隐》之说则不当，《索隐》所提供的《战国策》异文很值得重视，但解释有些牵强，"关"应训"通"。《史记》采《战国策》，改"关"为"概"，当训"量"。而《庄子》"概然"之"概"当读作"慨"。此例反映了焦竑在古代语言文字方面的学识得失相兼，这不只是他个人的局限，也受当时学术水平的限制。

焦竑还善于把语言文字学知识用于校勘，例如《笔乘》卷一"子夏易说"条：《易》：'鸣鹤在阴，其子和之。我有好爵，吾与尔靡之。'相观而善之谓摩，鸣鹤以相和成声，好爵以相摩成德，子夏《易说》如此。今本作'縻'，縻，牛缠也，取系恋之义，然不如摩厉之说为长，以韵读之又叶也。或作'劘'。'劘'、'劘'与'摩'通，《汉·贾山传》：'自上劘下'，注：'音摩，厉也，剀切之也。'与《易》爻'摩'义合。"按，此处"摩"有两种异文，一作"縻"，一作"劘"。焦竑认为"劘"与"摩"通，是对的，而对"縻"则作了望文生义的解释，实际"縻"亦通"摩"。又如卷四"腾远射干"条："相如赋：'其上则有宛雏孔鸾，腾远射干'，服虔曰：'腾远，兽名。'张揖曰：'射干似狐，能缘木。'夫腾远既作兽，则不应在上，或禽名未可知也。《庄子》：'腾猿得枳棘'，《南都赋》：'鸾鷟鸊雏翔其上，腾猿飞貁棲其下'，《蜀都赋》：'猨狖腾希而竞捷'，岂'腾远'即'腾猿'，'猿'、'远'字相近而误耶？"这些例子都能用文字形、音、义方面的根据，并参证其他材料，以定异文之是非，态度亦较慎审。

（二）注重古文献的考证

焦竑亦以考证见长，凡属古文献中的天文、地理、名物、典制、史实等内容，遇疑则考，遇误则辨，成果颇富。兹举数例：

> 《笔乘》卷二"徐广注误"条："《史记》：汉文帝'二年十一月晦，日有食之。十二月望，日又食之'。下'日'当作'月'，刊本误耳。徐广以为：'望，日又食'，《汉书》及《五行传》皆无此文；一本作'月食'，然月食史所不纪。此不通天文故也。盖日必食于朔，月必食于望。时以晦既日食，望又月食，不半月而天变两见，故于望日下诏书修省。而诏止云'乃十一月晦，日有食之'，则因感月食之变，而益谨日食之戒故也。景帝后三年十月，日月皆食，云十月而不系以日，则此月朔望分食，非一日事也。"

此考天文以校误文，并辨徐广注之误，甚确。又如：

> 《笔乘》卷四"阴火"条："木玄虚《海赋》：'阴火潜然'，初不知其说。后见《岭南异物志》：'海水中遇阴晦，波如然火满海，以物击之，迸散如星火，有月则不复见。'意玄虚指此耳。"

又同卷"雅舂"条："《楚元王传》：'衣之赭衣，使杵臼雅舂于市。'雅，乐器也。《乐记》：'讯疾以雅'，注：'雅状如漆筲，中有椎。'《周礼·笙师》注：'如漆桶而弇口，大二围，长五尺六寸，以羊韦鞔之，有两组疏画。'足言舂米之桶似雅之漆桶，故名雅舂。旧注皆未的。"

亦皆为考名物，均有所发明。考名物存在名与实的关系问题，或一物数名，或数物同名，或名存而实不详，对于这种复杂关系，焦竑能注意辨名究实，例如：

《笔乘》卷一"申枨"条："《论语》'申枨'，郑玄云：即申续（按通赎）。《史记》：申棠，字周。《家语》：申续，字周。《史记》以'棠'为'党'，《家语》以'续'为'绩'，传写之讹也（按，《史记》作'党'，通'棠'，不误）。后汉《王政碑》：'有羔羊之洁，无申棠之欲。'亦以'枨'为'棠'。则申枨、申棠一人尔。开元封申棠召陵伯，又封申枨鲁伯。宋祥符封枨文登侯，又封党淄川侯，并列从祀，失于详考《论语释文》也。"

按，此考一人名字之异，并辨正被误分二人之谬。实"枨"、"棠"、"党"三字古通，"续"（通赎）古音亦与此三字有对应关系，可通转。故字虽异而音实同、人为一。此外，杂考甚多，不一一列举。

焦竑在考证方面也有不足之处。一是好标新立异，反致牵强。例如《笔乘》卷三"追蠡"条："'高子谓禹之声尚文王之声'（见《孟子·尽心》），盖概以声言，未辩其为何乐，而丰氏独以钟解之。今考追蠡，追字都回切，音堆。……遍观字书，并无以追为钟纽者。丰氏特据《考工记》有'钟悬为之旋，旋虫为之干'，又因蠡虫，遂附会以为钟纽，即《周礼》之旋虫，何其穿凿之甚也。细详其义，当为'抛击'之'追'无疑。又按'蠡'有四义：……一卢启切，音礼，《说文》'虫啮木中'是也。若此'蠡'字，当从卢启切为是。盖高子以禹之乐用之者多，故凡抛击之处，率皆摧残欲绝，有如蠡啮之形。盖追者抛也，蠡者其形似也。而文王之乐不然，是以知禹之独尚也。"按，"追"当与"缒"通，与"纽"同训为"系"。赵岐注即释"追蠡"为钟纽"磨啮处深矣，蠡，欲绝之貌也"，甚通。另一不足之处是颇多因袭而隐没原作者之名。《笔乘》中本有不少抄撮的内容，有的具作者之名，有的不具作者之名，后者不免有抄袭之嫌。

（三）好谈名理，通佛老，杂糅儒佛道

焦竑是继杨慎之后颇为博洽的考据学者，但他又好谈名理，钻研佛老，著有《老子翼》、《庄子翼》等。

焦竑认为儒、佛、道在义理上是相通的,本可互相援引作解。他主张援佛老解儒,反对视为异端而辟之,如《笔乘》卷四"朱子"条引赵学士孟静语说:"夫均一人也,其始可以学禅,可以学儒也。谓灵觉明妙,禅者所有,而儒者所无,可乎?非灵觉明妙,则滞塞昏愚,岂谓儒者必滞塞昏愚而后为正学邪?"《笔乘续集》卷二"支谈"上、中、下更集中地谈了儒佛道相通的问题,如"支谈上"说:"绌儒学者,非独不知儒,亦不知老;绌老子者,非独不知老,亦不知儒。"又说:"性命之理,孔子罕言之,老子累言之,释氏则极言之。孔子罕言,待其人也,……然其微言不为少矣,第学者童习白纷,翻成玩狎,唐疏宋注,锢我聪明,以故鲜通其说者。内典之多,至于充栋,大抵皆了义之谈也。……故释氏之典一通,孔子之言立悟,无二理也。张商英曰:'吾学佛,然后知儒。'诚为笃论。"又说:"孔孟之学,尽性至命之学也。顾其言简指微,未尽阐晰。释氏诸经所发明,皆其理也。苟能发明此理,为吾性命之指南,则释氏诸经即孔孟之义疏也,又何病焉?夫释氏之所疏,孔孟之精也。汉宋诸儒之所疏,其糟魄也。今疏其糟魄则俎豆之,疏其精则斥之,其亦不通于理矣。"从以上的话可以看出,焦竑不仅认为儒、佛、道在名理上是相通的,其共同处即所谓"了义之谈",而且认为儒家谈名理"言简指微",反被"释氏诸经所发明",因此"释氏诸经即孔孟之义疏也"。而这是不符合实际情况的,因为儒、佛、道在性命之学的唯心主义本质方面,虽然不无相通之处,但三家又各有独立的思想体系,根本不可混淆,更不能用"了义之谈"加以概括。因此在分析义理时绝不可援一家释另一家,否则其结果只能是牵合歪曲。焦竑的实践恰恰证明了这一点。例如援老解儒:《笔乘续集》卷一《读论语》说:"空空如者,孔子也。庶乎屡空者,颜子也。屡空则有不空矣。盖其信解虽深,不无微心之起也。有微心之起,即觉而归于空,颜子之不远复也;有不善未尝不知,知而未尝复行也;不善非其动于躬也,自其未兆而谋之,自其脆而破之,自其微而散之,则力少而功倍。《老子》曰:'其未兆易谋,其脆易破,其微易散。'颜氏散之于微者也,故曰其殆庶几。"这里把孔、颜的"空"说成是道家的"无",并引《老子》以明破有归无的修养之法。这完全是从字面上穿凿。其实孔子"空空如"的"空",指知识的空乏,颜渊"屡空"的"空",指费用的匮乏。焦竑先把它抽象为一个哲学术语而加以等同,再与道家的"无"加以比附,极尽歪曲之事。至于援佛解儒,例子更多,如《读论语》说:"'仁远乎哉?我欲仁,斯仁至矣',此孔氏顿门也。欲即是仁,非欲外更有仁;欲即是至,非欲外更有至。当体而空,触事成觉,非顿门而何?"又说:"意者,七情之根,情之饶,性之离也。故欲涤情归性,必先伐其意。'意'亡,而'必'、'固'、'我'

皆无所傅,此圣人洗心退藏于密之学也。"在这里孔子俨然成了佛教徒。其实都是歪曲,"我欲仁,斯仁至矣",是孔子教人自觉修养"仁",而与禅学的顿悟毫不相干。孔子说的"勿意、勿必、勿固、勿我",意,通臆,指臆度,而非情意之意。这里焦竑为进行牵合,连字面意思都置之不顾了。这种牵合实际是借儒家文献附会佛老,对儒家学说作了根本的歪曲。这样的义理之学是不足取的。

不过焦竑在义理之学上也还有他的成功之处,这就是以本书证本书的方法。这与对反映不同思想体系的著作任意牵合的方法形成鲜明对比。例如《笔乘续集》卷一《读中庸》说:"《中庸》一书,孔氏之微言也,而解者多失之,不知以《中庸》释《中庸》也。"又如《老子》第一章:"道可道,非常道;名可名,非常名。无名,天地之始;有名,万物之母。故常无欲以观其妙,常有欲以观其徼。此两者同出而异名,同谓之玄,玄之又玄,众妙之门。"《老子翼》本章后小注:"丁易东云:'无名天地之始,有名天地之母',或以'有名'、'无名'为读,或以'无'与'有'为读。然《老子》又曰:'道常无名,始制有名',是可以以'无'与'有'为读乎?'常无欲以观其妙,常有欲以观其徼',有'常无'、'常有'为读者,有'无欲'、'有欲'为读者。《庄子》曰:'建之以常无有',正指《老子》此语,则于'常无'、'常有'断句似也。然《老子》又曰:'常无欲可名于小',是又不当以《庄子》为证。据《老子》以读《老子》可也。"这里讨论断句,直接关系到文义和义理。焦竑引丁易东之说,说明他同意"据《老子》以读《老子》"的观点,这与他自己所说"以《中庸》释《中庸》"的话是一致的。但是也应指出,焦竑使用这种方法是不坚定的,常常与任意牵合的方法同时施用而造成抵牾,如前引《读中庸》的一段话同条之中,又引佛经以牵合《中庸》。至于其他条中,这种情况更多。在《老子翼》中也是如此,如在第一章小注中主张"据《老子》读《老子》",而在该章后所附《笔乘》解《老子》的话又说:"故不灭色以为空,色即空;不捐事以为空,事即空。不然,其所谓无者为对有之无,而所谓有者为对无之有,亦恶得谓之常无常有哉?"显然又以佛家的"色"、"空"来比附老子的"有"、"无"。可见他在分析义理方面以本书证本书的正确方法,往往被主观牵合的错误方法所压过,所占地位是很次要的。

陈第(1541—1617),字季立,号一斋,连江(今福建连江)人。他博极群书,并有军事才能。明世宗嘉靖四十二年(1563),戚继光抗倭至连江,两人曾一起定平倭之策。又曾应俞大猷聘,以边事上书,大司马谭纶奇而荐之。遂以诸生从军,入京营,守古北口,任游击将军,屡立战功。后因忤犯巡抚,拂衣归里,时年五十,绝意仕进,从事著述。事迹详《陈一斋年谱》。

陈第一生著述颇多,有《伏羲图赞》附《杂卦传古音考》、《尚书疏衍》、《读诗拙言》、《毛诗古音考》、《屈宋古音义》、《五岳游草》、《两粤游草》、《世善堂藏书目录》、《意言》、《松轩讲义》、《谬言》、《书札烬存》等。

在古文献学方面,《伏羲图赞》是一部关于《易》图的著作,共二卷,上卷于先儒所传卦画、方位、先后天方圆诸图,一一辨其所失,具有辨伪价值。所附《杂卦传古音考》一篇,为考证古音的有价值之作。《尚书疏衍》亦得失相兼,参取古今注疏,而以素得于深思者附著之。惟笃信伪《古文》,否定梅鷟《尚书考异》、《尚书谱》则非。《毛诗古音考》、《屈宋古音义》、《读诗拙言》为考证古音之作,是陈第在古文献学方面的主要成就所在。《毛诗古音考》成书于明神宗万历三十二年(1604),就《诗经》韵字以考古音,所列498字,言必有徵。《屈宋古音义》取屈原所著《离骚》等24篇(《天问》除外),又取宋玉《九辩》9篇,《招魂》1篇,加上《文选》所载《高唐赋》、《神女赋》、《风赋》、《登徒子好色赋》4篇,共38篇,就其中古今异韵的234字,各推其本音,与《毛诗古音考》互相发明。《读诗拙言》为考论古音的短文汇编,共一卷,为《毛诗古音考》羽翼之作,内容亦涉及《楚辞》及汉魏六朝之诗。

陈第在古音考证方面的成就和特点主要有以下几方面:

(一)发展了考证古音的科学观点,彻底破叶音之说

中国地域辽阔,汉语具有不同的方言。汉语历史悠久,在发展变化中,又产生了古今的差别。在古文献学史和语言学史上,有些古代学者已经在自觉或不自觉地用空间和时间的观念,考察语音、词汇的地区差异和历史变化。《尔雅》中就有释古今、通方俗的内容,《方言》专释方俗之殊语,《说文》所释则古今、方俗兼而有之,汉注也是如此。南北朝时颜之推在《颜氏家训·音辞》中说:"古今言语,时俗不同,著述之人,楚夏各异。"关于古今、地域的观念也是很明确的。但是魏、晋以后,由于古今语加大了距离,加之学术水平所限,多数学者昧于古音,在辨音释义上往往有以今类古的弊端。在南朝梁时出现的叶音说就是一个典型的例子。宋代吴棫虽疑及叶音,但仍宗叶音。朱熹注书则全用叶音说,而洪迈又开始有所怀疑。至明,杨慎进一步怀疑叶音说,并作了有益的考证。焦竑比杨慎又进了一步,破叶音说已比较彻底。至陈第,又受焦竑的启发,开始对《诗经》、《楚辞》等周秦汉古文献的用韵情况作了比较详尽的考证,科学地推求古音,彻底破了叶音说。他之所以能取得这样的成就,是因为能从实际材料出发,并有"时有古今,地有南北"这种正确的观点作指导进行科学的考证。他的这种正确观点不是无本

之木、无源之水，而是在继承前人经验的基础上发展成熟的，因此更加完整和科学。如《毛诗古音考》自序说："岂以古人之诗而独无韵乎？盖时有古今，地有南北，字有更革，音有转移，亦势所必至。故以今之音读古之作，不免乖刺而不入，于是悉委之叶。夫其果出于叶也？作之非一人，采之非一国。何'母'必读'米'，非韵'杞'、韵'止'则韵'祉'、韵'喜'矣？'马'必读'姥'，非韵'组'、韵'黻'则韵'旅'、韵'土'矣？'京'必读'疆'，非韵'堂'、韵'将'则韵'常'、韵'王'矣？'福'必读'偪'，非韵'食'、韵'翼'则韵'德'、韵'亿'矣？厥类实繁，难以殚举。其矩律之严，即《唐韵》不啻，此其故何耶？又《左》、《国》、《易象》、《离骚》、《楚辞》、秦碑、汉赋，以至上古歌谣、箴、铭、颂、赞，往往韵与《诗》合，实古音之证也。"《读诗拙言》也说："一郡之内，声有不同，系乎地者也；百年之中，语有递转，系乎时者也。"又如《屈宋古音义》自序说："余独慨夫注屈宋者率不论其音，故声韵不谐。间有论音者，又率以叶韵概之，何其不思之甚也！夫《毛诗》、《易象》之音，若日月中天，耿然不可易矣。今考屈宋，其音往往与《诗》、《易》合。其《诗》、《易》所无者，又往往与周秦汉魏之歌谣诗赋合，其为上世之音何疑？自唐颜师古、太子贤注两《汉书》，于长卿、子云、孟坚、平子诸赋，音有与时乖者，直以合韵、叶音当之。后儒相缘，不复致思，故自《毛诗》、《易象》、《楚辞》、汉赋与凡古昔有韵之篇，悉委于'叶'之一字矣。夫颜师古、太子贤岂不称博雅之士？但未尝力稽于往古，合并乎群书，是以一时之误而阶千载之愦愦耳。"这些论断是很有根据的。

更可贵的是陈第的观点比较辩证，他不仅看到古今音的区别，而且看到古今音的相通。《毛诗古音考》自序说："盖为今之诗，古韵可不用也；读古之诗，古韵可不察乎？嗟夫！古今一意，古今一声，以吾之意而逆古人之意，其理不远也；以吾之声而调古人之声，其韵不远也。患在是今非古，执字泥音，则支离日甚。"这里说的是通过今音推求古音。所谓"古今一声"，并不是指古今音全同，而是指古今音在音理上具有共同性，可以相通。因此便能"以吾之声而调古人之声"，所谓"调"，就是推求。他反对以今律古，强古以就今，泯灭古今差别，《读诗拙言》说："三百篇，诗之祖亦韵之祖也。作韵书者宜权舆于此，溯源沿流，部提其字曰古音某、今音某，则今音行而古音庶几不泯矣。自周至后汉，音已转移，其未变者实多。愚考《说文》，'讼'以'公'得声，'福'以'偪'得声，'霾'以'貍'，'斯'以'其'，'脱'以'兑'，'節'以'即'，'溱'、'臻'皆'秦'，'阗'、'填'皆'真'，……凡此皆《毛诗》音也。徐铉修《说文》，概依孙愐之《切韵》(按，指《唐韵》)，是以唐音而反律古矣。"

（二）无徵不信，考据谨严

陈第之所以能在古音考证上超越前人，除了思想观点明确的因素之外，还因为他能占有大量的材料，通过严密的考证，取得可靠证据以得出科学结论。他在《毛诗古音考》自序中说："又惧子侄之学《诗》不知古音也，于是稍为考据，列本证、旁证二条。本证者，《诗》自相证也；旁证者，采之他书也。二者俱无，则宛转以审其音，参错以谐其韵，无非欲便于歌咏，可长言嗟叹而已矣。"这里表现出无徵不信的科学态度和方法，他不仅重视证据，而且避免孤证，并且不满足于本证，还多求旁证，其本证、旁证皆取据博赡。兹举数例，以见一斑（原韵字用方括号括起，韵字下小注在韵字后直书）：

〔服〕音逼。徐蕆曰："服"见于《诗》者凡十有六，皆当为蒲北切，而无与房六叶者。愚按，不特《诗》，凡《易》、古辞皆此音。

本证：《关雎》："求之不得，寤寐思服。悠哉悠哉，辗转反侧。"《有狐》："有狐绥绥，在彼淇侧。心之忧矣，之子无服。"《葛屦》："要之襋之，好人服之。"《蜉蝣》："蜉蝣之翼，采采衣服。心之忧矣，于我归息。"《候人》："维鹈在梁，不濡其翼。彼其之子，不称其服。"《采薇》："四牡翼翼，象弭鱼服。岂不日戒，猃狁孔棘。"《六月》："六月棲棲，戎车既饬。四牡骙骙，载是常服。"又："比物四骊，闲之维则。维此六月，既成我服。"又："有严有翼，共武之服，共武之服，以定王国。"《采芑》："方叔率止，乘其四骐。四骐翼翼，路车有奭。簟笰鱼服，钩膺鞗革。"《文王》："商之孙子，其丽不亿。上帝既命，侯于周服。"《下武》："媚兹一人，应侯顺德。永言孝思，昭哉嗣服。"《文王有声》："自南自北（自注：音北），无思不服。"《荡》："曾是彊御，曾是掊克，曾是在位，曾是在服。"

旁证：《易·谦》二、三："鸣谦贞吉，中心得也"，"劳谦君子，万民服也"。《豫象》："天地以顺动，故日月不过而四时不忒；圣人以顺动，则刑罚清而民服。"《成王冠颂》："令月吉日，王始加元服，去王幼志，心衷职。"《仪礼》："令月吉日，始加元服。弃尔幼志，顺尔成德。"范蠡《寿辞》："四海咸承，诸侯宾服，觞酒既升，永受万福。"《离骚》："謇吾法夫前修兮，非世俗之所服。虽不周于今之人兮，愿依彭咸之遗则"，又："步余马于兰皋兮，驰椒丘且焉止息。进不入以离尤兮，退将复修吾初服。".秦《泰山刻石》三句一韵："皇帝临位，作制明法，臣下修饬。廿有六年，初并天下，罔不宾服。"汉《天马歌》："天马徕兮从西极，经万里兮归有德。承灵威兮降外国（自注：音役），涉流沙兮西夷服。"魏繁钦《定情诗》："日夕兮不来，踯躅长叹息。远望凉风至，俯仰正衣服。"（见卷一）

〔樂〕音捞,北方至今有此音。

本证:《关雎》:"参差荇菜,左右芼之。窈窕淑女,钟鼓樂之。"《溱洧》:"且往观乎,洧之外洵讦且樂。维士与女,伊其相谑,赠之以勺藥。"

旁证:《楚辞·九辩》:"独耿介而不随兮,愿慕先圣之遗教。处浊世而显荣兮,非余心之所樂。"东方朔《七谏》:"愿无过之设行兮,虽灭没之自樂。痛楚国之流亡兮,哀灵修之过到。"冯衍《显志赋》:"游精神于大宅兮,抗玄妙之常操。处清静以养志兮,实吾心之所樂。"潘岳《西征赋》:"收罟课获,引缴举效。鳏夫有室,愁民以樂。"(见卷一)

由以上二例即可见其考证之详审。《屈宋古音义》体例与此相似,亦据本证、旁证,只是未加标明而已。其凡例云:"曩余辑《毛诗古音考》,其音合于古而异于今者凡五百字(按,此举成数,实为 498 字)。今检屈、宋音,与《毛诗》同者八十馀字,则提其本音,直注云详见《毛诗古音考》。其《毛诗》所无者一百五十馀字,辄旁引他书以相质证。俾读者一游目于此,已得其大旨。至于本文韵脚,复注云古音某,庶几迎刃而解矣。凡此皆以发明古音,以见叶音之说谬也。"具体例子,兹不复举。

由韵文考音,存在判断韵句的问题。特别是《诗经》,韵式复杂,需要慎考。陈第考《毛诗》古音,充分注意到这一问题。《读诗拙言》说:"夫诗必有韵,诗之致也。《毛诗》之韵不可一律齐也。盖触物以撼思,本情以敷辞,从容音节之中,宛转宫商之外,如清汉浮云,随风聚散,蒙山流水,依次推移,斯其所以妙也。"接着便对《诗经》各种韵式作了比较详尽的分析。留意所考之字在句中的位置和作用,也是他取得科学结论的必要条件,例如《毛诗古音考》卷二考"猗傩"音说:"音阿那,……声韵家谓'猗'在《淇奥》、《节南山》者读'阿',在《伐檀》者读'衣',在《巷伯》者读'倚',在《车攻》者读去声。愚谓《诗》只读'阿'。《伐檀》助语词,《巷伯》非韵脚,《车攻》读'阿'与'破'韵。破,《说文》以'皮'得声,'皮',古读'婆'。"

陈第考古音,除了借助韵字以外,还借助谐声偏旁、通假、异文、声训等。从取证材料方面看,也比较齐备。例如《毛诗古音考》:

〔爲〕音譌。《史记》引《书》"南譌",字作"爲"。又考《说文》:"譌,譌言也。从言爲声。"据此见"爲"加"言"读"爲",去言亦读"譌",古之音也。(见卷一。按,此据通假、异文及谐声偏旁。)

〔英〕音央。《韩诗》"英英白云"作"泱泱"。(见卷二。按,此据通假、异文。)

〔伏〕音偪，藏匿也。《白虎通》："北方者，伏方也，万物伏藏也。"《考工记》："不伏其辕"，郑注云：故书"伏"作"偪"。（见卷三。按，此据声训及异文。）

在明代考据家中，陈第以专精著称，他在古音的考证方面前无古人，为科学的古音学奠定了基础，对古音学的发展起了明显的推动作用。作为知交，焦竑对陈第有恰当的评价，如评其字学音学之精细曾说："语字画声音至与蚕丝牛毛争其猥细"，评其在古音研究上的历史地位曾说："乃寥寥千古，至季立始有归一之论，其为功可胜道哉？"（《毛诗古音考序》）《四库提要》卷四二论《毛诗古音考》一书时曾说："言古韵者自吴棫，然《韵补》一书，庞杂割裂，谬种流传，古韵乃益以乱。国朝顾炎武作《诗本音》，江永作《古韵标准》，以经证经，始廓清妄论。而开除先路，则此书实为首功。"

当然陈第的古音说也还有一定的局限。《四库提要》曾就《毛诗古音考》一书指误说："其中如'素'音为'苏'之类，不知古无四声，不必又分平仄。'家'又音'歌'、'华'又音'和'之类，不知为汉魏以下之转韵，不可以通三百篇。"然上古音是否有四声尚无定论，"家"与"歌"、"华"与"和"通转，上古亦有之，故《四库提要》之说未当。陈第古音说的不足之处是昧于声母，因此注音多误，如"逆"，注云："音博。《说文》：'从辵屰声。'屰，月初生也，读如《书》'哉生魄'之'魄'，故'朔'字以此得声。'魄'古音同'博'。"按，"逆"古音疑母铎韵，"博"帮母铎韵，声母不同。又如"伐"，注云："音歇，亦音废。《周礼·大司马》：'以九伐之法正邦国。'《考工记》：'熊旗六斿，以象伐也。'刘昌宗皆读'废'。郑注：'如树之有根本，是以言伐。'"按，音废是，音歇非。"伐"并母月韵，"歇"晓母月韵，"废"帮母月韵。三字韵皆同。"帮"、"并"邻母，"歇"跟"帮"、"并"声母相远无干。以上是关于声母不妥者。也有个别注音声母、韵母皆可疑者，如"牙"（见《行露》），注云："音翁。'牙'见于《诗》者二，在《祁父》者音吾，有可引证。此以'角'、'屋'韵例之，虽无证也，当读为'翁'，音韵和谐，亦其证也。若以'墉'、'讼'相韵，此不必拘，则当读为'吾'矣。"这里存二说，而陈第倾向于第一说，实际以第二说为是。"翁"与"牙"古音声韵均不同。又如："〔严〕音庄。汉明帝讳庄，改庄助为严助，以其音之同也。古人改易名姓如'陈'、'田'，'马'、'莽'之类，皆字异音同。本证：《殷武》：'天命降临，下民有严。不僭不滥，不敢怠遑。'旁证：《天问》：'勋阖梦生，少离散亡。何壮武厉，能流厥严。'"按，"严"、"庄"非同音，二字声韵皆异：严，疑母谈韵；庄，庄母阳韵。汉讳改字，乃取同义，与"陈"改"田"、"马"改"莽"取同音有异。所举《殷武》、《天问》韵例，当为转音相押（"阳""谈"通转），而非同音。

这些例子都说明陈第于古音尚有不明之处。

第五节　宋濂　梅鷟　胡应麟

宋濂、梅鷟、胡应麟是明代著名的辨伪学家,他们继承前人的辨伪成果,在辨伪学上又有所开拓,对清代的辨伪学产生了直接的影响。宋濂为明初人,生活年代比梅鷟、胡应麟早得多,为集中介绍明代的辨伪学,故合并本节一起论述。

宋濂(1310—1381)字景濂,号潜溪,浦江(今浙江浦江)人。元至正中,荐授翰林编修,不就,入龙门山著书。入明后,任江南儒学提举,改起居注,明太祖洪武二年(1369),充总裁官主修《元史》。当年书修成,任翰林院学士。以后历任编修、安远知县、礼部主事、赞善大夫、侍讲学士等。洪武十三年(1380),因长孙宋慎牵涉胡惟庸党案,朱元璋欲将宋濂处死。皇后、太子力救,全家谪茂州,中途病死于夔州。其著作后人编为《宋文宪公全集》及《宋学士文集》两种。传见《明史》卷一二八,后人撰有传记、行状多种。

宋濂是明初颇受朝廷重用的一个儒士,直谏敢言,于政治多所建议,于制度多所裁定,他又是著名的散文家,在当世很有影响。

宋濂在古文献学上的成就主要是辨伪。他著有《诸子辩》(见《宋文宪公全集》卷三六,一名《龙门子》),考辨先秦至宋四十馀种子书的真伪,计有《鬻子》、《管子》、《晏子》、《老子》、《文子》、《关尹子》、《亢仓子》、《邓析子》、《鹖冠子》、《子华子》、《列子》、《曾子》、《言子》、《子思子》、《慎子》、《庄子》、《墨子》、《鬼谷子》、《孙子》、《吴子》、《尉缭子》、《司马穰苴兵法》、黄石公《三略》、吕望《六韬》、李卫公《问对》、《尹文子》、《素问》、《尔雅》、《商子》、《公孙龙子》、《荀子》、《韩子》、《燕丹子》、《孔丛子》、《淮南鸿烈解》、《扬子法言》、《抱朴子》、《刘子》、《文中子中说》、《天隐子》、《金华子》、《齐邱子》、《聱隅子》、周子《通书》、《子程子》等。关于此书宗旨,自序所言甚详:"《诸子辩》者何? 辩诸子也。通谓之诸子何? 周秦以来作者不一姓也。作者不一姓而其立言何? 人人殊也。先王之世,道术咸出于一轨,此其人人殊何? 各奋私知而或鏊大道也。由或鏊大道也,其书虽亡,世复有依仿而托之者也。然则子将奈何? 辞而辩之也。曷为辩之? 解惑也。"可知此书以考辨真伪为主,兼辨立说之是非。而辨立说之是非,多以儒家思想为准绳。据自跋,此书作于元惠宗至正十八年(1358)。宋濂以卫道之立场,辨立说之是非,思想比较保守,而其辨书籍之真伪,则多有灼见。

宋濂《诸子辩》虽多袭前人如柳宗元、朱熹、高似孙、晁公武、黄震等之说，但对众家之说亦有补充或辩驳，特别是在态度上要比宋人谨慎，因此在辨伪方法和具体结论方面多有创获。例如《亢仓子》一书，自柳宗元起，屡有辨伪之作，宋濂能独立思考，提出新证："《亢仓子》五卷，凡九篇，相传周庚桑楚撰。予初苦求之不得，及得之，终夜疾读，读毕叹曰：是伪书也，剿老、庄、文、列及诸家言而成之也。其言曰：'危代以文章取士，则翦巧绮缬益至，而正雅典实益藏'，夫文章取士，近代之制，战国之时无有也。其中又以'人'易'民'，以'代'易'世'。世民，太宗讳也，伪之者其唐士乎？予犹存疑而未决也。后读他书，果谓天宝初诏号《亢桑子》为《洞灵真经》，求之不获；襄阳处士王士元采诸子文义类者，撰而献之（按，唐人已有此说，见《孟浩然集序》。这里"他书"指《郡斋读书志》），其说颇与予所见合。复取读之，益见其言词不类。"此说虽有所承袭，但从典制、避讳方面提出证据，则为宋濂之创见。又如辨《子华子》说："《子华子》，十卷，程本撰。本字子华，晋人，曰魏人者，非也。《艺文志》不录，予尝考其书，有云：'秦襄公方启西戎，子华子观政于秦'，又稽庄周所载子华子事，则云：'见韩昭僖侯。'夫秦襄公之卒在春秋前，而昭僖之事在春秋后，前后相去二百馀年，子华子何其寿也！其不可知者一。《孔子家语》言'孔子遭齐程子于郯'，程子盖齐人。今子华子自谓'程之宗君受封于周，后十一世国并于温'，程，本商季文王之所宅，在西周当为畿内小国。温者，周司寇苏忿生之所封。周襄王举河内温原以赐晋文公，温固晋邑也，孰谓西周之程而顾并于河内之温乎？地之远迩亦在可疑，其不可知者二。后序称子华子为鬼谷子师。鬼谷，战国纵横家也。今书绝不似之，乃反类道家言，又颇剿浮屠、老子、庄周、列御寇、孟轲、荀卿、《黄帝内经》、《春秋外传》、司马迁、班固等书而成，其不可知者三。刘向校定诸书咸有序，皆渊懿明整，而此文独不类，其不可知者四。以此观之，其为伪书无疑。或传王铚性之、姚宽令威多作赝书，而此恐出其手，理或然也。然其文辞极舂容，而议论焕发，略无窘涩之态，故尤善惑人。人溺文者，孰觉其伪哉？"此从书内史实及序文内容、风格列举四条证据以辨《子华子》之伪，其详审亦前无古人。又如辨《尹文子》，不限于此书本身，还辨及仲长统序和他书："《尹文子》二卷，周尹文撰。其书言大道似老氏，言刑名类申、韩，盖无足称者。晁氏独谓其亦宗六艺，数称仲尼，其叛道者盖鲜。呜呼！世岂有专言刑名而不叛道者哉？晁失言矣。仲长统序称其出于周尹氏，齐宣王时居稷下，与宋钘、彭蒙、田骈同学于公孙龙。按龙客于平原君，君相赵惠文王。宣王死，下距惠文王之立已四十馀岁，是非学于龙者也。统卒于献帝让位之年，而序称其黄初末到京师,亦与史不合。呜呼!《素问》以为黄帝所作,而有'失侯失王,脱营不医'之文,殊不知秦灭六国,汉诸侯王国除,始有失侯王者。《六韬》谓出于周之吕牙,而有'避正殿'之语,殊不知避正殿乃战国后事。《尔雅》以为周公所制,而有'张仲孝友'之言,殊不知张仲乃周宣王时人。予尝验古书真伪,每以是求之,思过半矣;又况文辞气魄之古今绝然不同哉!予因知统之序盖后人依托者也。呜呼,岂独序哉!"这里通过辨仲长统序及《素问》、《六韬》、《尔雅》诸书总结了两条重要的辨伪方法:一是据史实,一是据文辞风格。又如在辨文中子《中说》中,驳"世之疑通(王通)者"的三种根据,认为王通其人不可疑。但又证文中子《中说》为伪书:"第其书出于福郊、福畤之所为,牵合傅会,反不足取信于人。如仁寿四年,通始至长安,李德林卒已九岁,而书有'德林请见'之语。江都有变,通不及闻,而书有'泫然而兴'之言。关朗在太和中见魏孝文,自太和丁巳至通生之岁开皇四年甲辰,一百七年矣,而书谓'问礼于关子朗',此最为谬妄者也。"这里所揭示的史实上的矛盾多至三处,皆甚确凿。综观宋濂所用的辨伪方法,涉及考察著录源流、思想内容、史实、典制、避讳、材料来源、文字风格等,比较全面。这些方法虽不属宋濂所创,但他在综合运用上颇有成绩。

宋濂还注意揭示作伪的规律,对于辨伪亦有指导意义。如辨《言子》,举出作伪的两种类型:一是"有所附丽",即有所依傍;一是"凿空扇虚",即凭空造作。具有普遍意义。

除诸子外,宋濂还辨及宋儒伪造之易图,以及前人关于《河图》、《洛书》之伪说。如《河图洛书说》怀疑陈抟之《易图》,把陈抟之易与古易分别开来,并认为象数在《周易》本身之内,都是对的。但仍信河出《图》、洛出《书》之说,则是迷信经传的结果。

宋濂在辨伪方面有多取证据,实事求是的优点,但也有迷信经传、尊崇正统,取以为准绳判断真伪的局限,《河图洛书说》所谓"揆之于经",而信古《河图》、《洛书》,就是具体表现。

宋濂在诸子辨伪方面成就较高,而在经学上则崇尚陆九渊的心学,鄙薄章句和考证,存在着根本的错误倾向。如《六经论》说:"六经皆心学也。心中之理无不具,故六经之言无不该,六经所以笔吾心之理者也。是故说天莫辨乎《易》,由吾心即太极也;说事莫辨乎《书》,由吾心政之府也;说志莫辨乎《诗》,由吾心统性情也;说理莫辨乎《春秋》,由吾心分善恶也;说体莫辨乎《礼》,由吾心有天叙也;导民莫过乎《乐》,由吾心备人和也。人无二心,六经无二理,因心有是理,故经有是言,心譬则形而经譬则影也。无是形则无是影，无是心则无是经，其道不亦较然矣乎？然而圣人一心皆理也，众人理虽本具而欲则害之，盖有不得全其正者，故圣人复因其心之所有而以六经教之。……秦汉以来，心学不传，往往驰骛于外，不知六经实本于吾之一心。所以高者涉于虚远而不返，卑者安于浅陋而不辞，上下相习，如出一辙，可胜叹哉！"（《宋文宪公全集》卷三六）这与陆九渊"六经注我"的观点如出一辙。传注固不全是，其所指汉儒对经书的附会固亦存在，但完全"脱略传注"，甚至超越文字训诂，而单纯以心意会，只能陷入主观穿凿。这显然是古文献学中的一种主观唯心主义的方法。在《七儒解》（见《宋文宪公全集》卷三六）中也表现出对训诂、考证的否定，他认为只要由文字入手，讲究训诂、考证，就会"牵合附会，有乖坟典，不可以入道"，言外之意正如他在《六经论》中所说，只有以心体验，"一言一辞皆使与心相涵"，才能入道。其实恰恰相反，在方法论上他完全颠倒了正确与谬误的地位。

宋濂不仅认为"六经皆心学"，而且认为佛老皆心学，于是在心学的共同基础上牵合佛道。如《诸子辩》论《列子》曾说："间尝熟读其书，又与浮屠言合。所谓'内外进矣，而后眼如耳，耳如鼻，鼻如口，无弗同也；心凝形释，骨肉都融，不觉形之所倚，足之所履'，非大乘'圆行说'乎？……中国之与西竺，相去一二万里，而其说若合符节，何也？岂其得于心者亦有同然欤？近世大儒谓华梵译师皆窃庄、列之精微以文西域之卑陋者，恐未为至论也。"由此亦可见心学的主观随意性。

梅鷟，生卒年未详，明正德八年举人。字鸣岐，号平垫，别号致斋，旌德（今属安徽）人。历任南京国子监助教、盐科司云南白盐井提举。著作今存《古易考原》、《尚书考异》、《尚书谱》、《南雍志经籍考》等。

梅鷟的代表作是《尚书考异》，全书共六卷，前五卷辨伪，末一卷考异文，是古文献学史承上启下的一部《古文尚书》辨伪名著。他继承宋吴棫、朱熹、元吴澄及明王耕野对《古文尚书》的疑辨成果，进一步做了更加翔实的考证，有很大的突破，对清代阎若璩、惠栋、丁晏等人产生了深刻的影响。

《尚书考异》辨及伏生《今文尚书》二十九篇、《尚书大传》、《古文尚书》二十五篇等，尤以辨孔安国《尚书序》及《古文》二十五篇为主。对考证今传《尚书》的真伪，以及发展古籍辨伪的一般方法，都作出了贡献。《尚书考异》在辨伪方法上值得注意的有几点：

（一）考察传授渊流

关于《尚书》的传授渊流，《史记·儒林传》、《汉书·艺文志》、《后汉书·

儒林传》、《隋书·经籍志》等均有记载,梅鷟在自书卷一分四条引录上述四书的记载,各加了自己的按断,他认为:《史记·儒林传》其时"伪说未滋,故其言多可信"。《汉书·艺文志》"与《史记》异者数处","宜从《史记》"。《后汉书·儒林传》"历述伏生今文《书》及安国古文《书》传授颠末,较然可寻,遂尽除去诞妄不经之说,使人得有所考,有以知晋人《古文》二十五篇决非安国所传之本,何其精详而简当也"。《隋书·经籍志》"虽约《史记》、两《汉书》而为之,然其言时与《史》、《汉书》乖戾者"。通过考察传授渊源,他得出一个结论:先汉为真《古文》,东晋为伪《古文》。他说:"先汉之古文实为安国之家传,而东晋之古文乃自皇甫谧而突出何者?前乎谧而授之者曰郑冲,曰苏愉,曰梁柳,而他无所徵也,冲又授之何人哉?冲、愉等有片言只字可考证哉?此可知其书之杜撰于谧而非异人,一也;后乎谧而上之者曰梅赜,而赜乃得之梁柳,柳即谧之外兄,此亦可知谧之假手于柳以传而非异人,二也。"(《尚书考异》卷一"孔安国《尚书注》十三卷"条)这里辨东晋《古文尚书》之伪是对的,但直指为皇甫谧所作,证据尚不充分。

(二)揭示篇什割裂的破绽

今传《尚书》五十八篇中,有几篇是割裂成篇以凑数的(参见第三章第三节"王肃"),梅鷟首先在卷一驳孔安国《尚书序》中"伏生又以《舜典》合于《尧典》,《益稷》合于《皋陶谟》,《盘庚》三篇合为一,《康王之诰》合于《顾命》,复出此篇,并序凡五十九篇,为四十六卷"之说,通过分析有关佚文及各篇大旨,论证《舜典》之于《尧典》,《益稷》之于《皋陶谟》,《盘庚》三篇,《康王之诰》之于《顾命》,本皆一篇,各以前一篇为篇名,离析成篇,乃作伪《古文尚书》者所为。随后在有关篇中进一步辨明其割裂之痕迹,如卷二"舜典"条说:"《孟子》引《尧典》曰:'二十有八载放勋乃殂落',邹鲁相去地近,孟子生距孔子时未远,思、曾又适(嫡)传,岂孔子所传《尚书》顾脱'舜典'二字,必竢秦火之馀数百年后土壁所藏之本然后增此二字邪?且伏生年已九十,当其传晁错时固在文、景世,考其生之辰,犹在秦火未然之前。今马迁《史记》亦以'慎徽五典'接于《尧典》之下,原未尝分,则伏生所传之本正孟子所读之本,而安国所传之本决非孔壁所藏之本。安国所传之本既非孔、孟相传之本,则'舜典'二字决为赝增可知矣。……然方其造意增此二字之时,特不过如《皋陶谟》之复出《益稷》二字,盖曰简帙重大而然也,初未尝伪为'曰若稽古'以下二十有八字,犹有使人合前段而观其文理血脉之意,及姚方兴既增二十有八字之后,而《舜典》遂与《尧典》抗而分为二篇,愈远愈失真矣。"接着便在"曰若稽古帝舜曰重华协于帝濬哲文明温恭允塞元德升闻乃命以位"条中列"五可疑"以辨《舜典》开头此二十八字之伪,颇为有力。

（三）考察在材料上的依傍和补缀

伪《古文尚书》二十五篇在材料上均有依傍、补缀,正如《尚书考异》卷一"孔安国尚书注十三卷"条所说:"东晋之伪,无一书不搜茸,无一字无所本。"如果能够考察出其原始出处和补缀的痕迹,就等于找到了伪证。梅鷟《尚书考异》中运用这种方法非常自觉和普遍,他认为伪《古文尚书》"搜窃补缀如泥中之斗兽,踪迹形状亦焉能廋哉?"(卷一"朱子语录"条)于是逐篇加以考察,或揭示其依傍真《尚书》,或揭示其依傍《尚书》逸文,或揭示其依傍他书文字等,并尽加指明补缀之破绽。例如卷二《大禹谟》"政乃乂黎民敏德"条:"《康诰》曰'乃其乂民',又曰'用康乂民',又曰'则罔政在厥邦',又曰'丕则敏德'。《立政》曰'亦越我〔周〕文王,立政立事','兹乃俾乂'。"揭示此句杂糅《尚书》可靠之篇《康诰》及《立政》语句而成。又如同篇"人心惟危道心惟微惟精惟一允执厥中"条:"'允执厥中',尧之言也,见《论语·尧曰第二十》。夫尧之一言至矣,尽矣,而舜复益之以三言者,先儒以为所以明乎尧之一言必如是而后可庶几也。自今考之,惟'允执厥中'一句信为圣人之言,其馀三言盖出《荀子》,而抄略掇拾胶粘而假合之者也。《荀子·解蔽篇》曰:'昔者舜之治天下也,不以事诏而万物成,处一之危,其荣满侧,养一之微,荣矣而未知。故《道经》曰:"人心之危,道心之微。"危微之几,惟明君子而后能知之。'荀卿称'《道经》曰',初未尝以为舜之言,作《古文》者见其首称'舜之治天下',遂改二'之'字为二'惟'字,而直以为大舜之言。……至于'惟精惟一',则直抄略荀卿前后文字而攘以为己有,何哉?所谓伯宗攘善其无后乎?《荀卿子》上文有曰:'心者形之君也,出令而无受令'故曰:'心容,其择也无禁,必自见,其物也杂博,其精之至也不贰。'又曰:'心枝则无知,倾则不精。'又曰:'有人也不能此精于田、精于市、精于器之三技,而可使治三官,曰:精于道者也。'下文有曰:'好义者众矣,而舜之独传者一也','自古及今未尝有两而能精者也'。又曰:'蚊虻之声,闻则挫其精,可谓危矣,未可谓微也。'此其'精'字、'一'字之所自来也。"这里追根究底,直探作伪者依傍之本源,以及拼凑改窜之痕迹。

梅鷟还从用词及句法的特点上揭示伪《古文尚书》对真《尚书》的模仿和蹈袭,例如《大禹谟》"曰若稽古大禹曰文命敷于四海祇承于帝"条:"首句仿《尧典》、《皋陶谟》,虽两仿之,而仿《皋陶谟》之意多,故不曰帝禹,而言大禹。盖此篇以'谟'称故也。虽曰以'谟'称,然事体莫重于受禅,主意尤注于拟'典',故即以'文命'二字效'放勋'二字。既效'放勋'二字,又恐人得以蹑其迹，下文'后克艰'二句复转而效《皋陶谟》也。夫其变见出没至于如此，学者岂得容易窥之哉？'文命'二字，《史记》以为禹名，而此不从之，以'敷于四海'缀其下者，亦此人善变见之一端也。犹'放勋'二字，《尧典》以为至功之意，而后人乃引'放勋曰'，初何害于经邪？此人颇能深知曲折如此，宜其大肆手笔以巍然擅尊于后世也欤？'敷于四海'，约《禹贡》'东渐'数句之旨而成之。'祗承于帝'之语，王耕野曰：'当合下节日字点句'，而此句效《周诰》'灵承于旅'之句，其意必曰：'灵字固新奇，犹不若我祗字为精切'，且同彼用灵字则蹈袭易见，故换作祗字，即后世作诗夺胎换骨之法也。"也有妄改而致误者，如卷二《五子之歌》"其三曰惟彼陶唐有此冀方今失厥道乱其纪纲乃底灭亡"条："《左传·哀公六年》：楚昭王有疾，不祭河。孔子曰：楚昭王知大道矣，其不失国也宜哉。《夏书》曰：'惟彼陶唐，帅彼天常，有此冀方。今失其行，乱其纪纲，乃灭而亡。'此语今以为《五子之歌》第三章，但歌中无'帅彼天常'一句，下亦微异，'其行'歌作'厥道'，'乃灭而亡'歌作'乃底灭亡'。杜预注：'逸《书》。灭亡，谓夏桀。唐虞及夏同都冀州，不易地而亡，由于不知大道故。'孔颖达疏曰：'贾、服、孙、杜皆不见《古文》，以为逸《书》，解为夏桀之时。惟王肃云太康时也。按王肃注《尚书》，其言多是孔传，疑肃见《古文》，匿之而不言也。'夫作《古文》者以仲康复立，故以五子能明祖训，然当作歌之时，羿虽距太康于河，犹未至于灭亡也，故改作'乃底灭亡'，言其势至于灭亡也。由'乃灭而亡'则杜注以为夏桀之时者为当，由'乃底灭亡'，则未知或为太康之时，或为夏桀之时也。孔疏此章，于《尚书》绝无辨证之语，于《左传》则曰：此多'帅彼天常'一句。又字少异者，文经篆隶，师读不同，故两存之。又曰：'疑肃见《古文》，匿之而不言'，盖疑古文为王肃所拟也。今按少'帅彼天常'一句，改'其行'为'厥道'者，则故为缪乱以惑学者；改'乃灭而亡'为'乃底灭亡'，则欲迁就其说以当太康之世。然不知此章之体句句用韵，今'厥道'一句独不用韵，则其不知而妄改，卒亦莫能掩矣。以为王肃所拟者，甚是。又恐作《古文》者见王肃之言而附会成书，亦未可知也。"

（四）从文章体例上考察

《尚书》典、谟、誓、诰、训诸体各有独自的模式，而伪《古文尚书》在作伪时往往在文体方面走失模样。前面第三点中所引《大禹谟》"曰若稽古……"条，已涉及这一问题。又如同篇"大禹谟"条："变乱圣经之体者，《大禹谟》是也。凡伏生《书》典则典，谟则谟，誓则誓，典、谟、誓杂者未之有也。今此篇自篇首至'万世永赖，时乃功'，谟之体也。自'帝曰格汝禹'至'率百官若帝之初'，典之体也。自'帝曰咨禹惟时有苗弗率'至'七旬有苗格'，誓之体也。

混三体而成一篇,吾故曰:变乱圣经之体者,《大禹谟》是也。虽然,不惟变乱之而已,而又反易之焉。《皋陶谟》禹之戒:'帝曰:毋若丹朱傲圣之命,又曰:汝毋面从,退有后言',交相儆戒如此。而此篇禹以六府三事自述,而帝以'地平天成'、'万世永赖'归功,是反易谟之体也。《尧典》曰:'乃言厎可绩','可'之一言,岂以舜之功为有馀哉?正天子告臣之体,默寓儆勉之意。今此篇曰:'惟汝贤','懋乃德嘉,乃丕绩',则谀禹之词也。曰:'人心惟危,道心惟微,惟精惟一',则命禹之词也。至于询事考言以为慎重,受禅之实事曾无片语,是反易典之体也。古者誓师而出,无敌于天下,今会后誓师,历三旬之久;而苗民逆命,是苗之誓茫无成算,犹在《甘》、《汤》、《太》、《牧》之下也而可乎?是反易誓之体也。吾故曰:不惟变乱之而已,而又反易之焉,此之谓也。"文体确是辨伪的证据,梅鷟在这方面是有成绩的。

（五）从文字风格上考察

文字风格具有历史性,故亦可用为辨伪的证据。梅鷟继承前人的经验,亦注意从文字风格辨伪《古文尚书》之伪。如在卷一"古文二十五篇"条中,他依次引宋吴棫、朱熹、元吴澄之说,说明《古文尚书》文字浅近,反不如《今文尚书》文字古奥,以证二十五篇乃后人伪造。在各篇的具体考辨中也能注意运用这一方法。

（六）从史实上考察

伪《古文尚书》和伪《孔传》在作伪时,往往造成事与时的矛盾,以致史实失误。因此考察史实也是辨伪的一种重要方法。前面第三点所讲梅鷟辨《五子之歌》改"乃灭而亡"为"乃厎灭亡"而造成世次之误,就涉及这一方法。又如揭露《孔传》注释《禹贡》地理有违史实,《四库提要》卷一二评《尚书考异》时引其书曰:"又如谓瀍水出谷城县,两《汉志》并同,晋始省谷城入河南（县）,而《孔传》乃云出河南北山。积石山在西南羌中,汉昭帝始元六年始置金城郡,而《孔传》乃云积石山在金城西南。孔安国卒于汉武时,载在《史记》,则犹在司马迁以前,安得知此地名乎?其为依托,尤佐证显然。"

梅鷟的《尚书考异》,专精而详博,为考辨之力作,对后世产生了很大影响。其方法和成果多为清代考据家所承袭。关于梅鷟在《古文尚书》辨伪史上的地位,清道光五年（1825）朱琳在《尚书考异跋》中有所评价:"按疑《古文》者始于朱子,元草庐吴氏因而撰《书纂言》,谓《古文》为东晋晚出之书,故但注《今文》而不注《古文》。先生则力辨其伪,曲证旁通,具有根据。后儒阎百诗（若璩）《尚书古文疏证》、惠定宇（栋）《古文尚书考》,其门径皆自先生开之。阳湖孙渊明（星衍）为之校刊,称其有功圣学,为前明一代巨儒,信不诬也。"堪称公允之论。

胡应麟(1551—1602),字元明,更字明瑞,号石羊生,又号少室山人,兰溪(今属浙江)人。万历四年(1576)举人,久不第,筑室山中,藏书四万余卷,手自编次,多有撰著。《明史·文苑传》有传,又吴之器《婺书》卷四有《胡应麟传》。主要著述有《少室山房笔丛》、《诗薮》、《少室山房类稿》等。

在古文献学方面,胡应麟擅长考据,尤精辨伪,成果集中于《少室山房笔丛》一书。此书为江湛然、赵凤城合辑,吴国琦重订。分为甲部:《经籍会通》,多引史志、私目、宋元笔记以考经书源流、类例、遗佚;乙部:《史书占毕》,论史法,考史实,包括内篇、外篇、冗篇、杂篇诸部分;丙部:《九流绪论》,考论儒、杂、兵、农、术、艺、说、道、释九家;丁部:《四部正讹》,考辨伪书;戊部:《三坟补遗》,专论《竹书纪年》、《逸周书》、《穆天子传》;己部:《二酉缀遗》,采摭小说笔记材料;庚部:《华阳博议》,杂述古来博闻强记之事;申部:《庄岳委谈》,纠正俗说之附会;壬部:《玉壶避览》,论道书;癸部:《双树幻钞》,论佛经。另有《少室山房笔丛续》,分为甲部:《丹铅新录》;乙部:《艺林学山》,为正杨慎的《丹铅录》及《艺林伐山》而作。胡应麟在考据方面可与杨慎匹敌,并多有驳正(其后方以智《通雅》亦多引其说),而在辨伪方面的成就却远远超越前人。《四部正讹》是一部系统的辨伪专著,他承袭前人的成果,总结历史的经验,并加以发展,把考辨范围扩大到四部(涉书一百馀种),综合具体结论上升到理论高度,成为我国辨伪学发展成熟的标志。胡应麟对辨伪学的贡献主要有以下几点:

(一)考辨群书,不乏卓见

胡应麟考辨群书遍及四部,计有《连山易》、《归藏易》、《子夏易》、《周易乾凿度》、《乾坤凿度》、谶纬诸书、《三坟》、《古文尚书》、《元命包》、《关朗易传》、《麻衣心法》、《王氏玄经》、《鹖子》、《阴符经》、《六韬》、《文子》、《鬼谷子》、《伍子胥》、兵家诸书、《鹖冠子》、《关尹子》、黄石公《素书》、《抱朴子》、《亢仓子》、《刘子新论》、《孙子》(孙绰)、《子华子》、李卫公《问对》、《化书》、《广成子》、《黄帝内传》、《穆天子传》、《晋史乘》、《楚梼杌》、《山海经》、《古岳渎经》、《燕丹子》、《宋玉子》、《神异经》、《十洲记》、《赵飞燕外传》、《越绝书》、《鲁史记》、《西京杂记》、《述异记》、《列仙传》、《牟子论》、《洞冥记》、《汉武内传》、《拾遗记》、《梁四公记》、《隋遗录》、《开元天宝遗事》、《广陵妖乱记》、《潇湘录》、《牛羊日历》、《龙城录》、《白猿传》、《周秦行纪》、《碧云騢》、《云仙散录》、《清异录》、《艾子》、《钟吕传道录》、《香奁集》及诗话诸书。他不仅开拓了考辨的范围，提出不少新见，而且对前人已考及之书，也能既参考前人之说，而又不迷信前人之说，主张深考以决真伪，如《四部正讹》卷上前论说："世或以非伪而信之，或概以伪而疑之，皆弗深考故也。"因此多有主见、创见。例如辨《六韬》、《尉缭子》等兵书，《四部正讹》卷中：

> 今《六韬》有《太公阴符篇》，云："主与将有阴符，凡八等：克敌之符长一尺，破军之符长九寸，至失利之符长三寸而止。"盖伪撰太公《六韬》者不识阴符之义，以为符节之符也。此虽五尺童子，一目可竟其说，秦（苏秦）何至刺股以读之？世有执《六韬·阴符》为太公所撰、季子所攻者，味吾言如破竹矣。宋世以《孙》、《吴》、《司马》、《韬》、《略》、《尉缭》、《李卫公》为兵家七书，《孙武》、《尉缭》亡可疑者，《吴起》或未必起自著，要亦战国人掇其议论成编，非后世伪作也。《三略》称黄石公，中如'柔能至刚，动而辄随'等语，似有见于《道德》者。以即圯上老人授子房书，则不可。前辈固多傅会疑之。《六韬》称太公，厥伪暸然。考《汉志》有《六弢》，初不云出太公。盖其书亡于东京之末，魏晋下谈兵之士掇拾剩馀为此，即《隋志》《六韬》也。'天下者天下之天下'，读者亟称，要之策士浮谈，视《丹书》'敬义'之规何啻倍蓰！至《文伐》、《阴书》等篇，尤《孙》、《吴》、《尉缭》不屑道者，太公以告文王乎？尚父《六韬》，叶正则谓"出《孙》、《吴》后"，近之；而举《南华》所引"九徵"，以"庄周不悟其伪"，则非也。盖此书正引用《南华》，犹《亢仓》、《鹖冠》所本耳。《周氏涉笔》并太公疑焉，则过。太公、文王相遇固难尽信，然《诗》人与孟氏已亟称之矣。

这里认为《孙武》、《尉缭子》不可疑，《吴起》虽非自著，但亦非后世伪作，均为有识之见。关于《六韬》，他同意叶适的说法："出《孙》、《吴》后"，但又不同意叶适关于《庄子》引《六韬》的说法，认为《六韬》作伪者反引《庄子》。可见他对前人之见绝不盲从，能独立思考以决弃取。至于认为《六韬》即《汉书·艺文志》之周史《六弢》，其书亡于东汉之末，魏、晋下谈兵之士掇拾剩馀而成《六韬》，则非。梁启超《诸子略考释》引沈涛曰："此（指周史《六弢》）列之儒家，则非今之《六韬》也。'六'乃'大'字之误，《人表》有周史大弢，古字书无'弢'字，《韵篇》始有之，当为'弢'字之误。《庄子·则阳篇》：仲尼问于太史大弢，盖即其人。此乃为其所著书，故班氏有孔子问焉之说。颜（师古）以为太公《六韬》，误矣。今之《六韬》当在《太公》二百三十七篇之内。"梁此说为是。1972年山东临沂银雀山西汉前期汉墓出土之竹书残本有《吴孙子》、

《太公》、《尉缭子》等书,既可印证胡应麟关于《孙武》、《尉缭》之说为是,又可证实他关于《六韬》为掇拾《六弢》残余所作之说为非。后世所传《六韬》确从《太公》分出,但称太公所作当亦假托,胡应麟所指《太公阴符篇》之误说甚是。由此可见,胡应麟辨伪之说虽瑕瑜并见而瑕不掩瑜,其精当之见占主要地位。又如辨《穆天子传》,《四部正讹》卷下:

> 《穆天子传》六卷,其文典则淳古,宛然三代型范,盖周穆史官所记。虽与《竹书纪年》、《逸周书》并出汲冢,第二书所载皆讫周末,盖不无战国语参之,独此书东迁前,故奇字特多,缺文特甚。近或以为伪书,殊可笑也。……《列子》称"穆王驾八骏之乘,右服蒸骝而左骐耳,右骖赤骥而左白𬴷……西王母为王谣,王和之,其辞哀焉。乃观日之所入,一日行万里。王乃叹曰:於乎! 予一人不盈于德而谐于乐,后世其追数吾过乎?"按,《列子》此段全录《穆天子传》文,足证《列子》所称"黄帝"等书咸有所本。昔人谓《杨朱篇》即古杨朱之书,此篇引《穆天子传》,即以周穆王名篇,则杨朱之说信矣。或曰:《鹖冠子》、《庚桑子》咸据庄周、贾谊足成,以欺后世,《穆天子传》庸知非此类耶? 曰:彼二书自庄、贾引外,绝不足观。《穆天子传》与《列子》体制不同,各极古雅,此篇奇字皆《列》本书所无,信知《列子》引《穆传》,非《穆传》本列子也。斯又辨赝书者所当知。

这里认为《穆天子传》即汲冢出土之书,非伪,此说甚是。但认为是西周史官所记,则非。《穆天子传》当成书于战国,所谓奇字即六国古文。他还考辨《穆天子传》与《列子》的关系,认为《列子》引《穆天子传》,而非《穆天子传》引《列子》,极是。他强调明辨徵引与被徵引的关系,是"辨赝书者所当知"的一条重要原则,也非常有参考价值。

(二)揭示伪书产生原因和情况的复杂性

揭示伪书产生的原因和情况,总结其规律,对于辨伪有重要的指导意义。在胡应麟之前,已有人涉及这一问题,但比较零散、偶见。胡应麟是最早作系统归纳和总结的人,他在《四部正讹》叙论中说:"凡赝书之作,情状至繁,约而言之,殆十数种",遂举例说明"有伪作于前代而世率知之者","有伪作于近代而世反惑之者","有掇古人之事而伪者","有挟古人之文而伪者","有傅古人之名而伪者","有蹈古书之名而伪者","有惮于自名而伪者","有耻于自名而伪者","有袭取于人而伪者"、"有假重于人而伪者","有恶其人,伪以祸之者","有恶其人,伪以诬之者","有本非伪,人托之而伪者","有书本伪，人补之而益伪者"，"又有伪而非伪者"，"又有非伪而曰伪者"，"又有非伪而实伪者"，"又有当时知其伪而后世弗传者"，"又有当时记其伪而后人弗悟者"，"又有本无撰人，后人因近似而伪托者"，"又有本有撰人，后人因亡逸而伪题者"。以上名目虽繁，但归纳起来不过两大类：一是有意假托作伪，一是因失考误断致伪。胡应麟针对复杂的情况，条分缕析，详尽而不烦琐，颇得纲要。另外他看问题也比较辩证，不简单化、绝对化，因此对于真伪混杂之书，能注意辨别剔抉；对于全伪之书的价值，能作恰当的评价。例如《四部正讹》卷下结束语说："伪书出于唐后而名理可味者，《关尹》也，而《齐丘》近之。伪书出于宋后而文采可观者，《子华》也，而《亢仓》逾之。《文子》真而时有伪者，《鹖冠》伪而时有真者，以二书全伪，非也。《素问》精深，《阴符》奇奥，虽非轩后，非秦后书。"

（三）系统地总结了辨伪方法

最早系统总结辨伪方法的也当推胡应麟，《四部正讹》卷下结束语说：

> 凡核伪书之道：核之《七略》以观其源，核之群《志》以观其绪，核之并世之言以观其称，核之异世之言以观其述，核之文以观其体，核之事以观其时，核之撰者以观其托，核之传者以观其人。核兹八者，而古今赝籍亡（无）隐情矣。

所谓"核之《七略》以观其源"，是说从我国第一部目录《七略》考察最早的著录。《七略》为刘歆在其父刘向《别录》的基础上编著的一部分类目录书，原书已佚，其体制、规模由删其要而成的《汉书·艺文志》可见。所以后人即将《汉书·艺文志》与《七略》视为一体。

所谓"核之群《志》以观其绪"，是说从历代史书《艺文志》或《经籍志》，以及官修目录、私修目录的著录上考察其流传情况。以上两条均属从目录著录上考察源流以辨真伪。

所谓"核之并世之言以观其称"，是说从同世当代的著作中考察某书称引他书，或某书被他书称引的情况。这是从横的关系上考察。

所谓"核之异世之言以观其述"，是说从前后不同世的著作中考察某书转述他书，或某书被他书转述的情况。这是从书与书之间纵的关系上考察。

所谓"核之文以观其体"，是说从文章体裁特征上考察。

所谓"核之事以观其时"，是说从所涉史实以考其年代。

所谓"核之撰者以观其托"，是说考证某书的真正作者，以明假托。

所谓"核之传者以观其人"，是说考察某书的传人，以求作伪之人。因为某书已佚，又突然传世，则传书之人往往即作伪之人。

这是对前人和他自己辨伪经验的总结，概括得亦颇精要，在辨伪学史上具有划时代的意义。近人谈辨伪方法者又有数家，虽各有补充和发展，但其说皆脱胎于此。如胡适在《中国哲学史大纲》中将审定真伪的证据归纳为史事、文字、文体、思想、旁证五种，除文字、思想两种外，馀皆为胡应麟所有。又如梁启超在《中国历史研究法》中提出辨伪书的十二条公例，除第十一条"各时代之社会形态"及第十二条"各时代之思想"两条外，馀亦皆为胡应麟所有。其后，梁启超在《古书之真伪及其年代》（本为 1927 年在燕京大学教课的讲义，1955 年中华书局出版）中，对辨伪方法条分缕析，有更为详尽的概括，堪称辨伪方法的集成之作，但亦以胡应麟辨伪八法为基础，又吸收了新的研究成果。

（四）对四部书中伪书众寡不同的情况作了较准确的估计

胡应麟不仅对伪书作定性分析，而且从宏观上作定量分析，这对辨伪亦有指导意义，例如《四部正讹》结束语说：

> 凡四部书之伪者，子为盛，经次之，史又次之，集差寡。凡经之伪，《易》为盛，纬候次之。凡史之伪，杂传记为盛，琐说次之。凡子之伪，道为盛，兵及诸家次之。凡集，全伪者寡，而单篇别什借名窜匿甚众。于别编详之。

所论甚符合实际情况。又作者对各种书致伪的程度或真伪易淆的情况也有具体分析论辩，说：

> 大率秦汉以还，书若《三易》（《连山》、《归藏》、《周易》）、《三坟》、《六韬》、《七纬》、《关尹》、《子华》、《素问》、《洞极》、《李靖问答》、《麻衣心法》、武侯诸策、王氏诸经，全伪者也。《列御寇》、《司马法》、《通玄经》，真错以伪者也。《黄石公》、《鹖冠子》、《燕丹子》，伪错以真者也。《管仲》、《晏婴》、《文中》，真伪错者也。《元包》、《孔丛》、《潜虚》，真伪疑者也。《鬻熊》，残也；《亢仓》，补也；《繁露》，讹也：皆不得言伪也。《素问》、《握奇》、《阴符》、《山海》，其名讹也，其书非伪也。《穆天子传》、《周书》、《纪年》，其出晚也，其书非伪也；即以伪乎，非战国后也。馀亡足辩矣。

这种辨析，颇为细腻，其见解虽难称尽是，但大致是不差的。

胡应麟在辨伪学史上的地位是空前的。同时他还对以"心学"为代表的空疏学风作了有力的批判。他主张词章与问学统一，反对束书不观，师心自用:"古之世之称材者词章问学出于一,而今之世之称材者词章问学出于二。"(《少室山房类稿》卷八十六《黄尧衢诗文序》)他认为只有做到博与精的统一,才能避免空泛之弊:"凡著述贵博而尤贵精,浅闻眇见,曷免空疏,夸多炫靡,类失卤莽。博也而精,精也而博,世难其人。"(《诗薮》外编《三唐上》)他自己以身作则,与空疏学风反其道而行:"仆嗜读书,身所购藏,几等邺架,经史子集,网罗渔猎,时有发明。不敢以鸿儒自居,不致以空疏自废。"(《少室山房类稿》卷一○一《与王长公第二书》)因此对考据实学的发展也作出了贡献。

第六节　方以智

方以智(1611—1671),字密之,号曼公、浮山愚者,桐城(今属安徽)人。少年时代"接武东林,主盟复社"(卢见曾《感旧集话》),与陈贞慧、吴应箕、侯方域合称"明季四公子"。崇祯进士,任翰林院检讨。南明安宗简皇帝弘光时,为马士英、阮大铖所中伤,几不免,逃到南海,以卖药为生。明桂王永历时,任詹事府左中允,后又被太监王坤诬劾免职。清兵入广东后,下令搜捕方以智。他在梧州出家为僧,以示不臣事清朝,改名大智,字无可,别号弘智、五老、药地、浮庭、墨历、浮山愚者、愚者大师、极丸老人等。清康熙十年(1671),赴吉安谒文天祥墓,道中卒。王夫之撰有《方以智传》,《桐城耆旧传》亦有《方密之传》。方以智生活于明、清之际,而其重要学术活动时值明世,故放在明代来作介绍。

方以智学识渊博,对天文、历算、地理、历史、名物、典制、医学、文学、语言文字、书画、金石等均有研究。他接受了明末西方传来的自然科学知识,但不满同时传入的基督教神学,并指出西方自然科学"详于质测(考究原理)而拙于言通几(上升到哲学理论)"(《物理小识自序》),亦有局限。他坚持唯物主义立场,反对"离气以言理"、"离器以言道"的宋明理学。他是我国哲学史上著名的唯物主义思想家,也是我国古文献学史上很有造诣的考据学家和小学家。

方以智著作甚富,除人们熟知的《通雅》和《物理小识》外,尚有:《浮山前集》、《浮山后集》、《博依集》、《流离草》、《药集》、《膝寓信笔》、《象环寱记》、《合山栾庐占》(以上为诗文集)、《药地炮庄》、《东西均》、《易馀》、《性故》(又名《会宜编》)、《一贯问答》(以上为哲学著作)、《冬灰录》、《愚者智禅师语录》(以上为语录)、《两粤新书》(史学著作)、《四韵定本》、《正叶》、《五老约》(以上为音韵学著作)、《内经经络》、《医学会通》(以上为医学著作)、《庐墓考》、《印章考》(以上为杂著)等。此外佚书亦复不少。

方以智前期的学术著作以《通雅》为代表,古文献学的成果亦集中于此书。《通雅》作于明崇祯十四年(1641),包括卷首《音义杂论》("考古通说"数则)、《辨证说》、《刊落折中说》、《注释正字说》、《古书参差说》、《六书形声转假说》、《说文概论》、《古籀用篆不必改楷说》、《古篆随意增减说》、《推论》、《方言说》、《四声通转说》、《汉晋变古音沈韵填汉晋音说》、《音韵通别不紊说》、《音义始论》、《读书类略提语》、《杂学考究类略》、《藏书删书类略》、《小学大略》、《诗说》("庚寅答客")、《文章薪火》,为通论性质的内容;正篇五十二卷,类目有:《疑始》("专论古篆古音"、"古篆音"二目)、《释诂》("缀集"、"古隽"、"诨语"、"重言"四目)、《天文》("释天"、"历测"、"阴阳"、"月令"、"农时"五目)、《地舆》("方域"、"水注"、"地名异音"、"九州建都考"、"释地"五目)、《身体》、《称谓》、《姓名》("姓氏"、"人名"、"同姓名"、"鬼神"四目)、《官制》("仕进"、"爵禄"、"文职"、"武职"、"兵政"五目)、《事制》("田赋"、"货贿"、"刑法"三目)、《礼仪》、《乐曲》、《乐舞》(附"乐器")、《器用》("书札"、"碑帖"、"金石"、"书法"、"装潢"、"纸笔墨砚"、"印章"、"古器"、"杂器"、"卤簿"、"戎器"、"车类"、"戏具"十三目)、《衣服》("采服"、"佩饰"、"布帛"、"采色"四目)、《宫室》、《饮食》、《算数》、《植物》("草"、"竹苇"、"木"、"穀蔬"四目)、《动物》("鸟"、"兽"、"虫"三类)、《金石》、《谚原》、《切韵声原》、《脉考》、《古方解》。由此可见《通雅》兼有雅书和类书的性质。但《通雅》又不同于一般的雅书和类书,其旨不在纂集而在考证,故有录有论,实为文字、音韵、训诂、天文、地理、名物、典制、医药等的读书考证札记的类编。故其《凡例》说:"此书本非类书,何类也?强记甚难,随手笔之,以俟后证。久渐以杂,杂不如类矣,亦子谦愚公俟子孙之意也。《尔雅》为十三经之小学,故用其分例。"又说:"辨证以经史为本,旁及诸子百家,志书小说难可尽信,然引以相参,自可证发。……此书主于辨当名物,徵引以证其义,不在抄集编纂也。"

《物理小识》一书自崇祯四年(1631)开始写作,《自序》云:"顾自小而好此(指'质测通几'),因虚舟师《物理所》,随闻随决,随时录之,以俟后日之会通云耳。"由其子方中通《物理小识编录缘起》可知今传本为其子中通等所编。此书卷首为总论,正编十二卷,类目有:《天类》(包括"气"、"光"、"声"、"律"、"五行")、《历类》、《风雷雨旸类》、《地类》、《占候类》、《人身类》、《医要类》、《医药类》、《饮食类》、《衣服类》、《金石类》、《器用类》、《草木类》上下、《鸟兽类》上下、《神鬼方术类》、《异事类》。此书在"辨当名物"的基础上"质测通几"，包括物状、物性、物理、物用诸方面的内容。此书虽然在一些具体结论上尚未达到科学的高度，但提出了一条"质测通几"的唯物主义认识路线，为考据学奠定了可靠的哲学基础。

方以智在古文献学上的成就主要有以下几方面：

（一）把考据建立在实事求是的唯物主义基础之上

方以智是唯物主义哲学家，他认为客观世界是物质的："盈天地间皆物也。人受其中以生，生寓于身，身寓于世，所见所用，无非事也，事一物也。圣人制器利用以安其生，因表理以治其心，器固物也，心一物也。深而言性命，性命一物也。通观天地，天地一物也。推而至于不可知，转以可知者摄之，以费知隐，重玄一实，是物物神神之深几也。"（《物理小识自序》）他还认为事物是可认识的，理寓于事，道寓于器，必须即事求理，即器求道。（见《通雅》卷首之二《藏书删书类略》）他认为认识事物要经过互有前后而密不可分的两个阶段：质测和通几。质测以认识"理"，即事物的具体原理；通几以认识"神"，即更高的哲学理论。如说："寂感之蕴，深究其所自来，是曰通几。物有其故，实考究之，大而元会，小而草木蠡蠕，类其性情，徵其好恶，推其常变，是曰质测。质测即藏通几者也。有竟扫质测而冒举通几以显其宥密之神者，其流遗物，谁是合外内、贯一多而神明者乎？"（《物理小识自序》）这种见解非常高明，反映了实际情况：第一，"神"、"理"皆寓于物，只有通过考察物才能得到"神"、"理"。第二，"通几"以求"神"，"质测"以求"理"，而"质测即藏通几"，"通几"不可逾越"质测"。离开"质测"必定会"遗物"，即离开"合内外、贯一多"而体现"神明"的生动的客观事物。既已脱离客观事物，自然也就求不到寓于其中的"神"、"理"。这样就不仅从世界观上，而且从认识论上，与唯心主义的"心学"划清了界限，并对其作了彻底的批判。当然他的所谓"通几"还难免含有神秘的成分，如说："圣人通神明，类万物，藏之于《易》，呼吸图策，端几至精，历律医占，皆可引触，学者能研极之乎？"（同上）这是时代的局限。

方以智的考据学正是建立在比较坚实的唯物主义世界观和认识论的基础之上的，因此实事求是，态度严谨，方法科学。他反对因袭、臆断，主张开创、考信。《通雅自序》说："匡庸嗜奇，一袭一臆，两皆不免，沿加辩驳，愈成纰缪。学者纷拏，何所适从？今以经史为概，遍览所及，辄为要删，古今聚讼，为徵考而决之。"《通雅凡例》说："此书主于辨当名物，徵引以证其义"，"草木鸟兽之名最难考究，盖各方各代随时变更，……须足迹遍天下，通晓方言，方能核之"，"考究之门虽卑，然非比性命可自悟，常理可守经而已，必博学积久，待徵乃决。"卷首之一《音义杂论》说："汉儒解经，类多臆说。宋儒惟守宰理，至于考索物理、时制、不达其实，半依前人"，"书不必尽信，贵明其理，或以考事，或以辩名当物，或以验声音称谓之时变，则秦汉以来所造所附亦古今之徵也"。他既反对忽视或否定考据，又反对考证不精而穿凿附会，或徒为炫博而不切实际，如《通雅自记》说："上下古今数千年，文字屡变，音亦屡变，学者相沿，不考所称音义，传讹而已。上古眇矣，汉承秦焚，儒以臆决，至郑、许辈起，似为犁然，后世因以为典故。闻道者自立门庭，糟魄文字，不复及此。其能曼词者，又以其一得管见，洸洋自恣，逃之虚空，何便于此？考究根极之士乃错错然元本，不已苦乎？摭实之病，固自不一，属书赡给，但取渔猎，训诂专己，多半傅会。"他对前人的考徵，既不没其功，而又不迷信，能实事求是地加以辩正。在《通雅自记》中他提及欧阳修、沈括、郑樵、王应麟、杨慎、焦竑、胡应麟等宋明考据家，认为对他们的考据成果："因以起疑，因以旁徵，其功岂可没哉？今日之合而辩正也，固诸公之所望也。"

　　用历史发展的观点通考古今，也是方以智考据方法论的一个特点。《通雅》卷首之一《音义杂论》说："古今以智相积，而我生其后，考古所以决今，然不可泥古也。"又《方言说》云："愚历考古今音义，可知乡谈随世变而改矣。不考世变之言，岂能通古今之诂而是正名物乎？"这样就能正确处理古今关系，避免以今类古，做到古今比证，得出恰当的结论。

　　（二）精通文字、音韵、训诂，把小学视为古文献学的基础

　　古文献以古代的语言文字为外在形式，因此小学是古文献学的基础。这样的观念在方以智的思想中是非常明确的。《通雅自序》开宗明义："凾雅故，通古今，此鼓篋之必有事也。不安其艺，不能乐业，不通古今，何以协艺相传？讵曰训诂小学可弁髦乎！理其理，事其事，时其时，开而辩名当物，未有离乎声音文字而可举以正告者也。"这里科学地说明了文字、词语、概念、客观事物的关系：概念是反映客观事物的，词语是表示概念的，文字是记录词语的。所谓"理其理，事其事"，就是了解客观事物的内容；所谓"时其时"，就是确定其年代，历史地加以了解；所谓"辩名当物"，就是循名责实，以求概念与客观事物的统一。而要做到这些，绝不能"离乎声音文字"。所谓"声音"，即指语音，更泛指有声的语言。《通雅》卷首之二《杂学考究类略》说："温公（司马光）曰：'备万物之体用莫过于字，包众字之形声莫过于韵，是理、事、名物之辩当管库也。"意思与上一段话相同。又《曼寓草·字汇辩序》也说："声音文字之小学，盖道寓于器以前用尽神者也。"在声音与文字之间，方以智认为声音先于文字，即语言先于文字，《通雅》卷首之一《音义始论》说：

"音义何始乎？无声有声而义生焉，音心曰意，而用于形声，其事咸宜，其义乃显。"意思是语义是随着有声语言的产生而产生的。所谓"音心曰意"，是说用语音表示的意义就是语意。所谓"用于形声"，是指用有形的文字记录语词（或表意、或表音）。而"音心"在"用于形声"之前。因此他非常重视把书面语与历代实际语言结合考证，《通雅》卷首之二《杂学考究类略》说："愚者遍考经籍，证出历代方言，始知其所以讹、所以通耳。音定填字，伦论不淆，岂人力哉！"这样就能从语言出发，而不为文字形体所拘，避免望文生训之弊。

关于"小学"的概念，传统说法有狭义广义之分，狭义仅指字学，广义则把音韵、训诂也包括在内。方以智正是从广义上使用这一概念的。《通雅》卷首之二《小学大略》说："小学有训诂之学，有字书之学，有音韵之学。从事《苍》、《雅》、《说文》，固当旁采诸家之辩难，则上自金石、钟鼎、石经、碑帖，以至印章款识，皆所当究心者。谨略论其源流以便省览。"因此他对文字、音韵、训诂皆精加钻研，并多有创获。

在文字方面，主要成就有：第一，依据《说文》，而又不局限于《说文》，上溯古文字以辨形体。《说文》以录小篆为主，合以古、籀。而小篆在形体上多有省简，并有讹变，难以完全据其考察汉字形体结构。其所收古文、籀文，数量有限，且亦有讹误。因此考察汉字形体的原始结构和演变，虽然离不开《说文》，但又不可局限于《说文》。鉴于前人所犯的片面性错误，方以智主张把《说文》所录篆文与更古的文字结合起来考察形体。前引《小学大略》之语已说明了这一问题，又如《通雅》卷首之二《杂学考究类略》说："今遵《正韵笺》，详考诸家，上收金石，古今辨难，皆决其下，此小学必不可少者也。"第二，考字不可限于字书，必淹贯经史。《通雅》卷首之一《说文概论》说："《说文》漏略，李巽岩叹之。如直翁、伯厚《考异》所引，多非今本，合溪动引唐本、蜀本、徐本，吴正仪之《说文》，亦不同，正当辑之。而凡夫于《六书故》所引《尚书》之'亮'皆不信，别书所引则似未过目也。大约止翻字书，未淹经史。"《通雅》卷首之二《杂学考究类略》也说字书沿袭，多疏误："《正韵注》取毛晃、孙吾与《韵会》取黄公绍，黄取孟昶《书林》，而子谦补之，《字汇》抄之。大约字书沿集，未淹经史，何怪其舛漏讹谬耶！"字书为死字典，而经史百家等古文献等于活字典，方以智关于"止翻字书，未淹经史"的批评，很有见地，给人们指出了关于考字的正确路子。

至于具体考辨字形，则得失兼有。得者如：《通雅》卷一《疑始》"丁字有尾非字"条："升庵《丹铅总录》：'《庄子》曰：丁字有尾。以证古有隶笔。'外集又云：'世人谓曲波为尾，丁、子二字左行曲波，亦是尾也。'观此则庄子时已有八分书，不始于秦王次仲矣，此已大误。智按《庄子》末篇言惠施历物之意曰：'惠施以此为大观于天下而晓辩者，天下之辩者相与乐之。卵有毛，鸡三足，郢有天下，犬可以为羊，马有卵，丁子有尾，火不热，山出口'，此皆言物理变化本无定形定名，自我言之，无所不可耳。旧注丁子有尾：丁子，蝌斗也。《尔雅》名活师，蝌蟆也。初生正如'丁'有尾，及长则有足无尾。杨复所刻《庄子注》甚确。而卢陵罗勉道著《庄子循本》，乃云：'丁字子字即有尾，与《荀子》之钩有须、卵有毛同。'夫曰'钩有须'，谓钩有倒须也。若钩须为字尾，卵毛何字乎？《庄子》上下文：'犬为羊，马有卵，火不热，山出口'，何字乎？升庵亦云：'李颐注云：丁字曲波。'此注者之谬也。不能辩前注之谬，但欲取快一节之论而引之，不论其通与不矣。以字论，小篆作↑，古作●。丁，父丁卣作●，戊丁爵作┃，汗简作个，则直下即为尾矣，岂必左右波耶？陈晦伯作《正杨》一书，专辩升庵之失，而此一条反云曲波非向右也。以此驳升庵，升庵服否？元美《卮言》亦因王楙以不识'丁'为'个'，或即'十'字，引《庄子》'丁子有尾'，左引非右引。又秦《苻坚载记》：秦州别驾姜平子诗'丁字直而不曲'，则元美亦未细读《庄子》者也。焦弱侯《笔乘》：《庄子》此语论字尾；其作《庄子翼》，且删去旧注，此何见乎？或曰惠施反言，此正语乎？或曰施呼蛙为丁子，谓蛙有尾，指后而见初也；若谓丁子字子字有尾，亦正语矣。"这里据"丁"字篆书及古文字字形，以辩"丁子有尾"指隶书波磔之说为非，甚是。又如卷二《疑始》"得贝为得"条辨"得"字从见之误，亦是。此类很多，不一一列举。此外方以智对释形的随意妄说亦能识别，如《通雅》卷首之一《推论》说："止戈（武）、受辛（辥），皆一时随意之言，如赋《诗》断章取所求耳。"但信"反身为臣"之说则非。方以智释形亦有失者，例如卷二"●当为鼍"条，认为"它"即为"鼍"，此说非是。"它"字甲骨文正象蛇形，为"蛇"之初文。"蛇"与"它"古音亦同。又同卷《疑始》"●（武）以亡为声"条，从郑樵《六书略》"●非从止，乃亡声也"之说，亦非是。"武"实从止戈，但《左传》"止戈为武"的说法则不妥。此类误例尚多，兹不复举。由此可见，方以智虽然强调结合古文字以考形体，但实际做起来也还难免产生错误，其原因有二：一是可据的古文字的资料有限，特别是甲骨文尚未发现；一是仍未完全摆脱旧时误说的束缚。

在音韵方面，方以智通古今之变，《通雅》卷首之一《汉晋变古音沈韵填汉晋音说》是作者关于音韵历史的一篇纲领性文献，其中通过丰富的实例，不仅大致划分了上古音、中古音、近古中原音的发展阶段,而且指明前代韵书或音义之作多是合古今、杂雅俗的混合音,并不反映某时某地的单纯音系。此论很有见地。

方以智在上古音研究方面,善于运用音理(发音部位和发音方法),参考韵书,并综考文献资料与口语方言以探求古音的韵母、声母和声调,在方法上超越前人。《通雅》卷首之一《音韵通别不紊说》云:"旋韵以中和均平之声音为四正,支湾放闭为四隅,伦论森然,其通转之几,于发(初发声)送(送气声)收(忍收声),馀可知矣。'都'、'俞'发声也,喉中满呼合唇为'吾'。(自注:'吾'从五口。○从'东'呼喉音,圈唇为'阿',张口大放为'哇','阿'、'哇'即'吾'也。○思翁切,总母也。)'吾'偏唇为'余'。(自注:《书》曰'其如台',音怡,余之转也。'台'转'治'音,特《淮南子》'栖治'可证。'余'又转'邪',《汉书》:'归邪于终',即'归馀'。'斜'、'舍'皆从余。'余'又转'噫','噫'送气为'兮',见后。)撮唇为'都',抵齿为'诸',泻齿为'遮'。(自注:相如赋'于遮',曲名,即'于诸'也。此声见《公羊》。《上林赋》'诸柘',蔗也。张协《都蔗赋》,即'诸蔗'。)此'模'、'麻'韵之通也。(自注:《瓠子歌》'吾山'即'鱼山'。朱鹭注:'鱼鱼、雅雅、吾吾,读衙衙。''御'、'铬'、'迓'一声,'乌'、'鸦'一声。'周亚夫'印作'恶','恶谷侯'作'亚'。董逌知'铜互訾'即'亚仓'。《谷永传》'盘互'一作'牙',郭璞'牙见'即'互见'。'荼陵'即'茶陵',《藏经》四十二字,'茶'作'佗'、作'择','曼荼罗'即'茶罗'。)'于'转'噫','吾'转'唯',此'鱼'、'支'之通也。(自注:《汉书》'乡姐'音姊,'日斜'即'曘曦'也,相转。《李夫人传》注:'定知以否',即'与否'也。《衡波传》:'孔子雊噫之歌',《甘泉赋》:'辛雊'即'辛夷',刘勰:'嘶嘶雉雉,紫芝于芎',皆此声也。泾人呼'馀'作'围','於戏'、'戏下'可证。)'胡'与'喉'转,'侯'与'维'转,此'尤'、'支'、'模'之通也。(自注:《诗》:'侯栗侯梅',犹言'维'也。《史·乐书》:'过沛三侯之章',即'三兮'也。凡'维'、'兮'皆喉音。《汉书》:'捽胡谣,歌鼓咙','胡'即'喉'。《淮南》'讆夷'与'鸥夷'相转。)'于'转'爰'、'云','圆'转'环'、'丸',此'先'、'鱼'、'寒'、'山'之通也。(自注:'聊乐我员'、'爰居爰处'、'于时庐旅',皆助词。'串夷'即'昆夷','垣'有二读,岭南呼'丸'为圆。)'些'之助词,犹'斯'也。'磨'从麻,'礳'从靡,此'支'、'歌'、'麻'之通也。(自注:'楚些'音梭,去声。张氏曰:'恩斯勤斯'与'些'同。'有兔斯首',笺云:'斯,白也。俗语鲜白。'孔子《临河歌》'斯'与'波'叶。《左雄传》:'职斯禄薄',谓些少也。'呰呰'石经作'娑娑',即'些些'。《班彪〔传〕》:'用靡'。《贾山〔传〕》:'自下礳上''礳'古'磨'字。洪适曰:

'仪、义古音俄。''何'、'奚'音通,'扪'、'摸'音通。)'噫'亦转'傀',此'皆'、
'支'之通也。(自注:'傀'见《礼记》。《汉书》:'郎位星哀乌',即'依乌'。
《扬子》:'王翳牙欬',即偎呀声。)他如'东'、'阳'、'庚'通,'真'、'先'、'寒'、
'山'通,'萧'、'尤'、'侵'、'覃'通。通以唇舌,分伦而填韵,自各别也。"这里
主要考证古韵通转的规律,兼及声母(如撮唇为"都",抵齿为"诸",泻齿为
"遮"),用的是审音与考古相结合的方法。他不仅看到"古通后别",而且认
识到"古通有伦"、"通以唇舌(指发音部位和方法)",因此能区别古今,并通
过音理及例证考察古音的规律。他又反对隔断古今,主张酌今考古以通古
音,《通雅》卷五十《旋韵图说》:"愚以《洪武》(《洪武正韵》)酌准,欲考古可徵
贯也。"他深明古今之变及各时期所当依据之材料,《通雅》卷五十《字韵论》
说:"古音之亡于沈(约)韵,犹古文之亡于秦篆也。然沈韵之功亦犹秦篆之
功也。……古音随自然之气,至有《七音》、《韵鉴》,而叔然之反切始明。东
晋谢安乃属徐广兄弟作音释,因取江左之方言,而沈约增定之,陆法言、陆德
明、孙恒因之,宋《广韵》因之。故自沈韵行而古音亡矣。然使无沈韵画一,
则唐至今皆如汉、晋之以方言读,其纷乱又可胜道哉?音托于字,故转假用
多,同类应声,则叶之为韵。后人不能淹贯经史,旁考曲证,止便习熟,而成
编之易为功也。遂守斯(李斯)篆以论古圣制字之意,遵沈韵以斥中原自然
之声,则使人益痛李与沈之过矣。颜之推即叹小学依小篆是正为不通古今,
何况今日邪?吾故曰音有定而字无定,切等既立,随人填入耳。汉以来有通
用者(自注:金石碑刻多借),有分别者(注疏'词'、'同'及《说文》、《玉篇》所
列),魏、王、吴、朱因渔仲、合溪而随手创造,《长笺》守徐、郭,主汉篆,则泥而
不通,何怪郝京山之一扫而通之乎?然有古可借今不必借者,自卫包改古文
之后,《史》、《汉》尚存旧文,石经时可徵引,惟当明其原委,乃不为辩考者之
所惑耳。音韵之变,与籀楷同。天地推移,而人随之。今日之变沈,即沈之
变上古也。上古之音见于古歌三百(自注:如'家'、'麻'归'鱼'、'模',皆、
'来'归'齐'、'微'、'真'、'先'、'侵'、'覃'之合是也),汉、晋之音见于郑、应、
服、许之论注(自注:传注歌谣同事援引,讹误可证),至宋渐转(温公读'不',
戴氏读'佳'),元周德清始起而畅之,《洪武正韵》依德清而增入声者也。必
如才老取宋人之叶,必如升庵狗汉读之异,亦何贵乎?凡此数者,皆当通知,
然后愚者之所折衷可得而论矣。"可见他是在明音的基础上折衷古今以通其
变的。

关于上古音韵母,方以智认为较中古多有通转,《通雅》举例甚多,除前
引《音韵通别不紊说》外,又如:卷一《疑始》:"无通为无亡勿毋莫末没毛耗篾

微靡不曼督盖一声之转也"条,"徒特独但第同声相转"条,"柄秉柲"条(云:"盖'柄'、'柲'同声,皆'秉'之转也。")。卷二《疑始》:"扪摸一字"条:"扪,莫奔切。又'摸'字,末各切,扪也。《说文》以此为'摹'字,古无'摸'字,即'扪'也,音有二转,故《说文》并收'摹'、'扪',而隶书犹以'摹勒'为'抚勒',因'规模'为'规抚'也。"方以智根据通转将古韵分为七组,《通雅》卷五十《古韵》(自注:或分为九,为十二)说:"中通(自注:'中'与'旁'通,亦与'正'通)、天人(自注:'天'古叶'人','真'、'先'通韵,'青'、'蒸'、'侵'并此)、亨阳(自注:'庚'、'阳'通)、知来(自注:'齐'、'知'、'皆'、'来'通,'知'亦与'多'通)、无多(自注:'麻'、'车'、'歌'、'鱼'互通,'知'亦与'诸'通)、道咎(自注:'萧'、'尤'通,'尤'亦与'疑'通)、寒还(自注:'寒'、'山'、'监'、'咸'通)。"也反映了他对古韵的系统认识,当然离科学的分部仍差很远。

关于声母,方以智已朦胧地认识到古无舌上音、无轻唇音等问题。《通雅》卷一《疑始》"鲖误音纣"条:"……'鲖'从同,自音同,推因古人口齿,'同'、'重'相混。如'种'、'稑'通用,'衡'、'衝'、'钟'、'锺'皆是一声。"这里提出了舌头音舌上音不分的见解。又如《通雅》卷五十《论古音皆和说》云:"详考经、传、《史》、《汉》、注、疏、沈、孙以至藏释,皆属音和,但于粗细不审,而舌齿常借,唇缝常溷耳。"所谓"音和",指音和切,即反切上字的声母与所切之字的声母同类。与其相反的是音隔切,指反切上字的声母与所切之字的声母隔类。所谓"粗细不审",指有无介音i,本属韵母部分,与反切上下字皆有关。所谓"舌齿常借",方以智把"端"、"透"、"定"、"泥"(除"泥"外,属舌头音)与"知"、"彻"、"澄"、"娘"(除"娘"外,属舌上音)归为舌音,把"精"、"清"、"从"、"心"、"邪"(齿头)与"照"、"穿"、"床"、"审"、"禅"(正齿)归为齿音(见《通雅》卷五十《切韵声原》),舌、齿音既可常借,舌上音与舌头音可通借为反切上字则更无论。所谓"唇缝常溷","唇"指重唇音,"缝"指轻唇音。有时直以重唇、轻唇相称,如《通雅》卷六《释诂》"重俯伏之音为匍匐……"条:"'俯伏'轻唇,'匍匐'重唇,故古人之字通转。"这种看法已接近古无轻唇音的事实。总之"音和"及"常借"、"常溷"、"通转"云云,皆反映了古音声母的并合问题。舌上和舌头,轻唇和重唇,是汉语声母发展中的两个重要问题,方以智对这两个问题的认识已接近真理,到清钱大昕才明确地提出古无舌上音、古无轻唇音的科学命题(详后第七章第六节)。

关于声调,他同意《洪武正韵》的体系,认为今音有五声:阴平、阳平、上、去、入,而不同意周德清《中原音韵》关于阴平、阳平、上、去四声的说法。而《中原音韵》实反映近古北方音系,入声已经消失,所谓"入派三声"。《洪武正韵》保存入声,恐出于存古或兼顾南方方音的意图,实已不反映当时单纯的北方音系。至于古音声调,学术界至今尚无统一说法,有的认为有平上去入四声,有的认为无平上去入四声。而方以智认为古音四声通转,如说:"古不似今中原之入声皆寄入三声也,四声通转惟所用耳。"(《通雅》卷首之一《四声通转说》)又说:"古人平仄互通其韵,但粗叶耳,沈约始定平上去入四声。"(《通雅》卷五十《切韵声原》)又说:"外域知七音而不知哞(哞喉,阴平)、喤(喤喉、阳平)、上、去、入,金尼亦言入中土乃知之,即古韵亦平仄互通者也。"(同上)可见他认为古音四声含混,这实已倾向于古无四声说。他的这种见解对了解古音有参考价值。

在训诂方面,方以智最大的成就是因音求义。这是他古音学的成就在训诂上的运用,而且比起前人更有所进步。《通雅》卷首之一《方言说》明确指出:"欲通古义,先通古音。声音之道与天地转,岁差自东而西,地气自南而北,方言之变犹草木移接之变也。历代训诂、谶纬、歌谣、小说即具各时之声称,惟留心者察焉。"因音求义包括通声训(求语源或同源字)和明假借两个方面,方以智的成就主要表现在后一方面,《通雅》卷首之一《六书形声转假说》云:"人所贵者心,而不离五官;始造文字皆意也,而不离五者,当以意为第一。然先形、事者,以就可见起意也。名为五官,用时并用;名为六书,一字并存,如见'日'、'月'之形(自注:即指'日'、'月'之事,即有'日'、'月'之声),而指为'日'、'月'之意即会焉。特以因形立事,附声见意,而意多字少,转借为多。总言之,惟形与声两端,而意在其中;意事与形声为两端,而转借寓焉。形声事意皆有转借,而纵之平仄,横之宫商,填字归韵,伦论必不可紊。"这里值得注意的是:他认为文字的形音义是密不可分的:"如见'日'、'月'之形,即指'日'、'月'之事,即有'日'、'月'之声"。就文字本身来说,"惟形与音两端,而意在其中",即所谓"因形立事,附声见意"。就文字记录词语来说,"意事与形声为两端",而具形有声(实际上通过记录语词而有声)的文字在表示意事(通过概念)时,又多转借。转借以音为枢纽,并且有一定的规律(同音或音近可通),所谓"填字归韵,伦论必不可紊"。

至于因音求义的具体例子,《通雅》中随处可见,兹举几例:

> 卷一《释诂》"榭序豫音相近而转也"条:"屋无室曰榭,亦谓之序。《礼》又作'豫'。台上之星四达亦曰榭。《乡射礼》曰:'豫则钩楹内,堂则由楹外',又曰:'序则物当栋,堂则物当楣',序浅而堂深也。豫,序也,西廊也。'序'又借为'次序',与'叙'同用为'文序'。"(按,榭、序,为同源字,豫借为榭,序借为次序之序和文序之叙)

卷四《释诂》"鑿空犹弄空也鑿行谓生事也鑿隶作邎沜古作凿"条："《前汉书·张骞传》云：'然骞鑿空'，注：颜师古以为'空'读如孔，谓鑿孔以通山路。此则迂谬极矣。后人遂以远征用'鑿空'字，唐诗《胡无人行》曰：'十月繁霜下，征人远鑿空。云摇锦车节，海照角端弓。'升庵以为征人向空中行如鑿空然，不察其沿误而又赏之，且引唐地记'开山洞，置珍州'，鑿空，文言之；开洞，质言之。如此足喷饭者，何晦伯、元瑞遂让此老邪！智按骞鑿空者，史断语也，谓武帝好大，骞善为远大奇瑰之言以动至尊，犹今人所为弄空、走空耳。又按《公羊传》曰：'公鑿行也。'犹更造之意。公本欲会晋伐秦，途过京师，复生事修朝礼，故曰鑿行，此可相证，亦将以鑿孔解之乎？⋯⋯"

这里驳师古、杨慎望文生训而释"凿"字，甚是。

方以智更善于据音以释联绵字，而不为通假多形所迷惑。《通雅·释诂》中专有"诳语"一类，序谓"诳语者，双声相传而语诳谩也。⋯⋯此举成例，列之于左，以便学者之因声知义，知义而得声也。"（《通雅》卷六）可见释联绵字必须因声求义，尤忌拘泥字形，望文生训。"诳语"类中例子甚多，兹举一二：

"彷佛一作仿佛、方佛、放弗、髣髴、俩佛、放慸、通作放物、方物，盖因恍惚而轻唇出之也。恍惚一作洸忽、慌惚、怳惚、荒忽，通作怳刿"条："《广韵》作'放弗'，又作'方弗'。《甘泉赋》：'仿佛其若梦'，《典引》'仿佛'，注：'犹梗概也。'《远游篇》作'髣髴'。《卫恒传》：'盗发魏襄王冢，得髣髴古书。'《汉》：'练时日章相，放慸震澹心'，师古注作'方弗'。'俩'亦古'仿'字，《易林》曰：'俩如旦饥。'杨氏引陆云用'俩佛'，郝氏引《汉·郊祀志》：'民神杂扰，不可放物'，与'放弗'同。按'方物'即'方弗'也。然古读'物'与'弗'近，如'没'作'坳'，'蠠没'转为'密勿'，别条详论，古实相通。毋谓郝公好奇，如旧说'不可方物'为'不可比方其物'，又何尝非臆决乎？旧注'仿佛'为'梗概'，亦未切当。智谓虚呼其声为恍惚，以轻唇出之为仿佛，实一声也。《祭义》'以其慌惚以与神明交'。《史记》：《大人赋》'西望昆仑之轧忽洸忽兮'，《汉书》作'荒忽'。又《孝明八王传》'下邳惠王衍病荒忽'，《老子》'惚兮恍兮'。《庄子》'心神恍惚'。凡夫引《九歌》'怳忽兮远望'。韩退之《和山南郑相公诗》'指画变怳刿'，'刿'或为'刿'字，亦'忽'之轻音也。焦氏《刊误》言'智怳'出《法言》，作'惚恍'非。智按'智'即'忽'字，而不许人用'惚恍'，拘矣。"(按,"仿佛"类与"恍惚"类当为同源关系。)

又"飘摇一作飘飙、漂摇、影摇、飘姚、彫䬊、嫖姚、剽姚、票姚、票鹞"条,因音求义与此相同,兹不详引。例子不胜枚举,由以上几例即可看出方以智对于音学义学的精通,以及在因音求义方法的运用上超越前人。

(三)擅长考据,精审博洽

方以智不仅精于小学,而且擅长天文、地理、名物、典制、史事等方面的考据,其涉猎范围之广,由前引《通雅》篇目可知。方以智的考据不仅建筑在唯物主义理论基础之上,这一点已详本节第一部分,而且具体方法精审,所获成果甚富。

方以智考据的基本方法有两条,首先是文献与实际相结合,《通雅凡例》有几则说得非常明白,如:"辨证以经史为本,旁及诸子百家,志书小说难可尽信,然引以相参,自可证发";"草木鸟兽之名(实概所有名物)最难考究,盖各方各代,随时变更,东壁穷一生之力,已正唐、宋舛误十之五六,而犹有误者,须足迹遍天下,通晓方言,方能核之。"其次是名称词语与实物相印证,《通雅凡例》说:"天地岁时推移,而人随之,声音亦随之,方言可不察乎?古人名物,本系方言,训诂相传,遂为典实。"此外,方以智在取证时,还注意对引据之文献材料加以考辨,《通雅》卷首之一《辨证说》云:"是正古文,必籍它证乃可明也。'博浪'、'葆祠'、'蘙约'、'果隋',皆以《史》《汉》互证;'苏武熅火',有'召信臣之蕉温火'为证;'与语区脱',有《汉书·传》之'瓯脱'为证;《食货志一》'黄金一斤',得晋灼说《巴志》黄龙而证;观于'假贷乞匄(丐)',而'匄贷'以明;……观《公卿表》、《通鉴》之张谭,可知《匡衡传》之甄谭即张;观《古今人表》之尾生高、尾生亩与小颜之尾生注,而《论语》之'微生'为'尾'矣;……智每驳定前人,必不敢以无证妄说。"这里讲用有关材料互证。又如《通雅》卷首之一《刊落折中说》讲文献文字的校勘,包括对异文的考订和讹文的是正。他认为"汉时载籍,类多别本,石经碑刻,文画假借。然后世好古之士,宜博稽广参,取其近理者从之,疑则阙之,异则并存",而反对"直去本文,径加改字"(《通雅》卷首之一《注释正字说》)。又如《通雅》卷首之一《古书参差说》云:"古人称引,略得其概,则以意摛辞。'予乘四载'(《尚书·禹贡》),孔注、《尸子》、《淮南》、《说文》、《史》、《汉》各异;瑚琏之制,《明堂位》与《论语》、《春秋正义》、《左传注》异;葡、畬、新田,《尔雅》与郑氏异;宁戚饭牛歌凡三见;介山龙蛇歌凡五见。智尝怪《新序》、《说苑》皆子政作,而《说苑》载舟之侨歌与介之推歌同,何自决漏如此!《国语》、《左传》皆丘明作,而单襄火觌、里革断罟、鸡丘异年、夗支异名,不特叔酇、咨才一字之讹也（自注：单襄论朝觐道弗，里革谏宣公夏滥泗渊，皆《左传》所无；襄三年会鸡泽，作四年会鸡丘；'鸢鞮'作'妃支'，'叔向'作'叔嚮'，'咨事'作'咨才'），又奚问'扈乐'、'顷熊'、'履緰'、'轩酌'、'欧蛇'、'屈银'、'浩油'、'郜郎'之于《公》、《穀》乎？又奚问'蔿腊艾'之于《列女传》、'焚冒勃苏'之于《战国策》乎？（自注：圉人荦弑子般，《公羊》以为邓扈乐；宣八年'敬嬴'，《公》、《穀》作'顷熊'；隐二'裂繻'，《公》、《穀》作'履緰'；昭元'国弱'，《公》作'国酌'，'罕虎'，《公》作'轩虎'；桓十二'曲池'，《公》作'欧蛇'；昭十一'厥憖'，《公》作'屈银'；定四'皋鼬'，作'浩油'；庄时'禚'，《公》、《穀》作'郜'；'滑'，《公》、《穀》作'郎'。诸如'蔑'作'昧'，'骇'作'侅'，'州'作'祝'，'郕'作'盛'，'颟'作'髡'，'绎'作'蘱'，'鹔'作'鸛'，'辄'作'痤'，'麇'作'圈'，'夒'作'隗'，'首'作'手'，'秀郪'作'犀师'之类，不可胜数。'蔿贾子'、'蔿艾猎'即孙叔敖，《列女传》作'蔿腊艾'；'申包胥'哭秦庭，《国策》作'焚冒勃苏'。）至于诸家经本易字甚多，焚后暗记，口传或误，方汉购之，容无伪邪？子长言楚庄王相孙叔敖有虞丘子荐，《左传》无所谓'虞丘子'也。《赵世家》景公二年司寇屠岸贾杀赵朔，程婴、公孙杵臼匿赵孤十五年，《左传》无此三人与如许年也。自汉以后，班、马异同，吾可得而折中矣。一人之书，文重思烦，刊落不尽，时自抵牾，'毋寡'或为'毋鼓'，'粟客'或谓'票客'，《表》殊年月，温公尝以历知，苟《纪》有差，凌氏考定其失。（自注：《西域传》'与贰师伐大宛'，一作'毋寡'，一作'毋鼓'。《韩信传》'归汉为治粟都尉'，《表》以为'票客'。按《史记》作'典客'，《索隐》以为'粟客'，师古以为票疾而宾客礼之，此解非也。司马公曰：《史记·将相表》'八年七月辛巳审食其为太傅，九月丙戌复为丞相，后九月免。'《汉书·百官表》：'高后七年七月辛巳，左丞相食其为太傅，八年九月丙戌，复为丞相。'以《长历》推之，八年七月无辛巳，九月无丙戌，二表皆误。凌氏按翟方进以永始二年二月为御史大夫，至十一月而贬，凡居官八月耳，故曰八月贬，苟悦《汉纪》因以为秋八月贬也。）即莫烦于姓名、地里，合集诸证，亦有绪也。（自注：同名如汉两王莽、两京房，同时有两王章、两王商之类，甬东俞演详矣。地里之同，如丹阳、东阳、新安、石城、硖石、历山之类。）雾灵曰：'屯田必举充国，而赵罃未尝屯也。'东坡叹二疏见韩、杨之诛，则年次差矣。垣护之裔避钦宗讳改'亘氏'，因曰亘护之，自非史讹。李密《表》'少仕伪朝'，亦后人改也。《史记》以张良为申徒，《潜夫论》以良为信都，即司徒也。《楚汉春秋》谓韩王名信都。"这里所指古书之参差，包括意引所造成的异差、解释异说、记载异辞、传闻异辞、通假异文、讹误之字、避讳改字、同名异实，同实异名等等复杂情况，认为均应在考证之列，可见方以智文献考据之翔实。

至于具体考据成果,通篇皆是,只能略举数例以见一斑:

> 卷十一《天文》"月魄谓之决鼻"条:"《乾凿度》曰:'月八日成光,穴鼻始明。'注:'穴,决也。决鼻,兔也。'纬书为汉人所造,则汉时方语必有以月魄为穴鼻者。"

> 卷十二《天文》"迁方西方也"条:"《前汉志》'少阴者迁方',《白虎通》云:'西者迁方也,万物迁落也。'《郊祀歌》:'象载瑜,白集西,食甘露,饮荣泉。'先俞山即西隃,则知汉时读'西'为'迁',故毛晃收入'先'韵,音迁。余谓当音'先',如'洗'在'荠韵',又在'铣'韵也。《说文》有'㢺'字,迁逝也。可证'西'之'先'音。"

> 卷二七《事制》"酎金律八月饮酎而诸侯助祭贡金也"条:"《后志》注:丁孚《汉仪》曰:'酎金律,文帝所加,以正月旦作酒,八月成,名酎酒,因令诸侯助祭贡金。'汉律《金布令》曰:'皇帝斋宿,亲帅群臣承祠宗庙。群臣宜分奉:诸侯以民口数,率千口奉金四两;奇不满千口,至五百口亦四两,皆会酎。少府食邑九真、交趾、日南者,用犀角二,长九寸以上,若玳瑁甲一;鬱林用象牙一,长三尺以上,若翡翠各二十,准以当金。'《萧望之传》、《高纪》臣瓒注、《晋志》皆引《金布令》。"

由以上诸例,既可看出方以智考据结论之恰当,又可看出所用方法之全面、精审,可以与前面所分析的方以智考证方法的特点相印证。

方以智在考据学上远绍汉、唐,近承宋、元、明,是一位集大成而又有所开创的学者,其在小学方面的成就更为突出。这使他在古文献学史上处在承上启下的重要地位,对清代考据学派产生了深刻影响。

第七章
清及近代

第一节　概述

一、政治概况及其对古文献学的影响

　　清朝是以满族贵族为主,联合汉族地主阶级所建立的一个封建王朝。顺治之初,一切制度,如官制、地理等,悉仍明旧,甚至遵用大明会典。在文化上也采取汉化政策,规定满人首先习读汉书,以示尊儒右文。清朝建立后,虽然阶级矛盾、民族矛盾十分尖锐,但在发展统一的多民族国家和中华民族灿烂文化方面也做出了突出的贡献。康熙、乾隆两朝都曾出现过所谓"盛世",国势的强大,经济的繁盛,给整个文化包括古文献学的发展提供了有利的物质基础。

　　清朝统治者对汉人知识分子采取了钳制与笼络的两手政策,这对整个文化包括古文献学的影响也是巨大的。梁启超在《中国近三百年学术史》中对此有分析和论述,尤其是对清初朝、清中朝的论述,颇有可取之处,兹参考他的观点简述如下:

　　清初期为顺治、康熙两朝,分三个阶段,政策有起有落。第一阶段为顺治元年(1644)至十年,以实行笼络政策为主。此间主要为睿王多尔衮摄政时期。清兵入关后,一面极力招纳汉族降臣,一面开科取士,禁锢思想,网络人才。顺治七年,多尔衮死去,皇帝亲政。第二阶段为顺治十一、十二年至康熙十年(1671),此间以实行高压政策为主。顺治十四年后,连年发生科场案。顺治十六年,郑成功、张煌言会师北伐,入长江,取崇明,直达南京近郊,攻下江南、江北二十九城。顺治十八年,清廷借"江南奏销案"名目,镇压汉人,受牵累者一万三千馀人。康熙帝(玄烨)即位,鳌拜一派执政,承袭顺治

末年的政策,大兴文字狱,加害知识分子中的有志之士。著名的如康熙二年(1663)湖州庄廷鑨的明史案(详见《痛史》、《庄氏史狱》),名士潘柽章(力田)、吴赤泻(炎)等七十多人同时遭难,充军的有几百人。此外孙奇逢(夏峰)于康熙三年被告对簿,顾炎武于康熙七年在济南下狱,黄宗羲也被悬赏捉拿。这一政策反而助长了汉人的反抗。第三阶段为康熙十一年以后,又开始采取以争取为主的政策。如康熙十二年荐举山林隐逸,十七年又举博学鸿词科,在科举方面也扩大了录取名额。康熙十八年开明史馆修史,在笼络著名汉人学者方面颇有成效。康熙帝不仅政治上有远见,而且又好古右文,不仅崇尚中国传统文化,而且重视西方科学技术和文化艺术,对文化的发展起了促进的作用。文化上的认同在缓和民族矛盾上也起到重大作用。

清中期大致包括雍正、乾隆、嘉庆三朝,此期间高压政策又居上风。雍正帝(胤禛)用阴谋手段取代太子胤礽,获得帝位。他立威以自固,屠杀兄弟,杀戮大臣,用恐怖手段进行统治。在思想文化领域也大施淫威,罗织罪名,频兴文字狱,连续发生汪景琪狱、查嗣庭狱、吕留良狱等。乾隆帝(弘历)好附庸风雅,一面标榜提倡文化,借整理《四库全书》笼络文人,一面又禁锢思想,大肆禁毁书籍。在《四库全书》编纂过程中,由他发布禁令,自乾隆三十九年(1774)至四十七年,连续烧书二十四次,直至五十三年还有严谕。

清王朝对知识分子的两手政策收到了效果。龚自珍《咏史》诗说:"避席畏闻文字狱,著书都为稻粱谋",准确地反映了两手政策的同向作用:使知识分子回避思想政治问题,埋头于没有风险的学术研究。这样就为考据学的发展提供了一种适宜的土壤。

晚清指道光以后。道光二十年(1840)爆发了鸦片战争,中国转入半封建半殖民地社会,开始了近代史。1911年辛亥革命又推翻了帝制。但整个近代史,中国的传统文化仍根深蒂固,传统的古文献学也得以继承。

二、清、近代古文献学的特点和分期

清、近代古文献学的发展,除了受政治影响之外,还受它自身学术规律的制约,而且这后一方面的因素是主要的。清、近代古文献学的特点是:各科全面发展,以考据见长,尤以文字、音韵、训诂的成就最高。之所以具有这样的特点,除了前面所讲的政治原因外,又是古文献学自身继承和发展的结果。清代考据学又称汉学,实际上是继承以考据和文字、训诂见长的汉代经古文学的传统。汉学与宋学对立,而所谓"宋学"仅指以宋代理学为代表的义理之学,实际上宋代的考据学也很有成就,并且为元、明所继承而加以发展。清代的考据学不是无源之水,它继承历史上考据学的成果而发展成一个新的高峰。关于清代继承汉代考据学的事实,前人多不否认;而关于清代继承宋以来的考据学的成就,由于汉学、宋学对立的传统观念的影响,则往往被否认。在第五章第一节讲到宋代考据学的影响时,曾引过章学诚《文史通义·朱陆》中的一段话,说明宋、元、明、清考据学一脉相承,此话颇有道理,从本书前两章的论述中可以得到证明。即以清代最有成就的小学而论,如果没有宋代的吴棫、郑樵、郑庠,元代的戴侗,明代的杨慎、陈第、方以智等人的研究基础,也是难以凭空出现的。

清及近代的古文献学以汉学为主,宋学为次;古文经学为主,今文经学为次。参照江藩、龚自珍、皮锡瑞、章炳麟、刘师培及梁启超等人的说法,并根据笔者己见(详参拙文《清代考据学的分期和派别》,载《中国文化研究》2004 年第 1 期),大致可分为四期:

第一,清初期,包括顺治、康熙两朝。以顾炎武、黄宗羲、王夫之三大思想家兼古文献学家为代表。他们具有强烈的民族意识,不与清廷合作,总结明亡的教训,批判(如顾炎武)或修正(如黄宗羲)王守仁的"心学"及其"束书不观,游谈无根"的空疏学风,继承宋、元、明考据学派的传统,开清代考据学之先河。其学术特点是:(1)汉、宋兼采,不存门户之见;(2)博通经、史、诸子、群书、小学、历算、舆地、音律等,对经学中心的情况有所突破;(3)经世致用,思想性强,学者与思想家往往一身兼任。除顾、黄、王外,还有偏重于考据、疑辨的学者,如阎若璩、胡渭、姚际恒等。

第二,清中期,主要包括乾隆、嘉庆两朝,作为过渡,雍正朝亦可划入。此期考据学全盛,形成乾嘉学派。不讲经世致用,沉溺于文献考据。按师承和地区分为三派:

吴派:擅长经、史,表现出博详的特点,宗汉而近于佞汉。主要学者有惠周惕、惠士奇、惠栋、钱大昕、王鸣盛、余萧客、江声、顾广圻、汪中等。

皖派:擅长经、子、小学,表现出专精的特点,不佞汉,宗古求是。主要学者有江永、戴震、金榜、卢文弨、孔广森、凌廷堪、段玉裁、王念孙、王引之等。

从吴派到皖派,实际上有一个时间差,体现了考据学由宗汉、信汉到宗古求是的发展变化。

浙东派:以史学为主。主要学者有万斯同、全祖望、邵廷寀、邵晋涵、章学诚等。

第三,清晚期,包括道光、咸丰、同治诸朝及光绪二十五年甲骨卜辞发现以前时期。今文经学重新兴起,并且经历了由学术到议政的变化。庄存与与戴震同时，著《春秋正辞》，发挥微言大义。其后传刘逢禄、宋翔凤。刘逢禄著《春秋公羊经传何氏释例》及《公羊何氏诂笺》，用考证的方法研究今文经。宋翔凤著《左氏春秋考证》，主汉董仲舒、李育穿凿为说，影响不大。以上今文学还处在经学研究阶段。自刘逢禄下传以后，分为两歧：有人仍限于经学研究，如魏源、邵懿辰、戴望、王闿运、廖平、崔适、皮锡瑞等；有人则借以议政、变法，如龚自珍、康有为、梁启超等。此时期倾向于经古文学的正统考据的绝对优势和地位受到今文学的挑战，但还只是限于量的变化，而不是质的衰落，从总趋势看，考据学还在深入发展。

第四，清末至近代结束，即光绪二十五年甲骨卜辞发现至 1919 年"五四"运动。甲骨卜辞、敦煌遗书等出土古文献新资料的发现，受到学术界的重视，孙诒让、王国维等学者开始与传世文献结合研究，使考据学承前启后，开新造大。

至于宋学，虽不处于主导地位，但贯穿清朝始终。一方面统治者提倡，借以禁锢思想；另一方面学者相传，师承不断，主要有孙奇逢、李颙、陆世仪等，详可参见江藩《国朝宋学渊源记》。大多数汉学家，虽然在学术上与宋学对垒，而在修身行事上仍宗奉理学，如惠士奇手书楹帖云："六经尊服郑，百行法程朱"（见《国朝宋学渊源记》前言），江藩认为惠氏对宋学"不以为非，且以为法，为汉学者背其师承何哉"，颇为不解。其实这种学术与思想的二元情况，在汉学家中是普遍现象，而像戴震那样批判理学的，却属个别。

三、清、近代古文献学在各个方面的成就

关于清代古文献学的成就，以前有不少学者做过归纳、总结。如焦循曾说："今学经者众矣，而著书之派有五：一曰通核（主以全经，贯以百氏，协其文辞，揆以道理），二曰据守（信古最深，谓传注之言，坚确不移，不求于心，固守其说），三曰校雠，四曰摭拾（指辑佚），五曰丛缀（丛考字句名物）。"（《雕菰楼文集》卷八《辨学》）龚自珍在《阮尚书年谱第一叙》一文（见《定盦续集》卷三）中总结阮元的学术成就时，曾归纳为训故之学、校勘之学、目录之学、典章制度之学、史学、金石之学、九数之学、文章之学、性道之学、掌故之学。前五类直接属于古文献学范围，后面几类亦有与古文献学相关者。皮锡瑞在《经学历史》第十章中归纳为辑佚、校勘、小学（包括文字、音韵、训诂）皆属于古文献学的范围。梁启超《清代学术概论》将清代学术分为经学、小学（文字、训诂）、音韵学、典章制度、史学、地理学、金石学、校勘学、辑佚，完全参照龚自珍和皮锡瑞的说法。下面就几个方面分别介绍清及近代古文献学的

成就：

（一）文字、音韵、训诂方面

清、近代在文字、音韵、训诂方面的研究不仅超过前人，而且已达到科学的高度。这是本时期古文献学基础知识成就最为突出的方面，也是使整个古文献学达到空前水平的基本保证。

在文字方面，第一，《说文》的整理研究成绩巨大。作者、著述很多，素有《说文》四大家之称，段玉裁《说文解字注》居首，其余三家：桂馥有《说文义证》，王筠有《说文释例》《说文句读》，朱骏声有《说文通训定声》。文字包括形、音、义，段注能兼顾三方面，而其他三家则各有所偏。文字就狭义而言仅指字形，在字形研究上诸家有一个共同的特点：拘守《说文》篆体、古文、籀文。对许慎六书之定义除朱骏声有所修正外，其他学者亦多遵从。《说文》是我国第一部用六书理论系统地分析字形、解释字义的字典。其所据的小篆又是汉字发展承上启下的一种形体，因此它是研究汉字的重要依据。对研究甲骨文、金文等古文字来说，它是不可缺少的桥梁和钥匙。至于对阅读和整理古籍，《说文》也是必须依靠的工具书。因此重视《说文》完全正确，有关研究成果也非常可贵。但《说文》也有不少严重的缺点和错误（参见第二章第六节），如果盲目迷信，就会蹈袭错误，限制了文字学研究的深入。清代、近代文字学家往往有此弊端，即段玉裁亦不能免（详后专节）。第二，古文字的研究有很大的开拓和成就。古文字材料的辑录和古文字的汇编、考释自宋已经开始，元明至清乾隆以前，虽不断有古文字辑录汇编之作，但在材料上多辗转相因，无甚开拓。清乾隆时据内府所藏及新出土的古铜器编成《西清古鉴》《宁寿鉴古》《西清续鉴》甲编、乙编（后三书未印行），对古文字的研究颇有推动。至阮元作《积古斋钟鼎款识》，不仅所辑材料丰富，而且把金文与经书和小学的研究结合起来，影响很大。也有不少汇集古文字以订补《说文》的书，如严可均的《说文翼》，辑钟鼎文字，依《说文》次序编次，但未刊行。庄述祖的《说文古籀疏证》，想建立新系统来代替《说文》，但依据材料不可靠，又多主观臆断。清末吴大澂搜集钟鼎文字及同治、光绪年间新发现的古玺、封泥、陶器、货币等文字材料，撰成《说文古籀补》，为订补《说文》的具有重要科学价值的著作。此书虽按《说文》编次，但通过大量的金文字形材料证明："有许书所引之古籀不类《周礼》六书者，有古器习见之形体不载于《说文》者"（《说文古籀补序》），因此此书实际上已突破《说文》，开创了古文字研究的新体系。光绪二十四年（1898）至二十五年，有字甲骨的发现，为古文字的研究开辟了新的领域、新的时期。最早著录甲骨的是刘鹗，著有

《铁云藏龟》(又有《铁云藏匋》、《铁云藏印》等),但只能识别一些容易辨认的字。孙诒让是最早对甲骨文进行研究的学者,写出第一部考释性著作《契文举例》(详后专节)。至罗振玉、王国维才使甲骨文、金文的研究产生了一次飞跃。罗氏关于甲骨文、金文等古文字材料的集录著作有《殷虚书契》、《殷虚书契后编》、《殷虚书契菁华》、《殷墟书契续编》、《梦郼艸堂吉金图》、《殷文存》、《贞松堂集古遗文》、《磨室所藏鉨印》、《赫连泉馆古印存》、《齐鲁封泥集存》、《秦金石刻辞》等,甲骨文考释之作有《殷商贞卜文字考》、《殷虚书契考释》等。王氏研究金文著作有《史籀篇疏证》,研究甲骨文著作有《戬寿堂所藏殷虚文字考释》,其他甲骨文、金文的考释文章收在《海宁王静安遗书·观堂古金文考释》及《观堂集林》中。罗、王之所以能在古文字的研究上取得划时代的成就,第一,在于重视甲骨文、金文等古文字资料的搜集和考释。第二,在于充分参考《说文》而又不受其局限。第三,在于与文献资料参证。总之,近代古文字学的成就是值得大书特书的(详可参看唐兰《古文字学导论》、《中国文字学》),学者们既参考《说文》,而又突破了主宰文字学研究近两千年的《说文》体系,为文字学的发展做出了贡献,对古文献学的发展给予直接的帮助。

在音韵方面,服从于古文献整理、研究的需要,继承宋元明古音研究的传统,清、近代的音韵研究以古音学为主,成就很高。主要学者有顾炎武(详后专节)、江永(详后专节)、戴震(详后专节)、段玉裁(详后专节)、孔广森(著有《诗声类》、《诗声分例》)、王念孙(详后专节)、江有诰(著有《音学十书》,今传有《诗经韵读》、《群经韵读》、《楚辞韵读》、《先秦韵读》、《唐韵四声正》、《谐声表》、《入声表》、《等韵丛说》)、章炳麟(详后专节)等。在古音学中以古韵研究为详,成绩有三点:第一,古韵分部逐渐精密,已接近古韵系统的实际。如顾炎武分为十部,江永分为十三部,戴震分为二十五部,段玉裁分为十七部,孔广森分为十八部,王念孙分为二十一部,江有诰分为二十一部(与王氏有两部不同),章炳麟分为二十三部,黄侃分为二十八部,与现在古韵三十部的结论已非常接近。第二,在分部的同时,建立了阴阳入三声相配的系统和对转的理论。顾炎武已提出入声配阴声的原则。江永主张数韵共一入,在《四声切韵表》里反映了入声与阴声、阳声的搭配,对于说明古音的系统,很有参考价值。戴震明确提出非入声韵(阴声、阳声)与入声韵相配的原则,虽然误把"歌"部看成阳声,把"祭"、"泰"、"夬"、"废"四韵看成阴声,但无损于他在反映古音系统上的非凡功绩。孔广森继戴震之后建立了阴阳对转的理论,把古韵分为十八部,其中阳声九部:"元"部(称"原"类)、"耕"部(称"丁"

类)、"真"部(称"辰"类)、"阳"部、"东"部、"冬"部、"侵"部、"蒸"部、"谈"部;阴声九部:"歌"部、"支"部、"脂"部、"鱼"部、"侯"部、"幽"部、"宵"部、"之"部、"葉"部(称"合"类,实为入声)。他认为上述阳声九部与阴声九部依次两两相配(主要元音相同),可以互相转化,即"歌"、"元"对转,"支"、"耕"对转,"脂"、"真"对转,"鱼"、"阳"对转,"侯"、"东"对转,"幽"、"冬"对转,"宵"、"侵"对转,"之"、"蒸"对转,"葉"、"谈"对转(此实入阳对转)。这对于了解古韵音系及因音求义的训诂方法的运用都是非常重要的。第三,研究方法完备,考古、审音二法兼而有之。考古法所用材料也比较齐备,如韵文押韵、谐声偏旁、声训、读若、一字两读、通假字、异文等。因此得出科学结论并非偶然。在韵母研究上的缺陷是有的学者任意通转,多无根据。如滥用"一声之转",就是一例。至于古音声母的研究远不如韵母成就为大。考察声母虽然也有谐声偏旁、声训、读若、异读、通假字、异文等多方面材料可据,但大量的韵文材料却不可凭借,因此研究上受到局限。清及近代在古音声母的研究上只有三个结论:第一,古无轻唇音;第二,古无舌上音;(以上两点见钱大昕《十驾斋养新录》)第三,娘日归泥(见章炳麟《国故论衡·古音娘日二纽归泥说》)。以后才有黄侃的"照"系二等归"精"系说,曾运乾的"喻三"归"匣"说和"喻四"归"定"说。

在训诂方面成就也很高,主要学者有顾炎武、戴震、段玉裁、王念孙、王引之(以上详后专节)、郝懿行(著有《尔雅义疏》)、俞樾(详后专节)、章炳麟(详后专节)。本时期在训诂方面主要成就有三点:第一,因音求义。因音求义包括两方面的内容:一是通声音,明假借,不受字形的束缚而望文生训;一是同音或音近的字往往表示共同的语根,意义可能相同。无论破假借也好,求语根也好,都不是本时期学者的发明,这是传统的方法,有其发展的历史,在前面几章已经介绍过这方面的情况。但是使这一方法臻于精密、完善和成熟,彻底打破重形不重音的观念,却是本时期乾嘉学者的功绩,其中尤以段玉裁、王念孙为代表,具体情况详后专节。第二,通贯群书,随文释训以确定字义。这就是戴震所说的"贯六经","以经考字"的方法(详后专节)。这样就能通过分析实际语言材料以考证字义,而避免因袭旧训(包括字书和旧注)之误。第三,字义辨析更加细致,分出本义、引申义、假借义,但后二者常常混淆。本时期训诂的具体成果除了体现在小学书的专著中外,还体现在经疏、史注、子注等书中。本时期还编成三部字书:《康熙字典》、《经籍籑诂》和《中华大字典》。《康熙字典》为一般字书,是敕撰的集体著作,成书于康熙五十五年(1716)。此书收字多,字义搜罗也广,例证也多,有许多优点,代表着中国字典编纂的新阶段,至今仍有参考价值。但是也存在缺点,王力先生在《中国语言学史》第三章第十五节中曾经指出四点:第一,它博采群书,毫无断制,这是违反字典的编写原则的。第二,它采用吴棫诸人的"叶音"。"叶音"是早被陈第、顾炎武批判了的。第三,引书多有错误。第四,直音往往与反切有矛盾。《经籍籑诂》是阮元主持编纂的,他手订凡例,遴选许多经生分书籑集,由臧镛堂、臧礼堂总纂而成。归字遵《佩文韵府》为主,一字数音则各审其反切归之。每字下籑集旧训,取材于经传、传注、《史记》以训诂字代正文者、汉代今文经及碑碣之假借、古人名与字有训诂关系者,以及一些诸子书(包括注),材料丰富,对于考察旧有成训很有用处。但引文有不少错误,需要核对。1915 年《中华大字典》编成,不仅收字多,义项多,编纂方法也更加进步。

(二)目录、版本方面

清、近代的目录学和版本学不但服从于藏书的需要,而且更服从于治学的需要。目录体制齐全,但"辨章学术,考镜源流"的一类最为突出。版本则重在鉴别和利用,尤贵宋元古本。

清代的私家藏书很发达,目录、版本的研究情况也比较复杂,洪亮吉《北江诗话》卷三说:"藏书有数等:得一书必求其本原,是正缺失,是谓考订家,如钱少詹大昕、戴吉士震诸人是也;次则辨其板片,注其错讹,是谓校雠家,如卢学士文弨、翁阁学方纲诸人是也;次则搜采异本,上则补石室金匮之遗亡,下可备通人学士之浏览,是谓收藏家,如鄞县范氏之天一阁、钱唐吴氏之瓶花斋、昆山徐氏之传是楼是也;次则第求精本,独嗜宋刻,作者之旨纵未尽窥,而刻书之年月最所深悉,是谓赏鉴家,如吴门黄主事丕烈、邬镇鲍处士廷博诸人是也;又次则于旧家中落者,贱售其所藏,富室嗜书者,要求其善价,眼别真赝,心知古今,闽本蜀本,一不得欺,宋椠元椠,见而即识,是谓掠贩家,如吴门之钱景开、陶五柳,湖州之施汉英诸书估是也。"这里所分的五家颇具代表性。其中又可分为两类:前两家与治学、治书相联系,学术目的较强;后三家与藏书、鉴赏、贩书相联系,实用目的较强。但对目录学、版本学的发展都做出了贡献。

传统将目录体制分为史志、官目、私目三类,本时期三类目录齐全,而以私目最盛。

史志目录主要是补前代史书艺文志,具体著作详本节第四部分中史部书整理情况。

官目有《四库全书总目》(又称《四库全书总目提要》)。此书为清乾隆三十七年(1772)至四十七年修纂《四库全书》期间,所写采入诸书及存目诸书内容提要的汇编。诸书提要以论述"各书大旨及著作源流"为主,同时"列作者之爵里","考本书之得失",辨订"文字增删,篇帙分合"等等。诸书前面的提要在编入《总目》时,又经过较大的修改和补充,由总纂官纪昀总其成。《四库全书总目》按经、史、子、集四类编次,每一大类又分若干小类,其中一些比较复杂的小类再细分子目。每一大类的前面有总序,每一小类的前面有小序,子目的后面有案语,序及案语简述著作源流及分类理由。《总目》于乾隆五十四年(1789)写定,同年由武英殿版刻。《总目》是传统目录的集大成之作,成就有三点:第一,著录书籍多。其中收入《四库全书》中的有三千四百六十一种,存目中的有六千七百九十三种,基本上包括了乾隆以前重要的古籍,元以前的书籍著录更为完备。第二,兼采传统目录分类编次之长,编排系统合理。第三,提要撰者多为专家学者,如戴震、邵晋涵、周永年、姚鼐等,所撰提要质量高,体现了当时的学术水平,对前人之失多有订正。当然《总目》也还有错误、疏漏,后人订补之书以余嘉锡《四库提要辨证》为代表。在《总目》之后,另编有《四库简目》,无存目,无序录,删繁就简,便于检阅。邵懿辰又作《四库简目标注》,于每书之后标注版本。后邵章又作《续录》,续注阙漏之版本。

本时期私目最盛,这反映了文化、学术的普遍繁荣。私目又分多种:

私藏目录如钱谦益《绛云楼书目》、《绛云楼书目补遗》,钱曾《述古堂藏书目》、《也是园书目》,姚际恒《好古堂书目》,朱彝尊《竹垞行笈书目》,季振宜《延令宋版书目》(一名《季沧苇藏书目》),徐乾学《传是楼宋元板书目》、《传是楼书目》,徐秉义《培林堂书目》,陆漻《佳趣堂书目》,曹寅《楝亭书目》,张宗松《清绮斋藏书目录》,金檀《文瑞楼藏书目录》,王闻远《孝慈堂书目》,吴焯《绣公亭薰习录经部》,金农《所见古书述》,孙从添《上善堂宋元板精抄旧抄目》,彭元瑞《知圣道斋书目》,赵魏《竹崦盦传抄书目》,范懋柱辑《天一阁书目》附《碑目》,薛福成《天一阁见存书目》,孙星衍《孙氏祠堂书目》,倪模辑《江上云林阁藏书目》,曹金籀《石屋书目》,汪宪辑《振绮堂书目》,丁日昌《持静斋书目》,黄彭年《万卷楼藏书总目》,国英《共读楼书目》,刘人熙《楚宝目录》,黄澄量《五桂楼书目》,秦恩复《石研斋书目》,黄丕烈《求古居宋本书》,陈揆《稽瑞楼书目》,汪士钟《艺芸书舍宋元本书目》,陈树杓《带经堂书目》,杨绍和《楹书隅录》及《续编》、《海源阁藏书目》,丁丙《宝书阁著录》,瞿世英《清吟阁书目》,施再盛《世德堂书目》,瞿镛《铁琴铜剑楼宋元本书目》,朱学勤《结一庐书目》,蒋汝藻《传书堂善本书目》,莫友芝《郘亭知见传本书目》、吴引孙《测海楼藏书目录》，邓邦述《群碧楼书目初编》、《群碧楼善本书录》、《寒瘦山房鬻存善本书目》，叶德辉《观古堂藏书目》，赵诒琛《赵氏图书馆藏书目录》、《补遗》、《新抄书目》、《善本书目》，佚名《滂喜斋宋元本书目》，傅增湘《双鉴楼善本书目》等。

私撰书志目录，分提要和题识两类。提要如钱曾《读书敏求记》、周广业《四部寓眼录补遗》，周中孚《郑堂读书记》，沈豫《群书提要》，瞿镛《铁琴铜剑楼藏书目录》，耿文光《万卷精华楼藏书记》，朱绪曾《开有益斋读书志》及《续志》，陆心源《皕宋楼藏书志》，丁丙《善本书室藏书志》，周学熙《周氏师古堂书目提要》，王国维《庚辛之间读书记》(以上为综合)，朱彝尊《经义考》(原名《经义存亡考》)，翁方纲《经义考补正》、《通志堂经解目录》，沈豫《皇清经解提要》，吴翌凤《古欢堂经籍举要》，孙葆田《汉人经解辑存序目》，谢启昆《小学考》(以上经部、小学)，章学诚《史籍考》(未刊，史部)，黄以周《子叙》(子部)，王昶《郑氏书目》，郑珍《郑学书目》等。题识如:《钦定天禄琳琅书目》(乾隆四十年敕撰)，王士祯《渔洋书籍尾跋》，刘青莲《藕船题跋》，彭元瑞《知圣道斋读书跋尾》附《金石跋尾》，汪璐《藏书题识》，陈鳣《经籍跋文》，孙星衍《平津馆鉴藏记书籍》、《补遗》、《续编》、《廉石居藏书记》，张金吾《爱日精庐藏书志》，黄丕烈《百宋一廛书录》、《百宋一廛赋注》(顾广圻撰赋)、《士礼居藏书题跋记》、《士礼居藏书题跋记续》、《士礼居藏书题跋再续记》(《续》及《再续记》为缪荃孙辑)、《荛圃藏书题识续录》、《再续录》(此二书为王大隆辑)，陈经《墨庄书跋》，顾广圻《思适斋书跋》及《补遗》(王大隆辑)，瞿中溶《古泉山馆题跋》，劳经原等《劳氏碎金》，吴寿旸《拜经楼藏书题跋记》，李嘉绩《五万卷阁书目记》，杨守敬《日本访书志》，王振声《文村书跋》，莫友芝《持静斋藏书纪要》、《宋元旧本书经眼录》，佚名《自怡悦斋藏书目》，周星诒《傅忠堂书目》，陆心源《仪顾堂题跋》及《续跋》，王颂蔚《古书经眼录》，李希圣《雁影斋读书记》，曹元忠《笺经室所见宋元题跋》，罗振玉《大云书库藏书题识》等。

其他特种目录有:

版刻目录，如郑德懋辑《汲古阁校刻书目》及《补遗》，罗振玉《宋元释藏刊本考》、《雪堂校刊群书叙录》，王国维《五代两宋监本考》、《两浙古刊本考》，陶湘《明代内府经厂本书目》、《明吴兴闵板书目》、《清代殿板书目》、《武英殿聚珍板书目》、《武英殿袖珍板书目》、《清代殿板书始末记》。叶德辉《书林清话》专记刻书掌故。

丛书目录，如顾修《汇刻书目初编》，松泽老泉《汇刻书目外集》，佚名续编《汇刻书目正续合编》，吴式芬补编（？）《汇刻书目》，陈光照补编《汇刻书目初编》，北京琉璃厂书坊《增补汇刻书目》，傅云龙续编、胡俊章补遗《续汇刻书目》，朱记荣《行素草堂目睹录》，朱学勤增补、王懿荣重编《汇刻书目》，罗振玉续编《续汇刻书目》《续汇刻书目闰集》，杨守敬原编、李之鼎补编《丛书举要》，李之鼎《增订丛书举要》，周毓邠续编《汇刻书目二编》，王謇续编《续丛书举要》，沈乾一《丛书书目汇编》，刘声木《续补汇刻书目》《再续补汇刻书目》《三续补汇刻书目》，金步瀛《丛书子目索引》等。

禁书目录，如乾隆敕撰《四库馆奏准销毁抽毁书目》《全毁书目》《抽毁书目》《禁书总目》《奏缴咨禁书目》《违碍书目》等。

举要目录，如龙启瑞《经籍举要》，张之洞《书目答问》等。

同时还出现目录学理论著作，如章学诚《校雠通义》等。

总之本时期目录、版本学的成就，是本时期古文献学发展的一个标志。

（三）校勘方面

本时期的校勘学集前代之大成，并有长足的进步，成为古代校勘学发展的高峰。这与考据学的兴起以及文字、音韵、训诂、目录、版本等方面学术的深入发展是分不开的。

清代学者的校勘成果，一方面体现在大量精校的专书之中，一方面体现在诸书题识及读书札记之中。清代学者一般都能综合运用对校、本校、他校、理校诸法，善于把小学和目录版本研究的成果用于校勘。但是由于各自学术特点的不同，在校勘上又表现出不同的侧重点。究其流别，大致可分为两派：一派强调对校，多列异同；一派强调理校，善定是非。强调对校的一派，以卢文弨、顾广圻等为代表。他们虽然都有小学根柢，但尤以目录、版本学识为长。卢文弨提出"相形而不相掩"的校勘原则，顾广圻奉行"不校校之"的校勘宗旨，都主张加强版本研究，区别优劣，但校勘时只注异同而不改本文。具体情况详后专节。强调理校的一派，以戴震、段玉裁、王念孙、王引之、俞樾等为代表。他们都有深厚的小学根柢，博览群书，谙熟诸书体例及致误的规律，善于以理校定是非，当然也不排斥对校、本校、他校。他们不仅满足于得出具体结论，而且善于从中总结规律性的东西，归纳出条例。具体情况详后专节。

（四）辨伪方面

本时期的辨伪学，承袭前代的传统，随着考据学的深入发展，有了很大的提高。辨伪书与辨伪说，群书辨伪与单书辨伪，皆有发展。但也有出自门户之见的武断之说，如康有为全盘怀疑古文经书就是一例。

清初三大思想家和考据学的奠基者顾炎武、黄宗羲、王夫之皆十分重视辨伪。他们辨及宋人伪造的《易》图、伪《古文尚书》、《诗序》及《春秋》的义例笔法，表现出去伪存真、严谨求实的科学态度。详后专节。在顾炎武、黄宗羲的传授下，并受前代辨伪学家的影响，阎若璩和胡渭成为清初著名的辨伪学者。阎若璩著有《尚书古文疏证》，使《古文尚书》及孔安国传的作伪终成定论。胡渭著有《易图明辨》，为考辨宋儒《易》学伪说、伪图的集成之作。阎、胡二人详后专节。此外朱彝尊的《经义考》，于群经有辨伪的内容。万斯大的《周官辨非》，专辨《周礼》。万斯同的《群经疑辨》不专辨伪，但亦有辨伪的内容，如辨及《诗序》，而对伪《古文尚书》却深信不疑。姚际恒是清初考辨群书的辨伪学者，思想最为解放。他著有《九经通论》，大部分不传，从传世部分中可知诸《通论》亦重辨伪。至于他的《古今伪书考》则是专门的考辨群书的辨伪著作。详后专节。

清中期，乾嘉学派兴起。正统考据学者埋头钻研文字、音韵、训诂、校勘，一般对辨伪不大留意。惠栋算是例外，他著有《古文尚书考》，继阎若璩之后，在伪《古文尚书》辨伪方面又有进展。但惠氏和阎氏一样，皆认为伪《古文尚书》及伪《孔传》为梅赜所造。后有丁晏，著有《尚书馀论》，其中《〈古文尚书〉西晋已立博士非东晋梅氏伪作》一节，对阎、惠此说提出疑义。在《王肃私造古文以难郑君并〈论语〉孔注皆肃一手伪书》一节中明确考定为王肃伪造。关于《孔子家语》的辨伪，有范家相的《家语伪证》，孙志祖的《家语疏证》。当时有一个关于先秦古史的考辨学者崔述，不为正统考据学派所重。他著有《考信录》十二种及《考信翼录》五种，开辟了考史实以辨史料的新路，颇有创获，详后专节。

晚清及近代的辨伪主要围绕着经今古文的问题展开。在今文家中，首先怀疑古文经书的是刘逢禄。他治《公羊春秋》，疑《左传》是伪书，著有《左氏春秋考证》。其实《左传》只是作者可疑，书本身基本上还是可靠的。继后有魏源，著《诗古微》，怀疑《毛诗》，尤攻《诗序》；著《书古微》，不仅疑伪《古文尚书》，连东汉马融、郑玄所注之《古文尚书》亦视为伪作。其说得失相兼，而得大于失，详后专节。其后又有康有为，写成《新学伪经考》，全面辨古文经书之伪。虽不无可取之处，但基本观点属主观臆断，详后专节。之后章炳麟、王国维皆主古文，反对今文家对古文经书的怀疑和否定。最后终于在古文经的真伪问题上得出了客观、公允的结论。

（五）辑佚方面

辑佚是从现存的有关古书中钩稽、缀辑佚亡古书文字材料的辑考工作，包括辑整部佚书，或辑一部书的部分散佚材料。辑佚本出于古文献编纂、补遗、资料长编、注释、校勘、辨伪等方面的需要，是从属的环节，这种情况几乎贯穿古文献学史始终，例如东汉马融在辨伪《泰誓》时，就利用过见引于《春秋》、《国语》、《孟子》、《荀子》、《礼记》中的《泰誓》佚文（见《尚书·泰誓序》疏引马融《书序》）。又如清代惠栋作《后汉书补注》时，先辑《后汉纪》等佚书作为依据。大约从宋代开始，已形成独立的辑佚之学。郑樵《通志·校雠略》关于古书有"名亡实不亡"之论，对辑佚有理论上的指导意义。章学诚《校雠通义·补郑篇》对宋以来辑佚经验作了总结（详后专节）。

清及近代的辑佚成为本时期文献考据的一个重要方面，无论稽考和缀合都更加精密，所辑书籍范围也更加扩展，已比较全面。

清代的辑佚，最初出于汉学家治经的需要。惠栋不喜王、韩《易注》，搜研汉人《易》说，从唐李鼎祚《周易集解》中辑孟喜、京房、干宝、郑玄、荀爽、虞翻诸家旧注，成《易汉学》八卷。后又扩充为《九经古义》十六卷，所谓"古"即指汉，是相对于魏晋以后而言的。惠栋弟子余萧客辑有《古经解钩沉》三十卷。余氏再传弟子黄奭有《汉学堂丛书》，所辑以"经解"、"通纬"之书为主，亦有"子史钩沉"。后王鉴修补印本改名《黄氏逸书考》，把黄奭所辑郑玄著作《通德堂经解》补收在内。

另外与对《永乐大典》的重视和利用有关。《永乐大典》是明成祖命解缙、胡广、胡俨、杨士奇等负责编纂的一部规模宏大的类书。其凡例是依照《洪武正韵》的韵目，"用韵以统字，用字以系事"，将大量古书中的有关资料整段、整篇，甚至整部地录入。据不完全统计，当时录入的图书包括经、史、子、集、释藏、道经、戏剧、平话、工技、农艺、医学、志乘等七八千种，其中所收之书绝大部分后已不传。因此《永乐大典》就成为蕴藏极富的辑佚渊薮。《永乐大典》本贮内府，康熙间，因编官书，移置翰林院供参考。雍正间开三礼书局，李绂和全祖望在翰林院得以阅读《永乐大典》，发现其中秘籍甚多，于是订出凡例，相约抄辑。当时范氏天一阁、马氏（曰琯）小玲珑山馆亦托全氏代抄。但力单势薄，所抄无几。乾隆三十七年（1772），朱筠奏开四库馆校书，所陈条目中有云："中秘书籍当标举其现有者以补其馀也。……臣在翰林，常缥阅前明《永乐大典》，其书编次少伦，或分割诸书，以从其类。然古书之全而世不恒观者，辄具在焉。臣请敕择取其中古书完者若干部，分别缮写，各自为书，以备著录。书亡复存，艺林幸甚。"（《笥河文集》卷一）乾隆三十八年二月，诏派军机大臣为总裁官，分派各馆修书翰林等官，往翰林院取所藏《永乐大典》，详加检阅，并将《图书集成》互为校核，择其未经采录而实在流传已少，尚可裒缀成编、足资启牖后学、广益多闻者，经皇帝裁定，缮写成书。当年还设立了《四库全书》馆校勘《永乐大典》散篇办事处，先后参加者共三十九人，其中著名的学者有戴震、邵晋涵、周永年等。到乾隆四十六年（1781）共辑出佚书 385 种，其中经部 66 种，史部 41 种，子部 103 种，集部 175 种。其中有不少亡佚已久的珍贵秘籍。其后嘉庆间编《全唐文》，道光时重修《一统志》，都曾辑过《永乐大典》的材料。翰林院中的一些学者也做过不少辑佚工作，如徐松曾辑出多达 500 卷的《宋会要辑稿》，此外还有《宋中兴礼书》、《续中兴礼书》。光绪间，文廷式、缪荃孙等也做过辑佚。先后所辑之书，量多面广，详可参看张忱石《永乐大典史话》附录一：《〈永乐大典〉中辑出的佚书书目》（此目包括清及近代以后所辑）。乾隆时的辑佚家还有厉鹗，辑有《宋诗纪事》、《辽史拾遗》，可惜未利用《永乐大典》。

嘉庆以后，辑佚更加发展，产生不少规模可观的辑佚丛书，如洪颐煊《经典集林》，王绍兰《萧山王氏十万卷楼辑佚七种》，王谟《汉魏遗书钞》、《汉堂地理钞》，张澍《二酉堂丛书》，茆泮林《十种古逸书》，赵在翰《七纬》，马国翰《玉函山房辑佚书》（一说初为章宗源所辑，稿本为马国翰所得并进行补辑），包括补遗计经编 432 种（包括纬书类 40 种，小学类 41 种），史编 8 种，子编 152 种，王仁俊《玉函山房辑佚书续编》、《玉函山房辑佚书补编》、《经籍佚文》，袁钧《郑氏佚书》，孔广林《通德堂遗书所见录》，佚名《郑学汇函》，任大椿《小学钩沉》等。辑佚单书之作更多，如陈寿祺《尚书大传》、《尚书大传定本》、《洪范五行传》、《鲁诗遗说考》、《齐诗遗说考》、《韩诗遗说考》，陈乔枞《今文尚书经说考》、《欧阳夏侯遗说考》等。

清代的辑佚，搜罗比较彻底，以致后人再未辑编大规模的书籍。

（六）考古资料的发现、整理和利用

晚清以前，在考古上没有重大发现，学者们普遍重视金石材料的搜集、整理，并与小学及文史的研究相结合，传统的金石学又出现一个高峰。清代考据学的祖师顾炎武就非常重视金石学，著有《求古录》、《金石文字记》、《石经考》，并自觉利用金石文字以校正古籍，详后专节。其后作者蜂起，著作甚富。除本节第一部分就古文字所举的作者、著作外，重要的如叶奕苞《金石录补》，朱彝尊《金石文字跋尾》，钱大昕《潜研堂金石文字目录》、《潜研堂金石文跋尾》，阮元《积古斋钟鼎彝器款识》、《积古斋藏器目》，王昶《金石萃编》，孙星衍、邢澍《寰宇访碑录》，冯云鹏、冯云鹓《金石索》，朱琰《陶说》，李佐贤《古泉汇》、《续泉汇》（后书与鲍康合撰），鲍康《观古阁泉说》，吴式芬《攈古录金文》，吴式芬、陈介祺《封泥考略》，陈介祺《传古别录》、《十钟山房印举》,吴大澂《愙斋集古录》、《权衡度量实验考》、《恒轩所见所藏吉金录》、《古玉图》等（又撰《说文古籀补》,前已提及),方濬益《缀遗斋彝器款识考释》等。

清末在古文献资料方面有两次重大的考古发现:甲骨卜辞和敦煌卷子,对古文献学乃至文史的研究都产生了巨大影响。

关于甲骨文的发现和研究,前面第一点已经提及。敦煌卷子的发现比甲骨卜辞仅晚一年。光绪二十六年(1900),敦煌莫高窟道士扫除积沙,于复壁破处见藏经室,藏书甚多,为六朝以来写本卷子(多残缺)。其中以唐、五代写本为多,并有雕本。英人斯坦因、法人伯希和等先后前往将精品掠走。敦煌写本卷子,以佛经为多。其次是道经,包括《老子道德经》和道教经典。再次是儒家经典,多为古本、古注。其中的《尚书》、《诗经》、《论语》为最多,其次为《春秋左氏传》,《礼》类最少。《诗经》为毛传、郑笺,三家诗不见。《尚书》为卫包未改以前的隶古定本,注为孔传。《春秋》三传只有《左氏》、《穀梁》二家,《左氏》为杜预注,《穀梁》为范宁注。《周易》为王弼注,《礼记》为郑玄注,《论语》为何晏注。亦有音义之作,如《周易音义》、《周易释文》、《尚书王肃注音义》、徐邈《毛诗音》、《礼记音义》等。另外还有语言文字文献,包括韵书、俗字书、古外国语言材料等;文学文献,包括词曲、俗讲(押座文、变文、《维摩经》故事)、诗文等;史地及社会史料文献。已经影印的有罗振玉汇编的《敦煌石室遗书》、《鸣沙石室古佚书》、《鸣沙石室古籍丛残》等。

此外,光绪三十四年(1908),斯坦因在我国新疆、甘肃掠得汉、晋木简九百九十一片(以汉为主),此外还有少数纸片、帛书,法人沙畹为作《考释》。其后罗振玉、王国维又作《流沙坠简》,1914年出版。关于这批材料出土的地方,王国维《流沙坠简序》说:"古简所出,厥地凡三:一为敦煌迤北之长城;二为罗布淖尔北之古城;其三则和阗东北之尼雅城及马咱托拉拔拉滑史德三地也。"罗、王此书据法人沙畹书中的照片,选录简牍、纸片、帛书等共五百八十八枚,分为:(1)小学术数方技书,包括《苍颉篇》、《急就篇》、历谱、医方等。(2)屯戍丛残,数量最多,为全书主要部分,关涉汉代屯戍、烽燧制度,考释颇详。(3)简牍遗文。《补遗》选录斯坦因在尼雅所掘晋初木简。《附录》为日人橘瑞超在罗布淖尔所掘简牍及纸片。

总之,晚清是我国考古文献资料具有重大发现的时期,也是研究整理颇有成果的时期。更可贵的是学者们能自觉地把考古发现的成果运用于传世古文献的整理、研究,使古文献学出现了一个崭新的面貌。

四、本时期经、史、子、集各类古文献的整理概况和主要成果

清及近代古文献学的成就超过历史上任何一个时代，是我国古代古文献学的一个总结和高峰，取得的成果也是惊人的，前面在讲各方面的成就时已举过一些例子，这里再分经、史、子、集举要加以介绍。

（一）经部书

本时期经部书整理之作甚富，仅据阮元主编的《皇清经解》（又称《学海堂经解》）、王先谦《续皇清经解》所收，就有 157 家，书 389 种。未收者仍很多。

关于《周易》，主要有三类著作：一是辨宋人易图之伪，如黄宗羲《易学象数论》，黄宗炎《图书辨惑》，毛奇龄《河图洛书原舛》，胡渭《易图明辨》等；二是辑述汉、魏人旧注旧说，如惠士奇《易说》，惠栋《周易述》、《易汉学》、《易例》、《周易本义辨证》，孙堂《汉魏二十一家易注》，孙星衍《孙氏周易集解》（续李鼎祚《周易集解》之作），张惠言《周易虞氏义》、《虞氏消息》、《虞氏易礼》、《周易郑氏义》、《周易荀氏九家易》、《易义别录》等；三是新注疏之作，如焦循《易章句》、《易通释》、《易图略》、《周易补疏》等，对汉《易》有所突破，用《周易》经传互证。又如李道平《周易集解纂疏》。

关于《尚书》，主要有四类著作：一是有关辨伪，如黄宗羲《授〈书〉随笔》，阎若璩《尚书古文疏证》，毛奇龄《古文尚书冤词》（驳阎书，以为《古文尚书》不伪），惠栋《古文尚书考》（反驳毛书），丁晏《尚书馀论》（辨《古文尚书》为王肃伪作），程廷祚《晚书订疑》，段玉裁《古文尚书撰异》等；二是就二十八篇可靠之作辑纂汉古文家注然后作疏解，如王鸣盛《尚书后案》，江声《尚书集注音疏》，孙星衍《尚书今古文注疏》等；三是辑考今文经说之作，如魏源《书古微》，陈乔枞《今文尚书经说考》、《欧阳夏侯遗说考》，陈寿祺《尚书大传辑校》，皮锡瑞《尚书大传疏证》、《今文尚书考证》等；四是专篇或专题注释之作，如盛百二《尚书释天》，蒋廷锡《尚书地理今释》，朱鹤龄《禹贡长笺》，胡渭《禹贡锥指》及《图》，丁晏《禹贡锥指刊误》，焦循《禹贡郑注释》，龚自珍《太誓答问》，徐文靖《禹贡会笺》等。此外简朝亮有《尚书集注述疏》，汉宋之说兼采，旁及伪孔传，自注自疏。

关于《诗经》，有四类著作：一是宗《诗序》、释毛郑之作，如朱鹤龄《毛诗通义》，陈启源《毛诗稽古编》，胡承珙《毛诗后笺》，马瑞辰《毛诗传笺通释》，陈奂《诗毛氏传疏》（此书专释《毛传》，较褊狭），焦循《毛诗补疏》等；二是破《诗序》、讨论诗旨之作，如姚际恒《诗经通论》，崔述《读风偶识》，方玉润《诗

经原始》等；三是有关今文经之作，如魏源《诗古微》，冯登府《三家诗异文疏证》、《三家诗异义遗说》，陈寿祺《三家诗遗说考》，陈乔枞《四家诗异文考》、《齐诗翼氏学疏证》，王先谦《诗三家义集疏》等；四是各类专题之作，如王夫之《诗经稗疏》，毛奇龄《续诗传鸟名》，徐鼎《毛诗名物图说》，俞樾《诗名物证古》，焦循《陆玑疏考证》、《毛诗地理考释》，洪亮吉《毛诗天文考》，李超孙《诗经氏族考》，林伯桐《毛诗识小》，顾炎武《诗本音》，苗夔《毛诗韵订》，钱坫《诗音表》，夏炘《诗经廿二部古音表集说》，孔广森《诗声类》，段玉裁《诗经小学》等。

关于《周礼》，集成之作有孙诒让《周礼正义》，孙氏又有《周礼三家佚注》。此外如惠埴《礼说》，江永《周礼疑义举要》，段玉裁《周礼汉读考》，宋世荦《周礼故书疏证》，庄绶甲《周官礼郑氏注笺》，丁晏《周礼释注》，沈彤《周官禄田考》，王鸣盛《周礼军赋说》，戴震《考工记图注》，程瑶田《考工创物小记》、《磬折古义》、《沟洫疆理小记》，阮元《车制图考》，郑珍《考工轮舆私笺》，庄存与《周官记》、《周官说》，王聘珍《周礼学》等。

关于《仪礼》，集成之作有胡培翚《仪礼正义》。此外如张尔岐《仪礼郑注句读》，张惠言《仪礼图》，江永《仪礼释例》、《释宫增注》，凌廷堪《礼经释例》，段玉裁《仪礼汉读考》，邵懿辰《礼经通论》，胡承珙《仪礼古今文疏义》，卢文弨《仪礼注疏详校》，阮元《仪礼石经校勘记》，胡匡衷《仪礼释宫》，洪颐煊《礼经宫室答问》，任大椿《弁服释例》，程瑶田《丧服文足徵记》，吴嘉宾《丧服会通》，沈彤《仪礼小疏》，丁晏《仪礼释注》，郑珍《仪礼私笺》，徐乾学《读礼通考》等。

关于《礼记》，未有集成之作的新疏。主要著作如杭世骏《续卫氏礼记集说》，朱彬《礼记训纂》，万斯大《礼记偶笺》，江永《礼记训义择言》，焦循《礼记补疏》，孙希旦《礼记集解》，丁晏《礼记释注》，陈乔枞《礼记郑读考》，俞樾《礼记郑读考》，江永《深衣考误》，任大椿《深衣释例》，胡培翚《燕寝考》，惠栋《明堂大道录》、《禘说》，孔广森《大戴礼记补注》，王聘珍《大戴礼记解诂》，洪震煊《夏小正疏义》附《释音异字》，阮元《曾子注释》，洪颐煊《孔子三朝记》等。

关于通礼，如金榜《礼笺》，孔广森《礼学卮言》，武亿《三礼义证》，凌曙《礼说》，陈乔枞《礼说》，毛奇龄《郊社禘祫问》、《大小宗通绎》，程瑶田《宗法小记》，江永《礼书纲目》，秦蕙田《五礼通考》，黄以周《礼书通故》等。

关于《春秋左传》，有一部集大成而未完稿（缺昭、定、哀三公）的著作，即刘文淇、刘毓崧《左传旧注疏证》，这是一部《左传》新疏，不以杜预注为基础，"先取贾（逵）、服（虔）、郑（玄）之注疏通证明，凡杜氏所排击者纠正之，所剩袭者表明之,其沿袭韦氏《国语注》者,亦一一疏记。"(刘寿曾《伯山先考行略》)同时广罗汉人旧注旧说,并列举清人研究的成果,下以己意,定其从违。然亦有偏颇,正如朱一新《无邪堂答问》卷三说:"贾、服与元凯互有得失,……近儒多申贾、服而抑杜,此一时风气使然,非持平之论。"其他如洪亮吉《春秋左传诂》、顾炎武《左传杜解补正》、惠栋《左传补注》、马宗梿《左传补注》、姚鼐《左传补注》、梁履绳《左通补释》、焦循《左传补疏》。关于《春秋》和《左传》综合研究之作,有顾栋高《春秋大事表》、陈厚燿《补春秋长历》、《春秋世族谱》、姚文田《春秋经传朔闰表》、施彦士《春秋经传朔闰表发复》、徐善《春秋地名考略》、江永《春秋地名考实》、高士奇《春秋地名考略》、《春秋姓名同异考》、王引之《春秋名字解诂》、程廷祚《春秋识小》、《春秋职官考略》、《春秋地名辨异》、《左传人名辨异》、汪中《春秋列国官名异同考》等。

关于《春秋公羊传》,如凌曙《春秋繁露注》、《公羊礼说》,孔广森《春秋公羊通义》,庄存与《春秋正辞》,刘逢禄《公羊何氏释例》、《公羊何氏解诂笺》,马宗梿《公羊补注》,姚鼐《公羊补注》,陈玄《公羊义疏》等。

关于《春秋榖梁传》,如钟文烝《榖梁补注》,许桂林《榖梁释例》,侯康《榖梁礼证》,姚鼐《榖梁补注》,柳兴恩《榖梁大义述》,廖平《榖梁古义疏》等。

关于《论语》,集大成之作有刘宝楠《论语正义》。其他如毛奇龄《论语稽求篇》,程廷祚《鲁论说》,江声《论语竢质》,刘台拱《论语骈枝》,钱坫《论语后录》,焦循《论语补疏》,宋翔凤《论语说义》,江永《乡党图考》,黄式三《论语后案》等。另简朝亮《论语集注述疏》,为疏朱熹注之作。

关于《孟子》,集大成之作有焦循《孟子正义》。其他如宋翔凤《孟子赵注补正》、《孟子四考》等。

关于四书,如阎若璩《四书释地》并《一续》、《二续》、《三续》,宋翔凤《四书释地辨证》,毛奇龄《四书賸言》,翟灏《四书考异》,周炳中《四书典故辨正》等。

关于《孝经》,如阮福《孝经义疏补》,丁晏《孝经述注》等。

关于群经的校释札记,如臧琳《经义杂记》,王引之《经义述闻》,俞樾《群经平议》等。

（二）史部书

本时期对史部书的整理主要从校勘、注释、订误、补遗、改编等几个方面着手,兹分几类举要介绍:

第一类,校释、考证。其中丛考者,如钱大昕《廿二史考异》附《三史拾遗》、《诸史拾遗》,王鸣盛《十七史商榷》,赵翼《廿二史劄记》(重评论),杭世骏《诸史然疑》，洪亮吉《四史发伏》，洪颐煊《诸史考异》，李贻德《十七史考异》等。此外武英殿版二十四史所附考证亦属此类。单史整理之作以前四史为多，如钱坫《史记补注》，梁玉绳《史记志疑》，王念孙《读史记杂志》，张文虎《史记札记》，崔适《史记探源》，吴翌凤《汉书考证》，惠栋《后汉书补注》，钱大昭《汉书辨疑》、《后汉书辨疑》、《三国志辨疑》，王念孙《读汉书后汉书杂志》，陈景云《两汉订误》，李慈铭《汉书札记》、《后汉书札记》附《三国志札记》、《宋书札记》、《梁书札记》、《魏书札记》、《隋书札记》，周寿昌《汉书注校补》、《后汉书注补正》、《三国志注证遗》、《五代史纂误补续》，沈钦韩《汉书疏证》、《后汉书疏证》、《三国志注补训故》、《三国志注释地理》，王先谦《汉书补注》、《后汉书集解》、《续志集解》，杨树达《汉书补注补正》，杭世骏《三国志补注》、《北齐书疏证》，赵一清《三国志注补》，潘眉《三国志考证》，梁章钜《三国志旁证》，侯康《三国志补注》，吴兰庭《五代史记纂误补》，邵晋涵《旧五代史笺注》、《旧五代史考异》，彭元瑞《五代史补注》，洪亮吉《宋书音义》，刘寿曾《南史校议》，赵绍祖《新旧唐书互证》，陆心源《宋史翼》，厉鹗《辽史拾遗》，杨复吉《辽史拾遗补》，施国祁《金史详校》及《史论》，汪辉祖《元史本证》，李文田《元秘史注》等。此外古史整理之作有潘振《周书解义》，陈逢衡《逸周书补注》，朱右曾《周书集训校释》、《汲冢纪年存真》，丁宗洛《逸周书管笺》、《疏证》、《提要》、《集说》、《摭订》，孙诒让《周书斠补》，刘师培《周书补正》，黄模《国语补韦》，董增龄《国语正义》，徐元诰《国语集解》，程恩泽《国策地名考》，金正炜《战国策补释》，吴增祺《战国策补注》，毕沅《山海经新校正》，郝懿行《山海经笺疏》，陈逢衡《山海经汇说》，吴承志《山海经地理今释》，张宗泰《竹书纪年校补》，陈逢衡《竹书纪年集证》，雷学淇《亦嚣嚣斋考订竹书纪年》、《竹书纪年义证》，郝懿行《竹书纪年校正》，檀萃《穆天子传注疏》，陈逢衡《穆天子传注补正》，郝懿行《穆天子传补注》，秦嘉谟《世本辑补》，雷学淇《校辑世本》，王国维《古本竹书纪年辑校》、《今本竹书纪年疏证》等。《资治通鉴注》整理之作有陈景云《通鉴胡注举正》，钱大昕《通鉴注辨正》，赵绍祖《通鉴注商》。《水经注》整理之作有戴震校《水经注》，赵一清《水经注释》，张匡学《水经注释地》，汪士铎《水经注图》等。表志传单篇整理之作亦很多，其中以《地理志》为最多，次则《经籍志》、《艺文志》、《天文志》、《律历志》略见，《食货志》、《乐志》、《舆服志》等则无。主要如：孙星衍《史记天官书考证》（未刻），汪越《读史记十表》，梁玉绳《古今人表考》，王元启《汉书历律志正讹》，汪迈孙《汉书地理志校本》，全祖望《汉书地理志稽疑》，钱坫《新斠注汉书地理志》，徐松《新斠注汉书地理志集释》、《汉书西域传补注》，吴卓信《汉书地理志补注》，王绍兰《汉书地理志校注》，杨守敬《汉书地理志补校》、《隋书地理志考证》，陈澧《汉书地理志水道图说》，吴承志《汉书地理志水道图说补正》，洪颐煊《汉志水道疏证》，李光廷《汉西域图考》，李赓芸《汉书艺文志考误》（未刻），王仁俊《汉书艺文志校补》，孙德谦《汉书艺文志举例》，朱右曾《后汉郡国志补校》，李葂求《后汉儒林传补》，陈运溶《后汉大秦国传补注》，毕沅《晋书地理志新补正》，方恺《晋书地理志校补》，张穆《延昌地形志》（为补正《魏书·地形志》而作，仅成十三卷），陈毅《魏书官氏志疏证》，罗振玉《魏书宗氏传注》，章宗源《隋书经籍志考证》，张鹏一《隋书经籍志补》，董沛《唐书方镇表考证》，张宗泰《新唐书天文志疏证》，沈炳震《校正唐书方镇表宰相世系表》、《唐书宰相世系表订讹》，王先谦《唐书魏郑公传注》，沈惟贤《唐书西域传注》等。

第二类，补作表、志。本时期补历代史书表志之作甚多，有的同一表志有几人之作，这些著作多收在《二十五史补编》中。如杭世骏《补历代艺文志》（未刊），刘文淇《楚汉诸侯疆域志》，钱大昭《后汉书补表》、《补续汉书艺文志》，侯康《补后汉书艺文志》、《补三国艺文志》，顾櫰三《补后汉书艺文志》、《补五代艺文志》，姚振宗《补后汉艺文志》，曾朴《补后汉艺文志》，洪饴孙《三国职官表》，吴曾仅《三国郡县表》，洪亮吉《三国疆域志》、《东晋疆域志》、《十六国疆域志》，钱仪吉《补晋兵志》，吴士鉴《补晋书经籍志》，文廷式《补晋书艺文志》，黄逢元《补晋书艺文志》，秦荣光《补晋书艺文志》，赵在翰《晋书补表》，郝懿行《补宋书刑法志》、《补宋书食货志》，王仁俊《补宋书艺文志》，罗振玉《补宋书宗室世系表》，洪齮孙《补梁疆域志》，褚德仪《补梁书艺文志》，徐文范《东晋南北朝舆地表》，周嘉猷《南北史表》、《五代纪年表》，汪士铎《南北史补志》，宋祖骏《补五代艺文志》，倪璠《补辽金元三史艺文志》，钱大昕《元史氏族表》、《补元史艺文志》等。

第三类，旧史改编。如马骕《左传事纬》，高士奇《左传纪事本末》，李清《南北史合注》，沈震炳《新旧唐书合钞》，吴任臣《十国春秋》（合新旧《五代史》），李有棠《辽史纪事本末》、《金史纪事本末》，邵远平《元史类编》，谷应泰《明史纪事本末》，倪在田《继明史纪事本末》等。

第四类，历史地理、年代、职官等工具书的编纂。如顾祖禹《读史方舆纪要》，万斯同《历代史表》、《纪元汇考》，王之枢《历代纪事年表》，洪饴孙《史表》，齐召南《历代帝王年表》，陆费墀《历代帝王庙谥年讳谱》，段承基《历代统纪表》、《疆域表》、《沿革表》，沈炳震《廿一史四谱》（《纪元谱》、《封爵谱》、《宰执谱》、《谥法谱》），钱大昕《疑年录》（以后吴修、钱椒、陆心源、张鸣珂、闵尔昌陆续增补），钱东垣《列代建元表》、《建元类聚考》，钟渊映《历代建元考》，陈景云《纪元要略》，章学诚《纪元经纬考》，梁玉绳《元号略》，叶维庚《纪元通考》，姚文田《历代世系纪年编》、《建元重号》、李兆洛《历代纪元编》、《历代地理志韵编今释》、《历代地理沿革图》，乾隆敕撰《历代职官表》等。

（三）子部书

本时期关于子部书的整理，多集中于先秦诸子及两汉子书，校勘、注释、辨伪、辑佚之作均有，辨伪、辑佚前已提及（辑佚之作在辑佚丛书中），校、释之作主要有：孔广森补注《曾子十二篇读本》（原卢辩注），阮元《曾子注释》，顾宗伊《曾子古本辑注》，雷柱《曾子点注》；孙星衍《晏子春秋音义》，黄以周《晏子春秋校勘记》，卢文弨《晏子春秋校正》，刘师培《晏子春秋斠补》、《晏子春秋补释》，张纯一《晏子春秋校注》；顾宗伊《子思子遗编辑注》；卢文弨《荀子校勘》，刘台拱《荀子补注》，郝懿行《荀子补注》，顾宗伊《荀子新书辑注》，刘师培《荀子斠补》、《荀子补释》，王先谦《荀子集解》；王一清《道德经释辞》，张尔岐《老子说略》，毕沅《老子道德经考异》，徐大椿《道德经注》，董德宁《老子道德经本义》，魏源《老子本义》，倪元坦《老子参注》，罗振玉《道德经考异》及《补遗》，刘师培《老子斠补》，马其昶《老子故》，马叙伦《老子覈诂》，胡怀琛《老子补注》，奚侗《老子集解》，丁福保《老子道德经笺注》，李翘《老子古注》，李大防《老子姚本集注》；王夫之《庄子解》、《庄子通》，宣颖《南华经解》，郭庆藩《庄子集释》，马其昶《庄子故》，王先谦《庄子集解》，奚侗《庄子补注》，刘师培《庄子斠补》，胡怀琛《庄子集解补正》；卢文弨《列子张湛注校正》，胡怀琛《列子张湛注补正》；洪颐煊《管子义证》，宋翔凤《管子识误》，戴望《管子校正》，刘师培《管子斠补》，尹桐阳《管子新释》，庞树典《管子补注疏义》；孙星衍、孙冯翼《商子》，严可均校《商君书》；卢文弨《韩非子校正》，王先谦《韩非子集解》，刘师培《韩非子斠补》；马叙伦《邓析子校录》及《补遗》；汪继培校《尹文子》，钱熙祚《尹文子校勘记》、《尹文子逸文》；辛从益《公孙龙子》；毕沅《墨子校注》，苏时学《墨子刊误》，孙诒让《墨子间诂》；秦恩复《鬼谷子校》、《鬼谷子篇目考》；毕沅辑校《吕氏春秋高诱注》，梁玉绳《吕子校补》，陈昌齐《吕氏春秋正误》，茆泮林《吕氏春秋补校》，李宝洤《吕氏春秋高注补正》，杨昭俊《吕氏春秋补注》；卢文弨校《新书》，刘师培《贾子新书斠补》；张敦仁《盐铁论考证》，卢文弨《盐铁论校补》，王先谦《盐铁论校勘小识》；卢文弨《新序校补》、《说苑校补》；刘师培《扬子法言斠补》、《法言补释》；卢文弨《新论校正》、《申鉴校正》；陈鳣《中论札记》及《逸文》等。此外校释诸子书的丛札有陶鸿庆《读诸子札记》，俞樾《诸子平议》、《诸子平议补录》等。

（四）集部书

集部书分《楚辞》、别集、总集三类，本时期的整理成果亦富。

《楚辞》类主要有：王夫之《楚辞通释》，蒋骥《山带阁注楚辞》、《楚辞馀论》、《楚辞说韵》，戴震《屈原赋注》、《通释》，顾天成《离骚解》、《楚辞九歌解》、《读骚别论》，屈复《楚辞新注》，王邦运《楚辞释》等。

别集类主要有两类著作：一类是校注，一类是辑集。如张澍《诸葛忠武侯文集》，丁晏《曹集诠评》，朱绪曾《曹集考异》，古直《曹子建诗笺》，黄节《曹子建诗注》附《曹孟德诗注》，方濬师集校《傅鹑觚集》，陶澍注《靖节集》、《诸本评陶汇集》，古直《陶靖节诗笺》，钱振伦《鲍参军诗注》（黄节集说），卢文弨《鲍照集校补》，黄节《谢康乐诗》，蒋师爚《阮嗣宗咏怀诗注》，黄节《阮步兵诗注》，蒋清翊《王子安集注》，顾广圻校《骆丞集》，陈熙晋注《骆临海集笺注》，王琦《李太白集注》，钱谦益《杜工部集笺注》，仇兆鳌《杜诗详注》，杨伦《杜诗镜铨》，赵怀玉校《毘陵集》，张佩芳《陆宣公翰苑集注》，顾嗣立《昌黎诗笺注》，黄钺《昌黎诗增注证讹》，方世举《编年昌黎诗注》，陈景云《韩集点勘》、《柳集点勘》，姚文燮《昌谷集注》，顾广圻校《李元宾文编》、《外编》、《补》，孙之騄《玉川子诗注》、《樊绍述集注》，王琦集解《李长吉歌诗》，汪立名编校《白香山诗集》，冯集梧《樊川文集注》、《外集》、《别集》，冯浩《樊南文集详注》、《玉谿生诗详注》，徐树谷、徐炯《樊南文集详注》，钱振伦、钱振常《樊南文集补编》，顾予咸、顾嗣立《温飞卿集笺注》，许培荣《丁卯集笺注》，张瓒辑刻《罗诏谏集》，黄丕烈校钞《骑省集》，柳渥川校刻《河东集》，查慎行《东坡编年诗补注》，冯应榴《苏文忠公诗合注》，王文诰《苏文忠公诗编注集成总案》，翁方纲《苏诗补注》，赵怀玉校刻《斜川集》，沈钦韩《王荆公文集笺注》、《王荆公诗集补注》，翁方纲校刻《山谷内集注》（宋任渊注）、《外集注》（宋史容注）、《别集注》、《外集补》，叶德辉校刻《石林居士建康集》，施国祁《元遗山诗集笺注》，王邦采《吴渊颖诗笺》，金檀《青邱诗集注》等。

总集以编纂为主，兼有旧集校注之作。《文选》类如：胡克家《文选考异》，汪师韩《文选理学权舆》，孙志祖《文选理学权舆补》、《文选李注补正》、《文选考异》，余萧客《文选音义》，朱珔《文选集释》，梁章钜《文选旁证》，薛传均《文选古字通疏证》，吕锦文《文选古字通补训》，朱铭《文选拾遗》，胡绍煐《文选笺证》，杜宗玉《文选通假字会》，高步瀛《文选李注义疏》等。文总集如：孙星衍《续古文苑》，许梿《六朝文絜》，陈均辑《唐骈体文钞》，陆心源《唐文拾遗》，庄仲方《南宋文苑》、《金文雅》，嘉庆敕编《全唐文》，彭元瑞《宋四六选》，王仁俊《西夏文缀》、《外编》、《辽文萃》，缪荃孙《辽文存》，张金吾《金文最》、鲁超《古文合钞》、麦在田《古文端》、姚鼐《古文辞类纂》、黄宗羲《明文海》、吴翌凤《国朝文徵》、贺长龄《皇朝经世文编》、盛康《皇朝经世文续编》、朱琦《国朝古文汇钞初集》、乾隆敕编《皇清文颖》、《御选唐宋文醇》、姚椿《国朝文录》、王昶《湖海文传》、康熙敕编《历代赋汇》、吴光昭《赋汇录要笺略》、李光洛《骈体文钞》、张惠言《七十家赋钞》、曾燠《国朝骈体正宗》等。诗总集如：吴兆宜《玉台新咏笺注》、纪容舒《玉台新咏考异》、殷元勋、宋邦绥《才调集补注》、陈本礼《汉诗统笺》、曲滢生《汉代乐府笺注》、王先谦《汉铙歌释文笺正》、杜文澜《古谣谚》、闻人倓《古诗笺》、康熙敕编《全唐诗》、《全金诗》、《四朝诗》（宋、金、元、明）、李调元编《全五代诗》、乾隆《御制唐宋诗醇》、徐焯《全唐诗录》、厉鹗《宋诗纪事》（总集兼诗文评）、陆心源《宋诗纪事补遗》、吴之振《宋诗钞》、曹廷栋《宋百家诗存》（补吴书之遗）、沈嘉辙《南宋杂事诗》、顾嗣立《元诗选》、《元诗癸集》、朱彝尊《明诗综》、《十家宫词》、王士禛《古诗选》、《唐贤三昧集笺注》、《十种唐诗选》、《唐人万首绝句选》、周之麟《宋四家诗钞》、沈德潜《古诗源》、《唐诗别裁集》、《明诗别裁集》、《国朝诗别裁集》、姚培谦《宋诗别裁集》、《元诗别裁集》、吴翌凤《国朝诗》、符葆森《国朝正雅集》、张应昌《国朝诗铎》、徐世昌《晚晴簃诗汇》、陈衍《近代诗钞》（以上诗总集）等。地方诗文总集也很多，不一一列举。词总集如：康熙敕编《历代诗馀》、朱彝尊《词综》、陶梁《词综补遗》、王昶《明词综》、《国朝词综》、毛晋《宋六十家词》、冯煦《宋六十一家词选》、朱祖谋校刻《唐五代宋金元词总集》4种、《唐词别集》1种、《宋词别集》112种、《金词别集》5种、《元词别集》50种、《彊邨丛书》、王国维《唐五代二十一家词辑》等。

综观本时期的古文献学，集前代之大成，在整个学术领域占据重要的地位。其特点是以古代语言文字学的成就为核心和骨干，目录、版本、校勘、辨伪、辑佚、编纂、考证等全面开花，硕果累累。它既是我国古代古文献学的一个高水平的总结，也是现代古文献学发展的一个坚实的基点。这一时期的宝贵的古文献学遗产，尤其值得我们很好地总结和借鉴。

第二节　顾炎武

顾炎武是明末清初的进步思想家，在学术上也是开一代风气的巨擘。在古文献学方面，他倡导实朴的"古学"，批判风靡明代的空疏"心学"，发扬古文献学史上考据学的传统，成为清代考据学派的祖师。

顾炎武（1613—1682），字宁人，原名绛，自称亭林山人，昆山（今江苏昆山县)人。他自少为"帖括"之学二十馀年,一直未中式。深感举业株守一经,不谙世事,空疏浅薄,于是毅然弃之。明末曾参加抗清斗争。明亡时,他三十二岁,誓死抗拒,不仕清朝。他一方面博览群书,意在考古以通今,一方面到处游历,留心世事,增长见识。五十馀岁时,曾置田屋居山东章丘长白山下,又曾与友聚资垦荒于山西雁门之北。晚年笃志经史,定居陕西华阴,曾说:"秦人慕经学,重处士,持清议,实与他省不同。……然华阴绾縠关河之口,虽足不出户,而能见天下之人,闻天下之事。一旦有警,入山守险,不十里之遥;若志在四方,一出关门,亦有建瓴之便。"(《亭林文集》卷四《与三侄书》)可见他没有埋头于故纸堆中,始终怀有"经世致用"的政治抱负。顾炎武的思想,虽然没有超出封建正统的范畴,但他对明代以王阳明为代表的唯心主义"心学"作了有力的抨击。这不仅具有进步的思想意义,而且为他笃实的古文献学奠定了带有唯物主义倾向的哲学基础。他在古文献学上的成就主要有以下几点:

(一)考古求真,力求恢复古文献的原貌原义

古文献学的一个重要宗旨就是去伪存真,即通过研究整理,解决古文献在流传过程中发生的阙漏、讹误、伪造、篡改等问题,以恢复其原貌原义。顾炎武在这方面是有巨大贡献的。他针对当世的时弊,倡导恢复"古学"。他认为明代束书不观的"心学"和空疏浅薄的"帖括"之学,与"古学"是根本对立的。他说:"新兴之学,人皆土苴六经,因而不读传注。"(《日知录》卷十八"科场禁约")又说:"科举之学者,大率皆帖括熟烂之言,不能通知大义者也。"(《日知录》卷一"朱子周易本义")他鄙弃当时盛行的八股文和全袭元人注而成的科举读本《五经大全》(元人注又系简括宋人注而成),认为"自八股行而古学弃,《大全》出而经说亡"。(《日知录》卷十八"书传会选")在经学上,他主张弃明宗宋,进而由宋而至汉,由汉而至孔子之学。如:"今之学者,生于草野之中,当礼坏乐崩之后,于古人之遗文,一切不为之讨究,而曰:礼,吾知敬而已;丧,吾知哀而已。以空学而议朝章,以清谈而干王政,是尚不足以窥汉儒之里,而何以升孔子之堂哉!"(《日知录》卷六"檀弓")又如:"士而不先言耻,则为无本之人;非好古而多闻,则为空虚之学。以无本之人而讲空虚之学,吾见其日从事于圣人而去之弥远也。"(《亭林文集》卷三《与友人论学书》)在这里他提出了"复古"的主张,究其实质,就是清除后人的穿凿歪曲,恢复古文献的原貌原义。在《日知录》卷十八"科场禁约"条中,他曾引据万历十三年冯琦上疏的话,反对后世儒者用援佛道入儒等穿凿附会手段歪曲经义,而主张保持经籍文献的本来面目。

为求真,顾炎武十分重视怀疑和辨伪。于《易》,他破汉宋的象数之学,认为"荀爽、虞翻之徒,穿凿附会,象外生象";"希夷(陈抟)、康节(邵雍)之书,道家之《易》也";"卦爻外无别象","圣人之所以学《易》者,不过庸言庸行之间,而不在乎图书象数也,今之穿凿图象以为能者,畔也"。(见《日知录》卷一)于《书》,他怀疑伪古文《尚书》,怀疑《书序》,并疑"古时有《尧典》,无《舜典》,有《夏书》,无《虞书》,而《尧典》亦《夏书》"。(见《日知录》卷二)于《诗》,继朱熹进一步破美刺说,认为"孔子删诗所以存列国之风也,有善有不善,兼而存之,犹古之大师陈诗以观民风。……世非二帝,时非上古,固不能使四方之风有贞而无淫,有治而无乱也。……后之拘儒不达此旨,乃谓淫奔之作不当录于圣人之经,是何异唐太子宏谓商臣弑君不当载于《春秋》之策乎?(自注:《旧唐书·高宗诸子传》)"他也怀疑《诗序》,认为"诗之世次必不可信"。(见《日知录》卷三)于《春秋》,不信微言大义,反对穿凿所谓义例、笔法,认为孔子"述而不作",因鲁史之阙文,整理而成《春秋》。"左氏之书,成之者非一人,录之者非一世","采列国之史而作者也"。"《公》、《穀》二传,相传受之子夏,其宏纲大指,得圣人之深意者凡数十条,然而齐鲁之间,人自为师,穷乡多异,曲学多辩,其穿凿以误后人者亦不少矣"。(见《日知录》卷四)凡此皆能继前人之说而有所发明,并且言之有据,近于史实。他提倡怀疑,重视辨伪,但又反对空无根据,"师心妄作",主张"信古而阙疑"。(见《日知录》卷二"丰熙伪尚书")

妄改是古文献致讹的重要原因之一,特别是学风空疏的明代,妄断臆改之风盛行,成为古书之大蠹。为追求古文献的原貌,顾炎武对此痛加针砭,他说:"万历间人多好改窜古书,人心之邪,风气之变,自此而始。且如骆宾王为徐敬业讨武氏檄,本出《旧唐书》,其曰'伪临朝武氏'者,敬业起兵在光宅元年九月,武氏但临朝而未革命也。近刻古文改作'伪周武氏',不察檄中所云'包藏祸心,睥睨神器',乃是未篡之时,故有是言(自注:越六年,天授元年九月,始改国号曰周)。其时废中宗为庐陵王而立相王为皇帝,故曰'君之爱子,幽之于别宫'也。不知其人,不论其世,而辄改其文,缪种流传,至今未已。又近日盛行《诗归》一书,尤为妄诞。魏文帝《短歌行》:'长吟永叹,思我圣考。'圣考,谓其父武帝也,改为'圣老',评之曰:'圣老字奇!'……此皆不考古而肆臆之说,岂非'小人而无忌惮'者哉!"(《日知录》卷十八"改书")在上文同卷"勘书"一条中主张:"凡勘书必用能读书之人","遵守本文,不敢辄改",反对"据臆改之",使"文益晦,义益舛"。

至于对古文献中的人物、史实、名物、典制、天文、地理等方面的精核考证,以及对旧注错误的订正,在《日知录》中例子甚多,此不赘举。

（二）古音学的研究成就

古音学与古文献的校释,关系极为密切。顾炎武的古音研究成就显著,是上承宋代吴棫、郑庠,明代陈第,下启清代江永、戴震、钱大昕、段玉裁等人的一个划时代的学者。著有《音学五书》,包括《音论》、《诗本音》、《易音》、《唐韵正》、《古音表》,另有《〈韵补〉正》,附在《古音表》之后。

《音论》是于明崇祯十六年(1643)自定成书的音学总论,分三卷,共十五篇:上卷三篇,包括《古曰音今曰韵》、《韵书之始》、《唐宋韵谱异同》;中卷六篇,包括《古人韵缓不烦改字》、《古诗无叶音》、《四声之始》、《古人四声一贯》、《入为闰声》、《近代入声之误》;下卷六篇,包括《六书转注之解》、《先儒两声各义之说不尽然》、《反切之始》、《南北朝反语》、《反切之名》、《读若某》。持论有据,不乏创见,特别是中卷内容价值较大。但亦有不精确处,如古人四声一贯说以及关于入声的论述等。

《诗本音》十卷,本陈第《毛诗古音考》诗无叶韵说,并参其考证方法,就《诗经》入韵字互相参证,并用他书作旁证,注明古音原读,所以称为"本音"。体例是:录《诗经》原文,于韵字下注音,与唐韵合者,注曰唐韵某部(以《广韵》韵目为据),与唐韵异者,注曰古音某。审音比陈第更加精密,但尚疏于后来的江永等人。

《易音》三卷,就《周易》的入韵字以求古音。注法体例与《诗本音》相同。

《唐韵正》二十卷,以古音正唐韵,凡例说:"凡韵中之字,今音与古音同者,即不注;其不同者,乃韵谱相传之误,则注云古音某,并引经传之文以证之。"他以古音为准的,把唐韵与古音相异之处完全视为误传,不承认是语音历史变化的结果,未免有泥古之嫌。但在比较古今异同以考证古音方面是有贡献的。《唐韵正》是顾炎武总结古今音变规律带纲领性的一部书,关于它的地位,《答李子德书》说得很明确:"不揣寡昧,僭为《唐韵正》一书,而于《诗》、《易》二经各为之音,曰《诗本音》、曰《易音》,以其经也,故列于《唐韵正》之前。而学者读之,则必先《唐韵正》,而次及《诗》、《易》二书,明乎其所以变,而后三百五篇与卦爻象象之文可读也。"(《亭林文集》卷四)

《古音表》二卷,综古音为十部,将《广韵》韵部归纳其中。所分十部为:东、支、鱼、真、萧、歌、阳、耕、蒸、侵。每部以平声为部首,上去入三声随之,其移入之字与割并之部亦附见其中。比郑庠《古音辨》所分六部更进一步,但仍嫌疏略。其后江永作《古韵标准》,多所补正,更厘古音为十三部。

《〈韵补〉正》一卷,纠正吴棫《韵补》之误。此书对吴氏书中关于古音叶

（音义同协）读及古今转声通用的错误，分别加注补正。但仍受其本身研究水平的局限。

顾炎武在《音学五书序》中说："……故三百五篇古人之音书也。魏晋以下，去古日远，词赋日繁，而后名之曰韵。至宋周颙、梁沈约，而四声之谱作。然自秦汉之文，其音已渐戾于古，至东京益甚，而休文（沈约）作谱（《四声谱》），乃不能上据《雅》、《南》，旁摭《骚》、《子》，以成不刊之典，而仅按班张以下诸人之赋、曹刘以下诸人之诗所用之音，撰为定本。于是今音行而古音亡，为音学之一变。下及唐代，以诗赋取士，其韵一以陆法言《切韵》为准，虽有独用、同用之注，而其分部未尝改也。至宋景祐之际，微有更易。理宗末年，平水刘渊始并二百六韵为一百七；元黄公绍作《韵会》因之，以迄于今。于是宋韵行而唐韵亡，为音学之再变。世日远而传日讹，此道之亡盖二千有馀岁矣。炎武潜心有年，既得《广韵》之书，乃始发窍于中而旁通其说。于是据唐人以正宋人之失，据古经以正沈氏、唐人之失，而三代以上之音，部分秩如，至赜而不可乱。"（《亭林文集》卷二）他的音学研究宗旨虽有复古之嫌，缺乏语音发展的观念，但在考证古音的方法上，比其前的陈第又有所发展，即不只是通过对古音文献资料作横的考察归纳，还与后代韵书所反映的音系，进行纵的历史比较，科学性更强，对后人有很大的启发。

顾炎武研究古音，不仅为了解决古文献的音读问题，还为了用古音学的成果解决古文献的校释问题。《答李子德书》说："三代六经之音失其传也久矣，其文之存于世者，多后人所不能通。以其不能通，而辄以今世之音改之，于是乎有改经之病。"接着他举出了一系列不明古音牵就今音而妄改的例子，然后说："嗟夫学者读圣人之经与古人之作而不能通其音，不知今人之音不同乎古也，而改古人之文以就之，可不谓之大惑乎！"他还总结古文献学史上轻妄改字的教训，说："闻之先人，自嘉靖以前，书之锓本虽不精工，而其所不能通之处，注之曰疑。今之锓本加精，而疑者不复注，且径改之矣。以甚精之刻而行其径改之文，无怪乎旧本之日微而新说之愈凿也！故愚以为读九经自考文始，考文自知音始，以至诸子百家之书，亦莫不然。"（《亭林文集》卷四）这里把读古书与考订文字，考订文字与通晓古音的关系，说得非常明确。清代乾嘉学者对古文献学主要贡献之一是通音声，明假借，而顾炎武实已开其端。他虽然尚未深涉古音通假，但在古音学上的成就，以及"考文自知音始"的观点，已为打破文字形体局限、以古音为枢纽的训诂理论奠定了基础。钱大昕《小学考序》说："六经皆载于文字者也，非声音则经之文不正，非训诂则经之义不明。"（《潜研堂文集》卷二四）与顾炎武"考文自知音始"如出一辙。戴震评价说:"顾(炎武)于古音有草创之功"(《戴东原集》卷四《答段若膺论韵》)。王引之《经义述闻》自序说:"年廿一,应顺天乡试,不中式而归,亟求《尔雅》、《说文》、《音学五书》读之,乃知有所谓声音文字训诂者。"都说明顾炎武在古音学上对乾嘉考据派学者的影响。

（三）金石学的研究成就

为了考古辨误的需要,顾炎武十分重视金石文字材料的搜集和研究。他在这方面也有一系列的著作,继承了欧阳修、赵明诚、洪适等人的研究成果,并有所发展。

《求古录》一卷,为游历中亲自钞纂的碑刻文字录。凡例是:已见方志者不录,已有拓本者不录,近代文集尚存者不录。上自汉曹全碑,下至明建文霍碑,共得五十六种。仿洪适《隶释》体例,载其全文,并作跋文记其所在之地,考其建立之由,古字隶篆,一一注释。其中官职年月可与正史相参,某些字体亦可正字书之误。

《金石文字记》六卷,是关于金石文字著录考证的著作,包括碑文、石经、器铭共三百馀种,后附其门人潘耒补遗二十种。每条下有考证跋文或题记,并仿《隶释》于每碑之后摘录今古异文的体例,将诸碑别体单独摘录于末。自序谓"抉剔史传,发挥经典,颇有欧阳(修)、赵氏(明诚)二录(《集古录》、《金石录》)之所未具者"。亦偶有舛误,钱大昕《潜研堂金石跋尾》曾指摘六条。

《石经考》一卷,列众说考证石经七种,外二种,包括汉熹平石经(蔡邕书)、魏正始石经、晋石经(裴頠)、唐开成石经、宋开封府石经、宋高宗御书石经,及唐明皇御书《孝经》、晁公武石刻古人《尚书》。此书只考书刻始末及历代存毁之迹,以备校勘文籍之用。

利用金石文字校读有关古籍,是古文献学史上由来已久的传统方法。针对历代、特别是明人妄改古书之弊,顾炎武尤其看重这一方法。他如此致力于金石资料的搜集与研究,正是出于订补古籍讹阙的目的。全祖望《亭林先生神道表》说:"性喜金石之文,到处即搜访,谓其在汉唐以前者,足与古经相参考,唐以后者,亦足与诸史相证明。"(《鲒埼亭集》卷十二)顾氏自己在《金石文字序》中也说:"余自少时,即好访求古人金石之文,而犹不甚解。及读欧阳公《集古录》,乃知其事多与史书相证明,可以阐幽表微,补阙正误,不但词翰之工而已。"(《亭林文集》卷二)

他认为要利用金石文字以校正古籍,必须具备一定的专门知识,加强考证研究,切不可像浅陋的嗜古者那样,一味收集古董,束之高阁。在《西安府学碑目序》中说："昔之观文字、模金石者,必其好古而博物者也。今之君子,有世代之不知,六书之不辨,而旁搜古人之迹,叠而束之,以饲蠹鼠者。"(《亭林文集》卷二)而在考证研究方面,他亲自作出了典范。

顾炎武关于利用金石文字校勘古籍的论述和实践,对后世学者影响也很大,如钱大昕、王昶、孙星衍、孙诒让、王国维等人,正是沿其流而扬其波的。

清人汪中曾说："古学之兴也,顾氏开其端。"(见凌廷堪《校礼堂集·汪容甫墓志铭》引)顾炎武确实是清代考据学派的开山祖。他在古文献学上的理论建树和实际经验都相当丰富,很值得我们总结;他倡导笃厚学风,批判空疏学风,也值得我们借鉴。另外,他还重视"经世致用"之学,例如虽未完稿但已成巨帙的《天下郡国利病书》,是一部博古通今,有关国计民生的自然、政治、经济、历史、地理的重要著作,《日知录》中也有不少考古鉴今的内容。这又是顾炎武在思想上高出后代正统考据学派学者的地方。

第三节　黄宗羲　王夫之

黄宗羲和王夫之像顾炎武一样,既是思想家,又是古文献学家。他们对本时期的古文献学也有奠基之功。

黄宗羲(1610—1695),字太冲,号南雷,又号梨洲,浙江绍兴余姚人。他少时读书,既不琐守章句,也不留意举业。后研读明十三朝实录、二十一史,并钻研经书,旁求诸子百家。他的老师是在蕺山讲学的刘宗周,刘专言心性,为王守仁学派的一个分支。黄宗羲也接受了王学的影响,但又对王学作了修正和改造。他引进一个唯物主义的概念——"气",来解释心,认为"心即气之灵处"(《孟子师说·浩然章》)。在认识论上则信奉王学的主观唯心主义,认为"天下之理皆非心外之物"(《孟子师说·尽其心者章》),因此认识自我之心就能认识一切。黄宗羲青年时代参加过反对阉党的政治斗争。1644年明王朝覆亡后,又参加过熊雨轩领导的抗清斗争,直到南明灭亡为止。此后拒不仕清,从事讲学和著述。著有《明夷待访录》、《易学象数论》、《授书随笔》、《深衣考》、《孟子师说》、《历代甲子考》、《授时历故》、《宋元学案》、《明儒学案》、《金石要例》、《南雷文约》、《南雷文定》、《南雷诗历》、《南雷文案》、《南雷集》、《明文海》(编纂)等。

黄宗羲在古文献学乃至整个学术上有如下成就和特点:

(一)考古论今,经世致用

黄宗羲目睹明末的政治、经济危机,深感空谈心性的危害,提倡经世致用之学。《明夷待访录》就是这方面的代表作。本书分《原君》、《原法》、《置相》、《学校》、《取士》(上、下篇)、《建都》、《方镇》、《田制》(三篇)、《兵制》(三篇)、《财计》(三篇)、《胥吏》、《奄官》(上、下篇),涉及政治、经济、军事、文化等方面。此书成于康熙二年(1664),虽然是总结明代历史经验的,但触及到封建末世的共同弊端。全祖望《书明夷待访录后》云:"原本不止于此,以多嫌讳,不尽出。"(《鲒埼亭集》外编卷三一)可见传世之本并非足本。

黄宗羲在此书中反对君主专制、土地集中、严刑峻法、科举腐败,主张重用贤明的臣相,均田薄赋,发展工商,改革科举,倡导清议。这说明他站在地主阶级改革派立场,同时也反映了一定的市民阶层的意识。他轻君主、重臣相的激切言论,虽未超出儒家"圣君贤佐"的政治理想,但对道学家所宣扬的"君臣大义"等腐朽观念和礼教也有所冲击。

此书每篇谈一个专题,引古论今,对典章制度的沿革,综述得言简意赅,也是有参考价值的文献考据之作。

(二)批判明代古文献学中因袭、空疏的学风

黄宗羲对心学的修正和改造,也反映在他的古文献学观点中。他既反对不独立思考而盲目因袭,又反对凭空臆断、师心自用,主张把读书与思考结合起来。全祖望在《梨洲先生神道碑文》中曾经转述过黄宗羲的一些观点,如:"公谓明人讲学,袭语录之糟粕,不以六经为根柢,束书而从事游谈,故受业者必穷经。经术所以经世,方不为迂儒之学,故兼令读史。又谓读书不多,无以证斯理之变化,多而不求于心,则为俗学。故凡受公之教者,不坠讲学之流弊。"(《鲒埼亭集》卷十一)黄宗羲反对孤陋、空疏和墨守,《明夷待访录·取士上》说:"余谓当复墨义古法,使为经义者全写《注》、《疏》、《大全》,汉宋诸儒之说,一一条具于前,而后申之以己意,亦不必墨守一先生之言。由前则空疏者绌,由后则愚蔽者绌,亦变浮薄之一术也。"《孟子师说题辞》说:"既不能当身理会,求其著落,又不能屏去传注,独取遗经,精思其故。成说在前,此亦一述朱,彼亦一述朱,宜其学者之愈多而愈晦也。"可见黄宗羲极力反对愚蔽、空疏、浮薄的流弊,提倡多思、平实的学风。他既反对宋代理学家、明代心学家束书不观,空谈性理,也反对迂儒俗学无所用心、墨守成说,而主张独立思考,参酌传注,钻研本文,以求古文献的本义。这对于扭转明代心学的空疏学风,开创清代考据的质实学风,产生过一定的影响。

(三)徵实辨伪,成果颇富

黄宗羲在古文献学方面的成果以辨伪为主,辨伪书、辨伪说的著作兼而有之。

关于《周易》，著有《易学象数论》。《周易》传至汉京房、焦延寿等，而流为方术；传至宋陈抟，又变成道教借题发挥的工具。宋代理学的代表邵雍，承袭陈抟之说，创造河图、洛书、先天之学，妄作《河图》《洛书》；并作伏羲八卦次序、方位、六十四卦次序、方位四图，称为先天《易》；又作文王八卦次序、方位二图，称为后天《易》。朱熹作《周易本义》，把邵雍之说放在卷首，后被定为官学，谬种流传，使《周易》之本义更加不明。黄宗羲的《易学象数论》正是为廓清汉以来不断增益妄作的象数之学而作的。前三卷论河图、洛书、先天、方位、纳甲、纳音、月建、卦气、卦变、互卦、筮法、占法，而附以自著《原象》，为内篇，皆论象之作。后三卷论《太玄》、《乾凿度》、《元包》、《潜虚》、《洞极》、洪范数、皇极数，以及六壬、太乙、遁甲，为外篇，皆论数之作。此书大意认为圣人以象示人，有八卦之象，六爻之象，象形之象，爻位之象，反对之象，方位之象，互体之象，七者具备，象也就穷尽了。后儒所作均为伪象，有纳甲、动爻、卦变、先天，因这四种伪象掺杂其中，遂使前七种真象不明。因此其书崇"七象"而斥"四象"，对于"七象"，又必求其合乎古义之说，以分辨"象"学之伪误。同时引证古法以订"数"学之失。他肯定王弼《易注》对汉代伪象"其廓清之功，不可泯也"（《易学象数论序》）。而宋儒又新造伪象、伪说，"而易学之榛芜，盖仍如焦、京之时矣"（同上）。于是他便以廓清宋儒《易》学为己任，表现出可贵的批判和独创的精神。黄氏此书为胡渭《易图明辨》之先导。

关于《尚书》，黄宗羲辨伪《古文尚书》，著有《授书随笔》，为答阎若璩问《尚书》的笔记，对阎若璩写成《尚书古文疏证》起了直接的指导作用。又著有《尚书古文疏证序》，也是辨伪《古文尚书》的力作。此序历叙自元代吴澄以来《古文尚书》辨伪之作立论的缺陷，认为阎若璩《尚书古文疏证》"取材富，折衷当"，终使伪书成为定论。并称赞阎书"中间辨析三代以上时日、礼仪、地理、刑法、官制、名讳、记事、句读、字义，因《尚书》以证他经史者，皆足以祛后儒之蔽，如此方可谓之穷经"。这里不仅肯定其训诂、考证的成就，而且强调"因《尚书》以证他经史"的各书互证的科学方法。在这篇序中，黄宗羲还继梅鷟《尚书考异》"人心惟危道心惟微惟精惟一"一节考《大禹谟》取材出处之后，进一步揭穿理学家维护伪《古文尚书》的隐私及适得其反的结果。

关于《春秋》，破穿凿义例之说，认为《春秋》是史书。著有《陈同亮刻胡传序》，力驳宋以来被立为官学的胡安国《春秋传》，指出它承袭《春秋》三传，特别是《公羊》、《穀梁》二传，附会"春秋笔法"、"微言大义"，是大可怀疑的。他在此序中从《春秋》的性质、成书和流传方面列举事例，揭穿附会之说的虚妄无据,可谓淋漓尽致。

关于《孟子》,辨朱熹用客观唯心主义思想对孟子主观唯心主义思想的歪曲。著有《孟子师说》,此书根据其师刘宗周的观点写成,故取此名。此书偏重于阐发义理,用被修正了的王守仁"心学"来解释《孟子》,针锋相对地辨朱熹的理学观点的错误,如卷二"浩然"章:"天地间只有一气充周,生人生物。人禀是气以生,心即气之灵处,所谓知气在上也。心体流行,其流行而有条理者即性也。……若有界限于间,流行而不失其序,是即理也。理不可见,见之于气,性不可见,见之于心,心即气也。……朱子云:'气只是身中底气,道义是众人公共底。天地浩然之气,到人得之,便自有不了了,所以须著将通理养到浩然处。'此言有病。人自有生以后,一呼一吸尚与天通,只为私欲隔碍,全不成天地之气耳,岂有到人身上便自不全?"又如卷七"尽其心者"章:"天下之理,皆非心外之物,所谓存久自明而心尽矣。"他认为心外无理,不同意朱熹客观唯心主义的天理论,指明朱熹对《孟子》的歪曲解释,这些见解是完全对的。但是他认为"心即气",而这个气又是充周天地间的物质的气,这就不符合孟子的思想了。孟子所谓的气,实际上是一种主观精神。可见《孟子师说》在分析义理上有得有失,而在破除对朱注的迷信方面影响是巨大的,前面所引《孟子师说题辞》的一段话颇具尖锐性,后来戴震的《孟子字义疏证》与此书一脉相承。

（四）重视史籍纂修和整理

黄宗羲非常重视史学,他在这方面的理论和实践对于以经学为中心的正统学术是一个较大的突破。他把读史、治史作为经世致用、不落迂俗儒学的一个带有方向性的问题提了出来。《补历代史表序》说:"自科举之学盛,而史学遂废。昔蔡京、蔡卞当国,欲绝灭史学,即《资治通鉴》板亦议毁之,然而不能。今未尝有史学之禁,而读史者顾无其人,由是而叹人才之日下也。……夫二十一史所载,凡经世之业,亦无不备矣。"

关于史籍的整理,黄宗羲尤重史实、典制的考索和订补。所作《补历代史表序》强调史籍整理中的考证功夫,强调对误缺志表的订补,推崇万斯同"考于千载之上"而作二十一史补表,表明他重考据的古文献学思想。不仅如此,他还亲自实践,作有《历代甲子考》,考《春秋》纪年以上甲子。古史处在传说时代,难以考出确切纪年,黄氏所推具体结果固然难以相信,但是他重视历史年代的考据很有意义,所提出的方法如据事考时、综考文献记载、据历法推算等,也很有参考价值。

黄宗羲撰写的史书很多,其中的《宋元学案》和《明儒学案》开中国学术史专著之先,与古文献学史关系极为密切。《宋元学案》黄宗羲仅标举数案,由其子及全祖望先后续撰而成。《明儒学案》则为黄宗羲独自撰成。这两部书综述宋、元、明三代儒学源流、派别、师承,人物较全,事迹简要,学说明晰。在论述中往往表现出作者本人的思想观点和一定程度的门户之见。他尊陆、王学派,抑程、朱学派,但对"心学"的唯心主义思想又有所批判,并引进一个唯物主义的"气"的概念加以修正。而在认识论上则完全赞同王守仁"致良知"的唯心主义观点。这两部书是关于宋、元、明三朝思想史、古文献学史的重要资料汇编,也是研究黄宗羲本人思想的参考资料。

(五)在文学总集编纂上的成就

黄宗羲编有明朝三百年的文章选本《明文案》207卷,后扩充为《明文海》488卷,"自言多与十朝国史多弹驳参正者"(全祖望《梨洲先生神道碑文》),强调其史料价值。不仅如此,这还是作者用明确的文学观点编选的一部散文总集。他总结前代《昭明文选》、《唐文粹》、《宋文鉴》、《元文类》四种总集的编选经验和特点,确定了自书独特的编选宗旨和例则:"不名一辙,唯视其一往深情,从而捃摭之;巨家鸿笔,以浮浅受黜,稀名短句,以幽远见收。今古之情无尽,而一人之情有至有不至。凡情之至者,其文未有不至者也。则天地间街谈巷语、邪许呻吟,无一非文,而游女田夫,波臣戍客,无一非文人也。试观三百年来,集之行世藏家者不下千家,每家少者数卷,多者至于百卷,其间岂无一二情至之语,而埋没于应酬讹杂之内,堆积几案,何人发视?即视之,而陈言一律,旋复弃去。向使涤其雷同,至情孤露,不异援溺人而出之也。"(《明文案序上》)这里值得注意的有几点:第一,不因人存文,据文章本身思想艺术价值选文;第二,以是否反映至情(真实强烈的思想感情)为取舍标准;第三,严加汰选,去其陈言,涤其雷同,使至情之文显露出来。文学作品的选集,历来不是单纯的资料整理和选编,总是反映着编者一定的思想、艺术观点,因此编选本身就体现着评价。黄宗羲主张编选反映"至情"的"至文",鄙弃把精神"专注于场屋之业,割其馀以为古文"的言不由衷、空洞无物、无病呻吟的作品,这表现了他的进步的文学主张。其关于文学总集编纂的观点,也颇有参考价值。

此外,黄宗羲在历法的研究、考证方面也做出了突出成就,著有《授时历故》、《大统历推法》、《授时历假如》、《西历假如》、《回历假如》等,后来梅文鼎本《周髀》言历,为世人惊为不传之秘学,实际上黄宗羲已开其先。这种历法、年代学的成就,与古文献的研究、整理有密切关系。

王夫之(1619—1692),字而农,号姜斋,衡阳(今属湖南)人。明崇祯十五年(1642)举人。明亡,在衡山举兵起义反清,任南明桂王政府行人司行人。后坚不仕清,隐居深山,从事著述。晚年筑土室定居于衡阳石船山,学者称船山先生。

王夫之是明末清初的著名思想家和学者,与顾炎武、黄宗羲齐名。在政治上他反对封建君主专制,对明朝的特务统治尤其深恶痛绝,为此他著有《老庄申韩论》,认为申、韩必须根绝,师申、韩者必亡。但他只反对严刑峻法,并不一般反对法治。他维护封建礼教纲常,思想上又有保守的一面。在哲学思想上他继承发展了张载的朴素唯物主义思想(见《张子正蒙注》),批判地继承了老、庄的朴素辩证法思想(见《老子衍》、《庄子通》),使朴素的唯物论和辩证法的发展达到新的高度,在我国哲学史上居于重要地位。

从总的思想倾向看,王夫之和顾、黄一样,也是反对宋明理学的,但细分起来,三人还有些差别,即:顾炎武反对陆、王,修正程、朱;黄宗羲修正陆、王,反对程、朱;王夫之则宗师张载,修正程、朱,反对陆、王。在反对陆、王的主观唯心主义思想时他常引程、朱为同盟军。同时他依傍程、朱,也与他的维护礼教纲常的保守思想有关,如说:"王氏之学,一传而为王畿,再传而为李贽。无忌惮之教立,而廉耻丧,盗贼兴,中国沦没,皆惟怠于明伦察物而求逸获,故君父可以不恤,名义可以不顾。陆子静出而蒙古兴,其流祸一也。"(《张子正蒙注》卷九《可状篇》"此人伦所以不察"段下注)但是他也反对程、朱的客观唯心主义思想,在张载和程、朱之间,他又总是站在张载的唯物主义方面,如认为"气"为万物的本源,天即气,反对程、朱关于"道"、"理"是万物本源及天即理的说法(见《读四书大全说》)。关于道和器的关系,他也反对程、朱的观点,认为道生于器,而不是相反,如说:"天下唯器而已矣。道者,器之道;器者,不可谓之道之器也。"(《周易外传》卷五《繫辞上传》第十二章)在认识论上,他也对宋代理学作了批判:"盖格物者,即物以穷理。惟质测为得之(袭方以智说)。若邵康节、蔡西山,则立一理以穷物,非格物也。"(《搔首问》)

王夫之的唯物主义思想以及对待宋代理学和陆、王心学的基本立场,直接影响了他的古文献学观点,值得注意的有以下几点:

(一)反对束书不观、游谈无根、穿凿附会的空疏学风

王夫之反对心学的空疏与穿凿,其著述中随处可见,如说:"降及正、嘉之际,姚江王氏始出焉。则以其所得于佛、老者殆攀是篇(指《中庸》)以为证据。其为妄也既莫穷诘,而其失之较然易见者,则但取经中片句只字与彼相

似者以为文过之媒。至于全书之义,详略相因,巨细毕举,一以贯之,而为天德王道之全者,则茫然置之而不恤。迨其徒二王、钱、罗之流,恬不知耻,而窃佛、老之土苴以相附会,则害愈烈。而人心之坏,世道之否,莫不由之矣。"(《礼记章句》卷三一《中庸》前记)这里指出王学据儒典以附会佛、老之说,所用的方法是据"片句只字"作似是而非的比附,而不深究"全书之义"。又说:"于是取《大学》之教,疾趋之以附二氏之途。以其恍惚空冥之见,名之曰:此明德也,此知也,此致良知而明明德也。"(《礼记章句》卷四二《大学》"此谓知之至也"句下注)所谓"疾趋以附二氏之途",是指附道家的绝学弃知及佛家禅宗的顿悟,师心自用,以"恍惚空明之见"为学。可见王夫之对心学主观附会的本质的揭露是相当深刻的。

(二)强调经世致用,反对沉溺于文献、拘泥于章句

强调经世致用是清初古文献学家不同于乾、嘉学者的一个鲜明特点,这一特点在王夫之身上体现得非常显著。他反对沉溺而不能自拔那种"玩物丧志"的文献研读法,说:"读史亦博文之事,而程子斥谢上蔡为'玩物丧志'。所恶于丧志者,玩也。玩者,喜而弄之之谓。……经亦有可玩者,玩之亦有所丧,如玩《七月》之诗,则沉溺于妇子生计盐米布帛之中;玩《东山》之诗,则且淫佚于室家嘘呴寒温拊摩之内。《春秋传》此类尤众。故必约之以礼,皆以肃然之心临之,一节一目,一字一句,皆引归身心,求合于所志之大者,则博可弗畔,而礼无不在矣。"(《俟解》)他也反对拘泥于文字章句,说:"数五经、《语》、《孟》文字之多少而总记之,辨章句合离呼应之形声而比拟之,饱食终日,以役役于无益之较订,而发为文章,侈筋脉排偶以为工,于身心何与耶?于伦物何与耶?于政教何与耶?……其穷也以教而锢人之子弟,其达也以势而误人之国家,则亦与元帝之兵临城下而讲《老子》、黄潜善之虏骑渡江而参圆悟者,奚别哉?"(《读通鉴论》卷一七"梁元帝读书万卷犹有今日"条)总之,他认为整理、研究古文献必须致用,引归于"身心"的修养,"伦物"(伦理、道理)的规范,"政教"的治理。他的这种观点,从古文献学上看,既有强调与实际结合的一面,也难免有为求实用而牵强附会的一面。

(三)主张把通训诂与明义理结合起来

王夫之既反对不辨语言文字,"凿空以立说"(《尚书稗疏》卷四),也反对"沉溺于训诂"(《正蒙注·序论》),不明义理,主张把训诂和义理有机结合起来。《清史列传·儒林传·王夫之传》谓其"以汉儒为门户,以宋五子为堂奥",此语虽不尽准确,特别是后一句,把王夫之的义理之学与宋代理学家的义理之学完全等同,尤其不妥;但是如果从抽象意义上理解,以"汉儒"代表

训诂之学,以"宋五子"代表义理之学,此话还算道出了王夫之古文献学思想的特点,他正是把训诂作为研究古文献的入门,把义理作为研究古文献的归宿。在训诂和义理的结合分析方面,王夫之多有创获,如《尚书稗疏·无逸》"卑服"条(原文"文王卑服,即康功田功"):"传注皆以卑服为恶衣服。衣服可云恶者,以缣素对锦绮,彼美而此恶也。若卑则以尊为对,上下自有章秩,可以侯王而服匹夫之服乎?且此篇言勤而不言俭,始末不及服饰之丰约,安得徒于文王著恶衣之文?服,事也,位也,犹'有服在王廷'之服,卑服,谓文王初服之卑也。文王中身有国,又其后乃受命专征而为西伯,所服之位乃尊。其在壮岁,尚为世子。迨既在位,且为避方之小侯,故曰卑服也。言此者,与上'旧劳于外'、'旧为小人'同义,以见成王生长富贵,易于自逸,而益加警也。"此类尚多,不一一列举。在求义理方面,王夫之还强调钻得进、出得来这样一种实事求是的批判精神,他说:"盖入其垒,袭其辎,暴其恃,而见其瑕矣;见其瑕而后道可使复也。"(《老子衍·自序》)这里形象地说明了深入与批判的关系。当然王夫之的义理之作中也还有为阐发自己的思想而借题发挥、歪曲原意的一面,应该注意加以辨别。

(四)注重实事求是的考证,敢于驳正成见旧说

王夫之把他的唯物主义世界观和方法论贯穿在治学的实践中,很重视实事求是的考证。在他"稗疏"一类著作中,关于名物、典制等的考证,并不逊于后来的乾、嘉学者。值得注意的是,王夫之的考证又不限于文献资料的旁征博引,还能注意从实事、实物上考察。这样的例子很多,如《诗经稗疏·邶风》"左手执籥"条(原文见《简兮》):"《周礼》:'籥师掌教国子舞羽吹籥'郑注:'文舞有持羽吹籥者,所谓籥舞也。'籥者,郑玄、郭璞皆云是三孔笛,吹之易以成声,不用按撮,故且吹且舞,无碍于右手之秉翟,今小儿所吹闷笛近之。《集传》以为如笛六孔,则管也,非籥也。"(卷一)这里申郑玄、郭璞之说,并以今传相近之实物证之,力驳朱熹《诗集传》说之非,甚是。又如《曹风》"鸤鸠"条(原文:"鸤鸠在桑,其子七兮",见《鸤鸠》):"《毛传》:'鸤鸠,秸鞠也。'(王自注:秸鞠即鴶鵴)《集传》因之,而又增释之曰:'一名戴胜(王自注:戴胜即戴𪃲),今之布谷也。'愈增淆讹矣。"他力排众多误说,引据丰富的文献材料(包括对《尔雅》传本误文的订正),并就实物进行考察,得出结论:"今定鸤鸠为戴胜,秸鞠、布谷为鸣鸠,群疑悉祛矣。"他还明确总结出考证实物、参证文献的科学方法,即所谓"格物者,即物穷之,而参印以《诗》及《月令》之言,自涣然冰释矣"(卷一)。具体例子尚多,不胜枚举。

王夫之在考证方面不仅主张即物(事)以求实,还主张"即事以穷理",反

对"立理以限事"。他认为符合客观实际的科学道理有助于考证,而"学之未及,不足以言而迫欲言",只能产生主观推测而有害于考证。这一思想和实践集中表现在《续春秋左氏传博议》卷下"士文伯论日食"条中,如他用天历学原理以驳士文伯关于日食的天人感应的迷信妄说:"至于日食而恶能不穷哉?士文伯之论曰:'国无政,不用善,则取谪于日月之灾。'呜呼!此古人学之未及,私为理以限天,而不能即天以穷理之说也。使当历法大明之日,朔望转合之不差,迟疾朒朓之不乱,则五尺童子亦知文伯之妄,而奚敢繁称于人主之前,以传述于经师之口哉?……天则有天之理矣,天则有天之事矣。日月维有运而错行之事,则因以有合而相揜之理;既维有合而必揜之理,因而有食而不爽之事。故人定而胜天,亦一理也,而不可立以为宗,限日食之理而从之也。"

王夫之著述极富,明显分为两类:一类以训诂、考据为主,以诸书稗疏为代表,属于古文献学方面的著作,颇有参考价值。另一类以阐发义理为主,或揭示评论思想内容,或借题发挥自己的思想,其中虽亦有古文献学的成果,但主要属于思想论著。

史学方面有《读通鉴论》、《宋论》等,是史评、史论之作,多论古评今,具有现实意义。

经学方面:关于《周易》,有《周易稗疏》、《周易内传》、《周易外传》、《大象解考异》。他不信宋陈抟之学,也不信汉京房之术,排击先天诸图及纬书杂说;也不空谈玄妙,附合老、庄之意。关于《尚书》,有《尚书稗疏》、《尚书引义》等,诠释本文,多出新意,驳苏轼及蔡沈《书传》之失,亦有本有据。关于《诗经》,有《诗经稗疏》、《诗经考异》、《诗经叶韵辨》、《诗广传》,辨正训诂名物,对旧说多纠谬补遗,不乏精见。关于《礼》,有《礼记章句》,训诂义理兼重。关于《春秋》,有《春秋稗疏》、《春秋家说》、《春秋世论》、《续春秋左氏博议》,注重考证,尤长于地理,多纠杜注之失。关于四书,有《四书稗疏》、《四书考异》、《四书训义》、《读四书大全说》,偏重训诂、校勘、考证。

诸子方面的主要著作为《张子正蒙注》,这是一部比较精确注释解说张载《正蒙》的一部书。此外还有《老子衍》、《庄子解》、《庄子通》等。

集部方面有《楚辞通释》,训释兼评论,是《楚辞》的一个重要注本。

其他还有《黄书》、《噩梦》、《思问录》、《俟解》等,皆为思想论著,是研究王夫之思想的重要资料。

王夫之不仅是中国思想史上的一个重要人物,也是中国古文献学史上的一个重要学者。由于他不像顾炎武那样广泛交游,也不像黄宗羲那样聚徒讲学,所以在清初的影响不及顾、黄二人大。但是在他的著作流传开来以后,便受到器重,产生了广泛、巨大的影响。除了思想影响外,在古文献学方面,后来乾、嘉考据学者所涉猎的领域,基本上未超出他的范围,而且在辨伪、正误、创获新意等方面,他往往发之于前。

第四节　阎若璩　胡渭　姚际恒

阎若璩、胡渭、姚际恒是清初以辨伪著称的考据学者,他们体现着辨伪学与考据学的进一步结合,使辨伪学表现出更加谨严、缜密的特点,有了长足的发展。

阎若璩(1636—1704)字百诗,学者称潜丘先生。祖籍山西太原,世居淮安。一生研究经史,擅长考据,曾集语题柱:"一物不知,以为深耻,遭人而问,少有宁日"。曾问学于黄宗羲,黄氏《授书随笔》即答阎问《尚书》的笔记。江藩听顾广圻云,他曾见顾炎武所刊《广韵》,前有校刊姓氏,列受业阎若璩名(见《汉学师承记》卷一),据此阎若璩亦受学于顾炎武。康熙元年(1662),始游京师,龚鼎孳(官尚书)为之延誉,因此知名。不久归太原故籍,值顾炎武游太原,以所撰《日知录》相问,即改订数则,为顾炎武所叹服。康熙十七年(1678),应博学鸿词科不第,留京师,先后与汪琬、徐乾学讨论礼义,为徐乾学所叹服。后参与徐乾学主持的《清一统志》的撰修工作。主要著作有《尚书古文疏证》、《四书释地》、《释地馀论》、《孟子生卒年月考》、《潜丘劄记》、《困学纪闻笺》等。阎若璩长于考证,尤精地理,《四书释地》即地理考证的代表作,此书除释地外,还兼及名物、训诂、典制等。《潜丘劄记》是读书论学的札记,其中补正《日知录》五十馀条。阎若璩成就最高、影响最大的著作是《尚书古文疏证》。

《尚书古文疏证》是关于传世《古文尚书》辨伪的总结性著作。书中列举128条(其中有目无文者12条,目文全缺者17条)辨《古文尚书》和孔安国传之伪,广徵博引,论证严密,使《古文尚书》及孔传的伪托、假造终成定论。在史料鉴别上这是一部极有价值的著作,在辨伪方法上也提供了可贵的经验,总结出"以虚证实,以实证虚"(《尚书古文疏证》卷八第120条),即真伪对比,互为证据的基本考证方法。具体归纳其辨伪方法,主要有以下几点:

(一) 从著录上考察两汉今古文《尚书》的篇数、篇名,以证伪古文篇目之异,揭示伪《古文尚书》作伪之迹。如《第一言两汉书载〈古文〉篇数与今异》、《第三言郑康成注〈古文〉篇名与今异》、《第四〈古文〉书题卷数篇次当如此》等条。

（二）从《尚书》佚文证《伪古文》文字之异，揭示伪《古文尚书》作伪之迹。如《第五言古文〈武成〉见刘歆〈三统历〉者今异》、《第六言古文〈伊训〉见〈三统历〉及郑注者今遗》、《第七言晚出〈泰誓〉独遗〈墨子〉所引三语为破绽》、《第八言〈左传〉载夏日食之礼今误作季秋》、《第九言"德乃降"之语今误入〈大禹谟〉》、《第十四言〈孟子〉引〈今文〉与今合引〈古文〉与今不合》、《第十五言〈左传〉〈国语〉引逸〈书〉皆今有》、《言晚出〈书〉不古不今非伏非孔》、《第二十四言〈史记〉多〈古文〉说今异》、《第二十五言〈说文〉皆〈古文〉今异》、《第一百六言晚出〈古文〉与真〈古文〉互异处犹见于〈释文〉〈孔疏〉》等条。

（三）从取材上探其源、考其遗，从用材上指其误，明其改，揭示伪《古文尚书》作伪之迹。如《第八言〈左传〉载夏日食礼今误作季秋》、《第九言"德乃降"之语今误入〈大禹谟〉》、《第十言〈论语〉"孝乎惟孝"为句今误点断》、《第十一言〈孟子〉引〈书〉语今误入两处》、《第十二言〈墨子〉引〈书〉语今妄改释》、《第十三言〈左传〉引〈夏训〉语今强入〈五子之歌〉》、《第十六言〈礼记〉引逸〈书〉皆今有且误析一篇为二》、《第二十七言〈君陈〉以"尔有嘉谋嘉猷"等语作成王误》、《第三十一言"人心惟危道心惟微"纯出〈荀子〉所引〈道经〉》、《第四十九言两以追书为实称》、《第五十言两以错解为实事》、《第五十一言两以〈孟子〉引〈书〉叙事为议论》、《第五十二言以〈管子〉引〈泰誓〉史臣辞为武王自语》、《第五十五言伪〈泰誓〉明两载〈汉志〉今仍与之同》、《第五十六言〈尔雅〉解"郁陶"为喜今误认作忧》、《第五十七言〈大禹谟〉让皋陶不合〈尧典〉让稷契》、《第五十八言晚出书增"帝曰"窜"金曰"不合唐虞世大公》、《第六十言伪作者依〈书序〉撰〈太甲〉事不合〈孟子〉》、《第六十一言伊尹称字于〈太甲〉为误仿〈缁衣〉亦兼为〈序〉误》、《第六十二言〈周官〉从〈汉·百官公卿表〉来不合〈周礼〉》、《第六十三言〈泰誓〉有族诛之刑为误本〈荀子〉》、《第六十七言考定〈武成〉未合〈左传〉数纣罪告诸侯之辞》、《第六十八言古文〈毕命〉见〈三统历〉以与己不合遗末句》、《第七十六言〈论语〉譬喻之辞今悉改而正言》、《第七十七言〈史记〉有〈夏书〉曰今忘采用》、《第七十八言〈说文〉有〈虞书〉〈商书〉〈周书〉等曰今忘采用》、《第七十九言〈左传〉引〈夏书〉作释辞〈大禹谟〉不当尔》、《第八十言〈左传〉引〈蔡仲之命〉追叙其事今不必尔》、《第一〇三言〈大禹谟〉于"四海困穷"上插入他语似舜误会尧之言》等条。

（四）考篇章分合，揭示伪《古文尚书》割裂、离析作伪之迹。如《第六十五言今〈尧典〉〈舜典〉本一为姚方兴二十八字所横断》、《第六十六言今〈皋陶谟〉〈益稷〉本一别有〈弃稷篇〉见〈扬子〉》（按，见《法言·孝至篇》）等。兹录

第六十五条为例：

> 今之《尧典》、《舜典》，无论伏生，即孔安国原只名《尧典》一篇，盖别有逸书《舜典》，故魏晋间始析为二。然"慎徽五典"直接"帝曰钦哉"之下，文气连注如水之流，虽有利刃，亦不能截之使断。惟至姚方兴出，妄以二十八字横安于中，而遂不可合矣。今试除去读之：尧既嫁二女于舜矣，初而历试，既而底绩，继而受终，次第及于齐七政，辑五瑞，肇州，封山，濬川，明刑，流放四凶，虽舜之事，何莫非帝之事哉？至是而"帝乃徂落"，而帝之事终矣。"月正元日"以后，则舜之事也。而舜何事哉？用先帝之人，行先帝之政，则舜之事而已。如是又"五十载"，而舜之事亦毕矣，故以"陟方乃死"终焉。惟除去二十八字耳，而以"徂落"终尧，以"陟方"终舜，以为一篇。可以为一人：可以为虞史，欲纪舜而追及尧行事；可以为虞史，实纪尧而并舜行事统括之，亦无不可也。推而合之他书，又无往而不合也。再试析为二，"帝曰钦哉"何以蹶然而止？"慎徽五典"何以突如其来？不可通者固多矣。又况二十八字无一非勦袭陈言者乎！善乎同里老友刘珵先生之言曰："欲黜伪《古文》，请自二十八字始。"（卷五上）

（五）从史实、典制、历法、地理、文体、文例、语言风格等与时代不符方面揭示伪《古文尚书》及伪《孔传》作伪之迹。如《第五十三言〈武成〉癸亥甲子不冠以二月非书法》、《第五十四言〈泰誓上〉"惟十有三年春"系以时非史例》、《第五十九言重毕文命与放勋皆帝王号伪作者不知》、《第六十四言〈胤征〉有"玉石俱焚"语为出魏晋间》、《第七十言安国传不甚通官制》、《第七十三言〈五子之歌〉不类夏代诗》、《第七十四言古人以韵成文〈大禹谟〉〈泰誓〉不识》、《第八十一言以历法推仲康日食〈胤征〉都不合》、《第八十五言〈武成〉认商郊牧野为二地》、《第八十七言汉金城郡乃昭帝置安国传突有》、《第八十八言晋省穀城入河南安国传已然》、《第八十九言济渎枯而复通乃王莽后事安国传亦有》、《第九十七言商祀周年亦可互称不必尽如〈尔雅〉》、《第九十八言〈泰誓〉声纣之罪诟厉已甚必非圣人语》、《第一百言安国〈冏命〉传误合〈周礼〉大驭大仆为官本〈汉表〉应劭注》、《第一〇四言太康失国时母已不存"五人御母以从"乃妄语》、《第一一二言伪孔传以洛书数有九禹因之以成九类之说非》等条。兹录第八十七条为例：

> 应劭有言，自秦用李斯议分天下为三十六郡，至汉又复增置。凡郡，或以列国，陈、鲁、齐、吴是也；或以旧邑，长沙、丹阳是也；或以山陵，

泰山、山阳是也；或以川原，西河、河东是也；或以所生，金城之下得金，酒泉之味如酒，豫章樟树生庭，雁门雁之所育，是也；或以号令，禹合诸侯，大计东冶之山，因名会稽，是也。因考《汉昭帝纪》，始元六年庚子秋，以边塞阔远，置金城郡。《地理志》"金城郡"班固注并同。不觉讶孔安国为武帝时博士，计其卒当于元鼎末、元封初，方年不满四十，故太史公谓其蚤卒，何前始元庚子三十载辄知有金城郡名，传《禹贡》曰："积石山在金城西南"耶？或曰：郡名安知不前有所因，如陈、鲁、长沙之类？余曰：此独不然，应劭曰："初筑城得金，故名金城。"臣瓒曰："称其取其坚固，故墨子言虽金城汤池。一说以郡置京师之西，故名金城，金，西方之行。"则始元庚子以前此地并未有此名矣，而安国传突有之。固注：积石山在西南羌中，传亦云在西南，宛出一口，殆安国当魏晋忘却身系武帝时人耳？（卷六上）

阎若璩《尚书古文疏证》为辨伪《古文尚书》的集成之作，因此很注意考列前人之说，如《第一一三言疑〈古文〉自吴才老始》、《第一一四言朱子于〈古文〉犹有调停之说》、《第一一五言马公骃信及〈古文〉可疑》、《第一一六言郝氏敬始畅发〈古文〉之伪》、《第一一七言郑氏瑗疑〈古文〉二条》、《第一一八言王充耘疑古文三条》、《第一一九言梅氏鷟〈尚书谱〉有未采者录于篇》、《第一二〇言与石华峙论东汉时今文与逸篇或离或合》、《第一二一言姚际恒攻伪〈古文〉有胜余数条载于篇》等。在前人之说中，以吸收梅鷟、姚际恒二家之说为多。如前举第八十七、八十八条的内容皆为梅鷟《尚书考异》所有，而阎氏作了补充和发挥。对姚际恒说的重视和采纳见于多处，详后本节"姚际恒"部分。阎若璩虽然对前人之说多有承袭，但绝不盲从，能注意判断得失，决定弃取。更重要的是，他在前人成果的基础上，对伪《古文尚书》的考辨作了富有创造性、开拓性的工作，致使伪《古文尚书》之伪终成定论。毛奇龄针对阎书作《古文尚书冤词》，企图翻此定案，终难动摇。但阎书局部亦不无缺陷，毛书局部亦不无是处，皮锡瑞《经学通论》有《论伪孔经传前人辨之已明阎若璩毛奇龄两家之书互有得失当分别观之》一节，举例精确，持论允当，可参看。

胡渭（1633—1714），原名渭生，字朏明，一字东樵。德清（今浙江德清）人。一生未仕，研读经书，尤精地理之学，为徐乾学所聘参加《清一统志》修撰工作，与黄仪、顾祖禹、阎若璩分郡纂集，有机会博览地理图志，并与学者一起讨论学问，更增长了自己的学识。

关于历史地理，胡渭著有《禹贡锥指》，共二十卷，图一卷。这是一部关于《尚书·禹贡》的注释之作，也是一部关于古地理考证的专著。关于此书的宗旨和体例，其《略例》所述甚详，之所以名曰《禹贡锥指》，《略例》说："案《庄子·秋水》云：'用管窥天，用锥指地'，言所见者小也。……夫其不曰管窥而曰锥指者，《禹贡》为地理之书，其义较切故也。"此书体例主要有以下几点：第一，集众家之善说。《略例》说："经下集解，亚经一字。首列孔传、孔疏，次宋元明诸家之说"，"并以己意融贯缀于其末，用渭按二字别之"。第二，发挥未尽之意，兼评众家得失。第三，广徵博采，并标作者姓名。所采据有专释《禹贡》之作，如易祓《禹贡疆理广记》（不传，据佚文）、程大昌《禹贡论》、傅寅《禹贡集解》、茅瑞徵《禹贡汇流》；有诸《书解》之作，如苏轼、曾旼、叶梦得、张九成、林之奇、夏僎、薛季宣、黄度、吕祖谦、王炎、吴澄、金履祥、王充耘、王樵、邵宝等人的著作；有地志水经诸书，如《河渠书》、《地理志》、《沟洫志》、《水经注》等；有经、史、子、集诸载籍中"有当于《禹贡》"之说；有同朝人之著述，如孙承泽《九州山水考》、王士禛《蜀道驿程记》、顾炎武《日知录》、朱鹤龄《禹贡长笺》、顾祖禹《读史方舆纪要》及《川渎异同》、黄仪《志馆初稿》、阎若璩《四书释地》等，而所涉怪诞之书不敢取。

胡渭不仅为《禹贡》作了文字注释，为辨方正位，并作地图四十七篇。

《禹贡锥指》不限于注释《禹贡》，还兼及古今地理沿革，《禹贡图序》说："嗟乎名号有异同，郡县有废置，陵谷有升沉，土石有消长，古今之变，不可胜穷，说经至《禹贡》难矣。"作者尤其留意河道变迁的情况，足见其关心河工水利、经世致用的用心，如卷十三下《附历代徙流》（附于卷十三《导河》一章之后），考论历代黄河水道迁徙极为详核。图中也有类似的内容。但亦有局限，考江、汉缺乏历史变迁的观念，往往致误，参见本章第十二节魏源部分。

胡渭在辨伪方面颇有影响的著作是《易图明辨》，成书于康熙四十五年（1706）。在此书之前，元、明均有辨宋代《易》学伪图之作，如元陈应润《爻变义蕴》、明归有光《易图论》等，至清，顾炎武《日知录》中有不少论述，又有专著如黄宗羲《易学象数论》、黄宗炎《图书辨惑》、毛奇龄《河洛原舛编》等，《易图明辨》为集成并有开创之作。

《易图明辨》专辨宋人伪造之《易》图，胡渭本书《题辞》认为：宋人《易》图为陈抟附会之作，进而为邵雍所发挥，并为朱熹、蔡元定所尊信，取以列《周易本义》之首，影响极大；其实伪图本与《周易》无关，非《周易》本义，不可不辨，而且前人对此早已有辨，自己只不过是承袭而已。

《易图明辨》共分十卷。卷一辨《河图》、《洛书》。有《伏羲作〈易〉本不专在图书》、《论天地之数不得为〈河图〉》、《论五行生成之数非〈河图〉并非大衍》、《论太极两仪四象非〈图〉〈书〉之所有》、《论〈图〉〈书〉不过为易兴先至之祥》、《论古河图之器》、《论古〈洛书〉之文》诸篇。主要论点是《河图》、《洛书》于古无据，"世间任意写之"，纯系借有关文献（如《周易·繫辞》、《尚书·顾命》、《论语》、《礼记·礼运》、《尚书·洪范》等）穿凿为说。

卷二辨五行、九宫。关于五行，有《论五行之序》、《论洪范五行传生成之数》两篇，认为"《易》有四象，而无五行，此（《洪范》五行）与天地大衍之数绝无交涉"，五行虽皆言生成之数，却非为《易》而设，未有以此数为《河图》、《洛书》者。关于九宫，有《论古九宫之数》、《乾凿度太一九宫之数》两篇，认为"术家取九室之数，配以八卦、五行，名之曰九宫。张衡所称九宫不过如《明堂》、《月令》之说，而《易》纬《乾凿度》则以为太一下行之数，涉于诞矣"，"九宫非《河图》也"。

卷三辨《周易参同契》。有《论〈参同契〉指要》（包括彭晓所作《明镜图》诸图）、《论二用三五》（包括《水火匡廓图》、《三五至精图》）、《论月体纳甲》（包括《参同契纳甲图》、《汉上纳甲图》、《新定月体纳甲图》）、《论炼己进火》、《论希夷先天图》诸章，引诸家之说，认为汉魏伯阳所作《周易参同契》，似解释《周易》，实假借爻象以论作丹之意，为丹经之祖。辨先天太极，有《天地自然之图》、《古太极图》二篇，认为出自陈抟，源自魏伯阳，为丹家修炼之诀。

卷四辨《龙图》、《易数钩隐图》。有《论龙图》一篇（包括《龙图天地未合之数》、《龙图天地已合之位》、《龙图天地生成之数》〔即《河图》〕、《洛书纵横十五家之象》〔即《洛书》〕），认为图出陈抟之后。又有《论易数钩隐图》一篇（包括《太皞氏授龙马负图》、《河图两仪》、《河图四象》、《河图八卦》、《洛书五行生数》、《洛书五行成数》），认为刘牧所作《易数钩隐图》全本《龙图》，并"伪造《乾凿度》二卷，以《参同契》七八九六之文窜入于其中，以见此《河图》之象出自西汉，远有端绪，使人不敢动摇"，"刘牧之徒伪撰《乾凿度》以自固其学，而犹未已也。盖纬书出于西汉，恐不足以厌服天下之心，故又造《子华子》……"

卷五辨《启蒙·图书》。有《论〈启蒙·图书〉》一篇（包括《蔡氏河图》、《蔡氏洛书》，与《河图》、《洛书》无别），作者认为蔡元定（字季通）为朱熹起稿《易学启蒙》一书，附《河图》、《洛书》二图，"朱子《河图》、《洛书》之象数，实由季通而定。初刘牧以四十有五为《河图》，五十有五为《洛书》，实《龙图》之本象，而季通以为牧之所易置，至此乃复其旧。且引关、邵以相证。今按关《易》明系伪书，不可以为据，而邵子圆星方土之论，其意别有所在，未尝以五十有五为《河图》也。"又说："天地之数五十有五（一、三、五、七、九为天数，

二、四、六、八、十为地数，和为五十五），专为'大衍之数五十'张本，此蓍策之原，非画卦之法。"最后引明归有光《易图论》驳宋人《河图》、《洛书》之说。

卷六、卷七辨先天古易。卷六有《论邵子伏羲八卦次序》、《论邵子伏羲八卦方位》两篇（包括《伏羲八卦次序》、《伏羲八卦方法》二图），指出邵雍把《繫辞》所云"易有太极，是生两仪，两仪生四象，四象生八卦"的揲蓍之序歪曲为画卦之序，伪造了《伏羲八卦次序图》。同时指出邵雍歪曲《说卦》"天地定位"章之意，把上下说成八方；违背《说卦》"帝出乎震"章关于八方之明文及"三索"章先父母（乾、坤）后六子（其他六卦）的次序；全据《周易参同契》伪造了《伏羲八卦方位图》。卷七有《论邵子伏羲六十四卦次序》、《论邵子伏羲六十四卦方位》两篇。作者据《繫辞》"八卦成列，象在其中矣；因而重之，爻在其中矣"、"兼三才（天地人）而两之，故六"及《说卦》"兼三才而两之，故易六画而成卦"之意，以驳邵氏关于伏羲六十四卦"逐爻渐生"所谓八卦生十六卦，十六卦生三十二卦，三十二卦生六十四卦之说，并引毛奇龄《仲氏易》八误之辨为据，证邵雍伏羲六十四卦次序之不通。作者还指出邵氏违背《易传》，推演《周易参同契》臆定次序、方位。作者得出结论说："邵子大小横图皆数学也，知来之神寓焉；大小圆图皆丹道也，养生之法备焉。其说自成一家言，于圣人之《易》无涉也。"

卷八辨后天之学。有《论邵子文王八卦次序》、《论邵子文王八卦方位》两篇（包括《文王八卦次序》、《文王八卦方位》两图）。胡渭认为"以上二图非古所传，亦邵子作也"。

卷九辨卦变。有《论古卦变》、《论虞氏卦变》、《论李氏卦变》、《论朱子卦变》诸篇（包括《虞仲翔卦变图》、《李挺之变卦反对图》、《李挺之六十四卦相生图》、《易外别传先天六十四卦直图》、《朱子卦变图》）。胡渭据《繫辞》所云：易"为道也屡迁，变动不居，周流六虚，上下无常，刚柔相易。"及《泰䷊卦·彖辞》所云："泰，小往大来，吉亨。则是天地交而万物通也，上下交而其志同也。内阳而外阴，内健而外顺，内君子而外小人，君子道长，小人道消也。"《否䷋卦·彖辞》所云："否之匪人，不利君子贞，大往小来。则是天地不交而万物不通也，上下不交而天下无邦也，内阴而外阳，内柔而外刚，内小人而外君子，小人道长，君子道消也。"以及其他卦《彖辞》之言，认为古有卦变，"变者《易》中之大义"，"然诸儒概以一爻言之，故唯三阴三阳之卦可通，二阴二阳之卦则不可通"。认为虞翻、李之才、朱熹之卦变图皆穿凿为说，并一一揭示其支离破碎，自相矛盾之处。他说："经之于六十四卦之首，各列二体六画，即卦变图也。刚柔往来之义，开卷了然，何以别图为？"

卷十辨象数流弊。有《论四圣之易》、《论陈希夷》、《论邵康节》、《论蜀隐者》、《论麻衣道者》、《论滇浒生》、《论学易正宗》诸篇。首篇论伏羲、文王、周公、孔子所谓"四圣"之《易》的一贯性,反对朱熹《周易本义·图说》割裂四圣之《易》的说法。第二篇据《宋史·隐逸传·陈抟传》及众说论陈抟为老氏之徒,在导养还丹方面继承魏伯阳之学,在知来预决方面继承管辂、郭璞之学,其《易》说与《周易》本义无涉。第三篇据《宋史·道学传·邵雍传》及众说论邵雍,认为"邵子之学源出希夷,实老庄之宗派。但希夷一言一动无非神仙面目,而邵子则不尚虚谈,不立异行,不落禅机,不溺丹道,粹然儒者气象。……故吾以为邵子之《易》与圣人之《易》,离之则两美,合之则两伤,学者不可以不审也。"第四篇就《宋史·隐逸传·谯定传》论蜀隐者谯定之《易》为老子之《易》。第五篇论麻衣道者《正易心法》为伪书,其言实出陈抟(《观物外篇》有云:"先天学,心法也")。第六篇论廖应淮(滇浒生)自谓得邵雍真传,而其所谈者唯祸福,无一字及于道义。第七篇论学《易》正宗,列王弼说、程颐《易传》说、项安世《周易玩辞》说、郝敬《谈经》、《学易枝言》、陈言《易疑》说、朱绂《易经精蕴》说、邵宝《易经精蕴序》说、都穆《易经精蕴序》说、顾炎武《日知录》说、黄宗羲《易学象数论》说,以为学《易》正宗,尤以顾炎武、黄宗羲之论为重。

全书体例谨严,材料丰富。每篇顶格列所辨材料正文,低一格引有关众说,低两格加己按,层次分明,考辨翔实。在辨伪方法上有几点值得注意:

第一,辨依傍,明歪曲。伪图、伪说多依傍经传穿凿为说,胡渭所揭示的借《周易·繫辞》、《说卦》、《象辞》,《尚书·洪范》、《顾命》之文,附会伪图、伪说诸例,皆能明其歪曲,夺其依傍。如卷一《论天地之数不得为河图》篇,先列《繫辞》之文:"天一,地二,天三,地四,天五,地六,天七,地八,天九,地十。""天数五,地数五,五位相得,而各有合。天数二十有五,地数三十。凡天地之数五十有五,此所以成变化而行鬼神也。"然后说:"渭按卦者易之体,所以立;蓍者易之用,所以行。韩康伯云:'卦,象也。蓍,数也。蓍极数以定象,卦备象以尽数。'四语划然分晓,盖象中虽有数而终以象为主,数中亦有象而终以数为主。故夫子言数皆主蓍,曰'极数知来之谓占',曰'参伍以变,错综其数',曰'极其数遂定天下之象',曰'幽赞于神明而生蓍,参天两地而倚数',曰'数往者顺,知来者逆,是故易逆数也',凡此类无不以蓍言。而此章尤为明白,举天地之数,正为大衍之数张本。其曰五位者,即五奇五偶,非指天数之中五。一、三、五、七、九同为奇,二、四、六、八、十同为偶,是谓五位相得。一与二,三与四,五与六,七与八,九与十,一奇一偶两两相配,是为各有合。于五行、五方曷与焉？于天地生成曷与焉？于《河图》、《洛书》又曷与焉？"又如卷六《论邵子伏羲八卦方位》篇谓方技家借《说卦》"天地定位,山泽通气,雷风相薄,水火不相射"四句撰为此图。其他类此,不一一列举。

第二,探伪图、伪说之源。伪图、伪说多有因袭,而非杜撰,因此胡渭很注意用探源的方法考其所出,以证与《易》本义不符。如卷二《论洪范五行传生成之数》篇中先引郑玄注《繫辞》"五位"及"大衍"之说,以探《伪关(朗)易·河图》之源。又如卷三辨陈抟之《天地自然之图》、《古太极图》源自魏伯阳《周易参同契》等。

第三,揭伪证。伪图、伪说之作者或传者往往造伪证自为张本,胡渭很注意就这方面加以揭穿。如卷四《论易数钩隐图》篇辨刘牧之徒伪造欧阳修《钩隐图序》。又如同卷引众说辨《乾凿度》、《子华子》为伪书,并进而指明为刘牧之徒伪撰。

第四,揭疏漏。伪图、伪说总是难以自圆,往往漏洞百出,胡渭亦善于从这方面加以揭示。如卷九《论李氏卦变》篇辨李之才《六十四卦相生图》说:"按李挺之言卦变,莫善于反对,莫不善于相生。反对者,经之所有,相生者,经之所无也。《六十四卦相生图》盖从乾坤三索之义而推之于六画以为卦变。纯乾、纯坤一交而为复、姤,再交而为遁、临,三交而为否、泰,是亦可以已矣。而又以姤初之一阴、复初之一阳递升以讫于上。遁、临之二阴、二阳,否、泰之三阴、三阳,亦如之。夫姤、复以一爻主变,犹有定法;若遁、临、否、泰,则两爻俱动,或独升,或同升,主变者非一,纷然而无统纪矣。且六子纯卦,亦不过因而重之,今乃谓震、坎、艮生于临,巽、离、兑生于遁,有是理乎？甚矣此图之为赘肬也!"其他例子尚多,不一一列举。

由以上可知胡渭的辨伪是建立在严密的考证基础之上的,体现着清代辨伪学发展的新特点。但是《易图明辨》也不无缺点,主要局限有二:第一,相信伏羲画卦,文王作《彖》、周公作《爻》、孔子作十翼的传统说法。而这种说法实有可疑,欧阳修已认为《繫辞》以下非孔子所作,颇有道理。其他《易》传亦难确信孔子所作。胡渭对此则绝无疑辞。第二,相信"四圣"之《易》的一贯性,也就是相信《周易》经传思想的统一,这也是不符事实的。实际上《周易》本为占筮之书,而《易传》则多发挥义理。

《易图明辨》的价值并不限于辨宋人《易》图之伪,也涉及辨汉《易》伪说。而且由于书中保存了宋代各家完整的《易》图及有关论述,因此又是《周易》图学的系统参考书;由于在辨《易》图之伪时广列众家之说,因此又构成一部《易》图辨伪史。

胡渭的其他著作有《洪范正论》、《大学翼真》等，皆能扫汉儒宋儒附会变乱之习。关于《古文尚书》也有辨伪之言，见引于阎若璩《尚书古文疏证》。

姚际恒（1647—约1715），字立方（《四库提要》《庸言录》条谓字善夫），号首源，祖籍安徽新安，久居仁和（今浙江杭州市）。史无传记。吴振棫《国朝杭郡诗辑》说："姚际恒，字立方，号首源，钱塘监生"，"首源博究群书，撑肠万卷"，"既而尽弃词章之学，专精治经。年五十，曰：'向平婚嫁毕而游五岳，予婚嫁毕而治九经。'遂屏人事，阅十四年而书成，名曰《九经通论》，凡一百六十三卷。又著《庸言录》若干卷，杂论经史理学诸子，末附《古今伪书考》，持论极严核。"毛奇龄《西河诗话》卷四说："亡兄大千为仁和广文，尝曰：'仁和祇一学者，犹是新安人。'谓姚际恒也。予尝作《何氏存心堂藏书记》，兄曰：'何氏藏书有几，不过如姚立方腹箧已耳！'"由此可见姚氏是一个博学的人。阎若璩也很推崇姚际恒，他在《尚书古文疏证》卷八中谈到与姚的交往，第一二一条说："癸酉（康熙三十二年，1693）冬薄游西泠，闻休宁姚际恒立方闭门著书攻伪《古文》。萧山毛大可告余：'此子之廖倔也，日望子来，不可不见。'介以交余，少余十一岁。出示其书，凡十卷，亦有失有得，失与上梅氏（鷟）、郝氏（敬）同，得则多超人意见外，喜而手自缮写，散各条下。"由此可推知姚际恒的生年，并知其《尚书通论》成书于阎书之前，有些见解为其所取（详后）。

姚际恒学识淹博而又富有怀疑精神，尤其敢于怀疑经传，反对宋代理学，思想颇为解放。因此受到统治者和正统学者的贬斥，《四库提要》卷一二九子部杂家类存目《庸言录提要》说："际恒生于国朝初，多从诸耆宿游，故往往剽其绪论。其说经也，如辟《图》、《书》之伪则本之黄宗羲，辟《古文尚书》之伪则本之阎若璩，辟《周礼》之伪则本之万斯同，论小学之为书数则本之毛奇龄，而持论弥加恣肆。至祖欧阳修、赵汝楳之说，以《周易》十翼为伪书，则尤横矣。其论学也，谓周、张、程、朱皆出于禅，亦本同时颜元之论。至谓程、朱之学不息，孔孟之道不著，则益悍矣。……亦可为好为异论者也。"所谓"好为异论"，正是思想解放的表现。至于说他多所剽窃，则为诬辞。如他"辟《古文尚书》之伪"，明明在阎若璩之前，有不少精辟之见为阎所取，此见阎氏自云，前已引述，而《提要》却说姚"本之阎若璩"，完全是本末倒置。

姚际恒的大部分著作都已散佚，只有《九经通论》中的《诗经通论》以及《古今伪书考》、《好古堂书画记》完整地传了下来。《礼记通论》散入杭世骏《续礼记集说》中，《尚书通论》的某些内容见引于阎若璩《尚书古文疏证》中。

台北"中研院"中国文哲研究所辑编有《姚际恒著作集》(1994年出版),搜罗较全。

在古文献学方面,姚际恒擅长辨伪。从《九经通论》传世的部分中,可知辨伪是《通论》的重要方面。

关于辨伪《古文尚书》的情况,可以从阎若璩《尚书古文疏证》所引部分略见一斑。查考阎书,明引姚说者凡二十处:见于卷一"第八"条中一处,见于卷四补遗四处("第六十"条中一处、"第六十一"条中一处、"第六十二"条中二处),见于卷五上"第六十五"条中一处、"第六十八"条中一处,见于卷五下"第七十五"条中一处(按,此处辨蔡沈《书传》之误,不属辨伪),见于卷七"第一百"条中一处、"第一○四"条中一处,见于卷八"第一一四"条中一处、"第一一六"条中一处、"第一二一"条中八处。其中有当面交谈时所得(如"第一一四"条、"第一一六"条中),但多数出自《尚书通论》。从这些材料中可以看出姚氏关于辨伪《古文尚书》及伪《孔传》的方法主要有以下几点:

第一,从取材上探其源,从用材上明其改、指其误,这是最主要的方法。《疏证》第一一六条:"又按姚际恒立方曰:'某之攻《古文》也,直搜根柢,而略于文辞。'"所谓"直搜根柢",主要指从取材、用材上以辨其伪。这方面的例子很多,如《疏证》第六十五条引姚际恒辨《舜典》开头增加之字"濬哲文明、温恭允塞",既本《诗经》、《周易》美商王、周王之辞,又袭王延寿《鲁灵光赋》"粤若稽古,帝汉祖濬哲钦明"、王粲《七释》"稽若古则睿哲文明,允恭玄塞",以《诗》、《易》所称后王之文,混加之于舜。又如第六十八条:"又按姚际恒立方曰:今《毕命》较《三统历》所引增'至于丰'者。案宅洛系大事,须告文王之庙,故言至于丰。命毕公何必尔?……盖因逸《书·毕命》有'丰刑'二字,既不可解,故就用其'丰'字傅会以为'至于丰',亦犹今《伊训》以逸《书·伊训》'方明'作'乃明'耳。"这里指明据《尚书》佚文附会成篇。至于揭示采袭《左传》并任意篡改的情况更多,如《疏证》第二一一条说:"又按姚氏好以《左氏》驳《古文》,与余同。"举例从略。

第二,从语辞句法上以辨其伪。姚际恒辨伪《古文尚书》并不是完全忽视文辞,只是与材料探源比较,文辞考辨居于次要地位而已。阎书所引亦有从文辞上考辨的例子,如第一一六条:"又按姚际恒立方曰:某之攻伪《古文》也,直搜根柢而略于文辞。然其句、字诚有显然易见者,篇中不暇枚举,特统论于此。句法则如或排对,或四字,或四六之类是也。字法则如以'敬'作'钦','善'作'臧','治'作'乂'、作'乱','顺'作'若','信'作'允','用'作'庸','汝'作'乃','无'作'罔','非'作'匪','是'作'时','其'作'厥','不'

作'弗','此'作'兹','所'作'攸','故'作'肆'之类是也。此等字法固多起伏氏《书》,然取伏《书》读之,无论易解难解之句皆有,天然意度,浑沦不凿,奥义古气,旁礴其中,而诘曲聱牙之处,全不系此。梅氏(赜)书则全藉此以为诘曲聱牙,且细咀之中,枵然无有也。譬之楚人学吴语,终不免舌本间强耳。观凡于逸《书》,'不'皆改作'弗','无'皆改作'罔',尤可类推。"

第三,辨史实、制度之误。如《疏证》卷四补遗第六十二条:"又按姚际恒立方曰:周家想三年一朝,故叔向曰:'明王之制,使诸侯间朝以讲礼。'杜注谓'十二年有四朝'是也,逮春秋降文、襄世,霸简之,至五岁而朝,子大叔称其不烦诸侯。果如伪书六年一朝,子大叔不妄语乎?且上云六服,此云五服,少却一服,则多却一年,又不知如何分年作朝法耳。"这里辨伪《古文尚书·周官》中朝制之误。又如第一○四条引姚际恒辨《五子之歌》凭空伪撰出五子之母的史实。

第四,认为东晋《古文尚书》与《孔传》皆是伪作。《疏证》第一一四条:"又按姚际恒立方亦以经与传同出一手,伪则俱伪,笑世人但知辨伪传而不知辨伪经,未免触处成碍耳。似暗指朱子言。余问何谓也,立方曰:如辨《伊训传》'太甲继汤而立'之非矣,则于伪经'王徂桐宫居忧'不能通,盖未有太甲服仲壬之丧而处祖墓旁者;辨《泰誓上传》武王承袭父年之非矣,则于伪经'大勋未集'(《泰誓上》)、'九年大统未集'(《武成》)不能通,盖未有文王不受命改元而得称九年者。蔡沈徒为曲解,不足据。故莫若俱伪之,俱伪之斩却葛藤矣。"

关于辨《诗序》之伪及前人解《诗》之非,见于《诗经通论》。《诗经通论》十八卷,以解《诗经》篇义为主,兼及名物、训诂、韵读、校勘,力驳《诗序》之非及朱熹《诗集传》之误,但对朱说亦有所酌取。其主要观点有以下几点:

第一,认为《诗序》为汉卫宏所作,多妄说,不可信。《自序》说:"间观《周颂·潜》之序曰:'季冬荐鱼,春献鲔',本于不韦《月令》,明为汉人所作,奈何玷我西河(子夏)!"《诗经论旨》说:"《毛传》不释《序》,且其言亦全不知有《序》者。毛苌,文帝时人;卫宏,后汉人,距毛公甚远。大抵《序》之首一语为卫宏讲师传(自注:即谢曼卿之属),而其下则宏所自为也。毛公不见《序》,从来人罕言之,何也?则以有郑氏之说。郑氏曰:'《大序》是子夏作,《小序》是子夏、毛公合作。'自有此说,人方以为毛公亦作《序》,又何不见之有乎!嗟乎,世人读书卤莽,未尝细心审究,故甘为古人所愚耳。兹摘一篇言之:《郑风·出其东门》,《小序》谓'闵乱,思保其家',《毛传》谓'缟衣,男服;綦巾,女服。愿为室家相乐',此绝不同。馀可类推。今而知《诗序》既与子夏无干,亦与毛公不涉矣。"以书中辨《诗序》之妄说(按,首句称《小序》,下文称《大序》,与传统所谓《大序》、《小序》之说不同)比比皆是,而称是者极少。所辨言之有据,如辨《桧风·素冠》小序"刺不能三年(丧)"之说,列"其不信者十",通过礼制和名物的考证以明其妄,十分确凿。

第二,对朱熹《诗集传》基本上持否定之说,指其谬有二:其一为"主淫诗"说,《自序》云:"《集传》纰谬不少,其大者尤在误读夫子'郑声淫'一语,妄以《郑诗》为淫,且及于《卫》,及于他国。是使《三百篇》为训淫之书,吾夫子为导淫之人,此举世之所切齿而叹恨者。"朱熹否定《诗序》美刺说,而主淫诗说。姚际恒亦反对《诗序》,但不主淫诗说,而主刺淫说或非淫说。其主刺淫说,思想仍比较保守,如《诗经论旨》说:"盖其时间有淫风,诗人举其事与其言以为刺,此正'思无邪'之确证。何也?淫者,邪也;恶而刺之,思无邪矣。"而主非淫说,则又比较开通,颇得本意,如论《野有死麕》篇说:"此篇若以为刺淫之诗(自注:欧阳氏说),则何为男称'吉士',女称'如玉'?若以为贞女不为强暴所污(自注:《集传》),则何为女称'怀春',男称'吉士'?且末章之辞尤无以见其贞意也。若直以为淫诗(自注:季明德说),亦谬。若以为凶荒礼杀,以死麕、死鹿之肉为礼而来(自注:毛、郑说),及以为野人求昏而不能具礼,女氏拒之(自注:《伪传》。按,即《子贡诗传》),总于'女怀春'、'吉士诱'及末章之辞皆说不过,难以通解。愚意此篇是山野之民相与及时为昏姻之诗。《昏礼》:贽用雁,不以死;皮、帛必以制。皮、帛,俪皮、束帛也。今死麕、死鹿乃其山中射猎所有,故曰'野有',以当俪皮。白茅,洁白之物,以当束帛。所谓'吉士'者,其'纠纠武夫'者流邪?'林有朴樕',亦'中林'景象也。总而论之,女怀、士诱,言及时也;吉士、玉女,言相当也。定情之夕,女属其舒徐而无使帨感、犬吠,亦情欲之感所不讳也欤?"(《诗经通论》卷二)此论不可谓不大胆而切实。《诗集传》其谬之二为对《诗序》阳违而阴从之,并且违是从非。见《自序》及《诗经论旨》。

第三,提出了批判吸收前人之说、独立思考、实事求是的解《诗》方法。他深明前人解《诗》之失,《诗经论旨》说:"汉人失之固,宋人失之妄,明人失之凿,……凿亦兼妄,未有凿而不妄者也。"在《自序》中明确表明自己的主张:"惟是涵泳篇章,寻绎文义,辨别前说,以从其是而黜其非,庶使《诗》意不致大歧,埋没于若固、若妄、若凿之中。其不可详者,宁为未定之辞,务守阙疑之训,俾原诗之真面目悉存,犹愈于漫加粉蘫,遗误后世而已。"这种方法是科学的、谨慎的,并在自书中得到较好的运用。但由于他坚持儒家诗教的说法,并且迷信孔、孟及其他经传的诗说,又往往违背自己提出的科学方法而相信错误的结论。

此外，《诗经通论》还在训诂上驳穿凿名物之说，在韵读上辨叶音之说。

《诗经通论》还与他经通论互参，如屡言详见《周礼通论》、《论语通论》、《孟子通论》等。

《古今伪书考》是一部考辨群书的著作，辨及经、史、子三类中凡九十一种书。此书本是《庸言录》（内容为杂论经、史、理学、诸子）的附录，最先被鲍廷博离析出来刻在《知不足斋丛书》里，后又单书流传。关于此书的宗旨和体例，自序说："造伪书者，古今代出其人，故伪书滋多于世。学者于此，真伪莫辨，而尚可谓之读书乎！是必取而明辨之，此读书第一义也。予辄不自量，以世所传伪书，分经、史、子三类，考证于后。"

《古今伪书考》中经书部分与《九经通论》相表里，如辨《易传》先引宋王开祖《儒志编》、欧阳修《易童子问》、陈振孙《直斋书录解题》著录赵汝谈《南塘易说》等说，最后说："予别有《易传通论》六卷，兹亦不详。"亦有《通论》参见此书者，如《诗经论旨》说："《诗序》来历，其详见于《古今伪书考》，兹不更述。"

《古今伪书考》多集前人之说，自序已发其例，所集有柳宗元、晁公武、陈振孙、高似孙、宋濂、胡应麟等。或就前人之说作补充考证，如辨《西京杂记》等；或集前人之说而不下按断，此例甚多，如辨《子华子》等；或列前人之说，注明己与其暗同，如辨《大戴礼》，列陈振孙之说，注曰："予前作《古文尚书通论》，其中辨《大戴礼》非本书，乃后人之伪，未见直斋此论也。今从《通考》中阅之，正相合。"但也有一些独立考证的部分，往往能从著录、书名、作者事迹、佚文、窃袭、语言风格等方面取证立论，如辨《司马法》，即为首辨，并无依傍。

《古今伪书考》所辨，除他确认的伪书之外，另分"有本非伪书而后人妄托其人之名者"（包括《尔雅》、《韵书》、《水经》、《阴符经》、《越绝书》），"有两人共此一书名今传者不知为何人作者"（仅《吴越春秋》一种），"有书非伪而书名伪者"（包括《春秋繁露》、《东坡志林》），"有未足定其著书之人者"（包括《国语》、《孙子》、《刘子新论》、《化书》）几类，此参考胡应麟《四部正讹》的分法而又有所发展。

《古今伪书考》一般说辨语比较简略，有的径引他人之说一二语当之，按断亦有不当之处，故后人有反驳之作，如顾实《重考古今伪书考》，谓姚书抄撮《文献通考》等书而成，去取殊多失当。此评不尽符事实，其重考又多为伪书辩护。又有补苴之作，如近人黄云眉《古今伪书考补证》，其自序说："姚氏之《古今伪书考》,一浅薄之辨伪书也。寻厥大概,无非抄撮《通考》、《诸子辨》、《笔丛》等所言,排比成书。分类舛驳,取舍随意,而叱辱之加,又往往不准于情理之所安。盖详核逊宋、胡,而武断则过之,此不足服作伪者之心。"其补证为有价值之作,而这种评价则不无偏颇。

第五节　惠栋　王鸣盛

惠栋传统被认为是"吴派"的代表人物,在古文献学上表现出宗汉及兼通经史的特点。王鸣盛与惠栋在学术上交往密切,观点也是一致的。

惠栋(1697—1758),字定宇,又字松崖,江苏元和(今苏州市吴县)人。惠栋有家学渊源,其祖父惠周惕、父惠士奇都是著名的学者,他们研读古书,重视汉代古注,是清代汉学的倡导者。如惠士奇认为:"经之义存乎训,识字审音,乃知其义,故古训不可改也。康成注解,皆从古读,盖字有音义相近而伪者,故读从之。"(《礼说》论《周礼》)又自书楹帖云:"六经尊服郑,百行法程朱。"(见《国朝宋学渊源记》前言)由上联可知他对汉学的宗奉。至于下联,是说修养行事以程朱理学为法。这说明清代"汉宋之争"仅限于学术领域,两派在思想意识上皆宗宋代理学。惠栋继承家学传统,自幼博览群书、自经、史、诸子百家杂说以至释道二藏,无不涉猎。三十岁以后(此据顾栋高《汉书补注序》,《汉学师承记》作五十岁以后)专攻经书,宗尚汉学。主要著述有《周易述》、《易汉学》、《周易本义辩证》、《周易爻辰图》、《易例》、《九经古义》、《古文尚书考》、《左传补注》、《后汉书补注》、《续汉志补注》、《松崖笔记》、《九曜斋笔记》、《松崖文钞》等。传记材料以钱大昕《惠先生栋传》为精详。

惠栋在古文献学方面的成就和特点有以下几方面:

(一)宗尚汉学

惠栋极力推崇汉学,《九经古义述首》说:"汉人通经有家法,故有五经师训诂之学,皆师所口授,其后乃著竹帛。所以汉经师之说立于学官,与经并行。五经出于屋壁,多古字古言,非经师不能辨。经之义存乎训,识字审音,乃知其义,是故古训不可改也,经师不可废也。余家四世传经(按,自其曾祖惠有声始),咸通古义。"此话与前引其父之言如出一辙。所谓古义,即指汉人之注。《易汉学自序》也说:"六经定于孔子,毁于秦,传于汉。汉学之亡久矣,独《诗》、《礼》、《公羊》犹存毛、郑、何三家。《春秋》为杜氏所乱,《尚书》为伪孔氏所乱,《易经》为王氏所乱。杜氏虽有更定,大较同于贾、服,伪孔氏则杂采马、王之说,汉学虽亡而未尽亡也;惟王辅嗣以假象说《易》,根本黄老,而经师之义荡然无复有存者矣。故宋人赵紫芝有诗云:'辅嗣《易》行无汉学,元晖诗变有唐风',盖实录也。"因此他以钩稽、发明汉学为宗旨,并把这一宗旨贯穿于他的古籍整理实践之中。例如《易汉学》是一部从旧注和有关典籍中辑考《周易》汉代注说的著作,共八卷,卷一、卷二为孟喜《易》说,卷三为虞翻《易》说,卷四、卷五为京房《易》说,卷六为郑玄《周易》爻辰图,卷七为荀爽《易》说,卷八为辨《河图》、《洛书》。其中只疑辨《河图》、《洛书》,对汉人《易》说则存而不疑,实际上汉人《易》说不乏穿凿附会。又如《周易述》是一部关于《周易》的新疏。他不满意唐人就王弼注所作之疏,重新自注自疏。注义以约取虞翻、荀爽之说为主,兼采郑玄、马融等人之旨;疏中则注明所采何人之说,并加以疏解。此书为未完稿,缺《鼎》至《未济》十五卦及《序卦》、《杂卦》传二篇。后江藩作《周易述补》。又如《九经古义》,包括《周易古义》、《尚书古义》、《毛诗古义》、《周礼古义》、《仪礼古义》、《礼记古义》、《公羊古义》、《穀梁古义》、《论语古义》九种,《述首》说:"余家四世传经,咸通古义,……因述家学,作《九经古义》一书。"由此可知此书是惠氏几代研读九经,考论古字古义札记的汇集之作。论古字涉及校勘,论古义多存汉说,例如:

《毛诗》:

"南有乔木,不可休息"(《周南·汉广》),《释文》云:"休息并如字,古本皆尔,本或作'休思',此以意改尔。"案《韩诗外传》"息"作"思"。《乐记》云:"使其文足论而不息",《荀卿子》"息"作"諰"(见《荀子·乐论》),《说文》云:"諰,思之意,从言从思。"《礼记》多古文,或"思"、"息"通也。(《九经古义》卷五)

此条论古字,不同意《释文》以意改字的说法,认为"思"、"息"古通,实"思"、"息"音近,此处皆作语气词用。又有《春秋左传补注》,也是越过杜预《集解》以存古义之作。

惠栋宗汉,意在摆脱后人的附会之说,以求近古之实,这在古文献学史上有进步意义,正如卢文弨《九经古义序》说:"今读徵君此书,单词片义具有证据,正非曲徇古人,后之士犹可于此得古音焉,求古义焉,是古人之功臣,而今人之硕师也。"(本书卷首,又见《抱经堂文集》卷二)当然他在这方面也有局限,即对汉人流于迷信而失之拘泥,具体情况详后。

(二)兼治史学

惠栋三十岁之前博览群书,尤其重视历史古籍的整理,著有《后汉书补注》,开吴派学者重视史学之先河。惠栋鉴于范晔《后汉书》缺略遗误,唐李贤召集宾客所注此书又多错漏,并且只有范书传于后世,而《东观汉记》及谢承、薛莹、司马彪、谢沈、袁山松等人所著东汉史书皆亡,于是从《初学记》、《艺文类聚》、《北堂书钞》、《太平御览》等类书以及有关旧注等材料中辑录东汉诸史佚文,仿《三国志》裴注体例及《史记》司马贞《索隐》格式而作此书,以补遗为主,兼作校注,综合使用史书整理的两种传统方法,行世后影响颇大。

(三)重视辨伪

著有《古文尚书考》二卷,第一卷分题考辨,计有《孔氏〈古文尚书〉五十八篇》、《郑氏述古文逸书》、《辨〈正义〉四条》、《证孔氏逸书九条》、《梅氏增多〈古文〉二十五篇》、《辨梅氏增多〈古文〉之谬十五条》、《辨〈尚书〉分篇之谬》、《附阎氏若璩〈尚书古文疏证〉》诸篇;第二卷分篇考伪书语句所本。第一卷内容无甚开创。第二卷除引前人说外,多有发现,可补阎书之不足。

(四)长于考证

在惠栋的各种专著中,都体现着长于考证的特点。《松崖笔记》更是一部集中的综合考证之作。此书汇集了作者一生所写的考证札记,翁广平为此书所作序说:"今读惠松崖徵君之笔记,而知其学之有原本也。……又于著述之暇,取诸子百家、凡象纬、舆地、六书、训诂、方言、风俗、姓氏、谱牒、金石、文字、算数、历律之学有足羽翼经传、发明注疏者,随笔摘记,莫不穷源竟委,曲证旁通,以为后学之津梁。"例如"唐人正义"条:"《汉书·律历志》曰:'删其伪辞,取正义著于篇。'唐孔《五经义疏》名《正义》,盖取诸此。"此考《五经正义》书名之本。又如"堂与唐通"条:"花之早放者曰堂花。或曰:堂犹塘也,塘报最速,故花以之名。古文'堂'、'唐'通,其说是也。义山《公子诗》:'金唐公主年应小,二十君王未许婚',注义山诗者,皆不详出处。予案《文献通考》,穆宗八女金堂公主适郭仲恭,金堂即金唐也。"当然其中各条的水平并不是一致的,有的比较简略。

惠栋在古文献学上的局限有两点:第一,迷信、盲从汉人之说,缺乏识断。正如王引之《与焦理堂先生书》所说:"惠定宇先生考古虽勤,而识不高,心不细,见异于今者则从之,大都不论是非。"(《王文简公文集》卷四)第二,通古字而昧古音,往往拘泥于字形,不明通假。例如《九经古义·尚书》:"宅西,曰昧谷"条,从许慎、虞翻之误说(详第三章第三节),实"邜"、"丣(卯)"古同字,"昧"、"柳"古同声母,"昧"、"柳"今音声母不同,是复辅音声母 ml- 分化的结果。在这一方面,惠栋远逊于皖派学者,如王引之《经义述闻·尚书》

"嗣"条:"《九经古义》曰'舜让于德,弗嗣'(《尧典》),《史记》作'不怿',徐广曰:'《今文》作不怡,怡,怿也。'李善《文选注》引《书》云:'舜让于德,不台',《汉书音义》云:'《古文》台作嗣'。案,嗣与怡音义绝异。《毛诗·子衿》曰:'子宁不嗣音',《韩诗》作'诒音',古'怡'、'诒'字皆省作'台','嗣'字皆省作司,《高宗肜日》:'王司敬民',《史记》作'王嗣敬民',吕大临《考古图》载《姜鼎》云:'余惟司朕先姑',《集古录》释'司'为'嗣',是'司'为古文'嗣'。或古'司'、'台'字相似,因乱之也。"家大人(王念孙)曰:"'司'与'台'篆隶皆不相似,写者无由乱之。'不嗣'之为'不怡'、为'不台','嗣'音之为'诒'音,皆以声相近而通,非以字相似而误也。'司'与'台'声相近,故从'司'从'台'之字可互通。《左氏春秋》庄八:'甲午治兵',《公羊》作'祠兵',《释兽》释义曰:'齝',字书以为古'齝'字,皆其例也。《史记·周本纪》:'怡悦姻人',徐广曰:'怡,一作辞'。'辞'、'嗣'声相近,'怡'之为'辞',犹'怡'之为'嗣'也。故凡字之相通,皆由于声之相近,不求诸声,而求诸字,则窒矣。"所谓"不求诸声,而求诸字",恰中惠氏这一弱点。

惠栋在当时影响较大,与沈彤等学者有深交,受业弟子中最知名的有余萧客、江声。王鸣盛、钱大昕、戴震、王昶等皆向惠栋问学,以师礼相待。

王鸣盛(1722—1798),字凤喈,一字礼堂,别字西庄,江苏嘉定人。乾隆十二年(1747)乡试,以五经中式,会试不第,客游苏州,与王昶、钱大昕等同游沈德潜门下。又与惠栋讲经义,知训诂必以汉儒为宗。乾隆十九年(1754)及第,授编修。参与秦蕙田主持的《五礼通考》的修纂工作。乾隆二十三年(1758),殿试一等一名,升侍讲学士,充日讲起居注官。次年充福建正考官。官终光禄寺卿。后隐居苏州,闭门读书、著述。他宗尚汉学,主要著述有《十七史商榷》、《尚书后案》、《蛾术编》等。传记材料有钱大昕《西沚先生墓志铭》,又见《碑传集》卷四十等。

《十七史商榷》一百卷,是作者校读十七史的考订笔记。此书以毛晋汲古阁所刻十七史为底本,毛刻未收的《旧唐书》、《旧五代史》也包括在内,《缀言》中还论及《资治通鉴》。此书的宗旨和内容,包括各史的成书过程及注家、文字校勘及注释、典章制度、历史事实的考释等。

《尚书后案》三十一卷,这是清代继阎若璩等人辨伪之后关于《尚书》的第一部系统的注解书。此书以郑玄注为主。先就二十九篇今文《尚书》遍考群书,包括经传注疏,史书文集旧注及类书笔记等,钩稽出已佚的郑注,兼辑马融注及王肃注,皆注明材料出处。此外,还兼采伪孔传及孔疏用作补阙或备参。至于宋人及以后的注释，一概摈弃不取。自己所加的"后案"，以疏通郑义为主，兼及所列他说。凡与郑相异者，皆分析驳难，最终以郑说为归。此书可视为《尚书》的新疏。对伪《古文尚书》二十五篇，则别为后辨附在后面。

《蛾术编》九十五卷，这是一部读书和考证札记。共分十目：说录、说字、说地、说制、说人、说物、说集、说刻、说通、说系。范围涉及经、史、子、集，内容包括书录解题、文字、音韵、训诂、名物、制度、地理、人物、金石等方面的考证。但博览有余，精研不足，故有援引多、裁断少的缺点。

王鸣盛的古文献学观点主要有以下几点：

（一）重视汉学，鄙弃宋学

在经学方面王鸣盛标榜汉学，反对宋学，主要是从方法论上着眼的，也就是说重视文字、音韵、训诂、考证之学，鄙弃义理之学。他的观点是十分鲜明的，如说："经以明道，而求道者不必空执义理以求之也，但当正文字，辨音读，释训诂，通传注，则义理自见，而道在其中矣。"（《十七史商榷序》）又说："小学宜附经，……然小学却为经之根本，自唐衰下讫明季，经学废坠千馀年，无人通经，总为小学坏乱。无小学自然无经学。"（《蛾术编》卷一）这里明确提出由小学以通经学，"无小学则无经学"，"空执义理"不可能通经明道。他强调小学，甚至要冲破传统经学观点，改变小学的附庸地位，而视为"经之根本"。陶澍《蛾术编序》说："大抵先生之学，经义主郑康成，文字主许叔重。宗尚既正，遂雄视一切。"在汉人中他尤以郑玄为宗，《蛾术编》卷五十八为考郑玄身世学术的专篇，其"郑康成"条说："余说经以先师郑氏为宗。"至于宋人义理之学，他坚决反对，并通过具体考证实例揭露其穿凿，如《蛾术编》卷六十二"龟四体"条："《礼记·中庸》'动乎四体'（按，原文为'至诚之道，可以前知，国家将兴，必有祯祥，国家将亡，必有妖孽，见乎蓍龟，动乎四体'），郑注：'四体，谓龟之四足，春占后左，夏占前左，秋占前右，冬占后右。'……其文义显然。朱子忽改古义而以为人之四体，云：'执玉高卑，其容俯仰'之类，而又云：'凡此皆理之先见者也。'愚谓朱子平生只将己心悬空揣摸，被他摸着一个'理'，疾忙一把擒住，或称为'天理'，或称为'义理'，横放在胸中，凭天下千事万事来，总把此一个'理'应付去，却又不肯单靠己心，靠同代之辈四五人证明。即将此去，读天下书皆执此理去剖断。"朱熹也有不废注疏，重视训诂考证的一面，对此王鸣盛则加以肯定，如《蛾术编》卷五九"郑氏品藻"条引《朱子大全》、《朱子语类》中肯定汉学之说，认为"朱子集义理之成而亦取郑氏。合《文集》、《语类》观之，其深有取于郑氏。可见独《周易》惑于邵氏,《诗》以己意,说二经不知郑学。……朱子于郑氏得于《礼》者最多。"

王鸣盛宗汉弃宋的观点,基本上是正确的,但也有所偏颇。汉时近古,汉人之说多存古义,符合实际,这是事实;但汉人之说也不全对,一味迷信,则陷入谬误。王鸣盛像惠栋一样,也有迷信汉说的局限,如说:"但当墨守汉人家法,定从一师,而不敢他徙。"(《十七史商榷序》)对于宋学,王鸣盛反对其穿凿义理是对的。但完全否定义理分析则是片面之见。

（二）重视史学

王鸣盛说:"余束发好谈史学,将壮辍史而治经,经既竣,乃重理史业。"(《十七史商榷序》)他在学术上的主要成就表现在史学方面,其《十七史商榷》突破一史或前四史的研究范围,开清代校读整理历代群史之先河。

王鸣盛的史学,实际上是史籍文献学。他把传统的考据学方法运用于历史古籍的整理、研究。如他说,经过长期实践,"始悟读史之法与读经小异而大同。何以言之？经以明道,而求道者不必空执义理以求之也,但当正文字,辨音读,释训诂,通传注,则义理自见,而道在其中矣。……读史者不必以议论求法戒,而但当考其典制之实;不必以褒贬为与夺,而但当考其事迹之实,亦犹是也。故曰同也。"(《十七史商榷序》)他所谓的读经、读史这种相同的方法,就是文献考据学的方法。他的《十七史商榷》就是史籍考据的成果。

由于没有"经书神圣"观念的束缚,王鸣盛在史籍整理、研究方面,思想观点较为开明,不存在拘泥保守的一面,如他在比较治经与治史之异时曾说:"若夫异者则有矣:治经断不敢驳经,而史则虽子长、孟坚,苟有所失,无妨箴而砭之,此其异也。……要之二者虽有小异,而总归于务求切实之意则一也。"(《十七史商榷序》)

（三）重视辨伪与校勘

辨伪和校勘也都涉及文献的考实,因此受到王鸣盛的重视。关于辨伪,在介绍《尚书后案》时,已经谈及辨伪《古文尚书》。在他的其他著作中,辨伪事、伪说、伪书之论亦不乏见,如《蛾术编》卷五有"《诗序》断非卫宏所作"条等。关于校勘,他强调为读书先决之事,并亲自加以实践,如说:"予识暗才懦,一切行能举无克堪,惟读书校书颇自力。尝谓好著书不如多读书,欲读书必先精校书,校之未精而遽读,恐读亦多误矣;读之不勤而轻著,恐著且多妄矣。二纪以来,恒独处一室,覃思史事,既校始读,亦随读随校。购借善本,再三雠勘。"(《十七史商榷序》)他的《十七史商榷》校勘与考证并重,包括大量"改讹文,补脱文,去衍文"等"校书之所得"。

第六节　江永　钱大昕

江永和钱大昕是清代考据学深入发展的过渡人物,他们在文字、音韵、训诂及古文献内容的考证方面都有突出的成就,起着承上启下的作用。

江永(1681—1762),字慎修,婺源(清属安徽徽州府,今属江西)江湾人。曾事举业,一直未中第,闭门教书治学。擅长步算、乐律、音韵,对于礼学尤为精深。戴震曾向他问学,交往甚密。因此江永对皖派学术影响较大,堪称皖派学者之前驱。主要著作有《周礼疑义举要》、《仪礼释例》、《仪礼释宫增注》、《礼记训义择言》、《深衣考误》、《礼书纲目》、《律吕阐微》、《律吕新论》、《春秋地理考实》、《乡党图考》、《群经补义》、《古韵标准》、《诗韵举例》、《音学辨微》、《四声切韵表》、《推步法解》、《算学》、《近思录集注》等。传记材料以戴震《江慎修先生事略状》为详核。

江永的成就主要有两方面:

(一)考证方面

江永擅长考证,尤精礼学,在有关古礼的名物、制度的考证方面成就卓著。主要著作如《周礼疑义举要》七卷,关于此书的成就,《四库提要》卷一九论述简明扼要,兹录如下:"是书融会郑注,参以新说,于经义多所阐发。其解《考工记》二卷,尤为精核。"如《仪礼释宫增注》一卷,就宋李如圭《仪礼释宫》作详注,多所发明,考证精密。《礼记训义择言》八卷,自《檀弓》至《杂记》,于注家异同之说,加以抉择酌定,与元陈澔《云庄礼记集说》出入较多。《深衣考误》一卷,就深衣之制辨前人之误说,考证精核。《礼书纲目》八十五卷,成书于四十岁时,内容涉及三礼,是一部关于礼乐制度汇考的书。此其仿朱熹《仪礼经传通解》体例,以《周礼》嘉、宾、凶、吉、军五礼为纲,并增通礼、曲礼、乐三门,各门下系子目编纂有关材料而成。比朱熹书更为精详,并有所订误。《乡党图考》十卷,就《论语·乡党篇》中的制度、名物,搜集经传及他书有关资料加以汇考。共分九类:第一,图谱。包括孔子先世图,孔子年谱,诸侯宫寝朝廷庙社总图,天子外朝图,诸侯治朝燕朝图,公门图,大门外摈介传命图,庙中上摈相礼图,庙中行聘礼享礼图,庙中行私觌图,宗庙制度图,诸侯五庙图,聘用圭璋图,享用璧琮加束帛图,服制差等图,冕弁冠服所用图,冕服九章图,冕弁冠图,衣裳图,韨佩图,深衣裁布图,深衣裳裁布图,深衣前图,深衣后图,深衣裳孔疏订误图,车轮图一,车轮图二,车舆图,辀衡伏兔图,席图。第二,圣迹。分题考孔子身世行迹,细目不一一列举。

第三，朝聘。包括通考诸侯相朝聘，诸侯相朝考，圭考，摈考，趋进考，聘礼通考，聘礼执圭以前考，执圭行聘考，享礼考，私觌前礼宾考，私觌考，宾退送宾考，送宾以后考。第四，宫室。包括朱子仪礼释宫，通考天子诸侯三朝，外朝考，治朝考，燕朝考，门考，枨闑阈考，宁（通伫）考、堂阶考、鲁宗庙考、朝制补遗。第五，衣服。考衣服之制，细目不一一列举。第六，饮食。细目不一一列举。第七，器用。包括车通考，车轮考，车舆考，车辕考，车马考，绥考，席考，杖考。第八，容貌。包括容通考，色容考，目容考，言容考，鞠躬考，手容考，拜考，揖考，授考，立容考，行容趋容考，升堂降等考，坐考，居考，寝考，沐浴考，当暑考，升车考，车中考。第九，杂典。包括乡党考，上大夫下大夫考，吉月考，视朔考，朝君考，侍君考，君召考，君赐考，视疾考，祭于公考，齐（斋）考，家祭考，蜡祭息民考，傩考，馈问考，负版考，瞽者考，厩焚考，马考，雉考。由此目已可知其所涉内容之多。每个专题考证亦颇翔实，而且图文并具，相得益彰。

除了礼制考证之外，江永还长于地理，晚年著有《春秋地理考实》四卷，这是一部关于《春秋》及《左传》地理的考证之作，关涉古今地理沿革，虽承前人之成果，而又多所补正，"核其虚实，精者益精，详者益详"（《自序》）。其书体例，先出《春秋》或《左传》地名，继列所在之文句，然后就杜注、孔疏及《春秋传说汇纂》，是者从之，非者辩之，或加补充。如隐公元年："费，〔传〕费伯帅师城郎。〔汇纂〕鲁大夫鲁庈父之食邑，读如字，与季氏费邑读如秘者有别。魏武封费亭侯即此，今鱼台县西南有费亭。今按，费伯者，费庈父也，见隐二年，郎亦在鱼台县，故知此费为其食邑。陆德明《释文》音秘，非也。季氏之费见僖元年。"

江永又有《群经补义》，专补正旧注，亦以考据见长。如《孟子补义》："'廛无夫里之布'，《集注》用旧说，皆未安。凡民居区域、关市、邸舍通谓之廛。上文'廛而不征，法而不廛'之廛是市宅。此'廛'谓民居，即《周礼》'上地夫一廛'、'许行愿受一廛'（后句见《孟子》）之廛，非市宅也。布者，泉也，亦即钱也，非'布帛'之布。夫布，见《地官·闾师》：'凡无职者出夫布'，谓闲民为民备力者，不能赴公旬三日之役，使之出一夫力役之泉，犹后世之雇役钱也。里，谓里居，即《孟子》'收其田里'之里，非二十五家也（按，《周礼疑义举要》：'里字之义有三：一为三百步之里，一为二十五家之里，一为里居之里。'）里布，见《地官·载师》：'凡宅不毛者有里布'，谓有宅不种桑麻，或荒其地，或作为台榭、游观，则使之出里布，犹后世凡地皆有地税也。此皆民之常赋，战国时一切取之，非备力之闲民已有力役之征，而仍使之别出夫布，宅已种桑麻,有嫔妇布缕之征,而仍使之别出里布。是额外之征借夫里布之名而横取者。今皆除之,则居廛者皆受惠也。《集注》以廛为市廛,以里为二十五家,又舍《闾师》而引《载师》:'凡无职者出夫家之征',以'夫家'为一夫百亩之税,一家力役之征,当时虽横取民,当不至此。"这里辨夫布、里布之制及里制,考证精确,引据翔实。朱熹注虽亦有引据,但与事实不符,为失考所致。

（二）音韵方面

江永精于音学,著有《音学辨微》、《四声切韵表》、《古韵标准》等。与古文献学关系密切的是他在古音研究上有开创,如《古韵标准》分古韵为十三部,比顾炎武所分十部又精确一步。兹选其平声十三部、入声八部韵目分别举示如下:

平声：

第一部　东、冬、锺、江。

第二部　脂、之、微、齐、佳、皆、灰、咍;分支、尤;别收魂、戈,去声未、怪。

第三部　鱼、虞、模;分麻。

第四部　真、谆、臻、文、魂、痕;别收仙、山、微、齐、青、蒸,上声轸,去声霰。

第五部　元、寒、桓、删、山;分先、仙,别收去声愿。

第六部　宵;分萧、肴、豪。

第七部　歌、戈;分麻、支;别收上声纸,去声寘。

第八部　阳、唐;分庚;别收上声养,去声漾、宕、映。

第九部　耕、青;分庚。

第十部　蒸、登;别收东。

第十一部　侯、幽;分尤、虞、萧、宵、肴、豪;别收上声厚。

第十二部　侵;分覃、谈、盐;别收东,去声梽。

第十三部　添、严、咸、衔、凡;分覃、谈、盐。

入声：

第一部　屋、烛;分沃、觉;别收锡,去声侯。

第二部　质、术、栉、物、迄、没;分屑、薛;别收职。

第三部　月、曷、末、黠、薛;分屑。

第四部　药、铎;分沃、觉、陌、麦、昔、锡;别收去声御、祃。

第五部　分麦、昔、锡;别收烛。

第六部　职、德;分麦;别收屋、沃,去声志、怪、队、代,平声咍。

第七部　缉；分合、葉、洽。

第八部　盍、帖、业、狎、乏；分合、葉、洽。

江永比顾炎武增分三部的情况，如王力《中国语言学史》第三章第十四节所说："江永把古韵分为十三部，与顾氏不同之点在于：（1）幽部与宵部分立（自注：江氏未立韵部名称。这里用江有诰所定的名称，以便了解），虞韵之半归幽部。（2）真部与元部分立。（3）侵部与谈部分立。"（山西人民出版社，1980年版）

关于江永研究古音的特点和贡献，王力在上书同章同节中说：

江永研究古音的最大特点是讲究音理。他说："细考《音学五书》亦多渗漏，盖过信'古人韵缓不烦改字'之说，于'天'、'田'等字皆无音。《古音表》分十部，离合处尚有未精，其分配入声多未当。此亦考古之功多，审音之功浅。每与东原叹息之。"（见《古韵标准》例言）

"考古之功多，审音之功浅"，成为一句名言。《诗经》中不可能没有合韵的情况，正如今天 ao、ou 可以通韵，an、in 可以通韵一样。如果没有音理作为指导，一味联系，似密而实疏，并不能认为是科学方法。江氏精于等韵学，以音理作为基础来研究古音，与顾氏在观点方法上有了分歧，所得的结果自然不一样了。

江氏古音学的最大贡献有两点：

第一是区别侈弇。拿今天的术语来说，就是区别开口元音和闭口元音（侈是开，弇是闭）。汉语的语音，从古到今，都有 a 系统与 ə 系统的对立。江氏区别幽、宵两部，因为宵部是 a 系统，幽部是 ə 系统；（自注：江氏于平声第六部总论中说："此部〔按即宵部〕之音，口开而声大；十一部〔按即幽部〕之音，口弇而声细。"）区别真、元两部，因为元部是 a 系统，真部是 ə 系统；区别侵、谈，因为谈部是 a 系统，侵部是 ə 系统。这一发现是很重要的。

第二是以入声兼配阴阳。江氏叫做数韵共一入。江氏《四声切韵表》以开合等呼相配成表，非常细致。虽然个别地方还欠正确，（自注：例如以"着"配"朝"）但大体上是合理的。后来江有诰的《入声表》还不能超出他的范围。他以昔韵兼配支、耕两部，质韵兼配脂、真两部，职韵兼配之、蒸两部等，实际上是以入声为枢纽，而把阴声和阳声联系起来。后来戴震仿照这个办法，成为九类二十五部的配合，朱骏声也仿照这个办法，以为鼎的分部同解，坤的分部同履，升的分部同颐，等等。孔广森实际上受到江氏《四声切韵表》的影响，才创为阴阳对转的理论的。

清代小学以古音研究为枢纽,推动了文字学、训诂学的发展,直接关系到古文献整理中的注音、释义和校勘、考证。江永在古音学上的成就,对古文献学的影响是很大的。而且他自己在古文献整理的考证及音辨、训诂等方面,已利用古音学的成果做出了成绩。

钱大昕(1728—1804),字晓徵,一字及之,号辛楣,又号竹汀居士,嘉定(今属江苏)人。乾隆十九年(1754)进士,历任内阁中书、翰林院编修、侍讲学士,詹事府少詹事,提督广东学政等。曾参与修撰《音学述微》、《续文献通考》、《续通志》、《一统志》、《天球书》等书。乾隆四十年(1775)丁忧归里,不再出仕,专门从事著述和讲学。乾隆四十三年(1778)任锺山书院院长,讲论古学,宗尚汉儒旧义,以通经读史为先。乾隆五十四年(1789)主讲紫阳书院。钱大昕在学术上涉猎的领域比较广泛,主要著述有《唐石经考异》、《经典文字考异》、《声类》、《三史拾遗》、《通鉴注辩正》、《元史氏族表》、《元史艺文志》、《廿二史考异》、《潜研堂金石文字目录》、《潜研堂金石文跋尾》、《十驾斋养新录》、《潜研堂文集》、《诗集》等。其中《十驾斋养新录》二十卷,为综合考证笔记,全书不分门目,编次先后大致以类相从,每条冠以标题。前三卷论经学,四、五卷论小学,六至九卷论史学,十卷论官制,十一卷论地理,十二卷论姓氏,十三、十四卷论典籍,十五卷论金石,十六卷论词章,十七卷论术数,十八卷论儒术,十九、二十卷为杂考证。《馀录》三卷为补遗之作。《十驾斋养新录》堪称作者学术的一个缩影,其在形式上虽与《日知录》相仿,而内容却以经、史、小学等考证为主,绝少经世之论,反映了清中期考据学发展的新特点。《养新录》刊行后,作者续有所得,别记一编,名曰《十驾斋养新馀录》,死后由其子刊刻行世,共三卷。传记材料有手编自题《竹汀居士年谱》(其曾孙庆曾校注)、钱庆曾《竹汀居士年谱续编》及王引之《詹事府少詹事钱先生神道碑铭》。

钱大昕在古文献学方面成就和特点有以下几方面:

(一)宗汉排宋

钱大昕在古文献学上表现出宗汉排宋的基本倾向。《左氏传古注辑存序》说:"夫穷经者,必通训诂,训诂明而后知义理之趣。后儒不知训诂,欲以向壁虚造之说,求义理所在,夫是以支离而失其宗。汉之经师,其训诂皆有家法,以其去圣人未远。魏、晋而降,儒生好异求新,注解日多,而经益晦。辅嗣之《易》,元凯之《春秋》,皆疏于训诂,而后世盛行之,古学之不讲久矣。"(《潜研堂文集》卷二四)《臧玉林经义杂识序》说:"自宋、元以经义取士,守一先生之说,敷衍傅会,并为一谈,而空疏不学者,皆得自名经师。间有读汉、唐注疏者,不以为俗,即以为异,其弊至明季而极矣。"(同上)《与晦之论尔雅书》说:"尝病后之儒者,废训诂而谈名理,目记诵为俗生,诃多闻为丧志,其持论甚高,而实便于束书不观、游谈无根之辈。有明三百年,学者往往蹈此失。"(同上卷三三)以上材料皆说明作者宗尚汉学,排斥宋学。这样的例子还很多,如《十驾斋养新录》卷十八"宋儒经学"、"六经注我"、"引儒入释"等条。

钱大昕宗汉排宋的思想主要有两方面的内容:第一,在成果上重视汉注及信守汉注的唐疏,认为其说近古,多得本义,而宋人之说则往往凭空穿凿。具体例子见《潜研堂文集》卷五《答问》一至六论经义部分。第二,在方法上主张由训诂、校勘、考证以求义理,反对空谈义理。从钱大昕的具体言论和实践看来,他的宗汉排宋思想更侧重在方法上,已不像惠栋那样拘守汉人成果,从而佞汉的偏颇已有所纠正。

宗汉排宋本指经学而言,钱大昕因为侧重于方法,所以也就推广到史学,这一点又与王鸣盛相似。前面已经讲到,王鸣盛在《十七史商榷序》中曾谈到"读史之法与读经小异而大同",所谓大同,即指文献考据方法之同。钱大昕的史学也侧重于文字的校勘和史实的考证,《廿二史考异序》所言甚详。其书内容,恰与此序所言相合,多校勘、考证而少议论、褒贬。由此可见,钱大昕无论在经学中,还是在史学中,都贯穿着宗汉排宋的宗旨和方法。

(二)重视小学,成就突出

钱大昕非常强调小学对古文献学的重要意义,并且认为小学中又以音韵为关键,因音求义是重要的训诂方法。《小学考序》说,"六经皆载于文字者也,非声音则经之文不正,非训诂则经之义不明。……声音固在文字之先,而即文字求声音,则当以文字为定。字之义取于孳,形声相加,故六书谐声为多。后人不达古音,往往舍声而求义,穿凿傅会,即二徐尚不能免,至介甫益甚矣。古人之意不传,而文则古今不异。因文字而得古音,因古音而得古训,此一贯三之道,亦推一合十之道也",因此得出"通经必研小学"的结论(《文集》卷二四)。《诗经韵谱序》也说:"自文字肇启,即有音声。……古人以音载义,后人区音与义而二之,声音之不通,而空谈义理,吾未见其精于义也。此书出,将使海内说经之家奉为圭臬,而因文字声音以求训诂,古义之兴有日矣,讵独以存古音而已哉?"(同上)

钱大昕不仅重视小学,而且在音韵、训诂方面卓有成就。

钱大昕在音韵上明古今之变,通古音,如《十驾斋养新录》卷五有"古今音"条,《馀录》卷上有"古今音异"条等。又《养新录》卷一"鼛"条说:"有识者勿泥于隋、唐以后之音,斯可与道古矣。"又同卷"协句即古音"条说:"沈重《毛诗音》于《燕燕》首章'远送于野'云:'协句,宜音时预反',二章'远送于南'云:'协句,宜乃林反'。沈重生于梁末,其时去古已远,而韵书实始萌芽,故于今韵有不合者,有协句之例。协句即古音也。自陆德明创为'古人韵缓、不烦改字'之说,于沈所云协句者,皆如字读,自谓通达无碍,而不知三百篇用韵谐畅明白,未尝缓也。使沈重音尚传,较之吴才老叶韵,岂不简易而可信乎?协句亦谓之协韵,《邶风》'宁不我顾',《释文》:'徐音古,此亦协韵也。后放此。'陆元朗之时,已有韵书,故于今韵不收者,则谓之协韵。"这里认为协句反映了古音,凡协句者古本同韵,从而破了叶韵说和"古人韵缓,不烦改字"之说。

钱大昕在古音声母的研究上最为突出,主要成就有两点:

第一,古无轻唇音。关于古音重唇、轻唇无别的现象,方以智已经得出"唇缝常溷"的结论(见第六章方以智专节),而通过切实的考证,首先明确提出古无轻唇音,轻唇音一律读重唇的结论,则属钱大昕。这种观点散见于他的《文集》及《十驾斋养新录》中多处,《养新录》卷五"古无轻唇音"一条论证最为集中,如说:"凡轻唇之音,古读皆为重唇。《诗》:'凡民有丧,匍匐救之',《檀弓》引《诗》作'扶服',《家语》引作'扶伏'。又:'诞实匍匐',《释文》:'本亦作扶服。'《左传》昭十二年:'奉壶饮冰以蒲伏焉',《释文》:'本又作匍匐。蒲,本亦作扶。'昭二十一年:'扶伏而击之',《释文》:'本或作匍匐。'《史记·苏秦传》:'嫂委蛇蒲服',《范雎传》'膝行蒲服',《淮阴侯传》:'俯出袴下蒲伏',《汉书·霍光传》:'中孺扶服叩头',皆'匍匐'之异文也。……古读無如模,《说文》'無',或说规模字,汉人规模字或作橅。《易》:'莫夜有戎',郑读莫如字,云:'無也。'無夜,非一夜。《诗》:'德音莫违',笺:'莫,無也。'《广雅》:'莫,無也。'《曲礼》:'毋不敬',《释文》云:'古文言毋,犹今人言莫也。'释氏书多用南無字,读如曩谟。梵书入中国,翻译多在东晋时,音犹近古,沙门守其旧音不改,所谓礼失而求诸野也。"

第二,古无舌上音。所论散见的例子也很多,《养新录》卷五"舌音类隔之说不可信"条为专论之篇,如说:"古无舌头舌上之分。知、彻、澄三母,以今音读之,与照、穿、床无别也,求之古音,则与端、透、定无异。《说文》:沖读若动。《书》:'惟予沖人',《释文》:'直忠切。'古读直如特,沖子犹童子也。字母家不识古音,读沖为虫,不知古读虫亦如同也。《诗》:'蕴隆虫虫',《释文》:'直忠反',徐:'徒冬反'。《尔雅》作爞爞,郭:'都冬反'。《韩诗》作烔,音徒冬反。是虫与同音不异（自注：《春秋》成五年：'同盟于虫牢'，杜注：'陈留封丘县北有桐牢。'是虫桐同音之证。）……古人多舌音，后代多变为齿音，不独知、彻、澄之母为然也，如《诗》重穋字，《周礼》作穜稑，是重穜同音。陆德明云：'禾边作重，是重穋之字，禾边作童，是穜艺之字，今人乱之已久。'予谓古人重童同音。《峄山碑》勳从童，《说文》董从童，《左传》'予发如此種種'，徐仙民作董董。古音不独重穋读为穜，即穜艺字亦读如穜也。后代读重为齿音，并从重之字亦改读齿音，此齐、梁人强分别耳。而元朗以为相乱，误矣。（自注：《易》：'憧憧往来'，徐仙民音童。京房本作僮。）……"

以上两个问题，均能从异文、谐声偏旁、旧音等方面收集大量例子证成其说，至为确凿。此外论古音晓、匣、影、喻四母似不分别（见《文集》卷十五《答问》十二），也有一定道理。

钱大昕关于古音还有"声义相转"说，《答问》十二"音韵"专条说："但古人亦有一字而异读者，文字偏旁相谐谓之正音，语言清浊相近谓之转音。音之正有定，而音之转无方。正音可以分别部居，转音则只就一字相近假借互用，而不通于它字。其以声转音，如'难'与'那'声相近，故'傩'从难，而入歌韵；'难'又与'泥'相近，故'黐'从难，而入齐韵，非谓歌、齐两部之字尽可合于寒、桓也。'宗'与'尊'相近，故《春秋传》'伯宗'或作'伯尊'；'临'与'隆'相近，故《云汉》诗以'临'与'躬'韵；'鞏'与'固'相近，故《瞻卬》诗以'鞏'与'後'韵，非谓魂、侵、侯之字尽可合于东、鍾也。其以义转者，如'躬'之义为'身'，即读'躬'如'身'，《诗》：'无遏尔躬'，与'天'为韵；《易》：'震不于其躬，于其邻'，'躬'与'邻'韵，非谓真、先之字尽可合于东、鍾也。'赓'之义为续，《说文》以'赓'为'续'之古文，盖《尚书》'乃赓载歌'，孔安国读'赓'为'续'，非阳、庚之字尽可合于屋、沃也。"（《文集》卷一五）由此可见，钱大昕所谓"正音"，就是字之本音，所谓转音，就是通转之音。转音又分"以声转者"和"以义转者"。"以声转者"，声指声母，又被称为"双声假借"，如同条说："且后儒所疑于《象》、《象》传者，不过'民'、'平'、'天'、'渊'诸字，此古人双声假借之例，非举两部（韵部）而混之也。"这种只顾声纽而不顾韵母的声转说是错误的。实际上凡此情况其韵母也必有相通之处：或对转，或旁转，或通转，并不是全然"无方"的。因此他往往不能自圆其说，如以"临"与"躬"韵，以"鞏"与"後"韵等等又只顾韵母而不顾声母了。至于"以义转者"，则根本讲不通，正如王力在《中国语言学史》第十四节中所说："其实'声随义转'的理论是错误的；颜师古已经批判过，'宏'训'大'并不就读'大'，'仇'训为'雠'并不就读为'雠'。"钱大昕就此类所举的例证，多与声音相关，而不是所谓"义转"。

在训诂上钱大昕的主要成就是明声音，通假借。《文集》卷三"古同音假借说"条是一篇专论，如云："汉人言'读若'者，皆文字假借之例，不特寓其音，并可通其字。即以《说文》言之，虋，读若许。《诗》'不与我戍许'，《春秋》之'许田'、'许男'、'许冲上书阙下'，不必从邑从无也；郰，读若蓟，《礼记》'封黄帝之后于蓟'，《汉书·地理志》有'蓟县'，不必从邑从契也；……《说文》又有云'读与某同'者，如莫，读与蔑同，今《尚书》'莫席'，正作蔑字；峈，读与聂同，今《春秋》'峈北'，正作聂字；卟，读如稽同，今《尚书》'卟疑'，正作'稽'字；……以是推之，许氏书所云'读若'、云'读与同'，皆古书假借之例，假其音，并假其义，音同而义亦随之，非后世譬况为音者可同日而语也。近时尊信《说文》者，知分别部居之不可杂，欲取经典正文，悉改而从许氏之体，是又未谕许君通假之例矣。"其著作中言通假者随处可见，如《十驾斋养新录》卷一"泯泯棼棼"条，证"泯"、"湎"声相近，泯借用湎字；卷二"涅"条，证"涅"、"敜"声相近，敜借用涅字；同卷"勉即俛字"条，证"勉"与"俛"古人多通用，等等。此类很多，皆能不拘字形以明通假。当然在通声音方面仍存在一声之转的局限。

译名可能一词多形，对此钱大昕也能从声音着眼，而不拘泥于形体，如《养新录》卷九"不只儿即布智儿"条说："《布智儿传》：'宪宗以布智儿为大都行天下诸路也可扎鲁忽赤'，按《宪宗纪》：'以牙老瓦赤、不只儿等，充燕京等处行尚书省事'，《世祖纪》：'令断事官牙老瓦赤与不只儿等总天下财赋于燕'，所云不只儿者，即布智儿也。大都即燕京，扎鲁忽赤即断事官（自注：见《职官志》）。'布智'与'不只'声相近。译音无定字也。《昔里钤部》、《月乃合》、《布鲁海牙传》作'卜只儿'（自注：今《布鲁海牙传》误'卜'为'十'）。"又同卷又有"译音无定字"专条。

在训诂方面钱大昕不同意古音一字两读而别其义的说法，见《十驾斋养新录》卷一"观"条。不过汉时已有四声别义之实例，详周祖谟先生《问学集·四声别义释例》。

（三）精于校勘，理校对校兼重

钱大昕在经书、史书等文献整理中精于校勘，尤擅长理校，同时兼重版本对校。《经典文字考异》为经书校勘之作，《廿二史考异》亦重校勘。

钱大昕擅长理校，尤以据小学校字为突出。他认为前人不通小学，妄改、误抄、误刻往往有之，如《养新录》卷一"遵王之谊"条说："郑司农云：'古者书仪但为义，今时所谓义为谊（《周礼·春官·肆师注》）。'《洪范》：'无偏无颇，遵王之义'，本从古文作'谊'。开元诏书，以'颇'与'谊'不协，改经文为陂。曾不知'谊'从宜得声,'宜'本作'㝯',又从多声。以'谊'韵'颇',正合古音。即使以今文作'義',而'義'亦从我得声,与'颇'初无不叶也。盖小学之不讲,唐人已然。"因此他非常重视据小学校勘。例如《养新录》卷二"贷"条:

> 《月令》"贷"字三见。陆氏《释文》于"孟春宿离不贷",则云:"吐得反。徐音二。"于"季夏无或差贷",则云:"音二。又他得反。"于"仲冬毋有差贷",亦云:"音二。又他得反。"皆兼存两音,而先后微异,以差贷字以音二为正。以予考之,殊未然也。《说文》:"忒,失常也","貣,更也。"两字皆他得反。差贷字本当从心作"忒",经典借用从贝之"貣",仍读如忒,与疑贰之贰形声俱别。六朝字体不正,或讹为贰,故徐仙民有此音。陆氏不能辨正,沿讹到今。

此校差忒之忒作"贰"之误,从形、音、义三方面寻找根据。

除小学外,还有据义理、史实、天文、地理、典制、名物等进行理校的例子,下面偶有涉及,兹不详举。

钱大昕也很重视对校,强调要依据善本,《养新录》卷三"经史当得善本"条说:"经史当得善本,今通行南北监及汲古阁本,《仪礼》正文多脱简,《穀梁》经传亦有阔错,《毛诗》往往以《释文》混入郑笺,《周礼》、《仪礼》亦有《释文》混入注者,《礼记》则《礼器》、《坊记》、《中庸》、《大学》疏残缺不可读。《孟子》每章有赵氏章指,诸本皆阙。《宋史·孝宗纪》阙一叶。《金史·礼志》、《太宗诸子传》各阙一叶。皆有宋元椠本可以校补。若曰读误书,妄生驳难,其不见笑于大方者鲜矣。"但是他对宋元古本又不迷信,同书卷十九"宋椠本"条说:"今人重宋椠本书,谓必无差误,却不尽然。陆放翁《跋历代陵名》云:'近世士大夫,所至喜刻书版,而略不校雠,错本书散满天下,更误学者,不如不刻之愈也。'是南宋初刻本已不能无误矣。张淳《仪礼识误》、岳珂《九经三传沿革例》,所举各本异同甚多,善读者当择而取之。若偶据一本,信以为必不可易,此书估之议论,转为大方所笑者也。"因此他主张广校众本,择善而从。

钱大昕校勘,往往综合利用各种校法,尤以理校与对校结合为常见。例如《养新录》卷三"斯已而已矣"条:

> 《论语》:"莫己知矣,斯已而已矣。"今人读"斯已而已"两"已"字皆如以。考唐石经,"莫己"、"斯己",皆作人己之己,"而已"作已止之已。《释文》:"莫己"音纪,下"斯己"同,与石经正合。《集解》:"此硁硁者徒

信己而已。"皇氏《义疏》申之云："言孔子硁硁，不宜随世变，唯自信己而已矣。"是唐以前《论语》"斯己"字皆不作止解，由于经文作"己"，不作"已"也。"己"与"已"绝非一字，宋儒误读"斯己"为以，未免改经文以就己说矣。

这里通过考唐石经及何晏《论语集解》、皇侃《论语义疏》旧本和义解，校定"斯己"之"己"为"自己"之"己"，以正宋儒之误解和妄改，极是。又如同书同卷"汉书景祐本"条：

> 予撰《汉书考异》，谓《哀帝纪》"元寿二年春正月"，"元寿"二字衍文。《景武昭宣元成功臣表》：孝成五人，"成乡"当作"成都"，"乐成"下衍"龙"字。《百官公卿表》：宁平侯张欧，"宁"当作"宣"；俞侯乐贲，"乐"当作"栾"；安年侯王章，"年"当作"平"；平喜侯史中，"喜"当作"臺"；广汉太守孙实，"实"当作"宝"。《五行志》："能者养之以福"，"之以"当作"以之"。《地理志》："逢山长谷诸水所出"，"诸"当作"渚"；"博水东北至钜定"，"博"当作"时"。《张良传》："景驹自立为楚假王，在陈留"，"陈"字衍。《枚乘传》："凡可读者，不二十篇"，"不"当作"百"。《韩安国传》："梁城安人"，"城"当作"成"。《韦贤传》："画为亚人"，当作"亞"。《佞幸传》："龙雒思侯夫人"，"雒"当作"额"。顷见北宋景祐本，此十数处皆与予说合（自注：景祐本后题二年九月校书毕，凡增七百四十一字，损二百一十二字，改一千三百三字）。

这里先用理校，后得景祐本，用对校印证理校之说。又如《答卢学士书》说："来教谓《续汉志》述二十四气中星，当是'心半'非'心二半'。仆初校时，但据闽本添'二'字，初未布算，兹以四分术推之，果是'心半'，始悔向来粗心之误，受教良非浅矣。"（《文集》卷三四）这里在卢文弨提醒之下，据理校订正据误本妄增之谬。以上诸例，足见作者理校见识之高，以及与对校配合之妙，可资借鉴。钱大昕也用他校，但不如理校、对校突出，例子从略。

钱大昕不仅注意校字，还留意校书籍的篇卷与体制，以求旧式。如《养新录》卷三"注疏旧本"条考校唐人经疏本单行，后附入经注，并连及《经典释文》附入经注之问题。其他如同书卷二"正义刊本妄改"条、卷四《说文》连上篆字为句"条、《养新馀录》卷上"大题在下"条等等，亦皆校篇卷、体制，不一一列举。

（四）长于考证，成果极富

钱大昕的考证成果在《廿二史考异》、《十驾斋养新录》及《潜研堂文集》

中均保存较多。《考异》与《养新录》中更是考证内容居半。考证所及,包括史实、人物、年代、天文、地理、历算、名物、典制等等,范围很广。兹举数例以见一斑。

如考官制,《养新录》卷十"员缺"条,据《汉书·循吏传》、《酷吏传》、《韩安国传》、《翟方进传》、《薛宣传》、《佞幸传》等考证"西汉已有缺称",正顾炎武《日知录》"员缺之名自晋时已有之"之非。同卷"度支支度不同"条,考度支为户部四司之一,支度判官为外任幕职,"一称支度,一称度支,其名不相混。校书者昧于官制,往往率意妄改,贻误非浅"。

又如考地理,《养新录》卷十一"水经注难尽信"条:"《水经注》载汉时侯国,难以尽信。如《河水》篇以临羌为孙都封国,不知孙都本封临蔡,其地在河内,不在金城也;以西平为公孙浑邪封国,不知浑邪本封平曲,其地在高城,不在金城也。……《溾水》篇:'蒲水迳夏屋故城,世谓之寡妇城,贾复从光武追铜马王幡于北平所作也。世俗音转,故有是名矣。'又《汝水》篇:'桓水迳贾复城北,复南击郾所筑也。俗语讹谬,谓之寡妇城,水曰寡妇水。'此两寡妇城,皆云'贾复'之讹,必有一误矣。予谓夏之言假也,陈郡阳夏县,夏读如贾。'贾'、'寡'声相近。北音读屋如乌,与'妇'音亦相似,则'夏屋'之为'寡妇',不必因于贾复也。"又如同卷"牟娄"条:"《春秋》:'莒人伐杞,取牟娄。'于钦曰:'安丘南有牟娄山,俗讹作朦胧山,即其地。'盖'牟娄'、'朦胧'声相近。"

钱大昕的考证,常与订误及校勘相结合。此外,文献考证又往往取证于文物,因此他非常重视金石材料的搜集和研究。著有《金石文字跋尾》四集,每集约二百馀篇,刻于《潜研堂全集》中。又著有《金石文字目录》八卷。手编自题《竹汀居士年谱》于乾隆五十四年(1789)云:"是冬重订《金石录》,前后收藏共得二千通,与赵明诚著录之数恰同。但赵所录,讫于五代,居士所藏,讫元而止。明碑虽有名者,亦不著录,较赵氏似稍过之。"关于收藏研究金石的目的,《关中金石记序》所言甚明:"金石之学,与经史相表里。'侧'、'菑'异本,任城辨于《公羊》;'戛'、'臭'殊文,新安述于《鲁论》;欧、赵、洪诸家,涉猎正史,是正尤多。盖以竹帛之文,久而易坏,手钞板刻,展转失真,独金石铭勒,出于千百载以前,犹见古人真面目,其文其事,信而有徵,故可宝也。"(《文集》卷二五)可见他继承了前人据金石考校文献的优良传统。

钱大昕是清初以来考据之学的集成者,王引之《詹事府少詹事钱先生神道碑铭》说:"古之治经与史者,每博求之方言、地志、律象、度数,证之诸子、传记,以发其旨。自讲章时艺盛行,兹学不传久矣。国初诸儒起而振之,若昆山顾氏、宣城梅氏、太原阎氏、婺源江氏、元和惠氏，其学皆实事求是，先生生于其后而集其成。"

第七节　戴震

戴震(1724—1777)，字东原，安徽休宁(今安徽休宁县)人。乾隆二十七年(1762)，他接近 40 岁才中举，之后多次赴京会试不第。乾隆三十八年(1773)，入四库馆充纂修官。乾隆四十年(1775)，赐同进士出身，授翰林院庶吉士。在学术上他是一个早熟而卓有成就的人。他 18 岁时结识著名学者江永，就教于江氏。24 岁时撰成《考工记图》，30 岁时写成《屈原赋注》，31 岁时写成《诗补传》，32 岁时写成《勾股割圜记》。33 岁时入京，结识纪昀、王鸣盛、钱大昕、王昶、朱筠等学者，"声重京师"。秦蕙田还把他的《勾股割圜记》等收入《五礼通考》"观象授时"一门。34 岁时又在王安国家教授其子王念孙。35 岁时在扬州结识著名学者惠栋。41 岁时，段玉裁从其受业。汪中说："古学之兴也，顾(炎武)氏开其端；《河(图)》、《洛(书)》矫诬，至胡(渭)氏而绌；中西推步，至梅(文鼎)氏而精；力攻《古文(尚书)》者，阎(若璩)氏也；专言汉儒《易》者，惠(栋)氏也；凡此皆千馀年不传之绝学，及戴氏出，而集其成焉。"(见凌廷堪《校礼堂集·汪容甫墓志铭》)这话对戴震并不算过誉，戴震的确是清代考据学派的集大成者。他既继承了清初顾炎武等人的反理学的战斗精神，又发展了清代考据学派所共有的谨严求是的学风，在思想、学术史上都具有卓越的地位。戴震的著述很多，段玉裁编有《戴东原集》。清代孔继涵汇刻的《戴氏遗书》包括：《文集》、《毛郑诗考正》、《诗经补注》、《方言疏证》、《续天文略》、《水地记》、《原善》、《原象》、《孟子字义疏证》、《声韵考》、《声类表》、《考工记图》、《水经注》(校本)、《策算》、《勾股割圜记》等。1994 年 7 月黄山书社出版《戴氏全书》(张岱年主编)，包括著作 38 种，更为完备。戴震在四库馆所校之书也很多，有《算学十书》、《仪礼集释》、《大戴礼》、《方言》、《水经注》等，多以官版行世。

戴震研究、整理古籍，以"经书"为主，从考据入手。在《与是仲明论学书》中，他谈了自己的治学过程，本书已在绪论中引具全文，可参见。其中他以切身体会很全面地概述了研究和整理古籍所遇到的问题和必须具备的知识，对我们很有启发。这些问题和知识包括文字、音韵、训诂、名物、典制、天文、地理等等方面，他对每一方面都加以涉猎，并有较深的研究。不仅如此，他还非常强调"义理之学"，即主张深入探求古籍的思想内容。所有这些方面,都值得很好地总结,批判地继承。

（一）在文字、音韵、训诂方面的成就

清代考据派学者,通音声,明假借,晓声训,超越前人,在文字、音韵、训诂方面达到相当高的科学水平,而戴震在其中又是承上启下、多所建树的一个人。

首先,他能打破字书、韵书和旧注的局限,重视它们,但又不陷入迷信,注意通过对实际语言文字材料的分析归纳,确定字义,从而达到从原始材料出发探求字义的科学方法的高度。他说:"故训音声,自汉已来莫之能考也久,无怪乎释经论字茫然失据,此则字书韵书所宜审慎不苟也。"(《戴东原集》卷三《论韵书中字义答秦尚书蕙田》)强调对字书韵书绝不可盲从。他主张:"一字之义,当贯群经,本六书,然后为定。"(《戴东原集》卷九《与是仲明论学书》)所谓"贯群经",就是说要考察文字在经籍中实际运用的情况;所谓"本六书",就是要根据指事、象形、形声、会意、转注、假借等汉字本身的结构或借用规律来考察。这种方法是很科学的。陈焕在《说文段注》跋语中说:"焕闻诸先生曰:'昔东原师之言:仆之学不外以字考经,以经考字。'"这里所述戴震的话,更清楚地说明了考证字义与分析实际语言材料之间的辩证关系。

其次,辨析字义更加精细,能区分本义和他义,特别是注意到字音与字义的关系,通音声,明假借,晓声训。

字义辨析日趋精细,是训诂学发展的标志。而能完全打破汉字形体的局限,从读音上去求义,这又是清代考据派学者的一大贡献。戴震在这方面的研究,达到较高水平。他说:"夫六经字多假借,音声失而假借之意何以得? 故训音声相为表里,故训明,六经乃可明。"(《戴东原集》卷十《六书音均(韵)表序》)强调了通音声、明假借的重要性。不仅如此,他还作了具体的分析:"字书主于故训,韵书主于音声,然二者恒相因。音声有不随故训变者,则一音或数义;音声有随故训而变者,则一字或数音。大致一字既定其本义,则外此音义引申,咸六书之假借。"(《论韵书中字义答秦蕙田》)这里虽然对引申义和假借义仍未分辨,但对假借义的分析是相当精确的。正因为字有通假,义有声训,所以戴震特别重视从字音着眼辨析字义,他说:"震之疑不在本义之不可晓,而在展转引申为他义,有远,有近,有似远义实相因,近而义不相因,有绝不相涉而旁推曲取又可强言其义。……六书之谐声、假借并出于声,谐声以类附声而更成字,假借依声托事不更制字。或同声,或转声,或声义相倚而俱近,或声近而义绝远:谐声具是数者,假借亦具是数者。"(《戴东原集》卷三《答江慎修先生论小学》)认识到这一点,非常重要,只有如此,才能避免在训释方面望文生义、不得本解的常见弊病。

第三,关于古音的研究,更加系统化、理论化。

在古音研究史上,戴震是审音派的重要代表之一。但是他绝少门户之见,能注意吸取考古派的成果和长处。他在宋代郑庠、清代顾炎武、江永等人的研究基础上,除了重视古人用韵及汉字谐声偏旁的分析研究之外,还重视从发音部位和方法(所谓"音理")对古音进行研究,从而发现了阴声韵与阳声韵以入声韵为枢纽的"音声相配"的系统和规律。他总结前人和自己的研究成就说:"其前昔无入者,今皆得其入声,两两相配,以入声为相配之枢纽","以正转知其相配及次序,而不以旁转惑之,以正转之同入相配,定其分合,而不徒恃古人用韵为证,仆之所见如此。盖援古以证其合,易明也;援古以证其分,不易明也","江君(永)亦未明于音声相配,此虽仆所独得,而非敢穿凿也","顾氏(炎武)于古音有草创之功,江君与足下(指段玉裁)皆因而加密。顾改'侯'从'虞',江改'虞'从'侯',此江优于顾处。顾'药''铎'有别,而江不分,此顾优于江处。其郑(庠)为六(部)顾为十,江为十三,江补顾之不逮,用心亦勤矣。此其得者,宜引顾、江之说,述而不作。至'支'、'脂'之有别,此足下卓识,可以千古矣。仆更分'祭'、'泰'、'夬'、'废'及'月'、'曷'、'末'、'鎋'、'薛',而后彼此相配,四声一贯,则仆所以补前人而整之就叙者"。(《戴东原集》卷四《答段若膺论韵》)戴震根据以上研究,在《声类表》中分上古韵为九类二十五部:1 阿、2 乌、3 垩(以上第一类)、4 膺、5 噫、6 億(以上第二类)、7 翁、8 讴、9 屋(以上第三类)、10 央、11 夭、12 约(以上第四类)、13 婴、14 娃、15 屵(以上第五类)、16 殷、17 衣、18 乙(以上第六类)、19 安、20 霭、21 遏(以上第七类)、22 音、23 邑(以上第八类)、24 醃、25 䗖(以上第九类)。戴氏所定的韵目都是影母字,元音之前无辅音,比较科学。尽管他的分类和配搭还不免有疏误的地方,如把"噫"类收 i 音的归为鼻音,以"阿"类为阳声韵,认为阳声字有入声之韵,阴声字无入声之韵,等等。但是又不能否认,他关于"音声相配"的研究,为古音通转进一步提供了理论根据,对音韵学、训诂学的贡献都很大。戴震在古韵研究方面,处在承前启后的重要位置,成就不容忽视。王国维曾作过恰当评价,他说:"尝谓自明以来,古韵学之发明有三:一为连江陈氏(陈第)古本音不同今韵之说,二为戴氏阴阳相配之说,三为段氏古四声不同今韵之说,而部目之分析,其小者也。陈氏之说,开顾、江以后言韵之端;戴氏之说,孔氏(广森)取之以成《诗声类》,其规模亦略具矣;段氏之说,歙江氏(有诰)作《唐韵四声正》虽窃取其义,而于其说之根本,及由此说所作之第七至第十四韵谱,却未之从。"(《观堂集林》卷八《五声说》)王国维此说颇有见地。至于声母,戴震的研究比较粗疏,在《声类表》中仅分二十纽,并合与编次皆多失误。戴震在古音研究上失误的原因,归根到底在于偏重审音,忽视考古,因此往往根据未臻精确的音理主观推测,得出错误的结论。

(二)对于名物、典制的精核考证

关于名物、典制的精辟考证在戴震著述中随时可见,最集中的是《考工记图》一书。此书为"立度辨方之文,图与传注相表里者也"(《考工记图自序》)。此书对于《考工记》本文及郑注,又多所是正,如指出毂末之"轵"当作"轛",不得与"舆人"之"轵"、"轛"二名混淆。又如"桃氏"为剑,"中其茎,设其后",郑注训"设"为"大",谓:"从中以后稍大之。"戴氏指出:"(设)不当与'设其旋'、'设其羽'之属异义。后,谓剑环在人所握之下,故名'后',与剑首对称。"此外于宗庙、宫室之制,礼乐之器等等也都作了有参考价值的考证,并用图像表现出来。

又如《诗·生民》解》(见《戴东原集》卷一),是一篇考《礼》以解《诗》的出色之作。《诗经·大雅·生民》是一首关于周族历史传说的诗。诗中写姜嫄通过祭祀求子,因踩着上帝遗留的足迹,有感而孕,生下周族始祖后稷。后稷有母无父的传说,本是远古母系氏族社会的反映。儒者囿于父权观念,不可能正确加以解释,以致如戴震所说:"此诗异说纷然,秦汉间儒已莫能徵考。"更有甚者,有的说法为维护夫权的尊严,竟然穿凿附会,硬是给姜嫄配上一个丈夫,如《帝系姓》(见《大戴礼》)就说:"帝喾上妃姜嫄。"《诗经》古文说亦然。戴震"合《诗》、《礼》综核之",据《周礼·春官宗伯·大司乐》,享先妣在享先祖之前,以及郑注:"周立庙自后稷为始祖,姜嫄无所妃,是以特立庙而祭之",认为周人特立姜嫄庙之意,是因为后稷上无所祖,不得不妣姜嫄一人。并引证其他材料,力驳《帝系姓》所言为"失实之词"。还指出:"商人祖契,于上亦无可推,故《商颂》言有娀,与周之但言姜嫄同",证明于始祖之上但举女妣是普遍现象。当然,由于历史的局限,戴震也不可能完全冲破父权观念而得出关于母系氏族社会的科学结论,但是他尊重历史事实的严谨考证,却从现象上作出了正确的解释,为母系氏族社会的存在提供了有力的证据。

(三)关于古天算的研究成就

戴震把古代天文理论与古文献中的有关资料结合起来加以研究探讨,用古天文理论以解经史,借经史材料以讲天算,从而既解决了古代天算著作中的疑难，又具体说明了古文献中涉及的天算问题。主要著作有《原象》和《续天文略》，两者是互相关联的姊妹篇。

《原象》是作者晚年汇编成的一部天算自著集，为七经小记之一。其中包括四种著作，计九篇。第一种初名《释天》，包括四篇：第一篇以《尚书·尧典》之"璇机玉衡"为题，涉及地球、月球、太阳三者关系的问题，论述日月及历法，包括黄道与赤道的关系、黄道与月道（白道）的关系，十二中气，恒星月与交会月，置闰成岁法，交食之理，分（春分、秋分）至（夏至、冬至）启（立春、立夏）闭（立秋、立冬），七衡六间（详后），南北里差与寒暑之故等；第二篇以《尧典》"中星"为题，是有关恒星天的问题，包括星之见伏昏旦中古今不同，二十八宿与十二次（星次）的对照，以及日月之躔逡等；第三篇以《周礼》之"土圭"为题，论述授时，包括土圭测日影方法的原理，土圭的应用等；第四篇以《尚书·洪范》之"五纪"为题，主要内容是关于天文学的总论，如："《洪范》五纪：一曰岁，二曰月，三曰日，四曰星辰，五曰历数。分至启闭，纪于岁者也；朔望朏霸（按，朏、霸均指始生光的新月月体，见《说文》及《尚书·康诰》马融注。至《汉书·律历志》所引刘歆《三统历》始将霸误解为无光之月体，后世多沿其误。此处戴震将朏、霸对举，亦误。直至俞樾、王国维分别作《生霸死霸考》，才使误说得到澄清），纪于月者也；永短昏昕，纪于日者也；列星见伏昏旦中，日月躔逡，纪于星辰者也；盈缩经纬，终始相差，纪于历数者也。纪于岁者，察之日行发（春夏）敛（秋冬）；纪于月者，察之日月之会、交道表里；纪于日者，察之昼夜刻漏、出入里差；纪于星辰者，察之十有二次，暨星与黄、赤道相值；纪于历数者，察之圭臬，随时测验，积微成著，修正而不失。"其次论及天九重、日月五步（即五星）规法，并附有"璇机玉衡"的考证："古写天之器，莫善于璇机玉衡，汉以降失其传也久，而徵可复也。为仪象考识日躔：浑圆而中规之，象赤道。距规四分圆周之一设其枢，象天极也。为规载之，曰子午之规，半出于地平规，随北极高下，以察各方之永短昏昕。斜络赤道外内为规，象黄道。距黄道四分圆周之一，是为南北璇机。璇机者，黄道极也。准赤道为规法：二分（春分、秋分）之规曰中衡，赤道也；冬至之规曰外衡；夏至之规曰内衡。凡为衡者五，应一岁之分至启闭。衡百度，度六之，应昼夜之漏刻，刻有七十二分，以知里差。经岁三百六十有五日不满四分日之一，以是为日躔黄道之度分。是故黄道，日也；赤道，刻也。星仪考识昏旦中，设其枢，以象星极，为游规而载之，以知岁差，规设天极焉，载于子午之规，以周知一岁娵女（星次名）为玄枵（星次名）之维首，而周分十有二次，以记日月之躔逡。察玉衡以知左旋，察璇机以知右旋，天行之大致举矣。"第二种名《勾股割圜记》，包括三篇，讲三角测算方法。第三种只是一篇《释准望》，讲"为距以准望"测算之法。第四种是《迎日推策记》，论述天文学上的各种差数，如日行之岁差等。这样，关于古代天文和算法的主要问题就全都包括了。

《续天文略》是续补郑樵《通志·天文略》的，只讲天体运行，内容与《原象》中的《释天》诸篇相当。实际上是一部古代天文通志，相当于一部古代天文资料的专题汇编。戴震不仅将见于六经、史籍的有关资料分题类编，而且加了自己的按断。

戴震关于古天文的考证、研究之作，内容完备，资料齐全，并且对一些疑难之处作了恰当的解释，纠正了不少旧说的错误。最突出的例子是澄清了东汉以来关于古天文中"璇机玉衡"的误解，指明《尚书》、《周髀》中的"璇机玉衡"自有其制，是表示黄道与赤道的关系的，不应混同于东汉的浑天仪。他解决这一问题，是从字义训诂和古天文原理两方面加以论证的，如："璇取璇运之义，机即枢机。衡者，准之赤道而平者。……是赤道极居中，黄道极环绕其外，昼夜旋转而有移徙，故古人以璇机名之。盖同为枢机，而有移徙不移徙之殊，璇以言乎其移徙也。马季长（融）创谓机衡为浑天仪。郑玄亦云：'其转运者为机，其持正者为衡，皆以玉为之，故王蕃云：浑天仪者，羲和之旧器，积代相传，谓之机衡。'此徒据汉所制浑仪，以可旋转谓之机，其横箫以视星辰者谓之衡。蔡邕云'悬机以象天，而衡望之，转机窥衡以知星宿'是也。与《周髀》所言北极璇机、七衡六间指各不同。唐虞机衡之制，《周髀》近之。古未有二十四气，盖准八节为之，宜设五衡。内衡夏至，次二衡立夏、立秋，中衡春分、秋分，四衡立春、立冬，外衡冬至。日入次四衡为春，入次二衡为夏，出次二衡为秋，出次四衡为冬，而四时序矣。周末准十二中气，故设七衡。衡之规法由来盖远。"（《续天文略·七衡六间》）可见，璇机即黄极，属于黄道的问题；衡以赤道（指天球赤道，下同）为准，包括赤道及平行于赤道的各等距圈，实际上是不同节气太阳一昼夜运行（指视运动，下同）的圆轨。内衡即夏至时太阳一昼夜运行的圆轨；中衡即春分、秋分时太阳一昼夜运行的圆轨，与赤道相重合；外衡即冬至时太阳一昼夜运行的圆轨。其他各等距圈依此类推。可见璇机玉衡集中表现了黄道与赤道的关系，反映了西汉以前我国天文学中"盖天"说一派关于地球公转与自转的一种表面现象的认识。戴震根据这种认识解释璇机玉衡，打破了长期以来某些人用"浑天"说对此的曲解。但戴震也有局限，仍把玉衡归诸仪器，而不视为自然天象之斗极，故魏源在《书古微》中又有所驳正。详本章第十二节。

（四）关于古地理的研究成就

谈到戴震在古地理方面的研究成果,应首推他对《水经注》一书的研究和整理。郦道元的《水经注》是一部重要的古地理书,既保存了《水经》的原文,又作了非常有价值的注释。但在流传中,经文与注文相混,错乱颇多,由来已久。戴震指出:"王伯厚(应麟)《通鉴地理通释》引《水经》四事,惟魏兴安阳一事属经文,馀三事咸郦注之讹为经者,故其作书时,世益莫能定。……然讹舛既久,虽善读古书如阎百诗(若璩)、顾景范(祖禹)、胡朏明(渭)诸子,其论述所涉,犹辄差违,斯订正之不可以已也。"(《戴东原集》卷六《水经郦道元注序》)这就是他订正此书的缘由。关于所用的整理方法,他说:"审其义例,按之地望,兼以各本参差,是书所由致谬之故,昭然可举而正之。"(同上)所谓"审其义例",就是考察本书的文例、体例,他总结出三条标志用来分清经文与注文的混淆,即:"《水经》立文,首云某水所出,已下无庸重举水名,而注内详及所纳群川,加以采摭故实,彼此相杂,则一水之名不得不更端重举(按,此为第一条标志);经文叙次所过郡县,如云'又东过某县'之类,一语实该一县,而注则沿溯县西以终于东,详记所迳委曲(按,此为第二条);经据当时县治,至善长(郦道元)作注时,县邑流移,是以多称'故城',经无言'故城'者也(按,此为第三条);凡经例云'过',注例云'迳'(按,此可并入第二条)。"(同上)至于"按之地望",就是根据实际的地形地势;"以各本参差",就是根据不同版本校勘。这三种方法在校勘学上带有普遍意义,"审其义例"属于本校(根据本书文例校勘),"按之地望"属于理校(根据实际道理),"以各本参差"属于对校(根据不同版本),皆是戴震的创造,为后代校勘家所遵循并加以发展,可见其价值和影响。至于戴震校《水经注》是否窃取他人成果,这是一个有争议的问题,可参看本章第十四节"王国维"部分。

在古地理的研究方法上,戴震也有所开创。段玉裁曾指出:"国朝之言地理者,于古为盛,有顾景范、顾宁人(炎武)、胡朏明、阎百诗、黄子鸿(仪)、赵东潜(一清)、钱晓徵(大昕),而先生乃皆出乎其上。盖从来以郡国为主而求其山川,先生则以山川为主而求其郡县。其叙《水经注》曰:'因川源之派别,知山势之逶迤,高高下下,不失地防';为《汾州府志》发凡曰:'以水辨山之脉络,而汾之东西,山为干、为枝、为来、为去,俾井然就序。水则以经水统其注入之枝水,因而遍及泽泊堤堰井泉。令众山如一山,众川如一川,府境虽广,山川虽繁,按文而稽,各归条贯。'然则先生之《水地记》固将合天下之山为一山,合天下之川为一川,而自《尚书》、《周官》(《周礼》)、《春秋》之地名,以及战国至今历代史志建置沿革之纷错,无不依山川之左右曲折安置妥帖，至赜而不乱。"（《戴东原集》附录《戴东原先生年谱》）《年谱》又引曰："先生言：'欲知山之脉络，只看水之来去，水无有不依山脉者也。'"可见，以水系辨山脉，以山川形势考察郡县建置和地理沿革，是戴震重要的地理学见解。这一见解具有科学性，因为在一般情况下，自然地理的变化总是缓慢的，而经济地理、政治地理的变化相对快一些，但又是受自然地理制约的。戴震的方法就是按照这一规律，以本统末。这当是他研究整理《水经注》受到启示所产生的成果，也是他编写地方志实践经验的总结。同时前人的经验也给了他启示，如《汉书·王莽传上》："因山川民俗以制州界。"郑樵《通志总序》："地理之家在于封圻，而封圻之要，在于山川。《禹贡》九州，皆以山川定其经界。九州有时而移，山川千古不易，是故《禹贡》之图至今可别。"在上述思想指导下，他著有《水地记》，此书为古地理考证之作，是七经小记之一，原有草稿，当是一部未完稿的著作。国家图书馆藏有一册装三卷本。江苏省南通市图书馆藏有五册装六卷本（孔继涵于此本第一册题曰"水地记初稿"，该本已收入《戴氏全书》）。

（五）主张把训诂、考证与义理分析结合起来

以上几方面都还限于考证的范围。而戴震是"志乎闻道"的，即主张以掌握思想内容为目的。他反对为考证而考证，特别强调要明义理，甚至把义理视作考证之源，即当作考证的根本来看待，段玉裁转述过戴震的几段话，很值得注意，如："先生初谓：'天下有义理之源，有考核之源，有文章之源，吾于三者皆庶得其源。'后数年又曰：'义理即考核、文章二者之源也，义理又何源哉！吾前言过矣。'"（《戴东原先生年谱》）又说："称先生者，皆谓考核超于前古。始玉裁闻先生之绪论矣，其言曰：'有义理之学，有文章之学，有考核之学。义理者，文章、考核之源也；熟乎义理，而后能考核，能文章。'……先生之言曰：'六书九数等事如轿夫，然所以舁轿中人也；以六书九数等事尽我，是犹误认轿夫为轿中人也。'"（《戴东原集序》）戴震在《与方希原书》中说："古今学问之途，其大致有三：或事于理义（当作'义理'），或事于制数，或事于文章。事于文章者，等而末者也。……足下好道而肆力古文，必将求其本，求其本更有所谓大本，大本既得矣，然后曰：是道也，非艺也。……圣人之道在六经，汉儒得其制数，失其义理；宋儒得其义理，失其制数。"（《戴东原集》卷九）从这些话可以看出，戴震把学问分成"义理"、"文章"、"考核"（按，即考证，又特称"制数"）三方面，而三者的关系不是平等的，是分主次的。他把"义理"称作"源"，称作"大本"，或比作主人，认为其他二者不过是从属的工具或手段。因此，他既反对"得其制数，失其义理"的汉学，又反对"得其义

理,失其制数"的宋学,主张把义理与考证结合起来,而又以义理为根本。

从这一基本思想出发,戴震在对待古文献学的历史经验时,"实事求是,不偏主一家"(钱大昕《潜研堂文集》卷三九《戴先生震传》),提倡破除迷信,独立思考,深入钻研,有所创获。他说:"凡仆所以寻求于遗经,惧圣人之绪言暗汶于后世也。然寻求而获,有十分之见,有未至十分之见。所谓十分之见,必徵之古而靡不条贯,合诸道而不留馀议,巨细必究,本末兼察。若夫依于传闻以拟其是,择于众说以裁其优,出于空言以定其论,据于孤证以信其通,虽溯流可以知源,不目睹渊泉所导,循根可以达杪,不手披枝肄所歧,皆未至十分之见也。以此治经,失'不知为不知'之意,而徒增一惑,以滋识者之辨之也。先儒之学如汉郑氏(玄)、宋程子(颐)、张子(载)、朱子(熹),其为书至详博,然犹得失中判。其得者,取义远、资理闳。……其失者,即目未睹渊泉所导、手未披枝肄所歧者也。"(《戴东原集》卷九《与姚孝廉姬传书》)又说:"治经先考字义,次通文理,志存(当作"乎",见《集》卷九《答郑丈用牧书》及卷十《古经解钩沉序》)闻道,必空所依傍。汉儒故训有师承,亦有时傅会;晋人傅会凿空益多;宋人则持胸臆为断,故其袭取者多谬,而不谬者在其所弃。我辈读书原非与后儒竞立说,宜平心体会经文,有一字非其的解,则于所言之意必差,而道从此失。……宋已来儒者,以己之见硬坐为古圣贤立言之意,而语言文字实未之知;其于天下之事也,以己所谓理强断行之,而事情原委隐曲实未能得,是以大道失而行事乖。"(《戴东原集》卷九《与某书》)这里对汉儒、宋儒得失的剖析,可谓入木三分;所抒己见也是非常精辟的。

戴震对汉学始终是一分为二地看待,他不像以惠栋为代表的汉学家那样一味迷信汉儒。他认为汉儒离六经成书时代较近,通过师承关系掌握了一些古义、古制,但也有穿凿附会,不可尽信。他还指出汉儒忽视义理的片面性,认为必须把目标放在"闻道"上。他讽刺那些只知依傍盲从的人说:"徒株守先儒而信之笃,如南北朝人所讥:'宁言周(公)孔误,莫道郑(玄)服(虔)非',亦未志乎闻道者也。"(《戴东原集》卷九《答郑丈用牧书》)在破除对汉学的迷信这一点上,戴震与宋儒有相通之处,所以他关于《诗经》篇旨的解释多与朱熹雷同,而对《毛诗小序》则基本上持否定态度,这可从其所著《毛郑诗考正》及《诗经补注》看得出来。

至于对宋学的评价,戴震有一个变化过程。开始也是一分为二的,即只批评宋儒疏于考证,多凭空臆断,但还肯定他们"得其义理"。到后来(约四十岁以后)就基本上全否定了,即不仅在治学方法上批评他们空疏臆断,连他们所谈的义理本身也加以激切的抨击。这一点与以惠栋为代表的汉学家也不同。汉学家只是在治学方法上批评宋学，而在修养、行事上，对理学则是绝对尊奉的，惠栋红豆山斋有其父惠士奇手书楹帖："六经尊服郑，百行法程朱"（见江藩《宋学渊源记》前言），就是明证。可见清代汉学宋学之争，只是学术上的分歧，在政治、思想上并无本质区别。戴震虽是考据学派的突出代表，但他并不苟同弥漫一时的汉学潮流，在学术上除了批评宋学之外，也批评汉学的偏颇，而在思想上又与汉学家所尊奉的宋代理学彻底决绝，这正是他不同流俗的地方。

（六）义理分析方面的成就和局限

戴震在义理方面的代表作是《原善》和《孟子字义疏证》，与此相关的还有《答彭进士允初书》一文。这些著作，批判的靶子是宋明理学，标榜的旗帜是"明道"，即"上承孔孟"（段著《年谱》语），恢复六经及孔孟之书的本义。

《原善》自序说："余始为《原善》之书三章，惧学者蔽以异趣也。复援据经言疏通证明之，而以三章者分为建首，次成上、中、下卷，比类合义，灿然端委毕著矣，天人之道、经之大训萃焉。以今之去古圣哲既远，治经之士莫能综贯，习所见闻，积非成是，余言恐未足以振兹坠绪也，藏之家塾，以待能者发之。"（《戴东原集》卷八）这里说明三点：第一，《原善》所阐述的内容是"天人之道、经之大训"，即天道性命之学和经书的大旨，皆属义理的范围；第二，阐述的方法是援经说经，比类合义，加以综贯；第三，目的在于解蔽，即消除程朱理学对经书的歪曲。此书卷上讲善的内容，善与天道性命的关系；卷中讲善、性与修养形、气、神的关系；卷下讲全性、尽才、为善的方法和意义。据段著《年谱》，《原善》一书的写作时间在乾隆十八年（1753，时31岁）至乾隆二十八年（1763）之间，从戴震的思想发展过程看，当在此十年间的后几年。乾隆三十一年（1766）又作了最后一次修改，即所谓"复据经言疏通证明之"。

《孟子字义疏证》（以下简称《疏证》），自称"讲理学一书"，初稿成于乾隆三十一年，后又进行过修改（按，戴震又有《绪言》一书，内容大部分同于《孟子字义疏证》，可能为其初稿）。此书采用问答体，从《孟子》中选出"理"、"天道"、"性"、"才"、"道"、"仁义礼智"、"诚"、"权"等几个字，引据经书加以疏证，批判程朱等理学家对这些字的解释，借以阐发自己的哲学观点。

《答彭进士允初书》，作于乾隆四十二年（1777），是一篇就《原善》、《疏证》二书答彭绍升（允初）质疑的一封长信，实为一篇极有价值的学术论文。戴震此文极力捍卫《原善》、《疏证》二书的观点，尤其是与《疏证》一书相发明，对理学作了进一步的批判。

戴震在这几种义理之作中，有力地批判了理学的唯心主义实质及其危害。

关于理和气的关系,朱熹认为"理"就是"道",是先于"气"的绝对精神。他说:"理也者,形而上之道也,生物之本也;气也者,形而下之器也,生物之具也。"(《朱文公文集》卷五八《答黄道夫》)而戴震则说:"道犹行也;气化流行,生生不息,是故谓之道。"(《疏证》卷中"天道")认为物质的气是万物的本源,"道"或"理"只是气的流行变化,万物是具有形体的气。

关于理和事的关系,朱熹认为理在事先,理源于天,他说:"盖这件事也撞着这本来底道理,那件事也撞着这本来底道理,事事物物,头头件件,皆撞着这道理。"(《朱子语类》卷五七《孟子七》)戴震针锋相对地指出:"事物之理,必就事物剖释至微而后理得","'天理'云者,言乎自然之分理也"(《疏证》卷上"理"),认为理寓于事物之中,理是客观事物本身的规律。

关于理和欲的关系,朱熹把"理"和"欲"绝对对立起来,宣扬"存天理,去人欲"的唯心主义禁欲观点。戴震认为:"谓'不出于理则出于欲,不出于欲则出于理',不可也。欲,其物;理,其则。"(《疏证》卷上"理")又说:"天下必无舍生养之道而得存者,凡事为皆有于欲,无欲则无为矣。有欲而后有为,有为而归于至当不可易之谓理,无欲无为,又焉有理?"(《疏证》卷下"权")并指出:"理欲之辨"必使"君子无完行","适以穷天下之人尽转移为欺伪之人"。(同上)

戴震对理学深恶痛绝,认为其害有二:一是杀人,一是害道。他说:"六经、孔孟之言,以及传记群籍,'理'字多不见,今虽至愚之人,悖戾恣睢,其处断一事,责诘一人,莫不曰'理'者","尊者以'理'责卑,长者以'理'责幼,贵者以'理'责贱,虽失,谓之顺;卑者、幼者、贱者以理争之,虽得,谓之逆。于是下之人不能以天下之同情、天下之同欲达之于上;上以'理'责其下,而在下之罪,人人不胜指数。人死于法,犹有怜之者,死于'理',其谁怜之!"(《疏证》卷上"理")所以他说:"酷吏以法杀人,后儒以理杀人。"(《戴东原集》卷九《与某书》)至于害道,是指歪曲六经及孔孟之书的本义。他说:"自宋儒杂荀子及老庄释氏以入六经、孔孟之书,学者莫知其非,而六经、孔孟之道亡矣。"(《疏证》卷上"理")在《答彭进士允初书》中,他说得更为明确和形象:"宋已前,孔孟自孔孟,老释自老释。……宋已来孔孟之书尽失其解,儒者杂袭老释之言以解之。……譬犹子孙未睹其祖父之貌者,误图他人之貌为其貌而事之;所事固己之祖父也,貌则非矣。"(《戴东原集》卷八)

从以上所述可以看出,戴震分析义理之作,对于批判宋明理学是有功绩的,对于揭穿宋儒对古书思想内容的歪曲也有贡献。但是在正面阐发古书义理方面,还是值得怀疑的。当然他不可能对六经和孔孟思想持批判态度,此姑不论,仅就他提出的"志乎闻道"来说,他也并没有真正获得六经和孔孟之书的本义。这里有两点教训值得指出:

第一,笼统地把六经和孔孟之书,乃至后人的传注,不加区别地作为同一的思想体系来看待,互相疏通印证,这是不科学的。实际上不但六经之间、经注之间的思想内容不尽相同,就是孔孟的思想也是各有其特点的,绝不应混同。

第二,没有严格地就各书的本来意思进行疏解,而是强加进自己的思想,甚至完全借疏解古书来阐发自己的思想。在古文献学史上,关于古书的疏解,历来有两种情况,一是偏重于揭示原书的内容,当然,也受注者立场、观点的支配;一是完全是借题发挥,拿古书当自己思想的注脚,如陆九渊所说"六经注我"。尽管后一种情况又有自觉与不自觉之分,但借题发挥是其共同特点。戴震说过:"舍圣人立言之本指,而以己说为圣人所言,是诬圣;借其说以饰吾说,以求取信,是欺学者也。诬圣、欺学者,程朱之贤不为也,盖其学借阶于老庄释氏,是故失之。凡习于先入之言,往往受其蔽而不自觉。"(《疏证》卷中"天道")他反对程朱歪曲、附会古书的内容,并认为他们那样做是受了老庄和佛家思想的影响,不是自觉的。其实他也违背了自己的主张,不由自主地重蹈了"六经注我"的旧辙。例如,他把《孟子》书中的一些唯心主义概念、术语,赋予唯物主义的内容,借以阐述自己的哲学思想,这对孟子思想来说,是一种根本的歪曲。从《疏证》一书中,我们看到的是披着孟子外衣的戴震,却看不到孟子本人的真面。因此,戴震的这一类著作,是研究戴震思想的重要材料,是哲学史上的重要思想成果;但不是研究六经、研究孔孟的重要著作,不是古籍整理方面的科学成果。

以上情况说明,疏解古书绝不单纯是语言文字的训释问题,更重要的是如何进一步用历史唯物主义作指导,准确地分析思想内容的问题。两者是互相联系的,但绝不能互相代替。戴震的主观愿望是"由文字以通乎语言,由语言以通乎古圣贤之心志"(《戴东原集》卷十《古经解钩沉序》),但是由于时代的局限,他只能完成半截子科学,即在语言文字的训释上可以达到科学水平,而在思想内容的剖析上却难以踏进科学的门槛。这在古文献学史上是带有普遍性的一个问题,是我们继承历史经验和成果时应该加以辨别的。

第八节　段玉裁

段玉裁(1735—1815),字若膺,号茂堂,江苏金坛人。乾隆举人。乾隆二十八年(1763)从戴震受业。后曾任贵州玉屏知县、四川巫山知县。乾隆四十七年(1782)辞官归乡,从事著述。嘉庆四年(1799)阮元为浙抚,建"诂经精舍",集天下学人辑《十三经校勘记》,由段玉裁主其事。主要著作有《六书音均表》、《古文尚书撰异》、《毛诗故训传定本》、《诗经小学》、《周礼汉读考》、《仪礼汉读考》、《春秋左氏古经》、《说文解字注》、《声韵考》、《经韵楼集》、《戴东原年谱》等,并编有《戴东原集》。其中《说文解字注》为其代表作,此书凝聚着作者后半生的心血,据《说文解字注》十五卷下《说文后序注》中段氏自述,"发轫于乾隆丙申(四十一年,1776),落成于嘉庆丁卯(十二年,1807)",先后达 31 年之久。《说文解字注》不仅在校注方面有功于许书,而且反映了作者在文字、音韵、训诂方面创造性的研究成果。

段玉裁长于经学、小学和校勘,为皖派的重要学者、乾嘉考据学派的著名代表。他在古文献学上的成就主要有以下几方面:

(一)主张由句度、故训、音读以求义理,反对凭空穿凿

段玉裁继承戴震及其他汉学家的观点,主张从弄通古文献的语言文字入手以求其中的义理,反对凭空穿凿。《在明明德在亲民说》一文说:"经之不明,由失其义理。义理所由失者,或失其句度,或失其故训,或失其音读;三者失而义理能得,未之有也。"并指名批评了程、朱关于《大学》此语的穿凿附会(《经韵楼集》卷三)。在《四与顾千里论学制备忘之记》中也说:"自训诂之学不明,而治经多惑。"(《经韵楼集》卷十二)他推崇汉学,尤其推崇汉学的集大成者郑玄,《经义杂记序》说:"校书何放(昉)乎?放于孔子、子夏。……而千古之大业,未有盛于郑康成氏者也。……而郑君之学,不主于墨守,而主于兼综;不主于兼综,而主于独断。其于经字之当定者,必相其文义之离合,审其音韵之远近,以定众说之是非,而以己说为之补正。……不知虞、夏、商、周之古音,何以得其假借训诂?不知古圣贤之用心,又何以得其文义而定所从,整百家之不齐与?"(见本书卷首,又见《经韵楼集》卷八)这里推崇郑玄,是肯定其由音韵、训诂以通义理的古文献学方法。他之所以重视许慎的《说文解字》,用后半生主要精力为许书作了创造性的整理和注释,也说明了他对"小学"的重视,以及由"小学"以通义理的主张。《说文后序》"庶有达者理而董之"句下注说"《说文》、《尔雅》及传注明而后谓之通小学,而后可通

经之大义。"另外,他还通过揭露宋儒的穿凿,强调由训诂考证以通义理,《十经斋记》说:"余自幼读四子书注中语,信之惟恐不笃也,既壮乃疑焉。既而熟读六经孔孟之言,以核之四子书注中之言,乃知其言心、言理、言性、言道,皆与六经孔孟之言大异。六经言理在于物,而宋儒谓理具于心,谓性即理;六经言道即阴阳,而宋儒言阴阳非道,有理以生阴阳,乃谓之道。……昔人并《左氏》于经,合集为十三经,其意善矣。愚谓当广之为二十一经,礼益以《大戴礼》,《春秋》益以《国语》、《史记》、《汉书》、《资治通鉴》,《周礼》六艺之书数,《尔雅》未足当之也,取《说文解字》、《九章算经》、《周髀算经》以益之。庶学者诵习佩服既久,于训诂、名物、制度之昭显,民情物理以之隐微,无不憭然,无道学之名,而有其实。"(《经韵楼集》卷九)

（二）文字、音韵、训诂方面的成就

1.区别古今,形音义互求,以音为关键。

古文献是用古代语言文字记载的,语言是通过语音表意的,文字是记录语词的符号。汉字是一种表意兼表音的文字符号系统,具有形音义三因素,其中音始终处在关键地位。前人不明此理,往往望文生义,在解释上产生错误。汉字有漫长的历史,形音义都可能产生古今的差别,前人不明此理,往往以今类古,在解释上产生错误。在这两点上,段玉裁都有明确的认识。他吸收明清以来不少学者的研究成果,加以发展,不但提出了科学的结论,而且作了更为明晰的表述,如为王念孙所作《广雅疏证序》说:"小学有形、有音、有义,三者互相求,举一可得其二。有古形,有今形,有古音,有今音,有古义,有今义,六者互相求,举一可得其五。古今者,不定之名也,三代为古,则汉为今,汉、魏、晋为古,则唐、宋以下为今。圣人之制字,有义而后有音,有音而后有形。学者之考字,因形以得其音,因音以得其义。治经莫重于得义,得义莫切于得音。"(见该书卷首,又见《经韵楼集》卷八)

2.为得音而作《六书音均表》,包括《今韵古分十七部表》、《古十七部谐声表》、《古十七部合用类分表》、《诗经韵分十七部表》、《群经韵分十七部表》五篇(附《说文解字注》后)。

其中第一表为纲领和通论,不仅包括十七部韵表,而且有论古音之诸说。

所分古韵十七部为:

第一部　之、咍、入声职、德

第二部　萧、宵、肴、豪

第三部　尤、幽、入声屋、沃、烛、觉

第四部　　侯

第五部　　鱼、虞、模,入声葯、铎

第六部　　蒸、登

第七部　　侵、盐、添,入声缉、葉、怗

第八部　　覃、谈、咸、衔、严、凡,入声合、盍、洽、狎、业、乏

第九部　　东、冬、鍾、江

第十部　　阳、唐

第十一部　　庚、耕、清、青

第十二部　　真、臻、先,入声质、栉、屑

第十三部　　谆、文、欣、魂、痕

第十四部　　元、寒、桓、删、山、仙

第十五部　　脂、微、齐、皆、灰,入声术、物、迄、月、没、曷、末、黠、锴、薛

第十六部　　支、佳,入声陌、麦、昔、锡

第十七部　　歌、戈、麻

诸论说有以下篇题《第一部第十五部第十六部分用说》、《第二部第三部分用说》、《第三部第四部第五部分用说》、《第五部第十六部入声分用说》、《第六部独用说》、《第七部第八部分用说》、《第九部独用说》、《第十部独用说》、《第十一部独用说》、《第十二部第十三部第十四部分用说》、《第十七部独用说》、《古十七部平入分配说》、《今韵同用独用未允说》、《古十七部本音说》、《古十七部音变说》、《古四声说》、《古今不同随举可徵说》、《音韵随时代迁移说》、《古音韵至谐说》、《古音义说》、《古谐声说》、《古假借必同部说》、《古转注同部说》。段玉裁关于古音的见解荟萃于此,前十二篇论分韵及入声分配的根据,后十一篇论证古今音韵不同及古音韵母、声调等问题。段玉裁不仅了解到古今音有变的一些事实,而且掌握了一些古音规律,在古音研究史上,其功绩是卓越的。当然将古韵分为十七部尚不免有疏漏之处,并且对古今音之变也尚有不明之处。

其中第三表也比较重要,此表根据合用的原则将十七部分为六类:

第一类　　第一部

第二类　　第二部、第三部、第四部、第五部

第三类　　第六部、第七部、第八部

第四类　　第九部、第十部、第十一部

第五类　　第十二部、第十三部、第十四部

第六类　　第十五部、第十六部、第十七部

当然由于十七部之分不尽完善，这就决定了合用类分之说亦不免有疏误。

3.在训诂上的成就主要有三：

第一，使用"因音求义"的方法更为精审。段玉裁在论音时多涉及训诂，他使用"因音求义"，包括明假借、通声训两方面的内容。如《六书音均表一·古假借必同部说》云："自《尔雅》而下，诂训之学不外假借、转注二耑。如《缁衣传》：适、之、馆、舍、粲、餐也。适之、馆舍为转注，粲餐为假借也。《七月传》：壶、瓠，叔、拾也。叔拾为转注，壶瓠为假借也。粲、壶自有本义，假借必取同部。"又如同表《古转注同部说》云："训诂之学，古多取诸同部，如仁者人也，义者宜也，礼者履也，春之为言蠢也，夏之为言假也，子、孳也，丑、纽也，寅、津也，卯、茂也之类。《说文》'神'字注云：'天神引出万物者也。''祇'字注云：'地祇提出万物者也。''麦'字注云：'秋穜厚薶，故谓之麦。'神、引同十二部，祇、提同十六部，麦、薶同第一部也。刘熙《释名》一书，皆用此意为训诂。"又如《六书音均表三·古异部假借转注说》云："古六书，假借以音为主，同音相代也。转注以义为主，同义互训也。作字之始，有音而后有字，义不外乎音，故转注亦主音。假借取诸同部者多，取诸异部者少。转注取诸同部、异部者各半。十七部为假借、转注之维纲，学者必知十七部之分，然后可以知十七部之合。知其分，知其合，然后可以尽求古经传之假借、转注而无疑义。"同表《六书说》云："文字起于声音，六书不外谣俗。六书以象形、指事、会意为形，以谐声、转注、假借为声。又以象形、指事、会意、谐声为形，以转注、假借为声。又以象形、指事、会意、谐声、转注、假借为形，以十七部为声。……转注异字同义，假借异义同字，其源皆在音均。……然古十七部藏薶未悟，不可以通古经传之文。今特表而出之，著其分合，周秦汉人诂训之精微，后代反语、双声、叠韵、音纽、字母之学，胥一以贯之矣。"其中假借主于音而无异义，而转注则包括一般互训和同音、音近互训两种类型，一般互训不涉音，同音、音近互训即声训。可见段玉裁讲"因音求义"，既包括明假借，又包括通声训。当然，他关于转注的解释并不符许慎转注定义的原意，许慎的转注定义系指同部首字的互训，既不是泛指，又与音无关，已详第二章许慎专节。至于因音求义的具体例子不胜枚举，如《古文尚书撰异》卷一《尧典》"九族既睦，平章百姓"条："惠定宇《九经古义》曰：'《说文》：釆，辨别也，读若辨，古文作'𠔤'，与'平'相似，孔氏误'𠔤'为'平'耳。裁按'平'、'辨'虽一在古音十一部，一在古音十二部，而同入，最近，是以《周易》清、真通用,《洪范》偏、平合韵。《尚书》平、辨皆训使(自注:《召诰》'平来',一作'辨来'。《酒诰》'勿辨乃司民湎于酒'。《书序》'王俾荣伯作贿肃慎之命','俾'一作'辨'。),此平章即辨章之理也,不必如惠所说。"按惠栋拘泥于字形,以为"平"乃古文<ruby>平</ruby>之形误。段玉裁从字音上考察,并参考异文,以为"平"为"辨"之借字,训使,甚是。对联绵字也能因音求义,而不望文生训,或拆释单字,《说文注》中例子很多,兹不详举。通声训如《说文注》"禛"字下云:"声与义同原,故谐声之偏旁多与其字义相近。""甬"字下云:"按凡从甬声之字皆兴起之意。""襛"字下云:"凡農声之字皆训厚。醲,酒厚也。濃,露多也。襛,衣厚貌也。引申为凡多厚之称。"由此可见段氏擅长因音求义之一斑,其他例子不一一列举。段玉裁虽然主张因音求义,但不同意魏晋南北朝以后兴起字义随音而转的说法,认为此不符古音古义,《六书音均表一·古音义说》云:"字义不随字音为分别,音转入他部,其义同也;音变析为他韵,其义同也。平转为仄声,上、入转为去声,其义同也。今韵例多为分别,如登韵之能为才能,咍韵之能为三足鳖,之韵之台为台予,咍韵之台为三台星。六鱼之誉为毁誉,九御之誉为称誉,十一暮之恶为厌恶,十九铎之恶为丑恶者,皆拘牵琐碎,未可以语古音古义。"此见与钱大昕同,但不符合实际,参见第六节钱大昕部分。

第二,不局限于字书、旧注,注意从原文出发,分析具体文句以求字义,这是随文释训的科学方法,有助于创新和辨误。此法有承于戴震"贯群经"的方法,但段氏又有所发展。

第三,辨析字义更为细腻。关于字义,段玉裁明确提出本义、引申义、假借义的概念,这对训诂学是一个发展。其前江永只提出本义和引申义。戴震虽提出过假借义,但认为假借义与引申义无别。段玉裁则认为本义、引申义、假借义各别,《经韵楼集》卷一《济盈不濡轨传曰由辀以下曰轨》指出:"凡字有本义焉,有引申、假借之馀义焉。守其本义而弃其馀义者,其失也固;习其馀义而忘其本义者,其失也蔽。蔽与固皆不可以治经。"又同书卷十一《高亯二字释例》更有具体说明:"凡字有本义,有引申之义,有假借之义。《说文解字》曰:'亯者献也,从高省,曰象进孰物形',引《考经》:'祭则鬼亯之。'是则祭祀曰亯,其本义也。故经典祭亯用此字。引申之,凡下献其上亦用此字。而燕饗用此字者,则同音假借也。《说文解字》又曰:'饗者鄉人饮酒也,从食从鄉,鄉亦声。'是则鄉饮酒之礼曰饗,引申之,凡饮宾客亦曰饗,凡鬼神来食亦曰饗。而祭亯用此字者,则同音假借也。"又同书卷十二《四与顾千里论学制备忘之记》说:"千里足下:自训诂之学不明,而治经多惑,即举郊字言之,郊之为言交也,谓乡与遂相交接之处也。故《说文》曰:‘距国百里为郊。’此郊之本义也,谓必至百里而后为郊也。而《尔雅》曰:‘邑外谓之郊。’《说文》‘门’下本之,亦曰:‘邑外谓之郊。’邑者,国也。是则自国中而外至于百里统谓之郊矣,此引申之义也。何以引申也?国外郊内为六乡之地,故《周礼》立文多言国中及四郊以包六乡,其有单言六乡者,其事不涉国中者也。言四郊可以包乡,故《尔雅》曰:‘邑外谓之郊。’”关于引申义的定义,同书卷十二《六与顾千里论学制备忘之记》说:“古圣人正名百物,有由一定而迁移者焉,有迁移仍不改其一定者焉。如距国二百里者野也,百里以外二百里以内六遂之地亦野也,二百里以外至于畿亦野也。”接着又举郊之本义与引申义,与上同。所谓“由一定而迁移者”、“有迁移仍不改其一定者”,即引申义的定义,它准确地说明了引申义与本义的联系与区别。《说文解字注》中分析引申义,假借义的情况随处可见。据周祖谟统计,段氏《说文注》中说明字义引申的就有七百八十馀条(据《问学集·论段氏说文解字注》),例如:艸部荟字,许云:“艸多貌。”段注:“引申为凡物会萃之义。”牛部牢字,许云:“闲也(段补也字),养牛圈也。”段注:“引申之为牢不可破。”辵部过字,许云:“度也。”段注:“引申为有过之过。”等等。《说文注》中分析假借的例子更多,兹举二例:辵部遹字,许云:“回辟也。”段注:“《韩诗》遹作穴,或作沉,或作欥,皆假借字也。遹古多假为述字,《释言》曰:‘遹,述也。’言假借也。”这里说“穴”、“沉”、“欥”的假借义为遹。遹之借义为述。又如干部干字,许云:“干,犯也。”段注:“《毛诗》干旄、干旌,假借为竿字。”这里是说“干”的假借义为竿。由此可见一斑。除引申义、假借义外,段氏还注意辨析古今义,《说文注》中不乏其例,例如目部瞻字,许云:“临视也。”段注:“《释诂》、《毛传》皆曰:瞻,视也。许别之云临视。今人谓仰视曰瞻,此古今义不同也。”贝部赘字,许云:“物相增加也。”段注:“以物相益曰赘,字之本义也。今义训为赘疣,与古义小异,而实古义之引申也。”此外段氏还注意对同义词词义的辨析,其所谓“统言之”是分析同义词的共同意义,所谓“析言之”是分析同义词在意义上的细微差别。例如艸部茅字,许云:“茅,菅也。”段注:“按,统言之茅、菅是一,析言之则菅与茅殊。许菅、茅互训,此统言也。陆玑曰:‘菅似茅而滑泽,无毛,根下(段校:当作上)五寸中有白粉者,柔韧宜为索,沤乃尤善矣。’此析言也。”又如卧部卧字,许云:“卧,伏也。”段注:“卧与寝异。寝于床,《论语》‘寝不尸’是也。卧于几,《孟子》‘隐几而卧’是也。卧于几,故曰伏,尸篆下曰:‘象卧之形’,是也。此析言之耳。统言之则不别,故宀部曰:‘寝者卧也’,《曲礼》云:‘寝毋伏’,则谓寝于床者毋得俯伏也。”在字义辨析上段玉裁也有局限,其一是迷信《说文》所释为本义,而实际情况并非全为本义。例如前举"盲饗二字释例"条,段氏相信《说文》关于饗字本义的解释,认为"乡饮酒之礼"为饗字本义,"饮宾客"(燕饗)为饗字引申之义。其实《说文》所释并非本义,饗之本字为乡,甲骨文、金文作两人对酒器相饮之形,本义为燕饗,引申为相向,假借为乡里之乡。其二是对引申义的认识还有模糊之处,正如周祖谟《论段氏说文解字注》所说:"书中所举字义的引申,性质也很复杂,甚至于有很多不属于意义引申的一类也称之为引申,未免失之笼统。例如托意于此而寄形于彼的,不能算作引申;无字可写,只是借音的,也不能算作引申。可惜段氏没有能够细加区别。"(《问学集》)段氏往往把假借义误为引申义。有时又将引申、假借笼统并提,如不部不字,许云:"鸟飞上翔不下来也。"段注:"凡云不然者,皆与此义引申假借。"

4.在文字上注意假借、古今、正俗之辨,《说文注》中例子甚多,如"蕲"字下云:"古钟鼎款识多借为祈字。""册"字下云:"《左传》'备物典筴',《释文》:'筴本又作册,亦作策,或作筴。'按,筴者,策之俗也;册者,正字也;策者,假借字也。筴者,册之古文也。""又"字下云:"此即今之右字。""叟"(从又灾)字下云:"今字作叟,亦未其说。""専"字下云:"今専之俗字作甎、塼,以専为嫥壹之嫥。""贾"字下云:"汉石经《论语》曰:'求善贾而贾诸',今《论语》作'沽'者,假借字也。""叙"字(许云:叙,塞也)下云:"按《士丧礼》'隶人涅厕',注:'涅,塞也。'盖叙其本字,涅其假借字也。异部双声相假借,故叙亦音乃结切。"(按此不仅双声假借,韵母虽异部而阴阳对转,并非全无关涉)等等。

(三)考察古人著述通例,总结规律,用以指导阅读、整理古籍

《周礼汉读考》就是一部总结汉人注音、释义、校勘体例的专著,自序说:"汉人作注,于字发疑正读,其例有三:一曰读如、读若,二曰读为、读曰,三曰当为。读如、读若者,拟其音也。古无反语,故为比方之词。读为、读曰者,易其字也。易之以音相近之字,故为变化之词。比方主乎同,音同而义可推也。变化主乎异,字异而义憭然也。比方主乎音,变化主乎义。比方不易字,故下文仍举经之本字。变化已易,故下文辄举所易之字。注经必兼此二者,故有读如,有读为。字书不言变化,故有读如,无读为。有言读如某、读为某而某仍本字者,'如'以别其音,'为'以别其义。当为者,定为字之误、声之误而改其字也,为救正之词。形近而讹,谓之字之误,声近而讹,谓之声之误。字误、声误而正之,皆谓之当为。凡言读为者,不以为误;凡言当为者,直斥其误。三者分,而汉注可读,而经可读。三者皆以音为用,六书之形声、假借、转注(按转注本义与音无涉,此段氏依其个人的理解),于是焉在。汉

之音，非今之四声二百六韵也，则非通乎虞、夏、商、周、汉之音，不能穷其条理。玉裁昔年读《诗》及群经，确知古音分十有七部。又得其联合次第自然之故，成《六书音均表》，质诸天下。今考汉儒注《诗》、《礼》及他经，及《国语》、《史记》、《汉书》、《淮南鸿烈》、《吕览》诸书，凡言读如、读为、当为者，其音大致与十七部之云相合。因又自喜，述《汉读考》诂同志，先成《周礼》六卷。"（《经韵楼集》卷二）以后又成《仪礼汉读考》，性质与此书相同。

段玉裁注《说文解字》，处处注意发凡起例，以揭示许书通例，并据以整理许书。正如王筠《说文释例序》说："段氏书体大思精，所谓通例，又前人所未知。"据周祖谟统计，有关许书体例的说明在段注中总有五六十处之多（见《论段氏说文解字注》），兹略举数例：

> 《尔雅》、《方言》所以发明转注、假借，《仓颉》、《训纂》、《滂熹》及《凡将》、《急就》、《元尚》、《飞龙》、《圣皇》诸篇仅以四言、七言成文，皆不言字形原委。以字形为书，俾学者因形以考音与义，实始于许，功莫大焉。（见一部一字下。接，此就许书总体例而言。）

> 此书法后王，尊汉制，以小篆为质，而兼录古文、籀文，所谓"今叙篆文，合以古、籀"也。小篆之于古、籀，或仍之，或省改之，仍者十之八九，省改者十之一二而已。仍则小篆皆古、籀也，故不更出古、籀；省改则古籀非小篆也，故更出之。（见一部弌字下）

> 凡篆一字先训其义，若"始也"、"颠也"是；次释其形，若从某某声是；次释其音，若某声及读若某是；合三者以完一篆，故曰形书也。（见一部元字下，首句又见天字下）

> 凡部之先后，以形之相近者为次，凡每部中字之先后，以义相引为次。（见一部部末）

> 凡言亦声者，会意兼形声也。（见一部吏字下）

> 凡合二字成文，如瑾瑜、玫瑰之类，其义既举于上字，则下字例不复举，俗本多乱之。（见玉部瑜字下）各本巫上有靈字，乃复举篆文之未删者也。许君原书篆文之下以隶复写其字，后人删之，时有未尽。（见玉部靈字下，指明复举字之未删者，注中屡见）

> 《说文》言一曰者有二例：一是兼采别说，一是同物二名。（见艸部蘸字下）

> 凡言某与某同意者，皆谓其制字之意同也。（见羊部芈下）

又龚自珍《最录段先生定本许氏说文》述段玉裁所揭示的《说文》体例

有：本义（“许则说其仓颉、史籀以来之本义”，“本义亡则姑就后义说之”）、本字（“许书绝用本字”）、次第（“五百四十部次第相蒙，所谓据形系联者也。每部之中，其胪字又次第相蒙”）、变例（“许法后王，以小篆为质，以古文为附见，此常例也”，不得不先列古文为变例）、字复举（“许之例，十九于小篆下复举一字”）、以声为义（“从某为声者，必同是某义”）、引经以说字、今训密古训宽无两读、古字不止九千（因尉律课九千，故许仅收九千馀字）、许称经不可执家法求（兼引今古文）。

考察古书的通例，意义有二：一是有纲领在手，便于阅读，吸收带规律性的成果；一是有线索可寻，便于以本书证本书，便于系统地研究、整理。段玉裁的实践完全证明了这样的道理。他的《说文注》之所以能做到体大思精，与此不无关系。他还依据许书体例，校正了不少《说文》在流传中产生的讹误，这一点下面将谈到。

（四）长于校勘，在实践和理论上均有建树，但亦有轻改之失

段玉裁学识渊博，尤通小学，凭此校勘订误，颇具慧眼，成果甚富。他曾为阮元主持校勘十三经，辑《十三经校勘记》。《古文尚书撰异》、《毛诗诂训传定本》、《春秋左氏古经》为其校勘专著。《说文注》中也有不少校勘成果。在理论上他还有独到见解，主要如下：

1.强调理校，亦不废对校、他校，主张以学识判断是非，勇于改定，反对“就一字一句异同卤莽立说”和迷信古本。例如《礼记·礼器》中有这样一句话：“先王之立礼也，有本有文，忠信，礼之本也，义理，礼之文也，无本不立，无文不行。”唐石经无“有文”二字，顾广圻在《礼记考异》中加以肯定，认为：“本可以云立，文不可以云立，今各本衍‘有文’二字，幸唐石经尚存，可以取正。”段玉裁不迷信唐石经之文，不局限于一字一句，而从上下文理求之，认为礼有本有文，此篇重在说明礼之文，“有文”二字非衍文。并说：“校书者就一字一句异同卤莽立说，而不观上下文以求其义理，乃为厌常喜新之说，以欺眩天下，谓天下无能测我深浅，当以千里（顾广圻）为鉴。”（《经韵楼集》卷十一《〈礼器〉先王之立礼也有本有文》）在《答顾千里书》中又就《礼记考异》与顾氏辩论校书之法，说：“足下为张古馀（敦仁）作《礼记考异》，仆立说多乖谬，……夫校经者，将以求其是也，审知经字有讹则改之，此汉人法也。汉人求诸义而当改则改之，不必其有左证。自汉而下，多述汉人，不敢立说擅改，故博稽古本及他引经之文，可以正流俗经本之字者则改之。……今足下乃云援他书改经文为陋习，为紊经。……谓仆有意改经，委诸讹，委诸误，……凡校书者，欲定其一是，明圣贤之义理于天下万世，非如今之俗子夸博赡、夸

能考核也。故有所谓宋版本者，亦不过校书之一助，是则取之，不是则却之，宋版岂必是耶？故刊古书者，其学识无憾，则折衷为定本以行于世，如东原师《大戴礼》、《水经注》是也；其学识不能自信，则照旧刊之，不敢措一辞，不当捃摭各本，侈口谈是非也。今足下为《礼记考异》，既不敢折衷定本，乃欲谈是非耶？果能谈是非，则何不折衷定本也？……《礼记考异》袭诸所闻者无误，其馀展卷可摘，尚未遍读也。"（《经韵楼集》卷十一）这里值得注意的有几点：第一，校勘以"求其是"为原则，有误则改，有据则改。第二，不迷信宋本，唯是是从。第三，依据学识进行理校以判断是非，折衷定本，反对罗列异文，侈谈是非。但是段氏又反对学识不到而轻改妄改，《重刊明道二年国语序》说："校定之学，识不到则或指瑜为瑕，而疵类更甚，转不若多存其未校定之本，使学者随其学之深浅以定其瑕瑜，而瑕瑜之真固在。……古书之坏于不校者固多，坏于校者尤多。坏于不校者以校治之，坏于校者久且不可治。"（见该书卷首，又见《经韵楼集》卷八）《与黄荛圃论孟子音义书》说："又不得少见多怪，疑所不当疑，如建屏（涧薲，顾广圻）不读《左传》，而欲改《易林》之'子商'为'于商'（按，见顾氏代黄丕烈所作《焦氏易林后序》）是也。"（《经韵楼集》卷四）

2.区别"底本之是非"与"立说之是非"，以定底本之是非为前提。《与诸同志书论校书之难》说："校书之难，非照本改字不讹不漏之难也，定其是非之难。是非有二：曰底本之是非，曰立说之是非。必先定其底本之是非，而后可断其立说之是非。二者不分，缪辄如治丝而棼，如算之淆，其法实而瞀乱，乃至不可理。何谓底本？著书者之稿本是也。何谓立说？著书者所言之义理是也。"接着从《周礼》、《礼记·王制》、《春秋左传》、《毛诗》、《仪礼·士冠礼》各举一例，说明底本以符合原貌为是，反之则非；立说以合乎义理为是，反之为非。两者可能是矛盾的，即底本之是，不一定于义理为是；底本之非，不一定于义理为非。对此段氏提出了先还底本之原、后判定义理是非的校勘方法："故校经之法，必以贾（公彦）还贾，以孔（颖达）还孔，以陆（德明）还陆，以杜（预）还杜，以郑（玄）还郑，各得其底本，而后判其义理之是非，而后经之底本可定，而后经之义理可以徐定。不先正注、疏、《释文》之底本，则多诬古人，不断其立说之是非，则多误今人。自宋人合《正义》、《释文》于经注，而其字不相同者，一切改之使同。使学而不思者，白首茫如；其自负能校经者，分别又无真见。故三合之注疏本，似便而易惑，久为经之贼而莫之觉也。"（《经韵楼集》卷十二）

在校勘原则上段玉裁曾与顾广圻有过激烈的论争。段玉裁本荐顾广圻入十三经局校十三经注疏，后因校勘意见不合而有隙，致使顾广圻离开十三经局，为张古馀校刻抚州公使库本《礼记郑注》，成《礼记考异》以成己志，于是两人发生势不两立的论争。争论主要围绕着《礼记》一书的校勘展开，焦点集中于《礼记·王制》"周人养国老于东胶，养庶老于虞庠，虞庠在国之四郊"之"四郊"上。顾广圻认为孔颖达等《正义》作"西郊"为是，而段玉裁则认为孔本作"西郊"为误，当作"四郊"。关于二人的论争，陈鳣《经籍跋文·宋本礼记注跋》云："此《考异》二卷，……千里云：'《祭义注》四郊之"四"当作"西"，或又据《芳传》所引，并欲改《王制》"虞庠在国之西郊"亦为"四郊"，致巨缪云云。'（按所谓据《北史·刘芳传》所引欲改《王制》云，指孙志祖（颐谷）《读书脞录续编》）是书初出，段茂堂大令作《礼记四郊疏证》，申孙黜顾，凡数千言。顾复作《学制备忘记》以辩之，亦数千言。两家遂成水火。余欲为调人，而终莫解。尝汇集其书为一册，题曰《段顾校雠篇》。"段与顾辩论的文章，收在《经韵楼集》卷十一、十二两卷中，主要有《二名不偏讳说》、《〈曲礼〉君天下曰天子朝诸侯分职授政任功曰予一人注曰觐礼曰伯父实来余一人嘉之余予古今字》、《〈礼记〉四郊小学疏证》、《周人卒哭而致事经注考》、《〈礼器〉先王之立礼也有本有文》、《〈杂记〉公视大敛公升商祝铺席乃敛（注云丧大记大夫之丧将大敛既铺绞紟衾君至比君升乃铺席则君至为之改始新之）》、《盲飨二字释例》、《说文飨字解》、《乡饮酒礼与养老之礼名实异同考》、《与顾千里书》、《答顾千里书》、《与顾千里书论学制备忘之记》、《再与顾千里书论学制备忘之记》、《三与顾千里书论学制备忘之记》、《四与顾千里本论学制备忘之记》、《五与顾千里书论学制备忘之记》、《六与顾千里书论学制备忘之记》、《七与顾千里书论学制备忘之记》、《与黄绍武书》、《与黄绍武书论千里第三札》、《答黄绍武书》、《与诸同志书论校书之难》等。同时附有顾广圻《学制备忘之记》、《顾千里第二札》、《顾千里第三札》。由这些材料可见二人争论的分歧所在及所持论据。《与诸同志书论校书之难》一篇实为总结性之作，其中直接涉及与顾的分歧有二例（第二、第五），如第二例为《王制》："虞庠在国之四郊"，注云："周立小学于四郊。"唐孔氏本《经》、《注》皆作"西郊"。（疏云："西序在西郊，周立小学于西郊。"）段氏校孔疏本《礼记·王制》"西郊"当作"四郊"，采用理校、他校以定是非，理由充分。顾广圻则强调版本依据，认为唐疏本"西郊"不当据他书轻改，并且于理亦不悖，见《答段玉裁第二札》。

从段、顾二人的分歧不难看出，段氏强调理校，即据"立说之是非"以校定异文，同时参据他校、对校，而顾氏则强调对校，即改字必须有版本依据，不可据义理及他书轻改本书,同时又不排斥以理校作辅助手段。段氏的优点是敏锐,善于凭借自己的小学根基和丰富的古文化知识发现问题,订正讹误。但因为忽视版本依据,理校未确,自信太过,又往往导致轻改而失之鲁莽。顾氏的优点是谨慎,但有时为维护版本依据而又失之拘谨。就所争论的问题来看,二人各有是非。例如关于"四郊"、"西郊"的问题,以段氏所申孙志祖之说为长,充分表现出段氏擅长理校,并参据他校的优势。又如关于《说文》"饗"字之争,则以顾氏说法为长。段玉裁《说文饗字解》(《经韵楼集》卷十一)据《说文》把饗字本义释为乡饮酒礼,认为乡饮酒礼不仅行于乡,并上行于天子、诸侯。而顾广圻则认为乡饮酒礼不能上行于天子、诸侯,天子、诸侯之饗,系指大饮酒,非乡饮酒,二者等级有别,见《答段玉裁第三札》。

由此可见段氏虽然强调"定立说之是非",并据此进行理校,而他"定立说之是非"亦难免有误。

段玉裁在实际校勘中得失相兼。当他精确地运用理校时,或当他不限于理校而参以对校、本校、他校时,往往能得到精辟的校勘结论。当他一味强调理校而又在"定立说之是非"方面过于自信之时,则往往难免武断。即以《说文注》中的校勘为例,就可说明以上情况:

精于理校者,如:

> 《说文》:"丄,高也。此古文上。"段校"丄"为"二",注云:"古文上作二。故'帝'下、'旁'下、'示'下皆云从古文上,可以证古文本作二。篆作丄,各本误以丄为古文,则不得不改篆文之丄为𠄞。而用上为部首,使下文从二之字皆无所统,示次于二之恉亦晦矣。今正丄为二、𠄞为丄,观者勿疑怪可也。凡《说文》一书,以小篆为质,必先举小篆,后言古文作某。此独先举古文,后言小篆作某,变例也。以其属皆从古文上,不从小篆上,故出变例而别白言之。"

按此据同部属字之部首形体,改传本《说文》古文"丄"为"二",改篆文"𠄞"为"丄",甚是。此理校已为甲骨文、金文"二"字所证实。

参用对校、他校、本校、理校者,如:

> 《说文》:"茅,艸也。"段注:"锴本作'黄',夷声。铉本作茅。今铉本篆体尚未全误。考《广韵》、《玉篇》、《类篇》皆本《说文》云:'茅,艸也。'知《集韵》合'茅'、'黄'为一字之误矣。黄,见《诗》,茅之始生也。"

此据对校、他校及理校订徐锴作"黄"之误。

《说文》"暘"字下引："《虞书》曰：'曰暘谷。'"段注："'虞书'宋本、叶本如是。他本作'商'，非也。各本少一'曰'字，今补。"

　　《说文》："蔧，艸也。"段注："也字各本无，今补。按《说文》凡艸名篆文之下皆复举篆文某字曰：'某艸也。'如葵篆下必云：'葵菜也。'茿篆下必云：'茿艸也。'篆文者其形，说解者其义，以义释形，故《说文》为小学家言形之书也。浅人不知，则尽以为赘而删之。不知'葵菜也'，'茿艸也'，'河水也'，'江水也'，皆三字句，首字不逗。今虽未复其旧，为举其例于此。此蔧篆之下，本云'蔧艸也'，各本既删'蔧'字，又去'也'字，则蔧篆不为艸名，似为凡枝枝相值、叶叶相当之称矣。"

按，《说文注》中据此义例（属理校）及《说文》中复举字删犹未尽者（属本校）校订浅人妄删之例甚多，兹举一二，如《说文》："賈，賈市也。"段氏于下"賈"字注云："此复举字之未删者。"又"臨，監臨也。"段氏删"臨"字，注云："各本作'監臨也'，乃复字未删而又倒之，今正。"

　　《说文注》中精当的校勘成果随处可见，由以上可见一斑。但也有自信太过而轻妄改之者，如：

　　《说文》："即，即食也。"段注："即，当作'節'，《周易》所谓'節饮食'也。節食者，检制之使不过。故凡止于是之词谓之即。凡见于经史言即皆是也。《郑风》毛传曰：'即，就也。'"

按，此校误。据甲骨文、金文字形，"即"是一个人向着食器的会意字，可见就食是"即"字本义（《说文通训定声》正释为就食），"凡止于是之词谓之即"，乃其引申义。

　　又如王引之《与王畹馨中丞书》说："段大令《说文注》力辨'蘪'字之误，始则删之，继则改其篆而移其次，又欲并《尔雅》而改之，其所据者曹宪音而已。窃谓《尔雅》、《说文》皆不误，而《广雅》则误，《广雅》原文本不误，而曹宪所据之本则误，据误本而为之音，是以与《尔雅》、《说文》不合也。大令当据《尔雅》、《说文》以正《广雅》传写之误，不当据《广雅》传写之误以改《尔雅》、《说文》。"（《王文简公文集》卷四）《说文注》中轻改之例很多，确如清末朱一新《无邪堂答问》卷四所说："惟勇于删改，是段注之大失。"后人关于《说文注》指误辨疑之作对此多有揭示。

　　段玉裁在古文献学上继承戴震而在小学和校勘方面有了更专精深入的发展。陈奂《王石臞先生遗文编次序》曾引段氏本人的话说："段先生曰：'余之治《说文》也，以字考经，以经考字，大指本徽郡戴氏。'"正说明了段氏在古文献学上的渊源关系和特点。

第九节　王念孙　王引之

　　王念孙、王引之父子，世称高邮二王。王念孙有家学渊源，又与段玉裁同出戴震之门，王引之又承其父学，故传统又并称戴、段、二王。二王在古文献学上以精通小学、校勘见长，与段玉裁齐名，而比段氏更加谨严。

　　王念孙（1744—1832），字怀祖，号石臞，江苏高邮人。乾隆四十年（1775）进士，选庶吉士，乞假归，钻研学术。后又任工部主事，督办河工。因永定河泛滥，引咎辞官。一生大部分时间从事学术研究。主要著作有《广雅疏证》十卷、《读书杂志》八十二卷及《馀编》二卷、《王石臞先生遗文》四卷。

　　《广雅疏证》是一部校注《广雅》之作。王念孙认为魏张揖的《广雅》是继《尔雅》之后的一部重要的训诂书，《广雅疏证序》说："盖周、秦、两汉古义之存者，可据以证其得失，其散逸不传者，可藉以窥其端绪，则其书之为功于训诂也大矣。"于是以因音求义的方法，博考群籍音训材料，订误补证以注其书，所谓"其或张君误采，博考以证其失，先儒误说，参酌而寤其非，以燕石之瑜，补荆璞之瑕"（同上）。同时加以校勘，以正传本之误，如说："宪所传本（即曹宪《广雅音释》本）即有舛误，故音内多据误字作音。《集韵》、《类篇》、《太平御览》诸书所引，其误亦或与今本同，盖是书之讹误久矣。今据耳目所及，旁考诸书，以校此本。凡字之讹者五百八十，脱者四百九十，衍者三十九，先后错乱者百二十三，正文误入音内者十九，音内字误入正文者五十七，辄复随条补正，详举所由（自注：'《广雅》诸本以明华效钦本为最善，凡诸本皆误而毕本未误者，不在补正之列。'）。"（同上）王氏之书又非一般校注之作，他引证大量先秦至两汉的往籍、传注、字书等材料来疏证《广雅》，实际上是以《广雅》为基础归纳众说，编纂而成的一部博大精深的名物训诂字典。其中贯穿着因音求义的科学训诂方法，集中了丰富的假借、声训例证和古今、正俗的文字形体资料，因此，这部书综合地体现了王念孙在文字、音韵、训诂方面的成就。又自序称"最后一卷（按，第十卷上下），子引之尝习其义，亦即存其说"。

　　《读书杂志》是关于校勘兼训诂的读书札记汇编，成书于晚年，包括《逸周书杂志》4卷、《战国策杂志》3卷、《史记杂志》6卷、《汉书杂志》16卷、《管子杂志》12卷、《晏子春秋杂志》2卷、《墨子杂志》6卷、《荀子杂志》8卷、补遗1卷、《淮南内篇杂志》22卷、补1卷、《汉隶拾遗》1卷。另《馀编》2卷，系其子王引之检其遗稿编成，上卷包括《后汉书》21条、《老子》4条、《庄子》35

条,《吕氏春秋》38 条,《韩子》14 条,《法言》8 条;下卷包括《楚辞》26 条,《文选》115 条。《读书杂志》在校释文献方面已超越经书范围,遍及史、子,更加博通。在方法上也更加娴熟,能综合运用多种校法以正讹误,善于用因音求义、文献互证的方法以考训诂。

王引之(1766—1834),字伯申,号曼卿。嘉庆四年(1799)进士,由翰林院编修,升为礼部尚书,改工部尚书,并先后兼任实录馆副总裁、国史馆副总裁、武英殿总裁等职。卒谥文简。早年汲汲于举业,入仕后又历官要职,政务烦冗,治学颇受影响。

王引之承其父学,精通文字、音韵、训诂。他曾说:"吾治经于大道不敢承,独好小学。夫三代之语言与今之语言,如燕、越之相语也,吾治小学,吾为之舌人焉。其大归曰:用小学说经,用小学校经而已矣。"(龚自珍《工部尚书高邮王文简公墓表铭》引述)主要著作有《经传释词》10 卷、《经义述闻》32卷,与王念孙《广雅疏证》、《读书杂志》合称高邮王氏四种。另有《王文简公文集》4 卷。

《经传释词》是一部古文献的虚词字典。虚词旧称语词,记录虚词的字多借实字为之,读者不晓,往往以实义释之,造成错误。有鉴于此,王引之遂著此书,自序说:"自九经三传及周、秦、西汉之书,凡语助之文,遍为搜讨,分字编次,以为《经传释词》十卷,凡百六十字。前人所未及者补之,误解者正之,其易晓者则略而不论。"其训释除参考旧说外,更主要的是依据大量语文资料分析归纳,得出结论,正如自序所说:"揆之本文而协,验之他卷而通,虽旧说所无,可以心知其意者也。"

《经义述闻》是研读经书的札记,兼及训诂、校勘。之所以取名"述闻",意谓述其父之说,王引之之子王寿同认为,实有"善则归亲之义",书中述其父说仅占十分之三,而自说占十分之七(见王寿同《观其自养斋烬余录·拟复龚定盦书》)。此当为虚美之辞。陈鸿森撰《阮元刊刻〈古韵廿一部〉相关故实辨证——兼论〈经义述闻〉作者疑案》一文(载 2005 年 9 月台北《历史语言研究所集刊》第七十六本第三分),详考王引之事迹及王念孙与诸友论学书翰,认为今本《经义述闻》(32 卷)较二刻本(15 卷)所增多之条目(标"引之谨案"者),实多出王念孙之手,"特王氏托名归美其子引之耳"。《经义述闻》内容包括:《周易》上 54 条、下 52 条,《尚书》上 55 条、下 50 条,《毛诗》上 51条、中 55 条、下 44 条,《周官》上 50 条、下 46 条,《仪礼》74 条,《大戴礼记》上 85 条、中 76 条、下 60 条,《礼记》上 68 条、中 74 条、下 60 条,《春秋左传》上 70 条、中 76 条、下 70 条,《国语》上 73 条、下 98 条,《春秋名字解诂》上

155 条、下 135 条，《春秋公羊传》54 条，《春秋穀梁传》61 条，《尔雅》上 64 条、中 94 条、下 60 条，《太岁考》上 8 条、下 20 条，《通说》上 41 条（包括"古韵二十一部"）、下 12 条（为校释通例）。

王念孙、王引之在古文献学上的成就和特点主要有以下几方面：

（一）继承考据传统而又博通融贯，实事求是，不落前人藩篱，富有开创精神

江永在《古韵标准·例言》中曾说："著述有三难：淹博难，识断难，精审难。"王氏父子在古文献学上堪称集淹博、识断、精审于一身。就淹博而言，他们学贯经、史、子、集，广泛地进行整理和研究。就识断而言，他们既反对凿空，又反对株守，主张"不专一家，而唯是之求"（《王石臞先生遗文》卷二《刘端临遗书序》）。王引之《经义述闻序》说："大人又曰：'说经者期于得经意而已。前人传注不皆合于经，则择其合经者从之；其皆不合，则以己意逆经意，而参之他经，证以成训，虽别为之说亦无不可。必欲专守一家，无少出入，则何邵公之墨守见伐于康成者矣。'故大人之治经也，诸说并列则求其是，字有假借则改其读，盖孰于汉学之门户而不囿于汉学之藩篱者也。"他们不仅鄙弃心学的凿空，也不取以惠栋为代表的汉学的株守，王念孙《汪容甫述学序》说："自元明已来，说经者多病凿空，而矫其失其又蹈株守之陋。"（《王石臞先生遗文》卷二）王引之《与焦理堂先生书》说："惠定宇先生考古虽勤而识不高，心不细，见异于今者则从之，大都不论是非。如说《周礼》邱封之度，颠倒甚矣，他人无此谬也。来书言之，足使株守汉学而不求是者爽然自失。"（《王文简公文集》卷四）就精审而言，其在小学、校勘的成就以及学风的谨严等方面是非常突出的，在清代考据学家中实难有过之者。

（二）精通小学，尤其在音韵、训诂上多有创获

王氏父子在古文献学方面的特点是以精通小学见长。王念孙在古音研究上有所突破，主要著作有《古韵谱》（见《高邮王氏遗书》）、《书钱氏答问说地字音后》、《六书音均表书后》、《答江晋三论韵学书》、《与江晋三书》、《与李鄾斋方伯论古韵书》（以上均见《高邮王氏遗书》中《王石臞先生遗文》卷四）、《韵表》（即《古韵二十一部表》，末附《与李鄾斋方伯论古韵书》，见《高邮王氏遗书》及王引之《经义述闻》卷三十一"古韵廿一部"条）。《韵表》所分古韵二十一部为：

东第一　平　上　去
蒸第二　平　上　去
侵第三　平　上　去

谈第四　　平　　上　　去

阳第五　　平　　上　　去

耕第六　　平　　上　　去

真第七　　平　　上　　去

谆第八　　平　　上　　去

元第九　　平　　上　　去

歌第十　　平　　上　　去

支第十一　　　平　　上　　去　　入

至第十二　　　　　　　　　　去　　入

脂第十三　　平　　上　　去　　入

祭第十四　　　　　　　　　　去　　入

盍第十五　　　　　　　　　　　　　入

缉第十六　　　　　　　　　　　　　入

之第十七　　平　　上　　去　　入

鱼第十八　　平　　上　　去　　入

侯第十九　　平　　上　　去　　入

幽第二十　　平　　上　　去　　入

宵第二十一　　平　　上　　去　　入

其《古韵谱》又按二十一部将《诗经》、《楚辞》的韵字编入。

关于王念孙在古音学上对前人成果的继承和发展，其在《答江晋三论韵学书》及《与李皭斋方伯论古韵书》两信中所言颇详，从中可见，王念孙不仅对顾炎武的古韵分部有所补正，对段玉裁的分部也有所补正，比前人有所发明。他对古音学的最大贡献是，第一，把至部、祭部（以上二部包括去声和入声）、缉部、盍部独立出来，这样就把收－t、收－p 的入声字都独立起来了。第二，把从屋、从谷、从木、从卜、从族……的字都改隶侯部，纠正段玉裁归入幽部的说法，此说为是；第三，纠正段玉裁以术、月二部为脂部入声的说法，以月部为元部之入声，是对的，但认为"术、物等部乃脂部之入声"则非。至于东、冬分立，是孔广森的发明，至今学者仍对此持异议。王念孙开始不同意冬部独立，见《韵表》及《答江晋三论韵学书》，但后来又同意东、冬分为二部，在《合韵谱》稿本（藏北京大学图书馆）中将古韵分为二十二部，详见陆宗达《王石臞先生韵谱合韵谱稿后记》（载《国学季刊》五卷二期）。王念孙在古韵分部上仍有疏漏，特别是把戴震所分二十五部中收－k 的入声字的独立性取消尤为不当。他在古音研究上表现出重视考古、略于审音的特点。

王氏父子在小学方面尤以训诂的成就为突出。其特点是：

第一，使用因音求义的方法更为自觉和精审。王念孙《广雅疏证序》说："窃以训诂之旨本于声音，故有声同字异、声近义同，虽或类聚群分，实亦同条共贯，譬如振裘必提其领，举网必挈其纲，故曰本立而道生，知天下之至啧而不可乱也。此之不寤，则有字别为音，音别为义，或望文虚造而违古义，或墨守成训而尟会通，易简之理既失，而大道多岐矣。今则就古音以求古义，引申触类，不限形体，苟可以发明前训，斯凌杂之讥亦所不辞。"王引之《经籍籑诂序》说："夫训诂之旨本于声音，揆厥所由，实同条贯。"王氏父子所谓因音求义，包括明假借及通声训两方面内容。明假借者，如王引之《经义述闻序》说："大人曰：诂训之指，存乎声音，字之声同声近者，经传往往假借。学者以声求义，破其假借之字而读以本字，则涣然冰释；如其假借之字而强为之解，则诂籍为病矣。"又《经义述闻》卷三十二"经文假借"条说："至于经典古字，声近而通，则有不限于无字之假借者，往往本字见存，而古本则不用本字，而用同声之字，学者改本字读之，则怡然理顺，依借字解之，则以文害辞。是以汉世经师作注，有'读为'之例，有'当作'之条，皆由声同声近者，以意逆之，而得其本字，所谓好学深思，心知其意也。然亦有改之不尽者，迄今考之文义，参之古音，犹得更而正之，以求一心之安，而补前人之阙。如借光为广，而解者误以为光明之光（自注：说见《易》'光亨'，《书》'光被四表'，《国语》'少光王室'、'光远宣朗'），借有为又，而解者误以为有无之有（自注：说见'迟有悔'），借簪为撍，而解者误以为冠簪之簪（自注：说见'朋盍簪'）……若是者，由借字之古音，以考同音之本字，惟求合于经文，不敢株守旧说。"又虚字往往借实字为之，前人亦往往望文生训而不得本解，王引之《经传释词》即救此弊，而释其确义，其自序说："自汉以来，说经者宗尚雅训，凡实义所在，既明著之矣。而语词之例，则略而不究。或即以实义释之，遂使其文扞格，而意亦不明。"接着在举出许多实例后说："凡此者，其为古之语词，较然甚著，揆之本文而协，验之他卷而通，虽旧说所无，可以心知其意者也。"又人物名字亦多通假字，王引之《春秋名字解诂序》说："夫诂训之要在声音，不在文字，声之相同相近者，义每不甚相远。故名字相沿，不必皆其本字，其所假借，今韵复多异音，画字体以为说，执今音以测义，斯于古训多所未达，不明其要故也。"（《王文简公文集》卷三）关于明假借的实例，在王氏父子的著作随处可见，不胜枚举。通声训者，如《广雅》卷一上："道、天、地……夸……誇……芋……都，大也。"《疏证》："……夸者，《说文》：'夸，奢也，从大于声。'《方言》：'于，大也。'夸、讦（誇）、芋并从于声，其义同也。"又如《广雅》卷一上："愍、惜、翳、惬、憮、俺、款、牟、震，薆也。"《疏证》："翳为隐爱之爱。……翳者，《尔雅·释木》：'蔽者翳'，郭璞注云：'树荫翳复地者。'《方言》：'掩、翳，薆也。'郭注云：'谓薆蔽也。'引《邶风·静女篇》'薆而不见'，今本作爱。《尔雅》：'薆，隐也。'注云：'谓隐蔽。'《大雅·烝民篇》：'爱莫助之'，毛传云：'爱，隐也。'掩、翳、爱、隐一声之转。"《广雅》卷六上"徘徊，便旋也"。《疏证》："此叠韵之变转也。徘徊之正转为盘桓，变之则为便旋。薛综注《西京赋》云：'盘桓，便旋也。'便旋，犹盘旋耳。"王引之亦明声训，此不仅得之于其父，亦得之于师友，如王引之《王南陔(绍兰)中丞困学说文图跋》说："南陔语引之曰：'小学之要在训诂，训诂之要在声音。知字而不知声，训诂或几乎隐矣。此无他，声之中有意也。善《说文》者，观字之谐声而得其意。'……又曰：'欲求古音，舍《说文》之谐声、读若，奚以哉？其古音同部相谐而同读者音之正也，古音异部相谐而同读者音之转也。善《说文》者，观其谐声、读若，而古音之同类与其不同类而类相近者，皆可以得之。'……既而叹曰：'由南陔之言以治《说文》，则声音、文字、训诂一以贯之。不由乎南陔之言，则谐声、读若与训之生于声者，举不可见矣，虽有字吾得而识诸？'"(《王文简公文集》卷三)王引之在实践中也贯彻了"声近义通"的原则，正如王力在《中国语言学史》第十五节中所说："王引之在《经传释词》中，虽没有明显地主张声近义通，实际上仍贯彻了这个原则，试看他的词条安排：卷一、卷二是影喻母字；卷三、卷四是影喻晓匣母字；卷五是见系字；卷六是端系字；卷七是来日母字；卷八是精系字；卷九是照系字；卷十是唇音系字(按，即按三十六字母喉、牙、舌、齿、唇五音分类的顺序)。这决不是只为了检查的便利，主要是为了体现声近义通的原则。"(山西人民出版社，1980年版，页164)王氏父子在使用因音求义的方法时，常常借助声转之说，或称"一声之转"，或称"语之转"或称"转语"，包括双声通转和叠韵通转两种含义(按钱大昕所谓一声之转，仅指双声)。前面所举之例已涉及这一问题，如"掩、翳、爱、隐一声之转"(双声)，谓"徘徊，便旋也"曰"此叠韵之变转"，谓"踌躇，犹豫也"曰"此双声之相近者也"，等等。又如《广雅疏证》卷一上："佳、介语之转"、"封、坟语之转"及卷一下："溢、涌、矞一声之转"，亦就双声而言。王念孙还对双声、叠韵之通转作了概括论述，王引之《经义述闻》卷三十一《通说》"犹豫"条引其父语曰："夫双声之字，本因声以见义，不求诸声而求诸字，固宜其说之多凿也。"又同卷"无虑"条引其父语曰："无虑、勿虑、摹略、莫络、孟浪，皆一声之转。大氐双声、叠韵之字，其义即存乎声，求诸其声则得，求诸其文则惑矣。"王念孙《程易畴果蠃转语跋》说："盖双声、叠韵出于天籁，不学而能，由经典以及谣俗,如出一轨,而先生独能观其会通,穷其变化,使学者读之而知绝代异语、别国方言无非一声之转,则触类旁通,而天下之能事毕矣。故《果蠃转语》实为训诂家未尝有之书,亦不可无之书也。"(《王石臞先生遗文》卷四)值得注意的是,其实并不存在片面的双声通转和叠韵通转,凡是双声通转,其韵母也必相同或相通,凡是叠韵通转,其声母也必相同或相通。即以"果蠃"为例,蠃从果声而读 luǒ,果蠃今音叠韵,其实二字古为复辅音 gl-,声母亦同,后来才产生分化,一从前一辅音,一从后一辅音。

第二,旁徵博引,分析归纳,通过文献互证、随文释训、参考成训的方法确定训诂、文义,而不为旧说所拘。在本章第七节中已经谈到,戴震曾提出"一字之义,当贯群经,本六书,然后为定"(《与是仲明论学书》)的训诂方法,王氏父子对此有所继承并自觉加以运用。王念孙在评刘台拱的著述时明确表彰这一方法,其《刘端临遗书序》说:"其有功于周、孔之书者,如说'如切如磋,如琢如磨',则据《尔雅》之文,'有事,弟子服其劳;有酒食先生馔',则据《内则》之文,'子贡欲去告朔之饩羊',则据《周官》、《大戴记》、《穀梁传》之文,'《关雎》乐而不淫,哀而不伤',则据'钟鼓乐之,维以不永伤'之文,'师挚之始,《关雎》之乱',则据《周官》、《仪礼》之文,'入公门'以下,则据《聘礼记》之文,'吉月必朝服而朝','孔子时其亡也而往拜之',则据《玉藻》之文,皆圣经之达诂,而传注之所未及。"(《王石臞先生遗文》卷二)王引之在《经义述闻序》中亦引述其父之说,如:"大人又曰:'说经者期于得经意而已。前人传注不皆合于经,则择其合经者从之;其皆不合,则以己意逆经意,而参之他经,证以成训,虽别为之说,亦无不可。'"又《经传释词自序》"揆之本文而协,验之他卷而通"的话也是说的这种方法。至于运用这一方法的实例,在他们的著作中随处可见,兹不详举。

第三,精审于字义的辨析。由于词义引申及文字假借等原因,一字往往兼有数义。像戴震、段玉裁一样,王氏父子也非常留意字义的辨析,以确定某字在具体行文中的具体意义。例如《广雅》卷一上:"慇、惜、嫛、㥪、憮、俺、款、牟、震,爱也。"《疏证》:"慇、惜诸字为亲爱之爱,嫛为隐爱之爱。"这里把"爱"字之义分析为二(亲爱之爱为其本义,隐爱之爱为其假借义),并把所释字按二义加以区别。又如同书卷三下:"移、贸、恤、施、夷、㒵、狄、假、变、夺,敪也。"《疏证》:"此条敪字有二义,移、贸诸字为变易之易,夷、㒵为平易之易。易与敪通。"又如《史记杂志》第五"须臾"条:"'足下所以得须臾至今者,以项王尚存也',念孙案:此须臾与《中庸》'道不可须臾离'异义,须臾,犹从容,延年之意也。言足下所以得从容至今不死者,以项王尚存。《汉书·贾山传》:'愿少须臾毋死,思见德化之成也',少须臾即少从容,亦延年之意也。故《武五子传》:'奉天期兮,不得须臾。'张晏曰:'不得复延年也。'从容、须臾,语之转也。"又如王引之《经义述闻》卷一《周易》"蛊"条:"蛊,《正义》引梁褚仲都《讲疏》曰:'蛊者,惑也。物既惑乱,当须有事也。故《序卦》云:蛊者事也,谓物蛊必有事,非谓训蛊为事。《集解》引伏曼容注,亦曰:蛊,惑乱也。万事从蛊而起,故以蛊为事也。'(自注:曼容亦梁人。)引之谨案:训诂之体,一字兼有数义。蛊为疑惑,《尔雅》曰:'蛊,疑也。'昭元年《左传》曰:'女惑男谓之蛊。'此一义也。蛊又为事,《释文》曰:蛊,'一音故',蛊之言故也。《周官·占人》:'以八卦占筮之八故。'郑注曰:'八故谓八事。'襄二十六年《左传》:'问晋故焉。'昭三十年《公羊传》:'习乎邾娄之故。'杜预、何休注并曰:'故,事也。'蛊训为事,故大元有事首以象蛊卦。此又一义也。二义各不相因,褚氏、伏氏不解训蛊为事之意,乃谓事生于蛊,且曰'非谓训蛊为事',是不达训诂之体也。且如其说,则'斡父之蛊''斡母之蛊',亦将以为斡亲之惑乱,其可乎?《正义》、《集解》及史徵《口诀义》皆沿其误,盖古训之湮久矣。《尚书大传》曰:'乃命五史,以书五帝之蛊事。'蛊事,犹故事也。说者不得其解,乃曰:'时既渐浇,物情惑乱,故事业因之而起,失之远矣。'(自注:见《周易集解》。)"这里指明蛊有二义。实则蛊训为事,乃其假借义(即蛊借为故)。又如同卷《周易》"光"字条列举书证以证"《易》言光者有二义:有训为光辉者,……有当训为广大者,光之为言犹广也"。此类尚多,不一一列举。

(三)长于校勘,方法全面,成果颇富

王念孙非常重视校勘,认为古文献的整理、研究必须以精确校勘为先务。《淮南内篇杂志后序》说:"学者读古人书而不能正其传写之误,又取不误之文而妄改之,岂非古书之大不幸乎?"(《淮南内篇杂志》第二二)王引之也非常重视校勘,并且根据不同情况提出了改字的原则,龚自珍《工部尚书高邮王文简公墓表铭》说:"其大归曰:用小学说经,用小学校经而已矣。又闻之公曰:'吾用小学校经,有所改,有所不改。周以降,书体六七变,写官主之,写官误,吾则勇改;孟蜀以降,椠工主之,椠工误,吾则勇改;唐宋明之士,或不知声音、文字而改经,以不误为误,是妄改也,吾则勇改其所改。若夫周之没,汉之初,经师无竹帛,异字博矣,吾不能择一以定,吾不改;假借之法,由来旧矣,其本字什八可求,什二不可求,必求本字以改假借字,则考文之圣之任也,吾不改;写官椠工误矣,吾疑之,且思而得之矣,但群书无佐证,吾惧来者之滋口也,吾又不改。'"(《定盦续集》卷四,《龚自珍全集》第二辑)因此在他们的著述中,校勘成果占据重要地位,尤其是《读书杂志》更以校勘为主。《广雅疏证》和《经义述闻》也有很多校勘成果。

王氏父子擅长使用理校，在理校中尤以用小学校勘为主，即多从文字的形、音、义以及修辞、句式、文义等方面推断致误之由，寻求校正的根据。例如《广雅》卷一上"道、天、地……猶、衍……，大也"条，《疏证》校"猶"为"矜"，谓："齡者，《表记》：'君子不矜而庄'，郑注云：'矜，谓自尊大也。'僖九年《公羊传》：'矜之者何？犹曰莫若我也。'何休注云：'色自美大之貌。'矜与齡通。齡，曹宪音矜。各本齡字并讹作猶。《集韵》、《类篇》：猶，居陵切，引《广雅》：'猶、衍，大也。'则宋时《广雅》本已讹作猶。案字从鹵声者，不得有矜音，故《说文》、《玉篇》、《广韵》皆无猶字。《尔雅》：'矜，苦也。'《释文》作'齡'。《广雅》：'齡，哀也。'是矜、齡古多通用，今据以订正。"此据形、音、义以校正。又如《管子杂志》第七《白心》"祥其神矣"条："'故曰济於舟者，和於水矣，义於人者，祥其神矣'，尹注曰：'与人理相宜；则神与之福祥也。'引之曰：'其当为於。正文及注神字皆当为鬼。上文曰："祥於鬼者义於人"是也。鬼与水为韵。后人改於为其，改鬼为神，则既失其义，而又失其韵矣。鬼神对文则异，散文则通，故神亦谓之鬼。定元年《左传》："宋仲几曰：'纵子忘之，山川鬼神其忘诸乎？'士伯怒，谓韩简子曰：'薛徵於人，宋徵於鬼，宋罪大矣。且已无辞，而抑我以神，诬我也。'"或曰鬼神，或曰鬼，或曰神，其义一也。《论语·先进篇》："子路问事鬼神。子曰：'未能事人，焉能事鬼。'"上言鬼神，下但言鬼。言鬼即可以该神也。鬼亦训神，尤须改为神字。'"这里所校，既根据义，又根据韵，在考义时又根据"对文则异，散文则通"的修辞特点和训诂条例。王氏父子据小学以校文献，例子比比皆是，由以上所举可见一斑。

王氏父子亦重对校。王念孙作《广雅疏证》广校众本，并选善本为底本，如序中言及校勘时曾加注说："《广雅》诸刻本，以明毕效钦本为最善，凡诸本皆误而毕本未误者，不在补正之列。"其校《广雅》又多据宋本，如卷一上"道、天、地、……祏……，大也"条，《疏证》："祏之言硕大也。祏，曹宪音托，各本讹作祏，惟影宋本不讹。"其《读书杂志》亦多据善本校勘，如《管子杂志序》："《管子》书八十六篇，见存者七十六篇，中多古字古义，而流传既久，讹误滋多，自唐尹知章作注，已据讹误之本强为解释，动辄抵牾。明刘氏绩颇有纠正，惜其古训未闲，雠校犹略。曩余撰《广雅疏》成，则于家藏赵用贤本《管子》，详为稽核，又博考诸书所引，每条为之订正。长子引之，亦屡以所见质疑，因取其说附焉。余官山东运河兵备道时，孙氏渊如采宋本与今不同者，录以见示。余乃就曩所订诸条，摘其要者，商之渊如氏，渊如见而韪之。而又与洪氏筠轩，稽合异同，广为考证，诚此书之幸也。"书中据宋本校正者颇多。又如《晏子春秋杂志序》说:"《晏子春秋》旧无注释,故多脱误。乾隆戊申,孙氏渊如始校正之,为撰音义,多所是正,然尚未该备,且多误改者。卢氏抱经《群书拾补》据其本复加校正,较孙氏为优矣,而尚未能尽善。嘉庆甲戌,渊如复得元刻影抄本,以赠吴氏山尊,山尊属顾氏涧薲校而刻之。其每卷首,皆有总目,又各标于本篇之上,悉复刘子政之旧,诚善本也。涧薲以此书赠予,时予年八十矣,以得观为幸。因复合诸本,及《群书治要》诸书所引,详为校正。其元本未误而各本皆误及卢、孙二家已加订正者,皆世有其书,不复罗列。唯旧校所未及,及所校尚有未确者,复加考正。其《谏下篇》有一篇之后脱至九十馀字者,《问上篇》有并两篇为一篇而删其原文者。其他脱误及后人妄改者尚多,皆一一详辩之。"又如《墨子杂志序》说:"《墨子》书旧无注释,亦无校本,故脱误不可读。至近时卢氏抱经、孙氏渊如始有校本,多所是正。乾隆癸卯,毕氏弇山重加校订,所正复多于前,然尚未该备,且多误改误释者。予不揣寡昧,复合各本及《群书治要》诸书所引,详为校正。是书传刻之本唯道藏本为最优,其藏本未误而他本皆误及卢、毕、孙三家已加订正者,皆不复罗列。唯旧校所未及,及所校尚有未当者,复加考正。是书错简甚多,卢氏所已改者,唯《辞过篇》一条,其《尚贤下篇》、《尚同中篇》、《兼爱中篇》、《非乐上篇》、《非命中篇》及《备城门》、《备穴》二篇,皆有错简,自十馀字至三百四十馀字不等(自注:并见六卷末),其他脱至数十字,误字、衍字、颠倒字,及后人妄改者尚多,皆一一详辩之。"又如《淮南内篇杂志后序》说:"是书自北宋已有讹脱,故《尔雅疏》、《埤雅》、《集韵》、《太平御览》诸书所引已多与今本同误者,而南宋以后无论已。余未得见宋本,所见诸本中,唯道藏本为优,明刘绩本次之,其馀各本皆出二本之下。兹以藏本为主,参以群书所引,凡所订正共九百馀条。"王念孙校成《淮南内篇杂志》,又曾求顾广圻录宋本与道藏本不同之字以示,并据以补校,王引之《补刊顾涧薲校淮南子序》对此有所记述,见《王文简公文集》卷三,又见《读书杂志》卷十五。这里也表明王氏父子对版本对校的重视。顾广圻是精熟版本,擅长对校的专家,王氏对他推崇备至,与段玉裁的态度恰成鲜明对照。《读书杂志》在校刻中力求多补校宋本,王引之《与陈硕甫书》诸信屡及此事,如第三信说:"宋本《荀子》既与谢校无大异同,则可不待宋本径行刊刻矣。但黄荛圃先生家内如肯将来(按,疑为宋字之误)本借弟仿照刊刻,尚望先生为弟谋之。盖宋本佳处谢氏取之不尽也。先生或寄交高邮舍弟敬之宅内,令其照宋本誊写寄都,写毕仍将原本奉还,可免浮沉之患。"(《王简公文集》卷四)第五信说:"连奉手书二函及手校《荀子》全部,感颂不可言喻。荛圃先生所记异同,得大兄先生细录一过，行款字句悉依原本，洵可照此重刊。汪宅所藏宋本，原书如尚未借抄，或已借而未抄，则中止为妙，若业已抄写则不能中止，只可托黄君倩人抄完矣。"(同上)此外第六信、第七信、第八信连续写到请代校《管子》、《荀子》、《淮南子》、《仪礼》宋本诸事。由此可见他们对古本的珍重。王念孙得陈奂手录宋本《荀子》异同，采入《荀子杂志》。后又得顾广圻手录宋本异同，有新发现，已来不及追改《荀子杂志》，遂作《补遗》，附《荀子杂志》之后，《荀子补遗序》说："余昔校《荀子》，据卢学士校本而加案语。卢学士校本则据宋吕夏卿本而加案语。去年陈硕甫文学以手录宋钱佃校本异同，邮寄来都，余据以与卢本相校，已载入《荀子杂志》中矣。今年顾涧薲文学又以手录吕、钱二本异同见示(按，顾广圻跋宋刻本《荀子》亦曾提及此事，如说：'近者王石渠先生《读书杂志》内有《荀子》一种，属访此两本，将采择焉，当必各尽其所长矣。'见《思适斋书跋》卷三)，余乃知吕本有刻本、影抄本之不同，钱本亦有二本，不但钱与吕字句多有不同，即同是吕本，同是钱本，而亦不能尽同，择善而从，诚不可以已也。时《荀子杂志》已付梓，不及追改，乃因顾文学所录，而前此未见者，为《补遗》一编，并以顾文学所考订及余近日所校诸条载于其中，以质于好古之士云。道光十年五月二十九日高邮王念孙叙，时年八十有七。"由此益见其对古本文字的重视以及勤勉不息、不知老之将至的认真态度。更可贵的是他们重视古本，但又不迷信古本，能用心思考，分析是非，择善而从。

王氏父子用他校法更为普遍，在其著作中俯拾即是。其特点是与理校配合，并且尽多列他书证据。例如《淮南内篇杂志》第九《主术》"谋无过事"条："'是故虑无失策，谋无过事'，念孙案谋本作举，此后人以意改之也。举犹动也。'虑无失策'，以谋事言之，'举无过事'，以行事言之。若改举为谋，则与'无过事'三字义不相属，且与上句相复矣。《群书治要》引此正作举无过事。《贾子·保傅篇》：'是以虑无失计，而举无过事'，即《淮南》所本(自注：《大戴礼·保傅篇》同)。《文子·自然篇》：'谋无失策，举无过事'，又本于《淮南》也。"值得注意的是，有些他校材料实际是本书的古本引文，其价值如同古本对校材料，如《广雅》卷一上："惜，爱也。"《疏证》："惜，各本讹作憎。《文选》曹植《赠丁仪诗》注、韦昭《博奕论》注并引《广雅》：'惜，爱也。'今据以订正。"这里虽据《文选注》引文，实际是据唐时《广雅》古本。他书引文往往有删改而非原貌，因此对他校材料必须分析，王念孙亦能留意于此，如《晏子春秋杂志》第一《内谏篇下》"脱文九十九条"于"今四封之民皆君之臣也，而维据尽力以爱君"句下注曰："此下各本脱去九十九字，据《群书治要》补。"所补之文后有自注:"《太平御览·礼仪部三十七》作'晏子曰:不可。公遂止',乃取《晏子》原文而约举之,故与《治要》不同。"这里以为《御览》引文约略,不像《治要》所引为原文。清人有迷信并非原貌的他校材料(如他书、类书和古注引文等)轻改本书的情况,王氏父子虽难免此通弊,但比较谨慎,正如朱一新《无邪堂答问》卷二说:"高邮王氏父子之于经,嘉定钱氏兄弟之于史,皆凌跨前人。竹汀史学绝精,即偶有疏误,视西庄辈固远胜之,第此为读史之始事,史之大端不尽于此也。王文肃、文简之治经亦然,其精审无匹,视卢召弓辈亦远胜之,顾往往据类书以改本书,则通人之蔽。若《北堂书钞》、《太平御览》之类,世无善本,又其书初非为经训而作,事出众手,其来历已不可恃,而以改数千诸儒断断考定之本,不亦慎乎?然王氏犹必据有数证而后敢改,不失慎重之意。若徒求异前人,单文孤证,务为穿凿,则经学之蠹矣。"

王氏父子利用本校法也不乏见,他们一般能熟悉各种书的内容和体例,运用此法也很娴熟。前面所举例子,有的已涉及本校,又如《管子杂志》第十一《山国轨》"过移"条:"'民有过移长力',念孙案过当为通,《地数篇》、《轻重甲篇》作通移,《国蓄篇》作通施,施与移同。"又同卷《地数》"牛氏"条:"'夫玉起于牛氏边山',念孙案牛氏当作禺氏,见《国蓄》、《揆度》、《轻重甲》、《轻重乙》四篇。"类似的例子随手即可拈来,不一一列举。

总的看来,王氏父子在校勘上以理校、他校见长,对对校、本校也很重视。他们善于综合利用各种校法取得精湛的校勘成果,例如《战国策杂志》第二《赵策》"触詟、揖之"条:"'太后明谓左右:"有复言令长安君为质者,老妇必唾其面!"左师触詟愿见太后。太后盛气而揖之。'吴(师道)曰:'触詟,姚(宏)云:"一本无言字,《史》亦作龍。"案《说苑》(自注:《敬慎篇》):"鲁哀公问孔子,夏桀之臣,有左师触龍者,诌谀不正。"人名或有同者,此当从詟以别之。'念孙案,吴说非也。此策及《赵世家》皆作左师触龍言愿见太后,今本龍言二字误合为詟耳。太后闻触龍愿见之言,故盛气以待之,若无言字,则文义不明。据姚云'一本无言字',则姚本有言字明矣。而今刻姚本亦无言字,则后人依鲍本改之也。《汉书·古今人表》正作左师触龍。又《荀子·议兵篇》注曰:'《战国策》赵有左师触龍',《太平御览·人事部》引此策曰:'左师触龍言愿见',皆其明证矣。又《荀子·臣道篇》曰:'若曹触龍之于纣者,可谓国贼矣。'《史记·高祖功臣侯者表》有临辕夷侯戚触龍,《惠景间侯者表》有山都敬侯王触龍,是古人多以触龍为名,未有名触詟者。(按,马王堆三号汉墓出土帛书《战国策》亦作触龍,这是有力的古本证据,可证王说确凿无疑。)'太后盛气而揖之',吴曰:'揖之,《史》云胥之,当是。'念孙案,吴说是也。《集解》曰:'胥,犹须也。'《御览》引此策作'盛气而须之'。隶书胥字作胥,因讹而为昺,后人又加手旁耳。下文言入而徐趋,则此时触龍尚未入,太后无缘揖之也。"此例足以代表王念孙校勘的特点。又如《史记杂志》第一《周本纪》"散鹿台之财"条,博稽群书,分析理由,列十证以校财字本作钱字,"今作财者,后人依晚出《古文尚书》改之也"。类似的例子很多,不胜枚举。

此外,他们关于古书错乱的原因和规律亦有分析(详后),并且提出了改字的原则(详前),很有参考价值。

(四)注意总结规律,归纳条例

清代学者继承古文献学史上的优良传统,很注意探讨古书的体例,以助于对古书的整理和研究,如段玉裁的《周礼汉读考》以及对《说文解字》的发凡起例就是很典型的例子。王氏父子整理群书,很注意总结古书整理的一般规律,归纳出校、释条例,又有所开创,并对后世产生了深远影响。例如王念孙《淮南内篇杂志后序》就是总结校勘规律、归纳校勘条例的佳作,其中根据校勘《淮南子》的九百馀条实例,"推其致误之由",得出"传写讹脱者半,凭意妄改者亦半"的结论。并进而归纳出 64 种条例(按,实有 62 条),此虽就校《淮南子》一书所作总结,但具有普遍意义。王引之《经义述闻·通说下》十二条亦为归纳通则之作。关于训诂文义,有"经文假借"、"语词误解以实义"、"经义不同不可强为之说"、"经传平列二字上下同义"、"经文数句平列上下不当歧异"、"经文上下两义不可合解"、"增字解经"诸条,关于校勘,有"衍文"、"形讹"、"上下相因而误"、"后人改注疏释文"诸条。如"增字解经"条总结了增字为训的通弊:"引之谨案,经典之文,自有本训。得其本训,则文义适相符,不烦言而已解;失其本训,而强为之说,则阢陧不安,乃于文句之间增字以足之,多方迁就而后得申其说,此强经以就我,而究非经之本义也。如《蹇》六二:'王臣蹇蹇,匪躬之故',故,事也,言王臣不避艰难者,皆国家之事,而非其身之事也(自注:详见本条下,后仿此)。而解者曰:'尽忠于君,匪以私身之故而不往济君'(自注:《正义》),则于'躬'上增'以'字'私'字,'故'下增'不往济君'字矣。……《尧典》:'汤汤洪水方割',方,旁也,遍也,言洪水遍害下民也。而解者曰:'大水方方为害'(自注:某氏传),则于'方'下增'方'字矣。……《皋陶谟》:'烝民乃粒',粒读为立,立,定也,言众民乃安定也。而解者曰:'众民乃复粒食'(自注:郑注),则于'粒'下增'食'字矣。……此皆不得其正解,而增字以迁就之。"又如"衍文"条归纳经之衍文,有至唐开成石经始衍者,有自唐初作疏时已衍者,亦有自汉儒作注时已衍者,又有旁记之字误入正文者。"形讹"条指出:"经典之字,往往形近而讹",所举之例有古文形近而讹者,有篆文形近而讹者,有隶书形近而讹者,有楷书形近而讹者,有草书形近而讹者,有或体形近而讹者,有半体形近而讹者,有两字相连而讹者等。"后人改注疏释文"条指出:"经典讹误之文,有注、疏、《释文》已误者,亦有注、疏、《释文》未误而后人据已误之正文改之者。学者但见已改之本,以为注、疏、《释文》所据之经已与今本同,而不知其未尝同也。"王氏父子注意归纳古书校释通例的作法影响很大,其后俞樾作《古书疑义举例》,正是沿其流而扬其波的。

王念孙、王引之在古文献学上代表着清代乾嘉学派的最高成就,为当时学者所推崇,阮元《经义述闻序》说:"古书之最重者莫逾于经,经自汉、晋以及唐、宋,固全赖古儒解注之力,然其间未发明而沿旧误者尚多,皆由于声音、文字、假借、转注未能通彻之故。我朝小学训诂远迈前代,至乾隆间,惠氏定宇、戴氏东原大明之。高邮王文肃公以清正立朝,以经义教子。故哲嗣怀祖先生,家学特为精博,又过于惠、戴二家。先生经义之外,兼核诸古子史。哲嗣伯申继祖,又居鼎甲,幼奉庭训,引而申之,所解益多。著《经义述闻》一书,凡古儒所误解者,无不旁徵曲喻而得其本义之所在,使古圣贤见之,必解颐曰:'吾言固如是,数千年误解之,今得明矣。'"(见《经义述闻》卷首,又见《揅经室集》一集卷五)此并非溢美之辞,比较确切地评价了王氏父子的古文献学成就及其在乾嘉考据学派中的地位。甚至连力倡宋学、怀疑汉学的方东树也说:"高邮王氏《经义述闻》实足令郑、朱俯首,汉、唐以来未有其比。"(《汉学商兑》卷中之下)竟为异派学者所服膺,由此更可见王氏父子的真才实学。

第十节　卢文弨　顾广圻

卢文弨和顾广圻都是清代兼通版本和小学的著名校勘家。卢文弨身历康、雍、乾三朝,顾广圻身历乾、嘉、道三朝,一为乾嘉前期学者,一为乾嘉后期学者。论年齿卢文弨甚至应居王鸣盛之前,但在校勘学上的特点,卢文弨、顾广圻二人非常相似,属同一学派,故将二人安排在本节一并论述。

卢文弨(1717—1795),字召弓,号矶渔,又号檠斋,晚更号弓父,堂号抱经,人称抱经先生。祖籍范阳,后迁浙江杭州。乾隆三年(1738)中顺天乡试,乾隆七年(1742)授中书舍人。乾隆十七年(1752)进士,授编修,历任日讲起居注官、翰林院侍读、翰林院侍读学士等官,乾隆三十三年(1768)辞官归里。翁方纲《学士抱经先生卢公墓志铭》说:"先后在中书十年,在翰林十七年,又先后掌钟山紫阳书院及崇文、龙城、娄东、暨阳、晋阳叠主讲席,著录极称盛焉。"他以校勘成就为最高,并兼及小学、目录、版本、辨伪、辑佚、补遗等方面,著述颇富。所校之书有《经典释文》、《逸周书》、《左传》、《孟子音义》、《荀子》、《吕氏春秋》、《韩诗外传》、贾谊《新书》、《春秋繁露》、《方言》、《释名》、《白虎通》、《西京杂记》、《独断》、《颜氏家训》、《封氏闻见记》、《谢宣城集》等。其中《荀子》为咸、同以前最善的校本;《逸周书》集王念孙以前各家校勘成果,成为后人继续整理的重要依据;《春秋繁露》、《颜氏家训》、《经典释文》经卢文弨校勘,始有精善之本。又著有《群书拾补》,仿《经典释文》体例,约取群书讹误脱漏之严重者,摘字句而加注校语,包括校正和补遗,计有《五经正义表》(补逸)、《易经注疏》(校正)、《周易略例》(校正)、《尚书注疏》(校正、有补)、《春秋左传注疏》(序先出)、《礼记注疏》(《曾子问》、《礼运》、《礼器》、《坊记》、《中庸》、《大学》、《乡饮酒义》、《射义》先出,校并补阙)、《仪礼注疏》(《士冠礼》、《士昏礼》先出,校正)、《吕氏读诗记》(补阙)、《史记惠景间侯者年表》(补阙并校)、《续汉书志注补》(《律》、《礼仪》、《祭祀》、《天文》先出,校正)、《晋书》(《帝纪》、《天文志》、《礼志》先出,校正)、《魏书》(《礼志》先出,校补)、《宋史·孝宗纪》(补脱)、《金史》(《礼志》、《太宗诸子传》先出,补脱)、《资治通鉴序》(补逸)、《文献通考·经籍》(校并补)、《史通》(校正)、《新唐书纠谬》(校并补)、《山海经图赞》(补逸)、《水经序》(补逸)、《宋史艺文志补》、《补辽金元艺文志》、《盐铁论》(校正并补)、《新序》(校正并补遗)、《说苑》(校正并补遗)、《申鉴》(校正)、《列子张湛注》(校正)、《韩非子》(校正)、《晏子春秋》(校正)、《风俗通义》(校正并补遗),刘昼《新论》(校正)、《潜虚》(校正)、《春渚纪闻》(补阙)、《啸堂集古录》(补逸校正)、《鲍照集》(校正并补)、《韦苏州集》(校正并补)、《元微之集》(校正并补阙)、《白氏长庆集》(校正)、《林和靖集》(校正)。此外有《钟山札记》、《龙城札记》、《抱经堂文集》等。二札记集中了考订成果。文集中有不少序、跋、题辞,体现了作者在目录、版本、校勘、小学、金石等方面的成就。

卢文弨在古文献学上的成就和特点有以下几方面:

(一)宗汉弃宋,注重开创

卢文弨也具有乾嘉前期古文献学家宗汉弃宋的基本特征,与当时的考据学者惠栋、钱大昕、钱大昭、戴震、段玉裁、王念孙、翁方纲、孔继涵、梁玉绳等交往颇密。他重视训诂、考证之学,尤其强调要通古训,《九经古义序》说:"凡文之义多生于形与声,汉人去古未远,其所见多古字,其习读多古音,故其所训诂要于本旨为近,虽有失焉者寡矣。唐之为《释文》、为《正义》者,其于古训亦即不能尽通,而犹间引其说不尽废也。至有宋诸儒出,始以其所得乎天之理微会冥契,独辟窔奥,不循旧解,其精者固不可易,然名物、象数、声音、文字之学多略焉。近世学者安于记诵辞章之习,但知发策决科为务,与之言古训,骇然以为迂晦而难通,塞耳而不能听也。嗟乎此学问之所以日入糜烂而有终身读书不识一字之诮也乎。今读徵君(惠栋)此书,单词片义具有证据,正非曲徇古人,后之士犹可于此得古音焉,求古义焉,是古人之功臣,而今人之硕师也。为性理之学者或视此为糟粕,然虚则易歧,实则难假,承学之士要必于此问途,庶乎可终身不惑也。"(《抱经堂文集》卷二)

他虽强调古训,但又不拘守一家一派,主张兼综、择善、独创。《丁小雅(杰)校本郑注周易序》说:"盖说经之道贵于择善而从,不可以专家自囿。"(《文集》卷二)《春秋内传古注辑序》说:"东吴严子豹人(蔚),其治经也深惩专己守残之陋,而于《左氏》用功尤深。……盖当古学废坠之后,而幸有不尽澌灭者,与其过而弃之也,毋宁过而取之,以扶绝学,以广异谊,俟后之人择善而从斯可矣,何庸先以一己之见律天下后世哉?斯则严子兼收并录之微恉也。"(《文集》卷三)

他批评宋代理学师心自用的空疏,《钱晦之(大昭)后汉书补表序》说:"宋儒尝言读史易令人心粗。夫史非能令人粗,人自粗耳,则虽以之读经亦何能免于粗也。宋儒又每以博闻多识比之玩物丧志,故其于史也,略识兴亡之大纲、用人行政之得失而已,自谓括其要矣,其他典章制度因革损益之粲然具列者,率无暇留意,即有所撰述,亦不能通贯晓析,事事合符。其病皆由于谫谫拘拘,不能广搜博考以求其左证,而且专己自用,不师古人。其或时异势殊有必不可以沿袭者,而又不能得变通之宜,此而谓之为粗,其又奚辞?"(《文集》卷四)他既反对宋代理学的空疏,而又肯定宋代考据学的成就。他推崇朱熹不废训诂考据,见《辑卢子榦礼记解诂序》(《文集》卷六)、《答彭允初书》(《文集》卷十八)。他肯定吕祖谦《吕氏读诗记》兼综有本而不自专,见《吕氏读诗记跋》(《文集》卷八)。他非常重视王应麟钩稽汉人旧注的著作,多加校勘整理,见《王厚斋辑郑氏注尚书序》、《增校王伯厚诗考序》、《王伯厚辑古文春秋左传序》等(《文集》卷二)。

他也反对惠栋等汉学家的拘守、曲徇,主张求是、开创,因此对在小学上卓有成就从而突破汉学牢笼的戴震、段玉裁、王念孙等学者崇仰备至,见《戴东原注屈原赋序》、《戴氏遗书序》(《文集》卷六)、《段若膺说文解字读序》(《文集》卷三)、《与王怀祖(念孙)庶常论校正大戴礼记书》(《文集》卷二十)等。

（二）精通校勘之学，成就突出、全面

卢文弨有丰富的校勘实践，并对古书致误的规律及校勘的方法和原则多有总结。

卢文弨充分认识到古书讹误的严重性，并屡屡指出既有传写之误，又有妄改之误，而妄改之误更为习见。

他还认识到校勘与纠谬既有区别，又有联系，必须并重兼治。他认为凡采摭编纂之书或辑佚之书，必须校订其采用之误。《钱晦之（大昭）后汉书补表序》说："向鲍子以文欲重雕宋熊方所补《后汉书年表》，余为之佐校订。而其书之舛漏殆不可枚举，首载《同姓王侯表》，冠以因子追封之齐武王缤、鲁哀王仲，于史例即不合。念校书与自著书不同，欲尽加更正，既于熊氏之勤勤掇拾者大没其创造之劳，且改之亦必不能尽善，何也？其规模之已定者不能易也，势不得不出于委曲迁就，欲遂以为完书也，其可得乎？故当时但即其书而略正之，惟缀一二校语于下，不相杂厕，使人知为熊氏之书而已。"（《文集》卷四）这里实际已经在段玉裁之先提出底本之是非与立说之是非有别的问题，他主张应校立说之是非，但不可能"尽加更正"，只能"即其书而略正之"，"缀一二校语"以说明问题，绝不可改得面目全非。在《与陈立三（以纲）上舍书》中曾论及关于《大戴礼记》的校勘，也强调"校书之与著书不同"，不可轻改正文（见《文集》卷二十）。又如《仪礼注疏详校》也是校勘并兼纠谬，并且把纠谬释疑（按，即定立说之是非）看得比订讹正误（按，即校底本之是非）更高一层。

卢文弨校书不仅留意订正字句的讹、脱、衍、倒及错简，还留意纠正后人之变乱旧式，力求恢复古书行款格式及篇第之原貌。例子随处可见，如《群书拾补》于《周易注疏》末附《周易》旧式，说："文弨案，日本国所著《考文》兼载《周易》旧式，今附于后，使复古者有所考焉。"于《尚书注疏》之《尧典》篇首分别列"古本篇题"、"宋本篇题"及"释文篇题"，其后各篇题皆据古本。于《礼记注疏》书首题下注曰："《礼记》旧本《正义》，释经之中间以释注，其释注即所以释经也，不比《周易正义》全释经文之后，方始释注。今本乃从《周易》之例，尽改旧式，以致释经之中有大段不接续处，失作书之本意，令读者亦不清爽，此纷更之失也。今之所补，一依宋本旧式，日本国《七经孟子考文》所载亦皆符合。"具体校勘中甚至连补圆围、改空格亦一一注明。于《文献通考·经籍》三《真西山复卦说》一卷、吴如愚《准斋易说》一卷、冯椅《厚斋易学》三书后注曰："凡传旧书，一切行款俱当仍其本来，不得意为纷更。如此三书，旧各自提行，上二书无说，唯冯椅书载《中兴艺文志》语，尤不便蝉联而下。近人专辄改作，而条例又不预先彼此关会，如此三书，初付梓时本作三行，及其刻成，校者欲与前后一辙，遂以上条陈氏语中增添数字，匀出一行，而以此三书作二行方得整齐。他皆如此。又如应提行而误连上文者，势必改为提行，则板之当更换者多矣，于是将下文巧为删改以泯其迹。嘻！作伪如此，岂复有完书哉？世有学人但取旧本对之，则其妄增妄删之处自有不可掩者矣。"此类尚多，不再详举。

在方法上以对校为主，同时兼用其他方法。

卢文弨很重视版本对校，广搜古本（指宋以前写本）、宋本、精校善本以为校勘依据。如《群书拾补》多据古本、宋本、善本，《周易注疏》题下注说："汲古阁毛氏所梓诸经多善本，唯《周易》独否，盖旧坊本之最下者也。如《正义》，此经之例每节有数段者，其经文与注皆相连，先整释经文都毕，然后释注。毛本则遇凡有注者，辄割裂疏语附其下，致有语气尚未了者亦不复顾。今官本则从善本中出，已改其失矣。唯是外间所通行，唯毛本独多，故仁和沈萩园廷芳、嘉善浦声之镗作《十三经注疏正字》，日本国足利学山井鼎等作《七经孟子考文》，皆据毛本为说，今亦依之。山氏所见，兼有古本、宋本、明监本。文弨亦见明人钱孙保影宋抄本，今书中称钱本者是也。"又《尚书注疏》题下注曰："宋本分二十卷，未有《正义》以前，古文分十三卷，《释文》卷数虽同，而亦不尽合。余谓《孔氏传》当依古本单行，至此经《释文》已非陆氏之旧，然亦不可与《正义》相合，当别为一书。今所校者，一据宋本《正义》为主，而古本、《释文》本分卷之式并详著焉。书内文字是者大书，凡毛本讹字及小有异同，注其下以备参考。"《礼记注疏》亦依宋本补正。《吕氏读诗记》题下注曰："三十二卷，宋东莱吕祖谦著。明御史傅应台氏刻于南昌，有嘉靖辛卯鄞陆钺序。从宋本出，字多从古。今其本颇不易得，世所通行者，乃神庙癸丑南都所刻本尔。余曾借得嘉靖本以相参校，始知神庙本脱去两叶，其他亦有遗脱，恐久远不复见其全书，故亟为补正之如左。"其他如《史通》据华亭朱氏影抄宋本，《新唐书纠谬》"据宋本补正"，《新序》据陆贻典宋校本与他本参校，《说苑》据孙志祖精校本参校宋本、元坊本、明程荣本，《韩非子》用清（原作明，误）冯舒（己苍）据宋本、道藏本所校张鼎文本及明凌瀛初本、黄策大字本以校明神庙十年赵用贤二十卷全本，《风俗通义》据程荣本以补明胡文焕本，并以元刻本相校，等等。又如所校贾谊《新书》，参校本有建本（宋建宁府陈八郎书铺印）、潭本（宋淳祐八年长沙刻）、吴郡沈颉本（明宏治十八年刻）、李空同本（明正德八年刻）、陆良弼本（明正德九年刻）、程荣本（《汉魏丛书》）、何允中本（与程本俱出陆本）、江阴赵曦明敬夫校本。他非常珍视古本，认为"古书之流传者，往往为不学之人所窜改，……如不见旧本，又恶从而尽正之邪？因有刻本而遂废抄本，此大不可"（《文集》卷十一《游宦记闻跋》）。他每每称许日人山井鼎《七经孟子考文》"皆据其国唐以来相传古本及宋刻本以校明毛氏汲古阁本"，认为"此皆中国旧有之本遗亡已久而彼国尚相传宝守弗替，今又流入中国，读者当倍加珍惜也"（《文集》卷七《七经孟子考文补遗题辞》）。但是他对古旧之本亦不迷信、盲从，而能区分优劣，并清醒地估计其可贵之处与不足之处，正确加以运用，如《书吴葵里所藏宋本白虎通后》说："书所以贵旧本者，非谓其概无一讹也，近世本有经校雠颇贤于旧本，然专辄妄改者亦复不少。即如九经小字本，吾见南宋本已不如北宋本，明之锡山秦氏本又不如南宋本，今之翻秦本者更不及焉，以是知旧本之为可贵也。余顷校《白虎通》付梓垂竣，而吴子葵里示余以此本，实北宋时坊间所行未校本也。目录前小序数行，其云'白虎建德论'者，开卷即已错讹。然余取其书字字比对，始知此本尚多古字，而近世本率多改易。至《情性篇》中有与近本迥异而实胜者。即一二误书，尚可循形与声而得其本字，若近世本则不加思索而径改矣。此本虽分上下两卷，然篇目上作圆围者十，仍不失十卷之旧。近世本最后三篇，此本在《爵》、《号》、《谥》之次，实第二卷也，三篇之序亦复不同。后得元大德年本，与明傅氏、程氏、吴氏、何氏本不甚异，要皆不及此本，洵乎旧本之为可贵也。"（《文集》卷十二）《新校说苑序》说："宋本自胜近世所行本，然亦多错误。"（《义集》卷五）《重雕经典释文缘起》说："宋雕本不可见，其影抄者尚间储于藏书家。余借以校对，则宋本之讹脱反更甚焉。……且今之所贵于宋本者，谓经屡写则必不逮前时也。然书之失真，亦每由于宋人。宋人每好逞臆见而改旧文，如陆氏（德明）虽吴产，而其所荟辑前人之音则不尽吴产也。乃毛居正著《六经正误》一书，讥陆氏偏于土音，因辄取他字以易之。后人信其说，遂以改本书矣。"（《文集》卷二）他对《七经孟子考文》一方面"深喜其遵用旧式，据古本、宋本以正今本之误"，一方面又深憾其"特就本对校而已，其误处相同者虽间亦献疑，然而漏者正多矣，且今本亦有绝胜于旧者，不能辨也"（《文集》卷八《十三经注疏正字跋》）。

卢文弨也重视他校，认为可以补对校之不足。具体运用的例子很多，不一一列举。值得指出的是他非常注意对他校材料进行分析，考察是否符合原文，而不据以轻改本文。如《新校说苑序》说："宋本自胜近世所行本，然亦多错误，今取他书互证之，其灼然断在不疑者，则就改本文，而注其先所讹者于下，使后来者有所考；若疑者、两通者，则但注其下而已。"（《文集》卷五）

《与丁小雅(杰)进士论校正方言书》说："大凡昔人援引古书不尽皆如本文，故校正群籍自当先从本书相传旧本为定。况未有雕板以前，一书而所传各异者殆不可以遍举，今或但据注书家所引之文便以为是，疑未可也。"（《文集》卷二十）卢文弨对于运用他校，总的看来是比较谨慎的，他反对"过信他书辄改本文"（《文集》卷三《重校方言序》），但也有失之轻信他书引文武断从事者，如校贾谊《新书》，轻信《史记》、《汉书》删略节引之文为原貌，据以大删大改《新书》本文，就是不恰当的。

卢文弨兼通小学、名物、典制、史实及古书体例，故亦多用理校。其《方言校正》是一部据小学校书的佳作，从《与丁小雅(杰)进士论校正方言书》中所举正戴震《方言疏证》误校之例，即可略见水平之高："如卷六：'掩，索取也。或曰狙。'注：'狙，伺也。'宋本如此，不误。俗本始误作'狙'。今因卷十有'挏，取也'，音租黎，遂移彼以易此。不知狙伺而取正与掩取义同。又：'阎、苦，开也。'因《广雅》'筶'作'苦'，遂从之。夫苦之训开，他书未见，窃疑当是苦字，苦、盖虽皆所以复屋，而盖亦可以为户扇，见《荀子·宥坐篇》'九盖皆继'杨倞注。又案《说文》：'盖，苦也。'《周礼·夏官·圉师》：'茨墙则翦阖'，康成注：'阖，苦也。'然则苦与盖、阖义皆同，而此则训为开，夫字固有反复相训者。余以为与其从苦之无义，不若定从苦字，此因形近致误耳。又：'厉、卬，为也。'亦从《广雅》改'卬'为'印'。夫印之训为，亦未经见，而印与昂通，激昂正振作有为之意，不可因曹宪《音》为於信反，遽弃《方言》而从之也。"（《文集》卷二十）卢文弨在理校上以利用小学知识为主，在所校专书及《群书拾补》中不乏其例，兹不详举。此外也善于利用其他有关方面的知识进行理校，如《题张之象注盐铁论》中有不少利用人物故实进行理校的例子："此阳湖庄太史本，以《永乐大典》校勘，增多九十馀字，其异同处亦据以改正，可谓善本矣。《力耕篇》'故乃贾之富'，《大典》作'故乃萬贾之富'，余疑'萬'当作'萬'，即《汉书·王尊传》中所云'长安宿豪大猾东市贾萬、西市萬章'者也。"（《文集》卷七）又如《群书拾补·续汉书礼仪志》："《周礼》'展牲'，干宝曰：'若今夕牲。'文弨案，此乃郑康成注《周礼》之言，曰'今'，正指汉时，取以证汉制，极合。干宝乃晋人，夕牲不始于晋，何云'今'邪？此援引之失。"此据典制，并辅以他校。

用本校法也不乏其例，兹不一一列举。

卢文弨虽以对校、理校见长，但在具体校勘中总是尽量综合运用各种校法，因此证据充分，结论札实。

对异文的分析和处理，卢文弨也具有丰富的经验，并归纳出切实的原则。

首先,他主张校是非与校异同并重。古书异文情况比较复杂,大致可分为两类:一类属正误,一类属义可两通的文字。校正误以定是非,通称校是非。并列义可两通的文字,通称校异同。卢文弨主张两者兼重,即不仅校正讹误之文,而且备列义可两通的文字以供参考。这样的观点是比较全面的、稳妥的,并且贯穿于他的校勘实践之中。根据古书错乱情况的不同他提出了校异同、正误、考异三种校勘体例,《重校经史题辞》说:"然窃惟书之传于世相嬗也,远者不可得而见,见其近者。今世见宋本者曾几人,惟明世本通行耳。后之君子亦当有并不及见明世所刻者。余故复取诸本与新本,校其异同,其讹谬显然,则仿《六经正误》之例为一书,其参错难明,则仿《韩文考异》之例为一书。"(《文集》卷七)

其次,提出了"相形而不相掩"的处理异文的原则。《与王怀祖(念孙)庶常论校正大戴礼记书》说:"读所校《大戴礼记》,凡与诸书相出入者,并折衷之以求其是,足以破注家望文生义之陋。然旧注之失,诚不当依违,但全弃之,则又有可惜者。若改定正文而与注绝不相应,亦似未可。不若且仍正文之旧,而作案语系于下,使知他书之文固有胜于此之所传者。观汉、魏以上书,每有一事至四五见而传闻互异,读者皆当用此法以治之。相形而不相掩,斯善矣。"(《文集》卷二十)所谓"相形而不相掩",就是要保存异文以显其异,而不要全弃异文以泯其别。至于如何贯彻"相形而不相掩"的原则,他往往根据不同情况采取不同做法,时有变通。在上引给王念孙的信中,他主张不论正误,一律不改底本文字,作校语注明他本异文于下。这是一种"不持择之"的做法,看来自流,实则谨慎,有利于存真,如《周易注疏辑正题辞》说:"夫校书以正误也,而粗略者或反以不误为误。《考文》(指《七经孟子考文》)于古本、宋本之异同,不择是非而尽载之,此在少知文义者或不肯如此,然今读之,往往有义似难通而前后参证不觉涣然者,则正以其不持择之,故乃得留其本真于后世也。"(《文集》卷七)但在一定情况下,他又主张"持择",即凡显误者改其正文,但仍注误文于下,不泯其迹,时或说明取舍的理由;凡可疑者、两通者,"仍而不革",或择长而从,仍存其异。

校勘时对于字体的处理,卢文弨也有明确的见解,并提出了恰当而通达的原则。

关于异体字和通用字,他明确指出异体和通用字不属异文,不当列入校勘范围,《答钱辛楣詹事书》说:"古一字有数体,如绖、縗、芾三者实一也,而《易》、《诗》、《书》各异。文固有不尽画一者,……宋张淳《仪礼识误》,《燕礼》

内'宴'字,淳从监本定作'宴'。后来校者复议淳为非是,今观唐张琮碑亦以'宴'为'宴'也(自注:《五经文字》'宴'、'宴'二字并载,云上《说文》,下《字林》)。……他如召、邵、哥、歌、克、尅、赞、讚之类,经典及诸史类多通用,似不必以为异文。"(《文集》卷十九)

关于俗字,卢文弨或主张校改,或主张不校改,做法不一。古人所谓俗体,是与正体相对而言的,而正体又多半以沿袭《说文》字形结构为准。俗字与正字的关系,可能属于异体字,也可能属于各种类型的通用字。按照前一个原则,应当不列入校勘范围,可是卢文弨采取了变通的做法,或改,或不改。掌握的根据有两条,一是凡旧本有合于《说文》者不当改从俗体,一是凡约定俗成,相传已久,且非讹谬无理太甚者,则亦可从。例如他对"箸"、"著"二字就曾采取改与不改两种做法,见《与谢金圃学使书》(《文集》卷二一)。

顾广圻(1766—1835),字千里,号涧薲,江苏元和(今吴县)人。他不事科举,专心学术,受业于江声,得惠栋之传,与乾嘉考据学者广为交游。兼通经学、小学,涉猎诸史、百家,虽宗汉学,亦不废宋学考据成就。在古文献学上以版本学、校勘学见长。孙星衍、黄丕烈、胡克家、张敦仁、秦恩复等先后请他主持校刻古书,成果极富,杨文荪《思适斋集序》说:"君学问渊深,辨证精博,校刻各书,如黄氏之《周礼》、《仪礼》、《国语》、《战国策》、《易林》,孙氏之《唐律疏义》、《抱朴子》、《古文苑》,吴氏之《韩非子》、《列子》,胡氏之《通鉴》、《文选》,张氏之抚本《礼记》,秦氏之骆宾王、李元宾、吕衡州诸集,皆精审不苟,举世珍若珙璧。"(《思适斋集》卷首)与藏书家黄丕烈关系尤密,士礼居所刻诸书,大多由顾正定,世并称顾、黄。除所校勘诸书外,其他著作有《说文辨疑》及《条记》,《韩非子识误》,《履斋示儿编重校补》,《骆宾王文集考异》,《吕衡州集考证》,《遯翁苦口》,《思适斋集》,《思适集补遗》、《再补遗》,《思适斋题跋》(王大隆辑)等。其传记资料主要有李兆洛撰《顾君墓志铭》等。

顾广圻为校勘名家,甚至被推为"清代校勘第一人"(神田喜一郎《顾广圻年谱》)。他在校勘学上的成就和特点主要有两方面:

(一)善于综合运用各种校法,尤其精通版本对校

顾广圻学识渊博,运用理校得心应手。清代考据学者以小学校书的特点在他身上表现得也很典型。其他如名物、典制、天文、地理、人物、史实、避讳、行款、编次、义例、文体、文义等等方面凡是可以据以进行理校的材料,无不广泛利用,具体例子在他的校勘著作中随处可见,不胜枚举。

他也重视本校和他校,曾经总结说:"凡校书之法,必将本书透底明白,然后下笔。必将本书引用之书透底明白,然后可以下笔。"(《汪氏学行记》卷四《顾千里札》)所谓"将本书透底明白",除了关涉理校之外,也关涉本校。所谓"将本书引用之书透底明白",则关涉他校。从具体校例来看,顾广圻所用的他校材料,既包括直接引用的材料(又分详引和略引),又包括间接袭用或相互关联的材料,而且对具体情况能作具体分析,绝少以彼律此,据他书乱改本文的错误做法。他的这一指导思想是非常明确的,如《校刊明道本韦氏解国语札记序》(代黄丕烈作)说:"诸注疏及类书援引,殊未可全据。"(《思适斋集》卷七)又如《与阮云台制府书》说:"又读《说文》,反复有年,见许氏自有义例,具在本书,后来治此者,驰骛于外,遽相矜炫,非徒使叔重之指转多沉晦,且致他书亦苦牵合附会。意欲刊落浮词,犹求真解,就本书之义例疏通而证明之,自然可与群籍并行不悖,似于小学经学皆为有益。"(《思适斋集》卷六)这里既涉及注释,又涉及校勘。他的《说文辨疑》正贯彻了这一指导思想,如:

> 瑁,车笭间皮箧,古者使奉玉以藏之。
>
> 旧说云:《文选·东京赋注》引作"车籣间皮筐,以安其弩也",与徐本异。或此有脱文。
>
> 按,此二说皆非也。初一说谓徐作"古者使奉玉以藏之",与李善引"以安其弩也"为所见本之异。再一说谓当依李善引,有"以安其弩也"一句,而徐本此脱之。斯二说者不知今本《选注》乃非李善之旧也。考《东京赋》云"瑁弩",李善注云:"《说文》曰:'瑁,车籣间皮筐,以安其弩也。'"此弩字当本仍是玉字,以上但注"瑁"耳。下文云:"徐广《车服志》曰:'轻车置弩于轼上,载以属车'",始注"弩"也。下文云:"然置弩于瑁曰瑁弩",总合所引两条而申说之也。凡《选注》言"然即",即今人之言"然则"也。盖唯赋之"瑁弩",他无其文,平子属词,独为此语。故必先引《说文》以注"瑁",又引徐广以注"弩",而《车服志》只言"置弩于轼上",仍非有"瑁弩"成文,故又必申说之,而后为注"瑁弩"乃毕也。若《说文》已云"以安其弩也",则叔重、平子同为一词,引而注之亦已足矣。纵不厌其繁,更引《车服志》而注之,尤无不足矣。何必再作一番申说,适成其赘乎?传写《选注》者,未明李善之例字无虚设,改出弩字以傅合正文,而不知若是之不可通也。唐时《说文》容有异本,其引书之法,亦每有隐括出入。至于此条,李善所见,并不当有弩,则细绎《选注》而知其为断然者,然则亦并不得谓脱"以安其弩"一句矣。且此二说者,不知

> 许君全书皆说其文、解其字也,此条上明从车之义,下明从珏之义,岂容于但明从车之下接"以安其弩也",不复明此字之从珏,唐时乃有如此之异本乎?岂容于明从车、珏之中隔'以安其弩也',尚复可通乎?夫《选注》之终难全合《说文》者,非由于隐括出入,即由于传写更被改易。所有异同,既未可据之以疑《说文》,况又可竟据显然误错之《选注》,而辄议并未讹脱之《说文》耶?其流弊恐有不可胜言者矣。

这里分析他书引文既有"隐括出入"者,更有"传写改易"者,甚至有讹传妄改而致误者,故不可轻据以改本书。运用他校时,必须以本书为主,"将本书透底明白",参以本校、理校以定非。这一见解非常深刻,颇中当时轻据他书乱改本文之弊。由此可见顾氏运用他校之谨慎、得当。

对校是顾氏最看重、最擅长的,值得注意的有两点:

第一,重视宋、元旧本而又不迷信旧本。他认为"明中叶以后刻书无不臆改"(《思适斋书跋》卷三《广弘明集》校本跋),而宋元旧刊则较少讹舛,如《重刊宋本名臣言行录序》说:"是书传刊,旧多讹舛,近得宋椠,完善可观。"(《思适斋集》卷八)《焦氏易林后序》说:"此书今本之误,非校宋本不能正者,如《贲之鼎》:'东门之坛',乃《诗·郑风》文,《正义》云:'遍检诸本,字皆作坛。'又云:'今《定本》作埠。'《释文》云:'坛音善。'依字当作'埠'。可见作《易林》时固是'坛'字,今作'埠'者,误依《定本》以后《毛诗》所改,似是实非。"(《思适斋集》卷九)他深叹后人妄改为书籍之厄,《经典释文》校本卷首跋云:"余尝言近日此书有三厄:卢抱经重刻本所改多误,一厄也。段茂堂据叶抄更校,属其役于庸妄人,舛驳脱漏,均所不免,二厄也。阮云台办一书曰《考证》,以不识一字之某人临段本为据,踳驳错误,不计其数,三厄也。彼三种书行于天壤间一日,则陆氏之真面目晦盲否塞一日。计惟有购叶抄原本,重加精雕,而云雾庶几一扫,其厄或可救也。"(《思适斋书跋》卷一)他深知宋本之善,《经典释文》校本卷五末跋云:"癸亥春正重校宋本,宋本《园有桃》篇:棘,俗作棶,同(自注:当以《集韵》证之)。《白华篇》:一音於骄反(自注:可订《六经正讹》之谬)。皆一字抵千金矣。世间瞀人往往诋宋本不足重,呵佞宋者为浅学,彼固未尝究心于铅椠耳。"(《思适斋书跋》卷一)这里说他颇谙铅椠之道,重视宋本,即使被呵为佞宋者也在所不惜。但是,他对宋本又不像"佞宋主人"(黄丕烈)那样一味迷信,也深知宋本不能无误。《文选》校宋本跋说:"广圻由宋本而知近本之谬,兼由勘宋本而即知宋本亦不能无谬。意欲准古今通借以指归文字,参累代声韵以区别句逗。经史互载者考其异,专集尚存者证其同。其又旁综四部,杂涉九流,援引者沿流而溯源,已佚者借彼以订此,未必非此学之功臣也。"(《思适斋书跋》卷四)这里是说据宋本可校近本之误,而宋本亦不能无误,须借理校、他校以正之。他善于一分为二看宋本,甚至强调宋本之误亦有可贵处,即未经妄改,有迹可寻。《韩非子识误序》说:"前人多称道藏本,其实差有长于赵用贤刻本者耳,固远不如宋椠也。宋椠首题'乾道改元中元日黄三八郎印',亦颇有误。通而论之,宋椠之误由乎未尝校改,故误之迹往往可寻也。而赵刻之误则由乎凡遇其不解者必校改之,于是而并宋椠之所不误者方且因此以至于误,其宋椠之所误,不仅苟且迁就仍归于误,而徒使可寻之迹泯焉,岂不惜哉!"(见《韩非子识误》卷首,又见《思适斋集》卷九)

第二,考察版本系统、源流,提纲挈领,以简驭繁,确定底本和校本,择善而从。顾广圻广交当时著名藏书家,为其校书,寓目之版本甚富,得以考其源流,较其得失,兼采众长。这在当时校勘家中是得天独厚的,故在校勘学上创获尤多。

关于考察版本系统、源流,顾广圻有不少佳作,如《广韵》宋刻本跋云:"世所行《广韵》有三,其本各不同家。亭林先生刻,节注本也;吾郡张氏刻,足本也;而扬州诗局所刻,平、上、去皆足,入声则节注。其两节注之本又不相同。今年于洪钤庵殿撰家获见所收宋椠有曹楝亭图记者,第五册乃别配又一宋本,正扬州本之所自出。证以潘稼堂为张氏作序,言'见宋镂于昆山徐相国家,借录以归。张子士俊得旧刻于毛氏,而阙其   帙,余乃畀以写本',虽潘未举所阙何帙,然此无子晋、斧季父子图记,决非一本可知。张、曹不同之故及节注又不同之故,则见此而皆了然矣。长夏无事,粗读一过,又知局刻校雠不精,多失宋椠佳处。即如去声艳第五十五桥同用,陷第五十七鉴同用,鉴第五十八酽、第五十九梵同用,次序分合犹存《广韵》之旧,视张刻之依《礼部韵略》,艳与桥、酽同用,陷与鉴、梵同用,而移酽于陷、鉴前,改为酽五十七、陷五十八、鉴五十九者迥胜。乃曹氏重刻时反依张转改,何欤?且其转改实在刻成之后,故于目录仅将酽、陷、鉴三大字凿补,而小字任其牴牾。近时戴东原撰《声韵考》,目之为景祐后涂改,不知其出曹氏手,失在未及见此耳。戴所见世行三刻及明大板外,仅有卢侍讲藏旧本,钤庵家亦有之,即明大板及亭林本之所自出,节注之祖也,系元代坊板,逊宋椠远甚固宜,然则宋椠诚至宝矣。其馀曹依张改字处殊复不少,不知张氏刻书好为点窜,如《玉篇》,如《群经音辨》,以旧本勘之,往往失真,非独《广韵》也。安得传是楼完本一旦再出,尽刊潘氏转写、张氏意改之误,且更与此本添一重印证。"(《思适斋书跋》卷一)又如《汉书》宋刻本跋云:"颜注班书行世诸刻,大约源于南宋椠本,文句或用三刘、宋子京之说,或校刊者用意添改,往往致讹,而剩字尤多,此以后人文理读前人书之病也。唯是刻乃景祐二年(1035)监本,独存北宋时面目,惜补板及剜损处无从取正,然据是可以求其添改之迹,诚今日希世宝笈也。后之读者幸知而珍重之。"(《思适斋书跋》卷二)其他如对《高注战国策》、《国语》、《荀子》、《韩非子》、《淮南子》、《扬子法言》、《文选》等书版本源流的考证,无不详审,了如指掌。均为《思适斋书跋》所收,不一一列举。世传抄本往往渊源不明,多被忽视,顾广圻亦能通过校勘和考察,发现源出,得知其善。如《隶释》抄本跋云:"此旧抄《隶释》,荛圃(黄丕烈)所收得也。第十卷上方有'九来校字',九来名弈苞,昆山文庄公七世孙,载在府志,可知渊源有自,其本之善,洵不虚也。"又云:"案此本十行廿字,行款与元椠《隶续》同,碑文用娄氏《字源》释之,往往吻合,即周香严所藏隆庆四年(1570)本不若也。荛圃当勿以其非宋椠、毛抄,不以惊人秘笈目之。"(《思适斋书跋》卷二)

(二)奉行"不校校之"的原则,反对轻易改字

顾广圻深感校勘之弊是轻改妄改,"变乱黑白"(《经典释文》校本跋),《礼记考异跋》说:"盖以校书之弊有二:一则性庸识暗,强预此事,本失窥述作大意,道听而途说,下笔不休,徒增芜累;一则才高意广,易言此事,凡遇其所未通,必更张以从我,时时有失,遂成疮痏。二者殊途,至于诬古人,惑来者,同归而已矣。广圻窃不自量,思救其弊,每言书必以不校校之。毋改易其本来,'不校'之谓也;能知其是非得失之所以然,'校之'之谓也。"(《思适斋集》卷十四)为避免妄改之弊,他奉行"不校校之"的原则,甚至连室名也取号"思适斋",本《北齐书·邢邵传》:"误书思之,更是一适"之意以见志。《思适寓斋图自记》说:"以思适名斋者何?顾子有取于邢子才之语也。史之称子才曰'不甚校雠',顾子役役以校书,而取之者何?谓顾子之于书,犹必不校校之也。子才诚仅曰:'不校乎哉,则乌由思其误,又乌由而有所适也。'故子才之不校,乃其思不校之误,使人思误于校者,使人不能思去误之校者,而存不校之误于是,日思之,遂以与天下后世乐思者共思,此不校校之者之所以取于子才也。顾子贫,斋非所能辟也,即身之所寓,而思寓焉,而思适之名亦寓焉也。当其坐斋中,陈书隐几,居停氏之所藏,同志之所借以及敝箧之所有,参互钩稽,以致其思,思其孰为不校之误,孰为误于校也。思而有所不得,困于心,衡于虑,皇皇焉,如索其所失,而杳乎无睹,人恒笑其不自适,而非不适也,乃求其所以适也。思而得之,心为之加开,目为之加朗,豁然如启幽室而日月之,举世之适,诚莫有适于此也。惟自反其思,不知于子才何

若也？斯诚善思之至矣。则顾子每曰：'天下有误书，而后天下无误书。'虽论似矫，要不病其过也。"（《思适斋集》卷五）可见，所谓"不校校之"，就是校勘时，保存原书误文，不轻改字，以不校为校。知其误而不改，看来保守，实则谨慎，此中是有前人和他自己的丰富经验教训作为鉴戒的。如宋彭叔夏在《文苑英华辨证自序》中说："三折肱为良医，信知书不可以意轻改。"顾广圻对此颇有同感，他在《书文苑英华辨证后》中说："予性素好铅椠，从事稍久，始悟书籍之讹，实由于校。据其所知，改所不知，通人类然，流俗无论矣。叔夏自序云：'三折肱为良医，知书不可以意轻改。'何其知言也！此书乃校雠之模楷，岂独读《英华》者资其是正哉！"（《思适斋集》卷十五）他不主张改字，也并不是消极地以保存误字了事，他每校完一书，必综其所正定者为考异（如《礼记考异》等），或附校勘记于书后（如《韩非子识误》等），他认为只有如此，才有助于启发思考，而不至绝己绝人之思。至于校刻古书，则一仍其旧，忠实于原文原貌，其佳处足以证后传本之误，即有讹误衍脱，亦留其真，让读者思考，如《重刻仪礼注疏序》（代张敦仁作）说："注与疏两宋本非必全无小小转写之讹，不欲用意见更易者，所以留其真，慎之至也。至于经也，注也，疏也，于各本孰为同，孰为异，祛数百年来承讹袭舛，以还唐宋相传之旧，则厘然具在，不难覆案也。若夫近日从事校雠者，不止一家，核其论说，或取《经传通解》等，或直凭胸臆而已，莫不犹治丝而棼之，手虽繁而丝益乱。唯执此订彼，其是非得失庶可决定也。"（《思适斋集》卷七）

顾广圻强调校勘的版本（特别是古本）依据和"不校校之"的原则，在清代校勘中独树一帜。与卢文弨相比，卢氏也注重版本依据，但并不坚持"不校校之"，他常常改动本文，虽注明理由，也较谨慎，但所改仍难免有误。与段玉裁相比，段氏好擅改，颇多武断，与顾广圻在这一校勘主张上产生了严重分歧。与严可均相比，在校《说文》上也因此发生分歧。孙星衍复刻宋本《说文解字》，先请严可均负责校勘，严著《说文校议》，根据群书本校定《说文》，并主张依《校议》来改《说文》，遭到顾广圻的反对。于是孙星衍改请顾广圻负责校勘。严氏不平，在《说文校议序》中说："有或挟持成见，请与往复，必得当乃已。"挑起论争。顾广圻于是著《说文辨疑》，从《校议》中摘出三十馀条，逐一辨正，以论其不可从，皆证据确凿，立论谨严。可见，又是顾氏的这一校勘主张，使孙氏校刻宋本《说文》之举避免了妄改之失。至今顾氏的这一校勘观点仍有非常重要的参考价值。

顾广圻的校勘学成就是非常突出的，关于他的历史地位，傅增湘有恰当的评论，他在《思适斋书跋序》中说："夫荛圃（黄丕烈）当乾嘉极盛之时，居吴越图籍之府，收藏宏富，交友广远，于古书板刻先后异同及传授源流，靡不赅贯，其题识所及，闻见博而鉴别详，巍然为书林一大宗，举世推捆之宜矣。至于涧薲先生者，受业于江艮庭（江声），传惠氏遗学，当时名贤大师，皆得奉辞承教，故于经学训故，咸所通晓，其校勘之精严，考订之翔实，一时推为宗匠，即尧圃亦自愧弗如。士礼居所刻诸书，泰半经其正定，斯可谓两贤相得而益彰者矣。"又说："余尝谓有清一代以校勘名家者，如何义门、卢召弓，皆博极群书，撰述流传，霑溉后学。至中叶以后，涧薲崛起，持文字音韵之原，以通经史百家之义，其订正精谨，考辨详明，与钱竹汀詹事、高邮王氏父子齐驱并驾。"

第十一节　章学诚　崔述

章学诚和崔述都是不苟同于乾嘉正统考据学派而卓然独立的学者。章学诚以古代学术史及目录、校勘学、方志学研究见长，崔述以古史考证及古文献辨伪见长。

章学诚（1738—1801），字实斋，浙江会稽（今绍兴市）人。自幼即对举子业不感兴趣，塾课之馀取子史等书博览，孜孜不倦。后游学朱筠门下，得以阅读其丰富的藏书，并与名流讨论讲贯，学识日富。著有《文史通义》、《校雠通义》、《方志略例》、《湖北通志》检存稿、《文集》、《己卯劄记》、《丙辰札记》、《知非日札》、《阅书随札》等，编撰《史籍考》，未及刊行而毁于火。后人编有《章氏遗书》。主要传记资料有日人内藤虎次郎所编《章实斋年谱》等。

《文史通义》是一部讲古今学术宗旨、源流及古籍目录体例的书。《校雠通义》专讲古籍目录、校勘、亦涉辑佚等。这两部书对于整理、研究古文献有重要的参考价值，章学诚的古文献学观点也主要集中于此。考察这两部书及《文集》中的有关文章，章学诚在古文献学上的成就和特点主要有以下几方面：

（一）折中汉学宋学，主张训诂、考据与义理辨析相结合，强调学术要经世致用

章学诚生当考据风气极盛的乾嘉之时，他以"持世救偏"为己任，反对考据学者埋头于训诂、考据，而不求闻道以切世用的倾向，同时他也反对空谈义理、主张由训诂、考据以通义理，随时变以究大道。《文史通义·原道下》说："训诂章句，疏解义理，考求名物，皆不足以言道也。取三者而兼用之，则以萃聚之力，补遥溯之功，或可庶几耳。……训诂名物，将以求古圣之迹也，

而侈记诵者,如货殖之市矣。……记诵之学,文辞之才,不能不以斯道为宗主,而市且弄者之纷纷忘所自也。宋儒起而争之,以谓是皆溺于器而不知道也。夫溺于器而不知道者,亦即器而示之以道斯可矣,而其弊也,则欲使人舍器而言道。夫子教人博学于文,而宋儒则曰:'玩物而丧志。'曾子教人辞远鄙倍,而宋儒则曰:'工文则害道。'夫宋儒之言,岂非末流良药石哉?然药石所以攻脏腑之疾耳。宋儒之意,似见疾在脏腑,遂欲并脏腑而去之。将求性天,乃薄记诵而厌辞章,何以异乎?然其析理之精,践履之笃,汉唐之儒,未之闻也。孟子曰:'义理之悦我心,犹刍豢之悦我口。'义理不可空言也,博学以实之,文章以达之,三者合于一,庶几哉,周、孔之道虽远,不啻累译而通矣。"这一段话清楚地表明了他的主张,他既反对汉学沉溺于训诂、考据,又反对宋学空言义理、既反对"溺于器而不知道",又反对"舍器而言道",强调要兼综两方面的优点,既要像汉学一样精通训诂、考证,不离明道之器,又要像宋学一样精于析理,不忘求道。在《文史通义·博约下》中也强调义理、制数、文辞"三者致其一,不能不缓其二,理势然也。知其所致为道之一端,而不以所缓之二为可忽,则于斯道不远矣。"

章学诚虽然既反汉学的偏颇,又反宋学的偏颇,但不是没有侧重的,他"持世救偏",矛头主要是针对风靡当世的乾嘉考据之风的。《文史通义·原学上》说:"夫子曰:'下学而上达。'盖言学于形而下之器,而自达于形而上之道也。……专于诵读而言学,世儒之陋也。"《原学下》说:"世儒之患,起于学而不思。……学博者长于考索,岂非道中之实积,而骛于博者,终身敝精劳神以徇之,不思博之何所取也。……言义理者似能思矣,而不知义理虚悬而无薄,则义理亦无当于道矣。此皆知其然,而不知所以然也。……天下不能无风气,风气不能无循环,一阴一阳之道,见于气数者然也。所贵君子之学术,为能持世而救偏,一阴一阳之道,宜于调剂者然也。风气之开也,必有所以取,学问、文辞与义理,所以不无偏重畸轻之故也。风气之成也,必有所以敝,人情趋时而好名,徇末而不知本也。是故开者虽不免于偏,必取其精者,为新气之迎,敝者纵名为正,必袭其伪者,为末流之托,此亦自然之势也。而世之言学者,不知持风气,而惟知徇风气,且谓非是不足邀誉焉,则亦弗思而已矣。"他反对当世考据之风的弊端,有些话讲得更为明确,如《与汪龙庄书》说:"近日学者风气,徵实太多,发挥太少,有如桑蚕食叶而不能抽丝。"(刘氏嘉业堂刻《章氏遗书》卷九)了解他的一些学者也深明其所指,如张尔田说:"先生举当世溺于训诂、音韵、名物、度数之时,已虑恒干之将亡,独昌六艺皆史之谊,又推其说施之于一切立言之书,而条其义例,比于子政辩章旧闻,一人而已。为先生之学，则务矫世趋，群言淆列，必寻其原而遂之于大道。"（《章氏遗书序》）正因为如此，他才遭到正统考据学者的普遍不满，《原道下》后附邵氏晋涵的话反映了这种情况，他说："是篇初出，传稿京师，同人素爱章氏文者皆不满意，谓蹈宋人语录习气，未免陈腐取憎，与其平日为文不类，至有移书相规诫者。余谛审之，谓朱少白（自注：名锡庚）曰：'此乃明其《通义》所著一切，创言别论，皆出自然，无矫强耳。语虽浑成，意多精湛，未可议也。'"

　　章学诚之所以对乾嘉考据有这样的观点，除了要求经世致用的现实原因之外，还有其思想渊源。他远绍朱熹，近承顾炎武及清代浙东学派。《文史通义·朱陆》说："盖性命、事功、学问、文章合而为一，朱子之学也。求一贯于多学而识，而约礼于博文，是本末之兼该也。诸经解义不能无得失，训诂考订不能无疏舛，是何伤于大体哉？且传其学者，如黄、蔡、真、魏，皆能通经服古、躬行实践之醇儒，其于朱子有所失，亦不曲从而附会，是亦足以立教矣。乃有崇性命而薄事功，弃置一切学问文章，而守一二章句集注之宗旨，因而斥陆讥王，愤若不共戴天，以谓得朱子之传授，是以通贯古今、经纬世宙之朱子而为村陋无闻、傲恨自是之朱子也。……朱子求一贯于多学而识，寓约礼于博文，其事繁而密，其功实而难，虽朱子之所求，未敢必谓无失也。然沿其学者，一传而为勉斋（黄榦）、九峰（蔡沈），再传而为西山（真德秀）、鹤山（魏了翁）、东发（黄震）、厚斋（王应麟），三传而为仁山（金履祥）、白云（许谦），四传而为潜溪（宋濂）、义乌（王祎），五传而为宁人（顾炎武）、百诗（阎若璩），则皆服古通经，学求其是，而非专己守残、空言性命之流也。"由此可见，他肯定朱熹，是因为朱熹之学将"性命、事功、学问、文章"合而为一，从古文献学角度看，就是能将义理辨析与训诂、考据结合起来而不偏废。他不仅认为朱熹之学一直延续到清代考据学派的始祖顾炎武，甚至认为乾嘉考据学皖派创始人戴震的学术亦"实自朱子道问学而得之"。《书朱陆篇后》（刘刻《遗书》卷二）对戴震一分为二，肯定其考据与义理并重，并且认为这是继承朱熹的学统，否定其对朱熹的批评，特别是见于口谈的"谬论"。他对戴震的肯定基本可取，但也不尽然，戴震的考据与义理并重的思想，有受朱熹启发的一面，但主要是对汉学批判与继承的结果。至于戴震对朱熹的批评，不仅限于"训诂名义""所不及者"，更主要在于对其理学思想的否定，在前面讲戴震时已经涉及这一点。章氏在这一方面批评戴震，则颇带卫道气息，实不足取。不过总的看来，章学诚对戴震的盖棺论定之言还算公允，《书朱陆篇后》开头说："戴君学问，深见古人大体，不愧一代巨儒，而心术未醇，颇为近日学者之患,故余作《朱陆》篇正之。戴君下世今十馀年,同时有横肆骂詈者,固不足为戴君累。而尊奉太过,至于称谓孟子后之一人,则亦不免为戴君所愚。身后恩怨俱平,理宜公论出矣,而至今无人定戴氏品者,则知德者鲜也。"可见态度比较客观。而从前面所引他对"时人"(指考据学者)对戴震评价的批评中,又可见他对正统考据学派的微辞。至于受浙东学派的影响,有《文史通义·浙东学术》一篇为证,中云:"浙东之学,虽出婺源(指朱熹),然自三袁(宋袁燮及其子袁肃、袁甫)之流,多宗江西陆氏,而通经服古,绝不空言德性,故不悖于朱子之教。至阳明王子,揭孟子之良知,复与朱子抵牾。蕺山刘氏(宗周),本良知而发明慎独,与朱子不合,亦不相诋也。梨洲黄氏(宗羲),出蕺山刘氏之门,而开万氏弟兄(万斯大、万斯同)经史之学,以至全氏祖望辈,尚存其意,宗陆而不悖于朱者也。惟西河毛氏(奇龄),发明良知之学,颇有所得,而门户之见,不免攻之太过,虽浙东人亦不甚以为然也。世推顾亭林氏为开国儒宗,然自是浙西之学。不知同时有黄梨洲氏出于浙东,虽与顾氏并峙,而上宗王、刘,下开二万,较之顾氏,源远而流长矣。顾氏宗朱(按,实际对朱熹思想有所改造,详见本章第二节),而黄氏宗陆(按,实际对陆九渊的思想有所改造,详见本章第三节),盖非讲学专家,各持门户之见者,故互相推服,而不相非诋。学者不可无宗主,而必不可有门户,故浙东、浙西,道并行而不悖也。浙东贵专家,浙西尚博雅,各因其习而习也。"由章学诚对清初浙东学派的评价及"浙东、浙西,道并行而不悖"的主张,即可见他学术思想的渊源,因为所谓"浙东"、"浙西"学派的共同特点有二:一是考据与义理并重,或称"汉、宋兼采";一是经世致用。而这两点正是章学诚古文献学思想的特点,正是他与正统考据学派根本分歧所在。

(二)坚持"六经皆史"的观点,重视史学

六经皆史的观点由来已久。最早可追溯到汉代古文经学,古文家认为六经非孔子所作,是孔子整理过的历史文献。唐代刘知几在《史通》中也持这种观点,并把《尚书》和《春秋》直接看成史书。至宋陈傅良,才明确提出六经皆史的说法,见徐得之《左氏国纪序》。其后王守仁继之,说:"〔《春秋》〕以事言之谓之史,以道言之谓之经,事即道,道即事。《春秋》亦经,五经亦史:《易》是包牺氏之史,《书》是尧舜以下之史,《礼》、《乐》是三代史。其事同,其道同,安有所谓异?"(《王文成公全书》卷一《传习录》上卷)虽说"事即道,道即事",但是他把"事"归结到"道"上,正如《稽山书院尊阁记》所说:"六经者非他,吾心之常道也。"(《王文成公全书》卷七)可见王守仁六经皆史的说法,其实质是唯心主义的。其后李贽,直接提出"六经皆史"一语,他在《经史相为表里》一文中说:"经、史一物也。史而不经,则为秽史矣,何以垂戒鉴乎?经而不史,则为说白话矣,何以彰事实乎?故《春秋》一经,春秋一时之史也。《诗经》、《书经》,二帝三王以来之史也。而《易经》则仅示人以经之所自出,史之所从来,为道屡迁,变易匪常,不可以一定执也。故谓六经皆史可也。"(《焚书》卷五)李贽的哲学观点虽然没有摆脱王守仁"心学"的影响,但是他重视功利,对唯心主义有所突破。他在这里对六经皆史的解释已不同于王守仁。至章学诚,一再标榜六经皆史,成为他经学思想的一个基本观点。有人说章学诚强调性理,又持六经皆史之说,可见他与王守仁在思想上有渊源关系。其实这是从形式上看问题。章学诚在反对乾嘉考据,强调义理之学时,固然也攀援过陆、王之说,但是他是宗尚朱熹的,他认为陆、王之说可以与朱说并行不悖,而绝不否认陆、王之说与朱熹之说抵牾不合。这样的言论很多,前面已经引过,这里不再重复。章学诚的思想本不与王守仁相通,他的"六经皆史"说也与王说没有实质上的联系。

章学诚的"六经皆史"说,是属于唯物主义一派的,第一,他认为"经"本非尊称,对破除后儒对经书的迷信,揭去后儒给经书披上的神圣外衣,起了一定的作用。《文史通义·经解上》说:"六经不言经,三传不言传,犹人各有我而不容我其我也。依经而有传,对人而有我,是经传人我之名,起于势之不得已,而非其质本尔也。……然夫子之时,犹不名经也。……《荀子》曰:'夫学始于诵经,终于习礼。'《庄子》曰:'孔子言治《诗》、《书》、《礼》、《乐》、《易》、《春秋》六经。'又曰:'繙十二经,以见老子。'荀、庄皆出子夏门人,而所言如是,六经之名起于孔门弟子亦明矣。……而儒者著书,始严经名,不敢触犯,则尊圣教而慎避嫌名,盖犹三代以后,非人主不得称我为朕也。然则今之所谓经,其强半皆古人之所谓传也。古之所谓经,乃三代盛时典章法度,见于政教行事之实,而非圣人有意作为文字以传后世也。"《经解下》说:"六经初不为尊称,义取经纶为世法耳。六艺皆周公之政典,故立为经。"《校雠通义·原道》说:"六艺非孔氏之书,乃周官(一作公)之旧典。"第二,经为典章史事,为寓道之器,并非空言载道之书。《文史通义·易教上》说:"六经皆史。古人不著书,古人未尝离事而言理,六经皆先王之政典也。或曰:《诗》、《书》、《礼》、《乐》、《春秋》则既闻命矣,《易》以道阴阳,愿闻所以为政典而与史同科之义焉。曰:……然三《易》各有所本,《大传》所谓庖牺、神农与黄帝、尧、舜是也。由所本而观之,不特三王不相袭,三皇、五帝亦不相沿矣。盖圣人首出御世,作新视听,神道设教,以弥纶乎礼乐刑政之所不及者,一本天理之自然,非如后世托之诡异妖祥、谶纬术数,以愚天下也。"《文史通义·

原道中》说:"《易》曰:'形而上者谓之道,形而下者谓之器。'道不离器,犹影不离形。后世服夫子之教者自六经,以谓六经载道之书也,而不知六经皆器也。"《文史通义·答客问上》说:"六经皆史也,形而上者谓之道,形而下者谓之器。孔子之作《春秋》也,盖曰:'我欲托之空言,不如见诸行事之深切著明。'然则典章事实,作者之所不敢忽,盖将即器而明道耳。"

　　章学诚的"六经皆史"说,还与他的经世致用的学术主张密切相关。他反复论述"六经皆器",除了反对空言载道的唯心观点的意义外,也还包含强调经世致用的意义。他认为六经皆史,"非国家之政典,即有司之故事"(《原道下》),战国以前"政教典章,人伦日用之外,更无别出著述之道,亦已明矣。秦人禁偶语《诗》、《书》,而云'欲学法令,以吏为师'。夫秦之悖于古者,禁《诗》、《书》耳;至云学法令者,以吏为师,则亦道器合一,而官师治教未尝分歧为二之至理也"(《原道中》)。

　　章学诚不仅认为六经皆史,而且重视一般史书,认为"古人文无定体,经史亦无分科"(《文史通义·传记》)。他认为史家源远流长,史学以实为本,《文史通义·书教上》说:"伪乱真而文胜质,史学不亡而亡矣。"史实既以实为本,则文字材料不可凭空杜撰,必有所本,因此史书也就不免必以删述为能事,《文史通义·黠陋》说:"《左》、《史》之于文,犹六经之删述。"《文史通义·说林》说:"司马迁袭《尚书》、《左》、《国》之文,非好同也,理势之不得不然也。司马迁点窜《尚书》、《左》、《国》之文,班固点窜司马迁之文,非好异也,理势不得不然也。"在《文史通义·申郑》中他还称赞郑樵著《通志》"发凡起例,绝识旷论,所以斟酌群言,为史学要删"。他认为良史必兼才、学、识,而以识为关键,《文史通义·史德》说:"才、学、识三者,得一不易,而兼三尤难,千古多文人而少良史,职是故也。……记诵以为学也,辞采以为才也,击断以为识也,非良史之才、学、识也。"又说:"能具史识者,必知史德。德者何?谓著书者之心术也。……盖欲为良史者,当慎辨于天人之际,尽其天而不益以人也。尽其天而不益以人,虽未能至,苟允知之,亦足以称著述者之心术矣。而文史之儒,竞言才、学、识,而不知辨心术以议史德,乌乎可哉?"史识为关键,而这种识又是高见卓识,即洞察史实及其必然,明辨史料著述者之心术,而不受人情拘牵的识断能力。《文史通义·说林》说:"学问文章、聪明才辨不足以持世,所以持世者,存乎识也。所贵乎识者,非特能持风尚之偏而已也,知其所偏之中亦有不得而废者焉。非特能用独擅之长而已也,知己所擅之长亦有不足以该者焉。不得而废者,严于去伪(自注:风尚所趋,不过一偏,惟伪托者,并其偏得亦为所害),而慎于治偏(自注:真有所得,但治其偏足矣），则可以无弊矣。"这里又强调识必具辩证性，不可片面。他认为只有具有识断的良史才能在繁复的史料中删述得当，撰出一家之言的史书。他在《文史通义》中对《左传》《史记》《汉书》每加赞许，正是从这一点着眼的。他还认为史学也必须经世致用，《浙东学术》说："史学所以经世，固非空言著述也。且如六经，同出于孔子，先儒以为其功莫大于《春秋》，正以切合当时人事耳。后之言著述者，舍今而求古，舍人事而言性天，则吾不得而知之矣。学者不知斯义，不足言史学也（自注：整辑排比，谓之史纂；参互搜讨，谓之史考；皆非史学）。"这又是针对乾嘉考据史学而言的。正因为重视史学，他编撰《史籍考》，惜未及刊行而毁于火。正因为重视史学，他很重视地方志的编纂，在这方面理论多有建树，具体成果亦富。

（三）继承并发展了"辨章学术，考镜源流"的目录学传统

在《文史通义》特别是《校雠通义》中，保存着章学诚丰富而系统的古籍目录学观点。他继承并发展了我国历史久远的"辨章学术，考镜源流"的优良目录学传统，强调目录必须反映学术源流，揭示书籍内容，成为引导学术研究的门径，起到"即类求书，因书究学"的作用。《校雠通义》："叙曰：校雠之义，盖自刘向父子部次条别，将以辨章学术，考镜源流，非深明于道术精微、群言得失之故者，不足与此。后世部次甲乙纪录经史者，代有其人，而求能推阐大义，条别学术异同，使人由委溯源，以想见于坟籍之初者，千百之中，不十一焉。"他认为在著录上反映学术源流自刘向父子及班固始，而其义法实可上溯到先秦至司马迁的序篇、叙传，《校雠通义·补校汉艺文志第十》既说："夫刘《略》班《志》，乃千古著录之渊源"，又说："《汉志》最重学术源流，似有得于太史《叙传》及庄周《天下篇》、荀卿《非十子》之意（自注：韩婴诗传引荀卿《非十子》，并无讥子思、孟子之文）。此叙述著录所以有关于明道之要，而非后世仅计部目者之所及也。"（十之三）《校雠通义·汉志诸子第十四》说："司马迁之叙载籍也疏而理，班固之志艺文也密而舛，盖迁能溯源，固惟辨迹故也。"（十四之四）又说："六艺之书与儒家之言，固当参观于《儒林列传》；道家、名家、墨家之书，则列传而外，又当参观于庄周《天下》之篇也。盖司马迁《叙传》所推六艺宗旨，尚未究其流别，而庄周《天下》一篇，实为诸家学术之权衡，著录诸家宜取法也。……然则古人著书，苟欲推明大道，未有不辨诸家学术源流。著录虽始于刘、班，而义法实本于前古也。"（十四之二十三）

他认为目录反映学术源流表现在两方面：一是通过叙录加以阐述，一是通过分类加以体现。而刘向父子的目录学完整地包括了这两方面，因此章

学诚明确提出了"宗刘"的主张。《校雠通义·原道第一》说："刘歆《七略》，班固删其辑略而存其六。颜师古曰：'辑略谓诸书之总要。'盖刘氏讨论群书之旨也。此最为明道之要，惜乎其文不传。今可见者，唯总计部目之后条辨流别数语耳。即此数语窥之，刘歆盖深明乎古人官师合一之道，而有以知乎私门初无著述之故也。何则？其叙六艺而后，次及诸子百家，必云某家者流，盖出古者某官之掌，其流而为某氏之学，失而为某氏之弊。……由刘氏之旨，以博求古今之载籍，则著录部次，辨章流别，将以折衷六艺，宣明大道，不徒为甲乙纪数之需，亦已明矣。"（一之三）他认为具体分类可以有变，而分类必须反映学术流别及附以辨章流别之义的原则应该保持不变。《校雠通义·宗刘第二》说："《七略》之流而为四部，如篆隶之流而为行楷，皆势之所不容已者也。……然家法不明，著作之所以日下也；部次不精，学术之所以日散也。就四部之成法，而能讨论流别，以使之恍然于古人官师合一之故，则文章之病可以稍救，而《七略》之要旨亦可以有补于古人矣。"（二之一）又说："《七略》之古法终不可复，而四部之体质又不可改，则四部之中附以辨章流别之义，以见文字之必有源委，亦治书之要法。而郑樵顾删去《崇文》叙录，乃使观者如阅甲乙簿注，而更不识其讨论流别之义焉，乌乎可哉？"（二之八）

有不少书性质和内容比较复杂，很难用单一标准分类，为反映学术流别，章学诚又提出两种补充例则：互著和别裁。所谓互著，就是于有关的部次一书重复互载。《校雠通义·互著第三》说："盖部次流别，申明大道，叙列九流百氏之学，使之绳贯珠联，无少缺逸，欲人即类求书，因书究学。至理有互通，书有两用者，未尝不兼收并载，初不以重复为嫌，其于甲乙部次之下，但加互注，以便稽检而已。"（三之一）又说："刘歆《七略》亡矣，其义例之可见者，班固《艺文志》注而已（自注：班固自注，非颜注也）。《七略》于兵书权谋家有《伊尹》、《太公》、《管子》、《荀卿子》（自注：《汉书》作《孙卿子》）、《鹖冠子》、《苏子》、《蒯通》、《陆贾》、《淮南王》九家之书，而儒家复有《荀卿子》、《陆贾》二家之书，道家复有《伊尹》、《太公》、《管子》、《鹖冠子》四家之书，纵横家复有《苏子》、《蒯通》二家之书，杂家复有《淮南王》一家之书。兵书技巧家有《墨子》，而墨家复有《墨子》之书。惜此外之重复互见者，不尽见于著录，容有散逸失传之文。然即此十家之一书两载，则古人之申明流别，独重家学，而不避重复著录明矣。自班固并省部次，而后人不复知有家法，乃始以著录之业专为甲乙部次之需尔。郑樵能讥班固之胸无伦次，而不能申明刘氏之家法，以故《校雠》一略工诃古人而拙于自用，即矛陷盾，樵又无词以自解也。"(三之二)又说:"若就书之易淆者言之,经部《易》家与子部之五行阴阳家相出入,乐家与集部之乐府、子部之艺术相出入,小学家之书法与金石之法帖相出入,史部之职官与故事相出入,谱牒与传记相出入,故事与集部之诏诰奏议相出入,集部之词曲与史部之小说相出入,子部之儒家与经部之经解相出入,史部之食货与子部之农家相出入,非特如郑樵之所谓传记、杂家、小说、杂史、故事五类与诗话、文史之二类易相紊乱已也。若就书之相资者而论,《尔雅》与《本草》之书相资为用,地理与兵家之书相资为用,谱牒与历律之书相资为用,不特如郑樵之所谓性命之书求之道家,小学之书求之释家,《周易》藏于卜筮,《洪范》藏于五行已也。书之易淆者,非重复互注之法,无以免后学之抵牾;书之相资者,非重复互注之法,无以究古人之源委。一隅三反,其类盖亦广矣。"(三之四)所谓别裁,即根据内容裁篇别出,入载他类。《校雠通义·别裁第四》说:"《管子》,道家之言也,刘歆裁其《弟子职》篇入小学。七十子所记百三十一篇,《礼经》所部也,刘歆裁其《三朝记》篇入《论语》。盖古人著书,有采取成说,袭用故事者(自注:如《弟子职》必非管子自撰,《月令》必非吕不韦自撰,皆所谓采取成说也),其所采之书,别有本旨,或历时已久,不知所出;又或所著之篇,于全书之内自为一类者;并得裁其篇章,补苴部次,别出门类,以辨著述源流。至其全书,篇次具存,无所更易,隶于本类,亦自两不相妨。盖权于宾主重轻之间,知其无庸互见者,而始有裁篇别出之法耳。"(四之一)

(四) 关于校勘、辑佚的见解

章学诚讲校雠,既包括目录,又包括校勘,与郑樵《通志·校雠略》所使用的概念在内涵上是一致的。在校勘上他总结了刘向父子及郑樵的经验,提出以下主张:第一,广储副本进行对校,《校雠通义·校雠条理第七》说:"校书宜广储副本。刘向校雠中秘,有所谓中书,有所谓外书,有所谓太常书,有所谓太史书,有所谓臣向书、臣某书。夫中书与太常太史,则官守之书不一本也。外书与臣向臣某,则家藏之书不一本也。夫博求诸本,乃得雠正一书,则副本固将广储,以待质也。"(七之二)第二,编制群书索引,以备校勘时查检之用。《校雠条理第七》说:"校书者既非专门之官,又非一人之力,则校雠之法不可不立也。窃以典籍浩繁,闻见有限,在博雅者且不能悉究无遗,况其下乎?以谓校雠之先,宜尽取四库之藏,中外之籍,择其中之人名地号,官阶书目,凡一切有名可治、有数可稽者,略仿《佩文韵府》之例,悉编为韵,乃于本韵之下,注明原书出处及先后篇第,自一见再见以至数千百,皆详注之,藏之馆中,以为群书之总类。至校书之时,遇有疑似之处,即名而求其编韵,因韵而检其本书,参互错综,即可得其至是。此则渊博之儒,穷毕生年力,而不可究殚者,今即中才校勘,而坐收于几席之间,非校雠之良法欤?"(七之三)此法有助于理校和他校。第三,通过校勘记以明正讹、存异、删略等情况,以备后人之采择。《校雠条理第七》说:"古人校雠,于书有讹误更定其文者,必注原文于其下;其两说可通者,亦两存其说;删去篇次者,亦必存其阙目,所以备后人之采择,而未敢自以谓必是也。"(七之四)这是一种谨慎的做法。第四,延请专门名家校勘专门书籍。《校雠条理第七》说:"《七略》以兵书、方技、数术为三部列于诸子之外者,诸子立言以明道,兵书、方技、数术皆守法以传艺,虚理实事义不同科故也。至四部而皆列子类矣。南宋郑寅《七录》,犹以艺、方技为三门,盖亦《七略》之遗法。然列其书于子部可也,校书之人则不可与诸子同业也,必取专门名家,亦如太史尹校数术,侍医李柱国校方技,步兵校尉任宏校兵书之例,乃可无弊。否则文学之士,但求之于文字语言,而术业之误,或且因而受其累矣。"(七之五)这里提出校勘不仅涉及文字语言,而且涉及"术业",即专业知识,虽是对刘向校勘经验的总结,但提法更为概括和明确,给人以新的启示。他对刘向校书专任的做法还有所修正,认为"任宏之校兵书,李柱国之校方技,庶几近之,其他四略未能称是"(《校雠通义·补校汉书艺文志第十》十之四)。其中尤以《术数》内容驳杂,难以专任,见同上十之五。

《校雠通义》中还总结了辑佚的理论和方法。他把辑佚理论的产生一直追溯到郑樵,并对他的具体见解有所补正,《校雠通义·补郑第六》说:"郑樵论书有名亡实不亡,其见甚卓。然亦有发言太易者,如云:'郑玄《三礼目录》虽亡,可取诸三《礼》。'则今按以《三礼正义》,其援引郑氏《目录》,多与刘向篇次不同,是当日必有说矣,而今不得见也,岂可曰取之三《礼》乎? 又曰:'《十三代史目》虽亡,可取诸十三代史。'考《艺文》所载《十三代史目》,有唐宗谏及殷仲茂两家,宗谏之书凡十卷,仲茂之书止三卷,详略如此不同,其中亦必有说,岂可曰取之十三代史而已乎? 其馀所论,多不出此。若求之于古而不得,无可如何,而旁求于今有之书,则可矣。如云古书虽亡而实不亡,谈何容易耶?"(六之一)他把辑佚的最早实践者许之王应麟,总结了他的方法并有所补充,《补郑第六》说:"若求之于古而不得,无可如何,而求之今有之书,则又有采辑补缀之成法,不特如郑樵所论已也。昔王应麟以《易》学独传王弼,《尚书》止存伪《孔传》,乃采郑玄《易》注、《书》注之见于群书者,为郑氏《周易》、郑氏《尚书》注;又以四家之《诗》独《毛传》不亡,乃采三家《诗》说之见于群书者,为《三家诗考》。嗣后好古之士,踵其成法,往往缀辑逸文,搜罗略遍。今按纬候之出往往见于《毛诗》、《礼记》注疏及《后汉书》注,汉魏杂史往往见于《三国志》注,挚虞《流别》及《文章志》往往见于《文选》注,六朝诗文集多见采于《北堂书钞》、《艺文类聚》,唐人载籍多见采于《太平御览》、《文苑英华》,一隅三反,充类求之,古逸之可采者多矣。"(六之二)《校雠通义·藏书第九》说:"郑樵以谓性命之书往往出于道藏,小说之书往往出于释藏。夫儒书散失,至于学者已久失其传,而反能得之二氏者,以二氏有藏,以为永久也。夫道藏必于洞天,而佛藏必于丛刹,然则尼山、泗水之间,有谋禹穴藏书之旧典者,亦可以补中秘之所不逮欤?"他还认为考证一书是否残缺,不可简单地以卷帙之多寡为据,必须考其内容,《补郑第六》说:"郑樵论书有不足于前朝而足于后世者,以为《唐志》所得旧书,尽梁书卷帙而多于隋,谓唐人能按王俭《七志》、阮孝绪《七录》以求之之功,是则然矣。但竟以卷帙之多寡定古书之全缺,则不可尽信也。且如应劭《风俗通义》,劭自序实止十卷,《隋书》亦然,至《唐志》乃有三十卷,又非有疏解家为之离析篇第,其书安所得有三倍之多乎?然今世所传《风俗通义》,乃属不全之书,岂可遽以卷帙多寡定书之全不全乎?"(六之三)

章学诚是介于乾嘉考据学派与晚清今文学派之间的一个重要学者,梁启超说:"学诚不屑屑于考证之学,与正统派异,其言'六经皆史',且极尊刘歆《七略》,与今文家异,然其所著《文史通义》,实为乾嘉后思想解放之源泉。"(《清代学术概论》十九)

崔述(1740—1816),字武承,号东壁,大名(今河北大名县)人。乾隆二十七年(1762)举人。嘉庆元年(1796)授福建罗源县知县,嘉庆四年(1799)调署上杭县。平生不留意举业和仕进,博览群书,不为空谈无补之学。主要传记资料有门人陈履和所撰《崔东壁先生行略》、刘师培《崔述传》、胡适《科学的古史家崔述》(年谱未完稿,嘉庆以后由赵贞信续成)等。主要著作有《考信录》36 卷,包括:《考信录提要》2 卷,《补上古考信录》2 卷(以上两种为《前录》),《唐虞考信录》4 卷,《夏考信录》2 卷,《商考信录》2 卷,《丰镐考信录》8 卷,《洙泗考信录》4 卷(以上五种为《正录》),《丰镐考信别录》3 卷,《洙泗考信馀录》3 卷,《孟子事实录》2 卷,《考古续说》2 卷,《考信附录》2 卷(以上五种为《后录》)。《自订全集目录·考信录后识》说:"余自三十以后,即条记古帝王圣贤之事而次第之。四十以后,遂为此录。至七十而始成。暇中复加增改,又五年而始定。前后四十余年,毕生之精力尽在此书矣。"又有杂著,包括:《王政三大典考》3 卷,《读风偶识》4 卷,《古文尚书辨伪》2 卷,《论语馀说》1卷,《读经馀论》1卷(以上五种为《考信翼录》),《五服异同汇考》3卷,《易卦图说》1卷,《文集》现存《无闻集》3卷,《知非集》,《莐田媵笔残稿》等。以顾颉刚编订《崔东壁遗书》(上海古籍出版社1983年版)汇集较全。

崔述是乾嘉时期以辨伪见长的古文献学家,其学术成就和特点主要有以下两方面:

(一)汉宋兼采,不宋不汉,独立成家

崔述自幼在其父指导下读书即不从宋注入手,尤其不读"时下讲章",重视体味本文,从有关专门知识及学术源流入手,深入本文,见《考信附录》卷一《先君教述读书法》。

他对汉学、宋学均能一分为二,取长弃短。他重视汉学,强调文字、音韵、训诂、章句之学的重要性。他虽然不像正统考据学家那样拘泥于语言文字的考究,但在分析义理、考究事实时并不脱离古文献中的语言文字问题。例如《唐虞考信录》卷三《舜命官考绩下》:"帝曰:'畴若予工?'金曰:'垂哉!'帝曰:'俞。'咨垂:'汝共工。'垂拜稽首,让于殳、斨暨伯与。帝曰:'俞,往哉,汝谐!'"(《书·尧典》)〔附录〕:"帝曰:'畴若予上下草木鸟兽?'金曰:'益哉!'帝曰:'俞。'咨益:'汝作朕虞。'益拜稽首,让于朱、虎、熊、罴。帝曰:'俞,往哉,汝谐!'"(《书·尧典》)崔曰:"《蔡传》云:《史记》曰:"朱、虎、熊、罴为伯益(崔注:《史记》称益未有加以'伯'者,《传》误)之佐",则殳、斨、伯与当亦为垂之佐也。'余按:禹之让稷、契、皋陶也,帝曰:'汝往哉。'伯之让夔、龙也,帝曰'往钦哉'。独于垂、益之让则曰:'往哉,汝谐。'谐,犹偕也,谓偕垂、益而同治一官也。'往哉'者,不允垂益之让;'汝谐'者,允垂、益之荐而用之也。稷、契、皋陶、夔、龙皆别命之,殳、斨、伯与朱、虎、熊、罴皆不别命,既俞其荐,安有置之不用之理,其为垂、益之佐明甚。古之人固多以所能名(崔注:本《蔡传》文),亦多以所职名,垂共工而所让者曰殳、斨,益作虞而所让者曰熊、罴,则所让之人后即为二人之佐可知也。细核前后文义,谐之当为偕义显然。伪《孔传》乃释为'谐和此官',《蔡传》因之,而引《史记》之文以见其为二人之佐,不知《史记》即因'汝谐'之文知之,故云:'舜曰:"往矣,汝谐。"遂以朱、虎、熊、罴为佐。'于垂不言之者,盖《史记》引《尚书》文至'垂为共工'而止,无让殳、斨、伯与之语,此或司马氏误脱《尚书》文,或后人传写误脱《史记》文,均不可知,非《史记》别有所据,《书》但有朱、虎、熊、罴佐益之事而无殳、斨、伯与佐垂之文也。因《传》说未明,故今详释之。"这里以"谐"为偕义,甚是,于义理、史实皆通。不像《伪孔传》拘泥"谐"字之形望文生训。又如《考古续说》卷二《附齐为田氏考》:"《史记·田敬仲完世家》云:'敬仲之如齐,以陈字为田氏。'应劭云:'始食采地,由是改姓田氏。'《正义》曰:'敬仲既奔齐,不欲称故国号,故改陈字为田氏。'余按:《左传》称陈文子、陈桓子、陈乞、陈恒、陈逆、陈豹,《论语》亦称陈文子、陈成子,皆未尝改为田。非但春秋之世而已,《孟子》书亦称陈贾、陈仲子,是战国之时犹未尝改也。安有改陈为田之事哉?盖陈之与田,古本同音,颠、天、田、年等字古皆入真、文韵,而端、透、定、泥母下之字与知、彻、澄、娘母下之字古音亦未尝分,皆自隋、唐以后音转始分为二。故《诗》曰:'倬彼甫田,岁取十千,我取其陈,食我农人,自古有年。'曰:'母也天只,不谅人只。'曰:'采苓采苓,首阳之颠,人之为言,苟亦无信(自注:读若申)。'后人不知,乃以为先、仙或与真、文通用,故唐人古诗中往往杂用二韵,而不知其误也。田字在定母下,陈字在澄母下,然则三代以上读田音正与陈同,故陈之文或讹为田尔,非敬仲改之也。正如《左氏春秋传》中杞姓作姒,而《诗》与《公羊传》皆作弋,《传》于楚芋子冯亦作蒍子冯耳。以为敬仲所改,误矣。盖由战国之世竞以力争,继以秦焚《诗》、《书》,文字遂多失传,秦汉之际,人皆习称为田,遂误以为其先之所改耳。朱子《集注》亦称宣王姓田氏,乃缘《史记》之误,今正之。大抵前人叙述古事,多好揣度言之,以致失真。后人不加细考,辄信为实。此虽小事,然观小可以知其大,举一可以推其百也。"这里说明崔氏通古音,并且用于史实的考辨。其谓陈、田古音相同,甚是。然谓田为讹字则非,实为通假字,此为小疵,无关大体。崔述非常注意纠正句读之误,又如《论语馀说》:"近世读书,句读多有误者。余幼时见人读《论语》,或当断而连,或当连而断,以为余乡僻陋,无名师为正其误耳。渐长,读明人时艺,乃知自明中叶以来即如是,不始于今,亦不独余乡为然也。……嗟夫!章句之学其浅焉者也,犹舛误若此,况欲以究圣贤之精义乎!"这里指出章句之学虽浅,但绝不可超越以求义理,而且章句之学虽浅,也往往容易致误,并非易事。例子尚多,不一一列举。此外,他虽然重视汉学,但绝不迷信汉人之说,亦不存今古文门户之见,而能做到实事求是,分析批判,是者从之,非者辩之。他认为汉儒虽近古,但其说多不可靠,《考信录提要・释例》说:"周道既衰,异端并起,杨、墨、名、法、纵横、阴阳诸家莫不造言设事以诬圣贤。汉儒习闻其说而不加察,遂以为其事固然,而载之传记。若《尚书大传》、《韩诗外传》、《史记》、《戴记》、《说苑》、《新序》之属,率皆旁采卮言,真伪相淆。继是复有谶纬之术,其说益陋,而刘歆、郑康成咸用之以说经。流传既久,学者习熟见闻,不复考其所本,而但以为汉儒近古,其言必有所传,非妄撰者。"其驳汉人之妄,例子习见。

对于宋学,崔述着重批判理学空疏、唯心的一面。例如关于理与事的关系以及为学之道,他不同意宋儒的观点,《论语馀说》说:"孔子曰:'学而时习之.'又曰:'十室之邑必有忠信如某者焉,不如某之好学也.'圣人何为如是之重学也?盖凡天下之理皆寓于事,而事非闻见阅历不能知,闻、见、阅历,所谓学也.故曰:'我非生而知之者,好古敏以求之者也.'又曰:'多闻阙疑,多见阙殆.'又曰:'多闻择其善者而从之,多见而识之.'传曰:'晋侯在外十九年矣,险阻艰难备尝之矣,民之情伪尽知之矣.'谚曰:'不经一事,不长一智.'学之为功大矣,圣人之教人如是而已.至宋,始好以格物穷理为说,若事理可以坐而通之者.由是学者相率谈理,而不复留意于事.其甚者至以静坐为功,以明心见性为知道.然则圣人何为斤斤焉教人以多闻多见而不惮其劳乎?"在宋学中,他是倾向朱熹重义理而又不废训诂考据一派的,受朱熹的影响比较明显,而与陆九渊的心学及其流派则势不两立.《考信录提要·释例》说:"重实学者惟有宋诸儒,然多研究性理以为道学,求其考古核今者不能十之二三.降及有明,其学益杂,甚至立言必出入于禅门,架上必杂置以佛书,乃为高雅绝俗,至于唐、虞、三代、孔门之事,虽沿讹踵谬,无有笑其孤陋者."他认为象山、阳明"阳儒阴释","自为说之偏"(同上).《考信录提要·总目序》也说:"逮宋以后,诸儒始多求之心性,详于谈理而略于论事,虽系探本穷源之意,然亦开后世弃实徵虚之门.及陆、王之学兴,并所谓知者亦归之渺茫空虚之际,而正心诚意遂转而为明心见性之学矣."他虽然倾向于朱熹,但又不迷信朱熹.《考信录提要自序》表现了他对朱熹的客观态度:"薛敬轩先生曰:'自考亭以还,斯道已大明,无烦著作,直须躬行耳.'此不过因世之学者心无实得,而但剿袭先儒道学陈言以为明道,以炫世而取名,故为是言以警之耳.朱子以后,岂无一二可言者乎!朱子以《书传》属蔡沈,以《丧》、《祭》二礼属黄榦,至于《春秋经传》绝无论著,是朱子亦尚有未及为者.《鸱鸮诗》传沿用伪《传》(伪《孔传》)旧说,及与蔡沈书,始改以从郑,是朱子亦尚有未及正者.况自近世以来,才俊之士喜尚新奇,多据前人注疏,强词夺理以驳朱子,是朱子亦尚有待后人之羽翼者.苟有所见,岂容默而不言!"《考信录提要·释例》也说:"朱子《易本义》、《诗集传》及《论语》、《孟子集注》,大抵沿前人旧说.其偶有特见者,乃改用己说耳.……然则朱子虽采旧说,初未尝执一成之见矣.今世之士,矜奇者多尊汉儒而攻朱子,而不知朱子之误沿于汉人者正不少也.拘谨者则又尊朱子大过,动曰:'朱子安得有误!'而不知朱子未尝自以为必无误也.即朱子所自为说,亦间有一二误者.……学者不得因一二说之未当而轻议朱子,亦不必为朱子讳其误也."至于首肯朱熹之说与辩驳朱熹之说,在《考信录》及《读风偶识》、《论语馀说》等书中随处可见。例如《读风偶识序》说："余独以为《朱传》诚有可议，然其可议不在于驳《序》说者之多，而在于从《序》说者尚不少。……朱子既以《序》为揣度附会矣，自当尽本经文以正其失，何以尚多依违于其旧说？此余之所为朱子惜者也。"因此，他既反对轻信汉人的《诗序》，也反对轻信朱熹的"诗柄"（序文自注云："朱子《集传》略说本篇大意者，俗谓之'诗柄'"）。

崔述不汉不宋，不存门户之见，独立思考，唯是是从。他最忌人云亦云的轻信盲从，曾用一寓言加以讽谕，《考信录提要·释例》说："有二人皆患近视，而各矜其目力不相下。适村中富人将以明日悬扁于门，乃约于次日同至其门读扁上字以验之。然皆自恐弗见，甲先于暮夜使人刺得其字，乙并刺得其旁小字。暨至门，甲先以手指门上曰：'大字某某。'乙亦用手指门上曰：'小字某某。'甲不信乙之能见小字也，延主人出，指而问之曰：'所言字误否？'主人曰：'误则不误，但扁尚未悬，门上虚无物，不知两君所指者何也？'嗟乎！数尺之扁，有无不能知也，况于数分之字，安能知之！闻人言为云云而遂云云，乃其所以为大误也。"

（二）考信辨伪，成就突出

崔述继承古文献学史上的辨伪传统，具有强烈的怀疑精神。他不以"打破沙锅纹（问）到底"为鄙琐，反奉为宗旨，以考信辨伪为己任。见《考信录提要·总目附录》。他对伪事、伪说、伪书的产生和沿袭，以及辨伪学消长的历史有清醒的认识，《考信录提要·释例》说："圣人之道，在六经而已矣。二帝、三王之事，备载于《诗》、《书》（自注：《书》谓《尧典》等三十三篇），孔子之言行，具于《论语》。文在是，即道在是，故孔子曰：'文王既没，文不在兹乎？'六经以外，别无所谓道也。顾自秦火以后，汉初诸儒传经者各有师承，传闻异辞，不归于一，兼以战国之世，处士横议，说客托言，杂然并传于后，而其时书皆竹简，得之不易，见之亦未必能记忆，以故难于检核考正，以别其是非真伪。东汉之末，始易竹书为纸，检阅较前为易。但魏、晋之际，俗尚词章，罕治经术，旋值刘、石之乱，中原陆沉，书多散轶，汉初诸儒所传《齐诗》、《鲁诗》、《齐论》、《鲁论》陆续皆亡，惟存《毛诗》序、传及张禹更定之《论语》，而伏生之《书》，田何之《易》，邹、夹之《春秋》，亦皆不传于世。于时复生妄人，伪造《古文尚书》经传、《孔子家语》，以惑当世。二帝、三王、孔门之事于是大失其实。学者专己守残，沿讹踵谬，习为固然，不之怪也。虽间有一二有识之士摘其疵谬者，然特太仓稊米，而亦罕行于世。直至于宋，名儒迭起，后先相望，而又其时印本盛行，传布既多，稽核最易，始多有抉摘前人之误者。或为文以辨之（自注：如欧阳永叔《帝王世次图序》、《泰誓论》，苏明允《辔妃论》，王介甫《伯夷论》之类），或为书以正之（自注：如郑樵《诗辨妄》，赵汝谈《南塘书说》之类），或作传注以发明之（如朱子《论语》、《孟子集注》、《诗集传》，蔡氏《书传》之类）。盖至南宋而后六经之义大著。然经义之失真已千馀年，伪书曲说久入于人耳目，习而未察，沿而未正者尚多，所赖后世之儒踵其馀绪而推广之，于所未及正者补之，已正而世未深信者阐而明之，帝王圣贤之事岂不粲然大明于世！乃近世诸儒类多摭拾陈言，盛谈心性，以为道学，而于唐、虞、三代之事罕所究心。亦有参以禅学，自谓明心见性，反以经传为肤末者。而向来相沿之误遂无复有过而问焉者矣。"因此他以考信辨伪为先务，说："大抵文人学士多好议论古人得失，而不考其事之虚实。余独谓虚实明而后得失或可不爽。故今为《考信录》，专以辨其虚实为先务，而论得失者次之，亦正本清源之意也。"（同上）

崔述从分析致伪的原因和规律入手，确定辨伪的内容和方法。

关于伪事伪说产生的原因和规律，他在《考信录提要·释例》中总结了几点：第一，以己度人，以今度古，以不肖度圣贤，致使事有差失。如说："人之情好以己度人，以今度古，以不肖度圣贤。……是以唐、虞、三代之事，见于经者皆醇粹无可议，至于战国、秦、汉以后所述，则多杂以权术诈谋之习，与圣人不相类，无他，彼固以当日之风气度之也。故《考信录》但取信于经，而不敢以战国、魏、晋以来度圣人者遂据之为实也。"第二，由假托、增衍而误为实事。如说："战国之时，说客辨士尤好借物以喻其意，如'楚人有两妻'，'豚蹄祝满家'，'妾覆药酒'，'东家食，西家宿'之类，不一而足。虽《孟子》书中亦往往有之。非以为实有此事也。乃汉、晋著述者往往误以为实事而采之入书，学者不复考其所本，遂信以为真有而不悟者多矣。其中亦有原有是事而衍之者。公父文伯之卒也，见于《国语》者，不过其母恶其以好内闻，而戒其妾无瘠容、无洵涕、无揄膺而已。《戴记》述之，而遂谓其母据床大哭，而内人皆行哭失声。楼缓又衍之，遂谓妇人自杀于房中者二八矣。又有无是事，有是语，而递衍之为实事者。《春秋传》：子太叔云：'蟜不恤其纬而忧宗周之陨，为将及焉。'此不过设言耳。其后衍之，遂谓漆室之女不绩其麻而忧鲁国。其后又衍之，遂谓鲁监门之女婴忧卫世子之不肖，而有'终岁不食葵，终身无兄'之言，若真有其人其事矣。由是韩婴竟采之以入《诗外传》，刘向采之以入《列女传》。传之益久，信者愈多，遂至虚言竟成实事。由是言之，虽古有是语，亦未必有是事；虽古果有是事，亦未必遂如后人之所云云也。况乎战国游说之士毫无所因凭心自造者哉！乃世之士但见汉人之书有之，遂信之而不疑，抑亦过矣。故今《考信录》中，凡其说出于战国以后者，必详为之考其所本,而不敢以见于汉人之书者遂真以为三代之事也。"第三,由妄为说解而误以为实事。如说:"战国、秦、汉之书非但托言多也,亦有古有是语而相沿失其解,遂妄为之说者。古者日官谓之日御,故曰'天子有日官,诸侯有日御'。羲仲、和仲为帝尧臣,主出纳日,以故谓之日御。后世失其说,遂误以为御车之御,谓羲和为日御车,故《离骚》云'吾令羲和弭节兮,望崦嵫而勿迫',已属支离可笑。又有误以御日为浴日者,故《山海经》云:'有女子名羲和,浴日于甘渊',则其谬益甚矣!古者羲、和占日,常仪占月。常仪古之贤臣,占者占验之占。常仪之占月,犹羲、和之占日也。仪之音古皆读如娥,故《诗》云:'菁菁者莪,在彼中阿。既见君子,乐且有仪。'又云:'亲结其缡,九十其仪。其新孔嘉,其旧如之何?'皆与'阿'、'何'相协。后世传讹,遂以'仪'为'娥',而误以为妇人。又误以占为'占居'之意,遂谓羿妻常娥窃不死之药而奔于月中。由是词赋家相沿用之,虽不皆信为实,要已诬古人而惑后世矣。诸如此类,盖不可以胜数。然此古语犹间见于经传,可以考而知者,若夫古书已亡,而流传之误但沿述于诸子百家之书中者,更不知凡几矣。大抵战国、秦、汉之书皆难征信,而其所记上古之事尤多荒谬。然世之士以其流传日久,往往信以为实。其中岂无一二之实?然要不可信者居多。乃遂信其千百之必非诬,其亦惑矣。"第四,谶纬被汉儒所采而被后人误以为实。如说:"先儒相传之说,往往有出于纬书者。盖汉自成、哀以后,谶纬之学方盛,说经之儒多采之以注经。其后相沿,不复考其所本,而但以为先儒之说如是,遂靡然而从之。……嗟夫!谶纬之学、学者所斥而不屑道也,谶纬之书之言,则学者皆遵守而莫敢有异议,此何故哉?"第五,实事传久而致误。如说:"亦有前人所言本系实事,而递传递久以致误者","传记之文,有传闻异词而致误者,有记忆失真而致误者。一人之事,两人分言之,有不能悉符者矣。一人之言,数人递传之,有失其本意者矣。"第六,因前人之小失曲全附会,误上加误。如说:"后人之书,往往有因前人小失而曲全之,或附会之,遂致大谬于事理者。……(举例略)凡兹之误,其类甚多,展转相因,误于何底。"以上归纳了伪事、伪说产生的原因和规律。针对这种实际情况,他提出了以史事为纲统系史料,互相印证,把辨伪事、伪说与史料考实紧密结合的辨伪方法。他考证的范围是战国以前的古史,于是以文献所载上古、唐、虞、夏、商、周的史事为纲,类辑、排比有关史料进行考证,如《考信录提要·释例》所说:"余年三十,始知究心六经,觉传记所载与注疏所释往往与经互异。然犹未敢决其是非,乃取经传之文类而辑之,比而察之,久之而后晓知传记注疏之失。"他认为史料的可靠性是分层次的,就战国以前的历史来说,以六经本身的材料为最可靠,诸子百家、汉人传注、宋儒之说多是不可信的,因而主张"不以传注杂于经,不以诸子百家杂于经传"(《考信录自序》)。他的《考信录》正是根据这样的原则,"历考其事,汇而编之,以经为主,传注之与经合者则著之,不合者则辨之,而异端小说不经之言,咸辟其谬而删削之"(同上)。他写《考信录》,为了处理不同层次的史料,多方面取得参考,除了把可靠的经书史料列为正文之外,还用降一字书之的格式以及标出"补"、"备览"、"存疑"、"附录"、"附论"、"备考"、"存参"诸项目以归列其他史料。对于这种体例,他在《考信录提要·总目附录》中一一作了详细说明。以《唐虞考信录》为例,首为《序例三则》,言明有关史料的考证及援据、录列史料的例则。其一考证《尧典》、《舜典》之不可分,今传《舜典》为南齐姚方兴割裂《尧典》之文,加首二十八字伪造而成。其二言依据《尧典》为主,补以《禹贡》、《皋陶谟》。其三言传记之文分项录列的部次:"唐、虞之事,较诸三代尤多难考。战国处士横议之言,伪《书》、伪《传》揣度附会之说(自注:详见《提要·总目篇》中),其事之失实固不待言矣,即传记之文亦有未可概论者。……故今于《唐虞》之录尤致慎焉,必其审其无疑,乃敢次经一等书之,否则宁列之'备览',甚或竟置之'存疑'。至若事在不疑而时无的据,文非纪载而义足发明,则列之于'附录'、'附论'。唯'备考'、'存参',事或春秋,言或秦、汉,但取其可参伍相证,虽有不醇,不区别矣。其馀揣度附会之言,杂家小说之语,则概不敢列,而于前人所已驳者采之,所未驳者辨之。或其失尚小及其言不甚为世所信者,时亦往往从简。非敢过为吹求,妄行去取,诚欲祛异说之纷纭,还本来之面目,使二帝经营之次第,设施之先后,了然如指诸掌。盖凡二十馀年而稿始成,而尚未知其有合焉否也。好学深思之士当必有以正其不逮也。"

崔述把考信与辨伪紧密结合,考信的成果很多,涉及史实、人物、名物、制度、年代、天历、地理等等方面。辨及的伪事,伪说更随处可见。兹列举一些例子以见一斑。如《补上古考信录》辨古无三皇五帝之说,驳《春秋纬》自开天辟地至春秋凡三百二十七万六千岁分为十纪之说,驳伏羲氏造书契制嫁娶为六甲之说,辨烈山氏非神农,考唐、虞以前未尝有继世为天子之事(所谓继、禅皆以后世之事例上古),辨《大戴礼》称黄帝德为肤阔不实之辞,引欧阳修文驳《大戴礼·帝繫篇》世次之说,驳五德始终之说等;《唐虞考信录》辨尧与稷、契为訾子之说,辨羲、和非重、黎,辨四岳非羲、和四子,考历山、雷泽、河滨皆冀州地,辨舜、象异母之说,考《左传》、《孟子》言举舜以后事之失实,辨《论语·尧曰》命舜词之可疑,考《左传》记八元、八恺之失实,考伯翳非益,考益非皋陶子,辨夔一足非指人,考舜无禅禹之事;《三代考信录》考鲧非颛顼之子,考彭蠡非鄱阳,辨庭坚非皋陶字,考家天下始于夏少康、杼之后等。《商考信录》、《丰镐考信录》、《丰镐考信别录》亦多所考证。至于《洙泗考信录》考辨孔子生平事迹,《洙泗考信馀录》考辨孔子弟子事迹,《孟子事实录》考辨孟子事迹,皆很翔实,多发前人所未发。属于《考信翼录》的几部著作,在考信辨伪上创获亦多。如《王政大典考》分别考三代正朔、经传禘祫、三代经界,材料丰富,并对前人之说多所驳正。《读风偶识》考《诗经》篇旨,辨《小序》及毛、郑、朱熹之误说,发明尤多。《论语馀说》考《论语》训诂、名物、义理,多正朱熹注之失。此外《五服异同汇考》考五服之制,以博详取胜;《易卦图说》考论卦图卦说,辨驳伪图、伪说,以精要见称。

崔述在辨伪方面,以辨伪事、伪说为主,同时对辨伪书也很重视。他认为伪造古书为古文献学史上习见之事,必须十分留意考辨,而且从伪书诬古人惑今人的意义上看,辨伪书比辨伪事、伪说更为重要。《考信录提要·释例》说:"自明以来,儒者多辟象山、阳明,以为阳儒阴释,而罕有辨《尚书》、《家语》之伪者。然吾谓象山、阳明不过其自为说之偏,而圣人之经故在,譬如守令不遵朝廷法度,而自以其臆见决事,然于朝廷无加损也。若伪撰经传,则圣人之言行悉为所诬而不能白,譬如权臣擅政,假天子之命以呼召四方,天下之人为所潜移默转而不之觉,其所关于宗社之安危者非小事也。昔隋牛宏(弘)奏请购求天下遗逸之书,刘炫遂伪造书百馀卷,题为《连山易》、《鲁史记》等,录上送官,其后有人讼之,始知其伪。陈师道言王通《玄经》、关子明《易传》及李靖《问对》皆阮逸所伪撰,盖逸尝以草示苏明允云。然则伪造古书乃昔人之常事,所赖达人君子平心考核,辨其真伪,然后圣人之真可得,岂可尽信以为实乎!"他认为伪书有三种类型,或有心伪撰,或推奉依托,或旁采伪增。《考信录提要·释例》说:"然亦非但有心伪造者之能惑世也;盖有莫知谁何之书,而妄推奉之,以为古之圣贤所作者;亦有旁采他文,以入古人之书者。庄周,战国初年人也,而其书称陈成子有齐国十二代;《孔丛子》,世以为孔鲋所作也,而其中载孔臧以后数世之事;然则其言之不出于庄周、孔鲋明甚。古书之如是者岂可胜道,特世人轻信而不之察也。"因此他认为辨伪有功,作伪与信伪有过(同上)。

崔述著作中辨及之伪书甚多,如《补上古考信录》中辨《本草》非神农所作,《汉书·艺文志》著录之《神农黄帝食禁》、《神农杂子技道》均为依托,驳《连山》、《归藏》原非伏羲、神农时书,系后人伪造假托。《唐虞考信录》中辨《尚书》尧、舜之典不可分。辨尧时《康衢之谣》"乃剽窃《雅》、《颂》之文而成,

《击壤之歌》乃杨氏为黄、老之言者所为"。舜《大唐之歌》、《南风之歌》均为拟作。《三代考信录·夏考信录》中辨《山海经》非禹与益所作,乃汉人作。辨《尚书·五子之歌》"语多采之《春秋传》","为后世浅人之所伪托"。辨《胤征》为伪《古文尚书》之篇。《商考信录》辨《仲虺之诰》"乃掇拾经传之文而参以己意联属成篇者"。伊尹之书五篇(《伊训》、《太甲》三篇、《咸有一德》)文义、文势"非惟不类夏、商间语,亦并不类秦、汉时文","而皆掇拾经传之文及经传所引逸《书》之语"。《丰镐考信录》中辨文王未曾演《易》,《拘幽操》亦非文王所作。辨《泰誓》为"魏、晋间人所伪撰","所采经传之文舛谬累累"。考《武成》"乃缀辑经传、《孟子》、《戴记》之语而采《汉书·律历志》所引《武成》原文以冠之者"。考伪《书》经传"多本之刘歆、王肃"。辨《大武》乐非武王所作。辨《尚书·康诰》篇首之文不知为何篇之序而混入。辨《仪礼》(《礼经》)非周公所作,乃作于春秋以后。辨《周礼》(《周官》)非周公所作,乃作于战国之时,非刘歆伪作。辨《周颂》及《小雅·鹿鸣》以下诸篇非周公所作,皆作于成王之后。辨《礼记·月令》非周公所作,乃作于战国之时。辨《尔雅》非周公所作,乃作于秦、汉之间。辨《周易》彖辞非文王所作,爻辞非周公所作。辨《六韬》非太公作。辨《尚书·君陈》及《序》为伪作。辨《尚书·毕命》为伪作。辨《尚书·旅獒》及《序》为伪作,同出一人之手,等等。《丰镐考信别录》中辨《孔子家语》伪撰采摭之误。辨《尚书·蔡仲之命》之伪。《洙泗考信录》中辨《易传》非孔子所作。辨《孝经》非孔子所作。辨《论语》为后儒所纂辑,后五篇可疑,等等。《洙泗考信馀录》中辨《大学》非曾子所作。辨《诗序》、《丧服大传》非子夏所作。辨《国语》非左氏所作。辨《中庸》非子思所作,等等。《孟子事实录》中辨《孟子》书出于门人追述,《中庸》有袭于《孟子》,等等。《考古续说》中考古书多有补续及窜入之文,列十证辨世传《竹书纪年》之伪,作伪于宋、元之后。《读风偶识》中辨《诗序》为汉卫宏所作,非子夏所作,亦非孔子与国史所作。对于具体诗篇的作者、时代亦多考辨。

《古文尚书辨伪》为考辨伪《古文尚书》的专著,共二卷。卷一为正编,题作"古文尚书真伪源流通考",分"六证"、"六驳"以辨世传二十五篇《古文尚书》之伪。"六证"、"六驳"均先引证有关材料,然后加以考论、按断。卷二为附编,包括《集前人论〈尚书〉真伪》、《李巨来〈书古文尚书冤词后〉补说》、《〈尧典〉分出〈舜典〉考辨》及其弟崔迈著《读伪〈古文尚书〉粘签标记》(考辑伪《古文尚书》剽窃经传之文)。在《集前人论〈尚书〉真伪》中曾集韩愈、朱熹、蔡沈、赵汝谈、顾炎武、李绂(有《古文尚书考》)诸家怀疑伪《古文尚书》之语,最后总按曰:"百馀年以来,读书有卓识者无过于顾宁人先生,所推为博学者无过于李巨来(绂)先生,而皆以孔氏《经》、《传》为伪,则此二十五篇之非安国《古文》明矣。"可见他受顾、李二人影响最大。关于梅鹭《尚书考异》及朱彝尊的观点,他由李书间接得知,如说:"近世以来,斥其伪者尤多。若梅、顾、朱、李诸先生,咸有论著。惜余学浅居僻,未见梅、朱二君之书,仅于李巨来《古文尚书考》中见其一斑也。"关于阎若璩《尚书古文疏证》,他只见到《四库提要》,并且录入书内,亦未见阎氏原书。在这种情况下,能够做出不逊于前人的考辨成绩,并且能发前人所未发,是很不容易的,正如陈履和跋云:"右《尚书辨伪》二卷,先生晚年作,而卓识早定,故前著《考信录》绝不称引一语,且力驳之。自宋、元以来,论辨《尚书》者何啻数十家。前明梅氏、国朝阎氏洋洋大篇,先生皆未之见。由今观之,正不啻数百年间人同堂讲晰。先生识力所至,暗与古合,更有发前人所未发者。"

此外《论语馀说》所附《论语篇章辨疑》,为《论语》篇章真伪考辨的专篇,亦颇有价值。篇首曰:"按《论语》后五篇,惟《子张篇》专记门弟子之言,无可疑者。至于《季氏》、《阳货》、《微子》、《尧曰》四篇中,可疑者甚多。而前十五篇之末亦间有一二章不类者。盖缘今本非汉初齐、鲁之古本,乃张禹汇合更定之本,是以如此。前《考信录》中已详言之矣,但未及摘其篇章而细论之,故复详核之如左。"

在《古文尚书辨伪》及《论语篇章辨疑》等著作中,贯穿着辨伪书的系统方法,包括从著录源流、事实、义理、文体、语言、他书引文、文字来源等方面的全面考证,极为翔实。

崔述在辨伪方面的成就是主要的,但也还存在一些局限,主要有三点:第一,以儒家圣人的偶像及《诗》、《书》的内容作为判断是非,衡量史料的标准,这种对圣人和经书的迷信,难免不产生偏见。他曾说过:"故居今日而欲考唐虞三代之事,是非必折衷于孔、孟,而真伪必取信于《诗》、《书》,然后圣人之真可见而圣人之道可明也。"(《考信录自序》)这话相对于诸子、传记而言,有一定的道理,但很片面,甚至很迂腐,远不如王充、刘知几思想解放。如他作《洙泗考信录》,主要依据《论语》,不信纬书,不信《家语》,不信《孔丛子》,不信《孔子世家》,都是有道理的。但他处处回护孔子的圣人偶像,以此为标准来怀疑、抹杀史实,否定史料,却是荒谬的。例如《孔子世家》记孔子为私生遗腹子,其母讳之,故不知其父墓。崔述认为有损圣人尊严,强辞辨其妄。又如公山弗扰、佛肸叛公室,召孔子,见于崔述所尊信的《论语》,亦见于《左传》,但因受叛人之召而欲往,不合圣人标准,因此崔述也极力加以否定,怀疑是"战国时人之所伪撰,非弟子所记",为了证明佛肸不曾召孔子,竟引《韩诗外传》等书为证:"佛肸之畔乃赵襄子时事。《韩诗外传》云:'赵简子薨,未葬而中牟畔之,葬五日,襄子兴师而次之。'《新序》云:'赵之中牟畔,赵襄子率师伐之,遂灭和氏,并代,为天下强。'《列女传》亦以为襄子。襄子立于鲁哀公之二十年,孔子卒已五年,佛肸安得有召孔子事乎?"(《洙泗考信录》卷二)这不仅违背了他自己所定的信经书,不信汉人传记的条例,陷入自相矛盾的境地,而且事实上也并非如此,《左传·哀公五年》明明有"赵鞅(简子)伐卫,范氏之故也,遂围中牟"的记载(以上参胡适《考信录序》说)。按《韩诗外传》等当是记赵襄子时中牟再叛,与佛肸无涉。江永《春秋地理考实》云:"中牟尝属晋赵氏矣,而此时属卫,岂因佛肸叛而中牟遂属卫欤?"这种推测是有道理的,可见佛肸以中牟叛,当在孔子生世,此可作为《论语》"佛肸"章非伪的旁证。其他有关圣王、圣人的类似的例子很多,不一一列举。第二,对诸子百家、传记中的传说异闻,不加分析地一概怀疑,也不是科学的态度。其实不仅传说,就连神话也往往包含古史合理的内核,如尧、舜禅让本是私有制社会以前权力授受的反映,简狄吞卵而生契,姜嫄履迹而生后稷,本是母系社会的影子,只要用科学的观点加以分析,就可作为信实史料加以运用,而崔述往往简单地加以排斥,或坐实进行附会解释、歪曲改造。他虽然能辨夔一足非指人,如《唐虞考信录》卷三:"《孔丛子》称:或问孔子:'夔有一足,信乎?'孔子曰:'皋陶为夔请佐,舜曰:"夔一足矣。"非一足也。'余按:夔本兽名,故《鲁语》云:'木石之怪,夔蝄蜽;水之怪,龙罔象。'夔(按,人名)之名夔,犹龙(按,人名)之名龙也,犹朱、虎、熊、罴(按,皆人名)之名朱、虎、熊、罴也。所谓'夔一足'者,谓夔之兽一足,非谓夔之人一足也。儒者知其不经而不知所由误,乃撰为此事,又托诸孔子之言以曲解之。嘻!亦劳矣。"但在辨羿射九日的传说时,又犯了同样的毛病,如《夏考信录》卷二:"说者云:'羿,尧时人,善射。尧时十日并出,金烁草木焦枯。尧命羿射之,中其九。其后有穷之君亦善射,故人以羿号之,实非羿也。'余按:羿射日事,杨慎尝辨之。语云:'羿射日落九乌。'言羿善射,一日之中获九乌耳。后人误读'羿射日'为句,遂谓'日中有乌,落九乌,落九日也',谬矣。……此事之荒唐本不足辨,然观此可知秦、汉以后不经之谈皆由误会古人之意,或误读古人之句,转相传述,转相附会,以至大谬。后人习闻其说,以为所从来久,遂不敢轻议耳。故举之,以为能以一隅反三隅者之助。"此从断句上作文章,把神话传说附会为实事,与"夔一,足矣"的做法如出一辙。第三,依据之史料有局限,只限于文献资料范围,未能与金石材料结合起来考辨,甚至由于迷信经书,对出土材料反而极不重视,妄加怀疑。

在正统考据学为主流的时代,崔述的辨伪学"殆是外道,故甚不为人所称"(顾颉刚《崔东壁遗书·附录·关于本书的评论》前记)。但是他的辨伪学是建筑在严密考证基础之上的,实与当时考据学中实事求是的一派相通,实启近代历史考证之学。刘师培《崔述传》"论曰"讲得很好:"近世考证学超越前代,其所以成立学派者,则以标例及徵实二端。标例则取舍极严而语无咙杂,徵实则实事求是而力矫虚诬。大抵汉代以后,为学之弊有二:一曰逞博,二曰笃信。逞博则不循规律,笃信则不求真知,此学术所由不进也。自毛奇龄之徒出,学者始悟笃信之非,然以不求真知之故,流于才辩。阎若璩之徒渐知从事于徵实,辨别伪真,折衷一是,惟未能确立科条,故其语多歧出。若臧琳、惠栋之流,严于取舍,立例以为标,然笃信好古,不求真知,则其弊也。惟江、戴、程、凌起于徽歙,所著之书均具条理界说,博徵其材,约守其例,而所标之义,所析之词,必融会贯通以求其审,缜密严栗,略与晢种之科学相同。近儒考证之精,恃有此耳。述生乾、嘉间,未与江、戴、程、凌相接,而著书义例则殊途同归。彼以百家之言古者多有可疑,因疑而力求其是。浅识者流仅知其有功于考史,不知《考信录》一书自标界说,条理秩然,复援引证佐以为符验,于一言一事必钩稽参互,剖析疑似,以求其真,使即其例以扩充之,则凡古今载籍均可折衷至当,以去伪而存诚。则述书之功在于范围谨严,而不在于逞奇炫博。虽有通蔽,然较之马氏《绎史》固有殊矣。近人于考证之学多斥其烦芜,若人人著书若崔述,彼繁芜之弊又何自而生哉!"

第十二节　龚自珍　魏源　康有为

晚清经今文学又一度兴起,其原因有二:在古文献学上与辑佚和辨伪学的发展有关,在政治思想上与经世致用、议政改良的风气有关。晚清经今文学的发展,大致经历了由纯学术到议政与学术结合两个阶段。前一阶段的代表学者是庄存与和刘逢禄。庄存与(1719—1788)是晚清今文学的启蒙者,著有《春秋正辞》,摒弃训诂名物,专求"微言大义",与正统考据学派的路子全然不同。其后同县刘逢禄(1776—1829)继之,著有《春秋公羊经传何氏释例》,发挥何休注自序所谓《公羊》学中"非常异义可怪之论",诸如"张三世"、"通三统"、"绌周王鲁"、"受命改制"等义。又有《左氏春秋考证》,辨《左传》之伪。此外,冯登府(1780—1841)著有《三家诗异文疏证》。陈寿祺(1771—1834)著有《三家诗遗说考》,其子陈乔枞(1809—1869)著有《今文尚书经说考》、《尚书欧阳夏侯遗说考》、《三家诗遗说考》、《齐诗翼氏学疏证》,

迮鹤寿(1773—?)著有《齐诗翼氏学》。庄、刘等人仅能算经今文学的经师。第二阶段的代表学者是龚自珍、魏源、康有为等,他们兼学者、政治家、思想家于一身,不仅探讨经义,考订文献,而且借以议政,倡言改革或改良。本节专介绍后一阶段的学者。

龚自珍(1792—1841),字尔玉,又字璱人。又名巩祚,号定盦。浙江仁和(今杭州市)人。他在科举和仕进上很不得意。嘉庆十五年(1810)应顺天乡试,由监生中式副榜第二十八名。嘉庆二十三年(1818),应浙江乡试,始中举,时主考官为王引之。从次年起连应会试,五次落选。直到道光九年(1829),第六次应会试,始中进士,时已三十八岁。他中举后,于嘉庆二十五年(1820)入仕,做内阁中书,后历宗人府主事、礼部主事、祠祭司行走,又补主客司主事。官微职闲,颇受排挤。道光十九年(1839),辞官南归。道光二十一年(1841),暴卒于丹阳云阳书院。

在学术上,龚自珍十二岁就跟他的外祖父段玉裁学习《说文解字》,受到传统考据学的熏陶,主张由小学而通经。二十八岁又从刘逢禄受《公羊春秋》,接受了经今文学的影响:"昨日相逢刘礼部,高言大句快无加。从君烧尽鱼虫学,甘作东京卖饼家。"(《杂诗己卯自春徂夏在京师作得十又四首》)思想受到很大启发,借《春秋公羊传》中的"微言大义"讥切时政,倡言改革,把晚清的经今文学与社会改革潮流联系起来。

龚自珍是中国近代史发轫时期的一位思想家、文学家和学者。主要传记资料有吴昌绶《定盦先生年谱》,张祖廉《定盦先生年谱外纪》等。龚自珍一生写了不少政论文、学术文和诗词,曾有不同的文集、诗集、词集及全集本传世,以1959年中华书局上海编辑所出版的王佩铮编校的《龚自珍全集》较为完备(1975年、1999年两次重印)。

龚自珍在古文献学上的见解和成就主要有以下几方面:

(一)提倡经世致用,发挥"六经皆史"的观点

龚自珍出于社会改革的需要,针对正统考据学的弊端,提倡经世致用。

首先,他主张治、学、道的统一,学必须经世致用。《乙丙之际著议第六》说:"自周而上,一代之治,即一代之学也。一代之学,皆一代王者开之也。……王、若宰、若大夫、若民相与以有成者,谓之治,谓之道。若士、若师儒法则先王先冢宰之书以相讲究者,谓之学。师儒所谓学有载之文者,亦谓之书。是道也,是学也,是治也,则一而已矣。……是故司徒之官之后为儒,史官之后为道家老子氏,清庙之官之后为墨翟氏,行人之官之后为纵横鬼谷子氏,礼官之后为名家邓析子氏、公孙龙氏,理官之后为法家申氏、韩氏。"

（《龚自珍全集》第一辑）这种学、治、道统一的观点及诸子出于王官说，本之刘向、班固，并直接受章学诚的影响。主张尊德性与道问学不得相离，也是他经世致用思想的一种表现。《江子屏所著书叙》说："孔门之道，尊德性、道问学二大端而已矣。……入我朝，儒术博矣，然其运实为道问学。……圣人之道，有制度名物以为之表，有穷理尽性以为之里，有训诂实事以为之迹，有知来藏往以为之神，谓学尽于是，是圣人有博无约，有文章而无性与天道也。端木子之言谓之何？"因此他主张问学为闻性道之阶，"欲问性道，自文章始"，"不以文家废质家，不用质家废文家"，把学问与践行结合起来。（见《全集》第三辑）此说本之朱熹，也直接受章学诚的影响。

其次，他服膺今文学正是为了经世致用。表现之一是宣扬《公羊》学的微言大义以议论时政。他有一篇《五经大义终始论》，王文濡本题下注曰："西汉微言大义之学。"在此篇及《五经大义终始答问》诸篇（见《全集》第一辑）中，他认为三世之法贯穿于《书》、《诗》、《礼》、《春秋》所言政事之中。龚氏之所以这样强调微言大义的普遍性，目的在于贯彻经学的经世致用。在他的政论文中运用三世说随处可见，如《乙丙之际著议第九》说："吾闻深于《春秋》者，其论史也，曰：书契以降，世有三等。三等之世，皆观其才。才之差，治世为一等，乱世为一等，衰世别为一等。"（《全集》第一辑）然后对衰世人才横遭扼杀作了揭露、批判，并预示了变乱即将产生。又如《尊隐》说："闻之古史氏矣，君子所大者生也，所大乎其生者时也。是故岁有三时，一曰发时，二曰怒时，三曰威时。日有三时，一曰蚤时，二曰午时，三曰昏时。"（《全集》第一辑）这仍是《公羊》三世说的推衍，并用以讥切时政。在此文中他认为当世京师（指当朝）正值昏时，而山中（指在野）却正值蚤时、午时，形成鲜明对比："如是则京师贫，京师贫则四山实矣；……则京师贱，贱则山中之民有自公侯者矣；如是则豪杰轻量京师，轻量京师则山中之势重矣；如是则京师如鼠壤，如鼠壤则山中之壁垒坚矣；京师之日苦短，山中之日长矣；风恶，水泉恶，尘霾恶，山中泊然而和，冽然而清矣；人攘臂失度，啾啾如蝇虰，则山中戒而相与修娴靡矣；朝士寡助失亲，则山中之民，一欷百吟，一呻百问疾矣；朝士偻焉偷息，简焉偷活，侧焉徨徨商去留，则山中之岁月定矣。"可见借三世说议论时政，是龚自珍经今文学经世致用的一种表现。表现之二是效法董仲舒用《春秋》治狱。龚自珍著有《春秋决事比》，其书不传，仅存自序一篇（附目录）和《答问》一卷。《春秋决事比自序》说："龚自珍曰：在汉司马氏曰：'《春秋》者，礼义之大宗也。'又曰：'《春秋》明是非，长于治人。'晋臣荀崧踉而论之曰：'《公羊》精慈，长于断狱。'九流之目，有《董仲舒》一百二十三篇,其别《公羊决狱》十六篇,颇佚亡。……抑又闻之,《春秋》之治狱也,趋作法也,罪主人也,南面听百王也,万世之刑书也。……自珍既治《春秋》,鳃理罅隙,凡书弑,书篡,书叛,书专命,书僭,书灭人国火攻诈战,书伐人丧、短丧、丧娶、丧图婚,书忘仇,书游观伤财,书罕,书亟,书变始之类,文直义简,不俟推求而明,不深论。乃独好刺取其微者,稍稍迂迴赘词说者,大迂迴者。凡建五始,张三世,存三统,异内外,当兴王,及别月日时,区名字氏,纯用公羊氏;求事实,间采左氏;求杂论断,间采穀梁氏,下采汉师,总得一百二十事。独喜效董氏例,张后世事以设问之。以为后世之事,出《春秋》外万万,《春秋》不得而尽知之也,《春秋》所已具,则真如是;后世决狱大师,有能神而明之,闻一知十也者,吾不得而尽知之也,就吾所能比,则真如是。每一事竟,忾然曰:'假令董仲舒书完具,合乎? 否乎?'为之垂三年,数驳之,六七绁绎之,七十子大义,何邵公所谓非常异义可怪,恻恻乎权之肺肝而皆平也。向所谓出没隐显于若存若亡也者,朗朗乎日月之运大圜也,四宫二十八宿之摄四序也。……既成,部为十一篇,命之曰《春秋决事比》。其本之礼部主事武进刘君者凡七事,大书'刘礼部曰'别之,如公羊子称沈子、女子、北宫子曰故事。"(《全集》第三辑)其十一篇目录为:《君道篇》第一,引经传十三事;《君守篇》第二,引经传十事;《臣守篇》第三,引经传十事;《不应重律篇》第四,引经传十四事;《不应轻律篇》第五,引经传十四事;《不定律篇》第六,引经传十一事,附答问十事;《不屑教律篇》第七,引经传四事,附答问三事;《律日篇》第八,引经传十一事,附答问十事;《律细目篇》第九,引经传十四事,附答问九事;《人伦之变篇》第十,引经传十九事,附答问八事;《自序篇》第十一。其书正文不传,只有五篇所附《答问》传下来(见《全集》第一辑)。《春秋决事比》是龚自珍关于公羊《春秋》的一部专著,其用《春秋》之事比附后事之事以决狱,经世致用的特点非常明显。他虽然声明不任意牵连,滥加比附,而求其"真如是",但毕竟是比附,充分体现了今文学的特点,而绝非古文献学的科学成果。

最后,他发挥"六经皆史"说,既含有古文献学的科学见解,也与经世致用的目的有关。"六经皆史"说由来已久,在上一节讲章学诚时已经提及。龚自珍的"六经皆史"说无疑有承于章学诚,但又有新的发挥。"六经皆史"说不仅是经学家的一个术语,非经学家亦言之。在经学家中,不仅古文家言之,今文家亦言之。钱玄同《重论经今古学问题——重印新学伪经考序》说:"考'六经皆史'之说,始于宋之陈傅良(自注:徐得之《左氏国纪序》),其后明之王守仁(《传习录》)、清之袁枚(《史学例议序》)、章学诚(《文史通义》)、龚自珍(《古史钩沉论》)及章太炎师(《国故论衡》的《原经》)皆主此说。陈、王、袁、章四氏,不但非古文家,且非经学家,龚氏则为今文家,惟章君为古文家耳。然则云'六经皆史'之说为古文家言者,非也。至于'六经皆孔子所作'之说,始于廖平(《知圣篇》),而康有为(《孔子改制考》的《六经皆孔子改制所作考》)、皮锡瑞(《经学历史》与《经学通论》)皆从之,三氏固为近代之今文家(廖氏议论数变,实不能称为今文家,惟作《古学考》及《知圣论》之时代尚可归入今文家耳)。但前于三氏之今文家龚自珍即主'六经皆史'之说,后于三氏之崔觯甫(适)师又反对康氏之说(《五经释要》的《孔子述作五经之大纲》)。然则云'六经皆孔子所作'之说为今文家言者,又非也。"钱氏此言有道理,说明了"六经皆史"说的复杂性。但也有差失,其失在不承认"六经皆史"在本质上是古文家的一个观点。汉代今古文之争的分歧之一就是今文家认为六经为孔子所作,古文家认为六经原是历史文献,只是经过孔子整理而已。他们虽然没有直接提出这样的说法,但观点是明确的,不容否认。肯定这一点,对分析后世不同学者"六经皆史"说的具体内容是非常重要的。龚自珍的"六经皆史"说,从古文献学方面关于六经作者的观点来看,属于古文家言,反映了客观实际情况,如《古史钩沉论二》(又题《尊史二》)说:"周之世官大者史,史之外无有语言焉,史之外无有文字焉,史之外无人伦品目焉。史存而周存,史亡而周亡。……经之名,周之东有之。夫六经者,周史之宗子也。《易》也者,卜筮之史也。《书》也者,记言之史也。《春秋》也者,记动之史也。《风》也者,史所采于民,而编之竹帛,付之司乐者也。《雅》、《颂》也者,史所采于士大夫也。《礼》也者,一代之律令,史职藏之故府,而时以诏王者也。小学也者,外史达之四方,瞽史谕之宾客之所为也。……故曰:五经者,周史之大宗也。"(《全集》第一辑)不仅如此,他认为诸子也是史,同篇又说:"诸子也者,周史之小宗也。故夫道家者流,言称辛甲、老聃,墨家者流,言称尹佚,辛甲、尹佚官皆史,聃实为柱下史。若道家,若农家,若杂家,若阴阳家,若兵,若术数,若方技,其言皆称神农黄帝。神农黄帝之书,又周史所职藏,所谓三皇五帝之书者是也。"他认为"任照之史,宜为道家祖","任天之史,宜为农家祖","任约剂之史,宜为法家祖","任名之史,宜为名家祖","任文之史,宜为杂家祖","史之任讳恶者,于材为最下,宜为阴阳家祖","任喻之史,宜为纵横家祖","任本之史,宜为墨家祖","任教之史,宜为小说家祖";"刘向云:道家及术数家出于史,不云馀家出于史。此知五纬二十八宿异度,而不知其皆系于天也;知江河异味,而不知皆丽于地也。故曰:诸子也者,周史之支孽小宗也"(同上)。他虽然认为经与诸子有大宗、小宗之别,但反对尊儒、尊经而轻视诸子及史家，同篇又说："三尺童子，督儒小生，称为儒者流则喜，称为群流则愠，此失其情也。号为治经则道尊，号为学史则道绌，此失其名也。知孔氏之圣，而不知周公、史佚之圣，此失其祖也。"这种"六经皆史"、重视史学的观点直接受章学诚的影响，而认为诸子皆史，则比章学诚更进一步。章学诚"宗刘"，虽认为诸子出自王官，但不认为都出自史官；而龚自珍则修正刘向，认为诸子皆出自史官。

龚自珍不仅持"六经皆史"说，还有明确的关于六经非孔子所作的言论。《六经正名》说："孔子之未生，天下有六经久矣。……是故孔子曰：'述而不作。'司马迁曰：'天下言六艺者，折衷于孔子。'六经、六艺之名由来久远，不可以臆增益。……仲尼未生，先有六经。仲尼既生，自明不作，仲尼何尝率弟子使笔其言以自制一经哉？"（《全集》第一辑）《六经正名答问一》也说："仲尼未生，已有六经。仲尼之生，不作一经。"（同上）

龚自珍"六经皆史"的思想是他尊史思想的组成部分，而尊史又与经世致用密切相关，集中反映他"六经皆史"思想的《古史钩沉论二》又题作《尊史二》，正说明了这一点。他还有一篇《尊史》（见《全集》第一辑），着重强调了史家经世致用的职责及由史入道的归宿。

（二）学主兼综，不立门户，对古文献学有所总结

在清代古文献学汉宋对立、今文古文对立的纷争之中，龚自珍实际上是属于兼综一派的。在今古文问题上，他由治正统考据学转而从今文经学。但是他虽主今文，而又不排斥古文，对经书是如此，对经学也是如此。如前所述，他主张"六经皆史"，既包含古文家的观点，也包含今文家的新发挥。又如关于《尚书》，他并不怀疑汉代的《古文尚书》，认为《今文尚书》本出自《古文尚书》，源一而流二，《大誓答问第二十四》（自标题：总论汉代今文古文名实）说："伏生壁中《书》实古文也。欧阳、夏侯之徒以今文读之，传诸博士，后世因曰伏生今文之祖，此失其名也。孔壁固古文也，孔安国以今文读之，则与博士何以异？而曰孔安国古文家之祖，此又失其名也。今文、古文同出孔子之手，一为伏生之徒读之，一为孔安国读之。未读之先，皆古文矣，既读之后，皆今文矣。惟读者人不同，故其说不同。源一流二，渐至源一流百。此如后世翻译，一语言也，而两译之，三译之，或至七译之，译主不同，则有一本至七本之异。未译之先，皆彼方语矣，既译之后，皆此方语矣。……读《尚书》者不曰今文读后而毁弃古文也，故其字仍散见于群书及许氏《说文解字》之中，可求索也。"（《全集》第一辑）关于《诗经》，《己亥杂诗》六十三说："经有家法夙所重，诗无达诂独不用。我心即是四始心，泬寥再发姬公

梦。"（自注：为《诗》非《序》、非毛、非郑各一卷。予说《诗》以涵咏经文为主，于古文毛、今文三家，无所尊，无所废）关于《礼》，他认为古文《仪礼》为本经，大小戴记为传，《周礼》为晚出之书，为"晚周先秦之士掇拾旧章所为"，属于"附之于《礼》"的群书（《六经正名》）。关于《春秋》，他以《公羊传》之微言大义为宗，对《左传》、《榖梁传》亦有所采（见《春秋决事比》）。在方法上也折中今古文，既发挥义理，又不废训诂考据。他把考据和小学视为通经的工具，把《尔雅》比作"舆儓"，即是一例。又如《抱小》，肯定考据与小学，说："孔子曰：'入则孝，出则弟，〔行〕有馀力以学文。'学文之事，求之也必勤，获之也必创，证之也必广，说之也必涩，不敢病迁也，不敢病琐也。求之不勤则粗，获之不创则剿，证之不广则不信，说之不涩则不忠，病其迁与琐也则不成。其为人也，淳古之至，故朴拙之至；朴拙之至，故退让之至；退让之至，故思虑之至；思虑之至，故完密之至；完密之至，故无所苟之至；无所苟之至，故精微之至。小学之事，与仁爱孝弟之行，一以贯之已矣。"（《全集》第一辑）又所作《工部尚书高邮王文简公墓表铭》，肯定王引之"用小学说经，用小学校经"，"一时言小学者宗之"（《全集》第二辑）。所作《家塾策问一》主张"解经莫如字也，解字莫如经也"（《全集》第一辑）。所作《陈硕甫所著书序》既反对空谈义理，"陟颠而弃本"；又反对拘守小学考据，"循本而忘颠"（《全集》第三辑）。所作《江子屏所著书序》认为"圣人之道，有制度名物以为之表，有穷理尽性以为之里；有诂训事实以为之迹，有知来藏往以为之神。"因此"尊德性"与"道问学"必须相兼，"不以文家废质家，不用质家废文家"。而"乾隆初元以来"，儒术只求道问学，"是有文无质"（同上）。

在汉学宋学问题上，他反对清儒拘守汉学门户之偏见，对汉代、宋代、清代古文献学作了科学的说明，并表明了他学主兼综的观点。《与江子屏笺》说："大著读竟。其曰《国朝汉学师承记》，名目有十不安焉，改为《国朝经学师承记》。敢贡其说：夫读书者实事求是，千古同之，此虽汉人语，非汉人所能专，一不安也。本朝自有学，非汉学，有汉人稍开门径而近加邃密者，有汉人未开之门径，谓之汉学，不甚甘心，不安二也。琐碎饾饤，不可谓非学，不得为汉学，三也。汉人与汉人不同，家各一经，经各一师，孰为汉学乎？四也。若以汉与宋为对峙，尤非大方之言，汉人何尝不谈性道？五也。宋人何尝不谈名物训诂？不足概服宋儒之心，六也。近有一类人，以名物训诂为尽圣人之道，经师收之，人师摈之，不忍深论，以诬汉人，汉人不受，七也。汉人有一种风气，与经无与，而附于经，谬以祥灶、梓慎之言为经，因以汩陈五行，矫诬上帝为说经，大《易》、《洪范》身无完肤，虽刘向亦不免，以及东京内学，本朝何尝有此恶习？本朝人又不受矣，八也。本朝别有特绝之士，涵咏白文，创获于经，非汉非宋，亦惟其是而已矣，方且为门户之见者所摈，九也。国初之学与乾隆初年以来之学不同，国初人即不专立汉学门户，大旨欠区别，十也。有此十者，改其名目，则浑浑圜圄无一切语弊矣。"（《全集》第五辑）当然清代在使用汉学和宋学这个术语时，皆有其特定含义，一般说汉学专指汉代古文经学重名物训诂的传统而言，并非指有汉一代之学；宋学专指理学家的义理之学而言，并非指有宋一代之学。但不能否认这两个术语确有其易致误混的一面，龚自珍的辨析是完全正确的。其对清代古文献学的分析更是鞭辟入里，堪称卓论。在《阮尚书年谱第一叙》中，他对阮元的学术成就作了全面的总结，包括"识字之法以经为验，解经之法以字为程"的"训诂之学"，"一形一声历参伍而始定，旧钞旧椠斯厓略之必存"的"校勘之学"，以及"目录之学"、"典章制度之学"、"史学"、"金石之学"、"九数之学"、"文章之学"、"性道之学"、"掌故之学"，并概括说："凡若此者，固已汇汉、宋之全，拓天人之韬，泯华实之辨，总才学之归。彼区区文儒之异传，断断经人之异师，皆所谓得支亡干，守隅昧方。伟哉绝业，莫之与京已。"（《全集》第三辑）这实际上也是对有清一代兼综一派学术的总结。其中许多方面都属古文献学的内容，对我们认识清代古文献学的成就，极有参考价值。

（三）在辨伪、校勘、目录、金石等方面的成就

龚自珍很重视辨伪，辨伪说及辨伪书均有论述。关于伪说，集中辨汉代今文家和谶纬家的天人感应、阴阳灾异之说。《非五行传》说："刘向有大功，有大罪，功在《七略》，罪在《五行传》。……《易》自《易》，《范》自《范》，《春秋》自《春秋》。《易》言阴阳，《洪范》言五行，《春秋》言灾异。以《易》还《易》，《范》还《范》，《春秋》还《春秋》，姑正其名，而《易》、《书》、《春秋》可徐徐理矣。武王、箕子、周初之史氏不闻后世有儒者。古之儒者不闻后世有神灶、梓慎，神灶、梓慎不闻后世有文成、五利，文成、五利不闻后世有王莽，王莽不知后世有张角、张鲁、五斗米、三里雾，如改五经以迁就之，角、鲁将毋经学之大宗哉？"（《全集》第一辑）《与陈博士笺》说："自古以阴阳五行占验灾异，与推步家术绝不相同，不能并为一家之言。梓慎、神灶之流无能推日食者，况月食。近世推日月食精矣，惟彗星之出，古无专书，亦无推法。足下何不请于郑亲王，取钦天监历来彗星旧档案觅查出，推成一书？则此事亦有定数，与日食等耳。自珍最恶京房之《易》、刘向之《洪范》，以为班氏《五行志》不作可也。此书成，可以摧烧汉朝天士之谬说矣。"（《全集》第五辑）这里又主张以天文推步破除以阴阳五行占验灾异的迷信。他对于纬书，既能破除其穿凿迷信

的主要倾向，又能注意吸收其某些合理的说法，如《最录易纬是类谋遗文》说："《易纬》最无用，独卦气成法或出于古史氏，而纬家传之。何以疑其出于古史氏？曰：古者颁时月日之历与三易之法，皆出于王者，掌于史氏，故伪为时月日者有诛焉，伪为卜筮之书者有诛焉，其大原一也。"（《全集》第三辑）《最录尚书考灵耀遗文》说："其言天地之距，七曜之度，恣胸臆而吴言之，殆无一言之近事实者。独地与星辰四游之义，或者有徵。"（同上）《最录春秋元命苞遗文》说："《春秋》纬于七纬中最遇古义矣。《元命苞》尤数与董仲舒、何休相出入，凡张三世、存三统、新周故宋、以春秋当兴王、而托王于鲁诸大义，往往而在，虽亦好言五行灾异，则汉氏之恒疾，不足砭也。"（同上）也有辨儒家美颂圣王伪辞的，如《葛伯仇饷解》说："问曰：逸《书》曰：'葛伯仇饷。'孟子说之曰：'汤居亳，与葛为邻，葛伯放而不祀，汤使人问之，曰：无以共粢盛也。汤使亳众往为之耕，老弱馈食。葛伯率其民，要其有酒肉黍稻者夺之，不授者杀。有童子饷，杀而夺之。'葛虽贫，葛伯一国之君，安得有杀人夺酒肉事？答曰：王者取天下，虽曰天与之，人归之，要必有阴谋焉。……亳众者何？窥国者也，策为内应者也。老弱馈食何？往来为间谍者也。……史臣曰：'葛伯仇饷'，得事实矣。又曰：'汤一征，自葛载。'夫葛何罪？罪在近。后世之阴谋，有远交而近攻者，亦祖汤而已矣。"（《全集》第一辑）这里认为儒家的圣王"必有阴谋"，并为后世用阴谋之祖，出言可谓不凡。

在辨伪书方面，以辨伪《古文尚书》为主。《大誓答问》凡二十六篇，为考论今古文《尚书》的专篇，认为汉代今古文《尚书》本同源，而东晋《古文尚书》有伪作的部分，孔安国序全伪（《文集》第一辑）。龚自珍虽不怀疑孔壁古文，但怀疑"中古文"，《说中古文》说："成帝命刘向领校中五经秘书，但中古文之说，余所不信。"于是列十二证以辨其伪，结语说："予谓此中古文亦张霸百两之流亚，成帝不知而误收之，或即刘歆所自序之言如此，托于其父，并无此事。古文《书》如此，古文《易》可知，宜其独与绝无师承之费直《易》相同而不与施、孟、梁丘同也。《汉书》刘向一传，本非班作，歆也博而诈，固也侗而愿。"（《全集》第一辑）这里涉及中古文《尚书》和中古文《易》，可备一说。

此外关于古文经传，还疑及《周礼》、《诗序》、《左传》。关于《周礼》，怀疑之言见于《六经正名》。关于《诗序》，如《六经正名答问五》说："若夫《诗小序》，不能得《诗》之最初义，往往取赋《诗》断章之义以为义，岂《书序》之伦哉？故不得为《诗》之配。"（《全集》第一辑）关于《左传》，他虽然采其事以说《春秋》，但又怀疑有刘歆伪作的部分，《己亥杂诗》五十七说："姬周史统太销沉，况复炎刘古学瘖。崛起有人扶左氏，千秋功罪总刘歆。"自注："癸巳岁，成《左氏春秋服杜补义》一卷，其刘歆窜益左氏显然有迹者，为《左氏决疣》一卷。"(《全集》第一辑)他认为刘歆有扶《左传》之功，亦有窜益伪作之罪。

除经传之外，还疑及他书。《家塾策问二》指出："古籍在册府者，真者三四，伪者六七"(《全集》第一辑)，并归纳出伪书的各种类型，颇为详尽。

龚自珍所用辨伪方法也比较全面。在《大誓答问第十》中提出以文体风格及文法作为考辨真伪的依据："观古书真伪，审其类否。周初史臣之文，气体类不类，不难知也；文法类不类，不难知也。"(《全集》第一辑)在《最录司马法》中列六疑以辨《司马法》之伪，涉及方法更为多样，如说："予录书至《司马法》，深疑焉。古有《司马兵法》，又有《穰苴兵法》，齐威王合之，名曰《司马穰苴兵法》，此太史公所言《司马法》宏廓深远，合于三代。《穰苴》，区区小国行师之法而已。又太史公所言，二者合一百五十篇，宋邢昺所见也。见三卷者，晁氏也。见一卷者，陈氏也。实止一卷，为书五篇，则今四库本及一切本是也。其言孙、吴之舆台，尚不如《尉缭子》，所谓宏廓深远者安在？疑者一。自马融以降，引之者数十家，悉不在五篇中，疑者二。佚书乃至百四十有五，疑者三。存者是《司马法》，则佚者是《穰苴法》矣；齐威王合之之后，何人又从而分之，使之荡析也？疑者四。马融以下，群书所引，颇有三代兵法及井田出赋之法，是佚书贤于存书远矣，是《穰苴法》贤于《司马法》远矣，疑者五。邢、陈、晁三君之生，不甚先后，所见悬殊，疑者六。"(《全集》第三辑)这里从著录、书名、卷数、佚文等方面以辨今传《司马法》之伪，较前人所辨更为详细。但也有语嫌武断、缺乏根据者，如《最录李白集》说："《李白集》，十之五六伪也：有唐人伪者，有五代十国人伪者，有宋人伪者。……予以道光戊子夏，费再旬日之力，用朱墨别真伪，定李白真诗百二十二篇。"(同上)所引李阳冰、韩愈等语并不足为实据。

龚自珍也很重视校勘。他首先重视王引之"用小学校经"的方法，这实际上是对清代以小学为坚实基础的校勘方法的肯定。其次他通过总结他人的经验和自己的认识，探讨了古书错乱的复杂原因，定出了校改的原则。在《工部尚书高邮王文简公墓表铭》中他引王引之的话总结了古书产生讹文、异文的复杂情况及改字原则，详见前本章第九节。又《古史钩沉论三》(又题《志写定群经》)说："姬周之衰，七十子之三四传，或口称《易》、《书》、《诗》、《春秋》，不皆著竹帛，故《易》、《书》、《诗》、《春秋》之文多异。汉定天下，立群师，置群弟子，利禄之门，争以异文起其家，故《易》、《书》、《诗》、《春秋》之文多异。然而文、武之文，非史籀之挈也。史籀之挈，孔子之雅言，又非汉廷之竹帛也。汉之徒隶写官译形借声，皆起而与圣者并有权。然而竹帛废，契木起,斟绅者不作,凡契令工匠胥史学徒,又皆起而与圣者并有权,圣人所雅言益微。悲夫,悲夫!将欲更定姬周之末之文章,不有考文之圣,其孰当之?……龚自珍岁为此言,且十稔,卒不能写定《易》、《书》、《诗》、《春秋》。生同世,又同志,写定者:王引之、顾广圻、李锐、江藩、陈奂、刘逢禄、庄绶甲。"(《全集》第一辑)这里谈了群经在流传中产生文字差异的复杂原因和情况,以及改定之难,并充分肯定了清代学者的校勘成绩。他还在《与人笺》(又题《拟厘正五事书》)中,就刊定石经文字提出了校改原则,说:"乾隆中,江南蒋衡献所书十三经,赏给举人,刻石国子监,其事甚细,此不得为本朝石经。本朝经师,驾汉氏而上之,岂可不谠正文字,为皇朝之定本,昭示来许?岂仅如唐开成、宋绍兴之所为而已乎?夫定石经,必改流俗。改流俗,大指有四:一曰改伪经。东晋伪《尚书》,宜遂削之,其妄析之篇,宜遂复并之。一也。一曰改写官。秦汉以来,书体屡变,历代历书之官,展转讹夺,其的然可知为讹夺者,宜改之。二也。一曰改刻工。孟蜀以来,椠本繁兴,有功于经固丕,罪亦有之,展转讹夺,流布浸广,不如未有椠本时雌黄之易,其的然可知为讹夺者,宜改之。三也。一曰改妄改。唐、宋君臣,往往有妄改经籍者,如卫包受诏改《尚书》之类。宋、元浅学,尤多恣改,以不误为误,今宜改之如旧。四也。其似可改而不可改,大指亦有四:周末汉初,不著竹帛,经师异字,不能择于一以定,此不可改也。汉世今文古文异家法,则异字不能择于一以定,此又不可改也。经籍假借之字,由来已久,不能必依本字,此又不可改也。疑为写官之误、刻工之误,而无佐证,思之诚是一适,改之恐召众口,此又未可改也。何不上书乞开石经馆?前四者旌校雠之功,后四者俟考文之圣。"(《全集》第五辑)此文更为简明,很有参考价值。

在目录方面,他肯定刘向所开创的传统。著作中序录之作甚丰(见《全集》第三辑),多仿刘向叙录之体,包括作者、要旨、体例、版本、校勘、辨伪、辑佚、流传等方面的内容。

龚自珍金石方面的著作也很多(见《全集》第四辑),或说制用,或释其字(此类最多),或录其文,或著录器物、拓本,然各书皆不传,集中仅存其序,《己亥杂诗》注中亦提及几种。龚自珍重视金石之学,主旨亦在考文徵史,补证文献,如《商周彝器文录序》说:"凡古文,可以补今许慎书之阙;其韵,可以补《雅》、《颂》之隙;其事,可以补《春秋》之隙;其礼,可以补逸《礼》;其官位氏族,可以补《世本》之隙;其言,可以补七十子大义之隙。三代以上,无文章之士,而有群史之官。群史之官之职,以文字刻之宗彝,大抵为有土之孝孙,使祝蝦告孝慈之言,文章亦莫大乎是,是又宜为文章家祖。其及五百名者,有智鼎,六百名者,有西宫襄氏盘,则与《周书》七十一篇相出入矣。摹其篆文,以今字录之,如孔安国治《尚书》,以今文读古文也。"(《全集》第四辑)《说印》、《宋拓孤本汉娄寿碑跋尾》等亦曾言及。

龚自珍的这些成就,说明他受传统考据学的影响很深,并不是一个单纯的今文学家。晚清今文学家在学术上颇受传统考据学的影响,是一个共同的特点,龚自珍在这方面具有代表性。

魏源(1794—1857),字默深,又字墨生,湖南邵阳人。嘉庆、道光之际,在京师结识龚自珍,并从刘逢禄受公羊《春秋》,成为今文经学的著名学者。道光二年(1822)中顺天乡试举人,后几次会试未中。道光五年(1825),入江苏布政使贺长龄幕府,为贺编纂《皇朝经世文编》。道光九年(1829),入赀为中书内阁舍人。道光十一年(1831)去职,定居东南。道光二十年(1840),鸦片战争爆发,他热情投入反侵略斗争。为探求富国强兵、抵御外侮的道路,曾著《圣武记》。又承林则徐的《四洲志》编纂《海国图志》,介绍外国情况,反对闭关自守,提出"师夷之长技以制夷"的主张。道光二十四年(1844),中礼部会试,次年殿试中进士,以知县分发江苏,历任东台知县、高邮知州等职。魏源宗尚今文经学,主张经世致用,倡言改革,与龚自珍齐名。在学术上,他不满当时汉学家承袭汉代古文家的传统,提倡今文家发挥微言大义,经世致用的传统,曾说:"今日复古之要,由训诂声音以进于东京典章制度,此'齐一变至于鲁'也;由典章制度以进于西汉微言大义,贯经术、政事、文章于一,此'鲁一变至于道'也。"(《古微堂外集》卷一《两汉经师今古文家法考叙》)其著作除上面已经提到的外,尚有《诗古微》、《书古微》、《董子春秋发微》、《老子本义》、《孙子集注》、《元史新编》、《古微堂内外集》、《古微堂诗集》、《魏源集》等。传见《清史稿》卷四八六、《清史列传》卷六九。其他传记资料有顾云撰《邵阳魏先生传》、姚永朴撰《魏默深先生传》、其子魏耆撰《邵阳魏府君事略》等。近人撰有年谱、年表多种。

魏源在古文献学方面的主要代表著作是《诗古微》和《书古微》,对《诗经》和《尚书》两书的有关问题和经说作了极有价值的考辨和辑佚工作。

《诗古微》作于道光末年,分上下两卷,包括《正始篇》(两篇)、《诗乐篇》(四篇)、《三家发凡》(三篇)、《毛诗明义》(五篇)、《三家发微》(两篇)、《齐鲁诗发微合篇》、《鲁诗发微》(两篇)、《韩诗发微》(两篇)、《三家通义》、《三家同义》、《三家异义》、《集传初义》等篇。此书的成就主要有三点:

第一,辑考今文三家之佚文、遗说,辨后世对三家诗怀疑之词。《三家发微上》说:"汉兴,齐、鲁、韩《诗》盛行,毛又后出。河间献王好毛,而班固评论四家,独许鲁为近之。东汉肃宗令贾逵撰齐、鲁、韩、毛异同,其书不传,乃百世之恨。及郑康成笺《诗》用毛,毛遂孤行于世。于是《齐诗》魏代即亡,《鲁诗》亡于西晋,《韩》虽存无传之者,而亦亡于北宋。人情党盛而抑衰,孤学易诬而难助,势然也。……而要其矫诬三家者凡三大端,曰:不见古序也,豳风不登《七月》也,正风、雅皆刺诗也。并为一谈,牢不可破。"(《诗古微》卷之下)接着一一加以辨驳:"考毛所谓古序,传自子夏。然《汉书·楚元王传》言浮邱伯传《鲁诗》于荀卿。《唐书·艺文志》载《韩诗》二卷,卜商序。则三家皆子夏之传,今何据而真此赝彼耶?况直谓之无序,则诸书所引《韩序》云某诗为某作也,不下十馀条,与毛一例。而刘向《新序》、《列女传》所述鲁说,则每诗辄以某事某人实之,尤凿凿不苟。程大昌氏乃谓三家不见古序,故无以总测篇意,惟毛有古序以该括章旨,故训诂所及,会全诗以归一贯。果何谓也?至《七月》之诗,欧阳修氏谓三家皆无之,考《汉书》引'馌彼南亩',作'南晦','举趾'作'举止','曰为改岁'作'聿为'。郑注《周礼》引'献豜于公'作'献肩','黍稷重穋',作'穜穋'。《说文》引'一之月觱发'作'滭冹','食鬱及薁'作'及蘽','纳于凌阴'作'滕阴',皆鲁、韩异文。至《说文》引刘向说'四月秀葽'为苦菜,尤《鲁诗》有传之明证。《释文》于'八月在宇',《初学记》于'凿冰冲冲',《御览》于'四之日举趾',皆引薛君《章句》,尤《韩诗》有传之明证。欧阳之说殊不可晓,而姜氏炳璋乃据以为三家之罪,又何也?然此二诬尤未若正风、雅皆刺诗之甚也。王应麟引晁说之《诗序》,谓《周南·关雎》、《葛覃》、《卷耳》、《召南·鹊巢》、《采蘩》、《采蘋》、《小雅·鹿鸣》、《四牡》、《皇皇者华》,三家皆以为康王刺诗,固未知其何本。然《关雎》之为刺诗,《鲁诗》则见于《史记》、《汉书》,刘向、扬雄、张超之著述,《韩诗》则见于《后汉书》明帝之诏、杨赐之传、冯衍之赋;《鹿鸣》之为刺诗,则亦见于《史记》、王符《潜夫论》、蔡邕《琴操》之称引,则晁说固非无据。然《齐诗》匡衡之疏、《韩诗》子夏之问、《鲁诗》、《史记》之《外戚传序》,发明《关雎》正始,义皆正大;而郑康成注《礼》时用鲁、韩,其释宵雅之三,亦谓《鹿鸣》、《四牡》、《皇皇者华》皆君臣燕乐相劳苦之诗;又《仪礼》注,谓《鹿鸣》者,君与群臣及四方之宾燕,讲道修德之乐歌也。歌《四牡》,采其勤劳王事,忠孝之至,以劳宾也;歌《皇皇者华》,采其自以不及,欲谘谋贤知,自光明也;皆未尝谓为刺诗。则知三家本义固有在,而刺康仅为其旁义。故《明帝本纪》注但云'人主不正,应门失守,故歌《关雎》以感之',不云作以刺之也。薛君《章句》(《杨赐传》注)但云'贤人见其萌,故咏《关雎》,说《淑女》,正容仪以刺时',不云作以刺时也。……

后人不见三家全经，徒据其旁义为正义，且并旁义失之。吕东莱遂斥三家为驳杂不经，岂非未见颜色而言乎？……其为赋诗以讽，皆同斯例矣。孰谓三家正风正雅与毛有同异乎？以是读三家遗说，而后如破竹也。……故曰书缺有间矣，其轶乃时时见于他说，非好学深思，心知其意，固难为浅见寡闻者道也。"其考三家遗说，通书随处可见，尤其集中于《三家发凡》、《三家发微》、《齐鲁诗发微合篇》、《鲁诗发微》、《韩诗发微》等篇中。如《齐鲁诗发微合篇》谓"世次莫确于鲁，篇次莫详于齐"，并"列十三徵以明之"，《鲁诗发微》据《新序》、《列女传》所存鲁说以考《鲁诗》，《韩诗发微》据他书称引及《韩诗外传》以考《韩诗》。

第二，对《毛诗》一分为二，既肯定其与三家诗相通、相同之处，又破其伪说，并辨后世解《毛诗》者增益之伪说。魏源认为《毛诗》晚出，与三家诗同源（俱传自荀子）而异流，"齐鲁韩毛者，《诗》之本也"（《诗古微》卷之上《三家发凡上》）。故三家诗与《毛诗》有相通之处，《三家通义》说："于是而毛与三家会通之故可得而言也。夫三家之于毛，犹《左氏》、《公羊》之于《穀梁》，或毛未备而三家补之，或小异而大同，或各义不妨两存，在善读者之引申而已，请略举数义明之。……"（《诗古微》卷之下）三家诗与《毛诗》更有相同之处，《三家同义》说："至其若合符节者，则更有五十二事焉。风诗之同者二十七，……至于二雅之同者二十，……至于颂诗，则蔡邕《独断》中《周颂》三十一篇全载《毛序》，与鲁无涉，未可为三家同毛之证。今考其可据者，约得数端，……（所举四例略）凡兹五十二事（按，实只五十一事），旁通曲证，皆《毛诗》之益友，多闻择其善者而从之，此之谓也。"（同上）对于三家诗与《毛诗》相异者，魏源亦有分析，《三家异义》说："至其所异之义，则有沿讹而失其真，与夫疑义而当缺，错谬而难信者，有支文旁义虽出鲁、韩而实不如毛者。"（同上）此外，不言孔子删《诗》，三家亦与毛同。至于"四始"之说，毛虽与三家异，然亦系"毛因鲁说而推广之"（《诗古微》卷之上《正始篇下》）。

魏源用三家诗所辨《毛诗》之伪说，主要内容有：其一为六笙诗之有无。魏源认为三家诗"不数六笙诗"为是（见《诗古微》卷之上《三家发凡下》），而"毛公虽按《仪礼》乐章节次，排于各篇之间，又各望文生义以为序，然尚列什外，亦未以为夫子之原目。迄后人列入什中，而并数为三百十一篇"（《诗古微》卷之上《三家发凡上》）。其二为十五国风之次序。指出《毛诗》异《左传》（季札所观）者一，异三家者二，异《鲁诗》、《公羊》者三，已非周太师之旧次（见《诗古微》卷之上《三家发凡中》）。其三为美刺之例、世次之例。《三家发微下》说："《毛诗》宜破者，曰美刺之例，世次之例。美刺龃龉于《风》，世次扞格于《雅》、《颂》，后儒或议之，而无徵不信，请陈三家古义以明之。"（《诗古微》卷之下）关于破世次之例，见《三家发微下》。又《齐鲁诗发微》列十三证就《小雅》中所涉南仲事驳《毛诗》在世次上的混乱，极有说服力。关于破美刺之例，《毛诗明义一》已畅言之，说："甚哉，美刺固《毛诗》一家之说，而说者（按，指说《毛诗》者）又多失其旨也。夫《诗》有作诗者之心，而又有采诗、编诗者之心焉；有说诗者之心，而又有赋诗、引诗者之心焉。作诗者自道其情，情达而止，不计闻者之如何也；即事而咏，不溯致此者之何自也；讽上而作，但期上悟，不为他人之劝惩也。至太师采之以贡于天子，则以作者之词而又以谕乎闻者之志，以即事之咏而又推其所以致此之由，则一时之赏罚黜陟兴焉。至国史编之以备矇诵，垂久远，则以讽此人之诗而又存为讽人人之诗，以己人之诗而又存为处此境而咏己咏人之法，而百世之劝惩观感兴焉。……至若编诗之意，则又可得而言，盖采诗以教一时，而编诗以教万世。……国史与夫子先后编诗之意，一揆同符，而《齐》、《鲁》、《韩》、《毛》亦各有所得也。三家诗如《列女传》及《韩诗》诸序，多主作诗之意，《毛诗》多主于采诗、编诗之意，而《关雎》、《鹿鸣》则三家亦有间主于编诗者，旁通善会之，未尝不名异而实同，而先王以《诗》教后世之心，昭然可见也。后世之言《毛诗》者，吾惑焉，执采诗者之意，以为作诗者之意，于是凡太师所推其致此之由，归本于上者，皆谓出于诗人之本心。……又甚者执国史、诵诗者之说，以为作诗者之说。故说《关雎》则指《鲁》、《韩》为附会，说《棠棣》则以《国语》为驳文。设身易地之义隐，而锲舟胶瑟之见固，于是攻《序》说者又起而反唇讥之。然至于以文害词而不逆其志，以今臆古而不论其世，则一也。"（《诗古微》卷之上）这里指出"作诗者之心"与"采诗、编诗者之心"、"说诗者之心"、"赋诗、引诗者之心"有别，对于探求《诗经》各篇之本义至关重要。在《三家发微下》中魏源进一步引三家古义以破《毛诗》美刺之说。

魏源在辨《毛诗》之伪说时，还注意将《毛诗》本义与说《毛诗》者增益歪曲之义加以区别。关于《小序》，他认为"序首"（即首句）为毛氏所作，"续序"（首句以后之序）为卫宏所作，多失毛义。关于传与笺，他认为传可靠，而笺惟守卫序，多违毛义。《毛诗明义三》列十馀事以明首序与续序、《毛诗》与《郑笺》之异。又《毛诗明义四》专论"续序之汩经"，《毛诗明义五》就《生民》、《玄鸟》之诗以申毛义之正、郑义之非。

此外《诗乐篇》论及诗与乐的关系，认为"礼与乐相须，而乐以诗为体，乐崩而诗存"，无不入乐之诗（《诗古微》卷之上《诗乐篇一》）；认为"诗乐之旨不明，由声义之故不通。夫诗为乐心，声为乐体，声与义二而一者也"（《诗乐篇二》);认为"以乐章之体推之,而诗之篇次可正,以乐章之用推之,而诗之世次可明"(《诗乐篇三》);等等,皆可资参考。但"世次可明"云云尚难可置信。

《诗古微》是一部有价值的考证之作,钱基博说:"至邵阳魏源默深撰《古诗微》二十二卷,于三家诗有发明,而又好为臆说,未能笃守古义。"(《古籍举要·诗》)

《书古微》成书于咸丰五年(1855),分十二卷,包括《尧典释经》、《尧典释天》、《尧典补亡》、《皋陶谟释经》、《通释禹贡》、《释道山三条四例》、《释道山北条阳列一》、《释道山北条阳列二》、《释道山北条阳列附》(自注:本雍州文、附论道山下)、《释道山北条阴列一》、《释道山北条阴列二》、《释道山南条阳列》、《释道山南条阴列》、《释道山南条阴列附》(自注:当入《尧典》巡守四岳下)、《释道北条河水》、《释道北条沛水》、《释道北条弱水黑水》、《释道南条九江》、《释道南条三江》、《释道南条汉水》、《释道南条漾沔》、《释道南条淮水》、《释江源》、《释云梦》、《释禹锡元圭》(附录《汉书地理志载禹贡今古文异同》、《水经注载禹贡山水泽地记》))、《甘誓篇发微》、《汤誓序发微》、《汤誓佚文》、《汤诰补亡》、《盘庚篇发微》、《高宗肜日发微》(上、中、下)、《说命篇佚文》、《微子篇发微》、《西伯戡黎篇发微》、《泰誓三篇发微》、《泰誓补亡》(上、中、下)、《泰誓武王观兵克殷蒙文王元年共十三祀发微》、《牧誓上补亡》、《牧誓下补亡》、《武成补亡》(上、下)、《洪范明义》(附录《周礼太卜占法》)、《洪范外传》、《金縢发微》(上、中、下)、《周诰发微》(上、中、下)、《周诰分年集证》(一、二、三、四、五)、《无逸篇古文发微》、《君奭篇发微》、《顾命篇发微》(上、下)、《甫刑篇发微》、《书大序集义》(附录:《祭公解》、《芮良夫解》)。

《书古微》的内容主要有三方面:

首先是辨伪。魏源不仅辨东晋《古文尚书》之伪,更进一步辨东汉《古文尚书》之伪。《书古微序》说:"《书古微》何为而作也? 所以发明西汉《尚书》今古文之微言大谊,而辟东汉马、郑古文之凿空无师传也。自伏生得《尚书》二十九篇于屋壁,而欧阳、夏侯传之,后人谓之《今文尚书》,孔安国复得《古文尚书》四十五篇于孔壁,校伏生本多佚书十六篇。而安国从欧阳生受业,尝以今文读古文,又以古文考今文。司马迁亦尝从安国问故。是西汉今古文本即一家,大同小异,不过什一,初非判然二家。其称伏生所授,但谓之欧阳、夏侯《尚书》,从无称为今文者也。自后汉杜林复称得漆书《古文尚书》,传之卫宏,贾逵为之作训,马融作传,郑玄注解,由是古文遂显于世,判然二家,动辄诋今文欧阳、夏侯为俗儒,今文遂为所压。及东晋伪古文晚出,而马、郑亦废。国朝诸儒知攻东晋晚出古文之伪,遂以马、郑本为真孔安国本,以马、郑说为真孔安国说，而不知马牛冰炭之不可入。今略举其不可信者数大端。……"按，所列不可信之证共五端，实多难成立，如其一，杜林得漆书《古文尚书》一卷，与《古文尚书》四十五篇之说不符（按，东汉《古文尚书》并非杜林单传，亦有远承孔安国者，故此条难以成立）。其二，《古文尚书》多出之十六篇无师说，其馀二十九篇与今文说同，当袭《今文尚书》。其三，"《汉书·儒林传》言史迁尝从安国问故，而迁书所载《尧典》、《皋陶谟》、《禹贡》、《洪范》、《微子》、《金縢》多古文说，则史迁为安国真古文之传，皎如天日。今马、郑《尧典》、《皋陶谟》、《微子》、《金縢》、《无逸》诸篇无一说不与史迁相反"（按，司马迁杂糅今古，《史记》所载《尚书》诸篇并非单纯古文说，东汉经师亦多杂糅今古，其说与《史记》出现参差并不可怪，故此条亦难以成立）。其四，"西汉今古文皆出伏生，凡伏生《大传》所言者，欧阳必同之，大小夏侯必同之，史迁所载孔安国说必同之（按，此说非是，史迁所载孔安国说未必皆同伏生《尚书大传》，所载如《金縢》杂糅今古说即是一例），犹《诗》齐、鲁、韩三家实同一家，此汉儒师说家法所最重。若东汉古文则不然，马融不同于贾逵，贾逵不同于刘歆，郑玄又不同于马融"（按，家法同不一定师法同，东汉不仅师法不严，家法亦乱，此条难以成立）。其五，"安国之传授与杜林、卫宏迥不相承，不知杜林所得之本即安国壁中之本乎？抑别自一本乎？伏生得自复壁，孔安国得自共王废宅，河内女子得自老屋，何以杜林本不言得自何所？其师说亦不言授自何人，既无师传，何有家法？"（按，东汉《古文尚书》并非杜林单传，贾逵即传孔安国《古文尚书》，不少今文家又兼习古文，如杨伦。故此条亦不足为据）既然所列不可信之理由多难成立，所以魏源关于东汉《古文尚书》系"乡壁虚造"、"东汉杜林、马、郑之古文依托无稽，实先东晋《梅传》而作伪"的说法也就难以成立。由此可见，《诗古微》辨续序为卫宏所作，辨毛、郑及后世说《毛诗》者之伪说，均有所得，而《书古微》辨东汉《古文尚书》为伪作，尚难成为定论。

其次，《书古微》的内容还表现在对《尚书》的辑佚和考证上，正如自序所说："予既成《诗古微》二十二卷（按，今本分上下两卷），复致力于《尚书》，坠绪茫茫，旁搜远绍，其得于经者凡四大端：一曰补亡，谓补《舜典》，补《九共》，而并补《汤诰》，又补《泰誓》三篇，《武成》二篇，《牧誓》下篇，以及《度邑》、《作雒》（见《逸周书》）为《周诰》之佚篇。二曰正讹，如正《典》、《谟》'稽古'，而并正殷《高宗肜日》为胤嗣而非为祭称，微子所问为大师疵、少师彊而非父师箕子，《金縢》之'弗辟'为自任而非疑忌，《梓材》为鲁诰而非康诰。三曰稽地，如考禹河而知有千年不决之渎；稽江汉而知下游有三江分流入海之口，上游有江在荆州夷陵有分为九江之事,中游至寻阳别分九派,不谓九江,且彭蠡在江北,不在江南,而汉为北江,江水由胥溪汇震泽吴松为中江之案定。又如雍州黑、弱合流,潜入青海,自合黎视之谓为南海,自雍州望之谓之西海。《地理志》西海有黑水祠,有西王母石室,此《尚书》家旧说。至今青海不通舟楫,不胜鸿毛,惟冰合可度入小岛,此弱水之明证。四曰象天,知黄道极为维斗之极,施绕乎北极,周建乎四时,终古无岁差,故可为外璇机,亦可为大玉衡,而非北斗之玉衡。即北斗之三建亦皆指北方而正子位,以佐璇机之用,而并非建子、建丑、建寅之建。于是天文、地理皆定位于高高下下之中,孔思周情各呈露于噩噩浑浑之际,天其复明斯道于世,尽黜伪古文十六篇,并尽黜马、郑之说,而颁西汉古谊于学宫矣乎?抑犹不可复明矣乎?"这里把《书古微》的辑佚和考证成果作了概括的介绍。

关于辑佚,如《舜典补亡》据诸书引文以补《舜典》,题下注曰:"《舜典》佚篇未尝亡也,其见《史记》、《孟子》书、《大传》徵引者,全经具存。"又如《汤誓佚文》题下注曰:"《论语》所引与《墨子》、《汤誓》同文,孔安国谓伐桀告天之词,今辑于誓师之前。"又《汤诰补亡》题下注曰:"前半见《史记·殷本纪》。后半即《论语》所引,或以为《汤誓》,或谓《墨子》所引汤说,且《汤誓》本无佚文,当入《汤诰》之末。今分辑为二篇(按,即《汤誓佚文》及《汤诰补亡》),以备采择。"又如《说命篇佚文》辑自《国语·楚语》、《论语》、《史记》、《礼记》之《乐记》、《缁衣》、《坊记》、《说文》等。又如《泰誓》上、中、下三篇辑自《左传》、《逸周书》、《管子》、《墨子》、《孟子》、《吕氏春秋》、《史记》、《礼记》、《春秋繁露》、《尚书大传》、《说苑》、《楚词注》、《汉书》、《周礼疏》、《毛诗疏》等。又如《牧誓下补亡》辑自《尚书大传》,题下注曰:"见《尚书大传》,名《大战篇》,即《牧誓》之下篇也。"又如《武成补亡上》题下注曰:"《周书》第三篇,即《克殷篇》(《逸周书》)也。《史记·周本纪》全用《克殷篇》,在汲冢书未出以前,则孔安国《古文书》固以《克殷篇》为《武成》无疑。史迁问故于孔安国而知之,故全载于本纪,与《汉书·律历志》之引《世俘》为《武成》者各为一事。疑古《武成》为上下二篇,故今分辑之以补其亡,而正伪《古文》之陋。其肤侈不可信则附注焉。"又《武成补亡下》题下注曰:"《周书》第三篇,即《世俘解》也。"

关于考证,包括发微和辨旧说之误。魏源尤长于地理、天文考证,辨误、创获甚多。地理考证围绕《禹贡》展开,最重要的是他能用历史沿革、变迁的观念考地理,因此十分重视得其实的古经说。如《书古微·通释禹贡》:"问:子治《尚书》,必崇西汉今古文家法,至《禹贡》山川地理,岂有今古文之别?史迁《夏本纪》仅易训诂,西汉师说寂寥,将以何者为家法乎?曰:是何言也!

夫今古文家法,又孰有晰于《禹贡》者乎?班固《汉书》皆用今文说,其《地理志》特称《禹贡》山川者三十有五,皆欧阳、夏侯《书》说也。又特称古文说者十有一,如汧山、终南、惇物、外方、内方、陪尾、嶓阳、震泽、敷浅原、猪壄泽、流沙是也。其不系《禹贡》而实指《禹贡》之山川者二十有八,如太华、熊耳、雷首、霍太山、太行、岱山、积石、碣石、弱水、沮水、沣水、绛水、浊漳水、漯水、沂水、淄水、泗水、澧水、故大河、九江、南江、中江、北江、云梦泽、大野泽、徒骇、胡苏、鬲津,则亦《尚书》家遗说。而绛水、漯水、汶水、淮水、弱水、易水凡六,述桑钦之言,则传《古文尚书》于胶东庸生者也。桑钦《水经》末,特书《禹贡》山水泽地所在凡六十,事与《地理志》古文说合。则是《禹贡》今文家言备于班固之《地理志》,《禹贡》古文家言备于桑钦之《水经》。据是二书,以释是经,旁参汉碑终南、惇物之义,则西汉今古文师说又孰有备于《禹贡》者乎?说经以近古为得实,矧地理有沿革,陵谷有变迁,以后世之舆地释《禹贡》,犹之以西洋之历象释《尧典》,以平水之官韵叶《毛诗》,以王安石之《字说》诂《尔雅》,格不相入。则谭经师家法又孰有亟于《禹贡》者乎?近世治《禹贡》者,首推胡氏(渭)。惟其沿史学之地志,而昧经学之断限。故惟考河、济故道与历代迁移,有功于史,而江、汉则纰缪百出。盖知今日之河、济不可以说《禹贡》之河、济,而不知今日之江、汉不可以说《禹贡》之江、汉。说河、济则力求汉以前旧说,而说江、汉则惟徇宋以后之虚谈。如三江、九江、嶓冢诸案,皆力排《汉志》。九江虽宗《水经》,而误会《水经》。此外黑水、荷水、流沙、碣石诸训,皆信道不笃,以椟还珠。黄宗羲之序《今水经》,钱玷之注《汉·地理志》,皆不信古之三江分道入海。宿学专门且如是,又况下此者乎?谭高曾之掌故则云礽不如祖祢,述都邑之传闻,则乡野不如郊郭。郑氏说《书》,好异先师,独于《禹贡》,不敢违《地志》而恣臆见,故较他篇之注为少疵,后学且钻仰焉。……闻古时河、济非如今之河、济则信之,闻古时江、汉、彭蠡非今日之江、汉、彭蠡则不信,又况弱水、黑水之僻在要荒者乎?谓经中古训古韵异于今韵、古制度异于今制度则信之,谓经中地理异于今日之地理则不信,又况今文古文之家法久废不理者乎?"

天文考证集中于《尧典释天》,题下注曰:"此篇得吾友新化举人邹君汉勋助成其义。"可见是与人合作的。其"在璇机玉衡以齐七政古义"一题,破东汉附会之说极为有力:"问:璇机玉衡齐七政之义,《书大传》及《星经》皆谓璇机北极星,玉衡斗六星,七政则天文、地理、人事、四时。《史记》、《周髀算经》、《淮南子·天文训》皆同之,从无仪器之说。至马、郑始创为浑天仪,以璇饰机,以玉作衡,而七政为日、月、五行,东汉以前初无此说者何?北斗有岁差,不能常应月建,而《尚书》以玉衡为北斗者何? 曰:《史记·历书》曰:'尧耆年禅舜,申戒文祖曰:天之历数在尔躬,允执其中。'(按,末句《历书》无)中者极也。以观象则璇机居天之中,以置历则中气居闰月之中,七政以此齐,庶绩以此熙。北辰为天之枢机,谓之北极,居所不动,而近极之星旋转乎其侧,乃指以名极,谓之太一,亦谓之帝星,亦谓之天极星。虽有古今岁差之小殊,而值其位者即可称之,是为内璇机,《书大传》及《周髀经》所指也。其绕乎北极星之外,在常见垣者二十馀星皆曰紫宫,亦曰紫微垣。而垣下斗六星昼夜循紫微垣以绕乎北极者,谓之维斗(自注:见《庄子》),亦谓之斗极(自注:见《尔雅》),亦谓之天纲(自注:见《素问》),亦谓之天一(自注:见《史记》及《淮南子》),亦谓之神斗(自注:见《尚书》纬),亦谓之太乙(自注:见《乾凿度》郑注),亦谓之斗母(见道家书),亦谓之黄道极(此晋以后天文志所名),所谓斗为帝车运乎中央,与垣外之北斗判然不伦。盖北辰为赤道之枢,而斗极为黄道之枢。北极为左转,天行所宗。黄极为日月五星右转所宗,终古无岁差。故北极星为内璇机,而斗极则外璇机也。唐、虞时则不以此为璇机而以此为玉衡者,黄道一周,是分七衡,外衡为南至之迹,内衡为北陆之程,其中衡为赤道。维斗循环旋指,以成四时,正月建寅,二月建卯,三月建辰,十二月各随其建,岁一周天,终古不忒,故惟此可为天之玉衡。盖北极璇机如王,中心无为,以守至正,天之体也。斗极玉衡,周旋建指,犹帝王经纬万端,宰制群动,天之用也。若北斗七星,则在紫微垣之外,止当午方,其斗杓所建有岁差,不能与月建相应。其杓、衡、魁三建,皆非建寅、建卯之建,惟可正北方之子位,以佐维斗玉衡之用。故北斗为小玉衡,而斗极则大玉衡也。然北斗玉衡不起于唐、虞,而起于周,周时北斗每月所指,适与斗极月建相符,故周公作《周月解》,以北斗柄定闰月。《史记·天官书》兼存二斗,以维斗为唐、虞天象之玉衡,以北斗为成周天象之玉衡。其实说《尚书》者止可用斗极,不可用北斗也。此与中星定月,皆唐尧羲和数十载讲求测量,立此简易之法,使民皆仰观而得之,凭天象,不凭仪器,天文以此正,地理以此分,人事以此齐,四时以此定,故曰'以齐七政'。自唐、虞、三代、西汉,历法皆如此。自《周髀算经》、《甘石星经》、《淮南子·天文训》、《史记·天官书》、《律书》、《说苑》、《书大传》说皆如此。及东汉马、郑,沿哀平纬书羲和立浑仪之说,遂以汉武时洛下闳所创铜仪解唐、虞之机衡,易天象之自然为人事之机巧,以统贯三才之七政为日月七纬之七政,无与民时,何关敬授? 而说一溷。孟康等解《史记》玉衡,不知中央帝车之北极而混于垣外之北斗,又不知岁差,因以建北方之建同于每月建寅、建丑之建,而说再溷。祖冲之、沈括等知斗建有岁差,不足以齐七政、而又不知为斗极璇机古义,遂谓月建得名,殆以气之所秉。徐氏发、雷氏淇力申斗建玉衡之义,而亦不知为斗极,乃以四正三合傅会之,支离漫衍,治丝愈棼,而说三涸。戴氏震本《周髀》书之北极璇机、谓是黄道极,可谓卓出诸家矣,而亦不曾指出斗极循宫十二建之实象,但谓理自当然,空谈无证,是以仍不得不归诸仪器,谓'唐虞时为仪器,以拟夫黄道极',仍堕马、郑、纬书之窠臼。况全不用《周髀》之北极星为内璇机,而专以黄道极为璇机,又将以何者为玉衡? 故虽不信北斗之月建,而又无他象以代之,遂于玉衡一字不提,从古说经,无此词通! 是误以唐、虞之玉衡为唐、虞之璇机,而说四涸。故《尧典》天象之精宏莫要于此,而历代异说之纷挐亦莫甚于此。今举其大纲而以诸书详证之后。"所引证之诸书有《尚书大传》、《说苑》、《史记·天官书》、《淮南子·天文训》、《周髀算经》、《乾凿度》等。这里考《尧典》"璇机玉衡"之真义,辨历代之误说,比戴震更为彻底。由此亦可见《书古微》考证之精详。

魏源的今文经学以《诗古微》、《书古微》两书为代表,他在古文献学上的成就也主要体现在这两部书中。此外《老子本义》和《孙子集注》也是有价值的古籍整理著作。特别是《老子本义》,详于校勘、句读,博采众家注释,精于分析义理,颇得《老子》本义,是关于《老子》的一个有影响的注本。

魏源和龚自珍虽同属今文学派,但两人的特点有所不同。龚自珍除阐发今文经义之外,还借今文经中的微言大义讥切时政,倡言改革。而魏源虽然也提倡改革,也受了今文学经世致用思想的影响,但在实践中却以考证经义为主,绝少直接援用今文经学议政的情况,因此纯学术的特点比较明显。

康有为(1858—1927),原名祖诒,字广厦,号长素,又号更生、更姓,广东南海人。青少年时期曾受到程、朱理学和正统汉学的教育,后来又接受了经世致用、倡言改革的近代今文经学的影响,并且"遍读各种译本西书",接受了西方资本主义思想文化的影响,逐渐形成了政治和思想上的改良主义体系。光绪十年(1884)所作《礼运注叙》,较详细地自述了他的思想发展变化过程。光绪十四年(1888),初至京师,上书建议变法,未达。光绪二十一年(1895)中日甲午战争清廷失败,清政府被迫签订《马关条约》,康有为联合各省赴京会试的举人一千三百馀人上书要求拒签和约,迁都抗战,变法图强(即所谓"公车上书")。同年,成进士,授工部主事,未就职。再次上书,并组织强学会,编印《中外纪闻》,鼓吹变法维新。光绪二十四年(1898),在北京成立保国会,并受到光绪帝召见,受命在总理衙门章京上行走,被特许专摺言事,促成"百日维新"。同年九月,戊戌政变发生,他逃亡出国。此后坚持改良主义立场,组织保皇会反对民主革命。辛亥革命后,主编《不忍》杂志,发表反对共和、保存国粹的言论,并任孔教会会长,制造复辟帝制的舆论。1917年参与张勋复辟活动,不久即失败。主要传记资料有《康南海自编年谱》及赵丰田编《康长素先生年谱稿》等。

康有为利用今文经学鼓吹变法改良,主要有两点,一是公羊家的"三世说",一是"孔子托古改制"说。他把公羊家所谓的"三世"作了新的解释,认为"据乱世"指君主专制,"升平世"指君主立宪政体,"太平世"指公产主义社会,即所谓理想的"大同世界"。所谓"孔子托古改制",即发挥公羊家"素王改制"之义,认为孔子为素王,亲作六经,假托古代圣王的名义来宣传自己的政治主张,因时改制,为后世立法。除了利用今文经学之外,还利用西方资产阶级的平等博爱思想,乃至空想社会主义的学说。总之,杂糅古今中外有关学说,附会解释古代文献,以构筑自己的思想体系。主要著作有《新学伪经考》、《孔子改制考》、《春秋董氏学》、《礼运注》、《中庸注》、《孟子微》、《论语注》、《大学注》、《戊戌奏稿》、《大同书》、《康南海先生诗集》等。

康有为是近代经今文学家的主要代表人物,他在古文献学上的特点主要有两方面:

(一)主观武断,强辨古文经之伪

康有为辨古文经之伪,主要集中于《新学伪经考》一书。此书写成于光绪十七年(1891)四月,在同年二月写成的《长兴学记》中已有"刘歆挟校书之权,伪撰古文,杂乱诸经"的说法。《新学伪经考》共分十四篇:《秦焚六经未尝亡缺考第一》、《史记经说足证伪经考第二》、《汉书艺文志辨伪第三上》、《汉书艺文志辨伪第三下》、《汉书河间献王、鲁共王传辨伪第四》、《汉书儒林传辨伪第五》、《汉书刘歆、王莽传辨伪第六》、《汉儒愤攻伪经考第七》、《伪经传于通学成于郑玄考第八》、《后汉书儒林传纠谬第九》(《说文序纠谬》附)、《经典释文纠谬第十》、《隋书经籍志纠谬第十一》、《伪经传授表第十二上》、《伪经传授表第十二下》、《书序辨伪第十三》(《尚书篇目异同真伪表》附)、《刘向经说足证伪经考第十四》。

关于撰写《新学伪经考》的目的,自序说:"吾为《伪经考》凡十四篇,叙其目而系之辞曰:"始作伪乱圣制者,自刘歆;布行伪经,篡孔统者,成于郑玄。……于是夺孔子之经以与周公,而抑孔子为传,于是扫孔子改制之圣法,而目为断烂朝报,六经颠倒,乱于非种,圣制埋瘗,沦于雾雾,天地反常、日月变色。……然提圣法于既坠,明六经于暗智,刘歆之伪不黜,孔子之道不著,吾虽孤微,乌可以已!"

　　关于怀疑古文经的发端和考辨过程,《汉书河间献王鲁共王传辨伪》前按说:"古学惑人最甚、移人最早者,莫若《汉书》。自马融伏东阁受读后,六朝、隋、唐传业最盛;二千年来,学者披艺受学,即便诵习,先入人心,积习生常,于是无复置疑者,古学所以坚牢不可破也。余读《史记》河间献王、鲁共王世家(按,见《史记·王宗世家》),怪其绝无献王得书、共王坏壁事,与《汉书》绝殊。窃骇此关六艺大典,若诚有之,史公何得不叙? 及读《儒林传》,又无《毛诗》、《周官》、《左传》,乃始大疑。又得魏氏源《诗古微》、刘氏逢禄《左氏春秋考证》,反复证勘,乃大悟刘歆之作伪。而卒无以解《汉书》也,以为班固校书,本从古学而然耳。今按葛洪《西京杂记》,谓'《汉书》本刘歆作,班固所不取不过二万许言',刘知几《史通·正史篇》亦谓'刘歆续《太史公书》',即作《汉书》也,盖葛洪去汉不远,犹见《汉书》旧本。乃知《汉书》实出于歆,故皆为古学之伪说,听其颠倒杜撰,无之不可,其第一事则伪造河间得书、共王坏壁也。后人日读古文伪经及《汉书》,重规叠矩,掩蔽无迹,故千载邈邈,群盲同暗室,众口争昼日,实无见者,岂不哀哉! 重之曰:歆造伪经,密致而工,写以古文体隆隆,托之河间及鲁共。兼力造《汉书》,一手掩群矇。金丝发变怪,百代争讧谲。校以《太史公》,质实绝不同。奸破复露,霾开日中。发得巢穴,具告童蒙。"《重刻新学伪经考后序》亦有类似的说明。其实康有为怀疑古文经,直接受了廖平的影响。廖平于光绪十二年(1886)著《今古学考》,谨守汉人家法,今古文并重而不相混。不久即改变观点,尊今而抑古:尊今而作《知圣篇》,谓六经皆孔子所作;抑古而作《辟刘篇》,谓古文经皆刘歆伪造。光绪二十年(1894)又著《古学考》,继续驳古文之伪。康有为《新学伪经考》本《辟刘篇》之意而发挥之,《孔子改制考》本《知圣篇》而发挥之。故梁启超《清代学术概论》第二十三节说:"有为早年,酷好《周礼》,尝贯穴之著《政学通议》,后见廖平所著书,乃尽弃其旧说。廖平者,王闿运弟子;闿运以治《公羊》闻于时,然故文人耳,经学所造甚浅,其所著《公羊笺》,尚不逮孔广森,平受其学,著《四译馆经学丛书》十数种,颇知守今文家法;晚年受张之洞贿逼,复著书自驳,其人固不足道,然有为之思想,受其影响,不可诬也。"

　　《新学伪经考》的主要观点是:古文经全系刘歆伪造,古文经学是为王莽篡汉服务的"新学",旨在湮乱孔子的微言大义。其主要论据有:第一,秦始皇焚书,六经未尝亡缺(博士所职之书不焚,汉初博士多为秦旧官,所职之书不亡),西汉今文十四博士所传,皆孔门足本,并无残缺。第二,《史记》记载无河间献王征求民间书及鲁恭王坏壁得书之事。第三,《史记》本无古文经说,其中古文经说及有关古文的记载,皆刘歆伪窜。第四,《汉书》本为刘歆所作,班固所不取仅二万言,歆在《汉书》编造有关古文经的记载,为其伪经张目。第五,刘歆为弥缝其作伪之迹,利用校书中秘之机,对有关古书多所羼乱。这样就全盘否定了传世的古文经传,从而动摇了现存的儒家经典。因此康此书屡遭清政府禁毁,并且受到保守派学者如叶德辉等的激烈抨击。从政治上看,此书在戊戌变法前后,曾起过进步舆论作用。但是当资产阶级民主革命开始后,就变成康有为保皇的舆论工具了。特别是在1917年张勋复辟时,更成为康有为提倡孔教、鼓吹复辟的舆论工具。从学术上看,此书在辨伪学上发生过破除迷信、解放思想的作用;对一些伪书(如《诗序》《书序》)的怀疑和驳难也能成立;此外还集中了比较丰富的有关今古文的材料:这些都是积极的成果。因此受到一些疑古学者的极力推崇,以致至今仍有影响。但是认为古文皆伪,并且为刘歆一手伪造,这一基本观点却是主观武断的。书中广徵博引,看起来根据充足,实际上论证大有问题。如康有为主要抓住《史记》与《汉书》的记载差异作文章,根据《史记》多采今文说,不见关于发现古文经的记载,《汉书》多采古文说,始有古文经发现的记载,于是认为《史记》可信,《汉书》可疑。其实《史记》《汉书》由于成书时代不同而反映西汉、东汉不同时期的不同学术思想及今古文学不同的政治地位,这是十分自然的事。与此相关,在记事上有不同侧重也是可以理解的。司马迁所在的西汉,今文经立于学官,古文经不被重视,因此他写《史记》,只能反映当时今文经占主导地位的实际情况,突出今文而忽略古文。至班固时,古文经的地位已经提高,因此他写《汉书》强调古文,加详记载,理所当然。实则《史记》中也并非没有关于古文经的记载(包括经说和有关史实,详本书第二章第三节),《太史公自序》也说,司马迁本人就曾向孔安国"问故"。近代今文家对此并不一概否认,如魏源《诗古微》就不否认《史记》中的《尚书》古文说。而康有为对此则一概视作刘歆所伪窜,认为刘歆不仅操着修《汉书》的大权,任意伪撰关于古文经的记载,而且利用校书中秘的机会,任意增窜《史记》有关古文的记载。这种说法是非常武断的,没有任何客观根据。首先,关于"《汉书》本刘歆作,班固所不取不过二万许言"的说法,仅见《西京杂记》,实为一孤证。《史通》虽也说刘歆续《太史公书》,但并未说班固《汉书》因刘歆所续而成。实则据历史记载和前人的考证,班固承其父班彪之业,修纂《汉书》。班固死时,尚有八表和《天文志》没有作成,八表由其妹班昭补作,《天文志》由其同郡人马续帮助班昭作成。《汉书》固有因袭刘歆著作的地方,如《艺文志》删略《七略》而成,《律历志》多采刘歆《三统历》等,凡此均明言之,绝非如葛洪所言,全书依刘歆《汉书》而成。康有为在《汉书刘歆王莽传辨伪》一篇中说:"此为歆传,大率本歆之自言也","今《汉书》、《律历》、《天文》、《五行志》皆歆之学,与诸古文经若合符节。月令、兵法亦然",也仅足说明《汉书》采刘歆之说,而不足以说明今传《汉书》依刘歆《汉书》而成。其次,康有为难以自圆其说。果如康所说,刘歆既操着修纂《汉书》的大权,又操着篡改《史记》的大权,为何不在关键的篇目内,如河间献王、鲁恭王的传记中,将《史记》、《汉书》在记载上的差异和矛盾弥缝起来,以致为自己留下"作伪的破绽"呢? 这是不可理解的。因此康有为的这种说法,当时就遭到反驳。朱一新《答康长素书》(《佩弦文存》卷上)所驳甚为有力。连康有为的弟子梁启超(曾参与助撰《新学伪经考》)也不能不"病其师的武断",《清代学术概论》第二十三节说:"实则此书大体皆精当,其可议处乃在小节目(按,此说尚可酌),乃至谓《史记》、《楚辞》经刘歆羼入者数十条,出土之钟鼎彝器,皆刘歆私铸埋藏以欺后世;此实为事理之万不可通者,而有为必力持之。实则其主张之要点,并不必借重于此等枝词强辩而始成立(按,此说亦可酌,实为重要论据);而有为以好博好异之故,往往不惜抹杀证据或曲解证据,以犯科学家之大忌,此其所短也。有为之为人也,万事纯任主观,自信力极强,而持之极毅;其对于客观的事实,或竟蔑视,或必欲强之以从我,其在事业上也有然,其在学问上也亦有然;其所以自成家数崛起一时者以此,其所以不能立健实之基础者亦以此;读《新学伪经考》而可见也。"他"时复不慊于其师之武断,后遂置不复道"(同书第二十五节),"启超自三十以后,已绝口不谈'伪经'"(同书第二十六节),这是科学的态度。但时隔七年之后,梁氏在《古书真伪及其年代》的讲义中,又全盘肯定了康有为的辨伪成就,认为《新学伪经考》"把西汉迄清今古文之争算了一个总账,认为西汉新出的古文书全是假的。承刘、魏之后而集其大成,使古书的大部分如《周礼》、《左传》、《毛诗》、《毛诗传》和刘歆所改窜的书根本动摇。"其实,这是不符合实际情况的。王国维写有多篇考证古文经的文章(见《观堂集林》),除了揭示历史真相的目的之外,也当有针对《新学伪经考》而为古文经辨诬的用意。

(二)尊崇公羊学,在群书校释上穿凿附会

康有为认为古文经皆伪,一概排斥。他所整理、所研究的范围仅限于今文诸经,凡遇到今古文争论的问题,一概以今文为准。

今文学的核心是公羊学,汉代如此,近代亦如此。康有为也不例外,他不仅借《公羊传》及何休注来发挥公羊学的思想,而且著有《春秋董氏学》一书,"因董子以通《公羊》,因《公羊》以通《春秋》,因《春秋》以通六经,而窥孔子之道本"(《春秋董氏学自序》)。此书分《春秋恉第一》、《春秋例第二》、《春秋礼第三》、《春秋口说第四》、《春秋改制第五》、《春秋微言义第六上》、《春秋微言义第六下》、《传经表第七》、《董子经说第八》诸篇，除第七篇为董仲舒传《春秋》表外，其馀诸篇皆按题义分小目类纂《春秋繁露》的有关资料，并随加按断以发明孔子的微言大义。此书在发明董仲舒《春秋》说方面颇有参考价值。但在"因董子以通《公羊》，因《公羊》以通《春秋》，以《春秋》以通六经，而窥孔子之道本"诸推导方面颇多主观附会，如卷一"为善不法不取不弃"条所引《春秋繁露·玉英》文后按说："《春秋》义分三世，与贤不与子是太平世。若据乱世则与正而不与贤。宣公在据乱世时而行太平世之义，不中乎法，故孔子不取。所谓王法，即素王据乱世之法，《史记》谓'垂空文以断礼义，当一王之法'是也。"又如卷二"王鲁（亲周故宋附）"条引《春秋繁露·三代改制》文后按说："《诗》有三颂，《周颂》、《鲁颂》、《商颂》，孔子寓亲周、故宋、王鲁之义，不然鲁非王者，何得有颂哉？自伪《毛》出而古义湮，于是此义不复知。惟太史公《孔子世家》有焉。公羊传《春秋》托王于鲁，何注频发此义，人或疑之，不知董子亦大发之。盖《春秋》之作在义不在事，故一切皆托，不独鲁为托，即夏、商、周之三统亦皆托也。"又如同条引《春秋繁露·楚庄王》文后按说："三世为孔子非常大义，托之《春秋》以明之。所传闻世为据乱，所闻世托升平，所见世托太平。乱世者，文教未明也。升平者，渐有文教小康也。太平者，大同之世，远近大小如一，文教全备也。大义多属小康，微言多属太平，为孔子学当分二类乃可得之，此为《春秋》第一大义。自伪《左》灭《公羊》而《春秋》亡，孔子之道遂亡矣。"以上以《公羊》发挥之义即孔子之义，以《公羊》"三代改制"之义即《诗经》有三颂之义，以何休之义即董仲舒之义，皆属牵强附会。实际两两各别，不可任意牵合，参见本书第二章第二节。

康有为发挥《春秋》微言大义之作还有《春秋笔削大义微言考》（作于光绪二十七年，1901）。此书不仅通过《公》、《穀》、董、何、刘向之说，而且通过无传无说处的经文遍考《春秋》中的微言大义，把《春秋》义例之说附会到无以复加的程度，并且为我所用，比附现实世界，倡言变法改良。

康有为不仅发挥《春秋》公羊学的微言大义，还援公羊说以释五经四书。朱一新《佩弦文存》卷上《复长素第四书》说："刘申受、宋于庭之徒援《公羊》以释四子书，恣其胸臆，穿凿无理。"康有为继承刘逢禄、宋翔凤的做法，有过之而无不及。

光绪二十二年（1896）所作《孔子改制考》便是有关这方面的纲领性著作，它把"改制"的思想贯穿先秦诸子及六经之中，其篇目为：《上古茫昧无稽考第一》、《周末诸子并起创教考第二》、《诸子创教改制考第三》、《诸子改制托古考第四》、《诸子争教互攻考第五》、《墨老弟子后学考第六》、《儒教为孔子所创考第七》、《孔子为制法之王考第八》、《孔子创儒教改制考第九》、《六经皆孔子改制所作第十》（纬附）、《孔子改制托古考第十一》、《孔子改制法尧舜文王考第十二》、《孔子改制弟子时人据旧制问难考第十三》、《诸子攻儒考第十四》、《墨老攻儒尤盛考第十五》、《儒墨交攻考第十六》、《儒攻诸子考第十七》、《儒墨最盛并称考第十八》、《鲁国全从儒教考第十九》、《儒教遍传天下战国秦汉间尤盛考第二十》、《武帝后儒教一统考第二十一》。他认为"六经以前，无复书记"，"三代文教之盛，实由孔子推托之故，故得一孔子，而日月光华，山川焜耀"（《上古茫昧无稽考》）。他引今文家及纬书之说，认为六经皆孔子所作（集中于卷九、卷十）。康有为证六经为孔子所作，不仅引证之资料可疑（如多今文家及纬书之臆说），而且对一些资料多作附会解释，强人就我，因此结论是难以成立的。

此外还有注释校勘之作，如早年（光绪十年）所作《礼运注》，借注《礼记·礼运》发挥"三世"说及大同思想（按钱穆《中国近三百年学术史》第十四章考证《礼运注》"为与其为《四书新注》相先后"，可备一说，尚难成定论）。又如四书新注：《中庸注》（作于光绪二十七年）、《孟子微》（同上）、《论语注》（作于光绪二十八年）、《大学注》（同上），把"三世"说及"改制"的思想贯穿于四书之中。这些书以注释为主，校勘为辅。

注释中虽不排斥采用旧说，但以借题发挥为主，而且往往牵连比附，杂古今中外于一炉。如《礼运注叙》所说包含"孔子三世之变"及"大同小康之道"思想的《礼运》明"古今进化之故"，乃"万国之无上宝典"。又如注《中庸》，在"王天下有三重焉，其寡过矣乎"句下用"三统"附会"三重"，曲解《中庸》之义："重，复也。三重者，三世之统也。孔子之法，务在因时，当草昧乱世，教化未至，而行太平之制，必生大害；当升平而仍守据乱，亦生大害也。譬之今当升平之时，应发自主自立之义，公议立宪之事，若不改法，则大乱生。人情蔽所习，安于一统一世之制，见他制即惊议之，此所以多过也。若知孔子三重之义，庶几不至悲忧眩视乎！"又如注《孟子》"不忍人之心"曰："不忍人之心，仁也，电也，以太也。人人皆有之，故谓人性皆善。"注国君进贤杀不肖询及国人，"然后可以为民父母"曰："此孟子特明升平授民权、开议院之制，盖今之立宪体君民共主法也。今英、德、奥、意、日（按，衍文）、葡、比、荷、日本皆行。"注"民为贵，社稷次之，君为轻"曰："此孟子立民主之制太平法也。……众民所归乃举为民主，如美、法之总统。……今法、美、瑞士及南美各国皆行之，近于大同之世，天下为公，选贤与能也。"《大学注》也多类此附会，借以发明孔子"三世之义"、"太平之道"，以期推行于现实。

《论语注》不仅注释中多附会，校勘中亦多穿凿。自序认为《论语》"为曾门后学辑纂"，"不足以尽孔子之学"，"性与天道非常异义"不传，"圣仁之大道"尽掩。其后，"曾门之真书亦为刘歆之伪学所乱，而孔子之道益杂矣。晋何晏并采九家，古今杂沓，益无取焉。有宋，朱子后千载而发明之，其为意至精勤，其诵于学官至久远。盖千年以来，实为曾、朱二圣之范围焉。惜口说既去，无所凭藉，上蔽于守约之曾学，下蔽于杂伪之刘说，于大同、神明、仁命之微义皆未有发焉。昔尝为注，经戊戌之难而微矣。避地多暇，不揣愚昧，谬复修之。僻陋在夷，无从博徵，以包、周为今学，多采录之，以存其旧。朱子循文衍说，无须改作者，亦复录之。郑玄本有今学，其合者亦多节取。后儒雅正精确者，亦皆采焉。其经文以《鲁论》为正，其引证以今学为主，正伪古之谬，发大同之渐。其诸本文字不同，折衷于石经。其众石经不同者依汉，无则从唐，或从多数。虽不敢尽得其真，然于孔学之大，人道之切，亦庶有小补云尔。"由此可见康有为校注《论语》的宗旨。此书无论注还是校，皆比其他几种新注之作为详。其注"以今学为主"，难免褊狭。至于发挥微言大义，跟他书一样，牵引《公羊》，比附西方，类多臆说。例如解《雍也》"子见南子"章说："旧俗男女相见，君夫人礼宾，如今泰西仪。自阳侯杀缪侯而娶其夫人，故大飨废夫人之礼，自是男女别隔。孔子以人权各有自立，大同固可相见，盖特行之，故见南子。子路习闻小康之制，以为男女不当见，尤疾淫乱之人，因疑怪孔子。盖笃守小康者，见大同之举动无不怪也。旧注以为疑，亦泥于小康之道，故不能明。盖圣人踪迹兼于三世，故上下无常非为邪，进退无恒非离群，故曰圣而不可测之谓神。子路、朱子皆未之测，何况馀子！"解《宪问》"管仲相桓公霸诸侯……微管仲吾其被发左衽矣"说："霸者，有天下之别名，但未一统，革命废王，如希腊之代兰得、日本之大将军耳。法之拿破仑似之，即德之该撒，受封教皇，亦为霸耳。观鲁朝贡于晋，而不朝贡于周可见，盖封建之世有此体，后世无之。今普为德联邦盟主，礼与联邦平等，而称该撒，真春秋之制也。……文明教化，乃公共进化所关，一乱则不可复。若刘、石之陷洛阳，隋之破金陵，金之入汴，匈奴之入罗马，突厥之入君士坦丁，均于文明有损，为天下之公罪。有捍卫之者，亦为天下之公功。'微管仲'之言，称许之至，亦保爱种族文明之至。宋贤妄攻管仲，宜至于中原陆沉也。"解《卫灵公》"无为而治"章说："舜任官得人，故无为而治。盖民主之治，有宪法之定章，有议院之公议，行政之官，悉由师锡，公举得人，故但恭己,无为而可治。若不恭己,则恣用君权,挠犯宪法,亦不能治也。故无为之治,君无责任,而要在恭己矣。此明君主立宪及民主责任政府之法,今欧人行之,为孔子预言之大义也。"由此可见其为我所用,借题发挥之一斑。其校唯今文是从,即其误亦不惜曲徇,如《述而》:"子曰:加我数年,五十以学《易》,亦可以无大过矣。"说明孔子晚年学《易》,以期知天命而免过(详本书第一章第二节)。而康有为执从《鲁论》之文,作"加我数年,五十以教,亦可以无大过矣",注云:"汉外黄令高彪碑'恬虚守约,五十以教',正从《鲁》读之句读,则汉人《论语》本无学《易》之说至明。经传易改,碑文难窜乱也。《说文》:'教,觉悟也。'盖为学孜孜,望有豁然证悟之一时,乃不致终身误入,而后可以无大过矣。……《史记》:'孔子晚而喜《易》,读《易》韦编三绝,曰:假我数年,若是我于《易》则彬彬矣。'未审是《齐论》否?或亦刘歆所窜。若今本《论语》作'加我数年,五十以学《易》,可以无大过矣',此为刘歆《古文论语》窜改。今考《史记·孔子世家》编此章在自卫反鲁删《诗》、《书》,定《礼》、《乐》之后,作《春秋》之前,朱子以为年将七十,此言五十,则与《世家》说无关,足证其为刘歆窜改傅会之伪。"按此说非,《史记·孔子世家》在生平材料的编次上多主观臆测,不足为据。康有为既怀疑《史记》为刘歆所窜,又援朱熹据"所窜"之文对《古文论语》文字的怀疑,认定《古文论语》为刘歆"窜改傅会之伪",其论据和论证都是难以成立的。更有甚者,康有为竟在校勘上用主观武断之臆改,以证自己穿凿附会之臆说,如"天下有道,则庶人议"句,康校曰:"今本有不字,衍,据旧本改定。"注曰:"大同天下为公,则政由国民公议,盖太平制有道之至也。此章明三世之义,与《春秋》合。惟时各有宜,不能误用,误则生害,当其宜皆为有道也。《洪范》称'谋及庶人',庶人从谓之大同。……若如今本'庶人不议',则专制防民口之厉王为有道耶?与群经义相反,固知为衍文之误也。或后人妄增。"其实这种校定并无旧本根据,纯属臆造。至于注,不仅附会义理,而且穿凿训诂,其实这里的"议"指非议,而不是指谋议。

由此可见,康有为的几种新注,实为借题发挥的义理之作,而非古文献学方面的科学校注之作,它们虽有一定的思想意义,但没有学术价值。

在近代今文家中,康有为与龚、魏不同。龚、魏虽然借今文说议政,但在学术上又多有建树。康有为的著作以考辨、校注为主,形式上学术性很强,但骨子里却为政论。因此,学术只不过是一个幌子,并无多少货真价实的成就。

第十三节　俞樾　孙诒让

近代今文经学虽曾一度兴起,但在古文献学方面占主导地位的仍是清代考据学派所宗尚的古文经学传统。在清朝末年继高邮王氏之学而崛起的有两个人,这就是俞樾和孙诒让,他们是当时考据学者的突出代表。

俞樾(1821—1906),字荫甫,号曲园,浙江德清人。道光三十年(1850)进士,改庶吉士。咸丰二年(1852)授编修。后又任河南学政,咸丰七年(1857)免官归(晚年又复原官),次年侨寓苏州,潜心读书著述。先后主讲苏州紫阳、上海求志、德清清溪、归安龙湖等书院。主讲杭州诂经精舍历时最久,达31年。弟子中有不少人成就为著名的学者,如黄以周、朱一新、吴承志、章炳麟等。俞樾的文才学问曾受到曾国藩的赏识,与孙诒让学术交往甚密。《续碑传集》卷七五有传。另章炳麟撰有《俞樾传》(见《章氏丛书初编·太炎文录》),周云青、陈乃乾分别撰有《俞曲园先生年谱》。

俞樾自幼受到传统经学的教育,后曾受学于陈奂,并通过宋翔凤接受了庄存与的《公羊》学。咸丰八年(1858)读高邮王氏《读书杂志》、《广雅疏证》、《经义述闻》诸书,咸丰十一年(1861)又借得《皇清经解》半部读之,受到乾嘉考据学的深刻影响。平生以治经、子、小学为主,尤其服膺高邮王氏,宗而法之。俞樾一生著作甚富,编成《春在堂全书》。其中成就最高的是《群经平议》、《诸子平议》、《古书疑义举例》,都是古文献学专著。此外,《著书馀料》、《俞楼杂纂》、《曲园杂纂》、《读书馀录》中也有不少校读诸子的札记,被李天根辑编为《诸子平议补录》,计二十种。其他如《第一楼丛书》中的《易贯》、《玩易篇》、《论语小言》、《春秋名字解诂补义》、《儿笘录》、《湖楼笔谈》等,《曲园杂纂》中的《艮宦易说》、《达斋书说》、《达斋诗说》、《达斋春秋论》、《达斋丛说》、《荀子诗说》、《何劭公论语义》、《士昏礼对席图》、《乐记异文考》、《生霸死霸考》、《春秋岁星考》、《卦气直日考》、《七十二候考》、《左传古本分年考》、《春秋人地名对》、《邵易补原》等,《俞楼杂纂》中的《易穷通变化论》、《周易互体徵》、《八卦方位说》、《卦气读考》、《诗名物证古》、《礼记郑读考》、《礼记异文笺》、《郑康成驳正三礼考》、《九族考》、《玉佩考》、《丧服私论》、《左传连珠》、《论语郑义》、《续论语骈枝》、《论语古注择从》、《孟子古注择从》、《孟子高氏学》、《孟子缵义》、《四书辨疑辨》、《群经賸义》、《庄子人名考》、《楚辞人名考》、《骈枝》、《读枝辑词》、《广雅释诂疏证拾遗》等。虽单卷小作,皆有补于经、子、小学。

俞樾在古文献学上的成就主要有以下几点：

（一）重视文字、音韵、训诂之学，以小学治书

俞樾以高邮王氏之学为宗，重视文字、音韵、训诂，以小学校释古书。《群经平议自序》说："本朝经学之盛，自汉以来未之有也。余幸生诸老先生之后，与闻绪论，粗识门户。尝试以为治经之道，大要有三：正句读，审字义，通古文假借，得此三者以治经，则思过半矣。……三者之中，通假借为尤要。诸老先生惟高邮王氏父子，发明故训，是正文字，至为精审，所著《经义述闻》，用汉儒读为、读曰之例者居半焉。或者病其改易经文，所谓焦明已翔乎寥廓，罗者犹视乎薮泽矣。余之此书窃附王氏《经义述闻》之后，虽学术浅薄，倘亦有一二言之幸中者乎。"自著《春在堂全书录要·群经平议》也说："余治经以高邮王氏为宗，其大要在正句读，审字义，通古文假借，是书窃附王氏《经义述闻》之后。"

俞樾在文字方面，墨守《说文》，祖述许氏。《文庙祀典议》说："义理存乎训诂，训诂存乎文字。无文字是无诂训也，无诂训是无义理也。然则文字所系顾不重欤？汉太尉南阁祭酒许慎，生东汉中叶，去古稍远，俗儒或诡更正文以耀于世，慎学于贾逵，从受古学，著《说文解字》十四篇，五百四十部，九千三百五十三文，叙篆文，合以古、籀，使学者得以考见六书之原，因文字而通训诂，因训诂而明义理，厥功甚巨。其称《易》孟氏、《书》孔氏、《诗》毛氏、《礼周官》、《春秋》左氏、《论语》、《孝经》，皆古文也。凡古文旧说散失无传者，赖其书犹存什一。郑康成注《礼》，尝徵引之。郑之于许，年代未远，而其书已为郑所刺取。慎又著《孝经孔氏说》及《五经异义》，是其贯通经学，著述非一。而《说文解字》一书尤为言小学者所宗，士生今日，而欲因文见道，舍是奚由哉？"（《宾萌集》四）《学校祀仓颉议》在历数先秦至汉的小学著作之后，亦突出许慎，谓"至许慎《说文解字》，为言小学者所祖，俾学者因文字而通训诂，因训诂而通义理，厥功甚巨，当从祀文庙，故不列于此。"（同上）因此俞樾考定文字以《说文》为据，说见《宾萌集》四《考定文字议》。考定文字，以《说文》为据，有积极的一面，因为《说文》无论对研究汉字，抑或整理古籍，都有重要的参考价值。但是《说文》也有局限和错误，俞樾这里认为《说文》所叙皆为本字，所释皆为本义，实则未必尽是。其晚年所作《〈儿笘录〉录要》说："古圣人创造文字之精意，其存什一于千百者实赖许氏《说文解字》一书，然许君生东汉时，去圣久远，于字之本义未必悉得。"看法就比较全面了。另外，他拘守《说文》，不承认文字在使用过程中约定俗成的变化，也未免有泥古之嫌。所幸他并不坚持用这样的原则来改古书，还算通达。

俞樾拘守《说文》，还表现在对古文字研究的忽视。他不据商、周铜器铭文来考文字，认为后世假托为之，所信只限于秦、汉碑铭，这也是一个局限，既影响对《说文》的突破，又影响用小学校释古书的水平。这一局限后为其弟子章炳麟所沿袭。

（二）校释经、子，成果颇富

俞樾研读经书和先秦诸子，写成两部有关经子群书的校释札记：《群经平议》和《诸子平议》，堪与王念孙《读书杂志》、王引之《经义述闻》相媲美。

《群经平议》包括《周易》二卷、《尚书》四卷、《周书》一卷、《毛诗》四卷、《周礼》二卷、《考工记世室重屋明堂考》一卷、《仪礼》二卷、《大戴记》二卷、《小戴记》四卷、《春秋公羊传》一卷、《穀梁传》一卷、《左氏传》三卷、《春秋外传国语》二卷、《论语》二卷、《孟子》二卷、《尔雅》二卷。如前所引述，自称此书"窃附王氏《经义述闻》之后"。《诸子平议》包括《管子》六卷、《晏子春秋》一卷、《老子》一卷、《墨子》三卷、《荀子》四卷、《列子》一卷、《庄子》三卷、《商子》一卷、《韩非子》一卷、《吕氏春秋》三卷、董子《春秋繁露》二卷、《贾子》二卷、《淮南内篇经》四卷、扬子《太玄经》一卷、扬子《法言》一卷，《诸子平议录要》说："是书继《群经平议》而作，窃附王氏《读书杂志》之后。"另李天根所辑《诸子平议补录》包括《鶡子》、《邓析子》、《孙子》、《文子》、《公孙龙子》、《鹖冠子》、《盐铁论》、《潜夫论》、《论衡》、《中论》、《抱朴子》、《文中子》、《鬼谷子》、《新语》、《说苑》、《韩诗外传》、《吴越春秋》、《越绝书》、《山海经》、《楚辞》，《录要》说："并足补《诸子平议》所未及。"章炳麟《俞樾传》对这两部书有恰当的评价，说："依高邮王氏律令，成《群经平议》以剟《述闻》，又规《杂志》作《诸子平议》。……治群经不如《述闻》，谛诸子乃与《杂志》抗衡。"

两《平议》以校、释为主要内容。

关于注释，尤以精通训诂见长，表现有三：

第一，明假借。前面已经提到，俞樾在总结高邮王氏父子的经验时，很强调明假借，视为治经三要领之一。他自己是非常自觉运用这一经验的，甚忌"拘文牵义"或"望文生训"。例子随处可见，谨举数则：

> 《群经平议》卷一《周易·归妹》："其君之袂不如其娣之袂良"（六五），注曰："袂，衣袖，所以为礼容者也。"《集解》引虞翻曰："兑为口，乾为衣，故称袂。"樾谨按，此皆拘文牵义，未足以说《易》也。《说卦传》曰："《震》为决躁"，又曰："《兑》为附决"，此两"决"字，即《归妹》爻辞两"袂"字。因"其君之决"、"其娣之决"不成义，故变而称袂，声近而义通也。《说文·水部》："决，行流也。"是"决"有行义。《传》曰："以贵行也。"此

行字正解经文袂字，可知"袂"之当为"决"矣。君者《震》也，君固《乾》象，而《震》得《乾》之初爻，是谓帝出乎《震》，故亦得称君。"君之袂"，犹言《震》之决也。娣者兑也。《兑》为少女，故称娣。"娣之决"，犹言《兑》之决也。《震》二之《兑》五成《归妹》，是《归妹》六五即《震》六二，所谓其君之袂也。《兑》五之《震》二亦成《归妹》，是《归妹》九二即《兑》九五，所谓"其娣之袂也"。然以《震》二之《兑》五，则不当位矣，故曰"其君之袂不如其娣之袂良"，犹言以《震》二行而之《兑》五而成《归妹》，不如以《兑》五行而之《震》二而成《归妹》也。袂犹决也，决者行也。凡《易》之词，大率如此，善学者从声音训诂以求《易》，则思过半矣。

此例不限于一般假借，尚含有谐音双关的意思。又如：

《诸子平议》卷一《管子·幼官》："立四义而毋议者"，樾谨按，"议"读为俄。《说文·人部》："俄，行顷也。"《广雅·释诂》："俄，衺也。"是俄有倾邪之意。《管子》书或以"义"为之，《明法解》曰："虽有大义，主无从知。"大义即大姦也，是以"义"为"俄"也。此文又以"议"为之。立四义而毋议，即立四义而毋俄，谓不倾邪也。尹注以无异议说之，未达假借之旨。又卷二八《新书·君述》："镜仪而居"，樾谨按，仪读为俄。《诗·宾之初筵》："侧弁之俄"，传曰："俄，倾貌。"《广雅·释诂》曰："俄，衺也。"凡人置镜必稍倾衺之，然后可以自鉴，故曰镜俄而居也。

第二，求古义。除明假借之处，俞樾还把"审字义"视为治古书三要领之一。今义人们较习熟，而古义往往生僻，俞樾于审字义中尤其强调求古义，力戒以习见义释古义，牵强附会。例如：

《群经平议》卷三《尚书·尧典》："光被四表"，枚氏《传》曰："故其名闻充溢四外。"樾谨按，"光被四外"，甚为不辞。《诗·噫嘻篇》正义引郑注曰："言尧德光耀，及四海之外。"然经文但曰四表，不曰四海之表，增字释经，亦非经旨。今按僖二十八年《左传》："表里山河"，表、里皆以衣为喻，是故四表犹四裔也。《说文·衣部》："表，上衣也。从衣从毛。古者衣裘以毛为表。"又曰："裔，衣裾也。"是"表"与"裔"本义皆属衣，以其在极外而言，则曰四表，犹衣之有表也。以其在极末而言，则曰四裔，犹衣之有裔也。《文选·西都赋》曰："表以太华，终南之山，带以洪河，泾渭之川。"表、带并言，得古义矣。

这里"表"之古义即其本义，因本义不明，比喻义遂晦，漫用引申义解之，故造成增字释经之嫌。又如：

> 《诸子平议》卷一《管子·形势》："飞蓬之问，不在所宾"，樾谨按，尹注曰："蓬飞因风动摇不定，喻二三之声问，明主所不宾敬。"此未达问字之义也。问，犹言也。《广雅·释诂》："言，问也。"言为问，故问亦为言。飞蓬之问，犹飞蓬之言也。《形势解》曰："无仪法程式，蚩摇无所定，谓之蚩蓬之问，蚩蓬之问，明主不听也；无度之言，明主不许也。"然则蚩蓬之问，即无度之言，问字之义，于此可见矣。

按问字训言，为不习见之古义，尹注未达此训，故释有误。

第三，审辞气，正句读。在本书第五章《朱熹》一节中，曾引及杨树达关于"训诂之学，明义诂为首要矣，而尤贵乎审辞气"的话，这是对前人和自己经验的总结。宋人善于审辞气，乾嘉考据家如高邮二王也注重审辞气。俞樾也是如此，他把"正句读"列为读古书三要领之一，而正句读不仅与明义诂有关，更与审辞气有关。俞樾善于辨审句读，例子也不少，如：

> 《群经平议》卷五《尚书·康诰》："非女封刑人杀人无或刑人杀人非女封又曰劓刵人无或劓刵人"，樾谨按，释此经者皆以"刑人杀人"与"劓刵人"为对文，"又曰"二字遂不可解。夫劓刵人即刑人也，本非对举之辞。当读"非女封刑人杀人"为句，"无或刑人杀人非女封"为句，言非女封手自刑人、手自杀人也，然凡刑人杀人无非女封，为政不可不慎也。"又曰"之"又"，读为有，"有曰劓刵人，无或劓刵人"者，言人告女曰：此人当劓，则人当刵，则有之矣，然劓之刵之，仍由女封，他人无得而劓之，无得而刵之也。刑人如此，杀人从可知，举轻以见重，正申明无或刑人杀人非女封之意。下文云："又曰要囚服念五六日至于旬时，丕蔽要囚。""又"亦当读为有，言人有曰要囚女必服念至旬时，然后丕蔽要囚也。与"又曰劓刵人，无或劓刵人"两文一律。

又如：

> 《诸子平议》卷一一《墨子·经说下》："惟是当牛马数牛数马则牛马二数牛马则牛马一"，樾谨按，"惟是当牛马"绝句，"数牛数马则牛马二"，谓分牛马而数之也。"数牛马则牛马一"，谓合牛马而数之也。毕读"惟是当牛马数"为句，失之。
>
> 又同篇："景光至景亡若在尽古息"，樾谨按，此当读云"景（句），光至景亡（句），若在尽古息"。盖句首"景"字，举经文而说之。"光至景

亡”者，谓所以有景，由无光也。下文曰：“足敝下光，故成景于上，首敝上光，故成景于下”是也，光之所至则景亡矣。“若在尽古息”，又与上句反复相明，言景若在，则光尽古息也。尽古，犹终古也。《考工记》：“则于马终古登阤也”，《庄子·大宗师篇》：“终古不忒”，是“终古”为古人恒言。《释名·释丧制》曰：“终，尽也。”故“终古”亦曰“尽古”也。毕读皆误。

在训诂方面，俞樾也有差错，主要是率意通假，如：

《诸子平议》卷二《管子·大匡》：“鲁邑之教，好迩而训于礼”，樾谨按，迩当读为爾。《说文·㸚部》：“爾，丽爾，犹靡丽也。”然则鲁国好爾，谓丽爾也。正靡丽之意。尹注曰：“迩，近也。”未得其义。

按“迩”固可通“爾”，但“爾”不等于丽爾。丽爾为联绵词，不可单举一字成词。《说文》释联绵词，一概先举其中一字，然后列出整个联绵词作释，此为通例。但这种通例仅属于《说文》一书，实际语言中绝无如此使用联绵词的情况。此类情况尚有，不一一列举。

关于校勘，俞樾也善于综合使用各种校法，尤其长于以小学校书，特别是据文义进行理校，因此多所发明。例如：

《诸子平议》卷一《管子·立政》：“五乡之师出朝，遂于乡官，致于乡属，及于游宗，皆受宪”，樾谨按，王氏引之曰：“致于乡属，于字衍文。”然此实非只衍一于字也。“遂于乡官”句，衍乡字；“及于游宗”句，亦衍于字。《管子》原文当云：“遂于官，致乡属，及游宗，皆受宪。”官，古馆字。《周易·随·初九》：“官有渝。”《释文》曰：“官，蜀才本作‘馆’。”盖“官”“馆”古今字也。官字从宀从𠂤。宀，交复深屋也。𠂤，犹众也。以屋复众，是“官”之本义为馆舍字也，官司者，其引申之义。本义为引申义所夺，乃别制从食之馆字。《说文》𠂤部有“官”，食部有“馆”，歧而二之，殆非矣。故古书每以“官”为“馆”，《礼记·曲礼篇》：“在官言官”，郑注曰：“官，谓版图文书之处。”《玉藻篇》：“在官不俟屦”，注曰：“官，谓朝廷治事处。”皆即馆字也。此文官字亦然。“遂于官致乡属及游宗皆受宪”，言五乡之师出朝，遂于馆舍之中致乡属及游宗，而受宪焉。下文曰：“宪既布，乃致令焉。”尹注曰：“致令于君。”夫受宪之后，即致令于君，则未反其乡，可知所谓官者，即在国中，不得有乡字明矣。后人不达官字之义，疑“遂于官”三字未足，妄增乡字，又疑乡官、乡属为对文，乡官上有于字，乡属上亦不得无于字；两句既皆有于字，则“及游宗”三字文不成义,亦不得无于字,转展相加,遂成此误矣。又按《戒篇》曰:"进二子于里官",尹注曰:"里官,谓里尉也。齐国之法,举贤必自里尉始,故令里官进二子,将旌别而用之。"夫管仲、隰明,皆国之大臣,乃令里官进之,不亦亵乎?且果如此,当云"令里官进二子",不当云"进二子于里官",尹注非也。官,亦即馆字,里字亦后人不得其义而妄加也。此所谓官,正郑君注《玉藻》所谓朝廷治事处者。桓公进二子于官,再拜顿首,诚重之也。后人不达古训,率意增益,或为乡官,或为里官,大笑可矣。

又如:

> 《诸子平议》卷二《管子·大匡》:"桓公使鲍叔识君臣之有善者",樾谨按,王氏念孙《读书杂志》曰:"君当为群。"其说非也。《乘马篇》曰:"士闻见博学意察,而不为君臣者",又云:"贾知贾之贵贱,日至于市,而不为官贾者","工治容貌功能,日至于市,而不为官工者"。君臣与官贾、官工并称,则君臣犹言公臣耳。襄二十九年《传》:"公臣不取,取于家臣。"古君、公通称,则公臣、君臣亦得通称。又《问篇》曰:"君臣有位而未有田者几何人",义亦同此。古盖有"君臣"之称,未可臆改也。

以上二例据字义、词例等补正前人之说,颇有见地。

乾嘉学者,特别是高邮王氏父子,颇重他校,创获甚多,但往往难免妄据他书改本书之弊。俞樾很注意总结这方面的经验教训,在使用他校时比较谨慎,对他书引文能注意辨析,对前人据他书轻改之病也能注意纠正,例如:

> 《诸子平议》卷一《管子·乘马》:"是故百货贱,则百利不得,百利不得,则百事治",樾谨按,《太平御览·资产部》引此文,作"百利得",乃后不得其义而臆改也。《管子》之意,本谓百货贱则百利不得,于是人人竭其智力以求利,而百事反因之治。下文云:"是故事者生于虑,成于务,失于傲。不虑则不生,不务则不成,不傲则不失",正申说此文之义。百利不得,则谋虑从此出,事之所以生也;又不得不尽力于所当务,事之所以成也。若百利皆得,则转以轻傲而失之矣。后人不达此旨,疑百利不得,何以百事能治,遂妄删不字。然货贱何以得利?其说殊不可通。孙氏星衍、王氏念孙反以为是,由未详绎下文故耳。

此例不仅充分说明俞氏对他校的审慎,也说明他重视抽绎本文文义,据以校勘的特点。又如卢文弨校贾谊《新书》,多据《汉书》略引之文以改贾谊本书,俞樾已发现此弊,并加以纠驳:

《诸子平议》卷二七《新书·宗首》："且谓天何,权不甚奇而数制人,岂可得也",樾谨按,吉府本、建本并有此十六字,在"岂有异秦之季世乎"句下,当从之。"且谓天何",四字为句。天即天时也。上云:"时且过矣,上弗蚤图",故此曰:"且谓天何,权不甚奇而数制人",八字为句。奇之言奇羡也,奇赢也,《史记·货殖传》曰:"时有奇羡",《汉书·食货志》曰:"操其奇赢",是其义也。言汉与诸侯王,比权量力,亦不甚奇赢,而欲诸侯王数数受其制,岂可得也? 此乃《贾子》原文,班固删去之,而后人依《汉书》以删《贾子》,故潭本无此十六字。卢氏谓其不成文理,从潭本削去,是读《汉书》,非治《贾子》也!

这里言之成理,持之有故,"是读《汉书》,非治《贾子》",一语破的,甚中卢氏妄据《汉书》引文,乱改《新书》本文之弊。

俞樾在校勘上也有臆断者,如《群经平议》卷一《周易·睽·二六》:"'其人天且劓',《释文》引马云:'剠凿其额曰天。'《集解》引虞翻曰:'黥额为天。'樾谨按,《易》凡言天者,大率为乾、为阳,此乃以为剠额之名,不亦异乎? 马、虞之说皆非也。'天'疑兀字之误。《说文·足部》:'趴,断足也。'重文跀,曰:'趴或从兀。'《庄子·德充符篇》有兀者,《释文》曰:'李云:刖足曰兀。'盖即'跀'之省也。'其人兀且劓',犹《困·九五》曰:'劓刖也。'古文'天'作'兀',见《玉篇》,故'兀'误为'天'矣。"按,天字不误,程颐《易传》云:"天,髡首也。"

(三) 总结规律,归纳条例

俞樾继承乾嘉学者、特别是高邮王氏父子的优良传统,非常注意总结古书校释等方面的规律。在归纳条例方面,作有《古书疑义举例》专著,无论就数量而言,抑或就质量而言,均胜过前人。

《古书疑义举例》是作者《第一楼丛书》中的一种,此书是在校读群书的基础上,归纳条例,内容涉及古书的文法、修辞、词例、文字、训释、校勘、句读等方面,是阅读、整理古籍、研究古代汉语的一部重要参考书。全书"凡为例者八十有八,每一条各举数事以见例"(《春在堂全书录要·古书疑义举例》)。其属于文法、修辞、词例、字义、句读、押韵等有 56 例,属于校勘的有 32 例,颇具规律性,可见用心之精细。值得指出的是,俞樾已掌握一定的现代语法知识,如"实字活用例",实际已涉及汉语词类活用的问题:

宣六年《公羊传》:"勇士入其大门,则无人门焉。"上门字,实字也;下门字,则为守是门者也。襄九年《左传》:"门其三门。"下门字,实字也,上门字,则为攻是门者矣。此实字而活用者也。《尔雅·释山》:"大山宫,小山霍。"郭注曰:"宫谓围绕之。"宫本实字,而用作围绕之义,则活矣。宣十二年《左传》:"屈荡户之",杜注曰:"户,止也。"户本实字而用作止义,则活矣。又如规矩字皆实字。《国语·周语》:"其母梦神规其臀以墨",韦注曰:"规,画也。"此规字活用也。《考工记》:"必矩其阴阳",郑注曰:"矩,谓刻识之也。"此矩字活用也。经典中如此者,不可胜举。

俞樾此书上承王念孙、王引之等人的成果,而又有所发展,对后世影响很大,不少学者又在俞书的基础上进行增补,如刘师培有《古书疑义举例补》,杨树达有《古书疑义举例续补》,马叙伦有《古书疑义举例校录》,姚维锐有《古书疑义举例增补》,等等。

孙诒让(1848—1908),字仲容,号籀庼(廎),浙江瑞安人。同治六年(1867)举人,官刑部主事。晚年曾主温州师范学校,充浙江教育会会长。传见《清史稿·儒林传》、《碑传集补集》。又有章炳麟撰《孙诒让传》及朱芳圃、孙延钊等撰年谱多种。主要著作有《周礼正义》、《周礼三家佚注》、《周礼政要》、《墨子间诂》、《尚书骈枝》、《周书斠补》、《大戴礼斠补》、《古籀拾遗》、《古籀馀论》、《契文举例》、《名原》、《札迻》、《籀庼述林》、《籀庼遗文》、《学务平议》、《温州经籍志》等。生前未刊稿有《经迻》、《六历甄微》、《四部别录》等(见雪克辑孙诒让《十三经注疏校记》辑点说明)。新辑遗作有《十三经注疏校记》。孙诒让不仅在学术上卓有成就,也强调经世致用,他借《周礼》比附西方政治,主张改革弊政,富民强国。

孙诒让有深厚的小学根底,是一位继承乾嘉考据学传统而又有所开创的古文献学家。他"年十六七,读江子屏《汉学师承记》及阮文达公所集刊《经解》,始窥国朝通儒治经史小学家法"(《札迻序》),认为"我朝朴学超轶唐宋",十分景慕"乾嘉诸先生","深善王观察《读书杂志》及卢学士《群书拾补》,伏案研诵,恒用检核,间窃取其义法以治古书,亦略有所瘳"(同上)。

孙诒让继承和发展清代考据学的成就主要有三点:

(一)在古文字的考释上超越前人,继往开来,并把古文字资料与古文献结合起来,互相证发

孙诒让研究古文字的目的有二:一是"证经",一是"说字"。《古籀拾遗序》说:"考读金文之学,盖萌柢于秦、汉之际。《礼记》皆先秦故书,而《祭统》述孔悝《鼎铭》,此以金文证经之始。汉许君作《说文》,据郡国山川所出鼎彝

铭款以修古文,此以金文说字之始。"他继承了这两个传统,贯穿在自己的研究之中。《古籀拾遗》三卷和《古籀馀论》三卷是考释金石文字的。前书从薛尚功的《历代钟鼎彝器款识法帖》、阮元的《积古斋钟鼎彝器款识》、吴荣光的《筠清馆金文》三部书中选取六十六器铭文进行考释(并附《宋政和礼器文字考》一篇),后书从吴式芬的《攈古录金文》一书中选取一百零四器铭文进行考释。《契文举例》二卷是第一部考释甲骨文的著作,此书据刘鹗《铁云藏龟》一书所收甲骨文资料进行考释,分为日月、贞卜、卜事、鬼神、卜人、官氏、方国、典礼、文字、杂例十类。对甲骨文的研究有首创之功。《名原》二卷,综合甲骨文、金文、石鼓文及《说文》中的古文、籀文,进行比证考释,推究字源及形体演变。全书分为《原始数名》、《古章原象》、《象形原始》(以上上卷)、《古籀撰异》、《转注楬櫫》、《奇字发微》、《说文补阙》(以上下卷)七篇。在分析字形、考察源流方面均对《说文》有所突破。

关于说字,《说文》虽附古文、籀字,但分析形体多以小篆为据(仅个别有据古文者,如上、下二字),有很大的局限,因为小篆字形多有简省、讹变。清吴大澂《说文古籀补》,为根据古文字以订补《说文》的重要专著。至孙诒让据古文字、特别是首次据甲骨文以说字,颇明源流沿革,补正《说文》尤多。《名原序》说:"今《说文》九千文,则以秦篆为正,其所录古文,盖掇拾漆书经典及鼎彝款识为之,籀文则出于《史篇》,要皆周以后文字也。仓(颉)、沮(诵)旧文,虽杂厕其间,而叵复识别,况自黄帝,以迄于秦,更历八代,积年数千? 王者之兴,必有所因于故名,亦必有所作于新名,故相袭变易挛益,巧历不能计,又孰从而稽覈之乎? 自宋以来,彝器文间出,考释家或据以补正许书之讹阙。迩年又有龟甲文出土,尤简淆奇诡,间有原始象形字,或定为契刻(自注:间与籀文同,或本商前旧文而《籀篇》因袭之),然亦三代璚迹尔。余少嗜读金文,近又获见龟甲文,咸有撰录。每惜仓、沮旧文不可复睹,窃思以商周文字展转变易之迹,上推书契之初轨,沉思博览,时获塙证。冣括论之,书契之初兴,形必至简遆,其后品物众而情伪滋,简将不周于用,则增益分析而渐繁。其最后文极而敝,苟趣急就,则弥务淆多,故复减损而反诸简。其更迭嬗易之为,率本于自然,而或厌同嗜异,或袭非成是,积久承用,皆为科律。故历年益远,则讹变益众,而李斯之作小篆、废古籀,尤为文字之大厄。盖秦汉间诸儒传读经典,已不能精究古文,如多假'忞'为'文'(按,此非假借,乃'文'之初文),与'寍'形近(自注:金文'文'多作'🏛',与'寍'作'🏛'绝相似),而《书·大诰》曰'寍考'、'寍王'、'前寍人'、'寍武',则皆

'文'之讹也（自注：略本吴清卿说）。……《书》、《诗》传自伏生、毛公，《左氏春秋》上于张苍。大毛公当六国时，前于李斯，伏固秦博士，张则柱下史，咸逮见李斯者，三君所传尚不无舛驳，斯之学识，度未能远过三君，而乃奋臆制作，徇俗蔑古，其违失仓史之恉，宁足责邪？通校古文、大、小篆，大氐象形字与画缋通，随体诘诎，讹变最多，指事字次之，会意、形声字则子母相检，沿讹颇鲜，而与转注相互（自注：转注从徐锴说）为例，又至广博。其字或秦篆所不具，或许氏偶失之，故不胜枚举，而假借依声托事，则尤茫无涯涘矣（自注：古文假借至多，兹不遑论）。今略撷金文（自注：多据原器拓本，未见拓本，则以阮元、吴荣光、吴式芬三家模本左之。宋薛尚功、王俅诸家所模多误，不足依据，唯今拓本所无之字略有援证，馀悉不凭也）、龟甲文（据丹徒刘氏模本）、石鼓文（据拓本及重模天一阁北宋拓本）、贵州红岩古刻（据模本，此盖古苗民遗迹，篆形奇诡难识，与古文字例不甚符合。邹叔勣以为殷高宗伐鬼方纪功石刻，臆说不足据也）、与《说文》古、籀互相勘校，揭其歧异，以著渻变之原，而会冣比属，以寻古文，大、小篆沿革之大例，约举辜较不能备也。"（本书卷首，又见《籀膏述林》卷五）其正《说文》之误说颇多，如《象形原始》释 〔止〕 及从 〔止〕 诸字：

《说文》（止部）："〔止〕，下基也。象艸木出有阯，故以止为足。"依许说，则"止"本象草木之有阯，而假借为足止。金文有足迹，形如《母卣》作 〔止〕，《盨夫鼎》作 〔止〕，皆无文义可推，或即与"止"同字。龟甲文则凡"止"皆作 〔止〕，如云□□其雨庚 〔止〕，又云占曰雨佳多 〔止〕，又云雨克 〔止〕（自注：反文）是也。因之从"止"字偏旁亦皆如是作，如"辵"，"庚辵"字作 〔辵〕，"步"字作 〔步〕，"陟"字作 〔陟〕 是也。

《说文》（出部）云："〔出〕，进也。象艸木益兹上出达也。"金文《毛公鼎》作 〔出〕，石鼓文作 〔出〕，皆从止。龟甲文作 〔出〕，中亦从止。明古"出"字取足行出入之义，不象艸木上出形。盖亦秦篆之变易，而许君沿袭之也。

综考金文、甲文，疑古文 〔止〕 为足止，本象足迹，而有三指。……金文足迹，则实绘其形，甲文为 〔止〕，则粗具匡郭。……其原本同，由是反正颠倒，纵横累列，则成异字。……形皆相似，要并象足止形也。仓、沮造字之初，简易画一，大氐如是。甲文出于商代，盖犹如此例。自后人增益分析，各自成为数形，而止之为足，转成假借。又或变从止为从屮、从屮，乃成艸木之形，于原始造字之怡益远矣。

当然，由于事属创始和资料的限制，孙氏所释亦多有不当，如《籀膏述林·释由申玉篇义》疑"由即用之异文"，虽从形、音、义三方面考证，似乎很有根据，但毕竟不是事实。而王国维认为'屮'即'由'字（见《观堂集林》卷六《释由》上、下），则近是。其他例子尚多，不一一列举。

关于"证经"，具体表现在训诂、校勘及考证等方面。有关训诂、校勘的例子，前引《名原序》已经涉及，兹不复举。在考证方面也不乏其例。如考史实，《古籀拾遗》中有一典型实例，《商周金识拾遗跋》（《商周金识拾遗》后改名《古籀拾遗》）说：

> 《楚公钟》"楚公𦲷"，𦲷即逆字。《楚世家》有熊咢，咢、逆一声，义亦相贯。熊咢在熊渠去王号之后、熊通再僭偪王之前。……《陈逆簠》"余陈狟子之𡨥孙。"𡨥即嫡字。嫡孙者，嫡孙也。逆与陈恒，盖从父兄弟。此皆契符经传，可资为义据者也。

又如《籀膏述林·籀文车字说》，不仅据金文、甲骨文字形以证籀文字形之误，而且考证车之形制甚详。

孙诒让利用古文字资料以证经史等古文献资料，在近代有很大影响，王国维又在这方面做了进一步发展。

（二）在古文献的校释等方面发展了乾嘉考据学的成果

孙诒让校释群书的成果甚富，《札迻》就是这方面札记的总汇，涉及经（包括纬书）、史、子、集四部之书达77种之多。俞樾《札迻序》说："今年（光绪二十一年）夏瑞安孙诒让仲容以所著《札迻》十二卷见示，雠校古书共七十又七种，其好治闲事，盖有甚于余矣。至其精熟训诂，通达假借，援据古籍，以补正讹夺，根柢经义，以诠释古言，每下一说，辄使前后文皆怡然理顺。阮文达序王伯申先生《经义述闻》云：'使古圣贤见之，必解颐曰：吾言固如是，数千年误解，今得明矣。'仲容所为《札迻》，大率同此。然则书之受益于仲容者，亦自不浅矣。"这里不仅揭示了《札迻》的内容，而且说明了孙诒让校释之学的渊源和成就。孙诒让《札迻自序》是一篇"谨举汉、唐以来校雠家之例，论厥要略"之作，其中尤其以论清代为主。他不仅继承"国朝通儒治经史小学家法"，而且总结了清代校勘学的得失，意在发扬其正面的经验，他说："窃谓校书如雠，例肇西汉，……近代巨儒，修学好古，校刊旧籍，率有纪述，而王怀祖观察及其子伯申尚书、卢绍弓学士、孙渊如观察、顾涧𬗟文学、洪筠轩州倅、严铁桥文学、顾尚之明经及年丈俞荫甫编修，所论著尤众。风尚大昌，覃及异域，若安井衡、蒲阪圆所笺校，虽疏浅，亦资考证。综论其善，大氐以旧刊精校为据依，而究其微恉，通其大例，精研博考，不参成见。其谠正文字讹舛，或求之于本书，或旁证之它籍，及援引之类书，而以声类通转为之钤键，故能发疑正读，奄若合符。及其蔽也，则或穿穴形声，捃摭新异，凭臆改易，以是为非。乾嘉大师，唯王氏父子，邽为精博，凡举一谊，皆塙凿不刊；其馀诸家，得失间出，然其稽核异同，启发隐滞，咸足饷遗来学，沾溉不穷，我朝朴学，超轶唐宋，斯其一崇与？"这里评价是公允的，继承的目标和发展的方向也是明确的。《札迻》在形式上仿《读书杂志》和《群书拾补》，而在内容的精博及考证的谨严上，却独承王念孙、王引之，自序说："凡所考论（《籀膏述林》卷五作"册中所录"），虽复简丝数米，或涉琐屑，于作述闳恉，未窥百一，然匡违苃佚，必有谊据，无以孤证臆说，贸乱古书之真，则私心所遵循而不敢越者，倘附王、卢诸书之后，以裨补遗阙，或有所取尔。"（本书卷首，又见《籀膏述林》卷五）

孙诒让对古书流传中产生错误的原因有清醒的认识，《札迻自序》说："尝谓秦汉文籍，谊恉奥博，字例文例，多与后世殊异，如荀卿书之'案'，墨翟书之'唯毋'，晏子书之以'敂'为'对'，淮南王书之以'士'为'武'，刘向书之以'能'为'而'，骤读之几不能通其语，复以竹帛梨枣，钞刊娄易，则有三代文字之通假，有秦汉篆隶之变迁，有魏晋正艸之混淆，有六朝唐人俗书之流失，有宋元明校椠之屡改，迻径百出，多歧亡羊，非覃思精勘，深究本原，未易得其正也。"

孙诒让使用的校勘方法也很全面，对校、他校、本校、理校参互相证，尤其以理校见长。在理校中也是以据小学校书为突出特点。其精审往往超越前人，因此所获也就不限于"裨补遗阙"，而且对前人之失多所纠驳，如所谓"汉唐旧注及近儒校释，或有回穴，亦附纠正"（《札迻自序》）。下面略举数例以见一斑：

《札迻》卷二《春秋繁露·王道第六》："灵虎兕文采之兽"，卢（文弨）云："灵，疑即《左氏传》蒐灵之灵"。案蒐灵于义无取，卢说不足据。窃疑"灵"当为戯之坏字，戯，汉隶或作"𢧵"（自注：见《隶释》汉孙叔敖碑），俗书'灵'或作"灵"（自注：见唐内侍李辅光墓志）。戯字扰落，传写仅存左半，与"灵"相似，因而致误。

《札迻》卷二《急就篇颜师古注》第十七章："冠帻簪篸结发纽"，注云："簪，一名笄。簂即步摇也。"王氏（应麟）补注云："簂未详，疑是蔮字。"皇本（孙星衍校皇象碑本）"簂"作"黄"。案此句皆言首服及饰，惟簂为乐器，与冠帻、簪、簂、结、发纽等杂举，殊不伦。颜以步摇释之，于古无徵。王疑其为"蔮"之讹，亦臆说也。以声义推之，其字当以"黄"为正，盖"衡"之借字也。"衡""黄"声近，古字通用。（自注：《考工记·玉人》注云：衡，古文"横"，假借字也。此以"黄"为"衡"，犹以"衡"为"横"也。今世所传王莽布文云："大布黄千"，亦以"黄"为"衡"）。《周礼·追师》："掌王后之首服，为副编次追衡笄。"郑众注云："衡，维持冠者，《春秋传》曰：'衡紞纮綖'"（自注《左传》桓二年，杜注同先郑）。郑康成云："副若今步摇。王后之衡笄皆以玉为之，唯祭服有衡垂于副之两旁当耳。"又《毛诗·鄘风·君子偕老》传云："笄，衡笄也。"（自注：《国语·楚语》韦昭注义同。）盖毛公及先郑皆以衡、笄为一物，后郑则以衡为玉饰，与笄不同。二说殊异，其为首服则一也（自注：说详余所著《周礼正义》）。簪、笄亦同物，故《史篇》以簪、黄同举，犹《周礼》及《毛诗传》以衡、笄同举也。若汉之步摇，则正《周礼》之副，不得以当此书之黄矣。

孙诒让在校释上即使对向所服膺的先辈与师友的错误亦不曲徇。正卢文弨之误很多，前已举一例。正王念孙、王引之、俞樾之误亦时有之，如：

《札迻》卷四《管子·任法第四十五》："无閒识博学辩说之士"，注（尹知章注）云："閒，杂乱也。法行则博学辩说之人不敢閒乱识事也。"王（念孙）云："'閒识'当为'闻识'，下文'闻识博学之人'即其证。尹注非。"（孙自注：安井衡说同。）案注说迂曲难通。此"閒"当为"嫺"之假字。《说文·女部》云："嫺，雅也。"字又作"閒"。《荀子·修身篇》云："多闻曰博，少闻曰浅，多见曰闲，少见曰陋。"（自注：彼以博、闲并举，与此閒识与博学并举亦可互证。）……閒识与博学、辩说正相对。下文"闻"即閒字之误。王校转改"閒"为"闻"，俱矣。（自注《乘马篇》云："士闻见博学意察"，"闻"亦"閒"之误，详前。）

《墨子间诂》卷十《经说上》："故言也者，诸口能之出民者也"，王引之云："当作'故言也者，出诸口能之民者也'，'出'字误倒在下，'能'下又捝一字。'能'与'而'通，谓言出诸口而加之民也。《系辞传》曰：'言出乎身，加乎民。'"按王说移易太多，似未搞。窃疑"口能"即谓口之所能，犹《经上》云："言，口之利也。""民"当为"名"之误，后又云："声出口，俱有名。""出名"，亦谓言出而有名，犹《经》云："出举也。"

《札迻》卷四《管子·任法第四十五》:"然故谌杵习士闻识博学之人,不可乱也。"注(尹知章注)云:"杵所以毁碎于物者也。谓奸诈之人伪托于诚以毁君法。习士,谓习法之士。闻识,谓多闻广识。"案"谌杵"当为"堪材",皆形之误也。(自注:《墨子·号令篇》:"民室材木",《备城门篇》"材"误作"杵",是其证。)《尔雅·释诂》云:"堪,胜也。"《国语·周语》韦注云:"堪,任也。"《书·西伯戡黎》孔疏引《尔雅》孙炎注云:"戡,强之胜也。"(自注:"堪""戡"字通。)《吕氏春秋·报更篇》云:"堪士不可以骄恣屈也。"堪材,谓材力强胜能任事者,与《吕览》"堪士"义同。"闻"亦当为"闲",堪材、习士、闲识、博学四者,文正相对。注望文生训,傅会可笑。俞校疑"谌杵"当作"谌斟",亦非。

由以上几例,足见孙诒让校释之精胜于前人。

孙诒让在训诂上还继承戴震所强调的"一字之义,当贯群经,本六书,然后乃定"(《与是仲明论学书》)的方法,认为:"文言雅辞,非淹贯故训,不能通其读,而况以晚近浅俗之辞强为诠释,其诘籀为病,不亦宜与?"(《尚书骈枝序》)因此多所发明。《尚书骈枝》中不乏其例。其他如《籀膏述林》、《释棐》、《释畴》、《释缁》等篇,皆能如此不烦规缕,贯通群书,以证其义。

当然,孙诒让在校释方面也不无不当之处,如据声类校释是其优点,但有时也难免重蹈《札迻序》所批评的"或穿穴形声,捃摭新异,凭臆改易,以是为非"的覆辙。例如《札迻》卷六《荀子·儒效篇》:"'不知隆礼义而杀《诗》、《书》',案'杀'当读为'述'。《中庸》'亲亲之杀',《墨子·非儒篇》作'亲亲有术',杀、术、述并从术得声,古通用。"其实荀子主张法后王,故推崇沿行的礼义而忽视记述古往的《诗》、《书》。一隆一杀,故用转折连词"而"。此句型一篇中凡两见,均如此。又同篇他处又见"述"字,作"述"而不作"杀"。故可知孙氏臆说。又如《札迻》中关于《释名》的札记,多为《释名》穿凿声训曲为解释,亦属此类。但瑕不掩瑜,其成就不逊于乾嘉学者,并且有所拓进,这也是事实。

(三)以主要精力撰成《周礼正义》及《墨子间诂》,堪称清人新疏、新注之冠

《周礼正义》草创于同治末年,成书于光绪二十五年(1899)。孙诒让著《周礼正义》既有学术目的,又有政治目的。关于政治目的,是为改革政教提供参考,《周礼正义》自序曾言及。《周礼政要》自序也说:"中国开化四千年而文明之盛莫尚于周,故《周礼》一经,政法之精辟,与今泰东西诸国所以致富强者若合符节。然则华盛顿、拿破仑、卢梭、斯密亚当之伦所经营而讲贯,

今人所指为西政之最新者,吾二千年之旧政已发其端。"尽管如此,《周礼正义》一书以疏解本书为主,并不重在古为今用。而《周礼政要》一书,则按朝仪、冗官、重禄、达情、宫政、奄寺、吏胥、乡吏、教胄、广学、通艺、选举、博仪、广极、通译、观新、治兵、世察、图表、会计诸项纂集《周礼》有关资料,纯粹为改革政教提供借鉴。

关于《周礼正义》的体例,作者有《周礼正义略例十二凡》,论列颇详,综其要亦无非校、释两端。关于校勘,《略例》说:"经本以唐石经为最古,注本以明嘉靖放宋本为最精,今据此二本为主,间有讹挩,则以孟蜀石经及宋椠诸本参校补正,著其说于疏。至版本文字异同,或形体讹别,既无关义训,且已详阮、黄两记(阮元校勘记、黄丕烈札记),今并不载,以祛繁冗。"又说:"陆氏《释文》,成于陈、隋间,其出最先,与贾疏及石经间有不同,所载异本异读,原流尤古,今并详议其是非,著之于疏,以存六朝旧本之辜较。"又说:"经文多存古字,注则多以今字易之。《考工记》字例,与五官又不尽同。宋元刻本未通此例,或改经从注,或改注从经,遂滋歧互,非复旧观。段玉裁《汉读考》及阮、黄两记,举正颇多,尚有未尽。今通校经注字例,兼采众本,理董画一,或各本并误,则仍之,而表明于疏。至经注传讹,或远在陆、贾以前为段阮诸家及王引之《经义述闻》所刊正者,则不敢专辄改定,并详著其说于疏,俾学者择焉。"关于释,孙氏以贾公彦疏为基础,订讹补阙,博采众家,摒弃"唐疏例不破注"的原则。《略例》所言甚详。关于古今制度之异及各家解说之正误,亦注意甄别、抉择,反对以今类古,亦详《略例》。此书援据详确,引用谨严,《略例》说:"举证古书,咸揭篇目,以示审墉。所据或宋元旧椠,或近儒精校,择善而从,多与俗本不同。其文义殊别,有关恉要者,则于疏中特著某本,非恒例也。佚书则或详根氏,用惩臆造,兼资复勘。昔儒说解,援据古籍,或尚沿俗本及删改旧文义恉未备者,今并检原书勘正,此乃校雠,非改窜也。"

《墨子间诂》成书于光绪十八年(1892)、十九年之间,之所以取此书名,自序云:"昔许叔重注淮南王书,题曰《鸿烈间诂》(自注:据宋椠本《淮南子》及晁公武《读书志》),间者,发其疑酐,诂者,正其训释。今于字义多遵许学,故遂用题署。亦以两汉经儒,本说经家法,笺释诸子,固后学所睎慕,而不能逮者也。"这是一部集清人校释《墨子》之大成而又有所开创的一部著作。俞樾《墨子间诂序》称其"集诸说之大成","凡诸家之说,是者从之,非者正之,阙略者补之。至《经说》及《备城门》以下诸篇,尤不易读,整纷剔蠹,脉摘无遗,旁行之文,尽还旧观,讹夺之处,咸秩无紊,盖自有《墨子》以来,未有此书也"。孙诒让自序说:"墨子既不合于儒术,孟、荀、董无心、孔子鱼之伦,咸排诘之。汉、晋以降,其学几绝,而书仅存。然治之者殊尠,故挩误尤不可校,而古字古言,转多沿袭未改,非精究形声通假之原,无由通其读也。旧有孟胜乐台注,今久不传。近代镇洋毕尚书沅,始为之注。藤县苏孝廉时学,复刊其误,创通途径,多所諟正。余昔事雠览,旁摭众家,择善而从,于毕本外,又获见明吴宽写本、顾千里校道藏本,用相勘核,别为写定。复以王观察念孙尚书引之父子、洪州倅颐煊及年丈俞编修樾、亡友戴茂才望所校,参综考读。窃谓《非儒》以前诸篇,谊恉详焯,毕、王诸家,校训略备,然亦不无遗失。《经说》《兵法》诸篇,文尤奥衍凌杂,检揽旧校,疑滞殊众,研核有年,用思略尽,谨依经谊字例,为之诠释。至于订补《经说》上下篇旁行句读,正《兵法》诸篇之讹文错简,尤私心所窃自喜以为不缪者。辄就毕本,更为增定,用遗来学。"此书的功力也表现在校释两方面,作者凭借自己深厚的小学根底,订讹补阙,创获良多。《墨子间诂自记》说:"《墨子》书旧多古字,许君《说文》举其'萧'、'繃'二文,今本并改易不见,则其为后人所审定者,殆不知凡几。盖先秦诸子之讹舛不可读,未有甚于此书者。今依《尔雅》、《说文》,正其训诂,古文篆隶,校其文字。若《尚同篇》引《术令》,即《书·说命》之佚文,魏晋人作伪《古文尚书》,不知'术'为'说'之假字,遂摭其文窜入《大禹谟》矣。《兼爱篇》'注召之邸,虖池之渎',召之邸,即孙炎本《尔雅·释地》之昭餘底,亦即《周礼·职方氏》之昭餘祁,今本'召'讹为'后',其义不可解,毕氏遂失其句读矣。……《非攻下篇》说禹攻有苗,有神人面鸟身,奉珪以侍,此与秦穆公所见句芒同。奉珪者,东方之玉,与《礼经》'祀方明,东方以珪'之义合,而今本'奉珪'误作'若瑾',其义遂不可通矣。若此之类,辄罄蠡管,证厥违迕。他若《经说篇》之'蝀'为'蚓','虎'为'霍',《兵法》诸篇之'帪'为'顺','又'为'类','芒'为'芸','枑'为'杯',其玅互尤不易理董。覃思十年,略通其谊,凡所发正,咸具于注。(自注:凡讹挩之文,旧校精墒者,径据补正,以资省览。其以愚意订定者,则著其说于注,不敢专辄增改,以昭详慎。)"试略举所言之一二例,以见其精审,如:

　　《耕柱篇》:"昔者夏后开(启)……是使翁难雉乙卜于白若之龟",注曰:"翁当作莽,《说文·口部》嗌,籀文作莽,经典或假为益字。《汉书·百官公卿表》莽作朕虞是也。莽与翁形近。《节葬下篇》'哭泣不秩声嗌嗌'亦误作翁,是其证。难当为新,《备穴篇》'斲以金为新',新今本亦讹难。又《经说上篇》'新指'、'新脯',新并作難,皆形近讹易。新与斯音义同,详《经下篇》。新雉犹言斯雉,即谓杀雉也。《史记·龟筴传》说宋元王得神龟云:'乃刑白雉,及与骊羊,以血灌龟,于坛中央',盖以雉羊血衅龟也。乙当作已,已与以同。言启使伯益杀雉以血衅龟而卜也。《玉海》引,雉字尚未讹。今本又捝雉字,遂以翁难乙为人姓名,真郢书燕说,不可究诘矣。"

又如:

《明鬼下》:"退无罪人乎道路率径〔夺人车马衣裘以自利者〕",注曰:"苏云:'退疑当作遇,下同。'俞云:'退字无义,疑迫字之误,谓迫而夺其车马衣裘也。率径二字亦无义,据下文,此语两见,而皆无率径二字,疑为衍文。'案二说皆非也。'退'当为'迓'之误。'迓'与'禦'通。《书·牧誓》:'弗迓克奔',《释文》引马融本'迓'作'禦',云:'禁也。'《史记·周本纪》'弗迓'作'不禦',《集解》引郑注云:'禦,彊禦,谓彊暴也。'《孟子·万章篇》云:'今有禦人于国门之外者',郑注云:'禦人以兵','禦人而夺之货',即其义也。率径,当读为術径,属上'道路'为句。率声与术声古音相近。《广雅·释诂》云:'率,述也。'《白虎通义·五行篇》云:'律之言率,所以率气令生也。'《周礼·典同》郑注云:'律,述气者也。'述气即率气,是其证。《说文·行部》云:'術,邑中道也。'《月令》:'审端径術',郑注云:'術,《周礼》作遂。夫间有遂,遂上有径。遂,小沟也。步道曰径。'杜台卿《玉烛宝典》引蔡邕《月令章句》云:'術,车道也。径,步道也。'郑、蔡说并通。《汉书·刑法志》亦云'術路',如淳注云:'術,大道也。'俞以述径为衍文,亦误。"

以上二例,前例据古字并参证他书,以校形近而讹之文,发前人所未发,后例据古音并参证他书,以校讹误,以破假借,驳前人之臆说,均确凿无疑。

孙诒让是乾嘉考据学传统的集成者,其成就在俞樾之上,梁启超《清代学术概论》第二节说:"为正统派死守最后之壁垒"的俞樾和孙诒让,"皆得统于高邮王氏,樾著书惟二三种独精绝,……诒让则有醇无疵,得此后殿,清学有光矣。"俞樾的弟子章炳麟,对孙诒让的评价也极高,他在《孙诒让传》中说:"诒让治六艺,旁理墨氏,其精博足以摩捪姬汉,三百年绝等双矣!"(《太炎文录》卷二)但是他又没有局限于乾嘉考据学的成就而止步不前,他在古文字的研究上超越前人,从而开拓并加深了小学研究的领域,并且采取古文字资料与古文献互证的方法,促进了古史和古文献的研究,因此于省吾先生将孙诒让与王国维并提,给以"开新造大"的评价(见《从古文字学方面评判清代文字、声韵、训诂之学的得失》,载《历史研究》1962 年 6 期)。

第十四节　章炳麟　王国维

　　章炳麟和王国维在学术上的成就是多方面的,就古文献学方面而言,他们是中国近代古文献学家的后殿,并且是由近代跨入现代的著名学者。他们继承清代考据学的传统,而又有所开创。在学术渊源上,章炳麟与俞樾的关系比较密切,王国维与孙诒让的关系比较密切。总的看来,王国维的学术思想要比章炳麟解放得多,因而创获尤多。

　　章炳麟(1869—1936),字枚叔,后改名绛,号太炎,浙江余杭人。先从俞樾、孙诒让研究经、史、小学,后又研究佛学和子书。1897 年任《时务报》撰述,积极参加维新运动,戊戌政变时被清政府通缉,流亡日本。1900 年转向资产阶级民主革命,1903 年在《苏报》发表《驳康有为论革命书》,驳斥保皇派的改良主义,又发表为邹容《革命军》所作的序,宣传推翻清政府,在上海与邹容一起被捕入狱。1904 年,与蔡元培等发起光复会。1906 年出狱后,被孙中山迎至日本,参加同盟会,主编《民报》。后在东京讲学,发表学术论著。1911 年武昌起义后回国,主编《大共和日报》,并任孙中山总统府枢密顾问。曾受张謇影响,参加统一党,革命意识一度模糊。1913 年宋教仁被刺后,参加讨袁,被袁禁锢,袁死后获释。1917 年参加护法政府,任秘书长。后来思想落伍,1924 年脱离孙中山改组的国民党,在苏州设立章氏国学讲习会,以讲学为业,提倡读经复古。“九·一八”事变后,强烈反对日本侵略中国,赞助抗日救亡运动。1936 年病死于苏州。主要传记资料有《自定年谱》等。

　　章炳麟在学术上广泛涉猎,遍及政治、法律、哲学、史学、文学、语言文字、古文献学等方面,有《自述学术次第》,所述自己学术渊源、系统甚详。主要著作有《春秋左传读叙录》、《刘子政左氏说》、《文始》、《新方言》、《小学答问》、《说文部首韵语》、《庄子解故》、《管子馀义》、《齐物论释》、《国故论衡》、《检论》、《广论语骈枝》、《体撰录》、《太史公古文尚书说》、《古文尚书拾遗》、《春秋左氏疑义答问》、《新出三体石经考》等,收入《章氏丛书》初编、续编、三编。又有《国学讲演录》,为章氏国学讲习会讲演记录,包括《小学略说》、《经学略说》、《史学略说》、《诸子略说》、《文学略说》。此外还著有《国学概论》。章氏著述,以浙江图书馆校刊《章氏丛书》搜罗较全。

　　章炳麟在古文献学上的成就和特点主要有以下几方面:

（一）精通小学，把文字、音韵、训诂视作古文献学的基础

章炳麟非常强调文字、音韵、训诂之学对于研读古文献的重要性，他说：
"盖小学者，国故之本，王教之端，上以推校先典，下以宜民便俗。"（《国故论衡·小学略说》）他认为小学包括形音义三方面，《国学讲演录·小学略说》说："是正文字之小学，括形声义三者而其义始全"，"文字之学，宜该形声义三者"。在形音义三者中，又以音为关键，《国故论衡·小学略说》说："古字或以音通借，随世相沿，今之声韵，渐多讹变。由是董理小学，以韵学为候人，譬犹旌旄辨色，钲铙习声，耳目之治，未有不相资者焉。言形体者始《说文》，言故训者始《尔雅》，言音韵者始《声类》，三者偏废，则小学失官。"他认为："刻削文字，不求声音，譬瘖聋者之视书"，"音训相依，妙入无间"（同上）。他既反对迷信声音，忽视形体，又反对滞泥形体，忽视声音，说："大凡惑并音者，多谓形体可废，废则言语道窒，而越乡如异国矣；滞形体者，又以声音可遗，遗则形为糟魄，而书契与口语益离矣。"（同上）可见他继承了清代考据学者在小学方面关于形音义互求、以音为关键的学术思想。

章炳麟善于总结、继承前代学者，特别是清代学者在小学方面的成果和经验，并有所开创。

在文字方面，章炳麟信守《说文》，其说得失兼存，主要观点有：

第一，《说文》既为形书，又为音义之书，研究不可偏废。《国故论衡·小学略说》说："段氏为《说文注》，与桂馥、王筠并列，量其殊胜，固非二家所逮，何者？凡治小学，非专辨章形体，要于推寻故言，得其经脉，不明音韵，不知一字数义所由生，此段氏所以为桀。"《国学讲演录·小学略说》说："古人对于文字，形声义三者，同一重视。宋人读音尚正，义亦不敢妄谈。明以后则不然。清初讲小学者，止知形而不知声义，偏而不全，不过为篆刻用耳。迨乾嘉诸儒，始究心音读训诂，但又误以《说文》、《尔雅》为一类。段氏玉裁诋《汉志》入《尔雅》于《孝经》类，入《仓颉篇》于'小学'类，谓分类不当。殊不知字书有字必录，周秦之《史》、《仓》，后来之《说文》，无一不然。至《尔雅》乃运用文字之学。《尔雅》功用在解释经典，经典所无之字，《尔雅》自亦不具。是故字书为体，《尔雅》乃运用文字之学。……《尔雅》之后，有《方言》，有《广雅》，皆为训诂之书，文字亦多不具。故求文字之义，乃当参《尔雅》、《方言》；论音读，更须参韵书：如此，文字之学乃备。"

第二，迷信《说文》所谓本字，不信金文、甲骨文等古文字。《国故论衡·理惑论》说："《说文》录秦汉小篆九千馀文，而古文、大篆未备。后人抗志慕古，或趋怪妄。余以为求古文者，宜取《说文》独体，观其会通，摄以音训，九

千之数,统之无虑三四百名,此则仓颉所始造也。五帝三王之世,改易殊体,今既不获远求,遂古《周礼》故书、《仪礼》古文,有《说文》所未录者,足以补苴缺遗。邯郸淳三体石经,作在魏世,去古犹近,其间殊体若虞字作𧈫之类,庶可实录。旁有陈仓石鼓,得之初唐,晚世疑为宇文新器,盖非其实,虽叵复见远流,亦大篆之次也(自注:按石鼓不知作于何时,必云宣王所作,史籀所书,固无其徵,然大致不相远)。四者之外,宜在阙疑之科,而世人尊信彝器,以为重宝,皮傅形声,曲徵经义,顾以《说文》为误,斯亦反矣。……又近有掊得龟甲者,文如鸟虫,又与彝器小异,其人盖欺世豫贾之徒。国土可鬻,何有文字!而一二贤儒,信以为质,斯亦通人之蔽。"《国学讲演录·小学略说》也对钟鼎文半信半疑,对甲骨文大加怀疑,而一以《说文》"正书"为归。

第三,坚持用六书说分析字形结构,并且较前人有新见。关于指事,他认为亦象形之类,《国学讲演录·小学略说》说:"造字之朔,象形居先。而指事更在象形之前,盖指事亦象形之类,惟象空阔之形,不若象形之表示个体耳。"但指事与会意迥别,不可误混,同篇又说:"六书中之指事,后人多不了然。段氏《说文注》言指事者极少。王菉友(筠)《释例》、《句读》,凡属指事之字,悉以为会意。要知两意相合,方得谓之会意。若一定而增损点画,于增损中见意义者,胥指事也。指事有独体、合体之别,……指事有减省笔画以见意者,……指事不兼会意,而会意有兼指事。……指事之例甚广,而段氏乃以为指事者甚少,此亦未之思耳。但段氏犹知指事、会意不容厕杂,而王菉友则直以指事为会意矣。要知会意之会,乃会合之会,非领会之会。"形声与会意有交叉者,但认为"盖形声之字,大都以形为主,而声为客。而亦有以声为主者,《说文》中此类甚多,如'某字从某,某亦声'。此种亦皆形声而兼会意者也。王荆公《字说》,凡形声悉认为会意,遂成古今之大谬。故理董文字,切不可迁曲诠释。一涉迁曲,未有不认形声为会意者。初造文字时,决不尔也"(同上)。关于转注,他综评诸家之说,然后提出己见,《国学讲演录·小学略说》说:"转注之说,解者纷繁。或谓同部之字,笔画增损,而互为训释,斯为转注。实则未见其然。……或谓建类一首者,头必相同,如禽头与兕头同是也。余谓以此说'一首'犹可,顾'同意相受'之义犹未明。且《说文》所载,虎足与人足同,燕尾与鱼尾同。……戴东原谓:《说文》:'考,老也。''老,考也。'转相训释,即所谓'同意相授'。'建类一首'者,谓义必同耳。《尔雅》:'初、哉、首、基、肇、祖、元、胎、俶、落、权舆,始也。'此转注之例也。余谓此说太泛,亦未全合。……于是许瀚出而补戴之阙,谓:戴氏言同训即转注,固当;然就文字而论,必也二义相同,又复同部,方得谓之转注,此说较戴氏为精，然意犹未足。何以故？因五百四十部非必不可增损故。……故许氏之说，虽精于戴，亦未可从也。刘台拱不以小学名，而文集中《论六书》一文，识见甚卓，谓：所谓转注者，不但义同，音亦相近。此语较戴氏为有范围。转注云者，当兼声讲，不仅以形义言。所谓'同意相受'者，义相近也。所谓'建类一首'者，同一语原之谓也。同一语原，出生二字，考与老，二字同训，声复叠韵。……《说文》同部之字，固有转注，异部之字，亦有转注，不得以同部为限也。"其实许瀚之说符合许慎原意，章氏就刘说所作的发挥则非。关于假借，章氏认为兼有"引申、符号、形容"三种情况，《国学讲演录·小学略说》说："本无其字，依声托事，如令、长是，假借之类也。令之本义为号令，发号令者谓之令，古之令尹，后之县令，皆称为令，此由本义而引申者。长本长短之长，引申而为长幼之长，……再引申而为官长之长。……所谓假借，引申之谓耳。惑者不察，妄谓同声通用为假借。夫同声通用，别字之异名耳。……实则别字自别字，假借自假借，乌可混为一谈？六书中之假借，乃引申之义。……外此，假借复有一例：唐、虞、夏、商、周五字，除夏与本义犹近外，唐为大义，非地名；虞为驺虞义，非地名；商为商量义，周为周密义，均非地名。……此与令长意别，无引申之义，仅借为符号而已。外此，复有一例：如重言之联语，双声之联语，叠韵之联语，凡与本义不相关者，皆是也。……是故不但令长可为假借之例，唐、虞、商、周、懋懋、慎慎，参差、抢攘，均可作假借之例。由此可知假借之例有三：一引申，二符号，三重言、双声、叠韵之形容，皆本无其字，依声托事也。乌得以同声通用当之哉（同声通用，治小学者亦不得不讲。惟同声通用乃小学之用，非六书造字之旨耳）！"其实假借仅限"同声通用"，章氏据许慎所举假借误例，以引申为假借之本，非是。

在音韵方面，章炳麟继承前人古音研究成果，创获尤多。《国故论衡·小学略说》说："《广韵》者，今韵之宗，其以推迹古音，犹从部次上考《经典释文》及《一切经音义》，旧音绝响，多在其中。顾炎武为《唐韵正》，始分十部，江永《古韵标准》分十三部，段玉裁《六书音均表》分十七部，孔广森《诗声类》分十八部，王念孙分二十一部，大氐前修未密，后出转精，发明对转，孔氏为胜。若其梭次五音，本之反语，孙炎韦昭，财有魄兆，旧云双声，《唐韵》云纽，晚世谓之字母。三十六母虽依拟梵书，要以中夏为准。顾氏稽古有馀，审音或滞。江氏复过信字母，奉若科律。段孔以降，含隐不言，独钱大昕差次古今，以舌上轻唇二音，古所无有。然后宫商有准，八风从律。斯则定韵莫察乎孔，审纽莫辩乎钱，虽有损益，百世可知也。"《国学讲演录·小学略说》说:"韵分古音、今音,可区分为五期,悉以经籍韵文为准。自《尧典》《皋陶谟》以至周秦汉初为一期,汉武以后至三国为一期,两晋南北朝又为一期,隋唐至宋亦为一期,元后至清更成一期。泛论古音,大概六朝以前多为古音。今兹所谓古音,则指两汉以前。泛论今音,可举元明清三代,今则以隋为今音。此何以故?因今之韵书俱以《广韵》为准,而言古音则当以《诗经》用韵为准故。《广韵》之先为《切韵》,……唐孙愐勒为《唐韵》,至宋陈彭年等又增修为《广韵》。古今音之源流分合,悉具于是。泛论古音有吴才老之《韵补》,虽界限凌乱,而能由《广韵》以推《诗经》用韵分部,实由此起。至今音则每杂有方音。……宋郑庠分古音为六部,后人言郑之分部止合于汉人用韵,且亦仅合于《易林》、述赞之类,不合于赋,更不合于《诗》。顾亭林之《唐韵正》、《古音表》析为十部,律以汉诗用韵,未尽密合。江慎修改为十三部,虽较为繁密,仍嫌不足。戴东原《声类表》分平声十六韵、入声九韵,平声阴阳各半,而闭口韵有阳无阴,入声仅系假设,所以实行十有六韵。古音至戴氏渐臻完密。段懋堂《音均表》分十七部。孔巽轩《诗声类》分十八部。王怀祖分二十一部,与郑氏之说相较,相差甚远,然王氏之二十一部,尚有可增可减之处。……欲明音韵,今音当以《广韵》为主,古韵以《诗经》为主,其次则《易》赞、《楚辞》以及周秦人之韵文。顾亭林初欲明古音以读《诗经》,其结果反以《诗经》明古音。……陈第《毛诗考》未分部。顾氏分十部,仍以《广韵》之目为韵标。因《广韵》虽系一时之音,尚有酌古准今之功。……亦有人不喜用《广韵》部目者,如张成孙《说文谐声谱》,以《诗》中先出之字建首是也。要知用一字标韵,原不过取其声势大概如此,今不用《广韵》标目而用他字,其所以为愈者何在?阮芸台元不知韵学,以为张氏之书,一扫千古之障,其实韵目只取其收声(韵母)耳。戴东原深知此理,故《声类表》取喉音字标目,如东以翁、阳以央,则颇合音理矣。是故废《广韵》之谱而自立韵标,只有戴法可取。戴氏不但明韵学,且明于音理。欲明韵学,当以《诗经》之用韵仔细比勘,视其今古分合之理。欲明音理,当知分韵虽如此之多,而彼此有衔接关系。古人用韵,并非各部绝不相通,于相通处可悟其衔接。吾人若细以口齿辨之,识其衔接之故,则可悟阴阳对转之理、弇侈旁通之法矣。对转之理,戴氏发明之,孔氏完成之。前之顾氏,后之段氏,皆长于韵学,短于音理。江氏颇知音理,戴氏最深,孔氏继之。段氏于《诗经》、《楚骚》、周秦汉魏韵文中,发现支脂之三韵古人分别甚严,而仍不识其所以分别之理,晚年询之江有诰,有得闻其故死而无憾之言。江虽于音理较深,亦未能阐明其故。盖音理之微,本非仓卒所能豁然贯通也。如不知音理而妄谈韵学,则必如苗仙麓之读《关雎》鸠、洲、仇（逑）入《广韵》萧、豪韵矣。顾亭林音理不深，但不肯矫揉造作，是以不如苗病之多。……居今日而欲明音韵之学，已入门者，宜求音理；未入门者，先讲韵学。韵学之道，一从《诗经》入手，一从《广韵》入手。多识古韵，自能明其分合之故。至求音理，则非下痛切工夫不可。"以上是章氏对前人研究古音成就与得失的评述。章氏吸收前人的成果，既通韵学，又通音理，而且在音理上又吸收了现代语音学的知识，因此又有所发明。

关于古音韵母，章炳麟在合王念孙、江有诰二人所分二十二部的基础上另立队部，共成二十三部。并且于对转、旁转之理有一定的研究。《国故论衡·小学略说》所附《韵目表》及《成均图》为其成果的集中体现，另《二十三部音准》于分部之由多所阐明。兹将《韵目表》录列如下：

《韵目表》：

右（横排则变为上）韵目上（横排则变为前）列阳声，下（横排则变为后）列阴声，为对转，其数部同居者同一对转。

另有《成均图》（"均"同"韵"），总结前人的经验，并加上个人的心得，通过图形以阴阳、弇侈分析古韵部相近和相对的关系，不无参考价值。但也有很大局限，正如王力《汉语音韵学》第三十三节所说："人们往往不满意于章氏的《成均图》，因为他无所不通，无所不转，近于取巧的办法。"这一点对后世音韵及训诂的研究产生了消极的影响。又王力《清代古音学》第十一章说:"章氏最大的贡献是队部独立。……章氏的《成均图》是主观臆测的产物。韵部的次序和地位,都是以意为之的,因此,由《成均图》推出的结论往往是不可靠的。在弇侈的问题上,章氏有错误。他说歌泰寒对转,支青对转,鱼阳对转,侯东对转,之蒸对转,都是对的。他说队脂谆对转、至真对转,则不甚妥。应该说队谆对转、至脂真对转。他说侵冬缉与幽对转,亦不甚妥。应该说幽冬对转,缉侵对转。他说宵谈盍对转,更是错的。应该说盍谈对转;宵部没有阳声相对,不能勉强。"

关于古音声母,章炳麟的发现是娘、日二纽归泥,详见《国故论衡·古音娘日二纽归泥说》。王力评章氏这一成果说:"他说娘日二纽归泥;娘归泥没有问题,本来《切韵》中的泥娘就是不分的。至于日母,只能认为上古日母近似泥母,还不能完全混同。"(《中国语言学史》第十四节)章炳麟认为古音有二十一纽,如《国故论衡·小学略说》后附《纽目表》:

喉音	见	溪	群	疑		
牙音	晓	匣	影	喻		
舌音	端知	透彻	定澄	泥娘日	来	
齿音	照精	穿清	床从	审心	禅邪	
唇音	帮非	滂敷	并奉	明微		

右纽目。其旁注者,古音所无。

按,后来章氏又认为"喉音、牙音均可归喉",将喉音称为深喉音,牙音称为浅喉音(见《国学讲演录·小学略说》)。王力《清代古音学》第十一章说:"力按,古无舌上、轻唇,已成定论。其他章氏所谓'无'者,都是错误的。喻母有'于'、'馀'两类,于类古音归匣,馀类则独立成类,有人以为归定(如曾运乾),有人以为是不送气的〔d〕(如高本汉),而我则以为是舌面的〔ȵ〕。总之,喻的古音决不会是归影的。"

在训诂方面,章炳麟强调要重视汉人旧注,同时强调要灵活运用科学方法以确定一字数训之义,以补前人之不足。《国学讲演录·小学略说》说:"吾人释经,应有一定规则。解诂字义,先求《尔雅》、《方言》有无此训,一如引律断狱,不能于刑律之外强科人罪。故说经而不守雅训,凿空悬解,谓之门外汉。古人训诂之书,自《尔雅》而下,《方言》《说文》《广雅》以及《毛传》,汉儒训诂,可称完备。而今之讲汉学者,时复不满旧注,争欲补苴罅漏,则以一字数训,昔人运用尚有遗憾之故。此如士卒精良,而运筹者或千虑一失,后起之人,苟能调遣得法,即可制胜。……训诂之学,善用之如李光弼入郭子仪军,壁垒一新;不善用之,如逢蒙学射,尽羿之道,于是杀羿。总之诠释旧文,不宜离已有之训诂,而臆造新解。至运用之方,全在于我。清儒之能昌明汉学、卓越前代者,不外乎此。"在训诂方法上,章炳麟继承了被清代乾嘉考据学者运用精熟的因音求义的方法,前面已经引过他的一些言论。因音求义包括明假借和通声训,这两方面章氏都有所涉及。他虽然把假借误认为引申,但亦强调"同音通用(即假借),治训故者所宜知"(《自述学术次第》自注)。而他所解释的转注,实际是声同(或声近)义同(或义通),属于声训。其《文始》一书就是试图运用声音以求语源的,王力在《同源字论》(见《同源字典》)中对《文始》的得失作了恰切的评价:

> 对汉语同源字作全面的研究,是章炳麟的创举。他写了一部《文始》(在《章氏丛书》内)把《说文》中的独体认为是初文,把《说文》中虽算是独体,而实际上是由其他独体发展来的,认为是准初文,共得510字,457条。凡音义皆近,叫做孳乳,音近义通,叫做变易,共得五六千字。

> 章氏的《文始》,实际上是语源的探讨。他在《叙例》里说,研究文字应该依附声音,不要"拘牵形体",这个原则无疑是正确的。但是他自己违反了这个原则。他以《说文》独体作为语源的根据,这不是"拘牵形体"是什么?要知道,语言远在文字之先。可以想象,在原始社会千万年的漫长岁月中,有语言而无文字,何来"初文"?……

> 由于迷信《说文》,章氏跟着许慎闹笑话。"也"字本是"匜"的古文,许慎偏要说"女阴也",章氏也跟着错,甚至说"地"字古文,也当作"也",因为重浊阴为地。这种议论是站不住脚的。

> 除了上述的原则性错误外,章氏还有两个方法上的错误:第一,声音并不相近,勉强认为同源;第二,意义相差很远,勉强加以牵合。……(举例略)

> 《文始》所论,自然也有可采之处(如以"隧、术"为同源),但是,其中错误的东西比正确的东西多得多。

(二)尚古文,抑今文,重明文,轻师说,对古代经学,特别是清代考据学

作了较全面的总结

章炳麟宗尚古文经。为什么要宗尚古文经？他说："六经皆史之方，治之则明其行事，识其时制，通其故言，是以贵古文。"（《国故论衡·明解故下》）

章炳麟虽然也主张六经皆史，但与章学诚关于六经皆史的观点不一样。他反对章学诚的六经单纯官书说，认为六经虽然是原始史料，但皆经过孔子整理，已非单纯的官方保存的历史文献。章炳麟虽然认为经书经过孔子整理，但又坚决反对今文家的孔子制作论。《国故论衡·原经》在驳章学诚"必以公私相格"，"经皆官书，不宜以庶士僭拟"之说后，接着又与今文家关于孔子作六经之说划清了界限，从而全面地阐明了自己的观点。

章炳麟宗尚古文，贬抑今文，对杂糅今古的做法亦不能容，见《自述学术次第》。

章炳麟从宗尚古文的观点出发，十分重视对古文经传的整理、辑考工作，力驳今文家对古文经传的怀疑之辞。"所次《左传读》，不欲遽以问世者，以滞义犹未更正也"（《自述学术次第》），今传《春秋左传读叙录》，驳刘逢禄"《左氏》不传《春秋》，谓条例皆子骏（刘歆）所窜入，授受皆子骏所构造"之说；又有《刘子政左氏说》，就刘向《说苑》、《新序》、《列女传》中所举《左氏》事义六七十条"，"今次第其文，为之疏证，凡得三十馀事"。后期著作有《春秋左氏疑义答问》、《太史公古义尚书说》、《古文尚书拾遗》等。

章炳麟虽然是古文家，但是他对汉代的古文传记、师说却并不迷信，对今文传记、师说乃至魏晋师说，也不一概排斥。在经文与传记、师说之间，他提出了重明文（经文），轻传记、师说的原则，见《国故论衡·明解故下》。章氏还说："前世引书，或以传注异读改正文。经典古今文既异，今文有齐鲁之学，古文有南北之师，不得悉依一读，凌杂用之。"（《明解故上》）又说："要之，糅杂古今文者，不悟明文与师说异；拘牵汉学者，不知魏晋诸师犹有刊剟异言之绩。"（《明解故下》）章炳麟提出重明文、轻师说的原则是值得重视的。但是以《周礼》、《左传》、《国语》为衡量周代史实、典制的绝对标准，却是值得置疑的。

对于学术史章氏亦有所总结，《检论》中有不少这方面内容。其中关于经学史的就有《订孔》上下、《案唐》、《通程》、《议王》、《清儒》、《学隐》等。（《国学概论》第二章《经学之派别》亦为经学史）。这些著作仍贯穿着重古文、轻今文，提倡求实，反对穿凿的思想，但对宋代程学有所分析和肯定，一方面指出"二程之更《大学》""与本经违害"，同时认为："然于他经犹守古文大义,未若后进之好诬也。观其推论《诗》、《书》,上尊仲尼、卜商之序;说《易》乃崇信十翼,徵之人事,大义皆举,不以图书变怪之言纷挐,同时不取永叔、尧夫,而下与元晦绝远(自注:程叔子经说盖本安定,安定笃诚,故叔子亦无专己可怪之论。近世合汉宋之学者,辄云元晦明于名物,不失汉儒大法,而叔子反遗焉。是举细故而遗大义,曲恕变怪而忽忘经常也。吕伯恭、陈君举犹不失旧物耳)。其言'物之名义与气理通贯,天未名时苍苍焉耳矣,名之曰天何哉? 盖出自然也。名出于理,音出于气,字书由是不可胜穷',此可谓知语言之情者。叔子虽未治小学,其徇齐可以达神恉(自注:余旧作《文始》及《语言缘起说》,论名号音义所由来,后检阅程氏书,适有是说,与余说同恉,而古人未有言之者。颇怪叔子不治《说文》故训,而能道此,盖其聪睿不可及也)。弟子或考古文、铜器,扬诩张有,以明王氏《字说》之诬,则其支流游波。故曰:程氏之学所包络者广也。"(《通程》)章氏对王守仁的心学亦多回护之辞,指出:"所贵戢削省要者,非谓其能从政也,谓敢直其身敢行其意也","学有玄远而无可阡陌者,可易也。有似削切而不得分齐者,可易也。王文成之学所失在乙不在甲矣,而世更以虚玄病之"(《议王》)。

对清代考据学,章炳麟总结尤详,《检论·清儒》即为专篇。他认为汉代古文经学使"六艺复返于史,秘祝之病不溃于今",汉学"变于魏晋,定于唐,及宋明始荡",清代"继汉有作"。他分析清代考据学兴盛的原因,历述清代考据学的发展和派别,罗列清代考据学的成果,如说:"清世理学之言竭而无馀华,多忌,故歌诗文史楛;愚民,故经世先王之志衰(自注:三事皆有作者,然其弗逮宋明远甚)。家有智慧,大凑于说经,亦以纾死,而其术近工,眇踔善矣。始故明职方郎昆山顾炎武为《唐韵正》、《易(音)》、《诗本音》,古韵始明,其后言声音故训者禀焉。太原阎若璩撰《古文尚书疏证》(按,当为《尚书古文疏证》),定东晋晚《书》为作伪,学者宗之。济阳张尔岐始明《仪礼》,而德清胡渭审察地望,系之《禹贡》,皆为硕儒。然草创未精博,时糅杂元(《訄书·清儒》作"宋")明谰言。其成学著系统者,自乾隆朝始。一自吴,一自皖南。吴始惠栋,其学好博而尊闻。皖南始江永、戴震,综形名,任裁断,此其所异也。先栋时有何焯、陈景云、沈德潜,皆尚洽通,杂治经史文辞。至栋,承其父士奇学,捂志经术,撰《九经古义》、《周易述》、《明堂大道录》、《古文尚书考》、《左传补注》,始精眇,不惑于谀闻,然亦泛滥百家,尝注《后汉书》及王士祯诗,其馀笔语尤众。栋弟子有江声、余萧客,声为《尚书集注音疏》,萧客为《古经解钩沉》,大共笃于尊信,缀次古义,鲜下己见 。而王鸣盛、钱大昕亦被其风,稍益发舒。教于扬州,则汪中、刘台拱、李惇、贾田祖以次兴起。

萧客弟子甘泉江藩,复续续《周易述》,皆陈义《尔雅》、渊乎古训是则者也。震生休宁,受学婺源江永,治小学、礼经、算术、舆地,皆深通。其乡里同学有金榜、程瑶田,后有凌廷堪、三胡。三胡者,匡衷、承珙、培翚也,皆善治《礼》。而瑶田兼通水地、声律、工艺、榖食之学。震又教于京师,任大椿、卢文弨、孔广森皆从问业。弟子最知名者,金坛段玉裁,高邮王念孙。玉裁为《六书音均表》,以解《说文》,《说文》明。念孙疏《广雅》,以经传诸子转相证明,诸古书文义诘诎者皆理解。授子引之,为《经传释词》,明三古辞气,汉儒所不能理绎。其小学训诂,自魏以来未尝有也。近世德清俞樾、瑞安孙诒让,皆承念孙之学,樾为《古书疑义举例》,辨古人称名抵牾者,各从条例,使人无所疑眩,尤微至。世多以段、王、俞、孙为经儒,卒最精者乃在小学,往往得名家支流(《訄书·清儒》作"往往近名家流"),非汉世《凡将》、《急就》之俦也。凡戴学数家,分析条理皆彡密严瓛,上溯古义,而断以己之律令,与苏州诸学殊矣。然自明末有浙东之学,万斯大、斯同兄弟皆鄞人,师事余姚黄宗羲,称说《礼经》,杂陈汉宋,而斯同独尊史法。其后余姚邵晋涵、鄞全祖望继之,尤善言明末遗事。会稽章学诚为《文史》、《校雠》诸《通义》,以复歆、固之学,其卓约近(《訄书·清儒》作"过")《史通》。而说《礼》者羁縻不绝。定海黄式三传浙东学,始与皖南交通。其子以周作《礼书通故》,三代度制大定。"其后又述及桐城派与朴学分途、今文家与朴学对立,以至"及翁同龢、潘祖荫用事,专以谀闻召诸小儒,学者务得宋元雕椠,而昧经记常事,清学始大衰"。章氏叙述清代考据学发展始末颇为精要,其分乾嘉考据为吴派、皖派、浙东派,亦多为后人所取(如梁启超《清代学术概论》即本此)。他还指出清代朴学的特点在于考古求是而不在于经世致用:"大氐清世经儒自今文而外,大体与汉儒(指今文家)绝异,不以经术明治乱,故短于风议;不以阴阳断人事,故长于求是。短长虽异,要之皆徵其通雅","一言一事必求其徵,虽时有穿凿,弗能越其绳尺。……然故明故训者,多说诸子,唯古史亦以度制事状徵验,其务观世知化,不欲以经术致用,灼然矣"《学隐》。亦驳魏源汉学无用之说,指出考据家隐于学,事出无奈,而学风徵实可贵:"近世为朴学者其善三:明徵定保,远于欺诈;先难后得,远于侥幸;习劳思善,远于媮惰。故其学不应世尚,多悃愊寡尤之士也。"

当然章氏也不回护清代考据学的局限,认为无论考证的广度还是深度,都还存在缺陷。《自述学术次第》论"国学之未备",说:"经有古今文,自昔异路。近代诸贤,始则不别,继有专治今文者作,而古文未有专业,此亦其缺陷也。十馀年中,思近世学术未备,犹不止此。诸治史学者,皆留心地理、官制,其他已甚痟矣。"于是举姓氏之学、刑法之学、食货之学、乐律之学为例,谓:"斯四术者,所包阂远,三百年中,何其衰微也! 此皆实事求是之学,不能以空言淆乱者,既尚考证,而置此弗道乎?"又说:"其他学术,虽辨证已精,要未可谓达其玄极。夫学术不在大小,要能精审,则可以成天下之亹亹。自百工技艺之微,所诣固有高下殊绝者,大方之粗疏,或不如小物之精理矣。故近世小学,似若至精,然推其本则未究语言之原,明其用又未综方言之要。其馀若此类者,盖亦多矣。若夫周秦九流,则眇尽事理之言,而中国所以守四千年之阼者也。玄理深微,或似佛法,先正以邹鲁为衡,其弃置不道,抑无足怪。乃如庄周《天运》,终举巫咸,此即明宗教惑人所自始;惠施去尊之义,与名家所守相反;子华子迫生不若死之说,又可谓管乎人情矣。此皆人事之纪,政教所关,亦未有一时垂意者。汪容甫略推墨学,晚有陈兰甫始略次诸子异言,而粗末亦已甚。此皆学术缺陷之大端,顽鄙所以发愤。古文经说,得孙仲容出,多所推明。余所撰著,若《文始》、《新方言》、《齐物论释》及《国故论衡》中《明见》、《原名》、《辨性》诸篇,皆积年讨论,以补前人所未举。其他欲作《检论》明之(自注:旧著《訄书》,多未尽理,欲定名为《检论》,多所更张),而时不待人,日月亦将逝矣。"章炳麟针对清儒学术的缺陷,在小学的"推本"、"明用"方面确实做出了成绩,对古文献学的发展有所推进。而在其他方面的考证,创获无多。至于诸子义理之学,则偏重于实用,并不在于求是,也算不上古文献学方面的学术成果。

(三)强调明辨古书校注体例及古书词例、文例,整理古书不可盲目乱加雌黄

《国故论衡·明解故上》是发凡起例,辨析古书校注体例及古书词例、文例,以解后人误会之蔽的专文。其中着重分析了校、故、传、解四种体例,说:"校莫审于《商颂》,故莫先于《太誓》,传莫备于《周易》,解莫辩于《管》、《老》。"

章氏所谓的校,指广义校雠,包括校勘、删定和编目。《明解故上》对古今校雠之得失,评论颇详。

关于故,为注释体例之一,其中包括故事、故训两类。《明解故上》说:"然则先民言故,总举之矣。有故事者,有故训者。……言故事乃人人异端,世人徒守学官条教,作传者必欲废故事(自注:以《左氏》为不传《春秋》者,不知传固有载故事也),此一蔽也。或以专说故事,不烦起例,此二蔽也(自注:如直书其事善恶自见之说)。"

关于传,亦为注释体例之一。《明解故上》曰:"《易》之十翼为传尚矣。

《文言》、《彖》、《象》、《繫辞》、《说卦》、《序卦》、《杂卦》之论，体各有异。是故有通论，有驸经，有序录，有略例，《周易》则然。序录与列传又往往相出入，淮南为《离骚传》，其实序也，太史依之，以传屈原。刘向为《别录》，世或称以别传，其班次群籍，作者或见《太史公书》，则曰'有列传'，明己不烦为录也。通论之书，《礼记》则备；略例之书，《左氏》则备；驸经之书，则当句为释者。古之为传，异于章句，章句不离经而空发，传则有异。《左氏》事多离经，《公羊》、《穀梁》二传亦空记孔子生。夫章句始西京，以传比厕经下，萌芽于郑、王，二师自以为法，便于习读，非古之成则，世人以是疑周人旧传，此一蔽也。"

关于解，亦为注释体例之一。《明解故上》说："《管子》诸解，盖晚周人为之，稍有记录。韩非为《解老》，其义闳远。凡顺说前人书者，皆解之类。"指出汉人对于"解"误会之蔽有三："汉世说经，务以典礼断事，视空谈诚有间，拘文者或曰：卒哭舍故而讳新，父不名子。孔子曰：'鲤也死，有棺而无椁。'其实未死也。循是以推，门人既厚葬颜回，孔子犹言'回也视予犹父'，则是颜回死复苏也。鲁定公名宋，孔子对哀公言'长居宋'，则是定公不薨也，其蔽一矣；或以经记散言谓之典常，……其蔽二矣；或以古今名号不同而疑《尔雅》，……其蔽三矣。"指出今人误会之蔽有五："察汉世所谓为蔽者，今或无有，所起新例，式古训，合句度，多腾掉汉师上，亦往往有不周。发词例者，谓俪语同则词性同，其可以去诘诎不调者矣；汰甚则以高文典册下拟唐宋文牒之流（自注：《说文繫传·祛妄篇》云：'属对允惬，文字相避，近自陈隋尔。'故言词例者不可不知古今文势）。……必凌乱其人物名号而改训之然后快，不然则类例不充，此一蔽也。明虚数者，若'九天'、'九死'之辈，知其文饰无实事（自注：此汪中《释三九》之说，亦本于《论衡》……）亦信善矣；汰甚则以'百姓'、'万国'亦虚数。《楚语》曰：'百姓千品，万官亿醜'，内传曰：'执玉帛者万国，今存者无数十'，皆指尺名数，以相推校，宜何说焉？盖成数者与虚数异方：较略之名，偶说大齐，是成数也；假设之言，不可参验，是虚数也。汉世先师不知有成数，谓不可增减一介，今揉其枉，谓成数亦冯虚言之，此二蔽也。不增字解经者，以旧文皆自口出，增之则本语失其律度。其法不可坏矣。独《诗》以四字成文，辞或割意，不可直以文曲相明。'抑若扬兮'，传者必曰：'美色广扬。''式微式微'，训者必曰：'微乎微'，非无增字意，则因以条达过省，则文害辞，此三蔽也。用直训者曰：'昔吾有先正，其言明且清，其术亦至察矣。'直以自解则善；汰甚则欲改易秦汉旧传。传存者莫美于《毛诗》，毛公为训，有曲而中，有肆而隐，不专以经易为；故古者实句、德句、亚句（自

注:实句即今所谓名词,德句即今所谓形容词,亚句即今所谓动词),或展转
貤易,动变无方;古诗辞气亦有少异于今言者。失此三者不足明毛公微
意。……今不达《诗》传之体,视以晚世兼义释文之流,奋笔以改旧贯,此四
蔽也。不避重语者,曰:传有'惑蛊君'、'复露子',两言则同义,其说诚审;汰
甚乃以微言为家人语,或且噂沓。《老子》曰:'谷神不死',旧以中央空谷拟
无有,近是。今说者曰:谷,宜为穀,穀者,生也。生神不死,何其赘也。《庄
子》曰:'天之穿之,日夜无降,人则顾塞其窦'(自注:《外物篇》),降者,以类
通假为函(自注:如'函谷'亦作'降谷',是其例)。函者,孔也(自注:《食货
志》曰'钱圜函方')。此言天穿不可得,其朕人则反自塞之。今说者曰:降,
宜为癃,癃者,闭也。穿则不闭,宜无待郑重言。然则务为平易,而更违其微
旨,此五蔽也。"

  章炳麟深知以上四方面蔽端对于阅读、整理古籍的严重危害,认为:"屏
是诸蔽,则可以扬姬孔末命,理董前修之业矣。若夫援谶纬以明经制,随亿
必以改雅训,单文节适肤受以求通,辞诎则挟素王,事缪则营三统,此不足与
四者数。"可谓经验之谈,至今对我们仍有启发。

  王国维(1877—1927),字静安,亦字伯隅,号观堂,亦号永观,浙江海宁
人。少不喜《十三经注疏》,而读前四史,事举业,中过秀才。早年接触新学,
研究哲学和文学,深受尼采、叔本华学说的影响。1903 年,经罗振玉推荐,
任通州(南通)师范学堂教习,次年又任为苏州师范学堂教习,先后讲授哲
学、心理学、伦理学、社会学等,著有《静庵文集》。1907 年,任学部总务司行
走。1909 年充图书馆编译,开始从事中国戏曲史和词曲的研究,著有《曲
录》、《宋元戏曲考》(商务单行本改为《宋元戏曲史》)、《人间词话》等。辛亥
革命后,以清遗老自居。1913 年起,转入中国古史、古文献、古器物、古文
字、音韵学等方面的考订与研究,甲骨文、金文和汉晋简牍的考释尤其精湛。
1925 年任清华研究院教授,除继续研究古史外,兼作西北史地、蒙古史料的
整理考订。1927 年在北京颐和园投水自杀。《清史稿》卷五一〇有传。近
人撰传记、年谱多种,主要有徐中舒《王静安先生传》、赵万里《王静安先生年
谱》、姚名达《王静安先生年表》、萧艾《王国维评传》等。其著作最早被罗振
玉校理汇编成《海宁王忠悫公遗书》。其后赵万里又增编为《王静安先生遗
书》(上海古籍出版社据商务印书馆 1940 年版影印本题《王国维遗书》)。目
前以台湾大通书局据文华出版公司《王观堂先生全集》增订印行的《王国维
先生全集》初编、续编搜罗较为完备。吴泽正在主编《王国维全集》,已出《书

信》卷。

王国维的学术成就是多方面的，陈寅恪《王静安先生遗书序》说："详绎《遗书》，其学术内容及治学方法殆可举三目以概括之者：一曰取地下之实物与纸上之遗文互相释证，凡属于考古学及上古史之作，如《殷卜辞中所见先公先王考》及《鬼方昆吾玁狁考》等是也。二曰取异族之故书与吾国之旧籍互相补正，凡属于辽金元事及边疆地理之作，如《萌古考》及《元朝秘史之主因亦儿坚考》等是也。三曰取外来之观念与固有之材料互相参证，凡属于文艺批评及小说戏曲之作，如《红楼梦评论》及《宋元戏曲考》等是也。"在古文献学上王国维的成就主要有以下几点：

（一）重视新材料的发现，提出以考古资料与文献资料互证的"二重证据法"

与章炳麟轻疑考古发现和今文家轻疑古文经书不同，王国维十分重视考古资料和文献资料的新发现。他在《最近二三十年中中国新发见之学问》的讲演稿中说："古来新学问起，大都由于新发见，有孔子壁中书出，而后有汉以来古文家之学；有赵宋古器出，而后有宋以来古器物、古文字之学。惟晋时汲冢竹简出土后，即继永嘉之乱，故其结果不甚著。然同时杜元凯注《左传》，稍后郭璞注《山海经》，已用其说。而《纪年》所记禹、益、伊尹事，至今成为历史上之问题。然则中国纸上之学问赖于地下之学问者，固不自今日始矣。自汉以来，中国学问上之最大发见有三：一为孔子壁中书；二为汲冢书；三则今之殷虚甲骨文字、敦煌塞上及西域各处之汉晋木简、敦煌千佛洞之六朝及唐人写本书卷、内阁大库之元明以来书籍档册，此四者之一，已足当孔壁、汲冢所出。而各地零星发见之金石书籍、于学术有大关系者，尚不与焉。故今日之时代，可谓之发见时代，自来未有能比者也。"（《静庵文集续编》）正如王国维所说，用"地下之学问"证"纸上之学问"，"固不自今日始"，中国古文献学史上不乏其例，前面已经讲过一些。难能可贵的是，王国维通过历史经验和亲身的实践，首次对方法论作了总结，明确提出"二重证据法"。《古史新证》第一章总论说："至于近世，乃知孔安国本《尚书》之伪、《纪年》之不可信，而疑古之过乃并尧、舜、禹之人物而亦疑之。其于怀疑之态度及批评之精神不无可取，然惜于古史之材料未尝为充分之处理也。吾辈生于今日，幸于纸上之材料外，更得地下之新材料。由此种材料，我辈因得据以补正纸上之材料，亦得证明古书之某某经与《世本》之某部分全为实录，即百家不雅驯之言，亦不无表示一面之事实。此二重证据法，惟在今日始得为之。虽古书之未得证明者，不能加以否定，而其已得证明者，不能不加以肯定,可断言也。"这是一种科学的古史研究方法,也是一种科学的古文献考证方法。

中国近代考古及文献资料的发现,成果丰硕。王国维广为涉猎,而以甲骨文的研究最为突出。他还善于运用"二重证据法",以甲骨文、金文资料证实、订补古书记载,在古代史实及典制的考证上有许多突破。1916年所作《殷卜辞所见先公先王考》及《续考》(见《观堂集林》卷九)就是最有名的代表作。《殷卜辞所见先公先王考》包括《夋》、《相土》、《季》、《王亥》、《王恒》、《上甲》、《报丁、报丙、报乙》、《主壬、癸壬》、《大乙》、《唐》、《羊甲》、《祖某、父某、兄某》等篇。《续考》包括《高祖夋》、《上甲、报乙、报丙、报丁、主壬、主癸》、《多后》、《中宗祖乙》、《大示、二示、三示、四示》、《商先王世数》等篇,并《附殷世数异同表》。两文皆以卜辞与有关文献互补互证,除个别结论不无可商榷之处外,大多确凿无疑。

以卜辞与有关文献互证,并非易事,必须有深厚的文字、音韵、训诂、史实、典制及文献等方面的根柢,例如《殷卜辞所见先公先王考·报丁、报丙·报乙》篇:

> 自上甲至汤,《史记·殷本纪》、《三代世表》、《汉书·古今人表》有报丁、报丙、报乙、主壬、主癸五世,盖皆出于《世本》。案卜辞有𠂤、匚、𠃊三人,其文曰:"乙丑卜□贞王宾𠂤祭"(下阙,见《书契后编》卷上第八叶,又断片二),又曰:"丙申卜旅贞王宾□□亡固"(同上),又曰:"丁亥卜贞王宾曰肜日亡□"(同上)。其乙、丙、丁三字皆在"匚"或"𠃊"中。又称之曰"王宾",与他先王同。罗参事疑即报乙、报丙、报丁,而苦无以证之。余案参事说是也。卜辞又有一条曰:"丁酉酚絲(中阙)□三曰三示(中阙)大丁十大"(下阙,见《后编》卷上第八叶)。此文残阙,然示字下所阙当为壬字。又自报丁经示壬、示癸、大乙而后及大丁、大甲,则其下又当阙示癸、大乙诸字。又所谓"□三"、"曰三"、"大丁十"者,当谓牲牢之数。据此则□、曰在大丁之前,又在示壬、示癸之前,非报丙、报丁奚属矣?□、曰既为报丙,报丁,则𠂤亦当即报乙。惟卜辞□、曰之后,即继以示字,盖谓示壬,殆以匚、𠃊、曰为次,与《史记》诸书不合。然何必《史记》诸书是而卜辞非乎?又报乙、报丙、报丁称报者,殆亦取报上甲微之报以为义,自是后世追号,非殷人本称,当时但称𠂤、□、曰而已。上甲之甲,字在□中,报乙、报丙、报丁之乙、丙、丁三字在"匚"或"𠃊"中,自是一例,意坛埠或郊宗石室之制,殷人已有行之者与?

又如同文《王恒》篇,考《楚辞·天问》"有扈"乃"有易"之误,且"有易"即"有狄",云:"而《山海经》、《竹书》之'有易',《天问》作'有扈',乃字之误。盖后人多见有扈,少见有易,又同是夏时事,故改'易'为'扈'。下文又云:'昏微遵迹,有狄不宁',昏微即上甲微,有狄亦即有易也。古狄、易二字同音,故互相通假。《说文解字·辵部》'逖'之古文作'逷'。《书·牧誓》:'逖矣西土之人',《尔雅》郭注引作'逷矣西土之人'。《书·多士》:'离逖尔土',《诗·大雅》:'用逷蛮方',《鲁颂》:'狄彼东南',《毕狄钟》:'毕狄不龚',此'逖'、'逷'、'狄'三字异文同义。《史记·殷本纪》之简狄,《索隐》曰:'旧本作易。'《汉书古今人表》作'简逷'。《白虎通·礼乐篇》:'狄者,易也。'是古'狄'、'易'二字通,有狄即有易。上甲遵迹,而有易不宁,是王亥弊于有易,非弊于有扈,故曰扈当为易字之误也。'狄'、'易'二字,不知孰正孰借,其国当在大河之北,或在易水左右(自注:孙氏之骎说)。"由以上可见作者在使用"二重证据法"时,借重于小学、史学及古文献学识之一斑。蒋汝藻《观堂集林序》说:"窃谓君书才厚数寸,在近世诸家中,著书不为多,然新得之多,未有如君书者也。君新得之多,固由于近日所出新史料之多。然非君之学识,则亦无以理董之。盖君于乾嘉诸儒之学术方法无不通,于古书无不贯串,其术甚精,其识甚锐,故能以旧史料释新史料,复以新史料释旧史料,辗转相生,所得乃如是之夥也。"此为中肯之论。

《古史新证》写成于 1925 年,为当时在清华研究院授课的讲义(1935 年北平来熏阁影印出版)。此书不仅进一步明确提出"二重证据法",而且在考证内容上对《殷卜辞所见先公先王考》有所承袭和扩充。其所据"纸上之史料"有:(一)《尚书》、(二)《诗》、(三)《易》、(四)《五帝德》及《帝系姓》(见《大戴礼》)、(五)《春秋》、(六)《左氏传》、《国语》、(七)《世本》、(八)《竹书纪年》、(九)《战国策》及周秦诸子、(十)《史记》;地下之材料仅有二种:(二)甲骨文字、(二)金文。他"就此二种材料中可以证明诸书或补足纠正之者——述之",包括《禹》、《殷之先公先王》、《商诸臣》(伊尹、咸戊)、《商之都邑及诸侯》诸章。

作者虽然重视以"地下之材料"证"纸上之史料",但并不像某些学者(如疑古派)那样,轻疑古文献资料及其记载。他的观点比较慎重和辩证,前面所引《古史新证·总论》中的一段话,可以说明这一问题。又如《古史新证》第四章跋语说:"右商之先公先王及先正见于卜辞者大率如此,而名字之不见于古书者不与焉。由此观之,则《史记》所述商一代世系,以卜辞证之,虽不免小有舛驳,而大致不误。可知《史记》所据之《世本》全是实录。而由殷、周世系之确实,因之推想夏后氏世系之确实,此又当然之事也。又虽谬悠缘饰之书如《山海经》、《楚辞·天问》,成于后世之书如《晏子春秋》、《墨子》、《吕氏春秋》,晚出之书如《竹书纪年》,其所言古事,亦有一部分之确实性。然经典所记上古之事,今日虽有未得二重证明者,固未可以完全抹杀也。”

除史实外,王国维还善于运用“二重证据法”以考典制。前所举两种著作,已涉及这方面的例子,如殷商王位继承及祭祀制度等。又如《生霸死霸考》(见《观堂集林》卷一),用铭文证文籍,纠正了自刘歆《三统历》以来关于“生霸”、“死霸”的误解,证成《说文》及马融《尚书注》以生霸在朔后、死霸在望后之说:“余谓《说文》:‘霸,月始生魄然也。朏,月未盛之明也。’此二字同义,声亦相近。故马融曰:‘魄,朏也。’”甚是。然进而考出的一月四分记日之法则非,如:“余览古器物铭,而得古之所以名日者凡四:曰初吉,曰既生霸,曰既望,曰既死霸。因悟古者盖分一月之日为四分:一曰初吉,谓自一日至七八日也;二曰既生霸,谓自八九日以降至十四五日也;三曰既望,谓十五六日以后至二十二三日;四曰既死霸,谓自二十三日以后至于晦也。”此说非是。董作宾《四分一月说辨正》辨其误云:“初吉所以代替既死霸月相之名,观可以确定厉宣古器,皆用初吉,不用既死霸。”近黄彰健《释〈武成〉与金文月相》(载《历史研究》1998年第2期)进一步指出:“王氏由于误读《智鼎》之‘既眚霸’为‘既生霸’,遂认为既死霸决非朔日”,“其实这个眚字应从许慎《说文》,训为‘瞖’,‘既眚霸’即‘即瞖白’亦即既死霸,系指初一”。又云:“哉生霸。《逸周书·世俘》作‘旁生霸’。《仪礼·士丧礼》‘牢中旁寸’,郑注:‘今文旁为方。’旁,方古通。《广雅》:‘方,始也。’故‘哉生霸’与‘旁生霸’同义。《尚书·召诰》作‘朏’。朏亦指新月初生,与‘哉生霸’同义”,“旁死霸。新出《晋侯稣编钟》有‘方死霸’一词,旁、方古通。方,始也。古人既以哉生霸一词形容月之初生,遂以‘旁死霸’、‘方死霸’形容月之初缺。而此即‘既生霸’、‘既望’之次日(亦即十七或十八日)”,“晋侯编钟铭文提到‘方死霸’,这是晋侯编钟最值得宝贵处。如果考究方死霸的含义,则我的解说:‘既死霸,朔;哉生霸,月光初生;生霸,望;既生霸,既望;方死霸,月光初缺;死霸,晦’应该是无误的。只要承认既死霸系指初一,则王国维‘四分一月说’释既死霸为二十三以后至于晦,其立说的基础就已经动摇了”。又如《周书顾命考》(见《观堂集林》卷一,作于1916年)用彝器册命之制与《礼经》之例诠释《尚书·顾命》,纠正了沿习两千余年的经今古文家关于周册命之礼的误注。此文前序说:“《周书·顾命》一篇,记成王没、康王即位之事。其时当武王克殷、周公致太平之后、周室极盛之时,其事为天子登假、嗣王继体之大事。其君则以圣继圣，其公卿犹多文武之旧臣。其册命之礼，质而重，文而不失其情，史官纪之，为《顾命》一篇。古《礼经》既佚，后世得考周室一代之大典者，惟此篇而已。顾年代久远，其礼绝无他经可证。《书》今文家说是篇者，略见于《白虎通》及《吴志·虞翻传注》所引《翻别传》，而殊无理致。古文家如马融、郑玄，虽礼学大师，其注是篇亦多违失。虞翻所奏郑注尚书违失三事，是篇居其二。翻所难固无当，然郑以册命之礼行于殡所，祭、咜之事谓为对神，其失远在仲翔所举二事之上。作伪孔传者亦从其说。有周一代巨典，窅暗而弗章者二千有馀年矣。今以彝器册命之制与《礼经》之例铨释之，其中仪文节目遂犁然可解。世之君子弗以易古注为责则幸矣。"其他例子尚多，不一一列举。

（二）精通小学，利用小学成果研究新资料，借助新资料发展小学

王国维十分重视小学，把小学视作古文献学的基础。他继承清代小学的丰硕成果，用于古文献与地下资料的比证研究之中，有不少新的突破。

在文字方面，王国维的成就主要有三点：第一，甲骨文、金文等古文字考释成果辉煌。主要著作有《戬寿堂所藏殷虚文字》（为英人哈同编次）、《戬寿堂所藏殷虚文字考释》、《史籀篇疏证》、《观堂古今文考释》（见《王国维遗书》第六册。包括《毛公鼎铭考释》、《散氏盘考释》、《不嫢敦盖铭考释》、《盂鼎铭考释》、《克鼎铭考释》）等，《观堂集林》中也有一些考释古文字（以甲骨文为主）的单篇。另罗振玉《殷虚书契考释》中亦颇采王氏之说。王国维的考释成果创见很多，对前人之说多所补正，具体例子不胜枚举，下面将会涉及。第二，总结了较为系统的古文字考释方法。《毛公鼎铭考释序》："文无古今，未有不文从字顺者。今日通行文字，人人能读之，能解之。《诗》、《书》、彝器亦古之通行文字，今日所以难读者，由我辈之知古代不如知现代之深故也。苟考之史事与制度、文物以知其时代之情状，本之《诗》、《书》以求其文之谊例，考之古音以通其谊之假借，参之彝器以验其字之变化，由此以至彼，即甲以推乙，则于字之不可识、谊之不可通者，必间有获焉。然后阙其不可知者以俟后之君子，则庶乎其近之矣。孙（诒让）吴（大澂）诸家释此器，亦大都本此方法，惟用之有疏密，故得失亦准之。"第三，考字释形，既参据《说文》，而又不迷信《说文》。王国维不像某些学者怀疑甲骨文、金文，把《说文》奉为神圣，一味迷信。他十分重视考古发现的古文字资料，认定甲骨文、金文比《说文》"今叙篆文，合以古、籀"所收录的形体为时要早，两者前后相承，表现为源与流的关系；并且《说文》所录有不少简省或讹变的形体，不可尽信。因此可以据《说文》上推金文、甲骨文，但绝不可拘泥于《说文》，以《说文》来束缚

金文、甲骨文。有了这样的正确认识,他既能充分利用《说文》作为桥梁以考释古文字,同时又能勇于突破《说文》的局限,根据甲骨文、金文等古文字资料及考释成果以补正《说文》的缺误。在这一点上,他要比前辈和同辈(罗振玉除外)的学者高明得多,对后世产生了很大影响。下面略举一二例以见一斑。如《释由上》(《观堂集林》卷六):

> 《说文》从由之字二十有馀,而独无由字。自李少温以后,说之者近十家,顾皆不足厌人意,甚或有可闵笑者。余读敦煌所出汉人书《急就》残简,而知《说文》㽕字即由字也。《急就》第二章"㽕广国",汉简"㽕"作"由",其三直皆上出,与《说文》㽕字正同。今案《说文》㽕字注曰:"东楚名缶曰㽕,象形,凡㽕之属皆从㽕。"原本《玉篇》引《说文》旧音,音侧字反。大徐音侧词切,皆"𤰈"之音,则以"㽕""𤰈"为一字,自六朝已来然矣。然"㽕""𤰈"决非一字。"𤰈"为艸部菑字重文,从田巛声,故读侧字反或侧词反。若"㽕"之与"𤰈",于今隶形虽相似,其音义又有何涉乎?考此字古文本作㽕,篆文亦或如之。其变而为隶书也,乃屈曲其三直,遂成㽕字。后人不知其为古文㽕字之变,以其形似"𤰈",遂以𤰈之音读之,实则此音毫无根据也。然则"㽕"之为"由",亦有证乎?曰:有。《说文》粤字注云:"从丂从由。"番生敦盖有此字,作𦥑。毛公鼎加口作𦥑。卜辞有𦥑字(《殷虚书契后编》卷上第十四叶),爵文有𦥑字,皆从𦥑若𦥑。是篆文从由者,古文从㽕作。是"㽕""由"为一之证一也。卢字,《说文》从虍,虍又从㽕。而卢氏涅金之卢作𥂉,卢氏币作𥂉,是篆文从由之字,晚周古文亦从由作。是"㽕""由"为一之证二也。又卢字篆文从由,晚周古文从由,更溯之春秋以前之古文,则乃从卣作。取卢子商盘卢作𥁋。弘尊有膚字作𦥑,从𦥑,簠鼎之簠字从𦥑,酈侯郭之酈字从𦥑,其所从之虍,皆从𠂤作。𠂤者,古文卣字也。卣字(古文)作𠂤(孟鼎),作𠂤(毛公鼎),作𠂤(伯晨鼎),作𠂤(录伯敦及吴尊盖)。石鼓文迺字亦作𠂤。而殷虚卜辞盛鬯之卣则作𠂤(《殷虚书契前编》卷一第十八叶),作𠂤(同上,卷六第四十一叶。《戬寿堂所藏殷虚文字》第二十五叶同,其辞曰:"鬯五𠂤",知确为卣字矣),知卣所从之乚、乚,即𠁁之省。又知,《说文》虍、卢二字,一从㽕,一从𠁁,即𠂤与𠂤之变,实一字而繁简异也。卣为尊属,惟缶亦然。许君云:"东楚名缶曰㽕,与卣

同音，盖犹三代遗语也。本义既尔，假借之义亦然。"《释诂》：由，自也。而迪亦训自。《新序·杂事篇》："国君骄士曰：'君非我无迪富贵。'士骄君曰：'国非士无迪安强。'君臣不合，国是无迪定矣。"此三迪字，义皆与由同。《广雅》：由，用也。而古书迪、迪二字亦皆训用。经传迪多作攸。《尔雅》：攸，所也。迪，道也。汉人释经，多本此训。近高邮王氏《经义述闻》与《经传释词》，始历举《诗》《书》以明攸、迪二字古皆训用，其论笃矣。余意迪、迪本是一字。古迪、由同音同义，故迪或从由作迪，转讹为迪，亦犹迪之讹为迪也。《书·多方》："不克终日，劝于帝之迪。"迪，马融本作攸。是迪、迪一字之证。然则迪、由二字，其音同，其义同，其引申、假借之义亦无不同。迪之变化当为由，不当为迪，是迪由为一之证三也。更以声音证之：由、缶二字本同部，故东楚名缶为迪。《方言》五："瓿，罂也。淮汝之间谓之瓿。"瓿，郭璞音由。曹宪《广雅音》同。淮汝之间，地邻东楚，恐许君所云，"东楚名缶曰迪"，即本《方言》为说。盖由、瓿古今字，杨子云用今字，许用古字耳。许于缶部亦出瓿字，云："瓦器也。"许书同音同义之字，分见二部者甚多，此亦其一也。以形言之则如彼，以音言之则如此，迪之为由，更无他疑。况汉人所书由字正如此，足以解千载之惑乎？

此例能全面体现王国维在文字学方面的成就，故详引于此。在《史籀篇疏证》中也有一些辨篆文、古、籀之省简或讹变以正《说文》误释的例子，如

薇　《说文解字·艸部》："薇，菜也，似藿。从艸，微声。菽，籀文，薇省。"案，菽，从艸，散声。许言薇省者，承篆文言之也。

折　《说文解字·艸部》："折，断也。从斤断艸，谭长说。断，籀文折，从艸在仌中，仌寒故折。"案此字不娶敦、师寰敦、虢季子白盘作折，与篆文同。惟齐侯壶作折析二形。伪隶古定《尚书》誓字作断，皆与籀同。断亦从斤断艸，二少间之二，表其断处也。许君从仌，殆不然与？

在音韵方面，王国维从1916年起写作、纂辑了一系列著作，如《唐韵别考》《韵学馀说》《两周金石文韵读》《唐韵校记》《唐韵佚文》等。单篇文章也很多，见《观堂集林》卷八。编著的韵书有《联绵字谱》《补高邮王氏说文谐声谱》。

像清代考据学者一样，王国维尤重周秦古音的研究，在理论和成果上多有继承，在方法和材料上多有开拓。首先，他全面地总结了自明以来，特别

是清代考据学者在古音研究上的成就。《五声说》说:"尝谓自明以来,古韵学之发明有三:一为连江陈氏(第)古本音不同今韵之说,二为戴氏(震)阴阳二声相配之说,三为段氏古四声不同今韵之说。而部目之分析,其小者也。陈氏之说,开顾(炎武)、江(永)以后言古韵之端;戴氏之说,孔(广森)取之以成《诗声类》,其规摹亦略具矣;段氏之说,歙江(有诰)氏作《唐韵四声正》虽窃取其义,而于其说之根本及其由此说所作之第七至第十四部韵谱,却未之从。"(《观堂集林》卷八)《高邮王怀祖先生训诂音韵书稿叙录》说:"案国朝治古韵者,始于昆山顾君,至婺源江君、休宁戴君、金坛段君而剖析益精。至先生(王念孙)与曲阜孔君出,而此学乃大备。"(同上)《致沈兼士书》说:"一字之音,有母有韵。古韵之学,创于宋人,至近世而极盛。古字母之学,创于嘉定钱氏(大昕),同时休宁戴氏亦作《转语》二十章,而其书不传,其流亦微。惟番禺陈(澧)氏作《切韵考》,始据《广韵》中反切以求中古字母之系统,其所得与等韵家之三十六字母不同。至于古音中之字母,则尚未有论其全体者,此亦音韵学上一阙点也。"(转引自赵万里《王静安先生年谱》)其次,对音韵研究之方法有系统的总结。关于考古音韵母及声调,他总结出"本诸音理,徵诸周秦汉初人之用韵,求诸文字之形声(或称偏旁谐声)"的三大证法(见《五声说》)。关于考古音声母所据的材料和方法,他总结出五条:"今举其要,约有五端:一、经传异文,如《尚书》古今文、《春秋》三传实同名异,往往遇之。汉儒注中某读为某,亦其类也。二、汉人音读,古注中某读如某,某读若某,是也。三、音训,如仁人、义宜之类。《释名》一书,所用以相释者,什八九皆同母字也。四、双声字,如玄黄、鬠发、栗烈之类,皆同母字也。五、反切,孙炎以下,至于孙逷、李轨之音,见古书注及《经典释文》者,是也。苟以此数者参互相求,但顺材以求合,而不为合以验材,仿顾氏《唐韵正》之例,勒为一书,庶几古字母部目或睹其全,不让古韵之学专美欤?"(《致沈兼士书》)此信写于1916年。又1915年所写《尔雅草木虫鱼鸟兽释例序》(《观堂集林》卷五载此著作,题作《尔雅草木虫鱼鸟兽名释例》)实已有所总结(《遗书》第六册)。复次,就考古资料考察古音,在材料上有所开拓,于清人之说多有补正。1916年所写《周代金石文韵读序》说:清代三百年中,"故训故、名物、文字之学,有待于将来者甚多,至古韵之学,谓之前无古人后无来者可也。原斯学所以能完密至此者,以其材料不过群经、诸子及汉魏有韵之文,其方法则皆因乎古人用韵之自然,而不容以后说私意参乎其间。其道至简,而其事有涯,以至简入有涯,故不数传而遂臻其极也。余读诸家韵书,窃叹言韵至王、江二氏已无遗憾,惟音分阴阳二类,当从戴、孔,而阳类有平无上去入,段氏《六书音韵表》已微及之。前哲所言，既已包举靡遗，故不复有所论述。惟昔人于有周一代韵文，除群经、诸子、《楚辞》外，所见无多。余更蒐其见金石刻者得四十馀篇，其时代则自宗周以讫战国之初，其国别如杞、邻、邾、娄、徐、许等，并出《国风》十五之外，然求其用韵，与三百篇无乎不合。故即王、江二家部目，谱而读之，非徒补诸家古韵书之所未详，亦以证国朝古韵之学之精确无以易也。"(《观堂集林》卷八。按此为王氏最后手定之稿，此书原名《两周金石文韵读》，书前之序文字与此略异，见《王国维遗书》第六册)

在训诂方面，王国维擅长因音求义。《书尔雅郭注后》揭示了汉晋学者明假借或通声训(求语源)的因音求义之法，把因音求义的根据——语言与文字关系，阐述得非常清楚(《观堂集林》卷五)。在使用因音求义之法时，王国维针对前人研究的薄弱环节，特别强调"一声之转"中的声母问题。《尔雅草木虫鱼鸟兽释例序》说："近儒皆言古韵明而后诂训明。然古人假借、转注多取双声(按，王氏把转注理解为声训)。段、王诸君自定古韵部目，然其言诂训也，亦往往舍其所谓韵而用双声，其以叠韵说诂训者，往往扞格不得通。然则与其谓古韵明而后诂训明，毋宁谓古双声明而后诂训明欤？"(《遗书》第六册)这里颇中清人往往不顾声母，单据韵母，片面讲"一声之转"之弊。然主于音的假借和声训，必兼包声母和韵母，关涉整个字字音的相同或相近(相通)。只管韵母或只管声母都是片面的，都是难以成立的。

王国维使用因音求义的方法非常自觉，具体例子不胜枚举。而且像考证其他问题一样，在这方面徵引的材料范围也已不限于传世文献，还扩大到考古资料。兹略举几例，以见一斑。如考"祼"、"果"、"灌"字，《再与林(浩卿)博士论洛诰书》说："案此字，《书·洛诰》、《诗·大雅》皆作'祼'，《周礼》大宰、大宗伯、小宗伯、肆师、鬯人、郁人、司尊彝、典瑞、大行人、《考工记·玉人》皆'祼'、'果'杂出。康成于大行人注云：'故书祼作果'，于玉人注云：'祼，或作果，或作淉'。案殷周古文未见从示之祼，以示部诸字言之，如禄，古文作录；祥，古文作羊；祖，古文作且；祊，古文作彭；禘，古文作帝；禦，古文作御；社，古文作土，知古祼字即借用果木之果。《周礼》故书之果，乃其最初之假借字，而祼乃其孳乳之形声字也。故果字最古，祼字次之。惟《论语》、《戴记》始有灌字，此灌字果为先秦以前所用之字欤？抑汉人以诂训字代本字欤？疑不能明也。此祼、灌二字之不同也。祼字之音，陆德明《音义》以降，皆读如灌。唐本《切韵》亦入换韵(自注：孙愐《唐韵》：'古玩切'，亦同)。段氏玉裁《说文注》始正之曰：'此字以果为声，古音在十七部(王氏自注：即歌戈韵)。《周礼注》两言祼之言灌，凡云之言者，皆通其音义以为诂训，非如读为之易其字,读如之拟其音也。如……副编次:副之言覆,禋祀:禋之言烟,壮人:壮之言矿,未尝曰禋即读煙,副即读覆也。以是言之,裸之音本读如果,壮之音本为卯,读如鲲,与灌、矿为双声,后人竟读灌、读矿,全失郑意。'段氏此言,自音学上观之,则裸灌双声,又裸在歌部,灌在元部,为阴阳对转之字,然与同部之字究未达一间,此裸、灌二音之不同也。至裸之字义,《毛诗·文王》传云:'裸,灌鬯也。'《说文》则云:'灌祭也。'郑于《周礼》小宰、大宗伯、玉人三注皆云'裸之言灌',然裸与灌不过以声相训。凡文字,惟指事、象形、会意三种可得其本义,至形声之字,则凡同母同韵者,其义多可相训,而不能以相专,故训裸为灌可也,训以他双声之字如碬、羋、假等字,亦无不可也。"(《观堂集林》卷一)又如前引《殷卜辞中所见先公先王考·王恒》考"易"、"狄"可通,也用了因音求义的方法。又如考"混夷"即"昆夷":"混夷之名,亦见于周初之书","自音韵学上证之","混"、"昆"亦通(见《鬼方昆夷猃狁考》,《观堂集林》卷十三)。又如以《尚书·金縢》"乃命于帝庭敷佑四方"释《盂鼎铭》之"匍有三方"(见《盂鼎铭考释》,《遗书》第六册),指明"佑为有之假借,非佑助之谓"(见《与友人论诗书中成语书二》,《观堂集林》卷二)由以上诸例可知,王国维在使用因音求义之法时,既明假借,又通声训。

除擅长因音求义外,王国维在训诂方面还强调对成语要通过比较,归纳词例以求其义,不可简单地据字面理解意义,即不可"合其中之单语解之"。《与友人论诗书中成语书》说:"《诗》、《书》为人人诵习之书,然于六艺中最难读。……其难解之故有三:讹阙,一也;古语与今语不同,二也;古人颇用成语,其成语之意义,与其中单语分别之意义又不同,三也。唐宋之成语,吾得由汉魏六朝人书解之;汉魏之成语,吾得由周秦人书解之。至于《诗》、《书》,则书更无古于是者,其成语之数数见者,得比校之而求其相沿之意义,否则不能赞一辞。若但合其中之单语解之,未有不龃龉者。试举一二例言之。如不淑一语,其本意谓不善也。不善,或以性行言,或以遭际言。而不淑古多用为遭际不善之专名。《杂记》记诸侯相吊辞,相者请事,客曰:'寡人(按《礼记》作君,此误)使某,如何不淑。'致命曰:'寡君闻君之丧,寡君使某,如何不淑。'《曲礼注》云:'相传有吊辞云:皇天降灾,子遭罹之,如何不淑。'如何不淑者,谓遭此不幸,将如之何也。《左庄十年传》:'宋大水,公使吊焉,曰:天作淫雨,害于粢盛,若之何不吊。'又《襄十四年传》:'公使厚成叔吊于卫,曰:寡君使瘠,闻君不抚社稷而越在他竟,若之何不弔。'古弔、淑同字,若之何不弔,即如何不淑也。是如何不淑者,古之成语,于弔死唁生皆用之。《诗·鄘风》:'子之不淑,云如之何',正用此语,意谓宣姜本宜与君子偕老,而宣公先卒,则子之不淑,云如之何矣。不斥宣姜之失德,而但言其遭际之不幸,诗人之厚也。《王风》:'遇人之不淑',亦犹言遇人之艰难。不责其夫之见弃,而但言其遭际之不幸,亦诗人之厚也。诗人所用,皆当时成语,有相沿之意义,毛、郑胥以不善释之,失其旨矣。……"(《观堂集林》卷二)作者在《与友人论诗书中成语书二》中又补充了一些例证,可参见。

(三)重视古文献流传源流的考证,在目录、版本、校勘、辨伪、辑佚等方面成果颇富

王国维很重视古文献流传源流的考证,最突出的是关于汉代今古文经流传的考证,著有《汉魏博士考》(《观堂集林》卷四)、《汉时古文诸经传考》、《汉时古文诸经有转写本说》、《两汉古文学多小学家说》(《观堂集林》卷七)等。由于他对古文字研究较深,对古文经的考证超越前人,有力地驳斥了近代今文家对古文经的怀疑。他关于古文经的精辟考证,有几点值得注意:第一,明确考定古文经书写的字体是六国古文(即战国时东方六国的文字)。《战国时秦用籀文六国用古文说》说:"余前作《史籀篇疏证序》,疑战国时秦用籀文,六国用古文,并以秦时古器遗文证之。后反复汉人书,益知此说之不可易也。……六艺之书行于齐鲁,爰及赵魏,而罕流布于秦(自注:犹《史籀篇》之不行于东方诸国),其书皆以东方文字书之。汉人以其用以书六艺,谓之古文,而秦人所罢之文与所焚之书,皆此种文字,是六国文字即古文也。观秦书八体中有大篆无古文,而孔子壁中书与《春秋左氏传》,凡东土之书,用古文不用大篆,是可识矣。故古文、籀文者,乃战国时东西二土文字之异名。其源皆出于殷周古文,而秦居宗周故地,其文字犹有丰、镐之遗,故籀文与自籀文出之篆文,其去殷周古文反较东方文字(自注:即汉世所谓古文)为近。自秦灭六国,席百战之威,行严峻之法,以同一文字。凡六国文字之存于古籍者,已焚烧划灭,而民间日用文字,又非秦文不得行用。……故自秦灭六国,以至楚汉之际十馀年间,六国文字遂遏而不行。汉人以六艺之书皆用此种文字,又其文字为当日所已废,故谓之古文。此语承用既久,遂若六国之古文即殷周古文,而籀、篆皆在其后,如许叔重《说文序》所云者,盖循名而失其实矣。"(《观堂集林》卷七)第二,他对汉人所称"古文"的不同含义详加考辨,指明流变,《史记所谓古文说》说:"太史公所谓古文,皆先秦写本旧书。……自武、昭以后,先秦古书传世益少,其存者往往归于秘府,于是古文之名渐为壁中书所专有。"(同上)此为古文含义之一变。《汉书所谓古文说》说:"后汉之初,所谓古文者,专指孔子壁中书,盖自前汉末亦然。……《汉书·艺文志》所录经籍,冠以古文二字若古字者,惟《尚书古文经》四十六卷、

《礼古经》五十六卷、《春秋古经》十二篇、《论语古》二十一篇,《孝经古孔氏》一篇,皆孔子壁中书也。然中秘古文之书固不止此,……而《志》于诸经外书皆不著古今字,盖诸经之冠以古字者,所以别其家数,非徒以其文字也。六艺于书籍中为最尊,而古文于六艺中又自为一派,于是古文二字遂由书体之名而变为学派之名。"(同上)此为古文含义之二变。《说文所谓古文说》说:"许叔重《说文解字叙》言古文者凡十,皆指汉时所存先秦文字言之。"(同上)此为古文含义之三变。考清流变,有助于确定"古文"一词在什么情况下专指古文经而言。第三,他还对汉代古文经传及古文学家作了具体的考证,写有《汉时古文本诸经传考》、《汉时古文诸经有转写本说》、《两汉古文学家多小学家说》(均见《观堂集林》卷七)等文,从多方面确定了古文经的可信地位。如《两汉古文学家多小学家说》说:"《后汉书·卢植传》:植上疏言:'古文科斗,近于为实,而厌抑流俗,降在小学。中兴以来,通儒达士班固、贾逵、郑兴父子并敦悦之,今《毛诗》、《左氏》、《周礼》各有传记,其与《春秋》共相表里,宜置博士,为立学官。'循子幹疏意,古文科斗实目下《毛诗》、《左氏》、《周礼》三家,三家皆经,而当时抑之于小学。是后汉之末,视古文学家与小学家为一。然此事自先汉已然。观两汉小学家皆出古学家中,盖可识矣。原古文学家之所以兼小学家者,当缘所传经本多用古文,其解经须得小学之助,其异字亦足供小学之资,故小学家多出其中。"汉代小学的发展,与古文经的发现和流传密不可分,从而反证了古文经绝非臆造之物。因为臆造之物肯定没有生命力,自身难保,又怎能促进相关学科的发展? 又如考韵书源流,写了一系列著作,有《六朝人韵书分部说》、《书巴黎国民图书馆所藏唐写本切韵后》、《书影印内府所藏王仁昫切韵后》、《书式古堂书画汇考所录唐韵后》、《书小徐说文解字篆谱后》、《书古文四声韵后》、《唐诸家切韵考》、《李舟切韵考》、《唐时韵书部次先后表》、《唐广韵宋雍熙广韵考》、《天宝韵英陈廷坚韵英张戬考声切韵武玄之韵铨分部考》、《书金王文郁新刊略张天锡草书韵会后》等(均见《观堂集林》卷八)。

　　研究古籍的流传,与目录、版本之学密不可分,王国维在目录学、版本学上造诣也很深,体现在一些版本考、序跋文及校勘记的著作之中。他非常重视对文献古本的考证与著录,从器铭、汉简、石经、唐写本到宋元刻本,涉猎颇广。关于钟鼎铭文,著有《宋代金文著录表》、《国朝金文著录表》等。关于西边出土的汉晋简书,著有《流沙坠简》(与罗振玉合著)、《敦煌所出汉简跋》(十四首)、《罗布淖尔东北古城所出晋简跋》、《尼雅城北古城所出晋简跋》等(诸跋见《观堂集林》卷十七)。关于石经,著有《魏石经考》(共五篇,见《观堂集林》卷二十)、《魏正始石经残石考》(分《碑图》、《经文同异》、《古文》三题,见《遗书》第九册)、《蜀石经残拓本跋》(《观堂集林》卷二十)等。关于唐写本,著有《陆法言切韵断片跋》(《观堂别集》卷一)、《唐写本残职官令跋》、《唐写本食疗本草残卷跋》、《唐写本灵棋经残卷跋》、《唐写本韦庄秦妇吟跋》等十四篇(《观堂集林》卷二一)。关于宋元古本,著有《宋初写本敦煌县户籍跋》、《覆五代刊本尔雅跋》、《宋刊本尔雅疏跋》、《宋越州本礼记正义跋》、《旧刊本毛诗注疏残叶跋》、《残宋本三国志跋》、《元刊本资治通鉴音注跋》、《显德刊本宝箧印陀罗尼经跋》、《元刊本西夏文华严经残卷跋》等(《观堂集林》卷二一)及《五代两宋监本考》、《两浙古刊本考》(《遗书》第十二册)。又有专书版本考证之作,如关于《水经注》著有《宋刊水经注残本跋》、《永乐大典本水经注跋》、《明钞本水经注跋》、《朱谋㙔水经注笺跋》、《孙潜夫校水经注残本跋》、《聚珍本戴校水经注跋》(《观堂集林》卷一二),这是作者校勘《水经注》的附带成果。由于王国维精通目录、版本之学,所以在他的学生中出现了像赵万里、姚名达这样知名的目录版本学者。

讹误、伪造、遗失是古籍在流传过程中产生的问题,为解决这些问题,王国维还非常重视校勘、辨伪和辑佚。校勘与辑佚往往是相结合的,在这方面著有《校松江本急就篇》、《重辑苍颉篇》(《遗书》第七册)、《唐写本唐韵校记》二卷、佚文一卷(《遗书》第八册)、《古本竹书纪年辑校》(《遗书》第十二册)等。他还校勘过《水经注》,校勘成果保存在上述《水经注》诸跋之中。特别是《聚珍本戴校水经注跋》一篇,更为集成之作,其中不仅历述自己据各本校《水经注》的始末,而且评论诸家之功甚为公允,如说:"盖《水经注》之有善本,非一人之力也。更正错简,则明有朱王孙,国朝有孙潜夫、黄子鸿、胡东樵;厘订经注,则明有冯开之,国朝有谢谢山、赵东潜;捃补逸文,则有全、赵二氏;考证史事,则有朱王孙、何义门、沈绎旃;校定文字,则吴、朱、孙、沈、全、赵诸家皆有不可没之功。戴东原氏成书最后,遂奄有诸家之胜,而其书又最先出,故谓郦书之有善本,自戴氏始可也。"文中对流传已久的"赵戴相袭"之争论也提出了恰当的见解:"案《浙江采进遗书总目》成于乾隆三十九年,其《凡例》内载浙江进书凡十二次,前十次所进书目,通编为甲乙至壬癸十集,而第十一、第十二次所进者,则编为闰集。今考赵氏《水经注释》及沈绎旃《水经注集释订讹》,其目均在戊集中,则必为第十次以前所进书,亦必前乎三十九年矣。而东原入馆在三十八年之秋,其校《水经注》成在三十九年之冬,当时必见赵书无疑。然余疑东原见赵氏书,尚在乾隆戊子(三十五年)修《直隶河渠书》时。东原修此书实承东潜之后,……《水经注》为纂《河渠书》时第一要书,故全、赵二校本局中必有写本无疑,东原见之,自必在此时矣。至厘定经注,戴氏是否本诸全、赵,殊不易定。……而东原撰官本《提要》,所举厘定经注条例三则,至简至赅,较之全、赵二家说尤为亲切,则东原于此事似非全出因袭。"在辨伪方面著有《今本竹书纪年疏证》(《遗书》第十二册),其考辨方法亦得之于清代学者,此书自序说:"昔元和惠定宇徵君作《古文尚书考》,始取伪《古文尚书》之事实、文句,一一疏其所出,而梅书之伪益明。仁和孙颐谷侍御复用其法作《家语疏证》,吾乡陈仲鱼孝廉叙之曰:'是犹捕盗者之获得真赃',诚哉是言也!余治《竹书纪年》,既成《古本辑校》一卷,复怪今本《纪年》为后人搜辑,其迹甚著,乃近三百年,学者疑之者固多,信之者亦且过半。乃复用惠、孙二家法,一一求其所出。始知今本所载,殆无一不袭他书;其不见他书者,不过百分之一,又率空洞无事实,所增加者年月而已。且其所出,本非一源,古今杂陈,矛盾斯起。既有违异,乃生调停,纷纠之因,皆可剖析。夫事实既具他书,则此书为无用,年月又多杜撰,则其说为无徵。无用无徵,则废此书可,又此《疏证》亦不作可也。然余惧后世复有陈逢衡辈为是纷纷也,故写而刊之,俾与《古本辑校》并行焉。"

王国维在古文献学乃至他的整个学术领域中,继承传统而又有所开创,是一个了不起的学者。王国华在《王国维遗书题识》中有一段评语颇有参考价值,他说:"先兄治学之方,虽有类于乾嘉诸老,而实非乾嘉诸老所能范围。其疑古也,不仅抉其理之所难符,而必寻其伪之所自出。其创新也,不仅罗其证之所应有,而必通其类例之所在。此有得于西欧学术精湛绵密之助也。并世贤者,今文家轻疑古书,古文家墨守师说,俱不外以经治经。而先兄以史治经,不轻疑古,亦不欲以墨守自封,必求其真。故六经皆史之论虽发于前人,而以之与地下史料相印证,立今后新史学之骨干者,谓之始于先兄可也。"虽"立今后新史学之骨干"云云不尽恰当,其他的话王国维是当之无愧的。

后　记

　　本书承教育部研究生工作办公室推荐为研究生教学用书之后，2001 年 9 月由高等教育出版社出版。近六年来，承蒙广大读者欢迎，再三增印，深感欣慰。有的学者在刊物上发表大文予以褒扬，谨视为鼓励；有的年轻朋友在网上勘正误植，令笔者感激；还有热心者倡议为本书编制索引，以便于阅读，对拙著亦大有裨益：凡此，都体现了对本书和笔者的关心和支持，谨表示由衷感谢！现趁再版之机，对原书作了一些修订，并改由北京大学出版社出版。在再版过程中，北京大学出版社文史哲事业部给予大力支持，谨此深致谢忱！至于本书错误和不足之处，仍恳望读者批评指正。

孙钦善

2007 年 7 月于北京大学